Daniel Krasa

Österreich

»Österreich ist ein Labyrinth, in dem sich jeder auskennt.«

Helmut Qualtinger, österreichischer Schauspieler und Schriftsteller (1928–1986)

Impressum

Daniel Krasa

Reise Know-How Österreich

erschienen im
Reise Know-How Verlag Peter Rump GmbH,
Osnabrücker Str. 79
33649 Bielefeld
Deutschland
+49-521-946490
info@reise-know-how.de

2., neu bearbeitete und aktualisierte Auflage 2024

ISBN 978-3-8317-3848-9

Gestaltung und Bearbeitung
Umschlag: Peter Rump, der Verlag
Inhalt: Günter Pawlak, Wayan Rump, der Verlag (Layout);
Michael Luck (Realisierung)
Karten: Ingenieurbüro K. Wendler, Dimitrios Gavrides
Fotonachweis: Daniel Krasa (dk), Risa Krasa (rk),
Lukas Mayrhofer (lm), Markus Wache (mw),
Sunita Benzing (sb), Valentin Koch (vk),
Andrea Weigl (aw), Alessandra Houard (ah),
Steffen Brockmann (stb),
Adobe Stock (Autorennachweis jeweils am Bild)
Lektorat: Michael Luck
Lektorat (Aktualisierung): der Verlag

Printed in Germany

Druck und Bindung
Druck- und Verlagshaus Zarbock GmbH & Co. KG,
Frankfurt am Main

Bibliografische Information der Deutschen Nationalbibliothek
Die Deutsche Nationalbibliothek verzeichnet diese Publikation in der Deutschen Nationalbibliografie; detaillierte bibliografische Daten sind im Internet über http://dnb.dnb.de abrufbar.

Anzeigenvertrieb
KV Kommunalverlag GmbH & Co. KG,
Alte Landstraße 23, 85521 Ottobrunn,
Tel. 089-928096-0, info@kommunal-verlag.de

Bildlegende Umschlag und Vorspann
Titelbild: Blick auf den Dachstein (dk)
Vordere Umschlagklappe:
Rüstungen im Grazer Landeszeughaus (dk)
Kleines Foto: Radeln im Waldviertel (mw)
S. 1: Österreich ist ein Paradies für Wanderer und Kletterer (Adobe Stock © Adrian72)
S. 2/3: Das Naturhistorische Museum in Wien (mw)

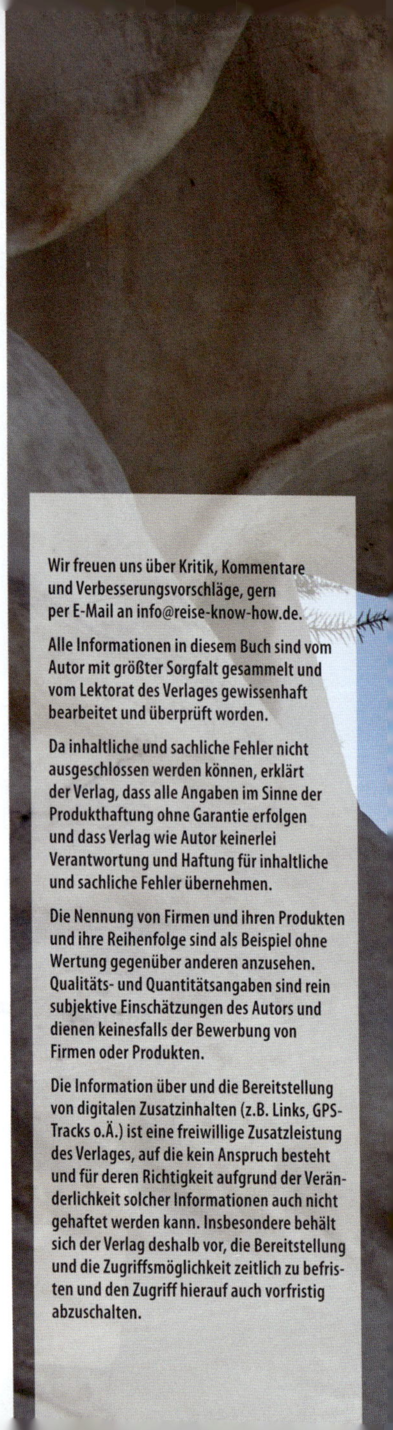

Wir freuen uns über Kritik, Kommentare und Verbesserungsvorschläge, gern per E-Mail an info@reise-know-how.de.

Daniel Krasa

ÖSTERREICH

Vorwort

Man nehme eine Überdosis majestätische Bergwelt, mehrere Prisen historische Kulturlandschaften, einige Handvoll erfrischende Badeseen, reizende geschichtsträchtige sowie modern-innovative Städte und einen Schuss fantastische Gastronomie – und schon hat man die Zauberformel für die **perfekte Reisedestination** namens Österreich. Die kleine Alpenrepublik ist seit Langem ein großer Klassiker unter den Urlaubsländern, denn kaum irgendwo sonst in Europa versteht man es so gekonnt, den wahrlich einzigartigen Reichtum an **traumhaften Sehenswürdigkeiten** mit diesem ganz bestimmten **Charme** zu verbinden, für den die Einheimischen nun mal bekannt sind.

Langweilig wird es zwischen Bregenz und Eisenstadt sicher nicht, ob zum **Wandern** oder für den **Wintersport** im alpinen Hochland von Tirol, Salzburg oder Vorarlberg, auf geschichtsträchtiger „Zeitreise" durch die **idyllischen Landschaften** der Wachau, des Salzkammerguts oder der Südsteiermark, aber auch zum **Ausspannen** an den Kärntner Bergseen, zur **Weinprobe** im Burgenland und in Niederösterreich, auf spannender **Entdeckungstour** durch die weniger bekannten Regionen in Oberösterreich, dem Waldviertel oder dem Lungau oder auf **Städtetrip** nach Wien, Graz, Innsbruck, Linz oder Salzburg.

Das Kernland der einstigen k.u.k. Monarchie ist ein wahres Schwergewicht, wenn es um **Kultur** und **Naturerlebnisse** geht, ob in UNESCO-Welterbestätten oder Geo- und Nationalparks, aber auch andernorts, wo so oft noch ein bisschen

nostalgisches Flair vergangener Epochen nachweht. Die vielen Facetten des so typischen und viel besungenen **österreichischen Lebensstils** lassen sich bei den überall zu findenden Veranstaltungen, Festivals und Events entdecken, und in der Lokalkultur wird praktisch allerorten Geselligkeit und Fröhlichkeit à la Rot-Weiß-Rot zelebriert.

Die neun Bundesländer Österreichs lassen sich übrigens auch ohne **Auto** mit der ganzen Familie wunderbar bereisen – entweder mit dem **Fahrrad** oder **zu Fuß** und mit öffentlichen Verkehrsmitteln, denn so ziemlich alle Regionen sind durch **Bus** und **Bahn** gut erschlossen. Eine wundervolle Möglichkeit, ganz umweltbewusst auch die weniger bekannten Ecken des Landes zu erkunden, finden Sie nicht?

In diesem Reiseführer werden alle relevanten Informationen vereint, die eine unvergessliche Reise nach Österreich ermöglichen sollen. Dabei richtet sich dieses Buch an Reisende jeden Alters, egal ob sie zum anspruchsvollen Extremtrip oder zum entspannten Erholungsurlaub anreisen. **Jedes Kapitel** des Reiseführers beginnt mit einer Einführung in die jeweilige Region verbunden mit einer **Übersichtskarte.** Ausgewählte Highlights werden empfohlen und in einem Info-Kasten die kulinarischen Spezialitäten der Region vorgestellt. **Exkurse** beleuchten die Hintergründe historischer Ereignisse und geben Informationen zu berühmten Persönlichkeiten und Themen von besonderem Interesse. Natürlich enthält der Reiseführer **praktische Tipps und Antworten zu Reisefragen von A–Z.** Im erweiterten Vorspann finden sich kurze Beschreibungen aller Regionen (mit Übersichtskarte), eine Jahresübersicht zu Festen und Veranstaltungen, **Routenvorschläge** und persönliche Top-Tipps des Autors. Literaturempfehlungen, eine kleine Sprachhilfe Österreichisch und ein ausführliches Register runden das Buch ab.

Auch wenn Österreich zu den meistbereisten Urlaubszielen überhaupt gehört, so gibt es noch reichlich unbekannte Idyllen zu entdecken – dieser Reiseführer soll Ihnen dabei eine Hilfe sein!

Daniel Krasa

oes_278 sb

Schön auch im Morgennebel: der Fuschlsee

Inhalt

Karten

Steckbrief Österreich

- **Name:** Republik Österreich
- **Staatsform:** Parlamentarische Republik
- **Einwohner:** 9,1 Mio.
- **Fläche:** 83.883 km^2
- **Bevölkerungsdichte:** 109 Einwohner/km^2
- **Hauptstadt:** Wien
- **Flagge:** rot-weiß-rot
- **Nationalfeiertag:** 26. Oktober
- **Sprache:** Deutsch
- **Zeit:** Mitteleuropäische Zeit (MEZ) mit Sommerzeit
- **Währung:** Euro (€)
- **Ländervorwahl:** 0043
- **Höchster Berg:** Großglockner (3798 m)
- **Tiefster Punkt:** bei Apetlon (114 m)
- **Längster Fluss:** Donau (350 km)
- **Größter See** (auf österreichischem Territori um): Neusiedler See (230 km^2)
- **Größter Gletscher:** Pasterze (8–9 km Länge)

Hinweise zur Benutzung

Nicht verpassen!
Die Highlights der Region erkennt man an der **gelben Markierung.**

MEIN TIPP:
… steht für **spezielle Empfehlungen des Autors,** oft abseits der Hauptpfade und nach persönlichem Geschmack.

Der Schmetterling …
… zeigt an, wo man besonders gut **Natur** erleben kann oder Angebote im Bereich des **nachhaltigen Tourismus** findet.

Kinder-Tipps
Das Symbol kennzeichnet Sehenswürdigkeiten, Unterkünfte und Aktivitäten, die **kleine Urlauber** ansprechen.

Verweise auf die Stadtpläne
1 Die **farbigen Nummern** in den „Praktischen Tipps" der Ortsbeschreibungen verweisen auf den jeweiligen Karteneintrag.

Updates nach Redaktionsschluss
Auf der Produktseite dieses Reiseführers in unserem Internetshop finden Sie zusätzliche Informationen und **wichtige Änderungen.**

Preiskategorien der Restaurants
In diesem Reiseführer stehen bei den empfohlenen Restaurants und Gaststätten **Preiskategorien;** sie beziehen sich auf ein **Menü für 2 Personen inkl. Getränk** und sind als Richtwerte zu verstehen:

① bis 60 €
② 60–80 €
③ über 80 €

Preiskategorien der Hotels
Da die Preise für Unterkünfte in Österreich saisonal (stark) variieren und sich grundsätzlich rasch ändern können, werden in diesem Reiseführer bei den empfohlenen Hotels, Pensionen usw. **Preiskategorien** verwendet, die als Anhaltspunkt dienen sollen (die Angaben gelten **pro Doppelzimmer und Nacht inkl. Frühstück**).

① unter 120 €
② 120–180 €
③ über 180 €

Die Landschaft ist allerorts bezaubernd, zum Beispiel hier im Südwesten der Steiermark

Die Regionen im Überblick

1 Wien | 30

Österreichs Bundeshauptstadt ist das unangefochtene Zentrum des Landes: als Biotop klassischer Musik, als Juwel historischer Architektur, als europäisches Zentrum für Kunst und Kultur, als multikulturelle Metropole, in der das Flair der k.u.k. Zeit nachhallt, als großartiger Ort für ausgiebige Streifzüge durch die wirklich sensationelle Gastro- und Nightlife-Szene. Und nicht zu vergessen: dieses einzigartige Lebensgefühl in der Stadt und der Charakter der Wiener, die Österreichs einzige echte Weltstadt zu einem unvergesslichen Erlebnis machen.

2 Niederösterreich | 68

Das größte Bundesland der Alpenrepublik ist ein Zusammenspiel aus wunderbar besinnlichen Landschaften, einer außergewöhnlichen Gastronomieszene und traumhaften Kulturdenkmälern, von denen viele auf die „Geburtsstunden" des Landes verweisen. Ob in der **Wachau (S. 133)** am Ufer der Donau, an den mit Reben behangenen Hügeln des **Weinviertels (S. 116),** auf den Gipfeln der **Wiener Alpen (S. 111)** und des **Ötscher (S. 91),** oder in den weltfernen Wanderregionen des bezaubernden **Waldviertels (S. 131)** – Niederösterreich bietet Beschaulichkeit und Abenteuer zugleich.

3 Oberösterreich | 156

Oberösterreichs Kapitale **Linz (S. 159)** hat sich von einem tristen Industriestandort zu einer der interessantesten Landeshauptstädte der Republik gemausert, die reichlich Kultur und Charme zu bieten hat. Doch auch die idyllischen Landschaften und entzückenden Orte an Donau, Steyr, Traun und Inn oder das verträumte **Mühlviertel (S. 229)** garantieren reichlich Abwechslung für (aktive) Urlauber. Ein echter Besuchermagnet ist das Kernland des **Salzkammerguts (S. 196)** mit seinen romantischen Seen, die vor fantastischen Bergpanoramen liegen.

4 Salzburg | 248

Bei der **Stadt Salzburg (S. 252)** denkt man an *Mozart,* der hier geboren wurde, aber auch an barocke Baukunst und einen Ort mit einer überaus reizenden Atmosphäre, in dem man sich auf eine spannende Zeitreise begeben

oes_281 dk

kann. Der Rest des Bundeslandes – oft „Salzburger Land" genannt – ist nicht weniger spannend, ob im schönen **Flachgau (S. 272)** mit seinen Badeseen, im historisch aufschlussreichen **Tennengau (S. 272)** oder zum Aktivurlaub und Wintersport im **Pongau (S. 287).** Alpine Abenteuer versprechen der abgelegene **Lungau (S. 303)** und der **Pinzgau (S. 309),** wo der Nationalpark Hohe Tauern lockt.

5 Tirol | 324

Wer vorrangig wegen der Berge nach Österreich kommt, der kann in Tirol nichts verkehrt machen. Ob zum Wandern, Skifahren, Mountainbiken oder einer anderen Sportart – alles, was an den Hängen und auf den Gipfeln Freude macht, kann zwischen **St. Anton (S. 397)** im Westen und **Kitzbühel (S. 365)** im Osten bzw. im separat liegenden Osttirol ausgiebig genossen werden. Unbedingt sollte man auch den hiesigen Städten wie **Innsbruck (S. 327)** mit seiner entzückenden Altstadt, **Kufstein (S. 358)** mit seiner Burg oder dem geschichtsträchtigen **Hall (S. 349)** einen Besuch abstatten.

6 Vorarlberg | 412

Leicht nimmt man Vorarlberg aufgrund seiner bescheidenen Größe nur unter „ferner liefen" wahr. Völlig zu Unrecht, denn langweilig geht es hier im äußersten Westen der Republik wahrlich nicht zu. Ob im relaxten **Bregenz (S. 417)** am Ufer des Bodensees, auf Käseverkostungstour durch den **Bregenzerwald (S. 430),** in historischen Orten wie **Feldkirch (S. 442)** oder **Hohenems (S. 439)** und natürlich im wilden Bergland um **Bludenz (S. 447)** und im **Montafon (S. 456)** – Vorarlberg bietet überraschend viel und das gepaart mit einer Kultur, die sich stark von der Restösterreichs unterscheidet.

7 Kärnten | 462

Das Gros der Besucher reist wegen der traumhaften Badeseen ins südlichste Bundesland Österreichs. **Wörthersee (S. 481), Klopeiner See (S. 489), Faaker See (S. 516), Ossiacher See (S. 518), Millstätter See (S. 530)** oder **Weißensee (S. 538)** – das nächste erfrischende Nass ist nie weit. Aber Kärnten ist auch für die kargen Bergregionen im Nordwesten bekannt, für seine üppigen Kulturlandschaften im Süden und Osten, für das schon lange besiedelte Kernland und natürlich für seine mediterran anmutende Hauptstadt
Klagenfurt (S. 467).

8 Steiermark | 546

Graz (S. 549), Österreichs zweitgrößte Stadt, ist dank ihres einmaligen Bauensembles eine der sehenswertesten des Landes. Südlich und östlich der steirischen Landeshauptstadt kann man in den Genuss der regionalen Leckerbissen kommen oder in den vielen Thermen Erholung tanken. Reichlich Action gibt es hingegen in der abwechslungsreichen **Obersteiermark (S. 595)** oder im relativ unbekannten **Murtal (S. 627),** wo neben Wanderungen und Wintersport auch Canyoning, Kayaking, Rafting, Klettern u.v.m. möglich sind.

9 Burgenland | 636

Die liebliche Natur des Burgenlands bezaubert seine Besucher meist unmittelbar nach der Ankunft, auch wenn sie so gar nicht dem Bilderbuchklischee von Österreich entspricht. Berge gibt es hier keine, dafür sanft gewellte und hügelige Gegenden, in denen sich anmutige Weinbauregionen, Überbleibsel einer bewegten Geschichte und tiefe Waldgebiete abwechseln. Im Norden wird es sogar auffallend flach, denn hier liegt der **Neusiedler See (S. 653),** ein weitgehend unberührtes Naturschutzgebiet, das punktuell auch zum Baden einlädt.

Reiserouten und Touren

Die **Auswahl** der passenden Tour hängt stark von den persönlichen **Vorlieben,** der zur Verfügung stehenden **Reisezeit** und von der Art der **Anreise** ab. Österreich ist aus Deutschland und der Schweiz problemlos mit dem eigenen Fahrzeug erreichbar, auch wenn dies z.B. aus dem Norden Deutschlands durchaus ein bis zwei Tage in Anspruch nehmen kann. Wer sich in **grenznahe Regionen,** z.B. nach Vorarlberg, Tirol, Salzburg oder Oberösterreich, aufmacht, kann dies auch über ein verlängertes Wochenende tun; dies gilt erst recht für **Städtetrips** z.B. nach Bregenz, Innsbruck, Salzburg oder Linz. Wer hingegen in **südlichere Gefilde** nach Kärnten oder in die Steiermark bzw. in den Osten des Landes nach Niederösterreich, ins Burgenland oder in die Bundeshauptstadt Wien reisen will, der sollte mindestens eine Woche Zeit im „Gepäck" haben. Alternativ zu **Pkw, Motorrad, Bully** oder **Wohnmobil** ist natürlich die Anreise per **Zug** oder **Bus** möglich und auch **Flugverbindungen** – ggf. in Verbindung mit einem Mietwagen vor Ort – bestehen aus zahlreichen deutschen und Schweizer Städten mit den internationalen Flughäfen Wien, Graz, Linz, Salzburg, Innsbruck und Klagenfurt. Wer aus der unmittelbaren Grenzregion in Süddeutschland oder dem Schweizer Kanton St. Gallen anreist, der kann das ebenso mit dem **Fahrrad** tun, wobei der 326 km lange Donauradweg von Passau nach Wien sowie der Bodensee-Radweg zwei beliebte Strecken darstellen. Wer in Österreich mit **öffentlichen Verkehrsmitteln** unterwegs sein möchte, sollte sich eine Route entlang der Bahnstrecken und der mit Bussen gut vernetzten Städte aussuchen. Dies hat jedoch den Nachteil, dass dabei die Erkundung der ländlichen Regionen nur mit einem entsprechenden **Zeitvorrat** zu bewerkstelligen ist, da abseits der Hauptverkehrsrouten öffentliche Verkehrsmittel oft nur spärlich im Einsatz sind. Die folgenden Routen sind daher so konzipiert, dass sie vor allem **mit dem eigenen Fahrzeug** oder dem Mietwagen Sinn und Spaß machen.

Tour 1: Historisches Kernland –

der Vergangenheit auf der Spur (zwei bis drei Wochen)

Österreichs Geschichte wurde über Jahrhunderte von diversen Völkern entlang der **Donau** als der wichtigsten „Wasserstraße" des Landes geprägt. Nicht umsonst nannte man das von den Habsburgern errichtete Großreich auch „Donaumonarchie". Bis heute gelten die beiden Bundesländer **Oberösterreich** und **Niederösterreich** sowie die Bundeshauptstadt **Wien** als „historisches Kernland" dieser uralten Kulturlandschaft.

Man „betritt" österreichisches Territorium im oberösterreichischen Innviertel, wo so wundervoll malerische Städtchen wie **Schärding** oder auch **Braunau** einen Zwischenstopp verdienen, bevor man sich ans **Donauufer** aufmacht. Hier sollte man keinesfalls die Panoramarundblicke wie z.B. über die Schlögener Schlinge verpassen und auch ausgiebige

Spaziergänge am Fluss unternehmen. Mindestens zwei bis drei Tage gehören der innovativen Landeshauptstadt **Linz,** wo das Angebot an **Museen, Kultur und Gastronomie** gigantisch ist. Wer ein bisschen mehr Zeit zur Verfügung hat, der kann sich ins wenig besuchte Mühlviertel nördlich der Donau aufmachen, wo landschaftliche „Kostbarkeiten" zuhauf zu finden sind.

Südöstlich von Linz liegt das Traunviertel, wo man das historisch anmutende **Enns** und das bezaubernde **Steyr** nicht verpassen sollte. Äußerst lieblich geht es im östlich davon und bereits in Niederösterreich gelegenen Mostviertel zu, wo eine Befahrung der Moststraße sowie die als Wachau bezeichnete Gegend entlang der Donau zwischen **Melk** (mit seinem bezaubernden Stift) und **Krems** zum Pflichtprogramm gehören.

Die überschaubare und doch überraschend vielfältige niederösterreichische Landeshauptstadt **St. Pölten** eignet sich gut als Standort, um die liebliche Umgebung „sternförmig" zu erkunden. Hierbei lohnt auch ein Ausflug in die bereits zum Waldviertel gehörende **Weinbauregion** des Kamptals oder in die nördlich davon gelegenen, durch Wälder und Landwirtschaft geprägten Landstriche.

Folgt man ab Krems der Donau flussabwärts, erreicht man **Tulln an der Donau,** das als „Tor" in das reizende Weinviertel angesehen werden kann. Speziell Fahrradbegeisterte werden in dieser weitgehend flachen bis leicht hügeligen Gegend ihre Erfüllung finden. Ab Tulln ist es nur noch ein Steinwurf in **Österreichs Kapitale Wien.** Als ehemaliges Machtzentrum der Habsburger strahlt die Donaumetropole an vielen Orten noch **imperiales Flair** aus, doch die Stadt ist ebenso für ihre überbordende Restaurant- und Lokalszene, zahlreiche Grünflächen, die erholsamen Donauauen und ein beispielloses kulturelles Überangebot weltberühmt. Man sollte der „Hauptstadt der klassischen Musik" mindestens vier Tage widmen, mit Ausflügen ins Umland noch mehr, denn es locken (mit sehr guter ÖPNV-Anbin-

dung) der im nördlichen Burgenland gelegene **Neusiedler See,** für Spaziergänge und Wanderungen der Wienerwald oder die sog. Wiener Alpen im Industrieviertel, aber auch die entspannten k.u.k.-Thermalkurorte **Baden bei Wien** und **Bad Vöslau** zur ultimativen Erholung.

Tour 2: Entspannen wie ein Kaiser – zu den schönsten Seen des Landes (drei Wochen)

Aktiv- und Erholungsurlaub versprechen die **traumhaften Bergseen** im ganzen Land. Viele davon waren bereits im 19. Jahrhundert das Ziel der feinen Gesellschaft aus Wien, entsprechend finden sich an den Ufern mehrere **nostalgisch anmutende Orte,** die noch ein bisschen kaiserliches Flair ausstrahlen.

Wir beginnen unsere Tour von Passau kommend und folgen der Autobahn A8 bis zum Autobahnkreuz **Wels** im oberösterreichischen Hausruckviertel und halten uns zunächst in **Richtung Süden** auf der A9. Ein lohnender Zwischenstopp ist das eindrucksvolle Benediktinerstift Kremsmünster, und wem es in den Wanderschuhen kribbelt, der kann sich im wild-schroffen Naturpark Kalkalpen oder im weltfernen Pyhrn-Priel-Gebiet austoben. Südlich des Pyrhnpasses befindet man sich bereits in der **Obersteiermark,** wo sich ein Besuch des Stifts Admont empfiehlt oder der einzigartige Nationalpark Gesäuse für Outdoor-Unternehmungen.

Weiter geht es über die Bundesstraße 114 nach Süden quer durch die Tauern bis nach **Judenburg** im östlichen Murtal, das dank zahlreicher Wanderoptionen besticht. Südlich des sog. Obdacher Sattels erreicht man den nördlichen Teil **Unterkärntens,** und zwar die parallel verlaufenden Bergregionen der Koralpe und der Saualpe sowie das dazwischenliegende Lavanttal. Über **Völkermarkt**

und die wundervolle Kulturlandschaft des Jauntals (Podjuna) kommt man zum **Klopeiner See,** einer kleinen, familienfreundlichen Urlaubsoption. Durch das liebliche Rosental (Rož) geht es in die entspannte Landeshauptstadt **Klagenfurt,** die am prächtigen **Wörthersee,** dem vielleicht berühmtesten See des ganzen Landes, liegt. Noch weiter westlich weist auch **Villach** mit dem karibisch anmutenden **Faaker See** und dem smaragdgrünen **Ossiacher See** eine einladende Infrastruktur für Badende und Wassersportler auf. In den umliegenden Ossiacher Tauern und auf der Gerlitzen ist auch das Wandern eine wahre Freude.

Ab Villach fährt man gen Nordwesten nach **Spittal an der Drau,** wo der noch recht unbekannte **Weißensee** oder der ebenfalls selten überlaufene **Millstätter See** eine ruhige Alternative zu den vorgenannten Gewässern sind. Weiter nördlich liegen mit den Kärntner Nockbergen und dem bereits in Salzburg befindlichen Biosphärenpark Lungau äußerst naturbelassene Bergregionen.

Über Radstadt geht es wieder in die Obersteiermark, und zwar nach **Schladming** am Fuße des majestätischen Dachsteins. Nördlich des Bergmassivs liegt das weltberühmte **Salzkammergut,** das ein Überangebot an wundervollen Gewässern aufweist und es jedem selbst überlässt, das „Seen-Hopping" fortzusetzen oder an einem See „sesshaft" zu werden. Auf steirischer Seite zu nennen sind der **Grundlsee** und der **Altausseer See,** während in Oberösterreich als erstes der viel besuchte **Hallstätter See** Aufmerksamkeit verdient. Weiter nördlich folgen dann die k.u.k. monarchisch geprägten Orte **Bad Ischl** und **Gmunden** am eindrucksvollen **Traunsee,** ferner der **Attersee** vor entzückendem Bergpa-

Der Wolfgangsee gehört definitiv zu den schönsten Seen des Landes

oes_288 rk

norama sowie der weniger bekannte **Mondsee.** Auf Salzburger Seite liegen zusätzlich der viel besungene **Wolfgangsee** und der kristallklare **Fuschlsee,** die diese Tour abrunden, bevor man sie in *Mozarts* Geburtsstadt **Salzburg** ausklingen lässt. Ob auf den Spuren des großen Komponisten oder einfach nur zum Flanieren in den Gassen der Altstadt – Salzburg enttäuscht mit Sicherheit nicht!

Tour 3: Unbekannter Südosten – Geheimtipp für Abenteurer und Genießer (zwei Wochen)

Die **südöstlichen Bundesländer Steiermark und Burgenland** werden nur selten besucht und das völlig zu Unrecht!

Wir beginnen unsere Rundreise in Österreichs zweitgrößter Stadt **Graz,** die manch andere europäische Touristenhochburg gehörig in den Schatten stellt. Die Grazer Innenstadt ist ein **Juwel der Renaissance und des Barock,** das Angebot an guter Küche ist schlichtweg einmalig und das **kulturelle Leben** überraschend vielfältig. Entsprechend sollte man der „Murmetropole" ruhig ein paar Tage schenken, denn so richtig entfaltet sie erst ab dem zweiten Abend bei köstlichem steirischem Wein ihre Aura.

Ab Graz geht es zunächst nach Osten in die von den Touristenverbänden „Thermenland" genannte Gegend, wo man in zahlreichen **Heilbädern** die Seele baumeln lassen kann. Im sehr authentischen **Südburgenland** lädt der **Naturpark Raab-Őrség-Goričko** zu grenzüberschreitenden Wanderungen und Radtouren ein, aber auch die örtlichen **Weine** wie der legendäre Uhudler oder die köstlichen Tropfen aus der Region um den Eisenberg bereiten Vergnügen. Um (Rot-)Wein dreht sich praktisch alles im mittelburgenländischen Blaufränkischland und kein Besuch hier wäre komplett, ohne in einem Buschenschank

eingekehrt zu sein und die imposante **Burg Lockenhaus** in Augenschein genommen zu haben.

Wer sich näher für die Geschichte des bis 1921 zu Ungarn gehörenden Burgenlandes interessiert, sollte sich in die Landeshauptstadt **Eisenstadt** begeben. Am nahen **Neusiedler See** sind ausgedehnte Radtouren und Baden möglich. In **Wiener Neustadt** „betritt" man niederösterreichisches Terrain – wir bewegen uns ab hier in südwestlicher Richtung in die **Wiener Alpen,** wo ausgedehnte Wanderungen in luftige Höhen führen. Wer mehr über Wehrkirchen erfahren möchte, sollte zu einer „Ehrenrunde" durch die **Bucklige Welt** aufbrechen, ansonsten überquert man auf direktem Wege den **Semmering** und begibt sich in die **Hochsteiermark,** die mit der sog. Waldheimat, dem Erlaufsee und dem **Wallfahrtsort Mariazell** durchaus spannende Ziele aufweist. Ab Mariazell kann man im **Naturpark Steirische Eisenwurzen** u.a. beim Rafting oder Mountainbiking Kalorien abbauen. Abstecher wert sind das historische **Bruck an der Mur** und die lebendig-junge „Bergbaustadt" **Leoben.**

Auf dem Weg nach Süden geht es wieder an Graz vorbei über Stainz und Deutschlandsberg in die traumhaft idyllische **Süd(west)steiermark,** die Weinberge und Kürbisplantagen prägen und in der das Entschleunigen ganz von alleine zu geschehen scheint. Parallel zur slowenischen Grenze verläuft die Südsteirische Weinstraße bis Straß und dann weiter bis **Bad Radkersburg,** dem südlichsten Städtchen der Oststeiermark, das durch seine denkmalgeschützte Altstadt glänzt. Über **Bad Gleichenberg** und **Feldbach** – auch hier führen verschiedene „Weinstraßen" nach Norden – tritt man den Rückweg in die steirische Kapitale Graz an.

In der Steiermark gibt es noch viele herrliche Flecken zu entdecken

oes_289 mw

Tour 4: Kultur und Gipfelfreuden – Das Beste Westösterreichs (ein bis zwei Wochen)

„Land der Berge, Land am Strome" heißt es in der österreichischen Nationalhymne und mit beidem ist das Land wahrhaftig in Hülle und Fülle gesegnet. Speziell der Westen der Republik wird durch die zahlreichen, auf weit über **3000 m ansteigenden Gebirgslandschaften** charakterisiert. Aber auch die wilden Wasserläufe wie der Inn oder die Salzach prägen das örtliche Terrain. Wir beginnen unsere Reise in **Salzburg** und verlassen die Landeshauptstadt in südlicher Richtung, wobei im Tennengau sowohl **Hallein** als auch die **Salzwelten** zu den unvermeidlichen Höhepunkten gehören. Ab **Werfen** – mit der **Eisriesenwelt** – befindet man sich im Pongau, wo speziell die Wandergegend um die Bezirkshauptstadt **St. Johann** durchaus zwei Tage verträgt. Über **Saalfelden** geht es ins reizende **Zell am See**, das zusammen mit **Kaprun** ebenfalls ein wunderbares Wanderareal darstellt. Wer ein paar Extratage mitbringt, fährt ab Zell über die sagenhafte **Großglockner-Hochalpenstraße**, durch den **Nationalpark Hohen Tauern** und im Schatten von Österreichs höchstem Gipfel – dem 3798 m hohen Großglockner – bis nach **Heiligenblut** in Oberkärnten. Ab hier folgt die Bundesstraße 107 zunächst dem Flusslauf der Möll und führt dann in Richtung Südwesten nach **Lienz**, der Hauptstadt **Osttirols**. Diese separat liegende Verwaltungseinheit Tirols ist reich an **schroffen Gipfeln** gesegnet und Bergtouren sorgen unweigerlich für „Hochalpenfeeling" in Bestform. Ab Lienz geht es entlang der **Felbertauernstraße** über Matrei erneut durch den Nationalpark Hohe Tauern bis ins Salzburger **Mittersill**, das man bei Zeitmangel auch direkt ab Kaprun erreicht. Wer die Kraft des Wassers aus der Nähe erfahren möchte, der sollte die **Krimmler Wasserfälle**, westlich von Mittersill besuchen, an-

sonsten geht es in nördlicher Richtung in den Raum **Kitzbühel**, im Tiroler Unterland. Ob zu entspannten Ausflügen oder anspruchsvollen Bergtouren, die touristisch gut erschlossene Gegend um das Kitzbüheler Horn und den Wilden Kaiser bietet für alle Bedürfnisse etwas. **Historische Zeitzeugnisse** finden sich in Orten wie **Kufstein, Rattenberg, Schwaz** oder **Hall**, die alle wie Perlen auf einer Kette entlang des Inns aufgefädelt sind und jeder für sich etwas Aufmerksamkeit verdient. Einen längeren Zwischenstopp (zwei bis drei Tage) sollte man unbedingt für Tirols Landeshauptstadt **Innsbruck** einplanen, denn hier sind nicht nur Historie, Kultur und hochwertige Gastronomie im Überfluss zu haben, auch die nahen Gipfel laden dazu ein, erkundet zu werden. Über **Telfs** und **Stams** (die Befahrung der Bundesstraße ist definitiv netter als die der Autobahn) geht es nach **Imst**, dem Zentrum des Oberlandes, von wo aus reichlich Action und Outdoor-Spaß an den nahen Berghängen und auf dem Inn möglich sind. Über **Landeck** gelangt man ins grandiose **Paznauntal**, das sich bis Galtür zieht, von wo die unvergessliche **Silvretta-Hochalpenstraße** hinüber in das **Montafon**, in Südvorarlberg führt. Man hält sich nordwärts nach Bludenz und dann über das **Große Walsertal** bis in den **Bregenzerwald**, der nicht zuletzt Käseliebhaber begeistern dürfte. Ab hier ist es nur noch ein Katzensprung bis in die Vorarlberger Landeshauptstadt **Bregenz**, der man ebenfalls mindestens zwei Tage gönnen sollte, denn erstens ist die Lage am **Bodensee** schlichtweg wundervoll und zweitens ist es möglich, ab Bregenz auch Tagesausflüge in die Umgebung, wie auf den **Pfänder** oder in die historisch aufschlussreichen Städte **Hohenems** und **Feldkirch** zu unternehmen. Beachten sollte man, dass die besagten Panoramastraßen nur **saisonal geöffnet** sind, und zwar die Großglockner-Hochalpenstraße immer von Mai bis Anfang November und die Silvretta-Hochalpenstraße nur in den Sommermonaten (eine Alternative bietet die S16 zwischen St. Anton am Arlberg und Bludenz).

oes_328 ah

⊡ Wo Bergträume wahr werden: auf einer Wanderung im Pongau

LEGENDE

- Winter
- Frühjahr / Herbst
- Sommer

Neujahrskonzert im Musikverein Wien
Alljährlich am 1. Januar begrüßen die Wiener Philharmoniker das neue Jahr musikalisch.

Ostern
Osterprozessionen finden sich in ganz Österreich, teilweise bereits ab Gründonnerstag.

Fronleichnam
Zahlreiche Umzüge werden zu Fronleichnam abgehalten, z.B. die Seeprozession in Hallstatt oder der Brixentaler Antlassritt.

Wiener Festwochen und Narzissenfest
Die Wiener Festwochen sind ein wichtiges Kulturereignis im Mai und Juni mit Opern-, Konzert-, Theater- und Tanzproduktionen. Etwa in die gleiche Zeit fällt gewöhnlich das farbenfrohe Narzissenfest in Bad Aussee.

JAN | FEB | MÄR | APR | MAI | JUN

Dreikönigstag
Um den 6. Januar finden in vielen Gemeinden Salzburgs, des Salzkammerguts und Tirols die sog. Perchten- oder Passenläufe statt.

Fasching
Im Januar und Februar lebt der Fasching auch in Österreich, z.B. mit der Ballsaison in Wien und diversen Umzügen u.a. in Mödling, Villach, Bad Aussee, Krakaudorf oder Nassereith.

Frühling
Mitte März bis Mitte April steht in der Wachau alles im Zeichen der Marillenblüte, während im Mostviertel, im Lavanttal und im ApfelLand die Apfelbäume blühen.

Maibaum und Trachten
Das Aufstellen des Maibaums geht oft mit einem Fest einher. In Zell am Ziller bildet das Gauderfest eines der größten Trachtentreffen.

Ritterfest Kufstein und Kufenstechen
Meist um Pfingsten herum wird auf der Festung Kufstein ein aufwendiges Ritterfest ausgerichtet. Ebenfalls an Pfingsten findet in Feistritz an der Gail das spektakuläre Kufenstechen statt.

Ritterfest
Alljährlich im Juni findet auf der Burg Oberkapfenberg eines der größten Mittelalterfeste Österreichs statt.

See in Flammen
Diesem spektakulären Seefest mit dem größten Feuerwerk des Landes kann man Anfang Juli am Klopeiner See beiwohnen.

Seefest Mondsee und Lederhosentreffen
Wohl eines der schönsten Sommerfeste des Landes Ende Juli/Anfang August am Mondsee. Parallel treffen sich in Windischgarsten Fans zu einem wahrlich skurrilen Volksfest.

Almabtriebe
Zwischen Mitte Sept. und Mitte Okt. werden in zahlreichen Bergregionen aufwendig geschmückte Kühe von den Almen in die Täler geführt.

Ars Electronica und Linzer Klangwolke
Im September steht Linz im Zeichen der Musik und der Kunst mit diversen Installationen.

Krampustag und St. Nikolaus
Um den 5. Dezember finden vielerorts (u.a. in Klagenfurt, St. Johann im Pongau, im steirischen Ennstal und Murtal und im Tiroler Unterland) die sog. Krampusläufe statt. Im Osttiroler Matrei nennt man dies Klaubauflaufen und in Bad Mitterndorf kann man das spektakuläre Nikolospiel erleben.

JUL | AUG | SEP | OKT | NOV | DEZ

Salzburger Festspiele
Die weltberühmten Festspiele im Zeichen des „Jedermann" finden alljährlich im Juli und August in Salzburg statt.

Sturmzeit
Im Herbst werden in den Weinbaugebieten die „heurigen" Weine im Frühstadium ihrer Gärung als „Sturm" ausgeschenkt.

Bregenzer Festspiele und Seefestspiele Mörbisch
Zwischen Mitte Juli und Mitte August steht Bregenz im Zeichen der überragenden Festspiele. Am Ufer des Neusiedler Sees werden zur gleichen Zeit Musicals und Operetten gezeigt.

Aufsteirern und Steirischer Herbst
Mitte September feiert Graz ein buntes Volksfest mit reichlich Trachten und Volksmusik. In den letzten drei Septemberwochen wird in der Stadt außerdem mit dem Steirischen Herbst ein Avantgarde-Kunstfestival mit reichem Kunstprogramm abgehalten.

Adventszeit
Im ganzen Land finden sich stimmungsvolle Christkindlmärkte, u.a. in Wien, Wels, Steyr, Innsbruck und Klagenfurt.

Fünf besondere Erlebnisse

Adobe Stock © Christian

Donauinsel | 60

Wer genug vom Tohuwabohu in der Wiener Innenstadt hat, findet im Norden der österreichischen Hauptstadt auf einem gut 21 km langen Landstreifen zwischen der Donau und der Neuen Donau ein beliebtes **Naturreservat,** das bei schönem Wetter ein einzigartiges Naherholungsgebiet darstellt.

Adobe Stock © Gina Sanders

Retz | 123

Im nordwestlichen Weinviertel liegt das reizende Retz, das schon wegen seiner entzückenden Altstadt unbedingt einen Besuch wert ist. Doch wirklich besonders ist, dass Retz auf etwa 20 km Länge und in 20–30 m Tiefe unterkellert ist. Auf einer geführten Tour kann man dieses **Labyrinth mit unzähligen Weinkellern** erkunden.

Adobe Stock © BJFF

Pumpspeicherkraftwerk Kaprun | 315

Südlich von Kaprun, im Salzburger Pinzgau, liegt das beeindruckende Pumpspeicherkraftwerk, das einen großen Teil der Elektrizität des Landes produziert. Eindruck macht der **blau glitzernde Speichersee** mit der Talsperre, über die man zu einem Spaziergang aufbrechen kann.

Adobe Stock © Ilhan Balta

Silvretta-Hochalpenstraße | 460

Die mautpflichtige Silvretta-Hochalpenstraße kann getrost als **Traumstrecke** bezeichnet werden, denn ob mit Auto oder Motorrad – das perfekte Roadfeeling vor unbeschreiblichen Bergpanoramen stellt sich hier sicher ein. Auf 22,3 km führt die Straße vom Vorarlberger Montafon bis ins Tiroler Paznauntal.

Adobe Stock © Karl Allen Lugmayer

Erzberg | 610

Seit bald 1000 Jahren wird im steirischen Erzberg Eisenerz abgebaut. Dem technischen Wunderwerk können Besucher auf einer **Besichtigungsrundfahrt** auf den Grund gehen. An Bord eines Hauly-Trucks befährt man die terrassenartigen Etagen, auf denen im Tagebau gefördert wird.

Fünf zauberhafte Regionen

Moststraße | 88

Ab St. Valentin verläuft diese ca. **200 km lange Erlebnisstraße** durch eine reizend hügelige Landschaft, in der sich das größte geschlossene Mostbirnenanbaugebiet Europas befindet. Neben der lieblichen Natur machen die schier unzähligen Mostwirtshäuser und Mostheurigen eine Fahrt auch gastronomisch spannend.

Adobe Stock © hjschneider

Schilcherland | 573

Als „Schilcherland" bezeichnet man die **zentrale Region der Südweststeiermark,** wo der namensgebende Schilcher – ein satter **Rosé** aus der Blauen-Wildbacher-Traube – wächst. Die hiesige Gegend ist klimatisch bevorzugt und ihre liebreizende Vegetation lässt den Wein gleich noch besser schmecken.

Adobe Stock © photoflorenzo

Lungau | 303

Der Lungau liegt im Südosten des Bundeslandes Salzburg und ist durch seine isolierte Höhenlage eine **Welt für sich.** Dies macht sich z.B. in Form der recht eigentümlichen Traditionen bemerkbar. Aber der Lungau ist auch mit einer wundervollen Natur gesegnet – Nachhaltigkeit und Umweltschutz werden hier großgeschrieben.

Adobe Stock © stgrafix

Dachstein | 216, 621

Ob von oberösterreichischer oder steirischer Seite aus – das rund 810 km^2 große Areal des Dachsteinmassivs (höchster Punkt ist der Hohe Dachstein mit 2995 m Höhe) stellt mit seinem Wanderwegenetz, seinen Klettersteigen, Höhlen, gleich mehreren Wintersportgebieten u.v.m. ein **perfektes Refugium für aktive Alpinisten** dar.

Adobe Stock © Christa

Bregenzerwald | 430

Südöstlich der Vorarlberger Landeshauptstadt erstreckt sich der bezaubernde Bregenzerwald, eine – anders als erwartet – nicht gänzlich bewaldete Kulturlandschaft, in der diverse **Outdoor-Betätigungen** möglich sind. Doch der Bregenzerwald ist auch für seinen **Käse** bekannt, dem man am besten entlang der Käsestraße nachspürt.

oes_279 sb

Fünf erholsame Seen

Adobe Stock © christoph oberschneider/EyeEm

Fuschlsee | 277

Wenn es um die Wasserqualität geht, so kann es kaum ein anderes Gewässer mit dem **hellblauen, karibisch schimmernden Fuschlsee** aufnehmen. Ob zum Badespaß oder für einen ausgedehnten Spaziergang – an dem lang gestreckten See unweit der Landeshauptstadt Salzburg kommt man unweigerlich auf seine Kosten.

Adobe Stock © Harald Florian

Wörthersee | 481

Gerne brüstet sich der Wörthersee damit, so etwas wie **„Österreichs Riviera"** zu sein. Tatsächlich geht es kaum irgendwo in der Alpenrepublik mondäner zu und an den Strandbädern von Klagenfurt, Pörtschach oder Velden spürt man ihn ganz deutlich: den relaxten Hauch des Südens.

Adobe Stock © Lunghammer

Weißensee | 538

Der viertgrößte See Kärntens ist einer der schönsten und ruhigsten des ganzen Landes. Gut zwei Drittel des Seeufers und der angrenzenden Flächen stehen unter **Natur- und Landschaftsschutz,** weshalb sich der Weißensee perfekt für ausgiebige Wanderungen und Radtouren eignet oder in der kalten Jahreszeit zum Eislaufen.

Adobe Stock © Andrea Aigner

Neusiedler See | 653

Durch seinen breiten Schilfgürtel, seine geringe Tiefe und sein trübes, durch den lehmigen Boden geprägtes Wasser ist der Neusiedler See grundlegend anders als die restlichen Seen des Landes. Doch sein **mildes Klima** macht ihn zum idealen Refugium für Badende und die oft starken Winde locken Segler und Surfer an.

Adobe Stock © kentauros

Traunsee | 204

Der bezaubernde Traunsee unterscheidet sich von anderen Seen des Salzkammerguts vor allem dadurch, dass er **auf einer Uferseite** von einem Felsmassiv überragt wird und damit **wild und schroff** wirkt. Doch keine Sorge, in den Orten Gmunden und Traunkirchen kann man die Natur auch aus der Ferne bei einem Kaffee genießen.

Fünf einzigartige Orte

Baden bei Wien | 105

Als Kurort wurde Baden bei Wien im gesamten Habsburgerreich berühmt – bis heute spürt man den Charme der einstigen kaiserlichen Sommerresidenz in dem durch den Stil des Biedermeier geprägten Städtchen. In den **Thermalbädern** kann man ausspannen und im Kurpark oder im nahen Helenental Sauerstoff tanken.

Adobe Stock © TATIANA

Steyr | 223

Dort, wo die Steyr in die Enns mündet, liegt Oberösterreichs drittgrößte Stadt: Steyr. Durch ihr weitgehend erhaltenes **historisches Antlitz** und die Tatsache, dass sie sich äußerst malerisch an den Flusslauf schmiegt, übertreibt man nicht, wenn man Steyr als einen der schönsten Orte des Landes bezeichnet.

Adobe Stock © Kurt

Kufstein | 358

Bei einem Spaziergang durch Tirols zweitgrößte Stadt fühlt man sich ein bisschen wie auf einer Zeitreise. Speziell die **mittelalterliche Festung,** die hoch über dem Zentrum thront, vermittelt noch eine Ahnung, wie es in dieser heiß umkämpften Grenzregion wohl früher zuging.

Adobe Stock © lucazzitto

Feldkirch | 442

Im äußersten Westen Österreichs gelegen, bietet Feldkirch eine **atemberaubend schöne Altstadt,** deren wundervolles Bauensemble noch fast gänzlich auf das 16./17. Jahrhundert zurückgeht. Damals lebten hier namhafte Humanisten, die den Ort kurzzeitig zu einem weltoffenen Zentrum der Reformation machten.

Adobe Stock © saumhuhn

Rust | 655

Neben Hunderten von Weißstörchen, die hier den Sommer verbringen, haben auch zahlreiche Touristen Rust am Neusiedler See zu ihrem Lieblingsort im Burgenland auserkoren. Kein Wunder, denn das entspannte Örtchen erstrahlt im Stil von Barock und Renaissance und bietet eine reiche Palette an **gemütlichen Buschenschänken.**

Adobe Stock © Gina Sanders

oes_009 dk

1 Wien

Österreichs Hauptstadt hat viele Gesichter, ob als Musikmetropole, in der große Komponisten wie Haydn, Mozart, Beethoven, Schubert oder Strauss ihre künstlerische Hochform erreichten, oder als Zentrum der ehemaligen Donaumonarchie, von wo aus große Teile Ost- und Südosteuropas beherrscht wurden. Wien ist gleichermaßen Kunst- und Kulturhochburg sowie geschäftige Messe- und Industriestadt, die Menschen sind für ihre ganz spezielle Gemütlichkeit bekannt. Lange Zeit galt Wien als Weltstadt auf dem Abstellgleis, spätestens seit Öffnung des Eisernen Vorhangs pulsiert sie jedoch stärker als je zuvor.

Perfekt für das Familienvergnügen: Der Prater ist ein fest installierter Vergnügungspark unweit der Wiener Innenstadt

ÖSTERREICHS HAUPTSTADT

Wien ist der ultimative Joker bei Stadt-Land-Fluss, denn die Metropole ist nicht nur Hauptstadt Österreichs, sondern gleichzeitig eines der neun Bundesländer und außerdem der Name des kleinen Flusses, der aus Niederösterreich kommend den Westen der Stadt kreuzt. Wien stellt mit 2 Millionen Einwohnern die mit Abstand bevölkerungsreichste Stadt des Landes dar – im Großraum Wien lebt mit etwa 2,9 Millionen Menschen mehr als ein Viertel aller Österreicher.

Es war etwa im Jahr 881 n. Chr., dass Wien das erste Mal als **„Wenia"** in den historischen Chroniken der Salzburger Annalen genannt wurde. Doch Wien ist viel älter und blickt auf **4000 bis 5000 Jahre Siedlungsgeschichte** zurück. Dies dürfte insbesondere an seiner prädestinierten Lage entlang der **Donau** liegen, geschützt im **Donaubecken,** umgeben vom **Wienerwald** im Nordwesten, Westen und Südwesten, mit Erhöhungen wie dem **Kahlenberg** und am Fluss mit dem **Leopoldsberg** am rechten sowie dem

Wien und Umgebung

Bisamberg am linken Ufer. Aus dem Wienerwald fließen außerdem einige kleinere Flüsse – allen voran die besagte **Wien** – in die Stadt; besonders im Nordwesten und Norden, dort wo die Weinbauregion liegt, sind die Böden besonders nährreich. Landwirtschaftlich genutzt wird aber auch der Osten mit den flachen Gebieten des **Marchfelds,** ganz im Gegenteil zum Südosten, wo die **Donauauen** (heute ein Nationalpark) den geografischen Vorbau der **Pannonischen Tiefebene** bilden, die sich von hier über große Teile Osteuropas zieht. Das bedeutet, dass man nie weit zu fahren hat, um außerhalb der Stadt in den Genuss der Natur zu kommen. Doch auch Wien selbst ist äußerst grün, ist doch nur ein relativ kleiner Anteil der knapp 415 km² großen Fläche des Stadtgebiets verbaut; **Parks, Gärten und Gartenanlagen** alleine machen etwa 28% der Gesamtfläche aus, Wald 17% und landwirtschaftlich genutzte Flächen etwa 16%.

Wie eh und je ist Wien ein **„Melting Pot"** von Menschen unterschiedlicher Herkunft, Kultur und Religion. Die Stadt war und ist u.a. in **Lehre, Forschung und Wissenschaft** tonangebend und auch im **Kunst- und Kultursektor** spielt Wien eine beachtliche Rolle. Ausschlaggebend hierfür waren ursprünglich die Könige und Kaiser, und darunter ganz besonders die Habsburger, die aufwendige Kunstsammlungen anlegten. Weiters ist Wien über Jahrhunderte ein äußerst reicher Nährboden für **klassische Musik** gewesen. Große klassische Komponisten wie *Joseph Haydn, Wolfgang Amadeus Mozart* und *Ludwig van Beethoven,* Romantiker wie *Franz Schubert* oder *Gustav Mahler,* die Operetten- und Walzerdynastie um *Johann Strauss* (Vater und Sohn), aber auch die Neue Wiener Schule unter *Arnold Schönberg, Anton Webern, Alban Berg* und *Ernst Krenek* sowie viele andere haben in dieser Stadt Bahnbrechendes geleistet. Die diversen **Konzert-, Musical- und Operettenhäuser** der Stadt, aber auch und ganz speziell die **Wiener Staatsoper** sind die optimalen Orte, um ein wenig von diesem besonderen Flair aufzuschnappen.

Wer Wien besucht, sollte dies aber genauso wegen der **grandiosen Architektur** tun. Die Stilepochen der Gotik, der Renaissance, des Barock und Rokoko, des Klassizismus, des Biedermeier, des Historismus und der Moderne – hier vor allem der **Wiener Jugendstil** – haben

NICHT VERPASSEN!

- **Architektonische Zeitreise:** Sehenswertes in der Wiener Innenstadt | 39
- **Faszination Jugendstil:** in der Secession hört das Staunen nicht auf | 49
- **Ein Hauch Exotik:** auf dem Naschmarkt geht es bunt und international zu | 51
- **Kunst im coolen Umfeld:** im MuseumsQuartier wird es sicher nicht langweilig | 54
- Zumindest ein (klassisches) **Konzerterlebnis** gehört zu jedem Wien-Besuch | 67

Diese Tipps erkennt man an der gelben Markierung.

Essen und Trinken in Wien

Vorneweg: Eine unabhängige, alteingesessene Wiener Küche hat es im wahren Sinne des Wortes eigentlich nie gegeben. Die Spezialitäten der Stadt sind in den meisten Fällen äußerst lebendige **Mischungen aus diversen kulinarischen Einflüssen** der ehemaligen Kronländer der Donaumonarchie. Die typischste Spezialität ist ohne Zweifel das **Schnitzel aus Kalbfleisch** (oder oft auch aus Schwein, Pute oder Hühnerfleisch), das man hier flach geklopft – also dünn – und trocken, sprich ohne Soße liebt. Im Grunde genommen ist es, wenn auch nur mit knirschenden Zähnen zugegeben, eine Abwandlung der Cotoletta alla Milanese und kommt so ursprünglich aus Norditalien. Und es geht weiter: Das **Gulasch** brachten die Ungarn, den **Strudel** – in Wien vor allem als Topfen- (Quark) oder Apfelstrudel beliebt – die Türken und die **Golatschen** (gefüllte Germbutterteigtaschen), **Palatschinken** (Pfannkuchen) und **Knödel** (meist aus alten, trockenen Semmeln = Brötchen zubereitet und daher Semmelknödel genannt) kamen aus Böhmen etc. Dennoch wurden all diese Gerichte in Wien nicht nur einfach übernommen, sondern **den lokalen Geschmacksnerven angepasst** – ein Grund, warum das Wiener Gulasch (Rindfleisch im dicken Zwiebel- und Paprikasaft gekocht) oder das Fiakergulasch (Gulaschsaft mit Würstchen und einem Spiegelei) eben doch ganz anders schmecken als das Pörkölt in Budapest oder Szeged und man auch aus Mailand anreist, um ein typisches Wiener Schnitzel zu kosten. Dazu isst man übrigens meist nur **Salat,** und zwar am liebsten aus Erdäpfeln (Kartoffeln) oder Vogerlsalat (Feldsalat). Charakteristisch wienerisch ist zudem der **Tafelspitz,** ein aus gekochtem Rindfleisch, Schnittlauchsoße, Dillrahmfisolen (Bohnen) und kleinen gekochten Salzkartoffeln oder Spinat bestehendes Gericht, zu dem traditionell geriebener Apfel- oder Semmelkren (Meerrettich) serviert wird. Für Nicht-Wiener meist gewöhnungsbedürftig sind **Beuschel** (ein Ragout aus Kalbslunge mit einer sauren Rahmsoße und Semmelknödeln), **gebackene Leber** (meist paniert) oder **Zwiebelrostbraten.** Geradezu einfach dagegen sind Alltagsgerichte der Hausmannskost wie **Schinkenfleckerl** (quadratische Nudeln mit Schinkenstückchen) oder **Eiernockerln** (kleine Klöße, die mit Ei in der Pfanne angebraten werden). Als Vorspeise bekommt man in Wiener Gasthäusern traditionell **Rindssuppe,** die wahlweise mit Backerbsen, Frittaten (geschnittene Pfannkuchen), Leberknödeln oder Grießnockerln (Grießklößchen) serviert wird. Weltberühmt ist die Wiener Küche aber auch für ihre herrlichen Mehlspeisen. Dazu gehören der **Kaiserschmarrn** (ein luftiger, in viele Teile zerteilter Pfannkuchen mit Puderzucker und Kompott), diverse süße Knödel wie **Germknödel** (mit Pflaumenmus gefüllte Hefeteigknödel) oder **Marillenknödel** (mit Aprikosen gefüllte Quarkteigknödel), **Powidltascherln** (mit Pflaumenmus gefüllte Teigtaschen) und selbstverständlich die **Sachertorte,** eine Schokoladentorte mit Marillenmarmelade im Inneren und Schokoladenglasur über dem Teig, die 1832 von *Franz Sacher* am Hofe des Fürsten *Metternich* erfunden wurde.

oes_320 dk

beachtliche Spuren in der Stadt hinterlassen, und es ist eine wahre Freude Wiens Innenstadt zu begehen und dabei eine **bauliche Zeitreise** zu unternehmen. Während die Innere Stadt weitgehend kompakt ist und die meisten Sehenswürdigkeiten hier zu Fuß erkundet werden können, sollte man für weiter entfernt liegende Bezirke auf das **hervorragend ausgebaute Nahverkehrsnetz** der Wiener Linien (U-Bahnen, Busse und Straßenbahnen, www.wienerlinien.at) zurückgreifen.

Wien wird in **23 Stadtteile** gegliedert, die man (Wiener) **Gemeindebezirke** (oder kurz: Bezirke) nennt und die neben Namen die Ziffern 1. bis 23. (Bezirk) tragen.

< Auf dem Naschmarkt kann man nicht nur einkaufen, sondern auch schlemmen

∨ Einst Wohnsitz der Habsburger: das pompöse Schloss Schönbrunn

Stadtgeschichte

Archäologischen Funden zufolge wurde das Gebiet des heutigen Wien vermutlich ab dem 3. bis 2. Jahrhundert v. Chr. kontinuierlich besiedelt. Funde aus der **Jungsteinzeit** und der **Kupferzeit** beweisen, dass die fruchtbaren Böden entlang der Donau schon seit Langem bearbeitet wurden. Die Zeitrechnung Wiens im historischen Sinne beginnt mit der Besiedlung durch die **Kelten,** die diesen Ort **Vedunia** (= Waldbach) nannten. Sie sollten Wien prägen, bis etwa im 1. Jahrhundert n. Chr. **römische Legionäre** an der Stelle der heutigen Inneren Stadt ein Castrum anlegten, um die **Provinz Pannonien** nach Norden hin zu schützen. Südlich des Lagers wurde außerdem eine Siedlung namens **Vindobona** gebaut, die aufgrund ihrer Lage wohl auch als Markt einen Nutzen fand. Die Römer blieben bis ins Jahr 395 n. Chr., als die **Marko-**

oes_003 mw

Die Habsburger

Kein Herrscherhaus hat die Geschichte Österreichs so lange und intensiv geprägt wie das der Habsburger. Dieses aus dem **Schweizer Kanton Aargau** – hier liegt nämlich die Habsburg – abstammende Adelsgeschlecht festigte unter **Rudolf I.** seinen Machtanspruch auf Ostösterreich ab dem Jahr 1278 durch die **Schlacht auf dem Marchfeld** gegen den König von Böhmen, *Ottokar II.* In den folgenden Jahrhunderten wuchs die Macht der Habsburger stetig – sie stellten mit der Wahl *Albrechts II.* 1438 bis ins Jahr 1806 (sieht man von der kurzen Unterbrechung durch Kaiser *Karl VII.* ab) **alle Kaiser des Heiligen Römischen Reichs Deutscher Nation.** Mit der Heirat von *Johanna,* der Erbin *Ferdinands* und *Isabellas von Spanien,* und *Philipp I.,* Sohn des Kaisers *Maximilian I.,* herrschten die Habsburger bis ins Jahr 1700 auch über die **Iberische Halbinsel** und deren riesige überseeische Besitzungen in Amerika, Afrika und Asien. Überhaupt hatten die Habsburger ein Gespür dafür, durch „strategisch" sinnvolle Hochzeiten ihre Machtfülle zu erweitern, wodurch ihr Wahlspruch **„Tu Felix Austria Nube!"** („Du glückliches Österreich heirate!") entstand. Nach Ableben des letzten männlichen Habsburgers, Kaiser *Karl VI.,* im Jahr 1740, wurde dessen Tochter *Maria Theresia* mit *Franz I. Stephan von Lothringen* vermählt und so die Dynastie derer zu **Habsburg-Lothringen** begründet, die bis zum Ende der Monarchie im Jahr 1918 Österreich-Ungarn und dessen Kronländer regierte. Nebenlinien der Dynastie Habsburg-Lothringen herrschten außerdem zeitweise in Italien über die Toskana, Modena, Parma und kurzzeitig sogar über Mexiko.

mannen, ein germanisches Kriegervolk, in die Stadt einfielen. Die folgenden 600 Jahre sind durch die Wirren der **Völkerwanderung** geprägt, als die Gegend abwechselnd von Hunnen, Langobarden, Bajuwaren, Slawen, Awaren, Franken und Ungarn besetzt und teilweise besiedelt wurde. Besonders die **Ungarn** mit ihren Reiterheeren machten der gesamten Umgebung schwer zu schaffen, bis sie 955 von *Otto I.* in der **Schlacht auf dem Lechfeld** besiegt werden konnten. 976, unter *Otto II.,* wurde das bis dahin Ostmark genannte Gebiet entlang der Donau den bayerischen Babenbergern als **Markgrafschaft Ostarrîchi** (→ Exkurs S. 88) übergeben und 1137 zum Herzogtum erhoben. 1155 wurde dann die **Residenz der Babenberger** von Klosterneuburg nach Wien verlegt. Der erste vor Ort lebende Stadtherr war *Heinrich II.,* genannt *Jasomirgott,* der **irische Mönche** einlud, um die Wiener Bevölkerung zu missionieren. Der Stephansdom und die baulichen Anfänge der Hofburg fallen in die Zeit des 12. und 13. Jahrhunderts. Die babenbergische Herrschaft dauerte bis 1237, als Wien zur **Freien Reichsstadt** erklärt wurde. 1278, nach der **Schlacht auf dem Marchfeld** zwischen König *Ottokar II. von Böhmen* und *Rudolf I. von Habsburg,* wurde die Stadt habsburgisch. Die **Habsburger** herrschten von da an bis 1918 über Wien und weite Teile Mittel-, Ost- und Südosteuropas.

▷ Adel verpflichtet: Die Habsburger waren für ihre verschwenderische Lebensweise und überbordenden Prunk berühmt

Ab dem 15. Jahrhundert kamen verstärkt Baumeister, Bildhauer und Maler, aber auch andere **Kunstschaffende** wie Musiker, Dichter und Denker in die Stadt und legten den Grundstein für ihr späteres kulturelles Antlitz. 1469 wurde Wien zum **Bischofssitz** ernannt, 1529 standen die **Türken** das erste Mal vor der Stadt. Es folgten harte Zeiten religiösen Fanatismus zwischen **Protestanten und Katholiken,** die zwischen 1618 und 1648 mit dem Dreißigjährigen Krieg ihren Höhepunkt fanden. Im Jahr 1679 starben außerdem mindestens 75.000 Wiener an der **Pest,** und 1683 folgte die **zweite Türkenbelagerung,** in der der Großwesir *Kara Mustafa* mit etwa 120.000 Soldaten über zwei Monate die Stadt in Angst und Schrecken hielt. Am 12. September kam das Entsatzheer unter dem polnischen König **Jan III. Sobieski** über den Kahlenberg den Wienern zu Hilfe und schlug die Türken in die Flucht. **Prinz Eugen von Savoyen** trieb das türkische Heer in der Folge weit auf den Balkan zurück und eroberte Ungarn und Siebenbürgen für die Habsburger. Wien wurde somit zur Hauptstadt eines gewaltigen Reiches.

Das folgende **Barockzeitalter** stand im Zeichen **Maria Theresias** (1717–80) und ihres Sohnes **Joseph II.** (1741–90), die die Zeit des **„aufgeklärten Absolutismus"** einleiteten und dabei so denkwürdige Neuerungen schufen wie die Abschaffung der Folter und der Leibeigenschaft, das Recht auf Bildung usw. Bereits ab Ende des 17. Jahrhunderts wurde Wien um **Schlossanlagen** wie das Belvedere und natürlich Schönbrunn erweitert. Anfang des 19. Jahrhunderts wurde die Stadt gleich zweimal von den **Truppen Napoleons** eingenommen. Kaiser **Franz II.** legte unter dem Druck des französischen Herrschers 1806 die deutsche Kaiserkrone nieder – dies war das Ende des Heiligen Römischen Reiches Deutscher Nation – und richtete

oes_004 dk

oes_006 mw

sein geopolitisches Augenmerk von nun an gen Osten auf das **Vielvölkermosaik der „Donaumonarchie"**.

1814, nach dem endgültigen Fall *Napoleons,* erfuhr Europa auf dem **Wiener Kongress** eine Neuordnung, die Regierungsgeschäfte oblagen ab sofort dem Staatskanzler **Metternich,** der mit eiserner Hand den Status quo der Herrscherklasse durch einen brutalen **Polizeistaat** aufrechterhalten wollte. Dieses durch das Biedermeier geprägte Zeitalter bildete zwar eine **Hochzeit der Kultur** mit der Schaffensperiode *Ludwig van Beethovens* und *Franz Schuberts,* politisch gesehen war es aber eine Eiszeit, die mit der **Märzrevolution** und dann der **Wiener Oktoberrevolution** von 1848 endete. Im Dezember des gleichen Jahres wurde **Franz Joseph I.** – der Gatte der aus Bayern stammenden *Elisabeth von Bayern (Sisi)* – zum Kaiser gekrönt und blieb es bis zu seinem Tod 1916. 1867 kam es zum sog. **Österreichisch-Ungarischen Ausgleich,** in dem der Kaiser Österreichs gleichzeitig König von Ungarn wurde und dadurch die berühmte **Doppelmonarchie** (oder **k.u.k. Monarchie**) entstand.

In der zweiten Hälfte des 19. Jahrhunderts kam es zu einer verstärkten **Industrialisierung** und zur Schleifung der Stadtmauer, statt derer die markante **Ringstraße** mit ihren Monumentalbauten errichtet wurde. Wien wurde umfangreich erweitert, entwickelte sich zur **Weltstadt** und erreichte durch den starken Zuzug von Menschen aus den Kronländern ab den 1870er-Jahren eine Einwohnerzahl von mehr als einer Million Menschen, im Jahr 1916 waren es sogar 2,2 Millionen! In Folge der Ermordung des Thronfolgers *Franz Ferdinand* in Sarajevo kam es 1914 zur Kriegserklärung

⌃ Kein Zweifel: Auf dem edlen Graben ist man mitten drin in der Wiener City

Franz Josephs I. an Serbien und der **Erste Weltkrieg** brach aus, nach dem Österreich-Ungarn zu den Verlierern gehörte und der die Herrschaft der Habsburger 1918 beendete. Dadurch zerfiel das Großreich in mehrere Einzelstaaten, darunter Österreich.

Die **Erste Republik** wurde 1918 ausgerufen. Die Folgejahre standen im Zeichen einer schweren **Wirtschaftskrise,** waren aber auch eine Art **„Goldenes Zeitalter"** der Kulturschaffenden (von denen ein Großteil jüdischen Glaubens war); eine Zeit des Umbruchs, die von Dichtern, Denkern, Literaten und Wissenschaftlern geprägt war. Diese vorrangig von den **Sozialdemokraten** beeinflusste Periode der Stadt wird häufig als das **„Rote Wien"** bezeichnet. 1933 schaltete der Bundeskanzler *Engelbert Dollfuß* das demokratisch gewählte Parlament aus und rief einen autoritären **austrofaschistischen Ständestaat** aus, der unter *Kurt Schuschnigg* bis 1938 bestehen sollte – dem Jahr des Anschlusses Österreichs an Hitler-Deutschland, den ein Großteil der österreichischen Bevölkerung begeistert begrüßte. Im **Zweiten Weltkrieg** wurde ein Großteil der Juden der Stadt deportiert und ermordet, heftige Bombardements durch die Alliierten kennzeichneten vor allem die beiden letzten Kriegsjahre 1944 und 1945. Die endgültige **Befreiung** der Stadt durch sowjetische Truppen gelang am 18. April 1945 nach einer achttägigen Schlacht.

Nach dem Krieg wurde die **Zweite Republik** ausgerufen, doch Wien, genau wie das ganze Land, war durch die alliierten Besatzungsmächte in vier Zonen geteilt. Erst am 15. Mai 1955 wurde Österreich durch Unterzeichnung des **Staatsvertrages** wieder unabhängig und die Besatzer zogen ab. In den folgenden 35 Jahren folgte ein im Zeichen der **Neutralität** stehender Balanceakt am Rande des Eisernen Vorhangs. Wien, das in diesen Jahren ein bisschen die Ausstrahlung einer tristen Provinzstadt am „Ende der Welt" hatte, erwachte erst Anfang der 1990er-Jahre dank der Öffnung der Grenzen nach Osten so richtig aus seinem „Dornröschenschlaf" und gibt seitdem auf allen Gebieten Vollgas. Die zuvor jahrhundertelang bestehenden engen wirtschaftlichen, kulturellen und politischen **Verbindungen zu den Nachbarstaaten** Slowakei, Slowenien, Tschechien und Ungarn wurden wieder reaktiviert. Heute kann Wien erneut als **kosmopolitische Großstadt** im Zentrum eines sich wandelnden Zentraleuropa bezeichnet werden.

Sehenswertes in der Innenstadt

Der **Stephansplatz** liegt in der Mitte des 1. Wiener Gemeindebezirks, der seinerseits im Osten vom **Donaukanal** und ansonsten von der prächtigen **Ringstraße** begrenzt wird. Wer auf einen Streifzug durch die **Innere Stadt** aufbricht, der sollte zunächst die beiden **Fußgängerzonen des Grabens und der Kärntner Straße** mit ihren internationalen Markenstores und alteingesessenen Traditionsgeschäften erkunden. Aber auch darüber hinaus gibt es mehr als genug zu sehen und zu tun: ob Bummeln in der lebendigen **Rotenturmstraße** mit ihren Boutiquen oder Feiern abends in den ro-

Wien Übersicht

0 500 m
©Reise Know-How Österr01 2/24
FLORIDSDORF
11 BISAMBERG
LEOPOLDSBERG
HEILIGENSTADT
Alte Donau
Anschlussstelle Floridsdorfer Brücke
NEUE DONAU
Floridsdorfer Brücke
Nordbahnbrücke
Adalbert-Stifter-Str.
HANDELSKAI
Handelskai
BRIGITTENAU
Brigittenauer Brücke
Donauturmstr.
Anschlussstelle Donaupark
DONAUSTADT
Strandbad Gänsehäufel
Anschlussstelle V.INT.CENTER
KAISERMÜHLEN-VIC
DRESDNERSTRASSE
JÄGERSTRASSE
Stromstr.
Dresdner Str.
Jägerstr.
Neue Donau
Donauinsel
Donau
ZWISCHENBRÜCKEN
DONAUINSEL
Anschlussstelle Reichsbrücke
Reichsbrücke
Rauscherstr.
Brigittenauer Lände
FRIEDENSBRÜCKE
Nordbahnstr.
VORGARTENSTRASSE
Obere Augartenstr.
ROSSAUER LENDE
Roßauer Lände
Taborstr.
Lassallestr.
LEOPOLDSTADT
SCHOTTENRING
Türkenstr.
PRATERSTERN
Praterstern
TABORSTRASSE
Ausstellungsstr.
MESSE-PRATER
Prater (mit Riesenrad)
KRIEAU
Obere Donaustr.
Franz-Josefs-Kai
NESTROYPLATZ
Praterstr.
Untere Donaustr.
SCHWEDENPLATZ
HERRENGASSE
KunstHaus Wien
STEPHANSPL.
STUBENTOR
LANDSTR. WIEN MITTE
Hundertwasserhaus
STADTPARK
ROCHUSGASSE
Schüttelstr.
Erdberger Lände
Theater an der Wien
KARLSPLATZ
Otto-Wagner-Pavillon
Resselpark
Naschmarkt
Karlskirche
LANDSTRASSE
KARDINAL-NAGL-PLATZ
Knoten Wiener Prater
Schloss Belvedere (Unteres Belvedere)
Gußhausstr.
Prinz-Eugen-Str.
Rennweg
SCHLACHTHAUSGASSE
Schlachthausgasse
Donaukanal
Favoritenstr.
TAUBSTUMMENGASSE
Schloss Belvedere (Oberes Belvedere)
Baumg.
Parkhaus Park+Ride Erdberg
ERDBERG
Anschlussstelle St. Marx
Flughafen Wien-Schwechat
WIEDEN
Wiedner Hauptstr.
Landstraßer Gürtel
SÜDTIROLER PLATZ
Südtiroler Platz
Hauptbahnhof
Arsenalstr.
Wiedner Gürtel
Fernbus-Terminal
GASOMETER
Heiligenstädter Lände
Brigittenauer Lände
Donaukanal
A 22
A 4
A 23

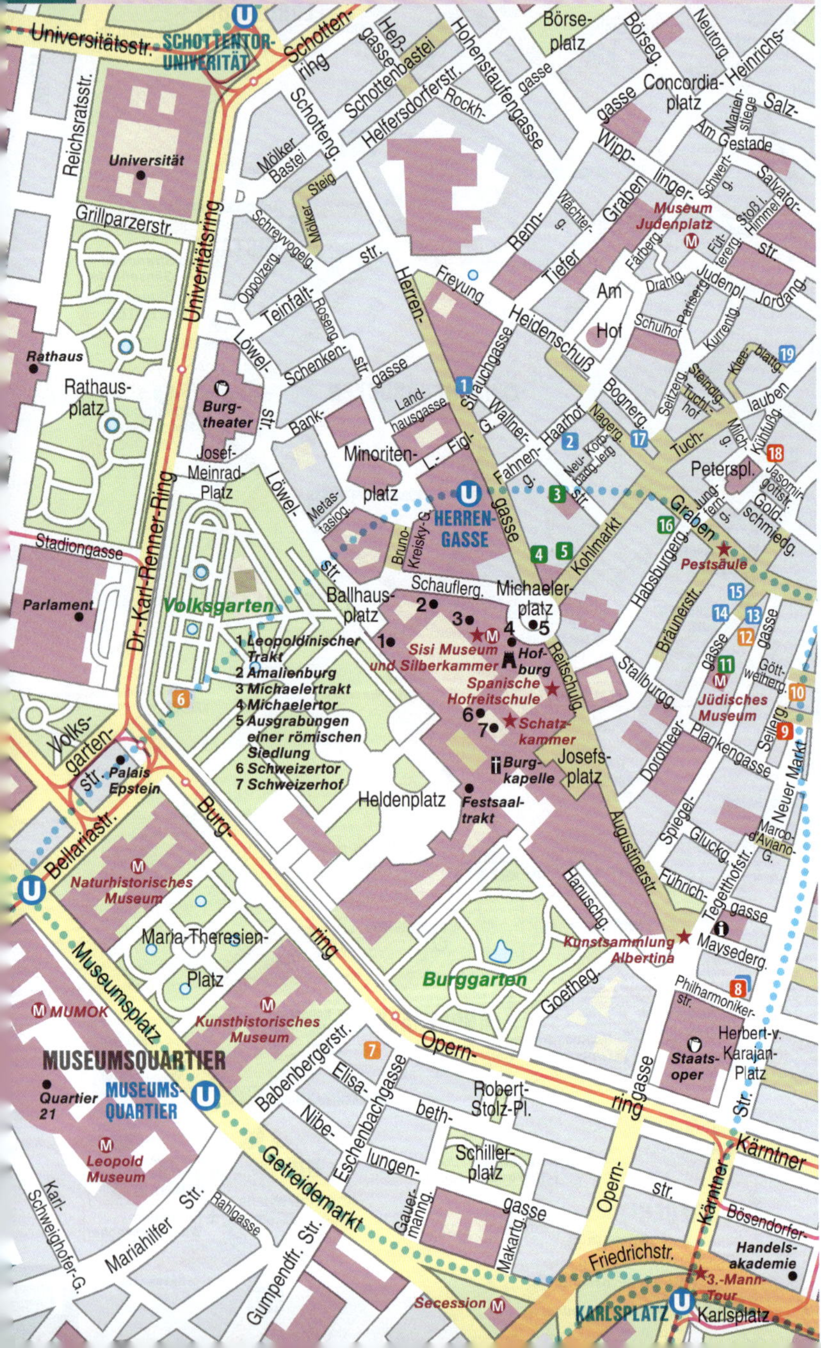

Universitätsstr.
SCHOTTENTOR-UNIVERITÄT
Schotten-ring
Heß-gasse
Schottenbastei
Hohenstaufengasse
Börse-platz
Börseg.
Neutorg.
Heinrichs-
Concordia-platz
Salz-
Marien-stiege
Am Gestade
Salvator-str.
Reichsratsstr.
Universität
Schotteng.
Helfersdorferstr.
Rockh-gasse
gasse
Wipp-linger-
Schwert-g.
Stoß i. Himmel
Mölker Bastei
Mölker Steig
Grillparzerstr.
Schreyvogelg.
str.
Renn-
Wächter-g.
Graben
Museum Judenplatz
Fütterer-g.
Univeritätsring
Oppolzerg.
Teinfalt-
Freyung
Tiefer
Färberg.
Judenpl.
Jordang.
Drahtg.
Am Hof
Rathaus
Rathaus-platz
Rosen-g.
Löwel-str.
Herren-
Heidenschuß
Schulhof
Parisserg.
Kurrentg.
Schenken-str.
gasse
Strauchgasse
Seitzerg.
Steindlg.
Tuchl-hof
Klee-blattg.
Burg-theater
Bank-
Land-hausgasse
Wallner-
Bognerg.
Milch-g.
lauben
Kühfußg.
Josef-Meinrad-Platz
Minoriten-platz
L. Figl-G.
Haarhof
Nagerg.
Tuch-
Neu-Korb-badg. leng.
Fahnen-g.
Peterspl.
Jasomir-gottstr.
Löwel-str.
Metas-tasiog.
HERREN-GASSE
gasse
str.
Kohlmarkt
Jung-fern-g.
Gold-schmiedg.
Stadiongasse
Bruno-Kreisky-G.
Graben
Pestsäule
Habsburgerg.
Parlament
Volksgarten
Ballhaus-platz
Schauflerg.
Michaeler-platz
Bräunerstr.
gasse
gasse
1 Leopoldinischer Trakt
2 Amalienburg
3 Michaelertrakt
4 Michaelertor
5 Ausgrabungen einer römischen Siedlung
6 Schweizertor
7 Schweizerhof
Sisi Museum und Silberkammer
Hof-burg
Reitschulg.
Stallburgg.
Gött-weiherg.
Spanische Hofreitschule
Jüdisches Museum
Dr.-Karl-Renner-Ring
Volks-garten-str.
Palais Epstein
Schatz-kammer
Burg-kapelle
Josefs-platz
Dorotheer-
Plankengasse
Seilerg.
Neuer Markt
Heldenplatz
Festsaal-trakt
Augustinerstr.
Spiegel-
Gluckg.
Marco-d'Aviano-G.
Burg-
Bellariastr.
Naturhistorisches Museum
Hanuschg.
Führich-
Tegetthoffstr.
gasse
Maria-Theresien-Platz
ring
Kunstsammlung Albertina
Maysederg.
Museumsplatz
Burggarten
Philharmoniker-str.
MUMOK
Goetheg.
Kunsthistorisches Museum
Herbert-v.-Karajan-Platz
MUSEUMSQUARTIER
Babenbergerstr.
Opern-
Staats-oper
Quartier 21
MUSEUMS-QUARTIER
Elisa-beth-
Eschenbachgasse
Robert-Stolz-Pl.
ring
gasse
Str.
Nibe-lungen-
Leopold Museum
Getreidemarkt
Schiller-platz
Kärntner
Opern-
str.
Karl-Schweighofer-G.
Mariahilfer Str.
Rahlgasse
Gauer-mann-g.
gasse
Makartg.
Kärntner
Bösendorfer-
Handels-akademie
Gumpendfr. Str.
Friedrichstr.
3.-Mann-Tour
Secession
KARLSPLATZ
Karlsplatz

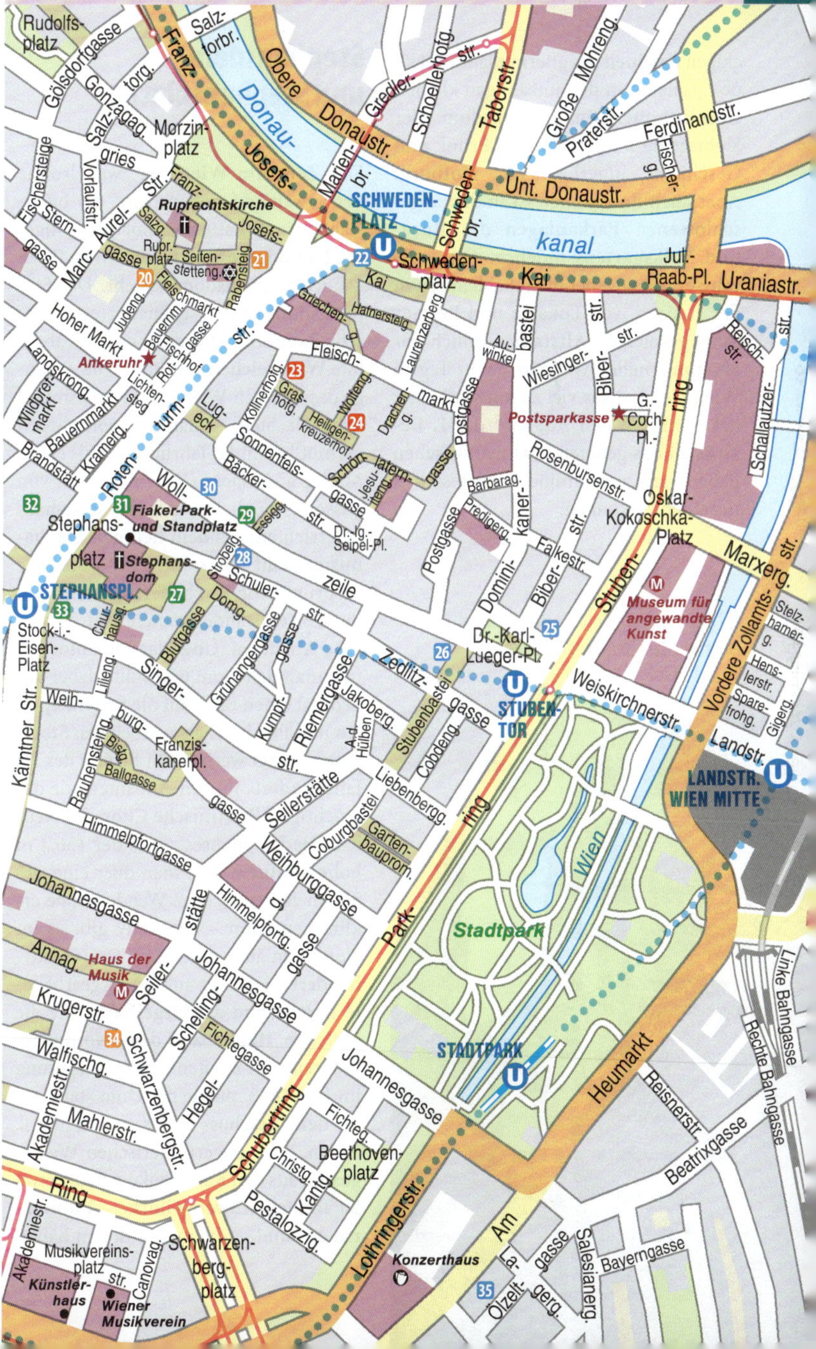
Rudolfsplatz
Gölsdorfgasse
Gonzagagasse
Salztorbr.
Franz-Josefs-Kai
Donaukanal
Obere Donaustr.
Marienbr.
Gredlerstr.
Schoellerhofg.
Taborstr.
Große Mohreng.
Praterstr.
Ferdinandstr.
Fischerg.
Unt. Donaustr.
Schwedenbr.
SCHWEDENPLATZ
Schwedenplatz
Jul.-Raab-Pl.
Uraniastr.
Morzinplatz
Salzgries
Vorlaufstr.
Fischersteige
Sterngasse
Marc-Aurel-Str.
Ruprechtskirche
Salzg.
Rupr. platz
Seitenstetteng.
Rabensteig
Judeng.
Fleischmarkt
Hoher Markt
Ankeruhr
Bauernm.
Fischhof
Rotg.
Griechengasse
Hafnersteig
Laurenzerberg
Landskrong.
Wildpretmarkt
Bauernmarkt
Lichtensteg
Rotenturmstr.
Lugeck
Köllnerhofg.
Grashofg.
Wolleng.
Heiligenkreuzerhof
Drachen g.
Postgasse
Auwinkel
Bastei
Wiesingerstr.
Biberstr.
Postsparkasse
G.-Coch-Pl.
Stubenring
Reischstr.
Schallautzerstr.
Brandstätt
Kramerg.
Wollzeile
Sonnenfelsgasse
Bäckerstr.
Schönlaterngasse
Jesuitenkg.
Barbarag.
Predigerg.
Dominikanerbastei
Rosenbursenstr.
Oskar-Kokoschka-Platz
Falkestr.
Marxerg.
Stephansplatz
Fiaker-Park- und Standplatz
Essiggasse
Dr.-Ig.-Seipel-Pl.
Stephansdom
STEPHANSPL.
Strobelg.
Schulerstr.
Churhausg.
Domg.
Blutgasse
Grünangergasse
Museum für angewandte Kunst
Vordere Zollamtsstr.
Stelzhamerg.
Stock-i.-Eisen-Platz
Dr.-Karl-Lueger-Pl.
Singerstr.
Liliengasse
Kumpfgasse
Riemergasse
Jakoberg.
A.d. Hülben
Stubenbastei
Zedlitzgasse
STUBENTOR
Weiskirchnerstr.
Henslerstr.
Sparefrohg.
Gigerg.
Kärntner Str.
Weihburggasse
Rauhensteing.
Blutg.
Ballgasse
Franziskanerpl.
Seilerstätte
Cobdeng.
Liebenbergg.
Landstr.
LANDSTR. WIEN MITTE
Himmelpfortgasse
Coburgbastei
Gartenbauprom.
Parkring
Wien
Stadtpark
Johannesgasse
Annag.
Haus der Musik
Krugerstr.
Seilerstätte
Schellinggasse
Fichtegasse
Walfischg.
Schwarzenbergstr.
Hegelg.
Akademiestr.
Mahlerstr.
Schubertring
STADTPARK
Heumarkt
Reisnerstr.
Linke Bahngasse
Rechte Bahngasse
Beatrixgasse
Beethovenplatz
Christg.
Kantg.
Pestalozzig.
Lothringerstr.
Ring
Musikvereinsplatz
Künstlerhaus
Wiener Musikverein
Canovag.
Schwarzenbergplatz
Konzerthaus
Am Heumarkt
Lagerg.
Ölzeltgasse
Salesianerg.
Bayerngasse
20 21 22 23 24 25 26 27 28 29 30 31 32 33 34 35

ckigen **Kneipen** des „Bermudadreiecks"; ob Spazieren in den unzähligen kleinen **Gassen** hinter dem Stephansdom oder Sightseeing im Zeichen von Prunk und Geschichte innerhalb der **Hofburg.** Aber auch Entspannen ist in den angeschlossenen **Parkanlagen des Burg- und Volksgartens** möglich. Oder wie wäre es mit angenehmem Schlendern in der ruhigen, von Lokalen und Restaurants gespickten **Altstadt** nördlich der Shoppingmeile? Wer nur einen Tag in Wien bleibt – was viel zu kurz ist –, der bekommt auf den 2,88 km² des **1. Bezirks** all das geboten, was man gesehen haben muss, um zumindest ein bisschen mitreden zu können.

☑ Das christlich-spirituelle Herz der Stadt ist der weltberühmte Stephansdom

035wi dk

Stephansdom und Stephansplatz

Das **Zentrum Wiens** ist zweifelsohne der gewaltige Stephansplatz, der buchstäblich im Schatten der noch gewaltigeren **Domkirche Sankt Stephan zu Wien** – kurz Stephansdom – steht. Der Stephansdom ist das sehenswerteste gotische Bauwerk Österreichs und das absolute **Wahrzeichen der Stadt.** Die Anfänge des von den Wienern im Volksmund liebevoll „Steffl" genannten Doms liegen vermutlich im 12. Jahrhundert, als es der Markgraf *Leopold IV.* dem Bischof von Passau ermöglichte, hier ein Gotteshaus zu errichten, das **dem heiligen Stephanus geweiht** sein sollte. 1147 wurde die ursprüngliche Kirche fertiggestellt und bis 1263 entstanden weitere spätromanische Anbauten. Über das Riesentor betritt man den Dom und sollte dabei unbedingt einen Blick auf die **Seitenkapellen** und ihre herrlich gearbeiteten **Steinrosenfenster** werfen. Mit Beginn des 14. Jahrhunderts folgten Anbauten wie der prächtige **Albertinische Chor,** der Neubau des Langhauses sowie der 136,4 m hohe **Südturm,** den man über eine 343 Stufen zählende, enge Wendeltreppe erklimmen kann – alternativ gibt es im Nordturm auch einen Lift. Im 16. Jahrhundert folgten die aufwendig gearbeitete **Kanzel** und der **Orgelfuß** sowie die **Welsche Haube** auf dem Nordturm. Während der zweiten Türkenbelagerung im Jahr 1683 musste der Dom stark unter dem Beschuss türkischer Artillerie leiden, doch die erfinderischen Wiener gossen aus den Kanonenkugeln die etwa 20 Tonnen schwere **Glocke – Pummerin** genannt –, die im Nordturm hängt.

Eindrucksvoll ist auch das **Steildach** mit seinen knapp 250.000 bunten Ziegeln, die u.a. den österreichischen Reichsadler zeigen. Natürlich ist auch der **Stephansplatz** rund um den Dom sehenswert. Wer z.B. zu einem Wienstreifzug mit einer **Pferdekutsche** aufbrechen möchte, dem sei gesagt, dass sich linker Hand des Riesentors der „Park- und Standplatz" der berühmten **Fiaker** befindet.

Graben und Kärntner Straße

Wer etwas vom echten Wiener Flair erleben möchte, der sollte sich vom Stephansdom knappe 200 m in südwestlicher Richtung auf die **berühmteste Flaniermeile der Stadt,** den mit prachtvollen Jugendstil-, Biedermeier- und Barockfassaden sowie luxuriösen Geschäften gesäumten **Graben** bewegen. Diese exklusive Prunkzeile ist eine der elegantesten (und teuersten) Einkaufsstraßen Europas; sie beginnt am Stock-im-Eisen-Platz. Der Graben endet nach knapp 400 m an der Verzweigung nach links zum **Kohlmarkt** und nach rechts in die **Tuchlauben;** in seiner Mitte thront die eindrucksvolle **Pestsäule.** Seit 1974 ist der Graben **Fußgängerzone** und auch in unmittelbarer Nähe gibt es Sehens- und dank zahlreicher Lokale auch Schmeckenswertes. Verlässt man den Graben zum Kohlmarkt hin, dürften dem Besucher speziell die **prächtigen Exterieurs** der hiesigen Geschäfte auffallen.

Die verkehrsberuhigte **Kärntner Straße** ist die zweite Shoppingpromenade in der Innenstadt. Sie verläuft zwischen dem Stephansplatz und der **Staatsoper**

Wien Zentrum (Legende Karte S. 42)

Übernachtung
- **8** Hotel Sacher
- **9** Hotel Pension Neuer Markt
- **18** Hotel Wandl
- **23** Hollmann Beletage
- **24** Hotel Austria

Essen und Trinken
- **1** Café Central
- **2** Esterházykeller
- **8** Café Sacher
- **13** Trześniewski
- **14** Café Hawelka
- **15** Reinthaler's Beisl
- **17** Schwarzes Kameel
- **19** Eissalon Tuchlauben
- **22** Eissalon am Schwedenplatz
- **25** Café Prückel
- **26** Plachutta
- **28** Café Diglas
- **30** Figlmüller
- **35** Gmoa Keller

Nachtleben
- **6** Volksgarten Clubdiscothek
- **7** Babenberger Passage
- **10** Loos-Bar
- **12** Fledermaus
- **20** "Bermudadreieck" (Hotspot des Nachtlebens)
- **21** Krah-Krah
- **34** 1516 Brewing company

Einkaufen
- **3** Freytag & Berndt
- **4** Hamtil & Söhne
- **5** k.u.k. Hofzuckerbäcker ch. Demel's Söhne
- **11** Museumsshop Jüdisches Museum
- **16** Gramola
- **27** Haas & Haas
- **29** Morawa
- **31** Manner
- **32** Wein & Co
- **33** Aïda

Shalom Vienna – das jüdische Wien

Seit dem Jahr 1194 ist die Existenz von Juden in Wien urkundlich belegt. In den folgenden Jahrhunderten wurden sie immer wieder vertrieben und nicht selten vor die Wahl Zwangstaufe oder Hinrichtung gestellt. Ab dem 17. Jahrhundert siedelten sich immer mehr Juden in der **Leopoldstadt**, dem 2. Wiener Gemeindebezirk, an, aber erst vor ca. 150 Jahren wurde Wien zu einer Stadt mit einer nennenswert „großen" jüdischen Bevölkerung. Aus den etwa 6200 Juden im Jahr 1860 – also kurz nach der bürgerlichen Revolution von 1848, als man auch die Rechte der jüdischen Minderheit verbesserte – wurden etwa 147.000 im Jahr 1900 und ca. **190.000 im Jahr 1934.** Ende des 19. Jahrhunderts und speziell mit Ende der Monarchie hatte die Kunst in Österreich ihre traditionellen Fürsprecher und Förderer verloren, das Kaiserhaus und die Aristokratie. Fortan war es das Bürgertum – und ganz vorne mit dabei das erstarkte jüdische Bürgertum –, das **künstlerisch, kulturell,** aber auch **wissenschaftlich aktiv** war. Entscheidend mitgeprägt wurde diese Entwicklung durch Wiener jüdischen Glaubens, etwa *Arnold Schönberg, Arthur Schnitzler, Peter Altenberg, Max Reinhardt, Karl Kraus, Franz Werfel, Joseph Roth, Stefan Zweig, Sigmund Freud* – und natürlich den Begründer des modernen Zionismus, *Theodor Herzl.*

Diese europäische Glanzzeit und erst recht das jüdische Wien endeten 1938 mit dem Einmarsch der **Nazis** und dem euphorisch aufge-

oes_300 dk

nommenen Auftritt von *Adolf Hitler* auf dem Heldenplatz. Die Folgen waren die systematische **Verfolgung und Ausrottung der jüdischen Bevölkerung** der Stadt. Von den fast 200.000 Juden Wiens im Jahr 1938 – die Stadt war damit nach Warschau das zweitgrößte Zentrum jüdischen Lebens in Europa – gelang etwa 130.000 die Flucht, fast der gesamte Rest kam in den Konzentrationslagern der Nationalsozialisten um. Historische Zeichen jüdischer Kultur gibt es in Wien heute kaum noch, sieht man von einigen Friedhöfen, Gedenktafeln und dem Stadttempel in der Seitenstettengasse (Nähe Judengasse) ab – fast alle Einrichtungen fielen dem in Wien äußerst brutal verlaufenen **Novemberpogrom 1938** zum Opfer.

Heutzutage leben in Wien wieder etwa **15.000 Juden,** eine vergleichsweise kleine Gemeinde, die jedoch ein erstaunlich reges Leben führt, zu dem koschere Geschäfte und Restaurants, diverse Schulen, Synagogen und etliche kulturelle Einrichtungen, Events, Musikfestivals und sogar ein Filmfestival gehören. Erste Anlaufstellen für Interessierte sollten das **Jüdische Museum** und der zugehörige 11 Museumsshop samt Buchhandlung daneben (Plan S. 42, Dorotheergasse 11) sein.

■ **Jüdisches Museum,** Plan S. 42, Dorotheergasse 11, Tel. 01 5350431, www.jmw.at, So bis Fr 10–18 Uhr, Eintritt 12 €, ermäßigt 10 €. Wechselnde Ausstellungen zur Geschichte der Juden in Wien und Dauerausstellung „Unsere Stadt! Jüdisches Wien bis heute“. Die Außenstelle, das **Museum Judenplatz** (Plan S. 42, Judenplatz 8), führt durch die jüdische Geschichte Wiens im 14. Jh. Auf dem Platz steht auch das Holocaust-Mahnmal der englischen Bildhauerin *Rachel Whiteread* (geb. 1963).

und ist mit schicken Läden, Modegeschäften und Kaufhäusern sowie oft auf Touristen abgestimmten **Restaurants und Kaffeehäusern** gespickt. Verlässt man die Fußgängerzone gegenüber der Staatsoper nach rechts in die **Philharmonikerstraße,** erreicht man das weltberühmte 8 **Hotel Sacher** (www.sacher.com).

Judengasse und Umgebung

Die **Rotenturmstraße** stellt die Verlängerung des Stephansplatzes in Richtung Norden dar, denn sie verbindet ihn mit dem **Schwedenplatz** am Donaukanal. Besonders beliebt ist sie aufgrund ihrer zahlreichen **Modeboutiquen,** aber auch wegen – wie so oft in Wien – der hier gelegenen **Kaffeehäuser und Restaurants** sowie des hier beheimateten Nightlife-Szeneviertels. Das etwas erhöht gelegene Areal unweit des Donaukanals zählt zu den ältesten Gegenden Wiens – hier war die römische Legion stationiert, die die **Siedlung Vindobona** gründete. Heutzutage ist das Gebiet um Judengasse, Rabensteig, Seitenstettengasse und dem Hohen Markt für seine **ausgeprägte Lokaldichte** bekannt – da kann es schon mal passieren, dass Personen bis in die frühen Morgenstunden „verschollen“ bleiben, weshalb man das Viertel auch gerne als 20 **„Bermudadreieck“** (Plan S. 42) bezeichnet. Aber auch tagsüber ist die Gegend sehenswert, zumal die kopfsteingepflasterten Gassen immer noch

< Wer sich für die reiche jüdische Kultur und Geschichte Wiens interessiert, ist hier richtig: das Jüdische Museum in der Dorotheergasse

oes_301 mw

etwas vom alten Wien widerspiegeln, wie man es sonst kaum findet. Bereits vor dem Zweiten Weltkrieg und danach befand sich hier ein **jüdisches Textilviertel,** in dem zahlreiche Textilkaufhäuser für Großhändler betrieben wurden – daher der Name Judengasse. In der Seitenstettengasse 4 finden sich die **Israelitische Kultusgemeinde** sowie die als „Stadttempel" bezeichnete älteste noch bestehende **Synagoge** Wiens. Die als **Fußgängerzone** angelegte Judengasse endet am **Hohen Markt,** wo die beiden Trakte des Ankerhofes durch eine Brücke verbunden werden, auf der sich eines der herausragenden Werke des Jugendstils befindet: die **Ankeruhr.** Nicht verpassen in der Gegend sollte man auch die kleine **Ruprechtskirche,** die über dem Donaukanal thront und von wo man aufs andere Ufer mit seinen mondänen, verglasten Bürogebäuden, darunter der Sitz vieler internationaler Konzerne, blickt.

⌃ Geschichtsträchtige Kulisse: der Heldenplatz mit der Hofburg

Ringstraße

Die legendäre Ringstraße muss aufgrund ihrer zahlreichen **historischen Bauwerke** als eine der Hauptattraktionen Wiens angesehen werden. Die annähernd **kreisförmige Prachtstraße** begrenzt die Innere Stadt und ist etwa 5,2 km lang, zählt man den Franz-Josefs-Kai mit. Wer diese Strecke nicht laufen möchte, kann sie problemlos mit der **Vienna-Ring-Tram** (bei Drucklegung war die Vienna-Ring-Tram **bis auf Weiteres außer Betrieb**, sie soll aber zeitnah reaktiviert werden), einer Touristen-Straßenbahn, die den Ring am inneren Gleis im Halbstunden-Takt umrundet, befahren oder etwas stilvoller, dafür aber nicht billig mit einem **Fiaker** (Pferdekutsche). Die Ringstraße kann mehr oder weniger als Fortsetzung der **alten Wehranlage** betrachtet werden. Zu den Highlights an der Straße gehören u.a. die von dem Jugendstilarchitekten *Otto Wagner* (1841–1918) erbaute **Postsparkasse** am Georg-Coch-Platz (etwas versetzt neben dem Ring), das **Museum für angewandte Kunst** (www.mak.at), der **Stadtpark,** der Schwarzenbergplatz, die **Staatsoper** im

Stil der Neorenaissance, die **Hofburg** mit den Grünflächen des Burg- und Volksgartens, der eindrucksvolle **Heldenplatz** und das Naturhistorische und Kunsthistorische Museum, das Palais Epstein, das **Parlament** im neo-attischen Stil, das **Rathaus** im Stil der Flämischen Gotik, das **Burgtheater** sowie das **Universitätsgebäude.** Beachtet werden muss, dass die Ringstraße in **Abschnitte** unterteilt ist, die jeweils einen **eigenen Namen** tragen; diese sind im Uhrzeigersinn: Stubenring, Parkring, Schubertring, Kärntner Ring, Opernring, Burgring, Dr.-Karl-Renner-Ring, Universitätsring und Schottenring.

Haus der Musik

Unter dem Motto „Hör auf deine Ohren" lädt das erste **Klangmuseum** der Welt – das Haus der Musik – zu einer Entdeckungsreise in die Welt der Töne ein. Das Museum wurde im Jahr 2000 im Palais Erzherzog Carl eröffnet. Auf einer Fläche von 5000 m^2 setzt sich der Besucher hier mit Hilfe **interaktiver und multimedialer Präsentationsformen** mit Musik und vor allem dem Erleben von Musik auseinander. Und zwar von den Anfängen menschlicher Klangerzeugung bis zu den vielen Stilrichtungen unserer Zeit. Dabei erfährt man auch einiges über die Lebensgeschichte und das Schaffen der großen (klassischen) Komponisten, die in Wien tätig waren.

Haus der Musik, Seilerstätte 30, A-1010 Wien, Tel. 01 5134850, www.hausdermusik.com, tägl. 10–22 Uhr, Eintritt 17 €, ermäßigt 13 €.

Karlskirche

Südlich des Kärntnerrings befindet sich der lang gestreckte, nach Kaiser *Karl VI.* benannte **Karlsplatz.** Die größte Fläche des Platzes nimmt an der Nordseite der **Resselpark** ein, in dem sich ein Spielplatz sowie Büsten und Denkmäler einiger Persönlichkeiten finden. Im Norden trennt die sechsspurige **Lothringerstraße** die **Gründerzeit-Gebäude** des Wiener Musikvereins (Stammhaus der Wiener Philharmoniker und der Wiener Sängerknaben), des Künstlerhauses und der Handelsakademie vom Rest des Platzes ab. Herzstück des Platzes und Hauptgrund eines Besuchs ist jedoch die **orientalisch anmutende Karlskirche.** Bei ihr handelt es sich um eine der bedeutendsten **barock-klassizistischen Sakralbauten** nördlich der Alpen. Die Kirche präsentiert sich äußerlich als monumentales Bauwerk, dessen Architektur der des alten Griechenland, aber auch der antik-römischen entlehnt ist. Üppig präsentiert sich das Innere der Kirche. Das Hauptaugenmerk sollte dem im Stil des Barock konzipierten, hauptsächlich in Marmor gehaltenen **Hochaltar** gelten.

■ **Karlskirche,** Karlsplatz, A-1040 Wien, Tel. 01 5046187, www.karlskirche.at, Mo–Sa 9–18 Uhr, So und feiertags 11–19 Uhr, Eintritt 9,50 €, ermäßigt 5 €.

Secession

Am westlichen Ende des Karlsplatzes steht eines der herausragendsten Bauwerke des **Wiener Jugendstils:** die Secession. Das **ausschließlich in Gold und Weiß** gehaltene, geometrisch simple Ge-

Eine neue Kunst ward geboren!

Ab Ende des 19. Jahrhunderts fegte für etwa 20 Jahre ein neuer Wind durch die europäische Kunstszene. Ausgelöst durch die Arts-and-Crafts-Bewegung in England, sollte sich bald auf dem ganzen Alten Kontinent unter vielen Künstlern der Wunsch ausbreiten, den bis dahin dominierenden **Historismus,** also die gängige Praxis der Nachahmung historisch überlieferter Formvorbilder, durch etwas Neues zu ersetzen – der **Jugendstil** war geboren. Spricht man heute von dieser Kunstrichtung, meint man meist die **fantasievoll verspielten Werke** (der Malerei, Architektur und Mode, aber auch bei Keramik, Textilien oder Glas) mit ihren dekorativen, geschwungenen Linien und Symmetrien, die durch Gold unterstützten Farbspielereien sowie flächenhafte florale Ornamentik. Doch darf man dabei nicht vergessen, dass der Jugendstil **keine homogene Bewegung** war, es handelte sich vielmehr um divergierende Strömungen, die in den einzelnen Ländern Europas äußerst unterschiedliche Ergebnisse zeitigten. Wien war ab 1897 eines der absoluten Epizentren des auch **Art nouveau** genannten Stils, vorangetrieben durch die **„Secessionisten".** Diese waren eine Vereinigung Bildender Künstler, gegründet von *Hermann Bahr, Josef Engelhart, Josef Hoffmann, Gustav Klimt, Max Kurzweil, Wilhem List, Koloman Moser, Joseph Maria Olbrich, Ernst Stöhr* u.a. als Gegenbewegung zum – ihrer Meinung nach – zu traditionellen und konservativen Kunstbegriff, der unter den Schaffenden des Künstlerhauses bestand. Weitere bekannte Künstler des Secessionstils waren *Otto Wagner, Josef Plečnik* und *Dagobert Peche.* Zu den **Highlights des Wiener Jugendstils** gehören die Ankeruhr, die Secession, der Otto-Wagner-Pavillon, das Wagnerhaus und das Majolikahaus auf der Linken Wienzeile.

Bereits von außen eine weiß-goldene Pracht: Die Secession ist aber im Inneren ebenso eindrucksvoll

oes_007 dk

bäude ist durch seine **außerordentliche Ornamentik,** wie z.B. die den Eingang zierenden sog. Gorgonenhäupter, aber auch durch den aufgesetzten Kubus, in dem eine Kuppel aus 3000 vergoldeten Lorbeerblättern sitzt, prachtvoll anzusehen. Das Bauwerk wurde 1898 als Ausstellungshaus der **„Secessionisten"** kreiert. Bis heute ist die Secession eine Vereinigung Bildender KünstlerInnen, in der wechselnde **Ausstellungen** und Veranstaltungen stattfinden. Bei einem Besuch sollte man unbedingt das von *Gustav Klimt* geschaffene, 34 m lange **Beethovenfries** betrachten. Südlich der Secession beginnt der – hier bereits zum 4. Bezirk gehörende – Naschmarkt.

MEIN TIPP: **Secession,** Friedrichstraße 12, A-1010, Tel. 01 5875307, www.secession.at, Di–So 10–18 Uhr, Eintritt 12 €, ermäßigt 7,50 €.

Naschmarkt

Willkommen im hedonistischsten Einkaufsparadies der Stadt! Es handelt sich um ein etwa **600 m langes quirliges Sammelsurium** aus Obst-, Gemüse-, Backwaren-, Fleisch- und Fischgeschäften, die dicht aneinander, zusammen mit Gewürzständen, Blumenverkäufern und allerlei anderen Läden, ihre Waren verkaufen. Seit einigen Jahren bietet der Markt auch eine große Auswahl an **Gastronomiebetrieben,** darunter Wiener Küche, asiatische Leckerbissen, Döner, Falafel und frischer Fisch. Außerdem findet samstags am großen Parkplatz südlich des Naschmarkts bei der Kettenbrücke **Wiens größter Flohmarkt** statt. Auch die **Linke Wienzeile,** also die Straße, an der sich der Naschmarkt befindet, beherbergt einige Highlights. Opernenthusiasten sei das **Theater an der Wien** auf der Nr. 6 empfohlen, sehenswert sind ferner das **Wagnerhaus** auf der Nr. 38 und das **Majolikahaus** mit der Hausnummer 40. Die beiden letztgenannten Gebäude wurden von *Otto Wagner* Ende des 19. Jahrhunderts gestaltet und stellen wahre Perlen des Wiener Jugendstils dar.

Kunstsammlung Albertina

Etwas versetzt unweit der Ringstraße befindet sich die Kunstsammlung Albertina, bei der es sich um eine der größten und bedeutendsten **grafischen Samm-**

Wien mal von unten

1949 kam der **Spielfilm „Der Dritte Mann"** mit *Orson Welles* in die Kinos. Der Film, der bis heute für seine Zither-Musik – das Harry-Lime-Thema – berühmt ist, spielt im Wien der Nachkriegszeit. Besonders eindrucksvoll sind die expressionistischen Kameraperspektiven der Verfolgungsjagd durch die Wiener **Kanalisation.** Diese kann auf einer **geführten Tour** besichtigt werden. Das mag vielleicht etwas schmuddelig klingen, ist es aber nicht, da die Kanalisation mittlerweile viel mehr ein **modernes Abwassersystem** mitsamt ausgefeilter technologischer Innovationen darstellt als eine düstere Unterwelt. Dennoch hat die Tour etwas Mystisch-Abenteuerliches, weshalb sie für Kinder unter 12 Jahren nicht empfohlen wird.

■ **3.-Mann-Tour,** Karlsplatz-Girardipark, U-Bahn-Station Karlsplatz, A-1010 Wien, Tel. 01 400030-33, www.drittemanntour.at, Mai bis Okt. Do–So 10–19 Uhr (Touren zu jeder vollen Stunde), Preis 10 €, ermäßigt 8 €.

oes_273 mw

lungen der Welt handelt. Besonders auffällig sind der von *Hans Hollein* entworfene **Eingangsbereich** im ersten Stock – von außen über eine Rolltreppe erreichbar – und das darüber gespannte, 64 m lange **Schwebedach aus Titan.** Die ausgestellten und archivierten Exponate reichen von der **Spätgotik bis zur zeitgenössischen Kunst** und umfassen u.a. Werke von *Albrecht Dürer* (1471–1528), aber auch von österreichischen Künstlern wie *Oskar Kokoschka* (1886–1980), *Gustav Klimt* (1862–1918) und *Egon Schiele* (1890–1918). Ebenfalls zur Albertina gehört die **Albertina modern** auf dem Karlsplatz, wo zeitgenössische Kunst ausgestellt wird.

Kaiserliches Flair: Vom Michaelerplatz betritt man die stattliche Hofburg

■ **Kunstsammlung Albertina,** Albertinaplatz 1, A-1010 Wien, Tel. 01 534830, www.albertina.at, tägl. 10–18 Uhr, Mi und Fr 10–21 Uhr, Eintritt 18,90 €, ermäßigt 14,90 €.

Hofburg

Das spektakulärste Bauwerk aus der Kaiserzeit inmitten der Inneren Stadt ist die **ehemalige Residenz der Regierenden:** die Wiener Hofburg. Zwischen 1438 und 1583 sowie von 1612 bis 1806 waren hier die Privatgemächer der **Könige und Kaiser** des Heiligen Römischen Reichs Deutscher Nation und anschließend die der Habsburger untergebracht. Den ältesten Teil des Areals bildet der **Schweizertrakt** mit dem Schweizerhof, dessen Gründung wohl auf das 13. Jahrhundert zurückgeht. In diesem Trakt in der Mitte der Burg befinden sich die **gotische Burgkapelle** sowie die zum Kunsthistorischen Museum gehörende **Schatzkammer,** in der sich der wichtigste **Kronschatz** aus dem Mittelalter befindet: die Insignien und Kleinodien des Heiligen Römischen Reichs mit der Reichskrone und der Heiligen Lanze. Gegenüber dem Schweizertor erhebt sich die im Renaissancestil erbaute **Amalienburg.** Die Verbindung zwischen Amalienburg und Schweizerhof bildet der **Leopoldinische Trakt,** in dem heute die Arbeitsräume des **Bundespräsidenten** untergebracht sind sowie die des **Bundeskanzlers** am davor liegenden Ballhausplatz. Der nördliche Teil der Hofburg besteht in erster Linie aus dem **Michaelertrakt,** der durch das majestätische **Michaelertor** vom Michaelerplatz her begehbar ist und das Tor mit dem Reichskanzleitrakt verbindet. Auf dem **Michaelerplatz** befinden sich **Ausgrabungen einer römischen Siedlung;** der hinter dem Tor liegende Michaelertrakt beherbergt heute das **Sisi Museum,** in dem in aufwändig inszenierter Weise Mythos und Wahrheit über Kaiserin *Elisabeth* (1837–98) „beleuchtet" werden, sowie dahinter die **Silberkammer,** in der sich der verschwenderische Luxus imperialer Tafelkultur besichtigen lässt. Im zentralen Bereich der Hofburg liegen der **Festsaaltrakt** mit dem Zeremoniensaal – vormals Thronsaal –, dem Wintergarten und weiteren Räumen, die heute meist als Kongresszentrum der OSZE verwendet werden, aber in der Ballsaison (Januar/Februar) häufig auch der Öffentlichkeit zugänglich sind. Der südlich vom Michaelertor am Josefsplatz gelegene Teil der Hofburg beherbergte einst die **Stallungen** für die kaiserlichen Pferde. Heute hat hier in der **Winterreitschule** die älteste klassische Reitinstitution der Welt ihren Sitz: die **Spanische Hofreitschule.** Die klassischen Reitshows auf den stolzen Lipizzanerhengsten sind geradezu legendär und stellen für Pferdefreaks und Reiter sicherlich einen der Höhepunkte bei einem Besuch der Hofburg dar.

MEIN TIPP: **Hofburg,** Innerer Burghof/Kaisertor 1, A-1010 Wien, Tel. 01 5337570, www.sisimuseum-hofburg.at, tägl. 9–17.30 Uhr (Juli und August 9–18 Uhr), Eintritt 17,50 €, ermäßigt 11 €.

■ **Spanische Hofreitschule,** Haupteingang über den Michaelerplatz 1 (im Michaelertor), A-1010 Wien, Tel. 01 5339031, www.srs.at.

Kunsthistorisches und Naturhistorisches Museum

Kaiser *Franz Joseph I.* gab 1864 den Bau **zweier äußerlich gleicher Gebäude** an der Ringstraße in Auftrag, um hier die Kunst- und Naturaliensammlungen unterzubringen: das Kunsthistorische und das Naturhistorische Hofmuseum. Ersteres – oft als **KHM** abgekürzt – ist eines der namhaftesten und bedeutendsten Museen seiner Art in Europa und beherbergt die Kunstschätze, die die Habsburger über viele Jahrhunderte hinweg sammelten. Dazu gehören **bedeutende Werke der großen Meister,** z.B. *Giuseppe Arcimboldos* „Sommer" und andere seiner Gemälde mit Köpfen aus Gemüse und Obst, die „Bauernhochzeit" von *Pieter Bruegel dem Älteren, Tizians* „Kirschen-Madonna", *Rembrandts* „Selbstporträt", *Peter Paul Rubens'* „Pelzchen" oder *Albrecht Dürers* „Maria und die Birne".

Gegenüber dem KHM befindet sich das **Naturhistorische Museum (NHM),** das 1889 eröffnet wurde und in dem ursprünglich nur die naturwissenschaftliche Sammlung der Habsburger untergebracht war. Im Laufe der Jahrzehnte erweitert, verfügt es heute u.a. über geologische, paläoontologische, mineralogische, zoologische (darunter eine erstaunliche **Schmetterlingskollektion**), botanische, anthropologische und prähistorische Abteilungen. Mit **39 Schauräumen** und **20 Millionen Exponaten** ist das Naturhistorische Museum eines der größten Österreichs.

MEIN TIPP: **Kunsthistorisches Museum,** Maria-Theresien-Platz, A-1010 Wien, Tel. 01 525240, www.khm.at, Juni bis Aug. tägl., Sept. bis Mai Di–So 10–18 Uhr, Do bis 21 Uhr, Eintritt 21 €, ermäßigt 18 €.

Naturhistorisches Museum, Maria-Theresien-Platz, A-1010 Wien, Tel. 01 521770, www.nhm-wien.ac.at, Do–Mo 9–18.30 Uhr, Mi 9–21 Uhr, Eintritt 18 €, ermäßigt 14 €, Kinder/Jugendliche unter 19 Jahren frei.

MuseumsQuartier

Südwestlich des Maria-Theresien-Platzes liegen die **ehemaligen kaiserlichen Hofstallungen.** Der ockerfarbene, 1725 erbaute barocke **Fischer-von-Erlach-Trakt** bildet das Herzstück eines der beachtlichsten Architekturprojekte Wiens: Das Kulturzentrum MuseumsQuartier, kurz **MQ,** ist mit **60.000 m² Fläche** einer der größten Museumskomplexe weltweit und Heimat diverser Ausstellungen. Im Fischer-von-Erlach-Trakt begeistert das **Quartier 21,** ein multimediales Zentrum, in dem mehrere zeitgenössische Kultureinrichtungen untergebracht sind. Ein riesiger zentraler, mit weißem Kalkstein gepflasterter **Innenhof,** der sich zu einer Art urbanem Freilufterholungsraum entwickelt hat, trennt das alte Gebäude von zwei modernen Häusern. Im südlichen Teil des Hofes handelt es sich dabei um das **Leopold Museum** mit einer spektakulären Sammlung von Malereien österreichischer Künstler wie *Gustav Klimt* und *Oskar Kokoschka,* darunter auch die weltweit größte Sammlung von Bildern des Malers *Egon Schiele.* Im Norden des Platzes befindet sich das **Museum Moderner Kunst Stiftung Ludwig Wien,** kurz **MUMOK,** ein kubisches, mit Basalt ummanteltes anthrazitfarbenes Gebäude, das über mehrere „Kellergeschosse“ in die Tiefe gebaut wurde. Hier werden Dauerexponate zeitgenössischer Kunst und zumindest immer eine zeitlich begrenzte Sonderausstellung gezeigt.

■ **MuseumsQuartier,** www.mqw.at.

MEIN TIPP: **Leopold Museum,** Museumsplatz 1, A-1070 Wien, Tel. 0820 600600 oder 01 525700, www.leopoldmuseum.org, Oktober–Juli Mi–Mo 10–18 Uhr, August–September tägl. 10–18 Uhr, erster Do im Monat bis 21 Uhr, Eintritt 18 €, erm. 14 €.

■ **MUMOK,** Museumsplatz 1, A-1070 Wien, Tel. 01 52500, www.mumok.at, Di–So 10–18 Uhr, Eintritt 15 €, ermäßigt 11,50 €.

Mariahilfer Straße und Umgebung

Als **eine der größten und bekanntesten Einkaufsstraßen** Wiens ist die Mariahilfer Straße der gleichermaßen perfekte Ort für einen relaxten Schaufensterbummel wie für olympisches Hardcore-

Shopping. Mit einer Vielzahl an Modeboutiquen, Parfümerien, Bücher- und Elektronik-Geschäften, renommierten Kaufhäusern und einer rauen Menge an Kaffeehäusern, Restaurants und Eissalons bietet die Mariahilfer Straße praktisch alles, was das Einkaufsherz begehrt. Die schmale, aber größtenteils von breiten Gehsteigen gesäumte und in weiten Teilen **verkehrsberuhigte Flaniermeile** verläuft ab der südlichen Seite des Kunsthistorischen Museums und endet im Auer-Welsbach-Park in Penzing im 14. Bezirk. Geschäftsstraße ist sie dabei aber nur auf den ersten 1,5 km bis zum Mariahilfer Gürtel. Gleich in der Nähe liegt mit dem **Spittelberg** eines der besterhaltenen Biedermeierviertel der Stadt. Charakteristisch für die Gegend sind die vielen ansehnlichen Häuser aus dem 19. Jahrhundert sowie die schmalen Gässchen, die nach wie vor einen **dörflichen Eindruck** vermitteln. In der Vorweihnachtszeit findet hier ein viel besuchter **Christkindlmarkt** statt, und besonders beliebt ist das kleine Viertel auch aufgrund der hohen Dichte an **Lokalen und Kneipen.**

Sehenswertes außerhalb der Innenstadt

Prater

Vielleicht ist es dem österreichischen Tenor *Richard Tauber* (1891–1948) und seiner Interpretation von „Im Prater blüh'n wieder die Bäume" zu verdanken, dass die **6 km² große Parkanlage** – im 2. Bezirk nördlich des Donaukanals gelegen – mit ihren Auenlandschaften bis heute weltweit bekannt ist und als **eines der Wahrzeichen Wiens** gilt. Im Jahr 1766 machte Kaiser *Joseph II.* den Prater größtenteils der Allgemeinheit zugänglich, wodurch später der im Volksmund **„Wurschtelprater"** genannte nordwest-

oes_008 dk

☒ Eines der Postkarten-Wahrzeichen Wiens: das knapp 65 m hohe Riesenrad auf dem Prater

oes_274 mw

liche Teil entstand, in dem heute der bekannte **Vergnügungspark** liegt. Hier sorgen zahlreiche **familienfreundliche** Schaustell- und Unterhaltungsbetriebe wie Geister- und Go-Kart Bahnen und durchaus Adrenalin fördernde Achterbahnen, aber auch Spiel und Spaß für Kleinkinder (Hüpfburgen, Spiegelkabinette, Karusselle) für Unterhaltung. Natürlich ist ein Besuch des Praters nur an schönen Tagen zwischen April und Mitte Oktober zu empfehlen, der Eintritt auf das Gelände ist dabei übrigens kostenfrei. Bezahlt werden müssen die einzelnen Attraktionen bei den jeweiligen Schaustellern. Der absolute Hingucker ist das 1896/97 erbaute **Riesenrad,** in dem sich eine Fahrt durchaus lohnt, da man von oben einen erstaunlich guten Blick über die Stadt hat. Und falls einem der Trubel im „Wurschtelprater" zu viel sein sollte, so begibt man sich auf die idyllischen **Wiesen und Auen,** wo man getrost die Seele baumeln lassen kann.

⌃ Starre Formen – nein danke! Friedensreich Hundertwassers Architektur ist legendär

KunstHausWien und Hundertwasserhaus

Westlich der Innenstadt liegt der 3. Bezirk, der vor allem aufgrund der architektonischen Arbeiten von **Friedensreich Hundertwasser** (1928–2000) besucht wird. Eine permanente **Ausstellung** zu seinen Werken – in Verbindung mit Wechselausstellungen zu anderen Künstlern – kann man im **KunstHaus-Wien** betrachten. Auf einer Ausstellungsfläche von rund 1600 m² bekommt man einen umfassenden Eindruck vom Schaffen des Künstlers. Dabei hat *Hundertwasser* die Umgestaltung des Gebäudes selbst geplant, und so erhält man automatisch auch eine Einführung in die Grundzüge des **von ihm konzipierten Baustils.** Exemplarisch ist hierbei, dass er gerade Linien ablehnte, folglich ist das Museum voller interessanter Formen, in grellen Farben gehalten und mit reichlich Tageslicht durchflutet. Nur knappe 400 m vom KunstHausWien entfernt erhebt sich das 1986 fertiggestellte **Hundertwasserhaus.** Dieses ebenfalls nach seinen Entwürfen gestaltete Gebäude ist – im Gegenteil zum KunstHausWien – kein Museum, sondern eine **Wohnhausanlage** der Gemeinde Wien.

■ **KunstHausWien,** Untere Weißgerberstraße 14, A-1030 Wien, Tel. Info 01 7120491, www.kunsthauswien.com, tägl. 10–18 Uhr, Eintritt 15 €, ermäßigt 6 €.
■ **Hundertwasserhaus,** Kegelgasse 34–38, A-1030 Wien, www.hundertwasserhaus.at.

Schloss Belvedere

Das südlich des Schwarzenbergplatzes gelegene, als Schloss Belvedere bekannte **barocke Ensemble** besteht aus **zwei Gebäudekomplexen** – dem sog. Oberen und Unteren Belvedere –, die durch einen auf drei Terrassen angelegten **französischen Gartenpark** verbunden sind. Schon ein Besuch dieses Parks ist mehr als lohnenswert, da man von oben einen **Weitblick über Wien** bis hin zum Kahlenberg und dem Wienerwald genießt. Geradezu weltberühmt ist das Schloss jedoch für seine **Gemälde- und Kunstartikelsammlungen der Österreichischen Galerie Belvedere,** von denen Exponate in beiden Gebäudeteilen ausgestellt sind. Das **Untere Belvedere** beinhaltet die **Prunkräume des Prinzen Eugen von Savoyen** (1663–1736); ausgestellt sind hier Kunstwerke aus verschiedenen Epochen, die mehr als 900 Jahre

008wi dk

☐ Edle Gartenkunst: Im Belvedere ist bereits der Park eine echte Sensation

Wiens feucht-fröhliche Seite – ausg'steckt is!

Zumindest unter Weintrinkern dürfte in Wien und ganz Ostösterreich immer noch ein Kaiser der vergangenen Donaumonarchie besonders beliebt sein: **Kaiser Joseph II.** Er war es nämlich, der im Jahr 1784 verordnete, dass „Weinhauer" – der österreichische Begriff für Winzer – **selbst angebauten Wein** im eigenen Haus ohne besondere Lizenz ausschenken dürfen. Bis heute findet man in der Hauptstadt, aber auch im angrenzenden Niederösterreich, im Burgenland und in der Steiermark diese **Heurigenlokale,** also Weinschenken, die nach dem Jungwein („Heuriger") benannt sind (lokal heißen sie auch **Buschenschänken**). Neben Wein werden in den Heurigenlokalen auch kalte Snacks – u.a. belegte Brote, z.B. mit Liptauer (mit Paprika gewürzter Streichkäse), Grammelschmalz, Kümmelbraten oder Eierspeise (Omelett) – sowie Salate und warme Speisen angeboten. Beim Heurigen herrscht in der Regel eine heitere, oftmals (mehr als) **ausgelassene Stimmung,** die in touristischen Etablissements häufig noch zusätzlich mit **volkstümlicher Live-Musik („Schrammelmusik")** angeheizt wird. Ein Besuch in einer dieser Schänken ist durchaus ein ganz besonderes ostösterreichisches Erlebnis. Aber Vorsicht: Die Lokale – sieht man von den sehr touristischen ab – haben normalerweise nicht ganzjährig geöffnet, sondern nur **einige Wochen pro Saison,** in denen der Weinhauer als Erkennungszeichen einen **Föhrenzweig** am Eingang aussteckt. Ist man nicht sowieso in der Gegend, kann ein Kontrollanruf, ob bei der entsprechenden Lokalität „ausg'steckt is", folglich nicht schaden.

Wein aus Wien

Kaum eine andere Metropole verfügt über nennenswerte Weinanbaugebiete innerhalb der Stadtgrenzen. Wien dagegen zählt **über 340 „Weinhauer" (Winzer),** die eine Fläche von etwa 670 Hektar bebauen. Den absoluten Löwenanteil aller Weingärten teilen sich der 19. (Döbling) und der 21. Bezirk (Floridsdorf). Während ursprünglich relativ simple Rebensäfte speziell für die Heurigenbetriebe hergestellt wurden, sind die Wiener Tropfen mittlerweile in der Regel nicht von „schlechten Eltern", denn man keltert fast ausschließlich **Qualitätsweine,** wovon die diversen Preise und Medaillen in vielen Heurigenlokalen in Grinzing und Stammersdorf zeugen. Der **Weißwein** – mit den Rebsorten Grüner Veltliner, Riesling, Weißburgunder und Chardonnay – ist dabei mit 80% seinem roten Vetter weit voraus, wenn auch in den letzten Jahren ein Trend Richtung **Ausweitung der Rotweinproduktion** – Blauer Zweigelt, Blauer Burgunder und Cabernet Sauvignon – festzustellen ist. Kein Wunder also, dass der Wein einen so wichtigen Teil der Wiener Lokalkultur ausmacht. Wirklich typisch für Wien ist übrigens der **„Gemischte Satz",** ein aus mindestens drei Rebsorten zusammengesetzter Wein. Im Gegensatz zum normalen Cuvée werden die verschiedenen Rebsorten in einem Weingarten angebaut und zusammen gekeltert und vergoren. In diesem Sinne: Eine Flasche Gemischter Satz ist ein wahrlich authentisches Mitbringsel aus der Donaumetrople.

umspannen. Im angeschlossenen Prunkstall finden sich wertvolle Kunstschätze des Mittelalters. Das **Obere Belvedere** zeigt vor allem die Meisterwerke der österreichischen Künstler des Fin de Siècle und des Jugendstils, etwa „Der Kuss" von *Gustav Klimt* (1909), „Selbstporträt mit gesenktem Kopf" von *Egon Schiele* (1912) und „Stillleben mit totem Hammel" von *Oskar Kokoschka* (1919).

MEIN TIPP: **Schloss Belvedere,** Rennweg 6a (Unteres Belvedere) und Prinz-Eugen-Straße 27 (Oberes Belvedere), Tel. 01 795570, A-1030 Wien, www.belvedere.at, tägl. 10–18 Uhr, Eintritt pro Museum 16/19 €, ermäßigt 12/15,50 €, Kombitickets 24–28,50 €, ermäßigt 19,90–24,50 €. Tickets für das Obere Belvedere werden für eine festgelegte Einlasszeit ausgestellt, an die man sich halten muss.

Schloss Schönbrunn

Während man in der Hofburg regierte, wurde das pompöse Schloss Schönbrunn zum Feiern und Genießen konzipiert. Die zwischen 1695 und 1713 erbaute **Zweitresidenz der Habsburger** zeigt wie kein anderer Ort, in welch verschwenderischem Überfluss die früheren Monarchen lebten und ihre Macht und ihren Reichtum in **Saus und Braus** zur Schau stellten. Die Habsburger waren zunächst nur mäßig an Schönbrunn interessiert, bis *Karl VI.* das Schloss seiner Tochter **Maria Theresia** (1717–80) schenkte. Die resolute Monarchin erkor das Schloss zum **Sommersitz** und ließ es in den Jahren 1743–49 erweitern und umbauen. Aus dieser Zeit stammt der Großteil des Interieurs, das als namhaftes Beispiel des **Rokoko** in Österreich gilt. Heute stellt das Schlossareal eine der meistbesuchten Sehenswürdigkeiten des Landes dar und steht seit 1996 als **Weltkulturerbe** auf der entsprechenden UNESCO-Liste. Zu bewundern ist zuallererst das Schlossgebäude selbst (bestehend aus insgesamt 1441 Zimmern, von denen etwa 40 für Besucher begehbar sind), in dessen größtem Teil sich ein **Museum** befindet. Besichtigt werden können diverse **prunkvoll ausgestattete Privatgemächer** der ehemaligen Regenten, die private Schlosskapelle *Maria Theresias* und das berühmte Napoleonzimmer, der Spiegelsaal und die Große Galerie sowie zwei prächtige, üppig mit Kristallspiegeln und riesigen Lüstern verzierte Festsäle im Stil des Rokoko. Auch liebten die Habsburger die Welt der Botanik, wovon der Schönbrunner **Schlosspark,** ein französisch inspirierter Lustgarten, zeugt. Hier liegt auch der **Tiergarten Schönbrunn,** der älteste noch bestehende Zoo der Welt. Der bereits 1752 von den Habsburgern gegründete Tiergarten zählt heute dank zahlreicher Innovationen, Erneuerungen und Erweiterungen auch zu den zeitgemäßesten und beliebtesten weltweit und stellt damit – im Zoo leben ca. **750 Tierarten** – eine der absoluten Hauptattraktionen in Wien dar.

■ **Schloss Schönbrunn,** Schönbrunner Straße 47, A-1130 Wien, Tel. 01 811130, www.schoenbrunn.at, Januar–März tägl. 9.30–17 Uhr, April–Juni und September–Dezember 9–17 Uhr, Juli–August 9–17.30 Uhr, Eintritt ab 20 €, ermäßigt ab 13 €.

Tiergarten Schönbrunn, Maxingstraße 13 B, A-1130 Wien, Tel. 01 87792940, www.zoovienna.at, April–September tgl. 9–18.30 Uhr, März und Oktober bis 17.30, Februar bis 17, November–Januar bis 16.30 Uhr, Eintritt ab 27 €, ermäßigt 15,50 €.

Grinzing

Schlendert man im **Stadtteil** Grinzing, dem 19. Wiener Gemeindebezirk, durch die **Gässchen mit** ihren immer noch **dörflich anmutenden Häusern,** scheint es, als seien die Uhren in dieser hügeligen Gegend stehen geblieben. Durch Grinzing fließen einige Bäche und der Bezirk ist stark vom **bewaldeten Bergrücken des Wienerwalds** geprägt, weshalb das Gebiet bei einheimischen **Spaziergängern** äußerst beliebt ist. Auffallend sind die Weinstöcke an den Hängen der hier gelegenen Höhenzüge, und tatsächlich ist Grinzing in Wien fast gleichbedeutend mit **Wein.** Grinzinger Straße, Sandgasse, Himmelstraße und Cobenzlgasse bilden heute ein von **Heurigenlokalen** (→ S. 58) überzogenes Areal, in dem es eine Freude ist, sein individuelles Plätzchen in einem der Lokale zu finden, um die regionalen Tropfen zu probieren.

Kahlenberg

Nördlich von Grinzing erstreckt sich der **Wienerwald** bis weit nach Niederösterreich hinein. Dieses Gebiet stellt geologisch einen **Ausläufer der nördlichen Kalkalpen** dar und weist daher einige bergähnliche Erhebungen in unmittelbarer Nähe zur Stadt auf. Dazu gehört in allererster Linie der **484 m** hohe Kahlenberg. Von einer **Aussichtsterrasse** hat man an klaren Tagen einen wunderbaren Blick über Wien und das Donaubecken in Richtung Osten. Unweit der Terrasse liegen zwei Lokale, ferner kann man den Waggon der ehemaligen Zahnradbahn besichtigen, die nur von 1874 bis 1920 in Betrieb war. Nicht übersehen sollte man die kleine **Barockkirche Sankt Josef,** die im Gedenken an den polnischen König **Jan III. Sobieski** (1629–96) errichtet wurde, der 1683 mit seinem Heer vom Kahlenberg aus in die Schlacht gegen die weiter unten stationierten Türken zog und Wien von deren Belagerung befreite. Etwas weiter oben auf dem Gipfel befindet sich die **Stefaniewarte** mit dem nicht zu übersehenden Sendeturm, von der man auch nach Norden in Richtung Klosterneuburg blicken kann.

Donauinsel und Alte Donau

Die **Donauinsel** ist ein im Zuge der Hochwasserregulierung in den Jahren 1972–88 **künstlich geschaffener Landstreifen zwischen Donau und Neuer Donau,** der erstaunliche **21,1 km** in der Länge, aber nur 200 m in der Breite misst. Das Wasser ist hier vorbildlich sauber, daher ist die Insel in erster Linie ein **Naturreservat,** in dem sich seltene Vogel- und Fischarten, aber zum Teil auch Säugetiere wie Biber, Hasen und selbst Rehe angesiedelt haben. Für die Stadtbewohner ist die Donauinsel ein **beliebtes Naherholungsgebiet.** Die **asphaltierten Uferwege** laden zu „endlosen" Spaziergängen, zum Fahrradfahren oder Inline-Skaten ein. Dabei ist erwähnenswert, dass der Großteil der Insel **verkehrsberuhigt** ist. Ganz besonders populär ist die Insel aber deswegen, weil man hier „wild" und unentgeltlich in der (Neuen) Donau **baden** darf. Das bedeutet, dass nur an gekennzeichneten Stellen Duschen, WCs und eine Badeaufsicht gegeben sind, dafür gibt es keine Öffnungszeiten und man findet in der Regel abseits des Trubels ein „einsames Plätzchen". Auch westlich der Donauinsel setzt sich der Badespaß fort. Entlang der **Alten Donau** - einem Altarm der Donau, die mit diesem nicht mehr verbunden ist - befinden sich mehrere (teils kostenpflichtige) **Strandbäder,** die teilweise auf eine über 100 Jahre alte Geschichte zurückblicken. Ganz besonders schön ist das **Strandbad Gänsehäufel,** das auf einer bewaldeten Sandinsel liegt. Seine hellen Sandstrände inmitten der idyllischen Auenlandschaft und **zahlreiche Sport- und Freizeiteinrichtungen** machen es zu einem der meistbesuchten Badeorte Wiens.

Strandbad Gänsehäufel, Moissigasse 21, A-1220 Wien, Tel. 01 2699016, www.wien.gv.at/freizeit/baeder/uebersicht/sommerbaeder/gaensehaeufel.html, geöffnet Mai bis Sept., Mo–Fr 9–18.30, Sa/So 8–18.30 Uhr, Eintritt ab 7,20 €, Kinder 2,60 €, Jugendliche 4,30 €.

Praktische Infos

Tourist-Info Wien

- **Albertinaplatz/Maysedergasse,** A-1010 Wien, täglich 10–18 Uhr; in der Ankunftshalle **am Flughafen Wien-Schwechat,** täglich 7–22 Uhr; im InfoPoint der ÖBB **am Hauptbahnhof,** täglich 9–19 Uhr; **Wien Hotels & Info,** Tel. 01 24555, Mo–Fr 9–18 Uhr.

An- und Abreise

- Wer mit dem **eigenen Fahrzeug** aus dem Süden oder Südwesten Deutschlands oder aus der Schweiz anreist, hat die Wahl: Man kann über München auf der **A8** bis Salzburg und von dort auf der österreichischen **A1** bis Wien fahren oder – etwas schöner, dafür aber nicht durchgängig per Autobahn – über die **B12/E552** von München bis Braunau am Inn und dann auf die **A8** Richtung Wien. Wer aus einem anderen Teil Deutschlands anreist, sollte auf der **A3** bis Passau fahren und dann bei Schärding auf die **A1** wechseln.

☐ Das Nordufer der Donauinsel beeindruckt mit seiner Skyline

oes_275 mw

Wien preiswert

Ein guter Tipp für Wien-Besucher, die mehrere Attraktionen besuchen möchten, ist der **EASY CityPass.** Er gilt für bis zu drei Tage, erlaubt dabei freie Fahrt mit den Wiener Linien und gewährt Vergünstigungen in den meisten Museen und Preisnachlässe in ausgesuchten Restaurants und Geschäften (easycitypass.com/wien). Alternativ gibt es noch die **Vienna City Card** (www.viennacitycard.at), die neben den CityPass-Leistungen auch Ermäßigungen in Konzerthäusern und Theatern sowie Hop-On Hop-Off Touren bietet.

- Wien verfügt über mehrere Bahnhöfe, wobei für die allermeisten internationalen Bahntouristen nur der **Wiener Hauptbahnhof** von Belang ist. Hier halten alle **Fernzüge** aus dem und in den Norden, Osten und Süden (dazu gehören auch praktisch alle Züge der Deutschen Bahn und der Schweizerischen Bundesbahnen). Der Hauptbahnhof befindet sich unmittelbar am Gürtel in der Nähe von Schloss Belvedere. Man hat von hier mit der U-Bahn-Linie U1 (z.B. zum Stephansplatz) Anbindung an den Nahverkehr.
- Der **Westbahnhof** im 15. Gemeindebezirk bildet den Kopfbahnhof der österreichischen **Westbahn** (westbahn.at), die Wien mit Westösterreich (u.a. Linz und Salzburg) sowie mit Innsbruck und München verbindet. Vom Westbahnhof erreicht man mit der U3 problemlos die City.
- Von vielen deutschen und Schweizer Städten gibt es direkte **Busverbindungen** nach Wien (häufig auch **Nachtfahrten**). Zwar dauert die Fahrt mit dem Bus meist länger als mit dem Zug, doch bieten die Busgesellschaften unschlagbar günstige Tarife an. Die allermeisten Busse starten oder enden am **Südtiroler Platz** unmittelbar neben dem Hauptbahnhof.
- Wer mit dem Flugzeug ankommt, landet am **Flughafen Wien-Schwechat,** der etwa 18 km südöstlich des Stadtzentrums liegt und über die Autobahn A4 mit der Stadt verbunden ist. **Anbindung an die Innenstadt** hat man vom Flughafen entweder mit der S-Bahn-Linie S7 (zu den Bahnhöfen Wien Mitte/Landstraße oder Wien Nord/Praterstern), mit einem Shuttlebus, der den Flughafen mit dem Bahnhof Wien Meidling, dem Hauptbahnhof, dem Westbahnhof oder dem Schwedenplatz verbindet, bzw. mit dem **City Airport Train** (CAT). Dieser Schnellzug verbindet den Flughafen mit der Haltestelle Wien-Mitte/Landstraße in genau 16 Minuten, ist dabei aber teurer als die zuvor genannten Optionen.

Parken

In Wien braucht man weder ein eigenes Auto noch einen Mietwagen. Das öffentliche Verkehrsnetz ist hervorragend ausgebaut und leicht durchschaubar. Hinzu kommt, dass sich das Parken in fast der gesamten Stadt schwierig gestaltet bzw. man auf **relativ teure Parkplätze und Parkhäuser** angewiesen ist (oder einen Hotelparkplatz). Gebührenfreie Zonen gibt es innerhalb des Stadtgebiets gar nicht. In der Regel muss man Mo–Fr 9–22 Uhr **Parkscheine** in einer Trafik (Zeitschriften- und Zigarettengeschäft), einem Bahnhof oder einer Vorverkaufsstelle der Wiener Linien kaufen und diese ausgefüllt hinter die Windschutzscheibe legen. Alternativ bietet sich der **elektronische Handy-Parkschein** an (www.handyparken.at). Parkhäuser kosten unwesentlich weniger, sind aber meist 24 Stunden geöffnet. Die beste und günstigste Lösung für das längerfristige Abstellen des eigenen Fahrzeugs sind die beiden Park+Ride-Parkhäuser außerhalb der Innenstadt: **Park+Ride Garage Hütteldorf,** Deutschordenstraße 3a, A-1140 Wien, www.bestinparking.com; **Parkhaus Park+Ride Erdberg,** Franzosengraben 2, A-1030 Wien www.apcoa.at.

ÖPNV

Wien verfügt über **eines der weitläufigsten und am besten organisierten Nahverkehrsnetze Europas.** Praktisch jeden Ort der Stadt erreicht man mit den „Öffentlichen" und selten hat man mehr als 500 m bis zur nächsten Station oder Haltestelle zu gehen! Es gibt **fünf U-Bahn-** sowie **zahlreiche Bus- und Straßenbahnlinien,** die allesamt von den **Wiener Linien** betrieben werden. Ein Ticket innerhalb der Kernzone kann für alle öffentlichen Verkehrsmittel verwendet werden und erlaubt auch das Umsteigen. Die **Fahrkarten** können vor Fahrtantritt an Automaten, in Trafiken, an offiziellen Vorverkaufsstellen oder auch online (zum Ausdrucken oder per App) gekauft werden. Neben Einzelfahrkarten gibt es u.a. 24-, 48- oder 72-Stunden-Karten, die 8-Tage-Klimakarte sowie den 24, 48 oder 72 Stunden gültigen EASY CityPass.

■ Infos und Details auf **www.wienerlinien.at.**

Übernachtung und Camping

23 Hollmann Beletage②-③, Köllnerhofgasse 6, A-1010 Wien, Tel. 01 9611960, www.crazyhollmann.com/beletage-wien. Extravagantes Hotel mit 25 unterschiedlich gestylten Zimmern.

MEIN TIPP: **4 Hotel 3 Kronen**①-②, Plan S. 40, Schleifmühlgasse 25, A-1040 Wien, Tel. 01 5873289, www.hotel3kronen.at. Im 4. Bezirk direkt beim Naschmarkt und in der abends lebendigen Schleifmühlgasse liegt dieses geschmackvolle Hotel mit 41 Räumen.

2 Hotel Altstadt Vienna②-③, Plan S. 40, Kirchengasse 41, A-1070 Wien, Tel. 01 5226666 und 01 5263 3990, www.altstadt.at. Im 7. Bezirk, nahe der belebten Burggasse, befindet sich dieses nette Hotel in einem 1902 erbauten Gebäude.

24 Hotel Austria②, Wolfengasse 3/Fleischmarkt 20, A-1010 Wien, Tel. 01 51523, www.hotelaustria-wien.at. Charmant-ruhiges Hotel mitten in der City mit Zimmern zu vergleichsweise vernünftigen Preisen und opulentem Frühstücksbuffet.

7 Hotel Erzherzog Rainer②, Plan S. 40, Wiedner Hauptstraße 27–29, A-1040 Wien, Tel. 01 22111, www.hotelerzherzograiner.wien. Edel und nicht überteuert ist dieses Hotel im 4. Bezirk unweit des Karlsplatzes und des Naschmarktes mit seinen 84 traditionell herrschaftlich gestalteten Zimmern.

9 Hotel Pension Neuer Markt①-②, Seilergasse 9, A-1010 Wien, Tel. 01 5122316, www.hotelpension.at. Familiär anmutende Pension zu fairen Preisen.

18 Hotel Wandl②, Petersplatz 9, A-1010 Wien, Tel. 01 534550, www.hotel-wandl.com. Seit 1854 befindet sich dieses Hotel in Familienbesitz. Mit 138 Zimmern gehört es zu den größeren Adressen seiner Kategorie, dennoch bietet es einen äußerst persönlichen Service.

14 Landhaus Fuhrgassl-Huber②-③, Plan S. 40, Neustift am Walde 68/Rathstraße 24, A-1190 Wien, Tel. 01 4403033, www.landhaus-fuhrgassl-huber.at. Jenseits des hektischen Großstadttrubels, idyllisch inmitten der Weinberge am äußersten Rande des 19. Bezirks gelegene Frühstückspension.

15 Camping Wien West, Plan S. 40, Hüttelbergstraße 80, A-1140 Wien, Tel. 01 9142314, camping-wien.at. Ideal für Camper, die Ruhe suchen, denn dieser Platz liegt am Rande des Wienerwalds, etwa 30 Minuten vom Zentrum entfernt.

MEIN TIPP: **10 Camping Wien Neue Donau,** Plan S. 40, Am Kleehäufel, A-1220 Wien, Tel. 01 2024010, campingwien.at. Mitten im Donau-Erholungsgebiet befindet sich dieser Campingplatz mit vielen Freizeitmöglichkeiten und U-Bahn-Anbindung ins Zentrum.

Essen und Trinken

30 Figlmüller②, Wollzeile 5 (in der Passage), A-1010 Wien, Tel. 01 5126177, www.figlmueller.at. Eines der traditionsreichsten Wiener Beisln mit dem

The Art of Würstel

Was heißt Fast Food auf Wienerisch? Ganz einfach: Würstelstand! Über praktisch die ganze Stadt verteilt findet man sie, die **kleinen Imbissstände,** an denen sich – ob vormittags, ob spät in der Nacht – **Wiener aller Gesellschaftsschichten** einfinden, um ein schnelles Würstel zu sich zu nehmen. Allerdings muss man dazu ein bisschen Grundwissen mitbringen. Zwar bekommt man am Würstelstand mittlerweile auch solch unwienerische Gaumenfreuden wie Hotdog oder Currywurst, der echte Connaisseur bestellt dagegen **einheimische Klassiker: Käsekrainer** (also eine mit Käse gefüllte Schweinerindswurst), Burenwurst (grobe Brühwurst), Frankfurter (Wiener), Waldviertler (geräucherte Fleischwurst), Debreziner (geräucherte Wurst mit edelsüßem Paprika gewürzt in heißem Wasser gekocht) oder eine **Bosna** (gewürzte Bratwurst mit Senf und Zwiebeln im aufgeschnittenen Weißbrot). Serviert werden diese Spezialitäten immer auf dem obligaten **Pappteller,** mit süßem (meist „Kremser Senf" genannt) oder scharfem **Senf** („Estragon Senf") oder wahlweise Ketchup sowie einem Stück Brot oder einer Semmel (Brötchen). Dazu gibt es **in Öl eingelegte Pfefferoni** (Peperoni) verschiedener Schärfegrade, **Salz- oder Essiggurken** und geriebenen **Kren (Meerrettich)** und natürlich auch diverse Getränke.

oes_321 dk

sagenumwobenen, vielleicht weltweit einzigartigen hauchdünnen Riesenschnitzel.

MEIN TIPP: **3 Glacis Beisl**②, Plan S. 40, Breite Gasse 4, A-1070 Wien, Tel. 01 5265660, www.glacisbeisl.at. Gerichte der klassischen Wiener Hausmannskost gibt's in diesem gemütlichen Gasthaus mit lauschigem Biergarten.

35 Gmoakeller②, Am Heumarkt 25, A-1030 Wien, Tel. 01 7125310. Uriges Beisl mit reichlich Schmankerln, darunter auch durchaus ausgefallene Köstlichkeiten der altösterreichischen Küche.

MEIN TIPP: **26 Plachutta**②-③, Wollzeile 38, A-1010 Wien, Tel. 01 5121577, www.plachutta.at. Traditionsreiches exklusives Lokal, in dem u.a. der Tafelspitz legendär ist.

15 Reinthaler's Beisl①, Dorotheergasse 4, A-1010 Wien, Tel. 01 5131249. In diesem gemütlichen, holzgetäfelten Beisl kommt rustikale Wiener Küche auf den Tisch.

9 Schweizerhaus①-②, Plan S. 40, Prater 116, A-1020 Wien, Tel. 01 72801520, www.schweizerhaus.at, zwischen November und Mitte März geschlossen. Die spektakulärste Adresse, wenn es ums Essen im Prater geht. Böhmisch inspirierte Speisen und frisch gezapftes Bier gibt es in diesem Lokal mit riesigem Gastgarten.

Snacks und Imbisse

MEIN TIPP: **17 Schwarzes Kameel,** Bognergasse 5, A-1010 Wien, Tel. 01 5338125, schwarzes kameel.at. Dieses im Jugendstil gestaltete Nobelrestaurant verfügt im vorderen Bereich – neben einer Feinkosthandlung – über einen Stehimbiss mit Brötchen und Sandwiches.

13 Trześniewski, Dorotheergasse 1, A-1010 Wien, Tel. 01 5123291, www.trzesniewski.at. Hier erhält man an der Theke kleine, mit verschiedenen Pasteten und Aufstrichen angerichtete Brote, die man dann an Stehtischen genüsslich verschlingt.

Cafés und Eiscafés

1 Café Central, Strauchgasse/Ecke Herrengasse 17, A-1010 Wien, Tel. 01 533376326. Das Café Central war historisch gesehen der Treffpunkt der Literaten – oder treffender der Kaffeehausliteraten – des ausgehenden 19. und des anfangenden 20. Jahrhunderts. Heute überwiegen die Touristen, aber das Flair erahnt man nach wie vor.

MEIN TIPP: 28 **Café Diglas,** Wollzeile 10, A-1010 Wien, Tel. 01 5125765, www.diglas.at. Elegant anmutendes Kaffeehaus mit wunderbaren Mehlspeisen.

14 **Café Hawelka,** Dorotheergasse 6, A-1010 Wien, Tel. 01 5128230, www.hawelka.com. Das berühmte, von *Georg Danzer* besungene Café der Künstler und Lebenskünstler.

MEIN TIPP: 25 **Café Prückel,** Stubenring 24, A-1010 Wien, Tel. 01 5126115, www.prueckel.at. Ausgesprochen geräumiges Café, in dem man fast immer einen Platz bekommt.

8 **Café Sacher,** Philharmonikerstraße 4, A-1010 Wien, Tel. 01 51456661, www.sacher.com. Der Garten Eden für Sachertorten-Liebhaber und Freunde aller anderen süßen Verführungen.

MEIN TIPP: 8 **Café Goldegg,** Plan S. 40, Argentinierstraße 49, A-1040 Wien, Tel. 01 5059162, www.cafegoldegg.at. Beliebtes und äußerst empfehlenswertes Alt-Wiener Café in der Nähe des Schloss Belvedere.

22 **Eissalon am Schwedenplatz,** Franz-Josefs-Kai 17, A-1010 Wien, Tel. 01 5331996. Gut 105 (!) Sorten Eis gibt es hier.

MEIN TIPP: 19 **Eissalon Tuchlauben,** Tuchlauben 15, A-1010 Wien, Tel. 01 5332553, eissalon-tuchlauben.at. Der vielleicht beliebteste Eissalon der Innenstadt.

Heurigenlokale

2 **Esterházykeller,** Haarhof 1, Tel. 01 5333482, www.esterhazykeller.at. Ein Stadtheuriger, der in einem riesigen, aus mehreren Räumen bestehenden Volkskeller liegt.

MEIN TIPP: 12 **Mayer am Pfarrplatz,** Plan S. 40, Pfarrplatz 2, A-1190 Wien, Tel. 01 3703361, www.pfarrplatz.at. Edelheuriger in einem romantischen Bauernhaus, in dem 1817 *Beethoven* wohnte.

13 **Weinhof Zimmermann,** Plan S. 40, Mitterwurzergasse 20, A-1190 Wien, Tel. 01 4401207, www.weinhof-zimmermann.at. Inmitten der Weinberge am Rande Wiens gelegen, ist dieses Heurigenlokal mit seinem großen Naturgastgarten die Topadresse in Sachen Erholung im Grünen.

MEIN TIPP: 11 **Wieninger,** Plan S. 40, Stammersdorfer Straße 78, A-1210 Wien, Tel. 01 2924 106, heuriger-wieninger.at. Authentischer Heuriger in Stammersdorf im äußersten Norden der Stadt.

Nachtleben

34 **1516 Brewing Company,** Schwarzenbergstraße 2/Ecke Krugerstraße, A-1010 Wien, Tel. 01

Kleines Wiener Kaffee-ABC

In Wien bestellt man nicht einfach nur einen Kaffee, sondern man drückt sich raffinierter aus. Zu den beliebtesten **Varianten** gehören: ein kleiner oder großer **Mokka bzw. Schwarzer** (einfacher oder doppelter Espresso), ein kleiner oder großer **Brauner** (Mokka mit Milch), ein **Verlängerter** (also ein Mokka mit etwas mehr Wasser), ein **Einspänner** (ein Mokka im Glas mit viel Schlagobers = Sahne und Staubzucker), ein **Kapuziner** (wie der Einspänner, nur mit wenig Schlagobers), eine **Melange** (ähnlich dem Cappuccino) oder ein **Franziskaner** (Melange mit Schlagobers statt Milch). Die **Milch** und (beim Verlängerten) das heiße Wasser werden übrigens immer gesondert serviert, sodass man sich das Mischverhältnis selbst bestimmen kann. Geradezu verpflichtend ist dazu auch immer das **Glas Leitungswasser,** von dem der Ober (Kellner) auf Wunsch auch mehr bringt.

9611516, www.1516brewingcompany.com. Vielfach preisgekröntes Bierlokal.

5 Café Anzengruber, Plan S. 40, Schleifmühlgasse 19, A-1040 Wien, Tel. 01 5878297. Tagsüber ein Café und abends ein angesagtes Bier- und Weinlokal, in dem man auch essen kann.

21 Krah-Krah, Rabensteig 8, A-1010 Wien, Tel. 01 5338193, www.krah-krah.at. Die älteste Kneipe im „Bermudadreieck" ist ein klassisches und dennoch lebendiges Bierlokal.

10 Loos-Bar, Kärntner Durchgang 10, A-1010 Wien, Tel. 01 5123283, www.loosbar.at. Die architektonisch sehenswerteste Bar Wiens präsentiert sich im klaren und schnörkellosen klassischen Jugendstil.

1 Stiegl-Ambulanz, Plan S. 40, im alten AKH (Allgemeines Krankenhaus), Alserstraße 4, Zugang über Spittalgasse 2, A-1090 Wien, Tel. 01 4021150, www.stiegl-ambulanz.com. Gewaltig großes Bierlokal mit diversen Räumlichkeiten und Biergarten.

7 Babenberger Passage, Burgring 3, A-1010 Wien, Tel. 01 9616 6770, www.babenbergerpassage.at. Definitiv eine der angesagtesten Clubbingadressen in Wien.

6 Volksgarten Clubdiscothek, Burgring, A-1010 Wien, Tel. 01 5324241, www.volksgarten.at. Nightlife-Hotspot mit erstaunlich abwechslungsreichen Events.

12 Fledermaus, Spiegelgasse 2, A-1010 Wien, www.fledermaus.at. Wiens „Mutter aller Clubs" ist eine Mischung aus Club (Soul, Funk, Swing, Disco, Indie usw.) und Kabarett.

Einkaufen

33 Aïda, Stock im Eisen Platz 2, A-1010 Wien, Tel. 01 8908988210, www.aida.at. In dieser Café-Konditorei und ihren über die ganze Stadt verteilten Filialen findet sich die volle Bandbreite österreichischer Mehlspeisen.

MEIN TIPP: **3 Freytag & Berndt,** Wallnerstraße 3, A-1010 Wien, Tel. 01 5338685, www.freytagberndt.com. Wahrscheinlich die umfangreichste Reisebuchhandlung in ganz Österreich mit Kartenmaterial und Wanderführern.

6 gabarage, Plan S. 40, Schleifmühlgasse 6, A-1040 Wien, Tel. 01 5857632, www.gabarage.at. Das definitiv kreativste Souvenirgeschäft der Stadt, mit Mitbringseln, die von vorrangig österreichischen Designern gestaltet werden.

16 Gramola, Graben 16, A-1010 Wien, Tel. 01 5335034. Hervorragend sortiertes Musikgeschäft, besonders wenn es um Klassik geht.

27 Haas & Haas, Stephansplatz 4, A-1010 Wien, Tel. 01 5129770. Wunderschön gestaltetes Spezialitäten- und Teegeschäft.

MEIN TIPP: **5 k.u.k. Hofzuckerbäcker Ch. Demel's Söhne,** Kohlmarkt 14, A-1010 Wien, Tel. 01 5351717, www.demel.com. Das ultimative Süßspeisen-Mekka in der Hauptstadt ist in Auswahl, Qualität und fachmännischer Beratung nach wie vor unübertroffen.

31 Manner, Stephansplatz 7, A-1010 Wien, www.manner.com. Der Flagship-Store des beliebten Neapolitanerschnitten-Herstellers.

29 Morawa, Wollzeile 11, A-1010 Wien, Tel. 01 5137513. Schlichtweg die bestsortierte Buchhandlung Wiens mit einer reichen Regionalia-Abteilung.

4 Hamtil & Söhne, Herrengasse 2, A-1010 Wien, www.hamtil.at. Concept Store mit originellen Wiener Geschenkartikeln.

MEIN TIPP: **32 Wein & Co,** Jasomirgottstraße 3–5, A-1010 Wien, Tel. 050 7063122, www.weinco.at. Filiale der beliebten Weinsupermarktkette, die ein umfassendes Angebot an österreichischen und internationalen Weinen bietet, die man auch an der Bar verkosten kann.

Kunst und Kultur

Burgtheater, Universitätsring 2, A-1010 Wien, Tel. 01 514444545, www.burgtheater.at. Das zweitälteste Theater Europas und gleichzeitig größte Sprechtheater des deutschsprachigen Raums hat vor allem klassische Stücke im Programm.

■ **Konzerthaus,** Lothringerstraße 20, A-1010 Wien, Tel. 01 242002, www.konzerthaus.at. In der Hauptspielstätte der Wiener Symphoniker, des Wiener Kammerorchesters und des Klangform Wien kommen auch Konzerte anderer internationaler Orchester, Solisten und Kammermusikensembles zur Aufführung.

■ **Staatsoper,** Opernring 2, A-1010 Wien, Tel. 01 5131513, www.wiener-staatsoper.at. In diesem absoluten Traditionshaus stehen meist relativ konservative Interpretationen klassischer Opern, aber auch Operetten und Ballett auf dem Programm und das bei durchwegs brillanter Besetzung.

MEIN TIPP: **Theater in der Josefstadt,** Josefstädter Straße 26, A-1080 Wien, Tel. 01 42700300, www.josefstadt.org. Dieses prunkvolle Theater ist eines der ältesten noch bespielten Theater Wiens, wo viele österreichische und speziell Wiener Autoren wie *Johann Nestroy* oder *Ferdinand Raimund* inszeniert werden.

■ **Volkstheater,** Arthur-Schnitzler-Platz 1, A-1070 Wien, Tel. 01 521110, www.volkstheater.at. Hier werden neben Klassikern vor allem zeitgenössische und experimentelle Stücke (darunter viele österreichische) aufgeführt.

■ **Wiener Musikverein,** Musikvereinsplatz 1, A-1010 Wien, Tel. 01 5058190, www.musikverein.at. Der Sitz der Gesellschaft der Musikfreunde in Wien ist eines der führenden Konzerthäuser unseres Planeten. Das Stammhaus der Wiener Philharmoniker – hier findet z.B. alljährlich am 1. Januar das legendäre Neujahrskonzert statt – und Hauptkonzerthaus der Wiener Sängerknaben ist eines der traditionsreichsten Orte für klassische Musik überhaupt und schon dadurch ein Erlebnis von Weltklasse.

Veranstaltungen

■ **Neujahrskonzert,** am 1. Januar heißen die Wiener Philharmoniker im Musikverein das neue Jahr willkommen.

■ **Wiener Ballsaison,** ballkalender.com. Im Januar und Februar finden diverse Bälle statt, von denen der mondäne **Opernball** der Bekannteste und Teuerste ist.

■ **Wiener Eistraum,** www.wienereistraum.com. Von Mitte Januar bis Anfang März wird der Rathausplatz in einen Eislaufplatz umfunktioniert.

■ **Festzug,** am 1. Mai findet zum Tag der Arbeit ein feierlicher Festzug auf der Ringstraße statt.

■ **Wiener Festwochen,** www.festwochen.at. Diverse Opern-, Konzert-, Theater- und Tanzproduktionen finden im Mai und Juni statt.

■ **Donauinselfest,** donauinselfest.at. Mitte/Ende Juni tobt drei Tage lang die größte (kostenlose) Open-Air-Party Europas.

■ **Festival am Rathausplatz,** stadtwienmarketing.at. Im Juli und August stehen vor dem Rathaus internationale Essensstände, gepaart mit Open-Air-Film- und Konzertausschnitten zum Thema Klassik.

■ **Filmfestival Viennale,** www.viennale.at. Im Oktober findet dieses zwei Wochen dauernde internationale Filmfestival statt.

■ In der Adventszeit gibt es in Wien etliche **Christkindlmärkte,** darunter der am Rathausplatz, der im Schloss Belvedere, der am Spittelberg oder der vor dem Schloss Schönbrunn.

oes_002 dk

☒ Alternatives Shopping:
Immer samstags findet auf dem Gelände des Naschmarkts ein Flohmarkt statt

oes_013 mw

2 Nieder-österreich

» „Geschichte trifft Natur" beschreibt Österreichs größtes Bundesland wohl am besten! Durch das historische Kernland der Alpenrepublik fließt die Donau; Stifte und Klöster, Burgen und Schlösser gibt es zuhauf. Auch landschaftlich ist reichlich Abwechslung geboten, in Form von tiefen Wäldern und idyllischen Flusstälern sowie den Ausläufern der Ostalpen. Bedeutende Weinbaugebiete runden das Bild des vielleicht vielfältigsten, aber wenig besuchten Bundeslandes geschmacklich ab.

< So weit das Auge reicht: auf der Hohen Wand

DAS ÖSTERREICHISCHE KERNLAND

Mit einer Fläche von 19.186 km² und einer Bevölkerung von etwa 1.718.000 Menschen ist Niederösterreich das flächenmäßig größte Bundesland und nach Wien das bevölkerungsreichste des Landes. Es macht fast den gesamten Ostteil Österreichs aus, sieht man von der inmitten wie eine Insel liegenden Bundeshauptstadt ab. Historisch bildet es zusammen mit Teilen Oberösterreichs das Kernland Österreichs und war Teil der habsburgischen Erblande. Es wurde nach der Schlacht auf dem Lechfeld im Jahr 955 n. Chr. in das ostfränkische Reich und später in die Dynastie der Babenberger eingegliedert, wo es als Marchia Orientalis („Östliche Mark") – bzw. volkssprachlich „Ostarrîchi" – bezeichnet und 996 n. Chr. erstmals urkundlich erwähnt wurde.

NICHT VERPASSEN!

- **Niederösterreich auf der Spur:** im Landesmuseum gibt's reichlich Informationen | 80
- **Wo der Bartl den Most holt:** Einkehren entlang der Moststraße | 84, 88
- **Lust auf Urwald:** dann auf zur Erkundungstour durch den Nationalpark Donauauen | 117
- **In vino tractoras:** mit dem Oldtimertraktor durch die Weinberge knattern | 121
- **Auf den Spuren von Obelix:** riesige Granitfelsen gibt's im Naturpark Blockheide | 147

Diese Tipps erkennt man an der gelben Markierung.

Niederösterreich wird geografisch in allererster Linie durch die **Donau** bestimmt, die hier von Westen nach Osten 373 km zurücklegt. Man unterteilt das Bundesland in vier sog. Viertel, wobei das **schroff-urige Waldviertel** und das **sanftmütige Weinviertel** nördlich der Donau liegen, während sich im Süden das **üppige Mostviertel** und das **abwechslungsreiche Industrieviertel** befinden. Die **Hauptstadt St. Pölten** ist einer der ältesten Orte des Landes und bietet neben architektonischen Leckerbissen, teils aus der Barock- und Jugendstilzeit, ein reiches Angebot an Kultur. Doch die bei Weitem meistbesuchte Sehenswürdigkeit des Bundeslandes ist die **Wachau,** das rund 35 km lange Donautal zwischen Melk und Krems mit reizenden Städtchen wie Dürnstein oder den Barockstiften in Melk und Göttweig.

Weit weniger touristisch geht es hingegen im **nördlichen Waldviertel** zwischen der Kamp und der tschechischen Grenze zu, wo Wandergebiete durch **Wald- und Bergregionen** durchaus ungeahnte Abwechslung versprechen. Noch mehr Natur fernab der Zivilisation bieten die **Ausläufer der Ostalpen,** die in Niederösterreich vor allem durch den

Ötscher sowie das Bergmassiv von Rax-Schneeberg und dem südlich davon gelegenen Semmering bestimmt werden. Im Unterschied dazu ist es in den **Höhenzügen der „Buckligen Welt"** an der Grenze zum Burgenland oder im **Naherholungsgebiet Wienerwald** westlich der Bundeshauptstadt geradezu lieblich.

Entspannung bieten die edlen, ehemals von der feinen Wiener Gesellschaft aufgesuchten **Thermalbadeorte Baden und Bad Vöslau.** Das weitgehend hügelige **nördliche Weinviertel** erfreut sich nicht nur bei Spaziergängern und Radfahrern größter Beliebtheit. In Orten wie Poysdorf oder Hadres ist man auch gut aufgehoben, wenn man den lokalen **Wein,** am besten bei einem Heurigen, probieren will. Historisch interessierte Besucher werden den wehrhaften **Raubritterburgen** in Aggstein, Orth oder Falkenstein einen Besuch abstatten. Andere Festungen wie die Rosenburg oder die Schallaburg wurden in der Renaissance-Zeit zu Schlössern umgebaut.

Infos: Tourismus Niederösterreich, www.niederoesterreich.at

St. Pölten

St. Pölten – auch Sankt Pölten geschrieben – liegt im Mostviertel an der Traisen und ist die **Landeshauptstadt Niederösterreichs.** Mit knapp **58.000 Einwohnern** ist sie die **neuntgrößte Stadt des Landes** und gleichzeitig auch **eine der ältesten.** Immerhin wurde das hiesige Tiefland im Alpenvorland laut Archäologen bereits seit der Steinzeit besiedelt. Doch St. Pölten galt über viele Jahrzehnte hinweg als provinziell und nichtssagend, sah man von seiner Bedeutung als **Industriestandort** und als Stadt des Klerus – hier befindet sich seit 1785 ein **Bischofssitz** – ab. Doch nachdem die Stadt

Speziell das liebliche Weinviertel weist kaum nennenswerte Erhebungen auf

oes_014 mw

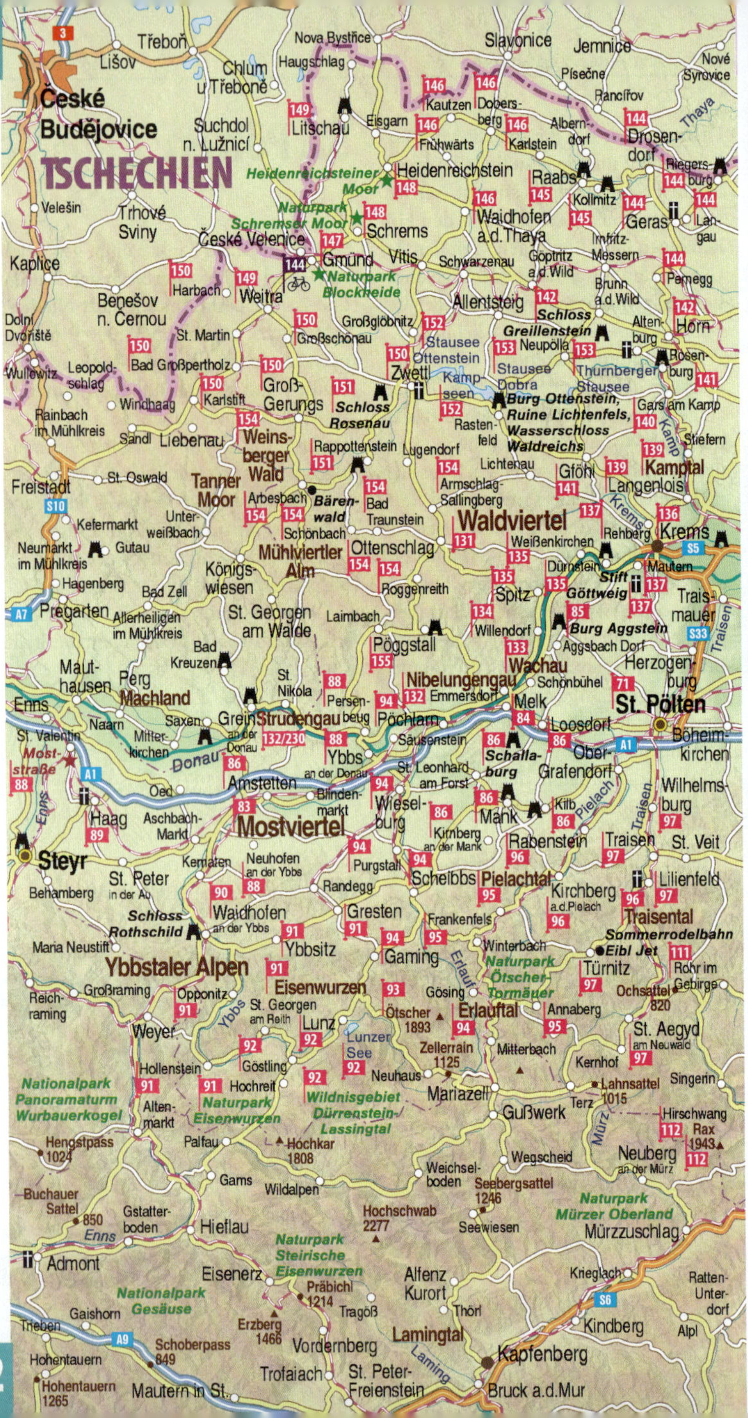
České Budějovice
TSCHECHIEN
Třeboň
Lišov
Chlum u Třeboně
Nova Bystřice
Haugschlag
Slavonice
Jemnice
Písečné
Nové Syrovice
Rancířov
Thaya
Kautzen
Dobersberg
Litschau
Eisgarn
Frühwärts
Karlstein
Albern-dorf
Drosendorf
Suchdol n. Lužnicí
Heidenreichsteiner Moor
Heidenreichstein
Raabs
Riegersburg
Kollmitz
Geras
Langau
Velešin
Trhové Sviny
Naturpark Schremser Moor
Schrems
Waidhofen a.d.Thaya
České Velenice
Gmünd
Vitis
Schwarzenau
Göpfritz a.d.Wild
Irnfritz-Messern
Brunn a.d.Wild
Pernegg
Kaplice
Harbach
Weitra
Naturpark Blockheide
Allentsteig
Benešov n. Černou
Dolní Dvořiště
St. Martin
Großglobnitz
Großschönau
Stausee Ottenstein
Schloss Greillenstein
Neupölla
Altenburg
Horn
Rosenburg
Wullowitz
Leopoldschlag
Bad Großpertholz
Zwettl
Kamp seen
Stausee Dobra
Thurnberger Stausee
Windhaag
Karlstift
Groß-Gerungs
Schloss Rosenau
Burg Ottenstein, Ruine Lichtenfels, Wasserschloss Waldreichs
Gars am Kamp
Kamp
Rainbach im Mühlkreis
Sandl
Liebenau
Weinsberger Wald
Rastenfeld
Rappottenstein
Lugendorf
Lichtenau
Gföhl
Kamptal
Stiefern
Langenlois
Freistadt
St. Oswald
Tanner Moor
Arbesbach
Bärenwald
Bad Traunstein
Armschlag-Sallingberg
Waldviertel
Krems
Rehberg
S10
Kefermarkt
Unterweißbach
Schönbach
Weißenkirchen
Neumarkt im Mühlkreis
Gutau
Mühlviertler Alm
Ottenschlag
Dürnstein
Mautern
S5
Königswiesen
Stift Göttweig
Hagenberg
Bad Zell
Roggenreith
Spitz
Traismauer
A7
Pregarten
Allerheiligen im Mühlkreis
St. Georgen am Walde
Laimbach
Willendorf
Burg Aggstein
Traisen
S33
Aggsbach Dorf
Bad Kreuzen
Pöggstall
Wachau
Herzogenburg
Mauthausen
Perg
Machland
St. Nikola
Persenbeug
Nibelungengau
Emmersdorf
Schönbühel
Enns
Saxen
Grein
Strudengau
Melk
St. Pölten
Naarn
Mitterkirchen
an der Donau
Pöchlarn
Loosdorf
St. Valentin
Moststraße
Donau
Ybbs an der Donau
Säusenstein
Schallaburg
Ober-Grafendorf
A1
Böheimkirchen
Oed
Amstetten
St. Leonhard am Forst
Blindenmarkt
Wieselburg
Pielach
Wilhelmsburg
Enns
Haag
Aschbach-Markt
Mostviertel
Mank
Kilb
Kirnberg an der Mank
Rabenstein
Traisen
St. Veit
Steyr
Kematen
Neuhofen an der Ybbs
Purgstall
Scheibbs
Pielachtal
Lilienfeld
Behamberg
St. Peter in der Au
Randegg
Kirchberg a.d.Pielach
Schloss Rothschild
Waidhofen an der Ybbs
Gresten
Frankenfels
Traisental
Sommerrodelbahn Eibl Jet
Maria Neustift
Ybbsitz
Gaming
Winterbach
Türnitz
Ybbstaler Alpen
Naturpark Ötscher-Tormäuer
Rohr im Gebirge
Erlauf
Eisenwurzen
Gösing
Ochsattel 820
Reichraming
Großraming
Opponitz
Ybbs
St. Georgen am Reith
Ötscher 1893
Erlauftal
Annaberg
Weyer
Lunz
Lunzer See
St. Aegyd am Neuwald
Zellerrain 1125
Mitterbach
Hollenstein
Göstling
Kernhof
Neuhaus
Nationalpark Panoramaturm Wurbauerkogel
Hochreit
Wildnisgebiet Dürrenstein-Lassingtal
Mariazell
Lahnsattel 1015
Singerin
Naturpark Eisenwurzen
Altenmarkt
Terz
Gußwerk
Hirschwang
Rax 1943
Mürz
Hengstpass 1024
Palfau
Hochkar 1808
Neuberg an der Mürz
Wegscheid
Weichselboden
Gams
Wildalpen
Seebergsattel 1246
Naturpark Mürzer Oberland
Buchauer Sattel 850
Gstatterboden
Hochschwab 2277
Seewiesen
Mürzzuschlag
Enns
Hieflau
Admont
Naturpark Steirische Eisenwurzen
Eisenerz
Alfenz Kurort
Krieglach
Ratten-Unterdorf
Nationalpark Gesäuse
Präbichl 1214
S6
Gaishorn
Tragöß
Thörl
Kindberg
Alpl
Trieben
Erzberg 1466
Lamingtal
A9
Schoberpass 849
Vordernberg
Laming
Kapfenberg
Hohentauern
Hohentauern 1265
Trofaiach
St. Peter-Freienstein
Mautern in St.
Bruck a.d.Mur

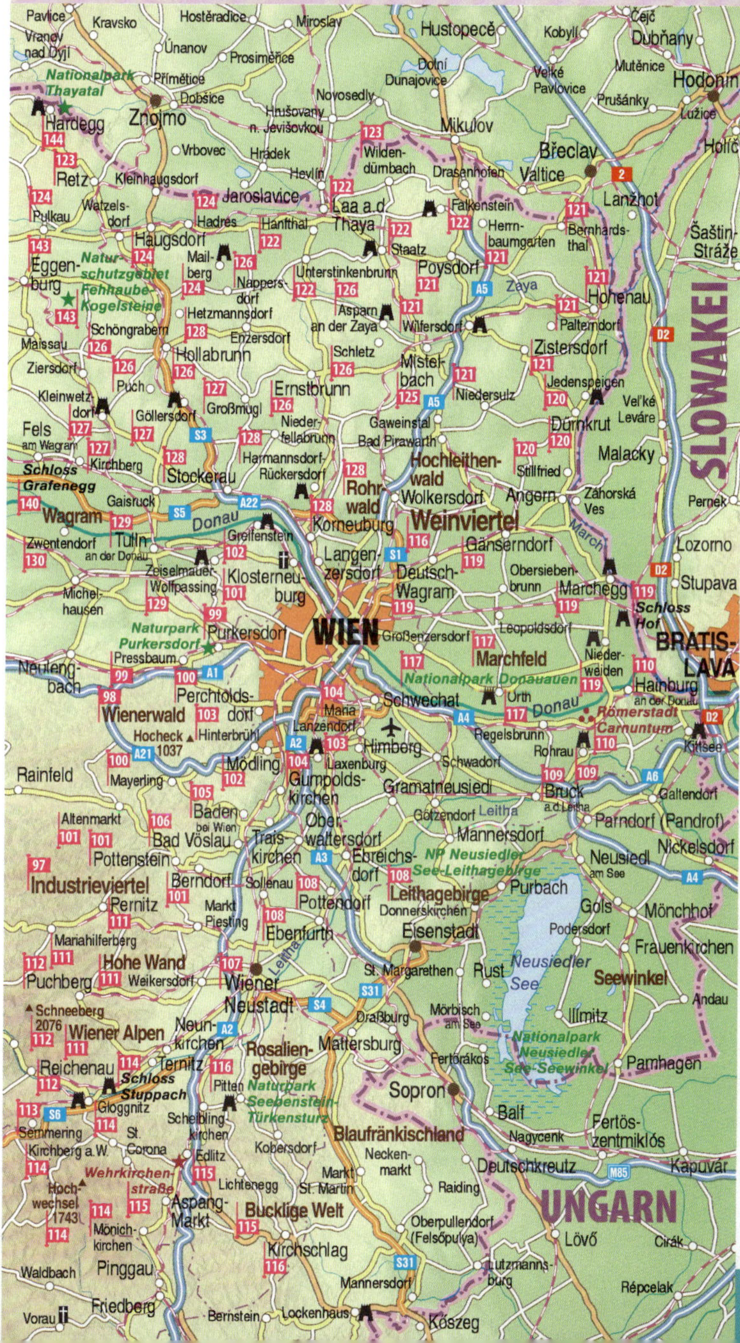
Pavlice
Kravsko
Hostěradice
Miroslav
Hustopeče
Kobylí
Čejč
Dubňany
Vranov nad Dyjí
Únanov
Prosiměřice
Dolní Dunajovice
Velké Pavlovice
Mutěnice
Hodonín
Nationalpark Thayatal
Přímětice
Dobšice
Novosedly
Prušánky
Lužice
Hardegg
Znojmo
Hrušovany n. Jevišovkou
Mikulov
Holíč
Vrbovec
Hrádek
Wilden-dürnbach
Břeclav
Retz
Kleinhaugsdorf
Hevlín
Drasenhofen
Valtice
Pulkau
Watzelsdorf
Jaroslavice
Laa a.d. Thaya
Falkenstein
Lanžhot
Hadres
Hanfthal
Herrnbaumgarten
Bernhardsthal
Šaštín-Stráže
Haugsdorf
Staatz
Eggenburg
Natur-schutzgebiet Fehhaube-Kogelsteine
Mailberg
Unterstinkenbrunn
Poysdorf
Nappersdorf
Zaya
Hohenau
Hetzmannsdorf
Asparn an der Zaya
Wilfersdorf
Palterndorf
Schöngrabern
Enzersdorf
Zistersdorf
Maissau
Hollabrunn
Schletz
Mistelbach
Ziersdorf
Jedenspeigen
Puch
Ernstbrunn
Niedersulz
Kleinwetzdorf
Großmugl
Veľké Leváre
Göllersdorf
Niederfellabrunn
Gaweinstal
Dürnkrut
Fels am Wagram
Bad Pirawarth
Malacky
Kirchberg
Harmannsdorf-Rückersdorf
Hochleithenwald
SLOWAKEI
Schloss Grafenegg
Stockerau
Stillfried
Rohrwald
Wolkersdorf
Angern
Záhorská Ves
Gaisruck
Pernek
Wagram
Weinviertel
Donau
Greifenstein
Korneuburg
Gänserndorf
March
Zwentendorf
Tulln an der Donau
Lozorno
Langenzersdorf
Zeiselmauer-Wolfpassing
Klosterneuburg
Deutsch-Wagram
Obersiebenbrunn
Stupava
Michelhausen
Marchegg
WIEN
Schloss Hof
Naturpark Purkersdorf
Purkersdorf
Großenzersdorf
Leopoldsdorf
Pressbaum
BRATISLAVA
Neulengbach
Marchfeld
Niederweiden
Nationalpark Donauauen
Perchtoldsdorf
Maria Lanzendorf
Schwechat
Orth
Hainburg an der Donau
Wienerwald
Hocheck 1037
Hinterbrühl
Römerstadt Carnuntum
Regelsbrunn
Himberg
Rohrau
Kittsee
Laxenburg
Mödling
Schwadorf
Rainfeld
Mayerling
Gumpoldskirchen
Gramatneusiedl
Bruck a.d. Leitha
Gattendorf
Baden bei Wien
Altenmarkt
Götzendorf
Leitha
Parndorf (Pandrof)
Bad Vöslau
Oberwaltersdorf
Mannersdorf
Nickelsdorf
Traiskirchen
Pottenstein
Ebreichsdorf
NP Neusiedler See-Leithagebirge
Neusiedl am See
Industrieviertel
Berndorf
Sollenau
Leithagebirge
Purbach
Pernitz
Markt Piesting
Pottendorf
Donnerskirchen
Gols
Mönchhof
Ebenfurth
Eisenstadt
Podersdorf
Mariahilferberg
Frauenkirchen
Hohe Wand
Neusiedler See
Puchberg
Weikersdorf
Wiener Neustadt
St. Margarethen
Rust
Seewinkel
Schneeberg 2076
Andau
Wiener Alpen
Neunkirchen
Draßburg
Mörbisch am See
Illmitz
Rosaliengebirge
Mattersburg
Nationalpark Neusiedler See-Seewinkel
Reichenau
Ternitz
Fertőrákos
Pamhagen
Schloss Stuppach
Pitten
Naturpark Seebenstein-Türkensturz
Sopron
Gloggnitz
Scheiblingkirchen
Balf
Semmering
St. Corona
Blaufränkischland
Nagycenk
Fertőszentmiklós
Kirchberg a.W.
Edlitz
Kobersdorf
Neckenmarkt
Hochwechsel 1743
Wehrkirchenstraße
Lichtenegg
Markt St. Martin
Deutschkreutz
Kapuvár
Raiding
Aspang-Markt
Bucklige Welt
UNGARN
Mönichkirchen
Oberpullendorf (Felsőpulya)
Lövő
Cirák
Kirchschlag
Waldbach
Pinggau
Lutzmannsburg
Mannersdorf
Répcelak
Friedberg
Vorau
Bernstein
Lockenhaus
Kőszeg

Essen und Trinken in Niederösterreich

Zugegeben, die Küche Niederösterreichs ähnelt der in Wien, doch einige Eigenarten sollen nicht unerwähnt bleiben. Niederösterreich ist das **„Land der Jäger"** – angeblich gibt es hier 35.000 –, und so stehen **Fasan, Hirsch, Reh oder Wildschwein saisonal** auf den regionalen Speisekarten, z.B. in Form des Waldviertler Wildragouts. Aber manche Rezepte werden hier auch etwas abgewandelt, so gibt es das **Waldviertler Schnitzel** (mit Eierschwammerl = Pfifferlingen), **Selchfleisch** (gepökeltes Fleisch und Petersilie gefüllt) oder die **Wachauer Zwiebelsuppe.** Fischliebhaber sollten unbedingt in den Genuss der Donau- und Lunzersee-Fischgerichte kommen bzw. einen **Waldviertler Karpfen** probieren. Geradezu exotisch muten Speisen wie die deftige **Ganslsuppe** oder das **Riesling-Beuschel** (Lunge) vom Kalb an. Und als niederösterreichisches Nationalgericht kann man die wahlweise gekochte oder gebratene **Saumaise** bezeichnen, ein von einem Schweinsnetz umhüllter Laib aus faschiertem Pökelfleisch bzw. einer Rind-Schweinefleisch-Mischung – als Beilagen passen vortrefflich Salzkartoffeln und Sauerkraut bzw. Serviettenknödel. Apropos **Knödel:** Vielleicht durch den Einfluss aus Böhmen gibt es im Waldviertel wunderbare davon, und zwar auf der Basis von Erdäpfeln (Kartoffeln), meist gefüllt mit Fleisch, Speck oder Grammeln (Grieben). Wer es lieber vegetarisch mag, der wird den unvergleichlichen **Marchfelder Spargel** lieben, und Käsefreunde sollten unbedingt den **Traisentaler Hofkas** probieren, z.B. zusammen mit einem echten Wachauer Laberl, einem Roggen-Weizen-Brötchen. In weiten Teilen Niederösterreichs ist der **Wein** (→ Exkurs S. 118) der passende Begleiter zum Essen, wobei in der Gegend auch zahlreiche Bierbrauereien angesiedelt sind. Im Südwesten ist jedoch der **Most** (→ Exkurs S. 84) das alkoholische Aushängeschild und er nimmt nicht nur als Getränk, sondern auch als Zutat für deftige Gerichte wie Mostsuppe, Mostgeschnetzeltes und Mostbratl einen entscheidenden Platz ein. Bereit für die Nachspeise? Kein Problem, denn mit der **Wachauer Marille** (Aprikose), der **Dirndl** (Kornelkirsche) und dem **Waldviertler Graumohn** hat das Bundesland gleich drei Schwergewichte zu bieten, die in so grandiosen Süßspeisen wie **Marillenknödel im Topfenteig, Dirndlgelee** und **Mohntorte** verarbeitet werden. Aber auch **Mohnnudeln** – ähnlich den schwäbischen Schupfnudeln – sowie den saftig-süßen Biskuitkuchen **Mostschober** sollte man keinesfalls verpassen. War das alles viel zu üppig? Dann bestellen Sie sich doch einen **Marillenschnaps** aus der Wachau oder einen **Dirndlschnaps** aus dem Pielachtal, dann ist der Magen schnell wieder „aufgeräumt".

oes_015 dk

1986 zur Hauptstadt Niederösterreichs gewählt wurde – die Landesregierung saß vorher in Wien –, fing man an, sie grundlegend zu **modernisieren,** ohne dabei ihre Wurzeln zu vernachlässigen. Das Ergebnis kann sich sehen lassen: St. Pölten stellt heute vielleicht **eine der innovativsten Städte Österreichs** dar, in der ein spannender Mix aus modernen Architekturstilen sowie historisch wertvollem Baubestand zu sehen ist. Zwar geht es immer noch recht unaufgeregt zu, doch auch im Bereich **Kultur** kann es St. Pölten mittlerweile durchaus mit anderen Städten des Landes aufnehmen. Hinzu kommen eine **interessante Gastronomieszene,** und auch **Shopping-Freunden** fehlt es an nichts. Fazit: St. Pölten kann weit mehr als man ihm (auf den ersten Blick) zutraut, und wer interessiert und aufgeschlossen hierherkommt, wird dafür reichlich belohnt.

Stadtgeschichte

Bereits in der **Jungsteinzeit** – also etwa seit dem 3. Jahrtausend v. Chr. – war das Gebiet des heutigen St. Pölten besiedelt, doch waren es die **Römer,** die hier ab Ende des 1. Jahrhunderts n. Chr. den Versorgungsstützpunkt **Aelium Cetium** bauten, der bis etwa ins Jahr 450 bestand. Die Völkerwanderung vom 5. bis ins 8. Jahrhundert führte zunächst **Langobarden** und dann **Awaren** in die Gegend. Doch durch die militärischen Erfolge der Franken unter *Karl dem Großen* wurden diese bis spätestens 822 gänzlich vertrieben. Bereits vorher war das bayrische Kloster Tegernsee zu Besitzungen im St. Pöltner Raum gekom-

☐ Landeshauptstadt St. Pölten: im Bild das moderne Regierungsviertel an der Traisen

Adobe Stock © G. W. Haupt

men. Die **Tegernseer Benediktiner** bauten wohl 791 auch hier ein Kloster, das sie dem heiligen *Hippolytus* weihten und damit der Stadt ihren (neuen) Namen gaben. Das **Hippolytus-Kloster** und die in unmittelbarer Nähe liegenden Behausungen waren die Keimzellen der mittelalterlichen Siedlung, die 1058 das Marktrecht erhielt und 1159 zur Stadt erhoben wurde und damit eine der ältesten des Landes darstellt. Zwischen 1253 und 1286 wurde die **Stadtmauer** und wohl ebenfalls in dieser Zeit auch der **Breite Markt** – der heutige Rathausplatz – errichtet. 1481 verpfändete der Passauer Bischof *Friedrich Mauerkircher* die Stadt an den ungarischen König *Matthias Corvinus,* bis dieser sie nach seiner Vertreibung 1491 im **Frieden von Pressburg** an **Maximilian I.** verlor; fortan unterstand

St. Pölten den Habsburgern. Im 16. Jahrhundert fegte der Geist der **Reformation** und dann später jener der Gegenreformation durch die Stadt. Erst als Kaiser *Joseph II.* 1781 das **Toleranzpatent** einführte, wurden neben katholischen auch wieder protestantische Kirchen erlaubt. Drei Jahre später wurde mit Auflösung des Bistums Wiener Neustadt St. Pölten zum **Bischofssitz** und somit zum Zentrum der gleichnamigen Diözese. In der **Barockzeit** erfuhr die Stadt eine umfassende **Neugestaltung** nach dem Vorbild Wiens, für die die Städteplaner *Jakob Prandtauer* (1660–1726) und *Joseph Munggenast* (1680–1741) verantwortlich zeichneten. Zeitgleich setzte die **Industrialisierung** ein, zuerst im Textilbereich und dann auch in der Papier- und Maschinenproduktion. Anfang des 18. Jahrhunderts besetzten **französische Truppen** unter *Napoleon I.* kurzzeitig die Stadt. 1858 eröffnete man die **Kaiserin-Elisabeth-Bahn,** die spätere Westbahn, die die Stadt zu einer wichtigen Verkehrsdrehscheibe machte. In der Folge stieg die Einwohnerzahl sprunghaft an. Im Zuge der **Wirtschaftskrise** ab 1929 verloren Tausende Menschen ihre Arbeit und St. Pölten wurde zum Notstandsgebiet. Bei den Februarkämpfen 1934 kam es zu Scharmützeln in der Stadt, im März 1938 wurden die deutsche Truppen, die beim **„Anschluss" Österreichs** auch durch St. Pölten zogen, überwiegend mit Jubel empfangen. Bereits bis Mai 1940 wurden mindestens 300 der 1200 Mitglieder der **jüdischen Gemeinde** von St. Pölten ermordet. Die Nazis stellten beinahe die gesamte Industrieproduktion auf **Rüstungsgüter** um, wobei in den Fabriken primär Frauen und Zwangsarbeiter arbeiteten. Im April 1945 wurde St. Pölten durch **Bombardierungen und Artilleriebeschuss** zu fast 40% zerstört, anschließend befreite die **Rote Armee** zwar die Stadt, doch verlief die Front weitere drei Wochen lang an der westlichen Peripherie. Bis zum August 1955 blieb die Stadt von sowjetischen Truppen besetzt. Ab den 1950er-Jahren fand der **Wiederaufbau** statt, der noch heute in Teilen St. Pöltens

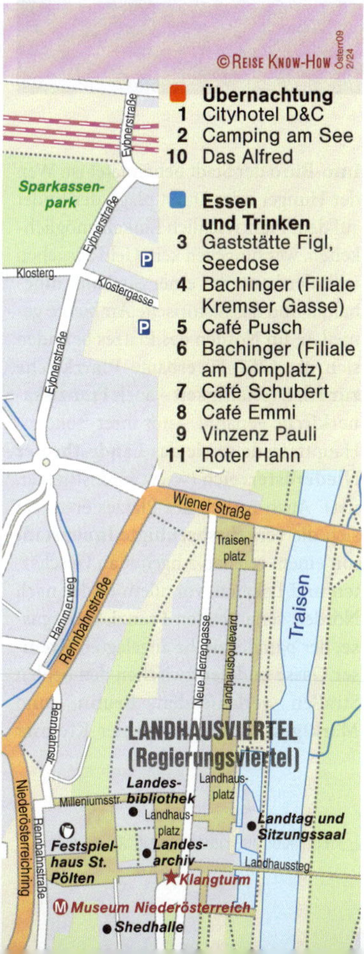

oes_016 dk

– darunter auch in der Innenstadt – klar erkennbar ist. In den 1980er-Jahren wurde der Wunsch der Niederösterreicherinnen und Niederösterreicher nach einer **eigenen Verwaltung** lauter, denn bis dahin wurden sie aus Wien regiert. Entsprechend entschieden sich bei einer **Volksbefragung** im März 1986 45% für St. Pölten als **Landeshauptstadt.** Seit 1997 hat hier auch die niederösterreichische Landesregierung ihren Sitz.

Sehenswertes

Rathausplatz

Der Rathausplatz mit der in der Mitte thronenden **Dreifaltigkeitssäule** von 1782 stellt den idealen Startpunkt einer Stadtbegehung dar. Hier stehen die 1712 fertiggestellte barocke **Prandtauerkirche** des Karmeliterordens und das aus dem 16. Jahrhundert stammende **Rathaus** an der Südseite, in dem auch das **Info-Büro** der Stadt beheimatet ist. Wen der Hunger oder Durst plagt, der findet auf dem Platz reichlich Einkehrmöglichkeiten, wer hingegen kein Geld ausgeben will, der kann auf einer Sitzbank innehalten und das historische Ambiente genießen. Im Norden des Platzes befinden sich die 1757–79 erbaute **Pfarrkirche zur Hl. Dreifaltigkeit** – auch **Franziskanerkirche** genannt – mit ihrer Rokoko-Hauptfassade sowie das **Landestheater Niederösterreich** (www.landestheater.net). Auch östlich des Platzes erstreckt sich die **verkehrsberuhigte Innenstadt** mit einem reichen Angebot an Geschäften und Lokalen, vor allem in der nach Norden verlaufenden **Franziskanergasse,** der parallel zu ihr angelegten **Kremser Gasse** und den zwischen den beiden Straßen verlaufenden **Brunn- und Marktgassen.** Folgt man der Kremser

⌃ Mittendrin am Rathausplatz in St. Pölten

Gasse weiter nach Norden, erreicht man den **Hauptbahnhof,** wobei kurz zuvor auf der linken Seite (Hausnummer 41) das 1899 erbaute **Stöhr-Haus,** ein wunderschönes Beispiel des Jugendstils, nicht übersehen werden sollte.

Stadtmuseum St. Pölten

Unterhalb der erwähnten Prandtauerkirche, am südlichen Ende des Rathausplatzes, liegt das Stadtmuseum St. Pölten. Das Gebäude wurde von *Jakob Prandtauer* ebenso **als Karmelitinnenkloster erbaut,** unter Kaiser *Joseph II.* ab 1787 jedoch **zur Kaserne umgestaltet.** Seit 1964 gehört es zum Magistrat der Stadt. Auf drei Stockwerken werden Sammlungen zur **Archäologie und Stadtgeschichte** – darunter auch viel Interessantes zur römischen Vergangenheit – sowie zum **Jugendstil** in St. Pölten gezeigt. Außerdem befindet sich im Museum das niederösterreichische Dokumentationszentrum für Moderne Kunst.

■ **Stadtmuseum St. Pölten,** Prandtauerstraße 2, A-3100 St. Pölten, Tel. 02742 3332640, www.stadtmuseum-stpoelten.at, Mi–So 10–17 Uhr, Eintritt 5 €, ermäßigt 3 €.

Herrenplatz

Verlässt man den Rathausplatz am südöstlichen Ende auf der **Rathausgasse** und folgt dann der **Wiener Straße** weiter nach Osten, erreicht man zuerst den kleinen **Riemerplatz** mit seiner Barockarchitektur und dann den schmucken Herrenplatz, auf dem eine **Mariensäule** steht und der durch seine **netten Cafés** besticht. Hier befinden sich auch einige der schönsten **Bürgerpalais** der Stadt, im Norden des Platzes liegt der **Brunnen „Tratschende Frauen"** (1990) – von hier gelangt man im Handumdrehen auf den eindrucksvollen Domplatz.

Domplatz und Dom

Der Domplatz bildet das **Zentrum des klerikalen St. Pölten,** er liegt in etwa dort, wo sich bereits das Zentrum des römischen Aelium Cetium befand, und auch das Hippolytus-Kloster wurde hier Ende des 8. Jahrhunderts gebaut. Die Nordseite, auf der das alte, 1653 fertiggestellte **Augustiner-Stiftsgebäude** – der Bischofssitz – liegt (hier stand vormals die 1693 abgetragene gotische Pfarrkirche), diente bis 1779 als Hauptfriedhof. Unterhalb davon, an der Ostseite des Platzes, erhebt sich der ursprünglich romanische (um 1065 erbaute), ab 1722 barockisierte **Dom mit seinem behelmten Turm,** dessen dreischiffiges Innere unbedingt einen Besuch verdient. Die überbordende **Barockpracht** stammt erneut von *Jakob Prandtauer* und *Joseph Munggenast,* die **Fresken** hingegen von namhaften Künstlern des 18. Jahrhunderts. Auch der **Brunnenhof** und der Gästetrakt des Bischofshofs sind begehbar; über den eindrucksvollen **Kreuzgang** erreicht man das Museum am Dom (s.u.). Ebenfalls sehenswert auf dem Domplatz sind an der Westseite das **gründerzeitliche Sparkassengebäude** und im Südosten das **ehemalige Wirtshaus „Zu den drei Kronen",** in dem *Franz Schubert* angeblich mit dem befreundeten Dichter *Franz von Schober* 1822 an seiner Oper

„Alfonso und Estrella" arbeitete. Jeden Donnerstag und Samstag findet auf dem Domplatz zwischen 7 und 12.30 Uhr ein **Wochenmarkt** statt.

Museum am Dom

Wer sich für **sakrale Kunst** interessiert, der sollte dem Museum am Dom **im Ostflügel des Stiftsgebäudes** einen Besuch abstatten. Es befindet sich im ersten Stock des ehemaligen **Klosterkreuzganges,** seine Gründung geht auf das Jahr 1888 zurück. Hier sieht man eine Vielzahl an Altären, Gemälden, liturgischen Geräten, Skulpturen, Kleidung u.v.m.

■ **Museum am Dom,** Domplatz 1, A-3100 St. Pölten, Tel. 02742 324333, www.museumamdom.at, Mi und Fr 10–17 Uhr, Do 10–19 Uhr, Sa 10–16 Uhr, So 11–16 Uhr, Eintritt 6 €, ermäßigt 4 €.

Landhausviertel

Das historische Stadtzentrum mag vielerorts im Zeichen des Barock erstrahlen, doch St. Pölten kann auch anders! Südöstlich der Innenstadt, **am Ufer der Traisen,** liegt das Landhaus genannte **Regierungsviertel** mitsamt der niederösterreichischen Landesverwaltung, des niederösterreichischen Landtags und der Landesregierung. Das Landhausviertel umfasst etwa 22 Hektar und wurde in den 1990er-Jahren als architektonisches Pionierprojekt betrachtet. Sehenswert sind u.a. der **futuristische Sitzungssaal der Landesregierung,** der auf Stelzen über dem Fluss aufragt, und der 77 m hohe **Klangturm** (mit Aussichtsplattform, www.klangturm.at). Hinzu kommen das **Festspielhaus** (www.festspielhaus.at), das **Landesarchiv** und die **Landesbibliothek** sowie die als **Shedhalle** (mit ihrem gezackten Dach) bekannte Ausstellungshalle. Im Landhausviertel liegt auch das aufschlussreiche Museum Niederösterreich.

Museum Niederösterreich

Das Landesmuseum beschäftigt sich auf äußerst informative Art und Weise mit den Bereichen **Geschichte, Kunst und Natur** des Bundeslandes. Es besteht aus dem „Haus der Geschichte" und dem „Haus der Natur", die jeweils Dauer- und Wechselausstellungen zeigen. Die Präsentationen sind **modern und multimedial** aufbereitet, das Museum verfügt über ein 3D-Kino und ein Labor und ist auch für Kinder lehrreich.

MEIN TIPP: **Museum Niederösterreich,** Kulturbezirk 5, A-3100 St. Pölten, Tel. 02742 908090, www.museumnoe.at, Di–So 9–17 Uhr, Eintritt 10 €, ermäßigt 5 €.

Nördlich der Stadt

Wenige Kilometer nördlich von St. Pölten liegt **Herzogenburg** mit dem gleichnamigen **Stift,** dessen Anfänge auf das Jahr 1550 zurückgehen und das als Meisterwerk des Barock auch durch seine reiche kunsthistorische Sammlung begeistert. Ende August, Anfang September findet hier ein großes **Kinderkulturfestival** (noekiss.at) statt (auch Erwachsene haben hier sicher ihren Spaß).

Wer Wissenswertes über Niederösterreich erfahren möchte, sollte ins fast

6 km entfernte **Kapelln** - den geografischen Mittelpunkt des Bundeslandes - fahren, wo ein **Lehrpfad** (Start Volksschule Kapelln, 1,5 Std., kaum Steigung, einfach, familientauglich) vielerlei Interessantes vermittelt.

Zwischen Herzogenburg und Traismauer liegt ein **Weinbaugebiet** (der Grüne Veltliner ist hier Trumpf!), entsprechend finden sich in den Örtchen zahlreiche Heurigenlokale (Infos unter www.traisental.mostviertel.at). Biertrinker hingegen sollten wissen, dass im nördlichen St. Pöltner Stadtviertel **Unterradlberg** die **Privatbrauerei Egger** angesiedelt ist (egger-bier.at).

Wer sich für die Zeit der Mammutjäger - um 30.000 v. Chr. - in dieser Gegend interessiert, sollte das **Urzeitmuseum** in **Nußdorf** besuchen.

■ **Urzeitmuseum Nussdorf-Traisental,** Marktplatz 1, A-3134 Nußdorf ob der Traisen, Tel. 0664 6455479, www.urzeitmuseum-traisental.at, April bis Okt. tägl. 9–17 Uhr, Eintritt 5 €, Kinder (6–16 Jahre) 2 €.

☐ Das Zentrum – im Bild die Kremser Gasse – erfreut auch Shoppingherzen

oes_017 dk

Praktische Infos

■ **Tourismusinformation St. Pölten,** Rathausplatz 1, A-3100 St. Pölten, Tel. 02742 3335000, www.stpoeltentourismus.at.

An- und Abreise, Parken, ÖPNV

■ St. Pölten liegt **verkehrstechnisch günstig zwischen Wien und Linz** und ist sowohl mit dem **Zug** (www.oebb.at oder westbahn.at) – die örtlichen Schnellzüge werden „Wiesel" genannt –, mit dem **Bus** als auch mit dem **eigenen Fahrzeug** problemlos zu erreichen. Der **Hauptbahnhof** befindet sich fußläufig am nördlichen Rand der Innenstadt.

■ Die Innenstadt von St. Pölten ist innerhalb der gekennzeichneten **Kurzparkzonen gebührenpflichtig.** Die Parkscheine erhält man an **Parkscheinautomaten** oder elektronisch. Außerdem gibt es zahlreiche **Parkhäuser** und am Stadtrand auch günstigere **Park+Ride-Optionen.** Mehr Infos unter www.stpoeltentourismus.at/parken.

■ St. Pölten ist klein genug, um praktisch alle hier beschriebenen Ziele **zu Fuß** zu erkunden. Höchstens das Landhausviertel und der Norden der Stadt lassen die Fahrt mit dem **Bus** sinnvoll erscheinen. Der zentrale **Umsteigeplatz,** an dem praktisch alle Buslinien halten, ist **vor dem Hauptbahnhof.**

Mariazellerbahn

Ein besonders schönes Erlebnis ist eine Fahrt mit der Mariazellerbahn ab dem Hauptbahnhof St. Pölten **durch das malerische Pielachtal bis in den Wallfahrtsort Mariazell** (→ S. 606) in der nördlichen Steiermark. Die 760-mm-Schmalspurbahn überwindet auf **84 km** Länge 19 Viadukte und fährt durch 21 Tunnel.

■ **Infos:** Tel. 02742 360990-1000, www.mariazellerbahn.at.

Übernachtung und Camping

1 **Cityhotel D&C**②, Völklplatz 1, A-3100 St. Pölten, Tel. 02742 75577, www.cityhotel-dc.at. Zentral gelegenes, gutes Hotel mit Wellnessbereich und eigenem Restaurant.

10 **Das Alfred**①-②, Rödlgasse 11, A-3100 St. Pölten, Tel. 02742 28990, www.dasalfred.at. Nettes Design-Budget-Hotel mit 50 stylischen Zimmern und einer angenehmen Dachterrassenbar.

2 **Camping am See,** Bimbo-Binder-Promenade 15, A-3100 St. Pölten, Tel. 0676 898798898, www.campingamsee.at. Kleiner, ruhiger Campingplatz am Ratzersdorfer See nördlich der Stadt.

Essen und Trinken

MEIN TIPP: **3** **Gaststätte Figl**③, Hauptplatz 4, A-3100 St. Pölten-Ratzersdorf, Tel. 02742 257402, www.gaststaettefigl.at. Im Nordosten der Stadt, in Ratzersdorf, liegt dieses alteingesessene Gasthaus mit regionaler Küche.

11 **Roter Hahn**②, Teutelhoferstraße 26, A-3100 St. Pölten, Tel. 02742 72906, www.roter-hahn.at. Bodenständige Küche mit einem Hang zum Kreativen. Auch **Gästezimmer**①-② sind vorhanden.

9 **Vinzenz Pauli**②, Alte Reichsstraße 11, A-3100 St. Pölten, Tel. 0650 6202077, vinzenzpauli.at. Im äußersten Westen der Stadt gelegenes Restaurant mit oft ausgezeichneter regionaler Küche.

MEIN TIPP: **3** **Seedose**②, Dr.-Adolf-Schärf-Straße 21, Tel. 0650 4751089, www.seedose.at, bei Schlechtwetter geschlossen. Herrlicher Biergarten bzw. Terrasse direkt am Ostufer des **Ratzersdorfer Sees,** einem bezaubernden Erholungsgebiet mitten in der Stadt (Bade- und Sportmöglichkeiten).

Cafés und Eiscafés

4 **Bachinger,** Kremser Gasse 41, A-3100 St. Pölten, Tel. 0676 3726602, www.bachinger-eis.at. Seit 1930 das vielleicht beste Eis der Stadt mit bis zu 80 Sorten. Eine weitere Filiale ist am 6 Domplatz 8.

8 **Café Emmi,** Linzer Straße 1, A-3100 St. Pölten, Tel. 0650 4250625, kaffeebohnenmonster. at. Nette Café-Konditorei mit Süßem & Salzigem, mit Frühstücksmenüs und Kaffee der Marke Felix.

MEIN TIPP: 5 **Café Pusch,** Domgasse 8, A-3100 St. Pölten, Tel. 02742 76644, www.cafepusch.at. Hier gibt es die original St. Pöltner Prandtauer-Torte aus flaumigem Nussteig mit Birnen-Zwetschgen-Marmeladen-Füllung und zartem Schokoguss.

7 **Café Schubert,** Herrenplatz 1, A-3100 St. Pölten, Tel. 0650 8089480, www.cafeschubert.at. Das vielleicht klassischste Kaffeehaus der Stadt.

Kunst und Kultur, Veranstaltungen

■ **Bühne im Hof,** Linzer Straße 18, A-3100 St. Pölten, Tel. 02742 908050, www.buehneimhof.at. Hier finden spannende Konzerte und Kabarett statt.

■ **Cinema Paradiso,** Rathausplatz 14, A-3100 St. Pölten, Tel. 02742 21400, www.cinema-paradiso.at. Eines der besten Programmkinos des Landes.

■ **Frequency Festival,** www.frequency.at. Jährlich stattfindendes Musikfestival mit Schwerpunkt Indie, Grunge und Hip Hop.

Mostviertel

Der **südwestliche Teil Niederösterreichs** wird Mostviertel genannt und zeichnet sich als **erstaunlich vielfältiger,** aber durchwegs **ländlich geprägter Landstrich** aus. Seinen Namen hat er vom hier hergestellten **Most,** dessen **Birnen** auf den **Streuobstwiesen entlang der Moststraße** geerntet werden. Heute überwiegen im Mostviertel landwirtschaftlich genutzte Flächen, doch früher war hier über Jahrhunderte ein Großteil der **Eisenproduktion** der „Alten Welt" angesiedelt; Überreste dieser Glanzzeit finden sich in Waidhofen an der Ybbs und in den Ortschaften der Eisenwurzen. Neben Most und Eisen hat die Region weitere Highlights zu bieten, z.B. **wildalpine Landschaften** in Form von **bizarren Felsformationen** und tiefen Schluchten, etwa das Hochkar, der Dürrenstein und der Naturpark Ötscher-Tormäuer, die das ganze Jahr über reichlich Abenteuer bieten und sogar zum Skifahren einladen. Wanderer und Fahrradfahrer werden außerdem die **Flusstäler** von Erlauf, Pielach und Traisen lieben, denn hier erkundet man abwechslungsreiche Landschaften und viel kulturell Spannendes. Apropos Kultur: Die **atemberaubenden Stifte** wie das in Melk oder jenes in Lilienfeld, aber auch die weniger bekannten wie das Stift Seitenstetten oder die Kartause in Gaming dürften selbst „Religionsmuffel" begeistern. **Museen** wie das Mostviertelmuseum in Haag oder das Kokoschka Haus in Pöchlarn runden das Bild einer Region ab, die wahrlich für alle etwas zu bieten hat. Ab St. Pölten und Amstetten erreicht man eine Vielzahl der hier beschriebenen Ziele mit **Zügen und Bussen.** Höchstens im Voralpengebiet und bei der Erkundung der Moststraße ist ein eigenes motorisiertes Fahrzeug anzuraten.

■ **Infos: Tourismus Mostviertel,** Tel. 07482 20444, www.mostviertel.at.

Most – das Beste, was eine Birne werden kann

Als Most bezeichnet man einen durch Keltern (Pressen) gewonnenen **Fruchtsaft** (meist „Süßmost" genannt), der durch Gärung zu **„Obstwein"** wird. In den meisten Regionen wird Most aus Äpfeln gewonnen, doch im niederösterreichischen Mostviertel sowie in einigen Regionen Oberösterreichs wird er traditionell aus den gerbstoffreichen **Mostbirnen** gekeltert und vergoren. Hierbei unterscheidet man die vier **Geschmacksrichtungen mild, halbmild, kräftig** und **resch,** wobei diese vor allem in ihrem Anteil an Säure, Tanninen und Restzucker variieren. Der Alkoholgehalt liegt in der Regel bei 6 bis 8 Promille. Der Most wird überwiegend **im Herbst produziert,** wenn die Früchte – es gibt fast 300 verschiedene Birnensorten – geerntet, gewaschen, zerkleinert und gepresst werden. Der Saft wird dann bis zu sechs Wochen **zur Gärung gelagert, gefiltert und abgefüllt.** Sehr reizvoll ist das Frühjahr, wenn die ca. 500.000 Birnbäume im Mostviertel blühen – die meisten von ihnen stehen auf **Streuobstwiesen.** Neben dem Süßmost und dem gegorenen Most werden die Birnen auch zu allerlei **Derivaten** verarbeitet, darunter Schnäpse, Obstbrände, Liköre, aber auch Essig, Marmeladen, Chutneys u.v.m. Mittlerweile ist fast die gesamte Produktion **ökologisch,** auf Pflanzenschutzmittel wird verzichtet. Dies kommt nicht zuletzt daher, dass es sich vor allem um sehr alte Birnensorten handelt, die meist resistent gegen Schädlinge und Krankheiten sind. Da schmeckt der Most doch gleich zweimal so gut! Am besten trinkt man ihn übrigens direkt vom Erzeuger, also bei einem **Mostheurigen.** Aktuelle Infos darüber, welche Heurige gerade „ausg'steckt" (geöffnet) haben, findet man unter **www.mostheurige.com.**

Melk und Umgebung

(Stift) Melk

Etwa 30 km westlich von St. Pölten liegt das 831 erstmals urkundlich als „Medilica" erwähnte Städtchen Melk **reizend an einem Altarm der Donau.** Melk wäre trotz seiner hübschen Ortsmitte mit dem Marktplatz und dem Kolomani-Brunnen wohl kaum mehr als ein Ort unter vielen, hätte man nicht Anfang des 18. Jahrhunderts hier – auf den Mauern eines viel älteren Klosters – das **majestätische Benediktinerstift** hoch über den Felsen oberhalb der Stadt gebaut. Verantwortlich für die Errichtung des riesigen Anwesens – alleine die Südfassade misst stolze 362 m – waren die beiden schon mehrmals erwähnten Architekten *Jakob Prandtauer* (1660–1726) und *Joseph Munggenast* (1680–1741), die sich auch in St. Pölten vielerorts verewigten. Bei einem Besuch des **UNESCO-Welterbes** sollte man keinesfalls die pompöse **Kaiserstiege** und den **Kaisergang** mit den elf **Kaiserzimmern** (in denen die Stiftsschätze ausgestellt werden) sowie den prächtigen **Marmorsaal,** die großartige **Bibliothek** und natürlich die prunkvolle **Stiftskirche** verpassen. Das Eintrittsticket ermöglicht auch die Visite des **Stiftsparks** und der sog. Nordbastei. Man kann das Stift Melk auf eigene Faust oder im Rahmen einer **Führung** besuchen, wobei die letztere Variante zu empfehlen ist, da sich sonst kaum alles erschließt. Im Stift leben und wirken bis heute – und das in ununterbrochener Tradition seit 1089 – **Benediktinermönche,** z.B. wird hier ein öffentliches Gymnasium betrieben. Das Stift Melk ist ohne Frage einen Besuch wert, ist es doch

eines der schönsten und größten einheitlichen Barockensembles Europas und fraglos eine der touristischen Top-Attraktionen in Österreich, allerdings kann es hier sehr voll werden, nicht zuletzt weil Melk das südliche „Tor" in die Wachau (→ S. 133) darstellt; die meisten Sehenswürdigkeiten liegen jedoch am Nordufer, also im Waldviertel.

MEIN TIPP: **Stift Melk,** Abt-Berthold-Dietmayr-Straße 1, A-3390 Melk, Tel. 02752 5550, www.stiftmelk.at, mit oder ohne Führung: April–Okt. tägl. 9.30–17 Uhr, Nov.–Jan. Sa/So 10–16.30, nur mit Führung: Nov.–Anfang Jan. Mo–Fr sowie Anfang Jan.–März tägl. (jeweils 11, 13.30 und 15 Uhr), Eintritt ab 13 €, ermäßigt ab 6,50 €.

Praktische Infos

- **Internationale Barocktage,** www.wachaukulturmelk.at/de/barocktagemelk. Alljährlich zu Pfingsten wird das Stift Melk zum Zentrum für Barockmusik.
- **Sommerspiele Melk,** Tel. 02752 54060, www.wachaukulturmelk.at/de/sommerspielemelk/dasfest. Im Rahmen der Sommerspiele Melk werden Theaterstücke vor grandioser Kulisse aufgeführt.

Burgruine Aggstein

Folgt man dem Donauufer von Melk in Richtung Nordosten, kommt man zunächst nach **Schönbühel,** wo das gleichnamige **Schloss** über dem Wasser thront. Zwar ist es für die Öffentlichkeit nicht zugänglich, doch es erfreut sich als Fotomotiv größter Beliebtheit, wobei die beste Ansicht von einem Kreuzfahrtschiff gegeben ist. Etwa 5 km weiter flussabwärts liegt **Aggsbach Dorf** – auch die hiesige Kartause kann nicht besucht werden –, und nochmals 2 km weiter folgt in 300 m Höhe die meistbesuchte Burgruine der Gegend, nämlich die im 12. Jahrhundert von den Kuenringen errichtete **Burg Aggstein.** Neben dem **grandiosen Rundblick** auf die Wachau und die Donau sind vor allem das ausbruchsichere Gefängnis, die Kapelle und der Rittersaal die Hauptsehenswürdigkeiten hier oben.

- **Burgruine Aggstein,** A-3642 Aggsbach Dorf, Tel. 02753 82281, www.ruineaggstein.at, Mitte März bis Ende Okt. tägl. 9–18 Uhr, Eintritt 8,50 €, ermäßigt 6,50 €.

Aus allen Perspektiven eindrucksvoll präsentiert sich das Stift Melk

oes_018 dk

Schallaburg und Umgebung

Etwa 5 km südlich von Melk liegt die **gotische Schallaburg** mit ihrem eindrucksvollen, mit Terrakottafiguren geschmückten Arkadenhof, dem Bergfried, der Kapelle und dem Palas. Jährlich finden hier wechselnde **Ausstellungen** zu Themen der österreichischen Geschichte im weitesten Sinne statt. Zwar war das im 11. Jahrhundert errichtete Anwesen ursprünglich tatsächlich eine Burg, doch nach Um- und Ausbauten im 16. Jahrhundert präsentiert es sich heute eher als **Renaissance-Schloss.**

■ **Schallaburg,** Schallaburg 1, A-3382 Schallaburg, Tel. 02754 63170, www.schallaburg.at, Mitte Mai bis Anfang Nov. Mo–Fr 9–17 Uhr, Sa/So 9–18 Uhr, Eintritt 14 €, ermäßigt 4 €.

☑ Sakrale Kunst ist im Raum Melk allgegenwärtig

oes_019 dk

Auch die **Umgebung** ist aufschlussreich, bietet sie doch weitere bauliche Zeugen einer bewegten Geschichte. Nordwestlich der Schallaburg liegt **Loosdorf,** wo während der Reformation einige hübsche Gebäude entstanden sind. Und nochmals etwa 12 km weiter nach Nordwesten erreicht man die **Ruine Hohenegg** (www.montecuccoli.at), eine Festungsanlage aus dem 12. Jahrhundert, im 17. Jahrhundert bewohnt von *Raimondo Fürst von Montecuccoli* (1609–80), jenem Feldherren, der 1664 in Mogersdorf den übermächtigen Türken eine vernichtende Niederlage bescherte. Heutzutage wird die Burgruine nur für Veranstaltungen geöffnet, aber auch von außen lohnt sie einen Blick. Etwa 8 km südwestlich der Schallaburg liegt außerdem der kleine Ort **St. Leonhard am Forst,** von dem man Wanderungen in die Umgebung – z.B. auf den Hiesberg und zur Ruine Zelking (Start Parkplatz Pulverturm, 2,5 Std., 350 Hm, einfach auf Forstwegen zu begehen) – unternehmen kann. Weitere Schlossanlagen finden sich mit dem **Schloss Grünbichl** in **Kilb** (in Privatbesitz), dem **Schloss Strannersdorf** (ebenfalls nur von außen zu besichtigen) in **Mank** und dem **Klosterschloss in Kirnberg an der Mank** (kirnberg.gv.at).

Amstetten und Umgebung

Amstetten ist mit etwa **24.000 Einwohnern** die **größte Stadt des westlichen Mostviertels.** Sie ist ein **wichtiger Verkehrsknoten** an der Westautobahn A1 und an der Westbahn und nicht nur für die Verwaltung dieser Gegend unumgänglich, sondern auch ihr wirtschaftliches Zentrum. Für den Besucher bietet Amstetten relativ wenig, nicht zuletzt weil die Stadt als **Industriestandort** im Zweiten Weltkrieg mehrmals Opfer von **Bombenangriffen** wurde. Sehenswert ist der **Hauptplatz** samt dem alten Rathaus mit seiner klassizistischen Fassade.

In der Umgebung der Stadt kann man sich den Themen Landwirtschaft und Most widmen, z.B. bei einem Besuch des **Mostviertler Bauernmuseums** oder im **MostBirnHaus** im Ardagger Stift. Wer sich speziell für Most-Derivate wie Schnäpse, Obstbrände, Liköre u.Ä. interessiert, ist in der **Mostelleria Farthofer** in **Öhling** bestens aufgehoben. Von dort ist es nur ein Steinwurf nach **Ulmerfeld,** wo das gleichnamige **Schloss** über eine eindrucksvolle Sammlung historischer Waffen verfügt.

■ **Mostviertler Bauernmuseum,** Gigerreith 39, A-3300 Amstetten, Tel. 07479 7334, www.distelberger.at, nur nach Voranmeldung, Eintritt 12 €, ermäßigt 5 €.

MostBirnHaus, Stift 14, A-3321 Ardagger Stift, Tel. 07479 6400, www.mostbirnhaus.at, Do–So und feiertags 10–18 Uhr. In diesem Most-Shop gibt es auch eine Ausstellung zum Thema (Eintritt Erwachsene 10,90 €, Kinder 6–14 Jahre 5 €) und eine Erlebniswelt für Kinder.

Mostelleria Farthofer, Öhling 35, A-3362 Öhling, Tel. 07475 53674, www.destillerie-farthofer.at. Shop und Verkostungen.

■ **Schloss Ulmerfeld,** Burgweg 1, A-3363 Ulmerfeld-Hausmening-Neufurth, Tel. 07475 54037 oder 07472 601363, Besuch nach telefonischer Voranmeldung, Eintritt frei.

Gut für eine Pause:
der großzügige Hauptplatz von Amstetten

oes_020 dk

Ostarrîchi – wo alles begann

Rund 7 km südlich von Amstetten liegt das auf den ersten Blick unscheinbare Örtchen **Neuhofen an der Ybbs,** das für die österreichische Geschichtsschreibung jedoch größte Bedeutung hat! Es war nämlich das hiesige Gebiet, das am 1. November 996 in der **Schenkungsurkunde des römisch-deutschen Kaisers Otto III.** – gerichtet an den Bischof von Freising, *Gottschalk von Hagenau* – als „Ostarrîchi" bezeichnet wurde. Diese Urkunde – die im Bayerischen Hauptstaatsarchiv in München aufbewahrt wird – stellt die älteste bekannte schriftliche Nennung des Namens dar, aus dem der spätere Begriff „Österreich" entstand, und bildet somit eine Art **Geburtsstunde der österreichischen Nation.** In Neuhofen an der Ybbs befindet sich hierzu der **Ostarrîchi-Kulturhof,** ein Ausstellungsort, in dem auf sehr gelungene und interaktive Weise auf den Österreich-Begriff, aber auch auf die **österreichische Geschichte** von der Ostarrîchi-Urkunde bis zum Beitritt zur Europäischen Union 1995 eingegangen wird.

Am Rande: Erst ab 1915 bezeichnete der Name „Österreich" ausschließlich die **westliche Hälfte der Donaumonarchie,** zu der aber auch viele nicht-deutschsprachige Regionen zählten, weshalb nach dem Zusammenbruch der k.u.k. Monarchie der neue Staat zunächst den Namen **„Deutschösterreich"** trug.

■ **Ostarrîchi-Kulturhof,** Millenniumsplatz 1, A-3364 Neuhofen an der Ybbs, Tel. 07475 5270040, www.ostarrichi-kulturhof.at, Mo und Di, Do–So 9–12 Uhr, Di, Sa/So auch 13–17 Uhr, Eintritt 5 €, ermäßigt 2,50 €.

Etwa 20 km östlich von Amstetten liegt **Ybbs an der Donau,** eine bereits im 9. Jahrhundert gegründete Kleinstadt, die trotz zweier Großbrände (1716 und 1868) noch **einige alte Bauwerke** aufweist, darunter Reste der Stadtmauer und eine hübsche Pfarrkirche. Die Donau ist hier leicht verengt und die Region gehört bereits zum **Strudengau** (→ S. 132). Am gegenüberliegenden Ufer liegt **Persenbeug,** wo sich das gleichnamige – aber nicht zu besichtigende – Schloss aus dem 17. Jahrhundert sowie das **Laufwasserkraftwerk Ybbs-Persenbeug** befinden. Östlich von Ybbs steht in **Säusenstein** die Pfarrkirche St. Donatus mit einer eindrucksvollen Innenausstattung samt Hochaltarbild des Barockkünstlers *Paul Troger* (1698–1762).

Praktische Infos

■ **Informationsbüro Ybbs an der Donau,** Hauptplatz 1, A-3370 Ybbs an der Donau, Tel. 07412 52612, www.ybbs.gv.at.

Moststraße

Das gemeinhin als Moststraße bekannte Gebiet mit seiner **hügeligen Landschaft** und den typischen **Vierkant-Bauernhöfen** macht den **äußersten Westen des Mostviertels** aus. Es wird im Norden durch die Donau, im Westen durch die Enns und im Osten von der Erlauf begrenzt. Im Süden geht das Gebiet südlich von **Waidhofen an der Ybbs** nahtlos in die Eisenstraße über. Hier erstreckt sich das – für das gesamte Mostviertel namensgebende – **größte geschlossene Mostbirnenanbaugebiet Europas,** das gleichzeitig die ausgedehnteste zusammenhängende Obstbaufläche des Landes ausmacht. Der Name Moststraße bezieht sich auf die ca. **200 km lange Erlebnisstraße,** die in St. Valentin beginnt, zuerst nach Strengberg und dann über Haag und Weistrach vorbei an Kürnberg, Ertl und St. Michael am Bruckbach zum Stift Seitenstetten führt. Danach geht es über Biberbach, Aschbach-Markt und Wolfsbach zurück zum Ausgangspunkt. Sehenswert sind z.B. das Städtchen **St. Valentin** mit seinem hübschen Hauptplatz und **Haag,** wo neben der spätgotischen Stadtkirche auch das aufschlussreiche **Mostviertelmuseum** und ein **Tierpark** – vor allem die Bären und Raubkatzen sind hier die Besuchermagneten – anzutreffen sind. Oben schon erwähnt wurde das **Stift Seitenstetten,** ein Benediktinerkloster, dessen Gründung auf das Jahr 1112 zurückgeht und das immer noch betrieben wird.

■ **Mostviertelmuseum Haag,** Sportplatzstraße 5, A-3350 Stadt Haag (neben der Mostviertelhalle Haag), Tel. 07434 424230, www.mostviertelmuseum.at, Mo–Fr 8–12 Uhr, Mo auch 14–18 Uhr und Mi 14–17 Uhr, Eintritt 3 €, ermäßigt 1,50 €.

Tierpark Stadt Haag, Salaberg 34, A-3350 Stadt Haag, Tel. 07434 454081, www.tierparkstadthaag.at, April bis Sept. tägl. 8.30–17.30 Uhr, Okt., Febr. und März tägl. 9–16 Uhr, Nov. bis Jan. tägl. 9–15 Uhr, Eintritt 13 €, ermäßigt 9 €.

■ **Benediktinerstift Seitenstetten,** Am Klosterberg 1, A-3353 Seitenstetten, Tel. 07477 423000,

Die Ybbs prägt das westliche Mostviertel, wie hier in Waidhofen

oes_021 dk

www.stift-seitenstetten.at, Ostermontag bis Okt. Di–So 9–12 und 13–17 Uhr, Eintritt ab 9 €, ermäßigt ab 5 €.

Wen das alles weniger begeistert, der kann sich getrost auf die vielen **Mostwirtshäuser, Moststraßenheurigen und Ab-Hof-Geschäfte** entlang der Strecke konzentrieren, in denen man alles verkosten und käuflich erwerben kann, was im weitesten Sinne mit Birnen zu tun hat. Zwar ist die Befahrung der **Moststraße** nur mit dem eigenen (motorisierten) Fahrzeug möglich, doch auch Wanderer und Fahrradfahrer kommen hier und da auf ihre Kosten, gibt es doch **Themenwanderwege und Lehrpfade,** wie z.B. jenen auf die **Elisabethwarte** ab Kürnberg (Start Dorfladen Kürnberg, 45 Minuten, 150 Hm, leicht, wundervolle Blicke auf die Bergregion vom Ötscher bis zum Traunstein). Der hiesige 18,5 m hohe Aussichtsturm ist zu begehen (März bis Nov. von Sonnenauf- bis Sonnenuntergang).

Praktische Infos

- **Moststraße,** Tel. 07482 20444, www.mostviertel.at/moststrasse.
- **Gasthof Mitter**②, Linzer Straße 11, A-3350 Stadt Haag, Tel. 07434 424260, www.mitter-haag.at. Ländlich anmutendes Wirtshaus mit gutbürgerlicher Küche und einwandfrei ausgestatteten Fremdenzimmern①-②.

Mein Tipp: **Zur Linde**②, Westbahnstraße 32, A-4300 St. Valentin, Tel. 07435 52319, www.pillgrab.at. Die bodenständige Küche, reichlich Most und der idyllische Innenhof machen dieses Lokal zu einer Empfehlung. Auch Kochkurse und gemütliche Zimmer①-② werden geboten.

- **Theatersommer Haag,** www.theatersommer.at. Interessante Aufführungen zeichnen dieses Theaterfestival aus.

Waidhofen an der Ybbs

Das im 11. Jahrhundert als Teil des Bistums Freising gegründete Städtchen Waidhofen an der Ybbs ist ein **bauliches Schmuckstück,** in dem sich in nahezu geschlossener Form **historische Gebäude im Stil der Gotik, der Renaissance und des Barock** finden. Ab dem 12. Jahrhundert wurde die Stadt ein wichtiges Zentrum der **Eisenverarbeitung,** denn sie lag strategisch günstig an der Handelsstraße, die den steirischen Erzberg mit seinem Eisenerzabbau und die Donau verband. Folglich gab es hier zeitweise **200 Schmieden,** und um die Mitte des 16. Jahrhunderts wurden in der Region sogar 20% der europäischen Eisenproduktion abgewickelt. Natürlich führte das im Laufe der Jahrhunderte zu **erheblichem Wohlstand**, Zeichen dafür sind bis heute die spätgotische Stadtpfarrkirche, das Rathaus, der Stadtturm (mit Aussichtsplattform), die stattliche Mariensäule auf dem Stadtplatz und das **eindrucksvolle Schloss Rothschild,** in dem der Bergfried begehbar ist und es zwei Museen gibt. Aber auch die vielen **Wohnhäuser im Biedermeierstil** verzücken nicht nur so manchen Fotografen.

- **Schloss Rothschild,** Schlossweg 2, A-3340 Waidhofen an der Ybbs, Tel. 07442 511471, schloss-rothschild.at, April–Okt. Di–Sa 9–13 Uhr, Mi–Sa auch 14–17 Uhr, So 10–16 Uhr, Nov.–März Fr/Sa 9–13 und 14–17 Uhr, So 10–16 Uhr, Eintritt 8 €, ermäßigt 4 €.

In der **Umgebung** der Stadt liegen die bereits zu den **Ybbstaler Alpen** gehörenden, bei Wanderern geschätzten **Erhöhungen des Buchenbergs** (mitsamt dem lohnenswerten, familienfreundlichen Erlebnis- und Naturpark, Start Lokalbahnhof Waidhofen an der Ybbs, 1,5 Std., 400 Hm, leicht) und die **Spindeleben,** aber auch die erhöht gelegene barocke Wallfahrtskirche **Basilika Sonntagberg** (www.sonntagberg.at) – sie ist vor allem für ihren gewaltigen Hochaltar und die vielen Fresken bekannt –, ab der mehrere **Panoramawege** beginnen.

Praktische Infos

■ **Tourismusinformation Waidhofen und Ybbstaler Alpen,** Schlossweg 2, A-3340 Waidhofen an der Ybbs, Tel. 05 93049, www.ybbstaler-alpen.at oder waidhofen.at.

Eisenwurzen und Ötscher

Südlich von Waidhofen an der Ybbs schließen sich die **Ybbstaler Alpen** an. Diese sind ein **Teil der Kalkvoralpen** und grenzen im Süden an die östliche Obersteiermark und im Westen an das Traunviertel in Oberösterreich. Die Region besteht vor allem aus dem als Eisenwurzen bekannten Gebiet im Westen und dem Hochgebirgszug im Osten, dessen höchster Gipfel mit 1893 m der Ötscher ist.

Eisenwurzen

Der Name Eisenwurzen kommt von der hier über Jahrhunderte betriebenen **Eisenproduktion** in Form von Schmieden und Hammerwerken; das begehrte Metall kam seinerzeit aus der Region um den steirischen Erzberg (→ S. 610). Die Eisenwurzen sind ein wenig besuchtes, aber durchaus **fabelhaftes Wanderrefugium** in einer eindrucksvollen Bergwelt, das sich über die Steiermark, Oberösterreich und eben auch Niederösterreich zieht. Ein attraktiver Ort ist das östlich von Waidhofen gelegene, entzückende und weitestgehend im Stil des 19. Jahrhunderts erhaltene **Ybbsitz,** in dem das multimediale **Erlebnismuseum „FeRRUM – Welt des Wissens"** allerlei Interessantes zur Geschichte der Region zeigt, und auch entlang der **Schmiedemeile** erfährt man viel über das Schmiedewesen, für das der Ort einst so berühmt war. Weiter östlich liegt **Gresten,** Ausgangspunkt für Ausflüge zu den Burgruinen von Randegg oder Reinsberg (am besten mit dem eigenen Fahrzeug zu machen!). Angler zieht es nach **Opponitz,** wo Wanderwege zu eindrucksvollen Gipfeln wie dem Wetterkogel (1078 m) (Start 3. Kehre an der Stichstraße zum Kleinseeberg, 3 Std., 750 Hm, einfach, man ist v.a. im Wald unterwegs) oder dem Schneekogel (1373 m) (Start Gasthof zum Kirchenwirt, 5,5 Std., 1100 Hm, mittel, landschaftlich außergewöhnlich) starten. Weiter südlich des reizenden **Hollensteins** erreicht man den **Naturpark Eisenwurzen,** in dem zahlreiche Wanderungen möglich sind, darunter diverse Panoramawanderwege.

■ **FeRRUM – Welt des Wissens,** Markt 24, A-3341 Ybbsitz, Tel. 07443 85300, www.schmiedenybbsitz.at, Nov. bis März Mo 13–17 Uhr, Di–Fr 9–17 Uhr, Sa 9–13 Uhr, April bis Okt. Mo 13–17 Uhr, Di–Fr 9–17 Uhr, Sa 9–16 Uhr, So 10–16 Uhr, Eintritt 6,80 €, ermäßigt 4,30 €.

■ **Informationsbüro Naturpark Eisenwurzen,** Walcherbauer 2, A-3343 Hollenstein an der Ybbs, Tel. 07445 2180, hollenstein-ybbs.gv.at/naturpark-noe-eisenwurzen.

oes_022 dk

Hochkar und Dürrenstein

Deutlich hochalpiner geht es ab dem geschichtsträchtigen Erholungsort **Göstling** mit seiner schmucken Pfarrkirche und dem Sgraffitohaus zu. Der Ort ist Ausgangspunkt für Unternehmungen auf und rund um das 1808 m hohe **Hochkar** (Start Parkplatz Hochkarbahn Talstation, 1,5 Std., 350 Hm, mittel, www.hochkar.at, man erreicht den Gipfel wahlweise auch per Sesselbahn), das mit knapp 19 km Pistenlänge auch das größte – und schneesicherste – **Wintersportgebiet** Niederösterreichs darstellt. Im nahe gelegenen **Hochreit** befindet sich außerdem ein beliebtes Langlaufgebiet. Etwa 12 km nordöstlich des Hochkar erstreckt sich das **Wildnisgebiet Dürrenstein-Lassingtal (www.wildnisgebiet.at)**, eines der größten „Urwaldgebiete" Mitteleuropas. Der Gipfel liegt auf 1878 m Höhe, der Aufstieg erfolgt von **Steinbach** (Start Parkplatz Steinbachtal, 8 Std., 1300 Hm, mittel, teilweise mäßig steil), **Stiegengraben** (Start Parkplatz Hotel Waldesruh, 7,5 Std., 1400 Hm, mittel, teilweise steil) bzw. über den **Lechnergraben** (Start Taverne Seehof Lunz am See, 9 Std., 1300 Hm, schwierig, ggf. mit Übernachtung auf der Ybbstalerhütte). Nördlich des Dürrenstein liegt **Lunz am Lunzer See.** Am Westufer des größten Sees Niederösterreichs befinden sich ein Restaurant und Bootsverleihe, für Kinder verkehrt ein Piratenschiff, und eine hübsche Wanderung führt über den Mittersee hinauf bis zum Obersee (Start Seeparkplatz Lunz am See, 3 Std., 650 Hm, mittel, familientauglich). Im Ort kann man das **Hammerherrenmuseum** mit Informationen zur Kulturgeschichte der Region besichtigen und im **Haus der Wildnis** bekommt man in äußerst zeitgemäß-interaktiver Form Einblicke in Flora und Fauna des angesprochenen Wildnisgebiets Dürrenstein-Lassingtal. Im Hochsommer wird auf der Lunzer Seebühne das **Kulturfestival „Wellenklänge"** (wellenklaenge.at) abgehalten.

Hammerherrenmuseum, Amonstraße 16, A-3293 Lunz am See, Tel. 07486 808115, www.lunz.at/de/kunst-kultur/museen/hammerherrenmuseum, nur per Führung: Mai und Okt. Mi und Sa 10 Uhr, Juni bis Sept. Di–So 10 und 11.15 Uhr, Eintritt 5 €, ermäßigt 3 €.

Seebad Lunz am See, Seestraße 28, A-3293 Lunz am See, Tel. 07486 8730, Mitte Mai bis Sept. tägl. 9–19 Uhr, Eintritt 5 €, ermäßigt 2,50 €.

Haus der Wildnis, Kirchenplatz 5, A-3293 Lunz am See, Tel. 07486 21122, www.wildnisgebiet.at/haus-der-wildnis, Di–So 9–17 Uhr, Eintritt 9,50 €, ermäßigt 5,50 €.

Praktische Infos

Tourismusinformation Göstling an der Ybbs, Göstling 46/2, A-3345 Göstling an der Ybbs, Tel. 05 93049, www.ybbstaler-alpen.at.

Tourismusinformation Lunz am See, Kirchenplatz 5 (Haus der Wildnis), A-3293 Lunz am See, Tel. 05 93049, www.lunz.at.

Zellerhof②, Seestraße 5, A-3293 Lunz am See, Tel. 07486 8450, www.zellerhof-lunz.at. In diesem zu einem Landhotel gehörenden Restaurant gibt es regionale Köstlichkeiten mit einem speziellen Augenmerk auf saisonale Zutaten.

Ötscherland Campingplatz, Zellerhofstraße 23, A-3293 Lunz am See, Tel. 0664 73860598, www.oetscherlandcamping.at. Angenehmer, gut ausgestatteter Campingplatz am Ufer der Ois etwa 15 Minuten vom Lunzer See entfernt, wo im Sommer die Lunzer Seebühne kulturelle Events bietet.

◁ Badespaß oder Bootstour inmitten schöner Natur gefällig? Auf dem Lunzer See kein Problem!

Ötscher

Der Ötscher (www.oetscher.at) ist ein **1893 m hohes Bergmassiv,** das sich östlich von Lunz erstreckt. Auch hier ist Skifahren, Snowboarden, Schneeschuhwandern, Langlaufen oder Paragleiten möglich. Für **Wanderer** bieten sich neben der Besteigung des Gipfels – am Ötscherplateau erheben sich auch der Taubenstein (1849 m) und der 1552 m hohe Kleine Ötscher – vor allem eine Erkundung der Geldloch, Taubenloch und Pfannloch genannten **Ötscherhöhlen** unterhalb des Rauhen Kamm sowie der **Ötscher-Tropfsteinhöhle** etwa 5 km nördlich des Gipfels an. Doch das absolute Highlight ist eine Begehung der sog. **Tormäuer** (durch Erosion entstandene Felswände) und **Ötschergräben** (für detaillierte Routenvorschläge: www.oetscher.at/wandern-oetscher). Diese wildromantischen Schluchten liegen etwa 1500 m unter dem Gipfel entlang des oberen Erlauftals und werden als „Grand Canyon Niederösterreichs" bezeichnet. Das Ötschermassiv liegt im **Naturpark Ötscher-Tormäuer,** Ausgangsort für Aktivitäten in der Gegend ist das Dorf **Lackenhof am Ötscher** (810 m), von dem ein Sessellift zum Ötscher-Schutzhaus auf 1410 m Höhe verkehrt.

Mein Tipp: **Naturpark Ötscher-Tormäuer,** Langseitenrotte 140, A-3223 Wienerbruck, Tel. 02728 21100, www.naturpark-oetscher.at, Eintritt 4 €, ermäßigt 2 €.

Praktische Infos

Tourismusinformation Lackenhof am Ötscher, Weitental 51 (Talstation Großer Ötscher in der Schirmbar), A-3295 Lackenhof, Tel. 05 93049, www.ybbstaler-alpen.at.

Erlauftal

Die **Erlauf** ist ein insgesamt etwa **70 km langer Fluss,** der südlich des Ötscher entspringt und zunächst durch den Naturpark Ötscher-Tormäuer fließt, danach gen Norden bis nach Wieselburg und dann weiter in nord-nordöstlicher Richtung, um bei Pöchlarn in die Donau zu münden. Das Erlauftal mag zwar keine spektakulären Offenbarungen im touristischen Sinne bereithalten, doch das **hügelige Alpenvorland** ist mit dem **Erlauftalradweg** (www.mostviertel.at/erlauftalradweg) bei Fahrradfahrern beliebt und bietet ein paar **geschichtsträchtige Städtchen.**

Beginnen kann man eine Tour in dieser Gegend in **Gaming,** wo sich knapp 5 km vom Flussufer entfernt die stattliche **Kartause** (kartause-gaming.at) befindet, in der man auch übernachten kann und in der alljährlich im August ein **Chopin-Festival** abgehalten wird. In **Scheibbs,** einst ein wichtiges Zentrum der Eisenproduktion, sind die verwinkelten Gassen samt eleganten Bürgerhäusern und die Burg aus dem Jahr 1150 sowie das 1583 fertiggestellte Rathaus reizend anzusehen. **Purgstall** überrascht mit seinen hübschen Bürgerhäusern und einer der größten Kirchen des Mostviertels, der Pfarrkirche St. Petrus samt ihrem eindrucksvollen Hochaltar. Nur 6 km weiter im Westen liegt das erholsame **Schlosshotel Ernegg** mit großzügigem Golfplatz. **Wieselburg** mag für viele Österreicherinnen und Österreicher für seine Brauerei bekannt sein, doch gibt es hier auch „Alkoholfreies" auszukundschaften: das hübsche Marktschloss beherbergt ein **Museum für Ur- und Frühgeschichte,** und auch das **Schloss Weinzierl,** in dem sich 1757 *Joseph Haydn* aufhielt, ist einen Besuch wert (www.josephinum.at/francisco-josephinum/schloss-weinzierl).

■ **Museum für Ur- und Frühgeschichte,** Hauptplatz 26, A-3250 Wieselburg, Tel. 07416 52319, nur nach telefonischer Vereinbarung, Eintritt 3 €, ermäßigt 1 €.

Praktische Infos

■ **Informationsbüro Scheibbs,** Rathausplatz 1, A-3270 Scheibbs, Tel. 07482 4251163, www.tourismus.scheibbs.gv.at.

■ **Informationsbüro Wieselburg,** Hauptplatz 26, A-3250 Wieselburg, Tel. 07416 52319, www.wieselburg.gv.at.

■ **Schlosshotel Ernegg**③, Ernegg 1, A-3261 Steinakirchen am Forst, Tel. 07488 71214, www.schlossernegg.at. Seit dem 17. Jahrhundert ist dieses idyllisch-romantische Schlosshotel im Besitz der Familie *Auersperg* und erfreut vor allem Golferherzen.

Pöchlarn

Pöchlarn liegt **an der Donau** und ist streng genommen Teil des Nibelungengaus, ja sogar sein Hauptort, denn es war hier, dass *Rüdiger von Bechelaren* – er kommt im Nibelungenlied vor – seinen Sitz hatte. Pöchlarn ist aber heutzutage vor allem als **Geburtsort des Malers Oskar Kokoschka** (1896–1980) bekannt. Als einer der wichtigsten Künstler des Expressionismus und der Wiener Moderne war er zunächst als Professor in

☐ Natur pur am Lauf der Pielach

Dresden tätig, dann aber unter den Nazis als „entarteter Künstler" gezwungen, zunächst nach Prag und danach nach England ins Exil zu gehen. Sein Geburtshaus beherbergt heute ein **Museum** zu seinem Leben und Schaffen.

MEIN TIPP: **Kokoschka Haus,** Regensburger Straße 29, A-3380 Pöchlarn, Tel. 02757 7656, www.oskarkokoschka.at, Mai bis Okt. tägl. 10–17 Uhr, Eintritt 7 €, ermäßigt 3 €.

Pielachtal und Traisental

Die Region zwischen dem Ötscher und St. Pölten wird im Wesentlichen durch die **Flussläufe der Pielach und der Traisen** gekennzeichnet. Beide Flüsse laufen mehr oder weniger parallel in **Richtung Norden,** doch unterscheiden sie sich in einigen Punkten voneinander.

Pielachtal

Die äußerst **saubere und fischreiche Pielach** entspringt bei **Annaberg** in 976 m Höhe und überwindet mehr als 760 Höhenmeter, bis sie nach **70 km** unweit von Melk in die Donau mündet. Ihre beschauliche Umgebung kennzeichnen **Wälder und Landwirtschaft.** Ähnlich wie die Erlauf kann sie per Fahrrad erkundet werden, doch entscheiden sich noch mehr Besucher für den 115 km langen **Großen Pielachtaler Rundwanderweg 652** (www.pielachtal.mostviertel.at/pielachtaler-rundwanderweg), der wahlweise im Süden in Schwarzenbach oder unterhalb von St. Pölten in Ober-Grafendorf beginnt. Für eine Verkostung lokaler Spezialitäten (wie der Dirndln) bietet sich **Frankenfels** an, lohnend ist auch ein Besuch der nahe gelegenen **Nixhöhle** (www.frankenfels.at/

oes_023 mw

Im Land der Dirndln

Das Pielachtal firmiert häufig auch unter dem Namen **„Dirndltal"**, dabei sind in Österreich Dirndln – nicht zu verwechseln mit den genauso genannten traditionellen Gewändern – das, was man in Deutschland regional auch als Dürlitze, Herlitze, Hirlnuss oder landläufig als **Kornelkirsche** bezeichnet. Dabei handelt es sich um bis zu 8 m hohe Sträucher oder Bäume, deren Stämme maximal 15 bis 20 cm dick werden. Die **Früchte** – sie erinnern optisch an (große) Kirschen, schmecken aber säuerlich-herb – reifen im Spätsommer und werden in dunkel- bis schwarzrotem Zustand geerntet, bzw. man wartet, bis sie von selbst vom Strauch fallen. Im Pielacher Teil des Mostviertels sind Dirndln äußerst beliebt, rund **60.000 Dirndlstauden** wachsen hier. Sie dienen zur Herstellung von **Marmeladen, Gelees, Saft, Schnaps, Likör** u.v.m. Achten Sie bei einer Durchquerung des Pielachtals auf diese kulinarische Eigenart!

■ Mehr Infos bei der **Dirndldestillerie & -manufaktur Fuxsteiner,** Tradigistgegend 17, A-3204 Kirchberg an der Pielach, Tel. 02722 7408, www.fuxsteiner.at.

oes_024 dk

die-nixhoehle/). Kletterer lieben den **Klettergarten am Falkenstein,** in **Kirchberg** bietet das **Modellbahnmuseum** (bahnimbahnhof.at) eine Miniaturausgabe der Mariazellerbahn (→ S. 82) und in **Rabenstein** kann man sich im **Pielachtalbad** in den „Fluten" erfrischen oder der **Burgruine** einen Besuch abstatten.

Praktische Infos

■ **Tourismus Pielachtal,** Tel. 07482 20444, www.pielachtal.mostviertel.at.

■ **Naturhotel Steinschalerhof**②, Warth 20, A-3203 Rabenstein, Tel. 02722 2281, steinschaler.at. Nettes bäuerliches Hotel mit Restaurant, in dem es sich gut essen lässt.

■ **Kalteis**②, Melker Straße 10, A-3204 Kirchberg an der Pielach, Tel. 02722 7223, www.kalteis.at. Klassische Wirtshausspezialitäten und hübsche Gästezimmer.

Traisental

Auch die **Traisen** entspringt in den Kalkalpen, allerdings westlich des Ötscher, in etwa zwischen dem Gipfel und dem 1669 m hohen Göller. Sie erstreckt sich auf **80 km** Länge und überwindet dabei 950 Höhenmeter, bis sie die **Landeshauptstadt St. Pölten** durchfließt und dann nördlich von ihr, im Raum Altenwörth, in die Donau mündet. Zwar ist sie im Oberlauf – ähnlich der Pielach – von **tadelloser Wasserqualität,** doch wird sie im Tiefland, nicht zuletzt durch die hier ansässige Industrie, unreiner, auch wenn die umliegende Natur dennoch äußerst ästhetisch ist. Insgesamt sind die Abschnitte der Traisen sehr unterschiedlich, der idyllischste ist zweifelsohne im oberen Teil, z.B. im netten

Türnitz mit seinem Marktplatz und der Wehrkirche. Unweit des Ortes liegt auch die **Sommerrodelbahn Eibl Jet** (www.tuernitz.at). Ebenso sollte man das kleine, mitten in einem der dichtesten Waldabschnitte Europas gelegene Dorf **St. Aegyd am Neuwald** besuchen, von dem wunderschöne Wanderungen oder Wintersport an den Hängen des oben erwähnten Göller, aber auch Langlaufen möglich sind.

Etwa 25 km weiter flussabwärts findet man in **Lilienfeld** das **größte Zisterzienserkloster Mitteleuropas,** das 1202 vom Babenbergerherzog *Leopold VI.* gestiftet wurde und bis heute als eines der eindrucksvollsten Sakralgebäude Österreichs bezeichnet werden kann. Nicht übersehen sollte man dort die barocke Bibliothek und das Brunnenhaus. Im nahe gelegenen **Traisen** kreuzen sich der **Wiener Wallfahrerweg** und die **Via Sacra** (www.viasacra.at), aber es gibt auch weitere Wanderungen, z.B. die vom etwa 13 km entfernten Hainfeld hinauf zur Araburg-Ruine (Start Bahnhof Hainfeld, 4 Std., 400 Hm, leicht, familientauglich). Etwa auf halbem Weg zwischen Traisen und Ober-Grafendorf kann man in **Wilhelmsburg** einen Stopp einlegen. Die Stadt ist für das **Lilien-Porzellan-Werk** bekannt, in dem die pastellfarbene, konisch geformte Service-Serie „Daisy“ produziert wurde. Wer das Traisental nicht motorisiert besuchen möchte, kann dies radelnd auf dem 111 km langen **Traisental-Radweg** (www.traisentalradweg.at) tun.

MEIN TIPP: **Zisterzienserstift Lilienfeld,** Klosterrotte 1, A-3180 Lilienfeld, Tel. 02762 52420, www.stift-lilienfeld.at, variierende Öffnungszeiten (Führungen tägl. 14 Uhr, So auch 11.15 Uhr, April bis Sept. auch Mo–Sa 10 Uhr), Eintritt (mit Führung) 12 €, ermäßigt 5 €.

■ **Zum Blumentritt**②, Markt 20, A-3193 St. Aegyd am Neuwald, Tel. 02768 2277, www.zumblumentritt.at. Traditionelle und doch modern interpretierte Regionalküche. Auch hübsche Zimmer sind vorhanden.

Industrieviertel

Das Industrieviertel ist der **südöstliche Teil Niederösterreichs,** doch anders als sein Name es vermuten lässt, wird es nicht durch graue Fabriken und rauchende Schornsteine geprägt. Der Name stammt aus der Zeit, in der Kaiserin *Maria Theresia* (1717–80) hier, südlich von Wien und speziell um Wiener Neustadt, **Manufakturen** bauen ließ. Doch jenseits dieser recht bevölkerungsreichen und durchaus kommerziell entwickelten Gegend präsentiert sich die Region überraschend unberührt. Dazu gehören das **südliche Donauufer** und der weit reichende **Wienerwald,** der im Prinzip den gesamten Westen ab der Bundeshauptstadt einnimmt. Den südlichen Teil des Industrieviertels kennzeichnen Berge – die sog. **Wiener Alpen** –, wobei der **Semmering** und das Massiv von **Rax** und **Schneeberg** als Teil der Ostalpen südlich in die Steiermark weiterführen. Hier sind Wandern und Wintersport besonders beliebt. Im Osten verläuft mit dem **Leithagebirge** die Grenze zum Burgenland, die sich weiter südlich in der „Buckligen Welt“ fortsetzt. Überall finden sich namhafte **historische Zeitzeugen** wie die Burg Liechtenstein oder das Stift Heiligenkreuz, der Schlosspark in

oes_025 dk

Laxenburg oder die k.u.k. Thermalbäder. Das kulinarische Angebot ist besonders in **Weinorten** wie Perchtoldsdorf, Klosterneuburg oder Gumpoldskirchen überbordend, und wer sich in der Donau erfrischen möchte, der sollte nach **Kritzendorf** fahren. Nennenswerte **Städte** sind u.a. Mödling, Baden, Bad Vöslau und Hainburg an der Donau, wo auch der internationale Flughafen Wien-Schwechat nicht mehr weit ist. Wer **öffentlich anreist,** kommt ab dem Hauptbahnhof in Wien oder ab Wien-Meidling zu fast allen hier beschriebenen Zielen mit Hilfe von InterCity- und Railjet-Verbindungen. Zahlreiche Orte in Wien-Nähe (inklusive Wienerwald oder entlang der Donau) sind auch per S-Bahn und Bus erreichbar.

An der Grenze zum Burgenland: jenseits des Leithagebirges wird es flach

Wienerwald

Als klassisches **Naherholungsgebiet der Hauptstädter** bietet der Wienerwald auf einer Fläche von fast 106.000 Hektar Natur vom Feinsten. Es handelt sich dabei um den **östlichsten Ausläufer der Nordalpen,** der sich mit Höhenlagen zwischen 300 und knapp 900 m meist hügelig bis mittelgebirgsartig präsentiert. Dank der Tatsache, dass der Wienerwald **kaiserliches Jagdgebiet** war, wurde er kaum gerodet und ist dadurch bis heute **zu über 70% bewaldet,** im nördlichen Teil vorrangig mit Laubbäumen, im Süden eher mit Nadelbäumen. Durch das Areal ziehen sich **markierte Wanderwege** (insgesamt 6000 km lang) und eine Vielzahl an **Fahrrad- und Mountainbike-Routen.** Bei diesem Überangebot ist es wichtig, sich im Vorfeld klar darüber zu sein, was man erleben möchte. Zwar gibt es auch Highlights jenseits der Natur, etwa das an Museen reiche **Perchtoldsdorf,** die stattliche Burg in **Neulangbach,** die märchenhaft anmutende **Burg Liechtenstein** oder das **Stift Heiligenkreuz,** doch das Gros der Besucher kommt wegen der zahllosen Möglichkeiten zu Wanderungen hinauf auf Erhebungen, von denen man die **Aussicht** genießt. Dies sind z.B. im äußersten Westen ab **Laaben** der Fußweg auf eine der höchsten Stellen des Wienerwaldes, den 893 m hohen **Schöpfl** (Start Hauptplatz Laaben, 3,5 Std., 500 Hm, leicht, Grundkondition ist hilfreich) samt Matraswarte, von dem man einen wunderbaren Blick auf Ötscher und Schneeberg hat. Oder im Norden ab **Mauerbach** – hier befindet sich das älteste, mittlerweile geschlossene Kartäuserkloster Österreichs – auf den 494 m hohen **Tulbinger Kogl** (Start Kartause Mauerbach, 4 Std., 300 Hm, leicht, familientauglich), auf dem die **Leopold-Figl-Warte** steht.

Praktische Infos

- **Tourismus Wienerwald,** Tel. 02231 62176, www.wienerwald.info.
- **Bonka**①-②, Oberkirchbacherstraße 61, A-3413 Oberkirchbach, Tel. 02242 6290, www.bonka.at. Herzhafte lokale Spezialitäten und großer Garten mit Streichelzoo und Reitstall. Auch Gästezimmer sind vorhanden.
- **Zur Linde**②, Hauptplatz 28, A-3053 Laaben, Tel. 02774 8378, www.landgasthof-zur-linde.at. Beliebter Landgasthof mit köstlichen regionalen Spezialitäten. Übernachtung①-② möglich.
- **Camping Wienerwald,** Leopoldigasse 2, A-2392 Sulz im Wienerwald, Tel. 0650 7379334, camping-wienerwald.at. Simpler, recht kleiner Campingplatz, von dem diverse Touren ins Umland unternommen werden können.

Purkersdorf und Umgebung

Ein Erlebnis ist der **Troppberg** (542 m) mit seinem eindrucksvollen Rundblick bis zur Wachau und nach Wien, den man ab Purkersdorf erreicht (Start Bahnhof Purkersdorf-Zentrum, 5,5 Std., 400 Hm, leicht, für Kinder empfohlen). Hier liegt auch der **Naturpark Purkersdorf** (www. naturpark-purkersdorf.at), in dem Wildgehege, Spielbereiche und ein Naturlehrpfad gerade Familien mit Kindern begeistern. In **Purkersdorf** selbst steht das von *Josef Hoffmann* (1870–1956) im Jugendstil erbaute Sanatorium, in dem sich heute eine Seniorenresidenz befindet.

Im nahe gelegenen **Pressbaum** liegt die Quelle des Wien-Flusses; hier stehen auch die beiden eindrucksvollen **Aquädukte** der 2. Wiener Hochquellwasserleitung. Ab dem Ort kann man zu netten Erkundungen per Fahrrad aufbrechen, z.B. zum künstlich angelegten **Wiener-**

[>] Garantiert entspannend: Das Industrieviertel verfügt über zahlreiche Naherholungsgebiete

oes_026 dk

waldsee, einem Trinkwasserreservoir der Bundeshauptstadt. Weiter im Süden finden sich in **Breitenfurt** zahlreiche hübsche Bauernhäuser, und auch die barocke Pfarrkirche St. Johann Nepomuk ist äußerst fotogen.

Praktische Infos

- **Informationsbüro Pressbaum,** Hauptstraße 58, A-3021 Pressbaum, Tel. 02233 522320, www.pressbaum.at.

Mayerling

Es war der 30. Januar 1889 im damaligen **Jagdschloss** in Mayerling, als **Kronprinz Rudolf** gemeinsam mit seiner Geliebten **Selbstmord** beging. Der äußerst aufgeschlossene und modern denkende *Rudolf* war der einzige Sohn von Kaiser *Franz Joseph I.* und Kaiserin *Elisabeth.* Auf Druck des Kaisers unglücklich verheiratet mit Prinzessin *Stephanie,* der Tochter des belgischen Königs *Leopold II.,* flüchtete sich *Rudolf* in eine Affäre mit der 17-jährigen Baroness *Mary Vetsera.* Wohl hochgradig depressiv, schoss er zunächst *Mary* und dann sich selbst in den Kopf. Nach dem Doppel-Suizid ließ Kaiser *Franz Joseph I.* das Jagdschloss in ein **Kloster** umbauen und schenkte es dem Orden der Karmeliterinnen. An der Stelle, an der sich die Tragödie ereignete, steht heute die neogotische **Kirche Karmel St. Josef,** die man, genau wie das dazugehörige **Museum,** besuchen kann.

- **Karmel Mayerling,** Mayerling 3, A-2534 Alland, Tel. 02258 2275, www.karmel-mayerling.org, April bis Okt. Di–So 10–17.30 Uhr, Nov. bis März Sa/So 10–17 Uhr, Eintritt 7,20 €, ermäßigt 4,20 €.

Perchtoldsdorf und Umgebung

Ganz im Westen Wiens liegt Perchtoldsdorf, quasi als „Tor" in den Wienerwald. Das etwa **15.000 Einwohner** zählende Städtchen mit seinem **hübschen Marktplatz** – hier stehen die Martinskapelle, die Pfarrkirche, der gewaltige Wehrturm und die Dreifaltigkeits-(Pest-)säule – ist vor allem wegen seiner **Burg** (www.burg-perchtoldsdorf.at) und seiner Museumsdichte außergewöhnlich. In besagtem Wehrturm befinden sich ein **Sakral- und ein Archäologisches Museum,** im Alten Rathaus sind das **Osmanenmuseum** und das **Deutschmeistermuseum** untergebracht, ferner gibt es ein Ausstellungshaus mit Werken des expressionistischen Malers **Hans Fronius** (1903–88) und ein Museum zu Ehren des Komponisten **Hugo Wolf** (1860–1903) (www.hugowolf.at). So viel Kultur kann durstig machen, gut also, dass Perchtoldsdorf über **mehrere Heurigenlokale** verfügt, immerhin gilt der Wein hier als einer der besten des Landes!

Eine schöne Wanderung führt westlich der Stadt auf den **Hinteren Föhrenberg** (578 m), auf dem die Josefswarte mit großartigen Rundblicken nach Wien einlädt (Start Marktplatz Perchtoldsdorf, 2,5 Std., 300 Hm, leicht, landschaftlich sehenswert). Etwa 5 km südlich von Perchtoldsdorf liegt die geradezu kitschig-romantisch anmutende **Burg Liechtenstein.** Als Stammburg der Adelsfamilie *von Liechtenstein* im 12. Jahrhundert errichtet, zeigt sie sich heute nach Umbauten gegen Ende des 19. Jahrhunderts als neoromanisches Burgschloss. Bei einem Besuch (nur mit Führung) sieht man in der Burgkapelle auch einen Dorn, der angeblich aus der **Dor-**

nenkrone Christi stammen soll und von *Napoleon* hierher verschenkt wurde.

■ **Burg Liechtenstein,** Am Hausberg 2, A-2344 Maria Enzersdorf, Tel. 0650 6803900, www.burgliechtenstein.eu, diverse Zeiten für Führungen (→ auf der Homepage), Eintritt (mit Führung) 12 €, ermäßigt 8 €.

Praktische Infos

■ **Informationsbüro Perchtoldsdorf,** Marktplatz 11, A-2380 Perchtoldsdorf, Tel. 01 866830, www.perchtoldsdorf.at

■ **Sommerspiele Perchtoldsdorf,** www.sommerspiele-perchtoldsdorf.at. Open-Air-Theater vor historischer Kulisse.

Triestingtal und Umgebung

Den **südlichen Teil des Wienerwaldes** bestimmt das landschaftlich vielfältige Triestingtal, das besonders viele christlich geprägte Sehenswürdigkeiten bietet. Als Triestingtal bezeichnet man den etwa **29 km langen Flusslauf der Triesting** ab dem 600 m hohen Gerichtsberg bis nach Hirtenberg. Die Triesting selbst beginnt etwa bei Kaumberg, durchfließt das ganze Triestingtal und dann das Wiener Becken bis nach Achau, wo sie in die Schwechat mündet. Zentrum der Gegend sind das kleine **Berndorf,** in dem die Familie *Krupp* 1843 eine Löffelfabrik baute, sowie das Wallfahrtsörtchen **Pottenstein** mit der Kirche Maria Trost im Elend. Ab dem hübschen **Altenmarkt** mit seinem Kloster (www.kleinmariazell.at) kann man zu Wanderungen aufbrechen, von denen einige Teil des Pilgerweges **Via Sacra** (www.viasacra.at) nach Mariazell sind, doch geht es aus dem Ort auch zu Fuß in etwa drei Stunden auf das 1037 m hohe **Hocheck,** einem beliebten Ausflugsziel, das natürlich auch mit dem eigenen Fahrzeug angefahren werden kann. Kletterer können am 716 m hohen, steilwandigen Kalkberg **Peilstein** ihren Adrenalinhaushalt auffüllen. Südlich von **Alland** liegt am 478 m hohen **Buchberg** eine beachtliche Tropfsteinhöhle (www.alland.at/m/tropfsteinhoehle). Radfahrer können auf dem etwa 60 km langen **Triesting-Gölsental-Radweg** das gesamte Gebiet erkunden (www.wienerwald.info/triesting-goelsental-radweg).

■ **Infos zur Region Triestingtal,** Leobersdorfer Straße 42, A-2560 Berndorf, Tel. 02672 87001, www.triestingtal.at.

Klosterneuburg und Umgebung

Der **nördliche Wienerwald** erstreckt sich bis zur Donau und setzt sich im Stadtgebiet Wien in Form von Parks und des Lainzer Tiergartens fort. Das Zentrum dieser Region ist das Städtchen **Klosterneuburg,** dessen gewaltiges **Stift** von weither sichtbar ist und das nicht zuletzt wegen des stattlichen **Verduner Altars** (in der Leopoldskapelle) aus dem Jahr 1181, der **Schatzkammer** und der **Stiftsbibliothek** (mit mehr als 170.000 Bänden, Handschriften und Inkunabeln) besucht werden sollte. Außerdem ist Klosterneuburg durch den **Weinbau** bekannt – zum Stift gehört das älteste Weingut Österreichs –, und in der Tat gibt es im Ort eine hohe Anzahl an Heurigenlokalen (nur saisonal geöffnet!). Erfrischung und Entspannung verspricht das **Strandbad Klosterneuburg** direkt an einem Altarm der Donau (Rutschen, Strömungskanal, Wasserfall u.v.m.).

■ **Stift Klosterneuburg,** Stiftsplatz 1, A-3400 Klosterneuburg, Tel. 02243 4110, www.stift-klosterneuburg.at, tägl. 9–18 Uhr, Eintritt ab 9 €.

Strandbad Klosterneuburg, Strandbadstraße 16, A-3400 Klosterneuburg, Tel. 02243 444276, www.klosterneuburg.at/de/Sport_Freizeit/Strandbad, Mai bis Mitte Sept. tägl. 9–19.30 Uhr, Eintritt 6,20 €, ermäßigt 3,40 €.

Verlässt man Klosterneuburg nach Norden, erreicht man bald **Kritzendorf,** wo das hübsche **Strombad** (strombad-kritzendorf.at) eine Erfrischung in der Donau ermöglicht. Nordwestlich von Kritzendorf kann man in **Greifenstein** zur gleichnamigen Burg aufsteigen (30 Min., leicht) – der Ausblick über die Donau ist wunderbar. Unmittelbar bei Greifenstein liegt **St. Andrä-Wördern,** von wo man in die sensationelle, von Schluchten und Felsen gekennzeichnete **Hagenbachklamm** gelangt (Start Eingang Hagenbachklamm, 3,5 Std., kaum Steigung, leicht, familientauglich). Der Hagenbach ist ein ca. 1300 m kurzer Nebenfluss der Donau, der sich durch seinen weichen Sandstein auszeichnet, der immer neue Gesteinsformen ausbildet.

MEIN TIPP: **Hagenbachklamm,** Hilbertpromenade 9a, A-3423 St. Andrä-Wördern, Tel. 0676 6246804, www.wienerwald.info/a-hagenbachklamm.

⊡ Liebreizend verspielte Architektur: die Franzensburg in Laxenburg

Praktische Infos

■ **Tourismusverein Klosterneuburg,** In der Au 2–4, A-3400 Klosterneuburg, Tel. 02243 32038, www.klosterneuburg.net.

■ **Hotel Residenz Schrannenhof**①-②, Niedermarkt 17–19, A-3400 Klosterneuburg, Tel. 02243 32072, www.schrannenhof.at. Vernünftige Zimmer in einem Gebäude, das ursprünglich aus dem 15. Jahrhundert stammt.

■ **Donaupark Camping Klosterneuburg,** In der Au 1, A-3400 Klosterneuburg, Tel. 02243 25877, www.campingklosterneuburg.at. Gute öffentliche Verkehrsanbindung, auch nach Wien.

■ **Buschenschank Schulteis-Seher**①, Buchberggasse 9, A-3400 Klosterneuburg, Tel. 0676 9605522. Erfrischend authentischer Buschenschank mit schönem Ambiente.

MEIN TIPP: **Kerbl am Weinberg**①-②, Raphael-Donner-Gasse 19, A-3400 Klosterneuburg, Tel. 02243 24577, weingutkerbl.at. Wunderschön in den Weinbergen gelegener Edelheuriger.

■ **Heuriger Familie Nutz**①, Meynertgasse 38, A-3400 Klosterneuburg, Tel. 0676 4943939. Bei den Einheimischen sehr beliebtes Heurigenlokal – was für einen Besuch spricht.

■ **Leopoldifest,** um den 9. November findet alljährlich dieses Fest mit Weinproben, Leopoldimarkt und dem „Fasslrutschen" statt.

Mödling und Umgebung

Mödling liegt 16 km südlich von Wien und ist unmittelbarer Teil von dessen Ballungsraum. In Niederösterreich gilt Mödling als **Faschingshochburg,** mit großen Umzügen am Rosenmontag und Faschingsdienstag (www.mfv.at). Zudem ist die knapp **21.000 Einwohner** zählende Stadt für ihre **gut erhaltene und renovierte Altstadt** bekannt. Speziell die Fußgängerzone um die Kaiserin-Elisabethstraße und der Schrannenplatz mit seinem Rathaus stellen die baulichen „Zuckerln" dar. Unter den Sakralbauten ist speziell die **Pfarrkirche St. Othmar** mit dem nahe gelegenen Rundturm Karner erwähnenswert. Interessant sind außerdem das 1872 fertiggestellte, 190 m lange **Aquädukt,** das Teil der Wasserspeisung Wiens ist. Wanderer können hinauf zur **Burgruine** gehen, von der sich ein fantastischer Blick auf die umliegende Gegend bietet (Start Parkplatz Goldene Stiege, 1,5 Std., 100 Hm, einfach). Kein Wunder, dass die Burg bereits **Walther von der Vogelweide** (1170–1230) beeindruckte und sie von ihm besungen wurde, befand sich doch hier der Hof *Heinrichs des Älteren* (1158–1223), der eine Nebenlinie der *Babenberger* begründete.

Westlich von Mödling liegt in der Gemeinde **Hinterbrühl** die als Schaubergwerk ausgewiesene **Seegrotte** (seegrotte.at), mit 6200 m^2 Fläche der größte unterirdische See Europas. Fans des Komponisten *Franz Schubert* (1797–1828) „pilgern" zur **Höldrichsmühle** am westlichen Ortseingang von Hinterbrühl, soll sie den Meister doch zu seinem berühmten Werk „Am Brunnen vor dem Tore" angeregt haben.

Praktische Infos

- **Tourismusinformation Mödling,** Kaiserin-Elisabethstraße 2, A-2340 Mödling, Tel. 02236 400125, www.moedling.at.
- **Hotel-Restaurant Höldrichsmühle**①-②, Gaadner Straße 34, A-2371 Hinterbrühl, Tel. 02236 262740, www.hoeldrichsmuehle.at. In dieser historischen Mühle westlich von Mödling am Rande des Wienerwaldes kehrte neben *Schubert* angeblich auch *Beethoven* ein. Man kann es ihnen nachtun, denn Essen und Unterkunft sind grundsolide.

Laxenburg und Umgebung

Keine 7 km südöstlich von Mödling lockt das besinnliche **Laxenburg** mit ei-

oes_027 dk

ner **riesigen Parkanlage** mit fantastischem Baumbestand und der **Franzensburg auf einer künstlichen Insel** inmitten des Parkteichs. In dem Kastell, einer Nachbildung einer gotischen Ritterburg, die 1801 bis 1836 unter Kaiser *Franz I.* erbaut wurde, fanden sogar Verhandlungen des Wiener Kongresses 1814/15 statt. Im Park gibt es auch einen **Waldspielplatz** für kleine und große Kinder sowie eine Minigolfanlage. Am Parkeingang steht der **spätbarocke Blaue Hof,** der als Sommerschloss für *Maria Theresia* gebaut wurde und über prächtige Räumlichkeiten, u.a. den Speisesaaltrakt und das Schlosstheater, verfügt.

MEIN TIPP: **Schlosspark Laxenburg,** Schlossplatz 1, A-2361 Laxenburg, Tel. 02236 71226, www.schloss-laxenburg.at, tägl. 7–18.30 Uhr, Eintritt (Park) 3 €, ermäßigt 1,70 €.

Praktische Infos

- **Restaurant Flieger & Flieger**①-②, Münchendorfer Straße 7, A-2361 Laxenburg, Tel. 02236 71334, www.wwo.at. Familienfreundliches Lokal mit einer großen Auswahl an Speisen.
- **Der Eissalon Laxenburg,** Hofstraße 7, A-2361 Laxenburg, Tel. 02236 72752. Köstliche hausgemachte Eissorten.

Etwa 7 km nordöstlich von Laxenburg, in **Maria Lanzendorf,** befindet sich die im Stil des Frühbarock errichtete **Wallfahrtskirche** (www.maria-frieden.at), in der u.a. das großartige Fresko von *Johann Michael Rottmayr* (1654–1730) sehenswert ist.

⊡ Ein Hauch k.u.k.: der Hauptplatz von Baden mit der Pestsäule und dem Café Central

Gumpoldskirchen und Umgebung

Weinliebhaber zieht es ins nahe gelegene **Gumpoldskirchen** mit seiner lebendigen Heurigenlandschaft und dem **reizenden Ortskern.** Interessant sind u.a. das Deutschordensschloss, das Rathaus im Stil der Renaissance sowie die Pfarrkirche St. Michael aus dem 15. Jh. In der hiesigen Thermenregion wachsen auf rund 2500 ha Rebfläche **außergewöhnliche Weinsorten** wie die weißen Zierfandler (auch Spätrot genannt) und Rotgipfler, aber auch einige – für Niederösterreich eher untypisch – Rotweine. Vom Ort aus erreicht man in etwa 90 Min. zu Fuß den 675 m hohen **Anninger** (Start Bahnhof Gumpoldskirchen, 400 Hm, leicht) mit guter Aussicht und der Möglichkeit zur Einkehr (www.anningerhaus.at). In der Vinothek des **Weinguts Thallern** lässt sich gut Energie „tanken".

Praktische Infos

- **Informationsbüro Gumpoldskirchen,** Schrannenplatz 1, A-2352 Gumpoldskirchen, Tel. 02252 62101, www.gumpoldskirchen.at.

MEIN TIPP: **Krug**②-③, Kirchenplatz 1, A-2352 Gumpoldskirchen, Tel. 02252 62247, krug.at. Seit 1746 besteht das alte Zechhaus, in dem heute sowohl ein Heuriger als auch ein À-la-carte-Restaurant betrieben werden.

- **Heuriger Spaetrot**①, Wienerstraße 1, A-2352 Gumpoldskirchen, Tel. 0664 1459159 oder 02252 62230, www.heuriger-spaetrot.com. Klassisches Heurigenlokal mit nettem Innenhof.
- **Freigut Thallern,** Thallern 1, A-2352 Gumpoldskirchen, Tel. 02236 53477, www.freigut-thallern.at. Eines der ältesten und traditionsreichsten Weingüter Österreichs mit Vinothek, in der man die Tropfen der hiesigen Winzer probieren und kaufen kann. Angeschlossen ist auch ein Klostergasthaus② (www.klostergasthaus-thallern.at).

Baden bei Wien

Gerade mal 26 km liegt es von Wien entfernt und doch wirkt das entspannte Baden wie aus einem anderen Universum. Bereits die Kelten und Römer wussten von den **warmen Schwefelquellen** hier an der geologischen Bruchzone zwischen dem südlichen Teil des Wiener Beckens und den Ausläufern der Ostalpen im Wienerwald („Thermenlinie"). Die Habsburger erkoren Baden zum **Naherholungsgebiet,** Kaiser *Franz I.* machte den Kurort sogar zu seiner Sommerresidenz. Baden präsentiert sich als wahre Augenweide – immerhin stammt ein Großteil des Baubestandes aus der **Biedermeierzeit,** als man nach dem gewaltigen Stadtbrand von 1812 die Bäderstadt neu gestaltete. Wer heute anreist, tut dies in erster Linie, um in einem der **Thermalbäder** zu entspannen, im **Casino** (www.casinos.at/casinos/baden) sein Glück zu versuchen oder im wunderschönen **Kurpark** zu lustwandeln. Aber auch die **verkehrsberuhigte Innenstadt** strahlt noch ein bisschen den Charme vergangener imperialer Zeiten aus. Im Sommer trifft sich der Jetset auf der **Trabrennbahn** (traben-in-baden.at), und westlich der Stadt liegt das viel besungene **Helenental,** das man – vorbei an Raubritterburgen – auf dem Wanderweg zunächst entlang des Schwechatbaches und dann bis ins etwa 11 km entfernte Heiligenkreuz erkunden kann (Start Bahnhof Baden, 4 Std., 200 Hm, leicht, Ausdauer erforderlich). In **Heiligenkreuz** lässt sich das beachtliche **Zisterzienserkloster** mit Kreuzweg, Dreifaltigkeitssäule und der mittelalterlichen Abteikirche besuchen. Alternativ kann man den etwa 26 km langen **Beethoven-Wanderweg** um den sog. Lindkogel begehen (www.wienerwald.info/a-der-beethoven-rundwanderweg) und dabei in die Tiefen des Wienerwaldes eintauchen (Start Hotel Sacher in St. Helena, 8 Std., 800 Hm, mittel, Kondition erforderlich).

■ **Römertherme Baden,** Brusattiplatz 4, A-2500 Baden bei Wien, Tel. 02252 45030, www.roemertherme.at, tägl. 10–22 Uhr, Eintritt ab 18,30 €, ermäßigt 9,50 €. In dieser Heilwassertherme genießt man das volle Wellnessprogramm mitsamt Schwimmbecken, Sauna, Whirlpools u.v.m.

MEIN TIPP: **Thermalstrandbad Baden,** Helenenstraße 19, A-2500 Baden bei Wien, Tel. 02252 86800-800, www.tourismus.baden.at/thermalstrandbad-baden-2, Mai bis Ende Sept. tägl. 8.30–20 Uhr, Eintritt ab 11,80 €, ermäßigt ab 5,60 €. Freibad mit einem Hauch Jugendstil. Schwimm- und Schwefelwasserbecken plus Sandstrand.

■ **Stift Heiligenkreuz,** Markgraf-Leopold-Platz 1, A-2532 Heiligenkreuz im Wienerwald, Tel. 02258 87030, www.stift-heiligenkreuz.org, tägl. 14–17.15 Uhr, Mo–Sa auch 9–11.30 Uhr, Führungen mit Audioguide, Eintritt 11,30 €, ermäßigt 6,80 €.

oes_028 dk

Praktische Infos

- **Tourismusinformation Baden,** Brusattiplatz 3, A-2500 Baden bei Wien, Tel. 02252 86800-600, www.tourismus.baden.at.
- **Hotel Schloss Weikersdorf**③, Schlossgasse 9–11, A-2500 Baden bei Wien, Tel. 02252 48301, hotelschlossweikersdorf.at. Elegantes Anwesen mit wunderschönem Rosengarten und angeschlossenem Restaurant.
- **Café Central,** Hauptplatz 19, A-2500 Baden, Tel. 0680 2004508, cafe-central.at. Klassisches Kaffeehaus im Stil der 1960er-Jahre.

Idylle im Zentrum: der Kurpark Baden

oes_029 dk

Bad Vöslau

Lust auf Erholung à la k.u.k.? Dann kann man im Thermalbad Bad Vöslau nichts verkehrt machen. Seit 1822 wurde aufgrund des **heilenden Mineralwassers** im Ort eine Badeanlage betrieben, aber es war vor allem der Empfehlung des berühmten *Dr. Johann Malfattis* zu verdanken, dass ab 1893 immer mehr **wohlhabende Wiener** – darunter auch *Johann Strauss, Arthur Schnitzler* und *Hugo von Hofmannsthal* – zur Sommerfrische hierher kamen und sich sogar die Kaiserfamilie im damals **feudal gestalteten Thermalbad** regelmäßig ein Stelldichein gab. Mittlerweile ist das Freibad selbstverständlich nicht mehr ausschließlich der Elite vorbehalten, aber es strahlt immer noch das **Flair des ausgehenden 19. Jahrhunderts** aus. Die Vöslauer Mineralquelle speist das sog. **Grüne Becken** als Kernstück des historischen Bades. Doch auch weitere Becken für Groß und Klein, eine Saunalandschaft, Sportbereiche u.v.m. machen das Thermalbad Bad Vöslau zu einem der schönsten und historisch wertvollsten des Landes.

MEIN TIPP: **Thermalbad Bad Vöslau,** Maital 2, A-2540 Bad Vöslau, Tel. 02252 76266, www.thermalbad-voeslau.at, Ende April bis Ende Sept. tägl. 8–19 Uhr, Eintritt 11,70 €, ermäßigt 6,60 €.

Und wohin für eine Stärkung nach dem erfrischenden Nass? In **Sooß** nördlich von Bad Vöslau laden gemütliche **Heurigenlokale** zu Speis und Trank ein. Überhaupt dreht sich in dem zauberhaften Ort alles um den Wein, hier v.a. den roten der Sorten Sankt Laurent und Pinot Noir. Eine Legende erzählt, dass im Laustum die letzte Reblaus begraben liegt.

Praktische Infos

■ **Informationsbüro Sooß,** Hauptstraße 48, A-2504 Sooß, Tel. 02252 87573, www.sooss.at.

Wiener Neustadt

Wiener Neustadt etwa 50 km südlich von Wien ist mit mehr als **48.000 Einwohnern** nach St. Pölten die **zweitgrößte Stadt Niederösterreichs.** Die Anfänge des auch kurz nur „Neustadt" genannten Ortes gehen auf das 12. Jahrhundert zurück, als die Babenberger sie als Bollwerk zum Schutz der Hauptstadt anlegten. **Kaiserin Maria Theresia** ließ hier und in den angrenzenden Orten in der zweiten Hälfte des 18. Jahrhunderts Betriebe und Manufakturen bauen und machte die Gegend somit zu einem der Zentren der angehenden Industrialisierung. Auch eine bis heute existierende Militärakademie entstand, wodurch Wiener Neustadt zum Inbegriff für **Industrie und Landesverteidigung** zugleich wurde. Doch dies war auch der Fluch der Stadt, denn aufgrund angesiedelter Rüstungsproduktionsstätten der Wehrmacht wurde sie ab 1943 massiv von **amerikanischen und britischen Luftangriffen** heimgesucht und dabei fast gänzlich zerstört. Entsprechend präsentiert sich Wiener Neustadt als **architektonischer Cocktail,** in dem relativ schlichte Wohnbauten aus den 1960er- und 1970er-Jahren vorherrschen. Unter den sehenswerten historischen Gebäuden sei zunächst der **Dom** aus dem ausgehenden 13. Jahrhundert mitsamt seinem Hochaltar und dem eindrucksvollen Nordportal erwähnt. Vom Domplatz geht es in die verkehrsberuhigte Einkaufsgegend entlang der Wiener Straße, die einen zum belebten **Hauptplatz** mit der Mariensäule und dem Alten Rathaus bringt. Ebendort liegt auch der **Marienmarkt,** an dem beliebte Imbisslokale für das leibliche Wohl sorgen (samstags findet außerdem ein Bauernmarkt statt). Südöstlich des Zentrums erhebt sich die **Vierturmburg** aus dem 13. Jahrhundert, in der die besagte **Theresianische Militärakademie** (www.milak.at) ihren Sitz hat. Mit vorheriger Anmeldung kann

Äußerst imposant zeigt sich der herrschaftliche Dom von Wiener Neustadt

oes_032 dk

man sie und die **St.-Georgs-Kathedrale** mitsamt ihrer eindrucksvollen Wappenwand besuchen. Wer mehr über die Geschichte der Stadt erfahren möchte, der sollte dem **Museum** im ehemaligen Dominikanerkloster St. Peter an der Sperr nördlich des Domplatzes einen Besuch abstatten.

■ **Museum St. Peter/Sperr,** Johannes-von-Nepomuk-Platz 1, A-2700 Wiener Neustadt, Tel. 02622 373951, www.museum-wn.at, Mi–So 10–17 Uhr, Eintritt 7 €, ermäßigt 4 €.

☒ Im Zeichen des Barock: die Pfarrkirche Bruck an der Leitha

☒ Wo Offiziere ausgebildet werden: die Theresianische Militärakademie

oes_031 dk

Praktische Infos

■ **Tourismusinformation Wiener Neustadt,** Hauptplatz 1–3, A-2700 Wiener Neustadt, Tel. 02622 373-311, tourismus.wiener-neustadt.at.

■ **Hotel Zentral**①-②, Hauptplatz 27, A-2700 Wiener Neustadt, Tel. 02622 23169, www.hotelzentral.at. Vernünftiges 3-Sterne-Hotel im Zentrum der Stadt.

■ **Gasthaus zum Dom**①-②, Domplatz 2, A-2700 Wiener Neustadt, Tel. 02622 22258, www.gasthauszumdom.at. Uriges Gasthaus mit typisch österreichischer Küche.

Leithagebirge

Nordöstlich von Wiener Neustadt erstreckt sich eine **Tiefebene** bis hin zur ungarischen und slowakischen Grenze, durch die die **Flüsse Triesting, Schwechat, Piesting, Fischa** und die namensgebende **Leitha** mehr oder weniger parallel in Richtung Donau fließen. Beachtenswert sind die Ruinen der **Wasserschlösser von Pottendorf und Ebenfurth,** doch weit bekannter ist das Leithagebirge, das von Südosten her die Ostalpen fortsetzt und mit den Kleinen Karpaten bei Hainburg und in der Slowakei verbindet. Der **35 km lange Gebirgskamm** des Leithagebirges – der höchste Gipfel ist mit 484 m der **Sonnenberg** – stellt die natürliche Grenze zum Burgenland dar. Angenehme Wanderungen sind z.B. die zur **Franz-Josef-Warte** (443 m) mit wunderbarem Blick über den Neusiedler See und die Pannonische Tiefebene (Start Parkplatz Franz-Josef-Warte, 1 Std., leicht, familientauglich) oder eine Tour auf dem **Maria-Theresia-Rundwanderweg** ab **Mannersdorf** (Start Parkplatz Arbachmühle, 3 Std., 200 Hm, leicht). Hier liegt auch

oes_033 dk

der **Naturpark Die Wüste Mannersdorf** (www.diewuestemannersdorf.at), ein Kleinod inmitten eines aufgelassenen Klosterkomplexes. Der Hauptort **Bruck an der Leitha** mit dem groß angelegten Hauptplatz und Überresten der stattlichen Stadtmauer erinnert noch an die Epoche, als man den Einfall marodierender Madjarenstämme fürchtete. Im Schlosspark der Stadt kann man einen schönen Spaziergang unternehmen. Südlich der Leitha – also schon im Burgenland – liegt der **Vorort Bruckneudorf,** in dem sich ebenfalls ein hübsches, an die k.u.k. Zeit erinnerndes Bauensemble findet. Die Gegend südlich von Bruckneudorf nimmt ein öffentlich unzugänglicher **Truppenübungsplatz** ein, der bereits 1867 errichtet wurde.

Praktische Infos

- **Tourismusbüro Bruck an der Leitha,** Hauptplatz 16, A-2460 Bruck an der Leitha, Tel. 02162 6235410, www.bruckleitha.at.
- **Wirtshaus Der Gselchte**①-②, Altstadt 5, A-2460 Bruck an der Leitha, Tel. 02162 62252, www.dergselchte.at. Angenehmes, altes Wirtshaus mit Hausmannskost und gemütlichem Gastgarten.

MEIN TIPP: **Landgasthaus Schiller**②, Hauptstraße 31, A-2453 Sommerein, Tel. 0676 9444049, www.landgasthausschiller.at. Die sorgfältige Auswahl der Zutaten macht sich in der Qualität der Gerichte bemerkbar.

Hainburg an der Donau und Umgebung

Verlässt man Bruck gen Nordosten, folgt nach etwa 8 km das Örtchen **Rohrau,** in dem sich das strohgedeckte **Geburtshaus Joseph Haydns** (1732–1809) befindet, das ein **Museum** zu Werk und Leben des berühmten Komponisten beherbergt und wo im Juni auch die Haydn-Tage stattfinden. Auch das **Schloss Rohrau** mit seiner schönen Gemäldesammlung lohnt unbedingt einen Besuch (nur mit Führung zu besichtigen).

- **Haydn Geburtshaus Rohrau,** Obere Hauptstraße 25, A-2471 Rohrau, Tel. 02164 2268, www.haydngeburtshaus.at, Ende März bis Anfang Nov. Di–So 10–17 Uhr, Eintritt 7 €, Kinder ab 6 Jahren 4 €.

■ **Schloss Rohrau,** Schloss Rohrau 1, A-2471 Rohrau, Tel. 02164 225316, www.schloss-rohrau.at, Eintritt inkl. Führung 12 € (Sa und So 10.30, 13.30 und 15 Uhr), Kinder (6–16 Jahre) 5 €.

Weitere 5 km nördlich erreicht man **Petronell-Carnuntum,** wo sich Österreichs größte **archäologische Fundstätte** befindet; Carnuntum war die Hauptstadt der römischen Provinz Pannonia. Zu den Sehenswürdigkeiten zählen das Römische Stadtviertel, das Amphitheater der Militär- bzw. Zivilstadt und die Trainingsarena der Gladiatoren. Im **Museum Carnuntinum** im nahe gelegenen **Bad Deutsch-Altenburg** sind zahlreiche Exponate der archäologischen Sammlungen zu bestaunen.

Das Wiener Tor in Hainburg an der Donau zeugt von unsicheren Zeiten

■ **Römerstadt Carnuntum,** Hauptstraße 1A, A-2404 Petronell-Carnuntum, Tel. 02163 33770, www.carnuntum.at, Mitte März bis Mitte Nov. tägl. 9–17 Uhr, Eintritt 13 €, ermäßigt 6 €.

Wer von den Römern weiter ins Mittelalter „reisen" möchte, sollte nach **Hainburg an der Donau** fahren, denn die Kleinstadt unweit der slowakischen Grenze ist eine historische Perle. Fast gänzlich von der 2,5 km langen **Stadtmauer** eingefasst und mit 15 noch intakten Türmen versehen, ist Hainburg wohl einer der besterhaltenen mittelalterlichen Zeitzeugen in Europa. Besonders eindrucksvoll sind das **Wiener Tor** und das **Ungartor,** über die man den Ort befährt bzw. verlässt. Vom **Wasserturm** überblickt man die Donau und die angrenzenden Auen. Doch für den ultimativen Rundblick sollte man hinauf zur **Burgruine** spazieren. Hübsche **Wanderungen** in der Umgebung führen außerdem auf den **Braunsberg** (346 m) (Start Hainburg an der Donau/Donaulände, 2 Std., 200 Hm, leicht, landschaftlich interessant) oder in den Hainburger Bergen auf die 344 m hohe **Königswarte** (Start Hainburg an der Donau/Ungartor, 4,5 Std., 450 Hm, mittel), unterhalb derer die pittoreske **Ruine Pottenburg** liegt. Die höchste Erhebung der Gegend ist jedoch mit 480 m der **Hundsheimer Berg** (Start Hainburg an der Donau/Kulturfabrik, 4 Std., 600 Hm, mittel, eine Alternative führt durch die Hundsheimer Klamm).

Praktische Infos

■ **Tourismusinformation Hainburg an der Donau,** Ungarstraße 3, A-2410 Hainburg an der Donau, Tel. 02165 62111400, info.hainburg-donau.gv.at.

■ **Altes Kloster**②, Fabriksplatz 1a, A-2410 Hainburg an der Donau, Tel. 02165 64020, altes-kloster.com. Stilvolles Hotel auf 4-Sterne-Niveau in einem Gebäude aus dem 17. Jahrhundert.

■ **Gasthof Zum Goldenen Anker**②, Donaulände 27, A-2410 Hainburg an der Donau, Tel. 02165 64810, www.goldeneranker.at. Restaurant und Hotel direkt an der Donau. Auch Gästezimmer①-② können bezogen werden.

Wiener Alpen

Der **Südosten Niederösterreichs** zwischen dem Wienerwald im Norden, der steirischen Grenze im Westen und der burgenländischen Grenze im Süden ist hügelig bis bergig und kann grob unter dem Begriff „Wiener Alpen" zusammengefasst werden. Von Frühling bis Herbst eignet sich die Gegend perfekt für **Spaziergänger, Wanderer und Kletterer** sowie für **Radfahrer und Mountainbiker.** Die schneereichen Winter laden zum **Schneeschuhwandern, Ski- und Snowboardfahren** ein. Ganz unabhängig von der Jahreszeit ist die Aussicht – immer großartig. In gerade mal einer bis eineinhalb Autostunden erreicht man die Wiener Alpen aus der Hauptstadt, weshalb sie als **eines der beliebtesten Naherholungsgebiete** mit alpinem Flair gelten.

■ **Infos** zu den Wiener Alpen allgemein, Tel. 02622 78960, www.wieneralpen.at.

Rund um die Hohe Wand

Im nördlichen Teil befindet sich zunächst die Hohe Wand, ein **Karstplateau** von 8 km Länge und 2,5 km Breite, das in einer Höhe von 900 bis 1100 m liegt, wobei der **Plackles** (1132 m) den Gipfel markiert. Die Hohe Wand kann wahlweise auf **Wanderwegen** – z.B. ab Maiersdorf (Start Kirchenparkplatz Maiersdorf, 4 Std., 700 Hm, mittel, mit etwas Glück kann man freilebende Steinböcke sehen) oder Dreistetten (Start Sportplatzparkplatz Dreistetten, 3 Std., 500 Hm, leicht, familientauglich) – oder mit dem eigenen Fahrzeug (mautpflichtig) erreicht werden. Besonders beliebt ist sie bei Kletterern, immerhin verfügt sie über **diverse Routen und Klettersteige** unterschiedlichster Schwierigkeitsgrade, von denen die anspruchsvollen an der Süd- und Südostseite liegen. Auf dem Hochplateau finden sich neben einer **Aussichtswarte** auch ein **Heimat- und Alpinmuseum,** zahlreiche Schutzhütten und Möglichkeiten zur Einkehr. Nach einem Besuch der Hohen Wand hat man sich eine Auszeit in dem historisch anmutenden **Thermalbad in Bad Fischau** (www.fischauer-thermalbad.at) verdient.

Nördlich der Hohen Wand fließt die **Piesting,** deren Tal man nach Westen hin folgen kann. Sehenswert sind hier die Ruine der Babenberger-Burg **Starhemberg** (www.burgruine-starhemberg.at) und **Schloss Hernstein** (www.schloss-hernstein.at), das Ende des 19. Jahrhunderts von *Theophil Hansen* errichtet wurde. Ab **Pernitz** kann man zu einer wildromantischen Wanderung (Start Bahnhof Pernitz-Muggendorf, 3 Std., 150 Hm, leicht, Trittsicherheit wird empfohlen) nach Muggendorf und weiter zu den lohnenden Myrafällen aufbrechen. Südlich von Gutenstein befindet sich in **Mariahilferberg** (www.mariahilfberg.at) einer der wichtigsten Wallfahrtsorte Niederösterreichs. Weiter westlich erreicht man **Rohr im Gebirge,** von wo eine traumhafte Panoramastraße nach Süden in Richtung Schneeberg führt.

Praktische Infos

■ **Tourismusinformation Hohe Wand,** Ortsstraße 33, A-2724 Maiersdorf, Tel. 02638 883481, www.hohe-wand.gv.at.

■ **Gasthof Kohlröserlhaus**②, Kohlröserlplatz 80, A-2724 Stollhof, Tel. 02638 88225. Uriger Gasthof mit tollem Panoramablick und guten Mehlspeisen. Auch Fremdenzimmer①-② gibt es hier.

Rund um den Schneeberg

Weiter südwestlich erstreckt sich der äußerst eindrucksvolle Schneeberg, der mit dem Klosterwappen auf **2076 m** die **höchste Erhebung Niederösterreichs** darstellt. Hier gibt es zahlreiche Wander- und Wintersport-Highlights, aber schon die Fahrt hinauf ist ein Erlebnis für sich. Ab Puchberg führt eine **Sesselbahn bis zur Edelweißhütte** (www.edelweiss huette.at), von der man mehrere **Rundwanderwege** antreten kann. Alternativ – und besonders erlebenswert – ist eine Fahrt ab **Puchberg** mit der 1897 gebauten schmalspurigen **Zahnradbahn,** die in 40 Minuten einen Höhenunterschied von sage und schreibe 1223 m auf 9,8 km Länge bewältigt. Der Schneeberg ist neben dem Semmering das bekannteste **Wintersportgebiet** bei Wien. Wanderungen sind auch ab **Schwarzau** im Gebirge nordwestlich des Schneebergs möglich, z.B. auf den 1467 m hohen **Obersberg** (Start Kirche Schwarzau, 2,5 Std., 800 Hm, mittel, Kondition erforderlich), oder vom nahe gelegenen **Naßwald** auf den **Großen Sonnleitstein** in 1639 m Höhe (Start Parkplatz Hinternaßwald, 5 Std., 900 Hm, mittel, teilweise schweißtreibend). Eine weitere Attraktion in der näheren Umgebung ist die sensationelle **Johannesbachklamm** bei Würflach, eine von Schluchten durchzogene Landschaft, die man in etwa 30 Minuten über Brücken und Stege erwandert.

MEIN TIPP: **Schneebergbahn,** Bahnhofplatz 1, A-2734 Puchberg am Schneeberg, Tel. 02742 36099099, www.schneebergbahn.at. Fahrkarten rechtzeitig kaufen!

■ **Ski- und Bergschule Schneeberg,** Wasserfallweg 6, A-2734 Puchberg, Tel. 0650 6160351, www. schi-berg-schule.at.

Rund um die Rax

Ganz besonders alpin geht es auf der Rax zu, dem vielleicht **beliebtesten Berg der Wiener Alpen,** der mit 1943 m auf der Scheibwaldhöhe seine höchste Erhebung hat – zumindest in Niederösterreich, denn die Rax setzt sich in der Steiermark fort. Sie gehört zu den Kalkalpen und ist Einzugsgebiet für die Hochquellenwasserleitung Wiens. Ausgangsorte für diverse Touren aller Schwierigkeitsgrade sind der **mondäne Luftkurort Reichenau** oder das ebenso ansehnliche **Payerbach.** Am besten gelangt man mit der **Rax-Seilbahn** (www.raxalpe.com) in acht Minuten auf das 1540 m hohe Plateau, von dem **Wanderungen** mit verschiedenen Schwierigkeitsgraden – auch mehrtägige mit Hüttenübernachtung – möglich sind. Für den ultimativen Blick auf das Raxmassiv bietet sich ab **Hirschwang** die Begehung des 1250 m hohen **Knofeleben** an (Start Parkplatz Hirschwang, 6 Std., 950 Hm, schwer, teilweise felsig und steil, Trittsicherheit und Schwindelfreiheit notwendig) – der Name kommt vom hier wachsenden Bärlauch –, auf dem das **Naturfreundehaus** (www.knofeleben.at) zur Rast einlädt. Speziell für Kinder dürfte das **Schaubergwerk Grillenstein** östlich von Payerbach spannend sein.

Praktische Infos

■ **Informationsbüro Payerbach,** Ortsplatz 7, A-2650 Payerbach, Tel. 02666 524230, www.payerbach.at.

■ **Hotel Marienhof**②, Hauptstraße 71–73, A-2651 Reichenau an der Rax, Tel. 02666 52995, www.marienhof.at. Dieses 1889 erbaute Hotel bietet noch den Charme der Gründerzeit, als die Rax Ziel betuchter Wiener war.

■ **Knappenhof**②, Kleinau 34, A-2651 Reichenau an der Rax, Tel. 02666 53633, www.knappenhof.at. Altehrwürdiges Sommerfrische-Hotel, in dem man auch exquisit schlemmen kann.

MEIN TIPP: **Looshaus am Kreuzberg**②, Kreuzberg 60, A-2650 Payerbach, Tel. 02666 52911, www.looshaus.at. Von dem berühmten Architekten *Adolf Loos* (1870–1933) gestaltetes Alpenhaus mit Restaurant- und Hotelbetrieb.

■ **Raxbräu,** Hauptstraße 40, A-2650 Payerbach, Tel. 0676 6409628. Die perfekte Stärkung vor oder nach einem Aufstieg auf die Rax: ein Flascherl Raxbräu!

Semmering

Südlich der Rax schließt sich der **984 m hohe Gebirgspass** namens Semmering an, der die **steirisch-niederösterreichische Grenze** bildet. In den Köpfen der allermeisten Österreicherinnen und Österreicher klingt beim Namen Semmering noch etwas von der Zeit an, als hier oben im ausgehenden 19. Jahrhundert ein **eleganter Luftkurort** des Großbürgertums samt luxuriöser Hotels und exklusiver Villen lag. Von ihm ist zwar seit den sowjetisch-deutschen Kampfhandlungen 1945 nur wenig übrig, doch der Semmering erfreut sich immer noch als **Wander-, Mountainbike- und Wintersportgebiet** (semmering.com) großer Beliebtheit. Los geht es idealerweise in **Breitenstein,** wo man diversen Wanderrouten folgen kann. Von praktisch überall her sieht man die Masten der Rundfunk-Großsendeanlage auf dem **Sonnwendstein** in 1523 m Höhe, erreichbar ab Maria Schutz (Start Kirche Maria Schutz, 2 Std., 700 Hm, mittel, schmale Steige). Skifahrer finden auf dem 1340 m hohen **Hirschenkogel** mit das Beste, was diese Gegend in Sachen Wintersport zu bieten hat. Einen gewaltigen Eindruck hinterlässt seit ihrer Fertigstellung 1854 die **Semmering-Bahnlinie,** die von Gloggnitz nach Mürzzuschlag verläuft und auf diesen 42 km 14 Tunnel, 16 Viadukte und über 100 Brücken passiert und dabei Steigungen mit Höchstwerten von 28‰ überwindet. Seit 1998 gehört die Bahnstrecke zum UNESCO-Weltkulturerbe.

Praktische Infos

■ **Tourismusinformation Breitenstein,** Hauptstraße 19, A-2673 Breitenstein, Tel. 02664 2413, www.breitenstein.at.

■ **Tourismusbüro Kurverwaltung Semmering,** Hochstraße 1, A-2680 Semmering-Kurort, Tel. 02664 20025, www.semmeringbahn.at.

■ **Panoramahotel Wagner**②, Hochstraße 62, A-2680 Semmering-Kurort, Tel. 02664 2512, www.panoramahotel-wagner.at. Als „Biohotel" ausgewiesen, ist dies eine angenehme Adresse auf dem Semmering, und essen kann man hier ebenso.

Wechsel

Im Süden des Semmerings erhebt sich das Wechselmassiv, bei dem der 1743 m hohe **Hochwechsel** den Gipfel darstellt. Ebenfalls direkt an der steirischen Landesgrenze gelegen, ist der Hochwechsel vor allem für seine geologische Beschaffenheit und die durch **Moose und Flechten** gekennzeichnete Vegetation bekannt, die manchmal eher an Schottland oder Skandinavien als an Österreich erinnert. Für eine Wanderung auf den Gipfel sollte man in **Mönichkirchen** starten (Start Talstation Sessellift Mönichkirchen, 6,5 Std., 750 Hm, schwer, gute Kondition ist Voraussetzung), entspanntere Wege für Wanderer und Mountainbiker finden sich ab **Kirchberg.** Kulturinteressierte können von Kirchberg in das ca. 10 km nördlich gelegene **Gloggnitz** aufbrechen, wo sich ein malerisches **Schloss** befindet, dessen Anfänge auf das 11. Jahrhundert zurückgehen und in dem heute vor allem Hochzeiten gefeiert werden. Östlich von Gloggnitz liegt das **Schloss Stuppach,** in dem *Franz Reichsgraf von Walsegg* (1763–1827) lebte, der *Wolfgang Amadeus Mozart* mit der Komposition des Requiems (KV 626) beauftragte. Besonders bei Familien mit Kindern sind die **Erlebnisarena in St. Corona** mit der **Sommerrodelbahn Corona Coaster** äußerst beliebt.

Sommerrodelbahn Corona Coaster, St. Corona am Wechsel 162, A-2880 St. Corona am Wechsel, Tel. 02641 21009, www.erlebnisarena.at/sommerrodelbahn, Ende Mai bis Anfang Okt. tägl. 9–18 Uhr, Ticket ab 6,90 €, ermäßigt ab 5,90 €.

Praktische Infos

Tourismusbüro Kirchberg, Markt 63, A-2880 Kirchberg am Wechsel, Tel. 02641 2226, www.kirchberg-am-wechsel.at.

MEIN TIPP: **Rois①**, Hauptstraße 13, A-2872 Mönichkirchen, Tel. 02649 20903. Durchaus ausgefallene Speisen der regionalen Küche gibt es in diesem gemütlich-schrulligen Gasthaus.

Roller- und Mountaincartbahn, Mönichkirchen 358, A-2872 Mönichkirchen, Tel. 02649 20906, www.erlebnisalm.com, Mai bis Mitte Juni Sa/So 9–17.30 Uhr, Mitte Juni bis Mitte Sept. tägl. 9–17.30

oes_035 dk

Uhr, Mitte Sept. bis Ende Okt. Sa/So 9–17.30 Uhr, Ticket ab 11 €, ermäßigt ab 8,50 €. Mit Roller oder Mountaincart befährt man hier einen Action-reichen Parcours im Wechselmassiv.

Bucklige Welt

Östlich der Wiener Alpen, **im äußersten Süden Niederösterreichs,** erstreckt sich auf 585 km² die sog. Bucklige Welt, eine **liebliche Region,** die durch unzählige Hügel und „Buckel" – wie man die runden Höhenrücken lokal nennt – geprägt ist. Anfang des 16. Jahrhunderts war dies eine stark umkämpfte Grenzregion hin zu Ungarn, von wo die Osmanen zu Raubzügen aufbrachen. Entsprechend entstanden hier **Wehrkirchen,** die der örtlichen Bevölkerung ein sicheres Refugium bieten sollten. Eine Besichtigung dieser Bauten auf einer Befahrung der Wehrkirchenstraße (s.u.) stellt in der Buckligen Welt die Hauptattraktion dar. Wanderer können ab **Hochneukirchen** auf den 896 m hohen **Hutwisch,** auch „Dach der (Buckligen) Welt" genannt, steigen und den herrlichen Rundumblick ins Burgenland und die Steiermark sowie in die Wiener Alpen genießen (Start Naturdenkmal 650-jährige Linde, 2,5 Std., 250 Hm, leicht, familientauglich). In **Schwarzenbach** findet sich zudem ein **Freilichtmuseum zur keltischen Besiedlung** (www.schwarzenbach.gv.at). In kulinarischer Hinsicht sei erwähnt, dass in der Buckligen Welt weniger Wein und mehr **Apfelmost** getrunken wird. Traditionell verkostet man diesen in einem Heurigenlokal (mostheurige.at).

Infos: Verein Tourismus Bucklige Welt, Tel. 02622 78960, www.buckligewelt.info.

Wehrkirchenstraße

Die ein bisschen an die Toskana erinnernde Gegend der Buckligen Welt war seit jeher Zankapfel diverser Völker, wovon die **zahlreichen festungsartigen Gotteshäuser** entlang der Wehrkirchenstraße noch heute zeugen. Die ca. **90 km lange Strecke** führt quer durch die Bucklige Welt und gibt somit einen guten Eindruck dieses Landstrichs. Man startet – am besten mit dem eigenen Fahrzeug, da öffentliche Verkehrsmittel hier spärlich und selten verkehren – in **Edlitz** mit der vom Ende des 15. Jahrhunderts stammenden Wehrkirche und setzt die Reise über Krumbach, Hochneukirchen-Gschaidt, Bad Schönau,

oes_036 dk

▷ Bezaubernde Idylle: Kirchschlag in der Buckligen Welt

◁ Wo einst nach dem Feind Ausschau gehalten wurde: die Burgruine Kirchschlag

Kirchschlag, Lichtenegg, Hollenthon, Wiesmath, Hochwolkersdorf, Bromberg, Pitten, Lanzenkirchen und Katzelsdorf fort. In all diesen kleinen Orten gibt es bauliche Zeitzeugen zu sehen, aber besonders die Ruine in **Kirchschlag,** das noch gut erhaltene Gotteshaus in **Lichtenegg** und die in ein Jagdschloss umgebaute Burg in **Pitten** mit ihrem 140 m tiefen Brunnen und der Höhle sind die Hauptspots. Unweit von Pitten steht außerdem die eindrucksvolle **Burg Seebenstein** mit einer aufschlussreichen Kunstsammlung. Die im Mittelalter erbaute Festungsanlage wurde Anfang des 17. Jahrhunderts im Stil der Renaissance umgestaltet; sie überstand sämtliche Angriffe der Türken. Südlich von Seebenstein liegt der zu Fuß über einen Waldpfad erreichbare, erholsame **Naturpark Seebenstein-Türkensturz.**

Praktische Infos

- **Wehrkirchendokumentation Edlitz,** Markt 1, A-2842 Edlitz, Tel. 02644 7250, www.edlitz.gv.at.
- **Gasthaus Buchegger**①, Tiefenbach 1, A-2851 Krumbach, Tel. 02647 42263, gasthaus-buchegger.at. Herzhafte Speisen für den großen oder kleinen Hunger.
- **Hotel Post-Hönigwirt**②, Günserstraße 2, A-2860 Kirchschlag in der Buckligen Welt, Tel. 02646 2216, www.hotel-post-hoenig.at. Seit 1884 existiert dieses gute Hotel mit Gasthaus und Wellnessbereich samt Sauna.

MEIN TIPP: **Passionsspiele Kirchschlag,** www.passion.at. Seit 1932 finden in Kirchschlag im 5-Jahres-Rhythmus Passionsspiele mit bis zu 500 Laienschauspielern statt (nächster Termin ist 2027).

[>] Lust auf Stärkung? Bei einem Heurigen im Weinviertel ist man stets willkommen!

Weinviertel

Wie der Name vermuten lässt: Der **Nordosten Niederösterreichs** besticht vor allem durch seine **Traubenvielfalt!** Ein Drittel des österreichischen Weins wird hier von etwa 14.000 Winzern produziert. Das Angebot an **Heurigenlokalen,** in denen man die edlen Tropfen genießen kann, ist überwältigend. Auch die typischen **Kellergassen** – z.B. in **Hadres** oder **Wildendürnbach** – und die beeindruckenden **Kelleranlagen** im entzückenden **Retz** sollte man nicht verpassen. Und wer ganz kontemplativ in die Weinberge aufbrechen will, dem sei speziell **Poysdorf** wärmstens empfohlen. Doch die lieblich-hügelige Region hat auch jenseits der guten Rebensäfte viel zu bieten. Da es hier kaum unüberwindbare Erhebungen gibt, gilt das Weinviertel als Paradies für Fahrradfahrer. Entsprechend wurden **13 nach Weinsorten benannte Radrouten** mit einer Gesamtlänge von ca. 760 km konzipiert (www.weinviertel.at/radfahren), die durch malerische Gegenden führen, hin zu **Burgen** – wie die in Kreuzenstein, Falkenstein oder Staatz – und **Schlössern,** z.B. im sog. **Marchfelder Schlösserreich.**

Über Jahrzehnte war das Weinviertel einer der abgelegensten Landstriche Österreichs, denn hier verlief der Eiserne Vorhang. Doch seit der Öffnung gen Osten in den 1990er-Jahren erblüht die Region in neuem Glanz. An die „dunklen Jahre“ der Trennung von den Nachbarn **Tschechien** und **Slowakei** erinnern heute **grenzüberschreitende Wander- und Fahrradwege.** Erwähnenswerte Städte sind u.a. Hollabrunn, Laa an der Thaya,

Stockerau und Tulln, die mit **öffentlichen Verkehrsmitteln** ab Wien Floridsdorf erreicht werden können. Viele kleinere Orte sind hingegen unzureichend angebunden, sieht man von denen im Marchfeld ab, die weitestgehend auch per Bus angefahren werden. Für **Familien mit Kindern** bietet das Weinviertel entlang der ehemaligen Bernsteinstraße vielerlei Spannendes, das man mit dem örtlichen Maskottchen *Betty Bernstein* (www.betty-bernstein.at) erleben kann.

Infos: Tourismus Weinviertel,
Tel. 02552 3515, www.weinviertel.at.

Marchfeld

Östlich von Wien erstreckt sich eine etwa **900 km² große Ebene bis an die March im Osten,** dem Grenzfluss mit der Slowakei. Diese als Marchfeld bekannte Gegend besteht im Süden aus dem **Nationalpark Donauauen,** der auf 9600 Hektar Natur pur bietet. Ein wahres Wunder, umso mehr, weil hier ursprünglich ein Laufwasserkraftwerk gebaut werden sollte, dessen Umsetzung nur aufgrund massiver Proteste der Bevölkerung und diverser Natur- und Umweltschutzvereinigungen in den Jahren 1984/85 vereitelt werden konnte. **Erkundungswanderungen und Bootstouren** durch diesen angeblich letzten „echten Urwald Mitteleuropas" – mit einer beeindruckenden Artenvielfalt von über 5000 Tierarten – starten am besten in **Orth an der Donau,** wo es auch ein stattliches, an eine Wasserburg erinnerndes **Schloss** (mit Nationalpark-Zentrum und Heimatmuseum) zu besichtigen gibt. Nördlich des Nationalparks ist das flache Marchfeld vorrangig landwirt-

oes_037 mw

Edle Tropfen – Niederösterreichs Weine

Bei der (alkoholischen) Getränkeauswahl in Niederösterreich sollte die Entscheidung keine Schwierigkeiten machen, denn mit einer Anbaufläche von etwa 27.000 Hektar ist das nordöstliche Bundesland **Österreichs größtes Qualitätsweinbaugebiet.** So viel erst mal grundsätzlich! Doch für welchen „Rebensaft" soll man hier plädieren? Nun, darüber lässt sich in der Tat fachsimpeln. Niederösterreich verfügt über eine äußerst **reichhaltige Varietät** an Herkünften und Stilen heimischer Traubenraritäten, aber auch internationaler Rebsorten. Diese Vielfalt ist nicht zuletzt den recht **unterschiedlichen geologischen Gegebenheiten** geschuldet, immerhin bieten die heimischen Weingärten entweder feinkörnige Lössböden, tonigen Schluff von Sand bis zu Kies und Schotter oder auch kristalline Festgesteine. Es gibt **acht spezifische Weinbaugebiete,** von denen bis dato sieben über die **geschützte Herkunftsbezeichnung DAC** *(Districtus Austriae Controllatus)* verfügen: Weinviertel DAC, Kamptal DAC, Kremstal DAC, Traisental DAC, Carnuntum DAC, Wagram DAC, Wachau DAC und Thermenregion. Keine Frage: **Weißweine** sind hier Trumpf, aber auch Rotweine und sogar Süßweinspezialitäten findet man. Der unangefochtene Paradewein Niederösterreichs ist der frische, leicht pfeffrig-würzige **Grüne Veltliner,** ein autochthoner Weißwein, der landläufig oft als der österreichische „Nationalwein" schlechthin bezeichnet und in allen Weinregionen des Bundeslandes angebaut wird. Daneben finden sich unter den Weißen der lebendige **Riesling,** der gehaltvolle **Weißburgunder,** der aromatische **Chardonnay** und der ebenfalls typisch österreichische, würzige **Rote Veltliner.** Außergewöhnlicher sind der **Rotgipfler** – mit seinem feinen Bouquet – und der zart-fruchtige **Zierfandler,** die man fast ausschließlich in der Thermenregion um Gumpoldskirchen findet. Ebenfalls in dieser Gegend sowie in Carnuntum wachsen auch einige gute **Rotweine,** darunter die vorrangig für das Burgenland bekannten Sorten des fruchtigen **Zweigelt** und **Blaufränkisch** sowie des vollmundigen **Pinot Noir** und des hocharomatischen **St. Laurent.** Speziell im Herbst sind die „heurigen" Weine im Frühstadium ihrer Gärung als **Sturm (Federweißer)** beliebt, doch Vorsicht, denn dann ist statt „Prost!" nur „Mahlzeit!" erlaubt.

Wie andernorts gilt auch für Niederösterreich, dass man die lokalen Tropfen am besten in den sog. **Heurigenlokalen** (auch **Buschenschank** genannt), also meist simplen Lokalen, verköstigt, in denen neben Weinen auch Kleinigkeiten zum Essen angeboten werden. Da diese Lokale meist **nur saisonal geöffnet** haben, sollte man sich bei den Tourismusinformationen, in Hotels oder auf den jeweiligen Internetseiten der Gemeinden erkundigen, wer gerade „ausg'steckt" (geöffnet) hat. Wirklich typisch sind in Niederösterreich die sog. **Kellergassen,** meist abseits der Ortszentren verlaufende Hohlwege, an denen sich Weinkeller und Presshäuser befinden.

■ Mehr **Infos** unter weinniederoesterreich.at.

schaftliches Einzugsgebiet der Hauptstadt und gilt als **„Korn- und Gemüsekammer Österreichs"** – der **Marchfelder Spargel** ist im ganzen Land beliebt.

Schloss Orth und Nationalpark-Zentrum, Schlossplatz 1, A-2304 Orth an der Donau, Tel. 02212 3555, www.donauauen.at, Ende März bis Ende Sept. 9–18 Uhr, Okt. 9–17 Uhr, Eintritt je nach Programm.

In **Deutsch-Wagram** fand im Juli 1809 eine blutige Schlacht zwischen den Truppen *Napoleons* und denen Österreichs unter Erzherzog *Carl* (1771–1847) statt. Historisch Interessierte können diesem Geschichtskapitel im **Heimat- und Napoleonmuseum** nachspüren. Im nahe gelegenen **Strasshof** befindet sich ein **Eisenbahnmuseum** mit Dutzenden historischen Lokomotiven. Zwischen dieser Gegend und dem nördlich gelegenen Wolkersdorf liegt der liebliche **Hochleithenwald,** in dem Wanderungen möglich sind. Ausgangsort hierfür ist **Pillichsdorf** mit seinen Kellergassen. Ab Pillichsdorf geht man z.B. in 4 Std. (100 Hm, leicht) über Wolkersdorf und den Hochleithenwald auf einer netten Tour. Die hiesige Bezirkshauptstadt ist das unspektakuläre **Gänserndorf.**

Heimat- und Napoleonmuseum, Erzherzog-Carl-Straße 1, A-2232 Deutsch-Wagram, Tel. 02247 3790, www.wagram1809.at, Mitte März bis Ende Nov. So 10–16 Uhr, Eintritt 3 €, ermäßigt 2 €.

Eisenbahnmuseum, Sillerstraße 123, A-2231 Strasshof an der Nordbahn, Tel. 02287 3027, www.eisenbahnmuseum-heizhaus.com, April bis Okt. Di–So 10–17 Uhr, Nov. bis März Sa/So 10–17 Uhr, Eintritt 11 €, ermäßigt 6,60 €.

Praktische Infos

Tourismusinformation Marchfeld, Stift Melk-Gasse 3/3 DG, A-2291 Lassee, Tel. 02213 34370, www.regionmarchfeld.at.

Mein Tipp: **Humer's Uferhaus**①-②, Uferstraße 20, A-2304 Orth an der Donau, Tel. 0664 1800322, uferhaus.at. Nettes Lokal am Donauufer.

Marchfelder Schlösserreich

Das Marchfeld zeichnet sich durch seine hohe „Schlösser-Dichte" aus. Neben dem oben erwähnten **Schloss Orth** gibt es vier weitere Schlösser (allesamt mit malerischen Schlossgärten), die z.B. per Fahrrad erkundet werden können. Dies sind zuerst das ehemalige **Jagdschloss in Eckartsau** ca. 8 km östlich von Orth, wo Kaiser *Karl I.* 1918 mit seiner Familie die letzten Tage der Habsburg-Monarchie verbrachte (es ist auf einer Führung zu besichtigen). Von dort ist es ein Katzensprung ins elegante **Schloss Niederweiden,** wohin sich einst Prinz *Eugen von Savoyen* (1663–1736) zurückzog. Weiter Richtung slowakische Grenze folgt Hof, wo ein Kleinod des Barock zu einem Besuch einlädt. In dem einzigartigen **Schloss Hof** (www.schlosshof.at) mit seinen Prunkräumen und den wundervollen Gartenanlagen werden sich speziell Familien mit Kindern wohlfühlen. Noch ein paar Kilometer nördlich steht in **Marchegg** ein **Schloss** aus der Gründerzeit, das in seinen Anfängen auf eine von König *Ottokar II.* gebaute Trutzburg zurückgeht – in den Sommermonaten (April bis August) nisten hier weit über 100 Störche. Ab Marchegg gibt es einen **Busshuttle** zu den Schlössern in Niederweiden und Hof.

Praktische Infos

- **Tourismusinformation Schlösserreich,** www.schloesserreich.at.
- **Donau Niederösterreich Tourismus,** Hauptstraße 3, A-2404 Petronell-Carnuntum, Tel. 02163 355510, www.donau.com.

MEIN TIPP: **Weydner Wirtshaus**①, Schönfelder Straße 2, A-2295 Oberweiden, Tel. 02284 20153, www.weydner-wirtshaus.at. Ob Schnitzel, Gulasch, Cordon Bleu oder vieles andere mehr, in diesem Bilderbuch-Wirtshaus gibt es alles, was den Magen erfreut.

Nordöstliches Marchfeld

Im Nordosten des Marchfelds überraschen die überall gegenwärtigen **Erdgas- und Erdölförderpumpen,** die ein bisschen an nickende Dinosaurier erinnern. Tatsächlich befindet sich in dieser Region – die sich parallel zur March bis nach Zistersdorf zieht – das **größte Ölfeld Mitteleuropas.** Zwar ist auch Österreich auf Erdölimporte angewiesen, doch wurden im Jahr 2022 innerhalb des Landes immerhin rund 500.000 Tonnen Rohöl und 600 Millionen Kubikmeter Erdgas gefördert. Wer sich für das Thema interessiert, kann in **Prottes** den **Erdöl-Erdgaslehrpfad** mit Museum besuchen (www.prottes.at/erdoel-erdgaslehrpfad). Im nahe gelegenen **Stillfried** ist außerdem die eindrucksvolle Rochuskapelle aus dem 17. Jahrhundert sehenswert.

oes_038 dk

Praktische Infos

- **Informationsbüro Prottes,** Hauptplatz 1, A-2242 Prottes, Tel. 02282 2182, www.prottes.at.

MEIN TIPP: **Winzerhof Küssler**①, Ebenthalerstraße 45, A-2262 Stillfried-Grub an der March, Tel. 0664 8585598, www.kuessler.at. Heuriger und Vinothek in einem. Auch übernachten kann man hier, z.B. im **Weinfass**①-②.

Nordöstliches Weinviertel

Auch das nordöstliche Weinviertel wird von Erdölförderung geprägt, ist dabei aber streckenweise hügeliger als das Marchfeld und wird durch **Sonnenblumen-, Getreide- und Weinbau** charakterisiert. Besuchenswerte Orte sind zunächst das unaufgeregte **Dürnkrut** und das nahe gelegene **Jedenspeigen,** wo 1278 *Rudolf von Habsburg* den König Böhmens, *Ottokar II. Přemysl,* in einer

Kaum zu glauben: In manchen Gegenden des Weinviertels wird tatsächlich Rohöl gefördert

bedeutenden Schlacht schlug und damit Österreich endgültig zum Kernland der Habsburger machte. Zwischen den beiden Orten befindet sich ein **Gedenkstein** und im **Schloss** von Jedenspeigen gibt es eine **Ausstellung** zu den Kampfhandlungen. Von dort führt auch ein **Spazierweg** am ehemaligen Schlachtfeld entlang.

■ **Schlossmuseum Jedenspeigen,** Schlossplatz 1, A-2264 Jedenspeigen, Tel. 02536 8224, www.schloss-jedenspeigen.at, Mitte Mai bis Ende Okt. Sa 12–17 Uhr, So 10–17 Uhr, Eintritt 10 €, ermäßigt 5 €.

In **Niedersulz** westlich von Dürnkrut liegt **Niederösterreichs größtes Freilichtmuseum,** wo auf etwa 20 Hektar zahlreiche historische Häuser und Höfe aus dem Weinviertel zu sehen sind.

■ **Weinviertler Museumsdorf Niedersulz,** A-2224 Niedersulz 250, Tel. 02534 333, www.museumsdorf.at, April bis Anfang Nov. tägl. 9.30–18 Uhr, Eintritt 12 €, ermäßigt 10 €.

Besuchenswert sind außerdem das nordwestlich von Jedenspeigen gelegene **Zistersdorf** mit der Wallfahrtskirche Maria Moos und **Palterndorf,** wo sich ein gotischer Wehrturm befindet. Für **Wanderungen entlang des Marchufers** bis zu ihrer Mündung in die Thaya sollte man sich nach **Hohenau** begeben. Theoretisch kann man ab hier den sumpfigen Flussniederungen folgen und bis nach **Bernhardsthal** im äußersten Nordosten des Landes gehen (Start Bahnhof Hohenau an der March, 3 Std., leicht, keine Steigung). Dort liegt die **erste Eisenbahnbrücke Österreichs** hinüber nach Tschechien, 1839 erbaut.

Poysdorf und Umgebung

Das kleine Poysdorf ist das Zentrum des hiesigen **Weinbaugebiets,** und tatsächlich dreht sich praktisch alles im Ort um den edlen Rebensaft (inklusive vieler Heurigenlokale), der hier auch als **Sekt** gekeltert wird. Poysdorf liegt inmitten einer der beschaulichsten Gegenden des Weinviertels. Im Ort selbst sollte man die stolze **Pfarrkirche** und das **Erlebnismuseum** zur Geschichte von Weinbau und Weinhandel nicht verpassen. Abenteuerlustige können Poysdorf und Umgebung auch auf eigene Faust mit einem **Oldtimertraktor** erkunden (**„Traktorwandern“,** Infos unter Tel. 0664 5622674 und www.oldtimerclub-poysdorf.at).

MEIN TIPP: **Vino Versum Poysdorf Tourismus,** Brünner Straße 28, A-2170 Poysdorf, Tel. 02552 20371, www.vinoversum.at.

Etwa 9 km südlich von Poysdorf liegt **Wilfersdorf,** in dem ein **Schloss** der Adelsfamilie *von Liechtenstein* steht. Zwar sind nur noch Teile des ursprünglich 1436 gebauten Anwesens erhalten, aber das **Schlossmuseum** ist durchaus informativ.

■ **Liechtenstein Schloss Wilfersdorf,** Hauptstraße 1, A-2193 Wilfersdorf, Tel. 02573 3356, www.liechtenstein-schloss-wilfersdorf.at, April bis Anfang Nov. Di–So 10–16 Uhr, Eintritt 8 €, ermäßigt 6 €.

Wer es gern absurd mag, der besuche das „verrückte“ Dorf **Herrnbaumgarten** nördlich von Poysdorf. Hier präsentiert das höchst originelle **Nonseum** alberne Erfindungen, ferner gibt es ein uraltes **Greisslermuseum** (als „Greissler“ bezeichnet man in Österreich kleine Krämerläden) und den **Labyrinthkeller Umschaid,** jahrhundertealte Hohlräume, die in den letzten 30 Jahren zu einem weitläufigen Labyrinth verbunden wurden (mit Vinothek).

■ **Nonseum,** Verein zur Verwertung von Gedankenüberschüssen, Friedhofstraße 2a, A-2171 Herrnbaumgarten, Tel. 0650 6667076, www.nonseum.at, Palmsonntag bis Allerheiligen Do und Fr 13–18 Uhr, Sa/So 10–18 Uhr, Eintritt 9,50 €, ermäßigt 4 €.
■ **Labyrinthkeller Umschaid,** Hauptstraße 49, A-2171 Herrnbaumgarten, Tel. 0664 9956014, www.umschaid.at, Besuch nach Voranmeldung.

Wem eher nach Outdoor zumute ist, der sollte sich nach **Falkenstein** aufmachen. Über dem Ort thront die zweifelsohne **schönste Burgruine des Weinviertels.** Die Burg wurde 1645 von schwedischen Soldaten fast zur Gänze niedergebrannt und kann zu Fuß in 20 Minuten erklommen werden (www.burgruine-falkenstein.at). Aufschlussreich im Ort ist außerdem die **Kellergasse** mit einem anschließenden Lehrpfad zum Thema Wein. Ein Spaziergang führt in 30 Minuten hinauf zum **Galgenberg,** wo bis 1773 Hinrichtungen stattfanden.

Praktische Infos

■ **Veltlinerland Camping,** Laaer Straße 106, A-2170 Poysdorf, Tel. 0664 9793465, www.vinoversum.at/poysdorf/campingplatz/. Kleiner, aber feiner Campingplatz am Badeteich mit 20 Stellplätzen.
■ **Neunläuf**①, Wiener Straße 4, A-2193 Hobersdorf bei Wilfersdorf, Tel. 02573 25999, www.neunlaeuf.at. Fast ausschließlich mit regionalen Zutaten zubereitete Spezialitäten des Weinviertels.

Laa an der Thaya und Umgebung

Laa an der Thaya liegt unmittelbar **an der Grenze zu Tschechien** und ist mit etwa 6200 Einwohnern eines der Zentren des **nördlichen Weinviertels** und Sitz der seit 1454 bestehenden Brauerei **Hubertus Bräu.** Die 1230 von den Babenbergern gegründete Stadt war zeitlebens eine wichtige Grenzstadt und somit für den Handel unumgänglich. 1899 wurde das **stattliche Rathaus** im Stil der Neorenaissance auf dem Stadtplatz gebaut, und auch die **Pfarrkirche St. Veit** lohnt einen Blick. Für die meisten Einheimischen, aber auch für immer mehr Tschechen, ist Laa als Wellness-Oase bekannt, denn hier befindet sich eine äußerst **geschmackvolle Therme.**

■ **Therme Laa,** Thermenplatz 1, A-2136 Laa an der Thaya, Tel. 02522 84700, www.therme-laa.at, tägl. 9–22 Uhr, Eintritt ab 25,50 €, ermäßigt ab 16,50 €.

Südwestlich der Stadt liegt das Dörfchen **Hanfthal,** das im Mittelalter ein Zentrum des Anbaus von Hanf und dessen Verarbeitung war. Ein **Lehrpfad** (www.hanfland.at) mit Museum führt Interessierte in das Thema ein. Noch etwas weiter südlich befindet sich **Unterstinkenbrunn,** eines der romantischsten Kellerdörfer des Weinviertels. Macht man sich ab Laa an der Thaya in Richtung Südosten auf den Weg, erreicht man nach etwa 10 km **Staatz** mit seiner beeindruckenden, auf einer Klippe in 331 m Höhe thronenden **Burgruine,** von der man einen grandiosen Blick über die Gegend genießt und die als **Open-Air-Bühne** dient. Eine der vielleicht schönsten **Kellergassen** überhaupt befindet sich am Galgenberg des Örtchens **Wildendürnbach** ca. 10 km nordöstlich von Laa.

■ **Felsenbühne Staatz,** Neudorfer Straße 7, A-2134 Staatz-Kautendorf, Tel. 0676 4622050, www.felsenbuehne-staatz.at. Mit 1200 Sitzplätzen eine der größten Open-Air-Bühnen Österreichs, in den Sommermonaten werden Musicals aufgeführt.

Praktische Infos

■ **Tourismusbüro Land um Laa,** Stadtplatz 43, A-2136 Laa an der Thaya, Tel. 02522 250129, www.landumlaa.at.

MEIN TIPP: **Weingut Gass①**, A-2154 Unterstinkenbrunn, Tel. 0664 5050304, weingut-gass.at. Wunderschöner Buschenschank in einer alten Kellergasse.

Nordwestliches Weinviertel

Der Nordwesten des Weinviertels ist eine weitestgehend sanft gewellte, höchst unaufgeregte Gegend, die von Weinhängen charakterisiert und häufig als **„Land der Dörfer ohne Rauchfang“** bezeichnet wird. Dies ist als Synonym für die **Kellergassen** zu verstehen, die es zwar auch andernorts in Niederösterreich und dem Burgenland gibt, doch ist deren Dichte hier oben **an der mährischen Grenze** außergewöhnlich hoch.

Retz

Zentrum der Region ist unbestritten das entzückende, 1279 gegründete Retz – vielleicht eines der schönsten Städt-

oes_039 dk

⊻ Architektonisch eine Wucht: das Rathaus in Laa

oes_040 dk

chen des Landes –, das seit seinen Anfängen relativ großen Wohlstand durch – genau – **Wein** genießt, was sich an der Architektur erkennen lässt. Sehenswert sind der eindrucksvolle **Marktplatz** mit dem **Rathaus** und dem 1583 gebauten **Verderberhaus** samt Durchfahrtstor sowie das gegenüberliegende **Sgraffitohaus.** Es haben sich Teile der ehemaligen **Stadtmauer** und zwei Stadttore – darunter das **Znaimer Tor** unweit des Verderberhauses – erhalten. Doch der absolute Publikumsmagnet befindet sich unter der Stadt, nämlich in Form der **Kelleranlagen.** Auf etwa 20 km Länge und in 20 bis 30 m Tiefe verlaufen Gänge, die die Weinkeller der Stadt miteinander verbinden (auf einer 60-minütigen **Führung** zu erleben). Seit jeher verwahren die Retzer hier in den Schichten aus reinem Meeressand bei konstanten Temperaturen von 10° bis 12° Grad Celsius ihren kostbaren Wein-Schätze. Außerhalb von Retz kann man die alte **Windmühle,** das Wahrzeichen der Stadt, bestaunen, in der eine Ausstellung zur Geschichte der Region zu sehen ist.

Praktische Infos

MEIN TIPP: **Tourismusinformation und Kellermuseum Retz,** Hauptplatz 30, A-2070 Retz, Tel. 02942 2700, www.retz.gv.at.

MEIN TIPP: **Mährische Botschaft**①-②, Wallstraße 13, A-2070 Retz, Tel. 02942 31100, www.maehrische-botschaft.at. Großartige Auswahl an Spezialitäten von jenseits der nahen tschechischen Grenze.

■ **Stadtheuriger Brandstetter**①, Vinzenzigasse 5, A-2070 Retz, Tel. 0664 5236102. Uriges Heurigenlokal mit zahlreichen örtlichen Weinen zur Auswahl.

Pulkau und Umgebung

Südwestlich von Retz liegt das kleine, historisch anmutende Pulkau mit der von Weitem zu erkennenden **Pfarrkirche St. Michael.** Im 14. Jahrhundert fand hier ein **entsetzlicher Pogrom** an der jüdischen Bevölkerung statt, der sich auch schnell auf die umliegenden Ortschaften ausbreitete. Ab Pulkau kann man zu einer Erkundungsfahrt in die Gegend aufbrechen und einige wunderschöne **Kellergassen** erkunden, z.B. in Pillersdorf, Zellersdorf, Röschitz, Wartberg, Straning und Stoitzendorf. Die bei Weitem eindrucksvollste befindet sich allerdings in **Hadres** etwa 23 km östlich von Pulkau: Hier erstreckt sich über 1,5 km die längste geschlossene Kellergasse ihrer Art im Weinviertel. Ebenfalls reizend ist die Kellergasse im nahe gelegenen **Haugsdorf,** von wo gut markierte **Wander- und Radwege** in die Weinberge führen. Südöstlich von Hadres, in **Mailberg,** steht ein von den Maltesern im 11. Jahrhundert gegründetes **Schloss** – heute ein Hotel – mit einer reich bestückten Vinothek.

Praktische Infos

Informationsbüro Hadres, Hadres 367, A-2061 Hadres, Tel. 02943 2303, www.hadres.at.

Schlosshotel Mailberg②-③, Mailberg 1, A-2024 Mailberg, Tel. 02943 30301, www.schlosshotel-mailberg.at. Elegantes Hotel in historischem Ambiente und das bei einer tollen Lage inmitten von Weinbergen.

Mistelbach und Umgebung

Als **Bezirkshauptstadt** ist Mistelbach mit **12.000 Einwohnern** das Verwaltungszentrum des nordwestlichen Weinviertels. Die Stadt hat einen von Winzerhäusern gesäumten Stadtplatz und ein 1901 erbautes Rathaus im Stil der Neorenaissance. Sehenswert sind das **Herrmann-Nitsch-Museum** mit Werken des Wiener Aktionskünstlers und das moderne **Regionalmuseum.** 1920 wurden im Ort **Erholungsheime für Polizisten** und deren Familien errichtet, weshalb der umgangssprachliche Begriff „Mistelbacher“ zumindest in Ostösterreich abwertend für Polizisten gebraucht wird.

Herrmann-Nitsch-Museum, Waldstraße 44–46, A-2130 Mistelbach, Tel. 02572 20719, www.nitschmuseum.at, Ende März bis Nov. Di–So 10–17 Uhr, Eintritt 11 €, ermäßigt 9 €.

Das Verderberhaus in Retz ist im venezianischen Renaissancestil erbaut

Der nette Hauptplatz von Mistelbach lädt zu einer kurzen Auszeit ein

oes_041 dk

- **Regionalmuseum,** Waldstraße 44–46, A-2130 Mistelbach, Tel. 02572 20719, www.mamuz.at, Mai bis Mitte Nov. Di–So 10–17 Uhr, Eintritt 12 €, ermäßigt 10 €.

Etwa 6 km nordwestlich liegt **Asparn an der Zaya,** in dessen barockem **Schloss** ein interessantes **Museum zur Urgeschichte** untergebracht ist.

- **Museum zur Urgeschichte,** Schloss Asparn/Zaya, Schlossgasse 1, A-2151 Asparn/Zaya, Tel. 02572 20719, www.mamuz.at, Mai bis Mitte Nov. Di–So 10–17 Uhr, Eintritt 11 €, ermäßigt 9 €.

Im nahe gelegenen **Schletz** hat man 200 jungsteinzeitliche Skelette gefunden, die etwa 7000 Jahre alt sein sollen und hier wohl nach einem Massaker verscharrt wurden – eine Ausgrabungsstätte erinnert daran. Westlich von Asparn erstrecken sich die **Leiser Berge** als Teil des gleichnamigen, 4500 Hektar großen **Naturparks.** Die höchsten Erhebungen inmitten dieses Kalkmassivs mit seinem Steppenrasen und Eichenmischwäldern sind knapp 500 m hoch, etwa der **Oberleiser Berg** mit 457 m, auf dem sich ein **Archäologiepark** sowie ein Aussichtsturm befinden. Entspannte **Wanderungen** in der Gegend starten in **Niederleis** oder **Ernstbrunn,** der größten Ortschaft der Gegend. Mehr Muskelkraft ist nötig, wenn man die Strecke zwischen Ernstbrunn und Asparn per **Draisine** auf der stillgelegten Bahntrasse zurücklegen will (www.weinvierteldraisine.at).

Praktische Infos

- **Tourismusinformation Mistelbach,** Hauptplatz 6, A-2130 Mistelbach, Tel. 02572 2515, www.mistelbach.at.
- **Informationsbüro Leiser Berge,** Hauptplatz 1, A-2115 Ernstbrunn, Tel. 02576 20341, www.leiserberge.com.
- **Puppentheatertage,** www.puppentheatertage.at. Mitte Oktober steht Mistelbach im Zeichen von Puppen und Marionetten.

Hollabrunn und Umgebung

Das **12.300 Einwohner** zählende Hollabrunn ist **Bezirkshauptstadt** und dadurch auch das **kommerzielle Zentrum** des westlichen Weinviertels. Es gilt vor allem als **Bildungsstandort,** befindet sich doch hier eine Vielzahl an Schulen und höheren Bildungseinrichtungen wie Fachhochschulen und Bundeslehranstalten. Im Ort sind der Hauptplatz mit seinen hübschen Gebäuden, die nahe gelegene **Pfarrkirche Hl. Ulrich** und das gegenüberliegende Erzbischöfliche Seminar sehenswert. In der **Alten Hofmühle** (www.stadtmuseum-hollabrunn.at) befindet sich heute ein Stadtmuseum.

Östlich von Hollabrunn erstreckt sich ein **dichtes Waldgebiet** mit einigen netten Wanderwegen. Auch im etwa 12 km entfernten **Nappersdorf** gibt es wieder einmal eine urige Kellergasse zu sehen. Archäologieliebhaber erfreuen sich am Fuße des Sandberges bei Roseldorf an einer alten **keltischen Freilandsiedlung** (www.schmidatal.at/ausfluege/keltensiedlung-am-sandberg/) mit Schautafeln sowie südlich der Stadt, in **Puch,** an einer **neolithischen Kreisgrabenanlage,** die durch Holzskulpturen markiert wird. Nördlich von Hollabrunn, in **Schöngrabern,** steht die eindrucksvolle **romanische Pfarrkirche,** die zu den namhaftesten Sakralbauten Österreichs gezählt wird.

Praktische Infos

■ **Touristeninformation Hollabrunn,** Sparkassegasse 1, A-2020 Hollabrunn, Tel. 02952 2102350, www.hollabrunn.gv.at.

■ **Heuriger Weingut Raith**①, Nappersdorf 30, A-2023 Nappersdorf, Tel. 0650 2735665, www.weingut-raith.at. Entspannte Atmosphäre und hervorragende Weine.

Göllersdorf und Umgebung

Knapp 10 km südlich von Hollabrunn liegt **Göllersdorf** mit einem sehenswerten Sakralbauensemble und dem nur von außen zu bestaunenden, 1712–17 erbauten **Barockschloss Schönborn,** auf dessen Gelände ein exklusiver **Golfclub** (www.gcschoenborn.com) beheimatet ist – den Schlosspark samt Café kann man auch als Nicht-Golfer besuchen. Mysteriös ist das 16 m hohe künstliche, aus der älteren Eisenzeit (Hallstattzeit) stammende **Hügelgrab** – der **Große Mugl** – im nahe gelegenen **Großmugl.** Aufgrund der Dimensionen ist anzunehmen, dass eine bedeutende Person unter dem Hügel begraben liegt, doch wurde das Grab bis dato nicht geöffnet.

Südwestlich von Göllersdorf erstreckt sich der **Höhenzug Wagram** parallel zur Donau westwärts bis knapp vor **Langenlois** (→ S. 139) im Waldviertel. Es handelt sich um eine 40 m hohe, weithin sichtbare **Geländestufe aus eiszeitlichem Löss,** die über einen äußerst fruchtbaren Boden verfügt, auf dem **Wein** – der Rote Veltliner ist hier das Aushängeschild – wächst. Wer diese liebliche, mit kleinen Dörfern gespickte Gegend mit ihren Heurigenlokalen kennenlernen möchte, der sollte die **Weinstraße Wagram** (www.mywagram.at) befahren. Ein Höhepunkt ist **Der Heldenberg** in **Kleinwetzdorf,** wo der Armeelieferant *Joseph Pargfrieder* (1787–1863) – ein glühender Militarist und Patriot – in seinem imposanten **Schloss** Standbilder und Büsten von österreichischen Herrschern und Militärs aufstellen ließ. In der Gruft wurden neben *Pargfrieder* auch Feldmarschall *Maximilian Freiherr von Wimpffen* (1770–1854) und Feldmarschall *Radetzky* (1766–1858) bestattet. Wirkt das Anwesen auch arg kitschig, so ist es doch mit seiner Säulenhalle, den zwei Siegessäulen und dem Obelisken am Eingang zur besagten Gruft definitiv einzigartig. Auch ein **Oldtimermuseum,** ein **Falkenhof,** ein Trainingszentrum für Lipizzaner u.v.m. sind hier untergebracht. Weiter westlich, in **Kirchberg,** finden sich am Wagram noch ein Schloss (in dem ein Restaurant untergebracht ist) und im Alten Rathaus des Ortes ein Alchemistenmuseum.

Der Heldenberg, Wimpffen-Gasse 5, A-3704 Kleinwetzdorf, Tel. 02956 81240, www.derheldenberg.at, April bis Okt. Di–So 9–17 Uhr, Mai bis Sept. Di–So 9–18 Uhr, Eintritt ab 10 €, ermäßigt ab 4 €.

Praktische Infos

■ **Mörwald Hotel „Villa Katharina“**②, Kleine Zeile 13–17, A-3483 Kirchberg am Wagram, Tel. 02738 22980, www.moerwald.at. Kleines, angenehmes Hotel mit hübschen Zimmern mitten im Weinbauland. Zur Mörwald-Gruppe gehören auch weitere Unterkünfte und ein hervorragendes Feinschmecker-Restaurant②-③.

MEIN TIPP: **Gut Oberstockstall**②-③, Ringstraße 1, A-3470 Kirchberg/Wagram, Tel. 02279 2335, www.gut-oberstockstall.at. Edles Gourmet-Lokal in noblem Dekor. Auch Gästezimmer gibt es.

■ **Weingut Josef Fritz,** Ortsstraße 3, A-3701 Zaußenberg, Tel. 02278 25150, www.weingut-fritz.at. Ideal für den Einkauf von Weinen aus der Region wie den Roten Veltliner.

Stockerau und Umgebung

Wenige Kilometer oberhalb der Donau liegt **Stockerau,** eine nicht übermäßig aufregende Stadt mit gut **17.000 Einwohnern,** in der aber das **historische Zentrum** durchaus einen Zwischenstopp wert ist. Das Umland der Stadt wird dem **Tullnerfeld** zugerechnet und zeichnet sich durch die **Donauauen** und die **dichte Bewaldung** aus – hier treffen die Ausläufer des Wienerwalds auf den Rohrwald. **Wanderungen** sind in die Augebiete oder auf den 408 m hohen **Michelberg** (Start Bahnhof Stockerau, 4 Std., 400 Hm, leicht, familientauglich) möglich.

Südöstlich von Stockerau, praktisch bereits an der Stadtgrenze von Wien, liegt **Korneuburg,** eine vorrangig industriell geprägte Kleinstadt, in der neben dem Hauptplatz mit der Pestsäule vor allem die **Augustinerkirche** und die ehemalige **Synagoge** auffallen. In Korneuburg wurde der berühmte Operettenkomponist **Nico Dostal** (1895–1981) geboren; ein nach ihm benannter **Rundwanderweg** (Start Bahnhof Korneuburg, 4 Std., kaum Steigung, leicht, empfohlen für Familien mit Kindern ab 7 Jahren) führt bis zur märchenhaft anmutenden **Burg Kreuzenstein,** die über eine wunderbare **Sammlung historischer Möbel,** eine Rüstkammer und eine alte Burgküche verfügt. Die im 12. Jahrhundert erbaute Burg wurde im Dreißigjährigen Krieg von schwedischen Truppen nahezu komplett zerstört und Ende des 19. Jahrhunderts im neugotischen Stil wieder aufgebaut. Besonderer Beliebtheit erfreuen sich die **Burgtaverne** und die Adlerwarte mit **Greifvogelshows.**

MEIN TIPP: **Burg Kreuzenstein,** A-2100 Leobendorf, Tel. 0664 1632700, www.kreuzenstein.com, April bis Okt. Mo–Sa 10–16 Uhr, So 10–17 Uhr, Eintritt (mit Führung) 15 €, ermäßigt 8 €.

■ **Informationsbüro Korneuburg,** Hauptplatz 39, A-2100 Korneuburg, Tel. 02262 7700, www.korneuburg.gv.at.

Südlich von Korneuburg liegt der 358 m hohe **Bisamberg** (www.bisamberg.at), von dem man herrliche Ausblicke auf Wien und das Donauufer genießt und wo ein Kreuzweg an die Befreiung von den Türken erinnert.

Rund um den Rohrwald

Nördlich von Korneuburg ist speziell **Harmannsdorf-Rückersdorf** eine Erwähnung wert, wo die sog. **Schwedenhöhlen** liegen. Bei diesen in Löss geschlagenen Erdlöchern handelt es sich wohl um Zufluchtsstätten, in denen sich die Bewohner der umliegenden Ortschaften während der Schwedenkriege im 17. Jahrhundert versteckten.

Folgt man der Bundesstraße B6 nach Norden, kann man bei **Hetzmannsdorf** ein Kunstfeld mit 8 bis 9 Tonnen schweren, aus Granit bestehenden Steinquadern sehen. Westlich dieser Gegend erstreckt sich das idyllische **Kreuttal** um den kleinen Ort **Unterolberndorf,** von wo man auf den 365 m hohen **Glockenberg** – mit Aussichtsturm – wandern kann (Start St. Leonhard Kirche, 30

Min., 250 Hm, leicht, familientauglich). Im nahe gelegenen **Zeiselmauer-Wolfpassing** sollte man die Nikolauskirche in Augenschein nehmen und auch die Überreste des römischen Kastells Cannabiaca (www.cannabiaca.com). Auf dem **Heiligen Berg** befindet sich außerdem eine nette Wallfahrtskirche.

MEIN TIPP: **Gasthof Magister,** Hauptplatz 4, A-2123 Unterolberndorf, Tel. 02245 89318, www.gasthof-magister.at. Wirtshauskultur vom Feinsten! Auch zeitgeschichtlich interessant, denn hier wurde 1984 der Grundstein für die neue Regierung Ugandas gelegt.

Tulln und Umgebung

Tulln an der Donau ist mit **17.000 Einwohnern** die **Hauptstadt des gleichnamigen Bezirks;** dieser liegt über das Wein-, Wald- und Mostviertel verteilt, doch wird die Stadt an sich dem Weinviertel zugerechnet. Wegen ihrer zahlreichen Gärtnereien und Gartenzentren gilt sie als **„Gartenstadt“.** In ihrer Umgebung werden auffallend viele **Zuckerrüben** angebaut. Tulln liegt eingebettet im **Tullnerfeld,** das im Süden vom Wienerwald und im Norden vom Wagram begrenzt wird, und erstreckt sich an beiden Ufern der Donau, wenn auch der bebaute Teil hauptsächlich südlich des Flusses liegt. Als **eine der ältesten Städte Österreichs** – angeblich ankerten hier bereits römische Handelsschiffe – bietet Tulln einige hübsche Zeugnisse vergangener Zeiten, darunter die Bürgerhäuser entlang des lang gezogenen Hauptplatzes oder die **Pfarrkirche St. Stephan** mit dem vielleicht größten Karner Öster-

☒ Das Amtsgebäude der Bezirkshauptmannschaft Tulln stammt aus dem Jahr 1891

oes_042 dk

Die Kraft des Stromes

Folgt man ab Tulln dem Donauufer stromaufwärts, erreicht man nach etwa 12 km **Zwentendorf.** Der Ort ist durch das nahe gelegene **Atomkraftwerk** bekannt, das allerdings **nie in Betrieb** gegangen ist. 1969 beschloss die damalige Bundesregierung unter *Josef Klaus* (ÖVP) die Errichtung eines Siedewasserreaktors mit einer Nettoleistung von 692 Megawatt; drei Jahre später wurde mit dem Bau begonnen. Doch von Anfang an war der Rückhalt in der Bevölkerung sehr bescheiden, und bei der **Volksbefragung** 1978 lehnten 50,47% der Abstimmenden das bereits fertiggestellte Projekt ab. Damit ist Zwentendorf die **größte Investitionsruine der Republik Österreich** – die Kosten beliefen sich auf 5,2 Milliarden Schilling (1,6 Mrd. Euro nach heutiger Kaufkraft) –, aber auch ein Symbol für die Macht des Volkes; immerhin wurde nach der Nichtinbetriebnahme im Dezember 1978 ein **Atomsperrgesetz** verabschiedet, dem zufolge in Österreich auch in Zukunft keine Kernkraftwerke ohne Volksabstimmung gebaut werden dürfen.

Wenige Kilometer weiter nördlich, am Zusammenfluss von Traisen und Donau, liegt das 1973–76 gebaute **Wasserkraftwerk Altenwörth,** das leistungsstärkste seiner Art an der österreichischen Donau. Mit sechs Wehrfeldern und zwei Schleusen produziert das Kraftwerk über Turbinen rund ein Sechstel des an der heimischen Donau erzeugten Stroms.

reichs. Sehenswert ist außerdem das **Minoritenkloster** mit seinen Ausstellungen, ferner das ehemalige Stadtgefängnis, in dem sich heute ein **Museum** zu Ehren des Expressionisten **Egon Schiele** befindet. Der Künstler kam 1890 in Tulln zur Welt und starb nur 29-jährig 1918 in Wien an der Spanischen Grippe. Wer sich für die römische Geschichte der Stadt interessiert, kann das **Römermuseum** besuchen. Im Westen der Stadt befindet sich mit **Die Garten Tulln** ein wunderschöner botanischer Park mit Themenbereichen (auch für Kinder lehrreich!), Baumwipfelpfad, Abenteuerspielplatz u.v.m.

MEIN TIPP: **Egon Schiele Museum,** Donaulände 28, A-3430 Tulln an der Donau, Tel. 02272 64570, www.schielemuseum.at, Ende März bis Anfang Nov. Di–So 10–17 Uhr, Eintritt 6 €, ermäßigt 5 €.

■ **Stadtmuseum Tulln RÖMERMUSEUM,** Marc-Aurel-Park 1b, A-3430 Tulln an der Donau, Tel. 02272 690189, www.roemermuseum-tulln.at, Ende März bis Anfang Nov. Mi–So 10–17 Uhr, Eintritt 6 €, ermäßigt 3 €.

Die Garten Tulln, Am Wasserpark 1, A-3430 Tulln, Tel. 02272 68188, diegartentulln.at, Mai bis Okt. tägl. 9–18 Uhr, Eintritt 14 €, Kinder und Jugendliche (6–18 Jahre) 8 €.

Praktische Infos

■ **Touristeninformation Tulln,** Minoritenplatz 2, A-3430 Tulln an der Donau, Tel. 02272 675660, www.donau.com/de/kamptal-wagram-tullner-donauraum/, www.tulln.at.

■ **Hotel Nibelungenhof**②, Donaulände 34, A-3430 Tulln an der Donau, Tel. 02272 62658, www.nibelungenhof.info. Attraktives Hotel direkt an der Donau.

[>] Sattes Grün so weit das Auge reicht: im Waldviertel nichts Besonderes!

MEIN TIPP: **Donaupark Camping,** Donaulände 76, A-3430 Tulln an der Donau, Tel. 02272 65200-13821, www.campingtulln.at. Unmittelbar am Donauufer gelegener Campingplatz mit nahem Badesee und diversen Freizeitangeboten.

■ **Gasthaus Sodoma „Zur Sonne"②**, Bahnhofstraße 48, A-3430 Tulln an der Donau, Tel. 02272 64616, www.gasthaussodoma.at. Klassische ostösterreichische Küche in gepflegtem Dekor.

Waldviertel

Das **dünn besiedelte** Waldviertel wird landläufig als **archaisch, unwegsam und schroff** bezeichnet. Grund dafür sind wohl seine **dichten Wälder** und die oftmals unzugänglichen **Flusstäler und Hochmoore,** möglicherweise auch die **rauen Witterungsverhältnisse.** Doch das Waldviertel ist auch die „Überraschung" in Niederösterreich. Das gilt für die touristisch bekannten Gebiete wie dem **Donautal,** in dem speziell der **Nibelungengau** und die **Wachau** mit den Orten Dürnstein und Krems längst zum Pflichtprogramm in- und ausländischer Besucher zählen. Doch wer weiß schon, dass hier zahlreiche **Kraftplätze** mit geheimnisvollen Felsformationen wie u.a. im **Naturschutzgebiet Fehhaube-Kogelsteine** und im **Naturpark Blockheide** liegen oder auch die **Kraftarena bei Groß Gerungs?** Geschichtlich ist das Waldviertel ein wahres „Schlaraffenland" mit den **mittelalterlichen Stadtmauerstädten** Eggenburg, Drosendorf, Waidhofen an der Thaya, Weitra und Zwettl. Aber auch die Rosenburg und die Burg Rappottenstein oder die **Schlösser**

oes_043 dk

in Artstetten und Grafenegg sind Zeitzeugen in dieser **uralten Kulturlandschaft.** Hinzu kommen **Meisterstücke der sakralen Baukunst** wie die Wallfahrtskirche Maria Taferl oder die Stifte in Göttweig, Altenburg oder Zwettl. Kulinarisch seien die **Weine** aus dem Kamptal im Umkreis von Langenlois empfohlen, und kein Besuch des Waldviertels wäre komplett, ohne in den Genuss der Wachauer **Marille,** des Waldviertler **Karpfens** und der vielen **Graumohngerichte** gekommen zu sein. Ob im ursprünglichen nördlichen Waldviertel oder im unberührten Weinsberger Wald – praktisch überall führen dicht gewobene **Wandernetze** durch die herrliche Landschaft. Auch für Radfahrer – und im Speziellen für **Mountainbiker** – ist das Waldviertel ein Paradies, denn im weitläufigsten Streckennetz Österreichs verlaufen hier über 90 Routen mit einer Gesamtlänge von über 2000 km. Einziges Manko: Abgesehen von den größeren Orten, die durch Bahnverbindungen an das Umland angebunden sind, ist man weitgehend **auf das eigene Fahrzeug angewiesen.**

■ **Infos: Tourismus Waldviertel,** Tel. 02822 54109, www.waldviertel.at

Strudengau und Nibelungengau

Der **äußerste Südwesten des Waldviertels** wird durch das **Donautal** gekennzeichnet. Dies ist zunächst zwischen der oberösterreichischen Grenze und Persenbeug der **Strudengau,** dessen Hauptsehenswürdigkeiten am Südufer der Donau liegen (→ S. 83). Wer motorisiert unterwegs ist und sich auf die Natur konzentrieren möchte, kann durch diesen **romantischen Abschnitt** am Nordufer entlang auf der Bundesstraße B3 fahren. Ab Persenbeug bzw. Ybbs an der Donau erstreckt sich bis Melk bzw. Emmersdorf der **Nibelungengau,** der seinen Namen daher hat, dass die Region im Nibelungenlied eine wichtige Rolle spielt. Wesentlicher und meistbesuchter Besuchermagnet ist hier die auf einer Anhöhe über der Donau liegende **Wallfahrtskirche Maria Taferl.** Mit ihrem Bau wurde 1660 begonnen, die Weihe erfolgte 1724. Die Kirche begeistert noch heute durch ihr prächtiges Interieur einschließlich fulminanter Deckenmalerei, dem überragenden Hochaltar und der vergoldeten Kanzel.

MEIN TIPP: **Basilika Maria Taferl,** Maria Taferl 1, A-3672 Maria Taferl, Tel. 07413 278, www.basilika.at, April bis Okt. Sa–Do 10.30–16.30 Uhr, Eintritt (Schatzkammer) 3 €, ermäßigt 1,50 €.

Etwa 5 km weiter östlich liegt in **Artstetten** – etwas nördlich der Donau – das stattliche gleichnamige **Schloss,** in dem der **habsburgische Thronfolger Erzherzog Franz Ferdinand** (1863–1914) einige Zeit residierte, bevor er in Sarajevo erschossen wurde. Im Schloss informiert ein **Museum** über das Leben des Erzherzogs – er ist hier in der Gruft beigesetzt –, und bei einem Besuch sollte man auch den Schlosspark begehen.

■ **Schloss Artstetten,** Schlossplatz 1, A-3661 Artstetten, Tel. 07413 8006, www.schloss-artstet

[>] Idyllische Natur am Donauufer ist ein Kennzeichen der Wachau

ten.at, April bis Okt. tägl. 10–16.30 Uhr, Eintritt (Schatzkammer) 13,40 €, ermäßigt 9,20 €.

Wer noch nicht genug der historischen Gebäude hat, begibt sich ins nahe gelegene **Leiben,** wo das aus dem 12. Jahrhundert stammende **Europaschloss Leiben** (www.leiben.gv.at) steht. Südöstlich davon, wieder am Donauufer, findet sich in **Weitenegg** die **Ruine einer Burg,** die ursprünglich von Tempelrittern genutzt wurde. In **Luberegg** wiederum kann man im dortigen **Schloss** einkehren und/oder übernachten; das Schloss wurde einst von Kaiser *Franz I.* (1768–1835) als Sommerresidenz genutzt.

Praktische Infos

■ **Tourismusinformation Strudengau und Nibelungengau,** Tel. 02713 3006060, www.donau.com.

MEIN TIPP: **Schloss Luberegg**③, Luberegg 18, A-3644 Emmersdorf, Tel. 02752 717770, www.pichler-wachau.com. Wohlfühlen auf höchstem Niveau wird hier leicht gemacht.

■ **Gasthof Hinterleithner**②, Weinserstraße 95, A-3681 Weins, Tel. 07414 7203, www.hinterleithner.at. Modern inspirierte regionale Küche und auch Gästezimmer①-② gibt es hier.

■ **Freizeitzentrum Marbach,** Campingweg 2, A-3671 Marbach an der Donau, Tel. 07413 20733, www.marbach-freizeit.at. Ruhiger Campingplatz direkt an der Donau mit 40 Parzellen.

Wachau

O die Wachau! Wer hat noch nicht von dieser reizvollen Gegend gehört, die unbestritten das **bekannteste** und so häufig besungene **Naturparadies Niederösterreichs** darstellt und seit dem Jahr 2000

oes_044 dk

Suchtverdächtig! – die Wachauer Marille

Besucht man zwischen Mitte März und Mitte April die Wachau, fallen sofort die überall **blühenden Marillenbäume** auf, denn es gibt in der Region gut 100.000 davon. Als Marille bezeichnet man in Österreich die **Aprikose,** und die aus der Wachau ist sogar mit Ursprungsbezeichnung in der EU geschützt. Knapp 230 Wachauer Marillenbauernbetriebe ernten die Früchte im Juli und verarbeiten sie zu **Marmeladen, Edelbränden oder Likören.** Aber auch in der österreichischen **Dessertküche** nimmt die Marille einen wichtigen Platz ein, z.B. in Form von Marillenknödel, Marillenkuchen und Marillenstrudel oder als Kompott (Marillenröster).

- Mehr **Infos** unter www.wachauermarille.at.

oes_045 dk

den **UNESCO-Welterbe-Titel** trägt? Die Rede ist von der Gegend im und um das **Tal der Donau zwischen Melk und Krems.** Auf 35 km Länge und über 13 Gemeinden erstreckt sich dieser charmante Abschnitt mit seinen mal sanft abfallenden, mal schroffen Ufern und den kleinen Dörfern. Auf den Bergkuppen thronen **Burgen, Klöster und Stifte,** hier gedeihen hochwertige **Weine** – mit so kreativen Qualitätsbezeichnungen wie „Federspiel“, „Smaragd“ oder „Steinfeder“ –, und besonders schön ist es im Frühling, wenn die **Marillenbäume** blühen. Viele der Sehenswürdigkeiten liegen am Nordufer der Donau – das zum Waldviertel gehört –, Melk und seine Umgebung werden hingegen im Kapitel zum Mostviertel (→ S. 83) behandelt. Wer nicht mit dem Auto oder Motorrad unterwegs ist, hat die Wahl zwischen dem Fahrrad – der **Donauradweg** verläuft durch die Wachau – oder Wanderschuhen, denn unter dem Namen **Welterbesteig Wachau** firmiert ein 180 km langer Weitwanderweg mit zahlreichen Abschnitten, die auch für sich begangen werden können. Die meisten Touristen entscheiden sich jedoch für eine **Flusskreuzfahrt** (→ S. 135).

- **Infos zur Wachau,** Tel. 02713 3006060, www.donau.com.
- **Welterbesteig Wachau,** www.donau.com/de/wachau-nibelungengaukremstal/ausflug-bewegen/bewegung/welterbesteig-wachau/.

Zwischen Melk und Krems

Zu den erlebenswertesten Orten zählen auf der nördlichen Uferseite der Donau ab Melk zunächst **Willendorf,** wo man

1908 ein 11 cm großes, etwa 30.000 Jahre altes Sandsteinfigürchen fand, das unter dem Namen **„Venus von Willendorf"** als wichtigstes Fundstück Österreichs gilt und heute im Naturhistorischen Museum in Wien zu sehen ist. Westlich des Ortes liegt mit 960 m Höhe der **Jauerling** als höchste Erhebung der Wachau, wo sich dank des **Familienparks Hubhof** (familienpark-hubhof.at) auch kleinere Besucher wohlfühlen werden. In **Schwallenbach** ist eine mittelalterliche Burganlage – das Glöcklein von Schwallenbach – Inhalt einiger Sagen, während man im verträumten **Spitz** mit seinem Biedermeier-Bauensemble das **Schloss Erlahof** mit Museen zu den Themen Weinbau und Schifffahrt sowie für den perfekten Weitblick die **Ruine Hinterhaus** besuchen kann. Außerdem sollte man im netten **St. Michael,** wo eine Wehrkirche aus dem 16. Jahrhundert an die damals drohenden Türkenangriffe erinnert, sowie in **Weißenkirchen,** dem Zentrum des hiesigen Weinbaus (viele Heurigenlokale!) einen Stopp einlegen. Das legendäre **Dürnstein** präsentiert sich mit einer hellblau getünchten Stiftskirche und der auf einem 150 m hohen Hügel liegenden imposanten Burgruine, in der einst der englische König Richard Löwenherz (1157–99) gefangen gehalten wurde. Fantastische Rundblicke gibt es inklusive!

Das kleine **Unterloiben** mit dem imposanten Franzosendenkmal (1805 schlugen Österreicher und Russen hier *Napoleon*) am Stadtrand von Krems rundet den „Streifzug" ab. In Dürnstein bietet sich übrigens im Sommer das wundervolle **Kuenringer Freibad** für eine Abkühlung an!

Praktische Infos

- **Informationsbüro Dürnstein,** Dürnstein 25, A-3601 Dürnstein, Tel. 02711 219, www.duernstein.at.
- **Tourismusinformationsstelle Weißenkirchen,** Wachaustraße 242, A-3610 Weißenkirchen in der Wachau, Tel. 02715 2600, www.weissenkirchen-wachau.at.

MEIN TIPP: **Schloss Dürnstein**③, Dürnstein 2, A-3601 Dürnstein, Tel. 02711 212, www.schloss.at. Edles Relais & Châteaux Hotel an der Donau mit allem, was das Luxusherz begehrt.

MEIN TIPP: **Loibnerhof**②-③, Unterloiben 7, A-3601 Dürnstein, Tel. 02732 82890, www.loibner

Ahoi! Per Schiff durch die Wachau

Wer die Sehenswürdigkeiten der Wachau vom Wasser aus erkunden möchte, der kann dies **zwischen Melk und Krems** tun. Die Fahrten finden in der Regel **von Anfang Mai bis Ende Oktober** statt und dauern zwischen drei Stunden (stromaufwärts) und 100 Minuten (stromabwärts). Grundsätzlich gibt es einfache **Tickets** für Hin- bzw. Hin- und Rückfahrt, aber auch solche, die mehrmaliges Ein- und Aussteigen ermöglichen und die Fahrt mit anderen Aktivitäten ergänzen. **Anlegestellen** sind **Dürnstein, Spitz** und **Emmersdorf** (am gegenüberliegenden Flussufer von Melk), Fahrräder können in der Regel mitgenommen werden. Zwei Reedereien organisieren die Flussfahrten:

- **Brandner Schifffahrt,** Tel. 07433 259021, www.brandner.at.
- **Donauschifffahrtsgesellschaft** (DDSG), Tel. 01 58880, ddsg-blue-danube.at.

oes_046 dk

hof.at. Regionale Küche in einem 400 Jahre alten Lesehof des Stiftes Ranshofen, wunderschön ist der Gastgarten.

■ **Wachauerstube②**, Unterloiben 24, A-3601 Dürnstein, Tel. 02732 85950, www.wachauerstube.at. Verlässliches Gasthaus mit einem hübschen Biergarten.

Krems und Umgebung

Krems an der Donau ist mit **25.300 Einwohnern** die **fünftgrößte Stadt Niederösterreichs** und liegt ca. 70 km westlich von Wien. Krems kann durchaus als eine der schönsten größeren Städte des Landes bezeichnet werden, nicht zuletzt, weil die **Altstadt** noch weitgehend historisch – die **Gotik und Renaissance** sind hier tonangebend – erhalten ist und daher seit dem Jahr 2000 den **UNESCO-Welterbe-Titel** trägt. Die Stadt liegt vorrangig, wenn auch nicht ausschließlich, am **Nordufer der Donau.** Die erste urkundliche Erwähnung von Krems geht auf das Jahr 995 zurück. Zusammen mit dem westlich liegenden Stein (seit 1938 ist dies ein eingemeindeter Stadtteil von Krems) war die Siedlung seit dem 11. Jahrhundert ein Handels- und Verwaltungszentrum; vor Ort wurde die **erste Münzprägestätte Österreichs** gegründet. Erst im späten 19. Jahrhundert verlor Krems seine Privilegien als Flusshafenstadt, da der Ausbau der Bahn- und Straßennetze voranschritt. Heute bietet die Stadt vieles zugleich: Sie ist ein moderner Industriestandort, hier liegt die Donau-Universität, es gibt ein **vielfältiges Kulturangebot,** z.B. in Form des Musikfestivals Glatt & Verkehrt, des NÖ Donaufestivals oder der als **Kunstmeile Krems** (www.kunstmeile.at) zusammengefassten Ausstellungslandschaft inklusive der **Kunsthalle,** dem **Karikaturmuseum** und der futuristischen **Landesgalerie Niederösterreich.**

■ **Kunsthalle,** Museumsplatz 5, 3500 Krems an der Donau, Tel. 02732 908010, www.kunsthalle.at, März bis Okt. Di–So 10–18 Uhr, Nov. bis Febr. Di–So 10–17 Uhr, Eintritt 12 €, ermäßigt 3,50 €.

■ **Karikaturmuseum,** Museumsplatz 3, A-3500 Krems an der Donau, Tel. 02732 908010, www.karikaturmuseum.at, März bis Okt. tägl. 10–18 Uhr, Nov. bis Febr. tägl. 10–17 Uhr, Eintritt 12 €, ermäßigt 3,50 €.

■ **Landesgalerie Niederösterreich,** Museumsplatz 1, A-3500 Krems an der Donau, Tel. 02732 908010, www.lgnoe.at, März bis Okt. Di–So 10–18 Uhr, Nov. bis Febr. Di–So 10–17 Uhr, Eintritt 12 €, ermäßigt 3,50 €.

Ein Besuch der **Altstadt** sollte am 1480 erbauten **Steiner Tor** beginnen; ab hier verläuft die verkehrsberuhigte Landstraße gen Osten. Folgt man der Marktgasse nach Norden, erreicht man den **Pfarrplatz** mit der mächtigen **Stadtkirche St. Veit.** Dahinter, leicht erhöht, thront die **Piaristenkirche** aus dem 15. Jahrhundert, die man über die Piaristenstiege „erklimmt". Östlich des Pfarrplatzes geht es über die Margarethenstraße zum **Hohen Markt,** wo das **Gozzoburg** genannte Stadtpalais sowie das **Alte Rathaus** und der **Herkulesbrunnen** stehen.

Außerhalt der Altstadt sollte man dem **Stadtpark** – westlich des Steiner Tors – einen Besuch abstatten. Von hier gelangt man Richtung Westen über die Ringstraße/Steiner Donaulände bis zum **Kremser Tor** und in die Altstadt des oben erwähnten **Stein,** in der weitere interessante historische Gebäude stehen.

Verlässt man Krems in Richtung Norden, finden sich in **Rehberg** und **Senftenberg** jeweils **Burgruinen.** Zu wenig Abenteuer? Wie wäre es dann mit einer **Heißluftballonfahrt** ab dem Flugplatz Krems (www.flugplatz-krems.at/ballonfahrt)?

Praktische Infos

■ **Wachau Info Center Krems,** Körnermarkt 14, A-3500 Krems an der Donau, Tel. 02732 82676, www.krems.info.

MEIN TIPP: **Arte Hotel Krems②**, Dr.-Karl-Dorrek-Straße 23, A-3500 Krems an der Donau, Tel. 02732 71123, www.arte-krems.at. Stylisch-modernes Hotel mit großen Zimmern.

■ **Weingut Nigl②**, Kirchenberg 1, A-3541 Senftenberg, Tel. 02719 2609, www.weingutnigl.at. Dieses idyllische, nördlich von Krems gelegene Weingut verfügt über angenehme Zimmer, einen gut sortierten Weinshop und ein vorzügliches Restaurant.

■ **Donaupark Camping,** Yachthafenstraße 19, A-3500 Krems an der Donau, Tel. 02732 84455, www.campingkrems.at. Der gut ausgestattete Campingplatz liegt direkt am Jachthafen von Krems am Donauufer.

MEIN TIPP: **Poldi Fitzka②**, Museumsplatz, A-3500 Krems an der Donau, Tel. 02732 21165, www.poldifitzka.at. Grandiose, modern gestaltete Gastwirtschaft in der Landesgalerie.

■ **Stadtcafé Ulrich①-②**, Südtirolerplatz 7, A-3500 Krems an der Donau, Tel. 02732 82094, stadtcafe-ulrich.at. Altehrwürdiges Café direkt am Steiner Tor.

■ **Glatt & Verkehrt,** www.glattundverkehrt.at. Volksmusik meets World music beschreibt das Programm dieses Festivals im Juli recht gut.

■ **NÖ Donaufestival,** www.donaufestival.at, Tel. 02732 908033. Überregionales Festival für Performance-Kunst und Musik im Frühsommer.

Mautern und das Stift Göttweig

Überquert man von Stein aus die Donau über die Mauterner Brücke, erreicht man das kleine Mautern mit seiner **reizenden Altstadt.** Bereits die Römer bauten hier vor etwa 2000 Jahren ein Lager – die Stadtmauerreste aus dem Mittelalter dürften etwa dort liegen, wo bereits die Legionäre positioniert waren. In Mautern finden sich **elegante Gebäude aus der Zeit der Renaissance,** ferner kann man dem **Römermuseum** im Rathaus einen Besuch abstatten.

■ **Römermuseum Mautern-Favianis-St. Severin,** wegen Neukonzeptionierung bis voraussichtlich 2025 geschlossen, ein Auszug der Sammlung ist aber im Rathaus Mautern zu besichtigen, Rathaus-

☐ Das Steiner Tor ist das Wahrzeichen von Krems

oes_047 dk

platz 1, A-3512 Mautern, Tel. 0664 9233058, 02732 83151, www.mautern-donau.at/ueber-mautern/kulturelles-erbe/roemermuseum, Mo–Fr 8–12 Uhr, Di auch 13–18 Uhr.

Ein echtes Highlight ist das etwa 4 km südlich gelegene **Stift Göttweig** (Besuchszeit: etwa zwei Stunden). Die Anfänge des atemberaubenden **Benediktinerklosters** gehen auf das 11. Jahrhundert zurück, doch präsentiert es sich in seiner heutigen Form **barock** im Stil des 18. Jahrhunderts. Besonders sehenswert sind die italienisch anmutende **Stiftskirche,** aber auch der **Nordtrakt,** in dem u.a. das Gobelinzimmer, die Fürstenzimmer, die Kaiserzimmer und der Cäciliensaal zu besichtigen sind. Von zahlreichen Punkten aus genießt man **herrliche Ausblicke** auf das Donautal und den Dunkelsteiner Wald. **Wanderungen** sind z.B. zwischen dem Stift und Paudorf möglich (Start Stift Göttweig, 1 Std., 150 Hm, leicht, hübscher Weg durch Waldabschnitte mit Blick auf die Weinberge); ein Abschnitt des Österreichischen Jakobswegs verbindet das Stift Göttweig auf einer Strecke von ca. 49 km (12 Std., 1400 Hm, schwer, Ausdauer und Kondition sind unbedingt notwendig) mit dem in Melk.

Mein Tipp: **Stift Göttweig,** A-3511 Stift Göttweig, Tel. 02732 855810, www.stiftgoettweig.at, Mitte März bis Okt. 10–18 Uhr, Nov. bis 23. Dez. 10–17 Uhr, Führungen (Mitte März bis Okt.) 11, 14 und 15 Uhr (Nov. nur 11 und 13 Uhr), Eintritt (Museum) 10 €, ermäßigt 7 €. Im Stift gibt es auch ein **Restaurant**② mit Terrasse und ein **Gästehaus**② mit zehn Doppelzimmern.

Praktische Infos

- **Informationsbüro Mautern an der Donau,** Rathausplatz 1, A-3512 Mautern, Tel. 02732 83151, www.mautern-donau.gv.at.
- **Nikolaihof**②, Nikolaigasse 3, A-3512 Mautern, Tel. 02732 82901, www.nikolaihof.at. Wundervolle lokale Spezialitäten mit Zutaten aus der Wachau. Auch Gästezimmer①-② stehen zur Verfügung.

⌃ Benediktinerkloster mit eindrucksvollem Weitblick: das Stift Göttweig

Unteres Kamptal

Der **Kamp** ist mit 153 km der längste Fluss, der das Waldviertel durchfließt. Er entspringt als **Großer Kamp** an der niederösterreichisch-oberösterreichische Grenze im Weinsberger Wald nördlich von Liebenau. Zuerst fließt er mehr oder weniger von Westen nach Osten, bis er ab der **Rosenburg** – dem unangefochtenen Wahrzeichen dieser Gegend – nach Süden verläuft. Ab hier spricht man vom **Unteren Kamptal,** dass im Prinzip den **Mittel- und Unterlauf** des Flusses umfasst, bis dieser danach nach Südosten abknickt und bei Altenwörth in die Donau mündet. Zum Unteren Kamptal zählen u.a. der Luftkurort **Gars am Kamp,** der **Naturpark Kamptal** und das **Weinbaugebiet um Langenlois.**

Langenlois und Umgebung

Die klimatischen Verhältnisse um Langenlois prädestinieren die Gegend für den Anbau von **Wein.** Urkunden bezeugen dessen Produktion bereits seit dem frühen Mittelalter. Die bekanntesten Weinbauorte der Gegend, in denen vorrangig Grüner Veltliner und Riesling angebaut werden, sind **Schönberg am Kamp, Zöbing** (mit seiner malerischen Kellergasse und dem nahe gelegenen Heiligenstein), **Gobelsburg** und **Kammern**. Der Hauptort **Langenlois** bietet sich durchaus für einen Zwischenstopp an, zum einen wegen seiner Architektur – der zentrale Kornplatz mit der Dreifaltigkeitssäule und den umliegenden Gebäuden sollte Ausgangspunkt einer Begehung sein –, aber auch, um im wirklich beeindruckenden **Loisium** die **900 Jahre alten Weinkeller** zu besuchen, viel über den Weinbau zu erfahren und natürlich, um die regionalen Tropfen in der hiesigen Vinothek und bei örtlichen Heurigen zu probieren (und zu kaufen).

□ Auch an den Hängen des Stifts Göttweig wachsen Weinreben

nes_048 dk

■ **Loisium,** Loisium Allee 2, A-3550 Langenlois, Tel. 02734 77100, www.loisium.com, Rundgang im Weinkeller (per Audio-Guide) tägl. 10–16.30 Uhr, Eintritt 15 €, ermäßigt 7,50 €, Vinothek tägl. 10–18 Uhr.

Das erwähnte Schönberg am Kamp bildet das „Tor“ in den **Naturpark Kamptal,** der sich auf 25 km² Fläche entlang des Flusses erstreckt und mit diversen Entdeckungspfaden lockt. Südwestlich liegt **Schiltern** mit dem **Schaugarten ARCHE NOAH** für bedrohte Pflanzen und den eindrucksvollen **Kittenberger Erlebnisgärten.** Nicht weit entfernt befindet sich die geheimnisvoll anmutende **Ruine Kronsegg.**

■ **Naturpark Kamptal-Schönberg,** Hauptstraße 36, A-3562 Schönberg, Tel. 02733 76476, www.naturpark-kamptal.at.

ARCHE NOAH, Obere Straße 40, A-3553 Schiltern, Tel. 02734 8626, www.arche-noah.at, Mai bis Anfang Okt. Fr–So 10–17 Uhr.

Kittenberger Erlebnisgärten, Laabergstraße 15, A-3553 Schiltern, Tel. 02734 82280, www.kittenberger.at, Mitte März bis Okt. Mo–Sa 9–18 Uhr, So 10–17 Uhr, Eintritt 12,50 €, ermäßigt 7,50 €.

Kaum 8 km südöstlich von Langenlois erreicht man das **Schloss Grafenegg,** eines der bedeutendsten und großartigsten seiner Art in ganz Österreich. Es entstand im 15. Jahrhundert, wurde jedoch zwischen 1840 und 1888 im Sinne des **romantischen Historismus** umgebaut. Im August/September findet im Schloss ein viel gelobtes **Musikfestival** mit Konzerten internationaler Stars der klassischen Musik statt. Erstklassig essen kann man hier ebenso.

MEIN TIPP: **Schloss Grafenegg,** Grafenegg 10, A-3485 Grafenegg, Tel. 02735 5500, www.grafenegg.com, Besichtigung nur Ende Juni bis Anfang Sept. Sa/So 11–17 Uhr (Führungen um 15 Uhr), Eintritt 7 €, Führung zusätzl. 3 €.

Praktische Infos

■ **Tourismusinformation Langenlois,** Kamptalstraße 3 (Ursin Haus), A-3550 Langenlois, Tel. 02734 20000, www.langenlois.at. Zum Haus gehört auch eine Vinothek (www.ursinhaus.at).

MEIN TIPP: **Loisium Hotel**②, Loisium Allee 2, A-3550 Langenlois, Tel. 02734 77100, www.loisium.com. Modern gestaltetes Wohlfühlhotel mitten in den Weinreben mit Pool und Spa.

MEIN TIPP: **Gasthaus Gutmann**②, Heiligensteinstraße 32, A-3561 Zöbing, Tel. 02734 2334, www.gasthaus-gutmann.com. Topadresse für typische Schmankerln des Kamptals.

■ **Weinstube Aichinger**①-②, Kellergasse, A-3562 Schönberg, Tel. 02733 8411, www.weinstube-aichinger.at. Neben vortrefflichen lokalen Tropfen kommt man hier auch in den Genuss vorzüglicher regionaler Gerichte.

Gars am Kamp und Umgebung

Folgt man der kurvenreichen Kamptal-Straße (B 34) von Langenlois in Richtung Norden, erreicht man nach knapp 20 km **Gars am Kamp.** Nachdem der Ort im ausgehenden 19. Jahrhundert durch die auch heute noch existierende **Kamptalbahn** mit Krems verbunden wurde, entwickelte er sich schnell zum **Luftkurort** für Wiener Sommerfrischler. Im Ort selbst sind **hübsche Gebäude im Stil der Renaissance** – z.B. das Rathaus – zu sehen, im Kurpark steht eine **Statue des Popsängers Falco** (1957–98), der in Gars eine Villa sein Eigen nannte. Mit der **Gertrudskirche** (im Ortsteil Thunau) verfügt Gars über eine der gewaltigsten in ganz Niederösterreich. Oberhalb von ihr liegt die **Burgruine** aus dem 10. Jahrhundert mit dem **Amphitheater,** in dem alljährlich das bekannte **Opernfestival** (operburggars.at) stattfindet.

Ab Gars sind zahlreiche **Wanderungen** möglich, z.B. auf die 372 m hohe **Hamerlingwarte** (Start Hauptplatz Gars, 1,5 Std., 100 Hm, leicht, familientauglich) oder zu den Ruinen von **Klösterl** (Start Bahnhof Gars-Thunau, 2 Std., 100 Hm, leicht, etwas versetzt parallel zur Kamp) oder **Schimmelsprung** (Start Parkplatz Schimmelsprunggasse, 30 Min., 100 Hm, leicht, Aussicht über das Kamptal). Weiter westlich, im Dreieck der Orte **St. Leonhard, Krumau** und **Gföhl,** erstreckt sich ein landschaftlich ursprüngliches Gebiet, in dem sich Felder und Wald abwechseln und das zu entspannten Spaziergängen einlädt. Die größte Attraktion der ganzen Region stellt allerdings die majestätisch über dem Kamptal liegende **Rosenburg** (im 12. Jahrhundert errichtet) dar, die sich seit 1681 im Besitz der Familie *Hoyos* befindet und von dieser zu einem Schloss umgebaut wurde, in dem man u.a. die Prunkräume, die Bibliothek, die Kapelle und den Lustgarten bestaunen kann. Speziell für Familien mit Kindern mögen auch die **Greifvogelschau** und der nahe **Klettergarten** (www.erlebnispark-rosenburg.at) spannend sein.

Rosenburg, Rosenburg 1, A-3573 Rosenburg, Tel. 02982 2911, www.rosenburg.at, Ende März bis Mai und Mitte Sept. bis Okt. Fr–So 9.30–17 Uhr, Juni bis Mitte Sept. Mi–Mo 9.30–17 Uhr, Eintritt 16 €, ermäßigt 9 €.

Praktische Infos

■ **Tourismusinformation Gars am Kamp,** Hauptplatz 80, A-3571 Gars am Kamp, Tel. 02985 2100100, www.gars.at.

■ **Seecamping Krumau,** Freizeitanlage Krumau, A-3543 Krumau am Kamp, Tel. 0680 2493971. Hübscher Campingplatz an einem Badesee.

■ **Gasthaus Staar**①, Wolfshoferamt 38, A-3572 St. Leonhard am Hornerwald, Tel. 02987 2208, www.gasthausstaar.at. Rustikales Gasthaus mit einfacher, aber guter Hausmannskost.

MEIN TIPP: **Greißlerei Ehrenberger,** Dreifaltigkeitsplatz 55, A-3571 Gars am Kamp, Tel. 02985 224112, www.mohnzuzler.at. Hier bekommt man die legendären „Mohnzuzler", ein typisches Gebäck aus dem Waldviertel, bestehend aus einem mit Mohn, einer Rum-Zwetschke sowie einem gerösteten Mandelkern gefüllten Mürbteig.

Nordöstliches Waldviertel

Die östliche Grenze zwischen Wald- und Weinviertel bildet der **Manhartsberg** genannte Bergrücken, der die südöstliche Flanke der sog. Böhmischen Masse ausmacht und von der Thaya bis zum Wagram reicht. Seine mit 537 m höchste Erhebung ist der gleichnamige Manhartsberg. Der Hauptort des nordöstlichen Waldviertels – historisch auch „Viertel ober dem Manhartsberg" genannt – ist **Horn.** Interessantes gibt es auch weiter im Norden an der Grenze zur Tschechischen Republik zu sehen.

Praktische Infos

■ **Wirtshaus Buchinger**①, Harmannsdorf am Manhartsberg 18, A-3713 Harmannsdorf am Manhartsberg, Tel. 02984 8241, gasthofbuchinger.at. Zünftiges Wirtshaus mit regionaler Küche.

Äußerst fotogen präsentiert sich die Kirche St. Georg in Horn

oes_049 lm

Horn und Umgebung

Mit ca. **6500 Einwohnern** ist die **Bezirkshauptstadt** Horn das Zentrum des nordöstlichen Waldviertels und erstaunt durch **viel Sehenswertes.** Ein Spaziergang durch das Städtchen sollte am netten Kirchplatz, auf dem die **Kirche St. Georg** steht, beginnen. Es haben sich Überreste der alten **Stadtmauer** erhalten, ebenso Wachtürme in Gestalt des sog. **Badturms** oder des **Graselturms,** in dem eine Ausstellung über das Leben des Waldviertler Räuberhauptmanns *Johann Georg Grasel* (1790–1818) informiert. Auch Teile des 1593 gebauten **Schlosses** sowie das ehemalige **Bürgerspital** können besichtigt werden. Das Bürgerspital beherbergt das **Stadtmuseum (Museum Horn)** mit einer der bedeutendsten urgeschichtlichen Sammlungen Niederösterreichs. Kunstinteressierte besuchen das **Kunsthaus,** wo wechselnde Ausstellungen und Kurse stattfinden.

■ **Museum Horn,** Wiener Straße 4, A-3580 Horn, Tel. 02982 2372, museumhorn.at, April bis Mitte Nov. Di–So 10–16 Uhr, Eintritt 7 €, ermäßigt 4 €.

■ **Kunsthaus,** Wiener Straße 2, A-3580 Horn, Tel. 02982 20030, www.kunsthaus-horn.at, Mo–Do 9–12 und 13–17 Uhr, Fr 9–12 und 13–15 Uhr. Auch übernachten①-② kann man hier.

Die Hauptattraktionen im Umland von Horn sind zunächst das **Benediktinerstift Altenburg,** eine der prächtigsten Barockbauten des Landes mit Schatzkammer, Marmorsaal, Bibliothek und natürlich einer prunkvollen Stiftskirche. Wenige Kilometer weiter westlich steht das ebenso sehenswerte **Schloss Greillenstein,** dessen Gründung auf das ausgehende 16. Jahrhundert zurückgeht und wo neben einfachen Schlossführungen auch originelle Spezialtouren (wie die mit Gerichtsverhandlung oder die gruselige Geistertour) angeboten werden. Für einen wunderbaren Ausblick kann man sich zur etwa 6 km entfernten **Burgruine Schauenstein** begeben, die man zu Fuß ab Krug erreicht (Start Kapelle Krug, 1 Std., 300 Hm, leicht, historisch aufschlussreich).

■ **Stift Altenburg,** Abt Placidus Much-Straße 1, A-3591 Altenburg, Tel. 02982 3451, www.stift-altenburg.at, Ende April bis Ende Okt. Do–So 10–17 Uhr, Eintritt 12 € (Kinder bis 18 Jahre frei, sonst keine Ermäßigung).

MEIN TIPP: **Schloss Greillenstein,** Greillenstein 1, A-3592 Röhrenbach, Tel. 0664 8576371, www.greillenstein.at, April und Okt. Sa–Di 12.30–16 Uhr, Mai, Juni und Sept. Sa–Mi 12.30–16 Uhr, Juli und Aug. Sa–Mi 9.30–17 Uhr, Eintritt ab 6,50 €, ermäßigt ab 4 €.

Praktische Infos

- **Tourismusinformation Horn,** Wiener Straße 4, A-3580 Horn, Tel. 02982 23721, horn.gv.at.
- **Öhlknechthof**②, Prager Straße 3–5, A-3580 Horn, Tel. 02982 30100, www.oehlknechthof.at. Waldviertel-Küche mit Mittelmeer-Touch. Auch Gästezimmer①-② gibt es hier.

Eggenburg und Umgebung

Eggenburg wird gewöhnlich als „Stadtmauerstadt" bezeichnet, denn die fast 2 km lange **mittelalterliche Befestigungsanlage** mit ihren Pechnasen, Schießscharten, Wehrtürmen, Zinnenkranz und Zwingermauern ist hier noch annähernd vollständig erhalten. Westlich von Horn zwischen Wald- und Weinviertel gelegen, bietet Eggenburg neben schönen Gebäuden wie dem **Gemalten Haus** (Hauptplatz 1) und der **Stadtkirche St. Stephan** vor allem das **Krahuletz-Museum** mit einer archäologischen Sammlung von der Ur- und Frühgeschichte bis ins Frühmittelalter.

- **Krahuletz-Museum,** Krahuletzplatz 1, A-3730 Eggenburg, Tel. 02984 34003, www.krahuletzmuseum.at, April bis Ende November Mo–Fr 9–17 Uhr, Sa/So 10–17 Uhr, Eintritt 7 €, ermäßigt 4 €.

Verlässt man Eggenburg in Richtung Osten auf der Bundesstraße 2, kann man kurz vor Stoitzendorf das **Naturschutzgebiet Fehhaube-Kogelsteine** besuchen. Hier finden sich beeindruckende, bis zu 6 m hohe **Gesteinsformationen aus Granit,** von denen man ursprünglich glaubte, es handle sich um prähistorische Kultstätten – weshalb das Gebiet auch als „österreichisches Stonehenge" bezeichnet wurde. Mittlerweile geht man aber davon aus, dass die überwiegende Mehrzahl der Gesteinsgebilde auf natürliche Weise entstanden ist. Geologisch ebenso interessant sind die **reichen Amethyst-Vorkommen oberhalb von Maissau** etwa 8 km südlich von Eggenburg, die man in der auch für Kinder aufschlussreichen **Amethystwelt** (samt Schaustollen, Goldwaschanlage und Schatzgräberfeld) erkunden kann.

Amethystwelt, Horner Straße 36, A-3712 Maissau, Tel. 02958 84840, www.amethystwelt.at, Febr. Sa/So 10–17 Uhr, März Fr–So 10–17 Uhr, April und Okt. bis Ende Dez. tägl. 10–17 Uhr, Mai bis Sept. tägl. 10–18 Uhr, Eintritt ab 16,50 €, ermäßigt ab 13 €.

Praktische Infos

- **Tourismusinformation Eggenburg,** Krahuletzplatz 1, A-3730 Eggenburg, Tel. 02984 3400, www.eggenburg.gv.at.
- **Landgasthaus Winkelhofer**②, Eggendorf am Walde 45, A-3712 Maissau, Tel. 02985 82772, www.derwinkelhofer.at. Altbewährte Spezialitäten der österreichischen Küche mit moderner Note.
- **Eggenburger Mittelalterfest,** www.zeitreise-ins-mittelalter.at. Im Spätsommer findet dieses Mittelalterfest statt.

Drosendorf und Umgebung

Die Landschaft nördlich von Horn prägen **hügelige Waldgebiete** und **landwirtschaftliche Nutzflächen,** die Erhebungen sind nicht selten gespickt mit **Burgen und Schlössern.** Das 1188 gegründete **Drosendorf** liegt auf einer Anhöhe oberhalb der Thaya, gerade einmal 3 km von der tschechischen Grenze entfernt. Der Ort war in erster Linie als **strategische Festung** konzipiert, von der noch heute die intakte **Stadtmauer** sowie das **Raabser** und **Horner Tor** zeugen. Eine Erkundung wert sind im Ort neben den Anwesen auf dem Hauptplatz das **Stockkastl,** ein Getreidespeicher aus dem 18. Jahrhundert, und das ehemalige **Schloss** mit seinem idyllischen Innenhof. Auf dem Weg von Horn nach Drosendorf kann man in **Pernegg** dem gleichnamigen **Kloster** (www.klosterpernegg.at) und in **Geras** dem 1153 gegründeten und äußerst prächtigen **Prämonstratenser-Stift** (www.stiftgeras.at) einen Besuch abstatten. Erfrischung und Spaß für die ganze Familie verspricht im nahe gelegenen **Langau** das dortige **Freizeitzentrum am Edlersee** (inkl. Camping, Spielplatz und Sporteinrichtungen).

■ **Erholungszentrum Edlersee,** Camping Geras 1, A-2093 Geras, Tel. 02912 266, www.geras.gv.at, April bis Okt. tägl. 9–18 Uhr, Eintritt 7 €, ermäßigt 3,50 €.

Wer Richtung Osten ins etwa 14 km entfernte **Hardegg** – mit 84 Einwohnern die kleinste „Stadt" Österreichs – aufbricht, findet eine fantastische **Burg** vor. 1145 gegründet, kam sie Mitte des 17. Jahrhunderts in den Besitz der Grafen *Khevenhüller,* die auch im nahe gelegenen **Schloss Ruegers** in **Riegersburg** residierten. Ihr Nachkomme *Johann-Carl von Khevenhüller* (1839–1905) kämpfte an der Seite Kaiser *Maximilians von Mexiko* (1832–67) gegen die Truppen der republikanischen mexikanischen Regierung – eine Ausstellung dazu befindet sich in der Burg. Hardegg ist auch das Tor zum 13 km² großen, grenzübergreifenden **Nationalpark Thayatal,** der zu bezaubernden Wanderungen einlädt.

■ **Nationalpark Thayatal (Nationalparkhaus),** Merkersdorf 90, A-2082 Hardegg, Tel. 02949 70050, www.np-thayatal.at.

Praktische Infos

■ **Freizeitgemeinde Langau,** Langau 103, A-2091 Langau, Tel. 02912 401, www.langau.at.

MEIN TIPP: **Gasthof Failler**①, Hauptplatz 27, A-2095 Drosendorf, Tel. 02915 2327, gasthof-fail

Wo scharf geschossen wurde – der Iron Curtain Trail

Bis in die frühen 1990er-Jahre war die **Grenze zur damaligen Tschechoslowakei** ein mit Stacheldraht, Minen und Wachtürmen gesicherter Verteidigungswall: der berühmt-berüchtigte **„Eiserne Vorhang".** Nicht selten wurde hier auf Flüchtlinge aus dem Osten scharf geschossen, weshalb auch auf österreichischer Seite immerzu reichlich Militär- und Polizeikräfte patrouillierten. Glücklicherweise ist all dies lange vorbei und im Geiste offener Schengen-Grenzen wurde der **406 km lange Radweg Iron Curtain Trail-EuroVelo 13** von České Velenice in Tschechien bzw. Gmünd im Waldviertel bis in die slowakische Hauptstadt Bratislava angelegt. Auf ihm befährt man das Grenzgebiet durch das nördliche Wald- und Weinviertel bis zur March und dann nach Süden bis zur Donau. Dabei überquert man des Öfteren die Grenzen und legt einen Großteil der Strecke in Tschechien bzw. der Slowakei zurück.

■ Mehr **Infos** unter www.niederoesterreich.at/iron-curtain-trail.

ler.at. Dieser Gasthof bietet neben bodenständiger Waldviertler Küche auch günstige Zimmer.

Nordwestliches Waldviertel

Das nordwestliche Waldviertel wird durch den **Flusslauf der Thaya** gekennzeichnet. Die Thaya besteht aus zwei Quellflüssen, der **Mährischen Thaya** (tschechisch: Moravská Dyje) und der **Deutschen Thaya,** die – ausschließlich im Waldviertel verlaufend – in der Nähe von Schweiggers entspringt und durch Limbach, Schwarzenau, Waidhofen an der Thaya und Karlstein fließt, bis sie sich in **Raabs** mit der Mährischen Thaya vereinigt. Ab dort hat sie einen nochmals stärker gewundenen Lauf, der teilweise bis zu 100 m hohe Täler gegraben hat und nicht selten durch Überschwemmungen Schlagzeilen macht. Die umliegende Landschaft zeichnet sich auch hier durch zahlreiche **Burgen und Schlösser** aus. Aktivurlauber können die Gegend wahlweise zu Fuß – entlang dem **Thayatalweg 630** (www.waldviertel.at/a-thaya talweg-630) – oder per Fahrrad auf dem hiesigen Abschnitt der **Kamp-Thaya-March Radroute** (www.waldviertel.at/meinsommer-kamp-thaya-march-rad route) erkunden.

Raabs und Umgebung

Raabs liegt am Zusammenfluss von Deutscher und Mährischer Thaya und war seit dem frühen Mittelalter als Teil des nördlichen Befestigungswalls ein strategisch wichtiges **Bollwerk gegen Einfälle aus Böhmen.** Daran erinnert die **stattliche Trutzburg** aus dem 11. Jahrhundert, die hoch auf einem Felsen am südlichen Flussufer thront. Die Burg Raabs ist heute in Privatbesitz und kann nur im Rahmen einer Führung besucht werden. Häufig finden hier Literatur-Events, Schlosskonzerte u.Ä. statt. **Wanderer** können sich in ca. 90 Minuten (Start Hauptplatz Raabs, 300 Hm, mittel, familientauglich) nach **Kollmitz** begeben und dort eine der größten Ruinen Österreichs bewundern oder alternativ, und garantiert in fantastischer Natur, von **Weikertschlag** bis zur tschechischen Grenze aufbrechen (Start Hauptplatz Weikertschlag, 3 Std., kaum Steigung, leicht). Wer die Thaya hingegen lieber mit dem **Kanu** erkunden möchte, der hat ab Raabs oder dem 5 km weiter stromaufwärts gelegenen **Liebnitz** Möglichkeiten zur Anmietung (→ die beiden Hoteladressen unten; mehr Infos unter www.waldviertel.at/kanuwandern-im-thayatal).

■ **Burg Raabs,** Oberndorf bei Raabs 1, A-3820 Raabs an der Thaya, Tel. 02856 3794, www.bibliothekderprovinz.at/schloss-raabs-informationen/, Ende April bis Ende Sept. Sa/So 10–17 Uhr (Führungen immer zur vollen Stunde), Eintritt (mit Führung) 10 €, ermäßigt 5 €.

Praktische Infos

■ **Informationsbüro Raabs an der Thaya,** Hauptstraße 25, A-3820 Raabs an der Thaya, Tel. 02846 365, www.raabs-thaya.gv.at.

■ **Hotel Liebnitzmühle**①-②, Liebnitz 38, A-3820 Liebnitz, Tel. 02846 7501, www.liebnitzmuehle.at. Großzügige Hotelanlage mit diversen Zimmer- und Apartmentkategorien. Organisation von Kanutouren.

oes_050 dk

■ **Stadthotel Raabs**①, Hauptstraße 14–16, A-3820 Raabs an der Thaya, Tel. 02846 202, www.stadthotel-raabs.com. Angenehmes Mittelklassehotel unmittelbar am Fluss. Auch hier können Kanufahrten und viele weitere Aktivitäten gebucht werden.

Waidhofen an der Thaya und Umgebung

Mit etwa **5200 Einwohnern** ist Waidhofen an der Thaya die **nördlichste Bezirkshauptstadt Österreichs.** Fast gänzlich ist hier die **Stadtmauer** erhalten, auf ihrer Nordseite steht noch ein Pulverturm. Hübsch anzusehen sind der **dreieckige Hauptplatz** mit dem gotischen Rathaus in der Mitte, außerdem die barocke **Pfarrkirche Mariä Himmelfahrt** sowie das am Ostende der Innenstadt gelegene Schloss (Besichtigung nur von außen möglich). Waidhofen und seine Umgebung entwickelten sich Ende des 17. Jahrhunderts zu einem wichtigen **Zentrum des Textilgewerbes** – ehemalige Weberhäuser befinden sich u.a. in der Pfarrgasse (Infos dazu im Stadtmuseum) –, und auch wer ins Umland aufbricht, kann noch Reste dieser Tradition erkennen, z.B. im östlich der Stadt gelegenen **Groß Siegharts,** wo in der Schwabengasse Weber ihre Ateliers hatten. Wer nach Norden aufbricht, kann in **Frühwärts** direkt an der Waldviertler Textilstraße die **älteste Frottierweberei** (wirtex.at) Österreichs besuchen und danach die „mystischen“ **Schalensteine bei Kautzen,** die als Kraftplatz gelten, in Augenschein nehmen. In **Dobersberg** liegt ein **Naturpark** (www. naturparkdobersberg.at), der zu traumhaften Wanderungen einlädt. Im Park steht ein architektonisch grandioses Renaissanceschloss aus dem 16. Jahrhundert. Uhrenfans sollten nach **Karlstein** weiterfahren, wo ein entsprechendes Museum daran erinnert, dass hier einmal ein Zentrum der Uhrenproduktion war.

■ **Uhrenmuseum,** Hauptstraße 12, A-3822 Karlstein, Tel. 02844 71204, www.uhrenmuseum.at, April bis Okt. Mi–Sa 13–16 Uhr, Eintritt 3 €.

Wer das Umland von Waidhofen per Fahrrad erkunden möchte, sollte dem **Radweg Thayarunde** (www.thayarunde.eu) entlang ehemaliger Bahntrassen folgen, u.a. zur größten **Waldrapp-Voliere** (www.waldrapp.at) und zur **„Großen Basilika“,** einem Meditationsfeld außerhalb der Stadt, bestehend aus 97 Diorit-Findlingen.

Praktische Infos

■ **Informationsbüro Waidhofen an der Thaya,** Hauptplatz 1, A-3830 Waidhofen an der Thaya, Tel. 02842 5030, www.waidhofen-thaya.at.

■ **Campingplatz Thayapark,** Badgasse 9, A-3830 Waidhofen an der Thaya, Tel. 0664 5904433. 60 Stellplätze direkt am Flussufer nur 500 m vom Ortszentrum.

■ **Kirchenwirt Jöch**①, Schlossergasse 12, A-3830 Waidhofen an der Thaya, Tel. 02842 54550, www.joech.at. Einfaches Gasthaus mit bodenständigen Waldviertler Spezialitäten.

■ **Verein Freunde der Heilkräuter,** Hauptstraße 16/17, A-3822 Karlstein an der Thaya, Tel. 02844 7070, www.kraeuterpfarrer.at. Naturheilprodukte nach Rezepten der in Österreich äußerst bekannten Pfarrer *Weidinger* und *Benedikt.*

Gmünd und Umgebung

Gmünd ist das **kulturelle, touristische und wirtschaftliche Zentrum des oberen Waldviertels** sowie ein **wichtiger Bahn- und Straßenknotenpunkt** direkt an der **tschechischen Grenze.** Im ausgehenden 12. Jahrhundert gegründet, gingen die östlichen Vororte Unter-Wielands und große Teile von Böhmzeil infolge des **Vertrags von Saint-Germain-en-Laye** (1919) an die damalige Tschechoslowakei und heißen seit 1920 **České Velenice.** Wer Gmünd besucht, sollte zuallererst den lang gezogenen Stadtplatz in Augenschein nehmen. Hier liegt in der Platzmitte das Alte Rathaus, in dem sich ein **Stadtmuseum** befindet, und ebendort stehen auch **zwei prächtige Sgraffito-Häuser.** Das Schloss kann nicht besichtigt werden, dafür lohnt sich ein Besuch des **Schlossparks.** Für Wellness- und Badefreuden kann man sich in die **Solefelsenwelt** begeben, während Naturliebhaber den **Naturpark Blockheide** (www.blockheide.at) mit seinen **gewaltigen Granitfelsen** (wer weiß wo, kann diese sogar zum Wackeln bringen) und üppigen Birkenhainen östlich der Stadt aufsuchen.

MEIN TIPP: **Solefelsenwelt,** Albrechtser Straße 12, A-3950 Gmünd, Tel. 02852 202031300, www.solefelsenwelt.at, So–Do 9–22 Uhr, Fr und Sa 9–23 Uhr, Eintritt ab 17,50 €, ermäßigt 11,90 €. Schwimmbad, Saunalandschaft, Spa sowie Hotel② und Campingplatz.

◁ Weithin sichtbar ist der Siloturm in Waidhofen an der Thaya

Waldviertler Schmalspurbahn

Eine angenehme Art und Weise, um den Nordwesten des Waldviertels kennenzulernen, ist eine Fahrt mit der Waldviertler Schmalspurbahn. Genau genommen handelt es sich dabei um ein **Netz von drei zusammenhängenden Eisenbahnlinien** mit einer Spurweite von 760 mm, die Gmünd mit Litschau, Heidenreichstein und Groß Gerungs verbinden. Meist verkehrt auf den Strecken ein moderner **Dieseltriebwagen,** doch in regelmäßigen Abständen befährt die sog. **Nostalgiegarnitur** mit historischer Dampflok und Jausenwagen die Strecke.

■ **Waldviertler Bahn,** Tel. 02742 3609901000, www.waldviertlerbahn.at.

oes_051 dk

Praktische Infos

■ **Tourismusinformation Gmünd,** Schremser Straße 6, A-3950 Gmünd, Tel. 02852 52506100, www.gmuend.at.

Schrems und Umgebung

Etwa 7 km nordöstlich von Gmünd liegt **Schrems,** das vor allem für seine **Brauerei** sowie die hier gefertigten **Schuhe** bekannt ist und das über ein auch architektonisch unkonventionelles **Kunstmuseum** verfügt. Erfrischend ist ein Besuch im Moorbad. Im **Naturpark Schremser Moor** bekommt man im sog. **UnterWasserReich** reichlich Informationen zur hiesigen Flora und Fauna. Für den ultimativen Ausblick sollte man den „Himmelsleiter" genannten hölzernen **Aussichtsturm** im Moor erklimmen. Interessant ist außerdem das **Heidenreichsteiner Moor** (www.naturpark-heidenreichsteiner-moor.at), in dem die fleischfressende Sonnentau-Pflanze gedeiht und wo das „Steinerne Weib" steht, eine geheimnisvolle Felssäule. In **Heidenreichstein** selbst erhebt sich eine pittoreske **Burg** aus dem 12. Jahrhundert, die sich heute in Privatbesitz befindet, aber auf Anfrage besucht werden kann.

■ **Kunstmuseum,** Mühlgasse 7a, A-3943 Schrems, Tel. 02853 72888, daskunstmuseum.at, März bis Juni und Sept. Di–So 10–17 Uhr, Juli und Aug. tägl. 10–18 Uhr, Okt. bis Jan. Mi–So 10–17 Uhr, Eintritt 9,90 €, ermäßigt 5,90 €.

■ **UnterWasserReich,** Moorbadstraße 4, A-3943 Schrems, Tel. 02853 76334, www.unterwasserreich.

⌃ Das Alte Rathaus von Gmünd ist heute Sitz des Stadtmuseums

at, April bis Oktober täglich 10–17 Uhr, Eintritt 11 €, ermäßigt 8 €.

Unweit der tschechischen Grenze liegt mit **Litschau** Österreichs nördlichste Stadt, die ebenfalls eine grandiose **Burg** ihr Eigen nennt, und von wo man zu spannenden **Wanderungen** z.B. durch den **Höllgraben** (Start Stadtplatz Litschau, 2,5 Std., 100 Hm, leicht, landschaftlich eindrucksvoll) oder über **Hörmanns** und **Saaß** nach **Steingarten** (Start Stadtplatz Litschau, 1,5 Std., kaum Steigung, leicht) aufbrechen kann, aber auch zu **Reittouren** (www.wanderreiten-litschau.at).

Südöstlich von Gmünd, zwischen dem nahen **Limbach** und **Kleingloms,** lohnt ein Besuch des „Teufelslucke" genannten ehemaligen Bergbaustollens.

Praktische Infos

- **Informationsbüro Schrems,** Hauptplatz 19, A-3943 Schrems, Tel. 02853 77454, www. schrems. at.
- **Tourismusinformation Heidenreichstein,** Stadtplatz 1, A-3860 Heidenreichstein, Tel. 02862 52336231, www.heidenreichstein.gv.at und www. waldviertelnord.at.
- **Campingplatz Reingers,** Reingers 92, A-3863 Reingers, Tel. 0664 3611614, www.hanfdorf.at. Entspannter Campingplatz an einem Badesee unweit der tschechischen Grenze.
- **GEA,** Niederschremser Straße 4b, A-3943 Schrems, Tel. 02853 76503, gea-waldviertler.at. Bei GEA entstehen seit 1980 die hochwertigen Waldviertler-Lederschuhe in Handarbeit.
- **Schrammelklangfestival,** Tel. 0720 407704, schrammelklang.at. In Litschau findet alljährlich dieses Festival der „Schrammelmusik" statt, denn ihr Begründer – *Kaspar Schrammel* (1811–95) – wurde hier geboren, ebenso seine Söhne *Johann* (1850–1893) und *Josef* (1852–1895).

Mein Tipp: **Wald4tler Hoftheater,** Pürbach 14, A-3944 Pürbach, Tel. 02853 78469, www.hoftheater.at. Auch über die Grenzen des Walviertels hinaus ist dieses Ensemble für seine kreativen Aufführungen bekannt.

Weitra und Umgebung

Mit seinen kaum **2600 Einwohnern** ist das kleine **Weitra** zwar nicht so bekannt wie die nahe Bezirkshauptstadt Gmünd, doch der auch als „Kuenringerstadt" bekannte Ort lohnt definitiv einen Stopp. Die **Kuenringer** waren ein ursprünglich wohl aus Sachsen oder dem Rheinland stammendes Adelsgeschlecht, das ab dem 12. Jahrhundert Ländereien im heutigen Waldviertel erwarb und zahlreiche Orte gründete. Weitra wurde 1201 vom Kuenringer *Hadmar II.* hier im **Tal der Lainsitz** angelegt; er ließ natürlich auch eine (noch bestehende) **Stadtmauer** sowie eine Burg bauen. Diese wurde Anfang des 17. Jahrhunderts in ein prächtiges **Renaissanceschloss** umgewandelt, das man besuchen kann. Am Rathausplatz steht neben dem Amtshaus ein beeindruckendes **Sgraffitohaus** mit Darstellungen zur Vergänglichkeit des Lebens. Weitra ist **Österreichs „heimliche" Bierhauptstadt,** denn vor Ort befand sich die erste urkundlich erwähnte Brauerei des Landes; einen Einblick in die Thematik vermittelt die **Bierwerkstatt.**

- **Bierwerkstatt,** Sparkasseplatz 160, A-3970 Weitra, Tel. 02856 2387, www.bierwerkstatt.at, Besuch nach Vereinbarung.

Das Umland ist für seine **„Kraftplätze"** bekannt und beliebt. Dazu gehören die

„Steinerne Stube" genannten Felsformationen bei **Großschönau** (www.waldviertel.at/a-steinerne-stube). Ab hier kann man den etwa 10 km langen **Wünschelrutenweg** (www.schoenau.at/page.asp/-/wuenschelrutenweg) begehen oder weiter südlich bei **Groß-Gerungs** die fünf mystischen Orte in der sogenannten **Kraftarena** (www.gerungs.at/kraftarena) erkunden. Zwischen **Etzen** und **Rosenau** befindet sich außerdem die mysteriöse, 7 m hohe **Steinpyramide,** die hier wohl bereits 2000 Jahre ausharrt. Bei entsprechenden Temperaturen bietet sich eine Abkühlung in einem Badesee unweit von **Karlstift** an, z.B. im moorhaltigen **Stierhübelteich** oder dem etwas belebteren **Frauenwieserteich.** Wanderer verschlägt es ab Karlstift oder dem nahe gelegenen **Bad Großpertholz** auf die hiesigen Erhebungen wie den **Eichelberg** (1054 m) – auf dem auch Skifahren möglich ist – (Start Karlstift Gasthaus Zeiler, 1,5 Std., 150 Hm, leicht, familientauglich) oder den 1017 m hohen, eindrucksvollen **Nebelstein** (Start Pfarrkirche Bad Großpertholz, 2,5 Std., 400 Hm, mittel, tolle Landschaftserlebnisse). In **Harbach** befindet sich ein großes **Moorheilbad;** von hier führt eine nette Wanderung auf den **Mandelstein** (874 m, Start Gemeindeamt Harbach, 3 Std., 250 Hm, leicht).

■ **Moorheilbad Harbach,** A-3970 Moorbad Harbach, Tel. 02858 52550, www.moorheilbad-harbach.at. Angeboten werden auch viele Freizeitaktivitäten (Wandern, Langlaufen, Skifahren, Radfahren, Nordic Walking etc.), ein (längerer) Aufenthalt bietet sich also durchaus an.

Praktische Infos

■ **Informationsbüro Weitra,** Rathausplatz 1, A-3970 Weitra, Tel. 02856 50060, www.weitra-tourismus.at.

■ **Tourismusinformation Waldviertler Hochland,** Hauptplatz 18, A-3920 Groß Gerungs, Tel. 02812 8611, www.waldviertler-hochland.at.

Zwettl und Umgebung

Zwettl liegt ziemlich genau in der geografischen Mitte des Waldviertels und kann mit fast **10.800 Einwohnern** nicht nur als größte, sondern auch als **wirtschaftlich und kulturell wichtigste Stadt der Region** bezeichnet werden. Auch Zwettl gilt als „Stadtmauerstadt", sind doch noch fast 1 km des alten Mauerwerks und sechs Türme – der **Antonturm** an der nordwestlichen Ecke ist ihr Wahrzeichen – erhalten. 1139 gründeten die **Kuenringer** die Stadt (was sie zu einer der ältesten des Landes macht!), im 15. Jahrhundert widerstand sie drei Angriffen der Hussiten unter dem Feldherrn *Andreas Prokop.* Dafür litt Zwettl schwer unter Plünderungen durch Böhmen (1618) und Schweden (1645) während des Dreißigjährigen Krieges. Heutzutage bietet die äußerst lebenswerte Stadt **Abwechslung und Flair,** z.B. auf dem netten Hauptplatz, wo ein **Brunnen von Friedensreich Hundertwasser** (1928–2000) steht und Konditoreien die typischen Mohnzelten anbieten. Auf dem Sparkassenplatz sollte man das **Alte Rathaus** und die **Dreifaltigkeitssäule** in Augenschein nehmen. Besucht werden

⊡ Auch in Zwettl darf sie nicht fehlen: die für Österreichs Ortszentren so typische Dreifaltigkeitssäule (auch Pestsäule genannt)

kann die traditionsreiche **Brauerei Zwettler,** schöne Wanderungen führen am Zwettl-Fluss und dem Kamp entlang, z.B. im Rahmen des 12 km langen **Wasserwunderweges Nr. 55a** (www.waldviertel.at/wandern-zertifizierter-wanderweg-wasserwunderweg). Kultur-Begeisterte sollten unbedingt das nahe gelegene **barocke Zisterzienserstift** besuchen; hervorzuheben sind der Kreuzgang, das Brunnenhaus, der sog. Kapitelsaal, die Schatzkammer und die 80.000 Dokumente umfassende Bibliothek.

- **Brauerei Zwettler,** Syrnauer Straße 22–25, A-3910 Zwettl, Tel. 02822 500, www.zwettler.at, Führungen nach Voranmeldung.
- **Stift Zwettl,** Stift Zwettl 1, A-3910 Zwettl, Tel. 02822 20202, www.stift-zwettl.at, April bis Okt. tägl. 9.30–16 Uhr, Führungen tägl. 11, 14 und 15 Uhr, Eintritt 11,50 €, ermäßigt 5,50 €.

Etwa 10 km westlich von Zwettl steht das Ende des 16. Jahrhunderts erbaute **Schloss Rosenau,** in dem sich neben einem Hotel und Restaurant das **Museum zur Freimaurerloge** befindet. Südwestlich auf einem Felsen inmitten des dichten Waldes erhebt sich die mächtige, gut erhaltene **Burg Rappottenstein** (www.burg-rappottenstein.at), im 12. Jahrhundert von den *Kuenringern* errichtet.

- **Museum zur Freimaurerloge,** A-3924 Schloss Rosenau 21, Tel. 02822 20552, www.freimaurermuseum.at, April bis Okt. Di–So 9–17 Uhr, Eintritt 9 €, ermäßigt 5 €.

oes_052 dk

Mohn – das „graue Gold“ des Waldviertels

Bereits seit der Steinzeit dürfte der Mohn als Kulturpflanze bekannt gewesen sein, im Waldviertel wird er schon **seit dem 13. Jahrhundert als Heil- und Ölpflanze** angebaut. Heutzutage ist der kleine, graue Samen aus der Kapselfrucht als **Waldviertler Graumohn** eine regionale Spezialität, von der EU sogar mit einer „geschützten Ursprungsbezeichnung“ versehen. Das Waldviertel bietet die idealen klimatischen Voraussetzungen für eine optimale Entwicklung des Mohns, und speziell im Sommer ist es eine optische Wohltat, wenn die Mohnblumen in strahlendem Pink blühen. Jährlich werden im Waldviertel zwischen 200 und 700 Hektar Mohn angebaut. **Zahlreiche lokale Spezialitäten** werden mit ihm gefüllt, bestreut oder einfach verfeinert, darunter Mohnkuchen, -strudel, -nudeln, -torte, -zuzler (→ S. 141) oder „Mohnzelten“ (Gebäck aus Kartoffelteig mit Mohn gefüllt), um nur ein paar zu nennen. Berühmt ist auch das **Waldviertler Mohnöl,** und an neuen, kreativen Produktideen herrscht kein Mangel: Mohnschokolade, Mohneierlikör, Graumohnhonig und sogar Hautcreme mit Mohn. Wer mehr zum Thema erfahren möchte, sollte ins **Mohndorf Armschlag** fahren, wo das ganze Jahr über Veranstaltungen mit Köstlichkeiten aus dem „grauen Gold“ geboten werden.

■ Mehr **Infos** unter www.mohndorf.at.

Praktische Infos

■ **Tourismusinformation Zwettl,** Sparkassenplatz 4, A-3910 Zwettl, Tel. 02822 503129, www.zwettl.info.

■ **Schlosshotel Rosenau**②-③, Schloss Rosenau 1, A-3924 Schloss Rosenau, Tel. 02822 58221, www.schlosshotelrosenau.at. Schöne Suiten und Zimmer, Wellness und Beauty sowie Essen in gediegenem Ambiente.

MEIN TIPP: **Demutsgraben**②, Niederstrahlbach 36, A-3910 Zwettl, Tel. 02822 52364, www.demutsgraben.at. Ursprüngliches Wirtshaus mit traditioneller Waldviertler Küche – etwas außerhalb vom Ortskern.

■ **Sonnentor,** Sprögnitz 29, A-3913 Sprögnitz, Tel. 02875 7256100, www.sonnentor.com. Biohof mit eigenen Produkten wie Kräuter, Gewürze und Tees, aber auch Süßes und Feinkost. Filialen gibt es in ganz Österreich. Im **Gasthaus Leibspeis'**② kann man hervorragend essen.

Rund um die Kampseen

Zwischen Zwettl und der Rosenburg durchschneidet der Kamp ein enges, **beinahe fjordähnliches Tal** und durchläuft drei Stauseen, die in den Jahren 1949–57 angelegt wurden, nicht zuletzt um das Problem der häufigen **Hochwasser** in den Griff zu bekommen. Ganz im Westen liegt der **Stausee Ottenstein,** der ein beliebtes Freizeit- und Ausflugsziel darstellt, mit Strandbädern (in Ottenstein und Mittereith), Bootsverleih, Segel- und Surfschulen, aber auch zahlreichen Buchten und der **Burg Ottenstein** (mit der bemerkenswerten Hochzeitskapelle) sowie der **Ruine Lichtenfels,** die beide auf Halbinseln liegen und sich vom See aus gut erkennen lassen. Bekannt ist der See auch bei Anglern für seinen **Fischreichtum:** Barsche, Forellen, Hechte,

oes_053 dk

Karpfen, Schleien und Zander können gefischt werden. Weiter östlich liegt der etwas ruhigere, aber auch weniger ausgebaute **Stausee Dobra,** dessen Ufer man von Franzen aus erreicht. In der Nähe steht das **Wasserschloss Waldreichs,** dessen Umgebung zu ausgedehnten Wanderungen einlädt. Noch etwas weiter östlich folgt dann mit dem **Thurnberger Stausee** das kleinste der drei Gewässer (Liegeplätze bei Krumau und Thurnberg). Nördlich der Stauseen erstreckt sich der **Truppenübungsplatz Allentsteig,** der bei Manövern gesperrt wird, sonst aber auf der Straße von Ottenstein nach Allentsteig durchfahren werden kann.

Typisch Waldviertel: die farbenprächtigen Mohnfelder

MEIN TIPP: **Stausee Ottenstein,** Peygarten-Ottenstein 215, A-3532 Rastenfeld, Tel. 0664 4940 814, www.kampseen.at.

■ **Stausee Dobra,** Neupölla 4, A-3593 Neupölla, Tel. 02988 6220, www.poella.at.

■ **Stausee Thurnberg,** Krumau am Kamp 22, A-3543 Krumau am Kamp, Tel. 02731 8230, www.krumau-tourismus.at.

Praktische Infos

MEIN TIPP: **Hotel Wegscheidhof**②, Wegscheid am Kamp 2, A-3593 Neupölla, Tel. 02731 237, www.hotelwegscheidhof.at. Neben gemütlichen Gästezimmern gibt es hier auch eine tadellose Küche mit örtlichen Spezialitäten.

■ **Camping Dobra,** Reichhalms 33, A- 3594 Franzen, Tel. 02988 20102, www.camping-dobra.at. Idyllischer Campingplatz am Badesee (Bootsverleih und Möglichkeit zum Angeln).

■ **Bootsbetrieb und Seerestaurant Ottenstein**①-②, Peygarten-Ottenstein 69, A-3532 Rastenfeld, Tel. 02826 251, hotelottenstein.at. Große Freizeit- und Hotelanlage samt Bootsverleih und Restaurant.

Weinsberger Wald

Der **hügelige Süden des Waldviertels** ist Teil des Höhenrückens, der die südöstliche Verlängerung des Böhmerwaldes darstellt und als **Waldviertler Hochland** bekannt ist. Hier befindet sich mit dem urtümlichen Weinsberger Wald (auch Weinsberger Forst genannt) das **größte geschlossene Waldgebiet Österreichs.** Die sich auch ins oberösterreichische Mühlviertel (→ S. 229) ausdehnende Region gilt als **Wander- und Langlaufgebiet** par excellence. Der dünn besiedelte Weinsberger Wald strahlt eine unglaubliche **Ruhe,** aber eben auch Einsamkeit aus; große Ortschaften fehlen gänzlich. Ausgangspunkt für Streifzüge durch die Gegend sollte das kleine **Arbesbach** unweit der oberösterreichischen Grenze sein, wo eine Burgruine über dem Ort wacht und ein Badeteich für Abkühlung sorgt. Westlich von Arbesbach liegt der **Bärenwald,** ein 14.000 m² großes Gelände, in dem „pensionierte" Bären aus Zirkus, Zoo und Privathaltung ein naturnahes und tiergerechtes Zuhause finden. Östlich des Ortes führt der 5 km lange **Höllfallweg** (ein Rundwanderweg) von **Pretrobruck** (Start Parkplatz Güterweg Pretrobruck-Haselbach, 1,5 Std., leicht) in den Wald und über den **Höllfall** (eine Waldschlucht mit unterirdischen Wasserfällen) wieder zurück. Etwa 5 km südlich von Arbesbach liegt **Altmelon** am Rande der **Meloner Au,** einem Moorgebiet, das sich über ein stilles Waldareal verteilt. Die höchste Erhebung der Gegend ist mit 1041 m der namensgebende **Weinsberg,** der ab Bärnkopf zu begehen ist (Start Pfarrkirche Bärnkopf, 2,5 Std., 100 Hm, leicht, familientauglich). In **Schönbach** befindet sich im alten Kloster ein **Erlebnismuseum** zum Thema Handwerk (www.handwerk-erleben. at), sehenswert ist auch die daneben liegende Wallfahrtskirche. Weiter östlich liegt der Kurort **Bad Traunstein,** aus dem Wanderungen zu gigantischen Granitblöcken und Wackelsteinen möglich sind. Wiederum östlich von Bad Traunstein erstreckt sich das sog. **Mohnland** (→ Exkurs S. 152) mit den Hauptorten **Ottenschlag** und **Armschlag-Sallingberg.** Whisky-Enthusiasten können in **Roggenreith** südlich von Ottenstein die erste, vorrangig auf Roggenwhiskys spezialisierte **Destillerie** Österreichs besuchen.

Bärenwald, Schönfeld 18, A-3925 Arbesbach, Tel. 02813 76040, www.baerenwald.at, Ostern bis Allerheiligen (1. Nov.) tägl. 10–18 Uhr, Eintritt 8 €, ermäßigt 5,50 €.

■ **Mohndorf Armschlag,** A-3525 Sallingberg, Tel. 02872 7421, www.mohndorf.at. Im Ort befindet sich auch der **Mohnwirt** (www.mohnwirt.at), in dem reichlich Spezialitäten aus der ölhaltigen Pflanze serviert werden.

■ **Whisky-Erlebniswelt & Destillerie Haider,** A-3664 Roggenreith 3, Tel. 02874 7496, waldviertlerwhisky.at, Mai bis Okt. Di–Sa 9–18 Uhr, So 10–17 Uhr, Nov. bis April Di–Sa 9–17 Uhr.

Praktische Infos

■ **Vivea Gesundheitshotel Bad Traunstein**②, Kurhausstraße 50, A-3632 Bad Traunstein, Tel. 02878 25050, www.vivea-hotels.com. Vor allem in Österreich krankenversicherte Reha-Gäste gehen hier auf Kur, aber man kann sich auch individuell einbuchen.

■ **Waldviertel Camping,** Kinzenschlag 11, A-3920 Kinzenschlag, Tel. 02812 8320, www.gasthof-einfalt.at. Ausgesprochen angenehmer, wenn auch kleiner Campingplatz, der zu einem Gasthof gehört.

Rund um Pöggstall

Nicht einmal 15 km südlich von Ottenschlag liegt **Pöggstall** etwa auf halbem Wege hinunter an die Donau. Der Ort befindet sich bereits jenseits des rauen Waldviertler Hochlands – weshalb er häufig als „Meran des Waldviertels" betitelt wird – und bildet den **Übergang in die Wachau.** Bemerkenswert ist hier das **Schloss Rogendorf** (rogendorf.com) mit prächtigem Innenhof und dem gewaltigen vorgelagerten Kanonenrondell. Unmittelbar daneben erhebt sich die **Pfarrkirche,** mit der das Schloss ein Ensemble bildet. Westlich von Pöggstall verläuft der **Ostrong** genannte Bergrücken, dessen höchste Erhebungen mit 1061 m der **Große Peilstein** und – für unvergleichliche Panoramablicke – der nahe **Kleine Peilstein** (1024 m) sind. Wirklich einzigartig ist die weiter westlich liegende **Ysperklamm,** ein Naturschauspiel, bei dem das klare Wasser der Großen Ysper über hohe Felsen und durch enge Schluchten rauscht. Man wandert hier über gesicherte Brücken und Holzstege, vorbei an vielen kleineren und größeren Wasserfällen (Start Gasthaus Forellenhof/Klammstraße 22, 1,5–2 Std., 300 Hm, mittel, familientauglich, Trittsicherheit ist wichtig, da viele Stufen). Durch das Klammareal verlaufen auch sog. **Druidenwege** – angeblich siedelten hier bereits die Kelten – entlang geheimnisvoller Felsformationen und Steinsetzungen. Alternativ zur Erkundung per pedes ist auch die Befahrung der Bundesstraße 36 ab Altenmarkt in Richtung Süden empfehlenswert.

Praktische Infos

- **Informationsbüro Pöggstall,** Hauptplatz 1, A-3650 Pöggstall, Tel. 02758 2383, www.poegg stall.at.
- **Informationszentrum Ysperklamm,** Klammstraße 22, A-3683 Yspertal, Tel. 07415 61264, www.ysperklamm.info.
- **Landhotel Yspertal**②, Ysper 1, A-3683 Yspertal, Tel. 07415 7218, landhotelyspertal.at. Nahe der Ysperklamm gelegenes Hotel, in dem auch typische Waldviertler Spezialitäten serviert werden.
- **Wirtshausbrennerei Krenn**②, Stangles 41, A-3682 Yspertal, Tel. 07415 7258, www.wirtshaus brennerei.at. Bei herzhafter Küche genießt man hier den atemberaubenden Blick ins Tal. Auch Gästezimmer①-② stehen zur Verfügung.

oes_322 dk

⊡ Saftige Landschaften: Im Waldviertel spielt die Landwirtschaft noch vielerorts eine wichtige Rolle

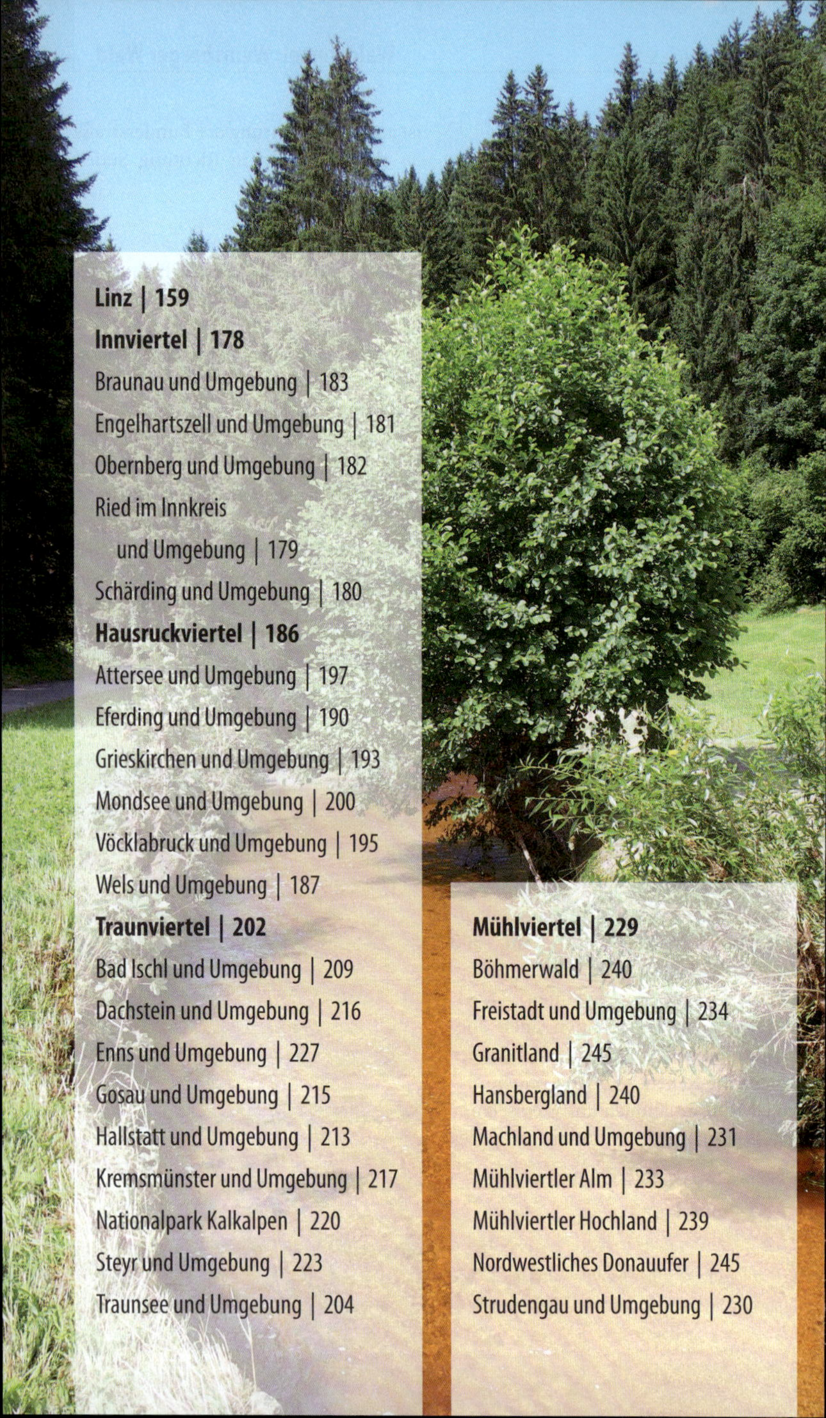

oes_086 dk

3

Oberösterreich

» Für viele Urlauber ist das Land zwischen Inn und Enns nur ein Durchreisegebiet, das man auf dem Weg nach Süden oder Osten höchstens flüchtig von der Autobahn aus erlebt. Völlig zu Unrecht! Ob tiefe Wälder, schneebedeckte Berge, liebliche Orte oder schimmernde Seen – Oberösterreich hat all das zu bieten und noch viel mehr. Es ist perfekt für einen Aktivurlaub geeignet und das dank seiner vielfältigen Landschaft sogar das ganze Jahr über.

‹ Unterwegs im tiefsten Mühlviertel am Klammleitenbach

Oberösterreich
DEUTSCHLAND
Auerbach
Freyung
Želnava
Plattling
Hengersberg
Pilsting
Wallersdorf
Isar
Osterhofen
Winzer
Neukirchen vorm Wald
Röhrnbach
Jandelsbrunn
Schönebn
Böhmerwald
Landau
Eichendorf
Künzing
Aicha
Hutthurm
Sonnen
Hauzenberg
Aigen-Schlägl
Reisbach
Haunersdorf
Vilshofen
Donau
Ruderting
Salzweg
Wegscheid
Peilstein
Simbach
Roßbach
Aldersbach
Passau
Arnstorf
Egglham
Ortenburg
Pyrawang
Oberkappel
Rohrbach
Sprinzenstein
Malgersdorf
Dietersburg
Fürstenzell
Neuburg
Zwickledt
Engelhartszell
Granitland
Hofkirchen
Falkenberg
Bad Birnbach
Bad Griesbach
Neuhaus
St. Roman
Niederkappel
Pfarrkirchen
Schärding
Schlögener Schlinge
Eggenfelden
Triftern
Kopfing
Haibach
Pocking
Taufkirchen
Natternbach
Mitterskirchen
Rotthalmünster
Reichersberg am Inn
Andorf
Zell an der Pram
Peuerbach
Aschach an der Donau
Tann
Malching
Inn
Obernberg
Waizenkirchen
Zeilarn
Simbach am Inn
Kirchdorf
Riedau
Eferding
Marktl
Weirading
Geinberg
Neumarkt
Neuötting
Altötting
Braunau
Altheim
Aurolzmünster
Grieskirchen
Ried im Innkreis
Innviertel
Burghausen
Neukirchen
Mauerkirchen
Aspach
Haag am Hausruck
Krenglbach
Zoo Schmiding
Duttendorf-Ach
Burgkirchen
Lohnsburg
Eberschwang
Hausruckviertel
Kirchweidach
Gilgenberg am Weilhart
Gundertshausen
Höhnhart
Gaspoltshofen
Mattighofen
Ampflwang
Lambach
Tittmoning
Ibmer Moor
Franking
Michaelbeuern
Pfaffstätt
Frankenburg
Traun
Ostermiething
Salzach
Grabensee
Vöcklabruck
Schwanenstadt
Straßwalchen
Vöcklamarkt
Vöckla
Perwang
Mattsee
St. Georgen
Obertrumer See
Trumerseen
Laakirchen
Vorchdorf
A1
Waging
Oberndorf
Flachgau
Neumarkt
St. Georgen im Attergau
Seewalchen
Wallersee
Zell
Waller-see
Altmünster
Gmunden
Traunstein
Teisendorf
Tennengau
Attersee
Traunstein 1691
Scharnstein
Mondsee
Traunsee
Thalgau
Freilassing
Naturpark Attersee-Traunsee
Traunkirchen
Grünau
Siegsdorf
Fuschlsee
Mondsee
Steinbach
Alm
Salzburg
Fuschl am See
Unterach
Weißenbach
Ebensee
Almtal
Inzell
Salzburger Freilichtmuseum
St. Gilgen
Habernau
Grödig
Hintersee
Wolfgangsee
St. Wolfgang
Traunviertel
Almsee
Bad Reichenhall
Adnet
Hallein
Strobl
Bad Ischl
Oberösterreichische Kalkalpen
Bad Dürrnberg
Altausseer See
Toplitzsee
Unken
Berchtesgaden
Salzwelten
Kuchl
Bad Goisern
Altaussee
Gosau
Gößl
Grundlsee
Lofer
Ramsau
Scheffau
Golling
Pass Gschütt 964
Bad Aussee
Watzmann 2713
Königssee
Hallstätter See
St. Martin
Abtenau
Hallstatt
Obertraun
Bad Mitterndorf
Weißbach
Tennengebirge
Annaberg
Grimming 2351
Werfen
Hoher Dachstein 2995
Burg Hohenwerfen und Eisriesenwelt
Gröbming
Leogang
Saalfelden
Hochkönig 2941
St. Martin am Tennengebirge
Filzmoos
Ramsau am Dachstein
Enns
Ennstal
Bischofshofen
Mandling

0 10 km ©Reise Know-How
ÖsterrK03 2/24
TSCHECHIEN
Horní Planá
Kájov
Český Krumlov
Vĕtřní
Velešin
Trhové Sviny
Kaplice
Naturpark Schremser Moor
České Velenice
Schrems
Waidhofen a.d.Thaya
Vitis
Gmünd
Harbach
Weitra
Naturpark Blockheide
Schwarzenau
Allentsteig
Benešov n. Černou
Frymburk
Ober-haag
Vyšší Brod
Dolní Dvořiště
Wullowitz
Leopold-schlag
St. Martin
Bad Großpertholz
Großglobnitz
Großschönau
Stausee Ottenstein
Zwettl
Kamp-seen
Loučovice
Haslach an der Mühl
Reichenthal
Rainbach im Mühlkreis
Windhaag
Karlstift
Groß-Gerungs
Schloss Rosenau
Rasten-feld
Helfenberg
Bad Leonfelden
Mühlviertler Hochland
Sandl
Liebenau
Weinsberger Wald
Rappottenstein
Lugendorf
Hansbergland
Freistadt
St. Oswald
Tanner Moor
Arbesbach
Bären-wald
Bad Traunstein
Armschlag-Sallingberg
Hirschbach
Kefermarkt
Unter-weißenbach
Wald-viertel
Mühl-viertel
Oberneu-kirchen
Zwettl an der Rodl
Neumarkt im Mühlkreis
Gutau
Schönbach
Mühlviertler Alm
Ottenschlag
Lacken
Kirchschlag
Gallneukirchen
Hagenberg
Bad Zell
Königs-wiesen
Roggenreith
Feld-kirchen
Ottensheim
Wilhering
Pregarten
Allerheiligen im Mühlkreis
St. Georgen am Walde
Laimbach
Pöggstall
Alkoven
Linz
Steyregg
Maut-hausen
Bad Kreuzen
Emmers-dorf
Perg
St. Nikola
Nibelungengau
Traun
St. Florian
Enns
Machland
Persen-beug
Pöchlarn
Melk
Naarn
Saxen
Grein
Struden-gau
Wels
Ansfelden
St. Valentin
Moststraße
Mitter-kirchen
Donau
an der Donau
Ybbs an der Donau
Schallaburg
St. Leonhard am Forst
Oed
Amstetten
Blinden-markt
Wiesel-burg
Mank
Krems-münster
Bad Hall
Steyr
Haag
Aschbach-Markt
Mostviertel
Kirnberg an der Mank
Neuhofen an der Ybbs
Purgstall
Kematen
Sierning
Steinbach an der Steyr
Behamberg
St. Peter in der Au
Randegg
Scheibbs
Schlierbach
Schloss Rothschild
Waidhofen an der Ybbs
Gresten
Frankenfels
Schmiedleithen
Ternberg
Maria Neustift
Petten-bach
Kirchdorf an der Krems
Ybbstaler Alpen
Ybbsitz
Gaming
Winter-bach
Erlauf
Micheldorf
Molln
Reich-raming
Großraming
Opponitz
Eisenwurzen
Gösing
Burg Altpernstein
Klaus
St. Georgen am Reith
Ötscher 1893
Erlauftal
Weyer
Lunz
Lunzer See
Steyrling
Nationalpark Kalkalpen
Zellerrain 1125
Mitter-bach
Hollenstein
Göstling
Neuhaus
Hochreit
Mariazell
Großer Priel 2515
Windisch-garsten
Nationalpark Panoramaturm Wurbauerkogel
Alten-markt
Naturpark Eisenwurzen
Wildnisgebiet Dürrenstein
Gußwerk
Hengstpass 1024
Palfau
Hochkar 1808
Hinter-stoder
Roßleithen
Weichsel-boden
Wegscheid
Spital a. Pyhrn
Gams
Wildalpen
Pyhrnpass 954
Seebergsattel 1246
Ausseerland-Salzkammer-gut
Buchauer Sattel 850
Gstatter-boden
Hochschwab 2277
Bosrucktunnel
Hieflau
Seewiesen
Liezen
Ardning
Admont
Naturpark Steirische Eisenwurzen
Alfenz Kurort
Lassing
Trautenfels
Eisenerz
Präbichl 1214
Nationalpark Gesäuse
Oblarn
Gaishorn
Tragöß
Thörl
Kapfen-berg
Erzberg 1466
Lamingtal
Donnersbach
Trieben
Schoberpass 849
Vordernberg
Laming
Hohentauern 1265
Hohentauern
Trofaiach
Mautern in St.
Bruck a.d.Mur
A1
A7
A8
A9
A25
S6
S10
241
243
238
239
240
235
234
229
237
233
246
190
231
236
232
172
159
228
227
191
187
230
132/230
217
218
223
221
219
226
220
222

Essen und Trinken in Oberösterreich

Oberösterreich mag nicht gerade das perfekte Reiseziel für Vegetarier und Veganer sein, denn hier geht es häufig **deftig-fleischig** zu. Wirklich typisch sind zunächst die diversen **Suppenvariationen:** einerseits in Form der mittlerweile fast historisch anmutenden Sauren Suppe oder der Rahm- und Brennsuppe, dann gibt es aber auch Erdäpfel- (Kartoffel-), geselchte oder grüne Fleischsuppe, Brot-, Bratwürstel- oder Beuschlsuppe (Lungensuppe), ja sogar Most- und Biersuppe. In Restaurants findet sich meist Rindsuppe auf der Speisekarte, hinzu kommen regionale Spezialitäten wie die Gmundner Kirchtagsuppe (bei der ein Wurzelgemüse mit Wildfleisch und Rotwein verkocht wird) oder die Topfen-Rahm-Suppe (Topfen = Quark), die mit gerösteten Brotwürfeln, klein geschnittenen Erdäpfeln und frischen Kräutern serviert wird. Die **Hauptspeisen** sind zumeist fleischlastig (speziell vom Schwein): **Schweinsbraten, Geselchtes** (geräuchertes Kassler), **„Leberbunkl"** (faschierte, deftig gewürzte Leber im Schweinsnetz), **Bratwürstel, saure Schweinsripperln, (saure) Stelze (Eisbein), Krautfleisch** oder das urige **„Kåtzengschroa"** (Ragout aus gedünsteten Fleischstreifen und Innereien) und das – besonders für das Innviertel bekannte – **„Surbradl"** (gepöckelter Schweinebauch) bzw. das im Mühlviertel beliebte **Bierschnitzel** (Fleisch in Weißbierteig ausgebacken).

oes_134 dk

Oberösterreich hat zahlreiche Flüsse und speziell im Salzkammergut auch mehrere Seen. **Fisch** – Karpfen, Mattigtal-Forelle, Donauwaller (Wels), Saibling, Reinanke etc. – kommt in der heimischen Küche vor allem **gekocht, gebacken** oder auch als **Steckerlfisch** vor. Natürlich kann man zu alledem **Gemüse** in Form von Sauerkraut, Rettichsalat, Petersilerdäpfel, Eferdinger oder Leondinger Spargel o.Ä. verlangen, doch typisch oberösterreichisch sind vor allem die **Knödel!** Diese sind nämlich die wahre Domäne des Bundeslandes – die Nähe zu Bayern und Böhmen lässt grüßen – und man findet eine **Unzahl an Varianten:** Bauern-, Brat-, braune Grieß-, Brösel-, Durcheinander-, Einmach-, Fleisch-, Germ-, Grammel-, Leber-, Mehl-, Selch-, Speck- oder die berühmten Erdäpfel- und Semmelknödel. Sie dienen als Beilage, sind vor allem aber auch eigenständige Speisen, genau wie die auch in anderen Regionen des Landes beliebten **Sterze, Nocken und Schmarren.**

Für den **Imbiss zwischendurch** sollte man einmal Essigwurst, Surspeck (aus dem Innviertel), geräucherten Speck (aus dem Mühlviertel), „Maurerforelle" (Knacker mit Zwiebel), Sulz (Sülze) und die sog. **Brettljause** (Sortiment von Wurst-, Fleisch- und Käsesorten garniert mit Gurken, Senf etc.) und „Erdäpfelkäs" (zerquetschte Kartoffeln, Zwiebeln und Rahm) probieren. Unter den **Süßspeisen** ist zuallererst die **Linzer Torte** zu nennen, zudem findet sich viel in Schmalz Herausgebackenes wie Pofesen („Arme Ritter"), Krapfen, Strauben und Hasenöhrl – zu denen man bei Bedarf in jeder Konditorei mehr erfährt. Und wie steht es mit den Getränken? Nun, bei knapp 60 Brauereien landesweit ist das **Bier** – serviert als Pfiff (0,2 l), Seidel (0,3 l) oder Halbe/Krügerl (0,5 l) – selbstverständlich Trumpf, vielerorts sind auch **Apfel- und Birnenmost** äußerst populär.

und Kunstmetropole zu machen. Gut so, denn geschichtlich war die Kapitale des Bundeslands ob der Enns durchaus wegweisend, entsprechend bietet sie einen **spannenden Architekturcocktail,** der als Spiegel durch die Jahrhunderte führt.

Die **Altstadt** liegt – anders als in Wien – unmittelbar am Strom, was Linz zu einer **„echten" Donaustadt** macht. Die 16 Bezirke erstrecken sich dabei an beiden Ufern, wobei die Innenstadt südlich der Flussbiegung liegt, während der Norden Urfahr genannt wird. Das **große Industrie- und Hafenareal** befindet sich östlich der Altstadt und stellt zumindest aus der Ferne eine **eindrucksvolle Skyline** vor den Gipfeln der alpinen Bergregion dar. Zwar mögen in Linz monumentale Bauwerke weitestgehend fehlen, doch zu sehen gibt es einiges und das insbesondere in der Altstadt, also zwischen Donau und Hauptbahnhof. Wirklich einzigartig sind zahlreiche Beispiele **moderner Architektur,** die oftmals in ehemaligen Industrieanlagen untergebracht sind.

Linz ist eine **zentrale Verkehrsdrehscheibe** im Herzen Österreichs und bietet sich für einen kurzen Stopp, aber auch für einen mehrtägigen Besuch an. Denn die Stadt überrascht in vielerlei Hinsicht positiv, immerhin war sie **2009 Europäische Kulturhauptstadt** und gilt seit 2014 als **„Creative City",** was ihr den von der UNESCO verliehenen Titel „City of Media Arts" einbrachte.

Stadtgeschichte

Geschützt in 266 m Meereshöhe an der Donau zwischen dem Kürnberger Wald und dem Mühlviertel liegt die Stadt in einem **uralten Siedlungsgebiet.** Nachweislich wurde das hiesige, in Halbkreisform verlaufende Flussbecken kontinuierlich seit der Jungsteinzeit bewohnt. Die römische Bezeichnung **Lentia** leitet sich von der keltischen Wurzel „lentos" (biegsam, gekrümmt) ab. Es war wohl gegen Ende des 1. Jahrhunderts n. Chr., dass **römische Legionäre** hier zum Schutz des wichtigen Verkehrsweges über die Donau ein Castrum errichteten, das als Teil des Grenzsystems der Provinz Noricum bestand. Die **Bajuwaren,** die im frühen Mittelalter hier ankamen, zogen den linken Mündungswinkel der Traun in die Donau als Siedlungsplatz vor. Mit dem **Vordringen der bayeri-**

oes_133 dk

[>] Der Schriftsteller Adalbert Stifter lebte viele Jahre in der Stadt

schen Herzöge nach Osten über die Enns im 8. Jahrhundert erhielt das Gebiet nochmals größere Bedeutung und wurde im Jahre 799 das erste Mal urkundlich erwähnt. Während der **Karolingerzeit** war Linz dann der zentrale Ort des Traungaues und besaß **Markt- und Zollfunktion.** Das Castrum, mittlerweile zur Burg ausgebaut, ging Anfang des 13. Jahrhunderts in den Besitz der **Babenberger** über. Im Mittelalter erfuhr die Stadt einen **wirtschaftlichen Aufschwung,** einerseits durch Einkünfte aus der „Linzer Maut", zum anderen dank der vor Ort abgehaltenen **Jahrmärkte** (ähnlich moderner Handelsmessen). Linz war häufig Sitz von **Fürstenversammlungen** und dadurch auch Mittelpunkt vieler Fehden und mancher bewaffneter Konflikte, z.B. gegen die Hussiten oder die Ungarn. Unter Erzherzog *Albrecht VI.* wurde Linz zur **Residenzstadt. Kaiser Friedrich III.** residierte hier von 1489 bis zu seinem Tod 1493, wodurch Linz zum Mittelpunkt des Heiligen Römischen Reiches wurde. *Maximilian I.* und sein Enkel *Ferdinand I.* hielten sich oft in der Stadt auf und auch in den folgenden Jahrzehnten war sie **Zufluchtsort** des habsburgischen Hofes bei Seuchen – wie der Pest – und Kriegsgefahr – wie der durch die anrückenden Türken. Die Wirren der **Reformation und Gegenreformation** hatten auch in Linz Auswirkungen, vor allem im **Bauernkrieg** von 1626, als die Bauern die Stadt unter der Führung *Stefan Fadingers* über neun Wochen lang belagerten.

Nach dem Dreißigjährigen Krieg erfolgte eine durchgehende **Barockisierung** des Stadtbildes und die **katholische Kirche** festigte durch verschiedene Orden, die hier Klöster gründeten, ihre Position. Ab 1741/42, im **Österreichischen Erbfolgekrieg,** und dann erneut während der **Napoleonischen Kriege** zwischen 1800 und 1809 wurde Linz immer wieder von bayerischen und französischen Soldaten besetzt, bis diese letztlich durch österreichische Truppen vertrieben wurden.

oes_054 dk

⊡ Auf der Suche nach einem ausgefallenen Souvenir? Auf dem Hauptplatz findet samstags ein Flohmarkt statt

Die Moderne erreichte Linz mit der Einführung der **Dampfschifffahrt** auf der Donau (1837/38) und dem Bau der sog. **Pferdeeisenbahn** als erster Schienenbahn des Kontinents von Linz nach Budweis (1832) bzw. Gmunden (1836). In den Jahren 1856–60 folgte dann der Bau der Eisenbahnlinie Wien – Linz – Salzburg und in der zweiten Hälfte des 19. Jahrhunderts setzte schließlich die **Industrialisierung** ein, im Zuge derer sich Werften und Fabriken entlang des Donauufers ansiedelten. Die Bevölkerung der Stadt bestand in der Folge vorrangig aus Arbeitern, die den Ideen der **Sozialdemokratie** gegenüber offen waren. Nach dem österreichweiten Bürgerkrieg in den 1930er-Jahren und dem „Anschluss" an Nazi-Deutschland 1938 änderte sich die Gesinnung vieler Linzer. **Adolf Hitler,** der seine Jugend in der Stadt verbrachte, erklärte sie zur **„Führerstadt"** und ließ repräsentative Kolossalbauten errichten. Als **Zentrum der Rüstungsindustrie** erlebte die Stadt 1944/45 insgesamt **22 Fliegerangriffe**

0 100 m ©Reise Know-How Österr07 2/24
Pöstlingberg (539 m)
Brucknerhaus, Fitnessoase Parkbad
Tabakfabrik
URFAHR
DONAU
Donaupark
Ars Electronica Center
Lentos Kunstmuseum
Anlegestelle für Bootsrundfahrten
StifterHaus & Oberösterreichisches Literaturmuseum
Brückenkopfgebäude
Brückenkopfgebäude
Hauptplatz (Luftschutzstollen)
Johannes Kepler-Haus
Altes Rathaus
Linz Tourismus Information
Stadtpfarrkirche Mariä Himmelfahrt
Dreifaltigkeitssäule
Feichtinger-Haus (Glockenspiel)
Alter Dom (Ignatiuskirche)
Francisco Carolinum
Linzer Schloss/ Schlossmuseum
Schlossberg
Kremsmünsterer Stiftshaus
Friedrichstor
Waaghaus (Markthalle)
Wilheringer Freihaus
Mozarthaus
Minoritenkirche
Landhaus
Stifter-Denkmal
Landhauspark
Landestheater Linz
Martins kirche
RÖMERBERG
NORDICO Stadtmuseum
Moviemento
Oberösterreichisches (OÖ) Kulturquartier (Ursulinenkloster)
Innenhof Arkade
Neuer Dom/ DomCenter Linz
Domplatz
Botanischer Garten, Blue Danube Airport Linz (11 km)
Volksgarten, Musiktheater, voestalpine Stahlwelt, Hauptbahnhof Linz
Hauptstraße
Nibelungenbrücke
Donaulände
Untere Donaulände
Rechte Donaustr.
Graben
Dametzstr.
Landstr.
Promenade
Klosterstr.
Herrenstr.
Spittelwiese
Bischofstr.
Harrachstr.
Bethlehemstr.
Mozartstr.
Rudigierstr.
Baumbachstr.
Steingasse
Kapuzinerstr.
Roseggerstr.
Stifterstr.
Hirschgasse
Klammstr.
Waltherstr.
Römerstr.
Lessingstr.
Hofgasse
Altstadt
Alter Markt
Tummelplatz
Schlossberg
Rathausg.
Pfarrgasse
Domgasse
Adlergasse
Zollamtstr.
Eisenbahngasse
Lederergasse
Pfarrplatz
Kollegiumgasse
Museumstr.
Pochestr.
Marienstr.
Taubenmarkt
Seilerstätte
Friedensplatz
Magazingasse
Martin-Luther-Platz
Bismarckstr.
Herbert-Bayer-Platz
Fabrikstr.
Prunerstr.
Flußgasse
Fischergasse
Donaustr.
Fiedlerstr.
Bernaschekplatz
Kirchengasse
Heinrich-Gleißner-Promenade
Ars-Electronica Str.
Ernst-Koref-Promenade
Hofberg
Badg.
Rudolfstor
Sirenenbrunnen
Neptunbrunnen
Hahnengasse
Schmidtorstr.
Annagasse
Landhausplatz
Landhausbrücke
Theatergasse
Hafnerstr.
Kapuzinerstr.
Limonigasse
Nordico-Vorplatz
1 2 3 3a 4 5 6 7 8 9 10 11 12 13 14 15 16 17 18 19 20 21 22 23 24 25 26

und damit umfangreiche Zerstörungen. Nach dem Krieg war Linz bis 1955 **zweigeteilt,** wobei das Südufer amerikanische und das Nordufer sowjetische Besatzungszone war. Ab den 1960er-Jahren entwickelte sich die Stadt zu einem wichtigen **Hochschul- und Kunstzentrum:** Ob Brucknerhaus, Ars Electronica Center, Lentos Kunstmuseum u.v.m. – Linz kann mittlerweile durchaus stolz auf seine kulturellen Ambitionen und Errungenschaften sein!

Sehenswertes

Hauptplatz

Der riesige Hauptplatz mit der in der Mitte thronenden Dreifaltigkeitssäule ist das unbestrittene **Herz der Innenstadt.** Der 219 m lange und 60 m breite Platz besteht bereits seit dem 13. Jahrhundert und hatte im Laufe seiner Geschichte verschiedene Namen. Mit seinen vielen herrschaftlichen Gebäuden präsentiert er sich bis heute eindrucksvoll – man sollte sich die Zeit nehmen, hier innezuhalten und das Bauensemble auf sich wirken zu lassen. Förmlich ins Auge springt einem das 1513/14 errichtete **Alte Rathaus,** in dem bis heute der Linzer Bürgermeister sein Büro hat und wo sich auch die **Tourismusinformation** befindet. Gleich dahinter, in der Rathausgasse, steht das ehemalige Wohnhaus des Astronomen, Physikers, Mathematikers und Naturphilosophen **Johannes Kepler** (1571–1630). Oft fotografiert wird außerdem das sog. **Feichtinger-Haus** mit seinem **Glockenspiel,** das jeweils um 11.03, 14.03 und 17.03 Uhr ein Musikstück zum Besten gibt. Wie in den meisten Städten Österreichs wurde auch in Linz die 20 m hohe **Dreifaltigkeitssäule** aus Dankbarkeit der Bevölkerung für die überstandene Pest 1717–23 errichtet (aus Salzburger Marmor). Am Nordende des Platzes liegen die beiden **Brückenkopfgebäude,** die den Durchgang zur Nibelungenbrücke markieren und aus der NS-Zeit stammen, aber durch Glasaufbauten baulich etwas entschärft wurden. Apropos NS-Zeit: Der gesamte Hauptplatz ist mit **Luftschutzstollen** unterkellert, die man im Rahmen einer 90-minütigen **Tour** (www.limonistollen.at) besuchen kann. Südwärts verläuft die für Autos gesperrte **Landstraße,** die **Haupteinkaufsmeile** der Stadt, bis sie nach

Übernachtung
1 Arte Hotel Linz
13 Austria Classic Hotel Wolfinger
19 Zum Schwarzen Bären
24 Campingplatz Linz
25 Stadtoase Kolping Hotel
26 Waldbothgut

Nachtleben
3 Salonschiff Fräulein Florentine
6 Das Goldene Einhorn
8 Hofgasse
11 Frau Dietrich
16 Solaris
19 Rooftop 7

Essen und Trinken
2 Pöstlingberg Schlössl
3a Die Donauwirtinnen
4 Café Gerberei
5 K.u.k. Hofbäckerei
7 Leberkas Pepi
9 Schlosscafé
10 Hebersteins Brasserie
14 Café Traxlmayer
17 Stiegl-Klosterhof
23 Josef

Einkaufen
12 Donau Stein Design
15 Buchhandlung Neugebauer
18 Thalbauer Trachten
20 Kleider machen Leute
21 Konditorei Jindrak
22 MASI

knapp 1½ km am **Volksgarten** endet. Hier liegt auch das 2013 fertiggestellte **Musiktheater** (Spielstätte z.B. für Opern), und auch der **Hauptbahnhof** ist nicht weit.

Stadtpfarrkirche Mariä Himmelfahrt

Östlich des Hauptplatzes, etwas abseits auf dem beschaulichen **Pfarrplatz,** liegt die Stadtpfarrkirche Mariä Himmelfahrt, ein **dreischiffiges Barockgebäude** mit einem 84 m hohen Glockenturm. Ihre Anfänge gehen auf das 13. Jahrhundert zurück, doch wurde sie gotisch erweitert und im 17. Jahrhundert zu dem ausgebaut, was sie auch heute noch weitestgehend darstellt. Nicht übersehen sollte man im Inneren den **Wandgrabstein Kaiser Friedrichs III.** (1415–93), beeindruckend sind auch die 13 **Apostelfiguren,** der Sakramentsaltar, der Kreuzaltar und natürlich der **Hochaltar** mit der prachtvollen Kanzel. Fans von **Anton Bruckner** sei gesagt, dass der Maestro hier – genau wie im Dom – 1855–68 als Organist tätig war.

MEIN TIPP: **Stadtpfarrkirche Mariä Himmelfahrt,** Pfarrplatz, A-4020 Linz, Tel. 0732 776 120, www.dioezese-linz.at, tägl. 9–18 Uhr, Eintritt frei.

Alter Dom (Ignatiuskirche)

Mit dem unter der Leitung des **Jesuitenordens** stehenden Alten Dom hat Linz neben der Stadtpfarrkirche sein zweites großes Gotteshaus in der Altstadt. Die Jesuiten kamen Anfang des 17. Jahrhunderts unter *Rudolf II.* ins Land, um den damals anwachsenden Protestantismus zurückzudrängen. Geweiht wurde das auch Ignatiuskirche genannte Gebäude dem Ordensgründer **Ignatius von Loyola** (1491–1556). Während seines über 350-jährigen Bestehens war das Gotteshaus auch Bischofskirche, daher der Name „Dom". Der **einschiffige Sakralraum** mit dem prachtvollen Hochaltar, der wuchtigen Kanzel und dem Chorgestühl sticht heraus. Auf der **barocken Orgel** spielte 1855–68 **Anton Bruckner** (→ Exkurs S. 228) als Domorganist, und

Blick aus Urfahr auf die Donau und das Linzer Schloss

oes_284 dk

in seinem Geiste werden bis heute regelmäßig Konzerte abgehalten.

MEIN TIPP: **Alter Dom (Ignatiuskirche),** Domgasse 3, A-4020 Linz, Tel. 0732 7708660, www.dioezese-linz.at/ignatiuskirche, tägl 8–17 Uhr, Eintritt frei.

Alter Markt und Umgebung

Am Fuße des Schlossbergs westlich des Hauptplatzes mutet die Altstadt noch **spätmittelalterlich** an, denn die **verwinkelten Gassen** und auch die Häuser erinnern an vergangene Jahrhunderte. Mittelpunkt dieser Gegend sind der kleine, „Alter Markt" genannte Platz und die Altstadtgasse. Beachten sollte man das **Mozarthaus** (Altstadt 17), in dem *Wolfgang Amadeus Mozart* Ende Oktober 1783 die „Linzer Symphonie" und die „Linzer Sonate" komponierte. Das Haus kann zwar nicht besichtigt werden, doch zumindest ziert eine Büste des Meisters den Innenhof. Wenige Meter weiter lohnt sich ein Blick auf das **Wilheringer Freihaus** (Altstadt 13) und das **Kremsmünsterer Stiftshaus** (Altstadt 10). Im **Waaghaus** (Altstadt 12) befand sich einst die Markthalle (noch immer prangt ihr Name hier), in der heute ein Antiquitätenhändler ausstellt. Am Nordende der Altstadtgasse verläuft die 8 **Hofgasse,** die mit ihren **Bars, Clubs und Lokalen** das Auge des Linzer „Nightlife-Zyklons" ausmacht.

Minoritenkirche

Bereits 1236 wurde das **Minoritenkloster** als erstes der Stadt gegründet. Die dazugehörige Minoritenkirche begeistert noch heute, wenn auch in stark veränderter Form, denn der Linzer Baumeister *Johann Mathias Krinner* baute sie ab 1751 zu einem **Juwel des Rokoko** um. Wunderbar anzusehen sind im Inneren der Kirche der Hochaltar aus Marmor und auch der **Kreuzaltar,** dessen Altarblatt von *Martin Johann Schmidt* (1718–1801) stammt, einem der bedeutendsten österreichischen Maler des Spätbarock und Rokoko.

■ **Minoritenkirche,** Promenade 24/Klosterstraße 7, A-4020 Linz, Tel. 0732 772011364, tägl. 8–16 Uhr, Eintritt frei.

Landhaus

Das Landhaus (Landhausplatz 1) mit seinem grandiosen **Arkadenhof** im italienischen Stil ist nicht nur Sitz des Oberösterreichischen Landtags, sondern auch der **Landeshauptmann** mitsamt Landesregierung hat hier seinen Arbeitsplatz. Das prächtige Anwesen entstand ab 1563, finanziert größtenteils vom reformierten Bürgertum, das es als repräsentatives Gegenstück zu den klerikalen, katholisch geprägten und vom Adel initiierten Prachtbauten verstanden wissen wollte. Ein **Großbrand** beschädigte das Gebäude im Jahr 1800 schwer; ihm fiel die Bibliothek zum Opfer, der **Wiederaufbau** erfolgte **im klassizistischen Stil.** Man betritt das Landhaus über ein spätbarockes Tor, besondere Aufmerksamkeit verdienen das nördliche Portal im Stil der Renaissance, der besagte Arkadenhof mit dem Planetenbrunnen sowie der **Turm,** an dessen vier Seiten Sonnenuhren angebracht sind.

Promenade und Landestheater

Südlich des Landhauses verläuft die sog. **Promenade entlang dem ehemaligen Stadtgraben.** Als die vielleicht bekannteste Linzer **Flaniermeile** stellt sie die südwestliche Begrenzung der Innenstadt dar. An der Promenade befindet sich das **Landestheater** – die namhafteste Bühne des Bundeslandes – in einem prächtigen klassizistischen Gebäude. Auch das obligatorische Foto vor dem **Adalbert-Stifter-Denkmal** darf hier nicht vergessen werden. Für einen „Boxenstopp" bietet sich das traditionsreiche 14 **Café Traxlmayr** an, ein Kaffeehaus im Wiener Stil, das sowohl im Inneren als auch auf der großen Terrasse zu süßen und salzigen Leckerbissen einlädt.

Linzer Schloss und Schlossmuseum

Weithin sichtbar thront das mächtige Linzer Schloss auf dem Schlossberg im Nordwesten des Altstadtviertels gleich unterhalb der Donau. Erstmals erwähnt wurde eine **„Burg zu Linze"** zusammen mit der Martinskirche in einer Schenkungsurkunde aus der Zeit *Karls des Großen* im Jahre 799. Übriggeblieben sind aus dem Mittelalter fast nur noch die Befestigungsmauern der Burg, denn unter *Rudolf II.* (1552–1612) erfolgte im 17. Jahrhundert der Bau eines attraktiven **Renaissance-Schlosses.** Im Zuge des Kulturhauptstadtjahres 2009 bekam es mit einer **modernen Stahl-Glas-Konstruktion** ein neues Antlitz. Heute befindet sich im Schloss das größte Universalmuseum Österreichs (zumindest an einem Ort): Das **Schlossmuseum Linz** umfasst Kunst-, Natur- und Techniksammlungen sowie wechselnde Ausstellungen. Auch ein Besuch des Anwesens allein lohnt sich; historische Überbleibsel beinhalten das **Friedrichstor,** auf dem die mysteriöse Inschrift „AEIOU" prangt, und das **Rudolfstor,** über das man auf die Hofgasse gelangt. Doch auch die **Aussichtsterrasse,** der **Park** und nicht zuletzt die **Gastronomie** vor Ort – das 9 **Schlosscafé** und 10 **Hebersteins Brasserie** – lohnen einen Aufenthalt. Westlich des Schlosses steht die **Martinskirche,** das älteste Gotteshaus der Stadt, das über überwältigende Fresken verfügt.

Mein Tipp: **Schlossmuseum,** Schlossberg 1, A-4020 Linz, Tel. 0732 772052300, www.ooelkg.at/de/standorte/schlossmuseum-linz.html, Di–So 10–18 Uhr, Eintritt 6,50 €, ermäßigt 4,50 €.

Neuer Dom

Ab der Promenade verläuft die verkehrsberuhigte, mit Geschäften und Lokalen gespickte **Herrenstraße** südwärts. An ihr bzw. auf dem großen **Domplatz** liegt der mächtige Neue Dom, **Österreichs größtes Sakralgebäude** und mit seinem 135 m hohen Turm weithin sichtbar. 1862–1909 im Stil der **Neugotik** und nach dem Vorbild der Kathedralen von Chartres und Reims erbaut, bietet der Dom Platz für 20.000 Personen. Künstlerisch wertvoll sind vor allem die **farbenfrohen Kirchenfenster,** die bei genauerem Hinsehen einige Kuriositäten aufweisen. Über 633 Stufen erreicht man

[>] Meisterwerk der Neugotik: der Neue Dom

den **Steinbalkon des Turms** in 112 m Höhe – der 360-Grad-Rundblick auf die Stadt ist nicht zu toppen!

■ **DomCenter Linz,** Herrenstraße 36, A-4020 Linz, Tel. 0732 946100, www.dioezese-linz.at/dom center, tägl. 8–19 Uhr, Eintritt frei.

Östliche Innenstadt

Östlich der Landstraße, etwas südlich der Promenade, erstreckt sich ein für **Kunst- und Geschichtsinteressierte** aufschlussreiches Viertel. Zuerst sollte man das ehemalige **Ursulinenkloster** in Augenschein nehmen, das heute das **Oberösterreichische (OÖ) Kulturquartier** beherbergt. Es handelt sich dabei um ein zeitgenössisches Kulturzentrum mit Musikevents, Festivals, wechselnden Ausstellungen u.v.m. Etwas weiter nördlich liegt das **Stadtmuseum NORDICO,** das in die Themen Archäologie, Kunst und Volkskunde der Stadt einführt. Von hier ist es nicht mehr weit in die **Landesgalerie,** einen im Stil des Historismus geschaffenen Prachtbau, der das Museum für moderne und zeitgenössische Kunst des Landes Oberösterreich beheimatet. Offiziell firmiert die Galerie unter dem Namen **Francisco Carolinum Linz** und konzentriert sich auf Foto- und Medienkunst, bietet aber auch wechselnde Ausstellungen zu einzelnen Künstlern.

MEIN TIPP: **OÖ Kulturquartier,** OK Platz 1, A-4020 Linz, Tel. 0732 772052502, www.ooekultur.at.
■ **NORDICO Stadtmuseum Linz,** Simon-Wiesenthal-Platz 1, A-4020 Linz, Tel. 0732 70701901, www.nordico. at, Di–So 10–18 Uhr, Do 10–20 Uhr, Eintritt 8 €, ermäßigt 3 €.

oes_055 dk

■ **Francisco Carolinum Linz,** Museumstraße 14, A-4020 Linz, Tel. 0732 772052200, www.ooekultur.at/location-detail/francisco-carolinum-linz, Di–So 10–18 Uhr, Eintritt 6,50 €, ermäßigt 3 €.

Südliches Donauufer

Wer den Hauptplatz am Nordende Richtung Donau verlässt, erreicht sogleich das **StifterHaus,** in dem *Adalbert Stifter* zwischen 1848 und seinem Tod im Jahr 1868 lebte. Heute ist hier das überaus gut aufbereitete **Oberösterreichische Literaturmuseum** untergebracht. Überquert man die **Untere Donaulände,** kommt man auf den **Grünstreifen** direkt am Flussufer, wo einem sofort das futuristisch anmutende, lang gezogene **Lentos Kunstmuseum** ins Auge sticht. Auf

Auch das war Linz – KZ-Gedenkstätte Mauthausen

Die **„braunen Schatten" aus der NS-Zeit** sind in Linz noch vielerorts zu erkennen, sei es in Gestalt faschistischer Bauwerke oder in Form von Gedenktafeln, die an **Verfolgung, Deportation und Mord** durch die Nationalsozialisten erinnern. Immerhin war die Stadt eine von nur fünf – neben Berlin, Hamburg, München und Nürnberg –, denen der zweifelhafte „Ehrentitel" **„Führerstadt"** verliehen wurde. Bereits kurz nach dem „Anschluss" Österreichs an das Deutsche Reich im März 1938 und dann definitiv mit dem Novemberpogrom – im Nazijargon „Reichskristallnacht" genannt – vom 9. auf den 10. November **1938 endete das jüdische Leben** in der Stadt. Die ca. 600 Mitglieder der jüdischen Gemeinde wurden vertrieben, die Synagoge in der Bethlehemstraße niedergebrannt und alle jüdisch geführten Geschäfte „arisiert". Schon vorher hatten die Nationalsozialisten am Stadtrand das Konzentrationslager Mauthausen (mit **über 50 Außenlagern**) installiert. Ein hier befindlicher Granitsteinbruch und die aus der Montangesellschaft entstandenen „Reichswerke für Erzbergbau und Eisenhütten Hermann Göring" (heute voestalpine) gaben das Ziel vor: **Vernichtung durch Arbeit** – die KZ-Insassen sollten durch harte Plackerei bei der Errichtung von Monumentalbauten und in den Waffenfabriken bestraft, erniedrigt und umgebracht werden. Etwa **190.000 Menschen** – Juden, Sinti, Roma, Kommunisten, Sozialisten, Homosexuelle u.v.m. – waren in Mauthausen inhaftiert, wohl rund die Hälfte davon überlebte den KZ-Aufenthalt nicht. Krankheit, Unterernährung und Erschöpfung brachten den qualvollen Tod, etwa 3500 Menschen kamen in den Gaskammern von Mauthausen um. Am 5. Mai 1945 wurde das Lager durch die anrückende US-Armee befreit. Ein Besuch der **KZ-Gedenkstätte** ist definitiv informativ, wenn auch äußerst bedrückend. Dabei kann man neben einem Museum u.a. die ehemaligen Baracken, einen Denkmalspark, den „Raum der Namen", die Krematoriumshöfe sowie eine Gaskammer besichtigen.

■ **KZ-Gedenkstätte Mauthausen,** Erinnerungsstraße 1, A-4310 Mauthausen, Tel. 07238 22690, www.mauthausen-memorial.at, März bis Okt. tägl. 9–17.30 Uhr, Nov. bis Febr. Di–So 9–15.45 Uhr, Eintritt frei.

oes_056 dk

8000 m² wird hier moderne Kunst von Weltrang – vorrangig in wechselnden Sonderausstellungen – präsentiert.

Folgt man der Donau stromabwärts, gelangt man in den **Donaupark,** eine begrünte Anlage mit zahlreichen **Metallkunstwerken,** die sich gerade im Sommer für ein Picknick oder Sonnenbad eignet, aber auch häufig für Kunstevents genutzt wird. Ebenfalls hier liegt das 1974 erbaute **Brucknerhaus,** der wichtigste Konzertsaal der Stadt. Östlich davon befindet sich mit der **Fitnessoase Parkbad** ein beliebtes Hallen- und Freibad, und südöstlich davon gelangt man in die **Tabakfabrik** aus dem 19. Jahrhundert, die heute ein spannendes Kreativ-Areal darstellt, in dem auch immer wieder Ausstellungen gezeigt werden.

■ **StifterHaus,** Adalbert-Stifter-Platz 1, A-4020 Linz, Tel. 0732 772011294, www.stifterhaus.at, Di–So 10–15 Uhr, Eintritt frei.

MEIN TIPP: **Lentos Kunstmuseum,** Ernst-Koref-Promenade 1, A-4020 Linz, Tel. 0732 70703600, www.lentos.at, Di–So 10–18 Uhr, Do 10–20 Uhr, Eintritt 11 €, ermäßigt 5 €.

■ **Brucknerhaus,** Untere Donaulände 7, A-4010 Linz, Tel. 0732 76120, www.brucknerhaus.at. Hier wird auch das Brucknerfest im Herbst ausgerichtet.

■ **Tabakfabrik,** Peter-Behrens-Platz 1–15, Tel. 0732 772272, tabakfabrik-linz.at.

Außerhalb der Innenstadt

Überquert man die Donau auf der Nibelungenbrücke, kommt man nach **Urfahr,** wo speziell das sensationelle **Ars Electronica Center** als „Museum der Zukunft" einen überaus spannenden Einblick in die Welt der **Digitalisierung** gibt und dabei das **Zusammenspiel von Kunst, Gesellschaft und Technologie** beleuchtet. Es handelt sich zweifelsfrei um eine der herausragenden Sehenswürdigkeiten der Stadt!

⌃ Auf der Suche nach der Avantgarde? Dann nichts wie auf ins Lentos Kunstmuseum

oes_302 dk

MEIN TIPP: **Ars Electronica Center,** Ars-Electronica-Straße 1, A-4040 Linz, Tel. 0732 72720, ars.electronica.art, Di–So 10–17 Uhr, Eintritt 12 €, ermäßigt 10 €.

Wem der Sinn eher nach Natur steht, begibt sich auf den 539 m hohen **Pöstlingberg** – als Hausberg der Stadt bildet er eines der beliebtesten Ausflugsziele der Linzer (Start Hauptplatz, 3 Std., 300 Hm, mittel). Der Ausblick ist traumhaft, und gerade für **Familien mit Kindern** lohnt sich der Weg hinauf – ob zu Fuß oder per Pöstlingbergbahn (ab dem Hauptplatz, Fahrzeit 22 Minuten) –, denn ein Kinderspielplatz, eine Grottenbahn und mit dem **Pöstlingberg Schlössl** auch ein nettes Lokal samt Aussichtsterrasse versprechen Abwechslung. Auf halber Höhe befindet sich außerdem der Linzer Zoo (www.zoo-linz.at).

Im Südosten der Stadt stellt die **voestalpine Stahlwelt** ein Highlight dar. Es handelt sich um eine aufwendig gestaltete **Erlebniswelt,** die die Besucher durch multimedial aufbereitete Ausstellungen führt (inkl. Werksbesichtigung mind. drei Stunden einplanen).

■ **voestalpine Stahlwelt,** voestalpine-Straße 4, A-4020 Linz, Tel. 050 304158900, www.voestalpine.com/stahlwelt, Mo–Sa 9–17 Uhr, Eintritt 10 €, ermäßigt 8 €, Werksbesichtigung ab 4 €.

Naturfreunde werden den **Botanischen Garten** südwestlich der Innenstadt lieben, in dem sich auf 40.000 m² mehr als 10.000 Pflanzenarten finden.

■ **Botanischer Garten Linz,** Roseggerstraße 20, A-4020 Linz, Tel. 0732 7070, botanischergarten.linz.at, Jan., Febr., Nov. und Dez. tägl. 9–16 Uhr, März und Okt. 9–17 Uhr, April bis Sept. 9–19 Uhr, Eintritt 3,70 €, ermäßigt 2,70 €.

Zuletzt sei eine **Bootsrundfahrt** (www.donauschifffahrt.eu/linz) – Abfahrt ab Untere Donaulände 1 – empfohlen, bei der man auch die Graffiti **„Mural Harbor“** (muralharbor.at) von namhaften internationalen Künstlern sieht.

Praktische Infos

■ **Linz Tourismus Information,** Hauptplatz 1 (Altes Rathaus), A-4020 Linz, Tel. 0732 70702009, www.linztourismus.at.

An- und Abreise

Der **Hauptbahnhof Linz** befindet sich südlich der City; ab hier gelangt man mit den Straßenbahnlinien 1, 2, 3 und 4 zum Hauptplatz. Vom Hauptbahnhof bestehen direkte Zugverbindungen in viele Städte Deutschlands, Österreichs und der Schweiz. Auch **Fernbusse** fahren Linz an; sie halten an der Kärntnerstraße gegenüber dem Hauptbahnhof. Der **internationale Flughafen Blue Danube Airport Linz** liegt südwestlich der Stadt etwa 11 km vom Zentrum entfernt und ist über die Schnellstraße B139 mit der Stadt verbunden. Man gelangt entweder per Shuttlebus und Bahn zum Hauptbahnhof (ca. 25 Minuten Fahrtzeit) oder mit dem Flughafenbus ebenfalls zum Hauptbahnhof.

Parken

Wer mit dem Auto anreist, sollte dem **Parkleitsystem** folgen. Hierbei wird man je nach beabsichtigtem Ziel zu einer entsprechenden Zone „gelotst", die meist über mehrere **Parkhäuser** verfügt. Daneben gibt es **Kurzparkzonen** (30, 90 oder 180 Minuten), aber – zumindest im Innenstadtbereich – keine gebührenfreien Zonen. Man kauft die Parktickets an **Parkscheinautomaten,** wobei zu sagen ist, dass Parkhäuser unwesentlich weniger kosten. Die beste Lösung für das längerfristige Abstellen des eigenen Fahrzeugs sind die **kostenlosen Parkplätze am Stadtrand:** Ebelsberg (Kremsmünsterer Straße 23), Heilham (Kreuzung Linke Brückenstraße/Ferihumerstraße 62), Urnenfriedhof (Freistädter Straße 143) und Stadtfriedhof St. Martin (Wiener Bundesstraße 105).

ÖPNV

Linz verfügt über ein tadellos funktionierendes Nahverkehrsnetz mit **fünf Straßenbahn- und über 15 Buslinien** – am Wochenende (Fr/Sa) fahren zusätzlich Nachtbusse. Für Besucher interessant ist speziell das **MAXI-Tages-Ticket,** das 24 Stunden gültig und auch als 6er-Vorverkaufskarte erhältlich ist.

☒ Klar erkennbar: moderne Architektur herrscht in Linz vor

Linz Card

Wer in Linz gleich mehrere Sehenswürdigkeiten erkunden will, der sollte sich die Linz Card besorgen. Mit dieser hat man **freien Eintritt in zahlreiche Museen und Ausstellungshäuser,** fährt kostenlos mit Bussen und Straßenbahnen, und für viele weitere Attraktionen, bei Donau- und Hafenrundfahrten u.v.m. gibt es **Ermäßigungen.** Man bekommt die Linz Card wahlweise für einen, zwei oder drei Tage.

■ Mehr **Infos** unter www.linztourismus.at/freizeit/reise-planen/city-cards/linzcard.

Übernachtung und Camping

1 Arte Hotel Linz②-③, Fiedlerstraße 6, A-4040 Linz, Tel. 0732 733733, www.arte-linz.at. Hippes Designerhotel in Urfahr unweit der Ars Electronica.

13 Austria Classic Hotel Wolfinger②, Hauptplatz 19, A-4020 Linz, Tel. 0732 7732910, www.hotelwolfinger.at. Geschichtsträchtiges Hotel (1616 erstmals als Herberge erwähnt) im Biedermeierstil – die wohl charmanteste Adresse der Stadt.

Süße Verführung – Linzer Torte

Keine andere Spezialität Oberösterreichs ist so bekannt wie sie: die Linzer Torte. Man versteht darunter eine **aus braunem Mürbteig mitsamt Geleebelag** aus Ribisln (rote Johannisbeeren) zubereitete Torte, über die ein Gitter aus Linzer Masse gelegt wird. Bis heute gibt es Unstimmigkeiten darüber, wer die Köstlichkeit erfunden hat. Die **ältesten überlieferten Rezepte** – gleich vier an der Zahl – stammen aus dem 17. Jahrhundert und stehen im Kochbuch der Gräfin *Anna Margarita Sagramosa* (aus Verona). 2005 entdeckt, wird das Buch im Stiftsarchiv Admont als Codex 35/31 aufbewahrt. Oft wird auch *Johann Konrad Vogel* (1796–1883) als „Erfinder" der Linzer Torte genannt. Doch der aus dem mittelfränkischen Weihenzell stammende *Vogel* war in Wahrheit nur der erste, der sie durch Massenproduktion und Versand auch über die Landesgrenzen hinaus populär machte. In Linz bezeichnet sich gerne die **Konditorei Jindrak** als Geburtsstätte.

21 Konditorei Jindrak, Herrenstraße 22, A-4020 Linz, Tel. 0732 779258, www.linzertorte.at.

MEIN TIPP: **25 Stadtoase Kolping Hotel**①-②, Gesellenhausstraße 5, A-4020 Linz, Tel. 0732 661690, www.hotel-kolping.at. Zentrales Stadthotel mit anständigem Frühstück und gutem Preis-Leistungs-Verhältnis.

26 Waldbothgut①, Waldbothenweg 40, A-4030 Linz, Tel. 0699 11884180. Nach dem Motto „Urlaub auf dem Bauernhof" kann man in diesem Vierkanthof im äußersten Süden der Stadt die Seele baumeln lassen.

19 Zum Schwarzen Bären③, Herrenstraße 9–11, Tel. 0732 772477, A-4020 Linz, linz-hotel. at. Schickes und doch persönliches Hotel mitten in der Altstadt.

24 Campingplatz Linz, Wiener Straße 937, A-4030 Linz, Tel. 0732 305314, www.camping-linz.at. Großer Campingplatz mit 110 Plätzen, gute Verkehrsanbindung ins Zentrum von Linz. Bademöglichkeit im Pichlingersee.

Essen und Trinken

MEIN TIPP: **3a Die Donauwirtinnen**②, Webergasse 2, A-4040 Linz, Tel. 0732 737706, www.diedonauwirtinnen.at. In Urfahr gelegen, wird hier moderne oberösterreichische Küche mit saisonal-regionalen Zutaten geboten.

10 Hebersteins Brasserie②, Schlossberg 1a, A-4020 Linz, Tel. 0732 302315, www.schlossbrasserie.at. Gehobene Küche im Linzer Schloss, und dazu einen großartigen Blick über die Stadt.

23 Josef②, Landstraße 49, A-4020 Linz, Tel. 0732 773165, josef.eu. Allround-Lokal: Wirtshaus, Restaurant, Vinothek und Bar. Verlässliche Küche mit so manchen Schmankerln, die man als „oberösterreichisch re-invented" bezeichnen könnte.

7 Leberkas Pepi①, Rathausgasse 3, A-4020 Linz, Tel. 0732 796868, www.leberkaspepi.at. Das „Mutterlokal" des legendären *Leberkas Pepi* kredenzt Leberkäse im Semmerl (Brötchen) in verschiedenen Variationen.

MEIN TIPP: **2 Pöstlingberg Schlössl**②-③, Am Pöstlingberg 14, A-4040 Linz, Tel. 0732 716633, poestlingberg.at. Klassische österreichische Küche in wundervollem Ambiente auf dem Pöstlingberg.

MEIN TIPP: **17 Stiegl-Klosterhof**①-②, Landstraße 30, A-4020 Linz, Tel. 0732 773373, www.klosterhof.at. Hausmannskost in uriger Atmosphäre, außerdem mit großem Gastgarten.

Cafés und Konditorei

4 Café Gerberei, Pfarrplatz 10a, A-4020 Linz, Tel. 0677 61174385, www.gerberei.co.at. Leicht alternatives Café, in dem es angeblich den besten „Bohnentrunk" der Stadt gibt.

MEIN TIPP: **14 Café Traxlmayr,** Promenade 16, A-4020 Linz, Tel. 0732 773353, www.cafe-traxlmayr.at. Eine große Auswahl an österreichischen Spezialitäten – süß und salzig – gibt es in diesem im Art-déco-Stil gehaltenen Wiener Kaffeehaus mit Außenterrasse.

9 Schlosscafé, Schlossberg 1, A-4020 Linz, Tel. 0732 781574, schlosscafe-linz-restaurant.eatbu.com. Café-Restaurant im Linzer Schloss, die wohlige Sommerterrasse bietet einen schönen Blick auf die Donau.

5 K.u.k. Hofbäckerei, Pfarrgasse 17, A-4020 Linz, Tel. 0732 784110, www.kuk-hofbaeckerei.at. Wunderbar altmodische Konditorei mit einer Vielzahl an süßen Verführungen.

Nachtleben

6 Das Goldene Einhorn, Rathausgasse 9, A-4020 Linz, Tel. 0699 10488022, www.das-goldene-einhorn.at. Die wahrscheinlich coolste Szenebar der Stadt mit einer großen Auswahl an Drinks und Musik vom Haus-DJ.

11 Frau Dietrich, Altstadt 8, A-4020 Linz, Tel. 0732 772774, www.frau-dietrich.at. Häufig als beste Cocktailbar Oberösterreichs ausgezeichnet, gibt es hier Klassiker und Neukreationen.

19 Rooftop 7, Herrenstraße 11, A-4020 Linz, Tel. 0732 772477, linz-hotel.at/rooftop-7-bar. Die wohl trendigste Rooftopbar der Stadt ist auf Gin Tonic spezialisiert, aber auch anderes ist natürlich zu haben, inklusive Speisen.

3 Salonschiff Fräulein Florentine, Urfahr-Promenade, A-4020 Linz, frl-florentine.at. Der romantischste Spot für einen kühlen Drink ist dieses Retroschiff. Auch essen kann man hier. Zudem Veranstaltungen und Konzerte.

16 Solaris, OK-Platz 1, A-4020 Linz, Tel. 0732 907 606, www.solarisbar.at. Zwischending aus tagsüber Café, abends Bar und nachts Nightlife-Location mit House, Electro und Hip Hop von internationalen DJs. Im Gelben Krokodil daneben kann man gut essen.

Einkaufen

■ **Markt am Hauptplatz,** Hauptplatz, A-4020 Linz. Immer Di und Fr 9–14 Uhr findet der schönste und traditionsreichste Bauernmarkt der Stadt mit allerlei Ständen für frisches Obst und Gemüse, Fleisch u.v.m. statt.

15 Buchhandlung Neugebauer, Landstraße 1 (Am Taubenmarkt), A-4020 Linz, Tel. 0732 7717660, www.neugebauer.co.at. Schon lange etabliert und alteingesessen ist diese Buchhandlung.

12 Donau Stein Design, Hofgasse 7, A-4020 Linz, Tel. 0670 6079858, donausteindesign.com. Kreatives Kunsthandwerk in Form von Schmuck und Accessoires, gefertigt aus Steinen aus der Donau – jedes Kunstwerk ist ein handgefertigtes Unikat.

20 Kleider machen Leute, Herrenstraße 14, A-4020 Linz, Tel. 0732 942739, kleidermachenleute.at. Stylische Klamotten ausgesuchter Labels.

MEIN TIPP: **22 MASI,** Waltherstraße 17, A-4020 Linz, Tel. 0650 9990919, www.masi.co.at. Coole Strickmode, die auch über die Stadt hinaus zu Ruhm gekommen ist!

18 Thalbauer Trachten, Spittelwiese 4, A-4020 Linz, Tel. 0732 775344. Das Mekka in Sachen Trachten – viele stammen aus eigener Produktion.

Kunst und Kultur

- **Brucknerhaus,** → „Sehenswertes“.
- **Moviemento,** OK Platz 1, A-4020 Linz, 0732 784090, www.moviemento.at. Programmkino, das eine ausgewogene Auswahl an geschmackvollen Filmen zeigt.
- **Musiktheater,** Am Volksgarten 1, A-4020 Linz, Tel. 0732 7611400, www.landestheater-linz.at/musiktheater. Das Linzer Opernhaus bietet hochkarätige Interpretationen berühmter Opern, aber auch Musicals.
- **Landestheater Linz,** Promenade 39, A-4010 Linz, Tel. 0732 76110, www.landestheater-linz.at. Hier stehen klassische und zeitgenössische Stücke auf dem Programm, in der Regel als moderne, durchaus unkonventionelle Inszenierungen.

Veranstaltungen

- **Urfahraner Markt,** urfahranermarkt.com. Großes Volksfest im Mai mit Fahrgeschäften, Essen und Trinken sowie zahlreichen Veranstaltungen.
- **Stream Festival,** stream-festival.at. Experimentelle Musik steht hier Ende Mai auf dem Programm.
- **Pflasterspektakel,** pflasterspektakel.at. Das beliebte Stadtfestival mit kreativer Straßenkunst aus aller Herren Länder findet im Juli statt und zieht Scharen von Besuchern an.
- **Linzer Klangwolken,** www.brucknerhaus.at/das-haus/klangwolken/. Eindrucksvolles Musikfestival (im September) an der Donau, untermauert von technischen Effekten.
- **Ars Electronica,** ars.electronica.art. Im September wird Linz mit diversen Installationen und Veranstaltungen beglückt.

Innviertel

Das Innviertel (auch Innkreis genannt) ist die **nordwestliche Region Oberösterreichs,** die sich südlich der Donau und östlich von Inn und Salzach erstreckt. Anders als das restliche Oberösterreich war das Innviertel bis zum Jahr 1779 fast komplett ein **Teil Bayerns.** Dieses Erbe ist noch heute, z.B. im örtlichen Dialekt, in der regionalen Küche oder architektonisch in Gestalt der bunt bemalten Hausfassaden des Inn-Salzach-Stils, zu spüren. Immer noch herrscht eine gewisse **Rivalität** – u.a. bei sportlichen Wettkämpfen – zwischen den Innviertlern und den sog. „Landlern“, also den restlichen Oberösterreichern.

Das Innviertel ist eine fruchtbare, teilweise dicht besiedelte, flache bis hügelige Landschaft, in der Landwirtschaft – vor allem **Hopfen und Malz** für das hier so typische **Bier** – betrieben wird, und das für seine **Webkunst** bekannt ist. Hier verläuft die österreichische A8, doch die Region sollte nicht nur als Durchfahrtsstrecke wahrgenommen werden, denn es gibt wahrlich genug zu entdecken: zunächst die drei größten Orte **Ried im Innkreis** mit seinem historischen Stadtzentrum, die größte Stadt der Region, **Braunau am Inn,** und das malerische **Schärding,** ein Kleinod des Barock. Doch auch die **Natur** ist im Innviertel erlebenswert, beispielsweise im Sauwald, im Europareservat Unterer Inn, im Weilhartsforst oder im sensationellen Ibmer Moor. Da in der Region seit Urzeiten Handelsrouten verliefen, bietet sie **interessante geschichtliche Zeugnisse** verschiedener Epochen, etwa das Stift Engelszell, den Burgus in Oberranna, das Augustiner-Chorherrenstift Reichersberg oder das Ochzethaus in Altheim. **Kulinarisch** sollte man keinesfalls den zarten, fast weißen Innviertler Surspeck verpassen, der natürlich auch mit einem lokalen **Bier** – mehr Infos unter bierregion.at – hervorragend schmeckt. Für **Radfahrer** ist das Innviertel wahrlich prädestiniert, da extreme Steigungen weitgehend fehlen und gerade die Uferstraßen von Inn und Salzach zu ausgedehnten Touren einladen. Grenzübergreifend vermarktet sich die Region mit Nachbargemeinden in Salzburg und Bayern als Entdeckerviertel (www.entdeckerviertel.at).

■ **Infos: Tourismusinformation Innviertel,** Tel. 07723 8555, www.innviertel-tourismus.at.

Ried im Innkreis und Umgebung

Mit **12.500 Einwohnern** ist Ried im Innkreis die **zweitgrößte Stadt des Innviertels** und aufgrund seiner Lage direkt an der Westautobahn A8 ein wichtiger **Verkehrsknotenpunkt.** Wegen seiner jahrhundertealten **Brautradition** ist Ried in ganz Österreich bekannt und seit der zweiten Hälfte des 19. Jahrhunderts auch ein wichtiger **Messestandort.** Bis heute präsentiert sich das Stadtzentrum großteils historisch, wobei speziell um den Hauptplatz und den angrenzenden Stelzhamerplatz bzw. Roßmarkt noch **zahlreiche Gebäude im Inn-Salzach-Stil** stehen. Hier und da sind auch Überbleibsel aus Barock und Rokoko zu sehen. Eindruck hinterlassen speziell das im 16. Jahrhundert erbaute **Rathaus** und der danebenliegende **Dietmarbrunnen,** aber auch die gotische **Stadtpfarrkirche,** die um die Mitte des 18. Jahrhunderts barockisiert wurde. Und kein Besuch der Stadt wäre komplett, ohne in den Genuss des regionalen **Rieder Biers** (riederbier.at) gekommen zu sein.

Etwa 4 km nördlich von Ried liegt **Aurolzmünster,** wo ein 1691–1711 gebautes Wasserschloss zu bestaunen ist. Westlich von Ried ist der **Kurort Aspach** besonders bei älteren Besuchern beliebt, ganz anders als das nahe gelegene **Höhnart,** das für seine Skisprungschanzen bekannt ist. Wer selbst in den Genuss kommen möchte, einmal 200 m zu „fliegen" – natürlich an einem Trägergurt – kann dies auf der **Erlebnisschanze** (beimschmiedbauer.at) tun. Für seine Passionsspiele ist **Mettmach** östlich von Aspach berühmt, und in **Zell an der Pram** 19 km nördlich von Ried findet im Schloss alljährlich die Sommeroperette (www.sommeroperette.at) statt.

Praktische Infos

■ **Tourismusinformation Ried im Innkreis,** Stelzhamerplatz 2, A-4910 Ried im Innkreis, Tel. 07723 855516, www.innviertel-tourismus.at.

■ **Loryhof**①-②, Außerguggenberg 4, A-4942 Wippenham, Tel. 07757 6757, www.loryhof.at. Groß ausgebauter Hof am Hügel gelegen mit gutem, deftigem Essen, vielen Veranstaltungen, Bienenlehrpfad usw. Auch Zimmer② gibt es hier.

MEIN TIPP: **Wirt z'Kraxenberg**②, Kraxenberg 13, A-4932 Kirchheim im Innkreis, Tel. 07755 6494, wirtzkraxenberg.at. Brillantes, mehrfach ausgezeichnetes Lokal mit Haubenküche zu vernünftigen Preisen.

■ **Rieder Pferdemarkt,** seit 1484 findet am Osterdienstag auf dem Roßmarkt in Ried ein Pferdemarkt statt.

oes_059 dk

■ **Mettmacher Passionsspiele,** www.theater-mettmach.at. Alle fünf Jahre (nächster Termin ist 2024) werden hier die einzigen Passionsspiele Oberösterreichs aufgeführt.

Schärding und Umgebung

Unmittelbar am Inn und nur knapp 5 km nördlich vom deutsch-österreichischen Grenzübergang in Suben gelegen, ist das **5400 Einwohner** zählende **Schärding** ein **wahres Schmuckstück!** Als Siedlung an einem uralten Handelsweg wurde es bereits im Jahre 804 erwähnt, bekam jedoch erst 1316 das Stadtrecht. Besonders sehenswert in der gotisch geprägten, aber reichhaltig barockisierten Innenstadt sind die **vielen Bürgerhäuser aus dem 16. bis 19. Jahrhundert,** insbesondere die spätbarocke, im farbenfrohen Inn-Salzach-Stil gestaltete **Silberzeile** am Oberen Stadtplatz. Das Innenstadtareal umgibt eine weitgehend erhaltene **Stadtmauer** mit mehreren mittelalterlichen Stadttoren (Wassertor, Linzer Tor, Passauer Tor) und Gräben. Ein Blickfang ist auch die dem heiligen *Georg* geweihte **Stadtpfarrkirche** aus der Mitte des 14. Jahrhunderts, die 1720–26 barock umgestaltet wurde. Die alte Burg wurde geschleift und ihr Burghof zu einer reizenden **Parkanlage** umfunktioniert. Erhalten ist noch das **Burgtor,** in dem heute das interessante **Stadtmuseum** untergebracht ist. Südlich davon erstreckt sich der **Kurpark** mit dem Kurhaus und der angeschlossenen Orangerie. Wer die sog. Barockstadt Schärding und die wildromantische Natur am Inn bis zur „Dreiflüssestadt“ Passau vom Wasser aus erleben möchte, dem seien die **Ausflugsschiffe der Reederei Inn-**

⌃ Nah am Wasser:
Schärding liegt unmittelbar am Innufer

schifffahrt (www.innschifffahrt.at) empfohlen. In punkto Bier ist Schärding mit „nur" vier Brauereien für oberösterreichische Verhältnisse recht überschaubar. Interessant ist speziell das **Kanonenbräu,** das auf einem der erwähnten Inn-Ausflugsschiffe gebraut und dort auch ausgeschenkt wird. In der Umgebung von Schärding lohnt sich ein Besuch des **Schlosses von Zwickledt,** wo an den Grafiker und Schriftsteller *Alfred Kubin* (1877–1959) erinnert wird.

■ **Kubin-Haus Zwickledt,** Zwickledt 7, A-4783 Wernstein am Inn, Tel. 07713 6603, www.ooekultur.at/location-detail/kubin-haus-zwickledt, Ende April bis Okt. Di–Fr 14–17 Uhr, Sa/So 13–18 Uhr, Eintritt 4 €, ermäßigt 3 €.

Praktische Infos

■ **Tourismusinformation Schärding,** Innsbruckstraße 29, A-4780 Schärding, Tel. 07712 43000, www.schaerding.at.

MEIN TIPP: **Hotel Forstinger**②, Unterer Stadtplatz 3, A-4780 Schärding, Tel. 07712 23020, www.hotel-forstinger.at. In restaurierten historischen Gebäuden untergebrachtes, ausgesprochen stilvolles Boutique-Hotel, das eine Oase der Erholung mitten im Stadtzentrum darstellt.

MEIN TIPP: **Wirtshaus zur Bums'n**②, Denisgasse 8, A-4780 Schärding, Tel. 07712 30610, www.bumsn.at. Viel gelobtes Traditionswirtshaus mit allem, was der hungrige Magen an regionaler Küche verlangt.

■ **Schlemmerfest, Altstadtfest, Kellerbierfest,** zwischen Mitte Juli und Ende August finden in Schärding mehrere Stadtfeste statt. Infos unter aktiwirte.at.

▷ Häuser im Inn-Salzach-Stil im netten Schärding

Engelhartszell und Umgebung

Wenige Kilometer nördlich von Zwickledt erreicht man das **Donauufer,** das hier – im Gegensatz zum Nordufer – viel befahren und touristisch erschlossen ist. Wer aus Deutschland kommt, überquert am Zollamt **Achleiten** die Grenze; ab hier führt die B130 (auch Nibelungenstraße genannt) praktisch parallel zur Donau. Nach ca. 8 km ist die **Burg Krämpelstein** erreicht, die auf einem Felsvorsprung über dem Ort **Pyrawang** thront. Im Ort lohnt sich auch ein Besuch der **Kirche,** in der Reste gotischer Wandmalereien aus dem 14. Jahrhundert freigelegt wurden. Weiter östlich gelangt man nach **Engelhartszell,** wo mit

oes_058 dk

dem **Stift Engelszell** das einzige Trappistenkloster Österreichs steht. Seit 2022 leben hier jedoch keine Mönche mehr, aber das Anwesen wird weiterhin betrieben. Sehenswert ist die Stiftskirche mit dem 76 m hohen Turm, doch besonders bekannt ist das Kloster vor allem für seine **Liköre,** den **Magenbitter** und das „Gregorius" genannte **Trappistenbier.** Unmittelbar neben dem Stift befindet sich der für Kinder wie Erwachsene spannende **Freizeit-Naturpark Donau-Welt,** wo auf verschiedenen Stationen der Lebensraum Donau erklärt wird. Im Stadtteil Oberranna liegt die als **Burgus** bekannte **Ausgrabungsstelle** des römischen Stützpunktes Stanacum, und ein geradezu skurriles Ziel ist der **Forellenzirkus in St. Aegidi,** wo Bach- und Regenbogenforellen sowie Bachsaiblinge ihre Kunststücke zeigen. Folgt man von Engelhartszell der B136 nach Südwesten, erreicht man den besonders bei Wanderlustigen beliebten **Sauwald.** In **Kopfing** führt ein 1 km langer **Baumkronenweg** über die Baumwipfel (www.baumkronenweg.at).

MEIN TIPP: **Trappistenstift Engelszell,** Stiftstraße 6, A-4090 Engelhartszell, Tel. 07717 8010, www.stift-engelszell.at, variierende Öffnungszeiten, man besuche die Homepage.

Freizeit-Naturpark Donau-Welt, Marktplatz 61, A-4090 Engelhartszell, Tel. 07717 8055-16, www.donau-welt.at.

Forellenzirkus, Mühlbach 3, A-4725 St. Aegidi, Tel. 0664 73964007, www.forellenzirkus.at.

Kulturlandschaft Sauwald, Vichtenstein 70, A-4091 Vichtenstein, Tel. 07714 8055, www.vichtenstein.at.

Europareservat Unterer Inn

Der **Unterlauf des Inn,** also der Abschnitt zwischen der Mündung der Salzach südwestlich von Braunau und der Rott bei Neuhaus am Inn bzw. Schärding, ist als **55.000 Hektar** großes Europareservat geschützt, das sich **auf beiden Seiten des Flusses** erstreckt, also sowohl in Oberösterreich als auch in Bayern. Es besteht neben den Wasserflächen speziell aus **Flussbänken, Inseln und weiten Auwäldern,** die sich bei **über 300 Vogelarten** großer Beliebtheit erfreuen, sei es als Rast- oder Brutplatz oder auch als Winterquartier für heimische Feder- und Zugvögel. Besucher können das Reservat zu Fuß oder auf dem Fahrrad erkunden. Das **Info-Zentrum** befindet sich im bayerischen **Ering** (Tel. 08573 1360, www.naturium-am-inn.eu).

Obernberg und Umgebung

Die Region **zwischen Schärding und Braunau am Inn** verfügt über einige reizende Orte und eine Vielzahl hübscher Sakralgebäude. Aus dem Norden kommend sollte man zunächst das **Augustiner-Chorherrenstift Reichersberg** mit seiner Bibliothek, der Stiftskirche, dem Stiftshof, dem Arkadengang und dem beschaulichen Herrengarten (hier finden häufig Sommerkonzerte statt) besuchen. Ebendort werden auch Liköre, Spirituosen und – für Oberösterreich ganz untypisch – selbst angebauter Wein im Klosterladen verkauft.

MEIN TIPP: **Augustiner-Chorherrenstift Reichersberg,** Hofmark 1, A-4981 Reichersberg am

Inn, Tel. 07758 23130, www.stift-reichersberg.at, variierende Öffnungszeiten, Führungen (Mi und So 15 Uhr) 11 €, ermäßigt 6 €.

Etwas weiter südwestlich liegt das entzückende **Obernberg,** das über eine Brücke mit dem bayerischen Bad Füssing verbunden ist. Obernberg kann auf dem Marktplatz und in dessen Umgebung mit einem traumhaften **Bauensemble im Inn-Salzach-Stil** aufwarten, wobei das stuckverzierte grüne **Wörndlehaus** herausragt. Nochmals 5 km flussaufwärts kommt man nach **Kirchdorf,** wo man das **Schloss Katzenberg** auf einer Führung (etwa 90 Minuten) besuchen kann. Im Erdgeschoss des Schlosses ist ein **Buchbindereimuseum** eingerichtet, in dem prachtvolle Bibeln, Gebetbücher und Taschenkalender gezeigt werden.

■ **Schloss Katzenberg,** Katzenberg 1, A-4982 Kirchdorf am Inn, Tel. 07758 2251, www.schloss-katzenberg.at, variierende Öffnungszeiten, Führungen (zwischen Mai und Okt nur einmal monatl.).

Wem nach Wellness und Erholung zumute ist, der findet in **Geinberg** südlich von Kirchdorf mit der **SPA Resort Therme** die größte Anlage dieser Art in Oberösterreich.

MEIN TIPP: **SPA Resort Therme Geinberg,** Thermenplatz 1, A-4943 Geinberg, Tel. 07723 8501, www.therme-geinberg.at, tägl. 8–22 Uhr, Eintritt ab 22 €, ermäßigt ab 17,60 €.

■ **Jenichl Most & Mehr**①-②, Winten 20, A-4943 Geinberg, Tel. 07723 21219, www.jenichl-most-mehr.at. Perfekt für die Jause zu einem Glas Most oder Apfelsaft.

Von Geinberg ist es nur noch ein Katzensprung bis **Altheim,** wo in einem der ältesten Bauernhäuser, dem sog. **Ochzethaus,** eine Ausstellung zur römischen Besiedlung des Innviertels gezeigt wird. Dazu gehört auch das **Freilichtmuseum** im 3 km entfernten **Weirading.**

■ **Römer Museum Altheim,** Roßbacherstraße 2, A-4950 Altheim, www.roemermuseum-altheim.at, Museum Mai bis Okt. Sa/So 14–17 Uhr, Eintritt 3 €, ermäßigt 2 €, Freilichtmuseum kostenlos.

Braunau und Umgebung

Braunau am Inn ist mit **17.600 Einwohnern** die **größte Stadt des Innviertels.** Es verfügt zusammen mit der gegenüberliegenden deutschen Stadtgemeinde Simbach am Inn über einen **grenzübergreifenden Ortskern.** Bereits 1120 gegründet, ist Braunau ein **altes Handelszentrum,** das zeitweise zu beträchtlichem Wohlstand kam. Davon zeugen noch heute der **großzügige Stadtplatz** mit seinem Bauensemble, darunter das Rathaus mit seiner Fassade im Stil der Neorenaissance und die im 15. Jahrhundert errichtete Stadtpfarrkirche St. Stephan. Bemerkenswert sind auch der **Stadttorturm** am südlichen Ende des Stadtplatzes sowie an dessen Nordende das **Wassertor,** über das man in den historischen Stadtgraben mitsamt seiner Befestigungsanlage gelangt. Skurriles sieht man im **Bezirksmuseum** in der ehemaligen Herzogsburg, z.B. in Form des 2 m langen Bartes des 1567 verstorbenen Stadthauptmannes (mehr Infos auf dem Stadtportal www.braunau.at). Doch bekannt ist Braunau vor allem als **Geburtsort Adolf Hitlers** (1889–1945). Über das Schicksal seines Geburtshauses wurde ewig lange nicht endgültig ent-

schieden, wenn auch mittlerweile der Bau einer Polizeistation hier feststeht. Überhaupt ging die Stadt jahrzehntelang sehr zögerlich mit ihrer (nationalsozialistischen) Geschichte um, bis 1989 vor *Hitlers* Geburtshaus zumindest ein Mahnstein gegen Krieg und Faschismus aufgestellt wurde. Im Ort befindet sich außerdem das **Kulturhaus Gugg** (www.gugg.at), in dem unkonventionelle Bühnenprogramme gezeigt werden.

Praktische Infos

■ **Stadtinformation Braunau am Inn,** Stadtplatz 38, A-5280 Braunau am Inn, Tel. 07722 8080, www.braunau.at.

Das Wahrzeichen Braunaus ist die gewaltige Stadtpfarrkirche St. Stephan

Mattighofen und Umgebung

Die Region **südöstlich von Braunau** ist hügelig und zeichnet sich durch **unberührte Naturlandschaften** aus. Zunächst lohnt ein Zwischenstopp im 10 km entfernten **Mauerkirchen,** das mit seinen Bürgerhäusern auf dem Unter- und Obermarkt ein weiteres Beispiel für den Inn-Salzach-Architekturstil darstellt. Nochmals 10 km weiter südlich gelangt man nach **Mattighofen,** mit 7400 Einwohnern der **größte Ort im südlichen Innviertel.** Auch hier zieht der lang gezogene Stadtplatz mit seinem Bauensemble die Blicke auf sich – vor allem wegen des bemerkenswerten Zinngießerhauses mit seinem Museum –, und auch das ehemalige Schloss bayerischer Herzöge mit dem Mammutbaum ist hübsch anzusehen.

Einen kurzen Abstecher wert sind das **Schloss Pfaffstätt** (www.schloss-pfaffstaett.at) mit dem edlen Grünen Salon und etwa 3 km südlich das nur von außen zu besichtigende **Schloss Teichstätt** aus dem 14. Jahrhundert. Motorrad-Begeisterte werden außerdem die **KTM Motohall** (ktm-motohall.com) spannend finden.

Praktische Infos

■ **Stadtinformation Mattighofen,** Stadtplatz 1, A-5230 Mattighofen, Tel. 07742 22550, www.mattighofen.at.

Ostermiething und Umgebung

Der **äußerste Süden des Innviertels** beginnt flussaufwärts von Braunau. Zu dieser Region gehören das östliche Ufer der aus Tirol kommenden Salzach, deren

Mündung in den Inn und die weitgehend ländlich geprägte Gegend entlang der Grenze zu Salzburg. Touristisch wird das Gebiet als **„Seelentium"** vermarktet. In der Gegend finden sich bewaldete Abschnitte und einige Erhebungen, die atemberaubende Fernblicke auf die Alpen bieten.

Von Norden kommend ist zunächst bei **Duttendorf-Ach** der wildromantische **Salzachdurchbruch** mit seinen Sandsteinhöhlen ein Erlebnis (Start Parkplatz Aussichtsplatz Duttendorf-Ach, 1,5 Std., 100 Hm, leicht). In **Gilgenberg am Weilhart** verläuft der für Radler konzipierte, etwa 35 km lange **Meier-Helmbrecht-Weg,** der auf Schautafeln Einblicke ins mittelalterliche Leben des Raubritters *Meier-Helmbrecht* nach einem Epos des Schriftstellers *Wernher dem Gartenaere* aus dem 13. Jahrhundert gibt. Hier und südlich bis Hochburg und Geretsberg erstreckt sich der **Weilhartsforst,** ein Fichtenwald, der erwandert werden kann (Informationen dazu u.a. in Hochburg-Ach). Hinreißend sind die dunklen **Huckingerseen** (Start Hofstadt, 30 Min, leicht, familienfreundlich) und der Ausblick vom **Geretsberger Friedenspanorama** (Start Kirchenplatz Geretsberg; 2,5 Std., 100 Hm, leicht, familienfreundlich). Weiter westlich liegt reizvoll über der Salzach **St. Radegund,** Geburtsort des berühmten Kriegsdienstverweigerers **Franz Jägerstätter** (1907–43). Im Ort erinnert eine Gedenkstätte an den tiefgläubigen Katholiken, der von den Nazis enthauptet wurde. 10 km weiter südlich liegt mit dem 3400 Einwohner zählenden **Ostermiething** der **größte Ort der Region.** Sehenswert sind die abstrusen spätgotischen Trockenfresken im ehemaligen Pfarrhof, der heute ein Pflegeheim beherbergt. Im nahe gelegenen **Wildshut** betreibt die Salzburger **Stiegl Brauerei** das sog. **Biergut,** eine Bio-Brauerei, die aus in Vergessenheit geratenen Urgetreidesorten außergewöhnliche Bierspezialitäten braut. Nordöstlich von Wildshut, bei **Franking,** liegt der im Sommer beliebte **Holzöstersee.** Die größte Attraktion der Region ist aber ohne Zweifel das **Ibmer Moor,** Österreichs größte Moorlandschaft mit einer Fläche von etwa 2000 Hektar; Lehrpfade oder eine geführte Tour (www.moor-ausflug.at) laden zur Erkundung ein. Auch am **Heratinger See** (Gemeinde Eggelsberg) am Nordzipfel des Moores kann man baden, und in der Nähe lohnt in **Gundertshausen** ein Besuch der **Brauerei Schnaitl** (www.schnaitl.at), die für viele das beste Bier Oberösterreichs braut.

Strandbad Holzöster, Holzöster 79, A-5131 Franking, Tel. 06277 8119, www.entdeckerviertel.at/franking-holzoester.html, Mai bis Okt. tägl. 9–17 Uhr.

Praktische Infos

■ **Tourismusinformation Seelentium,** Holzöster 21, A-5131 Franking, www.seelentium.at.

■ **Gasthaus Gössnitzer**①, Salzburgerstraße 15, A-5142 Eggelsberg, Tel. 07748 2346, www.amphicles.net. Wer bodenständig essen möchte, macht hier nichts verkehrt.

MEIN TIPP: **Stiegl-Gut Wildshut**②, Wildshut 8, A-5120 Wildshut, Tel. 06277 64141, www.wildshut.at. Neben exquisiter regionaler Küche bietet sich hier auch die Möglichkeit einer angenehmen Übernachtung②-③.

■ **Camping Seewirt,** Ibm 80, A-5142 Eggelsberg, Tel. 07748 2345, www.camping-seewirt.at. Kleiner Campingplatz oberhalb des Heratinger Badesees.

Hausruckviertel

Die Bezeichnung Hausruckviertel folgt der historischen Einteilung Oberösterreichs und bezeichnet den nach dem **Hausruck,** einer Hügelkette im Alpenvorland, benannten Landstrich, der oft als **oberösterreichischer Zentralraum** bezeichnet wird, sowie den nordwestlichen Teil des oberösterreichischen Salzkammerguts. Dies sind zunächst die lebendige Stadt **Wels** und die umliegenden Bezirke **Eferding** im Donaubereich und **Grieskirchen** an der Grenze zum Innviertel. Am meisten besucht wird jedoch der Bezirk **Vöcklabruck,** zu dem nicht nur einige historische Orte wie eben dieses namensgebende Vöcklabruck oder Vöcklamarkt gehören, sondern hier liegt auch der beliebte **Attersee** als Hauptziel in- und ausländischer Besucher, wo noch das Flair des ausgehenden 19. Jahrhunderts zu spüren ist. Mit einem überwältigenden Bergpanorama lockt der **Mondsee,** und noch weitgehend unbekannt ist der kleine **Irrsee.**

Das Hausruckviertel ist besonders als Paradies für entspannte **Wanderungen** bekannt, auf denen man nicht selten mit **wunderbaren Panoramarundblicken** belohnt wird, wie z.B. über die Schlögener Schlinge an der Donau, von der Kobernaußerwaldwarte westlich des Hausruckmassivs oder vom Göblberg. Über Hunderte von Jahren war die gesamte Region ein wichtiger Umschlagplatz für **steirisches Eisen** und wurde entsprechend wohlhabend. Aus dieser Zeit stammen noch zahlreiche **Schlösser** wie das derer *zu Starhemberg,* das in Aschach an der Donau, jenes in Peuerbach oder das Landschloss Parz. Aber

oes_094 dk

auch das imposante **Benediktinerstift Lambach** oder das **Stift Wilhering** spiegeln noch viel Reizvolles vergangener Epochen wider. Für **Familien mit Kindern** gibt es das Welios Science Center in Wels, den Zoo Schmiding in Krenglbach, das Ikuna Naturresort oder das OBRA Kinderland. Auch das **Fahrradfahren** und Mountainbiken ist vielerorts problemlos möglich, und wer Abschnitte des Hausruckviertels **reitend** erkunden möchte, der sollte nach Ampflwang kommen.

■ **Infos: Tourismusinformation Donauregion,** Tel. 0732 7277888, www.donauregion.at.

Wels und Umgebung

Wels ist mit **64.400 Einwohnern** nach Linz die **zweitgrößte Stadt Oberösterreichs** und liegt inmitten der Welser Heide am linken Ufer der nach Nordosten fließenden **Traun.** Die ganze Region wurde **seit der Frühzeit besiedelt,** so auch in der römischen Periode, als hier der strategisch wichtige Stützpunkt **Ovilava** lag, der unter Kaiser *Diokletian* sogar zur Hauptstadt des Römischen Reiches nördlich der Alpen (Ufernoricum) ausgebaut wurde. Die zweite Blütezeit erlebte Wels im Mittelalter durch den **Tuchhandel,** als ihr das Markt-, Pfändungs- und Stapelrecht verliehen wurden und die Stadt nur an den Landesfürsten Steuern bezahlen musste. Speziell im 14. und 15. Jahrhundert gab es bereits zahlreiche **wohlhabende Bürgerfamilien,** die sich ihre – zum Teil bis heute erhaltenen – Häuser im Bereich des langgezogenen Stadtplatzes und der Traungasse, aber auch in der Schmidt- und Bäckergasse bauten. Einer der wichtigsten Gönner der Stadt war Kaiser *Maximilian I.* (1493–1519), unter dem 1514 das Rathaus und die Burg Wels erweitert wurden. Später profitierte die Stadt vom **Handel mit Eisen** aus den steirischen Eisenwurzen, aber auch das **Brauereigewerbe** wurde zu einem wichtigen Standbein. Heutzutage präsentiert sich Wels als wichtiger **Verkehrsknotenpunkt, Industriestadt und Messestandort** – die Messe Wels ist nach der in Wien die wichtigste im ganzen Land.

oes_064 dk

☐ Das Hausruckviertel präsentiert sich noch weitestgehend ländlich

☐ Denkmal für die Opfer der NS-Zeit im Pollheimerpark in Wels

Für Touristen weist die Stadt nur wenige Höhepunkte auf, nicht zuletzt weil sie im Zweiten Weltkrieg häufig Ziel alliierter Luftangriffe war. Als Wahrzeichen gilt der **Ledererturm** am besagten Stadtplatz. Sehenswert sind außerdem die gotische **Stadtpfarrkirche** (mit ihren bunten Fenstern), das ehemalige Minoritenkloster, in dem mittlerweile das **Stadtmuseum** mit seiner archäologischen Sammlung untergebracht ist, sowie die erwähnte **Burg,** die eher an ein Schloss erinnert und diverse Museen beherbergt. Speziell für Familien mit Kindern mag auch das naturwissenschaftliche **Welios Science Center** südwestlich des Ledererturms von Interesse sein.

■ **Stadtmuseum Wels – Burg,** Burggasse 13, A-4600 Wels, Tel. 07242 235, www.wels.at, Di–Fr 10–17 Uhr, Sa 14–17 Uhr, So 10–16 Uhr, Eintritt 4,70 €, ermäßigt 2,10 €.

Welios Science Center, Weliosplatz 1, A-4600 Wels, Tel. 07242 908200, www.welios.at, Di und Mi 9–13 Uhr, Do und Fr 9–16 Uhr, Sa und So 10–17 Uhr, Eintritt 12,50 €, ermäßigt 10,50 €.

Nordwestlich von Wels liegt **Krenglbach,** das vor allem für den **Zoo & Aquazoo Schmiding** – einer der besten

des Landes – bekannt ist. Das nahe gelegene **Bad Schallerbach** ist ein dank seines hochwirksamen Schwefelthermalwassers viel besuchter Kurort, in dem sich das moderne **Eurothermen Resort** befindet.

Zoo & Aquazoo Schmiding, Schmidingerstraße 5, A-4631 Krenglbach, Tel. 07249 46272, www.zooschmiding. at, tägl. 9–19 Uhr, Eintritt ab 18,40 €, ermäßigt ab 9 €.

■ **Eurothermen Resort Bad Schallerbach,** Promenade 1, A-4701 Bad Schallerbach, Tel. 07249 440, www.eurothermen.at/bad-schallerbach, So–Do 9–22 Uhr, Fr/Sa 9–24 Uhr, Eintritt ab 33 €, ermäßigt ab 12 €. Neben Erholungswelt, Saunalandschaft u.v.m. gibt es auch ein Erlebnisbad (www.piratenwelt.at) mit Attraktionen für Kinder. Angeschlossen ist ein Wohlfühl-Hotel②.

oes_063 mw

Praktische Infos

■ **Tourismusinformation Wels,** Stadtplatz 44, A-4600 Wels, Tel. 07242 6772222, www.wels.at

Übernachtung

■ **Boutique Hotel Hauser**②, Bäckergasse 7, A-4600 Wels, Tel. 07242 45409, www.hotelhauser.com. Modern eingerichtete Zimmer, und auch ein Wellnessbereich mit Sauna und Fitnessgeräten steht zur Verfügung.

Essen und Trinken

■ **Gasthaus zur Linde**②, Ringstraße 45, A-4600 Wels, Tel. 07242 46023, gasthaus-zur-linde.at. Traditionelles Gasthaus mit ausgezeichneter Hausmannskost und guter Auswahl an Fassbieren im Herzen der Welser Innenstadt.

■ **Gösserbräu**①-②, Kaiser-Josef-Platz 27, A-4600 Wels, Tel. 07242 60460, www.goesserbraeu.at. Zünftige lokale Spezialitäten zu frisch gezapftem Gösserbier. Besonders schön sitzt man im Gastgarten und auch Zimmer①-② gibt es hier.

■ **Urbann Café & Confiserie,** Schmidtgasse 20, A-4600 Wels, Tel. 07242 460511, www.urbann.cc. Seit 1853 erfreut man sich hier an Kaffee und Mehlspeisen.

Veranstaltungen

■ **Musiksommer Bad Schallerbach,** www.musiksommerbadschallerbach.at. Internationales Musikfestival mit Konzerten in Bad Schallerbach und Umgebung.

◁ Aus jedem Blickwinkel beeindruckend: der Stadtplatz in Wels

MEIN TIPP: **Welser Adventzeit,** berühmt und beliebt ist die Vorweihnachtszeit in Wels mit Weihnachtsmärkten und einem Kunstmarkt in der Burg.

Lambach und Umgebung

Folgt man der **Traun flussaufwärts** von Wels nach Südwesten, erreicht man nach 12 km **Lambach,** wo sich ein **großartiges Benediktinerstift** befindet. Bereits im 11. Jahrhundert gegründet, wurden einst Mönche von hier nach Melk (→ S. 84) entsandt. Wie die meisten Klöster Österreichs wurde auch Lambach im 17. Jahrhundert barockisiert, doch die Hauptattraktion stellen die **romanischen Fresken in der Stiftskirche** dar – sie gelten als die ältesten Wandmalereien Österreichs. In der prächtigen **Bibliothek** finden sich etwa 60.000 historische Bände, zudem verfügt das Stift über ein namhaftes **Musikarchiv.** Man kann das Benediktinerstift im Rahmen einer Führung (60–90 Minuten) erkunden.

MEIN TIPP: **Benediktinerstift Lambach,** Klosterplatz 1, A-4650 Lambach, Tel. 07245 21710, www.stift-lambach.at, Mo–Fr 9–12 Uhr, Mo–Do auch 13–16 Uhr, Eintritt (inkl. Führung) 12 €, ermäßigt 5,50 €.

Überquert man südlich des Klosters die Traun, kommt man nach **Stadl-Paura,** wo eine hübsche Wallfahrtskirche einen weiteren nennenswerten Sakralbau darstellt. Eine andere Attraktion bietet der nahe gelegene Ort **Bad Wimsbach-Neydharting,** der durch sein Moorbad (www.optimamed-badwimsbach.at) als Kur- und Reha-Standort geeignet ist. Etwas weiter südwärts gelangt man nach **Vorchdorf,** das als „Tor ins Almtal" gilt und vor allem für die im **Schloss Eggenberg** untergebrachte, sich durch alkoholstarke Bockbiere auszeichnende **Brauerei** (www.schloss-eggenberg.at) bekannt ist. Ebenfalls in Vorchdorf steht das **Schloss Hochhaus** (heute ein empfehlenswertes Gasthaus), eine der frühesten Renaissance-Bauten weit und breit.

Praktische Infos

■ **Schloss Hochhaus**②, Schloßplatz 1, A-4655 Vorchdorf, Tel. 07614 21110, schloss-hochhaus.at. Exquisite österreichische Gerichte in historischem Dekor.

MEIN TIPP: **Schauflinger's Gasthaus**②, Theuerwand 13, A-4655 Vorchdorf, Tel. 07614 6310, www.theuerwang.at. Seit dem 17. Jahrhundert besteht dieser Gasthof, in dem regionale Spezialitäten kredenzt werden.

Eferding und Umgebung

Folgt man ab Linz dem Donauufer flussaufwärts nach Westen, erreicht man zunächst **Wilhering,** wo das gleichnamige **Stift** unbedingt einen Besuch verlangt. Als eine der eindrucksvollsten Klosteranlagen Österreichs ist es besonders wegen der im Rokoko-Stil gestalteten Stiftskirche, seiner barocken **Gemäldesammlung** und des entzückenden **Stiftparks** interessant.

MEIN TIPP: **Zisterzienserstift Wilhering,** Linzer Straße 4, A-4073 Wilhering, Tel. 07226 231 112, stiftwilhering.at, Di–Sa 10–17 Uhr, So 9.30–17 Uhr, Führungen So 14.15 und 15.15 Uhr, vorherige telefonische Anmeldung erwünscht, Eintritt ohne Führung 6,50 €, ermäßigt 4,50 €.

Südwestlich von Wilhering liegt **Alkoven,** wo 1626 General *Heinrich zu Pap-*

penheim (1594–1632) den Bauernaufstand niederschlug. Ganz in der Nähe des Ortes steht das **Schloss Hartheim,** ein Meisterwerk der Renaissance, das durch die Nazis traurige Berühmtheit als Euthanasie-Anstalt erlangte.

■ **Lern- und Gedenkort Schloss Hartheim,** Schlosstraße 1, A-4072 Alkoven, Tel. 07274 6536 546, www.schloss-hartheim.at, Mo–Do 9–16 Uhr, Fr 9–15 Uhr, So 10–17 Uhr, Eintritt 5 €, ermäßigt 4 €.

Südlich dieser Gegend erstreckt sich der „Linzer Speckgürtel" mit **Traun,** in dessen Schloss zahlreiche Veranstaltungen (schloss.kulturpark.at) stattfinden, und **Leonding** mit seiner Maximilianischen Befestigung inklusive vier Türmen. Weiter im Nordwesten ist **Eferding** von Bedeutung, das bereits im Nibelungenlied des Bischofs *Pilgrim von Passau* (920–91) erwähnt wurde und somit **eine der ältesten Städte Österreichs** darstellt. Neben dem aparten Stadtplatz und der spätgotischen Pfarrkirche sei vor allem das **Schloss Starhemberg** (starhemberg.com/schlosseferding/) erwähnt, in dem sich ein Museum dem gleichnamigen Adelsgeschlecht widmet.

Rund 9 km nördlich von Eferding lohnt ein Besuch des **Schlosses in Aschach an der Donau,** wo häufig Ausstellungen und Happenings im edlen Renaissance-Dekor stattfinden. In Aschach besteht außerdem die Möglichkeit in der Donau zu baden und zwar gleich unterhalb des Faustschlössls. Unmittelbar in der Nähe – in **Hartkirchen** – befindet sich mit der auf einem Hang thronenden **Burgruine Schaumberg** ein weiteres malerisches Highlight.

■ **Schloss Aschach,** Harrachstraße 1, A-4082 Aschach an der Donau, Tel. 0699 18181001, www.schloss-aschach.com, variierende Öffnungszeiten, Eintritt je nach Programm bzw. Ausstellung.

Praktische Infos

■ **Stadtinformation Eferding,** Stadtplatz 31, A-4070 Eferding, Tel. 07272 55550, www.eferding.at.

MEIN TIPP: **Spitzwirtin**②, Forst 27, A-4072 Alkoven, Tel. 07274 7727, www.spitzwirtin.at. Idyllisch in der Natur gelegenes Wirtshaus, in dem regionale Klassiker auf den Tisch kommen. Manche Tage sind nur den Fasanen und ihrer Zubereitung gewidmet.

MEIN TIPP: **Reisetbauer,** Zum Kirchdorfergut 1, A-4062 Kirchberg-Thening, Tel. 07221 63690, www.reisetbauer.at. Edelbrände, Gin, Whisky und Vodka sowie Bio-Soja-Sauce.

Peuerbach und Umgebung

Etwa 21 km westlich von Eferding liegt **Peuerbach,** das mit **4700 Einwohnern** zu den größeren Gemeinden des Hausruckviertels zählt. Im Ort befindet sich ein **Überrest des Renaissance-Schlosses,** in dem heute die **Landeskrippe** (eine Ausstellung zur Volkskultur des Bundeslandes) und ein **Museum zum Oberösterreichischen Bauernkrieg** (→ Exkurs S. 244) untergebracht sind (Infos dazu auf www.peuerbach.at).

Nördlich von Peuerbach liegt das wildromantische **Leithenbachtal,** das auch „Tal der sieben Mühlen" genannt wird und zu Wanderungen einlädt. Unterhalb des Tales breiten sich die Sümpfe und Feuchtwiesen des **Naturschutzgebietes „Koaserin"** aus. Noch weiter nördlich liegt **Natternbach,** wo das **Ikuna Naturresort** eine perfekte Abwechslung für Familien mit Kindern darstellt.

Ob Apfel oder Birne, Hauptsache Most

Neben dem Bier ist Oberösterreich vor allem für seinen Most bekannt. Bei diesem durch Keltern (Pressen) gewonnenen **Fruchtsaft** kommen – anders als im niederösterreichischen Mostviertel (→ S. 83) – Äpfel, Birnen oder beides zusammen zum Einsatz. Durch Gärung wird der Süßmost zu **„Obstwein“**, dessen Alkoholgehalt in der Regel bei 6 bis 8 Promille liegt. Man liebt ihn **pur oder mit Mineralwasser bzw. Soda gespritzt** als „Durstlöscher“. In Oberösterreich sind speziell die Gegend der Voralpen südlich und westlich der Landeshauptstadt Linz und die Region rund um Eferding und im Hausruck, besonders aber der Naturpark Obst-Hügel-Land rund um St. Marienkirchen an der Polsenz und Scharten für ihre Mostproduktion bekannt. In **St. Marienkirchen** gibt es sogar ein Museum zum Thema, und wer in einer **Mostschänke** einkehren will, findet online eine **Auswahl** auf www.oberoesterreich.at/kulinarik/die-beliebtesten-jausenstationen-und-mostschaenken.html.

■ **Mostmuseum St. Marienkirchen,** Kirchenplatz 10, A-4076 St. Marienkirchen an der Polsenz, Tel. 07249 4711214, www.mostmuseum.at, April bis Okt. Sa 14–17 Uhr, sonst nach Voranmeldung, Eintritt frei.

Ikuna Naturresort, Naturpfad 1, A-4723 Natternbach, Tel. 07278 20800, www.ikuna.at. Interessante Mischung aus Familien-Erlebnispark mit Spiel und Spaß und einem Tipi-Hotel①-②. Geöffnet Ende März bis Ende Okt. tägl. 9–19 Uhr, Eintritt ab 24 €, ermäßigt ab 19,20 €.

Von Natternbach ist es nicht mehr weit zur **Schlögener Schlinge,** also der Stelle, wo die Donau in einer S-Form verläuft und dabei zwei schmale, ineinanderlaufende Landzungen bildet. Die beste Panoramasicht auf diese Schlinge bietet sich vom **Schlögener Blick** zwischen Schlögen und Schlögenleiten und von der **Linetshuber Aussicht** etwas weiter östlich bzw. vom **Steinerfelsen** unweit von Eckersdorf. Südlich der Schlinge liegt **Haibach,** wo die Burgruine Stauf ein beliebtes Wanderziel darstellt (Start Parkplatz Hinterberg auf der B131, 2,5 Std., 350 Hm, mittel, familienfreundlich). Im nahe gelegenen **St. Agatha** kam der Anführer des Bauernheeres, *Stefan Fadinger* (1585–1626), zur Welt – im Ort existiert ein Museum zu seinem Leben.

Praktische Infos

■ **Stadtinfomation Peuerbach,** Rathausplatz 1, A-4722 Peuerbach, Tel. 07276 2255, www.peuerbach.at.

■ **Campingplatz Schlögen,** Mitterberg 3, A-4083 St. Agatha, Tel. 07279 8241 www.freizeitanlage-schloegen.at. Direkt an der Donau gelegen, inkl. Jachthafen, Pool und Restaurant.

■ **Bauernkriegsspiel,** www.stefan-fadinger.at. In St. Agatha findet alle vier Jahre eine Theaterveranstaltung zum Leben *Stefan Fadingers* statt.

Knick in der Optik?
Mitnichten, denn an der Schlögener Schlinge macht die Donau eine 180-Grad-Kehre

oes_062 dk

Grieskirchen und Umgebung

Das im **Trattnachtal** gelegene **Grieskirchen** ist mit **5100 Einwohnern** Sitz der sog. Bezirkshauptmannschaften der Bezirke Grieskirchen und Eferding und damit ein **wichtiges administratives Zentrum Oberösterreichs.** Über die Grenzen des Bundeslandes hinaus ist es für seine **Brauerei** (www.grieskirchner.at) bekannt, denn das hier gebraute Bier gilt als eines der besten in der rot-weiß-roten Republik. Im Ort sollte man unbedingt das im Stil der Renaissance gestaltete **Landschloss Parz** mit seinen Außenfresken, dem Arkadenhof und dem Schlosspark besuchen. Das Schloss bildet zusammen mit dem klassizistischen **Wasserschloss Parz** eine Einheit. Das Anwesen wird für Veranstaltungen, Konzerte und andere Events genutzt.

MEIN TIPP: **Landschloss Parz,** Parz 5, A-4710 Grieskirchen, Tel. 0664 1532513, www.landschloss-parz.at, variierende Öffnungszeiten (per Voranmeldung), Eintritt frei.

Ebenfalls sehenswert ist 2 km nordwestlich von Grieskirchen, in der Gemeinde Tollet, das **Schloss Tollet,** in dem u.a. das **Kulturama** (www.kulturama.at) genannte Museum des Bezirksheimathausvereins untergebracht ist. Etwa 5 km südlich von Grieskirchen liegt **Gallspach,** das durch das auf Hochfrequenztherapie spezialisierte **Institut Zeileis** (zeileis.at) als Kurort bekannt ist.

oes_065 dk

Haag am Hausruck und Umgebung

Südwestlich von Grieskirchen zieht sich über etwa 30 km der **Hausruck,** ein **Mittelgebirgszug,** dessen Hauptkamm auf Höhen von 700–800 m verläuft und teils von **dichten Fichtenforsten** bewaldet ist. **Haag am Hausruck** liegt am Nordrand des Hausruckmassivs und bietet ein beschauliches Stadtzentrum und auf dem Hügel über der Stadt das reizende **Schloss** mit Arkadenhof und Regionalmuseum. **Wanderungen** sind u.a. auf die **Luisenhöhe** (709 m) möglich (Start Parkplatz P1 in Haag, 2 Std., 200 Hm, leicht, als Ausflug für Familien mit Kindern sehr empfehlenswert) – wahlweise erreicht man sie auch per Erlebnisbergbahn –, wo es eine Sommerrodelbahn, einen Hochseilpark und einen Aussichtsturm gibt. Kulturelles Zentrum des Hausruck ist ohne Zweifel **Gaspoltshofen,** das *Thomas Bernhard* (1931–89) in seinem Stück „Der Theatermacher" an die 40 Mal erwähnt und zum idealen Ort für das Theater stilisiert. Tatsächlich finden in der hiesigen **Kulturinitiative Spielraum** (www.spielraum.at) interessante Aufführungen statt, zudem kann Gaspoltshofen ein **Kinomuseum** (www.kinoptikum.at) vorweisen.

Am westlichen Rand des Hausruck setzt sich der **Kobernaußerwald,** ein Fichtenwaldgebiet, fort, der die natürliche Grenze zum Innviertel bildet. Ein

Grieskirchen ist vor allem für sein Bier bekannt, aber auch die nette Innenstadt lohnt einen Zwischenstopp

häufig besuchtes Ziel ist die 30 m hohe **Kobernaußerwaldwarte** auf dem 767 m hohen **Steiglberg,** von der man weit über die oberösterreichischen Alpen, das Salzkammergut und bis zum Böhmerwald sehen kann. Mehrere einfache Rundwege (45–90 Minuten) sind hier oben möglich.

Praktische Infos

■ **Informationsbüro Haag am Hausruck,** Marktplatz 23, A-4680 Haag am Hausruck, Tel. 07732 2255, www.haag-hausruck.at.

MEIN TIPP: **Gasthof Klinger**②, Jeding 1, A-4673 Gaspoltshofen, Tel. 07735 6913, www.gasthof-klinger.at. Oberösterreichische Küche in Bestform und auch Zimmer①-② gibt es hier.

Vöcklabruck und Umgebung

Der **südliche Teil des Hausruckviertels** ist durch den Flusslauf der 47 km langen **Vöckla** geprägt, die in **Vöcklabruck** in die **Ager** mündet. Die **12.800 Einwohner** zählende Stadt ist das **Zentrum des hiesigen Wirtschaftsraumes,** wichtiger Verwaltungsstandort und eine regional bedeutende Einkaufs- und Geschäftsstadt, nicht zuletzt durch das **Einkaufszentrum VARENA.** In der Ortsmitte sind die beiden **Stadttürme** an der Nord- und Südseite des Stadtplatzes sehenswert (im Unteren Stadtturm informieren Schautafeln über die örtliche Geschichte). Mit der **Stadtpfarrkirche** und der **Dörflkirche** (auch Ägidiuskirche genannt) hat Vöcklabruck gleich zwei hübsche barocke Sakralbauten.

Östlich von Vöcklabruck liegt **Attnang-Puchheim,** ein wichtiges Drehkreuz im Bahnverkehr, über das der Kabarettist *Josef Hader* hintersinnig-böse äußerte: „Der Tod – das ist wie Umsteigen in Attnang-Puchheim." Immerhin: Im Ort lohnt ein Besuch des **Schlosses Puchheim** (www.schloss-puchheim.at), in dem auch eine Kunstgalerie (www.galerieschlosspuchheim.at) untergebracht ist. Etwas weiter nordöstlich kann man in **Schwanenstadt** halten und das etwas skurril anmutende Stadttor in Augenschein nehmen. Westlich von Vöcklabruck ist zunächst das frühbarocke **Schloss Walchen** mit seinen Kapellen und der Bibliothek interessant, aber auch die an eine Kathedrale erinnernde Pfarrkirche in **Vöcklamarkt.** Nordöstlich von Vöcklamarkt gelangt man nach ca. 9 km nach **Neunkirchen an der Vöckla,** wo im Ortsteil Zipf die berühmte **Brauerei Zipf** (mit Shop und Führungen) angesiedelt ist. Vor Ort befindet sich auch das **OBRA Kinderland,** ein Aktiv-Freizeitpark mit viel Spiel und Spaß.

■ **Brauerei Zipf,** Zipf Nr. 22, A-4871 Zipf, Tel. 0810 2069797, www.zipfer.at, zu Führungen (Di und Do 11 und 14 Uhr, 2 Std.) muss man sich im Vorfeld anmelden, Preis nach Teilnehmerzahl.

OBRA Kinderland, Kirchenplatz 5, A-4872 Neukirchen an der Vöckla, Tel. 07682 71056, www.obrakinderland.at, bei schönem Wetter tägl. 10–18 Uhr, Eintritt 10,50 €, ermäßigt 9,50 €.

Wanderer sollten sich zwischen Frankenburg und Ampflwang auf den 802 m hohen **Göblberg** begeben, von dessen Aussichtsturm man prächtige Fernblicke genießen kann (Start Gasthof Hoblschlag in Frankenburg, 35 Minuten, leicht; alternativ ab Robinsonclub in Ampflwang, 1 Std., leicht). **Ampflwang** ist außerdem das ultimative „Mekka" für Reit-

Im Land des „weißen Goldes" – das Salzkammergut

„Im Salzkammergut, da kann man gut lustig sein", sang 1960 *Peter Alexander* im Spielfilm „Im weißen Rössl" – und wohl die meisten Österreich-Besucher verbinden mit dem Namen dieser Region in allererster Linie das **Stereotyp** eines vor grünen Almen und mächtigen Berggipfeln strotzenden **Alpenparadieses.** Historisch gesehen bezeichnet das Salzkammergut aber die Landstriche, in denen **seit frühester Zeit Salzbergbau** betrieben wurde und die im **Privatbesitz der Habsburger** waren. Als **„Kammergut"** wurde eine Region benannt, die direktes Eigentum des Landesherrn war, im Falle von Österreich also den Erzherzögen des Hauses Habsburg unterstand – somit waren der Salzabbau und der Handel mit dem begehrten „weißen Gold" ein k.u.k Betrieb.

oes_068 sb

Das Salzkammergut wurde 1656 erstmals urkundlich erwähnt, bestand damals aber nur aus den Salzbaugebieten an der oberen Traun, sprich um den **Hallstätter See,** das **Gosautal,** das **Ausseerland** und den **Ischler Raum** bis Ebensee. Alle diese Gebiete liegen auf dem Territorium Oberösterreichs und der Steiermark, nicht aber – wie man annehmen könnte – im Bundesland Salzburg, da dieses nicht habsburgisch war. Als ab den 1840er-/50er-Jahren die Region aufgrund ihrer vielen Seen **zunehmend touristisch erschlossen** und durch Bahnverbindungen für immer mehr Sommerfrischler zugänglich gemacht wurde, entschied man sich, den Begriff „Salzkammergut" als eine Art „Markenname" zu etablieren und auch die angrenzenden Gegenden des Flachgaus zu integrieren. Heute bezeichnet die **„Tourismusregion Salzkammergut"** insgesamt 57 Gemeinden, 72% davon in Oberösterreich, 16% in der Steiermark und 12% im Bundesland Salzburg.

- Allgemeine **Infos** unter www.salzkammergut.at.

Einst für sein Salz bekannt, kommt man heute vor allem wegen der grandiosen Seen ins Salzkammergut

oes_066 sb

sportfreunde, finden sich hier doch gleich mehrere Reiterhallen und Pferdehöfe.

Praktische Infos

- **Tourismusinformation Ampflwang,** Hauptplatz 8, A-4843 Ampflwang, Tel. 07675 2479, www.tourismus-hausruckwald.at/reiterdorfampflwang.html.
- **Tourismusinformation Vöcklabruck,** Graben 8, A-4840 Vöcklabruck, Tel. 07672 26644, www.tourismus-hausruckwald.at.
- **Einkaufszentrum VARENA,** Linzer Straße 50, A-4840 Vöcklabruck, Tel. 07672 20000, www.varena.at. Kinderfreundliche Einkaufsmöglichkeiten in Hülle und Fülle plus Gastronomie.
- **Frankenburger Würfelspiel,** www.wuerfelspiel.at. Alle zwei Jahre (August 2025, 2027 usw.) wird mit einem großen Spektakel im Freien das historische Würfelspiel (→ S. 244) nachgestellt.

Attersee und Umgebung

Unmittelbar südlich von Vöcklabruck schließt sich der **oberösterreichische Teil des Salzkammerguts** an, der sich auf die historischen Verwaltungseinheiten von Hausruck- und Traunviertel aufteilt. Im Bezirk Vöcklabruck liegt zunächst der **äußerst klare (Trinkwasserqualität!) Attersee vor entzückendem Bergpanorama.** Mit einer Wasserfläche von 46 km² ist er der größte See Österreichs, der zur Gänze im Land liegt, denn sowohl der Neusiedler See als auch der Bodensee teilen ihre Fläche mit weiteren Ländern. Der Attersee ist ein **Gletscherrandsee** mit einer Tiefe von bis zu 169 m und war besonders in der Belle Époque eine Art Geheimtipp für Sommerfrischler aus Wien. Er wurde damals

⌃ Sommerlicher Badespaß garantiert: Am Attersee macht der Urlaub Freude

oes_067 sb

⌂ Pack die Badehose/den Badeanzug ein! Strandbäder gibt es am Attersee reichlich

auch für seine **Künstlerkolonien** bekannt, denn besonders die Maler *Gustav Klimt* (1862–1918) und *Albert Weisgerber* (1878–1915) sowie der Dirigent und Komponist *Gustav Mahler* (1860–1911) verbrachten hier regelmäßig ihre Sommerurlaube und verewigten den See in so manchem Kunstwerk. Viele der Orte um den See muten immer noch reizvoll an und spiegeln ein bisschen von der Atmosphäre des ausgehenden 19. Jahrhunderts wider; so finden sich an vielen Stellen **mondäne Villen** und fast immer **angenehme Strandbäder und Seeuferpromenaden,** die zum entspannten Schlendern einladen. Natürlich können sich auch **Aktivurlauber** betätigen, egal ob im Wasser (Segeln, Surfen, Wasserski, Tauchen u.v.m.) oder beim Wandern, Radfahren und Mountainbiken, Reiten, Klettern, Bouldern, Paragleiten, Golf usw. in der Umgebung. Wer den See vom Wasser aus erleben möchte, der bucht zwischen April und Oktober eine **Schiffsrundfahrt** mit der Attersee-Schifffahrt (ab allen Orten möglich).

- **Tourismusinformation Attersee-Attergau,** Tel. 07666 77190, attersee-attergau.salzkammergut.at.
- **Attersee-Schifffahrt,** Büro am Bahnhof Attersee, Nußdorferstraße 8, A-4864 Attersee, Tel. 0664 607952900, atterseeschifffahrt.at.

Attersee: Nord- und Ostufer

Erste Anlaufstelle sollten **Seewalchen** und sein Nachbarsort **Schörfling** – nur durch die Ager voneinander getrennt – am Nordufer des Sees sein, denn hier erstrahlt noch ein bisschen die „gute alte Zeit“. In Schörfling erinnert ein etwa 1 km langer **Themenweg** an Gustav Klimt, den Maler des Wiener Jugendstils, der hier viel Inspiration erfuhr. Ebenfalls im Ort befindet sich auch der **Klimt-Garten,** ein farbenprächtiges Pflanzenparadies direkt an der Hafenmole (frei zugänglich, kostenlos).

In Seewalchen stehen in einem Pavillon zwischen Promenade und Agerbrücke **Nachbauten von Pfahlbauten,** wie sie zur Zeit der sog. Mondseekultur – ca. 3800–3300 v. Chr. – üblich waren. Eine hübsche Wanderung in der Umgebung führt auf den **Hongar** (943 m) zwischen Schörfling und dem Traunsee (Start Parkplatz in Kasten, 4 Std., 450 Hm, leicht). An der Ostseite des Attersees ist vor allem **Weyregg** bekannt, befinden sich hier doch ein interessantes Aquarium und ein Museum (im Kaisergasthof), das an die illustren k.u.k. Zeiten erinnert. Ab dem Ort führt der 4 km lange **„Wasser Roas"** genannte **Erlebnisweg** durch die Umgebung. Für weitere Wanderungen sollte man sich in den **Naturpark Attersee-Traunsee** östlich des Sees begeben. Hier liegt auch der für seinen Fernblick bekannte **Gahberg** (864 m, mit Sternwarte, Start Gasthof Staudinger Weyregg, 3 Std., 300 Hm, leicht). Wer im Attersee **tauchen** möchte, findet dazu ebenfalls in Weyregg die entsprechende Infrastruktur.

Naturpark Attersee-Traunsee, Steinbach 5, A-4853 Steinbach am Attersee, Tel. 07663 20135, www.naturpark-attersee-traunsee.at, Eintritt zu jeder Zeit und frei.

Südlich von Weyregg liegt **Steinbach,** der **Lieblingsort Gustav Mahlers,** an den noch sein Komponierhäuschen mit einer Dauerausstellung und im Sommer ein Mahler-Festival erinnern (www.mahler-steinbach.at). Bierfreunde werden die regionale **Handwerksbrauerei Bierschmiede** (www.bierschmiede.at) mögen, die man im Rahmen einer Führung besichtigen kann. Östlich von Steinbach erhebt sich der **Bramhosen** (950 m), der Hausberg des Ortes (Start Parkplatz Bierschmiede, 2,5 Std., 450 Hm, leicht).

Praktische Infos

■ **Kaisergasthof**③, Weyregger Straße 75, A-4852 Weyregg am Attersee, Tel. 07664 2202, www.kaisergasthof.at. Edel speisen im nostalgisch-romantischen k.u.k. Ambiente, auch ein Hotel②-③ gehört zu dieser Topadresse.

MEIN TIPP: **Restaurant Langostinos**②-③, Bahnhofstraße 4, A-4861 Schörfling am Attersee, Tel. 07662 29050, www.langostinos.at. Hier sollte Fisch im persönlichen kulinarischen Ranking ganz weit oben stehen.

■ **Under Pressure Divecenter** (Tauchschule), Landeroith 1, A-4852 Weyregg am Attersee, Tel. 0650 8000477, www.up-divecenter.at.

Attersee: Süd- und Westufer

Das Südufer des Attersees mutet bereits sehr alpin an. **Wanderungen und Klettertouren** sind ab **Weißenbach** und weiter westlich ab **Unterburgau** (bereits in Salzburg gelegen) möglich, z.B. im **Höllengebirge**. Ein kurzer, aber lohnender Abstecher (ca. 15 Minuten Fußweg) führt durch die eindrucksvolle **Burggrabenklamm.** Die höchste Erhebung in unmittelbarer Nähe ist der **Schoberstein** (1037 m, Start Fachbergbrücke in Weißenbach, 3,5 Std., 400 Hm, mittel). Wem der Attersee zu voll ist, der kann sich ab

Weißenbach an den **Haleswiessee** (nur zu Fuß erreichbar, 3 Std., 400 Hm, leicht) begeben. Auch das auf der gegenüberliegenden Seeseite befindliche **Unterach** ist für Wanderungen in der umliegenden Bergregion prädestiniert, z.B. im hiesigen Edelkastanienwald (Start Kirchenplatz in Unterach am Attersee, 1 Std., 150 Hm, leicht) oder hinauf zum kleinen **Egelsee** (Start Kirchenplatz in Unterach am Attersee, 1,5 Std., 250 Hm, leicht) bzw. auf die 1134 m hohe **Hochplettspitze** (Start Kirchenplatz in Unterach am Attersee, 3 Std., 650 Hm, mittel, Kondition notwendig). In **Nußdorf** lohnt neben einem Spaziergang auf der Seepromenade ein Besuch der Pfarrkirche zum heiligen Mauritius. Auch der **Ort Attersee** hat eine schöne Uferpromenade und mit der Wallfahrtskirche, dem **Bienenhof,** einer Imkerei mit Hofladen, die auch Führungen anbietet (www.bienenhofattersee.at), und der für Kunstfreunde aufschlussreichen **Atterseehalle** ein paar Sehenswürdigkeiten. Auf dem Weg hinauf auf den 808 m hohen **Buchberg** hat man tolle Blicke auf den See (Start Wanderparkplatz Attersee, 2 Std., 350 Hm, leicht). **Litzelberg** war ein beliebter Ausflugs- und Inspirationsort für *Gustav Klimt;* das auf einer Insel gelegene Schloss ist nicht öffentlich zugänglich, aber auf einer Seerundfahrt zu betrachten. Nicht direkt am See befindet sich **St. Georgen im Attergau,** das sich als Basis für eine Wanderung zum Attergauer Aussichtsturm auf dem **Lichtenberg** (Start Ortskern St. Georgen im Attergau, 2 Std., 250 Hm, leicht) anbietet oder zu einer rund 90-minütigen Tour auf dem **Keltenbaumweg** über den **Koglberg,** wenn man etwas über das **keltische Erbe** der Gegend erfahren möchte. In St. Georgen steht außerdem das wunderbare **Schloss Kogl** (www.schlosskogl.at). Zudem ist der Ort dank seines breiten Angebots an Sportaktivitäten – vom Bogen- bis zum Eisstockschießen – äußerst beliebt.

Praktische Infos

- **Boutiquehotel Aichinger**②-③, Am Anger 1, A-4865 Nußdorf am Attersee, Tel. 07666 8007, www.hotel-aichinger.at. Verwöhnen lassen kann man sich in diesem Boutique-Hotel knapp 750 m vom See – Sauna, Pool, Wellness und ein hervorragendes Restaurant② gehören dazu.
- **Das Attersee**②-③, Hauptstr. 2, Landungsplatz, A-4864 Attersee am Attersee, Tel. 0664 9278572, www.dasattersee.at. Schmankerl mit einem Hauch Nouvelle Cuisine gibt es in diesem wundervollen Lokal direkt am Wasser.
- **Scuba Consult** (Tauchschule), Europabad (Franz-von-Schönthan-Allee), A-4854 Weißenbach am Attersee, www.scubaconsult.at.

Mondsee und Umgebung

Südwestlich des Attersees liegt der knapp 14 km² große Mondsee. Anders als sein „großer Bruder" befindet er sich in **Privateigentum,** ist dabei aber an verschiedenen Stellen **auch öffentlich zugänglich.** Wunderschön ist die Lage des Sees, der praktisch komplett **von Berggipfeln umrahmt** wird: dies sind die **Kulmspitze** (1095 m) und der **Koppenstein** (1123 m) im Nordosten und Osten sowie der 1783 m hohe **Schafberg** (→ S. 280) im Südosten. Am markantesten sind jedoch die **Drachenwand** und der 1328 m **Schober,** die das Südwestufer überschatten. Der Mondsee hat seinen Namen wohl von den *Mannsee,* einem alten Adelsgeschlecht, eine andere Version ist die Sage, wonach sich einst Herzog *Odilo von Bayern* von der Drachenwand her näherte und den Mond erkannte, der sich im See spiegelte. Wie dem auch sei, die Gegend war bereits in der Jungsteinzeit besiedelt - archäologische Funde, auch hier u.a. in Form von Pfahlbauten, belegen dies –, und entsprechend ist für die Zeit von etwa 3800–3300 v. Chr. die Rede von einer **„Mondseekultur"**. Der **Hauptort heißt wie der See,** und in seinem ehemaligen Kloster befindet sich ein Museum zur Geschichte der Region. Die frühere **Stiftskirche** ist die sehenswerte, höchst imposante gelbe Basilika. **Am Nordufer** um Mondsee und im angrenzenden Schwarzindien finden sich die namhaftesten Strandbäder. Wer den See vom **Schiff** aus erleben möchte, kann dies ebenfalls von hier aus auf einer Rundfahrt tun (www.schifffahrt-mondsee.at). Eine hübsche Wanderung führt auf den **Almkogel** (1030 m, Start Gasthof Drachenwand in St. Lorenz, 3 Std., 550 Hm, Anspruch mittel) - einen tollen Fernblick über den See hat man auch vom **Seegruber,** noch in Mondsee, direkt am Waldrand gelegen, von wo man weiter auf den **Mondseeberg** (1029 m, Start Ortskern Mondsee, 3,5 Std., 550 Hm, Anspruch mittel) gehen kann.

Noch nicht genug der Seen? Auch der kleine, von Wald und Hügeln eingefasste **Irrsee** nördlich des Mondsees kann durchaus für familienfreundlichen Badespaß in exzellenter Wasserqualität empfohlen werden und ist dabei selten überlaufen. Der Hauptort **Zell am Moos** (www.zell-moos.at) bietet eine kleine, aber feine touristische Infrastruktur (Ba-

Ländliche Romantik:
Die Gegend um den Mondsee ist ein Naturparadies

oes_070 sb

deanlage, Bootsverleih), Wandermöglichkeiten rund um den unter Naturschutz stehenden See gibt es zuhauf.

Praktische Infos

- **Tourismusinformation Mondsee-Irrsee,** Dr. Franz Müller Straße 3, A-5310 Mondsee, Tel. 06232 2270, mondsee.salzkammergut.at.

MEIN TIPP: **Seegasthof Hotel Lackner③,** Mondseestraße 1, A-5310 Mondsee, Tel. 06232 23590, www.seehotel-lackner.at. Charmantes Hotel direkt am Seeufer. Auch das dazugehörige Restaurant② ist unbedingt einen Besuch wert.

MEIN TIPP: **Austria Camp,** Achort 60, A-5310 St. Lorenz, Tel. 0664 8326327, austriacamp.at. Spektakuläre Lage sowohl am Mondsee als auch am Drachensee mit Blick auf die Bergwelt des Salzkammerguts (ca. 30 km von Salzburg entfernt).

MEIN TIPP: **Camp MondSeeLand,** Punzau 21, A-5310 Mondsee, Tel. 06232 2600, www.campmondsee.at. Ein Camping-Paradies für Naturliebhaber umgeben von Bergen, Wiesen und Wäldern. Nicht direkt am Mondsee, aber nah zu diesem und dem Irrsee. Dank Pool und Abenteuerwald ideal für Familien mit Kindern.

- **Holzingerbauer**①-②, Oberburgau 12, A-5310 Scharfling am Mondsee, Tel. 0664 3459798. Entspannte Jausenstation mit zauberhaftem Blick über den Mondsee.
- **Langwallner**②, Kirchenplatz 2, A-4893 Zell am Moos, Tel. 06234 8207, www.langwallners.at. Beschauliches Gasthaus direkt am Hauptplatz von Zell.

MEIN TIPP: **Itzlroither Hofkäse,** Radau 11/1, A-4882 Oberwang, Tel. 06233 8308, www.kaesegut-mondseeland.at. Der hier erhältliche Mondseer Käse ist ein Gedicht für die Geschmacksnerven!

- **Seefest Mondsee,** großartiges Sommerfest direkt am See Ende Juli/Anfang August.

Bilderbuchidylle: der Mondsee mit der Drachenwand als gewaltiger Kulisse

oes_069 sb

Traunviertel

Das Traunviertel bezeichnet den **Südosten Oberösterreichs** und ist **nach der Traun benannt;** ursprünglich war es die nordwestliche Grenze zum Herzogtum Steiermark. Von den vier historischen Vierteln ist das Traunviertel das uneinheitlichste, mit einer Fläche von 4700 km² (fast 40% des Bundeslandes) aber auch das größte. Uneinheitlich deshalb, weil das durch die Traun geprägte Areal im Prinzip nur den **westlichsten Teil** ausmacht, nämlich das **Salzkammergut,** das bei Weitem die meisten Besucher anzieht. Es zeichnet sich durch seine **wun-**

oes_071 sb

dervollen **Badeseen** wie den Traunsee und den – vorrangig in Salzburg liegenden und dort beschriebenen – Wolfgangsee oder auch den geradezu mystisch anmutenden Hallstätter See aus. Nirgends sonst in Oberösterreich ist der **Esprit der k.u.k. Epoche** noch so lebendig wie in den Sommerfrischeorten Gmunden, Bad Ischl und Bad Goisern. Doch neben der Traun prägen weiter östlich die **Steyr** und die **Enns** sowie im Nordosten die **Donau** die Region. Aber auch **alpines Flair** fehlt im Traunviertel nicht, ob auf dem großartig abwechslungsreichen **Dachsteinmassiv,** weiter östlich im wild-schroffen **Naturpark Kalkalpen** oder im herrlichen **Pyhrn-Priel-Gebiet** nahe Windischgarsten. **Fantastische Kulturdenkmäler** finden sich ebenfalls vielerorts, z.B. im Benediktinerstift Kremsmünster oder in der Altstadt von Steyr. Aber das Traunviertel kann auch mit **unbekannteren Naturlandschaften** aufwarten, darunter z.B. das Almtal zwischen dem Traunsee und dem Kremstal, das Steyrtal um Molln oder das Ennstal bei Großraming. Einer der umfassendsten Weitwanderwege im Traunviertel ist der 150 km lange und auf elf Etappen angelegte **Kalkalpenweg** (www.kalkalpenweg.at) vom Ennstal ins Pyhrn-Priel-Gebiet und weiter auf die Wurzenalm. Auch **Radeln** ist an vielen Stellen eine gute Idee, wobei die bestausgebauten und einfachsten Routen definitiv im Norden liegen – so ist z.B. das entzückende Enns Pflichtprogramm auf dem Donauradweg.

Stilgerecht über den Traunsee tuckern? An Bord der „Gisela" ein Vergnügen!

Traunsee und Umgebung

Ähnlich wie der nahe gelegene Attersee ist auch der wunderschöne Traunsee ein einzigartiges Refugium für **Wassersport und Badespaß** – Segeln, Surfen, Kitesurfen, Tauchen und Wasserski gehören neben dem profanen Schwimmen in den Strandbädern zu den beliebtesten Sportarten. Doch die Seen unterscheidet viel. Während der Attersee rundherum besiedelt ist, weist der Traunsee speziell am Ostufer kaum Bebauung auf, denn hier ragt das **Felsmassiv des Traunsteins** in die Höhe, das an der höchsten Stelle 1691 m erreicht. Der Traunsee hat eine Fläche von über 24 km² und ist mit 191 m der tiefste See Österreichs. Auch auf dem Traunsee gibt es eine **Schifffahrtslinie** (www.traunseeschifffahrt.at), die über mehrere Schiffe verfügt, von denen der nostalgische Raddampfer „Gisela“ mit Sicherheit das populärste ist!

oes_072 sb

Gmunden

Die **Bezirkshauptstadt** Gmunden ist mit **13.400 Einwohnern** nach Bad Ischl die zweitgrößte Stadt des Salzkammerguts. Sie liegt am Nordufer des Traunsees und war im 19. Jahrhundert ein begehrter Urlaubsort für betuchte Sommerfrischler aus Wien. Wunderschön ist der **Rathausplatz** direkt an der Schiffsanlegestelle, wo das mintgrüne, orientalisch anmutende Rathaus steht und viele **mondäne Hotels** ihren Sitz haben. Nach Westen verläuft die „Esplanade“ genannte **Uferpromenade,** auf der man sich ein bisschen an die italienische Riviera erinnert fühlt – hier liegt auch der hübsche **Kurpark.** Östlich des Rathausplatzes befinden sich im **Kammerhof** neben Shops und Lokalen auch gleich fünf interessante Museen (www.gmunden.at/kultur-freizeit-tourismus/museum-aus stellungen/). Spaziergänge sind am **Traunuferweg** nach Norden (z.B. nach Laakirchen oder weiter zum Schloss Lindach) möglich. Die **Innenstadt** von Gmunden erstreckt sich zwischen Theatergasse und Kammergasse sowie vom Rathausplatz entlang der Kirchengasse und deren Parallelstraßen bis hin zur

< Ein Hauch von Morgenland: das Rathaus von Gmunden

Pfarrkirche, deren Südwand zwei monumentale Freskenbilder schmücken. Im Westteil der Innenstadt sind das **klassizistische Theatergebäude** und der kleine **Rinnholzplatz,** auf dem sich ein außergewöhnlicher Keramikbrunnen befindet, hervorzuheben. Apropos Keramik: Die Stadt ist für die sog. **Gmundner Keramik** mit ihrem charakteristischen weiß-grün geflammten Dekor berühmt.

Die meistbesuchte Sehenswürdigkeit ist das im Westteil der Stadt gelegene **Schloss Ort,** das eigentlich aus zwei Gebäudeeinheiten besteht, nämlich dem Landschloss und dem auf einer Landzunge erbauten, über eine Holzbrücke zu erreichenden Seeschloss. Das Schloss kann genau wie der dazugehörige **Toscanapark** besucht werden, hier befindet sich auch ein Restaurant. Südlich des Parks liegt das **Strandbad** der Stadt.

MEIN TIPP: **Seeschloss Ort,** Ort 1, A-4810 Gmunden, Tel. 07612 794400, www.gmunden.at/kultur-freizeit-tourismus/schloss-ort/, April bis Okt. Mo–Fr 10–15 Uhr, Sa/So 10–16 Uhr, Eintritt 5 €.

■ **Strandbad,** Dr.-Franz-Thomas-Straße 13, A-4810 Gmunden, Tel. 07612 64144, www.strandbad-gmunden.at, Mai und Sept. tägl. 10–18 Uhr, Juni tägl. 9–19 Uhr, Juli/Aug. 9–20 Uhr, Eintritt 6,90 €, ermäßigt 4,20 €.

In der Umgebung von Gmunden, in **Ohlsdorf,** liegt das **BernhardHaus,** ein Vierkanthof, den der Schriftsteller *Thomas Bernhard* (1931–89) 1965 zu seinem Landsitz auserkor.

■ **BernhardHaus,** Obernathal 2, A-4694 Ohlsdorf, Tel. 07612 64475, thomasbernhard.at, Führungen April bis Sept. Sa/So 14–17 Uhr, sonst nach Voranmeldung, Eintritt inkl. Führung 10 €, ermäßigt 5 €.

Praktische Infos

■ **Tourismusinformation Gmunden,** Toscanapark 1, A-4810 Gmunden, Tel. 07612 74451, traunsee-almtal.salzkammergut.at.

■ **Landhotel Grünberg**②, Traunsteinstraße 109, A-4810 Gmunden, Tel. 07612 77700, www.gruenberg.at. Direkt am See gelegenes Wohlfühlhotel, in dem man auch hervorragend speisen kann.

MEIN TIPP: **Seehotel Schwan**③, Rathausplatz 8, A-4810 Gmunden, Tel. 07612 633910, www.seehotel-schwan.at. Seit 1883 besteht dieses stillvoll-charmante Hotel, das durchaus als „erste Adresse" in Gmunden bezeichnet werden kann.

MEIN TIPP: **Restaurant & Galerie Tanglberg**②, Pettenbacherstraße 3–5, A-4655 Vorchdorf, Tel. 07614 8397, www.tanglberg.at. In einem ehemaligen Bürgerspital wird hervorragende regionale Küche geboten!

■ **Café-Konditorei Grellinger,** Franz-Josef-Platz 6, A-4810 Gmunden, Tel. 07612 64153, konditorei-grellinger.at. Süße Verführungen wie aus Kaisers Zeiten.

Am Ostufer des Traunsees

Wie gesagt: Das Ostufer des Traunsees dominieren die **Berghänge des Traunsteins** (1691 m). Unten am Ufer verläuft die **Traunsteinstraße** etwa 6 km nach Süden, doch gibt es hier nur eine Handvoll Seegasthöfe, einige Parkstreifen und Parkplätze für Wanderer und ein paar Stellen, an denen das Baden im See möglich ist. Noch in Gmunden, auf der Ostseite der Traun, liegt die Bergstation der **Seilbahn** (gruenberg.info), die auf den **Grünberg,** den 1004 m hohen Hausberg der Gegend, hinaufführt. Wer wandern will, sollte sich zum **Laudachsee** (Start Gasthaus „Franzl im Holz", 2 Std., 250 Hm, einfach, familientauglich) südöstlich des Grünberggipfels aufmachen.

Von der besagten Traunsteinstraße sind ebenfalls interessante **Wanderungen** möglich, etwa zur **Kaltenbachwildnis** (Start Gasthof Hoisn, 1,5 Std., 200 Hm, leicht) oder über den parallel zum Ufer verlaufenden sog. **Miesweg** (Start Parkplatz „Unterm Stein", 1,5 Std., 200 Hm, leicht). Der Aufstieg auf den Traunstein (Start Umkehrplatz / Einstieg Lainaubrücke, 5,5 Std., 1350 Hm, schwierig, man bewegt sich auf einem Klettersteig) ist nur erfahrenen Alpinisten zu empfehlen, einfacher hingegen ist eine Wanderung auf den **Kleinen Schönberg** (Start Traunstein Parkplatz, 2 Std., 450 Hm, Anspruch mittel) in 895 m Höhe. Im Südteil des Ostufers (nur ab Ebersee zu erreichen) sind speziell der 1575 m hohe **Erlakogel** (Start Parkplatz Freizeitanlage Rindbach, 2 Std., 1150 Hm, Anspruch mittel) und im Gasselkogel die **Gassel-Tropfsteinhöhle** (nur auf einer Führung zu besuchen) spannende, aber relativ wenig besuchte Attraktionen. Dies gilt auch für den weiter südlich, fast schon an der steirischen Grenze gelegenen **Offensee,** der sich für einen besinnlichen Spaziergang eignet (den See erreicht man nur motorisiert, ein Rundweg um den See dauert etwa 90 Minuten).

Gasselhöhle, Karbertal, A-4802 Ebensee, Tel. 0680 1127544, gasselhoehle.at, Mai bis Mitte Sept. Sa/So 9–16 Uhr, Führung 11 €, ermäßigt 6 €.

Am Westufer des Traunsees

Südwestlich von Gmunden liegt **Altmünster** mit Segel- und Surfclubs und einem Seebad. Geschichtlich interessant ist die gotische Pfarrkirche mit dem sehr wehrhaft wirkenden Turm. Etwa 7 km südlich ist **Traunkirchen** der wohl berühmteste Ort am Traunsee. Es sind vor allem der **Johannesberg,** ein Felsen, der in den See hineinragt und auf dem majestätisch die kleine **Johannesbergkapelle** thront, und das atemberaubende Bergpanorama dahinter, die als meistfotografierte Sujets sinnbildlich für Traunkirchen stehen. Man sollte sich unbe-

oes_073 sb

dingt auf den Berg begeben und bei Interesse auch das ebenfalls auf der Landzunge liegende **Handarbeitsmuseum** aufsuchen. Sehenswert im Ort sind ferner die Pfarrkirche und der danebenliegende Kalvarienberg.

■ **Handarbeitsmuseum,** Klosterplatz 2, A-4801 Traunkirchen, Tel. 0664 5401364, www.goldhauben.info/handerbeitsmuseum, Mai bis Okt. Fr–So 14–17 Uhr, Juli und Aug. auch Do 14–17 Uhr, Eintritt 3 €, Kinder frei.

Am Südufer des Traunsees liegt **Ebensee,** das jahrhundertelang von der Salzproduktion lebte. In der NS-Zeit war es Standort eines Nebenlagers des KZ Mauthausen, in dem fast 8800 Häftlinge den Tod fanden. Die **KZ-Gedenkstätte** und das **Zeitgeschichte Museum Ebensee** erinnern daran; neben einer Ausstellung sind auch Führungen über das ehemalige Lagergelände möglich.

■ **KZ-Gedenkstätte Ebensee/Zeitgeschichte Museum Ebensee,** Kirchengasse 5, A-4802 Ebensee, Tel. 06133 5601, memorial-ebensee.at, Museum März bis Mitte Juni Di–Sa 10–17 Uhr, Mitte Juni bis Sept. Di–So 10–17 Uhr, Okt. bis Febr. Di–Fr 10–17 Uhr, Eintritt 7 €, ermäßigt 4,50 €, KZ-Gedenkstätte Mai bis Mitte Juni Sa/So 10–17 Uhr, Mitte Juni bis Mitte Sept. Di–So 10–17 Uhr, Ende Sept. Sa/So 10–17 Uhr, Eintritt 7 €, ermäßigt 4,50 €.

Westlich des Ortes erstreckt sich das verkarstete **Höllengebirge,** das sich über 17 km bis hin zum Attersee zieht, östlich liegt der angesprochene **Gasselkogel**.

☐ Keine Frage, der Traunsee gehört zu den fotogensten Gewässern Österreichs

Von Ebensee gelangt man per Seilbahn auf den 1592 m hohen **Feuerkogel,** der auch als Basis für Wanderungen auf den höchsten Gipfel des Gebirges, den **Großen Höllkogel** (1862 m, Start Seilbahn-Bergstation am Feuerkogel, 3,5 Std., 550 Hm, Anspruch mittel), dient. Oberhalb des Gebirgszuges verläuft das ca. 8 km lange **Langbathtal** bis zu den beiden türkisgrünen **Langbathseen** (Start für eine Rundwanderung ist der Parkplatz des großen Langbathsee, 1,5 Std., keine Steigung, leicht), von denen der vordere ein beliebter Badesee ist. In der Umgebung sei auch die wenig besuchte **Hochsteinalm** (907 m, Start Gasthaus Zur Kreh, 2,5 Std., 650 Hm, Anspruch mittel, wildromantisch) empfohlen.

Praktische Infos

■ **Informationsbüro Traunkirchen,** Ortsplatz 1, A-4801 Traunkirchen, Tel. 07617 2255, www.traunkirchen.at.

■ **Almgasthof Windlegern**①-②, Kollmannsberg 122, A-4814 Neukirchen, Tel. 07617 2844, www.windlegern.at. Über dem Traunsee gelegener Gasthof mit einfachen Gästezimmern und bodenständiger Küche②.

MEIN TIPP: **Poststube 1327**②, Ortsplatz 5, A-4801 Traunkirchen, Tel. 07617 2307, www.hotel-post-traunkirchen.at. Altehrwürdiges Hotel direkt am See mit einem beliebten Restaurant für ausgefallen zubereitete einheimische Kost.

MEIN TIPP: **Das Traunsee**②-③, Klosterplatz 4, A-4801 Traunkirchen, Tel. 07617 2216, www.dastraunsee.at. Edles Seehotel mit garantiertem Wohlfühlfaktor. Das zugehörige Restaurant Bootshaus②-③ gilt als eines der exklusivsten weit und breit.

■ **Strandcamping Traunkirchen,** Uferstraße 46, A-4801 Traunkirchen, Tel. 0660 3845070, strandcamping-traunkirchen.jimdofree.com. Angenehmer kleiner Campingplatz für 20 Wohnwagen bzw.

Wohnmobile und rund 20 Zelte mit eigenem Seezugang. Auch elf Betten in vier Räumlichkeiten.

■ **Glöcklerlauf** (Traunkirchen), am Abend des 5. Januar sind „Passen" – mit farbenprächtigen, von innen beleuchteten Glöcklerkappen verkleidete Personen – unterwegs und singen alte Weihnachts- und Krippenlieder.

■ **Antlasssingen** (Traunkirchen), am Abend des Gründonnerstags geht die Dorfbevölkerung an Stationen, die an die Leiden Christi gedenken, entlang durch den Ort.

■ **Fronleichnam** (Traunkirchen), Fronleichnamsprozession auf dem See.

Almtal und Umgebung

Östlich des Traunsees verläuft das vergleichsweise wenig touristisch besuchte Almtal, das seinen Namen der **Alm** verdankt, einem Fluss, der am **Almsee** etwa 4 km nördlich der steirisch-oberösterreichischen Grenze entspringt und etwa bei Bad Wimsbach-Neydharting in die Traun mündet. Das Almtal erstreckt sich auf etwa 40 km und verläuft äußerst idyllisch zwischen den **Trauntaler Alpen** im Westen und den **Steyrtaler Voralpen** im Osten; südlich des Almsees liegt das **Tote Gebirge** mit viel unberührter Natur und wahrlich traumhaften Rückzugsgebieten.

Wer aus Gmunden kommt, sollte zunächst im Sensendorf **Scharnstein** halten, wo noch bis 1987 Sensen produziert wurden. In einem originalgetreu erhaltenen **Sensenwerk** erfährt man einiges zum Thema. Im Ort steht auch ein Schloss, in dem sich ein **Kriminalmuseum** befindet.

■ **Sensenmuseum Geyerhammer,** Grubbachstraße 10, A-4644 Scharnstein, Tel. 0650 3912720, www.sensenmuseum.at, Mai bis Okt. Sa/So 10–12 und 14–16 Uhr, Eintritt 5 €, ermäßigt 3 €.

■ **Kriminalmuseum im Schloss Scharnstein,** Schloßberg 12, A-4644 Scharnstein, Tel. 0664 3005 677, scharnstein.kriminalmuseum.at, Mai bis Okt. Sa/So 10–17 Uhr, Juli und Aug. auch Do/Fr 10–17 Uhr, Eintritt 11 €, ermäßigt 6 €.

Weiter südwärts kommt man nach **Grünau,** wo die **Konrad Lorenz Forschungsstelle der Universität Wien** ansässig ist. *Konrad Lorenz* (1903–89) war als Verhaltensforscher weltberühmt – z.B. für seine Studien über die Graugänse –, doch war er auch ein Verfechter der nationalsozialistischen Rassentheorie, weshalb sein Leben und Werk nicht kritiklos gesehen werden.

Ab Grünau erreicht man nach Osten hin per Mautstraße oder Bergbahn die Gebirgsregion um die **Hochbergalm** (1132 m) und den **Kasberg** (1747 m), wo herrliche **Wanderungen** und **Wintersport** (kasberg.at) möglich sind. Speziell für Familien mit Kindern mag außerdem der **Cumberland Wildpark** spannend sein; auf einer Fläche von 60 Hektar leben rund 500 Tiere, darunter Bären, Elche, Wisente und Wölfe.

Cumberland Wildpark, Fischerau 12, A-4645 Grünau im Almtal, Tel. 07616 8425, wildpark.at, April bis Okt. tägl. 9–17 Uhr, Nov. bis März tägl. 10–16 Uhr, Eintritt 12 €, ermäßigt 6,50 €.

Ganz im Süden des Almtals liegt der oben erwähnte **Almsee,** ein Kleinod der Superlative, den man zu Fuß umrunden

[>] Wo einst der Kaiser auf Sommerfrische war: das schmucke Bad Ischl

kann (Start Parkplatz Almsee, 1,5 Std., keine Steigung, leicht, familienfreundlich). Weiter östlich, in einem weltfernen Waldgebiet, laden auch die beiden **Ödseen** zu bezaubernden Spaziergängen ein. In der gesamten Gegend werden unter dem Motto **„Waldness"** – einer Kombination aus Wald und Wellness – Retreats und Wanderungen durch die Wälder und zu sog. Heilplätzen angeboten (www.waldness.info).

Praktische Infos

■ **Taverne Silmbroth**①-②, Viechtwang 23, A-4644 Scharnstein, Tel. 07615 2254, www.silmbroth.at. Urige Taverne mit viel Fleischigem.

Bad Ischl und Umgebung

Die Briten haben Brighton, die Italiener Portofino, die Franzosen St. Tropez und die Österreicher eben Bad Ischl. Kaum einer anderen Stadt zwischen Bregenz und Kittsee eilt ein derartiger **Ruf von Noblesse und Extravaganz** voraus wie dem **weltberühmten Kurort,** der einst bei der k.u.k. Hofaristokratie und ihren vermögenden und kunstschaffenden Untertanen en vogue war. Für das Jahr 2024 wurden Bad Ischl und das Salzkammergut zur europäischen Kulturhauptstadt gewählt. Mit **14.200 Einwohnern** ist es nicht nur die größte Stadt des Salzkammerguts, sondern auch dessen administratives Zentrum. Über Jahrhunderte wurde hier der **Salzabbau** betrieben, und es war der Wiener Arzt *Franz Wirer,* der zusammen mit dem Salinenphysikus *Josef Götz* die Wirkung von Solebädern erprobte und 1823 das erste **Ischler Heilsolebad** gründete. Kurz darauf stieg Ischl zu einem Kurort von europäischer Bedeutung auf und zog **namhafte Gäste** von nah und fern an. Als Blütezeit des Ortes, zumindest in

oes_076 sb

Zuckersüße Verführung – Café und Konditorei Zauner

Wien ist weltweit bekannt für seine Kaffeehäuser und Mehlspeisen. Es lag also nahe, dass **Kaiser Franz Joseph I.** bei seinen Sommerfrischeaufenthalten in Ischl auch dort in gleichem Maße verwöhnt werden wollte, und so holte man den **Wiener Zuckerbäcker und Weinhändler Johann Zauner** (1803–68) als k.u.k. Hoflieferanten für süße Verführungen ins Salzkammergut. Seine Konditorei war von Anfang an ein voller Erfolg; neben den adeligen Habsburgern verkehrten dort auch viele andere berühmte Gäste. Bis heute lebt die Legende dieses einmaligen „Mehlspeisentempels" fort, weshalb ein Besuch im **Café-Restaurant Zauner** auf der Esplanade oder in der **Konditorei Zauner** in der Pfarrgasse unbedingt zu einem Aufenthalt in Bad Ischl dazugehören. **Berühmt** sind die Ischler Oblaten und der daraus gefertigte Zaunerstollen (zerkleinerte Oblaten, die mit einer nougatartigen Haselnuss-Schokolade vermischt werden), aber auch die Zaunerkipferl, die Ischler Törtchen und der Schratt-Gugelhupf sind mehr als suchtverdächtig.

■ Mehr **Infos** unter www.zauner.at und natürlich vor Ort im Café-Restaurant Zauner (Hasnerallee 2, A-4820 Bad Ischl, Tel. 06132 23722) und in der Konditorei Zauner (Pfarrgasse 7, A-4820 Bad Ischl, Tel. 06132 2331020).

einem verklärten Sinne bzw. nostalgischen Andenken an die „glorreiche" Kaiserzeit, werden die Jahre 1849–1914 gesehen, als Ischl die **kaiserliche Sommerresidenz** von Kaiser *Franz Joseph I.* und seiner Ehefrau *Elisabeth (Sisi)* war. Die beiden verlobten sich im damaligen Seeauerhaus (Hotel Austria), das heute das **Stadtmuseum** (www.stadtmuseum.at) beherbergt. An diese „glanzvollen" Zeiten erinnert noch die **Kaiservilla** mit dem **Kaiserpark,** in dem sich das **Marmorschlössl** – einst *Sisis* Teehaus und heute ein Fotomuseum – befinden. Südlich der Ischl liegt das **Stadtzentrum,** in dem die geräumige **Stadtpfarrkirche** und die **Trinkhalle**, ein Pavillon im klassizistischen Stil mit korinthischen Säulen (hier ist die Tourismusinformation untergebracht), sehenswert sind. Gleich gegenüber kommt man zum Kurhaus mit dem modernen **Eurothermen Resort.**

■ **Eurothermen Resort,** Voglhuberstraße 10, A-4820 Bad Ischl, Tel. 06132 204-0, www.eurothermen.at/bad-ischl, tägl. 9–24 Uhr, Eintritt ab 25,50 €, ermäßigt ab 20 €.

Etwas weiter nördlich steht das **Lehártheater,** benannt nach **Franz Lehár** (1870–1948), dem Komponisten so bekannter Werke wie „Graf von Luxemburg" oder „Lustige Witwe", der hier wie auch *Johann Strauß* oft dirigierte (heute Kino und Veranstaltungsort).

Westlich der Pfarrkirche breitet sich der elegante **Kurpark** aus, in dessen Mitte das **Kongress & Theaterhaus** steht, in dem u.a. alljährlich das **Lehár-Festival** (www.leharfestival.at) stattfindet. Südlich vom Park verläuft die Traun mit der **Uferpromenade Esplanade,** die vor allem wegen des hier ansässigen **Café-Restaurant Zauner** (→ Exkurs) seit Kaiserzeiten berühmt ist. Jenseits der Traun beherbergt die **Lehár-Villa** ein Museum zum Lebenswerk des Musikers (www.leharvilla.at). Für einen Rundblick über die Stadt sollte man sich auf die Aussichtswarte auf dem 599 m hohen **Siriuskogel** begeben (ca. 20-minütiger Fußweg, 150 Hm), wo ein beliebtes Ausflugslokal mit Haubenküche wartet. Etwas gebirgiger geht es auf der 1542 m hohen **Katrin** zu, die man ab Bad Ischl per Seilbahn (www. katrinseilbahn.com) erreicht. Unweit der Talstation lohnt die **Ruine Wildenstein** einen Besuch (Start Parkplatz Talstation Katrin Seilbahn, 1,5 Std., 150 Hm, leicht). Weitere reizende Naherholungsgebiete im Umland sind der idyllische **Nussensee** westlich der Stadt, der bewaldete **Jainzenberg** (835 m) nördlich (Start Bad Ischl, Ortsteil Jainzen, 2 Std., 250 Hm, leicht, angeblich war dies die Lieblingstour von Kaiserin Elisabeth) sowie das **Rettenbachtal,** das sich nach Osten hinzieht.

Praktische Infos

■ **Tourismusinformation Bad Ischl,** Auböckplatz 5 (Trinkhalle), A-4820 Bad Ischl, Tel. 06132 27757, badischl.salzkammergut.at.

■ **Gasthaus Siriuskogl**③, Sulzbach 70, A-4820 Bad Ischl, Tel. 0660 7346302, siriuskogl.at. Starkoch Christoph „Krauli" Held serviert moderne österreichische Küche.

■ **Hotel Goldenes Schiff**②, Adalbert-Stifter-Kai 3, A-4820 Bad Ischl, Tel. 06132 24241, www.goldenes-schiff.at. Modern ausgestattetes Hotel im Zentrum von Bad Ischl in ruhiger Lage an der Traun.

■ **k.u.k. Hofbeisl & k.u.k. Hofwirt**②, Wirerstraße 2, A-4820 Bad Ischl, Tel. 0664 1528684, kukhofwirt.com. Zwischending aus Bar, Gastwirtschaft und Event-Location.

■ **Chorwettbewerb,** alle zwei Jahre (nächster Termin ist 2026) im April treten internationale Chöre im Rahmen dieses Wettbewerbs auf.

☐ Überall erinnert etwas an die „gute" alte Zeit: Bad Ischl lebt nicht schlecht von seiner Vergangenheit

oes_074 sb

Ein Blick in die Vergangenheit – die Hallstattkultur

1846 wurde von dem Bergwerksbeamten und archäologischen Laien *Johann Georg Ramsauer* (1795–1874) auf dem **Salzberg** oberhalb von Hallstatt ein **ausgedehntes Gräberfeld** entdeckt und zum Teil ausgegraben. Es handelte sich um über 1000 Gräber, viele mit beigelegten Fibeln, Gürteln, Schmuck, Nadeln und Waffen. Fast 20.000 Objekte wurden geborgen und vieles davon von *Ramsauer* und dem Bergmann *Isidor Engl* akribisch dokumentiert und skizziert. Im Jahr 1874 wurde die Epoche, aus der die Gräber nachweislich stammten, von dem schwedischen Prähistoriker *Hans Hildebrand* als **Hallstattzeit bzw. -kultur** benannt. Gemeint ist der Zeitabschnitt von 800–450 v. Chr. in der Älteren Eisenzeit. Sie schließt an die Bronzezeit an und war u.a. von **Bergbau und regem Handel** gekennzeichnet. So stammen zahlreiche Grabbeigaben des Gräberfeldes aus weit entfernten Produktionsstätten und zeugen vom Warenaustausch der Hallstätter in ganz Europa und darüber hinaus.

Wer mehr zur Hallstattkultur erfahren möchte, sollte das besagte Gräberfeld und die dazugehörige **Ausstellung** in Hallstatt sowie das Naturhistorische Museum in Wien (→ S. 53) besuchen. Übrigens hat das Wort **„Hall“,** das sich in zahlreichen österreichischen Ortsnamen (Bad Hall, Hall, Hallein, Hallstatt usw.) findet, seinen Ursprung im altgriechischen „háls“ für „Salz“.

- **Kaisertage Bad Ischl,** rund um den 18. August wird der Geburtstag des Kaisers *Franz Josef* mit viel Pomp und Kostümen gefeiert.

Bad Goisern und Umgebung

Wenige Kilometer südlich von Bad Ischl liegt der malerische Ort **Lauffen** mitten im bewaldeten Trauntal an einer Engstelle des Flusses, wo einige Stromschnellen und Strudel auftreten. Etwas weiter südlich folgt das 7600 Einwohner zählende **Bad Goisern,** bekannt für seine **vielfältigen kulturellen und sportlichen Veranstaltungen** wie dem Radrennen „Salzkammergut Mountainbike Trophy“, dem alternativen Musikfestival „Kunstmue Festival“, dem „Bläserurlaub“ (internationale Meisterkurse für Blasmusik), dem Oldtimer-Rennen „Goisern Classic“ etc., aber auch für die hier gefertigten „Goiserer Bergschuhe“ (mundartlich: „grobgnate Schua“) sowie unter Langläufern. Auffallend im Ort sind neben der **Pfarrkirche** mit den Tafelbildern des Salzburger Meisters *Rueland Frueauf d.Ä.* (1440–1507) speziell das **Heimat- und Landlermuseum** sowie das **Freilichtmuseum in der Anzenaumühle,** beide mit vielen Informationen zu den hiesigen Traditionen und der Geschichte der Region.

Bad Goisern führt den Zusatz „am Hallstätter See“, liegt aber noch nördlich von diesem an der Traun. Das sich südlich anschließende **Steeg** hingegen befindet sich am Nordufer des Hallstätter Sees. **Wanderungen** in der Umgebung führen ins **Tote Gebirge,** und zwar entweder auf die **Jochwand** mit der Aussichtswarte (Start Ortsmitte Bad Goisern, 3 Std., 350 Hm, Anspruch mittel,

oes_303 dk

teilweise sehr schmale Wege) oder den auch bei Kletterern beliebten **Predigtstuhl** (1278 m, Start Gasthof Predigtstuhl, 3 Std., 250 Hm, Anspruch mittel) sowie auf die westlich davon gelegene **Ewige Wand** (1183 m, Start Bahnhof Solebad Bad Goisern, 4,5 Std., 800 Hm, Anspruch mittel). Technisch nicht uninteressant ist die im Weißenbachtal gelegene **Chorinsky-Klause,** ein zu Beginn des 19. Jahrhunderts erbautes Stauwerk, mit dem das Wasser des Weißenbachs zur Holztrift eingesetzt wurde.

Praktische Infos

- **Tourismusinformation Dachstein-Salzkammergut,** Kirchengasse 4, A-4822 Bad Goisern am Hallstätter See, Tel. 05 95095, dachstein.salzkammergut.at.
- **Gasthaus Steegwirt②**, Au 12, A-4822 Bad Goisern, Tel. 06135 8302, www.steegwirt.at. Hübsche Gästezimmer und eine hervorragende Auswahl lokaler Spezialitäten①-② gibt es in diesem bemerkenswerten Gasthaus.
- **Glöcklerlauf,** jedes Jahr am 5. Januar findet wie andernorts im Salzkammergut dieser Lauf von sog. Schönperchten (→ Exkurs S. 296) statt – als gute Lichtgeister verkleidete Personen sollen die Rauhnachtsgeister vertreiben.
- **Gamsjagatage,** www.gamsjagatage.goisara.at. Eine Brauchtumsveranstaltung mit viel Tracht, Volksmusik und Bierzeltstimmung Ende August.
- **Der Goiserer,** Untere Marktstr. 9, Tel. 0664 4643234, www.dergoiserer.at. Die perfekte Adresse für handgenähte Maßbergschuhe.

Hallstatt und Umgebung

Keine 2 km sind es von Bad Goisern bis zum Nordufer des **Hallstätter Sees.** Mit einer Gesamtfläche von 8,5 km² und einer maximalen Tiefe von 125 m **einer der meistbesuchten Seen** des Salzkam-

⌃ Bilderbuchreif und eindrucksvoll: Hallstatt am Hallstätter See

oes_075 rk

Ja, wo sind sie denn? Ein ruhiger Moment ohne Touristen in den Gassen von Hallstatt

mergutes, präsentiert er sich grundlegend anders als die umliegenden Bade- und Freizeitgewässer. Der Hallstätter See liegt am nördlichen Fuß des imposanten **Dachsteinmassivs,** im Westen wird er durch den **Plassen,** im Osten durch den **Sarstein** begrenzt. Die steilen Felshänge und die abrupt abfallenden Ufer lassen ihn düster, ja teilweise direkt bedrohlich wirken. Direkt am Seeufer liegen nur zwei Orte, nämlich **Obertraun** und das weltberühmte **Hallstatt.** Weltberühmt einerseits durch den Fund eines Gräberfeldes aus der älteren Eisenzeit im Jahre 1846, andererseits weil der kleine Ort wie kaum ein anderer noch historisch erhalten ist. Leider hat diese „Fotoidylle" ihren Preis. Das gerade einmal 730 Einwohner zählende Hallstatt hat bei jährlich bis zu 900.000 Besuchern mit dem Problem des **„Overtourism"** zu kämpfen. Der Ort ist regelmäßig komplett überlaufen, Busse und Autos mit Touristen aus aller Welt verstopfen die Parkplätze, der örtliche Supermarkt verkauft nur noch Snacks und Souvenirs zu überteuerten Preisen und viele Besucher respektieren die Privatsphäre der Einheimischen nicht, da sie denken, Hallstatt sei ein Freilichtmuseum.

Seit 2020 versucht die Ortsverwaltung durch Einfahrtslots für Busse und eine Mindestaufenthaltsdauer die Situation zu entschärfen. Dennoch macht es Sinn, Hallstatt **möglichst früh oder** ab dem **späten Nachmittag** zu **besuchen,** wenn die Besucherströme nachlassen.

Im Ort ist ein **Spaziergang** entlang der Gassen an den steilen Hängen, am Seeufer und auf dem kleinen Marktplatz empfehlenswert. Etwas oberhalb von diesem liegt die Pfarrkirche mit dem dazugehörigen Friedhof und dem „Karner" genannten **Beinhaus,** in dem 610 kunstvoll bemalte Totenschädel und Knochen von exhumierten Verstorbenen lagern. Im **Museum Hallstatt** findet sich eine umfangreiche Sammlung von Fundstücken aus der Hallstattkultur bzw. -zeit (800–450 v. Chr.).

■ **Museum Hallstatt,** Seestraße 56, A-4830 Hallstatt, Tel. 06134 8280, www.museum-hallstatt.at, Jan. bis März, Nov. und Dez. Mi–So 11–15 Uhr, April und Okt. tägl. 10–16 Uhr, Mai bis Sept. tägl. 10–18 Uhr, Eintritt 10 €, ermäßigt 8 €.

Die Umgebung des Ortes ist – wohl bereits seit 3500 Jahren – für den **Salzbergbau** bekannt. Oberhalb von Hallstatt befindet sich das **Salzbergwerk,** in dem man Teile der Stollen („Salzwelten") besuchen kann. Hier oben – man gelangt per Standseilbahn hinauf – finden sich auch das erwähnte **prähistorische Gräberfeld** samt Ausstellung und ein **Skywalk,** der über dem See „schwebt".

■ **Salzwelten Hallstatt,** Salzbergstraße 21, A-4830 Hallstatt, Tel. 06132 2002400, www.salzwelten.at, Mitte Mai bis Ende Okt. tägl. 9.30–16.30 Uhr, Ende Okt. bis Anfang Jan. tägl. 9.30–14.30 Uhr, Eintritt ab 27 €, ermäßigt ab 13,50 €.

Wer das See- und Bergpanorama lieber vom Wasser aus erleben möchte, sollte eine Rundfahrt mit dem **Schiff** buchen (hallstattschifffahrt.at). Und wer dem Trubel komplett entfliehen will, der folgt dem **Waldbach** nach Westen hin durch das bezaubernde **Echerntal**. Mehrere Wanderungen sind hier möglich (Dauer 1,5–4 Std.), wobei die **Hauptsehenswürdigkeiten** der Gletschergarten, der Ursprung des Waldbaches und der sensationelle Waldbachstrub-Wasserfall sind.

Praktische Infos

■ **Tourismusinformation Hallstatt,** Seestraße 114, A-4830 Hallstatt, Tel. 05 9509530, www.hallstatt.net.

MEIN TIPP: **Hallstatt Hideaway**③, Dr.-Friedrich-Morton-Weg 24, A-4830 Hallstatt, Tel. 0699 10483024, www.hallstatt-hideaway.com. Edles Boutique-Hotel mit luxuriös ausgestatteten Suiten.

■ **Seehotel Grüner Baum**③, Marktplatz 104, A-4830 Hallstatt, Tel. 06134 82630, www.gruenerbaum.cc. Elegantes Hotel aus dem 18. Jahrhundert direkt am historischen Marktplatz und am Hallstätter See. Auch gut essen②-③ kann man hier.

■ **Seeprozession,** am Fronleichnamstag findet alljährlich eine weithin bekannte Seeprozession statt, bei der die „Fuhr" und „Mutzen" genannten Altarschiffe verkehren.

Gosau und Umgebung

Etwa 15 km nordwestlich von Hallstatt liegt **Gosau,** einer der idealsten Wanderorte des Salzkammerguts. Inmitten der **grandiosen Berglandschaft** verläuft das **Tal des Gosaubaches,** und praktisch von überall hat man überwältigende Blicke hinauf zum fantastischen Gebirgspanorama um den fabelhaften **Dachstein.** Gosau war wie Hallstatt ein Ort des **Salzabbaus,** und ähnlich wie manch anderer Ort in der Gegend weist es noch heute mit 71% eine **protestantische Bevölkerungsmehrheit** auf. Gosau selbst zählt nur wenig „echte" Sehenswürdigkeiten, dafür ist es Ausgangspunkt für die Erkundung der umliegenden Berge.

Ab dem recht weit gestreuten Ort sollte man sich südwestlich bis zum **Gosauer Stausee** halten. Wenig weiter folgt die **Talstation des Panorama-Jets** auf die **Zwieselalm** (1475 m), die Teil der **Skiregion Dachstein West** (www.dach

oes_304 dk

Fantastisches Panorama: vom Dachstein blickt man über den Hallstätter See und weit ins Salzkammergut

stein.at) ist und sich auch bei Winterwanderern und Schneeschuhgehern größter Beliebtheit erfreut. Doch auch ohne Schnee ist das Gebiet hier oben paradiesisch und bietet verschiedene **Wanderungen und Klettersteige** aller Schwierigkeitsgrade.

Folgt man hingegen dem Tal nach Süden, erreicht man den **Vorderen Gosausee,** einen klaren Bergsee, in dem sich das Dachsteinmassiv spiegelt und der so für klassische Postkarten-Idylle sorgt. Vom Vorderen Gosausee führt die **Gosaukammbahn** ebenfalls hinauf zur Zwieselalm, alternativ kann man vom See aus auf die großartige **Ebenalm** (Start Parkplatz Vorderer Gosausee, 1,5 Std., 250 Hm, leicht) in 1157 m aufsteigen. Und auch am **Hinteren Gosausee** gute 3 km weiter südöstlich ist die wilde Alpinlandschaft einfach nur surreal schön.

■ **Tourismusinformation Gosau,** Gosauseestraße 5, A-4824 Gosau, Tel. 05 9509520, www.gosautal.net.

Dachstein und Umgebung

Am Ostufer des Hallstätter Sees liegt **Obertraun,** das – zumindest von oberösterreichischer Seite aus – Ausgangspunkt für Touren auf das **Dachsteinmassiv** (www.dachstein.at) ist. Höchster Punkt dieser Gebirgsgruppe der Nördlichen Kalkalpen ist der **Hohe Dachstein** mit 2995 m. Er liegt unmittelbar auf der Landesgrenze von Oberösterreich und der Steiermark und bildet den höchsten Berg beider Bundesländer. Doch auch zahlreiche weitere Gipfel ragen auf dem rund 810 km² großen Areal in die Höhe, von denen der **Torstein** (2948 m), der **Mitterspitz** (2925 m), der **Große Koppenkarstein** (2865 m) und der **Hohe Gjaidstein** (2794 m) die höchsten sind. Alpenvereinshütten, ein **vielfältiges Wanderwegenetz,** Klettersteige, Paragleiter-Rampen, Höhlen und gleich mehrere **Wintersportgebiete** erschließen das Dachsteinmassiv für den Tourismus. Speziell für Ski- und Snowboardfahrer ist das Areal sogar fast ganzjährig attraktiv, denn hier befindet sich die flächenmäßig **größte Gletscherlandschaft der Nördlichen Kalkalpen.** Auch für Familien mit Kindern ist ein Besuch spannend, finden sich doch vor Ort

Spielplätze, Streichelzoos u.v.m. Am Nordabfall des Dachsteins, also noch im Tal der Traun, lädt die **Koppenbrüllerhöhle** zu spannenden, familientauglichen Führungen ein. Ab Obertraun führt die **Krippenstein-Seilbahn** zunächst zur Mittelstation an der **Schönbergalm** (1338 m), wo die **Rieseneis-** und die **Mammuthöhle** erkundet werden können. Erstere kann auf einer Führung (eine Stunde) besucht werden, die Hauptsehenswürdigkeiten hier sind die Eiskapelle mit ihren bizarren Kegeln und Domen, die Gralsburg sowie die Überquerung der Hängebrücke. Die Mammuthöhle zählt mit 67 km zu den längsten und bedeutendsten Höhlen in Österreich, wobei Besucher auf einem Rundweg nur etwa 1 km begehen können. Eine zweite Seilbahn führt weiter hinauf auf den **Krippenstein** (2100 m), wo speziell die **Welterbespirale** und **5fingers,** zwei sensationelle Aussichtsplattformen, die Besucher anziehen, aber auch diverse **Rundwanderwege** darauf warten, begangen zu werden. Eine weitere Seilbahn führt wieder leicht bergab auf die **Gjaidalm** (1738 m), die als Basis für verschiedenste Wanderungen auf der Hochfläche und bis an den Nordrand des Gletschers gilt.

Wer die Attraktionen am **Südrand des Massivs** (um den Hunerkogel) – wie die spektakulären Aussichtsplattformen des Skywalk, die Hängebrücke mitsamt der „Treppe ins Nichts" und den Eispalast – sehen möchte, der konsultiere das Kapitel zur **Steiermark,** denn um hierher zu gelangen, muss man sich in die steirische Ramsau begeben. Für den oberösterreichischen Teil des Dachsteins befinden sich **Tourismusinformationen** in Bad Goisern und Obertraun.

Praktische Infos

■ **Tourismusinformation Obertraun am Hallstättersee,** Nr. 180, A-4831 Obertraun am Hallstättersee, Tel. 05 9509540, www.obertraun.net.

■ **Seehotel**②, Seestraße 152, A-4831 Obertraun, Tel. 06131 462. Gemütliches Hotel am Hallstätter See mit angenehmen Zimmern, Pool und eigenem Zugang zum Wasser.

Kremsmünster und Umgebung

Nordöstlich des Almtals fließt die **Krems** – nicht zu verwechseln mit ihrer niederösterreichischen „Namensschwester" – vom Nordwestzipfel des Nationalparks Kalkalpen auf einer Länge von rund 60 km, bis sie südlich von Linz in die Traun mündet. Diese als **Kremstal** bekannte Region weist einige durchaus reizvolle Highlights auf. Im Norden der Region liegt **Kremsmünster** gerade einmal 16 km südlich von Wels und durch sein überragendes **Benediktinerstift** der wesentliche Besuchermagnet weit und breit. Bereits im Jahre 777 von dem bajuwarischen Herzog **Tassilo III.** (741–96) gegründet und im Laufe der Jahrhunderte oftmals umgebaut und erweitert, zählt es zu **einem der beeindrucksten Klöster Österreichs!** Bemerkenswert sind die Architektur der Gebäude samt Höfe, der sog. Fischkalter und natürlich die Stiftskirche, ferner die aufwendig gestalteten Räume und Prunksäle wie die Stiftsbibliothek und der Kaisersaal, vor allem aber genießt das Stift für seine **kostbaren Kunst- und Schatzsammlungen** (inklusive des berühmten, drei Kilo schweren Kelchs *Tassilos*) Weltruf. Eindrucksvoll ist außerdem der 50 m hohe

oes_079 lm

„**Mathematische Turm**", eine der bedeutendsten historischen Sternwarten der Welt, erbaut im Jahr 1749.

MEIN TIPP: **Stift Kremsmünster,** Stift 1, A-4550 Kremsmünster, Tel. 07583 52750, www.stift-kremsmuenster.at, Führungen (des Stifts und der Sternwarte) Mai bis Okt. Di–So 11.30 und 14 Uhr, Eintritt (mit Führung) 11 €, ermäßigt 5 €.

Der **Ort Kremsmünster** hat ein nettes Zentrum mit historischem Baubestand. Etwas weiter südlich erhebt sich der 484 m hohe **Gusterberg,** von dem man einen herrlichen Rundblick genießt (Start Bahnhof Kremsmünster, 2 Std., 150 Hm, leicht).

Wenige Kilometer von Kremsmünster entfernt liegt **Bad Hall,** durch seine Solequelle seit dem 19. Jahrhundert als Kurort bekannt. Baulich erinnert noch viel an die **k.u.k. Zeit,** z.B. das Alte Badehaus (in dem sich die Tourismusinformation befindet), der Kurpark, das ehemalige Sanatorium (heute das Hotel Miraverde) und die **Tassiloquelle,** die älteste Jod-Sole-Quelle des Ortes. Für ein Erholungsprogramm sollte man sich in das **EurothermenResort Bad Hall** begeben, während es Golfer ins nahe Kematen (www.golfresort-kremstal.at) zieht.

- **EurothermenResort Bad Hall,** Kurpromenade 1, A-4540 Bad Hall, Tel. 07258 799-0, www.eurothermen.at/bad-hall, tägl. 9–24 Uhr, Eintritt ab 25 €, ermäßigt ab 19,50 €.

Praktische Infos

- **Tourismusinformation Bad Hall,** Kurpromenade 1, A-4540 Bad Hall, Tel. 07258 72000, www.badhall.at.
- **Hotel Miraverde**③, Kurpromenade 1, A-4540 Bad Hall, Tel. 07258 7990, www.eurothermen.at. Umfassendes Spa-Hotel mit großem Wellness-Bereich.

⌃ Ein gefundenes Fressen für Bücherwürmer: die Bibliothek des Stifts Kremsmünster

MEIN TIPP: **Schupf'n**①, Oberrohr 10, A-4532 Oberrohr, Tel. 07258 7073, www.schupfn.at. Das Schupf'n bezeichnet sich selbst als bodenständiges Wirtshaus, und genau so geht es zu: rustikal, aber hochwertig.

Micheldorf und Umgebung

Etwa 14 km südlich von Bad Hall liegt **Schlierbach,** wo sich das im Barockstil errichtete **Zisterzienserstift** befindet, ein sehenswertes Sakralbauensemble einschließlich beinahe kitschig-prunkvoller Stiftskirche, spektakulärer Bibliothek und dem erhabenen Bernhardisaal – auch die Käserei des Stifts lohnt einen Besuch.

■ **Stift Schlierbach,** Klosterstraße 1, A-4553 Schlierbach, Tel. 07582 830130, www.stift-schlierbach.at, Führungen April bis Okt. Di–Sa 10.30 und 14 Uhr, Eintritt (mit Führung) 11,90 €, ermäßigt 7,20 €.

Kirchdorf an der Krems, etwas südlich gelegen, war einst ein wichtiges Zentrum der Sensenproduktion. Im Umland kann man auf einer Tour den **Pernecker Kogel** (1080 m) und den **Eiskogel** (1088 m) für hübsche Aussichten erwandern. Doch das besuchenswerteste Ziel des südlichen Kremstals ist **Micheldorf,** früher ein wichtiges Zentrum der Eisenverarbeitung. Im Ort finden sich ehemalige **Sensenschmieden,** eine davon mit **Museum** zum Thema, und auch ein entsprechender Themenweg existiert.

■ **OÖ. Sensenschmiedemuseum,** Gradenweg 9, A-4563 Micheldorf, Tel. 0699 17169200, www.sensenschmiedemuseum.at, geöffnet nach Voranmeldung, Eintritt 6 €, ermäßigt 3 €.

Ab Micheldorf kann man in die umliegende Gegend aufbrechen, z.B. auf den **Georgenberg** (Start Ortsmitte Micheldorf, 1 Std., 150 Hm, leicht), auf dem die **Georgikirche** thront. Weitere Erhöhungen unweit des Krems-Ursprungs sind die **Gradnalm** (1240 m, Start Parkplatz In der Krems, 4 Std., 800 Hm, leicht) und der **Nackte Kaibling** (1361 m, Start Parkplatz am Ziehberg, 3,5 Std., 750 Hm, Anspruch mittel). Eines der interessantesten historischen Zeitzeugnisse der Gegend ist die **Burg Altpernstein,** die man besuchen und in der man einkehren und sich im Klettern, Bogenschießen u.v.m. üben kann. Westlich von Micheldorf bietet sich der **Rauhkogel** (1260 m) für den Ausblick bis weit ins Tote Gebirge an (Start Kirche in Steinbach am Ziehberg, 4 Std., 650 Hm, mittel).

Burg Altpernstein, Altpernstein 1, A-4563 Micheldorf, Tel. 0732 60160070, www.burgaltpernstein.at, aktuelle Öffnungszeiten der Webseite entnehmen, Eintritt (mit Führung) 10 €, ermäßigt 5 €.

Praktische Infos

■ **Stadtinformation Kirchdorf an der Krems,** Rathausplatz 1, A-4560 Kirchdorf an der Krems, Tel. 07582 622380, www.kirchdorf.at.

■ **Georgiritt,** georgiritt-micheldorf.at. Ende April findet dieses Spektakel statt, wo auf Pferden hinauf zur Georgikirche geritten wird.

Nationalpark Kalkalpen

Den **Südosten des Traunviertels** kennzeichnen das **Sengsengebirge** und das **Reichraminger Hintergebirge,** zusammengefasst als „Kalkalpen". Die **stark bewaldete Voralpen-Landschaft** zeichnet sich durch schroffe Felsformationen, schmale Schluchten, tiefe Karsthöhlen, rauschende Wasserfälle und unzählige Quellen und Wildbachläufe aus; Ortschaften und Anzeichen von Zivilisation gibt es hingegen nur wenige. Traditionell bzw. landschaftlich gehören die **Kalkalpen** zur Eisenwurzen und setzen sich auch auf niederösterreichischem und steirischem Territorium fort. Die Berge sind ein Rückzugsgebiet für **seltene und bedrohte Tier- und Pflanzenarten,** weshalb sie 1997 als Nationalpark Kalkalpen zum **Naturschutzgebiet** erklärt wurden. Heute leben hier spektakuläre 1500 Schmetterlings-, rund 80 Vogel-, zahlreiche Schlangen- und 30 Säugetierarten, darunter Fischotter, Siebenschläfer, Luchse, Biber und ab und zu auch Braunbären. Entsprechend steht das Nationalparkgelände unter besonderem Schutz (90% sind nicht zugänglich), nur „sanfter Tourismus" ist erlaubt. Das 210 km² große Areal bietet sich an seinen Randgebieten in erster Linie für ausgiebige **Wanderungen (auch mit Rangern)** an, ferner für Bergtouren, **Mountainbiking** oder zum Reiten. Der höchste Gipfel ist mit 1963 m der nicht begehbare **Hohe Nock,** beliebte Touren führen u.a. im Norden über den Pranzlgraben auf den **Koglerstein** (1257 m) und den **Schoberstein** (1285 m, Start Parkplatz Kreuzung Breitenau/Güterweg Kogler, 5 Std., 900 Hm, Anspruch mittel, teilweise recht steile Steige) sowie im Reichraminger Hintergebirge auf den **Hochkogel** (Parkplatz Dirnbach, 6 Std., 950 Hm, mittel). Anspruchsvoll sind die Überschreitung der **Hackermauer** (Parkplatz Hack-Pfenningstein, 6 Std., 950 Hm, Anspruch mittel, im Kammbereich herausfordernd) und der Aufstieg zum **Steinernen Jäger** und auf den **Schieferstein** (Start Parkplatz Pfennigstein, 4 Std., 650 Hm, mittel, teilweise eine Gratwanderung). Auch spannende Höhlenwanderungen sind möglich, z.B. durch die naturbelassene **Kreidelucke** bei Hinterstoder (Start Büro Tourismusinformation Hinterstoder, 30 Minuten, keine Steigung, leicht). Mehr Informationen zum Park und seinen Möglichkeiten erhält man in den **Besucherzentren** in Molln und Ennstal sowie am **Panoramaturm Wurbauerkogel** in der Nähe von Windischgarten.

- **Nationalpark Kalkalpen,** www.kalkalpen.at.
- **Tourismusinformation Ennstal und Steyrtal,** www.steyr-nationalpark.at.
- **Besucherzentrum Molln,** Nationalpark Allee 1, A-4591 Molln, Tel. 07584 3951.
- **Besucherzentrum Ennstal,** Eisenstraße 75, A-4462 Reichraming, Tel. 07254 84140.
- **Nationalpark Panoramaturm Wurbauerkogel,** → „Windischgarsten und Umgebung".

Molln und Umgebung

Am **Nordrand des Nationalparks** liegt Molln, als **Sitz der Parkverwaltung** und als **Basis für Touren** wichtig, denn von keinem anderen Punkt gelangt man tiefer in den Park hinein. Einst war auch Molln ein wichtiger Standort für den **Erzbergbau** und die Verarbeitung von Eisen, aber einzigartig vor Ort ist die

Maultrommelproduktion. Im sog. **Museum im Dorf** kann man dazu einiges erfahren.

■ **Museum im Dorf,** Im Dorf 1, A-4591 Molln, Tel. 0660 2091948, www.molln.cc/museum, Mai bis Okt. So 14–17 Uhr, Eintritt 6 €, ermäßigt 4 €.

Verlässt man Molln gen Süden, gelangt man nach **Hopfing,** von wo man u.a. zu den **Feichtauseen** wandern kann (Start Parkplatz südlich von Ramsau, 3 Std., 750 Hm, mittel, man durchquert einen Truppenübungsplatz, der ab und zu gesperrt ist – Öffnungszeiten beachten). Nördlich von Molln lohnt **Schmiedleithen** bei Grünberg mit seinem **Freilichtmuseum** einen Abstecher, in **Steinbach an der Steyr** ist es das interessante **Messerermuseum,** das die Geschichte der Messerer und Klingenschmiede zeigt.

■ **Freilichtmuseum Schmiedleithen,** Schmiedleithen 7, A-4592 Leonstein, Tel. 0650 2206094, www.schmiedleithen.at, Mai bis Okt. So 10–17 Uhr, Eintritt 5 €, ermäßigt 4 €.

■ **Messerermuseum,** Hochgasse 17, A-4596 Steinbach an der Steyr, Tel. 07252 5322941, www.messerermuseum.at, Mai bis Okt. Sa 13–16 Uhr, So 10–12 und 13–16 Uhr sowie nach Voranmeldung, Eintritt 4 €, ermäßigt 1,70 €.

Etwa 6 km südwestlich von Molln liegt der **Steyrdurchbruch,** wo ein 1906 gebautes E-Werk im Art-déco-Stil eine durchaus ungewöhnliche Sehenswürdigkeit mitten in einem bewaldeten Uferabschnitt bildet. Etwas weiter südlich befindet sich in **Klaus** ein weiteres Kraftwerk; die Steyr durchfließt hier den südlich bis St. Pankraz reichenden **Klauser Stausee,** der auf dem Fischersteig in ca. fünf Stunden umrundet werden kann. Etwas südwestlich von Klaus liegt **Steyrling,** von wo man durch ein malerisches Flusstal zu den bereits erwähnten Ödseen wandern kann (Start Ortsmitte Steyrling, 5 Std., 400 Hm, Anspruch mittel). Etwas weiter im Süden erstreckt sich das Naturschutzgebiet Jaidhaus, das man sehr unkonventionell auf einer **Lama-Trekkingtour** (naturschauspiel.at) erleben kann.

■ **Camping Obermayr,** Kniewas 37, A-4572 St. Pankraz, Tel. 0664 5292213, www.camping-obermayr.eu. Romantischer Platz am oberen Teil des Klauser Stausees vor traumhafter Bergkulisse.

Windischgarsten und Umgebung

Südlich von St. Pankraz schließt das sog. **Pyhrn-Priel-Gebiet** an, benannt nach dem **Pyhrnpass,** der hinüber in die Steiermark führt, und nach dem 2515 m hohen **Großen Priel,** der zum Toten Gebirge gerechnet wird. Zentrum dieser hinreißenden Bergregion ist **Windischgarsten** am Südrand des Nationalparks Kalkalpen. Der **charmante Ortskern** mit seinen Bürgerhäusern lohnt einen Blick, doch die meisten Besucher kommen wegen des bereits erwähnten 860 m hohen **Wurbauerkogels** mit seinem **Panoramaturm** östlich des Ortes (mit einem Sessellift geht es hinauf). Hier befinden sich neben dem **Informationszentrum** des Nationalparks auch eine Sommerrodelbahn, ein Alpine Coaster, ein Bikepark, ein Areal für 3D-Bogenschießen und ein Klettersteigpark. Zahlreiche **Wanderungen** führen ab hier zu Zielen im Naturpark, z.B. auf den **Kleinerberg** (1287 m, Start Parkplatz kurz nach Windischgarsten an der Hengstpass-Bundesstraße, 4,5 Std., 700 Hm, leicht, familientauglich) oder den **Großen Größtenberg** (1724 m, Start Parkplatz Haslersgatter, 5,5 Std., 950 Hm, Anspruch mittel, Kondition notwendig).

MEIN TIPP: **Nationalpark Panoramaturm Wurbauerkogel,** Wurbauerkogel 29, A-4581 Rosenau/Hengstpass, Tel. 07562 20046, www.wurbauerkogel.at, Ende April bis Anfang Okt. tägl. 10–16.30 Uhr, Anfang Okt. bis Anfang Nov. tägl. 10–16 Uhr, Eintritt ab 8 €, ermäßigt ab 6 €.

Südwestlich von Windischgarsten, in **Roßleithen,** wird noch eine Sensenschmiede aus dem 16. Jahrhundert betrieben. Südlich des Ortes liegt der bezaubernde **Gleinkersee,** den eine Karstquelle speist. 12 km weiter, in **Hinterstoder,** lockt das spannende **Alpineum,** ein Museum zur Entwicklung des Alpinismus – von hier gelangt man per Kabinenbahn hinauf auf den **Hössberg,** wo sich ein beliebtes **Wander- und Skigebiet** befindet, bekannt als **Hinterstoder-Wurzeralm** (skisport.com/HiWu/de).

- **Alpineum,** Hinterstoder 38, A-4573 Hinterstoder, Tel. 07564 5255, www.urlaubsregion-pyhrn-priel.at, Suchbegriff: Alpineum, Mo–Fr 9–12 und 14–17 Uhr, Eintritt 5,50 €, ermäßigt 3,50 €.

Weitere Ziele sind der beschauliche **Schafkogelsee** und der **Schrocken** (2261 m), die man auf kurzen Wanderungen von der Bergstation des angesprochenen Hössbergs begehen kann. Ab Hinterstoder erreicht man auch den Ursprung der **Steyr** etwa 6 km südwestlich des Ortes. Wanderrouten führen auf die **Spitzmauer** (2446 m, Start Parkplatz Polsterluke, 7,5 Std., 2000 Hm, schwer, nur für geübte Alpinisten) oder den **Hohen Priel** (2515 m, Start Johannishof in Hinterstoder, 8 Std., 1950 Hm, schwer). Ein entspannteres Ziel ist der wildromantische, grün schimmernde Schiederweiher, etwa 2,5 km in südwestlicher Richtung von Hinterstoder entfernt.

Praktische Infos

- **Tourismusinformation Pyhrn-Priel,** Bahnhofstraße 2, A-4580 Windischgarsten, Tel. 07562 5266, www.urlaubsregion-pyhrn-priel.at.
- **Landhotel Stockerwirt②,** Dorf 195, A-4574 Vorderstoder, Tel. 07564 8214, www.stockerwirt.net. Modernes Landhotel mit Spa-Bereich in den Kalkalpen, umringt von wahrlich einmaligen Bergpanoramen.
- **Gasthaus Seebauer①,** Gleinkersee 2, A-4575 Roßleithen, Tel. 07562 7503, www.gleinkersee.at. Direkt am Gleinkersee liegt dieses beliebte Gasthaus – ob fleischig oder fischig, hier speist man vorzüglich. Zum Anwesen gehört auch ein Campingplatz in ruhiger Lage, inklusive vieler Aktivitäten.

MEIN TIPP: **Wirtshaus Rössl②,** Hauptstraße 9, A-4580 Windischgarsten, Tel. 07562 20555, das roessl.at. Zünftiges Wirtshaus mit ursprünglicher österreichischer Küche. Auch nette Fremdenzimmer werden vermietet.

- **Lederhosentreffen,** www.kultur-windischgarsten.at/de/lederhosentreffen. Ende Juli/Anfang August treffen sich in Windischgarsten aus aller Welt Freunde der „Krachledernen".

Spital am Pyhrn und Umgebung

Von Windischgarten gen Süden gelangt man nach **Spital am Pyhrn,** dem letzten Ort in Oberösterreich vor der steirischen Landesgrenze. Benannt wurde der Ort nach einem **Pilgerhospital** aus dem 12. Jahrhundert, das heute noch in umgebauter Form als **Stift** existiert und über eine mächtige, grau gehaltene Stiftskirche verfügt. In Spital informiert ein **Museum über die Bergsteigerin Gerlinde Kaltenbrunner,** eine von drei Frauen, die alle vierzehn Achttausender erklommen hat.

■ **Zwischen Himmel und Erde – Gerlinde Kaltenbrunner und die Welt der 8000er,** Stiftsplatz 1, A-4582 Spital am Pyhrn, Tel. 07563 249, www.weltder8000er.at, tägl. 9–12, Mo–Fr auch 14–17 Uhr (Anfang Mai bis Okt. tägl. auch 14–17 Uhr), Eintritt 9 €, ermäßigt 4,50 €.

Südöstlich des Ortes gelangt man in die sagenhafte **Dr.-Vogelgesang-Klamm,** eine 1½ km lange, gut erschlossene (familientauglich) Felsschlucht. 5 km südlich von Spital befindet sich die Talstation der Standseilbahn auf die 1218 m hohe **Wurzeralm,** ein beliebtes **Wintersportgebiet** (skisport.com/Wurzeralm/de), das aber auch reizende **Wanderungen** zum oben erwähnten Gleinkersee (Start Bergstation Wurzeralm Standseilbahn, 4 Std., 1100 Hm, mittel), auf den **Stubwiesgipfel** (1786 m, Start Bergstation Wurzeralm Standseilbahn, 2 Std., 400 Hm, leicht) oder auf den 1870 m hohen **Frauenkar** (Start Parkplatz Wurzeralm Standseilbahn, 7 Std., 1350 Hm, mittlerer Anspruch) ermöglicht. Wenige Kilometer südlich überwindet die B138 den **Pyhrnpass** bis ins 10 km entfernte steirische Liezen.

■ **Informationsbüro Spital am Pyhrn,** Stiftsplatz 7, A-4582 Spital am Pyhrn, Tel. 07563 2550, www.spital-pyhrn.at.

Steyr und Umgebung

Mit gut **37.900 Einwohnern** ist Steyr die **drittgrößte Stadt Oberösterreichs** und ohne Zweifel eine der reizendsten des ganzen Landes. Auf 310 m Höhe liegt sie im Alpenvorland an der Grenze zu Niederösterreich. In der Stadt mündet die aus dem Westen kommende, namensgebende Steyr in die Enns. Durch diese bevorzugte Lage war die Gegend **seit dem Altertum besiedelt** und ein **wichtiger Handelsumschlagplatz für Erz und Eisen** aus den Kalkalpen, auch in Form von Messern, Schwertern, Lanzen, Hellebarden usw. Im späten Mittelalter wurde die Stadt ein Zentrum des **Protestantismus;** 1625 wurden viele Steyrer aufgrund ihres evangelischen Glaubens aus-

☐ Typisch Steyr: das Untere bzw. „Bemalte" Tor an der Berggasse

oes_083 dk

oes_082 mw

gewiesen und flohen nach Solingen, wo sie die **Schmiedekunst** einführten. Im 19. Jahrhundert war Steyr dank seiner **Industrie** (auch Schusswaffen wurden hier produziert) eine der modernsten Städte des Landes.

Zunächst sollte man sich auf den lang gezogenen **Stadtplatz** begeben, auf dem sich **Bürgerhäuser aus allen Stilepochen** harmonisch aneinanderfügen – ein Blickfang ist das Rathaus im Stil des Rokoko. Südlich des Stadtplatzes beherbergt der sgraffitogeschmückte **Innerberger Stadel** das **Stadtmuseum** und das „Steyrer Kripperl", ein berühmtes **Puppentheater.** Nördlich geht vom Stadtplatz die Enge Gasse ab, die an den Zwischenbrücken endet. Hier steht das mächtige **Schloss Lamberg** auf den Grundfesten der 1727 abgebrannten **Styraburg,** jener mittelalterlichen Festung, der die Stadt ihre Gründung verdankt. Man kann den Schlosshof besuchen, das Schloss hingegen ist meist nur für Veranstaltungen geöffnet. Von der Engen Gasse führt die Berggasse durch das bemalte Tor auf den **Brucknerplatz** mit der Stadtpfarrkirche.

Überquert man die Steyr über die besagten Zwischenbrücken, erreicht man den Nordteil der Stadt. Hier liegen die wuchtige **Michaelerkirche,** ein Barockbau aus dem 17. Jahrhundert, und schräg dahinter leicht erhöht der **Tabor** – erreichbar zu Fuß oder per Panoramalift – von dem man einen hübschen Blick auf die Stadt genießt. Weiter westlich verläuft der **Wehrgraben** als künstlicher Kanal und bildet eine lang gezogene Insel, auf der das **Kulturzentrum „Museum Arbeitswelt"** oft spannende Ausstellungen präsentiert. Anziehungspunkte

Die Zweiflüssestadt Steyr präsentiert sich aus allen Blickwinkeln als echter Hingucker

sind ferner die idyllische **Badgasse** bzw. die **Kirchengasse** am Ostende des Wehrgrabens. Hier kann man dem **1. Österreichischen Weihnachtsmuseum** einen Besuch abstatten – Steyr ist für die Adventszeit und ihre Christkindlmärkte bekannt. Apropos: Etwa 3 km westlich der Innenstadt liegt der **Wallfahrtsort Christkindl** mit barocker Kirche, Krippenausstellungen und dem Weihnachtspostamt, von dem jedes Jahr Millionen Weihnachtsgrüße in alle Welt verschickt werden.

■ **Kulturzentrum „Museum Arbeitswelt“,** Wehrgrabengasse 7, A-4400 Steyr, Tel. 7252 773510, museumarbeitswelt.at, Mi–Fr 9–17 Uhr, Sa/So 10–17 Uhr, Eintritt 7 €, ermäßigt 5 €.

■ **1. Österreichisches Weihnachtsmuseum,** Michaelaplatz 2, A-4400 Steyr, Tel. 07252 80659, Ende Nov. bis Anfang Jan. Mo–Fr 13–17 Uhr und Sa/So 10–17 Uhr (ansonsten nur per Voranmeldung), Eintritt 8,50 €, ermäßigt 6,50 €.

Praktische Infos

■ **Tourismusinformation Steyr,** Stadtplatz 27, A-4402 Steyr, Tel. 07252 53229, www.steyr-nationalpark.at.

Mein Tipp: **Hotel Christkindlwirt②**, Christkindlweg 6, A-4400 Steyr, Tel. 07252 52184, www.christkindlwirt.at. Etwas abseits in Christkindl gelegenes Hotel mit geräumigen Zimmern, von denen viele einen Balkon haben.

■ **Stadthotel Styria②**, Stadtplatz 40, A-4400 Steyr, Tel. 07252 515510, www.stadthotel-steyr.at. Gemütliches Hotel in einem historischen Gebäude zentral am Stadtplatz.

oes_081 mw

☐ Weitblick über Steyr gefällig?
Von der Aussichtsplattform am Tabor ein Genuss!

MEIN TIPP: **Wirtshaus Knapp am Eck②**, Wehrgrabengasse 15, A-4400 Steyr, Tel. 07252 76269, knappameck.at. Nettes Wirtshaus mit lauschigem Garten und guter Hausmannskost.

■ **Restaurant Gorfer②**, Herrenweidestraße 20, A-4451 Garsten, Tel. 0664 3253962, www.gorfernaturgourmet.at. Südlich von Steyr liegt dieses Paradies für fleischige Spezialitäten.

Ternberg und Umgebung

Das hügelige bis bergige Gebiet **südlich von Steyr** besteht aus dem **Ennstal** und war über Jahrhunderte wichtig für den **Eisenhandel,** verlief doch hier die Eisenstraße in die steirische Eisenwurzen sowie nach Waidhofen an der Ybbs, wo Waffen und Werkzeug produziert wurden. Sehenswert in dieser wenig frequentierten Gegend sind z.B. der 807 m hohe **Damberg** in **St. Ulrich** (normalerweise fährt man mit dem Fahrzeug), auf dem sich eine Aussichtswarte befindet, und das landschaftlich charmante **Kleinramingtal** zwischen Kleinraming und Maria Neustift unmittelbar an der niederösterreichischen Grenze. **Ternberg** ist mit immerhin 3400 Einwohnern das Zentrum der Gegend und durch seine **„Trattenbacher Taschenfeitel"** bekannt (als „Taschenfeitel" bezeichnet man in Österreich ein Taschenmesser). Im Gemeindeteil **Trattenbach** kann man sich zum Thema im **Museumsdorf** (mit Heimatmuseum) informieren.

⊡ Ein Wolkenkratzer des Spätmittelalters: der Stadtturm in Enns

■ **Museumsdorf Trattenbach „Im Tal der Feitelmacher",** Hammerstraße 2a, A-4453 Ternberg, Tel. 07256 7376, www.tal-der-feitelmacher.at, Mai bis Ende Okt. Mi, Do und Sa 10–15 Uhr, Di und Fr 10–13 Uhr, Eintritt 8 €, ermäßigt 4 €.

Wanderer sollten zu einer Rundtour auf das 1026 m hohe **Herndleck** und zum **Kruckenbrettl** (1022 m, Start Parkplatz Brandkogel, 3,5 Std., 550 Hm, Anspruch mittel) aufbrechen. In **Reichraming** befinden sich das **Besucherzentrum** für den **nördlichen Teil des Nationalparks Kalkalpen** und ein aufschlussreiches Forstmuseum namens **Reichraminger Holzknecht Museum.**

■ **Nationalpark Besucherzentrum Ennstal,** Eisenstraße 75, A-4462 Reichraming, Tel. 07254 84140, www.kalkalpen.at, Mo–Fr 9–12 und 13–16 Uhr, Mai bis Okt. auch Sa/So 9–12 Uhr, Eintritt Erwachsene 5,80 €, ermäßigt 3,50 €.

■ **Reichraminger Holzknecht Museum,** Museumsweg 9, A-4462 Reichraming, Tel. 0664 7500 3434, Juni bis Ende Sept. So 13–17 Uhr, Eintritt 3,50 €, ermäßigt 2,50 €.

Großraming und Umgebung

Der südliche Teil des Ennstals erstreckt sich bis zur steirischen Grenze und präsentiert sich weitestgehend bergig. Basis für Unternehmungen in der Gegend sollte Großraming sein, von wo abenteuerliche **Kanu- und** erholsame **Floßfahrten** (floss.at) **auf der Enns** möglich sind. Eine empfehlenswerte Wanderung führt von Großraming auf den **Gamsstein** (1275 m) bei Brunnbach am Ostrand des Nationalparks Kalkalpen (Start Parkplatz Gschwendtalm, 3 Std., 600 Hm, Anspruch mittel). Landschaftlich reizvoll sind auch das Gebiet um Weyer mit dem **Heiligenstein** (776 m, Start Bahnhof Weyer, 3,5 Std., 500 Hm, mittel) und der 1103 m hohen **Lindaumauer** (Start Jausenstation Hochramskogler, 1,5 Std., 250 Hm, leicht) sowie um Kleinreifling eine Wanderung auf den 1540 m hohen **Bodenwies** (Start Parkplatz Viehtaleralm, 4,5 Std., 750 Hm, leicht). Südlich von Kleinreifling führt der **Hengstpass** in 985 m Höhe hinüber in die Steiermark. Von ihm aus kann man auf den **Wasserklotz** (1505 m, Start Parkplatz Zickerreith auf der Hengstpasshöhe, 3,5 Std., 550 Hm, Anspruch mittel) oder den **Schwarzkogel** (1554 m, Start Parkplatz Zickerreith auf der Hengstpasshöhe, 2,5 Std., 550 Hm, leicht) steigen, Kletterer können sich im **Klettergarten an der Kampermauer** (1394 m) versuchen.

Praktische Infos

- **Informationsbüro Großraming,** Kirchenplatz 1, A-4463 Großraming, Tel. 07254 7575, www.grossraming.at.

Enns und Umgebung

Rund 22 km nördlich von Steyr liegt **Enns.** 1212 erhielt es die Stadtrechtsurkunde, was die Stadt zu einer der ältesten in Österreich macht. Enns ist mit seinen **12.200 Einwohnern** ein reizender, weitestgehend historisch erhaltener Ort, der über Jahrhunderte ein **wichtiges Handelszentrum** darstellte. Benannt ist die Stadt nach dem mit 254 km **längsten Binnenfluss Österreichs,** der nördlich von Enns in die Donau mündet. In der Stadtmitte ist zuallererst der rechteckige **Hauptplatz** mit seinen Bürgerhäusern sehenswert; hier ragt auch der 60 m hohe **Stadtturm** aus dem 16. Jh. in den Himmel. Im Stil der Gotik mit Elementen der Renaissance errichtet, bildet er mit seiner Sonnenuhr und dem Doppeladler das unangefochtene Wahrzeichen der Stadt. Man kann ihn über 157 Stufen besteigen und oben auch übernachten (www.turmhotel.at). Weitere Sehenswürdigkeiten in Enns sind das **Römermuseum** am Hauptplatz und die Marienkirche südlich davon. Im **Stadtteil Lorch** sollte man die Basilika besuchen, die Anfang des 14. Jh. gebaut wurde und in der **Ausgrabungen** aus dem römischen Lauriacum sichtbar sind.

oes_084 dk

■ **Museum Lauriacum,** Hauptplatz 19, A-4470 Enns, Tel. 07223 85362, museum-lauriacum.at, Mai bis Okt. tägl. 9–17 Uhr, Nov. bis April Mo–Fr 9–15 Uhr, Eintritt 7,50 €, ermäßigt 5 €.

Wirklich einzigartig ist in **St. Florian** etwa 5 km westlich von Enns das **barocke Augustiner-Chorherrenstift** aus dem 11. Jahrhundert. Gewidmet ist es dem frühchristlichen Märtyrer *Florianus,* der vor Ort begraben liegt. Bekannt ist das Stift auch deswegen, weil **Anton Bruckner** (1824–96) hier etwa sieben Jahre lang Organist war; sein **Sarkophag** befindet sich in der Krypta unter der Orgel. St. Florian ist die wichtigste Gedenkstätte für den oberösterreichischen Komponisten und meist gut besucht. Interessant

Anton Bruckner – Klassik aus Oberösterreich

Leicht hatte es **Anton Bruckner (1824–96)** wahrlich nicht, denn der in Ansfelden geborene Komponist kam als ältestes von zwölf Kindern in einfachen ländlichen Verhältnissen zur Welt. Nach dem Tod des Vaters wurde er 1837 als **Chorknabe im Stift St. Florian** aufgenommen, wo er auch Musikunterricht erhielt. Der Familientradition folgend, wollte er Lehrer werden, doch brachte er sich **autodidaktisch** das Orgel- und Klavierspiel bei und fing an zu komponieren. Zwar bekam er 1845 eine Stelle als **Hilfslehrer,** doch entwickelte er sich immer mehr zum professionellen Musiker. Entsprechend begann er in St. Florian – wo er auch unterrichtete – als Organist und ab 1855 als **Domorganist in Linz** zu arbeiten. 1868 wurde *Bruckner* **Professor** am Konservatorium in Wien, zehn Jahre später **Hoforganist** und 1891 Ehrendoktor der Wiener Universität. Er galt als hochrangiger **Orgelvirtuose** seiner Zeit, doch musste er lange auf die **Anerkennung als Komponist** warten. Erst die 1881–83 entstandene „Symphonie Nr. 7, E-Dur" mit dem berühmten „Adagio" brachte die erhoffte Beachtung. Er komponierte vorrangig geistlich-kirchliche Werke wie die „Missa Solemnis b-Moll" (1854) oder das „Te Deum" (1881–84), aber auch neun Sinfonien u.v.m.

Ab Ende der 1880er-Jahre verschlechterte sich sein Gesundheitszustand und er musste sich immer mehr aus dem öffentlichen Leben zurückziehen. *Anton Bruckner* starb am 11. Oktober 1896, seine sterblichen Überreste ruhen in der Stiftsbasilika von St. Florian. *Bruckners* **Sarkophag** trägt am Sockel die Aufschrift „Non confundar in aeternum" („In Ewigkeit werde ich nicht zuschanden"), die Schlusszeile des „Te Deums". Der **Anton-Bruckner-Radweg** von Ansfelden nach St. Florian sowie diverse **Museen und Gedenkstätten** erinnern an den berühmtesten Komponisten Oberösterreichs.

■ **Anton-Bruckner-Museum,** Augustinerstraße 3, A-4052 Ansfelden, Tel. 07229 871280, www.ooemuseen.at/museum/31-anton-bruckner-museum, April bis Okt. Sa/So 11–16 Uhr, Eintritt 2,50 €, ermäßigt 1 €.

■ **Museum Kronstorfer Brucknerzimmer,** Brucknerplatz 9, A-4484 Kronstorf, Tel. 0664 6007252293, www.kronstorf.at/Museum_Kronstorfer_Brucknerzimmer, geöffnet nach Vereinbarung, Eintritt frei.

sind in dem riesigen Anwesen u.a. die Stiftskirche, die reichhaltig ausgestatteten Kaiserzimmer, der Marmorsaal und die Stiftbibliothek. All das ist im Rahmen einer Führung zu erleben. Etwa 2 km westlich von St. Florian liegt das zum Stift gehörende **Schloss Hohenbrunn,** in dem ein **Jagdmuseum** untergebracht ist. Auch im nahen **Ansfelden,** dem Geburtsort *Bruckners,* gibt es ihm zu Ehren eine Gedenkstätte bzw. ein Museum (→ Exkurs). Zwischen St. Florian und Enns befindet sich außerdem das **Freilichtmuseum Sumerauerhof** mit Informationen zum Leben der Bauern in der Region.

MEIN TIPP: **Augustiner-Chorherrenstift St. Florian,** Stiftstraße 1, A-4490 St. Florian, Tel. 07224 89020, www.stift-st-florian.at, Führungen Mai bis Okt. tägl. 11, 13 und 15 Uhr, Eintritt (mit Führung) ab 13 €.

- **Schloss Hohenbrunn (Jagdmuseum),** Hohenbrunn 1, A-4490 St. Florian, Tel. 07224 20083, www.ooeljv.at, Suchbegriff: Jagdmuseum, Karsamstag bis Okt. tägl. 10–12 und 13–17 Uhr, Eintritt 3 €, ermäßigt 1 €.
- **Freilichtmuseum Sumerauerhof,** Samesleiten 15, A-4490 St. Florian, Tel. 0664 6007252391, www.ooekultur.at/location-detail/sumerauerhof, Mai bis Sept. Di–So 10–18 Uhr, Okt. Di–So 10–16 Uhr, Eintritt 6 €, ermäßigt 3 €.
- **Tourismusinformation Enns,** Hauptplatz 19, A-4470 Enns, Tel. 07223 82777, www.enns.at.

Mühlviertel

Das Mühlviertel macht den gesamten **nördlich der Donau liegenden Teil Oberösterreichs** aus und grenzt im Westen an Bayern, im Norden an Tschechien und im Osten und Südosten an Niederösterreich. Es besteht aus **landschaftlich recht unterschiedlichen Abschnitten,** die sich vom Strudengau im Südosten bis in den Böhmerwald im Nordwesten ziehen. Das Mühlviertel hat seinen Namen von den **Flüssen Große Mühl, Kleine Mühl und Steinerne Mühl** und gehört geologisch zum Granit- und Gneishochland der Böhmischen Masse. Es präsentiert sich **vorrangig hügelig bis bergig,** ist in weiten Teilen landwirtschaftlich erschlossen und von tiefen und teilweise romantisch-einsamen Waldgebieten durchzogen. Große Städte gibt es nicht, der **ländliche Charakter** der Gegend ist augenfällig. Typisch sind die **grau-weißen Bauernhöfe** – regional „Stoabloßhäuser" genannt –, und wer sich für Web-, Färber- oder Schmiedekunst, für die Hafnerei, die Hinterglasmalerei etc. interessiert, der sollte die **vielen Heimatmuseen** aufsuchen – nirgends sonst in Österreich bekommt man so viele Einblicke in diese alten Traditionen. Auch viele **legendenumwobene Orte** finden sich im Mühlviertel, z.B. die Weltuntergangsfelsen bei St. Leonhard, der Heidenstein bei Rainbach oder die Granitfelsen in und um St. Thomas am Blasenstein. Auch **zahlreiche Burgen und Schlösser** hat die Region zu bieten, doch sind nur wenige der Öffentlichkeit zugänglich. Bierliebhaber werden das Mühlviertel sicherlich schät-

oes_085 dk

zen, finden sich hier doch **namhafte Brauereien** wie das Freistädter Bier mit der dazugehörigen Braucommune, die Stiftsbrauerei Schlägl oder die Brauerei Hofstetten. Höhepunkte für Wanderer gibt es fast überall, aber für Profis mag der **Böhmerwaldrundweg** – er firmiert unter dem Namen „Weg der Entschleunigung" (www.wegderentschleunigung.at) und misst 165 km – genau das Richtige sein. Will man **reiten,** fährt man nach Rainbach, und auch die im Osten gelegene **Mühlviertler Alm** ist mit ihrem über 700 km langen Wegenetz als Reitregion (www.pferdereich.at) bekannt. Wer nicht ohnedies per Fahrrad auf dem **Donauradweg** unterwegs ist, könnte sich z.B. den **Mühltalradweg** von Aigen-Schlägl bis nach Obermühl am Donauufer vornehmen.

Infos: Tourismusinformation Mühlviertel, www.muehlviertel.at.

Strudengau und Umgebung

Der äußerste Osten des nördlichen oberösterreichischen Donauufers wird als Strudengau bezeichnet, wobei sich dieser Name auch weiter östlich in Niederösterreich findet. „Strudengau" bezieht sich auf die einst **gefährlichen Strudel und Untiefen,** die in diesem verengten Abschnitt der Donau durch Felsriffe ausgelöst wurden. Erst die 1954–59 erbaute **Staumauer bei Persenbeug** und die Sprengung zahlreicher Felsen verbesserten die Lage. Zentrum des Strudengaus ist das entzückende **Grein an der Donau,** wo einst Lotsen den querenden Schiffen bei der Durchfahrt halfen. Sehenswert im Ort sind das 1791 initiierte **Stadttheater,** das immer noch bespielt wird, und das **Schloss Greinburg** (www.schloss-greinburg.at), in dem die Prunksäle und das hier beheimatete **Schiff-**

fahrtsmuseum besichtigt werden können. Lohnend ist eine Wanderung durch die **Stillensteinklamm** am Gießenbach entlang (Start Stadtplatz Grein an der Donau, 4 Std., 450 Hm, leicht, der Weg durch die Klamm ist ausgebaut). Nördlich liegt das für seine Kneippkuren bekannte **Bad Kreuzen,** dessen **Burg** die zweitgrößte des Bundeslandes darstellt. Für Wanderungen bietet sich die nahe **Wolfsschlucht** südöstlich des Ortes an, die man in etwa 90 Minuten auf ausgebauten (familienfreundlich) Wegen begeht. Nahebei, in **Saxen,** weilte einst der schwedische Dramatiker **August Strindberg** (1849–1912), woran ein Museum (www.strindbergmuseum.at) erinnert. Und wer sich ab dem Ort entlang dem **Klambach** durch die gleichnamige Schlucht begibt, erreicht die stattliche **Burg Clam** (www.burgclam.com), in der man viel Interessantes über längst vergangene Zeiten erfährt.

Östlich von Grein liegt die **Insel Wörth** mitten in der Donau, und gegenüber der Ostspitze sitzt sehr malerisch die **Burgruine Werfenstein.** Sehr ansprechend ist auch **St. Nikola,** wo früher die Schiffe nach erfolgreicher Durchfahrt der Strudel hielten und die Fahrleute aus Dankbarkeit für ihre Unversehrtheit an die örtliche Pfarrei spendeten. In der Umgebung liegt auf dem Weg nach Waldhausen die **Burgruine Sarmingstein.** Nahe dem Donauufer ist außerdem die **Turmruine Sarmingstein** als Aussichtspunkt beliebt.

◁ Das Mühlviertel besticht durch seine einzigartige Natur, z.B. am Tanner Moor bei Unterweißenbach

Praktische Infos

■ **Informationsbüro Grein,** Rathausgasse 1, A-4360 Grein, Tel. 07268 2550, www.grein.at.

■ **Camping Grein,** Campingplatz 1, A-4360 Grein, Tel. 0676 6679863, www.donaucamping-grein.at. Großer Campingplatz unmittelbar an der Donau.

MEIN TIPP: **Kaffeesiederei Blumensträußl,** Stadtplatz 6, A-4360 Grein, Tel. 0660 1577425, www.blumenstraeussl.at. Wunderbar schrullig-biedermeierliches Café am Hauptplatz von Grein.

■ **Donau-Festwochen,** www.donau-festwochen.at. Alljährlich im Juli/August kommen im Schloss Greinburg Opern zur Aufführung.

Machland und Umgebung

Während sich der Strudengau eng und felsig präsentiert, ist das westlich davon gelegene Machland von **breiten Auen** gekennzeichnet. Unmittelbar bei Linz liegt zunächst **Steyregg,** wo ein barockisiertes Renaissanceschloss steht. Hauptort der Gegend ist jedoch das **9300 Einwohner** zählende **Perg,** das besonders wegen seiner „Hafner" – so nennt man in Österreich **Töpfer** – bekannt war, aber auch **Steinbrüche** befanden sich in der näheren Umgebung. Im Ort selbst geht man diesen beiden Themen u.a. im **Heimatmuseum** und dem **Museum im historischen Steinbrecherhaus** auf den Grund. Ansehen sollte man sich auch das stuckverzierte **Seifensiederhaus** und den **Erdstall Ratgöbluck'n,** eine Außenanlage des Heimatmuseums: Das mysteriöse Gangsystem diente einst wohl als Zufluchtsort und Versteck.

Nordwestlich von Perg liegt **Schwertberg,** in dessen näherer Umgebung man die märchenhafte **Burgruine Windegg** besuchen sollte. Schwertberg selbst ist ein lebendiger Kulturstandort: Auf der **Aiserbühne,** einer Freilichtbühne im Schloss Schwertberg, kann man Theateraufführungen beiwohnen (www.aiserbuehne.at). Weitere schöne Orte in der Gegend sind **Naarn,** wo das **Heimathaus** (www.au-donau.at/heimathaus2023/) ein Fresko aus dem 18. Jahrhundert zeigt, und südöstlich von Perg **Arbing,** dessen Pfarrkirche mit dem Wehrturm an wilde Zeiten erinnert. In **Mitterkirchen** bietet ein **Freilichtmuseum** Einblicke in keltische Siedlungen in dieser Gegend (mitsamt strohgedeckten Lehmhütten und Hügelgrab).

■ **Keltendorf Mitterkirchen,** Lehen 12, A-4343 Mitterkirchen, Tel. 07269 6611, www.keltendorf-mitterkirchen.at, Mitte April bis Ende Okt. tägl. 9–16 Uhr, Eintritt 8,50 €, ermäßigt 5,50 €.

Praktische Infos

■ **Informationsbüro Perg,** Hauptplatz 4, A-4320 Perg, Tel. 07262 522550, www.perg.at.

Bad Zell und Umgebung

Das Gebiet **nördlich des Machlandes** ist äußerst idyllisch und trotzdem relativ wenig besucht. Hauptort ist hier **Bad Zell,** ein **Kurort**, der über Radonhaltiges Quellwasser aus der **Heilquelle Hedwigsbründl** verfügt. Das Bauensemble um den Marktplatz ist nett anzusehen; hier steht auch das sog. **Prangermandl,** eine für den Ort typische Steinfigur in Ritterrüstung. Auf der etwa 11 km entfernten **Stoaninger Alm** (www.stoaninger-alm.at) kann man mit der Sommerrodelbahn fahren, während Wanderer im weiter östlich gelegenen **Naturpark Mühlviertel** mit seinen Flusstälern, Granitfelsformationen und tiefen Wäldern gut aufgehoben sind (www.naturpark-muehlviertel.at). Ausgangspunkt für Erkundungen im Naturpark ist neben Bad Zell auch **Rechberg,** wo zudem ein Badesee und das **Freilichtbauernmuseum Großdöllnerdorf** mit Ausstellungen und Veranstaltungen locken. Einer der schönsten Orte der Gegend ist **Allerheiligen im Mühlkreis** mit einer markanten Wallfahrtskirche, in deren Turm man über eine spindellose Wendeltreppe gelangt. Für weitere Erlebnisse in rauschenden Höhen sei der hiesige **Hochseilgarten Kaolinum,** dem ein Bergbaumuseum angeschlossen ist, empfohlen.

■ **Kaolinum – Hochseilgarten und Bergbaumuseum,** Kriechbaum 7, A-4382 Allerheiligen im Mühlkreis, Tel. Bergbaumuseum 0699 17373939, Hochseilgarten 0664 9972433, www.kaolinum.at, Hochseilgarten Mai bis Anfang Okt. Sa/So 10–18 Uhr, Eintritt 25 €, ermäßigt 18 €, Museum Mai bis Okt. Sa/So 14–17 Uhr, Eintritt 6 €, ermäßigt 2,50 €.

Für die perfekte Rundumsicht in dieser Gegend sollte man sich zur **Burgruine Ruttenstein** (www.ruttenstein.at) wenige Kilometer nördlich von Pierbach aufmachen. Ein anderes Bild zeigt sich im westlich von Rechberg gelegenen **St. Thomas am Blasenstein,** wo in der **Pfarrkirche** der mumifizierte Körper von *Franz Xaver Sydler de Rosenegg* (1709–46), im Volksmund „Luftg'selchter Pfarrer" genannt, zu sehen ist. Neben der Kirche liegt ein **Felsvorsprung,** von dem man einen großartigen Fernblick genießt. In und um den Ort herum finden sich mehrere **Granitfelsen** wie die Bucklwehluck'n unterhalb der Kirche, der Hoanl am Marktplatz und die „Zigeunermauer" zwischen St. Thomas und Pierbach.

Praktische Infos

■ **Informationsbüro Bad Zell,** Marktplatz 8, A-4283 Bad Zell, Tel. 07263 72550, www.badzell.at.

■ **Gasthof Populorum**②, Dorfstraße 5, A-4282 Pierbach, Tel. 07267 8213, www.populorum.at. Einfacher Gasthof mit gepflegten Zimmern und einem Restaurant① mit einheimischen Klassikern.

MEIN TIPP: **Färberwirt**①-②, Kurhausstraße 10, A-4283 Bad Zell, Tel. 07263 7434, www.faerberwirt-badzell.at. In diesem Gasthaus legt man Wert auf gute Zutaten, von denen viele aus der eigenen Landwirtschaft stammen.

■ **Gasthof Ahorner**②, Markt 9, A-4364 St. Thomas am Blasenstein, Tel. 07265 5474. Beliebter Gasthof mit Schmankerln der Region.

Mühlviertler Alm

Der **Osten des Mühlviertels** wird häufig als Mühlviertler Alm bezeichnet, wobei sich die „Almen" hier nicht alpin darstellen, sondern als Hügel, auf denen **sattgrüne Wiesen** wachsen. Doch die Gegend ist auch wegen ihrer **dichten Wälder** bekannt, die zu „endlosen" Spaziergängen und Wanderungen in größtmöglicher **Einsamkeit** einladen. Ausgangspunkt ist im Süden zunächst **St. Georgen am Walde,** das auf 787 m Höhe liegt und Wanderungen auf den bizarr wirkenden **Burgstall** (940 m) ermöglicht (Start Ortsmitte St. Georgen am Walde, 4 Std., 350 Hm, Anspruch mittel). Nordwestlich liegt **Königswiesen,** von dem man das nahe Gipfelkreuz auf einer Rundtour (Start Marktplatz Königswiesen, 3 Std., 350 Hm, mittel) „bezwingen" kann bzw. nördlich des Ortes die wirklich sensationelle Schlucht des **Klammleitenbachs** (Start Marktplatz Königswiesen, 4 Std., 450 Hm, leicht) durchwandern sollte. Im Ort selbst verrät ein **Heimathaus** einiges über die hier vormals ausgeübten Handwerkskünste, und zwar anhand von Werkstätten eines Schusters, Zimmermanns, Tischlers, Sattlers, Schmieds, Holzknechts usw. In **Unterweißenbach** befindet sich die **Karlinger Hammerschmiede,** in der man selbst Hand anlegen kann, und hier sieht man auch noch ein historisches Wasserrad. Nordöstlich des Ortes, etwa 14 km entfernt, liegt mit dem **Tanner Moor** das Highlight dieser Region. Mit einer Fläche von 120 Hektar zählt es zu den größten Latschenhochmooren des Landes und kann auf einem rund 6 km langen Wanderweg erkundet werden (Start Parkplatz Tanner Moor, 1,5 Std., kaum Steigung, leicht). Von **Liebenau,** einem Luftkurort nordwestlich des Moores, führen Wanderungen zum 1058 m hohen **Brockenberg** mit seiner Aussichtswarte (Start Ortsmitte Liebenau, 1 Std., 150 Hm, leicht) oder zum 1044 m hohen **Koblbergpass** (Start Ortsmitte Liebenau, 4 Std., 350 Hm, mittlerer Anspruch), wo man auch an der sagenumwobenen Granitformation **Jankusmauer** vorbeikommt.

Praktische Infos

■ **Informationsbüro Königswiesen,** Markt 2, A-4280 Königswiesen, Tel. 07955 6255, www.koenigswiesen.at.

Freistadt und Umgebung

Das **Herz des Mühlviertler Kernlands** bildet das außerordentlich hübsche Städtchen Freistadt, das im 13. Jahrhundert als Babenbergischer **Handelsstützpunkt auf der Salzroute** von Linz nach Böhmen angelegt wurde und zeitweise zu erheblichem Reichtum gelangte. Mit fast **8200 Einwohnern** ist Freistadt heute nicht nur das **administrative und wirtschaftliche Zentrum der Region,** sondern dank seines gut erhaltenen Stadtkerns auch äußerst attraktiv. Eine Begehung beginnt am besten am großzügig angelegten **Hauptplatz mit seinen Bürgerhäusern.** Sehenswürdigkeiten sind die fünfschiffig angelegte Basilika (das Katharinenmünster), der alte Rathausturm und das Schloss mit Bergfried, in dem ein **Stadtmuseum** zur Geschichte der Region untergebracht ist. Nicht zu übersehen sind außerdem die Stadttore, von denen im Süden das **Linzertor** mit 28 m Höhe das höchste darstellt. Bekannt ist Freistadt für seine **Brauerei,** an die eine Bierakademie mit vielen interessanten Events zum Thema „Hopfennektar" angeschlossen ist.

■ **Braucommune Freistadt,** Brauhausstraße 2, A-4240 Freistadt, Tel. 07942 72772, www.freistaedter-bier.at, Führungen Do 14 Uhr und nach Vereinbarung, Eintritt (mit Führung) 12 €.

In der ursprünglichen Umgebung von Freistadt sind attraktive **Wanderungen** möglich, z.B. auf vorgegebenen Routen wie dem **Mittelalterlichen Erlebnispfad** (Start Wanderstein Freistadt, 7 Std., 450 Hm, Anspruch mittel) oder dem **Planetenwanderweg** (Start Wanderstein Frei-

oes_087 dk

oes_088 dk

stadt, 4 Std., 500 Hm, mittel) nach Sandl. Wunderschön ist auch das naturbelassene, teils renaturierte **Tal der Feldaist** (auch **Thurytal**), durch das ein grenzüberschreitender **Geschichts- und Kulturwanderweg** führt, auf dem man viel über die hier einst zahlreichen Mühlen und Hammerwerke erfährt (Start Parkplatz Tanner Moor, 1,5 Std., kaum Steigung, leicht). Wer sich für **Kräuter** im weitesten Sinne interessiert, der sollte nach **Hirschbach.**

■ **Kräuterkraftquelle Hirschbach,** Hirschbach Nr. 7, A-4242 Hirschbach, www.kraeuterkraftquelle.at.

Praktische Infos

■ **Tourismusinformation Freistadt,** Hauptplatz 1, A-4240 Freistadt, Tel. 07942 72506, www.freistadt.city.at.

■ **Pension Pirklbauer „Zum wilden Mann"**①, Höllgasse 2, A-4240 Freistadt, Tel. 07942 72440, www.pension-pirklbauer.at. Einfache, aber äußerst gemütliche Pension in Stadtlage.

■ **Camping Freistadt,** Eglsee 12, A- 4240 Freistadt, Tel. 07942 72570, www.ffc-freistadt.at. Unmittelbar bei einem Tenniszentrum gelegener kleiner Campingplatz mit etwa 40 Einheiten.

MEIN TIPP: **Freistädter Braugasthof**①-②, Brauhausstraße 2, A-4240 Freistadt, Tel. 07942 72772, www.freistaedter-bier.at. Das Wirtshaus der Brauerei bietet zünftige regionale Spezialitäten. In der „Bierakademie" erfährt man viel über Bier.

■ **Heimatfilmfestival,** www.filmfestivalfreistadt.at. Immer im August findet fünf Tage lang das Heimatfilmfestival in Freistadt statt.

◁ Bereit für die „Zeitreise"? Vieles erinnert in Freistadt an vergangene Jahrhunderte

Kefermarkt und Umgebung

Die Gegend südlich und östlich von Freistadt wird durch Landwirtschaft und Waldabschnitte geprägt, ist aber besonders für ihre vielen historischen Zeitzeugen in Form von **Burgen und Schlössern** bekannt. Der meistbesuchte Ort ist **Kefermarkt** etwa 8 km südlich von Freistadt. Die dortige, dem heiligen *Wolfgang* geweihte Pfarrkirche kann mit einem beachtlichen geschnitzten Flügelaltar aus dem 15. Jahrhundert aufwarten.

Unterhopfung ausgeschlossen – die Braucommune Freistadt

Die **Brauerei Freistadt** erzeugt jährlich rund 80.000 Hektoliter Bier und ist damit die größte im gesamten Mühlviertel. Spannend ist in diesem Zusammenhang, dass die Bürger der Stadt bis ins ausgehende 18. Jahrhundert ihr eigenes Braurecht besaßen, das dann an eine **Gemeinschaftsbrauerei** – eben die „Braucommune" – übertragen wurde, womit aber nach wie vor der Anspruch auf ein jährliches Volumen an Bier verbunden war. Bis heute lebt diese Tradition fort und **Anteilseigner** haben entsprechend ein Anrecht auf ihre Ration des „güldenen Trunks". Mit einem Hauskauf in der Innenstadt (knapp 150 Häuser gehören im historischen Sinne dazu) erwirbt man zusätzlich – per Eintrag im Grundbuch – einen Anteil an der Brauerei und erhält im Jahr mindestens 15 und höchstens 140 **Eimer Bier,** wobei ein Eimer rund 56 Liter sind. Na, dann mal Prost!

Das nahe gelegene **Lasberg** bietet sich als Ausgangsort für **Wanderungen** auf den 813 m hohen **Buchberg** mit seiner Aussichtsplattform Hoh-Haus (Start ASZ Lasberg, 2,5 Std., 300 Hm, leicht) oder auf den 912 m hohen **Braunberg** an (Start Ortsmitte Lasberg, 1,5 Std., 350 Hm, leicht). Im Ort selbst gibt es mit der Alten Marktschmiede, dem Fürstenhammer und dem **Kernlandmuseum** einige interessante Adressen, um etwas über die hier früher betriebene **Schmiedekunst** zu erfahren. Die **Burg Dornach** über dem Tal der Feistritz in Siegelsdorf westlich von Lasberg ist in Privatbesitz und nur sporadisch für die Öffentlichkeit geöffnet. Nordwestlich davon, in **St. Oswald,** kann man die alte Ledermühle besichtigen; beliebt ist der Ort auch wegen seines Golfclubs (www.gcstoswald.at). Wer sich für das **Färberhandwerk** interessiert, sollte unbedingt nach **Gutau** südlich von Kefermarkt fahren, wo es ein **Museum** zu dieser alten Tradition gibt und alljährlich Anfang Mai ein **Färbermarkt** abgehalten wird. Eine hübsche Wanderung führt von Gutau hinauf zu der östlich des Ortes gelegenen **Burgruine Prandegg** (Start Ortskern Gutau, 4 Std., 450 Hm, mittel). Noch weiter östlich befindet sich **St. Leonhard,** das durch seine „Weltuntergangsfelsen" bekannt ist.

oes_089dk

Praktische Infos

- **Informationsbüro Kefermarkt,** Oberer Markt 15, A-4292 Kefermarkt, Tel. 07947 59100, www.kefermarkt.ooe.gv.at.
- **Gasthaus zum Edi**①-②, St. Oswalderstraße 3, A-4293 Gutau, Tel. 07946 6302, www.zum-edi.eu. Gemütlich und doch elegant geht es in diesem Gasthaus zu.
- **Brennerei Dambachler,** Neustadt 4, A-4293 Gutau, Tel. 0664 3330506, www.dambachler.at. Feinste Edelbrände, Gin, Whisky u.v.m.

Pregarten und Umgebung

Als zweitgrößte Siedlung im Mühlviertler Kernland ist **Pregarten** mit etwa **5600 Einwohnern** auch dessen **Kulturzentrum.** In der ehemaligen Mühle an der Brücke über die Feldaist befindet sich der bekannte **Kulturtreffpunkt Bruckmühle.** Spaziergänge im beschaulichen **Feldaisttal** führen zu weiteren Mühlen, aber auch Granitfelsen sieht man hier und an warmen Tagen lädt der Fluss zu einem Bad ein.

■ **Bruckmühle,** Bahnhofstraße 12, A-4230 Pregarten, Tel. 07236 2570, www.bruckmuehle.at, Öffnungszeiten und Eintrittspreise je nach Event.

Östlich von Pregarten ragt die **Burgruine Reichenstein** auf, in der man ein spannendes **Museum** zum Thema „Leben in der Burg" besuchen kann.

■ **Burg Reichenstein,** Reichenstein 1, A-4230 Tragwein, Tel. 07236 31400, www.burg-reichenstein.at, Mai bis Okt. Fr–So 11–17 Uhr, Eintritt 7 €, ermäßigt 4 €.

Ganz in der Nähe hat sich **Hagenberg** zu einem Technologiestandort gemausert, an dem Forschungsinstitute der Universität Linz und der Fachhochschule Oberösterreich untergebracht sind. Für Besucher interessant ist in erster Linie das **Schloss** mit Kapelle und reizendem Schlosspark aus dem 17. Jahrhundert. Einen Besuch wert ist auch das **Schloss Riedegg** (www.schloss-riedegg.at) bei **Gallneukirchen,** das ein kleines **Afrikamuseum** und einen **Bogenschützen-Parcours** umfasst. Nördlich von Hagenberg gelangt man nach **Neumarkt im Mühlkreis** mit einer stattlichen Pfarrkirche. In der Umgebung liegen mit den **Burgruinen Kronest und Möstling** weitere Zeugen längst vergangener Zeiten.

◁ Eines der bedeutendsten Werke spätgotischer Schnitzkunst ist der Kefermarkter Flügelaltar

▷ Neugotisch zeigt sich die Pfarrkirche Pregarten

Praktische Infos

■ **Informationsbüro Pregarten,** Stadtplatz 12, A-4230 Pregarten, Tel. 07236 2255, www.pregarten.at.

MEIN TIPP: **Wirt z'Trosselsdorf**①, Trosselsdorf 9, A-4212 Neumarkt im Mühlkreis, Tel. 07941 8217, www.museumsstrasse.at/mostmuseum. Uriger Mostheuriger, in dem sich auch ein Mostmuseum befindet.

■ **Grünhilde,** Lärchenweg 28, A-4284 Tragwein, Tel. 07263 86241, gruenhilde.at. Erlesene Lebensmittel aus dem Mühlviertel.

■ **Pankrazhofer,** Lugendorf 7, A-4284 Tragwein, Tel. 07263 88295, www.pankrazhofer.at. Perfekt für Most, Säfte und Essige.

oes_090 dk

Rainbach und Umgebung

Nördlich von Freistadt liegt das etwa **3100 Einwohner** zählende **Rainbach im Mühlkreis,** das für seinen **Reiterhof,** einen Badeteich und den Spazierweg zum sog. **Heidenstein** (Start Parkplatz GH Fenzl in Eibenstein, 30 Minuten, keine Steigung, leicht, als Chakra Wanderweg ausgeschildert) – einem Schalenstein im nahen Eibenstein – bekannt ist. Rainbach und das nördlich gelegene **Kerschbaum** stehen aber vor allem für das Erbe der sog. **Pferdeeisenbahn,** die zwischen 1827 und 1836 abschnittsweise eröffnet wurde und die Strecke Gmunden – Linz – Budweis (heute České Budějovice) bediente. Damit war sie die zweite öffentliche „Eisenbahnlinie" auf dem europäischen Festland und wurde bis in die 1850er-Jahre betrieben, bis man sie schrittweise durch Dampfeisenbahnen ersetzte. In Kerschbaum befinden sich noch eine erhaltene **Teilstrecke** und ein **Museum** zum Thema. Ein 76 km langer **Wanderweg** folgt der alten Pferdeeisenbahn-Trasse.

■ **Reiterhof Stöglehner,** Summerauer Straße 1, A-4261 Rainbach, Tel. 0664 5001297, www.stoeglehner.com. Mit Zimmern② und Apartments sowie reichhaltigem Frühstücksbuffet.

■ **Verein Freunde der Pferdeeisenbahn,** *Friedrich Stockinger,* Kerschbaum 61, A-4261 Rainbach, Tel. 07949 6800, www.pferdeeisenbahn.at, Fahrt mit der Pferdeeisenbahn Mai bis Okt. So 13–16 Uhr, Fahrt und Eintritt (Museum mit Führung) 9,50 €, ermäßigt 6,50 €.

Nördlich von Kerschbaum befindet man sich in **Leopoldschlag** bereits fast an der **tschechischen Grenze** und kann im Naturschutzgebiet entlang dem **Grenzfluss Maltsch** zu beschaulichen Spaziergängen in der hiesigen Landschaft aufbrechen. Weiter westlich bieten **Windhaag** und seine Umgebung ein reiches Angebot an **Museen zu alten Handwerkskünsten,** z.B. ein Zimmermannhaus, ein Schmiedehaus, ein Handwerkshaus, das Sägewerk in der Felbermühle und das Freilichtmuseum Sägehammer. Ferner gibt es ein Informationszentrum zu dem **„Green Belt"** (www.greenbeltcenter.eu) genannten Naturraum entlang dem ehemaligen Eisernen Vorhang. Noch etwas

oes_091 dk

Ein Relikt aus längst vergangenen Zeiten: die ehemalige Pferdeeisenbahn in Kerschbaum

weiter ostwärts kommt man nach **Sandl,** dem Zentrum der einst so gefragten **Hinterglasmalerei.** In einem **Museum** wird diese vor allem auch in der Kirchenkunst häufig zu findende Technik erläutert.

■ **Hinterglasmuseum Sandl,** A-4251 Sandl 17, Tel. 07944 8255, hinterglasmuseum-sandl.at, Mai bis Okt. Sa/So 14–16 Uhr, Eintritt 3 €, ermäßigt 2 €.
■ **Informationsbüro Rainbach im Mühlkreis,** Prager Straße 5, A-4261 Rainbach im Mühlkreis, Tel. 07949 6255, rainbach.at.

Mühlviertler Hochland

Westlich von Freistadt liegt bereits das sog. Mühlviertler Hochland, befinden sich hier doch zumindest **einige Erhebungen,** die man besteigen kann und die sich im Winter durchaus auch für Ski- oder **Langlauf-Vergnügen** eignen. Von Osten kommend ist zunächst der **Kurort Bad Leonfelden (4400 Einwohner)** interessant. Als Bildungsstandort der Region verfügt er über ein aufschlussreiches **Schulmuseum** und auch das **Freibad Aqua Leone** ist einen Besuch wert.

■ **OÖ. Schulmuseum Bad Leonfelden,** Böhmerstraße 1, A-4190 Bad Leonfelden, Tel. 07213 6397, www.ooe-schulmuseum.at, April bis Okt. Di und Sa/So 13.30–17 Uhr, Eintritt 4 €, ermäßigt 3 €.
■ **Freibad Aqua Leone,** Badweg 1, A-4190 Bad Leonfelden, Tel. 07213 6404, www.bad-leonfelden.ooe.gv.at, Suchbegriff: Aqua Leone, Mitte Mai bis Anfang Sept. tägl. 9.30–19 Uhr, Eintritt 4,40 €, ermäßigt 2,20 €.

Ein hübscher Sakralbau der Gegend ist die **Wallfahrtskirche Maria Schütz am Bründl.** Wintersportler werden die überschaubaren, aber durchaus sympathischen Pisten an den Hängen des 1122 m hohen **Sternsteins** (sternstein.at) mögen. Aufschlussreich ist eine Wanderung zur **Schwedenschanze,** einer nachgebauten Befestigungsanlage aus dem Dreißigjährigen Krieg unmittelbar an der tschechischen Grenze (Start Ortsmitte Bad Leonfelden, 3 Std., 250 Hm, leicht).

Nordöstlich von Bad Leonfelden liegt **Reichenthal,** dessen Pfarrkirche als die Schönste des Mühlviertels gilt und wo man dem **Freilichtmuseum Hayrl** einen Besuch abstatten kann. Ab dem Ort führt außerdem der **10-Mühlen-Wanderweg** in die traumhafte Umgebung (Start Marktplatz Reichenthal, 4 Std., 200 Hm, leicht).

■ **Freilichtmuseum Hayrl,** Hayrl 19, A-4193 Reichenthal, Tel. 07214 700719, www.muehlenverein.at, Mai bis Okt. Führungen Di 15 Uhr, Eintritt (inklusive Führung) 6 €, ermäßigt ab 3 €.

Rund 13 km weiter westlich erstreckt sich zwischen Schönegg und St. Stefan am Walde der **„Traumarena“** genannte Landstrich, der auf etwa 800 m liegt, ebenfalls über **Wander- und Langlaufmöglichkeiten** verfügt und von vielen Stellen einen traumhaften Blick bis zur Alpenkulisse eröffnet. Im Zentrum des Gebiets liegt **Afiesl,** in dessen Umgebung man z.B. auf die **Aviva Alm** (998 m, Start Hotel Aviva, 1 Std., keine Steigung, leicht) oder die **Helfenberger Hütte** (842 m, Start Bergergut, 30 Minuten, keine Steigung, leicht) wandern kann. Südlich dieser Gegend liegt **Helfenberg,** das für seinen (geräucherten) **Speck** (www.haudum.at) berühmt ist.

Praktische Infos

■ **Tourismusinformation Mühlviertler Hochland,** Hauptplatz 19, A-4190 Bad Leonfelden, Tel. 07213 6397, www.muehlviertlerhochland.at.

MEIN TIPP: **Bergergut**②-③, Oberafiesl 7, A-4170 Oberafiesl, Tel. 07216 4451, www.romantik.at. Edles Romantikhotel mit hochwertiger Haubenküche.

■ **Hotel AVIVA/AVIVA****s make friends**②, Höhenweg 1, A-4170 St. Stefan-Afiesl, Tel. 07216 37600, www.hotel-aviva.at. Besonders unter jungen Leuten beliebtes Hotel für Alleinreisende und Freunde plus Lokal mit Partybetrieb.

■ **Waldschenke**①-②, Amesberg 11, A-4190 Bad Leonfelden, Tel. 07213 6279, www.waldschenke.at. Am Fuße des Sternsteins liegt dieser Berggasthof mit einfachen Zimmern und Klassikern der lokalen Küche.

Hansbergland

Südlich des Mühlviertler Hochlands erstreckt sich eine **liebliche Kulturlandschaft** gen Süden bis in die Landeshauptstadt Linz. Die durch **Hopfenanbau und Webkunst** bekannte Region trägt den Namen „Hansberg" nach der 850 m hohen gleichnamigen Erhebung bei **St. Johann am Wimberg.** Ab dem Ort kann man Teilabschnitten des **Rundwanderwegs „Kraft-Quelle-Baum"** folgen (ca. 59 km lang), der sich dem Thema „Baumheilkunde" widmet. Bienen- und Honigfans werden das weiter östlich liegende **Zwettl an der Rodl** mögen, denn die **Imkerei** ist hier ein traditionelles Handwerk, wovon ein Museum und ein 4 km langer **Bienenerlebnisweg** zeugen. Wen die Landwirtschaft im ausgehenden Mittelalter interessiert, der sollte in **Hellmonsödt** das **Freilichtmuseum Pelmberg** besuchen. In der Gegenwart angesiedelt ist das **Ausstellungszentrum Artemos** mit zeitgenössischer Kunst (www.artemons.at). In **Kirchschlag** etwa 12 km nördlich von Linz hielt sich der Schriftsteller **Adalbert Stifter** (1805–68) häufig auf, weshalb ein Rundwanderweg an ihn erinnert (Start Burg Wildberg, 2,5 Std., 350 Hm, leicht). Für etwas Höhenluft bietet sich außerdem die **Giselawarte** auf 927 m an, gerade mal einen Katzensprung von der Landeshauptstadt entfernt (Start Knabenseminarstraße in Linz Urfahr, 5,5 Std., 700 Hm, mittlerer Anspruch).

■ **Freilichtmuseum Pelmberg,** Pelmberg 2, A-4202 Hellmonsödt, Tel. 0664 2702973 oder 07215 39110, www.ooemuseen.at, Suchbegriff: Pelmberg, Mai bis Okt. Sa/So 14–17 Uhr, Eintritt 3 €, ermäßigt 1 €.

Praktische Infos

■ **Tourismusinformation Hansbergland,** Markt 2, A-4171 St. Peter am Wimberg, Tel. 07282 805512, www.st-peter.at.

■ **Landhotel Keplingerwirt**②, St. Johann 14, A-4172 St. Johann am Wimberg, Tel. 07217 7105, www.keplingerwirt.at. Gemütliche Zimmer und ein reichhaltiges Angebot an lokalen Speisen②-③.

Böhmerwald

Im **äußersten Nordwesten des Mühlviertels** erstreckt sich die von den Tourismusverbänden als „Böhmerwald" vermarktete Region bis in den Norden zur tschechischen und im Westen zur bayerischen Grenze. Rein geografisch gesehen ist der Name „Böhmerwald" nur bedingt korrekt, da sich der in der Oberpfalz beginnende und vor allem in Tschechien beheimatete tiefe Böhmerwald (tschech.: Šumava) zwar auch hier im nordwestlichen Mühlviertel fortsetzt, aber nur rund 8% liegen auf österreichischem Territorium. Hauptort der Region ist das **3200 Einwohner** zählende **Aigen-Schlägl.** Die hübsche Ortsmitte hat einen historisch anmutenden Hauptplatz und eine gewaltige Pfarrkirche. Besonders bekannt ist der Ort aber wegen des hier liegenden **Stifts Schlägl;** in dem Prämonstratenser-Kloster aus dem 13. Jahrhundert sind eine riesige Bibliothek und speziell die Stiftskirche sehenswert. Das Kloster betreibt auch eine **Stiftsbrauerei** – die einzige Österreichs – mit einem Shop, man kann hier übernachten und im Sommer finden im Stift regelmäßig Konzerte statt.

MEIN TIPP: **Stift Schlägl,** Schlägl 1, A-4160 Aigen-Schlägl, Tel. 07281 8801, www.stift-schlaegl.at, **Stiftsbrauerei,** Tel. 07281 8801-221, www.stiftsbrauerei-schlaegl.at, variierende Öffnungszeiten, Führungen auf Anfrage, Eintritt ab 6 €, ermäßigt ab 4,50 €.

Nördlich von Aigen-Schlägl liegt **Oberhaag,** von wo angenehme Wanderungen im Grenzgebiet zu Tschechien möglich sind. Beliebt ist auch die Tour entlang des sog. Schwemmkanals (hier wurde einst Holz getriftet) bis in die Bayrische Au (Start Parkplatz Oberhaag, 3,5 Std., 200 Hm, mittel, familienfreundlich). Das nahe Ulrichsberg gilt als Zentrum der Jazzszene (Infos auf www.jazzatelier.at). Mit diversen Freizeitangeboten (Golf und Minigolf, Bogenpark, CrossBoccia u.v.m.) lockt der sog. **Böhmerwaldpark** vor allem Familien mit Kindern an.

Böhmerwaldpark, Seitelschlag 50, A-4161 Ulrichsberg, Tel. 07288 8200, www.boehmerwaldpark.at, April bis Anfang Nov. tägl. 9–18 Uhr, Tageskarte 35 €, ermäßigt 21 €.

Praktische Infos

- **Tourismusinformation Böhmerwald,** Hauptstraße 2, A-4160 Aigen-Schlägl, Tel. 057890 100, www.boehmerwald.at.
- **Hotel Bärnsteinhof**①-②, Marktplatz 12, A-4160 Aigen-Schlägl, Tel. 07281 6245, www.baernsteinhof.at. Angenehmes Hotel für Aktivurlauber. Das dazugehörige Restaurant tischt vor allem lokale Spezialitäten auf.

MEIN TIPP: **Die Ramenai**①-③, Schöneben 23, A-4161 Ulrichsberg, Tel. 0664 3282482, www.ramenai.at. Waldhütten, Forsthäuser und Baumbetten gibt es hier zu mieten, und auch ein Hochseilgarten gehört zum Angebot.

oes_092 dk

Zu Besuch bei den Prämonstratensern im Stift Schlägl

Den Böhmerwald im Herzen – Adalbert Stifter

Wenn jemand die Schönheit und Anmut des Böhmerwaldes in Worte fassen konnte, dann er: *Adalbert Stifter.* **Geboren 1805** in Oberplan an der Moldau (heute Horní Planá), wuchs er nach des Vaters Tod bei seiner Mutter auf und arbeitete in der **Landwirtschaft der Familie.** Obwohl die Lebensverhältnisse der *Stifters* alles andere als rosig waren, konnte der junge *Adalbert* das **Stiftsgymnasium** der Benediktiner in Kremsmünster besuchen. 1826 nahm er ein **Studium der Rechte** in Wien auf, brach dieses aber – aufgrund von Selbstzweifeln und einer nicht erwiderten Liebe – ohne Abschluss ab und begann ab 1830 seine ersten literarischen Werke zu schreiben. Zu seinem Œuvre gehören vorrangig **Erzählungen, Novellen und Romane,** wobei viele davon in seiner Heimat, dem Böhmerwald, spielen. Mit „Abdias" kam endlich der literarische Durchbruch, der ihm und seiner Frau materiell zunehmende Unabhängigkeit brachte. Der **Erfolg** hielt bis 1850 mit Werken wie „Der Hochwald" an, doch danach wurden seine Bücher – wie „Der Nachsommer" oder „Witiko" – zusehends kritischer wahrgenommen. Ende der 1850er-Jahre verschlechterte sich sein Gesundheitszustand, nicht zuletzt weil er ein übermäßiger Esser und Trinker war. 1866 erhielt *Stifter* seine Pensionierung. Zwei Jahre später, von einer **Leberzirrhose** geplagt, schnitt sich der Schriftsteller die Halsschlagader auf und starb zwei Tage darauf. Auf dem **St. Barbara-Friedhof in Linz** fand *Adalbert Stifter* seine letzte Ruhestätte. Bis heute zählt er zu den bedeutendsten Autoren des Biedermeier, wenn auch sein oft ausufernder und langatmiger Stil bei manchen Lesern auf Kritik stößt.

Schöneben und Umgebung

Nordwestlich von Ulrichsberg liegt das noch zur Gemeinde gehörende kleine Schöneben, das als Basis für Erkundungen in den „tiefsten Ecken" des Böhmerwaldes geeignet ist. In unmittelbarer Nähe zum Ort befinden sich **Langlaufloipen,** und auch **Mountainbiken** ist hier populär. Wanderer zieht es vor allem zu den nahen **Aussichtstürmen Alpen- und Moldaublick** (Start Parkplatz Böhmerwaldarena in Schöneben, 2 Std., keine Steigung, leicht). Ab dem nördlich des Ortes liegenden **Sonnenwald** kann man nun dem **Schwarzenbergschen Schwemmkanal** folgen, auf dem im Sommer Schauschwemmen – hierunter versteht man das Triften von Holz – stattfinden (Start Parkplatz Sonnenwald, 3 Std., 200 Hm, leicht).

Westlich von Ulrichsberg liegt **Klaffer** am Fuße des 1338 m hohen **Hochficht,** der sich als **Skigebiet** (skisport.com/Hochficht/de) etabliert hat. Klaffer ist auch wegen eines hier befindlichen **Kräutergartens** beliebt. Keine 7 km nördlich befindet sich auf einem 756 m hohen Hügel **Schwarzenberg;** hier wird in einem Heimatmuseum ebenfalls an den bekannten Schriftsteller **Adalbert Stifter** (1805–68) erinnert. In dessen Geiste führt ab Schwarzenberg ein 18 km

[>] Sauerstoffmangel? Ab Schöneben sind zahlreiche Spaziergänge und Wanderungen möglich

langer **Dreiländerweg** durch die Gegend (www.adalbertstifter.at/Literaturwege/Dreilaenderweg.html). Doch die „Königswanderung" ist sicherlich die auf den 1380 m hohen **Plöckenstein** (Start Parkplatz Oberschwarzenberg, 4 Std., 500 Hm, Anspruch mittel); der höchste Berg des Mühlviertels ragt im äußersten Norden direkt an der Grenze zu Tschechien auf. Neben dem Gipfel ist auch die **Seewand** begehenswert, wo ein 14 m hoher Obelisk steht.

Praktische Infos

- **Informationsbüro Schwarzenberg am Böhmerwald,** Hauptstraße 4, A-4164 Schwarzenberg am Böhmerwald, Tel. 07280 255, www.schwarzenberg.co.at.
- **Camping Klaffer,** Seeweg 1, A-4163 Klaffer am Hochficht, Tel. 07288 6318, www.campingplatz-klaffer.at. Kleiner, aber einladender Campingplatz mit nur 20 Plätzen direkt am vier Hektar großen Naturbadesee.

Rohrbach-Berg und Umgebung

Am südlichen Zipfel des Böhmerwaldes liegt Rohrbach-Berg, das einst als **Umschlagplatz für Salz** zu Wohlstand kam. Die Stadtpfarrkirche und das Rathaus im Renaissance-Stil erinnern noch an diese goldene Zeit. In der **VILLA sinnenreich** befindet sich ein **Museum zur Wahrnehmung,** und wer sich für die Kunst des **Buchdrucks** interessiert, erhält hier in einem Museum ebenfalls Informationen.

- **VILLA sinnenreich, Museum zur Wahrnehmung,** Bahnhofstraße 19, A-4150 Rohrbach-Berg, Tel. 07289 22458, villa-sinnenreich.at, Di–Sa 10–16 Uhr, So 13–18 Uhr, Eintritt 6,50 €, ermäßigt 4 €.

Wenige Kilometer östlich erfährt man in **Haslach an der Mühl** viel zur lokalen Webertradition, der man u.a. im **Webereimuseum** oder dem **Textilen Zen-**

oes_093 dk

trum auf den Grund gehen kann. Haslach zählt noch viele weitere **Museen,** darunter die Mechanische Klangfabrik, das Kaufmannsmuseum, das Heimatmuseum oder die Ölmühle, die Informationen zur Gewinnung von Leinöl liefert (Details zu allen im Informationsbüro).

■ **Textile Kultur Haslach,** Stahlmühle 4, A-4170 Haslach, Tel. 07289 72300, www.textile-kultur-haslach.at, Juli bis Okt. Di–So 10–16 Uhr, Nov. bis Jan. Do–So 10–16 Uhr, Eintritt 6 €, ermäßigt 4 €.

Fährt man von Rohrbach nach Westen, erreicht man **Peilstein,** wo es ein kleines **Schloss** zu bestaunen gibt. Wirklich sensationell ist das Umland aber als Basis für **Wanderungen** in dieser einsamen Gegend, z.B. ab Kollerschlag entlang der Grenzbachrunde (Start Marktplatz Kollerschlag, 3 Std., 250 Hm, mittel).

Der Oberösterreichische Bauernkrieg

Wer zwischen Böhmerwald und Salzkammergut unterwegs ist, wird immer wieder an ihn erinnert, denn der Oberösterreichische Bauernkrieg im Jahr 1626 hat das Bundesland zutiefst **traumatisiert.** Man versteht darunter einen **Bauernaufstand,** der sich in erster Linie **gegen die Gegenreformation und die bayerische Besatzung** richtete. Die Habsburger hatten seit 1619 bayerische Truppen ins Land geholt, um gegen Aufwiegler vorzugehen. Der bayerische Statthalter **Adam Graf von Herberstorff** (1585–1629) ließ die lutherischen Pfarrer der zum Protestantismus übergetretenen Oberösterreicher sukzessive durch katholische ersetzen, was zu kleineren Aufständen von Seiten der Bauern führte. Daraufhin wurden 36 Rädelsführer zum Tode verurteilt; beim **„Frankenburger Würfelspiel",** einem Gericht in Frankenburg im Hausruckviertel, sollten sie darum würfeln, wer von ihnen begnadigt werden würde. Diese Demütigung verstärkte die Abneigung der Einheimischen gegen die Bayern und führte im Mai **1626** zum offenen **bewaffneten Konflikt.** Auf oberösterreichischer Seite wurden die Rebellen von dem aus St. Agatha stammenden **Stefan Fadinger** (1585–1626) und dessen Schwager, dem Wirt **Christoph Zeller** aus Parz, angeführt. Angesichts der massiven **Übermacht der bayerischen Truppen** konnte der Aufstand bis zum Herbst 1626 komplett niedergeschlagen werden, wobei die **finale Schlacht bei Alkoven** stattfand. *Fadinger* und *Zeller* waren bereits im Juli auf dem Schlachtfeld gefallen – *Graf von Herberstorff* veranlasste, dass ihre bestatteten Leichname wieder ausgegraben, enthauptet und in einem Moor bei Eferding verscharrt wurden. Zwar war der Krieg verloren – von den rund 40.000 aufrührerischen Bauernsoldaten wurden 14.000 bei den Kämpfen oder durch Hinrichtung getötet –, aber **zwei Märtyrer** waren geschaffen, die fortan als Symbol des antibayerischen Widerstands gesehen wurden und zu deren Ehren man bis heute in ganz Österreich Denkmäler und Gedenktafeln findet.

Praktische Infos

■ **Informationsbüro Rohrbach-Berg,** Stadtplatz 1–3, A-4150 Rohrbach-Berg, Tel. 07289 6255, www.rohrbach-berg.at.

■ **Camping Mühlviertel,** Hengstschlag 3, A-4122 Arnreit, Tel. 07282 56165, www.camping-muehlviertel.at. Einfacher, mitten in der Natur gelegener Campingplatz.

■ **Ölmühle Haslach,** Stahlmühle 1–2, A-4170 Haslach an der Mühl, Tel. 07289 71216, www.oelmuehle-haslach.at. Öle, Mehle und Saaten sowie ausgefallene Schokoladensorten.

Granitland

Die Gegend zwischen dem Böhmerwald im Norden und dem Donautal im Süden wird als „Granitland" bezeichnet und gilt als „Geheimtipp" für **Wanderer.** Ganz im Westen, direkt an der bayerischen Grenze, liegt **Oberkappel** mit einem Stausee, der als Naherholungsgebiet genutzt wird. Wer es etwas abenteuerlicher mag, wandert durch die **Schlucht der Ranna** unterhalb des Stausees bis zur **Burgruine Falkenstein** (Start Parkplatz in Altenhof, 3 Std., 300 Hm, mittel, familientauglich). Östlich von Oberkappel ist der **Ameisberg** (940 m) für seinen Fernblick bekannt (Start Gasthaus Fuchs in Mitternschlag, 3 Std., 350 Hm, Anspruch mittel). In **Sprinzenstein** in der Nähe von Sarleinsbach thront ein Renaissanceschloss sehr pittoresk auf einem erhöhten Felsen. In **Lembach** können an der oberösterreichischen Geschichte Interessierte viel über den **Bauernkriegsweg** lernen, in **Neufelden an der Großen Mühl** wiederum erfährt man im Heimatmuseum einiges spannendes zu traditionellem Handwerk und der Landwirtschaft. Zudem kann man die wunderschöne **Burg Pürnstein** (www.burg-puernstein.org) in Augenschein nehmen. In Neufelden wurde eine **Heilwasserquelle** entdeckt – eine Wallfahrtskapelle steht dort –, und „Heilwirkung" haben auch die vielen kleinen Brauereien der Region. Südlich des Ortes kann man dem **Mühltal** bis zu seiner Mündung in die Donau folgen. Im Ortsteil **Plöcking** erfährt man in der **Erlebniswelt Granit** alles zu dem Gestein, das der Region den Namen gab (www.erlebniswelt-granit.at).

Praktische Infos

■ **Tourismusinformation Granitland,** Kleinzell im Mühlkreis 13, A-4115 Kleinzell im Mühlkreis, Tel. 07282 535511, www.granitland.at.

MEIN TIPP: **Gasthaus Haderer**②, Marktplatz 12, A-4132 Lembach, Tel. 07286 8237, www.gasthaus-haderer.at. Klassischer Dorfgasthof hinter barocker Fassade, die Speisen und Zutaten sind garantiert alle biologisch.

■ **Gasthaus Kleebauer**①-②, Mairhof 5, A-4121 Altenfelden, Tel. 0676 3690622, www.kleebauerhof. com. Yoga im Mühlviertel? In diesem Retreat Center kein Problem!

Nordwestliches Donauufer

Der westliche Donauabschnitt **von der deutschen Grenze bis nach Linz** gehört zumindest am Nordufer ebenfalls zum Mühlviertel. Doch im Unterschied zum trubeligen Südufer verläuft hier keine durchgehende Straße parallel zum Fluss. Der erste Ort an der Donau auf österreichischem Staatsgebiet ist im Mühlviertel **Schattenthal.** Sehenswert ist das weiter östlich im Inland gelegene **Hofkirchen,** in dem mit der **Burg Rannariedl** eine

Schlossanlage steht. Direkt an der Donau befindet sich **Niederranna,** wo man noch häufig traditionelle **Zillen** (schmale, flachbodige Boote) sehen kann. Wer mit so einem Gefährt in Eigenregie den Fluss befahren möchte, kann dies im nahe gelegenen **Freizell/Wesenufer** tun.

Mein Tipp: **Boots- und Zillenbau Witti,** Freizell 4, A-4085 Wesenufer, Tel. 07285 6390, witti.co.at. Vermietung von Zillen mit Ruder oder Außenbordmotor.

Zwischen Niederranna und dem westlich davon liegenden Rannamühl mündet eben diese **Ranna** in die Donau. Ihr Tal bietet wunderbare Wandermöglichkeiten flussaufwärts, z.B. bis zur **Ruine Falkenstein**, vorbei an dem durch seine beeindruckende Staumauer bekannten Stausee (Start Niederranna Rannamühl, 3,5 Std., 350 Hm, Anspruch mittel). Weiter südlich verformt sich die Donau in der **Schlögener Schlinge** – ein wahrer Höhepunkt ist hier die Ruine der **Raubritterburg Haichenbach** auf einer Landzunge inmitten des strömenden Flusses. Im nahen **Niederkappel** steht eine der größten Kirchen des Mühlviertels. Südlich – wieder direkt an der Donau – kann man in **Grafenau** zu einem hübschen Spaziergang am Ufer aufbrechen und dabei entweder flussaufwärts bis zur besagten Schlögener Schlinge (Start Ortsmitte Grafenau, 1,5 Std., 100 Hm, mittel, familienfreundlich) oder flussabwärts bis **Obermühl** gehen (Start Ortsmitte Grafenau, 45 Minuten, 100 Hm, leicht/familienfreundlich), wo die Kleine Mühl in ihre „große Schwester“ mündet. Westlich von Obermühl ragt mit dem **Burgstall** (613 m) die höchste Erhebung in unmittelbarer Nähe zur Donau auf.

Praktische Infos

- **Informationsbüro Hofkirchen im Mühlkreis,** Markt 8, A-4142 Hofkirchen im Mühlkreis, Tel. 07285 7011, www.hofkirchen.at.
- **Speckdackel,** www.speckdackel.at. Buntes Festival von Straßenkünstlern im Juli in Hofkirchen.

Feldkirchen und Umgebung

Etwa 6 km südwestlich des Burgstalls liegt **Untermühl** an der Mündung der Großen Mühl in die Donau. Im Ort ist der **Kettensperrturm** (ab hier konnte man die Donau mit einer Kette „sperren“) interessant, und etwas versetzt auf dem Hügel darüber liegt das nur von außen zu besichtigende **Schloss Neuhaus.** Bierliebhaber kommen im weiter westlich gelegenen **St. Martin** auf ihre Kosten, denn die hiesige **Brauerei Hofstetten** ist eine der ältesten im Land; über 20 verschiedene Bierkreationen gibt es in der seit 1449 bestehenden Brauerei.

Mein Tipp: **Brauerei Hofstetten,** Adsdorf 5, A-4113 St. Martin im Mühlkreis, Tel. 07232 22040, www.hofstetten.at, Di–Fr 9–16 Uhr, Führung nach Voranmeldung.

Etwa 12 km weiter südwestlich liegt **Bad Mühllacken** sehr hübsch am **Pesenbach,** dem man flussaufwärts nach Norden folgen kann; die idyllische Wanderung endet am 455 m hohen Kerzenstein (Start Waldbad Bad Mühllacken, 2,5 Std., 200 Hm, leicht). Wer das Pesenbachtal lieber in Begleitung eines Alpakas erkunden möchte, sollte sich an Alpakas Rottenberg (www.alpakas-rottenberg.at) wenden. Größter Ort in der Umgebung ist **Feldkirchen,** das mit seinen Badeseen, einem Golfplatz (www.

golfclub-donau.at) und dem **Schloss Bergheim** durchaus einen Stopp lohnt. Weiter die Donau abwärts folgt **Ottensheim** – beinahe schon an der Stadtgrenze zu Linz –, wo eine „Drahtseilbrücke" genannte Fähre verkehrt.

Praktische Infos

■ **Informationsbüro Feldkirchen an der Donau,** Hauptstraße 1, A-4101 Feldkirchen an der Donau, Tel. 07233 7255, www.feldkirchen-donau.at.

■ **Camping Puchner,** Golfplatzstraße 20, A-4101 Feldkirchen an der Donau, Tel. 0664 4824900, www.camping-puchner.at. Nur wenige Meter von der Donau und einem Badesee gelegener Campingplatz mit Minigolfplatz und auch sonst guter Ausstattung.

■ **Gasthaus Schlagerwirt**②, Oberwallsee 12, A-4101 Feldkirchen, Tel. 07233 7220, www.schlagerwirt.at. Uriges Lokal mit überdachtem Gastgarten und regionalen Spezialitäten.

oes_323 dk

Im Land des Bieres: der Hopfenanbau ist im Mühlviertel weit verbreitet

4 Salzburg

»Salzburg ist neben der Hauptstadt Wien das international bekannteste Aushängeschild Österreichs. Dabei steht der Name definitiv für weit mehr als die bezaubernde Geburtsstadt Mozarts, denn auf dem Territorium des gleichnamigen Bundeslandes liegen viele der wunderbarsten Regionen der Alpenrepublik. Hier findet man romantische Seen, geheimnisvolle Höhlen, herrliche Almen und Traumziele für Wanderer und Wintersportler. Salzburg hat somit ein bisschen etwas von einer kompakten Ausgabe Österreichs, die vom Besten von allem einiges zu bieten hat.

< Wo's wild braust und spritzt: die Krimmler Wasserfälle

DAS REICH DES SALZES

Wenn es um Salzburg geht, ist die Verwirrung groß, denn der Name bezeichnet sowohl die Landeshauptstadt als auch das Bundesland, das von den Tourismusverbänden häufig „Salzburger Land“ genannt wird, um es klar von Mozarts Geburtsstadt abzugrenzen. Seit der Frühzeit wurde

Salzburg

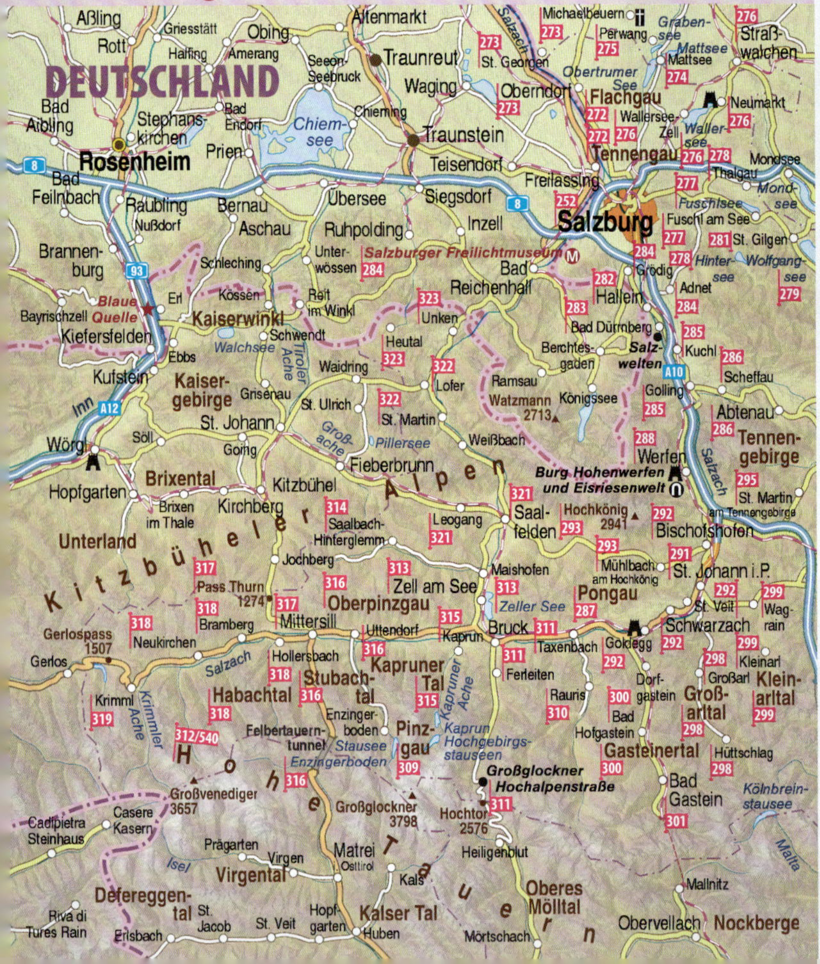

in der gesamten Region das namensgebende Salz abgebaut. Salzburg ging aus dem seit 1328 bestehenden Erzstift und späteren Herzogtum hervor, das zumindest formal zum Bayerischen Reichskreis gehörte. Erst 1816 wurde es Teil der Habsburgermonarchie bzw. des Kaiserreiches Österreich.

Das **Bundesland Salzburg** hat eine Fläche von knapp 7200 km² und eine Bevölkerung von **568.000 Einwohnern,** von denen zwei Drittel im Ballungsraum der **Hauptstadt** leben. Eben diese zählt unbestritten zu den malerischsten Orten Österreichs, haben ihr doch die regierenden Erzbischöfe über die Jahrhunderte hinweg repräsentative Bauten geschenkt. So machen diverse **Kirchen, Brunnen, Schlösser, Residenzen und Gartenanlagen** Salzburg zur **Perle der barocken Baukunst** schlechthin. Durch die Hauptstadt fließt die **Salzach,** die das gesamte Salzburger Land vom Südwesten bis in den Norden durchquert. Historisch wurde das Bundesland in **fünf sog. Gaue** unterteilt, die auch heute noch den Verwaltungsbezirken entsprechen. Im Norden ist dies zunächst der

NICHT VERPASSEN!

- **Jedermann:** die Salzburger Festspiele sind ein einmaliges Erlebnis | 264
- **Nass und spritzig:** die eindrucksvollen Wasserspiele im Schloss Hellbrunn | 267
- **Idylle in Hellblau:** ausspannen am karibisch wirkenden Fuschlsee | 277
- **Wo das Murmeltier grüßt:** auf der Bachlalm kommt man den Nagern ganz nah | 295
- **Rauschen in den Ohren:** an den imposanten Krimmler Wasserfällen wird's laut | 319

Diese Tipps erkennt man an der gelben Markierung.

Flachgau, in dem das herrliche **Salzburger Seenland** (es gehört zumindest teilweise zum Salzkammergut) mitsamt Fuschlsee und Wolfgangsee liegt. Südlich davon finden sich im **Tennengau** Salzburgs zweitgrößte Stadt **Hallein** und die viel besuchten Salzwelten sowie die atemberaubende Bergwelt um den **Dachstein.** Alpin bis hochalpin geht es auch im **Pongau** zu, der mit St. Johann, Obertauern und Bad Gastein drei der bekanntesten Urlaubsregionen Österreichs sowie mit der Eisriesenwelt und der Entrischen Kirche zwei der gewaltigsten **Höhlen** des Landes besitzt. Im Vergleich dazu ist es im **Lungau** ausgesprochen ruhig, ja direkt beschaulich. Die **Niederen Tauern** bieten unzählige **Wanderrouten** in fast unberührter Natur entlang von Almen und Bergseen, hier ist auch noch viel des uralten Brauchtums lebendig. Den westlichsten Teil von Salzburg bestimmt der **Pinzgau,** der mit Zell am See und Kaprun sowie Saalfelden-Leogang **Wintersportlern** in aller Welt ein Begriff sein dürfte, darüber hinaus aber in Form der Kapruner Gletscherwelt, der Krimmler Wasserfälle und der sensationellen Gipfel des **Nationalparks Hohe Tauern** einige der großartigsten Naturdenkmäler des Bundeslandes aufweist. Radfahrer werden sich für den **Tauernradweg** (www.salzburgerland.com/de/tauernradweg/) begeistern!

■ **Infos: Tourismus Salzburger Land,** www.salzburgerland.com

Salzburg (Stadt)

Mit Millionen von Touristen ist das verhältnismäßig kleine Salzburg – die Stadt zählt etwa **157.000 Einwohner** und ist damit die **viertgrößte des Landes** – für viele Nicht-Österreicher der absolute **Inbegriff der Alpenrepublik.** Gerade außereuropäische Besucher widmen der Hauptstadt des gleichnamigen Bundeslandes den ersten Platz auf ihrer Reiseliste, meist noch vor Wien oder den Bergregionen. Diese Aura hat natürlich in allererster Linie mit dem großen Sohn der Stadt, **Wolfgang Amadeus Mozart** (1756–91), zu tun – Salzburg ist in den Augen der meisten Besucher die **bauliche Verkörperung klassischer Musik.**

oes_095 vk

▷ Wo einst die Erzbischöfe herrschten: Bis heute prägen Kirchen Salzburg

Die Erwartungen an einen Ort wie im Bilderbuch werden dabei selten enttäuscht, denn Salzburg ist in der Tat ein Juwel. Gerade die an der Salzach liegende **Altstadt** mit ihrem überbordenden historischen Bauensemble und dem verwinkelten Gassengewirr, über dem herrschaftlich die **Festung Hohensalzburg** (die größte vollständig erhaltene Burganlage Mitteleuropas) thront, in der Ferne die Alpen als prächtige Kulisse, das alles hat regelrecht etwas von einer fantastischen, in Stein und Stuck gefassten „Pralinenschachtel". Dass es allerdings mit der Beschaulichkeit ein wenig hapert, ist praktisch nicht zu vermeiden. Salzburg ist **zu beinahe jeder Jahreszeit überlaufen,** vielerorts drängeln sich die Touristengruppen an den oft hoffnungslos überfüllten Attraktionen. Wer sich darauf einstellt und einen Besuch der Hauptsehenswürdigkeiten entsprechend plant – viele Salzburg-Touristen sind **Tagesausflügler,** entsprechend ist es vormittags und am späten Nachmittag etwas ruhiger –, der kann in der Stadt trotz allem eine gute Zeit verbringen. Zwar reicht grundsätzlich ein Tag aus, um einen Eindruck zu bekommen, aber wer **mehr Zeit** investiert, wird erstaunt sein, wie viel Salzburg auch neben der Getreidegasse mit *Mozarts* Geburtshaus und dem frühbarocken Dom zu bieten hat. Gut ist in diesem Zusammenhang, dass die Stadt eine **zentrale Verkehrsdrehscheibe** darstellt, wo sich speziell die Westautobahn A1 und die aus Villach kommende Tauernautobahn A10 treffen, man sie also auch als Zwischenstopp anderswohin im Land gut „einbauen"

Essen und Trinken in Salzburg

Salzburg liegt seit jeher entlang wichtiger transeuropäischer Handelsrouten, und das macht sich auch in der Küche des Bundeslandes bemerkbar. **Einflüsse** sowohl aus Ostösterreich als auch jene aus dem benachbarten Bayern und dem italienischen Norden sind in den lokalen Spezialitäten spürbar. Wie auch im benachbarten Tirol und in Oberkärnten finden sich zunächst **viele herzhafte Speisen,** die aber oftmals ganz ohne Fleisch auskommen. Hierzu gehört beispielsweise die deftige **Lungauer Kasknödel-Suppe,** die u.a. aus Semmeln (Brötchen), Eiern, Käse und Butterschmalz zubereitet wird. Im Pinzgau liebt man in der Pfanne angebratene **Kasnockn** (ähnlich den Käsespätzle), die traditionell mit Butter, Milch, Mehl und Eiern zubereitet und mit viel Pinzgauer Käse oder Bergkäse vermengt werden. Aber auch **Knödel** in Form von Kaspressknödel oder Fastenknödel (ebenfalls mit Käse) finden sich auf den lokalen Speisekarten, ebenso wie das typische „Allerweltsgericht" **Nidei,** bei dem gebratene Kartoffelteigstücke mit gedünstetem Weißkraut oder Sauerkraut gegessen werden. Aber auch komplexere Gerichte gibt es, zumeist auf Basis der heimischen Qualitätsprodukte, denn davon hat Salzburg genug: z.B. **Salate, Kraut** und **Tomaten** aus der Gegend um Wals-Siezenheim im Flauchgau oder die **Lungauer Eachtlinge** (Kartoffelsorte), das sagenumwobene **Tennengauer Berglammfleisch, Pongauer Wild** und **Pinzgauer Rind** und ebenso die diversen **Käsesorten** aus hervorragender Heumilch oder der Großarltaler Bergbauernkäse, zu denen perfekt das köstliche **Brot aus dem Lungau** passt. Der vielleicht beste Snack für zwischendurch ist neben der auch hier allerorts zu findenden Brettljause eine sog. **Bosna,** eine in ein aufgeschnittenes Weißbrot gelegte und mit Senf, gehackter Petersilie, Gewürzen und Zwiebeln verfeinerte würzige Bratwurst, die Ähnlichkeiten mit einem Hotdog hat. Man bekommt sie vielerorts in Österreich, doch die Meistgelobte gibt es beim unscheinbaren **Balkan Grill** (→ S. 269) unweit von *Mozarts* Geburtshaus in Salzburg. Apropos *Mozart:* Wie steht es eigentlich um die **Mozartkugeln?** Diese köstlichen süßen Kalorienbomben werden aus Pistazien, Nougat und Marzipan gefertigt und gelten inzwischen als eines der Wahrzeichen der Stadt. Zwar bieten heute zahlreiche Marken Mozartkugeln an, allerdings gibt es die nach dem 1890 von *Paul Fürst* kreierten Originalrezept Hergestellten nur in der **Konditorei Fürst.** Andere lokale **Süßspeisen** sind Moosbeernidei (Heidelbeernocken), Pinzgauer Krapfen oder Strauben. Doch die sicherlich bekannteste Spezialität des Bundeslandes sind **Salzburger Nockerln,** ein warm gegessenes Dessert aus geschlagenem Eiweiß, das mit Zucker, Vanillezucker, Mehl und Eigelb verrührt wird und pyramidenförmig aufgeht. Ein Gedicht!

oes_096 sb

Minimalistisch und doch köstlich: eine Bosna auf die Hand

kann. Auch mit dem Fahrrad oder per Zug ist die **Anreise** einfach, und über den Flughafen ist man mit nationalen und internationalen Zielen verbunden.

Stadtgeschichte

Die Stadt Salzburg liegt **am Nordrand der Alpen** inmitten des Salzburger Beckens an der in den Kitzbüheler Alpen entspringenden **Salzach,** die ab hier gen Norden fließt und an der bayerischen Grenze in den Inn mündet. Diese gute Lage machte Salzburg schon immer zu einem **Umschlagplatz für Salz,** das der ganzen Region nicht nur den Namen gab, sondern auch für großen Reichtum sorgte und schon sehr früh erste Siedler anlockte.

Etwa 400 v. Chr. begannen wohl keltische Stämme das „weiße Gold" in Stollen abzubauen und damit Handel zu treiben. Es entstand das **keltische Fürstentum Noricum,** das sich über Teile der heutigen Bundesländer Salzburg, Tirol, Kärnten und Oberösterreich erstreckte. Im Jahre 14 v. Chr. vertrieben die **Römer** die Kelten und bauten die Handelswege zu Land und zu Wasser aus. An der Stelle der heutigen Stadt errichteten sie den **Verwaltungssitz Juvavum.** Knapp 500 Jahre dauerte die römische Epoche, der der Einfall germanischer Völker ein Ende bereitete. Es folgten die Wirren der **Völkerwanderung,** bis etwa ab dem 7. Jahrhundert die **Christianisierung** einsetzte. Dies geschah mit der Gründung gleich zweier Klöster unter dem bayerischen Herzog *Theodo II.*, der den fränkischen **Missionar Rupertus** mit dem Aufbau und der Führung des neuen **Bistums Salzburg** beauftragte. Er erhielt neben dem Siedlungsgebiet des ehemaligen Juvavum auch große Besitztümer um Reichenhall und Hallein, auf denen sich umfangreiche **Salzfelder** befanden. Die kommerzielle Ausbeutung dieser Salzfelder verhalf dem jungen Bistum, das schon sehr bald **Bischofssitz** wurde, zu enormem Wohlstand und darüber hinaus zu kirchlicher und weltlicher Macht. 996 wurde ihm durch Kaiser *Otto III.* das **Markt-, Münz- und Mautrecht** verliehen, das älteste bekannte **Stadtrecht** stammt aus dem Jahr 1287.

Die **geschäftstüchtigen Kirchenfürsten** bauten ihre Residenzstadt mit den Erträgen aus dem Salzgeschäft vorausschauend aus, wobei die Sicherung ihres Besitzes stets im Vordergrund ihrer Interessen stand. So erkaufte sich **Erzbischof Leonhard von Keutschach** (1442–1519) vom damaligen habsburgischen Kaiser *Maximilian I.* eine Art **Neutralitätsstatus** in dessen Konflikt mit dem mächtigen Herzogtum Bayern. Da die Stadt und das Umland auf bayerischem Territorium lagen, war dies ein wichtiger strategischer Schachzug, denn somit blieb Salzburg von Kriegshandlungen und Zerstörung verschont. Einer der Nachfolger auf dem Bischofsstuhl, **Wolf Dietrich von Raitenau** (1559–1617), baute die Macht der Kirche weiter aus. Im Bewusstsein dieser Macht entstanden in der Barockzeit **prunkvolle Prachtbauten und üppige Gartenanlagen.** Doch *von Raitenau* war auch ein streitbarer und habgieriger Kirchenfürst. Seine Auseinandersetzung mit dem bayerischen Herzog *Maximilian* um die Salzmaut führte zum sog. **Salzkrieg,** den die Bayern gewannen; der Erzbischof wurde zum Häftling in seiner eigenen Festung, wo er 1617 starb. Unter der Ägide von

Fürsterzbischof Paris Graf von Lodron (1586–1653) wurde die Salzburger **Universität** gegründet, und er ließ auch den **Barockdom** fertigstellen. Die Stadt war zu jener Zeit bereits eine der bedeutendsten kirchlichen Machtzentralen nördlich der Alpen, und sie war reich. Dies machte sich auch in Sachen **Kunst und Kultur** bemerkbar, wovon u.a. der Sohn des erzbischöflichen Konzertmeisters *Leopold Mozart,* der als „Wunderkind" gehandelte **Wolfgang Amadeus,** profitierte, der noch heute der wichtigste „Botschafter" der Stadt ist.

Napoleons Eroberungszüge machten auch vor Salzburg nicht halt, und so wurde das Gebiet 1809 unter französische Verwaltung gestellt, jedoch schon kurz danach in das mit den Franzosen verbündete **Bayern** eingegliedert. Erst nach der Niederlage *Napoleons* 1815 bei Waterloo und der Neuordnung Europas durch den **Wiener Kongress** wurde Salzburg schließlich **Österreich** zugesprochen. In den folgenden Jahren kam es zu einem wirtschaftlichen Niedergang, erst gegen Ende des 19. Jahrhunderts, im Zuge der **Industrialisierung** und des aufkommenden **Fremdenverkehrs**, setzte eine Erholung ein. Ab 1920 wurde Salzburg außerdem zu einer **Kulturmetropole** von internationalem Ruf, und zwar wesentlich durch die Einführung der jährlich stattfindenden, heute weltbekannten **Festspiele** mit der „Jedermann"-Inszenierung.

Mit dem **Einmarsch deutscher Truppen** 1938 setzte eine Verhaftungswelle ein, gefolgt von **Deportationen** politischer Gegner sowie von Juden und anderen Minderheiten. 1944/45 kam es zu **alliierten Bombardierungen,** bei denen große Teile der Stadt beschädigt wurden. Im Mai 1945 wurde Salzburg von amerikanischen Truppen befreit, die vor Ort den **Sitz des US-Oberkommandos** einrichteten. Nach dem Zweiten Weltkrieg und dem Ende der NS-Diktatur erlebte Salzburg als **neues Bundesland der österreichischen Republik** wieder einen kulturellen und wirtschaftlichen Aufschwung. Das historische Zentrum der Stadt steht seit 1996 auf der Liste des **Weltkulturerbes der UNESCO.**

Sehenswertes

Festung Hohensalzburg

Hoch über der Stadt thront die **riesige Festungsanlage,** deren Anfänge auf das 11. Jahrhundert zurückgehen. Seitdem hat sie die Stadt beschützt, denn eingenommen wurde sie nie und belagert nur ein einziges Mal während der Bauernkriege 1525/26. Mit einer Fläche von 30.000 m² ist die mächtige Anlage eine der größten Europas, und wegen ihres **atemberaubenden Blicks** über die Stadt sollte sie unbedingt zu einem Besuch der Mozartstadt gehören. Man erreicht sie wahlweise zu Fuß, über die Festungsstiege oder – weniger schweißtreibend – mit der **Festungsbahn** (www.festungsbahn.at). Trotz ihrer über 900 Jahre währenden Baugeschichte präsentiert sich die Festung vor allem im Stil des 15. und 16. Jahrhunderts, also aus der Zeit, als man aus ihr einen repräsentativen spätgotischen Regierungssitz machte. Sie verfügt über **sechs Basteien und 17 Türme,** von denen der Reck- und Glockenturm gleich im Eingangsbereich zu sehen sind. Im inneren Burghof befindet sich der **Palas** (auch Hoher Stock genannt), das Hauptgebäude also, in dem das **Festungsmuseum** über die Geschichte von Festung und Stadt informiert. Auch die Gemächer der Erzbischöfe und das berühmte **Fürstenzimmer** sind zu besichtigen. Interessant ist zudem das **Erzherzog-Rainer-Regimentsmuseum** in dem Trakt, in dem einst *Wolf Dietrich von Raitenau* (1559–1617) eingekerkert war.

MEIN TIPP: **Festung Hohensalzburg,** Mönchsberg 34, A-5020 Salzburg, Tel. 0662 84243011, www.salzburg-burgen.at, Jan. bis April und Okt. bis Dez. tägl 9.30–17 Uhr, Mai bis Sept. 8.30–20 Uhr, Eintritt ab 10,80 €, ermäßigt ab 4,40 €.

Kapitelplatz und Umgebung

Unterhalb der Festung befindet sich der **stattliche Kapitelplatz,** auf dem der barocke Brunnen und die **„Sphaera"** genannte Skulptur in Form einer goldenen Kugel auffallen. An der Westseite des Platzes liegt das **Stift St. Peter,** ein bereits im 7. Jahrhundert gegründetes Kloster, das seitdem kontinuierlich betrieben wird. Bekannt ist das Stift durch den dazugehörigen, äußerst idyllischen **Petersfriedhof,** auf dem viele berühmte und einflussreiche Salzburger Familien begraben liegen, darunter auch die Schwester *Mozarts.*

Dom, Domplatz und Umgebung

Der Salzburger Dom ist die **Kathedrale der Erzdiözese Salzburg** und damit Metropolitankirche der Kirchenprovinz Salzburg. Der Dom ist dem heiligen *Rupert* und dem heiligen *Virgil* geweiht und gehört zum **UNESCO-Welterbe.** Bemerkenswert ist bereits die Lage des gewaltigen Gotteshauses auf dem großen

☐ Ein uneinnehmbares Bollwerk gegen die Abtrünnigen: die Festung Hohensalzburg

oes_097 sb

Nachtleben		**Einkaufen**	
1	Jazzit	3	Ploom
4	Club Half Moon	9	R.F. Azwanger
15	Monkeys Café-Bar	10	Buchhandlung Höllrigl
16	Darwin's	14	Salzburger Heimatwerk
		27	Nonnberger Erentrudishof

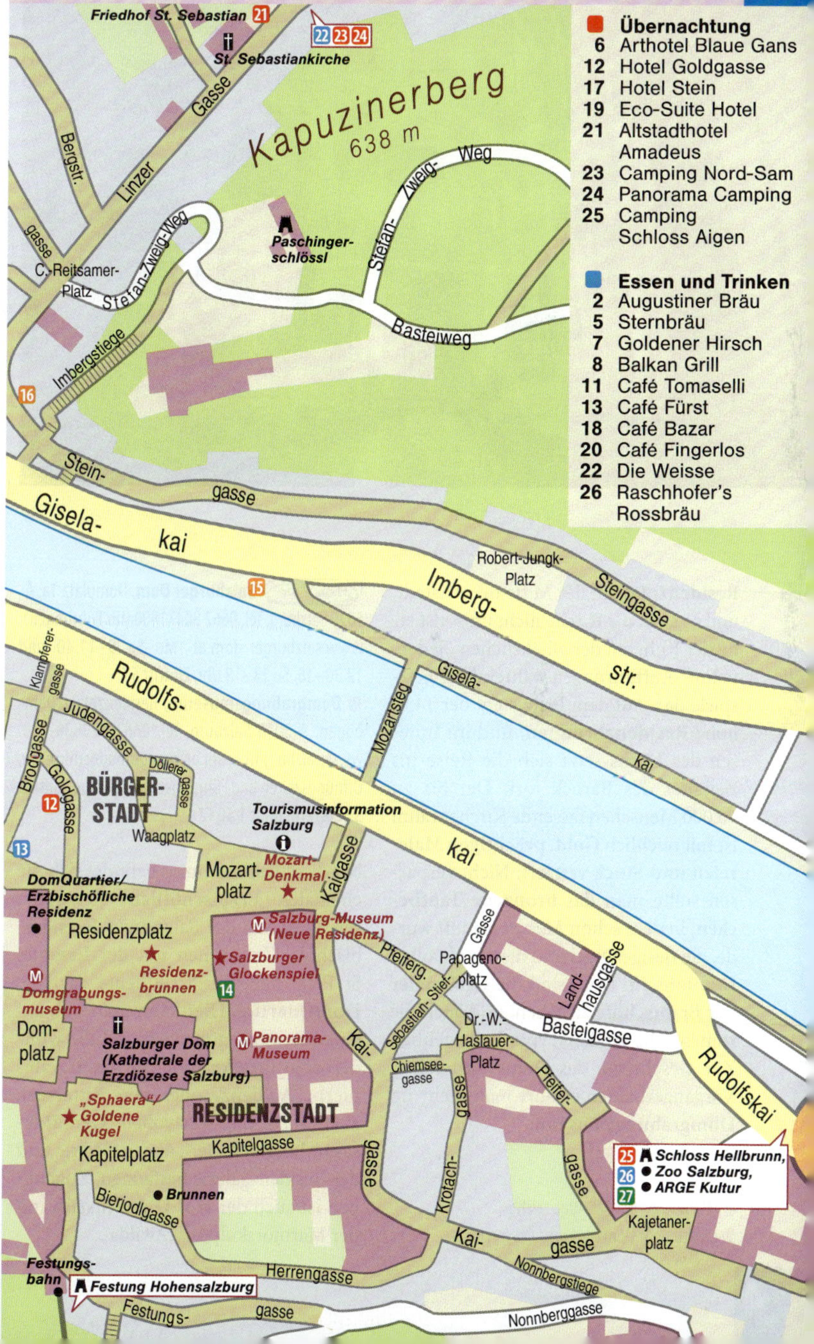
Übernachtung
6 Arthotel Blaue Gans
12 Hotel Goldgasse
17 Hotel Stein
19 Eco-Suite Hotel
21 Altstadthotel Amadeus
23 Camping Nord-Sam
24 Panorama Camping
25 Camping Schloss Aigen
Essen und Trinken
2 Augustiner Bräu
5 Sternbräu
7 Goldener Hirsch
8 Balkan Grill
11 Café Tomaselli
13 Café Fürst
18 Café Bazar
20 Café Fingerlos
22 Die Weisse
26 Raschhofer's Rossbräu
Friedhof St. Sebastian
St. Sebastiankirche
Kapuzinerberg
638 m
Paschinger-schlössl
Stefan-Zweig-Weg
Basteiweg
Linzer Gasse
Bergstr.
C.-Reitsamer-Platz
Imbergstiege
Steingasse
Giselakai
Robert-Jungk-Platz
Imbergstr.
Mozartsteg
Rudolfskai
Klampferergasse
Judengasse
Döllerergasse
Brodgasse
Goldgasse
BÜRGERSTADT
Waagplatz
Tourismusinformation Salzburg
Mozartplatz
Mozart-Denkmal
Kaigasse
DomQuartier/ Erzbischöfliche Residenz
Residenzplatz
Residenzbrunnen
Salzburg-Museum (Neue Residenz)
Salzburger Glockenspiel
Domgrabungsmuseum
Domplatz
Salzburger Dom (Kathedrale der Erzdiözese Salzburg)
Panorama-Museum
Pfeiferg.
Papagenoplatz
Gasse
Landhausgasse
Sebastian-Stief-Gasse
Dr.-W.-Haslauer-Platz
Basteigasse
Chiemseegasse
Pfeifergasse
„Sphaera"/ Goldene Kugel
RESIDENZSTADT
Kapitelplatz
Kapitelgasse
Krotachgasse
Brunnen
Bierjodlgasse
Schloss Hellbrunn, Zoo Salzburg, ARGE Kultur
Kajetanerplatz
Festungsbahn
Festung Hohensalzburg
Herrengasse
Nonnbergstiege
Festungsgasse
Nonnberggasse

oes_098 sb

Residenzplatz in der Mitte der Altstadt, und so stellt die Kirche nicht umsonst eine der Kulissen der alljährlichen „Jedermann"-Aufführungen während der Festspiele dar. Auf dem Platz steht der 14 m hohe **Residenzbrunnen,** und im Inneren des Doms setzt sich die Reise ins Zeitalter des Barock fort. Der bis zu 10.000 Menschen fassende Kirchenraum ist mit reichlich **Gold, prächtigen Malereien und Stuck** verziert. Nicht verpassen sollte man das **bronzene Taufbecken,** in dem schon *Mozart* getauft wurde, die riesige Orgel und die prunkvollen Domtore. Im Dom sind die **Grabmäler der Erzbischöfe** zu sehen, und auch die romanische Hallenkrypta ist begehbar. Zur Geschichte des Doms und seiner Vorgängerbauten erfährt man mehr im **Domgrabungsmuseum.**

Barock so weit das Auge reicht: Der Salzburger Dom ist prachtvoll verziert

MEIN TIPP: **Salzburger Dom,** Domplatz 1a, A-5020 Salzburg, Tel. 0662 80471800 (für Führungen), www.salzburger-dom.at, Mo–Sa 9–11.40 und 12.30–18, So 13–18 Uhr, Eintritt 5 €.

■ **Domgrabungsmuseum,** Residenzplatz/Dombögen, A-5010 Salzburg, Tel. 0662 620808-723, www.salzburgmuseum.at/domgrabungsmuseum, Öffnungszeiten und Führungen auf Anfrage, Eintritt 3,50 €, ermäßigt 1,50 €.

Nordwestlich des Doms befindet sich die ehemalige **Erzbischöfliche Residenz,** seit 1120 Sitz der Salzburger Fürsterzbischöfe. Zusammen mit der Erzabtei St. Peter beherbergt sie heute das sog. **DomQuartier.** Hier kann man sich auf einen Rundgang machen und die wunderbaren **Prunkräume** wie den Carabinieri-, Audienz- oder den Rittersaal, aber auch die wertvollen **Gemäldesammlungen** in der Langen Galerie und der Residenzgalerie bestaunen. Zugänglich ist auch der **Hof Dietrichsruh** mit der Marmorskulptur „Awilda".

MEIN TIPP: **DomQuartier,** Residenzplatz 1/ Domplatz 1a, A-5020 Salzburg, Tel. 0662 80422109, www.domquartier.at, Mi–Mo 10–17 Uhr (Dez. auch Di 10–17 Uhr), Eintritt ab 10 €, ermäßigt ab 8 €.

Neue Residenz mit Salzburg-Museum

Nordöstlich des Residenzplatzes schließt sich der **Mozartplatz** an, auf dem das 1842 eingeweihte bronzene **Denkmal** für den „berühmtesten Sohn" der Stadt steht. Vom Mozartplatz gelangt man in die Neue Residenz. Anfangs dienten einige Trakte des Anwesens als Wohnsitz für Adelige, später nutzte man sie auch für öffentliche Zwecke. Heute ist die **Neue Residenz Teil des Salzburg-Museums** – mit Ausstellungen zur Stadtgeschichte –, und auch der 14 **Shop des Salzburger Heimatwerks** ist dort untergebracht. Vom Salzburg-Museum erreicht man über die Panorama-Passage das **Panorama-Museum,** in dem weitere Relikte und Dokumente zur urbanen Entwicklung seit der römischen Epoche zu sehen sind und außerdem das stattliche Rundbild mit der Stadtansicht aus dem 19. Jahrhundert aufschlussreich ist. Zur Neuen Residenz gehört auch der **Turm,** in dem sich das **Salzburger Glockenspiel** befindet, ein historisches Schlagwerk, bestehend aus 35 Glocken, das täglich um 7.04, 11.04 und 18.04 Uhr erklingt.

MEIN TIPP: **Salzburg-Museum (Neue Residenz),** Mozartplatz 1, A-5010 Salzburg, Tel. 0662 620808700, www.salzburgmuseum.at, Di–So 9–17 Uhr, Eintritt 9 €, ermäßigt 4 €.

☑ Romantik pur: Auch ohne Sonnenuntergang ist Salzburgs Innenstadt eine Perle

oes_099 vk

Ein Hoch auf das Genie! – Wolfgang Amadeus Mozart (1756–91)

Es war am 27. Januar 1756 im „Hagenauer Haus" (Getreidegasse 9), dass **Wolfgang Amadeus Mozart** das Licht der Welt erblickte. Seine Eltern, der Hochfürstliche Salzburgische Kammermusiker **Leopold Mozart** und *Anna Maria Pertl,* hatten noch sechs weitere Kinder, von denen neben dem kleinen „Wolferl" aber nur seine ältere Schwester *Maria Anna,* genannt „Nannerl", das Kindesalter überlebte. Als schnell klar wurde, dass beide Kinder **außergewöhnliches musikalisches Talent** besaßen, stellte der Vater seine eigene Karriere zurück und kümmerte sich um die Förderung seiner Zöglinge. Bereits ab 1762 organisierte der ehrgeizige *Leopold* Konzerte an den Fürstenhöfen Europas, und so ging *Wolfgang Amadeus* mit gerade einmal sechs Jahren auf **Reisen** durch Deutschland, Belgien, Frankreich, England und Italien. Als Jugendlicher nahm er dann eine Stelle als **Konzertmeister der Salzburger Hofmusik** an. Begeistert war er von dieser Anstellung jedoch nicht, weshalb er zwischenzeitlich sein Glück auch in Italien, Wien und München suchte. Im Herbst 1773 bezog die Familie das Wohnhaus am heutigen Makartplatz 8. Unter Fürsterzbischof *Hieronymus Graf Colloredo* war Mozart ab 1779 als **Hoforganist** tätig, doch nach der Uraufführung des „Idomeneo" 1781 in München folgte der endgültige Bruch mit seinem Arbeitgeber. Es ging nach Wien, wo *Mozart* sich als **freischaffender Künstler, Opernkomponist und Lehrer** versuchte. In der Hauptstadt hatte er seine erfolgreichste Schaffensphase, in der die größten Werke entstanden, wenngleich er fast ständig unter Geldnöten litt. Im August 1782 heiratete er gegen den Willen seines Vaters **Constanze Weber,** mit der er sechs Kinder haben sollte, von denen aber auch nur zwei das Kindesalter überlebten. Bis 1791 folgten zahlreiche **Uraufführungen** vor allem seiner Opern, die große Erfolge wurden. Am 5. Dezember desselben Jahres starb *Mozart* überraschend im Alter von gerade einmal 35 Jahren in Wien an „hitzigem Frieselfieber". Doch seine Werke werden **alle Zeiten überdauern:** Kirchenmessen, Kantaten, Sonaten, Orchesterwerke, Sinfonien, Klavierkonzerte, Violinkonzerte, Kammermusik, Lieder u.v.m. Besonders berühmt ist das „Enfant terrible" der Klassik auch für seine insgesamt 21 Opern, zu denen „Die Entführung aus dem Serail", „Le nozze di Figaro", „Don Giovanni", „Così fan tutte" und natürlich „Die Zauberflöte" gehören.

oes_101 sb

■ **Panorama-Museum,** Residenzplatz 9, A-5010 Salzburg, Tel. 0662 620808730, www.salzburgmuseum.at/panoramamuseum, tägl. 9–17 Uhr, Eintritt 4,50 €, ermäßigt 2 €.

Alter Markt

Traditionell teilt man Salzburg in die bis jetzt beschriebene Residenzstadt und die nördlich davon gelegene **Bürgerstadt.** Zentrum dieser einst nicht von klerikalen und adeligen Salzburgern, sondern von den „normalen" Bürgern bewohnten Gegend ist der Alte Markt, der bereits 1240 angelegt wurde und bis ins ausgehende 19. Jahrhundert tatsächlich als Marktplatz diente. Hier stehen **prächtige Bürgerhäuser,** deren Fassaden im Stil von Barock und Klassizismus erstrahlen, wenngleich viele Gebäude im Kern weit älter sind. Highlights auf dem Alten Markt sind das traditionsreiche **11 Café Tomaselli,** das bereits seit 1705 besteht, das **Schmale Haus** daneben (es misst nur 1,42 m in der Breite), das schräg gegenüber angesiedelte **13 Café Fürst** (die erste Adresse für Mozartkugel-Fans) und der hübsche **Floriani-Brunnen** aus dem 15. Jahrhundert.

Getreidegasse und Umgebung

Nördlich des Alten Marktes schließt sich der **Rathausplatz** an, auf dem das wunderschöne **Alte Rathaus** mit seiner bezaubernden **Rokokofassade** steht. Ab hier verläuft die Getreidegasse westwärts bis zum Bürgerspitalplatz, gesäumt von barock gestalteten Häusern samt kunstvollen Portalen und verzierten Schil-

☐ Für eine Verschnaufpause ist das Café Tomaselli genau die richtige Adresse

oe3_100 sb

Sehen und gesehen werden – die Salzburger Festspiele

Die Salzburger Festspiele zählen zweifellos zu den **weltweit bedeutendsten Festivals der klassischen Musik und darstellenden Kunst**. 1920 fanden sie auf Initiative von **Max Reinhardt** (1873–1943), aber auch von *Hugo von Hofmannsthal* (1874–1929) und *Richard Strauss* (1864–1949) das erste Mal statt. Jeden Sommer im Juli und August werden über sechs Wochen in Salzburg **Mozart- und Strauss-Aufführungen** sowie ein abwechslungsreiches und hochkarätiges Schauspiel-, Opern- und Konzert-Programm mit durchschnittlich mehr als 200 Veranstaltungen gezeigt. Dabei ist natürlich auch das **Drumherum von großem Interesse,** stellen die Besuche von Stars und Starlets sowie Persönlichkeiten aus dem öffentlichen Leben doch ein gefundenes Fressen für die Boulevard-Presse dar. Markenzeichen der Festspiele ist die **Tragödie „Jedermann"** von *Hugo von Hofmannsthal,* die stets auf dem Domplatz aufgeführt wird. Ein Besuch der Salzburger Festspiele ist fraglos ein Erlebnis der besonderen Art, doch bei über 250.000 Gästen – neben den üblichen Tagestouristen – ist die **Stadt nochmals voller** als sonst und die Hotelpreise schnellen in atemberaubende Höhen. Entsprechend sollte ein Besuch früh geplant werden, zumal auch die Tickets für die Veranstaltungen sehr begehrt und nicht gerade günstig sind.

■ Mehr **Infos** unter www.salzburgerfestspiele.at.

dern. Zwar ist die mit alteingesessenen **Läden und Lokalen,** aber zunehmend auch mit internationalen Mode- und Fastfood-Lokalen ausgestattete Gasse nicht einmal 300 m lang, da hier jedoch das **Geburtshaus Mozarts** (mit integriertem Museum zu seinem Leben und dem seiner Familie) liegt, ist die **Flaniermeile** die erste Anlaufstelle für die meisten Salzburg-Besucher. Rund 500.000 Eintrittskarten verkauft das Mozarthaus – eigentlich bewohnte die Familie *Mozart* hier nur eine überraschend kleine Wohnung im 3. Stock – jährlich, was es zu einer der meistbesuchten Sehenswürdigkeiten der Stadt macht. An der Westseite, auf dem besagten Bürgerspitalplatz, präsentiert im Gebäude des ehemaligen Bürgerspitals das **Spielzeug Museum** die größte historische Spielzeugsammlung Österreichs.

■ **Mozarts Geburtshaus,** Getreidegasse 9, A-5020 Salzburg, Tel. 0662 844313, www.mozarteum.at, tägl. 9–17.30 Uhr, Eintritt 12 €, ermäßigt 4 €.
MEIN TIPP: **Spielzeug Museum,** Bürgerspitalgasse 2, A-5020 Salzburg, Tel. 0662 620808300, www.spielzeugmuseum.at, Di–So 9–17 Uhr, Eintritt 5 €, ermäßigt 2 €.

Universitätsplatz und Umgebung

Gleich mehrere Durchhäuser führen von der Getreidegasse auf den **lang gezogenen Universitätsplatz,** an dessen Südseite die im 17. Jahrhundert von Fürsterzbischof *Paris Graf Lodron* ins Leben gerufene **Alte Universität** steht. Die hiesigen Gebäude sind heute Teil der Universität Salzburg und beinhalten die **Katholisch-Theologische Fakultät** sowie die Universitätsbibliothek. Sehenswert auf dem Platz ist aber vor allem die an der Ecke zur Wiener-Philharmoniker-Gasse gelegene **Kollegienkirche** mit ihrer konvexen Fassade und dem in Weiß gehaltenen, lichtdurchfluteten Inneren. Sie gilt als Meisterwerk des berühmten Barock-Baumeisters *Johann Bernhard Fischer von Erlach* (1656–1723) und diente als Vorlage für weitere Kirchenbauten jener Zeit in Österreich und dem Süden Deutschlands. Von Montag bis Samstag (6–18 Uhr) findet auf dem Universitätsplatz der sog. **Grünmarkt** statt, wobei samstags (6–13 Uhr) auch Bauern aus dem Umland ihre Waren feilbieten.

■ **Kollegienkirche,** Universitätsplatz 20, A-5020 Salzburg, Tel. 0662 84132775, www.kollegienkirche.at, tägl. 10–19 Uhr, Eintritt frei.

Festspielbezirk

Folgt man der Wiener-Philharmoniker-Gasse nach Süden, erreicht man den **Max-Reinhardt-Platz.** Hier und entlang seiner Verlängerung, der breiten **Hofstallgasse,** erstreckt sich der Festspielbezirk. Als Hauptveranstaltungsort der alljährlich stattfinden **Salzburger Festspiele** umfasst dieser die Gebäudekomplexe der Felsenreitschule, des Hauses für Mozart und des Großen Festspielhauses, die allesamt an der Südwestflanke **zu Füßen des Mönchsbergs** stehen. Wer nicht ohnedies zu einer Veranstaltung der Festspiele anreist, kann das Bauensemble auf einer geführten Tour besichtigen (www.salzburgerfestspiele.at/fuehrungen), wobei eben speziell jenes für 2200 Zuschauer konzipierte **Große Festspielhaus** – es entstand 1956–60 auf Initiative *Herbert von Karajans* – mit dem repräsentativen Foyer, aber auch der **Karl-Böhm-Saal** und natürlich die **Panoramabühne** sowie die großräumige **Tribüne** Eindruck hinterlassen.

Mönchsberg und Umgebung

Südwestlich der Altstadt verläuft der Mönchsberg **(508 m),** ein etwa 1700 m langes **Plateau,** teilweise von Wald und Wiesen bewachsen. Benannt ist er nach den Mönchen des nahe gelegenen Benediktinerklosters St. Peter, und beliebt ist er bei Einheimischen und Touristen gleichermaßen für seine **vielen Aussichtsplätze.** Zahlreiche **Wehranlagen und Türme** wie die größtenteils erhaltene Bürgerwehr erinnern an die Zeiten, als Salzburg noch durch einen durchgehenden Verteidigungswall vor Eindringlingen geschützt wurde. Viele Wege führen über das Plateau, das man entweder über die **Treppe im Toscaninihof** (beim Festspielhaus) oder weniger anstrengend, aber dafür kostenpflichtig mit dem **Mönchsbergaufzug** (Gstättengasse 13) erreicht; oben angekommen, findet man oftmals ein bisschen der Ruhe, die im Gassengewirr und Trubel unten in der Stadt fehlen mag.

Die allermeisten Besucher kommen jedoch auf den Mönchsberg, weil sich hier das **Museum der Moderne (MdM)** befindet, ein großartiges Ausstellungsgelände, das sich der Kunst des 20. und 21. Jahrhunderts widmet. Dabei werden neben der Stammsammlung auch Wechselausstellungen gezeigt, häufig mit einem gewissen Schwerpunkt auf österreichischer Kunst. In der Altstadt hat das Museum der Moderne im sog. **Rupertinum** (Wiener-Philharmoniker-Gasse 9)

Adobe Stock © simonadrescher

Kitsch à la 17. Jahrhundert: Im Park des Schloss Hellbrunn kann es feucht werden

weitere Ausstellungsräume, in denen u.a. die **Österreichische Fotogalerie,** die wohl bedeutendste Sammlung ihrer Art im ganzen Land, Arbeiten präsentiert.

■ **Museum der Moderne (MdM),** Mönchsberg 32, A-5020 Salzburg, Tel. 0662 842220, www.museumdermoderne.at, Di–So 10–18 Uhr, Mi 10–20 Uhr (während der Festspiele auch Mo 10–18 Uhr), Eintritt ab 13 €, ermäßigt ab 8 €.

Nördlich der Salzach

Von der Kai genannten **Uferpromenade** führen in der Innenstadt von Westen nach Osten der **Makartsteg,** die **Staatsbrücke** und der **Mozartsteg** über die Salzach in den sog. **Mirabellbezirk.** Ebendort ist zunächst das **Wohnhaus der Familie Mozart** – sie zogen 1773 aus der Getreidegasse ans rechte Ufer – auf dem Makartplatz sehenswert, in dem sich ein interessantes **Film- und Tonmuseum zur Familiengeschichte** befindet. Nördlich des Platzes steht das märchenhafte **Schloss Mirabell,** das *Wolf Dietrich von Raitenau* für seine Geliebte erbauen ließ. Zwar sind nur wenige Teile des Schlosses öffentlich zugänglich, dafür lässt sich der prächtige **frühbarocke Mirabellgarten** mit seinen Brunnen, Skulpturen, dem Irrgarten, dem Heckentheater u.v.m. besuchen. Etwas weiter östlich verläuft die **Linzer Gasse,** die als „Hauptschlagader" des nördlichen Ufers bezeichnet werden kann und auf der speziell die **St. Sebastiankirche** mit dem angeschlossenen **Friedhof** – hier befinden sich die Grabstätten einiger Familienmitglieder der *Mozarts* – die Hauptsehenswürdigkeit darstellt.

■ **Mozart-Wohnhaus,** Makartplatz 8, A-5020 Salzburg, Tel. 0662 87422740, www.mozarteum.at, tägl. 9–17.30 €, Eintritt 12 €, ermäßigt 10 €.

■ **Schloss Mirabell und Mirabellgarten,** Mirabellplatz 3, A-5020 Salzburg, Tel. 0662 80720, Schloss tägl. 8–18 Uhr, Mirabellgarten tägl. 6 Uhr bis Einbruch der Dunkelheit, Eintritt jeweils frei.

■ **St. Sebastiankirche,** Linzer Gasse 41, A-5020 Salzburg, Tel. 0662 875208, www.sankt-sebastian.at, tägl. 9–18 Uhr, Eintritt frei.

Am südlichen Ende der Linzer Gasse, unmittelbar am Fuße des Kapuzinerbergs, verläuft die **Steingasse** mit ihren Bars und Lokalen. Der **Kapuzinerberg** ist das nördliche Pendant zum Mönchsberg und bietet ebenfalls anmutige **Spazierwege** (z.B. den Basteiweg) sowie einen **Naturlehrpfad.** Neben dem Gipfel auf 638 m gibt es weitere lohnende Aussichtspunkte, etwa das Kapuzinerkloster vor dem Berg, das ihm den Namen gab. Man erreicht das Bergplateau wahlweise über die **Imbergstiege** oder den **Stefan-Zweig-Weg,** der so heißt, weil hier oben im **Paschingerschlössl** der weltberühmte Schriftsteller *Stefan Zweig* in den Jahren 1919–37 lebte, bevor er ins Exil nach Brasilien ging.

Außerhalb der Innenstadt

Wer noch ein bisschen Zeit für Salzburg parat hat, nachdem das Zentrum „abgeklappert“ wurde, dem sei versichert, dass es auch außerhalb der malerischen Innenstadt einiges zu entdecken gibt. Im Westen ist das zunächst die **Brauerei Stiegl,** Österreichs größte Privatbrauerei, die unter dem Motto „Stiegl Brauwelt“ auf eine museale Entdeckungsreise zum Thema Bier einlädt. Zur Brauerei gehören auch ein Restaurant, ein Bräustüberl und ein Biergarten. Noch etwas weiter westlich, gegenüber vom Salzburger Flughafen, liegt der **Hangar-7,** in dem man die eindrucksvolle **Flugzeug- und Autosammlung** des Red-Bull-Machers *Dietrich Mateschitz* (1944–2022) besichtigen kann. Schon das Gebäude mit seiner Glas-Stahl-Konstruktion ist faszinierend, außerdem wird hier auch kulinarisch Großartiges geboten. Bemerkenswerte Technik aus einer ganz anderen Epoche sieht man auf dem Areal von **Schloss Hellbrunn** im Süden der Stadt in Form der spektakulären **Wasserspiele.** Im Schloss, 1613–19 unter Fürsterzbischof *Markus Sittikus* im Stil des Manierismus erbaut, sollte man sich unbedingt den wundervollen Festsaal ansehen. Den Höhepunkt stellt aber der ausgedehnte **Schlosspark** dar, in dessen Lustgarten sich eben jene beeindruckenden Wasserspiele (nur auf einer Führung zu erleben) befinden, bei denen teilweise spontan einsetzende Fontänen aus Statuen, Böden oder Wänden bzw. im Inneren von Grotten hervorschießen und die Besucher heute noch genauso belustigen wie vor 400 Jahren. Teil des historischen Schlossparks ist auch der auf einem 14 Hektar großen Areal angelegte **Zoo Salzburg,** in dem über 150 Tierarten – darunter viele aus der heimischen Bergwelt – beheimatet sind.

■ **Stiegl Brauwelt,** Bräuhausstraße 9, A-5020 Salzburg, Tel. 050 14921492, www.brauwelt.at, Braushop und Museum Mai–Okt. tägl. 10–20 Uhr (sonst tägl. 10–18.30 Uhr), Eintritt ab 12,90 €, ermäßigt 9,50 €.

■ **Red Bull Hangar-7,** Wilhelm-Spazier-Straße 7A, A-5020 Salzburg, Tel. 0662 21970, www.hangar-7.com, Flugzeugmuseum tägl. 9–22 Uhr, Eintritt frei.

MEIN TIPP: **Schloss Hellbrunn,** Fürstenweg 37, A-5020 Salzburg, Tel. 0662 8203720, www.hell

brunn.at, April tägl. 9.30–17.30 Uhr, Mai und Juni tägl. 9.30–18.30 Uhr, Juli und Aug. tägl. 9.30–19 Uhr, Sept. tägl. 9.30–18.30 Uhr, Okt. tägl. 9.30–17.30 Uhr, Eintritt 13,50 €, ermäßigt 6 €.

Zoo Salzburg, Hellbrunner Straße 60, A-5081 Anif, Tel. 0662 8201760, salzburg-zoo.at, Jan., Febr., Nov., Dez. tägl. 9–16.30 Uhr, März und Okt. tägl. 9–17.30 Uhr, April bis Juni und Sept. tägl. 9–18 Uhr, Juli und Aug. tägl. 9–18.30 Uhr, Eintritt 12,50 €, ermäßigt 8 €.

Praktische Infos

- **Tourismusinformation Salzburg,** Mozartplatz 5, A-5020 Salzburg, Tel. 0662 88987330, www.salzburg.info.

Salzburg Card

Bei dem Überangebot an Attraktionen macht es in Salzburg unbedingt Sinn, sich eine Salzburg Card zu kaufen. Hiermit hat man nicht nur **freien Eintritt in alle Museen, Ausstellungshäuser und andere Sehenswürdigkeiten,** sondern man kann auch die **öffentlichen Verkehrsmittel kostenlos** nutzen und erhält Ermäßigungen bei kulturellen Veranstaltungen und Konzerten sowie in nahe gelegenen Ausflugszielen. Die Salzburg Card ist für 24, 48 oder 72 Stunden erhältlich.

- Mehr **Infos** unter www.salzburg.info/de/hotels-angebote/salzburg-card.

An- und Abreise

Der **Hauptbahnhof Salzburg** befindet sich nördlich der Innenstadt; ab hier gelangt man mit den Obuslinien 1, 3, 5, 6 und 14 ins Zentrum. Vom Hauptbahnhof bestehen direkte **Zugverbindungen** mit vielen Städten in Deutschland (Salzburg liegt nicht einmal 10 km von der bayerischen Grenze entfernt), Österreich und der Schweiz. Auch **Fernbusse** fahren die Stadt an; diese halten an der Lastenstraße gegenüber dem Hauptbahnhof. Der internationale **Flughafen Salzburg Airport W.A. Mozart** liegt westlich der Stadt gerade einmal 4 km vom Zentrum entfernt und ist über die Innsbrucker Bundesstraße mit der Stadt verbunden. Man gelangt am günstigsten mit den Buslinien 2 und 10 ins Zentrum bzw. zum Hauptbahnhof.

Parken

Das Parken **in der Innenstadt** gestaltet sich **schwierig,** sowohl wegen der zahlreichen Fußgängerzonen als auch der notorischen **Parkplatznot.** Es gibt im Zentrum faktisch keine gebührenfreien Zonen, sondern nur **Kurzparkzonen** und **Parkhäuser.** Man kauft die **Parktickets** an Parkscheinautomaten, Parkhäuser kosten unwesentlich weniger. Doch wer in einem Parkhaus oder den **Altstadtgaragen im Mönchsberg** parkt, kann sich bei einem Einkauf in zahlreichen Geschäften das Parkticket lochen lassen und verringert damit die Gebühren. Die beste Lösung für das längerfristige Abstellen des eigenen Fahrzeugs sind die **Park+Ride-Parkplätze am Stadtrand,** darunter P+R Messe (Am Messezentrum 1, A-5020 Salzburg) und P+R Süd (Alpenstraße 159, A-5020 Salzburg).

ÖPNV

Salzburg verfügt über ein gut ausgebautes Nahverkehrsnetz, bei dem vor allem **Autobus- und Obuslinien** (Oberleitungsbusse, auch Trolleybusse genannt) zum Einsatz kommen. Ab dem Hauptbahnhof fahren außerdem **vier S-Bahnlinien** in die Umgebung, darunter auch über die Grenze bis nach Bad Reichenhall. Für Besucher interessante Optionen sind speziell die **Tageskarte** und die **Salzburg Card** (→ Info-Kasten).

Übernachtung und Camping

6 **Arthotel Blaue Gans**③, Getreidegasse 41–43 6, A-5040 Salzburg, Tel. 0662 842491, www.blauegans.at. Minimalistisch gehaltenes, äußerst schickes Hotel mitten im Trubel.

21 **Altstadthotel Amadeus**②, Linzer Gasse 43–45, A-5020 Salzburg, Tel. 0662 871401, www.hotelamadeus.at. Geschichtsträchtiges Hotel an der nördlichen Seite des Ufers.

19 **Eco-Suite Hotel**①-②, Adolf-Kolping-Straße 12, Tel. 0662 4661512, A-5020 Salzburg, www.ecosuitehotel.at. Nördlich der Innenstadt gelegen, hat man hier definitiv seine Ruhe, und das Parken ist kostenlos.

Mein Tipp: 12 **Hotel Goldgasse**③, Goldgasse 10, A-5020 Salzburg, Tel. 0662 845622, www.hotelgoldgasse.at. Individuell gestaltetes Altstadthotel mit anständigem Frühstücksbüffet.

17 **Hotel Stein**②-③, Giselakai 3–5, A-5020 Salzburg, Tel. 0662 8743460, www.hotelstein.at. Edelschick gestaltete Zimmer gibt es in diesem historischen Gebäude gleich bei der Staatsbrücke.

23 **Camping Nord-Sam,** Samstraße 22a, A-5023 Salzburg, Tel. 0662 660494, www.camping-nord-sam.com. Unweit der Autobahn im Norden von Salzburg steht hier auch ein kleiner Pool bereit.

25 **Camping Schloss Aigen,** Weberbartlweg 20, A-5026 Salzburg, Tel. 0662 633089, www.campingaigen.com. Mit 25.000 m² und 120 Stellplätzen eine gute Option im Südosten der Stadt.

24 **Panorama Camping,** Rauchenbichlerstraße 21, A-5020 Salzburg, Tel. 0662 450652, www.panorama-camping.at. Der kleinste Campingplatz der Stadt, dafür mit herrlichem Fernblick auf die Alpen.

Essen und Trinken

2 **Augustiner Bräu**①-②, Lindhofstraße 7, A-5020 Salzburg, Tel. 0662 431246, www.augustinerbier.at. Legendäres Bierlokal mit Biergarten und urigen Bierhallen.

22 **Die Weisse**①-②, Rupertgasse 10, A-5020 Salzburg, Tel. 0662 872246, www.dieweisse.at. Österreichs älteste Weißbierbrauerei, ebenfalls mit geselligem Biergarten.

Mein Tipp: 8 **Balkan Grill**①, Getreidegasse 33, A-5020 Salzburg, Tel. 0662 661835. Hier gibt es die berühmte **Bosna,** eine Art Hotdog, bestehend aus einer würzigen Bratwurst, ummantelt von einem leicht angebackenen Weißbrotwecken, angerichtet mit Zwiebel, Senf, gehackter Petersilie und Gewürzen. Unschlagbar!

26 **Raschhofer's Rossbräu**①-②, Alpenstraße 48A, A-5020 Salzburg, Tel. 0662 626444, rossbraeu.at. Große Event-Brauerei mit Lokal (österreichische Küche und Burger) im Süden der Stadt.

7 **Goldener Hirsch**③, Getreidegasse 37, A-5020 Salzburg, Tel. 0662 8084861, www.restaurantgoldenerhirsch.at. Alteingesessenes Spitzenrestaurant mit traditioneller Küche. Nicht billig und meist voll, aber immer gut.

Mein Tipp: 5 **Sternbräu**①-②, Griesgasse 23, A-5020 Salzburg, Tel. 0662 842140, www.sternbrau.at. Gastronomiekomplex im historischen Zentrum, der vier Lokale und zwei Gastgärten umfasst.

Cafés

18 **Café Bazar,** Schwarzstraße 3, A-5020 Salzburg, Tel. 0662 874278, www.cafe-bazar.at. Alt-Wiener Kaffeehaus, beliebt auch bei den Einheimischen.

13 **Café Fürst,** Brodgasse 13, A-5020 Salzburg, Tel. 0662 843759, www.fuerst.cc. Café und Konditorei: Nach altem Originalrezept entstehen hier seit 1884 die berühmten **Mozartkugeln.**

MEIN TIPP: **11 Café Tomaselli,** Alter Markt 9, A-5020 Salzburg, Tel. 0662 8444880, tomaselli.at. Das älteste Kaffeehaus der Stadt mit großem Balkon und Sommerterrasse.

20 Café Fingerlos, Franz-Josef-Straße 9, A-5020 Salzburg, Tel. 0662 874213, cafe-fingerlos.at. Traditionskaffeehaus mit großartigen Mehlspeisen im Mirabellbezirk.

Nachtleben

16 Darwin's, Steingasse 1, A-5020 Salzburg, www.darwins-salzburg.at. Tagsüber ein Café, am Abend eine angesagte Cocktailbar.

4 Club Half Moon, Gstättengasse 4–6, A-5020 Salzburg, www.halfmoon.at. Einer der beliebtesten Clubs der Stadt: v.a. elektronische Musik in einem über 600 Jahre alten Kellergewölbe.

1 Jazzit, Elisabethstraße 11, A-5020 Salzburg, Tel. 0662 883264, www.jazzit.at. Salzburgs erste Adresse, wenn es um Jazz geht. Neben Konzerten finden auch Jam Sessions statt.

15 Monkeys Café-Bar, Imbergstraße 2A, A-5020 Salzburg, www.monkeys-salzburg.at. Entspanntes Lokal mit schönem Außenbereich direkt an der Salzach.

Einkaufen

10 Buchhandlung Höllrigl, Sigmund-Haffner-Gasse 10, A-5020 Salzburg, Tel. 0662 8411460, www.buchhandlung-frick.at/salzburg.php. Die älteste Buchhandlung Österreichs.

27 Nonnberger Erentrudishof, Morzger Straße 40, A-5020 Salzburg, Tel. 0662 822858, www.erentrudishof.at. Im Süden der Stadt liegt dieser Hofladen mit ökologisch angebauten Produkten aus der Umgebung.

Wiener Kaffeehausstimmung gibt es natürlich auch an der Salzach

oes_102 sb

3 Ploom, Ursulinenplatz 5, A-5020 Salzburg, Tel. 0650 890597, www.ploom.at. Peppige Dirndl jenseits des Mainstreams.

9 R.F. Azwanger, Getreidegasse 15, A-5020 Salzburg, Tel. 0662 842166119, www.azwanger.at. Kolonialwarenladen mit großer Auswahl an Weinen, Spirituosen, Essig, Schokoladen und weiteren Delikatessen.

14 Salzburger Heimatwerk, Residenzplatz 9, A-5020 Salzburg, Tel. 0662 844110, www.salzburger heimatwerk.at. Hier werden neben Trachten auch Handwerkskunst, Musik, Souvenirs u.v.m. verkauft.

Kunst und Kultur

■ **Mozarteum,** Schwarzstraße 26, A-5020 Salzburg, Tel. 0662 873154, www.mozarteum.at. Konzerte und Veranstaltungen mit Schwerpunkt auf den Werken des großen Meisters.

■ **Salzburger Landestheater,** Schwarzstraße 22, A-5020 Salzburg, 0662 871512222, www.salz burger-landestheater.at. Die erste Adresse der Stadt für Opern, Operetten und Schauspiel. Hier befinden sich auch die **Kammerspiele.**

Salzburger Marionettentheater, Schwarzstraße 24, A-5020 Salzburg, Tel. 0662 872406, ma rionetten.at. Auch hier werden Opern, Operetten und natürlich Märchen aufgeführt – aber eben gespielt von Marionetten. Nicht nur für Kinder ein Erlebnis.

■ **ARGE Kultur,** Ulrike-Gschwandtner-Straße 5, A-5020 Salzburg, Tel. 0662 848784, www.argekul tur.at. Kulturzentrum mit Theateraufführungen, aber auch Tanz, Kabarett, Konzerte etc.

Veranstaltungen

■ **Osterfestspiele,** osterfestspiele.at. Nicht so bekannt wie die „großen" Festspiele, doch von ebenso glänzender Qualität.

■ **Chorfestival,** salzburgchoralfestival.org. Ende Juni finden verschiedene Chorkonzerte im Kongresshaus statt.

■ **Salzburger Festspiele,** www.salzburgerfest spiele.at. Im Juli und August stattfindendes Kulturfestival (→ S. 264).

■ **Rupertikirtag,** anlässlich des Namenstags des hl. Rupert (der Schutzpatron des Bundeslandes Salzburg) am 24. September findet in der Innenstadt dieses Domkirchweihfest statt.

oes_103 sb

☐ Moderne Kunst vor historischer Kulisse in Salzburg: die „Sphaera" auf dem Kapitelplatz

oes_105 sb

Flachgau und Tennengau

Der **äußerste Norden des Bundeslandes Salzburg** besteht aus dem **Flachgau** und umfasst das **Salzburger Becken,** also das Gebiet, in dem die Salzach die Alpen verlässt und ins Alpenvorland fließt, außerdem den **Unterlauf der Salzach** bis St. Georgen und das Gebiet östlich davon. Anders als sein Name erwarten lassen könnte, ist der Flachgau nicht flach, sondern wird durch den **Untersberg** südlich der Landeshauptstadt sowie im Osten durch die kuppigen und bewaldeten **Bergregionen des Salzkammerguts** (→ Exkurs S. 196) geprägt. Nur die nördlichsten Gebiete des Flachgaus haben infolge ihrer welligen, stark landwirtschaftlich genutzten Landschaft **Alpenvorlandcharakter.** Wesentlich alpiner präsentiert sich der südlich davon gelegene **Tennengau** mit Berggipfeln über 2000 m Höhe. Beide Regionen verfügen über ein ausgesprochen reiches Angebot an Attraktionen, darunter das wundervolle **Salzburger Seenland** mit dem viele Literaten inspirierenden Wallersee, dem kristallklaren Fuschlsee und dem oft besungenen Wolfgangsee. Überbleibsel der jahrhundertelangen **Salzgewinnung** und des Handels mit dem „weißen Gold" finden sich u.a. in Hallein und den nahen Salzwelten. Aber auch im Salzburger Freilichtmuseum in Großgmain oder in der Burg von Golling erfährt man viel Wissenswertes über die **bewegte örtliche Geschichte.** Musikalisch hat die Region besonders durch das in **Oberndorf** uraufgeführte **„Stille Nacht, heilige Nacht"** weltweit ihre Spuren hinterlassen. Wem es nach Action gelüstet, der findet in **Abtenau** ein breites Angebot zu Wasser, an Land und in der Luft, während die östlich davon liegenden **Bergregionen** – allen voran der Dachstein – sowohl zu **Wintersport** als auch zu ausgiebigen **Wanderungen und Klettertouren** der Spitzenklasse einladen.

Dank der Nähe zu Salzburg sind die meisten hier beschriebenen Orte des Flachgaus und auch des Tennengaus verhältnismäßig gut mit **S-Bahnen** zu erreichen. Außerdem verkehren **Busse,** während Radfahrern mit dem **Mozart-Radweg** (www.mozartradweg.com), dem **Salzkammergutradweg** (www.radtouren.at/radtouren/salzkammergutradweg)

⌃ Vielerorts entspricht das Salzburger Land dem stereotypischen Bild der Alpenidylle

und Abschnitten der sog. **Bajuwaren-Tour** (www.chiemsee-chiemgau.info/bajuwarentour) gleich mehrere, teils grenzübergreifende Fernradwege zur Verfügung stehen.

■ **Infos: Tourismus Salzkammergut,** Tel. 06132 26909, www.salzkammergut.at; **Tourismus Tennengau,** Tel. 06245 70050, www.tennengau.com.

Oberndorf und Umgebung

Etwa 18 km nördlich von Salzburg, direkt **am Ufer der Salzach,** liegt Oberndorf, einst ein wichtiger Standort für den Handel mit Salz auf dem Fluss und 1818 der erste Ort, in dem das bis heute so bekannte **Weihnachtslied „Stille Nacht, heilige Nacht"** in der St. Nikolaus-Kirche aufgeführt wurde. Der Text stammt von dem „Hilfspfarrer" *Joseph Mohr* (1792–1848), die Musik von *Franz Xaver Gruber* (1787–1863). In der Oberndorfer **Stille-Nacht-Gedächtniskapelle** und in dem **Museum** daneben finden sich zur Entstehung des Liedes reichlich Informationen. Sehenswert ist außerdem die im Geiste des Jugendstils errichtete **Bogenbrücke,** und über dem Ort thront die hübsche **Wallfahrtskirche Maria Bühel.**

Auch im nahen **Arnsdorf** dreht sich viel um „Stille Nacht, heilige Nacht", denn es war hier in der alten Schule, wo **Franz Xaver Gruber** die berühmte Melodie schrieb. Auch seine Wohnung ist noch originalgetreu erhalten und kann nach vorheriger Anfrage (Tel. 06274 7453) besucht werden.

■ **Stille-Nacht-Museum Oberndorf,** Stille-Nacht-Platz 5, A-5110 Oberndorf, Tel. 06272 21660, www.stillenacht-oberndorf.at, Juli–Okt. Di–So 10–18, Mai/Juni Do–So 10–18, Anf. Jan.–April Fr–So 10–18, Nov.–Anf. Jan. tägl. 10–18 Uhr, Eintritt 4,50 €, ermäßigt 3 €.

■ **Stille Nacht Museum Arnsdorf,** Stille Nacht Platz 1, A-5112 Lamprechtshausen/Arnsdorf, Tel. 0664 1589400, stillenachtarnsdorf.at, Palmsonntag bis 1. Advent Sa/So 10–17 Uhr, Eintritt 5 €, ermäßigt 1 €.

Praktische Infos

■ **Tourismusinformation Oberndorf,** Stille-Nacht-Platz 7, A-5110 Oberndorf, Tel. 06272 4422, www.stillenacht-oberndorf.at.

St. Georgen und Umgebung

Im äußersten Nordwesten des Flachgaus liegt **St. Georgen,** das wohl auf eine 2800 Jahre alte Siedlung zurückgeht, wie **archäologische Ausgrabungen** beweisen. Im Ort sollte man der **Dekanatskirche St. Georg** einen Besuch abstatten, ebenso dem **Heimatmuseum,** untergebracht in einem Bauernhof – dem **Sigl-Haus** – aus dem 19. Jahrhundert. Das Museum ist eine hervorragende Adresse, um sich über Brauchtum und Traditionen in dieser Gegend schlauzumachen.

■ **Heimatmuseum Sigl-Haus,** Siglhausweg 1, A-5113 St. Georgen bei Salzburg, Tel. 0664 5322 191, www.sigl-haus.at, Mai bis Okt. So 14–17 Uhr, Eintritt 4 €.

Etwa 15 km nordöstlich von St. Georgen, in **Michaelbeuern,** steht das **Benediktinerkloster,** ein echter Besuchermagnet. Vermutlich bereits im 8. Jahrhundert gegründet, erlebte die Abtei bis 1249 eine Hochphase, bevor sie vorerst zerstört wurde. Erst im 17. Jahrhundert setzte dann ein neuerlicher Aufschwung ein, und es folgten viele bauliche Veränderungen. Besonders eindrucksvoll sind die **Stiftskirche St. Michael** mit dem prächtigen Hochaltar aus dem Jahr 1691, das reich ausgestattete **Stiftsmuseum** und die sagenhafte **barocke Klosterbibliothek.**

MEIN TIPP: **Abtei Michaelbeuern,** Michaelbeuern 1, A-5152 Dorfbeuern, Tel. 06274 8116, www.abtei-michaelbeuern.at, die Öffnungszeiten variieren, Führung So 14 Uhr (nach Vereinbarung).

Salzburger Seenland

Die **meistbesuchte Region des Flachgaus** ist der an der Grenze zu Oberösterreich liegende westliche Abschnitt, der zum Teil – zumindest im touristischen Sinne – zum **Salzkammergut** (→ Exkurs S. 196) gerechnet wird und sich durch seine hohe Seendichte auszeichnet. Da sind zunächst der **Mattsee** und seine Umgebung mitsamt dem **Obertrumer See** und dem **Grabensee** im Norden (zusammengefasst unter dem Namen „Trumer Seenland"), weiter südlich dann der **Wallersee** und nochmals südlicher der wundervolle **Fuschlsee.** Viel kleiner ist der **Hintersee,** während der **Wolfgangsee** sicher einer der berühmtesten Seen ganz Österreichs ist. Wer diese Gegend besucht, hat speziell in der warmen Jahreszeit die Qual der Wahl, denn alle hiesigen Seen sind traumhaft, mit jeweils sehr eigenem Charakter. Besonders beliebt ist das Seenland bei Fahrradfahrern, da es hier gleich mehrere ausgeschilderte **Erlebnisradwege** gibt, von denen einige auch grenzübergreifend nach Bayern verlaufen.

■ **Tourismusregion Salzburger Seenland,** Tel. 06217 20220, www.salzburger-seenland.at.

Adobe Stock © Stefan

Trumer Seenland und Umgebung

Einige Teile des Trumer Seenlandes stehen unter Naturschutz und bilden gemeinsam das Salzburger **Naturschutzgebiet Trumerseen,** das fast 414 Hektar misst. Hauptort der Region ist die **Mattsee** genannte Ortschaft, die auf einer Landzunge zwischen dem Mattsee und dem Obertrumer See liegt und mit dem im 7. Jahrhundert gegründeten **Kollegiatsstift** das drittälteste Kloster Österreichs beheimatet. Die **Stiftskirche St. Michael** ist auch die Pfarrkirche und

< Lust auf Erkundung?
Mit dem Kahn über den Wallersee

aufgrund ihrer Bildhauerarbeiten durchaus einen Blick wert. Im Kloster kann man noch den ehemaligen Wohnsitz des Propstes – hier ist das **Stiftsmuseum** untergebracht – besuchen, interessant sind auch die Stiftsbibliothek und der Weinkeller. Im Ort gibt es ein **historisches Strandbad,** und auch Segelschule, Bootsverleih u.v.m. sind vorhanden. Autofreaks zieht es wohl in die **Ferdinand-Porsche-Erlebniswelten,** in denen die technischen Errungenschaften des legendären Unternehmensgründers aufwendig präsentiert werden.

MEIN TIPP: **Ferdinand-Porsche-Erlebniswelten,** Passauerstraße 30, A-5163 Mattsee, Tel. 06217 59232, www.fahrtraum.at, tägl. 10–17 Uhr, Eintritt 14 €, ermäßigt 10 €.

Auf einer Landzunge etwas oberhalb des Ortes erhebt sich der Schlossberg mit dem **Schloss Mattsee**, in dem häufig Kulturevents stattfinden. Südlich hingegen führen Themenwege auf den **Buchberg** (801 m). Der **Obertrumer See** erfreut sich bei Badenden großer Beliebtheit, wobei man sich am besten ab **Seeham** ins Nass begibt. Auf der gleichnamigen Seebühne werden jeden Sommer Konzerte und Theateraufführungen gezeigt. In der Umgebung finden sich ein **Hochseilgarten** und der spannende Naturlehrpfad im sog. **Teufelsgraben** (www.teufelsgraben.at, Start ab Parkplatz Teufelsgraben, ca. 2 Std., einfach und familientauglich). Wer den Mattsee und den Obertrumer See vom Wasser aus erleben möchte, kann dies an Bord des elektrisch betriebenen **Ausflugsschiffes „Seenland"** tun. Für eine „innere Abkühlung" bietet sich ein Besuch der im ganzen Land geschätzten **Privatbrauerei Trumer** in Obertrum an (mit Braugasthof und Brauereishop).

■ **Trumer Privatbrauerei,** Brauhausgasse 2, A-5162 Obertrum bei Salzburg, Tel. 06219 7411-0, www.trumer.at, Führungen (nach Voranmeldung, 90 Minuten) Juni bis Sept. Di 16.30 Uhr, Eintritt 10,50 €.

Der weiter nördlich gelegene **Grabensee** ist kleiner als die beiden erstgenannten Seen und als Naturschutzgebiet ausgewiesen, weshalb hier Surfen, Bootfahren u.Ä. verboten ist. In **Perwang** stellt ein Naturstrandbad den einzigen öffentlichen Zugang zum See dar. Südöstlich von Mattsee liegen die kleinen **Egelseen,** die man auf einem netten Spaziergang (ab Parkplatz Egelseen, ca. 90 Min., flach und einfach) umrunden kann. Im Ort ist das Stammhaus der **Trachtenschneiderei Wimmer** eine der etabliertesten Textiladressen des Landes. Nochmals weiter östlich führt ab **Köstendorf** eine einfache, etwa zweistündige Wanderung hinauf auf den **Tannberg** (785 m) und wieder zurück.

■ **Wimmer schneidert,** Dorf 96, A-5205 Schleedorf, Tel. 06216 6562, www.wimmertracht.at. Wundervolle hochwertige Trachten-Kreationen.

Praktische Infos

■ **Tourismusinformation Mattsee,** Passauer Straße 30, A-5163 Mattsee, Tel. 06217 6080, www.mattsee.at.

■ **Tourismusinformation Seeham,** Dorf 12, A-5164 Seeham, Tel. 06217 5493, www.seeham-info.at.

■ **Diabelli-Sommer,** www.diabellisommer.at. Musikfestival in Mattsee (Juni bis September) zu Ehren des Komponisten und Gitarrenvirtuosen *Anton Diabelli* (1781–1858).

Wallersee und Umgebung

Mit seiner mehr als **6 km²** großen Wasserfläche ist der Wallersee der größte See des Salzburger Alpenvorlandes und mit sommerlichen Wassertemperaturen von bis zu 25°C auch einer der wärmsten. An seiner tiefsten Stelle ist der See gerade einmal 23 m tief und seine Ufer sind weitestgehend flach, weshalb sich hier ein breiter **Schilfgürtel** gebildet hat und der See im Westen und Norden von dem artenreichen, naturgeschützten Wenger Moor umgeben ist. Ein **Strandbad** befindet sich am nordöstlichen Seeufer und beliebt ist er auch bei **Windsurfern,** Kitesurfern und Seglern, denn häufig sind die Winde hier recht stark. Die einzige direkt am Ufer liegende Ortschaft ist das kleine **Wallersee-Zell,** während ansonsten, speziell am Südufer, vor allem Privatparzellen mit Ferienhäuschen zu finden sind. Westlich des Sees liegt **Seekirchen,** wo die Besiedlung der Region wohl ihren Anfang nahm. In **Henndorf** lebte zwischen 1926 und 1938 der Schriftsteller *Carl Zuckmayer* (1896–1977), aber auch andere Autoren wie *Franz Stelzhamer, Ödön von Horváth* oder *Thomas Bernhard* verbrachten hier einige Zeit und ließen sich inspirieren, weshalb der Wallersee bis heute als „Literatensee" gilt. Ein **Literaturspaziergang** gibt dazu einige Antworten, und aufschlussreich ist auch das **Literaturhaus.**

⊡ Klarer geht's kaum:
Der Fuschlsee ist fast schon unwirklich sauber

■ **Literaturhaus,** Franz-Stelzhamer-Straße 10, A-5302 Henndorf, Tel. 0660 7966054, www.literaturhaus-henndorf.at, März bis Sept. Di 10–12 Uhr, Fr 16–18 Uhr, Eintrittspreise je nach Programm.

Nordöstlich des Sees liegt **Neumarkt,** über dem das **Schloss Sieghartstein** thront. Im Ort gibt es ein **Museum,** das sich dem Handwerk widmet und auch über das historische Gerichtswesen Interessantes zu berichten weiß. In **Straßwalchen** unmittelbar an der Grenze zu Oberösterreich befindet sich der bei Familien mit Kindern beliebte **Erlebnispark FANTASIANA** mit vielen Fahrgeschäften und einem Märchenwald.

■ **Museum Fronfeste,** Hauptstraße 27, A-5202 Neumarkt am Wallersee, Tel. 0660 7389834, fronfeste.at, Di, Do und Fr 10–18 Uhr, Mi und Sa (nur Mitte Mai bis Ende Sept.) 10–12 Uhr, Eintritt 4 €, ermäßigt 2 €.

Erlebnispark FANTASIANA, Märchenweg 1, A-5204 Straßwalchen, Tel. 06215 8181, erlebnispark.at, Mitte April bis Sept. tägl. 10–18 Uhr, Okt. Sa/So 10–18 Uhr, Eintritt 28 €, ermäßigt 23 €.

Wer sich nach etwas spiritueller Einkehr sehnt, sollte die **Mariä-Himmelfahrt-Kirche** im nahen **Irrsdorf** besuchen, die sich durch ihre Barockaltäre und die wunderbar gefertigten Eichentürflügel aus dem 15. Jahrhundert auszeichnet.

Praktische Infos

■ **Tourismusinformation Neumarkt,** Hauptstraße 30, A-5202 Neumarkt, Tel. 06216 6907, neumarkt-info.at.

■ **Tourismusinformation Seekirchen,** Hauptstraße 3, A-5201 Seekirchen am Wallersee, Tel. 06212 4035, www.seekirchen.at.

■ **Seehotel Winkler**③, Uferstraße 32, A-5202 Neumarkt, Tel. 06216 52700, www.seehotel.at. Exquisite Küche, darunter mit viel Fisch aus dem See, sowie Schnecken. Es gibt auch extravagant eingerichtete Zimmer②-③.

Fuschlsee und Umgebung

Wer sich von Salzburg dem Fuschlsee nähert, wird überwältigt sein von seinem **hellblauen, karibisch schimmernden Wasser.** Tatsächlich verfügt der lang gestreckte See über **eine der besten Wasserqualitäten** überhaupt, nicht zuletzt weil hier Boote mit Verbrennungsmotoren gänzlich verboten sind. **Fuschl am See,** am Ostufer gelegen, ist der Hauptort, besteht dabei aber nur aus ein paar Sträßchen und einer Seepromenade sowie einem kleinen **Seebad;** reich ist das Angebot an Hotels und Pensionen, hinzu kommt eine Handvoll Lokale und Shops. Möglich ist ein einfacher, etwa dreistündiger Spaziergang auf einer Strecke von 11 km rund um den See, wobei das Nordwestende als **Naturschutzgebiet Fuschlseemoor** ausgewiesen ist und mit dem **Naturbadestrand** eine ruhigere Alternative bietet. Am Südwestufer ragt das stattliche **Schloss Fuschl** auf einer Landzunge empor. Im 15. Jahrhundert als Jagdschloss für die Salzburger Erzbischöfe gebaut, hatte es über die Jahrhunderte hinweg verschiedene Funktionen, darunter auch als **Filmkulisse der Sissi-Filme** (1955–57) mit *Romy Schneider* und *Karlheinz Böhm* in den Hauptrollen. Heutzutage ist es ein exklusives Resorthotel samt Golfplatz, das zur texanischen Rosewood-Gruppe gehört. Für einen imposanten Rundblick über den Fuschlsee sollte man sich auf die **Burgruine Wartenfels** nördlich von Fuschl begeben oder weiter auf den **Schober** (1328 m, Start ab Parkplatz Forsthaus Wartenfels, Vordereggstraße 32, Rundweg von ca. 2 Std., 600 Hm, auch für Kinder ab 12 J. geeignet) wandern. Architektonisch interessant im Ort ist die

oes_106 rk

Firmenzentrale von Red Bull mit ihrer Bronzeskulptur in Form von 14 Bullen, die über das Wasser zu laufen scheinen.

Zwischen Fuschl und St. Gilgen am Wolfgangsee liegt das entzückende **Ellmautal,** das zu reizvollen **Wanderungen** einlädt, inklusive dem Mühlenweg und dem sog. Mozartsteig. Weitere Sehenswürdigkeiten in der Umgebung des Sees sind das **Rauchhaus Mühlgrub** unweit von Hof, ein auf einem Höhenrücken gelegener, 500 Jahre alter Bauernhof, sowie **Thalgau** weiter nördlich, das als einer der ursprünglichsten Orte der Gegend gilt und mehrere historische Denkmäler auf einem Rundweg präsentiert.

Praktische Infos

- **Tourismusinformation Fuschlsee,** Dorfplatz 1, A-5330 Fuschl am See, Tel. 06226 83840, fuschlsee.salzkammergut.at.
- **Tourismusinformation Thalgau,** Marktplatz 4, A-5303 Thalgau, Tel. 06235 73500, www.thalgau-tourismus.at.

MEIN TIPP: **Schloss Fuschl**③, Schlossstraße 19, A-5322 Hof bei Salzburg, Tel. 06229 22530, www.rosewoodhotels.com/en/schloss-fuschl-salzburg. Hier fehlt es wahrlich an nichts. Neben wundervollen Zimmern und Suiten gibt es einen Golfplatz, ein Spa und ein eigenes Strandbad.

- **Brunnwirt**③, Wolfgangseestraße 11, A-5330 Fuschl am See, Tel. 06226 8236, www.brunnwirt.at. Schon seit über 600 Jahren steht an dieser Stelle direkt am See ein Restaurant. Heute widmet man sich vor allem der Zubereitung guter Fischgerichte.

Hintersee und Umgebung

Südwestlich des Fuschlsees liegt **Ebenau am Fuß des** Schwarzenbergs, bekannt durch das 1635 erbaute **Fürstenstöckl,** einst Sitz des Landesfürsten und heute **Heimatmuseum** (www.ebenau.at/museum_im_fuerstenstoeckl). In der Nähe des Ortes verläuft ein **Mühlenwanderweg** (2 Std. entlang von sieben Mühlen und zum Naturdenkmal Plötz, einem 50 m hohen Wasserfall, einfach) und auf dem Weg nach Faistenau liegt die bizarre **Strubklamm,** ein wilder Canyon, den man auf einem 11 km langen Rundweg – dem sog. Metzgersteig (ab dem Parkplatz im Dorfzentrum von Faistenau ausgeschildert) – von oben betrachten oder im Rahmen einer Canyoning-Tour (Buchung über Gasthaus Seewirt) „hautnah" erleben kann. Im erwähnten **Faistenau** steht eine uralte Linde – sie wird auch „1000-jährige Linde" genannt –, unter der alle drei Jahre (nächster Termin Juli/August 2025) der „Jedermann" im örtlichen Dialekt aufgeführt wird (www.alte-linde.at). Hübsch anzusehen ist auch die spätgotische **Pfarrkirche,** die dem heiligen *Jakobus d.Ä.* geweiht ist. Um den Ort gibt es eine Handvoll **Liftanlagen,** die auf die umliegenden Erhebungen führen und neben Skifahrern auch Wanderer transportieren, während sich das **Felsenbad** südwestlich des Ortes perfekt zur Erfrischung im **Almbach** eignet. Doch die Hauptattraktion der Gegend ist der romantische **Hintersee,** ein kleiner, glasklarer Bergsee, der wenig frequentiert wird. Auch hier ist eine Rundwanderung (ca. 90 Min., leicht begehbar) möglich und man kann im See baden – mehrere **Strandbäder** stehen zur Verfügung. Etwa 5 km südlich des Sees liegt das ebenfalls **Hintersee** genannte Dorf, in dem sich ein äußerst umfassendes **Puppenstubenmuseum** befindet. In unmittelbarer Nähe des Ortes liegt ein kleines Wintersportgebiet namens **Gaißau-Hintersee,** wo die Spielbergalm (1310 m) ein beliebtes Ausflugsziel darstellt. Von dort kann man in etwa zwei Stunden auf einem Rundwanderweg (samt gut markierten Almwegen sowie Wald- und Wiesensteigen) den namensgebenden **Spielberg** (1428 m) und das Wieserhörndl (1546 m) begehen.

Praktische Infos

- **Informationsbüro Faistenau,** Am Lindenplatz 1, A-5324 Faistenau, Tel. 06226 838441, www.faistenau.gv.at.
- **Informationsbüro Hintersee,** Lämmerbach 50, A-5324 Hintersee, Tel. 06226 838471, www.hintersee.salzburg.at.
- **Gasthaus Seewirt** ①-②**,** Strubklamm 5, A-5324 Faistenau, Tel. 06228 2653, www.seewirt-faistenau.at. In diesem Gasthaus kann man nicht nur die traditionellen Schmankerln der österreichischen Küche genießen, sondern auch Canyoning-Touren in der Strubklamm buchen.
- **Palmeselritt,** am Palmsonntag reitet ein Messdiener auf dem „Palmesel" durch Hintersee.

Wolfgangsee: St. Wolfgang

Unmittelbar an der oberösterreichischen Grenze liegt der legendäre Wolfgangsee. **Legendär** deshalb, weil er für seine grandiose Landschaft **oft besungen** und in Filmen und Operetten verewigt wurde. Mit 13 km² Fläche und einer maximalen Tiefe von 114 m zählt er zu den größten Seen des Landes und aufgrund seines Freizeitangebots auch zu den meistbesuchten. Wie bei vielen der anderen Seen des Salzkammerguts gibt es auch hier **Schifffahrtslinien** (www.5schaetze.at/de/wolfgangseeschifffahrt), die zwischen den Orten am Seeufer verkehren. Der Hauptort, der dem See seinen Namen

Postkarte aus der Südsee? Irrtum! Der Wolfgangsee wirkt häufig wie aus einer anderen Welt

oes_108 vk

verleiht, ist das in Oberösterreich liegende **St. Wolfgang.** Bereits über 1000 Jahre alt, waren es vor allem der Komponist *Ralph Benatzky* (1884–1957) mit seinem 1930 uraufgeführten **Singspiel „Im weißen Rössl am Wolfgangsee“** und die 30 Jahre später vollendete Verfilmung mit *Peter Alexander* in der Hauptrolle, die den Ort zur Ikone machten. Bis heute gibt es das besagte Hotel Im Weißen Rössl. Sehenswert im Ort ist die **Pfarrkirche St. Wolfgang** mit dem eindrucksvollen Flügelaltar. Überhaupt ist das **Ortszentrum** mit seinen historischen Gebäuden wunderbar anzusehen, und auch ein Spaziergang auf der **Uferpromenade** mit Blick über das Wasser auf die Berge ist ein Muss. Ebenso unvergesslich ist eine Fahrt ab St. Wolfgang mit der **Dampfzahnradbahn** (www.5schaetze.at/de/schafbergbahn.html) auf den 1783 m hohen **Schafberg** mit seinem atemberaubenden Nordabbruch.

Praktische Infos

- **Tourismusinformation St. Wolfgang,** Au 140, A-5360 St. Wolfgang im Salzkammergut, Tel. 06138 8003, wolfgangsee.salzkammergut.at.
- **Hotel Im Weißen Rössl**③, Markt 74, A-5360 St. Wolfgang im Salzkammergut, Tel. 06138 2306, www.weissesroessl.at. Der Klassiker am See präsentiert sich als gediegenes historisches Romantik-Hotel mit großem Wellnessbereich. Sehr gut essen kann man im Restaurant direkt am Wasser.
- **Landhaus zu Appesbach**②-③, Au 18, A-5360 St. Wolfgang im Salzkammergut, Tel. 06138 22090, www.appesbach. com. Hier nächtigt man im englischen Landhausstil und schlemmt traditionelle Speisen② mit einem Schwerpunkt auf Fisch.
- **Camping Berau,** Schwarzenbach 16, A-5360 St. Wolfgang im Salzkammergut, Tel. 06138 2543, www.berau.at. Zu einem Resort gehörender Campingplatz mit einwandfreier Ausstattung unmittelbar am See.

St. Gilgen am Wolfgangsee glänzt mit seinem liebreizenden Altstadtkern

oes_107 rk

St. Wolfganger Kräuterhaus, Markt 26, A-5360 St. Wolfgang im Salzkammergut, Tel. 0660 4801617, kraeuterparadies.at. Naturbelassene Produkte aus regionalen Kräutern gibt es in diesem wunderbaren Laden.

Wolfgangsee: St. Gilgen

Am **Westufer** des Wolfgangsees liegt St. Gilgen, das ebenfalls ein **hübsches Zentrum** aufweist, mit Häusern geprägt vom **Inn-Salzach-Stil.** Aus St. Gilgen stammte *Wolfgang Amadeus Mozarts* Mutter, und auch seine Schwester heiratete hier und lebte viele Jahre im Ort. Ein prominenter Gast im 20. Jahrhundert war *Helmut Kohl,* der in St. Gilgen seine Sommerurlaube verbrachte. Der Hausberg der Gegend ist das 1522 m hohe **Zwölferhorn** (einer der besten Aussichtsberge des Salzkammerguts), das man am einfachsten mit der Seilbahn erreicht.

Praktische Infos

- **Tourismusinformation St. Gilgen,** Mondsee Bundesstraße 1a, A-5340 St. Gilgen, Tel. 06227 2348, wolfgangsee.salzkammergut.at.

MEIN TIPP: **Gasthof zur Post**③, Mozartplatz 8, A-5340 St. Gilgen, Tel. 06227 2157, gasthofzur post.at. In diesem Gebäude aus dem 14. Jahrhundert finden sich tadellos ausgestattete Zimmer, und auch gut essen② kann man hier.

- **Camping Wolfgangblick,** Seestraße 115, A-5342 Abersee/St. Gilgen, Tel. 0650 5934297, www.wolfgangblick.at. Einfacher Platz direkt am See.
- **Batzenhäusl**②-③, Schmalnau 1, A-5340 St. Gilgen, Tel. 06227 2356, batzenhaeusl.com. Gehobenes Restaurant in einem alten Landgasthof.
- **Gasthof Fürberg**②, Fürbergstraße 30, A-5340 St. Gilgen, Tel. 06227 23850, www.fuerberg.com. Gasthof am Seeufer. Auch wohnen kann man hier.

Wolfgangsee: Strobl

Wer im See **baden** oder einer **Wassersportart** (auch hier ist das Tauchen sehr beliebt) nachgehen möchte, der sollte sich ans **Ostufer** nach Strobl aufmachen. Zwar gibt es auch in St. Wolfgang und St. Gilgen Strandbäder, doch Strobl ist der **traditionelle Sommerfrischeort** mit einer **ausgezeichneten Infrastruktur** für „Wasserratten“ und „Sonnenanbeter“. Wer lieber zu einem Spaziergang aufbricht, folgt der **Bürglsteinpromenade,** Wanderer werden die Umgebung von Strobl schätzen. Da ist zunächst die sog. **Postalm** südlich des Ortes (www.postalm.at), ein durchschnittlich in 1300 m Höhe gelegenes Wanderareal, das auch **Wintersportgebiet** (www.postalm.ski) und durch den **Postalm Klettersteig** ein Eldorado für Kletterer ist. Neben vielen einfachen Wegen sind auch anspruchsvolle Aufstiege auf die **Thorhöhe** (1533 m, Start ab Parkplatz Niedergadenalm, 2 Std., 350 Hm, einfach), auf die **Bleckwand** (1541 m, Start ab Parkplatz Bleckwandhütte, 2 Std., 400 Hm, mittel), zum **Wieslerhorn** (1603 m, Start ab Parkplatz P3 Postalm, 3 Std., 500 Hm, mittel), auf den **Pitscherberg** (1720 m, Start ab Parkplatz P3 Postalm, 4 Std., 400 Hm, mittel) oder unterhalb der Postalm auf den **Sparber** (1502 m, Start ab Gasthof Kleefeld, 2,5 Std., 800 Hm, schwer, Klettersteig) möglich. Die Postalm ist nur über eine kostenpflichtige Mautstraße (zwischen Strobl und Voglau) zu erreichen.

Praktische Infos

- **Tourismusinformation Strobl,** Moosgasse 2, A-5350 Strobl, Tel. 06137 7855, wolfgangsee.salz kammergut.at.

Hallein und Umgebung

Hallein, die **Bezirkshauptstadt des Tennengaus,** ist mit **21.500 Einwohnern** die zweitgrößte Stadt im Bundesland Salzburg. Ihre **Siedlungsgeschichte** ist außerdem eine der ältesten Österreichs, denn schon die Kelten bauten in der Umgebung, vor allem um den Dürrnberg, **Salz** ab. Im Mittelalter wurde die Stadt durch das Geschäft mit dem „weißen Gold" reich, nicht zuletzt dank ihrer privilegierten Lage an der Salzach. Erst 1989 wurde die Saline auf dem Dürrnberg wegen Unrentabilität geschlossen – importiertes Salz war nun endgültig billiger –, doch die Stadt konnte sich erfolgreich als **Industrie-** (besonders für den Maschinenbau), **Bildungs- und Kulturstandort** bewähren. Die Altstadt von Hallein spiegelt mit ihrem von **Barock** und **Rokoko** geprägtem Bauensemble und auch einigen Gebäuden im **Inn-Salzach-Stil** noch immer den Wohlstand vergangener Jahrhunderte wider und wirkt durch ihre kleinen Gassen – speziell rund um den Oberen Markt – hier und da noch durchaus **mittelalterlich.** Ansehnlich sind die Pfarrkirche und das Rathaus, und wer auf die in der Salzach gelegenen **Pernerinsel** spaziert, kann noch die **Alte Saline** aus dem 19. Jahrhundert in Augenschein nehmen, in der heute kulturelle Veranstaltungen stattfinden. Das ehemalige Salinenverwaltungsgebäude beherbergt mittlerweile ein preisgekröntes **Museum zur keltischen Vergangenheit der Region,** in dem man viel über die Salzgewinnung

Das Rathaus von Hallein mit einem Fassadengemälde aus dem Jahr 1930

oes_306 dk

☐ Übersichtskarte S. 250

erfährt. Zum Museum gehört auch ein **Stille-Nacht-Museum** – der Komponist des Liedes, *Franz Xaver Gruber*, wurde in Hallein bestattet.

MEIN TIPP: **Keltenmuseum Hallein,** Pflegerplatz 5, A-5400 Hallein, Tel. 06245 80783, www.keltenmuseum.at, tägl. 9–17 Uhr, Eintritt 8 €, ermäßigt 6,50 €.

■ **Stille-Nacht-Museum Hallein,** Franz-Xaver-Gruber-Platz 1, A-5400 Hallein, Tel. 06245 8078330, www.keltenmuseum.at/stillenachtmuseum, tägl. 9–17 Uhr, Eintritt: 5 €, ermäßigt 2,50 €.

Praktische Infos

■ **Tourismusinformation Hallein,** Mauttorpromenade 6 (Pernerinsel), A-5400 Hallein, Tel. 06245 85394, www.hallein.com.

■ **Gasthof Hohlwegwirt**②, Salzburger Straße 84, A-5400 Hallein, Tel. 06245 824150, www.hohlwegwirt.at. Klassisches Wirtshaus mit hübschem Gastgarten.

MEIN TIPP: **Hofbräu Kaltenhausen**①-②, Salzburger Straße 67, A-5400 Hallein, Tel. 06245 80233, www.kaltenhausen.at. Zünftiges Bräustüberl, das zur beliebten Brauerei Kaltenhausen gehört.

Bad Dürrnberg und Umgebung

In der Umgebung von Hallein sei zunächst der Ort Bad Dürrnberg erwähnt, wo die **Salzwelten** viele Besucher anlocken. Dieses **Salzschaubergwerk** mit unterirdischem Salzsee und reichlich Wissenswertem ist unbedingt einen Ausflug wert, ebenso das **Keltendorf SALINA,** das anschaulich aufzeigt, wie

oes_305 dk

☐ In Hallein spürt man noch ein bisschen von seiner langen Geschichte

die wohl ersten Siedler der Gegend hier lebten und arbeiteten.

Salzwelten Salzburg/Hallein, Ramsaustraße 3, A-5422 Bad Dürrnberg, Tel. 06132 2008511, www.salzwelten.at, Anfang April bis Okt. tägl. 9–17 Uhr, Nov. bis Anfang Jan. tägl. 9–15 Uhr, Eintritt 32 €, ermäßigt 16 €.

Keltendorf SALINA, Lettenbühel 4, Tel. 06132 2008511, www.keltenmuseum.at/standorte/keltendorf-salina, April–Okt. tagl. 9–17, Nov.–Anf. Jan. tagl. 9–15 Uhr, Eintritt: 5 €, erm. 2,50 €. Gehört zum Keltenmuseum Hallein (s.o.), wird aber von den Salzwelten Salzburg verwaltet und betrieben.

Südlich von Bad Dürrnberg gibt es um den **Zinkenkogel** ein kleines **Ski- und Wandergebiet** (duerrnberg.at). Erholungsbedürftige relaxen in der **Heiltherme** im nahen **Bad Vigaun.** Eine Sehenswürdigkeit ganz anderer Couleur – nämlich rötlich schimmernd – findet sich in **Adnet** östlich von Hallein: Im dortigen **Steinbruch** wurde bereits unter den Römern, aber speziell ab Anfang des 16. Jahrhunderts der berühmte **Marmor** abgebaut, der u.a. im Stephansdom in Wien und in der Hofkirche in Innsbruck verwendet wurde. Ein **Museum** mit angeschlossenem Lehrpfad bietet reichlich Informationen über das edle Gestein.

■ **Heiltherme Bad Vigaun,** Karl-Rödhammer-Weg 91, A-5424 Bad Vigaun, Tel. 06245 8999646, www.badvigaun.com, Mo bis Fr 10–22 Uhr, Sa/So 10–21 Uhr, Eintritt ab 23 €.

Marmormuseum, Adnet 18, A-5421 Adnet, Tel. 06245 78197, marmormuseum.adnet.at, Nov. bis März Sa 14–16.30 Uhr, April bis Okt. Do–Sa 16–18.30 Uhr, Eintritt 4 €, ermäßigt 2,50 €.

Praktische Infos

■ **Kranzbichlhof**②-③, Hofgasse 12, A-5422 Bad Dürrnberg, Tel. 06245 73772, www.kranzbichlhof.net. Wellnesshotel mit Ayurveda-, Yoga- und Meditationskursen und das mitten im Grünen.

■ **Camping Auwirt,** Salzburger Straße 42, A-5400 Hallein, Tel. 06245 80417, www.auwirt.com. Kleiner, idyllisch im Grünen gelegener Campingplatz, der zu einem ebenso empfehlenswerten Hotel gehört.

Grödig und Umgebung

Grödig, kaum 5 km südlich von Salzburg gelegen, ist der klassische Ausgangsort für Unternehmungen auf dem **Untersberg.** Dieser durch drei Gipfel gekennzeichnete, äußerst schroffe Berg mit seiner Karsthochfläche und seinen „unzähligen" Höhlen ist ein Schlaraffenland für **Wanderer** und als einer der Salzburger „Hausberge" auch bei **Wintersportlern** beliebt. Die drei Gipfel sind der **Berchtesgadener Hochthron** (1973 m), der **Salzburger Hochthron** 1853 m) und das mit der Seilschwebebahn zu erreichende **Geiereck** (1806 m). **Rundwege** verbinden die Gipfel miteinander und auch Kletterer kommen auf ihre Kosten.

Westlich von Grödig, in der Umgebung von Großgmain, liegt das **überaus interessante Salzburger Freilichtmuseum,** ein 50 Hektar großes Areal, das sich dem bäuerlichen Leben des Bundeslandes widmet. Gezeigt werden typische historische Höfe jeder Region und viele bäuerliche Tätigkeiten und Handwerkskünste. Wer das Freilichtmuseum besucht, sollte dafür aufgrund der Größe der Anlage mindestens vier Stunden einplanen.

Salzburger Freilichtmuseum, Hasenweg 1, A-5084 Großgmain, Tel. 0662 850011, www.freilichtmuseum.com, Ende März bis Juni und Sept. bis Mitte Okt. Di–So 9–18 Uhr, Juli und Aug. tägl. 9–18 Uhr, Mitte Okt. bis Anfang Nov. Di–So 9–17 Uhr, Eintritt 12 €, ermäßigt 6 €.

Südöstlich von Grödig liegt **Oberalm,** das speziell im Mittelalter als Wohnsitz mehrerer Adelsgeschlechter eine wichtige Ortschaft war, denn hier wurden Gerichtsverfahren abgehalten und das Landrecht verlesen. Im Ort sieht man noch einen historischen, mit einer Marmorplatte versehenen **Thaidingtisch,** der besagte Richtstätte darstellte. Ebenfalls bedeutsam ist die **Pfarrkirche hl.**

▷ Ideales Ziel für eine Wanderung: der Gollinger Wasserfall

Stephan mit einem bemerkenswerten Hochaltar aus dem Jahr 1707 und einer spätgotischen Marmorkanzel.

Praktische Infos

- **Tourismusinformation Grödig,** Gartenauerstraße 8, A-5083 Grödig-St. Leonhard, Tel. 06246 73570, www.groedig.net.
- **Grüll Bistro②**, Neue-Heimat-Straße 13, A-5082 Grödig, Tel. 06246 75492, www.gruell-salzburg.at. In diesem Bistro gibt es Kaviar und Fischspezialitäten aus eigener Zucht.

Golling und Umgebung

Hält man sich ab Hallein südwärts, kommt man nach **Kuchl,** einem für seine **Holzverarbeitungsindustrie** bekannten Ort, der über ein Museum zum Thema verfügt (www.cucullis.at). In der Umgebung von Kuchl sind speziell der archäologische **Georgenberg** (Start Parkplatz Tauglgries, ca. 3 Std., 100 Hm, leicht) und **St. Koloman** (Start Gasthof Alpenrose, 2 Std. zum sog. Pilgerkreuz, leicht) mit dem idyllischen **Seewaldsee** (ab Gasthaus Seewaldsee, kurzer Rundweg um den See, 25 Min., leicht) Spaziergänge wert. **Golling,** etwa 10 km südlich von Hallein gelegen, wird vor allem wegen seiner mitten im Ort emporragenden Trutzburg aus dem 13. Jahrhundert besucht, in der ein spannendes Museum untergebracht ist, inklusive **Fossiliensammlung** mit einem 235 Millionen Jahre alten versteinerten Meeressaurier. Die **Pfarrkirche** aus dem 17. Jahrhundert hat in ihrem Altar Marmor aus Adnet verarbeitet. Wellness und Erholung bietet das **Bad Aqua Salza** (www.aqua-salza.at).

oes_111 sb

■ **Museum Burg Golling,** Markt 1, A-5440 Golling an der Salzach, Tel. 0664 5321270, www.museumgolling.at, www.burg-golling.at/museum, Mai bis Okt. Do–So 9–14 Uhr, Eintritt 5 €, ermäßigt 2 €.

Golling liegt am Nordfuß des Hagen- und Tennengebirges, sozusagen als letzter Ort vor den Alpen; daher bietet es sich als Startpunkt für **Wanderungen** in der Umgebung an. Das sicherlich spektakulärste Ziel ist der **Gollinger Wasserfall** im Ortsteil Torren, mit 75 m Höhe einer der beeindruckendsten des Bundeslandes. Man begeht ihn auf dem Wasserfallsteig über etwa 2 km (Ausgangspunkt ist der Parkplatz des Wasserfalls, viele Stufen und schmale Steige, aber familientauglich). Südwestlich des Ortes wurde das malerische **Bluntautal** als **Naturschutzgebiet** ausgewiesen und stellt jetzt ein ruhiges Erholungsareal dar. 3 km südlich von Golling liegt der bereits seit der Römerzeit bestehende **Pass Lueg** auf 553 Höhenmetern, von dem man die wildromantischen **Salzachöfen** – so heißt der etwa 90 m lange, unterhalb des Passes gelegene, klammartige Durchbruch der Salzach – auf einem Holzsteig begehen (Start Pfarrkirche Golling, ca. 3,5 Std., mittel, Kondition notwendig) oder wahlweise per Seilrutsche Flying Fox (www.erlebnisschlucht.at) durchfliegen kann.

Praktische Infos

■ **Tourismusinformation Golling,** Markt 85, A-5440 Golling, Tel. 06244 4356, www.goling.info.

MEIN TIPP: **Döllerers Genusswelten**②-③, Markt 56, A-5440 Golling, Tel. 06244 42200, www.doellerer.at. Die von Starkoch *Andreas Döllerer* konzipierten Genusswelten bieten ein Haubenlokal, ein Wirtshaus und ein schickes Hotel③.

Abtenau und Umgebung

Östlich von Golling liegt **Scheffau,** wo die mit Schindeln gedeckte spätgotische **Pfarrkirche St. Ulrich** durchaus einen Besuch verdient, ebenso die **Alte Mühle** und die **Kugelmühle** – hier entstehen Marmorkugeln mit Hilfe von Wasserkraft. Noch etwas weiter östlich erreicht man die eindrucksvollen **Lammeröfen** (Start an der sog. Dunklen Klamm, 3 Std., familientauglich), eine enge, verwinkelte Klamm, 1 km lang und 60 m tief und über Holzstege zu begehen. Nochmals 8 km weiter liegt **Abtenau,** das ultimative Eldorado für **Outdoor-Action** in Form von Wintersport, Gleitschirmfliegen, Klettern, Kayaking, Rafting, Reiten, Mountainbiking u.v.m. Kein anderer Ort im Tennengau bietet so vielfältige Betätigungsfelder wie das „Sportdorf", initiiert von dem ehemaligen Abfahrtsweltmeister *David Zwilling* und dem Extremkletterer *Georg Bachler.* In der Umgebung finden sich mehrere Attraktionen, hervorzuheben sind die **Wasserfälle Dachser und Tricklfall** (Start Gasthaus Aumühle in Au, ca. 1 Std., leicht – beide Wasserfälle sind etwa 700 m voneinander entfernt). Auf dem Weg dahin kann man das **Heimatmuseum** im sog. **Arlerhof** (www.museum-abtenau.at) besuchen. Um Abtenau befindet sich mit dem **Karkogel** ein **Ski- und Wandergebiet** (karkogel.abtenau-info.at), in der warmen Jahreszeit erfreut sich hier auch die Sommerrodelbahn größter Beliebtheit. Ein hübsches Refugium abseits der „Massen" ist der **Eglsee** genannte Moorsee, um den ein 5 km langer Naturlehrpfad führt. Für Wasserspaß der Superlative begibt man sich in das **Erlebnisbad Abtenau.**

■ **Lammeröfen/Lammerklamm,** Scheffau 50, A-5441 Scheffau am Tennengebirge, Tel. 06244 844220, www.lammerklamm.at, Juli/Aug. 9–19, April/Mai u. Okt. 9–17, Juni u. Sept. 9–18 Uhr, Eintritt 7 €, ermäßigt 4 €.

■ **Erlebnisbad Abtenau,** Kehlhof 100, A-5441 Abtenau, Tel. 06243 2284, freibad-abtenau.jimdo.com, Mitte Mai bis Mitte Sept. tägl. 9–19 Uhr, Eintritt 6,70 €, ermäßigt 4,40 €.

Weiter östlich erstreckt sich der Salzburger Teil des Dachsteins, der mit Rußbach und dem weiter südlich gelegenen **Annaberg** sowie dem oberösterreichischen Gosau (→ S. 215) die **Skiregion Dachstein West** (www.dachstein.at) bildet. Neben Skifahren und Snowboarden sind hier auch Skitouren und Schneeschuhwanderungen möglich. In den warmen Monaten bietet der Gosaukamm im Dachsteingebirge verschiedene **Wanderungen und Klettersteige** aller Schwierigkeitsgrade, wobei speziell der **Donnerkogel** (2054 m) mit der frei schwebenden, 40 m langen **Himmelsleiter** Nervenkitzel vom Feinsten bietet. Nordöstlich von Abtenau liegt die weiter oben bereits beschriebene **Postalm** (→ S. 281), die zweitgrößte Hochebene Europas.

Praktische Infos

■ **Tourismusinformation Abtenau,** Markt 165, A-5441 Abtenau, Tel. 06243 4040, abtenau-info.at.

■ **Hotel Moisl**②, Markt 26, A-5441 Abtenau, Tel. 06243 22320, hotelmoisl.at. Komfortables Hotel mit großzügigem Wellnessbereich.

MEIN TIPP: **Winterstellgut**②, Braunötzhof 4, A-5524 Annaberg im Lammertal, Tel. 06463 600 780, www.winterstellgut.at. Feinschmeckerlokal in einem alten Bauernhof. Auch Zimmer③ können gemietet werden.

■ **Gasthof Schichlreit**②, Neubach 26, A-5523 Annaberg-Lungötz, Tel. 06463 7056. Lokale Spezialitäten in rustikalem Ambiente.

Pongau und Lungau

Salzburgs Zentrum und sein Südosten bestehen aus den historischen Regionen Pongau und Lungau. Der **Pongau** entspricht dem Bezirk St. Johann und ist durch seine relative Nähe zur Landeshauptstadt eine **jahrhundertealte Kulturlandschaft,** die aufgrund ihres bäuerlichen Brauchtums, den durch Bergbau und Salzhandel erlangten Wohlstand, aber auch durch ihre **unterschiedliche Topografie** – schroffes Hochgebirge auf der einen Seite, das liebliche Salzachtal auf der anderen – geprägt ist. Die **Bezirkshauptstadt St. Johann** und das nahe St. Veit, aber auch Radstadt und das berühmte Bad Gastein haben **urbanes Flair,** während die stattliche Burg Hohenwerfen oder die Burgruine Klammstein Einblicke in die **bewegte Vergangenheit** der Region geben. Touristisch ist der Pongau ein Schwergewicht, strömen doch jährlich über zwei Millionen Besucher hierher, wobei vor allem die **Wintersportgebiete** die Hauptattraktionen bilden. Doch der Pongau bietet auch für **Wanderer,** Kletterer, Bergsteiger und Mountainbiker ein überaus reiches Angebot, und mit der **Eisriesenwelt** bei Werfen und der **Entrischen Kirche** nördlich von Dorfgastein hat die Gegend zwei der eindrucksvollsten, aber auch meistbesuchten **Höhlen** Österreichs.

oes_113 sb

Ruhiger geht es im weitgehend naturbelassenen **Lungau** zu, der vielerorts noch eine unverfälschte Idylle ausstrahlt. Hier an der Grenze in die Steiermark und nach Kärnten haben sich einige sehr **alte Traditionen** erhalten, denen man nachspüren kann. **Traumhafte Flusstäler** und Bergwelten wollen erkundet werden, über 60 **Bergseen,** mehr als 70 bewirtschaftete **Almen, hohe Gipfel und sanfte Hügel,** wo das Wandern und Mountainbiken ganz oben auf der To-Do-List stehen sollte. Während der Pongau zumindest in den großen Orten und Wintersportgebieten gut an die Bundeshauptstadt Salzburg angebunden ist und auch regional **Verbindungen** bestehen, wird der Lungau meist nur sporadisch mit Bussen versorgt (hier und da gibt es auch Ski- und Wanderbusse), weshalb ein **eigenes Fahrzeug** empfohlen sei. Im Sommer mag eine Fahrt mit der **Murtalbahn** (www.steiermarkbahn.at/reisen-freizeit/murtalbahn-dampfzug) eine nette Abwechslung darstellen; die von einer Dampflok gezogene Schmalspurbahn fährt von Tamsweg nach Murau (Steiermark). Unter den Weitwanderwegen sei speziell der **Salzburger Almenweg** (www.salzburgerland.com/de/salzburger-almenweg/) erwähnt, der auf 350 km rund 120 Almen miteinander verbindet.

Werfen und Umgebung

Als **nordwestlichste Gemeinde im Pongau** liegt Werfen im **Salzachtal** südlich des Lueg-Passes, eingebettet zwischen dem Tennengebirge, dem Hagengebirge und dem Hochkönig. Der Ort präsentiert sich **apart und gepflegt,** insbeson-

Panorama à la Pongau:
Im Hintergrund erhebt sich der Hochkönig

dere um den Hauptplatz, wo ein historisches Häuserensemble erhalten ist. Steil über Werfen thront die majestätische **Burg Hohenwerfen,** eine mittelalterliche Wehrburg, die im 11. Jahrhundert als Kerker erbaut wurde und über Jahrhunderte prominente Insassen – darunter den Bischof *Wolf Dietrich von Raitenau* (1559–1617) – „beherbergte". Oft beschädigt und teilweise zerstört, geht die Burg in ihrer heutigen Form auf **Renovierungen in den 1930er-Jahren** zurück. Man kann das Kastell im Rahmen einer kurzen Führung besuchen. Auf der Burg Hohenwerfen werden diverse kinderfreundliche Events sowie **Greifvogelshows** gezeigt, ein **Falknereimuseum** informiert zum Thema.

MEIN TIPP: **Burg Hohenwerfen,** Burgstraße 2, A-5450 Werfen, Tel. 06468 7603, www.salzburg-burgen.at/de/burg-hohenwerfen, April und Okt. bis Anfang Nov. Di–So 9.30–16 Uhr, Mai bis Mitte Juli und Mitte Aug. bis Sept. tägl. 9–17 Uhr, Mitte Juli bis Mitte Aug. tägl. 9–18 Uhr, Eintritt ab 10,40 €, ermäßigt ab 3,10 €.

Die andere großartige Attraktion der Gegend ist die **fantastische Eisriesenwelt,** ein **Höhlensystem im Tennengebirge,** das mit einer Gesamtlänge von 42 km als die **größte Eishöhle der Welt** gilt. Man erkundet einen Abschnitt auf einer geführten Tour (ca. 75 Minuten), wobei etwas Kondition und vor allem warme Kleidung erforderlich sind. Zu sehen sind mehrere sehr eindrucksvolle, teilweise erstaunlich große Höhlen, z.B. die **Posselthalle** und die **Hymir-Halle,** aber auch natürlich aus dem Eis geformte Gebilde. Man erreicht die Höhle zunächst über einen rund 20-minütigen Fußweg und dann per Seilbahn ab Wimm bei Tenneck.

☐ Stattlicher Zeitzeuge des Mittelalters: die imposante Burg Hohenwerfen

oes_112 sb

Pisten ohne Ende – Ski amadé

Immer noch kommen die allermeisten Besucher zum Wintersport in die Bergwelt des Salzburger Landes. Die Touristenverbände des Pongaus und angrenzender Regionen im Tennengau, in der Steiermark und in Oberösterreich haben Ende der 1980er-Jahre gemeinsam einen **großen Skiverbund** gegründet, in dem sich 25 Orte zusammengeschlossen haben. Gemeint sind die **Skiregionen Salzburger Sportwelt, Schladming-Dachstein, Gasteinertal, Hochkönig und Großarltal.** Unter dem Namen „Ski amadé" umfasst das Gebiet insgesamt etwa **760 Pistenkilometer,** von denen 90% maschinell beschneibar sind. 270 Lift- und Seilbahnanlagen stehen zur Verfügung, sage und schreibe 365.000 Personen können pro Stunde befördert werden. **Über 94.000 Gästebetten** gibt es hier, fast 5000 Beherbergungsbetriebe mit durchschnittlich 1,3 Mio. Ankünften. Das macht knapp 10% der Gästebetten des Landes aus und fast ein Drittel aller Ankünfte im Sektor Wintertourismus in Österreich. Natürlich ist das Angebot an Pistenspaß und Abwechslung verlockend – viele Gebiete innerhalb des Verbundes bieten im Rahmen des **„Skischaukel"** genannten Konzepts übergreifende Skipässe an –, doch darf man nicht vergessen, dass es hier für gewöhnlich richtig voll wird und nicht zuletzt das **ökologische Gleichgewicht** durch die allgegenwärtigen Seilbahnen, Liftanlagen und Schneekanonen in einem Ausmaß strapaziert wird, das Umweltverbände seit Langem Alarm schlagen lässt. Da kann das „Pistenheizen" noch so viel Spaß machen, umweltfreundlicher und nachhaltiger Tourismus sieht definitiv anders aus!

MEIN TIPP: **Eisriesenwelt,** Eishöhlenstraße 30, A-5450 Werfen, Tel. 06468 5248, www.eisriesenwelt.at, Mai bis Okt. tägl. 8.30–15 Uhr, Eintritt ab 35 €, ermäßigt ab 25 €.

Das erwähnte **Tennengebirge** liegt östlich von Werfen und zieht sich bis Abtenau im Norden und St. Martin im Osten. In dem ca. 60 km² großen **Hochplateau** sind wunderbare **Wanderungen** möglich, z.B. auf das **Raucheck** (2430 m), den **Tauernkogel** (2247 m), der berühmteste Gipfel der Region, oder den **Bleikogel** (2411 m) und weiter zur Laufener Hütte sowie für Höhlenfreaks in die anspruchsvolle Höhle des **Eiskogels** (2321 m). Ein hervorragender Ausgangsort für Unternehmen in dieser Karstregion ist **Werfenweng,** das auch über ein **Wintersportgebiet** (www.bergbahnen-werfenweng.com) verfügt, ein **Museum zum Thema Skifahren** aufweist und in Österreich als Zentrum für **Schlittenhunderennen** gilt. Ab Werfenweng gelangt man auf die eindrucksvoll gelegene **Werfener Hütte** (Start Parkplatz Wengerau, 2,5 Std., Anspruch mittel) oder auf die **Dr.-Heinrich-Hackel-Hütte** (Start Parkplatz Wengerau, 1,5 Std., mäßig schwer). Von beiden sind erlebnisreiche Wanderungen auf zuvor genannten Gipfel möglich. Etwas ruhiger geht es in **Pfarrwerfen** südlich von Werfen zu, wo am Mühlbachl in einer Art Freilichtpark sieben **historische Mühlen** stehen (7muehlen.at).

■ **Salzburger FIS Landesskimuseum,** Weng 138, A-5453 Werfenweng, Tel. 0664 5000096, www.skimuseum.at, Mai bis Okt. Mi, Fr und So 13–17 Uhr, Nov. bis April Do 14–18 Uhr, Eintritt 5 €, ermäßigt 3,50 €.

Praktische Infos

■ **Tourismusinformation Werfen,** Markt 24, A-5450 Werfen, Tel. 06468 5388, www.werfen.at.

■ **Tourismusinformation Werfenweng,** Weng 42, A-5453 Werfenweng, Tel. 06466 4200, www.werfenweng.eu.

■ **Landgasthof Reitsamerhof**①-②, Reitsam 22, A-5450 Werfen, Tel. 06468 5379, www.reitsamerhof.at. Familiengeführter Landgasthof mit rustikal eingerichteten Zimmern und einem Restaurant mit alpiner Hausmannskost.

St. Johann im Pongau und Umgebung

St. Johann ist mit **11.500 Einwohnern** der **Hauptort des Pongau** und liegt im Flusstal kurz nach dem großen „Knie", das die aus dem Westen kommende Salzach südlich der Stadt formt. Auf einer Terrasse gelegen, eingebettet zwischen den Salzburger Schieferalpen im Norden, den Radstädter Tauern im Südosten und den Ausläufern der Ankogelgruppe (Hohe Tauern) im Südwesten, ist St. Johann mit recht viel Sonne gesegnet. Historisch bedeutsam ist die Mitte des 19. Jahrhunderts neu errichtete stattliche **Pfarrkirche St. Johannes,** die wegen ihrer Größe auch „Pongauer Dom" genannt wird. Seinen touristischen Stellenwert verdankt St. Johann jedoch seit Jahrzehnten dem **Wintersport.** Zunehmend kommen auch Wanderer, Mountainbiker, Kletterer und Freunde sonstiger **Outdoor-Aktivitäten** inklusive Canyoning, Kayaking, Rafting usw. in die Gegend. Während vom Hauptort nur das kleine, bei Familien mit Kindern beliebte **Hahnbaum-Wintersportgebiet** per Lift zu erreichen ist, stellt das weiter im Süden gelegene **„Alpendorf"** – eine künstlich errichtete Hotelsiedlung – das Herz des hiesigen Pistenspaßes dar. Zahlreiche Liftanlagen führen auf **Sonntagskogel** (1849 m) und **Gernkogel** (1747 m), die auch für ausgiebige Wanderungen empfohlen werden; außerdem stellt der **Geisterberg** bei der Gernkogelalm ein Spielparadies für Kinder dar. Alpendorf bildet einen Teil der **Skiregion Salzburger Sportwelt** (www.salzburgersportwelt.com), die in den **Verbund Ski amadé** (→ Exkurs) eingebettet ist.

Praktische Infos

■ **Tourismusinformation St. Johann im Pongau,** Ing.-Ludwig-Pech-Straße 1, A-5600 St. Johann im Pongau, Tel. 06412 6036, www.josalzburg.com.

■ **Brückenwirt**②, Hauptstr. 78, A-5600 St. Johann im Pongau, Tel. 06412 4259, hotel-brueckenwirt.at. Dieses große Restaurant mit Terrasse bietet lokale Spezialitäten im angenehmen Dekor. Angeschlossen ist auch ein Hotel②.

■ **Oberforsthof Alm**②-③, Alpendorf 12, A-5600 St. Johann im Pongau, Tel. 06412 6396, oberforsthofalm.at. Bilderbuchgasthof mit häufig ausgezeichneter Spitzenküche.

■ **Stöcklwirt**②, Hauptstr. 22a, A-5600 St. Johann im Pongau, Tel. 0676 7168471, www.hotel-stoecklwirt.at. Die volle Bandbreite der Salzburger Küche wird hier aufgetischt. Zimmer gibt es ebenso②.

■ **Verwöhnhotel Berghof**②-③, Alpendorf 1, A-5600 St. Johann im Pongau, Tel. 06412 6181, www.hotel-berghof.com. Edles Wellnesshotel mit großzügigem Spa-Bereich.

St. Veit und Umgebung

Südwestlich von St. Johann befindet sich eine Reihe von spannenden kulturhistorischen Sehenswürdigkeiten, die auf einem erhöhten **Plateau** liegen, das allgemein als **„Sonnenterrasse"** firmiert und durch seine **idyllische Natur** und das **milde Heilklima** eine erholsame Abwechslung zu den (überlaufenen) Skiresorts bietet. Das kleine, über dem Salzachtal gelegene **St. Veit** ist einer der Hauptorte der Sonnenterasse und verfügt über ein **hübsches Zentrum mit Bürgerhäusern,** die an den auch hier einst herrschenden Wohlstand dank des Kupferabbaus erinnern. Die auffallend große **Pfarrkirche St. Vitus** überragt den Ort. St. Veit ist ein **heilklimatischer Kurort,** in dessen Lungenheilanstalt auch der Schriftsteller *Thomas Bernhard* (1931–89) behandelt wurde. Ihm, aber auch anderen Aspekten der Region ist das **Seelackenmuseum** (www.museumsverein-stveit.com) gewidmet. Informationen über den in dieser Gegend lange betriebenen Bergbau bekommt man im **Schaubergwerk Sunnpau** (www.museumsverein-stveit.com).

Im nahen **Schwarzach** befindet sich der Kopfbahnhof der Anfang des 20. Jahrhunderts gebauten **Tauernbahn,** die auf 79 km Länge die Hohen Tauern überwindet, um in Spittal an der Drau in Kärnten zu enden. Ein **Museum** (www.museum-tauernbahn.at) im Ort dokumentiert dieses architektonisch spektakuläre Projekt. Weiter westlich kommt man nach **Goldegg,** einem Dorf an einem **Moorbadesee.** Im dortigen **Schloss** haben sich die Prunksäle erhalten (besonders der Rittersaal mit seiner aufwendigen Holzvertäfelung ist prächtig anzusehen), ferner kann ein interessantes **Heimatmuseum** besichtigt werden.

■ **Pongauer Heimatmuseum Schloss Goldegg,** Hofmark 1, A-5622 Goldegg, Tel. 06415 20027, www.schlossgoldegg.at, Mitte Juni bis Mitte Sept. Mo, Di und Do–Sa 10–12 und 15–17 Uhr, So 15–17 Uhr, Führungen (2 €, ermäßigt 1 €) tägl. 14 Uhr, Mitte Sept. bis Mitte Juni Führungen Do 14 Uhr, Eintritt 4 €, ermäßigt 1 €.

Praktische Infos

■ **Tourismusinformation Schwarzach,** Salzleckerstraße 8, A-5620 Schwarzach, Tel. 06415 7520, www.sonnenterrasse.at.

■ **Tourismusinformation St. Veit im Pongau,** Markt 12, A-5621 Sankt Veit im Pongau, Tel. 06415 7520, www.sonnenterrasse.at.

■ **Sonnhof**②, Kirchweg 2, A-5621 St. Veit im Pongau, Tel. 06415 4323, www.sonnhof-vituswinkler.at. Erholsames Refugium mit hübschen Zimmern. Auch das dazugehörige, modern gestaltete Wirtshaus ist empfehlenswert.

Bischofshofen und Umgebung

Mit **10.700 Einwohnern** ist **Bischofshofen** die zweitgrößte Stadt des Pongaus und gilt als älteste der Region. Sie liegt etwa 7 km nördlich von St. Johann **am Ufer der Salzach.** Gegründet wohl bereits im 8. Jahrhundert als **Pongowe,** erhielt sie ihren heutigen Namen im Jahre 1215, als die **Bischöfe des Bistums Chiemsee** die Herrschaft übernahmen. Einer von ihnen, *Silvester Phlieger,* wurde 1453 in der **Pfarrkirche St. Maximilian** bestattet – sein Hochgrab befindet sich bis heute vor Ort. Berühmt ist die Kirche außerdem für das aus Holz und Kupfer gefertigte, wohl aus Irland stammende **Rupertikreuz,** das die älteste sakrale Kunstarbeit in Österreich darstellt, heutzutage hier aber nur als Nachbildung zu bewundern ist (das Original befindet sich im DomQuartier in Salzburg). Ansonsten ist die vor allem als **Wirtschafts- und Einkaufszentrum** bekannte Stadt eher dank ihrer landschaftlich attraktiven Umgebung die Anreise wert: Bischofshofen ist umgeben vom **Hochkönig** (2941 m) im Westen, dem **Tennengebirge** im Nordosten und dem **Hochgründeck** (1827 m) im Südosten. In unmittelbarer Nähe zur Innenstadt liegt der knapp 50 m hohe **Gainfeldwasserfall** (Start ab der unten genannten Skisprungschanze, 15-minütiger Spaziergang), den man von einer parallel verlaufenden Stiege bewundern kann; oberhalb stehen die Reste einer Burg aus dem 12. Jahrhundert. Anhängern des Skispringens dürfte Bischofshofen ein Begriff sein, denn alljährlich findet hier das letzte Springen der **Vierschanzentournee** auf der von Weitem sichtbaren Paul-Außerleitner-Schanze statt. Man kann das Areal besuchen, und da vor Ort früher Kupfer abgebaut wurde, erinnert das Besucherzentrum des Geoparks **„Erz der Alpen"** auch an dieses Kapitel der Stadtgeschichte.

■ **Erz der Alpen UNESCO Global Geopark** (Besucherzentrum), Rosenthal 41, A-5500 Bischofshofen, Tel. 06462 20291, geopark-erzderalpen.at, Eintritt 4,50 €, ermäßigt 2,50 €.

Praktische Infos

■ **Tourismusinformation Bischofshofen,** Franz-Mohshammer-Platz 12, A-5500 Bischofshofen, Tel. 06462 2471, bischofshofen.com.

Hochkönig

Verlässt man Bischofshofen entlang des Mühlbaches in westlicher Richtung, erreicht man das Hochköniggebiet, eines der beeindruckendsten Gebirgsmassive des Salzburger Landes. Etwa nach 11 km kommt man nach **Mühlbach am Hochkönig,** das über ein **Bergbaumuseum mit Schaustollen** (www.museum-hochkoenig.com) verfügt und sich als Ausgangsort für die **Skiregion Hochkönig** (www.hochkoenig.at) mit 120 km Pistenlänge eignet. Dies gilt ebenso für das **malerische Bergdorf Dienten** nochmals 12 km weiter westlich und bereits im Pinzgau gelegen. An der Südseite des Bergs erstreckt sich die als **Region Hochkönig** firmierende Naturlandschaft mit zahllosen Spazier- und Wandermöglichkeiten, wie z. B. um die **Karbachalm**, die man mit der Karbachalmbahn ab Mühlbach erreicht. Kulinarisch interessant ist die Region Hochkönig durch ihre mehr als 50 bewirtschafteten Almen und Hütten, die sich vorrangig auf **vegetarisch-vegane** Kost spezialisiert haben.

Für Wanderer ist der **Gipfel des Hochkönig** – mit 2941 m der höchste der Salzburger Kalkhochalpen – das vorrangige Ziel. Man erreicht ihn z. B. ab der Dielalm bei Werfen oder etwas beschwerlicher ab dem Arthurhaus auf 1502 m – allerdings gibt es verschiedene Wege, die von mittel bis anspruchsvoll reichen. Die hiesigen Kalkwände sind auch bei Kletterern äußerst beliebt (der **Königsjodler-Klettersteig** gilt vielen als das Non-Plus-Ultra). Auch für **Mountainbiker** gibt es lohnenswerte Routen, und über die Tourismusverbände werden **Themenwanderungen** zu verschiedenen Interessensgebieten angeboten. Vor Ort verläuft ein Abschnitt des **Salzburger Almenwegs** (www.salzburger land.com/de/salzburger-almenweg/). Ganz im Westen des Hochköniggebiets liegt das pittoreske Dorf **Maria Alm,** gerade einmal 5 km von Saalfelden entfernt. Markant ist die **Wallfahrtskirche** (mit einem Gnadenbild der Muttergottes, das im 15. Jahrhundert gegen die Bärenplage angebetet wurde) mitsamt 84 m hohem Turm.

Praktische Infos

■ **Tourismusinformation Maria Alm,** Am Gemeindeplatz 7, A-5761 Maria Alm, Tel. 06584 2038820, www.hochkoenig.at.

■ **Zachhofalm**①-②, Zachhofalm 1, A-5622 Dienten, Tel. 06461 20056, www.zachhofalm.at. Vegane Köstlichkeiten gibt es auf dieser außergewöhnlichen Almhütte.

Radstadt und Umgebung

Südöstlich von Bischofshofen, im hier recht breiten **Ennstal,** liegt **Radstadt,** auch „Alte Stadt im Gebirge“ genannt. Seit der römischen Epoche war der Ort eine Station auf der **Handelsroute,** die die Adria mit Salzburg verband. Unter den Erzbischöfen war Radstadt ein **Bollwerk** gegen die antiklerikalen vorrangig protestantischen Aufständler die im 18. Jahrhundert hier und in der gesamten Umgebung gnadenlos verfolgt und vertrieben wurden. Das Stadtbild präsentiert sich heute vor allem in den Stilrichtungen des neuzeitlich-bürgerlichen **Barock** und des **Klassizismus,** was sich u.a. am hübschen Hauptplatz zeigt. Noch erhalten sind Teile der **Stadtmauer** mitsamt Hexen-, Teich- und Kapuzinerturm (mit einer Ausstellung zu den Bauernkriegen). Vor dem Teichturm findet sich auch noch ein Teil des **Stadtgrabens;** ab hier verläuft der informative **Millenniumspfad,** der Radstadts Historie auf Schautafeln erklärt. Weitere Zeugnisse der Stadtgeschichte umfasst das **Heimatmuseum** im **Schloss Lerchen.** Doch bekannt ist die Gegend speziell für ihre Lage inmitten der zum Skiverbund Ski amadé gehörenden Wintersportgebiete. Während das „hauseigene“ **Skigebiet** (www.radstadt-altenmarkt.at) an der **Kemahdhöhe** nur von geringer überregionaler Bedeutung ist, bietet der Ort eine **Vielzahl an Beherbergungsoptionen** in allen Kategorien und ist durch das **Konzept „Skischaukel“** (auch in Form von Skibussen) an die umliegenden Salzburger Skiareale und die bereits auf steirischem Territorium gelegene **„Schladminger 4-Berge-Skischaukel“** (→ S. 623) angebunden. Für Wanderer und Mountainbiker ist das Gebiet südlich der Stadt – man spricht von den **Radstädter Tauern** – durchaus lohnend, und auch der nördlich von ihr gelegene Rossbrand (1770 m) bietet Fernblicke der Meisterklasse (1770 m, Start ab Postamt Radstadt, 5,5 Std., 900 Hm, mittel, Ziel ist das große hölzerne Gipfelkreuz)!

Praktische Infos

■ **Tourismusinformation Radstadt,** Schernbergstraße 8, A-5550 Radstadt, Tel. 06452 7472, www.radstadt.com.

▷ Auf Du und Du mit Murmeltieren: auf der Bachlalm ist das sehr wahrscheinlich

■ **Hotel Gasthof Stegerbräu②**, Schernbergstraße 14, A-5550 Radstadt, Tel. 06452 4313, www.stegerbraeu.at. Vernünftiges Hotel mitten im Zentrum, in dessen Restaurant internationale Küche geboten wird.

■ **Zum Kaswurm②**, Farnwangweg 5, A-5550 Radstadt, Tel. 06452 4114, www.zum-kaswurm.at. Grandioses Wirtshaus, in dem die ganze Bandbreite der Pongauer Spezialitäten auf der Karte steht.

Filzmoos und Umgebung

Nördlich des Rossbrands liegt Filzmoos, wo neben einem **kleinen Skigebiet** ein reiches Spektrum an **Aktivitäten** vom Bogenschießen über Heißluftballonfahrten bis zum Reiten angeboten wird. Filzmoos liegt **am Fuße des Hohen Dachsteins** (→ S. 216) sowie der steil aufragenden Bischofsmütze (2458 m) und ist dadurch mit zahlreichen **Wanderwegen** – wie auf das Lienköpfl (1536 m) oder das Obere Hochkesseleck (2283 m) –, Klettersteigen und anspruchsvollen Bergtouren „gesegnet". Bekannt ist die Gegend auch für die umliegenden Almen; zur Einkehr laden vor allem die liebliche **Unterhofalm** (www. unterhofalm.at) und die urige **Oberhofalm** (www.oberhofalm.at) ein. Ein Abenteuer ganz anderer Art gibt es auf der nahen **Bachlalm** (bachlalm.at), wo man in Kontakt mit zutraulichen **Murmeltieren** kommen kann. Hält man sich ab Eben im Pongau – auch hier befindet sich mit dem **Monte Popolo** ein kleines Skigebiet (www.eben.at) – nach Norden, erreicht man **St. Martin am Tennengebirge,** das ebenfalls über ein überschaubares **Wintersportareal** und den erfrischenden, explizit als „biologisch" ausgewiesenen **Badesee Seepark** verfügt.

Praktische Infos

■ **Tourismusinformation Filzmoos,** Dorfstraße 12, A-5532 Filzmoos, Tel. 06453 8235, www.filzmoos.at.

■ **Tourismusinformation St. Martin am Tennengebirge,** Lammertalstraße 1, A-5522 St. Martin am Tennengebirge, Tel. 06463 7488, www.stmartin.info.

Biohotel Hammerhof②, Hammerweg 9, A-5532 Filzmoos, Tel. 06453 8245, www.hammerhof.at. Traumhaft gelegenes Naturhotel mit geschmackvollen Zimmern und Apartments sowie einem netten Restaurant. Hier fühlen sich vor allem auch Kinder wohl, denen einiges geboten wird.

■ **Pilzstub'n**①-②, Pilzweg 4, A-5532 Filzmoos, Tel. 0664 5015132, www.pilzstube.at. Auf einer Alm gelegenes Lokal, in dem man regionale Leckerbissen bekommt.

Gruseliges Brauchtum – die Percht und das Krampuslaufen

In zahlreichen Orten im Ostalpenraum gibt es noch die Tradition der **„Krampusumzüge",** bei denen sich Personen als Krampus – es handelt sich dabei um den in Deutschland **Knecht Ruprecht** genannten Begleiter des heiligen *Nikolaus* – verkleiden und unter dem lautem Lärm ihrer Glocken und mit langen Ruten „bewaffnet" durch die Straßen ziehen, um Passanten zu erschrecken. Während der **Nikolaus** die braven Kinder belohnt, ist es die Aufgabe des **Krampus,** die unartigen Kinder zu bestrafen; daher ist es bei den Umzügen eine Mutprobe für die Kinder, die Krampusse zu reizen, ohne dabei erwischt oder mit der Rute geschlagen zu werden. Der **Krampustag** ist traditionell der **5. Dezember,** also der Vorabend des Nikolaustages. Große Krampusumzüge gibt es in vielen Orten Österreichs, u.a. in Klagenfurt (Kärnten), Altaussee (Steiermark) und St. Johann im Pongau.

Ebenfalls im Bundesland Salzburg, aber auch in angrenzenden Regionen wie dem steirischen Ennstal und Murtal oder dem Tiroler Unterland ist noch das Brauchtum der **Perchtenläufe** verbreitet. Als „Percht" bezeichnet man eine Fabelgestalt, die als Schönpercht moralisch „gut" und als Schirchpercht „böse" sein kann. In der Nachweihnachtszeit, konkret in den sog. **Rauhnächten** von Heiligabend bis zum Dreikönigstag (6. Januar), verkleiden sich in manchen Orten Bewohner traditionell als Perchten und ziehen abends und nachts durch die Straßen. Die Aufgabe der meist schauerlich aussehenden **Schirchperchten** ist es, mit umgehängten lauten Glocken und lärmend die bösen Geister des Winters zu vertreiben. Die **Schönperchten** hingegen bevölkern tagsüber die Straßen und wünschen den Dorfbewohnern Glück und Segen, „kontrollieren" aber auch Häuser auf Sauberkeit. Doch es gibt **Abwandlungen:** So findet mancherorts – wie im steirischen Altaussee – ein symbolischer Kampf zwischen verschiedenen Perchten statt, vor allem am **5. Januar,** den man regional auch **Glöckötåg** („Glöcklertag") nennt. Der vielleicht bekannteste Perchtenlauf ist jener, der abwechselnd in den Gemeinden St. Johann, Altenmarkt, Bischofshofen, Bad Gastein und Bad Hofgastein am Dreikönigstag stattfindet.

Altenmarkt-Zauchensee und Umgebung

Als äußerst alter Ort im **Ennstal** – schon die Römer siedelten hier – liegt Altenmarkt südwestlich von Radstadt, etwa dort, wo der **Zauchenbach** in die Enns mündet. Der zentrale Marktplatz bietet sich zum Verweilen an, ferner sind die große **Pfarrkirche Unsere Liebe Frau Mariä Geburt** und das nördlich von ihr liegende **Heimatmuseum** nennenswert, das früher den Bergknappen, die in den Erzwerken arbeiteten, als Unterkunft diente. Südlich von Altenmarkt fährt eine Seilbahn hinauf auf den **Hochbifang,** wo ein kleines, familienfreundliches **Skigebiet** liegt. Eher für Profis geeignet ist das 11 km südlich gelegene großflächige **Skiareal um Zauchensee** (benannt nach dem hiesigen idyllischen Bergsee), das Wanderern als Ausgangspunkt für Touren über die Gamskogelhütte zum Gipfel des Rosskopfes (1929 m, Start Weltcup-Arena Parkplatz Zauchensee, 4 Std., 600 Hm, mittel), zum Schwarzkopf (2261 m, Start Weltcup-Arena Parkplatz Zauchensee, 5 Std., 900 Hm, einfach, familientauglich) oder auf die **Steinfeld-Spitze** (2344 m, Start Weltcup-Arena Parkplatz Zauchensee, 6 Std., schwierig, u.a. im brüchigen Steilgelände) dient.

Praktische Infos

■ **Tourismusinformation Altenmarkt-Zauchensee,** Sportplatzstraße 6, A-5541 Altenmarkt-Zauchensee, Tel. 06452 5511, www.altenmarkt-zauchensee.at.

Obertauern und Umgebung

Das **größte Wintersportgebiet der Region,** bekannt nicht zuletzt für sein ausgeprägtes **Après-Ski-Halligalli,** ist Obertauern, südöstlich von Zauchensee gelegen, aber nur über die Bundesstraße 99 aus Radstadt zu erreichen. Der Ort befindet sich in den **Radstädter Tauern** zwischen 1639 und 2526 m Höhe und wirbt mit **monatelanger Schneesicherheit,** über 100 km Pistenlänge und mehr als 25 Lift- und Seilbahnanlagen. Fast eine Million Touristen sieht Obertauern jedes Jahr vor allem in den Wintermonaten, wobei neben **Skifahrern** (etwas Besonderes sind die „Tauernrunde" und „Super Seven" genannten Ski-Touren) auch **Snowboarder** und **Langläufer** in den Ort strömen. Eine natürlich gewachsene Siedlung gibt es hier nicht,

Adobe Stock © Pecold

☒ Schaurige Tradition: Ob Schirchpercht oder Krampus, hier schreckt es einen gehörig vielmehr besteht Obertauern weitgehend aus **Hotelanlagen, Pensionen** und der ganzen sonstigen Infrastruktur, die den Besuchern ihren Aufenthalt angenehm machen soll. Wer außerhalb der kalten Jahreszeit kommt, kann **wandern** – z.B. zur **Südwiener Hütte** (4,5 Std. über den Wildseesteig, mittlerer Anspruch) oder zum malerischen **Johannesfall** (2,5 Std., einfach, familientauglich), doch stören die stillgelegten Liftanlagen vielerorts die Idylle. Besonders ausgedehntere Touren wie auf das **Gurpitscheck** (2526 m), vorbei am **Twenger Almsee** sind zu empfehlen (Start Parkplatz Schaidbergbahn, 6 Std., mittel, auch für Kinder ab 12 J. geeignet). 4 km südlich von Obertauern liegt der untertunnelte **Radstädter Tauernpass** (1739 m), der die Grenze zum Lungau markiert.

Praktische Infos

■ **Tourismusinformation Obertauern,** Pionierstraße 1, A-5562 Obertauern, Tel. 06456 7252, www.obertauern.com.

Großarltal und Umgebung

4 km südlich von St. Johann liegt die bemerkenswerte **Liechtensteinklamm,** eine Felsschlucht, durch die sich der brausende **Großarlbach** seinen Weg bahnt. Man begeht sie auf einer Länge von etwa 1,1 km über architektonisch teilweise beeindruckende Brücken und Stege bis zu einer Plattform, von der aus man den knapp 60 m hohen Wasserfall brausend in die Tiefe stürzen sieht.

Mein Tipp: **Liechtensteinklamm,** Liechtensteinklammstraße 123, A-5600 St. Johann im Pongau, Tel. 06412 6036, www.josalzburg.com/de/sommer/liechtensteinklamm, Mai bis Sept. tägl. 9–18 Uhr, Okt. täglich 9–16 Uhr, Eintritt 12 €, ermäßigt 7 €.

Weiter nach Süden hin erstreckt sich auf einer Länge von etwa 30 km das **Großarltal,** dessen Hauptort **Großarl** als Zentrum des Wintersports gilt und mit dem parallel liegenden **Dorfgastein** die **Skischaukel Dorfgastein-Großarl** bildet (80 km Piste und neun Seilbahnen bzw. Liftanlagen). Da sich das Skigebiet nur in diesem begrenzten Abschnitt befindet, ist der Rest des Tales ein wunderbares, auf **sanften Tourismus** ausgelegtes Refugium für Wanderer, Mountainbiker und streckenweise auch für Langläufer. Mit fast 40 bewirtschafteten **Almen** lädt das Großarltal dazu ein, das Anstrengende mit dem Angenehmen zu verbinden, ist doch vielerorts die Möglichkeit zur Einkehr gegeben. Beliebte Touren sind u.a. der **Kapellen-Wanderweg** (spirituelle Tour auf einer Länge von 17,5 km entlang von zahlreichen Kapellen bis nach Hüttschlag) ab Großarl und zahlreiche **Themenwanderungen**, die teilweise auch als Lehrpfade angelegt sind. **Hüttschlag** etwa 8 km südlich von Großarl bezeichnet sich selbst als „Wander- und Bergsteigerdorf", führen doch ab dem Ort auch anspruchsvollere Wege z.B. auf den Draugstein (2356 m, Start Parkplatz Halmoosalm, 4 Std., 1000 Hm, mittel), den Gamskarkogel (2467 m, Start Bauernhof Hinterfeld, 7,5 Std., schwer), den Keeskogel (2884 m, Parkplatz Gasthof Talwirt, 12 Std., 1800 Hm, schwer) oder über den Klettersteig der **Hüttschlager Wand.** In Hüttschlag gibt das **Talmuseum** einen interessanten Einblick in die historische Almenlandwirtschaft. Das Ende der Straße durch das Großarltal bildet der **Ötzlsee,** von dem sich das ebenso sehenswerte **Schödertal** weiter nach Süden zieht.

Praktische Infos

■ **Tourismusinformation Großarltal,** Gemeindestraße 6, A-5611 Großarl, Tel. 06414 281, www.grossarltal.info.

■ **Talwirts Rauchkuchl,** See 30, A-5612 Hüttschlag, Tel. 06417 444. Zugleich Wirtshaus, Metzgerei und Kaufladen, in dem außergewöhnliche lokale Produkte von Speck über diverse Wurstspezialitäten bis hin zum „Nationalpark-Eis" angeboten werden.

Bauernladenstüberl, See 42, A-5612 Hüttschlag, Tel. 06417 260, www.bauernladenstueberl.com. In dieser biologisch betriebenen Schaukäserei gibt es auch einen Bauernladen mit regionalen Leckerbissen.

Wagrain und Umgebung

Verlässt man St. Johann im Pongau in Richtung Osten, gelangt man nach **Wagrain,** ein hier und da durchaus noch **bäuerlich** anmutender Ort, der wie andere im Salzburger Land eng mit den **Weihnachtstraditionen** verbunden ist. Hier lebte *Karl Heinrich Waggerl* (1897–1973), der durch seine Weihnachtsgeschichten berühmt wurde, aber als überzeugter Nationalsozialist höchst umstritten ist, und hier starb **Joseph Mohr** (1792–1848), der den Text von „Stille Nacht, heilige Nacht" schrieb. Museen im Ort erinnern an beide Herren. Auch Wagrain ist mit seinem **Wintersportgebiet Snow Space** (www.snow-space.com) über eine Skischaukel mit der Salzburger Sportwelt verbunden. Viele **Wanderwege** verlaufen hier – z.B. um das **Grießenkareck** (1991 m, Start Bergstation Flying Mozart Gondel, 1 Std., leicht/familientauglich) oder über den **Saukarkopf** (2014 m) bis ins Kleinarltal (Start Wagrainerhaus, 5 Std., 1300 Hm, anspruchsvoll) –, und auf der **Edelweiss-Alm** liegt ein für Familien mit Kindern konzipierter **Schaubauernhof,** in dem man viel über die Almlandwirtschaft erfährt.

Edelweiss-Alm, Weberlandl 64, A-5602 Wagrain, Tel. 06413 8500, www.edelweiss-alm.com, Sa–Do 10–18 Uhr (Mitte Dez. bis Anfang April auch Fr 10–18 Uhr), Eintritt frei.

■ **Stille-Nacht-Museum Wagrain,** Museumsgasse 3, A-5602 Wagrain, Tel. 06413 20169, stillenacht-wagrain.com, Ende Nov.–Karfreitag u. Himmelfahrt–Ende Okt. Di, Do, Fr 10–17 Uhr, Eintritt 8 €, ermäßigt 6 €.

Die durch Seilbahnen und Liftanlagen erschlossene Bergwelt zieht sich über Schwaighof und Mayrdörfl ostwärts bis in die viel frequentierte **Flachau,** die durch die Skischule des vielfachen Goldmedaillengewinners *Hermann Maier* äußerst bekannt ist und besonders als familienfreundlicher Wintersportort geschätzt wird. Fährt man von Wagrain südwärts, gelangt man ins **Kleinarltal,** von dessen Hauptort **Kleinarl** sich Liftanlagen und Pisten quer über die Schüttalm, die Hubertusalm und die Winklalm bis **Flauchauwinkl** ziehen. Dem Trubel kann man auf Wanderungen südlich des Ortes entgehen, wobei speziell der **Jägersee** (1120 m, ab Parkplatz Jägersee, 45-minütiger Rundweg um den See) und der **Tappenkarsee** (1763 m, Start Parkplatz Jägersee, 6,5 Stunden, anspruchsvoll) zu den lohnendsten Zielen zählen.

Praktische Infos

■ **Tourismusinformation Flachau,** Hermann-Maier-Platz 1, A-5542 Flachau, Tel. 06457 2214, www.flachau.com.

■ **Informationsbüro Kleinarl,** Dorf 28, A-5603 Kleinarl, Tel. 06418 206, www.wagrain-kleinarl.at.

■ **Tourismusinformation Wagrain,** Markt 14, A-5602 Wagrain, Tel. 06413 8448, www.wagrain-kleinarl.at.

Gasteinertal

Das wahrscheinlich berühmteste Tal des Pongaus ist das erlesene, 40 km lange Gasteinertal, das sich über fast 8 km südwestlich von Schwarzach nach Süden erstreckt. Bekannt ist es vor allem deshalb, weil hierher seit dem **ausgehenden 19. Jahrhundert** viele Adelige und wohlhabende Angehörige des Bürgertums zur **Sommerfrische** kamen und speziell die **radonhaltigen Thermalquellen** für Kuren in Anspruch nahmen. Bis heute bietet das Gasteinertal neben seiner sensationellen Bergwelt viele weitere Attraktionen. Aber natürlich ist auch hier das Skivergnügen nirgends weit – die Wintersportareale sind unter **„Ski Gastein"** (www.skigastein.com) zusammengefasst und Teil des Ski-amadé-Verbundes.

■ **Tourismus Gasteinertal,** www.gastein.com, Tel. 06432 33930.

Bad Hofgastein und Umgebung

Gleich am Anfang des Tals, ganz im Norden, liegt mit der **Entrischen Kirche** eine **gigantische Schauhöhle,** bestehend aus domartigen Hallen, die mit Tropfstein- und Sinterbildungen geschmückt sind (nur auf einer Führung zu besuchen, ca. 45 Minuten). **Protestanten** hielten hier während der äußerst erbarmungslos verlaufenden Gegenreformation (1700–31) Gottesdienste und Versammlungen ab. Gleich südlich liegt mit der **Burgruine Klammstein** aus dem 12. Jahrhundert das älteste noch erhaltene Bauwerk im Tal, das aufgrund seiner Burgschenke beliebt ist und auf einer geführten Tour besucht werden kann.

Dorfgastein ist der wichtigste Ort im Norden des Tals, konzentriert sich aber mit der bereits erwähnten Skischaukel Dorfgastein-Großarl vorrangig auf Wintersportler, wenn auch in der Umgebung ausgiebige Wanderungen möglich sind, speziell um das **Fulseck** (2035 m) mit dem **Spiegelsee** (Start Mittelstation Gipfelbahn-Fulseck, 4 Std., 600 Hm, mittel, Trittsicherheit wichtig). Auch Mountainbiken, Nordic Walking und Paragliding sind hier beliebt, während Erholungsbedürftige in der **Therme Solarbad** Energie tanken können.

■ **Solarbad Gastein,** Solarbadstraße 24, A-5632 Dorfgastein, Tel. 06433 7410, solarbad.at, Mai und Sept. tägl. 12–20 Uhr, Juni bis Aug. tägl. 10–20 Uhr, Eintritt ab 12,50 €, ermäßigt ab 10 €.

Mit **6800 Einwohnern** größter Ort des Tals ist **Bad Hofgastein,** das im 16. Jahrhundert durch den Abbau von **Gold** zu erheblichem Reichtum kam. Bis heute strahlt der **Kurort** mit seinem sympathischen Zentrum durchaus noch etwas vom Flair der „guten alten Zeit" aus. Mit der Seilbahn gelangt man hinauf zur **Schlossalm,** wo ein kleiner See liegt und diverse Wanderwege und Mountainbikerouten zu Zielen in den Hohen Tauern führen. Wer sich für den frühindustriellen Bergbau und die Verhüttung interessiert, findet im Angertal das **Freilichtmuseum Knappenwelt** zur Thematik. Reist man hingegen aus Wellnessgründen oder zur Kur an, begibt man sich in die **Alpentherme.**

■ **Knappenwelt Angertal,** via-aurea.com/knappenwelt-angertal, im Wald gelegen (keine Adresse), jederzeit frei zugänglich.

■ **Alpentherme Gastein,** Sen.-W.-Wilflingplatz 1, A-5630 Bad Hofgastein, Tel. 06432 8293, www.alpentherme.com, So–Mi 9–21 Uhr, Do–Sa 9–22 Uhr, Eintritt 43 €, ermäßigt 24 €.

Praktische Infos

■ **Tourismusinformation Bad Hofgastein,** Tauernplatz 1, A-5630 Bad Hofgastein, Tel. 06432 3393260, www.gastein.com.

■ **Tourismusinformation Dorfgastein,** Dorfstraße 1, A-5632 Dorfgastein, Tel. 06432 3393460, www.gastein.com.

MEIN TIPP: **Bertahof②**, Vorderschneeberg 15, A-5630 Bad Hofgastein, Tel. 06432 7608, www.bertahof.at. In diesem 350 Jahre alten Hof werden traditionelle Gerichte nach historischen Rezepten zubereitet.

Bad Gastein und Umgebung

Der meistbesuchte Ort des Tals ist **Bad Gastein.** Das traditionelle und mit seinem **Belle-Époque-Bauensemble** zumindest teilweise noch kaiserlich-charmant wirkende **Heilbad** imponiert mit eleganten Grand Hotels, alteingesessenen Restaurants und mondänen Villen. Es waren viele der angesehensten Mitglieder des Hauses Habsburg, aber auch Literaten, Philosophen und sonstige

☐ Ganz in Weiß: Die Region um Bad Gastein ist besonders bei Wintersportlern beliebt

Frauen und Männer von Welt hier auf **Sommerfrische** oder zur **Kur** – wer mehr dazu wissen möchte, besucht das **Museum** des Ortes.

■ **Gasteiner Museum,** Grand Hôtel de l'Europe, Kaiser-Franz-Josef-Straße 14, A-5640 Bad Gastein, Tel. 06434 3488, www.gasteinermuseum.com, Ende Juni bis Anfang Okt. Mi–So 14.30–18 Uhr, Eintritt 5 €, ermäßigt 4 €.

Bad Gastein ist unbestritten einer der geschichtsträchtigsten Orte im Bundesland Salzburg, wenngleich der Kurbetrieb seit 1918 keine Haute Volée mehr anzieht und das Städtchen längst seinen royalen Glanz verloren, ja vielerorts sogar der unaufhaltsame Verfall eingesetzt hat.

Durch den Ort rauscht die **Gasteiner Ache** über drei Höhenstufen und es macht Spaß, durch das Zentrum zu

Samson, der Lungauer Riese, und andere Traditionen

Eine spannende kulturelle Eigenart des Lungaus und des Murtals in der angrenzenden Steiermark sind die sog. **Samson-Umzüge.** Bei diesem *Samson* handelt es sich um die gleichnamige **biblische Figur,** die aus Holz oder Leichtmetall gefertigt und aufwendig gekleidet wird, je nach Ort bis zu 100 kg wiegt und fast 7 m messen kann, dabei aber immer nur **von einer Person getragen** wird. Bei den Umzügen werden gleich mehrere Samsonfiguren durch die Straßen geschleppt, oftmals von Zwergenfiguren und Musik begleitet. Erstmals finden die Prozessionen ab Fronleichnam statt und danach, je nach Ort, noch öfters bis in den September. Den Höhepunkt eines Umzuges bilden die von einem **„Samson-Walzer"** begleiteten **Ehrentänze.** Ortschaften, in denen es Samsonumzüge gibt, sind im Lungau Mariapfarr, Mauterndorf, Muhr, Ramingstein, St. Andrä, St. Margarethen, St. Michael, Tamsweg, Unternberg und Wölting (ein Ortsteil von Tamsweg) sowie in der Steiermark Murau und Krakaudorf.

Eine weitere denkwürdige und vor allem farbenfrohe Tradition sind die **Prangstangen-Prozessionen,** zu denen in mühevoller Handarbeit **lange Stangen mit Blüten umwickelt** werden. Die Prangstangen sind zwischen 6 und 8 m hoch, wiegen bis zu 85 kg und „tragen" bis zu 60.000 Sommerblumen. Die berühmtesten Prozessionen finden am 24. Juni in Zederhaus und am 29. Juni in Muhr statt.

Ein anderer lokaler Brauch ist das sog. **Wasserscheibenschießen,** bei dem Schützen auf Zielscheiben am gegenüberliegenden Seeufer schießen, indem sie auf deren Spiegelbild im Wasser zielen und die Kugel durch die Dichte des Seewassers abprallt und die am Ufer aufgestellte Scheibe trifft. Man findet Wettkämpfe dieser Art am Prebersee im Lungau sowie am Schattensee im Murtal.

schlendern und dem Stilmix nachzuspüren. Besuchenswert sind die spätgotische **Nikolauskirche** aus dem 14. Jahrhundert, das Radon-Thermal Dunstbad und die neu gestaltete **Felsentherme,** wo man Relaxen mit Badespaß verbindet.

MEIN TIPP: **Felsentherme Bad Gastein,** Bahnhofplatz 5, A-5640 Bad Gastein, Tel. 06434 2223111, www.felsentherme.com, tägl. 9–21 Uhr, Eintritt ab 29 €, ermäßigt ab 16 €.

Per Seilbahn geht es auf den **Stubnerkogel** (2246 m), wo sich eine imposante Hängebrücke befindet und **Wanderungen** z.B. zum **Tischkogel** (2409 m, Start Talstation der Stubnerkogelbahn, 3,5 Std., ca. 600 Hm, mittel, nur mit Kondition empfohlen), bzw. östlich des Ortes auf den **Graukogel** (2492 m, Start Graukogellift-Talstation Bad Gastein, 6 Std., 1300 Hm, anspruchsvoll) oder den **Hüttenkogel** (2331 m, Start Graukogellift-Talstation Bad Gastein, 6 Std., 1100 Hm, anspruchsvoll) führen. Südlich von Bad Gastein liegt der Ortsteil **Böckstein,** wo das Naßfelder Tal und das Anlauftal zusammenlaufen. In Böckstein informiert ein **Montanmuseum** zur Geschichte des Bergbaus, und in einem ehemaligen Stollen ist ein **Heilzentrum** (www.gasteiner-heilstollen.com) untergebracht. Im **Naßfelder Tal** liegt auf 1589 bis 2650 m Höhe mit dem Skiort **Naßfeld-Sportgastein** der südlichste des Gasteiner Wintersportareals; ab hier kann man anspruchsvolle **Bergtouren** rund um das **Schareck** (3123 m) unternehmen. Zwischen den Orten Böckstein (südlich von Bad Gastein) und Mallnitz-Obervellach (bereits in Kärnten) besteht keine Straßenverbindung, sondern ausschließlich eine **Bahnlinie,** die durch den etwas über 8 km langen Tauern-Bahntunnel führt und auch eine sogenannte Autoschleuse umfasst.

Praktische Infos

- **Tourismusinformation Bad Gastein,** Kaiser-Franz-Josef-Straße 27, A-5640 Bad Gastein, Tel. 06432 3393560, www.gastein.com.
- **Hotel Alpenblick**②, Kötschachtaler Straße 17, A-5640 Bad Gastein, Tel. 06434 20620, www.alpenblick-gastein.at. Äußerst gemütliches Wellnesshotel mit Blick auf das Gasteinertal.
- **Hotel Villa Solitude**②, Kaiser-Franz-Josef-Straße 16, A-5640 Bad Gastein, Tel. 06434 5101, villasolitude.com. Sehr charmantes Boutique-Hotel mit nur neun Zimmern und Suiten im Stil der Belle Époque. Gutes Restaurant.
- **Hofkeller**②, Grillparzerstraße 1, A-5640 Bad Gastein, Tel. 06434 2037245, www.salzburgerhof.com. Im Hotel Salzburger Hof befindet sich dieses beliebte Raclette-Restaurant.

MEIN TIPP: **Hexenhäusl**①-②, Mozartplatz 11, A-5640 Bad Gastein, Tel. 0664 4039676. Restaurant, Event-Location und urige Kneipe zugleich. Im Hexenhäusl treffen sich Einheimische sowie Gäste zum Feiern und Relaxen.

Lungau

Südlich der Tauerntunnel der A10 bzw. des Radstädter Tauernpasses erreicht man den **Bezirk Tamsweg,** der deckungsgleich mit der geografischen Region Lungau ist. Der Lungau war und ist in vielerlei Hinsicht anders als die restlichen Gaue. Aufgrund seiner **isolierten Höhenlage,** eingekesselt durch die Hohen Tauern im Westen, die Niederen Tauern im Norden und Osten sowie die Gurktaler Alpen im Süden, herrscht hier ein sehr **spezielles Klima,** das sich durch wenig Wind, geringe Niederschläge, intensive Winter, aber auch recht viel Sonne auszeichnet. Die Region ist seit jeher wirtschaftlich unterprivilegiert gewesen, und obwohl seit den 1970er-Jahren mit der **Tauernautobahn** eine wichtige Verkehrsader das Gebiet quert, sind touristische Wintersportzentren rar gesät. Dafür hat man sich 2012 dazu entschlossen, den Lungau zusammen mit den angrenzenden Nockbergen in Kärnten als sog. **Biosphärenpark** auszuweisen (www.biosphaerenpark.eu). Ziel ist die Erhaltung der biologischen Vielfalt und der regionalen kulturellen Werte sowie die Entwicklung der Region in beispielhafter Weise gemeinsam mit der lokalen Bevölkerung. Folglich setzen die örtlichen Tourismusverbände auf **Nachhaltigkeit und Umweltbewusstsein,** weshalb der Lungau als echtes Paradies für **sanfte Outdoor-Aktivitäten** angesehen werden kann. Hinzu kommt, dass das örtliche Brauchtum und die **kulturellen Besonderheiten** äußerst interessant sind und die Region dadurch wohl eine der spannendsten und authentischsten in Österreich ist.

■ **Infos: Tourismus Lungau,**
Tel. 06477 8988, www.lungau.at.

Tamsweg und Umgebung

Die **an der Mur** gelegene **Bezirkshauptstadt Tamsweg** ist das administrative und wirtschaftliche Zentrum des Lungaus und dank ihrer **entzückenden Bürgerhäuser** eine echte Augenweide. Keinesfalls übersehen sollte man das **schlossähnliche Rathaus** auf dem schmucken, fast quadratischen Marktplatz und das ehemalige **Barbaraspital,** in dem einst alte und kranke Bergknappen behandelt und gepflegt wurden – heute erfährt man hier in einem **Heimatmuseum** (www.museumsportal.com/heimatmuseum) viel über das Brauchtum der Region. Etwas außerhalb thront die viel besuchte spätgotische **Wallfahrtskirche St. Leonhard,** die für ihr Goldfenster weit und breit bekannt ist.

In der Umgebung von Tamsweg ist zunächst die Erhöhung des **Passeggen** interessant, wo sich ein **Themenweg** mit dem dunklen Kapitel der **Hexenverfolgung** (www.hexenzauberer.at) in der Region beschäftigt. Etwa 8 km südlich der Bezirkshauptstadt liegt die aus dem 12. Jahrhundert stammende **Burg Finstergrün,** die man auf einer Führung näher kennenlernen kann und die auch Spannendes für Kinder zu bieten hat, z.B. einen Klettergarten und eine „Spieleschatzkammer".

Burg Finstergrün, Burgstraße 65, A-5591 Ramingstein, Tel. 0699 18877074, www.burg-finstergruen.at, historische Burgführung Mai–Oktober Fr–So 14.30 Uhr, in den Sommerferien tägl. 14.30 Uhr, Märchen- und Sagenführung auf Anfrage buchbar, Eintritt 12 €, ermäßigt 6 €.

[>] Fernab vom Tohuwabohu:
der malerische Prebersee unweit von Tamsweg

Adobe Stock © serkat Photography

Östlich von Tamsweg erhebt sich der **Gstoder** (2140 m, Auffahrt von St. Ruprecht über die Mautstraße bis zur Koasahütte, 2,5 Std., familienfreundlich), der für Wanderungen beliebt ist. Etwas nördlicher liegt der beschauliche **Prebersee** inmitten des Waldes. Er wird an warmen Tagen als Badesee genutzt, und im August findet hier das traditionelle **Wasserscheibenschießen** (→ Exkurs „Samson, der Lungauer Riese, und andere Traditionen") statt. Die Umgebung des Prebersees ist für Wanderungen – z.B. auf den 2740 m hohen **Preber** (Start Parkplatz Prebersee, 6 Std., 1400 Hm, anspruchsvoll, nur geübten Bergwanderern empfohlen) – geeignet und bei Schnee auch von Langläufern geschätzt. Nördlich von Tamsweg und über Wölting zu erreichen liegt das abgeschiedene **Lessachtal,** das ab Lessach Wanderrouten Richtung Norden bis zur steirischen Grenze und darüber hinaus aufweist. Beliebte Ziele sind der **Klafferkessel** (Start Lasshoferhütte, 9 Std. zu einem eindrucksvollen Hochplateau, auf dem 30 Bergseen liegen, schwer, Trittsicherheit und Kondition unbedingt notwendig) und die drei **Landschitzseen** (Start Lasshoferhütte, 2 Std. zum unteren See, dann nochmals 1,5 Stunden zum dritten und obersten See, mittel, für Kinder ab 12 J. machbar).

Praktische Infos

- **Tourismusinformation Tamsweg,** Marktplatz 4, A-5580 Tamsweg, Tel. 06474 2145, www.tourismuslungau.at.
- **Gambswirt**②, Marktplatz 5, A-5580 Tamsweg, Tel. 06474 2337, www.gambswirt.at. Im Ortszentrum befindet sich dieser klassische Gasthof, der gutes Essen bietet.

MEIN TIPP: **Josef Hochleitner**①-②, Kirchengasse 4, A-5580 Tamsweg, Tel. 06474 2240, www.hochleitner.at. Seit 1859 kredenzt dieses traditionelle Kaffeehaus (Café, Confiserie, Konditorei) Süßes in seiner edelsten Form.

MEIN TIPP: **Kuh,** Amtsgasse 10, A-5580 Tamsweg. Schönes Kunsthandwerk, aber auch Lebensmittel gibt es in diesem netten Laden.

Mariapfarr und Umgebung

Zwischen Tamsweg im Osten und Mauterndorf im Westen erstreckt sich ein **sonnenverwöhntes Hochplateau,** das bis auf 1000 Höhenmeter ansteigt. Nach Norden hin verlaufen die Niederen Tauern, in die ab dem kleinen **Mariapfarr** herrliche Wanderungen – z.B. der **Boden-Kulturweg** oder der **Sonnenlehrpfad** – möglich sind. Das als Kurort (mit **Vital- und Wellnesscenter**) ausgewiesene, umgangssprachlich „Pfoch" genannte Mariapfarr ist für seine **gotische Wallfahrtskirche** bekannt, die in drei Kirchenschiffen etwa 900 Sitzplätze bietet. Erwähnenswert sind besonders die **Fresken** aus dem 13./14. Jahrhundert sowie die Tafelbilder des Hochaltars. Ein **Pfarr- und Wallfahrtsmuseum** zeigt kostbare Ausstellungsstücke und eine Dokumentation über Leben und Wirken von **Joseph Mohr** (1792–1848), den Texter des Weihnachtsliedes „Stille Nacht, heilige Nacht".

■ **Vital- und Wellnesscenter Samsunn,** Sonnenweg 600, A-5571 Mariapfarr, Tel. 06473 20020, www.samsunn.at, Öffnungszeiten variieren je nach Innen- und Außenbereich und Jahreszeit, Eintritt (Saunabereich) ab 18,50 €, ermäßigt 15,80 €.

■ **Pfarr-, Wallfahrts- und Stille Nacht Museum Mariapfarr,** Joseph Mohr Platz 1, A-5571 Mariapfarr (Eingang über Pfarrstraße 19), Tel. 06473 8766, www.wallfahrtsmuseum.at, Juni bis Sept. und Dez. bis Ostern Mo und Do 14–17 Uhr (im Dez. auch Sa 14–17 Uhr), Okt. Do 14–17 Uhr, Eintritt 5 €, ermäßigt 3 €.

Nördlich von Mariapfarr zieht sich das **Göriachtal** bis zur steirischen Grenze. Das beschauliche Hochtal mit seinen Almen kann man beispielsweise bis zu den beiden **Landawirseen** (Start Hüttendorf /Hansalhütte, 2,5 Std., 700 Hm, mittel) begehen oder etwas anspruchsvoller den Gipfel des **Hochgolling** (2862 m, Start Vordere Göriachalm, 10 Std., 1400 Hm, schwer). Fast parallel dazu erstreckt sich das **Weißpriachtal** nach Nordwesten und trumpft mit weiteren Naturschauspielen wie der Flussau der Longa-Mäander am Taleingang, dem Wirpitschsee (ab dem hinteren Weißpriachtal, 1,5 Std., einfach, familientauglich) oder weiteren Bergseen im Hochgebirge auf. In **Weißpriach** ist vor allem die **Kirche St. Rupert** mit ihren fast 900 Jahre alten Fresken attraktiv. Vom Ort gelangt man in das überschaubare, speziell für Familien konzipierte **Wintersportgebiet Fanningberg** (www.fanningberg.info).

Praktische Infos

■ **Tourismusinformation Mariapfarr im Lungau,** Am Weiher 175, A-5571 Mariapfarr im Lungau, Tel. 06473 8766, www.mariapfarr.at.

Örglwirt②, Pfarrstraße 18, A-5571 Mariapfarr, Tel. 06473 8207, www.oerglwirt.com. Viel gelobtes À-la-carte-Restaurant mit heimischer Küche, das v. a. für seine Lammfleischspezialitäten weithin bekannt ist.

MEIN TIPP: **Hiasnhof,** Göriach 31, A-5571 Göriach, Tel. 06483 219, www.tauernroggen.at/de/hiasnhof.html. Der Garten Eden für Lungauer Käse.

Mauterndorf und Umgebung

Bereits zur Zeit des Römischen Reiches bestand eine **zentrale Handelsstraße über den Radstädter Tauernpass,** also dort, wo heute die B99 verläuft. Im 11. Jahrhundert dann wurde eine **Zollstation** errichtet, um die sich das kleine Mauterndorf entwickelte. Die von den

Durchreisenden zu bezahlende **Maut** brachte ab dem Mittelalter Wohlstand, denn egal ob Bodenschätze, Salz oder andere Handelswaren transportiert wurden, wer durch Mauterndorf wollte, musste bezahlen. Der dreieckige Marktplatz mit seinen **repräsentativen Bürgerhäusern** und die stattliche Pfarrkirche erinnern an den früheren Reichtum. Mitte des 13. Jahrhunderts wurde die eindrucksvolle **Burg** errichtet, die als Zollfestung konzipiert war und den Salzburger Erzbischöfen auch als Sommerresidenz diente. Ein Besuch auf der Burg – per äußerst origineller Führung möglich – gehört zu den Highlights im Lungau, wobei speziell das Keutschachzimmer und weitere Gemächer der Erzbischöfe sehenswert sind.

MEIN TIPP: **Burg Mauterndorf,** Markt 27, A-5570 Mauterndorf, Tel. 06472 7426, www.salzburg-burgen.at/de/burg-mauterndorf, Juli/Aug. tägl. 9.30–18.30, Mai/Juni u. Sept./Okt. tägl. 9.30–17 Uhr, Jan.–April → Website, Eintritt: 13 €, erm. 4,70 €.

Im nahe gelegenen **St. Gertrauden** befindet sich mit der **Kirche St. Getrud** ein Höhepunkt der Lungauer Sakralkunst. Wer mehr zu den abscheulichen **Hexenprozessen** erfahren möchte, sollte sich ins etwa 6 km entfernte **Bilderbuch-Schloss Moosham** aufmachen, das einst Sitz des landesfürstlichen „Blutgerichts" war und ebenfalls im Zuge einer Führung besichtigt werden kann.

■ **Museum Schloss Moosham,** Moosham 13, A-5585 Unternberg, Tel. 06476 305, www.schloss moosham.at, Führungen Mai bis Sept. Di–So 10, 11, 14 und 15 Uhr, Okt. Di–So 11 und 14 Uhr, Mitte Dez. bis April Di–So 11 und 14 Uhr, Eintritt (mit Führung) 15 €, ermäßigt 7 €.

Ab Mauterndorf führt der **NaturPur-Weg** entlang von 55 Stationen mit Informationen zur hiesigen Natur (2,5 Std., 700 Hm, einfach, familientauglich) bis zur Bergstation der Großeckbahn, wo sich das **Skigebiet Großeck-Speiereck** erstreckt.

Praktische Infos

■ **Tourismusinformation Mauterndorf,** Markt 52, A-5570 Mauterndorf, Tel 06472 7949, www.mauterndorf.at.

■ **Camping Mauterndorf,** Hammer 145, A-5570 Mauterndorf, Tel. 06472 72023. Mit Pool, Sauna u.v.m. ausgestattet und inmitten der Berge gelegen.

■ **Naturcamping am Peterbauernhof,** Lasa 50, A-5572 St. Andrä im Lungau, Tel. 0664 5128319, www.peterbauernhof.at. Natürlich anmutender Campingplatz zwischen Wald und Wiesen.

MEIN TIPP: **Trausners,** Steindorf 65, A-5570 Mauterndorf, Tel. 06472 20065, www.trausners.at. Für Brände, Liköre, Sirup, Limonaden und Marmeladen aus dem Lungau wende man sich an Trausners!

St. Michael und Umgebung

In über 1000 m Höhe liegt die Marktgemeinde St. Michael (lokal oft nur „Michee" genannt) **am Fuße des Speierecks** (2411 m), während im Süden der **Katschberg** (1641 m) mit dem Katschbergpass aufragt, der die natürliche Grenze hinüber ins Kärntner Liesertal bildet und v.a. um die **Gamskogelhütte**

(1851 m, Start Hotel Lärchenhof in Katschberg über den sog. Herzerlweg, 1,5 Std., leicht, familienfreundlich) und das **Aineck** (2220 m, Start Parkplatz Katschbergpass, 4,5 Std., 900 Hm, leicht) erwandert werden kann. Südlich von St. Michael fließt die **Mur** – die künstlich geschaffene **Murinsel** stellt ein beliebtes Erholungsgebiet mit vielen Spielmöglichkeiten für Kinder dar. Wie so oft ist im Ort selbst die **Pfarrkirche** die Hauptsehenswürdigkeit, in diesem Falle mit bedeutenden Fresken. Im Umkreis von St. Michael gibt es mit den durch eine Skischaukel verbundenen **Skigebieten Großeck-Speiereck** und **Katschberg-Aineck** oder dem nahen **Golfplatz** (www.golfclub-lungau. com) eine touristische Infrastruktur, die für Lungauer Verhältnisse außergewöhnlich ist. Aktive Besucher können zu Themenwanderungen wie dem **Saumooslehrpfad** oder dem **Vogelwanderweg** aufbrechen. Im südöstlich gelegenen **Thomatal** vermittelt die **Hochofenanlage Bundschuh** einen interessanten Einblick in die einst für die Gegend so wichtige Verarbeitung von Eisenerz.

■ **Hochofenanlage Bundschuh,** Bundschuh 15, A-5592 Thomatal, Tel. 06476 20231, www.hochofen-bundschuh.at, Juni–Sept. Mo, Mi, Fr 10–16, So 15–18 Uhr, Eintritt 8 €, ermäßigt 4 €.

Ein landschaftliches Kleinod bildet das **Murtal,** das sich westlich von St. Michael bis zum Ursprung der Mur in 1898 m Höhe erstreckt. Ab dem Ort Muhr gibt es mit dem **Zauberwald** (Start Ortsmitte Muhr, 1 Std., leicht, familientauglich) und dem **Rotgüldensee** (Start Parkplatz Arsenhaus, 2 Std. bis zur Rotgüldenseehütte und zurück, mittel, Kondition wird vorausgesetzt) zwei idyllische Wanderziele, und auch der **Karwassersee** ist ohne alpinistische Vorkenntnisse zu erreichen (Start Parkplatz Muritzen an der Mautstraße, 3 Std., 400 Hm, Anspruch mittel). Anspruchsvoller gestalten sich Wanderungen auf das nördlich der Murquelle gelegene **Weißeck** (2711 m) oder den **Großen Hafner** (3076 m, Start Parkplatz Rotgüldenseehütte, 8 Std., 1900 Hm, sehr anspruchsvoll), die alpines Können voraussetzen. Die ultimative Radtour führt auf dem **Murradweg** bis in die Steiermark. Verlässt man St. Michael gen Norden, lohnt sich ein Halt in **Zederhaus,** wo der **Naturpark Riedingtal** (www.naturpark-riedingtal.at) und der **Mühlenweg** ländliche Idylle garantieren.

Praktische Infos

■ **Tourismusinformation St. Michael im Lungau,** Raikaplatz 242, A-5582 St. Michael im Lungau, Tel. 06477 8913, www.lungau.at.

Mein Tipp: **Landgasthof Löckerwirt②,** Dorfstraße 25, A-5581 St. Margarethen im Lungau, Tel.

Adobe Stock © christakramer

06476 212, www.loeckerwirt.at. Hier gibt's typische Lungauer Köstlichkeiten in Bio-Qualität. Auch schöne Zimmer①-② können bezogen werden.

■ **Biosphärenladen,** Marktstraße 52, A-5582 St. Michael. Ein Schlaraffenland für heimische Lebensmittel.

Pinzgau

Der Pinzgau ist der fünfte Gau Salzburgs und macht den gesamten **Westteil des Bundeslandes** aus. Mit 2641 km² nimmt er mehr als ein Drittel der Gesamtfläche Salzburgs ein und ist deckungsgleich mit dem **Bezirk Zell am See.** Touristisch ist er vor allem wegen seiner **Wintersportareale** um Zell am See und das nahe Kaprun sowie Saalfelden mit dem dazugehörigen Leogang bekannt. Auch im äußersten Westen – Oberpinzgau genannt – wird der Schneespaß großgeschrieben; in Mittersill oder Königsleiten hat man Anbindung an riesige Skiareale, die sich bis nach Tirol ziehen. Doch auch in den schneefreien Monaten bieten die Bergregionen des Pinzgaus **viele Freizeitmöglichkeiten,** so ist der **Nationalpark Hohe Tauern** (→ Exkurs S. 312) die Topadresse für Wanderungen in unbeschreiblich schöner Natur. Genannt seien das relativ wenig besuchte **Raurisertal,** in dem einst Gold abgebaut wurde, und die Gegend um **Bramberg,** wo die einzigen Smaragdvorkommen Europas beheimatet sind. Echte Attraktionen im südlichen Pinzgau sind natürlich die **Krimmler Wasserfälle** und die **Gletscher um Kaprun,** während eine Fahrt auf der legendären **Großglockner-Hochalpenstraße** hinüber nach Kärnten zu den absoluten „Must-Dos" für Motorisierte gehört. Ein wahres Paradies ist der Pinzgau gerade für **Mountainbiker,** die hier unzählige Routen vorfinden. Bei all diesen energiezehrenden Aktivitäten mag sich die Frage stellen, wo man im Pinzgau die Seele baumeln lassen kann. Nun, zuerst einmal am **Zeller See,** der zum Baden und im Winter zum Eislaufen einlädt. Aber auch diverse **kulturhistorische Sehenswürdigkeiten** und spannende Museen – darunter z.B. zum Bergbau in Rauris oder Leogang – bieten Abwechslung. Die **öffentliche Anbindung** der touristischen Orte im Pinzgau ist meist durch Busse und stellenweise durch sog. **Tälertaxis** gewährleistet, doch die Verbindungen sind häufig zeitaufwendig. Eine **Bahnlinie** verläuft von Zell am See nach Saalfelden, eine zweite nach Krimml (53 km), die von der **Pinzgauer Schmalspurbahn** (www.pinzgauerlokalbahn.at) befahren wird.

Rauris und Umgebung

Das **Raurisertal** folgt der **Rauriser Ache** und bildet den **äußersten Südosten des Pinzgaus.** Man unterscheidet zwischen dem unteren Raurisertal zwischen Taxenbach und Wörth und dem hinteren oberhalb von Wörth. Das Tal war besonders durch den Jahrhunderte währenden Goldabbau bekannt. Gleich am nördlichen Rand liegt südlich von Taxenbach die romantische **Kitzlochklamm mit Wasserfall,** die man auch auf einer **Rafting-Tour** erleben kann. Der Hauptort

☐ Nicht nur Wanderer lieben die Region um das Speiereck

des Tals ist das kleine **Rauris** – sehenswert ist im Ort das Voglmaierhaus aus dem 16. Jahrhundert – und im **Talmuseum** erfährt man Wissenswertes zum lokalen Brauchtum und zum **Goldbergbau**; wer eigenhändig sein Glück beim Schürfen versuchen möchte, kann dies über die **Erlebniswelt Tauerngold** organisieren.

MEIN TIPP: **Rafting Center Taxenbach,** Marktstraße 1, A-5660 Taxenbach, Tel. 06543 5352, www.raftingcenter.com. Rafting, Canyoning, Klettern etc.

■ **Erlebniswelt Tauerngold,** Kolmstraße 6, A-5661 Rauris, Tel. 06544 7052, www.goldsuchen.at, Mitte Juni bis Mitte Sept. 9.45–17 Uhr, Eintritt (Goldwaschen mit Kurs und Ausrüstung) 9 €.

Per Seilbahn erreicht man die westlich des Ortes gelegene **Hochalm** (1767 m), auf der sich neben spektakulären Wanderwegen auch ein Skigebiet befindet. Wenige Kilometer weiter südlich, im Ortsteil **Wörth,** ist das „Tor" in den **Nationalpark Hohe Tauern** (→ Exkurs S. 312), wo man im **Nationalparkzentrum** in der **Ausstellung „Könige der Lüfte"** die größten **Greifvögel** der Alpen – Steinadler, Bartgeier und Gänsegeier – begutachten kann. Wer diese imposanten Tiere in freier Wildbahn erleben möchte, kann zu (geführten) Wanderungen ins **Krumltal** – auch „Tal der Geier" genannt – im Süden des Rauristals aufbrechen oder auf der **Beobachtungsstation** der Greifvogelwarte Hochalm (1600 m) Ausschau nach den Greifvögeln halten.

Nationalparkzentrum Wörth, Dorfstraße 27, A-5661 Rauris/Wörth, Tel. 06562 4084933, www.nationalpark.at.

Nach Südwesten zweigt bei Wörth das **Seidlwinkltal** ab, in dem speziell das **Rauriser Tauernhaus** ein Ziel für Wanderer ist (Start Parkplatz Seidlwinkl Ache, 6 Std., Anspruch mittel, für Kinder ab 12 J. geeignet). Fast am Ende der Fahrstraße, etwa 20 km südlich von Rauris, liegt die Siedlung **Kolm-Saigurn,** um die sich einst das wichtigste **Goldabbaugebiet** ausbreitete; bis heute kann man es auf einem **Lehrpfad** erkunden. Spannend ist auch die Wanderung durch den sog. **Rauriser Urwald** mit seiner Moorlandschaft (Start Parkplatz Lenzanger, 2 St., 200 Hm, leicht/familientauglich). Die beste Aussicht hat man vom **Hohen Sonnblick** (3105 m, Start Talschluss Kolm Saigurn, 5-6 Std., 1600 Hm, anspruchsvoll, nur für geübte Alpinisten geeignet), auf dem eine meteorologische Beobachtungsstation steht, die bereits 1886 errichtet wurde und als höchstgelegene ganzjährig betriebene Wetterwarte gilt.

Praktische Infos

■ **Tourismusinformation Raurisertal,** Sportstraße 2, A-5661 Rauris, Tel. 06544 20022, www.raurisertal.at.

■ **Buchebener Wirt,** Kirchbichlweg 40, A-5661 Bucheben, Tel. 0664 6559191. Schnapsbrennerei in einem mehr als 500 Jahre alten Gebäudeensemble.

■ **Schnabelperchten,** am 5. Januar ziehen diese Gestalten von Haus zu Haus und prüfen, ob die Haushalte ordentlich geführt werden.

[>] Eine der eindrucksvollsten unseres Planeten: die pittoreske Großglockner-Hochalpenstraße

Großglockner-Hochalpenstraße

Fährt man von **Taxenbach** westwärts, erreicht man nach knapp 11 km **Bruck** an der Großglocknerstraße, von wo südwärts die weltberühmte Großglockner-Hochalpenstraße abzweigt, die Zell am See mit Heiligenblut in Kärnten verbindet. Als **eine der sagenhaftesten Hochgebirgsstraßen Europas** ist sie ein Erlebnis der Extraklasse, gleichermaßen für Mitfahrer wie Fahrer, der in Anbetracht der vielen Kehren über ein gewisses Know-how am Steuer bzw. Lenker verfügen sollte. Seit 1935 besteht das **straßenbauliche Meisterwerk,** wenn auch wohl schon in römischer Zeit an Ort und Stelle eine Passüberquerung möglich war. Insgesamt ist die mautpflichtige Großglockner-Hochalpenstraße 48 km lang, wobei 33 km auf Salzburger Territorium verlaufen. Ein Erlebnis entlang der Route ist zunächst der **Wildpark Ferleiten** (www.wildpark-ferleiten.at) etwa 14 km südlich von Bruck, wo zahlreiche regionale Bergtiere – inklusive Bären, Wisenten und Wölfen – in Gehegen leben. Auf den folgenden Kilometern windet sich die Straße bergauf; an mehreren Punkten finden sich **Parkplätze,** wo man sowohl **hinreißende Blicke** genießen als auch zu diversen äußerst lohnenden **Lehrpfaden** aufbrechen kann. Ein Abstecher führt zur 2571 m hohen **Edelweißspitze** (vom Parkplatz ist es ein steiler Fußweg – ca. 30 Min.), einem absoluten Muss bei der Befahrung der umgangssprachlich oft nur Glocknerstraße genannten Strecke, denn von der **Aussichtsplattform** auf dem Berg erspäht man 37 Dreitausender und 19 Gletscher! Den höchsten Punkt des Passes bildet das 2576 m hohe **Hochtor,** das man jedoch in einem 300 m langen Tunnel unterquert. Dann befindet man sich bereits in Kärnten (→ S. 544). Wer die Umgebung lieber vom Wasser aus kennenlernen möchte, sollte zu einer Rafting-Tour aufbrechen.

Adobe Stock © Filmteam Chemnitz

Nationalpark Hohe Tauern – Natur pur!

Der Nationalpark Hohe Tauern stellt mit einer Fläche von 1856 km² **eines der größten Schutzgebiete Mitteleuropas** dar. Etwa 43% des Nationalparks liegen im Bundesland Salzburg, 33% in Osttirol und die verbleibenden 24% in Kärnten. Er umfasst weite Teile des zentralalpinen Hauptkammes der Ostalpen und erstreckt sich über 100 km von Ost nach West sowie über 40 km von Nord nach Süd. Mit **über 300 Berggipfeln mit mindestens 3000 m Höhe** (darunter sowohl der 3798 m hohe Großglockner als auch der 3657 m hohe Großvenediger), ca. **340 Gletschern, 550 Bergseen,** zahlreichen Klammen, Wasserfällen, Achen, Mooren, den Quellen der Isel, Möll, Mur und Salzach, einer **außergewöhnlichen Flora und Fauna** (über 10.000 Tier- und Pflanzenarten leben hier) u.v.m. sind die Hohen Tauern das perfekte Ziel für alle diejenigen, die in den **Genuss hochalpiner Naturerlebnisse** kommen möchten. Die einzelnen Abschnitte des gewaltigen Hauptgebirgszuges – diese sind grob von Westen nach Osten die Großvenediger-, die Großglockner- und die Ankogel-Gruppe – und auch die nördlich und südlich davon verlaufenden Täler präsentieren sich teils sehr unterschiedlich. Wer sich im Nationalpark auf den Weg machen möchte, findet **mehrere 1000 Kilometer markierte und gepflegte Wanderwege,** geboten werden aber auch von Nationalpark-Rangern geleitete Exkursionen wie Almbesteigungen, Gletschertouren, Heilpflanzenlehrpfade, Wildtierbeobachtungen, Schneeschuhwanderungen u.v.m.

■ Mehr **Infos** zu den Salzburger Hohen Tauern unter Tel. 06562 40939, www.nationalpark.at, außerdem zu Osttirol (hohetauern.at) und Kärnten (nationalpark-hohetauern.at).

Adobe Stock © Henry Czauderna

Praktische Infos

MEIN TIPP: **Tourismus Großglockner-Hochalpenstraße,** Tel. 0662 873673, www.grossglockner.at.

MEIN TIPP: **Sportcamp Woferlgut,** Krössenbachstraße 40, A-5671 Bruck an der Großglocknerstraße, Tel. 06545 73030, www.sportcamp.at. Idealer, durchaus hochwertiger Campingplatz für Aktivurlauber mit Sauna und Wellnessangebot sowie nahem Badesee.

■ **Frost Rafting,** Hauserdorfstraße 2, A-5662 Bruck an der Großglocknerstraße, Tel. 0660 4730 666, www.frostrafting.at.

Zell am See und Umgebung

Mit **10.200 Einwohnern** ist **Zell am See** als **Bezirkshauptstadt** zweitgrößte, aber im administrativen, wirtschaftlichen und kulturellen Sinne **wichtigste Stadt im Pinzgau.** Ursprünglich ein bedeutender Marktort, hielt der **Fremdenverkehr** Ende des 19. Jahrhunderts Einzug, als die Habsburger – allen voran Kaiserin *Elisabeth* – von der **Kombination aus Bergen, Gletschern und See** begeistert waren und in der Folge immer mehr Besucher nach Zell strömten. Bis heute strahlt der Ort zwischen den Hohen Tauern im Süden und dem Steinernen Meer im Norden eine ganz besondere Lieblichkeit aus. Historische Zeugnisse in der reizenden Altstadt sind der **Vogtturm,** in dem sich das **Stadtmuseum** befindet, die **Stadtpfarrkirche St. Hippolyt** und das **Schloss Rosenberg,** in dem das Rathaus untergebracht ist. Architektonisch ein bisschen aus der Reihe fällt das **Ferry Porsche Congress Center,** ein modernes, aus zwei sich durchdringenden Quadern bestehendes Gebäude, das als Veranstaltungszentrum genutzt wird.

Vor all dem dehnt sich der **kristallklare Zeller See** aus, der mit einer Fläche von 4,55 km² und einer maximalen Tiefe von 69 m zu den größeren Gewässern des Bundeslandes gehört und in Zell von der Esplanade genannten **Uferstraße** betrachtet werden kann. Hier befindet sich auch ein **Strandbad** und auf einer Landzunge das mondäne Grand Hôtel samt Casino mit dem Hundertwasserbrunnen davor. Auf dem See verkehren **Ausflugsschiffe** (www.schmitten.at/de/Schifffahrt-am-Zeller-See), die auch an den umliegenden Seeorten halten.

Westlich von Zell erstreckt sich die per Seilbahn zu erreichende, 1965 m hohe **Schmittenhöhe** (www.schmitten.at) mit ihrer atemberaubenden Panoramaaussicht. Wanderungen führen auf den **Sonnkogel** (1834 m, Start Bergstation Schmittenhöhe, 3 Std., 150 Hm, einfach, familientauglich) und auf die **Sonnalm** (1382 m, entspannter Spaziergang, ab der Schmittenhöhe ausgeschildert); hier oben liegt auch das große Wintersportgebiet, das mit dem in Kaprun einen Verbund bildet. Weniger besucht ist der **Hundstein** (2117 m), den man ab **Thumersbach** erreicht (Start Ende der Talstraße des Thumersbachertals, 7 Std., 1100 Hm, anspruchsvoll) und auf dem im Juli ein Wettkampf im „Ranggeln" – eine Art alpines Ringen – abgehalten wird. Zell am See (und das nahe Kaprun) bieten noch viele weitere Gelegenheiten zur **(sportlichen) Betätigung:** Paragliding (www.paragliding-zellamsee.com), Segelfliegen, Flugzeug- und Helikopterrundflüge, Fallschirmsprünge, Golf (www.golf-zellamsee.at) u.v.m.

oes_114 sb

Praktische Infos

- **Tourismusinformation Zell am See,** Brucker Bundesstraße 1a, A-5700 Zell am See, Tel. 06542 770, www.zellamsee-kaprun.com.

MEIN TIPP: **Schloss Kammer**②, Kammererstraße 22, A-5751 Maishofen, Tel. 06542 682020, www.schlosskammer.at. Wundervoller Landgasthof mit typischen Pinzgauer Spezialitäten. Auch Zimmer①-② gibt es hier.

- **Steinerwirt**②, Dreifaltigkeitsgasse 2, A-5700 Zell am See, Tel. 06542 72502, www.steinerwirt.com. Eines der ältesten Gasthäuser des Pinzgaus – und eines der gemütlichsten. Man kann auch übernachten②-③.

MEIN TIPP: **Heimatgold,** Bahnhofstraße 1, A-5700 Zell am See, Tel. 03687 22505500, www.heimatgold.at. Feinste veredelte Köstlichkeiten aus der Region.

Bei jedem Wetter: Selbst mit Nebelschwaden hat der Zeller See seine Reize

Saalbach-Hinterglemm und Umgebung

Nördlich von Zell zieht sich das **Glemmtal** westwärts den Saalbach entlang fast bis an die Tiroler Grenze. Vom Hauptort Saalbach und vom weiter westlich gelegenen Hinterglemm gelangt man hinauf in das als **Skicircus Saalbach-Hinterglemm/Leogang/Fieberbrunn** bekannte Skigebiet, das mit beinahe 70 Liftanlagen und 270 Pistenkilometern als eines der größten – und laut Spezialisten auch besten – des Landes gilt. Beide Orte weisen eine weitgehend auf Touristen ausgerichtete Infrastruktur (mit berühmt-berüchtigtem Nightlife) aus. Wer nicht nur zum Skifahren kommt, mag am **Heimathaus und Skimuseum Saalbach** (www.saalbach.or.at/heimathaus_und_skimuseum) Gefallen finden, während im **Hochseilpark** für Action und Abenteuer gesorgt ist.

MEIN TIPP: **Hochseilpark,** Talschlussweg 367, A-5754 Hinterglemm, Tel. 06217 29029, www.hochseilpark.at, Juli und Aug. tägl. 9.30–18 Uhr, Anfang Sept. bis Mitte Sept. tägl. 10–18 Uhr, Juni und Mitte Sept. bis Mitte Okt. Sa/So 10–18 Uhr, Eintritt ab 30 €, ermäßigt ab 25 €.

Praktische Infos

- **Tourismusinformation Saalbach-Hinterglemm,** Glemmtaler Landesstraße 550, A-5753 Saalbach, Tel. 06541 680068, www.saalbach.com.
- **Hotel Tiroler Buam**①-②, Vorderglemm 267, A-5733 Saalbach, Tel. 06541 6513, www.tirolerbuam.at. Angenehme Zimmer zu fairen Preisen, im Restaurant② mediterrane und Südtiroler Küche und 150 Weine zur Auswahl.
- **Der Brandlwirt**②, Ritzsenseestraße 1, A-5760 Saalfelden, Tel. 0650 5037215, www.hotel-saalfelden.com. Örtliche Spezialitäten aus regionalen Produkten. Und wer übernachten möchte, findet hier nette Zimmer①-②.

Kapruner Tal

Etwa 9 km südlich von Zell am See liegt Kaprun **am Fuße der Hohen Tauern** im Bereich der Glockner-Gruppe, wobei Teile des Gemeindegebiets zum **Nationalpark Hohe Tauern** (→ Exkurs S. 312) gehören. Mit dem **Großen Wiesbachhorn** (3564 m) erhebt sich hier der siebthöchste Gipfel Österreichs nur wenige Kilometer von Kaprun entfernt. Im Ort steht noch eine **Burg** aus dem 13. Jahrhundert, die heute für kulturelle Events genutzt wird. Das **Fahrzeugmuseum Helmut Vötter** (www.oldtimer-museum.at) zeigt auf etwa 1400 m^2 Ausstellungsfläche Oldtimer. Interessant ist auch das **gigantische Pumpspeicherkraftwerk** im Süden Kapruns, das einen großen Teil der Elektrizität des Landes produziert; besichtigt werden kann vor allem das dazugehörige Informationszentrum. Gleich daneben gelangt man in die erlebenswerte **Sigmund-Thun-Klamm,** die auf einem Lehrpfad zu begehen ist und an einem beeindruckenden Wasserfall an der **Kapruner Ache** vorbeiführt. Besonders bekannt ist Kaprun natürlich für seine Bergwelt und die entsprechenden **Wintersportgebiete.** Sie liegen einerseits westlich der Stadt auf dem **Maiskogel** – hier befindet sich auch die bei Kindern beliebte Maisi-Flitzer-Alpen-Achterbahn –, doch das weit größere Gebiet breitet sich um das **Kitzsteinhorn** (3203 m) aus, das man aus Kaprun-Thörl mit Hilfe von mehreren, wie auf einer Perlenkette aufgefädelten Gondelbahnen erreicht. Die frühere Tunnelbahn erlangte am 11. November 2000 traurige Berühmtheit, als bei einem Brand mitten im Tunnel 155 Menschen ums Leben kamen. Zum Skigebiet Kitzsteinhorn gehören neben klassischen Pisten auch **Freeride-Gelände** und ein beinahe ganzjährig zu befahrender **Gletscher;** auch Snowboarder, Langläufer, Schneewanderer und Skitourengeher lieben die Region.

Folgt man der Kapruner Ache flussaufwärts nach Süden, endet die Straße am **Kesselfall-Alpenhaus;** von hier führt eine schöne Besichtigungstour (per Schrägaufzug und Bussen) zu den beiden zum Tauernkraftwerk Glockner-Kaprun gehörenden riesigen **Hochgebirgsstauseen** auf bis zu 2040 m Höhe.

MEIN TIPP: **Kaprun Hochgebirgsstauseen,** Kesselfallstraße 98, A-5710 Kaprun, Tel. 050 3132 3201, www.verbund.com/de-at/ueber-verbund/besucherzentren/kaprun.

Praktische Infos

- **Tourismusinformation Kaprun,** Salzburgerplatz 6, A-5710 Kaprun, Tel. 06547 8080, www.zellamsee-kaprun.com.
- **Hotel Das Alpenhaus**②-③, Schloßstraße 2, A-5710 Kaprun, Tel. 06547 7647, www.alpenhaus-kaprun.at. Viel gelobtes familienfreundliches Hotel mit großzügigen Zimmern und einem Wellness- und Spa-Bereich. Gutes Restaurant mit vielen vegetarischen und veganen Gerichten.
- **Hilberger's Beisl**②, Wilhelm Fazokas Straße 12, A-5710 Kaprun, Tel. 06547 7246, www.hilberger.at. Zwischending aus Restaurant und Weinbar mit interessanter, saisonal wechselnder Speiseauswahl.

Oberpinzgau

Der **westliche Pinzgau** – meist als Oberpinzgau bezeichnet – erstreckt sich entlang dem **Salzachtal,** das an seiner Nordseite durch die Kitzbüheler Alpen und im Süden durch die Hohen Tauern flankiert wird. Südlich des Kapruner Tals liegt die eindrucksvolle **Glockner-Gruppe** mit Österreichs höchstem Berg, dem **Großglockner (3768 m),** der sich bereits auf Kärntner und Osttiroler Territorium befindet. Der westliche Teil des Pinzgaus grenzt somit fast ausschließlich an Tirol, nämlich im Norden und Westen an **Nordtirol,** im Süden an **Osttirol** und im Südwesten bei der **Dreiherrenspitze** (3499 m) an **Südtirol.** So erstaunt es nicht, dass die Region kulturell stark von Tiroler Einflüssen geprägt ist, was sich schon allein im örtlichen Dialekt bemerkbar macht. Dem Salzachtal folgend führt die **Bundesstraße B168** westwärts nach Mittersill und setzt sich ab dort als B165 bis zur Tiroler Landesgrenze fort.

Uttendorf und Umgebung

Das kleine Uttendorf nennt einen romantischen **Erlebnisbadesee** sein Eigen und überrascht mit einem nicht nur für Hobbyhistoriker interessanten Freilichtmuseum zur keltischen Vergangenheit, dem **Keltendorf Stoanabichl.** Laut Ausgrabungen wurde die Region bereits 1800 v. Chr. besiedelt.

- **Keltendorf Stoanabichl,** Quettensberg, A-5723 Uttendorf, Tel. 0660 6229957, www.museumswelten-hohetauern.at/keltendorf-uttendorf, Führungen Mai–Okt. auf Anfrage, Eintritt: 8 €, erm. 4 €.

Für die meisten Besucher ist Uttendorf höchstens ein Zwischenstopp auf dem Weg in das hier beginnende **Stubachtal,** das nach 17 km am **Stausee Enzingerboden** endet. Hier befindet man sich am Rande des Nationalparks Hohe Tauern, zwischen der Venediger-Gruppe im Westen und der Glockner-Gruppe im Süden. Vom Enzingerboden führt eine Seilbahn hinauf zum **Weißsee** (2308 m), um den verschiedene **Klettersteige und Wandertouren** in hochalpiner Gebirgslandschaft verlaufen, von denen die anspruchsvollen zum **Sonnblick** (3088 m, Start Rudolfshütte, 6,5 Std., 900 Hm, teilweise Kletterabschnitte und Gletscherbereiche, Ausrüstung erforderlich, Trittsicherheit notwendig) oder zur **Granatspitze** (3086 m, Start Rudolfshütte, 3 Std., 900 Hm, Hochtour samt leichtem Klettersteig und Gletscherbegehung, Ausrüstung notwendig) führen. Die hiesige alpine Erlebniswelt firmiert unter dem Namen **Gletscherwelt Weißsee** (www.gletscherwelt-weissee.at) und ist mit Höhenlagen zwischen 1480 und

2600 m eines der höchsten **Ski- und Skitourengebiete** im Salzburger Land.

Praktische Infos

■ **Tourismusinformation Uttendorf,** Schulstraße 2, A-5723 Uttendorf, Tel. 0664 1117715, www.uttendorf.com.

■ **Berghotel Rudolfshütte**②-③, Stubach 82, A-5723 Uttendorf, Tel. 06563 82210, www.alpinzentrum-rudolfshuette.at, Wellnesshotel unmittelbar am Weißsee in 2315 m Höhe.

Mittersill und Umgebung

Mit etwa **5800 Einwohnern** ist **Mittersill** der größte Ort des Oberpinzgaus und war seit jeher als **Verkehrsknotenpunkt** wichtig. Hier kreuzen sich die **Ost-West-Verbindung** über die erwähnte Bundesstraße B165/168 mit der **Felbertauernstraße** (B108/161), die sich am **Pass Thurn** (1274 m) auf Nordtiroler Gebiet fortsetzt. Seit frühester Zeit war Mittersill ein entscheidender Marktplatz. Heute hat man es mit einem charmanten Ort zu tun, in dem das **Heimatmuseum im Felberturm** (www.museumswelten-hohetauern.at/felberturmmuseum-mittersill) einige interessante Ausstellungsstücke zum Thema Alpinismus zeigt. Bekannt ist Mittersill vor allem auch durch seine Lage unmittelbar am **Nationalpark Hohe Tauern** (→ Exkurs S. 312). Im **Nationalparkzentrum** erfährt man alles Wissenswerte zum Gebirgsmassiv, und das medial sehr informativ aufbereitet.

■ **Nationalparkzentrum Hohe Tauern Mittersill,** Gerlosstraße 18, A-5730 Mittersill, Tel. 06562 40939, www.nationalpark.at/de/nationalparkzentrum, tägl. 9–18 Uhr, im Winter bis 17 Uhr, Eintritt 13 €, erm. 6,50 €.

Das **Schloss** hoch über dem Ort stammt aus dem 12. Jahrhundert und beherbergt heute ein Romantik-Hotel. Wer Entspannung sucht, sollte das **Schwefelheilbad** im nahen **Stuhlfelden** (heilbad-burgwies.at) aufsuchen. Folgt man der erwähnten Felbertauernstraße nach Süden, gelangt man nach 8 km zum **Naturdenkmal Schößwendklamm,** gut zugänglich durch Steganlagen (per Fahr-

oes_115 sb

⊡ Mittersill weist den Weg

zeug zu erreichen). Außerdem liegt hier im Talschluss dieses sog. Felbertals der **Hintersee** (1313 m), der umwandert werden kann (Start Parkplatz Schößwendklamm, 2,5 Std., 350 Hm, einfach).

Die Felbertauernstraße führt nach 16 km durch den **Felbertauerntunnel** hinüber nach Osttirol. Verlässt man Mittersill hingegen gen Westen, erreicht man nach nicht einmal 6 km **Hollersbach,** ein perfektes Ziel für all diejenigen, die mehr über **alpine Kräuter und Heilpflanzen** erfahren wollen, denn im Ort gibt es mit dem **Klausnerhaus** (www.hollersbacher.at) eine entsprechende Informations- und Ausstellungsstelle. Ab Hollersbach führt eine Panoramabahn hinauf auf die **Resterhöhe** (1894 m), wo man diverse **Wanderungen** unternehmen kann und Anbindung an das **Skigebiet Kitzbühel** (www.kitzski.at) hat.

Praktische Infos

- **Tourismusinformation Mittersill,** Zeller Straße 2, A-5730 Mittersill, Tel. 06562 4292, www.mittersill.info.
- **Schloss Mittersill Hotel**③, Thalbach 1, A-5730 Mittersill, Tel. 06562 20200, www.schloss-mittersill.com. Edles Schlosshotel mit exquisitem Restaurant②-③, das seine Produkte vor allem lokal bezieht.
- **Bräurup**②, Kirchgasse 9, A-5730 Mittersill, Tel. 06562 62160, www.braurup.at. Wundervolles Wirtshaus mit traditionellen Gerichten, selbst gebrautem Bier und gemütlichem Gastgarten. Was braucht man mehr zum Glück? Auch Zimmer können gebucht werden.

MEIN TIPP: **Rauchkuchl**②, Weyerstraße 8, A-5724 Stuhlfelden, Tel. 06562 5118, www.schwaigerlehen.at. Hier bekommt man sie noch, die Gerichte von anno dazumal. Auch die Zimmer①-② sind empfehlenswert.

Neukirchen und Umgebung

Zwischen Mittersill und der Tiroler Landesgrenze, in **Bramberg,** finden sich Europas einzige ernst zu nehmende **Smaragdvorkommen;** ein **Museum** im Ort bietet viele interessante Informationen und Hintergründe dazu.

- **Museum Bramberg,** Weichseldorf 27, A-5733 Bramberg, Tel. 06566 7678, www.museumbramberg.at, Juni–Sept. tägl. 10–18 Uhr, Mai u. Okt. Di, Do u. So 10–18 Uhr, Dez.–April Do 19–21.30 Uhr, Fr 13–17 Uhr, Eintritt 8 €, ermäßigt 4 €.

Nach Süden hin zieht sich das **Habachtal** (hier liegen die Abbaugebiete des grünen Edelsteins), das man erwandern und wo man an einigen Stellen sogar selbst nach den „Klunkern" graben kann. Nördlich von Bramberg befindet sich das **Wintersportgebiet** um den **Wildkogel** (2224 m), das man auch aus dem nahen Neukirchen per Seilbahn erreicht. **Neukirchen,** der größte Ort der Gegend, wirkt durch sein **Schloss** geschichtsträchtig und ist neben Mittersill der zweite Hauptort für Ausflüge in den **Nationalpark Hohe Tauern** (→ Exkurs S. 312). Der Wildkogel ist außerhalb der Skisaison für Wanderungen, zum Moutainbiken, Paragliden (flugschule-pinzgau.at) u.v.m. bestens geeignet. Südlich des Ortes erstreckt sich das Nationalparkgelände mit dem romantischen, vollkommen unbewohnten **Untersulzbachtal** mit dem **Sulzbachfall** und am

[>] Umringt von hohen Gipfeln: Neukirchens Lage ist beeindruckend

oes_308 dk

Talschluss dem Untersulzbachtaltörl am Viltragenkees unterhalb des **Kleinvenedigers** (3468 m). Parallel dazu verläuft etwas weiter westlich das **Obersulzbachtal** mit dem **Blausee** bis zum **Gletscher Obersulzbach-Kees,** das den Talschluss kurz vor dem **Großvenediger** – mit **3657 m** Höhe Salzburgs höchster Berg – bildet. Möchte man eben diesen Großvenediger „bezwingen", geht das über die Kürsingerhütte (auf 2558 m Höhe, erreichbar mit dem Tälertaxi ab Parkplatz Hopffeldboden, ab dort 5 Std., 1300 Hm; schwer, teilweise Steigeisen erforderlich), während „einfachere" Touren im Obersulzbachtal um die Berndlalm (3 Std., 450 Hm, mittel) zu finden sind.

Praktische Infos

- **Tourismusinformation Bramberg am Wildkogel,** Stoitznergasse 3, A-5733 Bramberg am Wildkogel, Tel. 0720 710730, www.wildkogel-arena. at.
- **Tourismusinformation Neukirchen,** Marktstraße 171, A-5741 Neukirchen, Tel. 0720 710730, www.wildkogel-arena.at.

MEIN TIPP: **Weyerhof②**, Weyer 9, A-5733 Bramberg am Wildkogel, Tel. 06566 7238, www.weyerhof.at. Angenehme Zimmer und Suiten sowie regionale Spezialitäten gibt es hier in der Nähe des Habachtals.

- **Mineralien & Schmuck Steiner,** Steinach 12, A-5733 Bramberg, Tel. 06566 7597, www.mineralien-steiner.at. In dieser Edelsteinschleiferei findet sich edler Schmuck aus den hiesigen (teilweise historischen) Smaragdstollen.

Krimml und Umgebung

Im **äußersten Westen des Pinzgaus** bildet Krimml mit seinen **fantastischen Wasserfällen** die Hauptsehenswürdigkeit. Über 385 m stürzt hier die **Krimmler Ache** – sie wird von zwölf Gletschern gespeist – über drei Stufen bergab und transportiert dabei bis zu sagenhaften 5,6 m^3 Wasser pro Sekunde. Man kann die Wasserfälle auf einem fast 4 km langen **Wanderweg** erkunden und hat von verschiedenen **Aussichtspunkten** immer wieder grandiose Ausblicke auf das

Naturwunder (durch das Spritzwasser wird es allerdings feucht!). Wer noch Energie hat, kann die Wanderung bergauf fortsetzen bis zum **Krimmler Tauernhaus** auf 1631 m Höhe (Start Eingang Krimmler Wasserfälle, 3,5 Std., leicht, familientauglich). Ab hier finden sich Wege weiter auf die **Richterhütte** (2374 m, ca. 2 Std., mittel, Trittsicherheit erforderlich) oder zu weiteren Zielen in den **Krimmler Tauern.** In Krimml selbst bietet die Ausstellung **WasserWelten** viel Informatives rund um das Thema Wasser.

- **WasserWelten Krimml,** Oberkrimml 45, A-5743 Krimml, Tel. 06564 20113, www.wasserwelten-krimml.at, Ende März bis Ende Okt. tägl. 9–17 Uhr, Eintritt ab 9,20 €, ermäßigt 4,60 € (auch Kombitickets für die Wasserfälle und die Ausstellung).

Ebenfalls südlich von Krimml verläuft ein Weitwanderweg hinüber ins **Südtiroler Ahrntal** (Start Krimmler Tauernhaus, 7 Std., schwierig, nur für erfahrene Alpinisten). Nordwestlich von Krimml liegt am **Speicher Durlaßboden** bzw. am Gerlospass die **Grenze zu Tirol.** Auf der Salzburger Seite des Speichersees kann man durch das **Wildgerlostal** bis zur Zittauer Hütte am weltfernen **Unteren Gerlossee** wandern (Start Schönmoosalm, 6,5 Std., 1700 Hm, Anspruch mittel). Nördlich des Gerlospasses hat man in Königsleiten Anschluss an das riesige **Skigebiet Zillertal Arena** (www.zillertalarena.com).

Praktische Infos

- **Tourismusinformation Krimml,** Oberkrimml 37, A-5743 Krimml, Tel 06564 72390, www.zillertalarena.com/krimml/.
- **Nationalparkhotel Klockerhaus**②-③, Oberkrimml 10, A-5743 Krimml, Tel. 06564 72080, www.klockerhaus.com. Wohlfühlhotel einschließlich Sauna, Dampfbad, Naturschwimmteich und Massagen nur wenige Meter von den Krimmler Wasserfällen.
- **Krimmler Almabtrieb,** überall in den Alpen finden im Herbst Almabtriebe statt, doch die aufwendig geschmückten Kühe des Krimmler Spektakels sind eine echte Besonderheit!

oes_327 vk

Kraft des Wassers: Die Krimmler Wasserfälle sind ein Naturschauspiel der besonderen Art

Saalfelden am Steinernen Meer und Umgebung

Den **Norden des Pinzgaus** kennzeichnet eine lange Landzunge, durch die die **Saalach** fließt, flankiert im Westen vom Tiroler Pillerseetal und im Osten vom Steinernen Meer. Eben jenes so poetisch klingende **Steinerne Meer** ist ein **schroffes Karstplateau,** an dessen Südzipfel der bereits beschriebene **Hochkönig** (2941 m) aufragt. Die Stadt **Saalfelden** ist mit **17.100 Einwohnern** nach Salzburg und Hallein immerhin die drittgrößte im Bundesland Salzburg. Kulturell ist sie vor allem wegen des hier alljährlich stattfindenden **Jazzfestivals** berühmt. Im **Museum Schloss Ritzen** (www.museum-saalfelden.at) findet sich u.a. eine erstaunliche Sammlung an historischen Krippen. Saalfelden ist gerade bei Radfahrern und Wanderern beliebt, speziell für **anspruchsvolle Touren** im Steinernen Meer, z.B. (recht anstrengend) auf den **Hundstod** (2593 m, Start Wanderparkplatz Pürzlbach, 9 Std., schwer, gute Kondition und Trittsicherheit erforderlich, teilweise sehr steil), das **Breithorn** (2504 m, Start Parkplatz Sandten, 12 Std., 1300 Hm, schwer, nur geübten Alpinisten zu empfehlen), die **Schönfeldspitze** (2653 m, Start Parkplatz Sandten, 11–12 Std., 1800 Hm, schwer) oder das **Selbhorn** (2643 m, Start Parkplatz Rohrmoos, 7 Std., 1800 Hm, schwer, nur für erfahrene Alpinisten), wohingegen die **Huggenbergalm** (www.huggenbergalm.at) und der nahe **Biberg** (5 Std., 700 Hm, familientauglich) weniger schweißtreibend sind. Doch für das volle Bergfeeling im klassisch touristischen Sinne sollte man sich ins nahe **Leogang** aufmachen, wo man Anbindung an den bereits erwähnten **Skicircus Saalbach-Hinterglemm** (www.saalbach.com) hat, der ein großes Angebot an unkonventionellen Pisten aufweist. Neben dem Wintersport sind hier Wandern, Klettern und in erster Linie Mountainbiking populär, nicht umsonst finden in Leogang die **UCI Mountain Bike World Championships** statt. Auch Familien mit Kindern finden auf den Bergstationen Spiel und Spaß, z.B. in Form von **Erlebnisparks,** einer Sommerrodelbahn und der Stahlseilrutsche Flying Fox XXL. Eine hübsche Wanderung führt vom Ort entlang des tiefstgelegenen Gletschers Mitteleuropas hinauf auf das **Birnbachloch** (Start Parkplatz Ullachtal/Passauerhütte in Leogang, 2,5 Std., 400 Hm, Anspruch mittel) bzw. zum **Birnhorn** (2634 m, Start Parkplatz 850 m nordwestlich von Leogang-Ullach, 9 Std., 1800 Hm, anspuchsvoll). Wer sich für die Vergangenheit der Gegend interessiert, sollte das **Bergbau- und Gotikmuseum** in **Schwarzleograben** etwa 5 km westlich von Leogang sowie das nahegelegene Schaubergwerk (schaubergwerk-leogang.com) besuchen.

■ **Bergbau- und Gotikmuseum Leogang,** Hütten 10, A-5771 Leogang, Tel. 06583 7105, www.museum-leogang.at, Mitte Mai bis Okt. Di–So 10–17 Uhr, Eintritt 10 €, ermäßigt 5 €.

Praktische Infos

■ **Tourismusinformation Saalfelden,** Mittergasse 21a, A-5760 Saalfelden, Tel. 06582 70660, www.saalfelden-leogang.com.

MEIN TIPP: **Naturhotel Forsthofgut**③, Hütten 2, A-5771 Leogang, Tel. 06583 8561, www.forsthofgut.at. Edles Hotel zum „Abschalten" mit Wald-Spa und in Holz gehaltenen Zimmern.

■ **Hüttwirt**②, Hütten 9, A-5771 Leogang, Tel. 06583 8227, www.huettwirt.com. Unmittelbar an der Leonganger Ache gelegenes Wirtshaus mit einladender Terrasse.

■ **Kirchenwirt**③, Leogang 3, A-5771 Leogang, Tel. 06583 8216, www.hotelkirchenwirt.at. Rustikale Küche mit regionalen Schmankerln in einem durchaus magischen Ambiente. Auch hübsche Zimmer gibt es hier.

MEIN TIPP: **Jazzfestival Saalfelden,** www.jazzsaalfelden.com. Renommierte Veranstaltung jedes Jahr im August mit Konzerten auf Almen sowie in Sälen und Bühnen in der Stadt.

St. Martin und Umgebung

Ab Saalfelden verläuft die Bundesstraße nordwärts entlang der Saalach. Sehenswert ist zunächst die imposante engwandige, rund 600 m lange **Seisenbergklamm,** durch die der **Weißenbach** rauscht; sie kann auf einem 3,5 km langen **Erlebnisweg** auf Holzstegen durchwandert werden. Nahebei liegt die beeindruckende **Lamprechtshöhle,** mit 62 km Gesamtausdehnung die längste Durchgangshöhle der Welt, die man auf einer Teilstrecke erkunden kann! Augen auf, denn vielleicht findet man ja den sagenumwobenen **Schatz des Ritters Lamprecht,** der hier von seiner Tochter versteckt wurde, weshalb sie nun zur Strafe als weiße Jungfrau mit ihrem schwarzen Höhlenhund auf der Burgruine Saalegg spukt.

MEIN TIPP: **Seisenbergklamm,** Unterweißbach 36, A-5093 Weißbach bei Lofer, Tel. 06582 8242, www.seisenbergklamm.com, Mitte Mai bis Okt. tägl. 9–17 Uhr, Eintritt 6,80 €, ermäßigt 4,50 €.

MEIN TIPP: **Lambrechtshöhle,** Obsthurn 28, A-5092 St. Martin bei Lofer, Tel. 06582 8343, www.lamprechtshoehle.at, Mai bis Okt. tägl. 8.30–19 Uhr, Eintritt 7 €, ermäßigt 4 €.

Zu empfehlen ist das Naherholungsgebiet um die **Vorderkaserklamm** (www.vorderkaserklamm.at), wo es ebenfalls einen Erlebnisweg, aber auch naturbelassene **Badestellen** gibt. Etwas weiter nördlich weist **St. Martin** mit seiner Pfarrkirche und noch mehr mit der außerhalb des Ortes gelegenen **Wallfahrtskirche Maria Kirchental** zwei bekannte Sakralbauten auf.

Praktische Infos

MEIN TIPP: **Campingpark Grubhof,** Grubhof 39, A-5092 St. Martin bei Lofer, Tel. 06588 82370, www.grubhof.com. Einer der beliebtesten Campingplätze Österreichs liegt im Saalachtal und hat eine hochmoderne und gleichzeitig naturverbundene und familienfreundliche Ausstattung.

■ **Oafach Guat,** Unterweißbach 19, A-5093 Weißbach, Tel. 0699 15041381. Wunderbare Lebensmittel aus der Region.

Lofer und Umgebung

Lofer, der **Hauptort der Region,** war bereits im ausgehenden 19. Jahrhundert für seinen Fremdenverkehr bekannt und ist nach wie vor gleichermaßen bei **Wanderern und Skifahrern,** aber u.a. auch für **Rafting** und **Canyoning** auf der Saalach (www.base-camp.at) beliebt. Nördlich von Lofer liegt das familienfreundliche **Wintersportgebiet** um die **Loferer Alm** (www.skialm-lofer.com) – in der schneefreien Zeit gilt sie als „Österreichs schönste Wanderalm" – während sich südlich der Stadt die **Loferer Steinberge** erstrecken, wo u.a. das **Große Ochsenhorn** (2511 m, Start Parkplatz Schmidt-Zabierow-Hütte, 11 Std., 1800 Hm, schwer) und das **Hinterhorn** (2504 m, Start Parkplatz Schmidt-Zabierow-Hütte, 5 Std., 600 Hm, Anspruch mittel) für ausgiebige Gipfelbegehungen bestens geeignet sind. **Lofer** selbst ist mit seinem Markplatz samt nettem Bauensemble durchaus einen Halt wert. Am nahen **Pass Strub** gelangt man hinüber nach Tirol. Eine **Kapelle** erinnert hier an die ehemalige Festung, die 1809 von napoleonischen Truppen gesprengt wurde.

Folgt man der B178 nach Norden, erreicht man nach etwa 8 km **Unken,** ein verträumtes **Wanderdorf** (www.unken.co.at) mit unzähligen Routen und Lehrpfaden in der näheren Umgebung. Noch ruhiger geht es im nahen **Heutal** (www.heutal.com) nordwestlich von Unken zu, wo eine anspruchsvolle Wanderung auf das **Sonntagshorn** (1961 m, Start Parkplatz Heutal, 4,5 Std., 1000 Hm, mittel, für Kinder ab 12 J. machbar, aber Kondition notwendig) und ein entspannter Spaziergang (ab dem Parkplatz Heutal-Liftanlage) in 15 Minuten zum **Staubfall** führen. Unken liegt unweit des **Grenzübergangs Steinpass,** der **hinüber nach Bayern** führt und über Bad Reichenhall oder Berchtesgaden auch wieder eine direkte Verbindung nach Salzburg und in den Flachgau darstellt – man spricht vom **„Kleinen Deutschen Eck".**

Praktische Infos

■ **Tourismusinformation Lofer,** Lofer 310, A-5090 Lofer, Tel 06588 83210, www.lofer.com.

■ **Am Platzl②**, Lofer 16, A-5090 Lofer, Tel. 0664 1155461, www.amplatzl.at. Eine kreative Mischung aus österreichischer und mediterraner Küche gibt es in diesem Lokal mitten am Hauptplatz.

MEIN TIPP: **Berger Feinste Confiserie,** Schokoladenweg 1, A-5090 Lofer, Tel. 06588 7616, www.confiserie-berger.at. Edle Schokopralinés gibt es hier am Firmensitz der Confiserie Berger.

■ **Teh Naturwerke,** Niederland 112, A-5091 Unken, Tel. 0664 88678005, www.teh.at. Hier gibt es diverse Produkte aus Pinzgauer Heilkräutern.

☐ Sakrale Kunst findet sich vielerorts: wie hier in Lofer

oes_309 dk

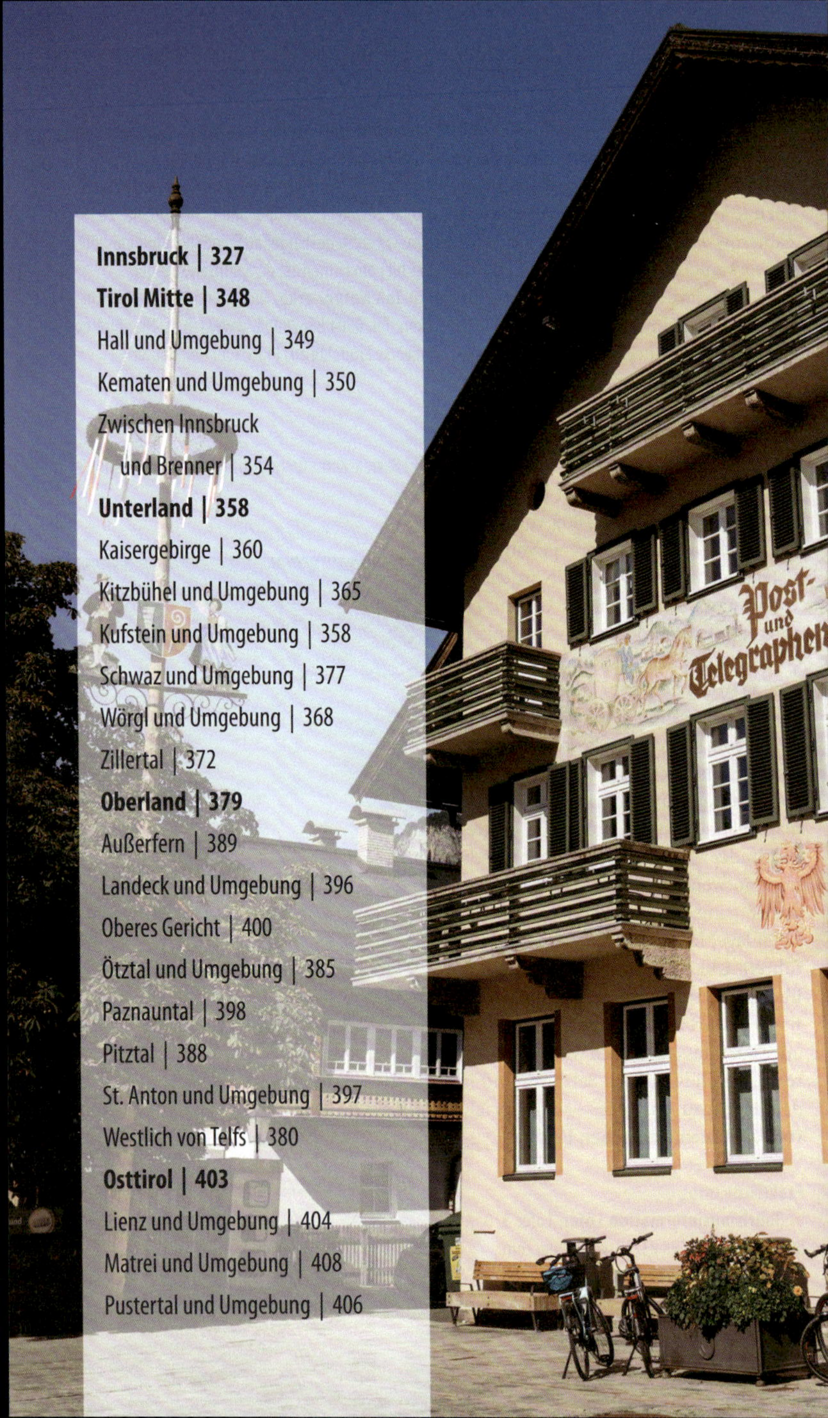
Post-
und
Telegraphen

oes_132 sb

5

Tirol

» Almen, Gipfel, Gletscher, Steilhänge und Täler – Bergwelt kann wohl keiner besser! Natürlich gehört auch Tirol zu Österreich, aber in allererster Linie ist es immer erst einmal Tirol. Diese Besonderheit und der Stolz der Einheimischen dieses schmalen Landstrichs machen es spannend und reizvoll zugleich. Mit den Gebirgszügen kann es wahrlich kein anderes Bundesland aufnehmen, weshalb diese das Hauptziel eines Besuchs sein sollten. Aber Tirol nur auf seine Berglandschaft zu begrenzen, wäre ungerecht, gibt es hier doch so viel mehr zu entdecken!

< Nicht nur luftige Höhen:
Auch Tirols Städte und Ortschaften lohnen einen Besuch

DAS BERGPARADIES

Im Lauf seiner Geschichte war Tirol immer eine Verbindung zwischen Nord und Süd. Illyrer, Etrusker, Kelten, Römer, Langobarden, Alemannen, Slawen und Bajuwaren prägten das Land im Gebirge. Adel und Bürgertum wurden durch Bergbau und Salzabbau reich, während die Bauern durch die Jahrhunderte in tiefster Armut lebten, dabei aber mehr Rechte hatten als anderswo in Österreich und in „Schützenkompanien" für die eigene Landesverteidigung sorgten. Seit dem Aufkommen des Fremdenverkehrs ist Tirol der Inbegriff für alpinen Aktivurlaub, entsprechend viel besucht wird das Land.

NICHT VERPASSEN!

- **Von der Zeit gesegnet:** die Innsbrucker Altstadt um das Goldene Dachl | 333
- **Bergbau und Münzprägung:** das stattliche Hall mutet noch historisch an | 349
- **Belebende Frische:** relaxen an der Blauen Quelle bei Erl | 361
- **Elegant-urban:** das kleine Kitzbühel hat eine besondere Ausstrahlung | 365
- **Langeweile ausgeschlossen:** rund um Imst gibt's reichlich Action | 381

Diese Tipps erkennt man an der gelben Markierung.

Mit einer Fläche von knapp 12.700 km² ist Tirol das **drittgrößte Bundesland Österreichs,** aber „nur" von 771.000 Menschen bewohnt. Dicht besiedelt ist der **Großraum Innsbruck,** wenngleich sich die entzückende Hauptstadt gerade auch dadurch auszeichnet, dass man aus dem wuseligen Zentrum im Handumdrehen hinauf auf über 2000 m fahren und die Einsamkeit genießen kann. Dies gilt auch für zahlreiche andere Orte in Tirol, denn der Gegensatz zwischen dem Inntal – der **Inn** ist die Lebensader des Bundeslandes – und den oftmals schroffen Bergmassiven sowie den dazwischen verlaufenden Seitentälern ist markant. Gewöhnlich wird Tirol in **vier Regionen** unterteilt: Als **Tirol Mitte** firmieren die Hauptstadt und der umliegende Landstrich inklusive dem wundervollen **Hall** und des bis zum Brenner verlaufenden Wipptals plus das viel besuchte Stubaital. **Unterland** nennt man den **Osten** mit dem historisch anmutenden **Kufstein,** der traumhaften Bergwelt des Kaisergebirges, dem weltberühmten Wintersportort **Kitzbühel** und Umgebung sowie dem für die Landesgeschichte so wichtigen Schwaz. Das **Oberland** bezeichnet den **Westen,** zu dem so beliebte Gegenden wie das Ötztal mit dem legendären **Sölden,** das Stanzer Tal mit dem edlen St. Anton und das abgelegene Paznauntal mit dem trubeligen **Ischgl** gehören. Auch das abenteuerliche Pitztal und das sagenhafte Kaunertal liegen hier. Geografisch gänzlich getrennt von all diesen Regionen ist **Osttirol** mit seiner kleinen, reizenden Hauptstadt **Lienz** und der schlichtweg unbeschreiblich eindrucksvollen Bergwelt, die gleich mit **150 Dreitausendern** aufwartet, darunter auch Österreichs höchstem Berg, dem **Großglockner** (3798 m), der an der Grenze zu Kärnten liegt. Bei so viel Gebirge – nur 13% Tirols machen Tallagen aus – mag es schwierig sein, sich im Vorfeld zu entscheiden, wohin man möchte. Und das will gut überlegt sein, denn Tirol ist einerseits wunderschön, andererseits aber gerade deswegen auch an vielen Orten (saisonal) überlaufen, und die auf **Wintersport** ausgerichtete Infrastruktur mit ihren Seilbahnen, Liftanlagen und Schneekanonen nimmt so mancher Idylle häufig ihren Zauber.

■ **Infos: Tourismus Tirol,** www.tirol.at.

Innsbruck

Wer zum ersten Mal nach Innsbruck kommt, den wird schon die Lage von **Österreichs fünftgrößter Stadt** beeindrucken. Die **Tiroler Landeshauptstadt** wird im Norden von der **Nordkette,** der südlichsten der vier großen Gebirgsketten im Karwendel, wie von einer Mauer begrenzt, im Süden sind es die **Vorberge der alpinen Zentralkette,** vor der der **Patscherkofel** mit seiner Sendeantenne steht. Dies wirkt bei schönem Wetter sehr malerisch, kann bei schlechter Witterung aber auch bedrohlich erscheinen, und so mancher fühlt sich erschlagen von der **alpinen Dominanz.** Wie auch

☐ Ab den Herbstmonaten liegt auf der Nordkette normalerweise der erste Schnee

oes_310 dk

immer: Innsbruck ist unweigerlich mit seinen Bergen verbunden.

Das **Innsbrucker Becken** mit dem Brenner profitierte seit jeher von seiner **guten verkehrsgeografischen Lage.** Innsbruck war und ist Knotenpunkt der Nord-Süd- und Ost-West-Verkehrswege, auch wenn dies heute wegen der starken Belastung durch den **Transitverkehr** nicht nur als Segen wahrgenommen wird. Das am **Inn** gelegene Innsbruck ist nicht nur Verwaltungs-, Wirt-

Tirol

schafts- und Kulturzentrum Tirols, sondern im Grunde genommen durch seine Funktion als Verkehrsdrehscheibe und **Universitätsstadt** auch die **wichtigste Stadt ganz Westösterreichs.** Hier leben rund **132.000 Menschen,** mit dem umliegenden Ballungsraum sind es gut 300.000. Neben den **Autobahnen A12** und **A13** sowie der Bundesstraße 2 laufen vor Ort auch diverse **Bahnverbindungen** zusammen, zudem hat die Stadt einen internationalen **Flughafen.**

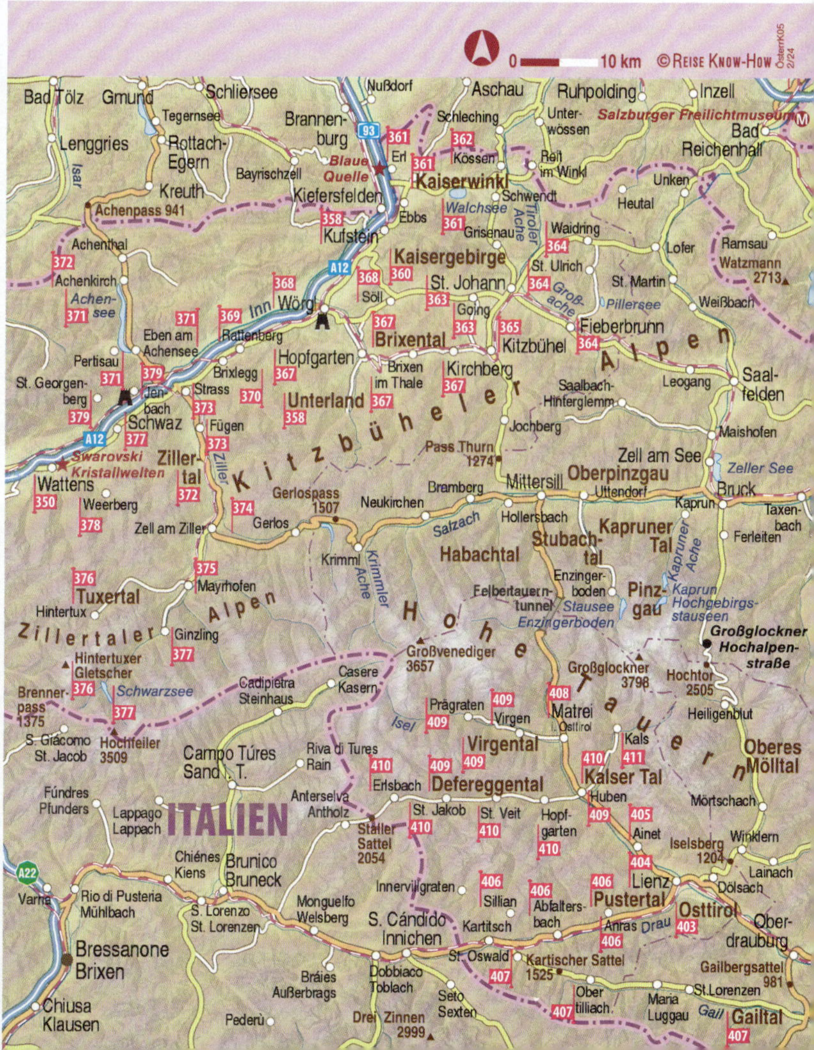

Essen und Trinken in Tirol

Viele Besucher Tirols mögen denken, dass „Schnitzel mit Pommes" und der „Kaiserschmarrn mit Vanillesauce" die typischen Spezialitäten des Bundeslandes sind, werden sie doch auf praktisch allen Skihütten in rauen Mengen verzehrt. Doch weit gefehlt, denn es gibt sie, die „echten" Tiroler Gaumenfreuden. Unter den **lokalen Spezialitäten** sei zunächst der geselchte Speck erwähnt, der die Bezeichnung „geschützte geografische Angabe" (g.g.A.) trägt und immer als **„Tiroler Speck"** – Übersetzungen in andere Sprachen sind nicht zulässig – bezeichnet werden muss. Auch finden sich geräucherte und luftgetrocknete Wurstsorten wie die würzige **Kaminwurz** oder die herzhaften **Landjäger.** Ebenso berühmt sind die diversen Käsesorten, am beliebtesten der **Bergkäse** und der **Graukäse,** ein würzig-säuerlicher Sauermilchkäse, der höchstens 2% F. i. T. hat und eine grünlich-graue Edelschimmelrinde aufweist (oft mit Essig und Öl und roher Zwiebel gegessen). Einen Überblick über die regionalen Schmankerl verschafft man sich bei einer **Marend,** wie man hier die Brotzeit bzw. die Jause – oft auf einem Holzbrett angerichtet – nennt. Wer es deftig mag, sollte die diversen **Knödelvariationen** probieren – Speckknödel, Spinatknödel und Kaspressknödel (mit Käse gefüllt) sind dabei die häufigsten und werden entweder in einer klaren Rindssuppe oder mit Kraut und Salat gereicht. Herzhaft ist auch das sog. **Gröstl,** ein aus Fleisch bzw. Fleischresten, Erdäpfeln (Kartoffeln), Majoran und Zwiebeln bestehendes Pfannengericht, das es auch als Blunzengröstl (also mit Blutwurst) gibt. Weitere bekannte Gerichte sind **Kasspatzn** (andernorts als Käsespätzle bekannt) oder **Schlutzkrapfen,** mit Kartoffeln gefüllte Teigtaschen. Reich ist die Tiroler Küche an **Süßspeisen:** Es gibt in Schmalz gebratene Krapfen, Germnudeln, Kiachl (Küchl, andernorts auch Küchle oder Auszogne genannt, gibt es auch salzig mit Sauerkraut), Apfelradln (Apfelringe), Moosbeernocken (Heidelbeerküchl) und Strauben (eine Art süßer Spätzle). Bei den **Tirteln,** einem gefüllten Schmalzgebäck, hat man die Wahl zwischen süßen und salzigen Varianten. Das gilt auch für die **Osttiroler Schlipfkrapfen** oder die **Zillertaler Krapfen,** die häufig mit Graukäse gefüllt werden. Das sog. **Melchermuas** (eine Art Pfannkuchen) serviert man vorrangig auf Almhütten, während **Dampfnudeln** nur noch selten auf Speisekarten zu finden sind. Vor allem im Tal der Brandenberger Ache bekommt man die **„Prügeltorte",** einen innen hohlen Gebäckring (ähnlich dem Baumkuchen), der bei festlichen Anlässen nicht fehlen darf. Und was ist jetzt mit dem Kaiserschmarrn und dem Schnitzel? Nun, die haben ihren Ursprung in Ostösterreich … Tja, darauf sollte man vielleicht ein Stamperl (Gläschen) **Hochprozentiges** trinken. Kein Problem, denn ob Meisterwurz, Enzian-Edelbrand, Osttiroler Pregler, Stanzer Zwetschge, Wildschönauer Krautinger oder Pitztaler Zirbenschnaps – um nur einige zu nennen –, Schnaps ist in Tirol Ehrensache!

Adobe Stock © A_Lein

◁ Cholesterinarm und Tiroler Küche vertragen sich nur mäßig gut

Man gliedert Innsbruck in **neun Katastralgemeinden,** wobei die für Besucher relevanten Gegenden weitgehend um den Inn liegen. Die **Innenstadt** – das Gebiet zwischen dem Ostufer des Flusses und dem Hauptbahnhof – bietet reichlich historisches Flair, spannende Museen und ein teilweise noch mittelalterlich geprägtes Bauensemble. „Hauptschlagader" der City ist die **verkehrsberuhigte Maria-Theresien-Straße** – kein Besuch Innsbrucks wäre vollkommen, hätte man nicht das Goldene Dachl, den Dom zu St. Jakob, die Hofburg und die Hofkirche mit dem Sarg *Maximilians I.* sowie dem Grab von *Andreas Hofer* in Augenschein genommen. Auch das **kulturelle Angebot** ist **groß,** die Stadt präsentiert Kunst und Geschichtliches in allen Formen, darunter im Tirol Panorama und im Tiroler Landesmuseum, aber auch im Rahmen von Festivals und Konzerten, Theatervorstellungen und vielen weiteren Events.

Stadtgeschichte

Man muss wahrlich keinen Doktortitel in Etymologie haben, um zu erkennen, dass der Name Innsbruck – um 1167 als „Inspruk" erstmals genannt – von einer **Brücke über den Inn** kommt. Eben so eine Brücke wurde Mitte des 12. Jahrhunderts erbaut und findet sich noch heute in Siegel und Wappen der Stadt. Ausgrabungen und Funde geben Zeugnis davon, dass die hiesige Region bereits **seit der Jungsteinzeit besiedelt** ist. Kein Wunder, denn wo die Handelswege vom Mittelmeer über das Brennergebiet das Inntal erreichten, war **seit Frühzeiten** ein **Warenaustausch** im Gange, und so bauten auch die Römer etwa 15 v. Chr.

⊡ Brauchtum und Tradition sind in Tirol noch allgegenwärtig

oes_121 mw

Kaiser Maximilian I. – der große Freund Tirols

Überall in Österreich finden sich Zeitzeugnisse, die an Kaiser Maximilian I. (1459–1519) erinnern, doch in Innsbruck ist das gleich eine beachtliche Anzahl, darunter das Wahrzeichen der Stadt, das weltbekannte **Goldene Dachl** (Abb. unten). Als **einer der populärsten habsburgischen Kaiser** leitete er den Aufstieg der Dynastie zur Weltmacht ein, und mit Tirol und der Tiroler Residenzstadt war *Maximilian* stets eng verbunden, denn er erbte die Region von seinem Onkel, Erzherzog *Siegmund dem Münzreichen*. Im **Bayerischen Erbfolgekrieg** konnte er außerdem die Macht in Kufstein, Rattenberg, Kitzbühel und mehreren Orten in Oberösterreich übernehmen. Die erfolgreichsten Landgewinne allerdings erzielte er durch seine **Hochzeiten.** Seine erste Ehe mit **Maria von Burgund** brachte als Gewinn die heutigen Länder Belgien und Niederlande sowie Teile Nordostfrankreichs ein. Die Verbindung mit **Bianca Maria Sforza** ebnete ihm den Weg nach Italien, und durch seine Heiratspolitik ging schließlich die **spanische Thronfolge** auf das Haus Habsburg über. Beeinflusst vom fortschrittlichen Finanz- und Verwaltungssystem in den Niederlanden wollte *Maximilian* die Effizienz in den habsburgischen Erblanden durch eine **länderübergreifende Verwaltungsorganisation** steigern. Damit schuf er letztlich das Fundament für den modernen habsburgischen Fürstenstaat. **Tirol** war dabei **Mittelpunkt** seiner politischen und militärischen Pläne, von hier aus wurde Weltgeschichte gemacht. Dies hatte mehrere Gründe: Das **Silber und Kupfer** aus den Bergwerken von Schwaz brachten Reichtum und die Haller Münzprägestätte sorgte für das **Geld,** das der Herrscher für seine zahlreichen Kriege brauchte. Den Tirolern war er stets gut gesinnt und gestand ihnen – ganz im Sinne des Fürstenstaates – sogar das Privileg zu, lediglich die eigenen Grenzen verteidigen zu müssen. An den übrigen Kriegen der Habsburger mussten sie nicht teilnehmen, was zu einem – in gewissem Maße noch heute vorherrschenden – Sinn für **Autonomie inmitten Österreichs** führte. Aufgrund seiner Vorliebe für Turniere erhielt *Maximilian* den Beinamen **„der letzte Ritter",** gleichzeitig war er aber auch der erste Herrscher einer neuen Zeit. Er **starb 1519** in Wels und hatte bereits Jahre zuvor sein prunkvolles Grabmal in Innsbruck in Auftrag gegeben. Allerdings blieb dieses leer, denn *Maximilian* ließ sich letztlich in der Georgskirche der Burg von Wiener Neustadt (seinem Geburtsort) beisetzen.

oes_116 sb

ein Kastell vor Ort. Als 600 Jahre später das Weströmische Reich zerfiel, drangen **bajuwarische Stämme** in das Gebiet ein. Ab dem Jahr 788 gehörte der Landstrich zum **Frankenreich** *Karls des Großen.* Die Geschichte Innsbrucks begann aber eigentlich erst 1133, als die bayerischen Grafen *von Andechs* einen **Markt** errichteten und bald darauf auch ein Graben und eine **Befestigungsmauer** mit Toren gebaut wurden. Zwischen 1187 und 1204 erfolgte die Erhebung zur Stadt. Ab 1248 starben die Andechser Grafen aus und lokale Herrscher übernahmen die Macht, doch schon 1363 kam Innsbruck mit der Grafschaft Tirol an die Herzöge von Österreich, d.h. die **Habsburger.** Herzog *Friedrich IV.* erkor Innsbruck 1420 zur neuen **Residenzstadt,** Anfang einer Blütezeit, die unter dem Habsburgerkaiser **Maximilian I.** (1459–1519) ihre Fortsetzung fand, denn dieser ließ seine „Lieblingsstadt“ ausbauen und aufpolieren. Auch im 16. und 17. Jahrhundert hielt der Aufschwung an, es entstanden zahlreiche **repräsentative Gebäude,** darunter die Hofkirche, das erste Opernhaus im deutschsprachigen Raum und 1669 die Universität. Von 1806 bis 1814 war Tirol ein Teil von **Bayern** und Innsbruck mit dem Bergisel Schauplatz von Kampfhandlungen im Zuge der **Tiroler Befreiungskriege.** 1849 löste Innsbruck Meran offiziell als **Landeshauptstadt Tirols** ab, und keine zehn Jahre später wurde sie durch die neue **Bahnverbindung** mit Kufstein, Rosenheim und München verbunden.

Nachdem Österreich-Ungarn 1918 als Verlierer aus dem **Ersten Weltkrieg** hervorging, wurde Innsbruck zeitweise **von italienischen Truppen besetzt** gehalten und Tirol in ein österreichisches Nord- und Osttirol sowie ein italienisches Südtirol geteilt. Mit dem **„Anschluss“ an Nazi-Deutschland** 1938 wurde das jüdische Leben in Innsbruck ausgelöscht. In den letzten beiden Jahren des Zweiten Weltkriegs war die Stadt das Ziel von 22 massiven **Bomberangriffen.** Der **Wiederaufbau** ging dank des Aufblühens von Tourismus und Wirtschaft relativ schnell vonstatten. Innsbruck wurde **internationales Zentrum des Wintersports,** 1964 und 1976 fanden hier die Olympischen Winterspiele statt. Aber auch als **Kulturstadt** hat sich die Alpenmetropole einen Namen gemacht, u.a. durch futuristische Bauten wie die Hungerburgbahn-Tal- und Bergstation oder den Museumskomplex Tirol Panorama.

Sehenswertes

Goldenes Dachl

Als berühmteste und meistfotografierte Sehenswürdigkeit Innsbrucks ist das Goldene Dachl ein „Muss“ bei einem Besuch der Stadt. Es liegt an der Altstadt-Achse, wo die Herzog-Friedrich-Straße einen Knick macht, und ist in seinem Glanz wahrlich nicht zu übersehen. Vollendet im Jahr 1500, ließ sich **Kaiser Maximilian I.** (1459–1519) den mit **2657 vergoldeten Schindeln** bedeckten **Prunkerker** am Gebäude des Neuen Hofes als Denkmal für sich selbst errichten. Vom Balkon aus verfolgte der Monarch Ritterturniere, Auftritte von Hofnarren und andere Festivitäten, wandte sich aber auch an die Stadtbevölkerung. Unbedingt sollte man einen Moment innehalten und sich die aufwendigen Schnitzkunst- und Freskenarbeiten rund

0 100 m

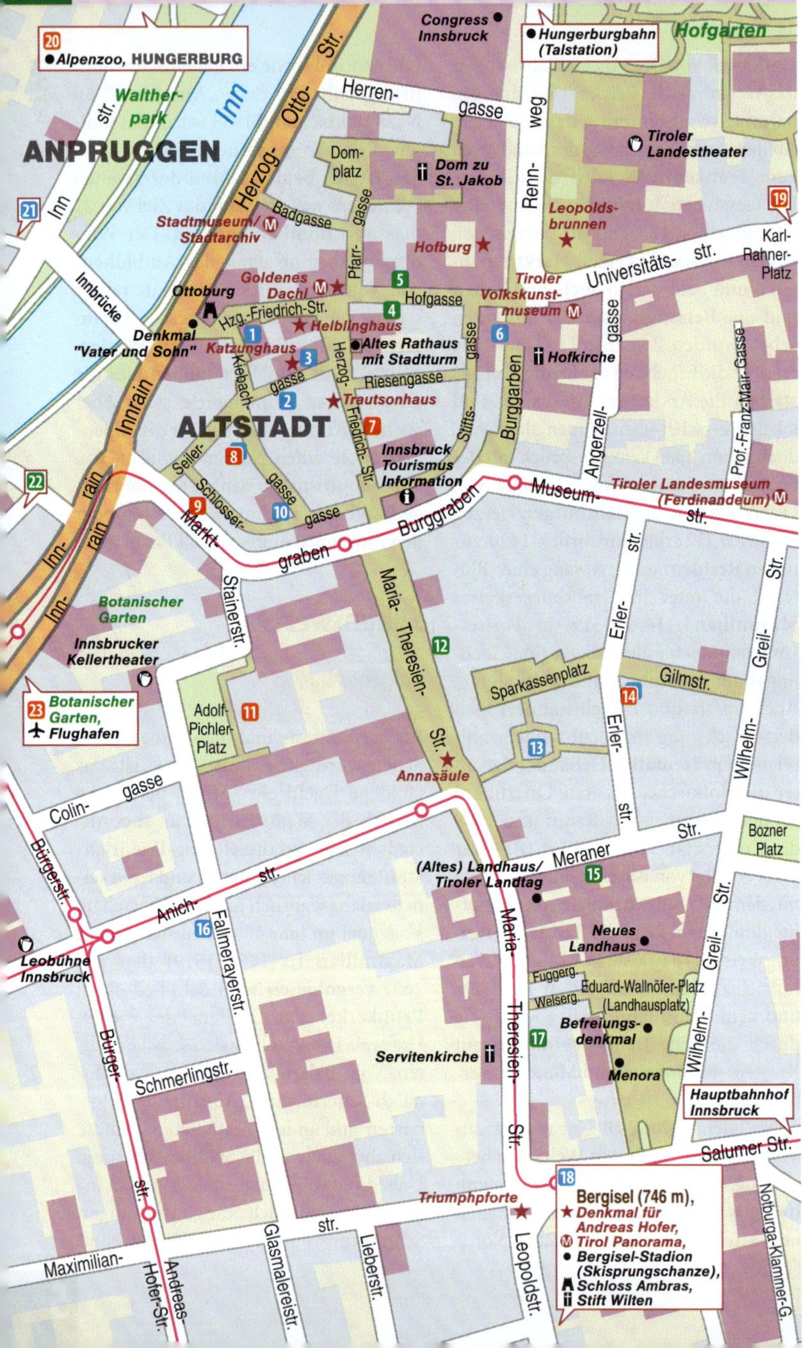

20 Alpenzoo, HUNGERBURG
Congress Innsbruck
Hungerburgbahn (Talstation)
Hofgarten
Walther-park
Inn
Innstr.
ANPRUGGEN
Herzog-Otto-Str.
Herrengasse
Rennweg
Domplatz
Dom zu St. Jakob
Tiroler Landestheater
21
Badgasse
Pfarrgasse
Stadtmuseum/ Stadtarchiv
Hofburg
Leopoldsbrunnen
19
Karl-Rahner-Platz
Universitätsstr.
Innbrücke
Goldenes Dachl
Ottoburg
Hzg.-Friedrich-Str.
Hofgasse
Tiroler Volkskunstmuseum
Denkmal "Vater und Sohn"
Helblinghaus
Katzunghaus
Altes Rathaus mit Stadtturm
Hofkirche
Kiebachgasse
Riesengasse
Herzog-Friedrich-Str.
Stiftsgasse
Burggraben
Angerzellgasse
Prof.-Franz-Mair-Gasse
Trautsonhaus
Innrain
ALTSTADT
Seilergasse
Innsbruck Tourismus Information
Schlossergasse
Marktgraben
Museumstr.
Tiroler Landesmuseum (Ferdinandeum)
22
Botanischer Garten
Innsbrucker Kellertheater
Stainerstr.
Maria-Theresien-Str.
Erlerstr.
Greil-Str.
Sparkassenplatz
Gilmstr.
23 Botanischer Garten, Flughafen
Adolf-Pichler-Platz
Annasäule
Wilhelm-Greil-Str.
Colingasse
Bozner Platz
Meraner Str.
Bürgerstr.
(Altes) Landhaus/ Tiroler Landtag
Anichstr.
Fallmerayerstr.
Neues Landhaus
Leobühne Innsbruck
Fuggerg.
Welserg.
Eduard-Wallnöfer-Platz (Landhausplatz)
Befreiungsdenkmal
Servitenkirche
Menora
Schmerlingstr.
Hauptbahnhof Innsbruck
Salurner Str.
18
Bergisel (746 m),
Denkmal für Andreas Hofer,
Tirol Panorama,
Bergisel-Stadion (Skisprungschanze),
Schloss Ambras,
Stift Wilten
Triumphpforte
Maximilianstr.
Glasmalereistr.
Lieberstr.
Leopoldstr.
Notburga-Klammer-G.
Andreas-Hofer-Str.

■ **Übernachtung**
7 Hotel Garni Weißes Kreuz
8 Weißes Rössl
9 Hotel Maximilian
11 The Penz Hotel
14 Hotel Central
19 Romantikhotel Schwarzer Adler
20 Pension Paula
23 Campingplatz Kranebitterhof (5 km)

■ **Essen und Trinken**
1 Hotel zum Goldenen Adler
2 Die Wilderin
3 Café Katzung
6 Stiftskeller
8 Weißes Rössl
10 Konditorei-Café Munding
13 Gelateria Tomaselli
14 Café Central
16 Gasthaus Anich
18 Bierstindl
21 Gasthaus Planötzenhaus

■ **Einkaufen**
4 Acqua Alpes
5 Tirol genießen
12 Tyrolia Buchhandlung
15 Tiroler Heimatwerk
17 Tirol Shop
22 Markthalle

um die Brüstung des Balkons ansehen. Wer mehr erfahren möchte, geht ins dazugehörige **Museum.**

MEIN TIPP: **Museum Goldenes Dachl,** Herzog-Friedrich-Straße 15, A-6020 Innsbruck, Tel. 0512 53601441, www.innsbruck.gv.at, Mai bis Sept. tägl. 10–17 Uhr, Okt. bis April Di–So 10–17 Uhr, Eintritt 5,30 €, ermäßigt 2,80 €.

Rund um die Herzog-Friedrich-Straße

Die **Hauptachse der Altstadt** säumen zahlreiche Sehenswürdigkeiten, daher lohnt sich hier ein entspannter Spaziergang. Die Herzog-Friedrich-Straße beginnt an der wuchtigen **Ottoburg** mit ihren Erkern und den rot-weiß-roten Fensterläden, vor der das **Denkmal „Vater und Sohn"** an den Tiroler Freiheitskrieg von 1809 erinnert. In unmittelbarer Nähe liegt auch die **Innbrücke,** deren Vorgängerin der Stadt wohl ihren Namen gab. Schräg gegenüber der Ottoburg, im geschichtsträchtigen **1** **Hotel zum Goldenen Adler** (ein empfehlenswertes Restaurant), nächtigten einst *Mozart, Goethe* und *Andreas Hofer.* Ab dem Platz vor dem Goldenen Dachl führt die Herzog-Friedrich-Straße südwärts. Es folgt zunächst das traumhaft schöne **Helblinghaus** mit seiner filigran gearbeiteten Barockfassade. Gleich linker Hand befinden sich das **Alte Rathaus** und der markante **Stadtturm** (tägl. 10–17 Uhr, 4,50 €) mit dem Zwiebel-Aufsatz im Renaissance-Stil, auf dem die **Aussichtsplattform** zum Blick über die Stadt einlädt. Weitere hübsche Gebäude folgen nach Süden hin, wobei das **Katzunghaus** – mit dem beliebten **3** **Café Katzung** – und das **Trautsonhaus**

Adobe Stock © AntonSednev

(Nr. 22) durch ihre Architektur auffallen. Die Straße endet am **Burg- bzw. Marktgraben** und setzt sich in der Verlängerung als **Maria-Theresien-Straße** Richtung Süden fort.

Dom zu St. Jakob und Umgebung

Folgt man vom Goldenen Dachl der Pfarrgasse nach Norden, erreicht man sogleich den **Domplatz,** auf dem der prächtige, dem Apostel *Jakobus d. Ä.* geweihte Dom steht. Seine Anfänge gehen auf das 13. Jahrhundert zurück, doch wurde das Bauwerk **1717–24 nach einem Erdbeben fast komplett neu errichtet** und ist dabei zu seiner heute zu bestaunenden **barocken Innengestaltung** – die Deckengemälde und Stuckaturen sind Rokoko – gekommen. Der Dom ist ein prachtvolles Beispiel höchster Kirchenkunst, großartig ist neben dem Hochaltar und der vergoldeten Kanzel das hiesige **Gnadenbild Mariahilf** von *Lucas Cranach d. Ä.* (1472–1553), das bereits vor dem Kirchenneubau Ziel von Tiroler Wallfahrern war. Möchte man in den Genuss des **Domglockenspiels** – es besteht aus 48 Glocken – kommen, sollte man sich um 12.10 Uhr einfinden, denn dann erklingt täglich das Geläute.

In der Nähe des Doms kann man das **Stadtmuseum** besuchen, das zusammen mit dem **Stadtarchiv** die ideale Adresse für all jene ist, die sich intensiver mit der langen und abwechslungsreichen Geschichte Innsbrucks beschäftigen wollen. Nördlich des Doms liegt das Kongresshaus – offiziell **Congress Innsbruck** genannt –, in dem Tagungen und Veranstaltungen aller Art stattfinden; auch das Tiroler Symphonieorchester nutzt es für Konzerte. In unmittelbarer Nähe startet von der futuristisch gestalteten Talstation die **Standseilbahn** hinauf zum Stadtteil **Hungerburg** oberhalb des Zentrums (→ S. 341).

Barock und Rokoko in höchster Vollendung: das Innere des Innsbrucker Doms

MEIN TIPP: **Dom zu St. Jakob,** Domplatz 6, A-6020 Innsbruck, Tel. 0512 583902, www.dibk.at/Media/Pfarren/Innsbruck-St.-Jakob-Dompfarre-Propstei-SR-Dreiheiligen-St.-Jakob, tägl. 8.45–18.30 Uhr (Mai bis Okt. bis 19.30 Uhr), Eintritt frei.

■ **Stadtmuseum/Stadtarchiv,** Badgasse 2, A-6020 Innsbruck, Tel. 0512 53601400, www.innsbruck.gv.at, Montag–Freitag 9–17 Uhr, Eintritt 4 €, ermäßigt 2,80 €.

Hofburg

Die Innsbrucker Hofburg gehört zu den namhaftesten Bauwerken der Habsburger in ganz Österreich. Ursprünglich als spätmittelalterliche Burganlage errichtet, wurde sie in der frühen Neuzeit **zu einem Schloss ausgebaut** und war Residenz verschiedener Angehöriger der habsburgischen Dynastie und **Sitz der Tiroler Landesfürsten.** Auch hier war zunächst Kaiser *Maximilian I.* für den Ausbau im 16. Jahrhundert verantwortlich, doch das heutige Erscheinungsbild im Stil des **Rokoko** beruht auf den Erweiterungen unter **Kaiserin Maria Theresia** (1717–80). Die Burg ist seit 1918 im Besitz der Republik Österreich und kann teilweise besichtigt werden (etwa zwei Stunden). Zu den Höhepunkten in der viergeschossigen Hofburg mit ihren 400 Räumen und 5000 m² Fläche gehören der **große Burghof** mit dem südlichen Burgtor, die **Kapelle** – mit Vorraum und Sakristei – sowie diverse **Prunkräume,** u.a. der Riesensaal mit Porträts von *Maria Theresia,* ihres Gatten und ihrer 16 Kinder und der davor liegende Gardesaal, die **Kaiserapartments** (mit Ferdinands-, Kapitel- und Lothringerzimmer), der sagenumwobene **Andreas-Hofer-Saal** und viele weite-

☐ Wo einst die Monarchen residierten: die Innsbrucker Hofburg vor majestätischer Kulisse

Adobe Stock © haidamac

re Zimmer, nicht zuletzt das **Innere Apartment,** das für Kaiserin *Elisabeth (Sisi)* luxuriös eingerichtet wurde. Zur Hofburg gehört auch der schräg gegenüberliegende **Hofgarten,** eine grüne Oase der Erholung in der wuseligen Altstadt. Auf dem Weg dorthin sollte man unbedingt den aufwendig gearbeiteten **Leopoldsbrunnen** mit dem Reiterstandbild des Erzherzogs *Leopold V.* (1586–1632) betrachten.

MEIN TIPP: **Hofburg Innsbruck,** Rennweg 1, A-6020 Innsbruck, Tel. 0512 58718619, www.hofburg-innsbruck.at, tägl. 9–17 Uhr, Eintritt ab 7,50 €, ermäßigt ab 5 €.

Tiroler Volkskunstmuseum

Im **ehemaligen Franziskanerkloster** befindet sich das Tiroler Volkskunstmuseum mit einer **eindrucksvollen Sammlung** an Trachten, Masken, historischen Tiroler Stuben und Krippen. Viele Informationen gibt es zum Thema **Volksfrömmigkeit,** inklusive Glaube und Aberglaube, darunter Ausstellungsstücke wie Talismane und symbolische Gegenstände. Auch auf das traditionelle Leben auf dem Land wird ausführlich eingegangen. Zum Volkskundemuseum gehört auch die daneben gelegene **Hofkirche,** zu deren Entstehung man eine aufschlussreiche **Multimedia-Einführung** bekommt und dabei lebendige Einblicke in das Europa um 1500 erhält.

Noch mehr Innenstadt geht in Innsbruck nirgends: die Maria-Theresien-Straße

■ **Tiroler Volkskunstmuseum,** Universitätsstraße 2, A-6020 Innsbruck, Tel. 0512 59489, www.tiroler-landesmuseen.at/haeuser/tiroler-volkskunstmuseum, tägl. 9–17 Uhr, Eintritt ab 8 €, ermäßigt ab 6 € (Kombitickets 12 €, ermäßigt 9 €).

Hofkirche

Die Hofkirche wird als das **bedeutendste Kunstdenkmal Tirols** bezeichnet. Auch als Franziskaner- oder **Schwarzmander-Kirche** bekannt, wurde das Gotteshaus in den Jahren 1553–63 als Standort für das **Grabmal Kaiser Maximilians I.** errichtet, doch der 1519 verstorbene Monarch hatte sich in der Burg von Wiener Neustadt beisetzen lassen, wo seine Überreste auch verblieben. Gebaut wurden die Hofkirche und das angrenzende Franziskanerkloster (heute Sitz des Volkskunstmuseums) unter *Maximilians* Enkel, **Kaiser Ferdinand I.** (1503–1564). Besonders sehenswert ist eben jener prunkvolle, von einem kunstvoll gearbeiteten Schmiedegitter umgebene – jedoch leere – **Sarkophag (Kenotaph)** in der Mitte der dreischiffigen Hallenkirche, über den 28 überlebensgroße Bronzefiguren (die sog. **Schwarzmander** = schwarze Männer) wachen. Auch der Hochaltar der Kirche, die reich verzierten Stuckarbeiten, die Orgel und die aus Blei gegossenen Heiligenstatuten sind überwältigend. Für die **Identität Tirols** ist die Hofkirche aber vor allem deshalb so wichtig, weil hier seit 1823 der **Freiheitskämpfer Andreas Hofer** (1767–1810) begraben liegt, ebenso sein Enkel *Joseph* (1823–1848) und einige seiner Mitstreiter. Im oberen Stockwerk befindet sich die sog. **Silberne Kapelle,** die Erzherzog *Ferdinand II.* als Grabkapelle für sich und seine Gemahlin *Philippine Welser* erbauen ließ.

MEIN TIPP: **Hofkirche,** Universitätsstraße 2, A-6020 Innsbruck, Tel. 0512 59489, www.tiroler-landesmuseen.at/haeuser/hofkirche, Mo–Sa 9–17 Uhr, So 12.30–17 Uhr, Eintritt ab 8 €, ermäßigt ab 6 € (Kombitickets 12 €, ermäßigt 9 €).

Rund um die Maria-Theresien-Straße

Südlich des Straßenzugs Burggraben und Marktgraben verläuft die 490 m lange **autofreie** Maria-Theresien-Straße, Innsbrucks lebendige **Shopping- und Flaniermeile.** Sie ist eine breit angelegte, leicht gekrümmte Prachtstraße, die auf die erste Stadterweiterung im 13. Jahrhundert zurückgeht und in der besonders viele Geschäfte des gehobenen Einzelhandels, aber auch Kaufhäuser, Restaurants, Imbisslokale u.v.m. angesiedelt sind. In der Mitte der Fußgängerzone steht die imposante **Annasäule,** die dem Sieg der Tiroler über die Bayern im Jahre 1706 gedenkt. Unterhalb der Ecke zur Meraner Straße thront ein repräsentativer Barockbau, der früher **(Altes) Landhaus** genannt wurde und heute den **Tiroler Landtag** beherbergt. Schräg gegenüber steht die **Servitenkirche** vom Anfang des 17. Jahrhunderts. Den Abschluss der Maria-Theresien-Straße bildet die **Triumphpforte,** die an die Hochzeit von Erzherzog *Leopold* (1747–92) und der spanischen Prinzessin *Maria Ludovica* erinnert, die aber auch den Tod seines Vaters, des römisch-deutschen Kaisers *Franz Stephan von Lothringen,* betrauert. Hält man sich weiterhin nach Süden, gelangt man in die beschauliche **Leopoldstraße,** wo viele kleine Boutiquen und nette Cafés angesiedelt sind. Östlich der Maria-Theresien-Straße liegt der großzügig gestaltete **Eduard-Wallnöfer-Platz** (auch **Landhausplatz** genannt), auf dem das **Neue Landhaus** mit verschiedenen Verwaltungseinrichtungen steht und das **Be-**

Adobe Stock © topntp

freiungsdenkmal sowie die **Menora** (ein siebenarmiger jüdischer Leuchter) an das Ende der nationalsozialistischen Schreckensherrschaft erinnern.

Tiroler Landesmuseum

Östlich der Altstadt ist das Tiroler Landesmuseum in dem im Stil der **Neo-Renaissance** erbauten **Ferdinandeum** untergebracht; es ist das wichtigste Museum seiner Art in ganz Tirol. Die Sammlung beschäftigt sich mit **zahlreichen Aspekten des Landes:** Es wird ein Überblick gegeben von der Urgeschichte über die Römerzeit bis ins frühe Mittelalter des Bundeslandes, die Kunstgeschichte von der Romanik über die Gotik bis ins 19. Jahrhundert wird vorgestellt, aber es gibt auch eine moderne Gemäldegalerie sowie Zeichnungen und Druckgrafik vom 15. Jahrhundert bis in die Gegenwart. In den **„Historischen Sammlungen"** bekommt man Einblick in spezifische Schwerpunktthemen, u.a. *Andreas Hofer*, Schwazer Silberbergbau, Kartografie Tirols. u.v.m. In der **Musiksammlung** werden außerdem wertvolle Instrumente gezeigt.

Mein Tipp: **Tiroler Landesmuseum,** Museumstraße 15, A-6020 Innsbruck, Tel. 0512 59489, www.tiroler-landesmuseen.at/haeuser/ferdinandeum, Di–So 10–18 Uhr, Eintritt ab 8 €, ermäßigt ab 6 € (Kombitickets 12 €, ermäßigt 9 €).

Nördlich und westlich der Innenstadt

Überquert man den Inn über die Innbrücke, gelangt man auf das **Anpruggen** genannte **Nordufer,** das mit den Stadtvierteln Mariahilf-St. Nikolaus und Hötting viel weniger touristisch wirkt als die aufpolierte Altstadt. Hier geht es etwas

bunter – sowohl was die **multikulturell** geprägte Bevölkerung als auch die Häuserfassaden angeht – und **studentisch-alternativer** zu als südlich des Inns.

Am nördlichen Stadtrand liegt der **Alpenzoo,** Europas höchstgelegener Tierpark, in dem man auch seltenen Alpenbewohnern wie Bären, Wölfen, Luchsen, Steinadlern, Elchen, Steinböcken und vielen anderen Tieren begegnet.

Informativ ist der zur Universität gehörende **Botanische Garten,** in dem sich über 5000 Pflanzenarten aus der ganzen Welt finden. Häufig werden Ausstellungen organisiert, weshalb sich der Garten als Rundum-Naherholungszentrum großer Beliebtheit erfreut.

Alpenzoo, Weiherburggasse 37a, A-6020 Innsbruck, Tel 0512 292323, www.alpenzoo.at, April bis Okt. tägl. 9–18 Uhr, Nov. bis März tägl. 9–17 Uhr, Eintritt 13 €, ermäßigt 6 €.

Botanischer Garten, Sternwartestraße 15, A-6020 Innsbruck, Tel. 0512 50751110, www.uibk.ac.at/botany/botanical-garden/index.html.de, Nov. bis März Mo–Fr 7.30–17 Uhr, Sa/So 8–17 Uhr, März bis Okt. Mo–Fr 7.30–19 Uhr, Sa/So 8–19 Uhr, Eintritt 4 €, ermäßigt 2 €.

Nördlich des Zoos geht es hinauf in das **Stadtviertel Hungerburg** (auch Hoch-Innsbruck). Eine Burg darf man hier nicht erwarten, dafür gibt es eine **Aussichtsterrasse** mit phänomenalen Panoramaansichten von Innsbruck. Man erreicht Hungerburg (860 m) vorrangig mit der **Hungerburgbahn,** deren von der britisch-irakischen Architektin *Zaha Hadid* modernistisch designte Talstation beim Kongresshaus nördlich des Doms liegt. Von der ebenfalls von *Hadid* gestalteten Bergstation kann man per Nordketten-Kabinenseilbahn weiter auf die **Seegrube** (1905 m) bzw. auf das **Hafelekar** (2256 m) fahren, wo jeweils Jausenstationen und erneut großartige Ausblicke auf Stadt und Berge locken. Eine 15-minütige **Wanderung** führt auf die **Hafelekarspitze** (2334 m). Interessant ist auch ein Besuch der Theresienkirche mit ihren farbenprächtigen Fresken, unweit der Talstation der Nordketten-Bahn.

Südlich der Innenstadt

Zwei Dinge prägen den Süden Innsbrucks, nämlich der 746 m hohe **Bergisel** und leider auch die rauschenden **Autobahnen A12 und A13,** die sich hier kreuzen. Doch abseits von Lärm und Abgasen ist die Gegend so etwas wie die **kulturgeschichtliche Wiege der Stadt** und sollte schon allein deshalb besucht werden. Die **Gründungslegende** Innsbrucks berichtet von zwei Riesen (*Haymon* und *Tyrsus*), die hier um die Vorherrschaft am Inn kämpften, und an eben diese sagenhafte Schlacht erinnert das **Stift Wilten,** ein Prämonstratenser-Chorherrenkloster, dessen Anfänge auf das 12. Jahrhundert zurückgehen. Die **Stiftskirche** mit ihrem charakteristischen, 58 m hohen Turm wurde im 17. und 18. Jahrhundert pompös im Barockstil umgestaltet. Zum Stift gehört außerdem die zweitürmige **Basilika,** ein Juwel des Rokoko. Weltliche Genüsse gibt es in

☒ Als ob ein UFO gelandet wäre:
die futuristische Bergstation der Hungerburgbahn

Form von lokalen Leckerbissen (darunter Schnäpse, Liköre, Schokolade u.v.m.) im angeschlossenen Klosterladen.

■ **Stift Wilten,** Klostergasse 7, A-6020 Innsbruck, Tel. 0512 583048, stift-wilten.at, variierende Öffnungszeiten, Führungen nach Voranmeldung.

Weiter südlich, über die Brennerstraße zu erreichen, kommt man zum **Bergisel-Plateau,** einer Art Tiroler **Heldengedenkstätte.** Es war genau in der Gegend um den Bergisel, wo beim **Volksaufstand 1809** Tiroler Verbände gegen bayerisch-napoleonische Truppen vier

Einer für Tirol – der Mythos Andreas Hofer (1767–1810)

Keine andere Person verkörpert den **Freiheitskampf der Tiroler** so sehr wie der 1767 in Passeier – im heutigen Südtirol – als Sohn eines Gastwirtes geborene *Andreas Hofer.* Er verlor schon früh seine Mutter und verstand sich äußerst schlecht mit seiner Stiefmutter, weshalb er noch vor seiner Volljährigkeit für einige Zeit bei verschiedenen Wirten in diversen Gegenden Tirols arbeitete. Später kam er an den Hof der Familie zurück und führte die **Gast- und Landwirtschaft** fort. Durch die Wirren der Napoleonischen Kriege und nach der Niederlage Österreichs stand **Tirol seit 1805/06 unter bayerischer Herrschaft.** Die Bayern verfügten in ihrer neuen Provinz eine Reihe höchst **unpopulärer Maßnahmen,** z.B. die Wiedereinführung der josephinischen Kirchenreform: Sie verbot alteingesessene religiöse Traditionen wie die Christmette, Prozessionen und Wallfahrten, Rosenkranzbeten u.v.m., was vielerorts zum Widerstand von Klerus und Bevölkerung führte. Als die Bayerische Armee schließlich eine Zwangsrekrutierung von Tiroler Wehrfähigen anordnete, brach am **9. April 1809** in Innsbruck ein **Aufstand** los, der sich schnell auf ganz Tirol ausbreitete. *Andreas Hofer* wurde als Oberkommandant an die Spitze der antibayerischen Bewegung gewählt, und bereits am 11. April 1809 konnten sich die Tiroler in einem Gefecht bei Sterzing gegen die Bayern durchsetzen. Am 12. April kam es dann zur **ersten Schlacht am Bergisel** mit *Andreas Hofer* und *Martin Teimer* an der Spitze der Tiroler Streitkräfte. Schon zwei Tage später zogen die Österreicher und die Tiroler Rebellen in Innsbruck ein, doch nur wenig später gelang es den bayerischen Truppen und ihren französischen Verbündeten, erneut Teile Tirols und Innsbruck unter ihre Kontrolle zu bringen. Nachdem sich Mitte Mai die bayerisch-französischen Truppen in einer blutigen Schlacht bei Wörgl durchgesetzt hatten, kam es vom 25. bis zum 29. Mai zur **zweiten Schlacht am Bergisel** – die bayerischen Truppen mussten sich das zweite Mal geschlagen geben und abziehen. Es folgte der **Waffenstillstand von Znaim,** der allerdings die Besetzung Tirols durch napoleonische Truppen vorsah, was am 13. August zu einer **dritten Schlacht am Bergisel** führte, die abermalig von den Tirolern gewonnen wurde. Doch zwei Monate später mussten die Habsburger dem sog. **Frieden von Schönbrunn** zustimmen, nachdem *Napoleon* in der Schlacht von Wagram de-

Schlachten fochten, von denen sie die letzte und entscheidende – nicht zuletzt wegen der fehlenden Unterstützung der Habsburger – verloren. Dominiert wird der Erinnerungspark vom bronzenen **Denkmal für Andreas Hofer,** ein weiteres Monument ist das Ehrengrab für die gefallenen **Kaiserjäger** (ein Tiroler Regiment der k.u.k. Armee). Eben diesen Kaiserjägern widmet sich auch ein Teil des **Museumskomplexes Tirol Panorama** direkt neben dem Denkmalpark. Neben Bildern von Soldaten und Offizieren, Waffen, Fahnen, Uniformen u.v.m. aus der Zeit zwischen 1816 und 1918 beherbergt das Museum auch die **„Schauplatz Tirol"** genannte Ausstellung, in der Religion, Menschen, Politik und Natur des Bundeslandes beleuchtet werden. Ganz besonders sehenswert ist im Tirol Panorama aber das unglaubliche **Riesenrundgemälde** von Michael Zeno Diemer aus dem Jahr 1896, das auf 1000 m^2 Leinwand die dritte Bergiselschlacht zeigt.

ren Truppen vernichtend geschlagen hatte. Um den Rest des Reiches – und seine eigene Haut – zu retten, verzichtete **Kaiser Franz II.** (1768–1835) komplett auf Tirol und entzog *Andreas Hofer* in der letzten und entscheidenden Schlacht am 1. November 1809 jegliche Unterstützung, sodass die Tiroler Truppen keine Chance hatten. Im Verständnis Tirols war dieser „Verrat" durch die Habsburger fast schlimmer als die militärische Niederlage und ist sicherlich einer der ausschlaggebenden Faktoren, warum Tirol auch heute im österreichischen „Staatsverbund" gerne ab und zu nachdrücklich auf seine **Eigenständigkeit** pocht. *Hofer* konnte zunächst nach Passeier und später in die Berge fliehen, wurde aber an französische Besatzungssoldaten verraten, die ihn gefangen nahmen und nach Mantua brachten. *Andreas Hofer* wurde am 20. Februar 1810 von einem **Erschießungskommando** hingerichtet. 1823 kamen seine sterblichen Überreste nach Innsbruck, wo sie sich, in einer Kiste zwischengelagert, bis 1834 im Servitenkloster befanden und im selben Jahr feierlich in die **Hofkirche** überführt wurden.

MEIN TIPP: **Tirol Panorama,** Bergisel 1–2, A-6020 Innsbruck, Tel. 0512 59489611, www.tiroler-landesmuseen.at/haeuser/tirol-panorama-mit-kjm, Mi–Mo 9–17 Uhr, Eintritt 9 €, ermäßigt 7 € (Kombitickets 14 €).

Genug des Heldenmutes der Tiroler Aufständischen? Wie wäre es dann mit etwas Adrenalin? Kurz unterhalb des Bergisel-Plateaus ragt die einst für die Olympischen Winterspiele 1964 und 1976 erbaute **Skisprungschanze** – 2002 von *Zaha Hadid* neu gestaltet – in den Himmel, zusammen mit dem **Bergisel-Stadion** unterhalb Austragungsort der alljährlichen **Vierschanzentournee.** Der **Schanzenturm** lässt sich per Bergbahn und Aufzug oder über 455 Stufen besuchen (oben gibt es ein Restaurant und eine Aussichtsplattform).

■ **Bergisel-Stadion (Skisprungschanze),** Bergiselweg 3, A-6020 Innsbruck, Tel. 0512 589259, www.bergisel.info, Juni–Okt. tägl. 9–18 Uhr, Nov.– Mai Mi–Mo 9–17 Uhr, Eintritt 11 €, erm. 6 €.

Schloss Ambras

Auf einem Höhenrücken an der südöstlichen Stadtgrenze steht das **Renaissance-Schloss** Ambras, das der Tiroler Erzherzog **Ferdinand II.** (1529–1595) als eine Art „Liebesnest" ausbauen ließ, denn hier traf er sich mit seiner Gattin, der Bürgerstochter **Philippine Welser.** Da die eheliche Verbindung nicht standesgemäß war, musste sie über viele Jahre geheim gehalten werden – und dafür war das zauberhafte Schloss bestens geeignet. Zudem brachte *Ferdinand* hier seine kostbare Sammlung an Kunstgegenständen und kuriosen Dingen in musealer Akribie unter, denn Platz gab und gibt es in dem aus **Hoch-** und **Unterschloss** bestehenden Anwesen mehr als genug. Ein Besuch gehört zu den Highlights einer Reise nach Innsbruck, denn die Ausstellungsstücke in der **Kunst- und Wunderkammer,** aber auch in der **Rüstkammer** sind teilweise wunderlich bis skurril und der sog. **Spanische Saal** ist eines der bedeutendsten Beispiele für die Kunst der Renaissance in ganz Österreich. Unbedingt zu empfehlen ist eine **Führung** (90 Minuten), da sich sonst nicht alles erschließt – z.B. das Bad von *Philippine Welser,* eine Wellnesswelt aus dem 16. Jahrhundert. Der **traumhafte Schlosspark** lädt zum Lustwandeln ein.

MEIN TIPP: **Schloss Ambras,** Schlossstraße 20, A-6020 Innsbruck, Tel. 0512 244802, www.schlossambras-innsbruck.at, tägl. 10–17 Uhr, Eintritt 16 € (Dez. bis März 12 €), ermäßigt 12 € (Dez. bis März 9 €), Führung zusätzlich 5 €.

Innsbruck Card

Ein guter Tipp für Urlauber, die mehrere Attraktionen in der Stadt und ihrer Umgebung besuchen möchten, ist der Kauf einer Innsbruck Card. Sie gilt **bis zu drei Tage** und bietet **freien bzw. ermäßigten Eintritt** in Museen und zahlreichen weiteren Attraktionen und Sehenswürdigkeiten, sie gewährt **freie Fahrt** mit den öffentlichen Verkehrsmitteln und den Bergbahnen der Stadt und auch mit dem Hop-on-Hop-off-Bus. Man erhält die Innsbruck Card online oder in den meisten Hotels, bei den Bergbahnen oder bei der Tourismusinformation der Stadt.

■ **www.innsbruck.info/sehenswuerdigkeiten/innsbruck-card**

oes_117 sb

Praktische Infos

■ **Innsbruck Tourismus Information,** Burggraben 3, A-6020 Innsbruck, Tel. 0512 5356, www.innsbruck.info.

An- und Abreise

Innsbruck ist ein ausgesprochen wichtiger Verkehrsknotenpunkt, der sowohl mit der **Bahn** (www.oebb.at) als auch mit dem **eigenen Fahrzeug** problemlos erreichbar ist. Der **Hauptbahnhof** befindet sich östlich der Innenstadt, die man entweder zu Fuß oder mit den Buslinien STB, D und E erreicht. Vom Hauptbahnhof bestehen direkte Zugverbindungen mit vielen Städten in Deutschland, Österreich und der Schweiz. Auch **Fernbusse** fahren Innsbruck an; diese halten ebenfalls am Hauptbahnhof. Der internationale **Flughafen** Innsbruck (www.innsbruck-airport.com) liegt westlich der Stadt und ist über die Autobahn A12 oder die Buslinie F mit der Innenstadt verbunden.

Parken

Die Innenstadt Innsbrucks ist innerhalb der gekennzeichneten **Kurzparkzonen** gebührenpflichtig, dabei gilt: blaue Kurzparkzone maximale Parkdauer drei Stunden, grüne Parkzone ohne zeitliche Beschränkung. Man kauft die **Parktickets** an Parkscheinautomaten, Parkhäuser kosten unwesentlich

Nördlich der Innenstadt:
Das Ufer in Anpruggen ist ein beliebtes Fotomotiv

weniger. Die beste und günstigste Lösung für das längerfristige Abstellen des eigenen Fahrzeugs sind die **Park+Ride-Anlage** bei Olympiaworld auf dem Parkplatz westlich des Olympiastadions (Olympiastraße 10) und die **Tiefgarage des Tivoli-Stadions** in der Stadionstraße.

ÖPNV

Innsbrucks Zentrum ist überschaubar, sodass man praktisch alle hier beschriebenen Ziele **zu Fuß** erreicht. Wer die äußeren Bezirke besuchen möchte, kann das mit öffentlichen Verkehrsmitteln tun. Die beiden zentralen Umsteigeplätze, an denen die allermeisten **Buslinien** halten, sind der **Südtirolerplatz** vor dem Hauptbahnhof und – etwas weniger frequentiert – der **Marktplatz.** Die Stadt verfügt über 24 Bus- und sechs **Straßenbahnlinien;** das Netz ist in Zonen aufgeteilt, wobei die Tarifzone Innsbruck (Kernzone) das gesamte Stadtgebiet umfasst. **Fahrkarten** gibt es als normale Einzelfahrkarten und als sog. 8-Fahrten-, 24-Stunden und Wochen-Tickets. Wer im Besitz der **Innsbruck Card** ist, fährt grundsätzlich auf allen Linien kostenlos.

Übernachtung und Camping

MEIN TIPP: 9 **Hotel Maximilian**②-③, Marktgraben 7-9, A-6020 Innsbruck, Tel. 0512 599670. Mitten im Stadtzentrum gelegenes, familiengeführtes Hotel mit Sinn fürs Detail. Wer auf persönliche Betreuung Wert legt, ist hier richtig.

MEIN TIPP: 7 **Hotel Garni Weißes Kreuz**②, Herzog-Friedrich-Straße 31, A-6020 Innsbruck, Tel. 0512 594790, www.weisseskreuz.at. Traditionsreiches Stadthotel mit einer großen Auswahl an Zimmern und gutem Preis-Leistungs-Verhältnis.

20 **Pension Paula**①, Weiherburggasse 15, A-6020 Innsbruck, Tel. 0512 292262, www.pensionpaula.at. Angenehme Pension im Norden der Stadt unweit des Alpenzoos.

19 **Romantikhotel Schwarzer Adler**③, Kaiserjägerstraße 2, A-6020 Innsbruck, Tel. 0512 587109, schwarzeradler-innsbruck.com. Altehrwürdiges Hotel, das östlich der Altstadt liegt und trotz seines langjährigen Bestehens modernen Komfort bietet. Es beherbergt auch ein beliebtes Restaurant②-③.

11 **The Penz Hotel**②, Adolf-Pichler-Platz 3, A-6020 Innsbruck, Tel. 0521 5756570, www.thepenz.com. Angenehmes Frühstückshotel in zentraler Lage mit liebevoll eingerichteten Zimmern.

23 **Campingplatz Kranebitterhof,** Kranebitter Allee 216, A-6020 Innsbruck, Tel. 0512 279558, www.kranebitterhof.at. Gut ausgestatteter Campingplatz etwa 5 km von der Innenstadt entfernt, es stehen 75 großzügige Stellplätze zur Verfügung.

Essen und Trinken

2 **Die Wilderin**②-③, Seilergasse 5, A-6020 Innsbruck, Tel. 0512 562728, www.diewilderin.at. Gehobene österreichische Küche ausschließlich aus einheimischen, teilweise ausgefallenen Produkten.

16 **Gasthaus Anich**①, Anichstraße 15, A-6020 Innsbruck, Tel. 0512 570450. Gemütliches Gasthaus mit viel Holz und üppiger österreichischer Küche.

21 **Gasthaus Planötzenhaus**①-②, Planötzenhofstraße 30, A-6020 Innsbruck, Tel. 0512 274017, www.planoetzenhof.at. Speisen mit Blick auf Innsbruck? Im Planötzenhaus kein Problem!

MEIN TIPP: 6 **Stiftskeller**②, Stiftgasse 1–7, A-6020 Innsbruck, Tel. 0512 570706, www.stiftskeller.eu. Zentral gelegenes Bierlokal, das gute Hausmannskost bietet. Im Sommer sitzt man auf der großzügigen Terrasse.

8 **Weißes Rössl**②, Kiebachgasse 8, A-6020 Innsbruck, Tel. 0512 583057, www.roessl.at. Traditionsreiches Wirtshaus mitten in der Altstadt. Auch ein gutes 8 **Hotel**②-③ ist angeschlossen.

18 **Bierstindl**②, Klostergasse 6, A-6020 Innsbruck, Tel. 0512 580000, www.bierstindl.eu. Am Fuße des Bergisel liegt dieses große Wirtshaus mit lauschigem Biergarten.

Cafés und Eiscafé

MEIN TIPP: 14 **Café Central,** Gilmstraße 5, A-6020 Innsbruck, Tel. 0512 592065, www.hotel-cafe-central.at. Legendäres Kaffeehaus im Wiener Stil mit göttlichen Mehlspeisen. Seit 1884 gibt es auch das gleichnamige gute 14 **Hotel**②-③.

3 **Café Katzung,** Herzog-Friedrich-Straße 16, A-6020 Innsbruck, Tel. 0512 586183, www.cafe-katzung.at. Großes Café unweit vom Goldenen Dachl mit eigener Konditorei und Sitzplätzen sowohl drinnen als auch draußen.

13 **Gelateria Tomaselli,** Maria-Theresien-Straße 31, A-6020 Innsbruck, Tel. 0512 58233011, gelateria-tomaselli.at. In Sachen Eis macht diesem Eissalon in Innsbruck niemand etwas vor.

10 **Konditorei-Café Munding,** Kiebachgasse 16, A-6020 Innsbruck, Tel. 0512 584118, www.munding.at. Schrullig, aber nett mit unzähligen Kuchen- und Tortenspezialitäten.

Einkaufen

4 **Acqua Alpes,** Hofgasse 2, A-6020 Innsbruck, Tel. 0512 327788, acquaalpes.com. Einzigartige und exklusive Düfte sowie Parfums mit kristallklarem Gebirgsquellwasser der Alpen als Grundstoff.

22 **Markthalle,** Herzog-Siegmund-Ufer 1–3, www.markthalle-innsbruck.at. In der Markthalle der Stadt finden Feinschmecker Produkte bester Qualität aus dem gesamten Bundesland.

MEIN TIPP: 15 **Tiroler Heimatwerk,** Meraner Straße 2, A-6020 Innsbruck, Tel. 0512 582320, heimatwerk.co.at. Ob Trachten wie Dirndl oder Lederhosen, ob Kunsthandwerk oder originelle Tiroler Souvenirs – im Heimatwerk findet man all das.

5 **Tirol genießen,** Hofgasse 5, A-6020 Innsbruck, Tel. 0512 562932, www.tirol-geniessen.com. Das Fachgeschäft für Tiroler Spirituosen, Lebensmittel und allerlei andere Mitbringsel, z.B. Zirben-Duftkissen und Sirupe.

17 **Tirol Shop,** Maria-Theresien-Straße 55, A-6020 Innsbruck, Tel. 0512 5320538, tirolshop.com. Hier gibt es Funktionskleidung, Ausrüstung und Kleidung für die Bergtour, aber auch jede Menge Merchandising-Artikel des Landes Tirol.

12 **Tyrolia Buchhandlung,** Maria-Theresien-Straße 15, A-6020 Innsbruck, Tel. 0512 2233, www.tyrolia.at. Große Buchhandlung, in der es auch viel Regionales zum Lesen gibt.

Kunst und Kultur, Veranstaltungen

■ **Innsbrucker Kellertheater,** Adolf-Pichler-Platz 8, A-6020 Innsbruck, Tel. 0512 580743, www.kellertheaterat. In diesem kleinen Theater werden seit 1979 zeitgenössische Stücke aufgeführt.

■ **Leobühne Innsbruck,** Anichstraße 36, A-6020 Innsbruck, Tel. 0664 9351212, www.leobuehne.at. Etablierte Bühne mit abwechslungsreichem Theaterprogramm und **Arthouse-Kino** (leokino.at).

■ **Tiroler Landestheater,** Rennweg 2, A-6020 Innsbruck, Tel. 0512 520744, www.landestheater.at. Das Stadttheater inszeniert Opern, Operetten, Sprechtheater, Tanzaufführungen etc. Zum Haus gehören auch die Kammerspiele.

■ **Christkindlmarkt,** www.christkindlmarkt.cc. Innsbrucks Weihnachtsmarkt in der Altstadt und am Marktplatz ist äußerst stimmungsvoll und einer der schönsten und größten im Land.

■ **Festwochen der Alten Musik,** www.altemusik.at. Im Hochsommer werden Opern und Konzerte mit viel Barockmusik aufgeführt.

oes_118 sb

Tirol Mitte

Der **Bezirk Innsbruck-Land** wird in der Regel als „(Tirol) Mitte“ oder „Zentraltirol“ bezeichnet, bildet er doch die Übergangsregion zwischen Unter- und Oberland. Die Mitte Tirols ist seit der Antike ein **wichtiges Handels- und Verkehrsdrehkreuz,** denn hier liegt der **Brenner** als niedrigster **Pass** über den Alpenhauptkamm und damit schon zu römischen Zeiten die Hauptverbindung zwischen Italien mit der Adria-Küste und Zentraleuropa mit dem Lauf der Donau. Diese privilegierte Lage bescherte der gesamten Region **Handel** und damit **Wohlstand,** wovon noch heute Städte wie Thaur oder Hall Zeugnis ablegen. Speziell entlang dem Inntal finden sich mehrere **historische Festungen** wie die Burgruinen Fragenstein in Zirl oder Hörtenberg bei Pfaffenhofen. Doch auch landschaftlich bietet die Region viel Sehenswertes, darunter das wilde und weitestgehend unbewohnte **Karwendelgebirge** nördlich der Hauptstadt sowie die wenig besuchten, höchst malerischen Seitentäler des nach Süden zum Brenner hin verlaufenden **Wipptals,** darunter das **Gschnitztal** oder das **Valser Tal.** Und selbst für (hoch)alpine Erkundungen – ob ausgeprägte Wanderungen oder **Wintersport** – ist die Mitte Tirols geeignet. Mit **Seefeld** liegt hier eines der exklusivsten Skigebiete des Bundeslandes, und im nahen **Leutasch** kommen auch Langläufer auf ihre Kosten. Mindestens genauso bekannt ist das **Stubaital,** das sich südwestlich von Innsbruck erstreckt und gleich über mehrere Ski- und Wandergebiete verfügt, darunter vor allem

⌃ Stolze Skyline: Hall wirkt mit dem Münzerturm noch mittelalterlich

▷ Nur nicht verlaufen: Das Gassengewirr in der Altstadt von Hall ist legendär

die wundervolle **Stubaitaler Gletscherwelt** am Talschluss. Der große Vorteil der Region Tirol Mitte ist die Nähe zur Hauptstadt und damit die unkomplizierte Anbindung an das **öffentliche Verkehrsnetz,** vor allem mit S-Bahnen. Wer ins Stubaital möchte, kann dies zumindest bis Fulpmes mit der **Stubaitalbahn** tun, überall sonst verkehren **Busse,** auch Ski- und Wanderbusse. Es gilt: Inhaber einer Gästekarte können die öffentlichen Verkehrsmittel kostenlos nutzen. Wer eine Weitwanderung machen möchte, der sollte sich für den etwa 80 km langen **Stubaier Höhenweg** (www.stubai.at/stubaier-hoehenweg/) entscheiden oder ab Scharnitz das angesprochene Karwendelgebirge erkunden.

Hall und Umgebung

Verlässt man Innsbruck in **östlicher Richtung,** sind speziell die bereits im Karwendelgebirge gelegene **Thaurer Alm** (Start Parkplatz Schlosshof Thaur, 4 Std., 600 Hm, Anspruch mittel) und die **Kaisersäule** (1700 m, Start Wanderparkplatz Thaur, 4,5 Std., 800 Hm, mittel) beliebte Wanderziele. **Thaur** – einer der ältesten Orte Tirols – ist für seine Schnitztradition (Weihnachtskrippen) berühmt, ansehnlich ist die Schlosskirche (Romedikircherl) oberhalb des Ortes. Keine 5 Kilometer sind es von Thaur nach **Hall,** der über Jahrhunderte so wichtigen Stadt, die durch ihre **Salzbergwerke** und die Lage an der Kreuzung mehrerer Handelswege streckenweise weitaus wichtiger war als das nahe Innsbruck. Zwischen 1477 und 1809 wurden hier **Münzen geprägt,** was dem Ort beträchtlichen Reichtum einbrachte. Bis heute weist Hall **eine der schönsten historischen Altstädte Tirols** auf und verdient schon allein dadurch einen Besuch. Ausgangspunkt ist der herrschaftliche Obere Stadtplatz, auf dem das Rathaus, die gotische **Pfarrkirche St. Nikolaus** mit ihren überbordenden Freskenmalereien und das Stubenhaus im Inn-Salzach-Stil zu finden sind. Am Stiftsplatz stehen die **Stiftskirche** (Herz-Jesu-Basilika), deren Fassade noch Elemente der Renaissance bewahrt hat, und die **Allerheiligenkirche** (ehemalige Jesuitenkirche), die als erste Barockkirche Nordtirols gilt. Nicht weit davon entfernt befindet sich mit der **Nagglburg** das wahrscheinlich älteste noch erhaltene Gebäude der Stadt. Wer mehr über das Mittelalter in Hall erfahren möchte, der sollte die **Burg Hasegg** besuchen, in der auch ein **Museum zur Münzprägung** und eins zur Stadtgeschichte untergebracht sind. Wer sich für den **Bergbau**

oes_119 sb

interessiert, findet in der Altstadt ein entsprechendes Museum, wo u.a. ein begehbarer Stollen, Schächte und eine Rutschbahn nachgebildet wurden.

■ **Burg Hasegg/Münze Hall,** Burg Hasegg 6, A-6060 Hall in Tirol, Tel. 05223 5855520, www.muenze-hall.at, Di–So 10–17 Uhr, Eintritt (Kombiticket) 11,50 €, ermäßigt 8 €.

Praktische Infos

■ **Tourismusinformation Hall in Tirol,** Unterer Stadtplatz 19, A-6060 Hall in Tirol, Tel. 05223 45544, www.hall-wattens.at.

■ **Kontor Boutiquehotel**②, Unterer Stadtplatz 7a, A-6060 Hall in Tirol, Tel. 05223 23801, www.hotel-kontor.at. Sehr hübsch gestaltetes Boutique-Hotel in einem Stadthaus aus dem 15. Jahrhundert mit nur acht verschieden großen Zimmern und Suiten.

MEIN TIPP: **Ritterkuchl zu Hall**②, Salvatorgasse 6, A-6060 Hall in Tirol, Tel. 05223 53120, ritterkuchl.at. Lust auf Speisen wie im Mittelalter? Die Ritterkuchl macht es möglich. Reservierung unbedingt erforderlich.

■ **Palmeselprozession,** in Thaur wird am Palmsonntag ein Palmesel mit Christusfigur von Kirche zu Kirche gezogen.

Wattens und Umgebung

Nördlich von Hall liegt **Absam** mit seiner **Wallfahrtsbasilika,** in der das rätselhafte Glasbild der Madonna zu sehen ist. Ab dem Ort führt eine mautpflichtige Straße zu den ehemaligen Salzbergwerken; hier bieten sich **Wanderungen** in der Umgebung um und auf den **Großen Bettelwurf** (2725 m, Start Parkplatz am Eingang des Halltals, 5,5 Std., 1700 Hm, schwer) an. Südöstlich von dieser Gegend liegt der sog. **Gnadenwald,** eine idyllische Region, durch die eine Panoramastraße über die **Hinterhornalm** (1522 m) führt. **Wattens** südlich des Inns ist neben Hall der größte Besuchermagnet im Umland, denn im Ort liegt der **„Kristallwelten"** genannte, aufwendig u.a. von *André Heller* konzipierte **Freizeitpark der Firma Swarovski,** die für ihr geschliffenes Kristallglas weltberühmt ist. Den Eingang bildet ein riesiger, begrünter, **wasserspeiender Kopf** und im Inneren locken 17 Wunderkammern. Doch das Herzstück bildet wohl der spektakuläre Außenbereich, wo **600.000 Kristalle** über schwarzem Wasser schweben.

■ **Swarovski Kristallwelten,** Kristallweltenstraße 1, A-6112 Wattens, Tel. 05224 51080, kristallwelten.swarovski.com, tägl. 9–19 Uhr, Eintritt 23 €, ermäßigt 7 €.

Ab Wattens verläuft die **Wattental Landesstraße** südwärts durch das Tal des Wattenbachs, bis sie an der **Lizumer Hütte** (www.alpenverein.at/lizumerhuette/) endet, wo man auf Wanderungen die Tuxer Alpen erkunden kann.

Praktische Infos

■ **Das Grander**②-③, Dr.-Felix-Bunzl-Straße 6, A-6112 Wattens, das-grander.at, Tel. 05224 52626, modern-schickes Lokal mit wechselnden, saisonal inspirierten Gerichten.

Kematen und Umgebung

Auch **westlich von Innsbruck** finden sich einige, vor allem **kulturhistorisch interessante Orte** im Inntal, wobei die Region auch für ihre starke **Industrialisierung** bekannt ist. Zunächst kommt man nach **Völs** am südlichen Flussufer, in dessen **Museum Thurnfels** interessante archäologische Funde wie ein Steinbeil aus dem 3. Jahrtausend v. Chr., ein Vollgriffschwert aus der Bronzezeit und der Völser Bacchus, eine aus Bronze gegossene und mit Blei gefüllte römische Büste, ausgestellt werden und sowohl die Wallfahrtskirche St. Blasius und die moderne Emmauskirche besonders sind. (Infos auf www.voels.at). In **Kematen** hat man einen wunderbaren Blick auf die **markante Martinswand** auf der gegenüberliegenden Uferseite, unweit von Zirl gelegen. Die Bergwand ist der etwa 600 m freie, teilweise leicht überhängende Abbruch des **Kleinen Wandkopfs** (1346 m) und bildet den südwestlichen Abschluss des Hechenbergs. Im westlichen Teil liegt die **Kaiser-Max-Grotte;** der Legende nach suchte Kaiser *Maximilian I.* dort Zuflucht, nachdem er sich 1484 bei der Jagd verstiegen haben soll. Man erreicht die Grotte wahlweise über einen anspruchsvollen Klettersteig oder einen **gesicherten Weg** (Start Brunntalweg Zirl, 1,5 Std., 200 Hm, mittel, Trittsicherheit und Schwindelfreiheit sind Voraussetzung). Am Fuß der Wand befindet sich auf dem vorgelagerten **Martinsbühel** (616 m) die gleichnamige Burg, die heute als Kloster genutzt wird. In **Götzens** beeindruckt die spätbarocke Pfarrkirche St. Peter und Paul, während man am nahe gelegenen kleinen **Natterer See** etwa 10 km von Innsbruck bestens ausspannen kann.

MEIN TIPP: **Ferienparadies Natterer See,** Natterer See 1, A-6161 Natters, Tel. 0512 546732, www.natterersee.com, Badesee zugänglich Ende Mai bis Sept. tägl. 9–19 Uhr, Eintritt 8 €, ermäßigt 4 €. Direkt am See liegt auch ein Campingplatz mit großem Freizeitangebot.

Südlich ist **Axams** mit dem **Ski- und Wanderareal** rund um den 1580 m hohen **Axamer Lizum** (www.axamer-lizum.at) speziell bei Einheimischen populär. Westlich von Axams erstreckt sich das **Sellraintal** (→ S. 383). In **Unterperfuss** steht das **Schloss Ferklehen** aus dem 15. Jahrhundert, in **Oberperfuss** erinnert das **Anich-Hueber-Museum** an den „Bauernkartografen“ *Peter Anich* (1723–66), der den für seine Zeit beeindruckend detaillierten Atlas Tyrolensis veröffentlichte (Infos auf www.gemeinde-oberperfuss.at). Auf der nördlichen Uferseite kann man die **Burgruine Fragenstein** besuchen, die Anfang des 13. Jahrhundert erbaut und 1703 zerstört wurde. Im äußersten Westen des Bezirks Innsbruck-Land, und damit an der Grenze zum Oberland, liegt **Telfs,** mit gut 16.300 Einwohnern drittgrößte Stadt des Bundelandes und bekannt für seine Textilindustrie. Südlich des Inns, bei **Pfaffenhofen,** steht die **Burgruine Hörtenberg,** deren Bergfried noch relativ gut erhalten ist.

Praktische Infos

- **Informationsbüro Kematen in Tirol,** Dorfplatz 1, A-6175 Kematen in Tirol, Tel. 05232 2300, www.kematenintirol.at.
- **Tiroler Volksschauspiele,** www.volksschauspiele.at. In Telfs werden bei den jährlich stattfindenden Volksschauspielen regionale Stücke aufgeführt.
- **Telfer Schleicherlaufen,** www.schleicherlaufen.at. Alle fünf Jahre findet dieser traditionelle Fastnachtsbrauch statt, an dem sich mehrere hundert Maskierte – nur Männer – beteiligen, die durch den Ort „schleichen“, gefolgt von Tanz und Musik.

Lust auf Einsamkeit? – Naturschutzgebiet Karwendelgebirge

Gleich nördlich der Landeshauptstadt Innsbruck dehnt sich das **Karwendelgebirge** aus, eine **Gebirgsgruppe der Nördlichen Kalkalpen,** die nicht nur in Tirol, sondern auch in Bayern liegt und größtenteils zum Naturschutzgebiet erklärt wurde. Das **äußerst schroffe Karstgebirge** ist außergewöhnlich, da es (fast) nicht bewohnt und auch nur an wenigen Stellen durch Straßen oder Liftanlagen erschlossen ist. Das Karwendelgebirge wird im Westen durch den Seefelder Sattel und einen Teil des Isartals begrenzt, im Norden – und damit in Bayern gelegen – durch den Isarwinkel mit dem Sylvensteinspeichersee und das untere Achental, im Osten durch das obere Achental mit dem Achensee und im Süden durch das Inntal. Bedeutende Orte sind im Westen **Seefeld, Scharnitz** und **Mittenwald** (in Bayern), im Osten **Pertisau** und im Süden **Innsbruck.** Von Ost nach West hat das Gebirge eine Ausdehnung von etwa 45 km, von Nord nach Süd sind es knapp 30 km. Der höchste Gipfel ist die 2749 m messende **Birkkarspitze** nördlich der Isarquelle. Zu den an anderer Stelle beschriebenen Sehenswürdigkeiten gehören im Osten das **Sonnjoch** (2457 m) und das **Stanser Joch** (2102 m) von Pertisau (→ S. 371) aus, das **Vomper Loch** (→ S. 378) im Südosten und die Gegenden des **Gnadenwalds** und das Salzbergwerk um **Absam** (→ S. 350), aber auch die Fahrt auf das **Hafelekar** (2256 m) ab Innsbruck (→ S. 327). Ausgangsort für Wandertouren – viele davon sind für mehrere Tage konzipiert – ist **Scharnitz,** von wo sich u.a. die **Oberbrunnalm** (1523 m), die **Möslalm** (1262 m) oder die **Pleisenhütte** (1757 m) erreichen lassen. Wer ins Herz des Karwendelgebirges vordringen möchte, kann dies nur von Bayern kommend über die mautpflichtige Landstraße von Vorderriß ins Tiroler Hinterriß am Rißbach. **Hinterriß** ist der einzige ganzjährig bewohnte Ort im Naturschutzgebiet. Von ihm setzt sich die Straße bis **In der Eng** fort und führt durch den wunderschönen **Großen Ahornboden,** ein Hochgebirgstal, in dem gut 2000 uralte Ahornbäume wachsen. Ab In der Eng sind weitere Wanderungen möglich, z.B. zum einsamen **Lamsenjoch** (1940 m).

Zivilisation adieu:
Am Rißbach im Großen Ahornboden

- **Naturparkhaus Hinterriß,** Hinterriß 4, A-6215 Vomp, Tel. 05245 28914, www.karwendel.org.
- **Naturpark-Infozentrum Scharnitz,** Hinterautalstraße 555b/Areal „Länd", A-6108 Scharnitz, Tel. 050 880540, www.karwendel.org.

Seefeld und Umgebung

Im erwähnten Zirl nordwestlich von Kematen windet sich die Straße steil auf den **Zirler Berg** (1057 m) hinauf, der sich als das sog. **Seefelder Plateau** nordwärts fortsetzt. Der Hauptort hier oben ist Seefeld, das ganze Jahr über ein **Tourismus-Hotspot:** Im Winter kommen vor allem Skifahrer und mit über 200 Loipenkilometern ganz speziell auch Langläufer, sonst sind es Wanderer, Golfer usw. Seefeld zieht viele gut betuchte Gäste an, und so prägen **hochpreisige Hotels** und **exklusive Boutiquen** den Ortskern. Die **Wintersportgebiete** sind der **Gschwandtkopf** südlich von Seefeld und das weiter östlich gelegene Areal um die **Rosshüte** (1751 m), die man per Standseilbahn erreicht und in deren Umgebung auch **Wanderungen,** z.B. zum **Härmelekopf** (2045 m, Start Rosshütte, 1 Std., 150 Hm, leicht) oder der **Seefelder Spitze** (Start Rosshütte, 1,5 Std., 450 Hm, mittel), unternommen werden können. Kulturinteressierte sollten die **Pfarrkirche** in **Seefeld** besuchen, in der die eindrucksvolle Mirakeltafel an das sog. Hostienwunder im Jahr 1384 erinnert. Etwas ruhiger mutet **Mösern** südwestlich von Seefeld an. Hier, wo es bald wieder steil hinunter ins Inntal geht, sind entspannte Wanderungen die Hauptattraktion, insbesondere zum **Möserer See** (1284 m) und von dort weiter zu den nur periodisch vorhandenen Gewässern Lottensee und Wildmoossee (Start Tennishalle Seefeld, 4 Std., 350 Hm, leicht).

Praktische Infos

■ **Tourismusinformation Seefeld,** Bahnhofplatz 115, A-6100 Seefeld, Tel. 050 880, www.seefeld.com.

■ **Seefelder Stube**②, Innsbrucker Straße 23, A-6100 Seefeld, Tel. 05212 2383, www.marcati.at/seefelder-stube/. Der gastronomische Platzhirsch vor Ort serviert traditionelle Tiroler Küche und auch italienische Spezialitäten.

Leutasch und Umgebung

Folgt man ab Seefeld der Landstraße in nordwestlicher Richtung, erreicht man das **Leutaschtal,** an dessen Nordflanke das Wettersteingebirge liegt. Die Hauptorte **Weidach** und **Leutasch** sind für ihre Skigebiete und Langlaufloipen (www.seefeld-langlauf.at) bekannt, aber auch verschiedene **Wanderungen** – z.B. zum **Grünkopf** (1588 m, Start Informationsstand an der Abzweigung nach Schanz, 3,5 Std., 550 Hm, leicht) oder zur **Rauthhütte** (1605 m, Start Rauthhütten-Parkplatz im Ortsteil Moos, 2 Std., 450 Hm, mittlerer Anspruch) – machen das Gebiet zu einem populären Ziel. Ab Leutasch erstreckt sich gen Westen das **Gaistal,** und wer der L14 weiter nach Norden folgt, erreicht kurz vor der Grenze nach Bayern die sensationelle, tief eingeschnittene **Leutaschklamm** (www.leutaschklamm.com), die sich über 1½ km zieht – der hintere Bereich nennt sich Geisterklamm – und teilweise über Holz- und Stahlstege begangen werden kann. Folgt man hingegen ab Seefeld der B177, kommt man kurz vor der Grenze nach **Scharnitz,** Ausgangsort für Ausflüge zum Ursprung der Isar und in das **Naturschutzgebiet Karwendelgebirge** (→ nebenstehenden Exkurs).

Praktische Infos

■ **Tourismusinformation Leutasch,** Kirchplatz 128 a, A-6105 Leutasch, Tel. 050 880510, www.seefeld.com/de/leutasch.html.

MEIN TIPP: **Hotel Quellenhof**②-③, Weidach 288, A-6105 Leutasch, Tel. 05214 67820, www.quellenhof.at. Hochwertiges Wellnesshotel mit großer Auswahl an alpin-modernen Zimmern und Suiten. Auch essen kann man hier②.

■ **Gasthaus Naturwirt**②, Gasse 190, A-6105 Leutasch, Tel. 0664 1476158, www.naturwirt.at. Biologisch zubereitete regionale Küche und vier Ferienwohnungen mit viel Holzdekor.

Zwischen Innsbruck und Brenner

Südlich von Innsbruck erstreckt sich das **Wipptal,** durch das neben dem Fluss **Sill** die **Bahnlinie,** die **Autobahn A13** und die „alte" **Bundesstraße B182** hinunter an die italienische Grenze führen. Wer Zeit hat, sollte die Bundesstraße der Autobahn vorziehen, da die Ansichten der großen pfeilergestützten Brücken der A13 beeindruckend sind; dies gilt vor allem für die 192 m hohe **Europabrücke,** die auch ein Eldorado für Bungee-Jumper (www.europabruecke.at) ist. Die Grenze im Süden markiert der 1375 m hohe **Brenner;** der niedrigste Pass der Ostalpen hat seit der Antike eine immense Bedeutung für Verkehr und Transport zwischen dem südlichen und Zentraleuropa.

Gleich südlich vom Bergisel liegt **Igls,** das als Ausgangpunkt für Wanderungen auf den **Patscherkofel** (2246 m), Innsbrucks zweiten Hausberg, dient. Man erreicht den Gipfel mit der markanten Sendeantenne wahlweise per **Seilbahn** (www.patscherkofelbahn.at) oder ab Igls zu Fuß (Start Ortsmitte Igls, 3,5 Std., 1100 Hm, Anspruch mittel). Eine entspanntere Alternative führt von Patsch auf die **Patscheralm** (Start Ortsmitte Patsch, 3,5 Std., 750 Hm, leicht). Auch Skifahrer kommen in dieser Gegend auf ihre Kosten. Igls ist ferner bekannt für seinen Golfplatz und die Möglichkeit, hier mit einem Bob – mit oder ohne Pilot – durch den olympischen Eiskanal zu fahren (www.olympiaworld.at/angebote/gaeste-renn-und-sommerbob-wok-gaesteskeleton). Im westlich gelegenen **Mutters** führt eine **Gondelbahn** auf die 1608 m hoch gelegene **Mutterer Alm** (www.muttereralm.at), die sich an den Hang des **Pfriemesköpfls** (1887 m) schmiegt.

Westlich von **Matrei am Brenner** sind in der Umgebung des **Klosters Maria Waldrast** inspirierende Wanderungen möglich. Bekannt ist das Kloster wegen seiner **Waldrastquelle**, aus der wunderbar erfrischendes Wasser sprudelt. Ab Matrei sind es nicht einmal 5 km bis nach **Steinach,** mit **3700 Einwohnern** größter Ort im Wipptal und mit einer imposanten zweitürmigen Pfarrkirche gesegnet. Die **Ski- und Freizeitarena Bergeralm** machen den Ort zu einer viel besuchten Destination im Sommer und Winter.

■ **Ski- und Freizeitarena Bergeralm,** Huebenweg 25, A-6150 Steinach am Brenner, Tel. 05272 6333, www.bergeralm.net.

Etwas weiter südlich, in **Nösslach,** lag einst das höchstgelegene **Kohlebergwerk** Europas, über das man auf dem 4,5 km langen **Bergwerksweg** viel Interessantes erfahren kann. Schon fast am

Brenner erstreckt sich das Wandergebiet um den 2115 m hohen **Sattelberg,** das man ab **Gries** erreicht (Start Ortsmitte Gries, 5 Std., 850 Hm, mittel). Kurz darauf, nach **Lueg,** passiert man den **Brennersee.** Das Dorf **Brenner (Brennero)** befindet sich bereits auf italienischer Seite, gleich nach dem großen **Outletcenter** (www.outletcenterbrenner.com) auf dem Pass.

Praktische Infos

■ **Tourismusinformation Igls,** Hilberstraße 15, A-6080 Igls, Tel. 0512 53566080, www.innsbruck.info/destination/orte/igls-vill.html.

■ **Tourismusinformation Matrei am Brenner,** Brennerstraße 104, A-6143 Matrei am Brenner, Tel. 05273 6278, www.wipptal.at.

■ **Tourismusinformation Steinach am Brenner,** Rathaus 1, A-6150 Steinach am Brenner, Tel. 05272 6270, www.wipptal.at.

Waldrast Natur Resort②-③, Mützens 27, A-6143 Matrei am Brenner, Tel. 05273 6219, www.mariawaldrast.at. Hotel und Restaurant②, bei dem auf Nachhaltigkeit und Umweltschutz Wert gelegt wird. Im Sommer speist man auf der herrlichen Terrasse.

Navistal, Gschnitztal, Schmirntal, Valser Tal und Obernbergtal

Gleich mehrere **Seitentäler** zweigen östlich und westlich vom Wipptal ab, allesamt durchaus reizvoll und meist kaum besucht. Da ist zunächst das **tief eingeschnittene Navistal,** das etwas südlich **von Matrei** nach Osten hin läuft und das in St. Kathrein und Navis sehenswerte Sakralgebäude aufweist. Doch die meisten Besucher kommen wegen der **Wandertouren** hierher, z.B. auf das **Kreuzjöchl** (2536 m, Start Parkplatz Schranzberg, 5,5 Std., 1150 Hm, mittel) oder entlang der **Naviser Almenrunde** (Start Parkplatz Schranzberg, 4,5 Std., 600 Hm, mittel).

Ab Steinach verläuft das etwa 14 km lange und raue **Gschnitztal,** durch das die Gschnitztal-Landesstraße über Trins und Gschnitz in Richtung Talschluss führt, den die **Laponesalm** (1487 m) bildet. Die Straße endet in Gschnitz im Ortsteil **Obertal** (1281 m), wo der **Sandesbach** von Süden kommend in den **Gschnitzbach** mündet. Hier überragt der 3277 m hohe, sagenumwobene **Habicht** das Tal; man kann hinauf zur **Innsbrucker Hütte** (Ortsmitte Gschnitz, 5,5 Std., 1100 Hm, mittel) oder südwärts zum **Tribulaunhaus** (Start Gasthof Feuerstein, 4,5 Std., 800 Hm, mittel) wandern. Doch viele Besucher dieser Region bevorzugen den weniger beschwerlichen Weg zur **Kirche St. Magdalena** – eine als Kraftplatz bezeichnete Wallfahrtskirche in 1666 m Höhe (Start Ortsmitte Gschnitz, 2,5 Std., 500 Hm, mittel, familienfreundlich). Ebenfalls in Obertal liegt das **Mühlendorf,** ein familienfreundliches **Freilichtmuseum** mit allerlei Attraktionen. Folgt man dem Gschnitzbach, gelangt man außerdem zur **Bremer Hütte** (Start Gasthof Feuerstein, 7 Std., 1200 Hm, mittel). Eine weitere beliebte Wanderung gleich am Talanfang führt von Trins hinauf zum **Padasterjoch** (2232 m, Start Ortsmitte Trins, 4 Std., 900 Hm, mittel).

■ **Mühlendorf Gschnitz,** Gschnitz 131, A-6150 Gschnitz, Tel. 0664 2364917, www.muehlendorf-gschnitz.at, Juli bis Okt. tägl. 10–17 Uhr, Juli und Aug. tägl. 10–18 Uhr, Eintritt ab 4 €, erm. ab 2 €.

Etwa bei Stafflach führt das **Schmirntal ab St. Jodok** ostwärts bis Kasern, das nur wenige Kilometer vom Tuxertal entfernt liegt und vom stolzen **Olperer** (3476 m) flankiert wird. Wege führen u.a. zum **Tuxer Joch** (2338 m, Start Alpengasthof Kasern, 4 Std., 750 Hm, mittel) und zur **Frauenwand** (2541 m, Start Alpengasthof Kasern, 6 Std., 1050 Hm, mittel).

Wer sich bei **St. Jodok** in südöstlicher Richtung hält, kommt in das kaum bekannte **Valser Tal,** das als Naturschutzgebiet ausgewiesen ist; die Region um die **Geraer Hütte** ist wahrlich ein Paradies für hochalpine Wanderungen (Start Parkplatz in der Nähe des Alpeiner Bachs, 5,5 Std., 1000 Hm, Anspruch mittel). Das südlichste Seitental des Wipptals bildet das **Obernbergtal,** das sich **ab Gries** nach Westen erstreckt und am grün schimmernden **Obernberger See** (1593 m) endet. Auch hier überragt der stattliche **Tribulaun** (2946 m) die wundervolle Landschaft. Ab dem kleinen Ort **Obernberg** lässt sich auch der **Lichtsee** (2104 m, Start Parkplatz Gasthof Waldesruh, 3,5 Std., 700 Hm, mittel, familientauglich) erreichen.

Stubaital und Umgebung

Bei **Schönberg,** etwa 11 km südlich von Innsbruck, geht es nach Westen ins weltberühmte, gleichermaßen bei **Wintersportlern, Wanderern und Kletterern** beliebte Stubaital. Das 35 km lange, umgangssprachlich kurz „das Stubai" genannte Hochtal wird durch die **Ruetz** durchflossen. Es bildet keine zusammenhängende Tourismusregion, sondern bietet an verschiedenen Orten jeweils eigene Attraktionen, meist in Form **hochalpiner Landschaften,** die man aus dem Tal per Seilbahnen erreicht. Gleich am Nordzipfel des Stubaitals liegt **Mieders,** von wo man hinauf zum **Koppeneck** (1625 m) fahren und ab dort über das bereits erwähnte Kloster Maria Waldrast bis zur **Serles** (2717 m) und weiter zum **Serlesjöchlein** (2384 m, Start Bergstation Koppeneck, 7 Std., 1300 Hm, schwer, schmale Bergpfade, teils über Geröll und Schutt, in manchen Abschnitten recht steil) wandern kann. In **Telfes** – im Ort selbst ist die Kirche mit ihren Fresken nett anzusehen – führen Wanderungen vom Ortsteil **Kapfers** (1075 m) auf die **Pfarrachalm** (1736 m, Start Almparkplatz Kapfers, 3 Std., 650 Hm, leicht). **Fulpmes,** mit **4600 Einwohnern** einer der zwei Hauptorte des Stubaitals, ist durch die vor Ort ansässige Firma Stubai (www. stubai.com) bekannt, die neben Werkzeug auch hochwertige Kletterausrüstung fertigt. Ab dem Ort führt die **Kreuzjochbahn** hinauf ins **Skigebiet Schlick 2000** (www.stubai.at/skigebiete/schlick2000/), das im Sommer auch diverse Wanderrouten aufweist. Touristisch ist **Neustift** das Zentrum des Tals, denn hier ist das Angebot an Unterkünften und Lokalen am größten. Ab Neustift fährt die **Elferbahn** hinauf auf knapp 1800 m, Wanderer können bis zur **Elferhütte** (2004 m) und weiter zur Karalm gehen (Start Bergstation Elferbahn, 4 Std., 650 Hm, mittel).

Im südlichen Teil des Stubaitals, auch **Unterbergtal** genannt, sind **Gasteig** und **Volderau** für Wanderer und Kletterer geeignete Ausgangsorte. Südlich von Ranalt liegt der großartige **Grawa-Wasserfall,** der mit etwa 85 m der breiteste der

Adobe Stock © hachri

gesamten Ostalpen ist und eine Fallhöhe von ca. 180 m aufweist. Am Ende der Landstraße befindet sich die **Mutterbergalm** am Fuße der grandiosen **Stubaitaler Gletscherwelt – Österreichs größtes Gletscherskigebiet** erreicht man mit der Gondelbahn (die Pisten sind zwischen Oktober und Juni befahrbar). An der **Bergstation Eisgrat** befindet sich eine **Eishöhle;** eine lohnende Wanderung führt zum **Gletschersee Blaue Lacke** in 2289 m Höhe (Start Parkplatz Sulzenauhütte, 5 Std., 750 Hm, mittel).

■ **Stubaier Gletscher,** Mutterberg 2, A-6167 Neustift im Stubaital, Tel. 05226 8141, www.stubaier-gletscher.com.

Praktische Infos

■ **Tourismusinformation Fulpmes,** Bahnstraße 17, A-6166 Fulpmes, Tel. 050 1881200, www.stubai.at.

■ **Tourismusinformation Neustift,** Dorf 3 (Stubaitalhaus), A-6167 Neustift, Tel. 050 18810, www.stubai.at.

■ **Gasthof Gröbenhof**②, Gröben 1, A-6166 Fulpmes, Tel. 05225 62442, www.groebenhof.at. Saisonal-regionale Küche bei atemberaubendem Ausblick! Wer länger bleiben möchte, nimmt sich ein Zimmer①-②.

⌃ Das Stubaital ist ein beliebtes Wintersportareal

Unterland

Der **Osten Tirols** wird als Unterland bezeichnet und umfasst die **Bezirke Kufstein, Kitzbühel und Schwaz.** Der Begriff „Unterland" ist allerdings für das Selbstverständnis zahlreicher Tiroler nicht ganz korrekt, denn viele Unterinntaler oder Zillertaler würden sich selbst nie als „Unterlandler" bezeichnen, auch wenn dies geografisch richtig wäre. Die Region war über Jahrhunderte durch den **Bergbau** geprägt und dadurch zwar einerseits wohlhabend, andererseits aber auch heiß umkämpft. Entsprechend zahlreich sind **historische Zeitzeugnisse** in Orten wie Kufstein, Rattenberg oder Schwaz vorhanden. Die meisten Besucher verschlägt es jedoch wegen der **sensationellen Bergwelt** auch in diesen Teil Tirols. Für Wintersportliebhaber sind besonders die **weltberühmten Skigebiete** von Bedeutung: die SkiWelt Wilder Kaiser-Brixental, das Kitzski genannte Areal um das exklusive Kitzbühel, die Pistenwelt im Hochzillertal und Hochfügen sowie die im Tuxtal, wo dank des Gletschers sogar das ganze Jahr über Skispaß möglich ist. Die **unberührte Natur in ihrer ganzen Pracht** zeigt sich eher im Naturschutzgebiet des Kaisergebirges, im Hochgebirgs-Naturpark Zillertaler Alpen südlich des mondänen Mayrhofen oder im abenteuerlichen Vomper Loch im Karwendelgebirge. Wer Lust auf eine erfrischende Abkühlung hat, macht sich auf den Weg zu Tirols größtem See, dem **Achensee.** Aber auch in der Region um den **Walchsee** und im **Kaiserwinkl** bieten sich so manche Betätigungen an, die über Wandern und Skifahren hinausgehen, etwa **Drachenfliegen** und **Paragleiten** (www.flykoessen.at).

Wer das Unterland nicht mit dem eigenen Fahrzeug besucht, hat in der Regel kein Problem damit, so ziemlich alle hier beschriebenen Ziele auch öffentlich zu erreichen, verkehren doch entlang dem Unterinntal **Züge, S-Bahnen und Busse** (u.a. Wander- und Skibusse). Wie überall in Tirol gilt: Inhaber einer Gästekarte können die öffentlichen Verkehrsmittel kostenlos benützen. Mountainbiken und **Radfahren** sind populär, die bergige Region setzt allerdings eine gute Kondition voraus. Wer zu einer Weitwanderung aufbrechen möchte, kann sich für den **Berliner Höhenweg** im südlichen Zillertal entscheiden (70 km, neun Tage).

Kufstein und Umgebung

Wer Tiroler Boden **über das Inntal aus Bayern** kommend „betritt", tut dies zumeist über die Autobahn A12 oder die parallel dazu führenden Bundesstraßen. Wenige Kilometer nach der Grenze in Kiefersfelden gelangt man nach Kufstein, mit **19.500 Einwohnern Tirols zweitgrößte Stadt.** Schon von Weitem nimmt man die massive mittelalterliche Festung wahr, die hoch über der Innenstadt thront und bereits Anfang des 13. Jahrhunderts erstmals urkundlich erwähnt wurde. Kufstein war über Jahrhunderte ein **Zankapfel zwischen Bayern und Österreich** und wurde erst 1814 im Vertrag von Ried endgültig dem habsburgischen Reich zugeschrieben. Musikalisch hat *Karl Ganzer* der Stadt mit dem Ohrwurm **„Kufsteiner Lied"** ein Denkmal gesetzt.

oes_122 sb

Wer die Stadt besucht, sollte zuerst die besagte **Festung** in Augenschein nehmen (zu Fuß oder per gläsernem Lift zu erreichen) – die auf einem Felsen über dem Innufer liegende Anlage mit dem Kaiserturm, den Kasematten, dem Burgbrunnen und den weiteren Gebäuden – in denen das **Festungs- und Heimatmuseum** untergebracht ist – ist unbestritten das Wahrzeichen der Stadt. Aus dem Bürgerturm der Festung erklingt täglich um 12 Uhr die aus 4948 Pfeifen bestehende **Heldenorgel** (im Juli und August auch um 18 Uhr zum Gedenken an die Gefallenen beider Weltkriege).

■ **Festung Kufstein,** Festung 2, A-6330 Kufstein, Tel. 05372 66525, www.festung.kufstein.at, April bis Okt. tägl. 9–18 Uhr, Nov. bis März 10–17 Uhr, Eintritt 13,50 €, ermäßigt 8 €.

Im weitestgehend verkehrsberuhigten Stadtzentrum sollte man das **Ensemble aus Unterem und Oberem Stadtplatz** begutachten, wo sich auch das Rathaus und die Stadtpfarrkirche St. Vitus befinden. Besonders fotogen präsentiert sich die **Römerhofgasse** mit dem ehemaligen Weinhaus Batzenhäusl und dem noch existierenden Wirtshaus Auracher Löchl. Westlich der Stadt, an dem der Festung gegenüberliegenden Flussufer, befindet sich der zum Baden beliebte und für seine wechselnde Färbung bekannte **Hechtsee.** Auch der **Thiersee** etwas weiter südlich bietet im Sommer ein reiches Angebot für „Wasserratten". Im gleichnamigen Hauptort am Nordostufer des Sees sind die **Passionsspiele** interessant. Wanderer zieht es auf den **Pendling** (1563 m), Kufsteins Hausberg (Start Gasthof Schneeberg in Thiersee, 4 Std., 700 Hm, Anspruch mittel, familienfreundlich).

Praktische Infos

■ **Tourismusinformation Kufstein,** Unterer Stadtplatz 11, A-6330 Kufstein, Tel. 05372 62207, www.kufstein.com.

⌃ Von weither zu sehen:
die massive Festungsanlage in Kufstein

oes_123 sb

MEIN TIPP: **Boutique Hotel Träumerei #8②**, Römerhofgasse 4, A-6330 Kufstein, Tel. 05372 62138, www.auracher-loechl.at. Das elegante Hotel in einem Gebäude aus dem 15. Jahrhundert liegt am Inn-Ufer und hat individuell gestaltete Zimmer. Das zugehörige Traditionsrestaurant Auracher Löchl bietet beste Tiroler Spezialitäten②.

- **Bräustüberl①-②**, Oberer Stadtplatz 5a, A-6330 Kufstein, Tel. 0676 4406523, www.braeustueberl-kufstein.at. Tiroler und bayerische Küche und dazu hervorragendes Bier!
- **Passionsspiele Thiersee,** passionsspiele-thiersee.at. Alle sechs Jahre (nächster Termin ist 2028) finden auf der zum See hin liegenden Bühne diese Passionsspiele statt.
- **Ritterfest Kufstein,** meist um Pfingsten herum wird auf der Festung Kufstein ein aufwendiges Ritterfest ausgerichtet.
- **Operettenfestival,** www.musicalsommer.tirol. Im Hochsommer auf der Festung.

Kaisergebirge

Östlich von Kufstein ragt das **wild zerklüftete Kaisergebirge** auf, das sich auf einer Länge von etwa 20 km bis kurz vor St. Johann erstreckt. Es besteht aus zwei markanten Gebirgszügen, dem **Wilden Kaiser** im Süden und dem **Zahmen Kaiser** mit dem südöstlich vorgelagerten **Niederkaiser** im Norden – die beiden Abschnitte verbindet das **Stripsenjoch** (1577 m). Das Kaisergebirge ist eine der bekanntesten Gebirgsgruppen der Ostalpen und strahlt sowohl auf Kletterer und Bergsteiger als auch auf Wanderer einen großen Reiz aus. Der größte Teil des Kaisergebirges ist zum **Naturschutzgebiet** erklärt worden und weitgehend weder durch Straßen noch durch Seilbahnen erschlossen. Zwischen den beiden er-

Die Gassen unterhalb der Festung wirken noch sehr mittelalterlich

Immer wieder und aus allen Blickwinkeln eindrucksvoll: das gewaltige Kaisergebirge

wähnten Gebirgszügen liegt das fotogene **Kaisertal,** an dessen Westseite man unbedingt die nur 40 m lange und 20 m breite **Tischofer-Höhle** (www.kufstein-altstadt.com/tischofer-hoehle/) besuchen sollte, in der Funde aus der Steinzeit gemacht wurden.

Kaiserwinkl und Umgebung

Zwischen der deutschen Grenze im Norden und dem Zahmen Kaiser mit seiner 1997 m hohen Pyramidenspitze im Süden liegen ein paar sehenswerte Orte. Darunter zunächst nördlich von Kufstein **Ebbs,** wo das **Haflingergestüt** und der **Raritätenzoo** (samt Nasenbären, Riesenschildkröten, Fischottern u.v.m.) Besucher anlocken.

■ **Haflinger Pferdezuchtverband Tirol,** Schlossallee 27–29, A-6341 Ebbs, Tel. 05373 42210, www.haflinger-tirol.com, Mo–Fr 8–17 Uhr, Sa/So 9–17 Uhr, Eintritt (je nach Programm) ab 10 €.

Raritätenzoo, Kruckweg 20, A-6341 Ebbs, Tel. 0664 4553630, www.raritaetenzoo.at, April bis Nov. tägl. 9–17 Uhr, Eintritt 11 €, ermäßigt 6 €.

Weiter nördlich in **Erl** befindet sich die sensationelle, unter Naturschutz stehende **Blaue Quelle,** eine **kleine Talsenke** mit dem größten Trinkwasservorkommen Tirols, bei dem 700–1000 Liter Wasser pro Sekunde aus den Tiefen sprudeln. Der Ort ist auch für seine **Passions- und Festspiele** bekannt, die in zwei extra für sie errichteten Spielhäusern abgehalten werden. Hält man sich ab Ebbs Richtung Nordwesten, erreicht man **Niederndorf** und wenige Kilometer weiter **Durchholzen,** wo Seilbahnen hinauf zu einem **alpinen Freizeitpark** mit Sommerrodelbahn (www.zahmer kaiser.com) führen, bevor man zum **Walchsee,** dem viertgrößten Gewässer des Bundeslandes kommt, der in der warmen Jahreszeit von Einheimischen und Fremden gleichermaßen zum Baden aufgesucht wird. Östlich des Sees

oes_124 sb

liegt etwas erhöht ein Kalvarienberg und in unmittelbarer Nähe die **Schwemm** genannte **Moorlandschaft,** die man auf einem Rundwanderweg erkunden kann (Start Walchsee Ortszentrum, 1,5 Std., 100 Hm, leicht, familienfreundlich). Weiter nordöstlich folgt mit **Kössen** ein ehemaliger Bergbauort, der ein fantastisches Refugium für **Wanderungen** in die nahe Bergwelt ist. Zu den beliebten Zielen zählt das auch bei Paragleitern nicht unbekannte **Unterberghorn** (1773 m, Start Gondelstation Hochkössen, 6 Std., 1050 Hm, mittel, Ausdauer ist gefragt), zu dem der erste Abschnitt mit der Gondelbahn zurückgelegt werden kann, oder auch die **Wallfahrtskirche Maria Klobenstein** (Start Ortsmitte, 5 Std., 250 Hm, leicht) direkt an der deutschen Grenze. Wenige Minuten von der Kirche liegt die sog. **Entenlochklamm** (auch Klobensteinschlucht genannt), über der eine imposante Hängebrücke spannt. Kössen ist auch das Zentrum der als **„Kaiserwinkl"** firmierenden Touristenregion, die zahlreiche Attraktionen – inklusive Rafting und Canyoning auf der **Tiroler Ache** – bietet.

Wintersport der Superlative – die SkiWelt

Südlich des Kaisergebirges liegt **Österreichs größtes zusammenhängendes Skigebiet,** das unter dem Namen **„SkiWelt Wilder Kaiser-Brixental"** zusammengefasst wird. Hier stehen fast 290 Pistenkilometer, 90 Skilifte bzw. Gondel- und Sesselbahnen sowie 80 zumeist familiengeführte Hütten mit Sonnenterrassen zur Verfügung. Für Skifahrer und Snowboarder ist das Gebiet definitiv ein Eldorado der Superlative, doch die **Umwelt** ist **schwer in Mitleidenschaft gezogen** worden. Das merkt man vor allem in der schneefreien Jahreszeit, wenn zwar der Blick von diversen Stellen hier oben auf über 70 Dreitausender bezaubernd ist, aber eben auch von den vielen Liftanlagen oftmals beeinträchtigt wird. Es bieten sich schier unendliche **Wanderwege** an, und in Gestalt sog. **Funparks** ist auch für jüngere Besucher gesorgt, aber „echte" Idylle darf man nicht erwarten.

■ **Infos:** Tel. 05333 400, www.skiwelt.at.

Praktische Infos

■ **Informationsbüro Ebbs,** Kaiserbergstraße 7, A-6341 Ebbs, Tel. 05373 42202100, www.ebbs.tirol.gv.at.

■ **Informationsbüro Erl,** Dorf 39, A-6343 Erl, Tel. 05373 812511, www.erl.at.

■ **Tourismusinformation Kaiserwinkl,** Postweg 6, A-6345 Kössen, Tel. 0501 100, www.kaiserwinkl.com.

■ **Gasthof Blaue Quelle**①-②, Mühlgraben 52, A-6343 Erl, Tel. 05373 8128, www.blauequelle.at. Direkt an der Blauen Quelle kommt Tiroler Hausmannskost auf die Tische. Auch ein Hotel gehört zum Anwesen.

■ **Der Unterwirt**③, Wildbichler Straße 38, A-6341 Ebbs, Tel. 05372 422288, www.unterwirt.at. Spezialitäten aus Tirol und Ostösterreich gibt es hier, und zwar verlässlich gut und unaufgeregt.

■ **Gasthof Erzherzog Rainer**①-②, Dorf 10, A-6345 Kössen, Tel. 05375 6242, www.gasthof-erzherzog-rainer-koessen.com. Gasthof aus dem 16. Jahrhundert, in dem gute einheimische Küche kredenzt wird.

■ **Walchseerhof**②, Dorfplatz 2, Tel. A-6344 Walchsee, Tel. 05374 5233, www.walchseerhof.com. Traditionelles Tiroler Hotel mit rustikalen und doch luxuriösen Zimmer. Auch essen kann man hier ②.

■ **Café Auszeit,** Mühltal 6b, A-6341 Ebbs, Tel. 0664 73639464, www.auszeit-ebbs.at. Äußerst beliebtes Café mit kleinen und großen Leckerbissen.

MEIN TIPP: **Passionsspiele Erl und Tiroler Festspiele,** www.passionsspiele. at, www.tirolerfestspiele.at. Seit mehr als 400 Jahren werden alle sechs Jahre (das nächste Mal 2025) aufwendige Passionsspiele aufgeführt. In den anderen Jahren finden seit 1998 die sog. Tiroler Festspiele statt.

Südliches Kaisergebirge

Wer sich dem Kaisergebirge von Süden her nähert, tut dies im „Schatten" des Wilden Kaisers, der von Westen nach Osten mit dem **Scheffauer** (2111 m), dem **Ellmauer Halt** (2344 m) und der **Ackerlspitze** (2329 m) drei beliebte Gipfel bietet. Ab Kufstein gelangt man in südlicher Richtung nach **Scheffau am Wilden Kaiser,** in dessen Umgebung der idyllische **Hintersteiner See** mit Strandbad liegt. Von hier führen diverse Wanderungen unterschiedlicher Schwierigkeitsgrade auf den Wilden Kaiser und zu den darunterliegenden Almen. Unterhalb von Scheffau startet eine Bergbahn hinauf zum **Brandstadl** (1650 m), wo die für Familien mit Kindern konzipierte **KaiserWelt** (www.kaiserwelt.at) liegt. Bei diesem Gebiet – mit Blick auf den Wilden Kaiser – handelt es sich um den zentralen Abschnitt der gigantischen **SkiWelt** (→ Info-Kasten S. 362). 4 km weiter östlich, in **Ellmau,** einem klassischen Touristenort, gelangt man per Seilbahn auf den **Hartkaiser** (1555 m), wo in der warmen Jahreszeit neben Wanderungen vor allem **Ellmi's Zauberwelt** (www.ellmi.at) die kleineren Besucher begeistern dürfte. In **Going** sollte man der Pfarrkirche Beachtung schenken, denn ihre Inneneinrichtung ist ein Rokoko-Hochgenuss. Nördlich des Ortes kann man die **Schleier-Wasserfälle** unmittelbar am Fuße des Wilden-Kaiser-Massivs besuchen (Start Wanderparkplatz Hüttling, 3 Std., 550 Hm, Anspruch mittel, familienfreundlich). Auch in Going startet eine Seilbahn, und zwar hinauf auf den **Astenberg** (1267 m).

Praktische Infos

■ **Tourismusinformation Region Wilder Kaiser,** Dorf 35, A-6352 Ellmau, Tel. 050 509, www.wilderkaiser.info.

■ **Bio-Hotel Stanglwirt**③, Kaiserweg 1, A-6353 Going am Wilden Kaiser, Tel. 05358 2000, www.stanglwirt.com. Exklusives Landhotel mit Wellness & Spa. Im hochwertigen Gourmetrestaurant②-③ speist man vortrefflich und im Januar findet hier die legendäre Weißwurstparty statt.

MEIN TIPP: **Kaiserhof**③, Harmstätt 8, A-6352 Ellmau, Tel. 05358 2022, www.kaiserhof-ellmau.at. Trendiges Spitzenlokal mit grandiosem Blick von der Panoramaterrasse! Zum Kaiserhof gehört auch ein edles Hotel③ mit traumhaftem Wellnessbereich.

St. Johann und Umgebung

Den östlichen „Abschluss" des Kaisergebirges bildet der **äußerst stark frequentierte Ort** St. Johann, der schon zum Großraum Kitzbühel gezählt wird. Der **Harschbichl** (1604 m) lässt sich per Seilbahn erreichen, anschließend hat man es nicht mehr weit (20–30 Minuten) bis zum **Kitzbüheler Horn** (1996 m), auf dem sich ein beliebter Klettersteig befindet. St. Johann ist bei **Wanderern und Wintersportlern** gleichermaßen beliebt, nicht zuletzt bei Langläufern, die hier alljährlich zum sog. **Koasalauf** (www.

koasalauf.at) zusammenkommen. Das durch sein großes Angebot an Gastronomie und Shopping bekannte St. Johann liegt im **Tal der Großache,** das häufig als „Kornkammer Tirols“ bezeichnet wird. Wer sich nach etwas Besinnlichkeit sehnt, sollte die **barocke Pfarrkirche** im Ort besuchen. Südwestlich von St. Johann findet sich in Oberndorf so manch interessante Adresse in Bezug auf Gastronomie:

- **Penzinghof**③, Penzingweg 14, A-6372 Oberndorf, Tel. 05332 62905, www.penzinghof.at. Tiroler Schmankerl kreativ zubereitet. Übernachten kann man hier auch.
- **Hofkäserei Schörgerer,** Penzingweg 17, A-6372 Oberndorf, Tel. 0664 9189470, schoergerer.com. Hofladen und Bauernhofführung.

Folgt man der Großache flussabwärts nach Norden, kommt man nach **Kirchdorf** und dann nach **Erpfendorf.** In dieser Gegend kann man die **Teufelsgasse,** eine sagenhafte Felsschlucht am Leerberg, durchwandern (Start Kirchdorf-Ortsteil Gasteig, 2,5 Std., 400 Hm, mittel) oder auf den **Prostkogel** (1244 m) steigen (Start Wanderparkplatz Faulernkapelle, 3 Std., 400 Hm, mittel). Östlich von Erpfendorf erstreckt sich das **Strubtal** bis zur Salzburger Grenze. Der Hauptort hier ist **Waidring,** das nach Süden hin von den **Loferer Steinbergen** flankiert wird. Auf der **Steinplatte** (1869 m, www.steinplatte.tirol) – ab Waidring per Seilbahn zu erreichen – befinden sich ein **Skigebiet** und der geologisch aufschlussreiche **Triassic Park,** mit vielen Attraktionen für Kinder jeden Alters.

☐ Kitzbühels elegantes Zentrum

- **Steinplatte Waidring,** Alpegg 10, A-6384 Waidring, Tel. 05353 5330-0, www.triassicpark.at, Triassic Park geöffnet Ende April bis Anfang Okt. tägl. 8.30-16.30 Uhr (im Winter sind nur wenige Attraktionen geöffnet), Eintritt (mit Berg- und Talfahrt) ab 23 €, ermäßigt ab 12,50 €.

Ab Waidring erstreckt sich das schluchtartige **Pillerseetal** nach Süden. Im Tal ist der namensgebende **Pillersee** sehenswert, der für seinen Fischreichtum bekannt ist und zu hübschen Spaziergängen einlädt. Der Hauptort des Tals ist **St. Ulrich;** ab dem nahe gelegenen St. Jakob kann man per Seilbahn die **Buchensteinwand** (1462 m) befahren, auf deren Gipfel ein überdimensionales Gipfelkreuz steht, das innen begangen werden kann und gleich mehrere Aussichtsplattformen bietet. Südlich des Pillerseetals, in **Fieberbrunn** (www.fieberbrunn.com), ranken sich Legenden um die dortige schwefelhaltige Wasserquelle und Seilbahnen führen hinauf auf die umliegenden Höhen. Diverse Wanderungen führen vom **Lärchfilzkogel** (1654 m) zum Wildseeloderhaus (Start Fieberbrunn Bushaltestelle, 6 Std., 1150 Hm, schwer) oder auf den **Wildseeloder** (2117 m, Start Bergstation Lärchfilzkogel, 3 Std., 550 Hm, mittel).

Praktische Infos

- **Tourismusinformation Pillerseetal,** Dorfplatz 1, A-6391 Fieberbrunn, Tel. 05354 56304, www.pillerseetal.at.
- **Tourismusinformation St. Johann in Tirol,** Poststraße 2, A-6380 St. Johann in Tirol, Tel. 05352 633350, www.kitzbueheler-alpen.com/de/stjo/region-st-johann-in-tirol.html.
- MEIN TIPP: **Angerer Alm**①, Berglehen 53, A-6380 St. Johann in Tirol, Tel. 05352 62746, www.angereralm.at. In dieser Almhütte am Kitzbühler Horn

gibt es von Hausmannskost (mittags) bis zu anspruchsvoller Küche (abends) eine große kulinarische Bandbreite, und auch Zimmer①-② stehen zur Verfügung.

MEIN TIPP: **Aggstein Edelbrände,** Mauthfeld 2, A-6380 St. Johann in Tirol, Tel. 05352 65500, www.aggstein.co.at. In dieser Schau- und Erlebnisbrennerei erfährt man alles über die Kunst der Schnapsherstellung.

MEIN TIPP: **Bikeacademy,** Salzburgerstraße 15, A-6380 St. Johann in Tirol, Tel. 05352 21605, bikeacademy.com. Alles zum Thema Mountainbiken in den Kitzbühler Alpen.

Kitzbühel und Umgebung

Den **äußersten Südosten Tirols** markieren die **Kitzbüheler Alpen.** Dieses auch als **Schieferalpen** bezeichnete Gebirgsmassiv zieht sich über etwa 80 km vom Zillertal im Westen bis zum bereits in Salzburg gelegenen Zeller See im Osten. Im Gegensatz zum Kaisergebirge sind die Kitzbüheler Alpen sanfter gewellt und weniger schroff, weshalb sie sich bei **Wanderern und Skifahrern** allergrößter Beliebtheit erfreuen. Hauptort ist das **mondäne Kitzbühel,** ein besonders von Prominenten und Vermögenden bevorzugtes Städtchen, dessen Geschichte etwa im 13. Jahrhundert beginnt und das lange Zeit vor allem vom Bergbau geprägt war. Es war hier, dass der **Skipionier Franz Reisch** Ende des 19. Jahrhunderts den skandinavischen Wintersport einführte; heute ist Kitzbühel ganz besonders durch das **Hahnenkammrennen** – dabei zählt die „Streif" mit einem Hochgefälle von 85% zu einem der schwierigsten Abschnitte weltweit – der **Inbegriff des Skisports** schlechthin. Dass das sportliche Angebot praktisch das ganze Jahr über – in der Region gibt es allein über 30 Golfplätze! – **reichlich Touristen** anlockt, ist nur logisch. In Kitzbühel finden sich natürlich auch eine Vielzahl an Restaurants und Lokalen sowie einige eher auf hochpreisige Waren spezialisierte Boutiquen. Das kleine Ortszentrum besteht aus den parallel verlaufenden Straßenzügen der **Vorder- und Hinterstadt,** in deren Mitte die **Katharinenkirche** liegt, von deren Turm täglich um 11 und 17 Uhr das Glockenspiel ertönt. Südöstlich davon steht das **Jochberger Tor** mit dem Pfleghof und dem **Stadtmuseum.** Wer sich für die lokalen Skimeister interessiert, sollte den **Legendenpark** besuchen. Westlich der Ortsmitte liegt der sog. **Kirchenhügel,** wo sich neben Kirchen und Kapellen

oes_125 sb

auch der Friedhof der Stadt befindet. Hier liegt u.a. Toni Seiler (1935–2009), die örtliche Skilegende.

■ **Museum Kitzbühel,** Hinterstadt 32, A-6370 Kitzbühel, Tel. 05356 67274, www.museum-kitzbuehel.at, Di–Do 10–13 Uhr, Fr–So 10–17 Uhr, Eintritt 8 €, ermäßigt 6 €.

In der Umgebung von Kitzbühel lädt zunächst der **Schwarzsee,** ein Moorsee, zum Badespaß ein. Die Bergregionen um das bereits angesprochene **Kitzbüheler Horn** (1996 m) im Osten und den **Hahnenkamm** (1655 m) im Westen – beide durch Seilbahnen erreichbar – stellen die Hauptattraktion für Wanderer und Skifahrer dar. Das besagte Kitzbüheler Horn, auf dem der 102 m hohe Fernsehturm steht, kann auch über eine **mautpflichtige Panoramastraße** erreicht werden und oben lädt das Gasthaus Alpenhaus zur Einkehr ein. Neben dem **Wintersportareal Kitzbühel** verdienen in der Umgebung vor allem der **Wildpark in Aurach** und das **Schaubergwerk Kupferplatte in Jochberg** Erwähnung. Rund um den **Pass Thurn** (1274 m) liegt mit der **Resterhöhe** ein weiteres beliebtes **Skigebiet,** das sich allerdings hauptsächlich in Salzburg ausbreitet.

Mein Tipp: **Wildpark Aurach,** Wildparkweg 5, A-6371 Aurach bei Kitzbühel, Tel. 05356 65251, www.wildpark-tirol.at, Febr. bis Mitte März Do–So 10–16 Uhr, Mitte März bis Juni Mi–So 10–17 Uhr, Juli und Aug. tägl. 10–17 Uhr, Sept. bis Dez. Mi–So 10–17 Uhr, Eintritt 12 €, ermäßigt 7 €.

Schaubergwerk Kupferplatte, Bergwerksweg 10, A-6373 Jochberg, Tel. 05355 5779, www.kupferplatte.at, Juni bis Sept. tägl. 9–17 Uhr, Eintritt 12 €, ermäßigt 7 €.

Praktische Infos

■ **Tourismusinformation Kitzbühel,** Hinterstadt 18, A-6370 Kitzbühel, Tel. 05356 66660, www.kitzbuehel.com.

■ **Tourismusinformation Kitzbüheler Alpen,** Tel. 057507, www.kitzbueheler-alpen.com.

■ **KitzSki – Ski- und Wandergebiet,** Hahnenkammstraße 1a, A-6370 Kitzbühel, Tel. 05356 6951, www.kitzski.at.

Mein Tipp: **Erika Boutiquehotel**③, Josef-Pirchl-Straße 21, A-6370 Kitzbühel, Tel. 05356 64885, www.erika-kitz.at. Eines der traditionsreichsten und renommiertesten Hotels in Kitzbühel. Es befindet sich in einem Jugendstilbau und verfügt über einen großen Wellness-Bereich.

oes_126 sb

Kitzbühel kann auch architektonisch überzeugen

■ **Camping Schwarzsee,** Reitherstraße 24, A-6370 Kitzbühel, Tel. 05356 62806, www.bruggerhof-camping.at. Ruhiger Campingplatz, der zu einem Sporthotel gehört, dessen Einrichtungen man mitbenutzen kann.

MEIN TIPP: **Gasthaus Bärenbichl**②, Bärenbichlweg 35, A-6373 Jochberg, Tel. 05355 5347, baerenbichl.at. Neben dem Blick auf das Kitzbühler Horn sind die typischen Tiroler Spezialitäten einsame Spitze!

■ **Hallerwirt**①-②, Oberaurach 4, A-6371 Aurach bei Kitzbühel, Tel. 05356 64502, www.hallerwirt.at. Verlässlich-gutes Wirtshaus, in dem auch Zimmer angeboten werden.

■ **Huberbräu-Stüberl**②, Vorderstadt 18, A-6370 Kitzbühel, Tel. 05356 65677. Bodenständige Alternative zu den touristischen Adressen in Kitzbühel. Tiroler und allgemein österreichische Küche.

MEIN TIPP: **Mocking**③, Hahnenkammstraße 8, A-6370 Kitzbühel, Tel. 05356 66544, mocking-kitzbuehel.at. Ein edles Wirtshaus, gleich am Hahnenkammlift gelegen. Höchste Qualität der klassischen Tiroler Küche.

■ **Restaurant Zinnkrug**①-②, Graggaug 4, A-6370 Kitzbühel, Tel. 05356 62613, www.restaurant-kitzbuehel.at.

Kirchberg und Brixental

Gerade einmal 4 km westlich von Kitzbühel liegt Kirchberg, ebenfalls ein angesagter Standort für **Ski- und Wandersport** in der **KitzSki-Welt** (www.kitzski.at), wenn auch weniger elitär und kostspielig. Kirchberg hat eine barocke Pfarrkirche, der Hausberg ist der mit der Seilbahn erreichbare **Gaisberg** (1767 m). Südlich des Ortes verläuft das **Spertental,** einst als Bergbaugebiet bekannt und heute ab **Usterberg** an das Skigebiet angeschlossen bzw. für Wanderungen ab **Aschau** beliebt, die auf den **Spießnägel** (1881 m, Start Kneippanlage Hinteraschau, 6,5 Std., 900 Hm, mittel) oder den **Großen Rettenstein** (2366 m, Start Wanderparkplatz Hintenbachalm, 5 Std., 1250 Hm, mittel) führen. Weiter westlich von Kirchberg liegt **Brixen im Thale,** das dem **Brixental** seinen Namen gab, bei den Tourismusverbänden aber vor allem unter dem Namen „Hohe Salve" firmiert. Eben diese **Hohe Salve** (1827 m, www.hohe.salve.at) erreicht man aus dem Ort zunächst mit der Seilbahn bis Hochbrixen und dann weiter zu Fuß. Das Areal gehört nicht mehr zu den Kitzbühler Alpen, sondern zur oben erwähnten **SkiWelt.** Gleich in der Nähe befindet sich **Westendorf,** von wo das **Windautal** nach Süden verläuft. Es gilt als **beliebtes Naherholungsgebiet,** das Skitourengehern, Wanderern, Mountainbikern und Radlern beste Verhältnisse bietet. Etwas weiter westlich verläuft die **Salzburg-Tiroler-Bahn** über eine Kehrschleife, die als Brücke das Tal überspannt – diese sog. **Windauer Schleife** ist ein beliebtes Fotomotiv. Wirklich berühmt ist das Brixental für die sog. **Kelchsau,** ein pittoreskes Tal, das sich ab Elsbethen etwa 20 km lang südwärts zieht. Bekannt ist es auch für seine **Bauernhäuser** und den **Lodron** (1925 m), Mittelpunkt eines beliebten **Skitourengebiets,** das in der warmen Jahreszeit natürlich auch zu herrlichen **Wanderungen** einlädt. Ganz im Süden der Kelchsau sind atemberaubende Bergtouren fernab der Zivilisation möglich, etwa auf den **Schafsiedel** (2447 m, Start Gasthof Wegscheid, 8,5 Std., 1300 Hm, Anspruch mittel) oder den **Torhelm** (2494 m, Start Tiefentalalm, 7 Std., 1150 Hm, mittel). Im Westen des Brixentals liegt **Hopfgarten** mit seinem historisch erhaltenen Stadtkern und einer zweitürmigen Kirche aus dem 18. Jahrhundert. Auch von Hopfgarten führt eine Seilbahn auf die erwähnte **Hohe Salve** und damit in die SkiWelt.

Praktische Infos

- **Tourismusinformation Brixen im Thale,** Dorfstraße 93, A-6364 Brixen im Thale, Tel. 05750 72200, www.brixenimthale.at.
- **Tourismusinformation Kirchberg in Tirol,** Dorfstraße 11, A-6365 Kirchberg in Tirol, Tel. 05750 72100, www.kitzbueheler-alpen.com.

MEIN TIPP: **Alpeniglu-Dorf,** Unterer Sonnberg 13, A-6364 Brixen im Thale, Tel. 0676 9256754, www.alpeniglu.com. Sicher die außergewöhnlichste Unterkunft in der Region – man kann in einem Iglu übernachten und auch eine Eisbar gibt es, zudem Events und „Eiskunst".

MEIN TIPP: **Terrassencamping Schlossberg Itter,** Brixentalerstraße 11, A-6305 Itter, Tel. 05335 2181, www.camping-wilder-kaiser.at. Am Fuße von Schloss Itter gelegener Campingplatz mit beheiztem Pool und Sauna.

- **Restaurant Kupferstub'n**②-③, Kitzbüheler Straße 9, A-6365 Kirchberg in Tirol, Tel. 0664 3333 332, www.kupferstube.at. Äußerst beliebter Gastro-Tempel für feinstes Schlemmen.
- **Brixentaler Antlassritt,** aufwendiger Fronleichnamsumzug, auf dem Bauern auf geschmückten Pferden von Brixen über Westendorf nach Kirchberg reiten.

Wörgl und Umgebung

Neben Kufstein, St. Johann und Kitzbühel ist **Wörgl** die vierte größere Stadt im äußersten Osten des Unterlandes. Mit **14.400 Einwohnern** ist Wörgl die fünftgrößte Gemeinde Tirols und liegt an der südlichen Talseite des Inntals. Anders als viele Ortschaften der Region lebt Wörgl nicht vorrangig vom Fremdenverkehr, sondern ist ein wichtiger **Industriestandort** und bedeutender **Verkehrsknotenpunkt.** In der Nähe fand 1809 eine **Schlacht** statt, in der bayerisch-napoleonische Truppen die Österreicher aufrieben. Im Zweiten Weltkrieg war die Stadt Opfer alliierter **Bombardements.** Bei einem Besuch in Wörgl fällt zuerst die große **Stadtpfarrkirche Hl. Laurentius** auf. Interessant in der Innenstadt sind einige **historische Bauernhäuser** (in der Bahnhof- und Josef-Speckbacher-Straße und vor allem in der Kanzler-Biener-Straße). Ein bekannter Ausflugsort ist die **Burg Mariastein** nördlich von Wörgl, von der nur noch ein Turm steht und die als Wallfahrtsort gilt und auch ein Museum sowie einen Rittersaal, die beide nur im Rahmen einer Führung (Infos unter 0680 2064180) zu besichtigen sind, beinhaltet. Nordwestlich von Mariastein befindet sich die **Hundalm Eishöhle,** die einzige ihrer Art im ganzen Bundesland.

Praktische Infos

- **Tourismusinformation Wörgl,** Innsbrucker Straße 1, A-6300 Wörgl, Tel. 05750 77000, www.woergl.at.

Söll und Umgebung

Südlich von Wörgl erstreckt sich das **Hochtal Wildschönau** (www.wildschoenau.com), in dem man z.B. von Niederau per Sessellift auf das **Markbachjoch** (1497 m) fahren und in dieser entzückenden Gegend zu Wanderungen aufbrechen kann. Folgt man der Straße weiter hinein ins Tal, finden sich weitere sehenswerte Naturerlebnisse wie die **Kundler Klamm,** das **Skigebiet um**

oes_127 sb

Auffach und der **Schatzberg** (1901 m, Start Bergstation Schatzbergbahn, 1,5 Std., 150 Hm, leichte, familienfreundliche Rundwanderung) sowie ganz im Süden die Bergwelt um die **Wildkarspitze** (1961 m) und die **Breiteggspitze** (1868 m, Start Alpengasthof Schönangeralm, 5 Std., 950 Hm, leicht, Tour über beide Spitzen). Etwa 11 km von Wörgl entfernt liegt **Söll,** ein äußerst touristischer Ort, der über eine Seilbahn an die Hohe Salve (s.o.) angeschlossen ist. Hier oben lockt neben diversen **Skipisten und Wanderwegen** die **Erlebniswelt Hexenwasser,** die Kinder lieben werden. Im Ort selbst steht die imposante barocke **Kirche St. Peter und Paul,** deren Fresken aus dem 18. Jahrhundert stammen.

■ **Hexenwasser Söll,** Stampfanger 21, A-6306 Söll, Tel. 05333 5260, www.hexenwasser.at, Mai bis Okt. 9–17 Uhr, Eintritt 34 €, ermäßigt 17 €.

⌃ Zurück in den Stall: Im Frühherbst finden vielerorts Almabtriebe statt – wie hier in Wörgl

Praktische Infos

■ **Tourismusinformation Söll,** Dorf 84, A-6306 Söll, Tel. 050 509210, www.soell.at.

■ **Franzlhof**②-③, Dorfbichl 37, A-6306 Söll in Tirol, Tel. 05333 5117, www.franzlhof.com. Großzügiges Hotelareal mit unterschiedlichen Unterkünften.

Rattenberg und Umgebung

Das **Inntal südwestlich von Wörgl** nehmen die allermeisten Besucher nur als Durchgangsregion wahr, doch manche Orte lohnen sich durchaus für einen Zwischenstopp, handelt es sich hier doch um eine der kulturhistorisch aufschlussreichsten Gegenden des Bundeslandes. Zuerst sollte man in **Kundl** halten, einem Standort der Pharmaindustrie, wo die **St. Leonhard auf der Wiese** genannte **Wallfahrtskirche** als eines der besterhaltenen gotischen Gotteshäuser Tirols gilt. Wenige Kilometer weiter flussaufwärts gelangt man nach **Rattenberg,** einem reizenden Ort, der einst für seine Glasproduktion bekannt war und in dem noch viele Gebäude in dem so typischen Inn-Salzach-Stil erhalten sind. Die Innenstadt um den dreieckigen Sparkassenplatz und die Südtiroler Straße sind besonders malerisch. Interessante **Museen** finden sich im ehemaligen **Augustinerkloster** (zu sakraler Kunst) sowie in den sog. **Nagelschmiedhäusern** (zur Stadtgeschichte). Die Gegend um Rattenberg war zwischen Tirol und Bayern heiß umkämpft, daher sind von der **Burg** oberhalb des Ortes nur noch wenige Mauerreste zu sehen. Auf der nördlichen Seite des Inns liegt **Kramsach** mit seinem Skulpturenpark und etwa 5 km außerhalb des Ortes das **Museum Tiroler Bauernhöfe,** ein spannendes Freilichtareal zum bäuerlichen Leben und dem Tiroler Brauchtum.

- **Museum Tiroler Bauernhöfe,** Angerberg 10, A-6233 Kramsach, Tel. 05337 62636, www.museum-tb.at, Palmsonntag bis April und Okt. tägl. 9–17 Uhr, Mai bis Sept. tägl. 9–18 Uhr, Eintritt 10 €, ermäßigt 3 €.

Praktische Infos

- **Informationsbüro Rattenberg,** Pfarrgasse 92, A-6240 Rattenberg, Tel. 05337 62408, www.rattenberg.at.
- **Camping Seehof,** Moosen 42, A-6233 Kramsach, Tel. 05337 63541, www.camping-seehof.com. Familienfreundlicher Campingplatz am Reintalersee mit Restaurant und Kiosk. Auch Apartments können bezogen werden.

MEIN TIPP: **Camping Stadlerhof,** Seebühl 14, A-6233 Kramsach, Tel. 05337 63371, www.camping-stadlerhof.at. Hübscher Campingplatz mit großem Wellnessbereich inklusive beheiztem Außenbecken.

- **Leonhardiritt Kundl,** am ersten Sonntag nach dem 6. November – dem eigentlichen Namenstag des hl. *Leonhard* – findet in Kundl eine berittene Prozession statt.
- **Schlossbergspiele Rattenberg,** www.schlossbergspiele-rattenberg.at. Im Sommer gibt es auf der Rattenberger Burgruine Freilufttheater zu sehen.

MEIN TIPP: **Kisslinger,** Südtiroler Straße 24, A-6240 Rattenberg, Tel. 05337 64142, www.kisslinger-kristall.com. Hier wird noch in traditioneller Manier Glasbläserei betrieben. Die Kunstwerke lassen sich kaufen und auch Vorführungen finden statt.

Brixlegg und Umgebung

Von Rattenberg ist es nur ein Katzensprung bis Brixlegg, einem alten Bergbauort, in dessen Umgebung das **Schloss Lanegg** und die **Burg Lichtwehr** zumindest von außen besichtigt werden können. Wirklich einmalig ist jedoch südwestlich von Brixlegg der Blick auf das massive **Schloss Matzen** (hier befindet sich ein Hotel), entweder vom Schlosspark oder der Terrasse des zugehörigen Restaurants. In unmittelbarer Nähe des Schlosses verläuft das **Alpbachtal** etwa 18 km nach Süden, ein recht wenig besuchtes **Wanderareal** mit diversen eindrucksvollen Bergen wie dem **Reither Kogel** (1336 m), den man ab Reith per Seilbahn erreicht, oder dem **Wiedersberger Horn** (2127 m), das von einem der hübschesten Dörfern Tirols, dem **idyllischen Alpbach,** ebenfalls per Seilbahn – zumindest bis zur Bergstation in 1850 m Höhe – angefahren wird. Mit dem **Erlebnis-Waldspielplatz Lauserland** findet sich hier oben ein Kinderparadies. Weitere wundervolle Wanderungen führen auf den 1901 m hohen **Schatzberg** (Start Rossmoos bei Alpbach, 3,5 Std., 650 Hm, mittel) und den **Großen Galtenberg** (2424 m, Start Inneralpbach, 7,5 Std., 1450 Hm, mittel), für erfahrene Berggeher bietet sich das **Sonnjoch** (2457 m, Start Lueger Graben, 8 Std., 1200 Hm, schwer) an. Nördlich von Kramsach erstreckt sich das **Tal der Brandenberger Ache,** eine wundervolle Schlucht, die rundherum bewaldet ist und vor allem in der **Kaiserklamm** und der **Tiefenbachklamm** großartige Touren ermöglicht. Zum Baden bieten sich der auch bei Campern und FKK-Freunden beliebte **Reintalersee** bzw. die kleineren **Krumm- und Buch-Seen** an.

Praktische Infos

■ **Informationsbüro Brixlegg,** Römerstraße 1, A-6230 Brixlegg, Tel. 05337 62277, www.brixlegg.tirol.gv.at.

MEIN TIPP: **Schlosshotel Matzen③**, Matzen 5, A-6235 Reith im Alpbachtal, Tel. 0676 4459997, www.schlosshotel-matzen.com. Edles Schlosshotel mit wundervoll eingerichteten Zimmern und Suiten. Mit Wellness-Betrieb.

■ **Gut Matzen②-③**, Gut Matzen 6, A-6235 Reith im Alpbachtal, Tel. 05337 65407, www.gutmatzen.at. Mischung aus Café, Restaurant, Bar und Bodega mit hübscher Terrasse und Blick auf das Schloss Matzen.

■ **Kirchenwirt Mehrn②**, Faberstraße 7, A-6230 Brixlegg, Tel. 05337 63363. Traditionelle Tiroler Gerichte in bester Qualität.

Achensee und Umgebung

Wenige Kilometer hinter Brixlegg führt die Bundesstraße nach Norden in **Richtung bayerischer Grenze.** Dieser historisch wichtige Verkehrsweg verläuft zwischen dem Karwendelgebirge im Westen und dem Rofangebirge im Osten. Hier liegt zunächst **Eben,** wo die Pfarrkirche der **Volksheiligen Notburga** geweiht ist, die im 13. Jahrhundert lebte und durch ihre tiefe Gläubigkeit und ihre Nächstenliebe im ganzen Bundesland bekannt ist. In der Kirche ist ihre Skelettreliquie zu sehen, unmittelbar daneben erzählt ein Museum von ihrem Leben. Etwas weiter nördlich, in **Maurach,** führt eine Seilbahn auf die **Erfurter Hütte** (1831 m), von der man die **Rofanspitze** (2260 m) erklimmen kann (Start Erfurter Hütte, 4,5 Std., 550 Hm, mittel). Maurach liegt am Ufer des 6,8 km² großen, bis zu 133 m tiefen **türkisblauen Achensees,** dem größten See Tirols. Selten wärmer als 20°C, ist seine **Wasserqualität hervorragend**, und er ist auch und gerade für seinen **Fischreichtum** nicht zuletzt bei Tauchern bekannt. Um den See verlaufen Spazierwege, es gibt **Strandbäder** und man kann ihn per **Schiff** (www.achenseeschifffahrt.at) befahren – auch in Verbindung mit der historischen **Schmalspurbahn,** die seit 1888 ab Jenbach verkehrt. Auf der Westseite des Sees liegt **Pertisau** mit seiner hübschen Uferpromenade und einem großen Angebot an Unterkünften und Aktivitäten. Der Ort ist auch für das aus ölhaltigem Schiefer gewonnene **Steinöl** bekannt, dessen Herstellung und Bedeutung man im **Besucherzentrum Vitalberg** auf den Grund gehen kann.

■ **Tiroler Steinölwerke,** Tiroler Steinöl Weg 10, A-6213 Pertisau am Achensee, Tel. 05243 5877, www.steinoel.at/vitalberg, Museum geöffnet Dez. bis April Mo–So 10–16 Uhr, Mai bis Nov. Mo–So 9–17 Uhr, Eintritt 8,50 €, ermäßigt 4,30 €.

Westlich von Pertisau liegt das **Karwendelgebirge** (→ Exkurs S. 352); Touren in die Bergregion, auch hier um das **Sonnjoch** (2457 m, Start Gasthof Gramaialm, 6 Std., 1200 Hm, schwer) oder auf das **Stanser Joch** (2102 m, Start Pertisau Bergstation der Karwendel-Bergbahn, 5 Std., 700 Hm, mittel) sind ein Erlebnis. Nördlich des Achensees liegt **Achenkirch,** ein hübscher Ort mit barocker Pfarrkirche und Heimatmuseum. Nach Westen hin führt eine Wanderung auf die **Hochplatte** (1814 m, Start Parkplatz Talstation Hochalmlifte, 3,5 Std., 750 Hm, mittel) und noch einsamer geht es um **Steinberg am Rofan** zu, wo ebenfalls ein wundervolles Wandergebiet liegt.

Praktische Infos

- **Informationsbüro Eben am Achensee,** Dorfstraße 28, A-6212 Maurach, Tel. 05243 5202, www.eben.tirol.gv.at.
- **Kulinarikhotel Alpin**③, Seestraße 35, A-6215 Achenkirch, Tel. 05246 6800, www.kulinarikhotel-alpin.at. Ideale Adresse für den Genuss- und Wohlfühlurlaub. Einladende Zimmer und regionale Spezialitäten im Restaurant.
- **Dorfwirt**①-②, Pertisau 31a, A-6213 Pertisau am Achensee, Tel. 05243 5505, www.dorfwirt-pertisau.at. Im Ortskern von Pertisau liegt dieses einfache und auch bei den Einheimischen beliebte Wirtshaus.
- **Camping Schwarzenau,** Schwarzenau 1, A-6215 Achenkirch, Tel. 0664 4662070, www.schwarzenau.cc. Direkt am Achensee gelegener Campingplatz mit einem umfassenden Freizeitangebot. www.kirchenwirt-mehrn.at.

[>] Winteridylle: Das Zillertal eignet sich auch zum Langlaufen

Zillertal

Wer hat noch nicht vom berühmten Zillertal gehört? Das vielleicht **bekannteste Tal Österreichs** zweigt nahe Jenbach vom Inntal ab und verläuft auf über 50 km Länge nach Süden. Es hat seinen Namen vom **Ziller-Fluss,** der es von Süden nach Norden durchfließt und bei Strass in den Inn mündet. Westlich des breiten Tals liegen die **Tuxer Alpen** und östlich die **Kitzbüheler Alpen,** während das südliche Areal in mehrere Einzeltäler aufgeteilt wird, flankiert von den **Zillertaler Alpen.** Im Zillertal und seinen Seitentälern liegen 25 Gemeinden, die zum **Bezirk Schwaz** gehören und in denen etwa 37.900 Menschen leben. Dagegen steht die unglaubliche Zahl von mehr als **50.000 Gästebetten,** was bis zu 7,5 Millionen Übernachtungen im Jahr bedeutet. Den touristischen Schwerpunkt bildet vor allem der **Wintertourismus** – das Zillertal verfügt über vier Skigebiete mit Pisten über eine Länge von insgesamt 540 km und 180 Liftanlagen –, aber auch in den Wandermonaten wird es häufig voll. Dennoch hat das Tal ein **gewisses Flair,** zu dem die musikalisch versiert geltende Bevölkerung, das reiche und noch **lebendige Brauchtum,** die typischen **Trachten** und nicht zuletzt die hier zur Vollendung gebrachte Volkskunst auf Kräuter- und Heilölbasis beitragen.

Das Zillertal gehörte bis 1803 zum **Erzbistum Salzburg,** wobei die Bistumsgrenze zwischen der Diözese Säben-Brixen und Salzburg bis heute am Ziller entlang verläuft. Die einst große protestantische Minderheit – unter ihnen waren viele Bergknappen – wurde verfolgt und 1837 zum Auswandern ge-

oes_128 aw

zwungen. Auf „klassische“ Weise legt man die knapp 32 km von Jenbach im Norden bis Mayrhofen im Süden mit der nostalgischen **Zillertalbahn** (www.zillertalbahn.at) zurück, während motorisierte Urlauber die 35 km lange, mautpflichtige **Zillertaler Höhenstraße** (www.zillertaler-hoehenstrasse.com) zwischen Kaltenbach und Hippach lieben, die überwältigende Panoramablicke ermöglicht.

■ **Infos: Tourismusinformation Zillertal,** Tel. 05288 87187, www.zillertal.at.

Fügen und Umgebung

Der nördlichste Ort des Zillertals ist **Strass,** das ein paar Erhebungen aufweist, von denen man einen reizenden Blick auf den Talverlauf hat. Alternativ gelangt man zur **Wallfahrtskirche Maria Brettfall** oberhalb des Ortes (ab Strass 30 Minuten, leicht) und zur südwestlich gelegenen **Ruine Rottenburg** (nochmals etwa 20–30 Min.). Zumindest von außen kann man im Ortsteil Rotholz das **Schloss Thurneck** aus dem 16. Jahrhundert betrachten, ferner südlich von Strass bei Schlitters dem kleinen, aber kräftigen **Öxlbach-Wasserfall** einen Besuch abstatten. Wenige Kilometer weiter südlich kommt man nach **Fügen,** einem der großen Touristenorte im Zillertal, wo das **Schloss Bubenburg** (nur von außen zu bestaunen) steht und das **Heimatmuseum** u.a. darüber aufklärt, dass im Ort einst das berühmte Weihnachtslied „Stille Nacht, heilige Nacht“ aufgeführt und damit in die Welt getragen wurde. Wer sich für Käse interessiert, kann die hiesige **Schaukäserei** besuchen (heumilch.tirol).

Ab Fügen gelangt man per Seilbahn in die **Spieljoch** (www.spieljochbahn.at) genannte Bergregion, die das kleinste Skigebiet im Zillertal darstellt. Wer den Massen entfliehen möchte, begibt sich ostwärts nach **Hart,** wo entspannte **Wanderungen** z.B. zum höchsten Wasserfall des Zillertals, dem 91 m hohen **Schleierwasserfall** (Start Parkplatz Hart, 30 Minuten, einfach, familienfreundlich) führen. Auch etwas südlicher in **März** geht es vergleichsweise ruhig zu, und speziell die **Märzenklamm** (Start März, 1 Std., 150 Hm, leicht, familienfreundlich) sowie die umliegende Bergregion bietet wundervolle Refugien jenseits des Rummels. In **Kaltenbach** hingegen wird es meist voll, denn hier liegen die viel frequentierten **Wintersportgebiete Hochzillertal** (www.hochziller tal.com) und **Hochfügen** (www.hoch fuegenski.com) und auch die besagte **Zillertaler Höhenstraße** beginnt ebendort. Eine anspruchsvolle, beliebte Bergtour führt zur **Hochalm** (1811 m, Start Explorer Hotel Zillertal in Kaltenbach, 5 Std., 1200 Hm, schwer) und auf den **Gedrechter** (2217 m, Start Kaltenbacher Skihütte, 3 Std., 500 Hm, mittel). Überquert man bei Kaltenbach den Ziller, gelangt man ins historisch anmutende **Stumm** mit einem pittoresken Ortskern samt hübscher Pfarrkirche.

Adobe Stock © Frank Krautschick

Praktische Infos

■ **Tourismusinformation Fügen,** Hauptstraße 54, A-6263 Fügen, Tel. 05288 62262, www.best-of-zillertal.at.

■ **Tourismusinformation Kaltenbach,** Kaltenbacher Landesstraße 34, A-6272 Kaltenbach, Tel. 05283 2218, www.best-of-zillertal.at.

MEIN TIPP: **Hells Ferienresort Zillertal,** Gageringerstraße 1, A-6263 Fügen, Tel. 05288 62203, www.hell-tirol.at. Ein ausgesprochener „5-Sterne Campingplatz" mit 190 Stellflächen und einem großen Spa-Bereich samt (Bio-)Sauna, Dampfbad etc.

MEIN TIPP: **Landgasthof Linde**③, Dorf 2, A-6275 Stumm, Tel. 05283 2277, www.landgasthof-linde.at. Seit über 500 Jahren besteht dieser Gasthof mit holzgetäfelten Stuben und einem wunderbaren Außenbereich. Die Küche ist regional, viele Zutaten kommen direkt aus dem hauseigenen Landwirtschaftsbetrieb.

■ **Zum Nester**③, Dorf 24, A-6275 Stumm, Tel. 05283 2264, www.nester.at. Gastwirtschaft mit angeschlossener Metzgerei.

Zell am Ziller und Umgebung

9 km sind es von Fügen nach **Zell am Ziller,** dem **Hauptort des Tals,** der einst als **Goldbergbauort** zu Reichtum kam und heute ein Zentrum der lokalen

Volksheilkunst ist. Die Ortsmitte mit der Pfarrkirche und der Knappensäule ist reizvoll, wenn auch das Gros der Besucher wegen des **riesigen Skigebiets Zillertal Arena** (www.zillertalarena.com) hierher strömt, das sich anders als die beiden vorgenannten östlich des Zillers erstreckt. Als größtes Wintersportareal des Zillertals zieht sich die „Arena" auf einer Länge von 16 km bis ins salzburgische Königsleiten. Parallel dazu verläuft ab Zell das **Gerlostal,** durch das der **Gerlosbach** aus Salzburg kommend fließt. Aus **Oberhof** im Gerlostal führt die **Isskogelbahn** hinauf in die Zillertal Arena, während ab Hainzenberg der **Gerlosstein** mit seinem kleinen, familienfreundlichen Wintersportgebiet samt Rodelbahn erreicht wird. Highlights im Gerlostal sind die Wanderung zum **Schönbichl** (2049 m, Start Musikpavillon Gerlos, 5,5 Std., 800 Hm, mittel) und ein Spaziergang rund um den **Speicher Durlaßboden** (Start Parkplatz Speicher Durlaßboden, 3,5 Std., 250 Hm, leicht, familienfreundlich); in dem herrlich klaren Speichersee direkt an der salzburgischen Grenze kann man auch baden.

Praktische Infos

- **Tourismusinformation Zell am Ziller,** Dorfplatz 3a, A-6280 Zell am Ziller, Tel. 05282 22810, www.zillertalarena.com/zell/.

MEIN TIPP: **Hotel Bräu**②, Dorfplatz 1, A-6280 Zell am Ziller, Tel. 05282 23130, www.hotelbraeu.at. Gute Hausmannskost mit vielen regionalen Spezialitäten. Auch Zimmer②-③ im eleganten Landhausstil gibt es hier.

☒ Das Wahrzeichen Fügens ist der spitze Nordturm der Pfarrkirche

- **Hotel Englhof**②, Zellbergeben 28, A-6277 Zell am Ziller, Tel. 05282 3134, www.englhof.at. Einladendes Hotel im alpinen Stil, in dem man auch bestens speisen und an der Bar sitzen kann.
- **Gauderfest,** www.gauderfest.at. Am ersten Maiwochenende steht in Zell am Ziller alles im Zeichen des hier gebrauten Bockbiers. Es finden viele traditionelle Veranstaltungen mit Musik, Trachten, Essen und Trinken usw. statt.

Mayrhofen und Umgebung

Weniger als 9 km sind es von Zell bis Mayrhofen, das das mondäne „Tor" in den Süden des Zillertals bildet. **Mondän** deshalb, weil sich hier vor allem besser situierte Urlauber ein Stelldichein geben und ihren Spaß an den Hängen der **Skiregion Mayrhofen-Hippach** (www.mayrhofner-bergbahnen.com) haben. In den Augen vieler Tiroler ist der Ort zum Inbegriff eines Tourismus geworden, der vom **stereotypischen Idealbild einer Bergidylle** lebt, die es so natürlich nicht gibt, weshalb Mayrhofen als Vorlage des 1990–93 produzierten vierteiligen österreichischen Fernsehfilms „Die Piefke-Saga" diente. Doch keine Sorge, auch für Normalverdiener und „echte" Alpen-Verehrer lohnt sich ein Besuch des reizenden Ortes, sind doch in den umliegenden Bergen zahlreiche **unvergessliche Wanderungen** möglich, dabei zuallererst auf den **Ahornspitz** (2976 m) – ab Mayrhofen verkehrt die Ahornbahn – oder auf den **Steinerkogel** (1269 m, Start Scheulingwald Mayrhofen, 1,5 Std., 550 Hm, mittel).

Südlich von Mayrhofen fächert sich das Zillertal in **fünf Seitentäler** auf, die sehr unterschiedlich anmuten. Da ist zunächst im Westen das ebenfalls berühmte **Tuxertal,** das sich relativ breit präsentiert und für sein **Wintersportgebiet** (www.tux.at) bekannt ist, das sich teilweise bis auf den **Hintertuxer Gletscher** (www.hintertuxergletscher.at) ausdehnt und daher als Österreichs einziges „echtes" Ganzjahresskigebiet gilt. Der erste Ort im Tal ist **Finkenberg**, wo die sagenumwobene, denkmalgeschützte Teufelsbrücke über eine Klamm führt. Oberhalb des Ortes steht auf dem Penken (2087 m) die **moderne Granatkapelle**, die wie von einem anderen Planeten kommend anmutet. Weitere Attraktionen im Tuxertal sind die Wanderung zum **Schleierfall** und **Tuxer Joch** (2338 m, Start Sommerbergalm, 3,5 Std., 850 Hm, Anspruch mittel), dann nahe beim Hintertuxer Gletscher die **Spannagelhöhle** (www.spannagelhoehle.at) und weiter oben auf 3288 m die **Gefrorene Wandspitze** (Start Tuxerferner Haus, 3,5 Std., 850 Hm, mittel), eine begehbare Gletscherspalte. Per Gondel gelangt man auf die Aussichtsterrasse (3250 m), von der man einen Rundumblick über den Gletscher und das „Dach der Alpen" genießt. Gleich in der Nähe befindet sich

Von deutschen Städten auf österreichischen Almen

Wer in den Tiroler und Vorarlberger Alpen unterwegs ist, wird sich möglicherweise fragen, wieso so viele Berghütten Namen deutscher Städte – wie z.B. Berliner Hütte, Dresdner Hütte, Nürnberger Hütte – tragen. Nun, die Antwort ist einfach: 1862 wurde der **Österreichische Alpenverein** (kurz ÖAV) als Zusammenschluss deutschsprachiger Alpinisten, zu denen auch Deutsche gehörten, gegründet. Bereits sieben Jahre später spalteten sich die deutschen Mitglieder ab, da es unterschiedliche Vorstellungen über den Vereinszweck gab, und sie gründeten den **Deutschen Alpenverein** (DAV). Während sich der ÖAV anfangs hauptsächlich auf die Erforschung der Bergwelt und den Alpinismus konzentrierte, setzte der DAV schon früh auf die **touristische Erschließung der Alpen.** Als dann Ende des 19. Jahrhunderts immer mehr Fremde in die Berge strömten und dies zu einem wirtschaftlichen Aufschwung in den verarmten Tälern führte, fing auch der ÖAV an, sich dem Ausbau von Wanderwegen und Schutzhütten zu widmen. Allerdings standen zu dem Zeitpunkt eben schon viele **DAV-Hütten,** die den **Namen der jeweiligen Sektion** hatten, die sie auch finanzierte. So gründete z.B. die Ulmer DAV-Sektion die Ulmer Hütte am Arlberg, die Kieler Sektion die Kieler Hütte bei Ischgl usw. 132 Hütten betreibt der DAV heute in Tirol sowie 21 in Vorarlberg, und auch wenn sich manch Einheimischer an den allgegenwärtigen deutschen Städtenamen stören mag, so sei doch erwähnt, dass das **Geld** der deutschen Städte vor allem **lokalen Pächtern, Zulieferern, Handwerkern** usw. zugute kommt. Bis heute werden **Instandhaltung und Sanierung** der entsprechenden Hütten und der dazugehörigen Wege von den zuständigen DAV-Sektionen bezahlt, und das ist auch für österreichische Wanderer ein Segen, denn der wesentlich kleinere Österreichische Alpenverein wäre dazu trotz Bundesförderung aus Wien kaum in der Lage.

die **Natureispalast** (www.natureispalast.info) genannte Gletscherhöhle, in der u.a. diverse Eisformationen zu sehen sind und auch ein Gletschersee (per Führung) zu begehen ist.

Die weiteren Zillertal-Seitentäler gehören zum **Hochgebirgs-Naturpark Zillertaler Alpen,** ihr Zentrum ist das kleine **Ginzling** südlich von Mayrhofen. Das **Zemmtal** bzw. der Zemmgrund ist vor allem im südlichen Abschnitt durch den eindrucksvollen **Schlegeisspeicher** – einen lang gezogenen Speichersee – bekannt, um den mehrere Wandertouren möglich sind. Spektakulär ist die **Staumauer** des 126,5 Millionen m^3 Wasser fassenden Sees, auf der auch ein Klettersteig angebracht ist. Der ultimative Fotospot ist die **Olpererhütte** und eine nahe Brücke auf 2389 m Höhe oberhalb des Gewässers. Begehrte Ziele sind außerdem die **Berliner Hütte** (2044 m, Start Alpengasthof Breitlahner, 3,5 Std., 800 Hm, mittel) und der nahe gelegene **Schwarzsee,** die einmalige Panoramen der Zillertaler Alpen bieten. Ebenfalls ab Ginzling kann man das beeindruckende **Floitental** erwandern, das vom **Großen Löffler** (3376 m) an der Grenze zu Südtirol begrenzt wird. Direkt ab Mayrhofen führt eine mautpflichtige Straße zum **Speicher Stillup,** ab dem sich der weltferne **Stillupgrund** nach Süden bis zur Neuen Kasseler Hütte (Start Parkplatz Speicher Stillup, 6,5 Std., 1050 Hm, mittel, eine Abkürzung bietet das Wandertaxi bis zur Grünen Wand) zieht. Ruhiger geht es im Zillertal wahrlich nirgendwo sonst zu! Ganz anders zeigt sich der viel besuchte **Zillergrund,** das östlichste der Seitentäler, das man ebenfalls über eine Mautstraße befährt und wo der **Speicher Zillergründl** die Hauptsehenswürdigkeit ist. Die Königswanderung hier führt auf die **Plauener Hütte** auf 2363 m (Start Zillergründl Staumauer, 2,5 Std., 550 Hm, mittel).

Praktische Infos

■ **Tourismusinformation Mayrhofen-Hippach,** Dursterstraße 225, A-6290 Mayrhofen, Tel. 05285 6760, www.mayrhofen.at.

■ **Information Hochgebirgs-Naturpark Zillertaler Alpen,** Naturparkhaus Nr. 239, A-6295 Ginzling, Tel. 05286 52181, www.naturpark-zillertal.at.

■ **Alpenhotel Kramerwirt**②-③, Am Marienbrunnen 346, A-6290 Mayrhofen, Tel. 05285 6700, www.kramerwirt.at. Angenehme Adresse mitten in Mayrhofen mit einer großen Auswahl an Zimmern und Suiten.

MEIN TIPP: **Stock Resort**③, Dorf 142, A-6292 Finkenberg, Tel. 05285 6775, www.stock.at. Exklusives Sporthotel mit großer Wellness- und Spa-Landschaft südwestlich von Mayrhofen.

■ **Gasthof Perauer**②, Ahornstraße 854, A-6290 Mayrhofen, Tel. 05285 62566, www.perauer.at. Modern gestalteter Tiroler Gasthof mit dem vollen Programm der lokalen Küche.

Schwaz und Umgebung

Schwaz, ein historischer Bergbauort, kam im 15. und 16. Jahrhundert durch **riesige Silberfunde** zu erheblichem Reichtum und war zeitweise nach Wien die größte Stadt des Habsburgerreiches. Dabei stand Schwaz lange Zeit unter der Herrschaft der **Augsburger Handelsfamilie Fugger.** Noch heute „erzählt" ein Rundgang in Schwaz die **abwechslungsreiche Stadtgeschichte.** Besonders sehenswürdig sind in der Altstadt rund um die Franz-Josef-Straße die beeindruckende **Stadtpfarrkirche Maria Himmelfahrt** (die größte Hallenkirche Tirols), das schräg gegenüberliegende **Palais Enzenberg** sowie das **Rathaus** aus dem 16. Jahrhundert. Unterhalb der Burggasse befindet sich das **Franziskanerkloster,** und östlich davon ragt die markante **Burg Freundsberg** (www.freundsberg.com) auf, in deren Burgfried sich das **Stadtmuseum** befindet und wo auch ein einladendes Gasthaus liegt. Interessant ist auch das **Museum der Völker** mit wechselnden ethnografischen Ausstellungen. Etwas weiter nordöstlich kommt man in das aufschlussreiche **Schwazer Silberbergwerk**, das man auf einer Führung erkundet.

■ **Museum der Völker,** St. Martin 16, A-6130 Schwaz, Tel. 05242 66090, www.museumdervoelker.com, Do–So 10–17 Uhr, Eintritt 9 €, erm. 6 €.

■ **Schwazer Silberbergwerk,** Alte Landstraße 3a, A-6130 Schwaz, Tel. 05242 72372, www.silberbergwerk.at, Mai bis Sept. tägl. 9–17 Uhr, Okt. bis April tägl. 10–16 Uhr, Führungen online zu buchen, Eintritt 20 €, ermäßigt 13 €.

Westlich von Schwaz kann man ab Vomp zu einer etwa 40 minütigen Wanderung durch das **Vomper Loch** aufbrechen. Der enge, etwa 10 km lange **Canyon** garantiert ein schweißtreibendes Abenteuer, garniert mit traumhaften Landschaftserlebnissen entlang dem türkisblauen Bach. Wer auf den Hauptkamm des Karwendelgebirges möchte, steigt weiter zum höchsten Punkt des Vomper Jochs (1913 m) auf. Der westlichste Ort des Bezirks Schwaz ist **Weerberg,** wo im **Rablhaus** ein Museum zum Thema Glaube und Aberglaube untergebracht ist und mit der **Rettenburg** die Ruine einer Festung besichtigt werden kann, deren Anfänge auf das 15. Jahrhundert zurückgehen.

■ **Museum Rablhaus,** Kirchgasse 17, A-6133 Weerberg, Tel. 0650 3037485, www.rablhaus.at, Mai bis Okt. Do–So 14–17 Uhr, Eintritt frei (Spende erwünscht).

oes_129 sb

[<] Die mächtige Pfarrkirche Maria Himmelfahrt in Schwaz (im Bild die Westfassade)

Praktische Infos

■ **Tourismusinformation Schwaz,** Franz-Josef-Straße 23, A-6130 Schwaz, Tel. 05242 21073, www.schwaz.at. Hier werden auch viele lokale Spezialitäten sowie Kunsthandwerk verkauft.

■ **Tippeler**①-②, Burggasse 6, A-6130 Schwaz, Tel 05242 21630, www.tippeler.at. Im ältesten Gasthaus von Schwaz geht es typisch tirolerisch zu!

Jenbach und Umgebung

Unmittelbar westlich des Verkehrsknotenpunktes, wo es aus dem Inntal nach Norden zum Achensee bzw. nach Süden ins Zillertal geht, liegt Jenbach, ebenfalls ein ehemaliger Bergbauort, der heute vor allem als Kopfbahnhof der **Achenseebahn** (www.achenseebahn.at) und der **Zillertalbahn** (www.zillertalbahn.at) dient. Etwas südlich von Jenbach steht das etwa um 1500 erbaute, wundervolle **Schloss Tratzberg,** ein kolossales Beispiel für die Baukunst der **Renaissance.** Der erste Stock des Schlosses kann im Zuge einer Führung besichtigt werden, zu sehen sind in erster Linie verschiedene **repräsentative Räume** – wie der Habsburgersaal – mitsamt **wertvollem Mobiliar.** Man erreicht das Schloss ab dem Parkplatz entweder zu Fuß oder per Shuttle-Service.

MEIN TIPP: **Schloss Tratzberg,** Tratzberg 1, A-6200 Jenbach, Tel. 05242 63566, www.schloss-tratzberg.at, April bis Anfang Nov. tägl. 10–16 Uhr, Eintritt (mit Führung) 14 €, ermäßigt 9,50 €.

Vom nahen Stans gelangt man in die tief eingeschnittene, wildromantische **Wolfsklamm** (www.wolfsklamm.com), die man über einen Holzsteg begeht und die zu einer der herrlichsten ihrer Art in ganz Tirol gehört (ca. 40 Minuten, 300 Hm). Oberhalb des Talschlusses liegt **St. Georgenberg,** ein Wallfahrtsort samt Kirche, die über einen alten Pilgerweg mit dem **Benediktinerstift** (st-georgenberg.at) in **Fiecht** verbunden ist; der Weg führt über die mittelalterliche **Hohe Brücke,** die den Georgenbach überquert.

Praktische Infos

■ **Wallfahrtsgasthaus**①-②, St. Georgenberg 181, A-6135 Stans, Tel. 05242 71435. Hier gibt es verlässlich gute Speisen und von der Terrasse hat man wundervolle Ausblicke.

Oberland

Als Tiroler Oberland bezeichnet man den **Westteil Tirols,** also das Oberinntal und alle seine Seitentäler. Dies sind die **Bezirke Imst und Landeck,** die südlich des Inns durch die **Ötztaler Alpen** und die **Samnaun-Berggruppe** gekennzeichnet sind und ganz im Westen von der **Verwall-Gruppe** begrenzt werden. Nördlich des Inns erstrecken sich das **Mieminger Gebirge** und die **Lechtaler Alpen.** Allgemein nicht zum Oberland gezählt, jedoch hier der Einfachheit wegen integriert wird das **Außerfern,** also der äußerste Nordwesten des Bundeslandes. Touristisch sind das Oberland und das Außerfern vor allem dank der unvergleichlichen Berglandschaft einzigartig – immerhin liegen hier **sechs der zehn höchsten Gipfel Österreichs,** imposante Passstraßen und mit Sölden, Ischgl und St. Anton am Arlberg **einige der meistbesuchten Wintersportgebiete des**

Landes, wobei sich gerade in den Ötztaler Alpen auch schneesichere **Gletscherskigebiete** (www.tirolergletscher.com) finden.

Interessant ist, dass sich die **Seitentäler des Oberinntals** – das weltberühmte Ötztal, das aufregende Paznaun oder das faszinierende Stanzer Tal, aber auch die weniger bekannten wie das authentische Pitztal oder das abgeschiedene Kaunertal – allesamt sehr unterschiedlich präsentieren und viele Aktivitäten ermöglichen, die weit über Skispaß und Hüttengaudi hinausgehen. Besonders **Wanderer, Bergsteiger und Kletterer** kommen hier auf ihre Kosten, was genauso für die Gegend um Ehrwald und die Zugspitze, die Tannheimer Berge oder das Lechtal gilt. Doch auch die **Landstriche südlich des Inns,** darunter das Mieminger Gebirge, das Kühtai und das Sellraintal, bieten **traumhafte Touren** aller Schwierigkeitsgrade, die einen allesamt mit fulminanten Panoramablicken belohnen, und das abseits der Massen.

Auch **kulturhistorische Sehenswürdigkeiten** sind zu verzeichnen, z.B. das Stift Stams und die durchaus reizvollen Hauptorte Imst und Landeck. Die örtlichen **Traditionen und Bräuche** sind noch lebendig und Interessierte finden zahlreiche Möglichkeiten, sich ein Bild davon zu machen. In der Geschichte des Bundeslandes war außerdem der oberste Abschnitt des Inntals – das sog. **Obere Gericht** – eine wichtige Kulturlandschaft, wo bis heute noch Burgen und Festungen an wildere Zeiten erinnern. Auch im Oberland und in Außerfern gilt, dass man alle hier beschriebenen Ziele mit **öffentlichen Verkehrsmitteln** erreicht, denn im Oberinntal verkehren neben Zügen und S-Bahnen auch Busse (inklusive Wander- und Skibussen). Wie überall in Tirol gilt: Inhaber einer Gästekarte fahren kostenlos.

Westlich von Telfs

Westlich von Telfs setzt sich entlang dem Inntal der dicht besiedelte **Ballungsraum von Innsbruck** noch ein wenig fort, bis er langsam ausdünnt. Attraktionen im touristischen Sinne sind nur spärlich vorhanden, ein Höhepunkt ist auf jeden Fall das 1273 gegründete **Zisterzienserkloster Stams.** Das Stift betreibt heute ein Gymnasium und ein Internat sowie – für Besucher wohl interessanter – einen Klosterladen und eine Schnapsbrennerei. Besonders eindrucksvoll ist die lang gestreckte **Klosterkirche** im Stil des Hochbarock mit einem wundervoll gearbeiteten Hochaltar; auch die Kreuzigungsgruppe sowie die Heilig-Blut-Kapelle sind ein Blickfang. Bekannt ist Stams auch für das **„Österreichische Grab"**, eine **Gedenkstätte** für wichtige hier begrabene Tiroler Landesfürsten und ihre Familienmitglieder, verziert mit lebensgroßen geschnitzten und vergoldeten Figuren. Im Gebäude des Klosters kann man den **Bernhardisaal** betreten, einen Festsaal mit Malereien, die Begebenheiten aus dem Leben des hl. *Bernhard von Clairvaux* zeigen. Zumindest von außen zu betrachten ist im nahen **Silz** die **Burg St. Petersberg,** die aus dem Mittelalter stammt, aber in ihrer heutigen Form auf Restaurierungen im 19. Jahrhundert zurückgeht.

MEIN TIPP: **Stift Stams,** Stiftshof 1, A-6422 Stams, Tel. 05263 6242512, www.stiftstams.at, Juni bis Sept. Mo–Sa 9–11 und 13–16 Uhr, So 13–16 Uhr, Führungen auch nach Vereinbarung, Eintritt 7 €, ermäßigt 4 €, Führungen zusätzlich 5,50 €.

Praktische Infos

■ **Interalpen-Hotel Tyrol**③, Doktor-Hans-Liebherr-Alpenstraße 1, A-6410 Telfs, Tel. 050 80930, www.interalpen.com. Luxuriöses 5-Sterne-Hotel auf 1300 m Höhe. Auch das Restaurant②-③ kann sich sehen lassen.

■ **Campingplatz Stams,** Schießstandweg 10, A-6422 Stams, Tel. 0699 11907931, www.camping-eichenwald.at. Großartig gelegener Campingplatz mit Terrassenstellplätzen.

Imst und Umgebung

Imst ist mit **11.200 Einwohnern** eine der größten Städte Tirols und war über Jahrhunderte Zentrum des hiesigen Erzbergbaus. Die reich gewordene Stadt wurde bei einem **Großbrand 1822** fast gänzlich zerstört, sodass sich neben modernen Betonbauten und Gewerbegebieten leider nur noch wenige alte Bauwerke wie ein paar Bürgerhäuser in den Stilrichtungen von Gotik bis Barock finden. Das Zentrum setzt sich aus **Ober- und Unterstadt** zusammen, verbunden durch die Kramergasse. Besuchenswert sind u.a. die **Pfarrkirche Maria Himmelfahrt** (mit einem traumhaften Netzrippengewölbe im Inneren), das Museum im **Ballhaus** (zur Stadtgeschichte) und die **35 Trinkbrunnen** sowie auffallend viele **moderne Kunstobjekte** im öffentlichen Raum, die das Stadtbild prägen. Doch ein Aufenthalt in Imst lohnt sich auch für **Aktivurlauber,** bieten die Stadt und ihr Umland doch ein erstaunliches Angebot für Kletterer und Mountainbiker, zudem kann man zum Canyoning, Rafting und Kayaking aufbrechen oder die Region bei Wanderungen und entlang von Klettersteigen erleben. Aufschlussreich ist zunächst die **Bergl** genannte Steilwand, in die uralte Häuser gebaut sind und in der Keller tief ins Innere führen. Ein Muss ist außerdem die wildromantische **Rosengartenschlucht** , die sich auf 1,5 km Länge entlang des Schinderbachs erstreckt und über Treppen und Brücken sowie durch einen Tunnel begangen wird. Ebendort liegt auch die **Blaue Grotte,** eine Art Hohlraum, die mit leuchtend blauem Wasser gefüllt ist. Wintersportler wiederum zieht es nach **Hoch-Imst,** wo sich neben einem kleinen Badesee mit dem 3535 m langen **Alpine Coaster** die **längste Alpen-Achterbahn der Welt** befindet.

■ **Imster Bergbahnen (Alpine Coaster),** Hoch-Imst 19, A-6460 Imst, Tel. 05412 66322, www.imster-bergbahnen.at, Ende Mai bis Anfang Okt. tägl. 9.30–17 Uhr, Eintritt ab 10,50 €, erm. ab 7,60 €.

Verlässt man Imst in nördlicher Richtung, gelangt man zunächst ins **Gurgltal;** dieses ursprüngliche Sumpfgebiet zieht sich bis Nassereith. Viel besucht wird der **Biermythos Starkenberg,** eine Brauerei-Erlebniswelt inmitten eines Schlosses etwa 2 km nördlich von Imst. Lauschig ist der nahe **Starkenberger See,** und in **Tarrenz** erfährt man in der **Knappenwelt** viel über das mittelalterliche Leben in dieser Region inklusive Bergbau und Kräuterheilkunst. Das Gurgltal endet im oben erwähnten **Nassereith,** wo eine sehenswerte Wallfahrtskirche steht und das **Fasnachtshaus** Informationen zum örtlichen Fastnachtsbrauch – er ähnelt dem in Imst und auch dem in Tarrenz – vermittelt.

■ **Biermythos Starkenberg,** Griesegg 1, A-6464 Tarrenz, Tel. 05412 66201-0, www.starkenberger.at, Mai bis Okt. tägl. 10–17 Uhr, Nov. bis April Mo–Fr 10–17 Uhr, Eintritt 8,50 €, ermäßigt 6,50 €.

■ **Knappenwelt Gurgltal,** Tschirgant 1, A-6464 Tarrenz, Tel. 05412 63023, knappenwelt.at, Mitte Mai bis Mitte Okt. Mi–So 10–17 Uhr, Eintritt 8 €, ermäßigt 5 €.

■ **Fasnachtshaus Nassereith,** Sachsengasse 81a, A-6465 Nassereith, Tel. 0680 5508806, www.fasnacht-nassereith.at, Mai bis Okt. Fr 16–19 Uhr, Eintritt 3 €, ermäßigt 1 €.

Praktische Infos

■ **Tourismusinformation Imst,** Johannesplatz 4, A-6460 Imst, Tel 05412 6910, www.imst.at.

■ **Imster Schemenlaufen,** www.fasnacht.at. Alle vier Jahre (nächster Termin 2028) findet immer am Sonntag vor dem letzten Donnerstag vor Fastnacht das Schemenlaufen statt, bei dem Männer in traditionell mystischen Kostümen durch Imst ziehen. Neben der „großen Fasnacht" findet alle drei bis fünf Jahre die „Buabefasnacht" statt, die kleine Ausgabe des Schemenlaufens.

■ **Nassereither Schellerlaufen,** www.fasnacht-nassereith.at. Großer kostümierter Umzug, der den Sieg des Frühlings über den Winter feiert.

Mieminger Gebirge

Nordwestlich von Telfs ragt das Mieminger Gebirge empor, eine **eindrucksvolle Bergkette** mit bis zu knapp 2800 m Höhe. Zu seinen Füßen liegt das **Mieminger Plateau,** eine Hochfläche zwischen 850 und 1000 m, die durch die Bundesstraße B189 erschlossen ist. Ein Netz von **Spazier- und Radwegen** und im Winter von **Langlaufloipen** durchzieht das Plateau, und auch Skitouren sowie diverse Wanderungen auf die Gipfel – inklusive dem 2768 hohen **Hochplattig** (Start Parkplatz Sonnenplateau Obermieming, 7 Std., 1850 Hm, schwer) – sind hier beliebt. Ausgangsorte für Unternehmungen in der abwechslungsreichen, aber nicht übermäßig überlaufenen Region sind die Orte **Obermieming** und **Wildermieming.** Fährt man von Telfs nach **Bairbach,** kann man von dort der Buchener Landesstraße nordwärts ins **Leutaschtal** (→ S. 353) folgen. Bewegt man sich ab Obermieming jedoch weiter westwärts, gelangt man wieder nach **Nassereith,** von wo sich die Bundesstraße B179 am westlichen Zipfel des Mieminger Gebirges nach Norden fortsetzt. Sehenswert ist das malerisch auf einem Felsen thronende **Schloss Fernstein,** ein edles Hotel, das einst sogar der bayerische König Ludwig II. (1845–86) häufig besuchte. Hier liegt auch der hübsche, bei Tauchern beliebte **Fernsteinsee** (www.fernsteinsee.at), einer der schönsten Österreichs, den man per Tretboot (auch in Schwanenform) erkunden kann und in dessen Mitte eine Insel liegt, auf der man unbedingt die märchenhafte **Ruine Sigmundsburg** besuchen sollte. Wenig später erreicht man den 1212 m hohen **Fernpass,** der den Zugang zum **Außerfern** (→ S. 389) markiert und bereits unter den Römern als Teil der Via Claudia Augusta die Verbindung zwischen Italien und den Gebieten nördlich der Alpen darstellte.

Praktische Infos

■ **Tourismusinformation Obermieming,** Obermieming 185, A-6414 Obermieming, Tel. 0512 5356 6414, www.innsbruck.info/destination/orte/mieming.

■ **Alpenresort Schwarz**③, Obermieming 141, A-6414 Obermieming, Tel. 05264 52120, www.

schwarz.at. Edles Wellnesshotel, in der Nähe liegt der Golfpark Mieminger Plateau (golfmieming.at).

■ **Hotel Schloss Fernsteinsee**②-③, Fernstein 475, A-6465 Nassereith, Tel. 05265 5210, www.fernsteinsee.at. Wundervolles, sehr individuell eingerichtetes, historisches Schlosshotel am Fernsteinsee.

■ **Romantik Camping Fernsteinsee,** Fernstein 475, A-6465 Nassereith, Tel. 0660 2350203, www.camping-fernsteinsee.at. Am Fluss und Badesee gelegener Campingplatz mit großartigem Bergblick.

MEIN TIPP: **Gasthaus Arzkasten**①-②, Arzkasten 135, A-6416 Obsteig, Tel. 05264 8121, www.arzkasten. (Fast) nur regionale Produkte kommen in diesem urigen Gasthaus mit einladender Terrasse auf den Teller.

Kühtai und Sellraintal

Eine von auswärtigen Touristen relativ wenig frequentierte Region liegt südlich des Inns: das **Nedertal** und das sich anschließende **Sellraintal.** Man erreicht die Täler wahlweise ab **Haiming** westlich von Silz über die 12 km lange Serpentinenstraße bis Wald-Balbach oder alternativ ab **Axams.** Das Nedertal ist ein verhältnismäßig breiter Talkessel, durch den der **Nederbach** fließt. In **Wald-Balbach** hat man mit der **Ochsengarten-Gondelbahn** Anbindung an das **Skigebiet Hochoetz** (→ S. 385). Doch der Hauptort des Nederntals ist **Kühtai** weiter östlich, wo ein großzügiges **Gondel- und Liftareal** sowohl Wintersportler (besonders das Snowboarden ist sehr beliebt) als auch Wanderer auf die umliegenden Hänge und Gipfel verteilt. Besonders die Gegenden um die drei **Plenderlesseen** und den **Finstertal-Stausee** garantieren sensationelle Naturerlebnisse. Dies gilt ganz speziell für die Sommermonate Juni und Juli, wenn auf den Wiesen die duftenden Alpenrosen wachsen. Weiter östlich, in **St. Sigmund,** verengt sich das Tal und führt nun den Namen **Sellraintal.** In **Gries** zweigt eine Straße ins **Lüsener Tal** ab, auf der man bis **Lüsens** fahren und dort auf einem 2 km langen Lehrpfad viel zum Thema Gletscher erfahren kann. Hält man sich in Gries jedoch weiterhin auf der Sellraintal Landesstraße, erreicht man nach etwa 5 km den **Hauptort Sellrain,** wo die spätgotische **Wallfahrtskirche St. Quirin** mit ihren Wandmalereien überrascht. **Wanderungen** sind auch hier im Überfluss möglich – wer die Einsamkeit sucht, kann z.B. in Richtung Süden bis zum **Bergheim Fotsch** fahren (Start Parkplatz Eisbrücke, 3,5 Std., 850 Hm, mittel) und von dort auf die **Potsdamer Hütte** (2009 m) wandern (Start Bergheim Fotsch, 3 Std., 550 Hm, mittel). Von Sellrain sind es nur noch etwa 8 km bis Axams.

Praktische Infos

■ **Informationsbüro Sellrain,** Rothenbrunn 40, A-6181 Sellrain, Tel. 05230 2100, www.sellrain.tirol.gv.at.

■ **Tourismusinformation Kühtai,** Kühtai 42, A-6183 Kühtai, Tel. 0512 5356-6183, www.kuehtai.info.

MEIN TIPP: **Fankhauser OutdoorSport,** Magerbach 4, A-6425 Haiming, Tel. 0650 6259113, www.fanky.at. Rafting und Canyoning an verschiedenen Orten in der Region.

Ötzi – der erste Tiroler?

In der bis dato meistverkauften österreichischen Single sang 1999 *DJ Ötzi* „Ich bin so fesch, ich bin so toll, ich bin der Anton aus Tirol". Ob dem 1991 in den Ötztaler Alpen – jedoch auf der Südtiroler Seite, 93 m von der Grenze entfernt – gefundenen „Ötzi" das gleiche Selbstbewusstsein gegeben war, bleibt fraglich. Doch die Gletschermumie – der **„Mann aus dem Eis"** – verriet viele andere Details über das Leben in der späten **Jungsteinzeit** bzw. **Kupfersteinzeit.** Mithilfe einer Technik namens Radiokohlenstoffdatierung konnte der Todeszeitpunkt des Mannes auf den Zeitraum zwischen 3359 und 3105 v. Chr. bestimmt werden, was ihn zur **ältesten** bekannten natürlichen **menschlichen Mumie** macht. Dank des gut erhaltenen, gefriergetrockneten Leichnams konnte eine **Vielzahl an Erkenntnissen** gewonnen werden: So weiß man aufgrund des geringen Abnutzungsgrades der Gelenke, dass der Mann wohl eine herausgehobene soziale Stellung innehatte und wohl 45 oder 46 Jahre alt wurde. Er hatte **Karies** und leichte Parodontose, ernährte sich u.a. von gemahlenem Getreide, hatte möglicherweise eine Laktose-Intoleranz, war **tätowiert** und starb eventuell an einer **Schädelfraktur** vielleicht gepaart mit einem **Pfeilschuss** in die linke Schulter. Dem Mineralienstatus der Zähne nach zu schließen, kam er wohl aus dem **Eisacktal** (ebenfalls im heutigen Südtirol). Seit Kurzem gibt es außerdem eine DNA-Analyse, die zeigt, dass *Ötzis* Vorfahren aus Anatolien kamen. *Ötzi* trug eine aus braunem und weißem Fell längsgestreifte **Jacke,** eine Art **Leggings** aus vielen kleinen Fellstücken, **Rindslederschuhe,** die mit Lindenbast verschlossen wurden, und eine **Braunbärenfellmütze. Bei sich hatte er:** ein Kupferbeil, Pfeil und Bogen, einen Dolch aus Feuerstein, eine Rückentrage, einen Glutbehälter und eine Gürteltasche mitsamt weiteren Werkzeugen, Zunder und Pyrit – Bestandteile des damals üblichen „Feuerzeugs" – sowie Birkenporlinge (ein Pilz, dem desinfizierende Wirkung nachgesagt und der als Aufguss gegen Würmer und Magenbeschwerden verwendet wird). Seit März 1998 wird die Gletschermumie im Original im **Südtiroler Archäologiemuseum in Bozen** ausgestellt. Wer auf Nordtiroler Seite mehr über *Ötzis* Geschichte wissen möchte, sollte das **Freilichtmuseen Ötzi-Dorf in Umhausen** besuchen.

Adobe Stock © Elli

◁ Von Norden nach Süden und zurück: Seit mindestens 5000 Jahren dient das Ötztal als Handelsweg – auch „Ötzi" war hier unterwegs

Adobe Stock © VRD

Ötztal und Umgebung

Zwischen Haiming und Roppen mündet die **Ötztaler Ache** in den Inn; folgt man der Bundesstraße, gelangt man nach Süden flussaufwärts ins Ötztal. Mit rund 65 km Länge ist es nicht nur das **längste Seitental des Inntals,** sondern auch das **längste Quertal der Ostalpen** – und für so manchen Besucher das schönste Tirols! Interessant ist, dass sich die schmale Talregion über fünf klimatisch und landschaftlich **markante Abstufungen** erstreckt, angefangen von landwirtschaftlich erschlossenen Gegenden mit Obst- und Getreidefeldern am Taleingang bis hin zu ausgedehnten Gletschern im äußersten Süden. Das Ötztal ist vor allem für seine **Wintersportgebiete** international bekannt, erfreut sich aber auch bei Wanderern, Bergsteigern und sonstigen **Outdoor-Enthusiasten** großer Beliebtheit. Mit den Bergen **Wildspitze** (3768 m), **Weißkugel** (3738 m), **Hinterer Brochkogel** (3624 m), **Hintere Schwärze** (3624 m), **Similaun** (3599 m) und **Vorderer Brochkogel** (3565 m) liegen hier sechs der zehn höchsten Gipfel Österreichs. Der namensgebende Ort im Norden ist **Oetz.** Sein historischer Kern mag seinen Reiz haben, doch kommen die meisten Gäste wegen des groß ausgebauten **Skigebiets Hochoetz.** Wer in der warmen Jahreszeit anreist, findet am idyllischen **Piburger See** – er gilt mit Wassertemperaturen bis zu 24°C als einer der wärmsten Badeseen des Bundeslandes – Erfrischung und Entspannung, während in der **Ötztaler Ache** auch **Rafting** (www.rafting-oetztal.at) möglich ist.

Bis die Wanderschuhe glühen: Das Ötztal bietet weltferne Landschaften im Überfluss

Mein Tipp: **Piburger See,** Piburg Seestraße 1, A-6433 Oetz, Tel. 0664 4707424, www.piburgersee.tirol, Mai bis Mitte Okt. tägl. 9–18 Uhr, Eintritt 7 €, ermäßigt 4 €.

Praktische Infos

- **Tourismusinformation Oetz,** Hauptstraße 66, A-6433 Oetz, Tel. 057200 500, www.oetz.com.
- **Tourismus Ötztal,** Tel. 05253 2013030, www.oetztal.at.

Mein Tipp: **Nature Resort**②, Piburgerstraße 6, A-6433 Oetz, Tel. 05252 20248, www.nature-resort.at. Fantastisch erholsames Feriendorf mit Hotel, Chalets u.v.m. Ideal für Familien.

- **Gasthaus zum Stern**①-②, Kirchweg 6, A-6433 Oetz, Tel. 05252 6323, www.gasthof-zumstern.at. Authentische Tiroler Schmankerl in altehrwürdigem Ambiente.

Sölden und Umgebung

Folgt man der Bundesstraße südwärts, gelangt man bei Umhausen an die **Engelswand,** wo ein anspruchsvoller Klettergarten liegt. Eben dieses **Umhausen** hat ein hübsches Bauensemble aufzuweisen und firmiert aufgrund seines radonhaltigen Heilwassers als **Kurort.** Eine anspruchsvolle Wanderung führt aus dem Ort zur westlich gelegenen **Erlanger Hütte** (Start Parkplatz Mure in Umhausen, 10 Std., 2000 Hm, schwer) unweit des **Wildgrats** (2974 m). Nordöstlich von Umhausen kann man über steile Serpentinen hinauf nach **Farst** wandern (Start Ortsmitte Umhausen, 2 Std., 450 Hm, einfach/familienfreundlich), wo Bauernhäuser pittoresk wie bei einem Adlerhorst in den Steilhang gebaut sind. Nochmals eine Stunde wandert man weiter zur **Reichalm** (1960 m) mit ihren historischen Holzhäusern. Südöstlich des Ortes rauscht mit dem **Stuibenfall** der höchste Wasserfall Tirols über 159 m in die Tiefe. Man kann ihn entlang des Stuibenfall-Steigs, über eine Hängebrücke und von spektakulären Aussichtsterrassen aus der Nähe betrachten (Vorsicht: Gischt und Sprühnebel). Interessant ist das **Freilichtmuseum Ötzi-Dorf,** das sehr anschaulich die Lebensverhältnisse in der Jungsteinzeit aufzeigt und auch einen Greifvogelpark (samt Adler, Bussarden, Eulen, Falken und Milanen) umfasst. In **Längenfeld** empfiehlt sich ein Besuch der futuristischen Aqua Dome Therme, aber auch viele Wanderrouten wie die auf den **Rauhen Oppen** (2098 m, Start Ortsmitte Längenfeld, 4,5 Std., 1100 Hm, schwer). Fährt man nach Osten ins **Sulztal,** kann man ab Gries zur einsamen **Amberger Hütte** (2135 m, Start Ortsmitte Gries, 4 Std., 600 Hm, mittel) aufsteigen.

- **Ötzi-Dorf/Greifvogelpark,** Am Tauferberg 8, A-6441 Umhausen, Tel. 05255 50022, www.oetzi-dorf.at, Mitte Mai bis Okt. tägl. 9.30–17.30 Uhr, Eintritt (Kombiticket) 18,70 €, ermäßigt 9,40 €.
- **Aqua Dome Therme,** Oberlängenfeld 140, A-6444 Längenfeld, Tel. 05253 6400, www.aqua-dome.at, tägl. 9–23 Uhr, Eintritt ab 35 €, erm. 18 €.

Von Längenfeld sind es 14 km bis **Sölden.** Der wohl berühmteste Ort des Ötztals ist **einer der meistfrequentierten Wintersportorte Österreichs** – mit fast zwei Millionen Übernachtungen pro Jahr und 15.000 Gästebetten geht es hier selten ruhig zu. Das Skigebiet um Sölden (31 Seilbahnen, 144 Pistenkilometer) erstreckt sich über **Hochsölden,** den **Gaislachkogel** (3056 m) – hier liegt das Panoramarestaurant Ice Q (www.iceq.at) mit Hängebrücke –, den **Rettenbachfer-**

ner (2671 m) und den **Tiefenbachferner** (2829 m) sowie die umliegenden Gletscher. Attraktionen in der Bergwelt sind neben dem Skispaß der **Gaislacher See** und die **James Bond Erlebniswelt 007 ELEMENTS** (007elements.soelden.com) am Gipfel des Gaislachkogels, denn hier oben wurden Szenen für „Spectre" gedreht. Wer den Massen entgehen möchte, kann ab Sölden nach Osten hin über das Windachtal bis zur **Hildesheimer Hütte** wandern (Start Freizeit-Arena in Sölden, 10 Std., 1550 Hm, schwer).

Praktische Infos

- **Tourismusinformation Sölden,** Achweg 5, A-6450 Sölden, Tel. 057200 200, www.soelden.com.
- **Tourismusinformation Umhausen,** Dorf 24, A-6441 Umhausen, Tel. 057200 400, www.umhausen.com.
- **Vivea Gesundheitshotel**③, Lehgasse 50, A-6441 Umhausen, Tel. 05255 50160, www.vivea-hotels.com. Wellness-Hotel mit diversen Therapieangeboten, u.a. mit radonhaltigem Wasser.
- **Camping Ötztal,** Unterlängenfeld 220, A-6444 Längenfeld, Tel. 05253 5348, www.camping-oetztal.com. Hübscher Campingplatz mit Freizeitangebot vor fantastischer Bergkulisse.
- MEIN TIPP: **Camping Sölden,** Wohlfahrtstraße 22, A-6450 Sölden, Tel. 05254 2627, www.camping-soelden.com. Eindrucksvoll auf 1400 m Höhe direkt an der Bergbahn gelegener Campingplatz mit Wellnessbereich und Indoor-Kletterwand.
- **Ötztaler Naturcamping,** Huben 241, A-6444 Huben, Tel. 05253 5855, www.naturcamping.tirol. Auch dieser weitgehend naturbelassene Campingplatz liegt inmitten bewaldeter Hänge und saftiger Wiesen.
- **Gampe Thaya**②, Gampe Alm 1, A-6450 Sölden, Tel. 0664 2466246, gampethaya.riml.com. Lust auf Alpenspezialitäten aus Omas Zeiten? Hier gibt es sie noch.

Gurgler Tal und Venter Tal

3 km südlich von Sölden, in **Zwieselstein,** teilt sich das Ötztal in das nach Südwesten verlaufende Venter Tal und das Gurgler Tal, das nach Süden verläuft. Letzteres bietet mit dem **Skigebiet Obergurgl-Hochgurgl** ein weiteres riesiges Wintersportareal samt zugehöriger Infrastruktur, ist dabei aber nicht ganz so bekannt wie die nördlicher gelegenen. Für **Wanderer** bietet die Umgebung von Obergurgl ebenfalls atemberaubende Landschaftserlebnisse, z.B. um die **Hohe Mut** (2669 m, Start Ortsmitte Obergurgl, 4 Std., 800 Hm, mittel), von wo der Blick in die Obergurgler Gletscherwelt und auf 21 Dreitausender einzigartig ist, aber auch zum **Ramolhaus** (Start Ortsmitte Obergurgl, 5,5 Std., 1150 Hm, Anspruch mittel, eine Übernachtung im Ramolhaus auf 3006 m wird empfohlen) oder etwas entspannter auf dem 4,5 km langen Erlebnisweg durch den **Obergurgler Zirbenwald**. Hinter **Hochgurgl** wird die Landstraße 186 mautpflichtig und führt als Timmelsjochstraße über viele Kehren bis zum **Timmelsjoch,** das in 2474 m Höhe gelegen neben dem Brenner und dem Reschenpass den dritten **Grenzpass zwischen Österreich und Italien** darstellt. Diese Passstraße, die auf Südtiroler Seite bis ins Passeiertal führt, gehört zu den spektakulärsten der Alpen! Über den Timmelsjochpass läuft auch der **Ötztal-Radmarathon,** der als einer der schwierigsten überhaupt gilt.

Fährt man ab Zwieselstein ins angesprochene **Venter Tal** mit seinen steilen Hängen und der prächtigen Bergwelt, geht es gleich weit weniger touristisch als im Großraum Sölden zu. Ortschaften gibt es hier kaum, sieht man von **Vent** ab, das als Ausgangsort für ausgedehnte **Wanderungen** bestens geeignet ist. Der nächstgelegene Gipfel ist das **Hörnle** (2406 m, Start Ortsmitte Vent, 2,5 Std., 500 Hm, leicht), aber auch an den Nordhängen – man erreicht die **Wildspitze** und **Stableinalm** per Lift – sowie im **Rofental** sind wundervolle Touren möglich. Ein einfacher Ausflug führt zum Beispiel zu den **Rofenhöfen**, die man über die eindrucksvolle Hängebrücke erreicht, die die Rofnerschlucht überquert (Start Ortsmitte Vent, 1,5 Std., 150 Hm, leicht, familienfreundlich).

Praktische Infos

- **Tourismusinformation Obergurgl,** Gurglerstraße 118, A-6456 Obergurgl, Tel. 057200 100, www.gurgl.com.
- **Tourismusinformation Vent,** Venterstraße 35, A-6458 Vent, Tel. 057200 220, www.vent.at.

Pitztal

Westlich des Ötztals erstreckt sich das Pitztal auf einer Länge von etwa 40 km. Es ist weit **weniger touristisch** als sein Nachbartal, bietet dabei aber durchaus ebenwertige Naturerlebnisse und ist daher unbedingt empfehlenswert. Es ist ein weiteres **südliches Seitental des Inntals** und zweigt zwischen Imst und Roppen ab. Durch das schmale Tal fließt die **Pitze** (auch Pitzbach genannt), die in ihrem unteren Verlauf die **Arzler Pitzeklamm** bildet. Bei Arzl führt die für Fußgänger konzipierte, stattliche 94 m hohe **Benni-Raich-Hängebrücke** über die Klamm (sie ist auch unter Bungee-Jumpern beliebt). Etwas weiter südlich liegt **Wenns,** wo das bunt bemalte Platzhaus ein Foto verdient. In Jerzens lockt das kleine **Skigebiet Hochzeiger,** das selten überlaufen ist und auf dem im Sommer der Zirbenpark Hochzeiger für Familien mit Kindern Spiel und Spaß garantiert. **Jerzens** ist auch für seinen köstlichen **Zirbenschnaps** bekannt! Eine Besonderheit findet sich in **St. Leonhard,** wo das **Steinbockzentrum** sich mit eben diesen Tieren beschäftigt; neben einer Dauerausstellung gibt es hier auch ein begehbares Gehege.

Tiroler Steinbockzentrum, Schrofen 46, A-6481 St. Leonhard im Pitztal, Tel. 05413 20358, www.steinbockzentrum.tirol, Mitte Dez. bis Ende Okt. tägl. 10–16 Uhr, Eintritt 8 €, ermäßigt 5 €.

Das **obere Pitztal** präsentiert sich noch enger als der Norden. In den Orten **Mandarfen** und **Mittelberg** weilt man in einer spektakulären Region, die mit unbeschreiblichen Landschaften fasziniert. Highlights sind hier oben das **Taschachtal** und die durch Seilbahnen und Liftanlagen erschlossene Region um den grünlichen **Rifflsee** (2232 m) – auf ihm sind Floßfahrten möglich –, die auch auch für ausgiebigen **Wintersport** genutzt wird. Dies gilt auch für das wirklich einmalige Gletschergebiet um den **Mittelbergferner,** das man ab Mittelberg mit dem **Pitztaler Gletscherexpress** – einer durch einen Tunnel verlaufenden Seilbahn – sowie der Wildspitzbahn erreicht und das sich bis zum **Hinteren Brunnenkogel** (3440 m) fortsetzt. Höher als im hiesigen **Café 3.440** kann man nirgends in Österreich einkehren (www.pitztal.com/de/sommer/highlights/hoechstes-cafe-3440). Speziell die **Pitztaler Gletscherwelt** (www.pitztaler-gletscher.at) ist ein einmaliges Erlebnis, sollte aber wegen der negativen ökologischen Langzeitfolgen durchaus kritisch betrachtet werden. Nicht zuletzt die örtliche Bevölkerung stellt sich bei der weiteren touristischen Ausbeutung der Gegend in den letzten Jahren quer. Den Talschluss bildet – wie eine Sackgasse – die 3786 m hohe **Wildspitze,** Nordtirols höchster Berg!

Praktische Infos

- **Tourismusinformation Arzl,** Dorfstraße 36, A-6471 Arzl, Tel. 05414 8699933, www.pitztal.com.
- **Tourismusinformation Jerzens,** Dorf 220, A-6474 Jerzens, Tel. 05414 8699932, www.pitztal.com.
- **Tourismusinformation Wenns** bzw. **Tourismusverband Pitztal,** Unterdorf 18, A-6473 Wenns, Tel. 05414 8699919, www.pitztal.com.

Außerfern

Die Region Außerfern macht den **äußersten Nordwesten Tirols** aus und ist deckungsgleich mit dem **Bezirk Reutte.** Sie liegt eingebettet zwischen den Lechtaler Alpen im Süden, den Allgäuer Alpen im Nordwesten, dem Wettersteingebirge im Osten und den Ammergauer Alpen im Nordosten. Streng genommen gehört das Außerfern nicht zum Oberland, sondern bildet eine **eigene Einheit,** die sich auch **kulturhistorisch unterscheidet,** denn das Gebiet wurde etwa ab dem 10. Jahrhundert entlang der einst von Römern gebauten Via Claudia Augusta mehrheitlich **von Alemannen besiedelt** und nicht von Bajuwaren. Ende des 13. Jahrhunderts wurde es unter **Herzog Meinhard** (1239–95) Teil der Grafschaft Tirol, doch die engen wirtschaftlichen und kulturellen **Beziehungen zum Allgäuer Raum** blieben bestehen. Bis heute ist die verkehrstechnische Anbindung nach Schwaben und Oberbayern deutlich besser als diejenige an Resttirol, die eigentlich fast nur durch den **Fernpass** gewährleistet wird. Diese geografische Verbindung und die erwähnte Besiedlung bewirkten, dass die rund 34.000 Außerferner nicht bairische, sondern vorrangig schwäbisch-alemannische und höchstalemannische **Dialekte** sprechen und auch sonst kulturell den nördlichen Nachbarn näher sind. Auch im Außerfern bildet der **Wintertourismus** eine wichtige Einnahmequelle, zentriert sich aber vor allem auf die **Region um Ehrwald,** während anderswo weniger bekannte Orte locken.

- **Infos: Tourismus Außerfern,** Tel. 05675 62200, allesausserfern.at.

Ehrwald und Umgebung

Nördlich des Fernpasses erstreckt sich das **Ehrwalder Becken,** wobei dieser Ausdruck missverständlich ist, befindet sich das Becken doch durchgehend auf einer Höhe von knapp 1000 m. Die Orte **Biberwier, Lermoos** und vor allem **Ehrwald,** allesamt südwestlich der Zugspitze (mit 2962 m Höhe Deutschlands höchster Berg, ein Teil der Zugspitze befindet sich auf der österreichischen Seite) gelegen, sind hier das Hauptziel für Bergfreunde, denn das Gebiet gehört zu dem von den Tourismusverbänden **„Tiroler Zugspitz Arena“** getauften **Wander- und Wintersportrefugium,** das gleich mehrere erschlossene Areale umfasst. Ab Biberwier ist das das recht überschaubare **Skigebiet Marienberg,** in Lermoos das wesentlich größere Pistenparadies um den **Grubigstein,** und in Ehrwald hat man die Wahl zwischen den Bahnen und Liften um den **Sonnenhang** und jene der **Ehrwalder Alm.** Zudem kann man mit dem hier erstandenen Skipass auch die Skigebiete auf der **deutschen Seite der Zugspitze** um Garmisch-Partenkirchen, Mittenwald und Grainau in Anspruch nehmen. Apropos Zugspitze: Die Fahrt auf den Berg, der ja direkt auf der österreichisch-bayerischen Grenze liegt, erfolgt ab der **Talstation in Obermoos** (www.zugspitze.at). Nach zehn Minuten erreicht man den meist viel besuchten Gipfel, auf dem neben diversen Seilbahngebäuden, einer Wetterwarte, Funk- und Forschungsstationen, Restaurants und einem Museum auch die sog. **Schneekristall-Welt** zum Besuch einlädt. Großartige **Wanderungen** sind in dieser Region natürlich in Hülle und Fülle möglich, z.B. auf den **Eibsee-**

Die Schwabenkinder – ein trauriges Schicksal

Zahlreiche alpine Regionen in Tirol und auch in Vorarlberg zählten über Jahrhunderte zu den ärmsten Österreichs. Speziell nachdem der **Bergbau** vielerorts **unrentabel** geworden und wegen der **geringen Erträge aus der Landwirtschaft** kaum etwas zu verdienen war, sahen sich viele Bergbauernfamilien gezwungen, ihre Kinder als Hütejungen, Mägde oder Knechte zur **Arbeit in die Fremde** zu schicken. Alljährlich im Frühjahr zogen die meist **5- bis 14-jährigen Kinder** über die Bergpässe zu den **„Kindermärkten",** hauptsächlich in Ravensburg, Friedrichshafen und Kempten, um dort als saisonale Arbeitskräfte an Bauern in Oberschwaben und der Schwäbischen Alb, aber teilweise auch in Baden und Bayern vermittelt zu werden. Berichtet wurde von diesen „Schwabenkindern" bereits im 16. und 17. Jahrhundert, doch erlebte die „Arbeitsmigration" **im 19. Jahrhundert** ihren **Höhepunkt:** Damals schufteten jährlich bis zu 6000 Kinder auf deutschen Höfen. Bis heute erinnert man sich mit Trauer an das Schicksal der Kinder; schon die Reise über die Berge – die in der Regel im März noch von Schnee bedeckt waren – gestaltete sich höchst strapaziös, auch weil die Sprösslinge meist nur schlechtes Schuhwerk und dürftige Kleidung hatten. Gut ging es den Kindern in den allermeisten Fällen auch auf den Höfen nicht, mussten sie doch **Schwerstarbeit für minimale Löhne** leisten. Erst 1908, ausgelöst durch eine Kampagne in der US-amerikanischen Presse, bei der u.a. der Kindermarkt in Friedrichshafen mit einem Sklavenmarkt verglichen wurde, folgte eine Art Umdenken, wenn sich auch vorerst für die Kinder selbst nichts änderte. Erst als im Zuge des Ersten Weltkriegs die heimische männliche Bevölkerung zum **Kriegsdienst** eingezogen wurde, endete das sog. **„Schwabengehen"** (zumindest in Tirol, in Vorarlberg ging es bis in die 1930er-Jahre weiter), weil nun die Kinder zu Hause als Ersatz für die verlorene Arbeitskraft benötigt wurden. Aufschlussreich zu diesem Thema ist der **Roman** „Die Schwabenkinder – die Geschichte des Kaspanaze" von *Elmar Bereuter,* der 2003 von *Jo Baier* verfilmt wurde.

blick (1476 m, Start Talstation Tiroler Zugspitzbahn, 2,5 Std., 300 Hm, leicht, familienfreundlich), der ebenfalls direkt auf der Grenzlinie liegt, oder südwestlich von Ehrwald zur Ehrwalder Alm (Start Talstation Ehrwalder Almbahn, 3,5 Std., 550 Hm, leicht, familienfreundlich) und der Region um die paradiesische **Seebenalm** (Start Talstation Ehrwalder Almbahn, 2,5 Std., 300 Hm, leicht, familienfreundlich).

Praktische Infos

- **Tourismusinformation Biberwier,** Fernpaßstraße 27, A-6633 Biberwier, Tel. 05673 20000600.
- **Tourismusinformation Lermoos,** Unterdorf 15, A-6631 Lermoos, Tel. 05673 20000300.
- **Tourismusinformation Tiroler Zugspitz Arena,** Schmiede 15, A-6632 Ehrwald, Tel. 05673 20000, zugspitzarena.com.
- **Aktivresort Tiroler Zugspitze,** Obermoos 1a, A-6632 Ehrwald, Tel. 05673 2309, www.zugspitze-resort.at. Gut ausgestatteter Campingplatz mit Schwimmbad, Sauna, Fitnessbereich u.v.m.

Reutte und Umgebung

Nordwestlich von Lermoos liegen ein paar weitere touristisch erschlossene Orte wie **Lähn,** von wo Wanderwege auf den **Plattberg** (2274 m) – auch Hochschrutte genannt – führen (Start Ortsmitte Lähn, 5 Std., 1200 Hm, schwer, Trittsicherheit wichtig). In **Bichlbach** kann man westwärts nach **Berwang** (www.berwang.tirol) abbiegen, wo die Bergwelt zum Skifahren, Wandern und Mountainbiken bestens geeignet ist. Von **Heiterwang** ist es nicht weit zum **Heiterwanger See,** der sich auf einem 8 km langen Spaziergang erschließt; bei Bedarf wandert man weiter zum nördlich liegenden Plansee (weitere 3 Std. ab dem Heiterwanger See, 300 Hm, leicht) – beide sind durch einen Kanal miteinander verbunden. Der **Plansee** ist der zweitgrößte See Tirols (er hat eine Fläche von 2,87 km² und ist maximal 77 m tief), verfügt über Strandbäder, Ausflugsschiffe und ist bekannt für seinen **Fischreich-**

Adobe Stock © Daniel

Wie in einer anderen Welt: Wandern im Bereich der Seebenalm

tum und dafür, dass hier eine himmlische Ruhe herrscht und Ortschaften gänzlich fehlen – man erreicht den See auf der Straße entlang der Nordseite. Wenige Kilometer nördlich von Heiterwang kommt man zu dem wirklich einmaligen **Festungsensemble der Burg Ehrenberg.** Es besteht aus der gleichnamigen Burgruine am Nordrand der Lechtaler Alpen auf 1100 m und der barocken **Festung Schlosskopf,** die die Burg überragt, sowie der **Ehrenberger Klause,** die das Tal unterhalb absperrt und eine äußerst gut aufbereitete Ausstellung zum Mittelalter beherbergt. Östlich der Bundesstraße vervollständigt das **Fort Claudia** das Befestigungssystem, wobei Burg und Fort durch die sensationelle, mehr als 400 m lange **Hängebrücke Highline 179** verbunden sind. Im 13. Jahrhundert erbaut, galt die Anlage lange als uneinnahmbares Bollwerk und war eine wichtige Zollstation. Doch ab dem 16. Jahrhundert wurde die Burg oft stark beschädigt und letztlich im Jahr 1800 von französischen Truppen weitgehend zerstört.

MEIN TIPP: **Burgenwelt Ehrenberg,** Klause 1–5, A-6600 Reutte, Tel. 05672 62007, www.ehrenberg.at, tägl. 9–18 Uhr, Eintritt ab 8 €, erm. 4,20 €.

Das nahe gelegene **Reutte** ist das administrative Zentrum des Außerfern und mit **7200 Einwohnern** der größte Ort der gesamten Region. Architektonisch interessant sind in dem Städtchen zahlreiche Bürgerhäuser mit farbenprächtigen Fassadenmalereien, zu denen auch das **Grüne Haus** aus dem 16. Jahrhundert gehört, das ein **Regionalmuseum** (www.museum-reutte.at) beherbergt.

Adobe Stock © dalu

Zum Wandern und Skifahren begibt man sich in die nahe **Bergwelt Hahnenkamm** (bergwelt-hahnenkamm.at).

Praktische Infos

■ **Tourismusinformation Reutte,** Untermarkt 34, A-6600 Reutte, Tel. 05672 62336, www.reutte.com.

MEIN TIPP: **Fischer am See②-③,** Fischer am See 1, A-6611 Heiterwang, Tel. 05674 5116, www.fischeramsee.at. Bestausgestattetes Seehotel direkt am Ufer des Heiterwanger Sees. Neben hübschen Zimmern gibt es einen Wellnessbereich, ein tadelloses Restaurant② und sogar einen Wiesencampingplatz.

■ **Camping Reutte,** Ehrenbergstraße 53, A-6600 Reutte, Tel. 0676 3508860, www.camping-reutte.com. Hübscher Campingplatz mit Blick auf die Burg Ehrenberg.

Um die Tannheimer Berge

Nordwestlich von Reutte liegen die Tannheimer Berge, eine **Untergruppe der Allgäuer Alpen,** die sich auch in Bayern fortsetzen. Die höchsten Erhebungen sind die **Köllenspitze** (2238 m, Start Ortsmitte Nesselwängle, 5 Std., 1300 Hm, Anspruch mittel) und der **Gimpel** (2176 m, Start Hotel Bergheim in Nesselwängle, 5 Std., 1100 Hm, schwer), die man beide von **Nesselwängle** aus gut erreicht. Überhaupt ist das Gebirge bei Bergwanderern und Kletterern äußerst beliebt. Man nähert sich den Tannheimer Bergen einerseits ab **Vils** unmittelbar an der deutschen Grenze unweit von Füssen; der Ort weist hübsche bunte Bürgerhäuser auf, oberhalb der Stadt thront die **Burgruine Vilsegg,** von der man in etwa einer Stunde zur Zirmengrotte wandern kann. Andererseits kann man ab Reutte zuerst nach **Weißenbach am Lech** südwärts fahren und dann in nordwestlicher Richtung dem romantisch anmutenden **Tannheimer Tal** folgen. Hier ist das Angebot an Übernachtungsmöglichkeiten deutlich größer als im Raum Vils. Im erwähnten **Nesselwängle** kann man sich nach Norden zu den angesprochenen Gipfeln aufmachen oder südwärts per Seilbahn (www.lifte-nesselwaengle.at) auf die wenig frequentierte **Krinnenalpe** gelangen. **Haller** bietet sich für einen Spaziergang um den **Haldensee** an, von **Grän** führt eine Liftanlage auf das **Füssener Jöchle** (1816 m). Nördlich von Grän verläuft das **Engetal,** das mit der **Bad Kissinger Hütte** ein äußerst beliebtes Wanderziel aufweist (Start Ortsmitte Grän, 3 Std., 650 Hm, mittel). In **Tannheim** sollte man der barocken Pfarrkirche etwas Zeit schenken, ferner gibt es ein **Heimatmuseum** und ein altes, original eingerichtetes Bauernhaus, das **Felixé Mina's Haus.** Von Tannheim gelangt man per Seilbahn auf das **Neunerköpfle** (1862 m), zudem führt eine wunderbare einstündige Wanderung durch das Vilstal bis zum unberührten **Vilsalpsee** 4 km weiter. Der See liegt in einem Naturschutzgebiet, das durch seine **seltenen Orchideenarten** bekannt ist. Eine Besonderheit bildet das kleine Dorf **Jungholz,** das in einer Enklave nördlich des Grenzübergangs liegt und nur von bayerischer Seite zu erreichen ist. Jungholz ist als Kräuterdorf bekannt – und für seine Banken, denn es gilt das österreichische Bankgeheimnis.

☒ Schwindelfreiheit erwünscht: Die Hängebrücke Highline 179 ist kein alltägliches Bauwerk

Praktische Infos

■ **Tourismusinformation Tannheimer Tal,** Vilsalpseestraße 1, A-6675 Tannheim, Tel. 05675 62200, www.tannheimertal.com.

■ **Camping Alpenwelt,** Kienzerle 3, A-6675 Tannheim, Tel. 05675 43070, alpenwelt-tannheimertal.at. Kleiner Campingplatz mit Terrassenstellplätzen.

MEIN TIPP: **Comfortcamp Grän,** Engetalstraße 13, A-6673 Grän, Tel. 05675 6570, comfortcamp.eu. Im Tannheimer Tal liegt dieser Campingplatz mit großem Panoramahallenbad und Saunabereich sowie Restaurant und Imbiss.

Nördliches Lechtal

Den **Südwesten des Außerfern** kennzeichnet der **Flusslauf des Lech;** seinem, durch Sand- und Schotterflächen am Ufer gekennzeichneten Tal – zwischen den Allgäuer Alpen im Norden und den Lechtaler Alpen im Süden gelegen – folgt die Bundesstraße B198 bis zur Grenze mit Vorarlberg. Das Lechtal ist als **Naturpark** ausgewiesen und erfreut sich durch den **Lechtalradweg** großer Beliebtheit bei Bikern. Wanderer hingegen zieht es mehr in die Seitentäler, die zum Teil landschaftliche Preziosen mit „archaischen“ Bauerndörfern und den allgegenwärtigen „Heupillen“ genannten Scheunen vereinen. Fährt man ab dem bereits erwähnten **Weißenbach** südwärts, kommt man nach etwa 10 km nach **Stanzach,** wo eine Straße nach Osten ins **Namloser Tal** führt, eine äußerst zauberhafte Gegend, die rund um das kleine Namlos **Wanderungen** – z.B. zur **Fallerscheinalm** (Start Abzweigung Fallerschein auf der Bundesstraße zwischen Stanzach und Namlos, 2 Std., 150 Hm, leicht, mit etwa 40 Blockhütten liegt hier das größte Almdorf Tirols) oder auf dem **Jägersteig** zurück nach Stanzach (Start Ortsmitte Namlos, 3 Std., 700 Hm, mittel) – ermöglicht. Noch einsamer geht es im **Schwarzwassertal** nordwestlich von Stanzach zu, wo vor allem der **Sieglsee** ein landschaftliches Wunder darstellt. Das parallel verlaufende **Hornbachtal,** das man über eine Stichstraße ab Stanzach erreicht, erlaubt ab Hinterhornbach Wanderungen auf den **Hochvogel** (2593 m, Start Hinterhornbach, 8 Std., 1800 Hm, schwer) und die Berghütten um die **Urbeleskarspitze** (Start Hinterhornbach, 8 Std., 1550 Hm, mittel). Südlich von Stanzach folgt **Elmen,** wo sich das **Zentrum des Naturparks** auf der Klimmbrücke befindet.

■ **Naturpark Tiroler Lech,** Klimm 2, A-6644 Elmen, Tel. 0664 4168466, www.naturpark-tiroler-lech.at.

Ab Elmen verläuft mit der Landstraße durch das **Bschlaber Tal** auch die einzige direkte Straßenverbindung über das **Hahntennjoch** (1894 m) nach Imst und ins Innstal. Eine Befahrung der **spektakulären Passstraße** mit ihren vielen Kehren (kostenlos, Nov. bis April gesperrt) ist definitiv ein Erlebnis. Ein Zwischenstopp lohnt im Postkartenörtchen **Bschlabs** mit seinen historischen Gutshöfen. Um den Ort sind verhältnismäßig einfache **Wanderungen** in die Umgebung möglich, wobei das Tal speziell mit seinem intakten bäuerlichen Milieu für

[>] Das Lechtal ist gerade bei Mountainbikern sehr populär

Adobe Stock © Uwe

sich einzunehmen weiß. Wieder am Lechufer verläuft ab **Häselgehr** ein weiteres Tal südwärts bis **Gramais** – die winzige Gemeinde dient als Basis für Touren zum **Kogelsee** (2171 m, Start Gramais, 5,5 Std., 1150 Hm, schwer) und zum **Roßkarsee** (2118 m, Start Gramais, 6 Std., 1050 Hm, schwer).

Praktische Infos

■ **Gasthof zur Gemütlichkeit**①-②, Bschlabs 31, A-6647 Pfafflar, Tel. 05635 259, www.gemuetlichkeit.at. Einfach und gut beschreibt dieses Wirtshaus am besten. Auch Gästezimmer①-② gibt es.

Südliches Lechtal

Kulturhistorisch ist der Ort **Elbigenalp** interessant, denn außer der frei stehenden Kirche und der Martinskapelle daneben ist vor allem die **Wunderkammer** ein Füllhorn an Informationen zu Sitten und Gebräuchen der Lechtaler Bevölkerung.

■ **Wunderkammer Elbigenalp,** Dorf 47, A-6652 Elbigenalp, Tel. 05634 20024, wunderkammer.tirol, Mitte Mai bis Mitte Okt. Mi–Sa 14–18 Uhr, Weihnachten bis Ostern Mi–Fr 14–18 Uhr, Eintritt 6,50 €, ermäßigt 3 €.

Ab Bach verläuft das **Madautal** bis Madau und stellt eine Gegend dar, die durch die Geschichte der *Anna Knittel* (1841–1915) – besser bekannt unter dem Namen **„Geierwally"** – Einzug in die Literatur hielt, denn als 17-Jährige erklärte sie sich bereit, an einem Seil hängend einen Adlerhorst in einer Felswand auszunehmen, eine Praktik, die durchaus üblich war, um Attacken der Greifvögel auf die Schafsherden des Dorfes zu verhindern. Auch die in den Berg gebaute **Gei-**

erwally Freilichtbühne in Elbigenalp erinnert an sie. Eine erlebenswerte Tour in der Gegend führt z.B. zur **Memminger Hütte** (2242 m, Start Madau, 5,5 Std., 1000 Hm, schwer). **Holzgau** ist mit seinem hübschen Ortskern unbedingt einen Stopp wert, zumal hier eine 200 m lange **spektakuläre Hängebrücke** das **Höhenbachtal** überspannt! Nette Wanderungen führen zum **Schochenalpsee** (1960 m, Start Holzgau, 5 Std., 900 Hm, mittel) oder durch das **Sulztal** (Start Holzgau, 4,5 Std., 500 Hm, mittel).

Praktische Infos

- **Tourismusinformation Lechtal,** Untergiblen 23, A-6652 Elbigenalp, Tel. 05634 5315, www.lechtal.at.

MEIN TIPP: **Käserei Sojer,** Steeg 16, A-6655 Steeg, Tel. 05633 5636, www.kaesereisojer.at. Ideal für Käseliebhaber, die in den Genuss örtlicher Produkte kommen wollen.

Landeck und Umgebung

Verlässt man Imst in westlicher Richtung, kommt man nach 6 km nach **Mils,** wo die **Larsennschlucht** besonders bei Kletterern angesagt ist. Wer es entspannter mag, bricht in der **Milser Au** zu einem Spaziergang am **Inn** auf. Wenige Kilometer weiter liegt mit der **Burgruine Kronburg** wohl eine der wegen ihrer Größe bemerkenswertesten in ganz Tirol, die man im Zuge einer Führung (www.kronburg-tirol.at) besuchen kann und in der ein beliebter Gasthof zu bester Tiroler Küche einlädt. In der Nähe, in **Zams,** endet die Inntalautobahn A12 und geht in die Arlberg Schnellstraße S16 über. Erlebnisreich ist die nahe Lötzklamm – auch **Zammer Lochputz** genannt (zammer-lochputz.at) –, die man auf einer einstündigen Wanderung entlang atemberaubender Steige (familienfreundlich) begeht. Südwestlich von Zams, am Zusammenfluss von Sanna und Inn, liegt **Landeck,** mit **7600 Einwohnern** die **Hauptstadt des gleichnamigen Bezirks,** der der tourismusintensivste in ganz Österreich ist und unter dem Namen **„TirolWest"** vermarktet wird. Viele der Verkehrswege hier waren bereits Teil der römischen **Via Claudia Augusta,** und so leuchtet es ein, dass Landeck auf eine lange Geschichte zurückblickt. Wahrzeichen der kleinen, reizvollen Stadt ist die **Burg Landeck,** die Ende des 13. Jahrhunderts das erste Mal erwähnt wurde und heute als Veranstaltungsort dient und auch ein **Heimatmuseum** beherbergt. Sehenswert ist ferner die **spätgotische Pfarrkirche Landeck-Mariä Himmelfahrt** mit ihrem Altar, dem großen Renaissance-Totenschild *Oswald von Schrofensteins* (?-1492) und einer romanischen Muttergottes. Hoch über Landeck erhebt sich die **Burgruine Schrofenstein** mit dem mächtigen Bergfried, auf der das Tiroler Adelsgeschlecht gleichen Namens – die *Schrofensteiner* waren mächtige und gefürchtete Ritter – ab dem 13. Jahrhundert bis zu seinem Aussterben im Jahr 1546 seinen Sitz hatte.

Im nahen **Stanz** kam der **Baumeister Jakob Prandtauer** (1660–1726) zur Welt, der für zahlreiche Barockbauwerke in Niederösterreich verantwortlich war. In **Grins** sollte man sich die stattliche Römerbrücke aus dem 16. Jahrhundert ansehen. Genug der Historie? Die Region um Landeck ist für ihren **Obstanbau** bekannt, der wiederum zur Herstellung von **Branntweinen** dient. In Mils kann man in diesem Geiste z.B. die **Edeldestillerie Oberhofer** besuchen, Stanz bezeichnet sich selbst als „Brennereidorf" (www.brennereidorf.at).

MEIN TIPP: **Edeldestillerie Oberhofer,** Bundesstraße 7, A-6068 Mils, Tel. 05223 586052, edeldestillerie.com. In dieser Schnapsbrennerei werden über 40 verschiedene Brände und Liköre hergestellt.

Praktische Infos

- **Tourismusinformation Landeck,** Malserstraße 47a, A-6500 Landeck, Tel. 05442 65600, tirolwest.at.
- **Postgasthof Gemse**②, Hauptplatz 1, A-6511 Zams, Tel. 05442 62478, www.postgasthof-gemse.at. Eigene Felder und Gemüsegärten sorgen für die frischen Zutaten in diesem heimeligen Gasthaus.

St. Anton und Umgebung

Wenig westlich von Grins fließen die Rosanna und die Trisanna zur **Sanna** zusammen. Folgt man der Bundesstraße weiter flussaufwärts, kommt man nach **Strengen,** einem hübschen Ort mit gedeckter Holzbrücke über die Rosanna. Von hier führen traumhafte **Wanderrouten** – wie die über den Grinner Heuweg und durch den **Dawinwald** (Start Ortsmitte Strengen, 4 Std., 750 Hm, mittel) – mit Blick auf den **Hohen Riffler** (3168 m) durch die bezaubernde Landschaft. Nördlich von Strengen, in **Pettneu,** erblickte **Joseph Munggenast** (1680–1741) das Licht der Welt, Neffe und Schüler des in Stanz geborenen Baumeisters *Jakob Prandtauer* und ebenfalls für zahlreiche Gebäude in Niederösterreich verantwortlich. Pettneu verfügt über ein kleines **Wintersportgebiet,** das

Adobe Stock © buehli9

Wintersport in all seinen Facetten:
St. Anton ist vor allem bei Skifahrern beliebt

bereits Teil des Tourismusverbandes St. Anton am Arlberg ist – das Stanzer Tal steht touristisch ohne Zweifel voll und ganz unter dem Einfluss des mondänen Nobelskiorts, der zu den wohl bekanntesten der Alpen überhaupt gehört. **St. Anton** gilt durch die von *Hannes Schneider* (1890–1955) 1901 gegründete Skischule als einer der österreichischen Pionierorte für den „neuen Schneesport" und entwickelte sich nach dem Zweiten Weltkrieg immer mehr zu einem **Wintersportrefugium der Edelklasse,** das gut betuchte Gäste und reichlich Prominenz anlockt. Entsprechend ist die Infrastruktur preislich großteils auf den Jetset bzw. all jene, die sich dafür halten, ausgelegt. Das **Skigebiet** um St. Anton ist mit 305 km markierten Abfahrten, 88 Liften und Bahnen sowie 200 km Varianten im freien Gelände eines der größten Österreichs. Dass es bei 10.000 Gästebetten selten ruhig bleibt, ist klar, nicht zuletzt ist St. Anton auch für sein **ausgelassenes Après-Ski** berühmt-berüchtigt. In den warmen Monaten lockt der Ort auch **Wanderer, Bergsteiger, Kletterer und Mountainbiker** an; zahlreiche Wege führen z. B. zum **Langer See** (1936 m, Start St. Anton Terminal West, 9 Std., 750 Hm, schwer), zur **Darmstädter Hütte** (2584 m, Start Parkplatz Talstation der Rendlbahn, 5 Std., 700 Hm, mittel, wer mit der Rendlbahn zur Bergstation fährt, erspart sich gut 2 Std.) oder etwas entspannter ins **Erlebnistal Verwall** mit dem sog. **Sagenweg** (Start Hotel Mooserkreuz in St. Anton, 3 Std., 350 Hm, leicht, familienfreundlich). Ab St. Anton kommt man durch den **Arlberg-Tunnel** bis ins vorarlbergische Klösterle, alternativ folgt man der Bundesstraße B197 bis St. Christoph und erreicht danach den **Arlberg,** wobei dieser Name ausschließlich den 1793 m hohen **Pass** bezeichnet, der noch komplett auf Tiroler Territorium liegt.

Praktische Infos

- **Tourismusinformation Pettneu am Arlberg,** Dorf 150, A-6574 Pettneu am Arlberg, Tel. 05448 8221, www.stantonamarlberg.com.
- **Tourismusinformation St. Anton am Arlberg,** Dorfstraße 8, A-6580 St. Anton am Arlberg, Tel. 05446 22690, www.stantonamarlberg.com.
- **Chalet Brunnenhof**③, St. Jakober Dorfstraße 53, A-6580 St. Anton am Arlberg, Tel. 05446 2293, www.brunnenhof.net. Legendäres Hotel und Restaurant②-③ in einem uralten Bauernhaus.
- **Hotel Schwarzer Adler**③, Dorfstraße 35, A-6580 St. Anton am Arlberg, Tel. 05446 22440, www.schwarzeradler.com. Beliebtes Wellnesshotel, in dem man auch exquisit speisen②-③ kann.
- **Bergfilmfest,** www.filmfest-stanton.at. Ende August werden in St. Anton beeindruckende Filme gezeigt, die allesamt mit dem Thema „Berg" zu tun haben.

Paznauntal

Südwestlich von Grins kommt man ins Paznauntal. Streng genommen bildet es ein Seitental des Stanzer Tals und erstreckt sich auf etwa 35 km Länge entlang dem **Flusslauf der Trisanna.** Bis zur touristischen Erschließung in der ersten Hälfte des 20. Jahrhunderts war diese Region durch extreme **Armut** gekennzeichnet, heute hingegen ist das Paznauntal gleichbedeutend mit **exzellentem Wintersport,** wenn auch gerade das **Untere Paznaun** noch landwirtschaftlich genutzt wird. Eindrucksvoll sind zunächst im Nordosten das nur von außen zu besichtigende **Schloss Wies-**

berg bei Tobadill und die gewaltige Eisenbahnbrücke über die Trisanna kurz dahinter. Um **Giggl** und **Frödenegg** sind beschauliche Wandertouren in die umliegenden Berge möglich. Kleinere, dafür aber familienfreundliche Skigebiete – bzw. angenehme Wanderregionen – finden sich in **See** (www.see.at) und **Kappl** (www.kappl.com); ab Kappl ist vor allem die **Niederelbehütte** (2310 m) ein beliebtes Ziel (Start Bergstation Dias-Bahn, 4 Std., 450 Hm, Anspruch mittel).

■ **Infos: Tourismus Paznauntal,**
Tel. 050 990, www.paznaun-ischgl.com.

Ischgl und Umgebung

Der **meistfrequentierte Wintersportort im Paznauntal** ist natürlich das weltberühmte Ischgl, das sich nicht so exklusiv wie St. Anton präsentiert, sondern mit einem fast schon überbordenden Angebot an Unterkünften, Restaurants, Bars, Shops und Nightlife an den „normalen" Touristen wendet. Traurige Berühmtheit erhielt der Ort während der Anfangsphase der Corona-Pandemie im Jahre 2020. Die Ischgler Skilandschaft – **Silvretta Arena** genannt – zieht sich bis ins schweizerische Samnaun, umfasst 238 km Piste und wird von mehr als 45 Liftanlagen bedient. Damit gehört sie zu einem der größten und gleichzeitig **schneesichersten Skigebiete der Alpen.** Eröffnung und Ende der Saison werden regelmäßig mit großen **Musikkonzerten** gefeiert, wie z.B. dem Top of the Mountain Concert. Das alles führt dazu, dass Ischgl speziell im Winter voll mit Urlaubern ist, der Sommer hingegen ist vergleichsweise ruhig, dann tummeln sich in der Region auch **Wanderer** – u.a. im **Fimbertal** oder am **Madleinsee** – und **Mountainbiker.**

Die Ruhe vor dem Sturm in Ischgl: Noch sind alle auf den Pisten

Nur 9 km südwestlich von Ischgl liegt **Galtür,** ein weiterer äußerst populärer Wintersportort mit einem reichen Angebot an Seilbahnen und Liftanlagen sowie diversen Pisten an den Hängen der **Ballunspitze** (2671 m). Der Ort wurde vorrangig durch Walser (→ S. 444) besiedelt und das gastronomische Aushängeschild ist der **Enzner** (www.enzner.at) genannte Enzianschnaps. Galtür mag nicht so überlaufen wie Ischgl sein, doch voll wird es im Winter auch. In den Sommermonaten bieten sich neben Wanderungen auch interessante Möglichkeiten für Kletterer und Mountainbiker. Ein interessantes Museum im Ort ist das **Alpinarium,** das sich dem Leben im hochalpinen Raum widmet und auf dem Dorffriedhof erinnert ein Denkmal an die 31 Menschen, die 1999 bei einem **Lawinenabgang** ums Leben kamen. Kurz nach Galtür verläuft die mautpflichtige **Silvretta-Hochalpenstraße** (→ Exkurs S. 460) – eine der eindrucksvollsten Panoramastraßen der Alpen – hinüber nach Vorarlberg.

- **Alpinarium,** Hauptstraße 29 c, A-6563 Galtür, Tel. 05443 20000, www.alpinarium.at, Di–So 10–18 Uhr, Eintritt 10 €, ermäßigt 6 €.

Praktische Infos

- **Tourismusinformation Galtür,** Galtür 39, A-6563 Galtür, Tel. 050 990200, www.galtuer.com.
- **Tourismusinformation Ischgl,** Dorfstraße 43, A-6561 Ischgl, Tel. 050 990100, www.ischgl.com.
- **Hotel Garni Alpenstern**②, Versahlweg 5, A-6561 Ischgl, Tel. 05444 51201, www.alpenstern.at. Angenehmes Hotel etwas außerhalb des Ortskerns mit fairem Preis-Leistungs-Verhältnis.
- **Camping Haus Zeinissee,** Zeinisjoch, A-6563 Galtür, Tel. 05443 8562, www.camping-galtuer.at. Direkt am See gelegener Campingplatz.

Oberes Gericht

Der **oberste Abschnitt des Inntals** wird als Oberes Gericht bezeichnet, denn auf der Burg Laudegg bei Ladis und ab 1550 auf Schloss Sigmundsried bei Ried wurden die sog. **Hochgerichte** abgehalten, die im Gegensatz zu den **Niedergerichten** alle Strafen verhängen durften. Die Region, die den Nordwestteil der Ötztaler Alpen (rechts des Inns) und den Ostteil der Samnaun-Gruppe umfasst, erstreckt sich von Landeck bis zur italienischen und Schweizer Grenze und verfügt über einige **historische Zeitzeugnisse.** Interessant ist, dass das Obere Gericht **erst spät durch Bajuwaren bevölkert** wurde und sich somit in manchen Gegenden, vor allem in Nauders, das **Rätoromanische** bis ins 17. Jh. hinein halten konnte. Im angrenzenden Schweizer Engadin wird es heute noch gesprochen, Überreste finden sich ferner in manchen Ortsbezeichnungen der Gegend. In **Fließ** nur wenige Kilometer südöstlich von Landeck informiert ein **Archäologisches Museum** (museum.fliess.at) über die Vergangenheit, denn die hiesige Gegend war wohl bereits seit der Bronzezeit besiedelt. Für einen Blick über das Tal bietet sich eine Fahrt nach **Hochgallmig** an der **Pontlatzbrücke** an. Unterhalb von Fließ erinnert ein bronzener Adler an den **Sieg Tiroler Truppen** über die verfeindeten Bayern. Ab **Prutz** verläuft nach Osten hin die Landstraße ins Kaunertal (→ S. 402), und in **Ladis** breitet sich die „Sonnenterrasse“ westlich der Bundesstraße aus, auf der die erwähnte **Burg Laudegg** (auch Laudeck geschrieben) über dem Ort thront und im Rahmen einer Führung besichtigt werden kann. **Fiss** und **Serfaus** bieten ein weitläufiges **Wintersportgebiet;** auf den Bergstationen der Liftanlagen gibt es auch ohne Schnee mehrere actionlastige Attraktionen – wie den „Fisser Flieger“ oder den „Serfauser Sauser“ – für die ganze Familie. Empfehlenswerte Wanderrouten führen u.a. zum **Kölner Haus** (1965 m, Start Talstation der Komperdellbahn in Sefaus, 3 Std., 550 Hm, mittel, familienfeundlich) oder zur **Möseralm** (1812 m, Start Sägegasse in Fiss, 2 Std., 400 Hm, leicht, idyllisch). Auch das **Schloss Sigmundsried** bei **Ried** kann auf einer Führung besichtigt werden, und im nahen **Fendels** – ab Ried per Seilbahn erreichbar – finden sich an der **Sattelklause** neben einem Skigebiet reichlich Spiel und Spaß (Kletter- und Funpark, Rutschen, Trampolin, Abenteuerbaumhaus, Ziegengehege etc.), vermarktet unter dem Namen **Sommerberg** (gehört bereits zum Kaunertal).

Praktische Infos

- **Tourismusinformation Fließ,** Dorf 120, A-6521 Fließ, Tel. 05449 5234, tirolwest.at.
- **Tourismusinformation Serfaus-Fiss-Ladis,** Gänsackerweg 2, A-6534 Serfaus, Tel. 05476 6239, www.serfaus-fiss-ladis.at.

MEIN TIPP: **Camping Dreiländereck Tirol,** Ried 37, A-6531 Ried, Tel. 05472 6025, www.tirol-camping.at. Im Ski- und Wandergebiet Serfaus-Fiss-Ladis liegt dieser Campingplatz mit Bikepark.

MEIN TIPP: **Gasthof Rieder Stub'n**①-②, Ried im Oberinntal 3, A-6531 Ried im Oberinntal, Tel. 0676 7734712, www.riederstubn.com. Tiroler Küche vom Feinsten und auch hübsche Zimmer② kann man hier beziehen.

- **Fisser Blochziehen,** www.blochziehen.at. Alle vier Jahre (nächster Termin ist der 25. Januar 2026) wird am Faschingssonntag ein 35 m langer Zirbenstamm gezogen.

Nauders und Umgebung

Kulturhistorisch interessant ist **Tösens** etwa 6 km südlich von Ried wegen seiner kleinen Kirche St. Georg und der sog. **Römerbrücke** aus dem 12. Jahrhundert. Äußerst hübsch zeigt sich **Pfunds,** wo zahlreiche Gebäude im Stil der Renaissance erstrahlen; ab dem Ort kann man in südöstlicher Richtung durch das Tal des meist wilden **Radurschlbaches** wandern. Südlich von Pfunds führt die steinerne **Kajetansbrücke** über den Inn – hier dreiteilt sich die Straße. Für alpine Abenteuer bietet sich **Spiss** ganz im Westen an, das unmittelbar an der Grenze zum Schweizer Zollausschlussgebiet Samnaun liegt und von wo einmalige Touren, z.B. zum **Heusattel** (1870 m, Start Ortsmitte Spiss, 2 Std., 450 Hm, leicht) oder ins **Zanderstal** (1710 m, Start Ortsmitte Spiss, 3 Std., 450 Hm, mittel, man geht auf die Fließer Alpe), unternommen werden können. Weiter südlich gelangt man zunächst zu der unterhalb der Landstraße gelegenen und in einer Schlucht gebauten **Festung Altfinstermünz** – sie liegt malerisch direkt am Inn und kann besucht werden. Man erreicht sie zu Fuß ab dem ehemals mondänen, aber mittlerweile nicht mehr in Betrieb befindlichen **Hotel Hochfinstermünz.** Etwa 2 km weiter südlich kann man die gewaltige **Sperre Hochfinstermünz** (auch **Straßensperre Nauders** genannt) besichtigen. Sie und auch die Festung wurden als Zollstationen und Grenzfesten an diesem über Jahrhunderte strategisch so wichtigen Übergang errichtet.

MEIN TIPP: **Festung Altfinstermünz,** Nauders 327, A-6543 Nauders, Tel. 0660 5642538, www.altfinstermuenz.com, Ende Mai bis Anfang Okt. Di–So 11–16.30 Uhr, Eintritt 8 €, ermäßigt 5 €.

Weiter südlich liegt als letzte Nordtiroler Gemeinde **Nauders,** das ebenfalls über ein Schloss und ein paar Kilometer weiter nordwestlich gelegen über eine imposante Wehrburg verfügt (mit interessantem Museum). Die nahe **Schöpfwarte** (1436 m) bietet traumhafte Ausblicke hinüber in die Schweiz und am **Schwarzen See** (1725 m) blühen speziell im Juni unzählige Seerosen. Südlich von Nauders erstreckt sich das gleichnamige **Skigebiet** nach Osten hin; es liegt abgeschieden und wird verhältnismäßig wenig besucht. Etwa 4 km sind es von Nauders bis zur **italienischen Grenze,** die allgemein als **Reschenpass** bezeichnet wird – der Pass (1507 m) liegt bereits komplett auf Südtiroler Gebiet und führt hinüber ins Vinschgau.

Praktische Infos

- **Tourismusinformation Nauders,** Nauders 66, A-6543 Nauders, Tel. 050 225400, www.nauders.com.

Kaunertal

Der Mix aus Kulturdenkmälern und wundervollen unberührten Naturlandschaften macht das Kaunertal zu **einer der schönsten Gegenden Tirols,** umso mehr da die Region (noch) vergleichsweise wenig besucht wird. Auch das Kaunertal ist ein nach Süden verlaufendes Tal in den Ötztaler Alpen, das teilweise als **Naturpark Kaunergrat** unter Schutz gestellt wurde. Man erreicht das schlauchartige Tal ab **Prutz** in östlicher Richtung. Gleich in **Kauns** kann man nordwärts in den Naturpark fahren, wo man unterhalb der **Pillerhöhe** (1558 m) das informative **Naturparkhaus** besuchen sollte.

- **Naturparkhaus Kaunergrat,** Gachenblick 100, A-6521 Fließ, Tel. 05449 6304, www.kaunergrat.at.

In der Nähe liegt das **Piller Moor,** durch das ein etwa 2 km langer Lehrweg führt. In Kauns selbst steht die mittelalterliche **Burg Berneck** (Besichtigung nur mit Führung) und in **Kaltenbrunn** ranken sich um die viel besuchte **Wallfahrtskirche Mariä Himmelfahrt** einige Legenden. Alternativ erreicht man die Kirche auch auf dem Wallfahrtsweg aus Kaus.

- **Burg Berneck,** Burggasse 1, A-6526 Kauns, www.burg-berneck.at, Führungen auf Anfrage, Eintritt (mit Führung) ab 9 €, ermäßigt 5 €.

In **Nufels** können Musikliebhaber das **Flügelhaus** besuchen, in dem alte und historische Konzertflügel, Pianos und Klaviere ausgestellt werden. Zentraler Ort des Tals ist **Feichten.** Auf einer schmalen Straße erreicht man das traumhaft schöne Gebiet um die **Verpeilalm** (1802 m) und die **Verpeilhütte** (2025 m) sowie ab dort zu Fuß den **Madatschkopf** (2778 m, Start Parkplatz Verpeilalm, 5 Std., 950 Hm, mittel). Etwa 1,5 km südlich von Feichten führt die mautpflichtige **Kaunertaler Gletscherstraße** in etlichen Kehren hinauf, vorbei an der **Watzespitze** (3532 m), dem Gepatschspeicher – der Stausee speist das Kaunertalkraftwerk – und an der **Schutzhütte Gepatschhaus** durch hochalpines Gelände bis an den Rand von **Weißsee- und Gepatschferner,** wo sich der **zweitgrößte Gletscher** Österreichs – mit integriertem Skigebiet (www.kaunertaler-gletscher.at) befindet. Das Ende der Straße liegt auf 2750 m Höhe und stellt damit eine der höchsten Stellen der Alpen dar, die man mit dem eigenen Fahrzeug auf einer gewöhnlichen Straße erreicht. Ab dem Parkplatz kann man eine Gletscherspalte begehen und hier sind diverse Wanderungen möglich, etwa auf den **Wiesjagglkopf** (3127 m) an der italienischen Grenze (Start Gletscherrestaurant Weißsee, 3 Std., 400 Hm, schwer, nur geübten Alpinisten zu empfehlen). Alternativ kann man mit der **Karlesjochbahn** auf 3108 m fahren.

Praktische Infos

■ **Tourismusinformation Kaunertal,** Feichten 134, A-6524 Kaunertal, Tel. 050 225200, www.kaunertal.com.

Osttirol

So ein bisschen scheint das kleine Osttirol zu sehr im Schatten seiner beiden großen Brüder – dem österreichischen Nordtirol und dem italienischen Südtirol – zu stehen, denn meist wird es nur unter ferner Liefen wahrgenommen. Völlig zu unrecht, denn die **landschaftlich atemberaubende Region südlich von Salzburg und westlich von Kärnten** ist ursprünglich und quasi auf das Wesentliche reduziert, nämlich ihre überwältigende Bergwelt. Das ist der Tourismusindustrie nicht entgangen: Für sie ist Osttirol das **„Berg-Tirol“.** Die östliche Enklave wurde nach der Abtrennung Südtirols an Italien gemäß dem Vertrag von Saint-Germain-en-Laye 1919 geografisch von dem bei Österreich verbleibenden Teil Nordtirols separiert, was für die örtliche Bevölkerung logistisch lange Zeit zu extremen Problemen führte. Über Jahrzehnte war der **unwegsame Landstrich** nur in den schneefreien Monaten über das Lesachtal in Kärnten zu erreichen. Erst die Fertigstellung des **Felbertauerntunnels** 1967 brachte die Anbindung an das Land Salzburg.

Touristisch gehört dieser Teil des Bundeslandes aufgrund seines **sagenhaften Bergpanoramas** mit den zahlreichen Dreitausendern – darunter **Großglockner** (3798 m) und **Großvenediger** (3657 m) – zum Besten, was Österreich in Sachen „Hochalpenfeeling“ zu bieten hat. Für **sensationelle Wanderungen** zu den höchsten Almen des Landes seien das **Gschlößtal** und das **Kalser Tal** empfohlen. Neben umwerfenden Landschaften bieten das **Virgental** und das **Defereggental** auch kulturell einiges Interessantes. Speziell **Fahrradfahrer** sollten den Süden Osttirols – das **Pustertal** – besuchen, denn hier ist eine Fahrt entlang der Drau ein echtes Highlight! Wer ein bisschen urbanes Flair vermisst, der findet im kleinen **Lienz** eine nette Innenstadt samt Gastronomie- und Shoppingfreuden. Zu den meisten touristisch relevanten Zielen fahren **öffentliche Busse** und zwischen Lienz und Sillian auch die Bahn. Inhaber einer Gästekarte können die öffentlichen Verkehrsmittel kostenlos benutzen.

■ **Infos: Tourismusinformation Osttirol,** Tel. 050 212212, www.osttirol.com.

Suchtverdächtig – traditionelle Souvenirs aus Osttirol

Speziell zwei Gaumenfreuden sind für Osttirol typisch und werden hier seit Jahrhunderten in traditioneller Manier hergestellt. Da sind zuerst die **Lebkuchen,** hier **Lebzelten** genannt, deren Rezept wohl über Klöster im gesamten Alpenraum verbreitet wurde, jeweils modifiziert bzw. verfeinert mit regionalen Zutaten. Der Original Lienzer Lebzelt wurde wohl im Jahre 1644 erstmalig angefertigt und ist u.a. mit **erlesenen Gewürzen** wie Anis, Fenchel, Ingwer, Koriander, Muskatnuss, Nelken und Zimt durchsetzt, mit echten Tiroler **Granten** (Preiselbeeren) gefüllt und mit feinstem **Marzipan** bedeckt. Man bekommt die legendären Leckerbissen am besten im altehrwürdigen **Café Glanzl** auf dem Hauptplatz von Lienz.

- **Café Glanzl,** Hauptplatz 13, A-9900 Lienz, Tel. 04852 62073, www.konditorei-glanzl.at.

Auch auf das 17. Jahrhundert zurück gehen die sagenumwoben guten **Obstbrände der Familie Kuenz,** die nachweislich in der zwölften Generation in Dölsach keine 5 km östlich von Lienz eine Brennerei betreibt. Neben den zahlreichen, oft prämierten Bränden (der **„Pregler"** genannte Edelbrand aus Äpfeln und Birnen ist das Aushängeschild schlechthin) stellt man mittlerweile auch sehr erfolgreich andere Destillate her, einschließlich **Likör, Gin** und sogar **Single Malt Whisky.**

Mein Tipp: **Kuenz Naturbrennerei,** Ederplanweg 7, A-9991 Dölsach, Tel. 04852 64307, www.kuenz-schnaps.at.

Lienz und Umgebung

Osttirols Hauptstadt Lienz ist Verwaltungs-, Wirtschafts- und Kulturzentrum, mit **12.000 Einwohnern** aber wahrlich keine Metropole. Die siebtgrößte Stadt Tirols liegt in einem Talkessel in 673 m Höhe am Zusammenfluss von **Isel** und **Drau,** sozusagen im Schatten der **Lienzer Dolomiten.** Bereits die Kelten und später die Römer siedelten in der Gegend, das erste Mal erwähnt wurde der Ort wohl 1022 in einer Notiz als **„locus Luenzina".** Bis Ende des 15. Jahrhunderts waren hier die Grafen *von Görz* ansässig, dann kamen die Habsburger, unter denen zahlreiche Bauwerke entstanden, was noch heute den Altstadtkern von Lienz ausmacht. Dazu gehören die **Liebburg** – der Sitz des Rathauses – und das **Antoniuskirchl** auf dem Hauptplatz (hier findet freitags und samstags ein Stadtmarkt statt), aber auch in den umliegenden Gassen und auf den anderen Plätzen des kleinen Zentrums stehen einige **sehenswerte Bauten,** darunter die barockisierte Spitalskirche in der Kärntner Straße, das nahe Franziskanerkloster und das Dominikanerinnenkloster bzw. die Pfarrkirche St. Andrä. Das bekannteste „Wahrzeichen" der Stadt ist allerdings das mächtige **Schloss Bruck,** das im 13. Jahrhundert als Sitz der erwähnten Görzer Grafen erbaut wurde. Man kann das Schloss mit seinem Rittersaal und der freskenverzierten Schlosskapelle besuchen und sollte auch dem **Museum** einen Moment schenken.

Im Umland sind die tief in die Lienzer Dolomiten eingeschnittene **Galitzenklamm** und das **Zettersfeld** genannte Wander- und Wintersportareal um das **Steinermandl** (2113 m) ein Erlebnis (zu erreichen per Bergbahn, www.lienzer-bergbahnen.at). Archäologisch Interessierte sollten die römischen Ausgrabungen in **Aguntum** etwa 3 km östlich von Lienz aufsuchen. Weitere altertümliche Funde wurden im nahen **Lavant** auf dem **Kirchbichl** (810 m) gemacht. Für Abenteuer auf dem Wasser sollte man nach **Ainet** am Ufer der Isel aufbrechen.

■ **Aguntum,** Römerstraße 1, A-9991 Dölsach, Tel. 04852 61550, www.aguntum.at, Januar bis April Mi 13–17 Uhr, Mai bis Oktober Di–So 10–16 Uhr, Eintritt 7 €, ermäßigt 4 €.

■ **Eddy Rafting,** Ainet 41, A-9951 Ainet, Tel. 0650 3368000, www.raftingcenter.at. Die erste Adresse in Osttirol, wenn es um Rafting, Kayaking und Canyoning geht.

Für ihre Ausblicke auf das Lienzer Tal bekannt ist die Befahrung der sich nach Osten windenden **Bundesstraße B107,** die ins Kärntner Winklern führt. Und ein äußerst beliebter Ausflugsort ist die **Dolomitenhütte** unweit von Tristach.

oes_130 sb

Überraschend lebendig:
Das kleine Lienz hat Charme und Charakter

Praktische Infos

■ **Tourismusverband Lienz,** Mühlgasse 11, A-9900 Lienz, Tel. 050 212212, www.lienz.gv.at.

■ **Familienhotel Moosalm**①-②, Schloßberg 24, A-9900 Lienz, Tel. 04852 63837, www.moosalm.info. Auf 1000 m gelegenes Berghotel mit kinderfreundlicher Infrastruktur, darunter Streichelzoo und Spielplatz.

MEIN TIPP: **Hotel Traube**③, Hauptplatz 14, A-9900 Lienz, Tel. 04852 64444, www.hoteltraube.at. Bewährtes Hotel mitten im Zentrum der Stadt.

MEIN TIPP: **Dolomitenhütte**②, Dolomitenhütte 1, A-9908 Tristach, Tel. 0664 2253782, dolomitenhuette.at. Ihre Lage an der 1600 m hohen Bergklippe macht diese Hütte zu einer der eindrucksvollsten des Landes, und auch das Essen ist einwandfrei.

■ **Gösser Bräu im Alten Rathaus**②, Johannesplatz, A-9900 Lienz, Tel. 04852 72174, www.goesserbraeu-lienz.at. Steirisches Gösser Bier und herzhafte Küche.

MEIN TIPP: **Tirolerhof**②, Dölsach 8, A-9991 Dölsach, Tel. 04852 906990, tirolerhof.or.at. Hier bekommt man die Klassiker der echten Osttiroler Küche. Auch Zimmer①-② gibt es.

■ **Olala,** www.olala.at. Ende Juli steht Lienz im Zeichen dieses überaus bunten Straßentheaterfestivals mit Teilnehmern aus aller Welt.

Pustertal und Umgebung

Etwas mehr als 30 km zieht sich das Pustertal ab Lienz nach Südwesten bis zur italienischen Grenze. Durch das Tal verläuft die in Südtirol am Nordabhang des Neunerkofels oberhalb des Toblacher Feldes entspringende **Drau.** Besonders bei Radfahrern ist das weitgehend **ebene Flusstal** populär, ist es doch der erste in Österreich liegende Abschnitt des **Drauradwegs** (www.drauradweg.com). Motorisierte Urlauber haben die Wahl zwischen der Bundesstraße und der weit schöneren, dafür aber durch ihre Höhenunterschiede und Kehren mühsamer zu befahrende, etwa 30 km lange **Pustertaler Höhenstraße.** Sie beginnt gleich südwestlich von Lienz bei **Leisach** und führt am Sonnenhang über dem Drautal zwischen Wiesen, Wäldern und schönen Bergdörfern über **Bannberg** (1262 m), **Assling** – mit seiner **Erlebniswelt** (erlebniswelt-assling.at) samt Wildpark und Sommerrodelbahn – und **Anras,** wo das hiesige Schloss nur von außen besichtigt werden kann. Wer es noch bergiger möchte, der fährt ab Bannberg auf der mautpflichtigen **Hochsteinstraße** bis zur Hochsteinhütte am Fuße des **Hochsteins** (2057 m). Folgt man hingegen der Bundesstraße, erreicht man bald die **Lienzer Klause,** eine aus dem 13. Jahrhundert stammende Festung, die noch im Tiroler Freiheitskampf gegen die Franzosen ihre Dienste leistete und frei besucht werden kann. Erholung versprechen in **Thal** das **Vitalpinum** (www.unterweger-natur.com), ein zu einer Latschenölbrennerei gehörender Wohlfühlpark, und das Bauernkneippbad **Aigner Badl** (www.aigner-badl.at) in **Abfaltersbach.** In **Steffen** führt eine Straße hinauf auf die **Tessenberger Alm** (1900 m), wo **Wanderungen** locken, speziell zu den weltabgewandten **Tessenberger Seen** (Start Tessenbergeralm, 2,5 Std., 200 Hm, leicht, familientauglich). Der letzte Ort vor der italienischen Grenze ist **Sillian;** von hier geht es mit einer Gondelbahn hinauf in das bei Wanderern und

[>] Durch Osttirol in Richtung Osten: Die Drau prägt den Süden der Region

Skifahrern gleichermaßen beliebte Bergareal um den 2407m hohen **Thurnthaler** (www.hochpustertal-ski.at). In Sillian selbst werden Familien mit Kindern den **Wichtelpark** und seine Attraktionen schätzen, darunter die längste Hangrutsche Österreichs.

Praktische Infos

- **Straßerwirt**②, Dorfstraße 28, A-9918 Straßen, Tel. 04846 6354, www.strasserwirt.com. Traditionswirtschaft in einer alten Poststation. Auf der Karte stehen echte Osttiroler Leckerbissen.
- **Gasthaus Bärenwirt**①-②, Oberassling 58, A-9911 Assling, Tel. 04855 8482. Beliebtes Ausflugslokal an der Pustertaler Höhenstraße.

Osttiroler Gailtal, Villgratental und Winkeltal

Der **westlichste Teil des Pustertals** ist Ausgangspunkt für Touren in die umliegenden Täler. Dies ist einerseits das **Gailtal,** das man über die nach Südosten verlaufende **Landstraße 111** – vor 1967 die einzige Verbindung nach Osttirol – erreicht. Das Tal erstreckt sich über etwas mehr als 20 km Länge bis zur Grenze mit **Kärnten** und setzt sich danach als Lesachtal und Kärntner Gailtal fort. Besonders bei **Wanderern und Kletterern** ist die Region beliebt, vor allem rund um den **Golzentipp** (2317 m). Man erreicht das Gebiet entweder zu Fuß ab **St. Oswald** als Teilabschnitt des sog. **Gailtaler Höhenwegs** (er ist auf insgesamt 13 Stunden und 1700 Hm angelegt und wird in 2–3 Tagen absolviert) oder, weniger aufwendig, mit der **Gondelbahn ab Obertilliach** (obertilliacher-bergbahnen.com). Der andere Talabschnitt verläuft nordwärts und kann über die **Villgratental Landesstraße** erreicht werden, die gleich bei der **Burg Heinfels** aus dem 11. Jahrhundert am Ortseingang von Sillian abbiegt. Im bäuerlich-traditionellen **Villgratental** sollte das Hauptziel neben dem recht unspektakulären **Außervillgraten** das kleine **Innervillgraten** sein. Von hier erreicht man nach Norden hin durch das Tal des Staller Bachs die **Unterstalleralm** (Start Ortsmitte Innervillgraten, 6 Std., 550 Hm, leicht), von der mehrere **Wanderungen in den Defferegger Alpen** – u.a. auf die **Oberstalleralm** (Start Unterstalleralm, 3,5 Std., 450 Hm, mittel) – möglich sind. Weiter westlich liegt der Wallfahrtsort **Kalkstein,** von wo man das **Toblacher Pfannhorn** (2663 m, Start Ortsmitte

oes_131 sb

Kalkstein, 7 Std., 1200 Hm, mittel) unmittelbar an der Grenze zu Südtirol begehen kann. Ab dem angesprochenen Außervillgraten kann man sich alternativ auch gen Norden halten und erreicht sodann das ruhige **Winkeltal,** eine kaum besiedelte Region, die mit der **Sauspitze** (2724 m, Start Mooshofalm in Außervillgraten, 6 Std., 1300 Hm, mittel) und der **Hochgrabe** (2951 m, Start Parkplatz Volkzeiner Hütte, 6,5 Std., 1100 Hm, mittel) zwei unterschiedliche Touren aufweist.

Praktische Infos

■ **Tourismusinformation Obertilliach,** Dorf 4, A-9942 Obertilliach, Tel. 050 212360, www.osttirol.com/obertilliach.

MEIN TIPP: **Gannerhof**②, Gasse 93, A-9932 Innervillgraten, Tel. 04843 5240, www.gannerhof.at. Wundervolles altes Bauernhaus mit holzgetäfelten Zimmern, Suiten und Chalet. Auch das Restaurant des „Gourmet-Hotels" ist empfehlenswert.

■ **Villgrater Naturprodukte,** Innervillgraten 116, A-9932 Innervillgraten, Tel. 04843 5520, www.villgraternatur.at. Perfekt für den Kauf von Textilien und anderer Produkte (z.B. Sitz- und Nackenkissen) aus Schafswolle.

Matrei und Umgebung

Weite Abschnitte des nördlichen Osttirol gehören zum **Nationalpark Hohe Tauern** (→ Exkurs S. 312), und fast überall in dieser Region beglücken sagenhafte Gebirgspanoramen das Auge. Hauptort ist das kleine **Matrei** (um es von seinem Namensvetter am Brenner zu unterscheiden, trägt es in der Regel den Zusatz „in Osttirol") mit etwa **4600 Einwohnern,** das auf 975 m Höhe in einem gänzlich von Bergzügen eingefassten Tal liegt. In Matrei informiert das **Nationalparkhaus** über die Gebirgswelt und ihren Schutz, aber auch der schönen frühklassizistischen **Pfarrkirche St. Alban** sollte ein Besuch abgestattet werden.

■ **Nationalparkhaus Matrei,** Kirchplatz 2, A-9971 Matrei, Tel. 04875 51610, hohetauern.at.

Nördlich des Ortes thront leicht erhöht das **Schloss Weißenstein** über dem Talkessel. Das Innere kann zwar nicht besichtigt werden, aber ein Spaziergang durch den Schlosspark ist möglich. Südlich von Matrei führt die **Goldried-Gondelbahn** hinauf in das „Großglockner Resort Kals-Matrei" (→ S. 411). Nach Norden hin geht es auf der Bundesstraße B108 (der Felbertauernstraße) nach ca. 16 km durch den mautpflichtigen **Felbertauerntunnel** hinüber nach Salzburg. Kurz vor dem Tunnel kann man nach Westen hin in das ansprechende **Gschlößtal** abbiegen, wo um **Innergschlöß** und **Außergschlöß** zahlreiche **Almen und Hütten** auf **Wanderwegen** erreicht werden können, von denen die Aussicht – speziell auf die Venediger-Gruppe – schlichtweg „ganz großes Kino" ist. Wer den **Großvenediger** (mit 3657 m Österreichs fünfthöchster Gipfel) am Alpenhauptkamm an der Grenze von Osttirol zu Salzburg begehen will – der Aufstieg wird nur erfahrenen Bergsteigern empfohlen –, beginnt in der Regel an der **Neuen Prager Hütte** (2796 m, Start Neue Prager Hütte, 7 Std., 1050 Hm, schwer, Gletscherausrüstung erforderlich). Auch die **Umgebung von Matrei** ist äußerst eindrucksvoll (nach Westen hin das Virgental und das südlicher gelegene Defereggental, nordostwärts das Kalser Tal).

Praktische Infos

■ **Strumerhof**①-②, Hinteregg 1, A-9971 Matrei in Osttirol, Tel. 04875 6310, strumerhof.at. Uriges „Kräuterwirtshaus" auf 1451 m Höhe in großartiger Hanglage mit traumhaftem Bergblick von der Terrasse oder dem Gastgarten.

■ **Klaubauflaufen,** zwischen dem 3. und 6. Dezember finden diese gruseligen Umzüge statt, auf denen teuflische Gestalten durch die Gassen von Matrei schleichen.

Virgental

Innerhalb der **Venediger-Gruppe** gelegen und im Süden vom Lasörlingkamm begrenzt, liegt das nicht einmal 20 km lange Virgental, durch das die **Isel** fließt. Es beginnt im **Matreier Becken** (934 m), wo sich Besuche in **Bichl** mit seinem kleinen romanischen Gotteshaus und im nahe gelegenen **Zedlach** mit seinen Holzhäusern und dem jahrhundertalten Lärchenwald lohnen. In **Virgen** befindet man sich bereits auf fast 1200 m Höhe; der Ort samt Tal ist gut von der **Burgruine Rabenstein** zu überblicken. **Wanderwege** führen hinauf in die **Lasörling-Gruppe** (z.B. auf den Lasörling, 3098 m: Start Parkplatz vor der Brücke zwischen den Weilern Rain und Welzelach, 10 Std., 1950 Hm, schwierig, teilweise mit Kletterstellen). Etwas weiter westlich liegt **Obermauern** mit seiner freskenverzierten **Wallfahrtskirche Maria Schnee.** In der mittleren Talstufe verengt sich das Virgental zu der rund 1500 m langen **Iselschlucht,** die man aus **Welzelach** erreicht (Start Welzelach Ortsmitte, 4,5 Std., 550 Hm, mittel). In **Prägraten** 4 km weiter westlich führen wunderbare Panoramawege – meist mit Blick auf den Großvenediger – ebenfalls hinauf in die Lasörling-Gruppe, z.B. zum **Berger See** (2182 m, Start Parkplatz im Ortsteil Losach, 4,5 Std., 950 Hm, mittel). Der westlichste Ort des Virgentals ist **Hinterbichl** zusammen mit der etwas außerhalb liegenden Siedlung **Ströden,** von der man zu den eindrucksvollen **Umbalfällen** gehen kann (Start Ströden Ortsmitte, 2 Std., 300 Hm, mittel, familienfreundlich). In Ströden befindet sich außerdem ein **Waldseilpark** (www.grossvenediger-adventures.at).

Praktische Infos

■ **Informationsbüro Prägraten am Großvenediger,** St. Andrä 35a, A-9974 Prägraten am Großvenediger, Tel. 04877 6363, www.praegraten.info.

■ **Gasthaus Großvenediger**②, St. Andrä 3, A-9974 Prägraten am Großvenediger, Tel. 04877 5205, www.gasthaus-grossvenediger.at. Passend zur Umgebung werden hier die Klassiker der Tiroler Hausmannskost kredenzt. Die Auswahl an österreichischen Weinen ist aller Ehren wert.

Defereggental

Neben dem Virgental im Norden und dem Pustertal im Süden ist das Defereggental das mittlere der drei Hochgebirgstäler. Erschlossen wird es durch die **Defereggentalstraße,** die bei **Huben** westwärts etwa 35 km bis zur italienischen Grenze führt. Nördlich des Tals liegt die zum **Nationalpark Hohe Tauern** gehörende, bereits erwähnte Lasörling-Gruppe, im Süden ragen die Deferegger Alpen auf. Man kann das Tal durchaus **einzigartig** nennen, zeichnet es sich doch durch einige Besonderheiten aus. So gehört es zu den **unberührtesten Hochgebirgstälern** in den Alpen und ist entsprechend **äußerst dünn besiedelt.** Die Siedlungen vor Ort wurden vom heutigen Südtirol aus gegründet, weshalb **Südtiroler Landwirte** noch immer Weiderecht im oberen Defereggental genießen. Als sich im 17. Jahrhundert mehr als die Hälfte der Talbevölkerung dem **evangelischen Glauben** zuwandte, wurde sie im Dezember 1684 aus dem Tal verwiesen – die meisten Flüchtlinge siedelten sich in Baden-Württemberg an.

Lohnende Orte im Defereggental sind zunächst im Osten **Hopfgarten,** aus dem man nach Süden hin über die Bloshütte den fotogenen **Geigensee** erreicht (Start Schwarzachbrücke bei Hopfgarten, 7,5 Std., 1400 Hm, mittel) oder nach Norden ab Ratzell auf die **Glanzalm** (1974 m) aufsteigen kann (Start Bergweiler Ratzell, 4 Std., 600 Hm, mittel). In **St. Veit** erfährt man auf dem Natur- und Kulturlehrweg „Leben am Steilhang" (Start Bushaltestelle St. Veit, 3,5 Std., 450 Hm, leicht) viel über die Herausforderungen der örtlichen Landwirtschaft, und in **St. Jakob,** dem Hauptort des Tals, gibt es das archäologische **Talschaftsmuseum** zur regionalen Geschichte sowie das interessante **Haus des Wassers** (www.hausdeswassers.at). Außerdem beherbergt das Handelshaus die Nationalpark-Ausstellung „Erlebnis Zirbe", denn nordwestlich von St. Jakob – über die Mautstraße ab **Erlsbach** erreichbar – liegt der **Oberhauser Zirbenwald,** der größte geschlossene Zirbenwald der Ostalpen. Die sehr langsam wachsende **Zirbe** kann bis zu 1000 Jahre alt werden, aus ihren Zapfen werden lokal **Schnäpse und Liköre** zubereitet. 6 km weiter nordwestlich liegt die geheimnisvolle **Jagdhausalm** (2009 m) mit ihren archaischen Steinhäusern. Weit einfacher gelangt man in das südlich von St. Jakob liegende, selten überlaufene **Ski- und Wandergebiet** (www.stjakob-ski.at) um den **Großen Lepples Kofl** (2820 m); man erreicht es mit der Gondelbahn auf die Brunnalm und von dort weiter per Sesselbahn auf den **Mooserberg** (2350 m). Ganz im äußersten Westen des Tals, unmittelbar an der italienischen Grenze, liegt der mit dem Fahrzeug erreichbare **Obersee** direkt unterhalb der **Staller Sattel** genannten, 2052 m hohen Passhöhe.

Praktische Infos

- **Tourismusinformation Defereggental,** Unterrotte 44, A-9963 St. Jakob in Defereggen, Tel. 050 212600, www.defereggental.org.
- **Macher's Landhotel**②, Unterrotte 82, A-9963 St. Jakob in Defereggen, Tel. 04873 63630, www.machers-landhotel.at. Angenehmes Wellness-Hotel mit Gasthaus② und einer eigenen Schnapsbrennerei.

Kalser Tal

Anders als das Virgental und das Defereggental erstreckt sich das Kalser Tal östlich der Felbertauernstraße in Richtung Nordosten. Es handelt sich um ein **Seitental des Iseltals,** das sich von der Einmündung des **Kalserbaches** in die Isel eben entlang diesem Bach bis in den Nationalpark Hohe Tauern zieht. Wieder fasziniert das **fantastische Bergpanorama,** vor allem das des majestätischen Großglockners (→ Exkurs S. 542) und anderer Dreitausender der umliegenden Glockner- und Schober-Gruppe. Durch das Kalser Tal führt eine weitgehend mautfreie **Panoramastraße,** Zwischenstopps lohnen sich am **Haslacher Schlei-**

erwasserfall und in **Lesach,** bevor man Kals erreicht. Ab hier führen Gondelbahnen in das als **„Großglockner Resort Kals-Matrei"** (www.gg-resort.at) ausgewiesene, von vielen der höchsten Berge Österreichs umgebene **Wander- und Wintersportgebiet** um den 2621 m hohen **Cimaross.** Dank seines Rundumbergpanoramas ist es sicherlich eines der atemberaubendsten seiner Art in den gesamten östlichen Alpen! Von **Kals** führt eine mautpflichtige Straße ostwärts bis zum **Lucknerhaus** (1918 m), dem Stützpunkt für den nur erfahrenen Alpinisten zu empfehlenden Aufstieg von der Osttiroler Seite auf den Großglockner. Vom Lucknerhaus wandert man über die **Lucknerhütte** (2241 m) bis zur **Stüdlhütte** (2802 m, Start Parkplatz Lucknerhaus, 5 Std., 1500 Hm, schwer, teilweise extreme Abschnitte, Gletscherausrüstung notwendig). Es sei erwähnt, dass der „normale" Aufstieg auf den höchsten Gipfel Österreichs in der Regel von der Kärntner Seite aus erfolgt (→ Exkurs S. 542). Eine weitere beliebte Tour führt von Kals bis zum **Kalser Tauernhaus** (1755 m, Start Wanderhotel Taurerwirt, 3 Std., 250 Hm, leicht, familienfreundlich).

Praktische Infos

- **Tourismusinformation Kals am Großglockner,** Ködnitz 7, A-9981 Kals am Großglockner, Tel. 050 212540, www.kals.at.
- **Gasthof Lesacherhof**②, Lesach 24, A-9981 Kals am Großglockner, Tel. 04876 8270, www.lesacherhof.at. Inmitten des Bergpanoramas liegt dieser gemütliche Gasthof, in dem man auch gut essen ② kann. Familien mit Kindern werden speziell den Kräutergarten und die vielen Tiere schätzen.

oes_324 sb

☒ Spärlich besiedelt: Die Bergwelt des nördlichen Osttirols ist größtenteils noch unberührt

6 Vorarlberg

» Auch wenn es Vorarlberg heißt, so wird das westlichste Bundesland von den Restösterreichern eher als „jenseits der Berge" wahrgenommen, denn vieles ist hier so ganz anders als sonst wo in der Republik. Aber genau das macht es spannend! Ob Brauchtum und Traditionen, die örtlichen Dialekte oder die regionale Küche – der bergige Landstrich zwischen Bodensee und dem Montafon ist ein Mikrokosmos für sich, reich an Attraktionen in Form von atemberaubenden Landschaften und kulturellen Aha-Erlebnissen.

< Das Vorarlberger Terrain macht den Straßenbau zur Herausforderung

DAS ENTZÜCKENDE „LÄNDLE“

Das überschaubare Vorarlberg – häufig „Ländle“ genannt – ist eine abwechslungsreiche Region! Mit einer Fläche von 2602 km² das zweitkleinste Bundesland Österreichs nach Wien, hat es eine Bevölkerung von knapp 407.000 Menschen. Während der Nordwesten über zahlreiche Ballungsräume wie Dornbirn, Feldkirch oder die Landeshauptstadt Bregenz verfügt, ist der überwiegende restliche Teil spärlich besiedelt und durch beeindruckende Gebirgszüge geprägt.

Kulturhistorisch hat Vorarlberg eine **Sonderstellung** in Österreich, denn hier siedelten **Alemannen** und nicht wie andernorts Bajuwaren. Dadurch sind lokale **Bräuche, Traditionen und Gepflogenheiten** in vieler Hinsicht denen in Schwaben, im Allgäu oder in der Schweiz ähnlicher als jenen in Zentral- oder Ostösterreich.

Vorarlberg liegt **im äußersten Westen der Republik** zwischen dem **Bodensee** und dem Alpenrhein im Westen, den Lechtaler Alpen, dem namensgebenden

Arlberg (hierunter versteht man keinen Berg, sondern die 1793 m hohe Passhöhe nach Tirol) und der Verwall-Gruppe im Osten, den Gebirgszügen des Rätikons und der Silvretta im Süden und dem Allgäu im Norden. Gewöhnlich unterteilt man es in die zwei Regionen Nord- und Südvorarlberg. **Nordvorarlberg** umfasst die entzückende **Landeshauptstadt Bregenz am Bodensee,** das flache Rheinufer, die östlich davon liegenden Städte wie das geschäftige Dornbirn, das charmante Hohenems und das historisch interessante Feldkirch. Ebenso dazu gehört der sich im Westen erstreckende **Bregenzerwald,** der gleichermaßen idyllische Almen, schroffe Gipfel und ausgeprägte Kulturlandschaften bietet. Eine Besonderheit ist das **Kleinwalsertal,** ein alpines Kleinod mit Wintersport- und Wandermöglichkeiten zuhauf, das nur aus Deutschland erreichbar ist. **Südvorarlberg** bezeichnet die **Bezirkshauptstadt Bludenz** und die **Täler**, die sich vor allem nach Süden und Osten erstrecken. Dazu gehören z.B. die viel besuchten **Wintersportgebiete** rund um Lech im Lechtal oder Schruns und Gaschurn im Montafon, aber auch einzigartige **Wanderareale** wie um Raggal im Großen Walsertal, im abgeschiedenen Brandnertal oder im leicht zugänglichen Klostertal. Ein Highlight im wahrsten Sinne des Wortes ist die **Silvretta-Hochalpenstraße,** die den äußersten Süden Vorarlbergs mit dem Tiroler Paznauntal verbindet. Keine Frage, **Outdoor-Aktivitäten** locken die meisten Besucher in die Gegenden zwischen Bregenz und Bielerhöhe. Aber auch die angesprochenen Städte, die allesamt **Charme und Gemütlichkeit** ausstrahlen, eine **spannende Gastronomie** und die überaus **entspannte Bevölkerung** machen Vorarlberg zu einem wundervollen Reiseziel.

Kein Zweifel:
In Vorarlberg geht es vielerorts hochalpin zu

oes_148 sb

■ **Infos: Tourismus Vorarlberg,** www.vorarlberg.travel.

NICHT VERPASSEN!

- **Ganz großes Kino:** der Sonnenuntergang vom Bregenzer „Molo" aus | 422
- **Ein Genuss für alle Sinne:** eine Soirée bei den Bregenzer Festspielen | 422
- **Architektur-Zeitreise:** Feldkirch strahlt die Pracht vergangener Zeiten aus | 442
- **Weltfernes Landschaftsparadies:** eine Wanderung im Nenzinger Himmel | 448
- **Motorisiert durch die Gipfelwelt:** entlang der Silvretta-Hochalpenstraße | 460

Diese Tipps erkennt man an der gelben Markierung.

Essen und Trinken in Vorarlberg

Das „Ländle" wurde anders als der Rest Österreichs durch **Alemannen** geprägt, und das macht sich nicht nur in der Mundart, sondern auch sehr deutlich in der örtlichen Küche bemerkbar. Ähnlich wie in Oberschwaben oder in den Schweizer Kantonen Appenzell, Graubünden und St. Gallen spielen **Käse** und Käseprodukte eine große Rolle in der Zubereitung Vorarlberger Speisen, finden sie sich doch in gefühlt unzähligen Formen und Varianten. Bekannt ist die Küche des „Ländle" zunächst für ihre Suppen wie die klassische **Kässuppa** (Käsesuppe) – am besten mit Croutons gegessen –, die im Bregenzerwald oder im Montafon durchaus unterschiedlich schmecken. Beliebt sind aber auch die **Flädlesuppe** (andernorts in Österreich „Frittatensuppe" genannt) und die **Speckknödelsuppe.** Unter den Hauptgerichten seien natürlich zunächst die **Käsknöpfle** genannt, die den schwäbischen Spätzle ähneln und mit Bergkäse gegessen werden. Man findet sie auch mit in Fett angebratenem Sauerkraut und Selchfleisch, Speck oder Schinken, und zwar unter dem Namen **Krutknöpfle** (oder Krutspätzle). **Käsdönnala** (auch Käsflada) erinnern an eine mit Käse belegte Pizza oder einen Flammkuchen. Auch **Grumpara mit Käs** (Pellkartoffeln mit Käse) oder **Sure Grumpara** (ein mit Essig angemachter Kartoffeleintopf) sind beliebt. Wer am Vorarlberger Bodensee-Abschnitt unterwegs ist, sollte unbedingt einen **Egli (Barsch)** oder **Felchen** probieren, die man gegrillt, gebraten oder auch gedünstet bekommt. Speziell auf Almhütten gibt es die in ganz Österreich beliebte **Brettljause,** die hier natürlich mit Käse, Speck, Wurst (z.B. Schübling = Knacker oder Kalbsbratwurst) und dazu ganz sicher auch etwas Lustenauer Senf serviert wird. Für den kleinen Hunger bietet sich auch **Lumpasalot** an, ein Salat, bei dem Wurst und Käse in „Lumpen" geschnitten, mit Paprika und Zwiebeln vermischt und mit Essig und Öl angemacht werden, oder **Kässalot** (Käsesalat). Zu den üppigeren Gerichten auf Fleischbasis gehört der auch andernorts bekannte **Schweinsbraten,** den man hier gerne mit **Hafaloab** (Knödel auf Grieß-, Kartoffel- und Mais-Basis) isst. Eben dieser Maisgrieß ist auch die Grundlage für den traditionellen **Riebel,** einen Grießbrei, der in einer Pfanne mit reichlich Butter oder Schmalz angebraten wird und früher als Arme-Leute-Gericht galt, heute aber durchaus in verschiedenen Abwandlungen auch auf den Speisekarten exklusiver Lokale zu finden ist. Weitere Süßspeisen sind **Apfelküachle** (Äpfel in einem Pfannkuchenteig gebacken und mit Zimt und Zucker bestreut), **Funkaküachle** (ein Schmalzgebäck) oder **Ofenkatz'** (ein Kuchen auf Kartoffel-Basis). Viele Süßgerichte enthalten **Sig,** ein Milchprodukt aus karamellisierter Molke, das man auch „Wälder Schokolade" nennt. Und was gibt es zu trinken? Nun, bei Feldkirch wird sogar Wein angebaut, doch Vorarlberg ist ein ausgesprochenes **Bierland,** wobei das Mohren aus Dornbirn, das Fohrenburger aus Bludenz, das Frastanzer aus Frastanz oder das Egger aus Egg die meistgetrunkenen Sorten darstellen. **Hochprozentiges** findet sich u.a. in Form des Fraxner Kriasis, einem Kirschwasser (Kirschschnaps) aus Fraxern, oder des Subirer genannten Birnenschnapses aus der Saubirne.

Adobe Stock © Thomas

Bregenz

Irgendwie stellt **Vorarlbergs reizende Landeshauptstadt** Bregenz ein Parodoxon dar, denn weder ist es die größte Stadt des „Ländle" noch die historisch Bedeutsamste. Doch ihre **bevorzugte Lage direkt am Bodensee,** ihre **ausgelassene Lebensart** und die **weltberühmte Kulturlandschaft** machen sie nicht nur zu einer der sehenswertesten des westlichen Bundeslandes, sondern sicherlich ganz Österreichs. Die Stadt liegt zwischen dem Bergabhang des **Pfänderrückens** und dem Ostufer des Bodensees. Sie verteilt sich dabei auf zwei Terrassen: einmal die **Oberstadt** und den Ölrain, zum anderen den Uferbereich des Sees, auch **Unterstadt** genannt. Mit einer Fläche von 29,5 km² und knapp **30.000 Einwohnern** ist Bregenz sicher keine Großstadt, doch es präsentiert sich äußerst mondän, nicht zuletzt durch die hier stattfindenden **Festspiele** und das viel gepriesene **Kunsthaus.** Die Altstadt bietet einen spannenden Mix aus **historischem Baubestand** sowie **modernen Cafés und Boutiquen** entlang der wuseligen Fußgängerzone. Beschaulich geht es in der **Oberstadt** zu, die man auf einem Spaziergang erreicht und wo sich auch die Stadtpfarrkirche befindet. Spätestens zum **Sonnenuntergang** sollte man sich aber wieder am Seeufer eingefunden haben, denn der Blick übers Wasser ist schlichtweg unbezahlbar. Apropos Blick: Wer hoch hinaus möchte, sollte sich auf den **Pfänder,** den Hausberg der Stadt, begeben, den man wahlweise zu Fuß oder per Luftseilbahn erreicht. Kurzum, das entzückende Bregenz und sein Umland haben so viel zu bieten, dass so mancher Aufenthalt länger dauert als ursprünglich geplant.

Stadtgeschichte

Laut archäologischen Funden wurde das Gebiet des heutigen Bregenz bereits vor 3500 Jahren bewohnt. Speziell die **Kelten** siedelten hier ab ca. 500 v. Chr., in der Folge waren es die **Römer,** die ihre Siedlung **Brigantium** tauften. Als etwa 200 n. Chr. die **Alemannen** in der Gegend einfielen und die Stadt zerstörten, bauten die Römer sie zwar wieder auf, ließen dabei aber die Oberstadt als **Festung** anlegen, die zu einer weitläufigen

oes_135 sb

☐ Fachwerk dominiert noch vielerorts in Bregenz

Verwandt und doch getrennt – Vorarlberg und die Schweiz

Schon die **geografische Nähe** und die frühe **kulturelle Prägung durch die Alemannen** haben der Schweiz und Vorarlberg viele Gemeinsamkeiten beschert. Die **Habsburger,** ursprünglich aus dem Schweizer Aargau stammend, gliederten die verschiedenen Regionen Vorarlbergs zwischen 1363 und 1523 in ihre Besitzungen ein. Im 14. Jahrhundert kam es zur Einwanderung der **Walser** aus dem Schweizer Wallis in mehrere Gegenden des „Ländle", und etwa zur gleichen Zeit wurden die Eidgenossen westlich des Rheins zunehmend zu Gegnern des habsburgischen Königshauses. 1386–88 folgten **Schlachten,** die letztlich die Habsburger zwangen, ihre Schweizer Stammlande aufzugeben. Zu Beginn des 15. Jahrhunderts, in den **Appenzeller-Kriegen,** stellten sich die Helvetier gegen den mit Wien verbündeten Abt von St. Gallen, was auch Vorarlberg stark in Mitleidenschaft zog. Weitere blutige Auseinandersetzungen folgten im Zuge der **Konfessionskriege,** die zwischen dem protestantischen Graubünden und dem katholischen Habsburgerreich geführt wurden und u.a. durch Schweizer Gegenangriffe im Montafon große Verluste forderten. Vorarlberg blieb – mit Ausnahme einer kurzen Unterbrechung während der Napoleonischen Kriege 1806–14 – bis zum Ende des Ersten Weltkriegs ein **Teil der k.u.k. Monarchie,** war dabei aber meist eine **untergeordnete Verwaltungseinheit Tirols.**

Als 1918 durch das Auseinanderbrechen des Kaiserreichs und die Entstehung der kurzlebigen **Republik Deutschösterreich** zunächst eine identitätsstiftende Nationalidee für ein eigenständiges Österreich fehlte, wurden in Vorarlberg Stimmen laut, über einen **Beitritt zur Schweizer Eidgenossenschaft** nachzudenken. Am 11. Mai 1919 erfolgte eine **Volksabstimmung,** bei der es um die Aufnahme entsprechender Verhandlungen mit der Schweiz ging. 80% der Vorarlberger Wahlberechtigten waren für solche Verhandlungen, doch die **Schweizer lehnten ab,** und auch die alliierten Schutzmächte – allen voran die Franzosen – standen dem Vorhaben skeptisch gegenüber. Entsprechend fand Vorarlberg nur langsam und in aller Ruhe seinen Platz in der Ersten Republik.

Nach dem Zweiten Weltkrieg gab es erneut Bestrebungen, aus dem österreichischen Staatsbund zugunsten der Schweiz auszutreten. Der Widerstand gegen die Zentralregierung in Wien gipfelte 1964 in der sog. **Fußachaffäre** (nach der Vorarlberger Bodensee-Gemeinde Fußach). Dabei ging es um ein neues Bodenseeschiff, das auf den Namen **„Karl Renner"** – er war der erste Bundespräsident der Zweiten Republik Österreich – getauft werden sollte. Doch eben dieser *Karl Renner* (1870–1950) wurde als damaliger österreichischer Staatskanzler mitverantwortlich gemacht für das 1919 gescheiterte Volksbegehren, und so plädierte man in Vorarlberg dafür, das Schiff schlicht auf den Namen des Bundeslandes zu taufen. Am **Tag der Schiffstaufe** kam es zu **Tumulten,** bei denen die aus Wien angereisten Minister mit Eiern und Tomaten beworfen und körperlich bedrängt wurden. Die „Vorarlberg" befährt bis heute den Bodensee, denn letztlich setzten sich die Einheimischen durch, und mittlerweile klappt es auch mit den Beziehungen zwischen Bregenz und Wien erstaunlich gut.

Verteidigungslinie aus mehreren Kastellen gehörte, die die Grenze am Rhein und dem Bodensee sicherte. Mit dem Niedergang des Römischen Reiches kamen die Alemannen endgültig in den Besitz der Stadt. Ab dem 7. Jahrhundert erreichte das **Christentum** durch irisch-schottische Missionare das heutige Vorarlberg. Wohl um 800 wurde das Kastell weiter ausgebaut, und etwas später residierten hier die **Udalrichinger,** ein alemannisch-fränkisches Adelsgeschlecht. Nach deren Aussterben übernahmen die **Montforter** das Ruder. Sie herrschten über weite Teile der Bodensee-Region und verhalfen auch Bregenz zu einer **baulichen und kulturellen Blütezeit,** einschließlich diverser Stadterweiterungen. In den sog. **Appenzeller-Kriegen** (1404 und 1445) wurden Teile der Stadt zerstört. Bereits Mitte des 15. Jahrhunderts übernahm das Fürstenhaus **Habsburg** Teile der hiesigen Grafschaft, und nach dem Aussterben des Bregenzer Zweiges der Grafen von Montfort 1523 wurde die ganze Stadt mitsamt Umgebung dem **Erzherzogtum Österreich** einverleibt. Mitte des 17. Jahrhunderts wurde Bregenz dann von den vereinigten Heeren Schwedens und Frankreichs im Zuge des **Dreißigjährigen Krieges** besetzt. Danach ging es erneut in habsburgischen Besitz über und blieb es, bis die Napoleonischen Kriege dazu führten, dass die Stadt 1805 vom **Königreich Bayern** annektiert wurde. Dadurch kam es zu **Freiheitskämpfen** der Vorarlberger Schützen gegen bayerische und französische Truppen, doch auch Bregenz sowie ganz Vorarlberg und Tirol kamen erst durch den **Wiener Kongress** 1814 wieder zurück an das Kaiserreich Österreich.

Ab Mitte des 19. Jahrhunderts erfolgten wichtige **bauliche Erweiterungen** der Stadt und 1861 erhielt sie den **Landtag,** wenn auch Vorarlberg formal immer noch ein Teil Tirols war. 1873 wurde Bregenz an die **Bahnlinie Zürich – München** angebunden, was einen wirtschaftlichen Aufschwung auslöste, der die Stadt und ihre Umgebung zusehends industrialisierte. Erst mit dem Ende des Ersten Weltkriegs trennte sich Vorarlberg letztlich administrativ von Tirol – Bregenz wurde **Sitz der Landesregierung.** Doch schon in der NS-Zeit wurde die Stadt wieder zur Kreisstadt im **Reichsgau Tirol-Vorarlberg** degradiert. Unter den Nazis folgte die systematische Verfolgung und **Deportation der jüdi-**

oes_136 sb

▷ Der Kornmarktplatz bildet das Zentrum der Stadt

schen Bevölkerung. Gleichzeitig kam es in den Jahren 1939 bis 1941 zum **Zuzug von mehr als 2000 Südtirolern,** die der erzwungenen Assimilierung in Italien entgehen wollten. Ende April 1945 überquerten **französische Truppen** die Vorarlberger Grenze und befreiten Bregenz am 1. Mai von den Nationalsozialisten. Danach war die Stadt bis 1955 **Teil der französischen Besatzungszone;** in diese Zeit fiel auch eine massive Erweiterung des Wohnungsbaus.

1946 wurde erstmalig das „Spiel auf dem See" aufgeführt, das ab 1964 als **„Bregenzer Festspiele"** (→ Exkurs S. 422) die Hauptstadt Vorarlbergs zu einem der bekanntesten Kulturstandorte ganz Österreichs machen sollte. Seit den 1980er-Jahren bemüht sich die Stadtverwaltung um die **Aufarbeitung der Stadtgeschichte** mit Blick auf Themen wie Antisemitismus, Austrofaschismus und Nationalsozialismus. 2019 erhielt Bregenz den Austrian SDG-Award und wurde damit als Pionier der **Umsetzung der UN-Nachhaltigkeitsziele** in der Alpenrepublik ausgezeichnet.

Sehenswertes

Seeufer und Hafen

Bregenz liegt unmittelbar **am Bodensee** und diese Nähe zum Wasser macht es somit zu einer unglaublich entspannten, ja direkt entschleunigten Landeshauptstadt. Ein Spaziergang entlang der begrünten **Seeuferpromenade** ist ein „Muss", bei dem sich fast automatisch Urlaubsgefühle einstellen. An der Promenade befindet sich u.a. der ultimative Besuchermagnet der Stadt: das **Festspielhaus** mit der imposanten **Seebühne,** auf der alljährlich die Bregenzer Festspiele (→ Exkurs S. 422) stattfinden. In unmittelbarer Nähe liegen außerdem das **Casino** und das **Strandbad Bregenz** so-

wie westlich davon ausgiebige **Grünanlagen** samt Jachtclubs und Campingplätzen. Auch die **Zisterzienserabtei Wettingen-Mehrerau** steht hier. Bewegt man sich nach Osten, passiert man zunächst einen weißen Holzpavillon, in dem die 1 **Sunset-Bar Fischersteg** kalte Getränke serviert. Etwas weiter folgt die „Molo“ genannte **Hafenmole,** wo regelmäßig **Ausflugsschiffe** (www.vorarl

Bregenzer Festspiele

Jedes Jahr zwischen Mitte Juli und Mitte August finden in der Vorarlberger Landeshauptstadt die Bregenzer Festspiele statt. Es handelt sich um eines der wichtigsten Kulturfestivals Österreichs, das durchschnittlich 200.000 Zuschauer aus aller Welt anlockt. Die Festspiele fanden erstmals 1946 statt, damals unter dem Namen **„Spiel auf dem See"**, und umfassten zunächst Operetten und Singspiele. Seit einigen Jahren hat man sich jedoch auf **Opern** und etwas seltener auf **Musicals** spezialisiert, wobei in der Regel ein Stück immer über zwei Jahre gespielt wird. Im Rahmen der Festspiele finden jedoch auch zahlreiche **andere Events** statt, darunter Konzerte mit klassischer Musik. Besonders bekannt sind die Bregenzer Festspiele dafür, dass die Aufführungen zumeist auf der **Seebühne** mit ihren **überdimensionalen Bühnenbildern** vor der natürlichen **Kulisse des Bodensees** stattfinden, nur bei Schlechtwetter weicht man ins nahe Festspielhaus aus. Unglaubliche 7000 Gäste finden auf der Tribüne Platz, wobei diese **tagsüber frei zugänglich** ist, man also auch ohne Ticket in den Genuss der Bühnenbilder kommen kann. Wer einer Vorstellung beiwohnt, sollte sich eine **Decke** mitnehmen, denn abends kann es am Seeufer selbst im Hochsommer kühl werden, und auch ein **Kissen** – man sitzt auf der Tribüne auf Klappstühlen – mag sinnvoll sein. Auf jeden Fall sollte man sich **rechtzeitig** um **Tickets** kümmern. Während der Festspielzeit ist Bregenz grundsätzlich stark frequentiert (es ist auch Ferienzeit), weshalb eine frühzeitige Hotelbuchung und Reservierungen in Restaurants unbedingt empfohlen werden.

■ Mehr **Infos** unter bregenzerfestspiele.com.

berg-lines.at) zu allen anderen großen Orten (Lindau, Konstanz etc.) des Sees starten. Alternativ kann man an mehreren Stellen entlang der Promenade **Ruder- oder Tretboote,** Kajaks und Stand-Up-Paddling-Boards ausleihen. Speziell im Bereich der „Molo" versammeln sich in der warmen Jahreszeit allabendlich gleichermaßen Einheimische und Fremde, um dem **Sonnenuntergang** beizuwohnen, liegt der hiesige Abschnitt doch ideal mit Blick in Richtung Nord-West. Folgt man der Promenade weiter nach Osten, erreicht man den **„Mili"** genannten **Holzpfahlbau,** der einst eine Badeanstalt für Militärangehörige war, heute aber von allen besucht werden kann. Etwas weiter im Norden liegen weitere Strandbäder, u.a. der populäre **Kaiserstrand.**

Unterstadt

Das **Bregenzer Zentrum** erstreckt sich südlich der Seepromenade, und zwar grob in dem „Gassengewirr" unterhalb der Seestraße sowie zwischen der Montfortstraße im Westen und der Schillerstraße im Osten. Dieser Bereich kann auch als **Altstadt** bezeichnet werden bzw. im Unterschied zur beschaulichen Oberstadt als Unterstadt. Hier liegt zunächst der charmante **Kornmarktplatz,**

[>] Transnationale Schifffahrt: Ab Bregenz bestehen Verbindungen in die Schweiz und nach Deutschland

auf dem das **Vorarlberg Museum,** das **Landestheater** sowie etwas versetzt das **Kunsthaus** stehen. Über seine Verlängerung gelangt man zur sehenswerten **Nepomukkapelle.** Über die **Rathausstraße** mit dem Ende des 19. Jahrhunderts im Stil der Neorenaissance umgebauten Sitz der Stadtverwaltung und der Seekapelle erreicht man den **Leutbühel,** einen historisch anmutenden Platz, auf dem sich wie in der angrenzenden verkehrsberuhigten **Kaiserstraße** und den kleinen Gassen der Umgebung das **Shopping-Herz** der Stadt befindet. Hier haben sich nicht nur große internationale Ketten, sondern auch viele individuelle Boutiquen angesiedelt, und man hat es nie weit, um in den Genuss eines Cappuccinos, guter Küche, eines Glases Wein o.Ä. zu kommen. Folgt man der **Deuringstraße** vom Leutbühel nach Süden und geht dann ostwärts, gelangt man zur zweitürmigen **Herz-Jesu-Kirche,** Vorarlbergs größtem neugotischem Gotteshaus. Ebenfalls ab dem Leutbühel verläuft die **Kirchstraße** südwärts; ein Unikum ist neben ihrem Fachwerkhausbestand das mit 57 cm Breite **schmalste Haus Europas** (Hausnummer 29).

Kunsthaus

Das Bregenzer Kunsthaus überzeugt mit spannenden **Wechselausstellungen und Installationen (internationaler) zeitgenössischer Kunst,** aber auch die Architektur des 1997 umgebauten Gebäudes ist einerseits interessant, spaltet aber auch die Gemüter. Es handelt sich um einen **glasverhüllten Kubus,** der innen für **außergewöhnliche Lichtverhältnisse** sorgt. Die Kunstwerke verteilen sich über **vier Etagen** (insgesamt 1880 m² Ausstellungsfläche) und sind oft Arbeiten von Künstlern und Künstlerinnen, die teilweise speziell für das Kunsthaus entstehen.

oes_138 sb

MEIN TIPP: **Kunsthaus Bregenz,** Karl-Tizian-Platz, A-6900 Bregenz, Tel. 05574 48594433, www.kunsthaus-bregenz.at, Di–So 10–18 Uhr, Do 10–20 Uhr, Eintritt 12 €, ermäßigt 8 €.

Vorarlberg Museum

Direkt an der Ecke Seestraße und Rathausstraße gelegen, ist das Vorarlberg Museum in einem 2013 komplett **neu erbauten Gebäude** untergebracht (die Fassade ist mit PET-Flaschen durchsetzt), geht aber auf eine bereits 1857 durch den privaten Vorarlberger Landesmuseums-Verein gegründete Initiative zurück. Sowohl Dauer- also auch Wechselausstellungen geben **Einblicke in kulturgeschichtliche Aspekte der Region.** Die Sammlung beschäftigt sich u.a. mit Archäologie, Geschichte, Kunstgeschichte und Volkskunde. Dies mag „trocken" klingen, aber die hier ausgestellten Exponaten sind **unkonventionell und informativ** zugleich und beleuchten Vorarlbergs **Vergangenheit und Gegenwart** auf eine Weise, die für weitere Streifzüge im „Ländle" vorbereitet (Besuchszeit etwa zwei Stunden). **Foto-Tipp:** In der 4. Etage bietet das **Panoramafenster** einen fantastischen Blick auf die Stadt und den Bodensee.

■ **Vorarlberg Museum,** Kornmarktplatz 1, A-6900 Bregenz, Tel. 05574 46050, www.vorarlbergmuseum.at, Di–So 10–18 Uhr, Do 10–20 Uhr, Eintritt 10 €, ermäßigt 8 €.

Oberstadt

Verlässt man den Leutbühel über die **Maurachgasse,** kommt man in die sog. Oberstadt, einen **leicht erhöht liegenden Stadtteil,** bestehend aus alten kopfsteingepflasterten Gässchen und ebenso **altem Baubestand,** nicht selten in Form von typischem **Fachwerk.** In der Oberstadt geht es **beschaulich** zu – ein Spaziergang durch das Viertel ist definitiv ein Höhepunkt eines Bregenz-Besuches. Zu den Sehenswürdigkeiten zählt zunächst der **Martinsturm** mit seinem Zwiebeldach, der ein Museum (zur Militärgeschichte des Bundeslandes) beherbergt und von der obersten Etage wunderbare Blicke auf die Stadt und den Bodensee bietet. Ebenfalls in der Oberstadt liegt das **Deuringschlössle,** und am hiesigen **Ehrengutaplatz** hat sich ein altes Stadttor erhalten.

Stadtpfarrkirche St. Gallus und Umgebung

Unterhalb des Ehrengutaplatzes führt die **Meißberstiege** hinab in den **Thalbachgraben** und dann wieder bergauf zum Gotteshaus St. Gallus. Die **Bregenzer Pfarrkirche** liegt erstaunlich weit weg vom Zentrum, bietet dadurch aber die Möglichkeit zu einem hübschen Spaziergang. Sie ist dem heiligen *Gallus* geweiht, einem **irischen Wandermönch,** der wohl Anfang des 7. Jahrhunderts vor Ort missionierte. Die Kirche wurde im 11. Jahrhundert errichtet, zusammen mit dem Kloster Mehrerau. **Umbauten** erfolgten im 15. Jahrhundert und dann 1737 im Stil des **Barock.** Der stattliche Bau lohnt einen Besuch im reichen Inneren mitsamt schönem Altar und Chorgestühl, aber auch von außen imponiert St. Gallus mit seinem massiven Turm. Unweit der Kirche liegt das **Kloster Thalbach,** das seit dem Ende des 18. Jahrhunderts von Dominikanerinnen geführt wird. Hält man sich ab St. Gallus in Richtung Nordwesten über die Kapuzinergasse, erreicht man den entspannten

Thurn und Taxis Park, in dem das **Künstlerhaus** (kuenstlerhaus-bregenz.at) Wechselausstellungen Vorarlberger Künstler im Programm hat.

Südlich der Altstadt

Folgt man von der Stadtpfarrkirche der **Schlossbergstraße** nach Süden, kann man auf einem etwa 45-minütigen Spaziergang (oder mit dem Fahrzeug) hinauf auf den **Gebhardtsberg** (585 m) gelangen. Man kommt dabei am **Kloster Marienberg** vorbei, 1877 als Villa von dem polnischen Grafen *Raczyński* errichtet. Unweit davon befindet sich die **Landesbibliothek** – Vorarlbergs größte Bibliothek ist in einem ehemaligen Kloster untergebracht. Auf dem Gebhardtsberg finden sich ferner die **Ringmauer** und Teile des Palas der mittelalterlichen **Burg Hohenbregenz** – zu ihr gehört auch ein Restaurant (www.greber.cc) –, und auch eine **barocke Wallfahrtskirche** aus dem Jahr 1723 – geweiht ist sie dem heiligen *Gebhard* – befindet sich hier. Großartig ist das **Panorama** über die Stadt und den Bodensee, und auch viele schöne **Wanderrouten** kann man hier oben in Angriff nehmen.

Außerhalb der Innenstadt

An erster Stelle sei die **Territorialabtei Wettingen-Mehrerau** westlich der Seepromenade unweit des Bodenseeufers genannt. Dieses **Zisterzienserkloster** wurde Ende des 12. Jahrhunderts gegründet und in den folgenden Jahrhunderten stetig erweitert. Eine Augenweide ist die **Stiftskirche,** die in ihrer heutigen Erscheinung teils barock und teils neoromanisch anmutet und in ihren Kapellen **wundervolle spätmittelalterliche Kunstwerke** aufweist.

■ **Zisterzienserabtei Wettingen-Mehrerau,** Mehrerauerstraße 66, A-6900 Bregenz, Tel. 05574 71461, www.mehrerau.at, variierende Öffnungszeiten, Führung nach Voranmeldung.

Weitere architektonisch interessante Sakralgebäude finden sich südlich der Innenstadt in Gestalt der 1966 erbauten **Pfarrkirche St. Kolumban** (Weidachstraße 1) mit ihrem schmalen Glockenturm aus Beton oder in Form der **Pfarrkirche St. Mariahilf** (Mariahilfstraße 52), in den 1930er Jahren errichtet und versehen mit einem mehrgeschossigen, massiv wirkenden Turm.

Pfänder und Umgebung

Am östlichen Stadtrand erhebt sich mit dem 1062 m hohen Pfänder der **Hausberg von Bregenz.** Er gehört zu den Allgäuer Alpen und bietet **phänomenale Ausblicke** auf die Stadt, den Bodensee, das Rheintal und bei entsprechenden Sichtverhältnissen auf 240 Alpengipfel. Zwar kann man den Pfänder auch zu Fuß begehen (ein Wanderweg führt in etwa 90 Minuten hinauf und überwindet dabei 650 Hm), doch die meisten Besucher entscheiden sich für die **Pfänderbahn** (www.pfaenderbahn.at), eine sog. Luftseilbahn, die von der Talstation (Steinbruchgasse 4) in nur sechs Minuten zum Gipfel fährt. Auf diesem gibt es neben dem **Panoramarestaurant Berghaus Pfänder** mehrere **Lehrpfade** – darunter einen zum Thema „Käse" – und

oes_137 sb

einen **Wildpark** mit Rothirschen, Steinböcken, Wildschweinen usw. Wer zu ausgiebigeren **Wanderungen** aufbrechen möchte, dem bieten sich mehrere Möglichkeiten.

Südlich des Pfändermassivs, in **Wolfurt,** steht die hübsche **Wallfahrtskirche Bildstein,** deren Geschichte auf die Zeit der Pest zurückgeht. Nordöstlich des Pfänders liegt mit dem **Hirschberg** (1095 m) ein weiterer Gipfel, den man z.B. aus Langen bei Bregenz auf einer beschaulichen Wanderung erreicht (Ortsmitte Langen, 4 Std., 450 Hm, leicht, familienfreundlich). Wer hingegen von der Landeshauptstadt nach Norden fährt, kommt nach **Lochau,** wo sich mit dem **Schloss Hofen** (www.schlosshofen.at) ein interessanter Renaissancebau aus dem 16. Jahrhundert befindet. Weiter gen Norden geht es über **Hörbranz** nach **Hohenweiler,** die nördlichste Gemeinde Vorarlbergs – auch in diesen beiden Ortschaften finden sich ansehnliche Gotteshäuser.

Praktische Infos

■ **Tourismusverband Bregenz,** Rathausstraße 35a, A-6900 Bregenz, Tel. 05574 49590, visitbregenz.com.

An- und Abreise, Parken

■ Bregenz kann problemlos mit der **Bahn** (www.oebb.at) und **Bussen** (www.vor.at) ab Deutschland, der Schweiz und natürlich aus Österreich erreicht werden, außerdem gibt es über den Bodensee auch die Möglichkeit auf dem **Wasserweg** „anzulanden". Der Hauptbahnhof befindet sich unmittelbar in der Innenstadt, einen Katzensprung vom Festspielhaus entfernt. Die Anreise mit dem **eigenen Fahrzeug** ist natürlich dann besonders sinnvoll, wenn man auch das Umland erkunden möchte.

Optimaler Weitblick: Mit der Pfänderbahn geht's auf Bregenz' Hausberg

■ Die Innenstadt von Bregenz weist **gebührenpflichtige Kurzparkzonen** auf, **Parkscheine** gibt es an Automaten oder über die entsprechende Handy-App. Hinzu kommen zahlreiche **Parkhäuser** und auch günstigere Tagesparkplätze. Mehr Informationen unter visitbregenz.com/planen/anreise-mobilitaet/parken-in-bregenz.

Übernachtung und Camping

13 **Hotel Schwärzler**②, Landstraße 9, A-6900 Bregenz, Tel. 05574 4990, schwaerzler.s-hotels.com. Etwas außerhalb des Zentrums gelegen, dafür mit schönen Zimmern und ausgiebigem Frühstück. Außergewöhnlich: In allen Zimmern, der Lounge und der Leseecke im Schwärzler Spa erwartet den Gast eine Auswahl an Büchern.

3 **Hotel Weisses Kreuz**②, Römerstraße 5, A-6900 Bregenz, Tel. 05574 49880, www.hotelweisseskreuz.at. Zentrales Traditionshotel mit 44 Zimmern, in denen man sich wohlfühlt.

MEIN TIPP: 12 **Camping Mexico,** Hechtweg 4, A-6900 Bregenz, Tel. 0660 7039430, www.camping-mexico.at. Wunderschöner Campingplatz direkt am Bodensee, mit kaum 40 Parzellen.

Essen und Trinken

5 **Gasthaus Goldener Hirschen**②, Kirchstraße 6-8, A-6900 Bregenz, Tel. 05574 42815, www.hotelweisseskreuz.at/goldener-hirschen. Uriges Gasthaus mit guter Auswahl regionaler Spezialitäten.

11 **Kornmesser**②, Kornmarktstraße 5, A-6900 Bregenz, Tel. 05574 54854, kornmesser.at. Lokal mit schönem Gastgarten und klassischer alpenländischer Küche.

MEIN TIPP: 12 **Pier 69**②, Seestraße 4, A-6900 Bregenz, Tel. 05574 43202, www.pier69.at. Direkt am Hafen gelegen, kann wohl kein anderes Restaurant in Sachen „Location" mit dem Pier 69 mithalten – und das Essen ist auch gut.

9 **Weiss**②-③, Anton-Schneider-Straße 5, A-6900 Bregenz, Tel. 05574 90859, www.weiss-bregenz.at. Experimentelle Küche aus hochwertigen regionalen Zutaten.

4 **Bahi**①, Kirchstraße 35, A-6900 Bregenz, Tel. 0676 3526957, bahi.at. Orientalisch wirkendes Café mit guter Kaffeeauswahl, vegetarischer Kost und angeschlossenem Yoga-Studio.

7 **Lieblingscafé**①, Maurachgasse 6, A-6900 Bregenz. Kleines Café mit Charme.

Einkaufen

8 **Buchhandlung Brunner,** Rathausstraße 2, A-6900 Bregenz, Tel. 05574 44145, www.brunnerbuch.at. Die wohl beste Buchhandlung der Stadt.

6 **Hops & Malt,** Maurachgasse 16, A-6900 Bregenz, Tel. 0664 4178714, www.hopsandmalt.at. Unter dem Motto „Bier erleben" finden sich hier 300 verschiedene Sorten Craft-Beer aus aller Welt.

MEIN TIPP: 10 **Boutique Schauraum,** Kornmarktstraße 12, A-6900 Bregenz, Tel. 0650 348 1368, www.im-schauraum.at. Edle Designs für die Dame, das Motto heißt „Stil ist wichtiger als Mode!".

2 **Culinara,** Kaiserstraße 4, A-6900 Bregenz, Tel. 05574 42944, www.gsiberger.at/culinara. Regionale Gaumenfreuden u.a. aus dem Bregenzerwald.

Kunst und Kultur

■ **Metro Kino Bregenz und Filmforum,** Rheinstraße 25, A-6900 Bregenz, Tel. 05574 71843, www.metrokinobregenz.at. Der Cineasten-Treff in der Stadt.

■ **Vorarlberger Landestheater,** Seestraße 2, A-6900 Bregenz, Tel. 05574 42870, landestheater.org. Großes Spektrum an Theateraufführungen.

Adobe Stock © Markus Keller

Veranstaltungen

- **Bregenzer Frühling,** www.bregenzerfruehling.com. Tanzfestival mit international renommierten Ensembles, das im Frühling stattfindet.
- **Bregenz Life,** großes, dreitägiges Open-Air-Festival Ende Mai mit internationalen Künstlern – und das kostenlos!
- **Bregenzer Jazz Festival,** jedes Jahr im Juni spielen über vier Tage diverse Jazzbands auf dem Kornmarktplatz.
- **Bregenzer Festspiele,** bregenzerfestspiele.com. Das internationale Festival für Opern und Musicals findet zwischen Mitte Juli und Mitte August statt.
- **Hafenfest,** Ende August feiert die Hafengegend drei Tage lang ein rauschendes Musikfest.

Betörendes Landschaftsbild: Wo der Rhein in den Bodensee mündet

Nordvorarlberg

Der Norden Vorarlbergs besteht aus den **Bezirken Bregenz, Dornbirn und Feldkirch** und umfasst das Gebiet um die Landeshauptstadt mit der Rheinmündung, den Bregenzerwald, das Kleinwalsertal und die großen Städte im Westen des Bundeslandes. Damit präsentiert sich die **Region recht unterschiedlich:** Einerseits gibt es urbane, wirtschaftlich starke Zentren (hier leben mit mehr als 340.000 Einwohnern mehr als 80% aller Vorarlberger), z.B. Dornbirn oder Lustenau, sowie **historisch bedeutende Orte** wie Hohenems und Feldkirch, andererseits **entspannte Landstriche** wie das als Naturschutzgebiet ausgewiesene Bodenseeufer mitsamt der **Rheinmündung,** die zumindest landschaftlich für das als Bergregion berühmte Bundesland geradezu atypisch wirkt. Doch keine Sorge:

Wer **Almen, Gipfel und Felswände** sucht, muss sich nur ein paar Kilometer ostwärts bewegen, wo der **Bregenzerwald** jede Menge Möglichkeiten zum **Wandern und Radfahren,** aber auch zahlreiche **Skigebiete** sowie Action in Form von **Klettern, Canyoning, Wassersport** u.v.m. bietet. Hinzu kommt, dass dieser nordöstliche Teil Vorarlbergs eine **uralte Kulturlandschaft** darstellt und man hier viel über die örtlichen Traditionen und Bräuche, aber auch über die zur Perfektion gereifte **Käseherstellung** – u.a. entlang der Käsestraße – erfährt. Ein Sonderfall ist das nochmals östlicher gelegene **Kleinwalsertal,** das ringsherum von Bergen eingefasst und auf dem Straßenweg nur aus Deutschland zu erreichen ist. Als eine der beliebtesten Bergregionen Österreichs bietet das Tal als länderübergreifende **Skiregion Oberstdorf Kleinwalsertal** beste Voraussetzungen für viel Spaß im Schnee. Doch auch der Abschnitt zwischen Mellau und Damüls sowie das weniger bekannte **Laternsertal** östlich von Feldkirch bieten traumhaftes Bergfeeling und Entspannung zugleich. Wer kein eigenes Fahrzeug hat, der erreicht die allermeisten Orte aus Bregenz, Dornbirn oder Feldkirch relativ problemlos mit **öffentlichen Verkehrsmitteln,** in den touristischen Regionen mit einer Bonus-Card (→ S. 706) zumeist sogar kostenlos. Wer aber in die einsameren Bergregionen vordringen will, ist auf „eigene Räder" angewiesen.

Rheinmündung

Westlich der Landeshauptstadt erstreckt sich das **Bodenseeufer** bis hin zur Schweizer Landesgrenze. Diese Region, charakterisiert durch die Mündung des Rheins in den See, ist das **größte Süßwasserdelta Europas** und präsentiert sich überwiegend flach. Landschaftlich bestimmend sind hier vor allem die **Bodenseeauen** mit ihren „Schleienloch" genannten Wasserbecken, in deren Umgebung man eine auffallend **reiche Flora und Fauna** findet und die stellenweise als Naturschutzgebiet ausgewiesen sind.

Hard und Umgebung

Man überquert im äußersten Westen von Bregenz die **Bregenzer Ach** und gelangt zunächst nach **Hard,** wo eine Wasserburg aus dem 16. Jahrhundert ein Museum des Textildrucks beherbergt. Ab Hard sind traumhafte Spaziergänge am **Rheinkanal** – auf dem Damm auch bis zu den beiden äußersten Spitzen – und in den umliegenden Gegenden möglich, wobei gerade um das sog. **Binnenbecken** auch **Strandbäder** und der **Grüne Damm** wundervolle Begegnungen mit dem Bodensee garantieren. Südlich von Hard befindet sich die teilweise landwirtschaftlich genutzte Feuchtwiesenlandschaft **Lauteracher Ried,** während es Kunstliebhaber nach **Lauterach** ins **Rohnerhaus** zieht, wo Gemälde Vorarlberger Künstler ausgestellt werden.

■ **Kunst im Rohnerhaus,** Kirchstraße 14, A-6923 Lauterach, Tel. 0676 7032873, www.rohnerhaus.at, erster Sonntag im Monat 10.30–17 Uhr, Eintritt frei (Führung 5 €).

Westlich von Hard bzw. auf der westlichen Rheinseite erstreckt sich das **Naturschutzgebiet Rheindelta,** in dem mehrere Badestellen existieren. Sehr pittoresk ist hier die **Rohrspitz** genannte **Landzunge** und entspannt geht es außerdem am Seeufer westwärts bis zur Landesgrenze zu. Hier liegt mit der **Rheinspitz** eine zweite Landzunge, und erneut bieten sich hier und da frei zugängliche Stellen an, wo man sich im See abkühlen kann. Südlich des Naturschutzgebiets, unmittelbar an der Grenze zur Schweiz, liegt **Höchst,** das mit seiner starken Industrialisierung im Gegensatz zur sonstigen Idylle am Seeufer steht. Wer die Rheinmündung per Rad erleben will, dem bietet der **Bodensee-Radweg** (www.bodensee-radweg.com) viele unterschiedliche Routen.

Praktische Infos

- **Naturschutzverein Rheindelta,** Im Böschen 25, A-6971 Hard, Tel. 05578 74478, rheindelta.org.
- **Fischerheim Am Schleienloch**②, Rechter Rheindamm 60, A-6971 Hard, Tel. 05574 78220, www.fischerheim.at. Beliebtes (Bodensee-)Fischrestaurant in der Nähe des Rheindeltas.
- Mein Tipp: **Dietrich Kostbarkeiten,** Lerchenauer Straße 45, A-6923 Lauterach, Tel. 05574 63929, dietrich-kostbarkeiten.at. Most, Säfte, Brände, aber auch Whisky und Gin (aus Riebelmais) gibt es hier aus der eigenen Produktion.
- **Michelehof,** Marktsstraße 26, A-6971 Hard, Tel. 05574 72412, www.michelehof.at. Subirer (Birnenschnaps) und weitere edle Brände in Topqualität.

Bregenzerwald

Das Einzugsgebiet der **Bregenzer Ach** südöstlich von Bregenz **bis zum Hochtannbergpass** kurz vor der Tiroler Grenze wird allgemein als Bregenzerwald bezeichnet. Anders als der Name es erwarten lässt, handelt es sich nicht um ein reines Waldgebiet, sondern eine **Kulturlandschaft mit Almen,** in der die sog. **3-Stufen-Landwirtschaft** (mit der „Maisäß“ genannten Zwischenstation für das Vieh) betrieben wird und die besonders für ihre **Sennereiprodukte** bekannt ist. Das Gebiet besteht im Besonderen aus den Marktgemeinden **Bezau** und **Egg** und den Gemeinden **Alberschwende** und **Andelsbuch.** Der vormals gänzlich bewaldete Bregenzerwald wurde hauptsächlich von Bregenz aus besiedelt, nur die höchstgelegenen Gebiete wurden von Walsern bevölkert.

oes_139 sb

Lust auf Einsamkeit? Der Bregenzerwald wirkt stellenweise wie nicht von dieser Welt

Auch hier hat sich ein spezifisches Brauchtum mit **eigenen Traditionen und Trachten** herausgebildet: Besonders bekannt sind der „Juppe" genannte Faltenrock, das dazu getragene Mieder mit dem goldbestickten „Blätz" (eine Art Stecktuch) und der Flitterkopfschmuck aus Goldstickereien („Tschappele"), die die Frauen noch häufig zu Hochzeiten und anderen festlichen Anlässen, aber auch zum sonntäglichen Kirchgang, anziehen. Bis heute unterteilt man die Region in den **Vorderen und Hinteren Bregenzerwald,** wobei die Unterscheidung darauf zurückgeht, dass ab dem Spätmittelalter manche Teile zum Herrschaftsgebiet Bregenz und andere zu jenem von Feldkirch gehörten. Historisch ist interessant, dass im Bregenzerwald über Jahrhunderte eine weitestgehend **unabhängige Selbstverwaltung** – die sog. **„Bauernrepublik"** – existierte, die über eine eigenständige Verfassung (Landsbrauch) und eine autonome Gerichtsbarkeit verfügte. Beliebt ist der Bregenzerwald nicht zuletzt bei den Vorarlbergern als Ausflugsziel zum **Wandern und Radfahren,** aber auch wegen seiner zahlreichen schönen **Skigebiete.**

Vorderer Bregenzerwald

Die Landschaft des Vorderen Bregenzerwaldes präsentiert sich weniger alpin als die Regionen weiter südlich. Nähert man sich aus der Landeshauptstadt, kommt man zunächst nach **Alberschwende,** wo die Wendelinkapelle (auch Merbodkapelle genannt) einen Besuch verdient. Südlich des Ortes liegt mit dem **Brüggele** ein kleines **Skigebiet.** Wenige Kilometer weiter östlich folgt **Lingenau** – die Pfarrkirche dort hat einen interessanten

Altar. Doch der Ort ist vor allem für seine drei Brücken bekannt: die eindrucksvolle, 370 m lange Stahlbeton-Bogenbrücke namens **Lingenauer Hochbrücke,** die 1834 von *Alois Negrelli* errichtete **Gschwendtobel-Brücke** (Bungee-Springen ist hier möglich) und die 57 m lange **Hängebrücke über die Subersach.** Ein informatives Naturdenkmal in der Umgebung des Ortes ist der 40 m hohe massive **Quelltuff,** den man entlang eines 8 km langen Naturlehrpfads erleben kann (Start Badepark Lingenau, 3 Std., 150 Hm, mittel, Holzstege und -treppen). Sowohl Lingenau als auch das nördlich davon gelegene **Langenegg** sind für ihre **Käseherstellung** berühmt, und entsprechend können in beiden Orten **Sennereien** besucht werden, wo man in den Genuss der regionalen Sorten kommt. Östlich von Lingenau erreicht man **Hittisau,** einen touristisch erschlossenen Ort mit einem großen Angebot an Pensionen und Ferienhöfen. Auch in Hittisau befinden sich mit der **Auenbach-** und der **Ließenbachbrücke** über den Kurzentobel und der **Kommabrücke** über die Bolgenach drei eindrucksvolle Holzbauwerke. Seit 2001 widmet sich im Ort das bisher **einzige Frauenmuseum Österreichs** der Biologie, dem Kulturschaffen und Lebensumfeld von Frauen.

■ **Frauenmuseum Hittisau,** Platz 501, A-6952 Hittisau, Tel. 05513 20537, www.frauenmuseum.at, Di–So 10–17 Uhr, Eintritt 9,50 €, ermäßigt 8,50 €.

Die Umgebung von Hittisau prägen Wälder und zahlreiche Gewässer – die Gegend gehört zum **Naturpark Nagelfluhkette** (nagelfluhkette.info) –, inspirierende **Wanderrouten** verlaufen u.a. hinauf auf den **Hittisberg** (1328 m, Start Gemeindeamt Hittisau, 3 Std., 550 Hm, Anspruch mittel) und den **Hochhäderich** (1565 m, Start Gemeindeamt Hittisau, 4,5 Std., 800 Hm, mittel), wo auch ein **Wintersportgebiet** liegt (www.alpenarena.com). Wer es einsamer mag, macht sich nach Osten ins **Lecknertal** auf, wo um den **Leckner See** ebenfalls traumhafte Wanderungen möglich sind. Speziell **Nordic Walker und Mountainbiker** verschlägt es in die Gegend um **Sibratsgfäll** (www.sibra-bregenzerwald.com) südlich des Lecknertals. Hält man sich ab Hittisau nordwärts, geht es über **Krumbach** – einst ein bedeutendes Heilbad – nach **Sulzberg** unweit der bayerischen Grenze, das dank seiner Hochlage auf über 1000 m wunderbare Aussichten über die gesamte Region bietet. In **Riefensberg** erfährt man in der **Juppenwerkstatt** (www.juppenwerkstatt.at) viel über die hiesige Tracht.

Praktische Infos

■ **Tourismusinformation Alberschwende,** Hof 3, A-6861 Alberschwende, Tel. 05579 4233, www.alberschwende.at.

■ **Informationsbüro Lingenau,** Hof 258, A-6951 Lingenau, Tel. 05513 64640, www.lingenau.at.

■ **Hotel Gasthof Krone**②, Platz 185, A-6952 Hittisau, Tel. 05513 6201, www.krone-hittisau.at. Am Dorfplatz gelegenes Traditionshaus, in dem man auch kreativ-bodenständig essen②-③ kann.

■ **Vitalhotel Quellengarten**②-③, Am Holz 93, A-6951 Lingenau, Tel. 05513 64610, www.quellengarten.at. Wellness- und Aktivhotel mit großem Indoor- und Outdor-Wohlfühlbereich.

■ **Gasthof Hotel Adler**②, Dorf 5, A-6942 Krumbach, Tel. 05513 81560, adler-krumbach.at. Viele saisonale Spezialitäten, darunter auch immer mit „Moorbezug". Auch Zimmer①-② können bezogen werden.

■ **Restaurant 'S Schulhus**②-③, Glatzegg 58, A-6942 Krumbach, Tel. 05513 8389, www.schulhus.at. Nouvelle Cuisine auf Vorarlbergerisch – ob in der Gaststube oder auf der Terrasse, immer gemütlich.

MEIN TIPP: **Wirtshaus zur Taube**③, Hof 9, A-6861 Alberschwende, Tel. 05579 4202, taube.at. Traditionelle Vorarlberger Küche in holzgetäfeltem Ambiente.

■ **Dorfsennerei Langenegg,** Berkmann 116, A-6941 Langenegg, Tel. 05513 6190, kaeserei.com.

Hinterer Bregenzerwald – der Norden

Südlich von Lingenau schließt sich der Hintere Bregenzerwald an, wobei die nördlichen Teile auch als **Mittelbregenzerwald** bezeichnet werden. **Egg** war Sitz des Hochgerichts der Bauernrepublik und wird heute wegen seiner **Käsereien** viel besucht. Südwestlich, in **Schwarzenberg,** widmet sich ein Museum den Kunstwerken der aus Chur in der Schweiz stammenden Malerin *Angelika Kauffmann* (1741–1807). Der Ort mit seinem **historischen Bestand an Bauernhäusern** – vor allem am Dorfplatz – ist unbedingt sehenswert. Den gesellschaftlichen Höhepunkt bildet der **Almabtrieb** Mitte September, wenn die Nutztiere durch das Dorf getrieben werden und die Einheimischen sich in ihren schönsten Trachten zeigen. Für sportliche Besucher bietet sich der nahe gelegene **Hochseilgarten über die Bregenzer Ach** in **Bersbuch** an, der vom Aktiv-Zentrum in Schnepfau (s.u.) betrieben wird, bzw. im Winter das **Skigebiet Bödele** (www.boedele.info) westlich des Ortes. Architektonisch spannend ist **Andelsbuch** etwa 2 km südlich von Egg, wo das durchaus aufschlussreiche Werkraum Haus (werkraum.at) und das gegenüberliegende Rathaus zwei ansprechende moderne Bauten darstellen. Aus dem 18. Jahrhundert hingegen stammt die **Pfarrkirche** zu den Heiligen Petrus und Paulus; außergewöhnlich ist das **Kriegerdenkmal** davor. Südlich des Ortes erstreckt sich ein kleines **Skigebiet** (www.bergbahnen-andelsbuch.at), dessen Hänge im Sommer zum Paragliding genutzt werden und das auch zu **Wanderungen** einlädt. Im weiter südlich gelegenen **Bezau** lag einst das Rathaus der Bauernrepublik – die „Bezeggsul"-Gedenksäule erinnert daran. Doch Bezau ist vor allem als Kopfbahnhof der **Bregenzerwaldbahn** – auch „'s Wälderbähnle" (www.waelderbaehnle.at) genannt – bekannt, die noch mit historischen Diesel- oder Dampfloks auf einer **wundervollen Strecke bis Schwarzenberg** verkehrt. Im Ort gibt es außerdem ein **Heimatmuseum** und es besteht die Möglichkeit zu **Wanderungen** auf die **Wildmoos-Alpe** (1383 m, Start Bergstation Baumgarten, 2 Std., 400 Hm, mittel) oder die **Niedere Höhe** (1711 m, Start Bergstation Baumgarten, 2,5 Std., 300 Hm, mittel). Im nahen **Reuthe** befindet sich ein großes öffentliches Thermenbad mit Sauna-Wellnesswelt. Ostwärts kann man über die mautpflichtige Straße ins idyllische **Schönenbach** fahren, wo mit der **Schneckenlochhöhle** ein abenteuerliches Ausflugsziel gegeben ist.

Praktische Infos

■ **Tourismusinformation Bezau,** Platz 39, A-6870 Bezau, Tel. 05514 2295, www.bezau-bregenzerwald.com.

■ **Tourismusinformation Schwarzenberg,** Hof 454, A-6867 Schwarzenberg, Tel. 05512 3570, www.schwarzenberg.at.

Käse aus Vorarlberg

Kein Vorarlberger Produkt ist so berühmt wie die fantastischen heimischen Käsesorten! Die **Sennwirtschaft** wurde im „Ländle" traditionell betrieben und Käse somit seit Jahrhunderten hergestellt. Allerdings handelte es sich zuerst um den sog. **Sauermilchkäse,** bei dem die Milch entrahmt wurde, um aus dem Rahm Butter herzustellen, und die übrig gebliebene entrahmte Milch dann zu Käse verarbeitet wurde. Erst nach dem Dreißigjährigen Krieg kamen Sennen aus dem benachbarten Schweizer Kanton Appenzell nach Vorarlberg und brachten den lokalen Bauern die Kunst des sog. **Fettsennens** bei, bei dem die Milch nicht entrahmt, sondern **aus der Vollmilch Käse** hergestellt wird. Heute gibt es im Bundesland mehrere Regionen, in denen Käse produziert wird, wobei der Bregenzerwald speziell für seinen **Bergkäse** bekannt ist. Dieser reift mindestens drei Monate (bis zu zwei Jahre), hat einen Fettgehalt von ca. 45% i. Tr. (= in Trockenmasse) und weist kleine Löcher auf, die als Qualitätsmerkmal gelten. Der **Bregenzerwälder Bergkäse** ist mild bis würzig, sein Geschmack nussig mit diversen Kräuternoten.

Nicht verwechseln sollte man ihn mit dem aus Rohmilch hergestellten **Vorarlberger Bergkäse** – dieser unterliegt der geschützten Ursprungsbezeichnung (g.U.) und findet sich zwar auch im Bregenzerwald, aber ebenso im Kleinwalsertal, Großen Walsertal, Laiblachtal und im Rheintal. Er schmeckt würzig bis pikant, ist elfenbeinfarbig bis hellgelb und hat eine gelbbraune bis braune, manchmal schmierige Rinde. Man verwendet ihn in zahlreichen traditionellen vorarlbergischen Gerichten wie **Käsknöpfle** oder **Käsdönnala** (auch Käsflada genannt).

Unter **Alpkäse** wiederum versteht man einen Hartkäse aus unbehandelter Kuhmilch (auch er ist g.U.) mit etwa 45% i. Tr., der ähnlich gelb ist wie der Vorarlberger Bergkäse, dabei aber eine geschmierte, körnige Rinde in braungelber bis brauner Farbe hat.

Wirklich typisch vorarlbergerisch ist außerdem der **Sauerkäse** – auch „Sura Käs" genannt – aus dem Montafon, ein Magerkäse, der wohl in ähnlicher Form bereits von den Kelten gegessen wurde. Fertiger Montafoner Sauerkäse hat eine zylindrische Form und eine milchig-weiße bis gelbliche Farbe. Je nach Reife schmeckt er frisch-würzig bis kräftig und hat dabei ein leicht säuerliches Aroma mit salzigem Unterton.

Andere Käsesorten des Bundeslandes sind z.B. der **Räßkäse,** ein Schnittkäse aus pasteurisierter Kuhmilch, der **Bachensteiner,** ein Weichkäse, der Ähnlichkeiten mit dem Limburger aus dem Allgäu oder dem Elsässer Munster hat, oder der **Ländle Rheintaler,** ein kräftig-geschmeidiger Käse mit einer essbaren hellbraunen Naturrinde. Eine Spezialität des Bregenzerwaldes ist der sog. **Seagen,** der aus der Molke entsteht, die bei der Käseherstellung zurückbleibt – manchmal wird er mit dem italienischen Ricotta verglichen, doch dies trifft es nur teilweise.

Eine großartige Gelegenheit, mehr über die lokale Käseproduktion zu erfahren, ist eine Befahrung der **Käsestraße** im Bregenzerwald, die auf einem Zusammenschluss von Wirten, Sennereien und Handelsbetrieben beruht, die man besuchen und wo man Käse verkosten kann.

■ Mehr **Infos** unter Tel. 05513 4287041, www.kaesestrasse.at.

Adobe Stock © Daan

■ **Gasthof Hirschen**③, Hof 14, A-6867 Schwarzenberg, Tel. 05512 2944, www.hotel-hirschen-bregenzerwald.at. Gutes rustikales Hotel mitten am Dorfplatz in Schwarzenberg. Auch das Essen①-② ist gut.

■ **Gesundhotel Bad Reuthe**②, Bad 70, A-6870 Reuthe, Tel. 05514 22650, www.badreuthe.at. Ideal für Entspannung und Wellness mit einer Fülle an Angeboten und Aktivitäten.

■ **Gasthaus Alte Mühle**②, Dorn 138, A-6867 Schwarzenberg, Tel. 05512 3780, alte-muehle.cc. Schöne Lage an einer Mühle, man serviert regionale Spezialitäten.

■ **Käslädele,** Hof 18, A-6867 Schwarzenberg, Tel. 05512 2960, www.kaesladen.com.

MEIN TIPP: **Metzler Käse-Molke,** Bruggan 1025, A-6863 Egg, Tel. 05512 3044, www.molkeprodukte.com. Wunderbare lokale Produkte, darunter viel Käse. Auch Kurzkurse im Sennen und viele Erlebnisse für die ganze Familie werden angeboten!

■ **Ziegen- & Norikerausstellung Andelsbuch,** jedes Jahr am 26. Oktober findet dieser Ziegen- und Pferdemarkt statt.

Klassisch! Eine Fahrt mit dem „Wälderbähnle" ist zweifelsohne etwas für Nostalgiker

Hinterer Bregenzerwald – der Süden

Südlich von Reuthe geht es nach **Mellau,** wo man Anbindung an das große **Wintersport- bzw. Mountainbike- und Wandergebiet Damüls-Mellau** (www.damuels-mellau.at) hat. Etwas weiter östlich liegt **Schnepfau,** in dessen Umgebung einerseits extravagante **Outdoor-Aktivitäten** (Rafting, Hochseilgarten, Höhlentour etc.) zu finden, andererseits aber auch **Wanderer** gut aufgehoben sind, denn die Touren auf die **Alpe Rosenburg** (888 m, Start Schnepfau Ortsmitte, 2 Std., 200 Hm, leicht) oder ab dem nahen **Bizau** auf den **Hirschberg** (1834 m, Start Bizau Ortsmitte, 6 Std.,

1100 Hm, schwierig, die Tour endet in Schönenbach, von wo man per Bus zurück nach Bizau gelangt) sind wahrlich beeindruckend. Südlich von Schnepfau ragt die **Kanisfluh** (2044 m), das Wahrzeichen des Bregenzerwaldes, stolz in den Himmel; man erreicht den Gipfel am besten ab **Au,** das etwa 5 km weiter südlich liegt (Start Alpe Öberle, 3,5 Std., 550 Hm, mittel, besonders zum Sonnenaufgang empfehlenswert). In Au starten auch viele weitere Wanderungen, z.B. in die **Argenbachschlucht** (Start Au Ortsmitte, 3 Std., 200 Hm, mittel, Trittsicherheit erforderlich) oder an den **Wasserfall des Rehmenbachs** (Start Ortsmitte Au, 5,5 Std., 800 Hm, mittel) und auch das **Rafting** (canyoning-team.com) entlang der Bregenzer Ach bis nach Mellau ist ab dem Ort möglich! **Damüls,** als Wintersport- und Wandergebiet eines der bekanntesten in Vorarlberg, ist für seinen Schneereichtum bekannt und liegt eingebettet zwischen der **Damülser Mittagsspitze** (2095 m, Start Damüls Talstation Uga-Express, 4,5 Std., 1000 Hm, schwer) im Norden und dem **Zitterklapfen** (2403 m, Start Parkplatz gegenüber Hotel Schiff, 9,5 Std., 1650 Hm, schwer, Kletterstellen) im Südosten. Begehbare Gipfel in der Umgebung sind außerdem der Ragazer Blanken (2051 m, Start Damüls Talstation Uga-Express, 4,5 Std., 950 Hm, mittel) und der 2068 m hohe **Hochblanken,** die man auf einer Rundtour gemeinsam begehen kann. Südwärts gelangt man über den Pass am **Faschinajoch** (1487 m) in das **Große Walsertal.** Südöstlich von Au, in **Schoppernau,** erinnert ein Museum an *Franz Michael Felder* (1839–69), den berühmten Schriftsteller und Sozialreformer, der im Ort geboren wurde. Nördlich von Schoppernau befindet sich mit dem **Diedamskopf** (2090 m) ein weiteres beliebtes **Wander- und Wintersportgebiet** (www.diedamskopf.at), das man per Gondelbahn erreicht. Hinter Schoppernau steigt die Straße weiter an und führt bis **Schröcken,** dem letzten Ort vor dem **Hochtannbergpass** in 1679 m Höhe, der zum schneegesegneten **Skigebiet Warth-Schröcken** (www.warth-schroecken.at) gehört. Wanderungen führen ab hier auf den **Heiterberg** (2188 m, Start Schröcken Heimboden, 5 Std., 1000 Hm, mittel) oder auf den **Widderstein** (2533 m, Start Hochtannbergpass, 3,5 Std., 900 Hm, schwer), hinter denen bereits das Kleinwalsertal (→ S. 444) liegt. Nach dem Hochtannbergpass gelangt man über **Warth** entweder nach Süden bis Lech und Zürs oder in östlicher Richtung bis Steeg im Tiroler Lechtal. Warth-Schröcken ist im Übrigen

Adobe Stock © Thomas

auch unter Kletterern – hier liegt der **Karhorn-Klettersteig** – und für Canyoning, Rafting u.v.m. beliebt.

Praktische Infos

■ **Tourismusinformation Au**, Argenau 376, A-6883 Au, Tel. 05515 2288, www.au-schoppernau.at.

■ **Tourismusinformation Damüls,** Kirchdorf 138, A-6884 Damüls, Tel. 05510 620, www.damuels.at.

■ **Tourismusinformation Schoppernau,** Unterdorf 2b, A-6886 Schoppernau, Tel. 05515 2495, www.au-schoppernau.at.

MEIN TIPP: **Aktiv-Zentrum Bregenzerwald,** Neugut 43, A-6882 Schnepfau, Tel. 0676 7837878, aktiv-zentrum.at.

MEIN TIPP: **Biohotel Schwanen**②-③, Kirchdorf 77, A-6874 Bizau, Tel. 05514 2133, biohotel-schwanen.com. Modernes Hotel mit persönlichem Service. Auch essen kann man hier.

MEIN TIPP: **Edelweiß am Öberle**②, Öberle 347, A-6883 Au, Tel. 0664 4324 840, www.oeberle.com. Hausmannskost aus regionalen Zutaten.

■ **Hotel Bären**③, Platz 66, A-6881 Mellau, Tel. 05518 2207, www.baerenmellau.at. Entspanntes Boutique-Hotel mit geräumigen Zimmern.

■ **Camping Au,** Neudorf 356, A-6883 Au, Tel. 05515 2331, www.campingaustria.eu. Campingplatz mit Sportplätzen an der Bregenzer Ach.

MEIN TIPP: **Bergkäserei Schoppernau,** Unterdorf 248, A-6886 Schoppernau, Tel. 05515 30151, www.bergkaeserei.at.

■ **Almabtrieb Au,** Mitte September findet in Au ein farbenfrohes Volksfest zum Almabtrieb statt.

☒ Markante Form:
die Damülser Mittagsspitze ist unverkennbar

Dornbirn und Umgebung

Bregenz mag die Hauptstadt Vorarlbergs sein, doch **Dornbirn** ist ihre „wahre Metropole". Mit knapp **52.000 Einwohnern** liegt die **größte Stadt des „Ländle"** gerade einmal 9 km südlich der Kapitale und gilt als **wirtschaftliches Herz des Bundeslandes.** Hier dominieren Gewerbe, Handel und Industrie – die **Messe Dornbirn** ist eine der wichtigsten Westösterreichs –, aber die Stadt ist auch als **Hochschulzentrum** bekannt. Ferner ist der **Messepark** (www.messepark.at) das größte Einkaufszentrum Vorarlbergs.

Im Mittelalter herrschten zuerst die **Grafen von Montfort,** ab 1380 waren es dann faktisch die **Habsburger,** doch die wahren Machthaber blieben bis zum Ende des 18. Jahrhunderts die **Grafen aus Ems.** Dornbirns Erfolgsstory begann Ende des 19. Jahrhunderts mit dem Aufblühen der **Textilindustrie.** Im Ort lohnt sich ein Besuch des **Stadtzentrums um den Marktplatz.** Hier sollte man zunächst die klassizistisch-historische **Pfarrkirche St. Martin** mit ihrer mächtigen Hauptgiebelfassade samt Säulenportikus und dem freistehenden Turm mit Giebelspitzhelm in Augenschein nehmen. Gleich daneben steht das sog. **Rote Haus,** 1639 erbaut und heute das Wahrzeichen der Stadt (hier befindet sich ein Restaurant, roteshaus.at). Ebenfalls auf dem Marktplatz steht das **Lugerhaus,** ein bauliches Kunstwerk, das Jugendstil und Nationalromantik vereint. In ganz Österreich ist Dornbirn durch das **Mohrenbräu** (www.mohrenbrauerei.at) bekannt, dessen Brauerei gleich südöstlich des Marktplatzes angesiedelt ist. Viel besucht wird im Ort auch das **naturgeschichtli-**

oes_140sb

che **Museum Inatura,** das auf kreative Art und Weise viele Informationen zur Natur Vorarlbergs multimedial vermittelt und mit einem besonders für Kinder interessanten Außenbereich ausgestattet ist.

Inatura, Jahngasse 9, A-6850 Dornbirn, Tel. 05572 232350, www.inatura.at, tägl. 10–18 Uhr, Eintritt 12,20 €, ermäßigt 6,10 €.

Was der Pfänder für Bregenz, ist der 976 m hohe **Karren** (www.karren.at) für Dornbirn. Man gelangt zu Fuß oder per Seilbahn hinauf, wo den Besucher erwartungsgemäß eine grandiose Aussicht – u.a. aus dem eindrucksvollen Panoramarestaurant (→ S. 439) – erwartet. Als südlicher Ortsteil Dornbirns ist das Gütle der Ausgangspunkt für eine 90-minütige Wanderung durch die wildromantische **Rappenlochschlucht** (www.rappenloch.at) bis zum Staufensee. Alternativ befindet sich in der Nähe auch die anspruchsvollere, wenn auch unbekanntere **Alplochschlucht,** durch die man in rund 3 Std. nach **Ebnit** gehen kann, einem ruhigen Ort inmitten unberührter Landschaften. Wer sich für edle Automobile interessiert, sollte dem **Rolls-Royce Museum** im Gütle einen Besuch abstatten.

Rolls-Royce Museum, Gütle 10, A-6850 Dornbirn, Tel. 05572 52652, www.rolls-royce-museum.at, März bis Nov. Di–So 10–18 Uhr, Eintritt 6 €, ermäßigt 3 €.

Westlich von Dornbirn liegt **Lustenau** am Rheinufer, mit gut **24.000 Einwohnern** die viertgrößte Stadt Vorarlbergs, die besonders für den hier produzierten Senf und die kulinarische Spezialität **Käsdönnala** (→ S. 416) bekannt ist. Im Ort klärt das **Museum Rhein-Schauen** über die Geschichte des Rheins und seiner Regulierung auf.

Rhein-Schauen, Museum und Rheinbähnle, Höchster Straße 4, A-6890 Lustenau, Tel. 05577 20539, www.rheinschauen.at, Ende April bis Okt. Di und Do 8.30–12 Uhr, 13–16 Uhr, Sa 13–17 Uhr, Mitte Juli bis Aug. auch So 13–17 Uhr, Eintritt (inkl. Fahrt mit dem Rheinbähnle) ab 16 €, ermäßigt ab 8 €.

Praktische Infos

Tourismusinformation Dornbirn, Rathausplatz 1a, A-6850 Dornbirn, Tel. 05572 22188, www.dornbirn.info.

Vielleicht das schönste Wohnhaus der Stadt ist das 1901/02 erbaute Lugerhaus

■ **Hotel Marvia**②-③, Bödele 574, A-6850 Dornbirn, Tel. 05572 77400, www.marvia.at. Angenehmes Hotel außerhalb von Dornbirn.

MEIN TIPP: **Vienna House Martinspark**②, Mozartstraße 2, A-6850 Dornbirn, Tel. 05572 3760, www.wyndhamhotels.com/de-de. Österreichs erstes „Architektur-Hotel" ist in jeder Hinsicht ein Erlebnis. Es gehört zur US-amerikanischen Wyndham-Kette.

■ **Gasthaus Gemsle**①-②, Marktstraße 62, A-6850 Dornbirn, Tel. 05572 200918, www.gemsle.at. Altehrwürdiges Gasthaus mit lokalen Spezialitäten.

MEIN TIPP: **Gasthaus Schiffle**②, Mühlebacher Straße 25, A-6850 Dornbirn, Tel. 05572 33023, schiffle-dornbirn.at. Gutbürgerliche Küche in einem uralten Dorfgasthaus.

MEIN TIPP: **Panoramarestaurant Karren**②, Gütlestraße 6, A-6850 Dornbirn, Tel. 05572 54711, pano-karren.at. An der Bergstation Karrenseilbahn gelegenes Lokal mit grandioser Aussicht und erstklassiger Küche.

■ **Sennereiladen,** Schlossgasse 9, A-6850 Dornbirn, Tel. 05572 206191, www.alpenkaese.at. In diesem kleinen Laden gibt es eine reiche Auswahl an Käse und weiteren regionalen Produkten.

■ **s'Lädele**, Dr.-Waibel-Straße 2, A-6850 Dornbirn, Tel. 05572 3777224, www.mohrenbrauerei.at. Im Verkaufsshop der Traditionsbrauerei Mohren finden sich neben Bier und anderen Getränken auch viele originelle Mitbringsel.

Hohenems und Umgebung

Im historisch bedeutsamen Hohenems waren die **Staufer** und später die **Grafen von Ems** ansässig, die es unter den Habsburgern zu hohem Ansehen brachten und ihre Ländereien als **Reichsgrafschaft** führen durften. Dank seiner strategisch hervorragenden Lage unweit des Rheins auf einer lang etablierten **Handelsroute** wurde Hohenems **wohlhabend** – dieses Erbe sieht man noch heute bei einem Stadtspaziergang. Einen Blick wert ist zunächst der **Palast Hohenems,** früher das Residenzschloss der Grafen, das im 16. Jahrhundert im Stil feinster Renaissance entstand und heute das **Restaurant Palast Gastronomie** (→ S. 440) und Veranstaltungsräume beherbergt. Berühmt ist der Palast, weil hier im 18. Jahrhundert in der Bibliothek zwei der drei bedeutendsten **Handschriften des Nibelungenliedes** gefunden wurden. Auf dem davor liegenden, lang gezogenen **Schlossplatz** stehen das Rathaus und etwas versetzt weiter nördlich die Pfarrkirche. Hohenems war vom

☐ Wo früher der Adel residierte: der Innenhof des Palastes Hohenems

oes_143 sb

17. bis zum 19. Jahrhundert auch ein **Zentrum jüdischen Lebens;** rund um die Harrachgasse und die Schweizer Straße befindet sich das alte **Judenviertel,** in dem das äußerst gut strukturierte **Jüdische Museum** liegt, das viel über diesen Aspekt der Stadtgeschichte zu erzählen weiß. Auch die ehemalige Synagoge, die Mikwe (das rituelle Tauchbad) und einige frühere jüdische Bürgerhäuser sieht man noch in der Gegend.

MEIN TIPP: **Jüdisches Museum Hohenems,** Schweizer Straße 5, A-6845 Hohenems, Tel. 05576 739890, www.jm-hohenems.at, Di–So 10–17 Uhr, Eintritt 9 €, ermäßigt 6 €.

oes_142 sb

Kulturell ist Hohenems durch das 1976 initiierte **Musikfestival Schubertiade** weltbekannt, bei dem über mehrere Monate verteilt Konzerte mit Werken von *Franz Schubert* (1797–1828) aufgeführt werden.

MEIN TIPP: **Schubertiade,** www.schubertiade.at. Namhafte Künstler aus aller Welt treten im Rahmen dieses Musikfestivals auf.

Vom Stadtzentrum kann man in weniger als 30 Minuten hinauf zur **Burgruine Alt-Ems** wandern; nordöstlich davon erhebt sich die **Burg Glopper,** die auch **Burg Neu-Ems** genannt wird. Für alpine Aussichten empfiehlt sich eine Tour auf den **Strahlkopf** (1366 m) westlich von Hohenems (Start Hohenems Parkplatz am Schießstand Ledi, 4,5 Std., 950 Hm, mittlerer Anspruch).

Praktische Infos

- **Tourismusinformation Hohenems,** Marktstraße 2, A-6845 Hohenems, Tel. 05576 42780, www.hohenems.at.
- **Gasthaus Adler**③, Kaiser-Franz-Josef-Straße 104, A-6845 Hohenems, Tel. 05576 72292, adlerhohenems.com. Vorarlberger Küche gefällig? Dann ist man im Adler goldrichtig!
- **Genusswerkstatt**②, Reutestraße 54a, A-6845 Hohenems, Tel. 05576 98235, www.die-genusswerkstatt.at. Saisonale Gerichte gibt es in diesem Lokal, das auch einen hübschen Gastgarten hat.

MEIN TIPP: **Palast Gastronomie**②-③, Schlossplatz 8, A-6845 Hohenems, Tel. 05576

◁ Im Zeichen des Barock: die Pfarrkirche Hohenems

77888, www.palast-gastronomie.at. Hochwertige Küche aus vorrangig einheimischen Zutaten.

■ **Orgeltage,** www.orgeltage.at. Kirchenmusik in der Hohenemser Pfarrkirche Anfang Oktober.

Götzis und Umgebung

Unmittelbar südlich von Hohenems liegt **Götzis,** das von vielen Besuchern nur am Rande wahrgenommen wird, aber gleich **zwei Pfarrkirchen** bietet, nämlich eine aus dem 14. Jahrhundert und eine weitere aus der ersten Hälfte des 19. Jahrhunderts. Interessant ist auch das **Jonas-Schlössle,** das im 16. Jahrhundert als Sitz der Adelsfamilie *Jonas* erbaut wurde und heute ein **Kulturzentrum** mit wechselnden Veranstaltungen beherbergt. Das Wahrzeichen des Ortes ist die **Burgruine Neu-Montfort,** die am südlichen Ortsrand liegt, zwischen 1311 und 1319 erbaut und während des Appenzeller-Kriegs als eine der wenigen Burgen nicht zerstört wurde. Danach allerdings verfiel sie, erhalten hat sich nur die Ringmauer. Etwas weiter südlich liegt die **Wallfahrtskirche St. Arbogast. Wanderungen** führen ab Götzis auf den **Kummenberg** (667 m, Start Ortsmitte Götzis, 2 Std., 300 Hm, leicht, familientauglich) oder in die reizvolle **Örflaschlucht** (Start Parkplatz Wallfahrtskirche St. Arbogast, 2,5 Std., 250 Hm, leicht). In der Region um das Örtchen **Fraxern** wachsen die Kirschen, die man zur Herstellung des lokalen Kirschwassers **Fraxner Kriasis** benötigt. Noch einmal etwa 6 km weiter südlich liegt **Rankweil,** wo die Kirchburg „Zu Unserer Lieben Frau Mariä Heimsuchung" als **Wallfahrtskirche** bereits im frühen Mittelalter gebaut und im 17. Jahrhundert durch die berühmte **Loretokapelle** ergänzt wurde. Sehenswert ist auch der Ortskern mit zahlreichen **historischen Bauten** wie dem Rathaus, dessen Ursprung auf die Zeit vor 1500 zurückgeht.

Ab Rankweil erstreckt sich das **Laternsertal** in Richtung Osten. Es wird von der **Frutz** durchflossen und ist ein klassisches **alpines Kerbtal,** das sich auf einer Länge von über 20 km bis Damüls im Bregenzerwald zieht. Im Norden liegt die **Freschen-Gruppe,** im Süden der **Walserkamm.** Besiedelt wurde das Laternsertal im Mittelalter durch zugewanderte **Walser** (→ S. 444). Lohnenswerte Stopps sind **Furx,** wo man vom Vier-Länder-Panoramapunkt eine überragende Aussicht genießt, und weiter westlich **Innerlaterns,** wo die Bergwelt um den **Gapfohl** (1785 m) ein **Wintersport- und Wanderareal** (www.laterns.net) bietet. Schöne Touren in dieser Gegend führen außerdem auf den **Hohen Freschen** (2004 m, Start Furkapass-Straße unterhalb des Furkajochs, 4,5 Std., 600 Hm, mittel) oder von **Laterns-Thal** aus in die „Üble Schlucht" (Start Laterns-Thal, 2,5 Std., 400 Hm, mittel).

Praktische Infos

■ **Informationsbüro Götzis,** Bahnhofstraße 15, A-6840 Götzis, Tel. 05523 5986, goetzis.at.

■ **Informationsbüro Rankweil,** Am Marktplatz 1, A-6830 Rankweil, Tel. 05522 4050, www.rankweil.at.

■ **Zum Schützen**①-②, Montfortsraße 75, A-6840 Götzis, Tel. 05523 62201, www.zum-schuetzen.at. Einladendes Gasthaus in einem historischen Gebäude.

MEIN TIPP: **Gasthof Mohren**③, Stiegstraße 17, A-6830 Rankweil, Tel. 05522 44275, www.mohren.at. Mehrere gemütliche Gaststuben und einen Biergarten umfasst dieses traditionsreiche Lokal.

■ **Rankweiler Hof**③, Ringstraße 25, A-6830 Rankweil, Tel. 05522 44113, www.rankweiler-hof.com. Dorfgasthaus mit einheimischer Küche.

■ **Weingut Nachbaur,** Ganta 1, A-6832 Röthis, Tel. 0650 6693639, www.weingut-nachbaur.at. Wein aus Vorarlberg? Auch den gibt's in diesem Buschenschank.

Feldkirch und Umgebung

Wenn Bregenz Vorarlbergs Verwaltungszentrum ist und Dornbirn der Wirtschaftsstandort, dann ist **Feldkirch** fraglos das **historische Herz des „Ländle".** Mit gut **36.000 Einwohnern** ist es sogar der zweitgrößte Ort des Bundeslandes. Feldkirch liegt im äußersten Westen an der **Grenze zu Liechtenstein am Fuße des Ardetzenbergs** (631 m) bzw. am Ausgang des **Illtals** in der Ebene des Alpenrheins. Seit spätrömischer Zeit war die Region besiedelt, doch es waren vor allem die **Grafen von Montfort,** die die Stadt ab Anfang des 13. Jahrhunderts errichteten. Ihre **Lage an Handelswegen** ließ viele lokale Kaufleute und Handwerker reich werden. Deren Selbstbewusstsein wurde so stark, dass es in der Folge sogar zu **Konflikten** mit dem Adel und der mit den Habsburgern verbündeten Fürstabtei St. Gallen kam. Im 16. Jahrhundert wohnten zahlreiche **Humanisten** – darunter der Mathematiker und Astronom *Georg Joachim Rheticus* (1514–74) – in der Stadt, doch endete diese Hochphase mit der **Gegenreformation,** als **Jesuiten** kamen und ein Kolleg errichteten, das später als Elitegymnasium Stella Matutina bis 1979 bestand. Feldkirchs recht **kleine Altstadt** erstreckt sich zwischen der Ill und dem Domplatz und ist um den Marktplatz und die umliegenden Gassen verkehrsberuhigt. Überall finden sich **wundervolle Bauensembles** mit lauschigen Laubengängen, die teilweise bis ins 16. und 17. Jahrhundert zurückgehen; die **Stadtbefestigung** sowie das geometrisch angelegte Stadtraster stammen sogar aus dem **Mittelalter.**

Highlights sind der gewaltige **Dom St. Nikolaus,** die noch erhaltenen **Stadttürme** – drei davon am Ufer der Ill, einer nördlich des Doms – und das stattliche **Churer Tor.** Aber damit nicht genug, viele weitere Sakral- und Profanbauten in der Stadt sind sehenswert, z.B. das **Kapuzinerkloster,** das **Palais Liechtenstein** (heute Sitz der Bibliothek und des Stadtarchivs), das **Rathaus,** diverse **Bürgerhäuser** in der Umgebung des Marktplatzes, das **Landesgericht** und das **Landeskonservatorium** (einst das Gymnasium Stella Matutina) auf der südwestlichen Seite der Ill. Östlich der Altstadt und diese überragend liegt die Anfang des 13. Jahrhunderts erbaute **Schattenburg,** in der sich heute eine Schlosswirtschaft und ein **Heimatmuseum** befinden. Oberhalb der Schattenburg kann man auf das **Niedere Känzele** und das **Hohe Känzele** wandern und die Ausblicke auf die Stadt genießen (Start Schattenburg, 2 Std., 300 Hm, leicht, familientauglich). Auch der oben erwähnte **Ardetzenberg** nördlich der Stadt bietet ein entspanntes **Naherholungsgebiet** mit Spazierwegen (Start Feldkirch Busplatz, 1,5 Std., 200 Hm, leicht, familientauglich) und einem **Wildpark** (www.wildpark-feldkirch.at).

MEIN TIPP: **Museum Schattenburg,** Burggasse 1, A-6800 Feldkirch, Tel. 05522 3043510, www.schattenburg.at, April bis Okt. Di–Sa 13–17

oes_141 sb

Uhr, So 11–17 Uhr, Nov.–März Di–Sa 13.30–16 Uhr, So 11–16 Uhr, Di– Sa 13.30 bis 16 Uhr, Sonntag, Feiertag von 11–16 Uhr, Eintritt 8 €, erm. 6 €.

Ziel von Wallfahrern: die Pfarrkirche Zu Unserer Lieben Frau Mariä Heimsuchung mit der Loretokapelle in Rankweil

Praktische Infos

- **Tourismusinformation Feldkirch,** Schlossergasse 8 (Palais Liechtenstein), A-6800 Feldkirch, Tel. 05522 9008, feldkirch-leben.at.
- **Hotel Gutwinski**②, Rosengasse 4–6, A-6800 Feldkirch, Tel. 05522 72175, www.gutwinski.cc. Denkmalgeschütztes Hotel in der Innenstadt, zu dem auch ein gutes Wirtshaus①-② gehört.

MEIN TIPP: **Landgasthof Hotel Schäfle**②, Naflastraße 3, A-6800 Feldkirch-Altenstadt, Tel. 05522 72203, www.schaefle.cc. Schmuckes Hotel in einem 300 Jahre alten Gebäude. Auch essen③ kann man hier vorzüglich.

- **Waldcamping,** Stadionstraße 9, A-6800 Feldkirch, Tel. 05522 760013190, www.freizeitbetriebe-feldkirch.at/betriebe/waldcamping/. Angenehmer, von Bäumen eingefasster Campingplatz mit Sonnen- und Schattenplätzen auf einer Fläche von drei Hektar.
- **Café Zanona**①-②, Montfortgasse 3, A-6800 Feldkirch, Tel. 05522 73635, www.zanona.at. Klassisches Wiener Kaffeehaus mit süßen Verlockungen, aber auch herzhaften Speisen.
- **Magma**②, Schmiedgasse 12, A-6800 Feldkirch, Tel. 05522 32255, www.koestliches.at. Feldkircher Institution mit guter, mediterran inspirierter Regionalküche.

MEIN TIPP: **Wirtschaft zum Schützenhaus** ②, Göfiser Straße 2, A-6800 Feldkirch, Tel. 05522 85290, www.schuetzenhaus.at. Traditionsreiches Lokal mit wunderbarem Gastgarten.

- **Gauklerfestival,** Ende Juli findet dieses Street-Art-Festival statt, zu dem sich Feldkirch in ein großes Freilufttheater verwandelt.
- **Poolbar,** www.poolbar.at. Mehrwöchiges Kulturfestival im Hochsommer.
- **Potentiale,** www.montforthausfeldkirch.com/de/referenzen/potentiale-feldkirch. Designmesse und Festival mit viel kreativer Mode im Herbst.

Kleinwalsertal

Das Kleinwalsertal bildet den **östlichsten Zipfel Vorarlbergs** und stellt ein Kuriosum dar, denn als einziger Landesteil ist es verkehrstechnisch nicht mit dem Rest des Bundeslandes verbunden. Das Tal ist nur aus der Nachbargemeinde **Oberstdorf in Bayern** auf einer Straße

Selbstbewusste Siedler – die Walser

Ob im Bregenzerwald (speziell in Damüls, Schröcken und Warth), im Kleinwalsertal, im Großen Walsertal, im Montafon oder andernorts im „Ländle“, überall finden sich Nachfahren der Walser. Bei ihnen handelt es sich um eine **alemannische Volksgruppe,** die ursprünglich **aus dem Berner Oberland** stammte und etwa ab dem 9. Jahrhundert das Wallis, den südwestlichen Teil der Schweiz, mitsamt dem oberen Rhonetal besiedelte. Ab dem 13. Jahrhundert verließen zahlreiche Walser dieses Tal und dessen Seitentäler und **zogen in höher gelegene Talstufen der Alpen,** darunter eben auch ins heutige Vorarlberg. Wodurch diese sog. **„Walserwanderung“** ausgelöst wurde, ist nicht ganz geklärt, doch wahrscheinlich ist, dass die Bevölkerung im Wallis so stark angewachsen war, dass der Platz zum Siedeln und die landwirtschaftlichen Anbauflächen fehlten. Zugute kam ihnen, dass sie über die Jahrhunderte **Techniken** entwickelt hatten, die auch das Bewirtschaften von hoch gelegenen Bergregionen ermöglichten – so konnten sie Gegenden besiedeln, die bis dahin weitestgehend unbewohnt waren. Den **lokalen Herrschern** kam dies gelegen, denn durch die neuen Siedler wurden Ländereien erschlossen. So förderten viele Machthaber die Besiedlung durch die Walser, indem sie ihnen **Steuerbefreiung** und besondere sog. **Kolonistenrechte** zusprachen. Hierzu gehörte z.B. das Recht auf eine eigene Gerichtsbarkeit und auf die Vererbung von Besitz innerhalb der Familie, was nicht selbstverständlich war. Diese Privilegien steigerten das Selbstbewusstsein der Walser und sie konnten sich vielerorts aus der feudalen Leibeigenschaft befreien, weshalb sie nicht selten **„Freie Walser“** genannt wurden.

Bis heute ist die **Walsertradition** in Vorarlberg lebendig. Ihre Häuser zeichnen sich durch eine eigene Bauweise aus, sie haben Trachten, die sich von denen der anderen Vorarlberger unterscheiden, es finden sich besondere Traditionen und auch ihre eigenständige Mundart ist ein wichtiges Merkmal.

Wer mehr über die Walser erfahren möchte, sollte die **Museen** in Sonntag-Flecken im Großen Walsertal (→ S. 454) oder in Riezlern im Kleinwalsertal (Walserstraße 54, A-6991 Riezlern, Tel. 05517 5315286) besuchen. Letzteres ist auch eine Station des **Walser Kulturweges**. Informativ ist die Homepage der **Vorarlberger Walservereinigung** (www.vorarlberger-walservereinigung.at), auf der sich viel Interessantes zur Kultur der Walser findet.

zu erreichen, denn der **Widderstein** (2533 m) bildet eine natürliche Grenze hin zum Bregenzerwald. Der Name des Kleinwalsertals geht auf die **Walser** zurück, die im 13. Jahrhundert aus dem Schweizer Wallis hierherkamen und die hoch gelegene Region besiedelten. Heutzutage ist das kleine, fast vollständig von hohen Bergen umschlossene Kleinwalsertal ein **touristisches Schwergewicht,** kommen doch jährlich durchschnittlich 355.000 Gäste (= 1,7 Millionen Übernachtungen) – das Tal hat gerade einmal 5100 Einwohner. Dabei halten sich **Sommer- und Wintertourismus** die Waage, denn in dem etwa 16 km langen Tal ist sowohl Wandern, Klettern und Mountainbiken als auch Skifahren und Langlaufen äußerst populär. Die alpine und hochalpine Landschaft ist eine Wucht, gut **30 Gipfel** der Allgäuer Alpen liegen um das Tal herum. Die länderübergreifende **Skiregion Oberstdorf Kleinwalsertal** umfasst 130 Pistenkilometer mit insgesamt 48 Seilbahnen und Liften.

Hirschegg und Umgebung

Im Bereich der bayerischen Grenze ist die erste Sehenswürdigkeit im Kleinwalsertal die sensationelle **Breitachklamm** (www.breitachklamm.com), die man auf einer Strecke von etwa 2 km begehen kann, wovon jedoch der größte Teil auf deutscher Seite liegt. Wenige Kilometer weiter folgt **Riezlern,** wo man Anbindung an das angesprochene Skigebiet hat. Im Ort gibt es neben einer reichen touristischen Infrastruktur ein Casino und ein Museum zur Geschichte der Walser. Die per Seilbahn zu erreichende **Kanzelwand** (2050 m) und das auf bayerischer Seite gelegene **Fellhorn** (2038 m, Start Riezlern Talstation Kanzelwandbahn, 8 Std., 1300 Hm, schwer, inklusive Kletterstufen am Seil) sind die Hauptziele für **Wanderer,** und auch anspruchsvolle Klettersteige gibt es hier. Gerade einmal 3 km weiter liegt **Hirschegg** mit zahlreichen Bauernhäusern im traditionellen Walser-Stil. Im Ort befindet sich die **zentrale Tourismusinformation des Tals,** zu der auch ein Ausstellungsbereich zum Element Stein sowie ein Skimuseum gehören. Nach Norden hin erstreckt sich das markante Bergmassiv des vor allem bei Kletterern beliebten **Hohen Ifen** (2229 m); es führt eine Seilbahn hinauf. Auf weiteren Routen gelangt man z.B. zum **Gottesacker** (Start Bergstation Ifen, 1,5 Std., 200 Hm, mittel) oder dem **Hahnenköpfle** (2085 m, Start Ifenhütte, 3,5 Std., 500 Hm, mittel). **Mittelberg** ist der namensgebende Ort der Gemeinde, die das Kleinwalsertal administrativ bestimmt; es bildet den südlichsten Abschnitt der durch Seilbahnen und Lifte erschlossenen Bergregion. Das **Walmendingerhorn** (1993 m) ist ein weiterer, äußerst sehenswerter Gipfel samt Gipfelkreuz und genialem Fernblick (Start Parkplatz Heubergbahn, 4,5 Std., 700 Hm, mittel, per Fahrt mit der Seilbahn auf den Gipfel kann man die Tour abkürzen), aber auch informativen Lehr- und beschaulichen Wanderpfaden. Den Talschluss bildet das kleine **Baad,** einst dank seiner Schwefelquellen ein Kurort. Im Unterschied zu den vorgenannten Orten geht es hier etwas ruhiger zu. Wanderungen sind auf den oben erwähnten Widderstein (Start Parklplatz Baad, 6,5 Std., 950 Hm, schwer, nur geübten Bergwanderern zu empfehlen) oder über den **Hochalppass** in den Bre-

Eine Freude für die Ohren – das „G'sibergerische"

Vielen in Österreich gilt die **Vorarlberger Mundart** als die am schwersten verständliche. Kein Wunder, denn das „Ländle" wurde von **Alemannen** und nicht wie der Rest des Landes von Bajuwaren besiedelt. Nicht nur die **Aussprache** der **„G'siberger"**, wie man die Vorarlberger oft scherzhaft nennt (aufgrund der von ihnen gebrauchten Vergangenheitsform „I bin g'si" = gewesen), sondern auch ihr **Wortschatz** weicht in vielen Bereichen vom Rest Österreichs ab. Die Bewohnerinnen und Bewohner Vorarlbergs *schaffa* bzw. *puggla* (arbeiten, malochen) gern und viel, weswegen ihnen der Ruf vorauseilt, sehr fleißig zu sein. Man schiebt die *Karretta* (Schubkarre) und stärkt sich dafür um neun Uhr mit einer Vormittagsjause *(Es Z'nüni)* oder später beim *Z'Vieri*, dem Nachmittagsimbiss, und labt sich an *Schübling* (Knackwurst) oder *Wienerle* (Frankfurter Würstchen). Und wenn der *Ehni* (Großvater) die *Schesa* (Kinderwagen) schiebt, liegt nicht einfach ein Mädchen drin, sondern ein *Moatle, Motl, Schmelg, Meigi* oder *Maiggi*. Den einen „Vorarlberger Dialekt" gibt es überhaupt nicht, sondern praktisch jedes Tal und jeder Ort haben ihre Besonderheiten, wobei man zwischen **bodenseealemannischen, osthochalemannischen** und **höchstalemannischen** (dies sind in erster Linie die Walser Mundarten) **Dialekten** unterscheidet. *Mollback?* (Nicht zu glauben?). Na, dann suchen Sie sich einen örtlichen Sprachpartner und versuchen Sie sich darin, *ghörig* (anständig) Vorarlbergerisch zu reden!

genzerwald möglich (Start Parklplatz Baad, 4,5 Std., 800 Hm, mittlerer Anspruch).

Praktische Infos

- **Tourismusinformation Kleinwalsertal,** Walserstraße 264, A-6992 Hirschegg, Tel. 05517 51140, www.kleinwalsertal.com.
- **Naturhotel Chesa Valisa**③, Gerbeweg 18, A-6992 Hirschegg, Tel. 05517 5414, www.naturhotel.at. Gehobenes, ökologisch ausgerichtetes Wellnesshotel (mit Yoga und Ayurveda-Kuren im Angebot) in einem traditionellen Alpenchalet.
- **Eberlehof**①-②, Mahdtalweg 8, A-6991 Riezlern, Tel. 05517 20073, www.eberlehof.com. Traditionelles Gasthaus in einem Almhof. Lokale Küche und es gibt Attraktionen für Kinder.

Südvorarlberg

Der Süden Vorarlbergs besteht vor allem aus den **Gebirgsmassiven des Rätikon und der Verwall-Gruppe** und wird im Norden durch das **Lechquellen-Gebirge** und den Bregenzerwald begrenzt. Die Region gehört gänzlich zum **Bezirk Bludenz,** hat gut **65.000 Einwohner** und macht somit etwa 16% der Vorarlberger Bevölkerung aus. Bei einer Fläche von 1288 km² – das entspricht ziemlich genau der Hälfte der Gesamtfläche des Bundeslandes – muss wohl nicht betont werden, dass die Region äußerst **spärlich besiedelt** ist. Neben der wegen ihres historischen Antlitzes besonders ansehnlichen **Bezirkshauptstadt Bludenz** fehlen große Ortschaften in den besiedelten Tälern. Die einzige Ausnahme bildet der **industrialisierte Walgau,** der Bludenz nach Norden hin mit den Ballungsräumen Nordvorarlbergs verbindet. Doch selbst hier reicht es, die Hauptverkehrsrouten zu verlassen und schon ist man an wunderbaren einsamen Orten wie z.B. dem **Nenzinger Himmel.** Im **Brandnertal** südlich von Bludenz hat man mit der **Bürser Schlucht** ein landschaftliches Kleinod in Stadtnähe, und auch **Wanderer und Kletterer** werden hier in der Umgebung fündig. Äußerst abwechslungsreich und speziell für Familien mit Kindern empfehlenswert ist das **Klostertal,** das westwärts die Verbindung zur Tiroler Grenze darstellt. Anspruchsvollere Touren und gänzlich unverfälschte Naturerlebnisse ermöglicht das **Große Walsertal** z.B. rund um Raggal oder im Europaschutzgebiet Gadental. **Skifahren** ist natürlich an zahlreichen Orten im Bezirk Bludenz möglich, doch so extravagant wie in **Lech** und **Zürs** geht es sonst nirgends zu. Eine „Welt für sich“ bildet das im äußersten Süden gelegene **Montafon.** Mit dem Golm und den Regionen Silvretta Montafon und Silvretta Bielerhöhe gibt es hier gleich mehrere Wintersportareale. Doch auch Wanderern, Kletterern und Familien mit Kindern eröffnen sich zahllose Möglichkeiten zur **Outdoor-Betätigung,** darunter Badeseen, Erlebnisparks und Touren verschiedenster Schwierigkeitsstufen. Im Süden des Montafontals führt die atemberaubende **Silvretta-Hochalpenstraße** (→ Exkurs S. 460) hinüber nach Tirol.

Wer **ohne eigenes Fahrzeug** anreist, erreicht die allermeisten Orte aus Bludenz auch öffentlich (bzw. mit Wander- und Skibussen), in den touristischen Regionen mit einer Bonus-Card sogar häufig kostenlos. Auch hier gilt: Wer in die einsameren Bergregionen möchte, der sollte „automobil“ sein.

oes_144 sb

□ Seit fast 300 Jahren unverändert: die Pfarrkirche St. Laurentius in Bludenz

Bludenz und Umgebung

Bludenz ist mit **15.000 Einwohnern** nicht nur die **größte Stadt Südvorarlbergs,** sondern als Sitz der Bezirkshauptmannschaft auch das unangefochtene **administrative und wirtschaftliche Zentrum** dieser Region. Die Tourismusverbände nennen sie **„Alpenstadt“** und die umliegende Gegend **„Alpenregion“** (www.vorarlberg-alpenregion.at). Tatsächlich liegt die Stadt sehr idyllisch inmitten eines **atemberaubenden Berg-**

panoramas am Schnittpunkt der Täler Walgau, Brandnertal (bzw. Rätikon), Montafon und Klostertal. Siedlungen bestanden bereits in der **Bronzezeit** und in der **keltischen Epoche,** doch wurde ein hier gelegenes Gut erstmals im 9. Jahrhundert erwähnt und die Gründung des Ortes geht auf das 13. Jahrhundert zurück. Als **wichtiger Handelsplatz** ging Bludenz 1420 in **habsburgischen Besitz** über, was es bis 1805 auch blieb, bis für zehn Jahre die **Bayern** herrschten. Durch den Bau der **Arlbergbahn** (1884) wurde die Stadt zunächst von zahlreichen italienischsprachigen **Welschtirolern** – heute Trentiner genannt – besiedelt, im Zweiten Weltkrieg kamen viele **Südtiroler** hinzu. Obwohl die Stadt auch ein wichtiger **Industriestandort** ist, präsentiert sie sich außerordentlich attraktiv. Das **Stadtzentrum** liegt um den Sparkassenplatz und die nahe Rathausgasse sowie die anderen verkehrsberuhigten Straßen in der Umgebung. Mit dem **Oberen** (in ihm befindet sich ein Stadtmuseum) und dem **Unteren Stadttor** sowie **Überresten der Stadtbefestigung** finden sich noch Zeugen des 15. Jahrhunderts um das Altstadtviertel. Sehenswert sind außerdem das **Alte Rathaus,** die **Pfarrkirche St. Laurentius** und das **Schloss Gayenhofen,** in dem heute die Bezirkshauptmannschaft ihren Sitz hat. Für herrliche Ausblicke begibt man sich zur **Burgruine Sonnenberg** oder per Seilbahn auf den **Muttersberg** (1401 m), der viele **Wandermöglichkeiten** (www.muttersberg.at) bietet, z.B. weiter nordwärts auf den **Hohen Fraßen** (1979 m, Start Alpengasthof Muttersberg, 2,5 Std., 600 Hm, mittel) oder auf die **Elsalpe** (1590 m, Start Alpengasthof Muttersberg 2,5 Std., 200 Hm, leicht).

Praktische Infos

- **Tourismusinformation Bludenz,** Rathausgasse 5, A-6700 Bludenz, Tel. 05552 63621790, www.bludenz.travel.
- **Schlosshotel Dörflinger**③, Schloß-Gayenhof-Platz 5, A-6700 Bludenz, Tel. 05552 63016, www.schlosshotel.cc. Elegantes Hotel umgeben von Bergen mit Blick auf das Stadtzentrum.

MEIN TIPP: **Das Tschofen**②-③, Rathausgasse 2, A-6700 Bludenz, Tel. 05552 2087740, www.dastschofen.at. Vorarlberger Küche hochwertig interpretiert. Dazu gehört auch ein Hotel②-③ mit Wellness-Bereich.

Walgau und Umgebung

Die etwa 20 km lange, von der **Ill** durchflossene Talung zwischen Bludenz und Feldkirch nennt sich Walgau und bildet ein **stark industrialisiertes und dicht besiedeltes Ballungszentrum.** Der an Auwäldern reiche, teilweise über 3 km breite Walgau wird im Süden vom **Rätikon** – die **Schesaplana** (2965 m) ist der höchste Gipfel – und im Norden vom **Walserkamm** begrenzt. Nordwestlich von Bludenz liegt zunächst **Nenzing,** ein recht ansehnlicher Ort, der mit der **Mauritiuskirche** aus dem 17. Jahrhundert und der **Burgruine** oberhalb des Dorfkerns zwei historische Sehenswürdigkeiten aufweist. Erwähnenswert ist außerdem die nahe **Mengschlucht** (Start Ortsmitte Nenzing, 2 Std., 350 Hm, leicht), doch die Hauptattraktion in der Umgebung ist das malerische **Gamperdonatal,** das sich über 17 km ab Nenzing südwärts zieht und in dem der **Nenzinger Himmel** (www.nenzing-gurtis.at/nenzinger-himmel), eine Almsiedlung auf 1370 m Höhe, ein weltfernes Landschaftsparadies der Sonderklasse darstellt. Man erreicht den Nenzinger Himmel per Wanderbus aus Nenzing und kann vor Ort zu einer **Rundtour** über die Setschalpe und den kleinen Hirschsee aufbrechen (Start Gamperdona, 3,5 Std., 400 Hm, Anspruch mittel).

Weiter nördlich, schon fast vor den Toren von Feldkirch, liegt **Frastanz,** das 1499 Schauplatz einer äußerst blutigen Schlacht im **Schwabenkrieg** war, in der die Schweizer über die Habsburger siegten. Heute ist Frastanz vor allem für seine **Brauerei** (frastanzer.at) bekannt. Südlich liegt um **Gurtis** (904 m) und die **Bazora** (1406 m) ein kleines **Skigebiet.** Viele **Wanderungen** führen in der Gegend um Frastanz weg von der dicht besiedelten Talebene, dabei u.a. auf die **Heidenburg** (Start Ortsmitte Göfis, 1,5 Std., 250 Hm, leicht) bei **Göfis** oder von **Satteins** nach **Düns** (740 m, Start Ortsmitte Satteins, 2 Std., 300 Hm, leicht).

Praktische Infos

■ **Tourismusinformation Nenzing-Gurtis,** Bazulstraße 2, A-6710 Nenzing, Tel. 05525 63031, www.nenzing-gurtis.at.

MEIN TIPP: **Alpencamping Nenzing,** Garfrenga 1, A-6710 Nenzing, Tel. 05525 624910, www.alpencamping.at. Terrassen-Campingplatz mit herrlichem Ausblick auf die Bergwelt, inklusive Glamping-Bungalows, aber auch Restaurants, Pool, Sauna und Wellness-Bereich.

MEIN TIPP: **Gasthaus Rössle②,** Andreas-Gaßner-Straße 1, A-6710 Nenzing, Tel. 05525 20852, gasthaus-roessle.at. Rustikales Gasthaus in einem mehr als 350 Jahre alten Bauernhaus. Auch Gästezimmer② werden angeboten.

Brandnertal und Umgebung

Das Brandnertal erstreckt sich südwestlich von Bludenz auf einer Länge von etwa 13 km. Im Winter ist es ein **beliebtes Wintersportgebiet,** im Sommer schätzen **Wanderer, Bergsteiger und Mountainbiker** die hiesigen Landschaften. Hinzu kommen weitere Betätigungsfelder vom Bogenschießen über Reiten bis zu Golf – der **Golfclub Brand** (www.gcbrand.at) ist dabei sogar einer der beliebtesten des Landes – und viele familienfreundliche Optionen. Das „Tor" ins Tal bildet das kleine, aber durchaus touristische **Bürs,** gleich südlich von Bludenz an der Ill gelegen. Die Ortsmitte schmücken zwei Kirchen und eine neugotisch umgestaltete **Burg,** Hauptsehenswürdigkeit aber ist die **Bürser Schlucht,** ein eiszeitliches Naturdenkmal, im Laufe der Jahrtausende geformt durch Wasser und Eis und auf einer Wanderung naturnah zu erleben (Start Ortsmitte Bürs, 2 Std., 200 Hm, mittel, man durchquert auf dem Rundweg auch die Kuhloch genannte Klamm). Südwestlich des Ortes befindet sich die allgemein als **Bürserberg** bezeichnete, sonnenverwöhnte Streusiedlung am Fuße des **Hochplateaus Tschengla.** Die außergewöhnlichste Art, das Brandnertal zu erkunden, ist sicherlich mit dem **Husky-Hundeschlitten** ab Bürserberg.

MEIN TIPP: **Husky Toni,** Tschengla 41, A-6707 Bürserberg, Tel. 0676 9521850, www.husky-toni.at.

Der weithin sichtbare **Schesabruch,** einer der größten Murbrüche Europas, prägt das obere Ortsbild von Bürserberg. Außerdem hat man hier über die Seilbahn Zugang zum **Skigebiet Brandner-**

tal, aber auch zahlreiche Wanderwege (u.a. die anspruchsvolle Rundwanderung über die Nonnenalpe, Start Sägewerk zwischen Bürserberg und Brand, 9 Std., 1650 Hm, schwer), Mountainbike-Strecken, ein Bikepark, Langlaufloipen u.v.m. machen den Ort zu einem **attraktiven Erholungsgebiet.**

All das gilt auch für **Brand,** den etwa 6 km weiter südlich gelegenen Hauptort des Tals. Hier ist mit dem **Kletterpark** und der Dorfbahn ins besagte Skigebiet Höhenluft garantiert, und ein 1 km langer **Tiererlebnispfad** sowie andere Themenwege, aber auch der **Naturbadesee Alvierbad** machen die Umgebung gerade für Familien mit Kindern interessant. Anspruchsvolle Wanderziele sind z.B. die Runde um den mit der Panoramabahn zu erreichenden **Burtschasattel** (1690 m, Start Burtschasattel, 2 Std., 200 Hm, Anspruch mittel) oder das Amatschonjoch (2028 m, Start Bergstation Panoramabahn Brand, 4 Std. 900 Hm, mittel). Doch kein Besuch des Brandnertals wäre komplett ohne einen Abstecher an den geradezu majestätisch wirkenden **Lünersee** (1970 m), den man vom Talabschluss per Seilbahn (www. luenerseebahn.at) erreicht. Oft als „blaue Perle Vorarlbergs" bezeichnet, ist er mit 112 Hektar Fläche ein wahres Kleinod am Fuße der **Schesaplana,** mit 2965 m der höchste Berg des **Rätikon.** An seiner Nordseite verläuft eine Staumauer, denn der See wird von einem Pumpspeicherkraftwerk genutzt. Eben hier liegt auch die **Douglasshütte** (www.douglasshuette.at), die als Jausenstation und Übernachtungsmöglichkeit zu einem Aufenthalt einlädt.

Auch der Herbst hat seine Reize: die Region Bürserberg im Nebel

Adobe Stock © Jannik Schneider

Praktische Infos

■ **Tourismusinformation Brand,** Mühledörfle 71, A- 6708 Brand, Tel. 05559 555, www.vorarlberg-alpenregion.at (Stichwort Region/Brandnertal).

MEIN TIPP: **Walliserhof**③, Mühledörfle 158, A-6708 Brand, Tel. 05559 241, www. walliserhof.at. Vor eindrucksvoller Berglandschaft liegt dieses schicke Designhotel.

Klostertal und Umgebung

Nein, jede Menge skifahrende Nonnen und Mönche sollte man im Klostertal nicht vermuten! Dieser Teil des von den Tourismusverbänden als **„Alpenregion"** vermarkteten Abschnitts um Bludenz erstreckt sich entlang der **Alfenz,** zu der parallel die **Schnellstraße S16** und die Trasse der **Arlbergbahn** in Richtung Osten verlaufen. Etwa 7 km südöstlich von Bludenz liegt die Gemeinde **Innerbraz,** über der die Gipfel der **Gamsfreiheit** (2211 m), der **Pitschiköpfe** (2280 m) und des **Schafbergs** (2413 m) thronen. Im Ort ist zwar die Pfarrkirche durchaus sehenswert und in der Umgebung gibt es **einen der schönsten Golfplätze Vorarlbergs** (gc-bludenz-braz.at), doch viel mehr besucht werden die nahen Wasserfälle, nämlich der 80 m hohe **Masonfall** und der aus Außerbraz zu erreichende **Allmein-Wasserfall.** Noch einmal 7 km weiter östlich liegt **Dalaas,** sozusagen im „Schatten" der steilen, 420 m hohen **Fallbachwand,** über die sich der **Fallbach-Wasserfall** ergießt, und die besonders für **Eiskletterer** ein Highlight in der kalten Jahreszeit darstellt. Eine „normalere" Wandertour führt z.B. zur **Gavaralpe** (1357 m) oder zum **Formarinsee** (1789 m, Start Dalaas, 6 Std., 1000 Hm, mittel, mit etwas Glück sieht man Steinböcke). Das nahe **Wald am Arlberg** bildet keinen einheitlichen Ort, sondern besteht aus mehreren Siedlungen, wobei in **Außerwald** das **Heimatmuseum** interessante Einblicke in die Geschichte des Tals vermittelt.

■ **Museumsverein Klostertal,** Haus Nr. 60a, A-6752 Wald am Arlberg, Tel. 0664 4911474, www.museumsverein-klostertal.at, Mai bis Okt. Mi und So 14–17 Uhr, Eintritt 4 €, ermäßigt 1 €.

Wald am Arlberg ist dank der Seilbahnverbindung das Zentrum des hiesigen **Wander-, Mountainbike- und Wintersportgebiets** um den 1841 m hohen **Sonnenkopf,** der als besonders familienfreundlich gilt und mit dem **Erlebnispark Bärenland** auch kleinen Besuchern viel Spannendes bietet. Unter Skifahrern ist besonders die steile Piste ins **Bäraloch** beliebt, während Wanderer z.B. zum **Muttjöchle** (2074 m, Start Bergstation Sonnenkopfbahn, 2 Std., 250 Hm, leicht) oder auf den **Kristberg** (1479 m, Start Talstation Sonnenkopfbahn in Wald am Arlberg, 4,5 Std., 1150 Hm, schwer) aufbrechen.

Sonnenkopf/Erlebnispark Bärenland, Danöfen 125a, A-6754 Klösterle am Arlberg, Tel. 05582 2920, www.sonnenkopf.com, Ende Juni bis Anfang Okt. tägl. 8.30–16.30 Uhr, Eintritt ab 21 €, ermäßigt ab 11 €.

Das nahe **Klösterle am Arlberg** gab dem Tal seinen Namen. Äußerst idyllisch ist das Tal des von Süden anströmenden **Nenzigastbaches,** entlang dem eine erlebnisreiche Wanderung möglich ist (Start Klösterle am Arlberg, 3 Std., 600 Hm, leicht, familientauglich). Ab Klösterle verläuft die **S16 untertunnelt** bis hinüber ins Tiroler St. Anton am Arlberg. Eine weitere Wanderroute führt ab **Stuben** auf die **Albona-Alpe** – hier ist die **Kaltenberghütte** das Hauptziel (Start Ortsmitte Stuben, 4 Std., 700 Hm, mittel) –, und sowohl in Stuben als auch in **Rauz** hat man Anschluss an die Wintersportgebiete in St. Anton sowie in Lech und Zürs.

Praktische Infos

■ **Tourismusinformation Klösterle am Arlberg,** Bundesstraße 59, A-6754 Klösterle am Arlberg, Tel. 05582 777, www.vorarlberg-alpenregion.at (Stichwort Region/Klostertal).

■ **Tourismusinformation Stuben,** Stuben 17, A-6762 Stuben am Arlberg, Tel. 05582 399, www.stuben-arlberg.at.

■ **Hotel Traube Braz**②-③, Klostertaler Straße 12, A-6751 Braz, Tel. 05552 28103, traubebraz.at. Traditionell und doch modern ist dieses Hotel, in dem man auch regionale Spezialitäten② kredenzt bekommt.

MEIN TIPP: **Gasthof Rössle**②, Arlbergstraße 61, A-6751 Innerbraz, Tel. 05552 28105, www.roesslebraz.at. Saisonale Speisen und Produkte und eine reiche Weinauswahl lassen keine Langeweile aufkommen! Auch Zimmer② gibt es hier.

■ **Restaurant Fuxbau**③, Dorfstraße 22, A-6762 Stuben am Arlberg, Tel. 05582 30188400, www.restaurant-fuxbau.at. Alpine Haubenküche in Hochform!

Großes Walsertal

Nordöstlich von Bludenz liegt das Große Walsertal, ein **Seitental des Walgaus,** das sich auf einer Länge von etwa 25 km bis zum gebirgigen Zentrum Vorarlbergs zieht. Es ist Teil der **nördlichen Kalkal-**

Adobe Stock © Volker Loche

pen zwischen dem Bregenzerwaldgebirge im Norden und dem Lechquellengebirge im Süden und Osten; es wird vom **Lutz-Bach** durchflossen. Der Name des Tales leitet sich von den Walsern (→ Exkurs S. 444) ab. Die Gemeinden des Großen Walsertals haben sich aufgrund ihrer Gemeinsamkeiten in Landschaft, Kultur und örtlichen Traditionen zum **Biosphärenpark Großes Walsertal** (www.grosseswalsertal.at) zusammengeschlossen, der den ersten von der **UNESCO** ausgezeichneten Naturpark in Vorarlberg darstellt. Entsprechend muss sich der hiesige Tourismus an **Naturschutzauflagen** halten, in den Wintersportregionen sind die ausgewiesenen **Schutzzonen** zu respektieren. Wie Brandnertal und Klostertal gehört auch das Große Walsertal zu dem von den Tourismusverbänden als **„Alpenregion"** bezeichneten Landstrich.

■ **Infos: Tourismus Großes Walsertal,** Tel. 05554 5150, www.vorarlberg-alpenregion.at/de/walsertal/biosphaerenpark-grosses-walsertal.html.

Thüringerberg und Umgebung

Im äußersten Westen des Großen Walsertals befindet sich **Thüringen,** in dem der Schotte *John Douglass* 1837 eine Textilfabrik eröffnete. Oberhalb des Ortes, am sonnseitigen Südhang des Walserkammes **Thüringerberg,** sind **Wanderungen mit Alpakas** möglich.

☐ Inmitten der Wildnis: auf einer Wanderung im Großen Walsertal ganz normal

Holzmichl's Alpakas, Faschinastraße 173, A-6721 Thüringerberg, Tel. 0664 1506451, www.holzmichlsalpakas.at.

In **Ludesch** weiter südlich lohnt sich ein Besuch der Martinskirche. Im nahen **St. Gerold** ist die **Propstei** sehenswert, in der heute u.a. ein Begegnungszentrum, ein Hotel und ein Bio-Restaurant untergebracht sind, häufig aber auch Lesungen, Konzerte, Theater etc. stattfinden.

■ **Propstei St. Gerold,** Pater-Nathanael-Weg 29, A-6722 St. Gerold, Tel. 05550 2121, www.propstei-stgerold.at, variierende Öffnungszeiten, Führungen auf Anfrage. Es gibt auch Fremdenzimmer②.

In **Blons** erinnert ein Dokumentationszentrum an den Januar 1954, als im Ort 13 Lawinen niedergingen, die 57 Menschen das Leben kosteten. Empfehlenswerte Touren ab dem Ort führen Richtung Norden, z.B. zur **Alpe Sera** (Start Ortsmitte Blons, 3 Std., 800 Hm, mittel) oder auf den **Falvkopf** (1849 m, Start Ortsmitte Blons, 5 Std., 900 Hm, schwer). Südlich von Blons, am besten über Ludesch zu erreichen, liegt **Raggal** (mit einem kleinen familienfreundlichen Skigebiet), von wo sich das bezaubernde, abgelegene **Marultal** in Richtung Südosten zieht. In dieser Gegend befindet sich ein wahres **Paradies für Wanderer** mit Erlebnispfaden und alpinen Touren um die **Laguzalp** (1584 m), die man auch vom weiter oben bereits erwähnten **Formarinsee** (1789 m) erreicht (Start Bushaltestelle Formarinalpe, 5 Std., 650 Hm, leicht). Weitere Touren führen auf die **Kellaspitze** (2017 m, Start Wanderparkplatz Marul, 5,5 Std., 1000 Hm, schwer, Trittsicherheit und Schwindelfreiheit unerlässlich) oder die

Gamsfreiheit (2211 m, Start Wanderparkplatz Marul, 5 Std., 1250 Hm, schwer). Ein technisches Meisterwerk in der Region ist das **Kraftwerk Oberstufe Lutz** mit dem zugehörigen Stausee. Wer sich für Käse interessiert, sollte der **Biosennerei in Marul** einen Besuch abstatten.

MEIN TIPP: **Maruler Biosennerei,** Marul 56, A-6741 Marul, Tel. 05553 671, marulerbiosennerei.com.

Praktische Infos

- **Tourismusinformation Raggal,** Raggal 220, A-6741 Raggal, Tel. 05553 201130, raggal.net.

Sonntag und Umgebung

Zumindest in touristischer Hinsicht kann die **Streusiedlung Sonntag** als Mittelpunkt des Großen Walsertals bezeichnet werden. Im Ortsteil **Boden** befindet sich das **Biosphärenpark-Haus** als Zentrum des Naturparks (es beinhaltet auch eine Schausennerei), und wer mehr über die Geschichte der Walser erfahren möchte, bekommt im **Heimatmuseum** im Ortsteil **Flecken** viele Informationen.

- **Biosphärenpark-Haus,** Boden 34, A-6731 Sonntag, Tel. 05554 20010, www.grosseswalsertal.at, Mo–Sa 14–18 Uhr, Eintritt (mit Führung) 8 €, ermäßigt 6 €.
- **Heimatmuseum Großes Walsertal,** Flecken 17, A-6731 Sonntag, Tel. 0664 1921815, Mai bis Anfang Okt. Fr 16–19 Uhr, So 14–17 Uhr, Eintritt 7 €, ermäßigt 6 €.

[>] Lech strahlt auch bei Nacht

Sonntag und das nahe Stein bilden zusammen ein kleines, explizit **familientaugliches Skigebiet,** in dem auch Langläufer, Tourengeher und Schneeschuhwanderer auf ihre Kosten kommen. In der schneefreien Saison locken der **Klettersteig an der Wandfluh** und zahlreiche **Wanderwege,** z.B. auf das **Breithorn** (2081 m, Start Bergstation Seilbahn Sonntag-Stein, 6 Std., 1000 Hm, mittel) und weiter auf die **Alpe Steris** (Start Mittelstation Seilbahn Sonntag-Stein, 4 Std., 500 Hm, mittel). Ab Sonntag führt die das Tal durchlaufende Bundesstraße B193 Richtung Norden und erreicht nach serpentinenreichen 4 km **Fontanella** in einer Höhe von 1145 m. Es ist damit der höchstgelegene Ort des Großen Walsertals. In der Umgebung ist der **Seewaldsee** ein beliebtes Wanderziel (Start Fontanella Ortsteil Säge, 1 Std., 100 Hm, leicht, familientauglich) zu Füßen der **Blasenka** (2004 m). Noch einmal 4 km weiter nördlich kommt man nach **Faschina,** wo eine Seilbahn (www.seilbahnen-faschina.at) hinauf auf die **Stafelalpe** (1780 m) führt, wo zwischen schroffen Kalkwänden und sanften Wiesen Wandern bzw. bei Schnee Wintersport möglich ist. Nördlich von Faschina liegt das **Faschinajoch** auf 1487 m Höhe – über den Pass gelangt man nach Damüls. Fährt man ab Sonntag weiter gen Osten (die Straße endet an der Metzgertobel-Alpe), gelangt man nach **Buchboden** und in der Verlängerung in das **Gadental,** das innerhalb des Biosphärenparks als **„Europaschutzgebiet“** ausgewiesen ist und mit seiner Bergkulisse aus kargen Felsen und schroffen Graten ein unvergessliches Naturschauspiel bietet. **Wanderungen** in dieser Gegend führen u.a. durch das abgelegene **Hutlatal** auf die **Klesenza-Alpe** (1589 m) oder die **Wangspitze** (1873 m, Start Ortsmitte Buchboden, 6 Std., 1000 Hm, schwer).

Praktische Infos

■ **Gasthof Kreuz**①-②, Buchboden 1, A-6731 Sonntag, Tel. 05554 5214, www.hotel-kreuz.info. Kleines Hotel im Zentrum Sonntags mit wundervollen Blicken auf die Berge. Im Restaurant② bekommt man saisonal-regionale Küche.

Lech am Arlberg und Umgebung

Im **alleräußersten Osten** liegt die vielleicht extravaganteste Tourismusregion des „Ländle" entlang der **teils untertunnelten B198,** die auf etwa 16 km Stuben kurz vor dem Arlbergpass mit Warth östlich des Bregenzerwaldes verbindet. Hat man erst einmal aus dem Süden kommend den **Flexenpass** (1773 m) überwunden, erreicht man das mondäne **Zürs,** das zweifelsfrei als **einer der exklusivsten und teuersten Skiorte der Alpen** bezeichnet werden kann. Im Sommer ist es dagegen ausgesprochen ruhig, dann kommt man wegen der **Wanderrouten** z.B. vom **Zürsersee** (2150 m) hinunter ins Tal (Start Bergstation Seekopfbahn, 3,5 Std., 800 Hm, mittel) oder über die **Trittalpe** (1946 m) zur Stuttgarter Höhe hierher (Start Wanderparkplatz Zürs, 3,5 Std., 600 Hm, mittel). Zürs bildet mit dem weltberühmten, nur etwa 4 km weiter nördlich gelegenen **Lech** ein **zusammenhängendes Wintersportgebiet** (www.lechzuers.com). Auch Lech lockt mit seinen Luxushotels, exklusiven Restaurants und teuren Boutiquen in erster Linie finanziell potente Besucher an. Doch der Ort hat es trotzdem geschafft, zumindest ein bisschen seines ländlichen Charmes zu erhalten, und anders als in Zürs gibt es hier auch ohne Schnee viel zu erleben. Wanderer finden ein großes Netz an **Themenwegen** – z.B. entlang dem vom Tourismusverband ins Leben gerufenen „Grünen Ring" – und anspruchsvolleren Routen wie zur **Rüfispitze** (2632 m, Start Ortsmitte Lech, 4 Std., 1250 Hm, schwer) und zum **Moznabonsee** vor. Wem das einfache Skifahren oder Snowboarden nicht reicht, der hat mit Varianten wie Freeride, Freeski oder Heliskiing zusätzliche Reize zur Auswahl. Mit dem **„Weißen Ring"** (www.derweissering.ski) befindet sich vor Ort auch die vielleicht legendärste Skirunde der Alpen, bei der man ca. 22 Kilometer Skiabfahrten absolviert und dabei 5500 Höhenmeter überwindet.

Adobe Stock © Studio Bachmann

Hält man sich ab Lech nach Westen, erreicht man das kleine **Zug,** das ebenfalls an das hiesige Skigebiet angeschlossen ist und von wo es auf mautpflichtiger Straße ins westliche Lechtal geht. Hier erstreckt sich die **Formarinalpe,** und am Ende der Straße liegt der bereits erwähnte **Formarinsee,** um den ein 90-minütiger Rundweg führt. Auch der Abschnitt zwischen Lech und Warth – bereits an der Tiroler Grenze gelegen – ist durch seine Vielfalt landschaftlich äußerst reizvoll und bietet mit dem **Skigebiet Warth-Schröcken** eine Alternative zu Lech und Zürs. Grandiose Bergtouren führen z.B. auf das **Warther Horn** (2256 m, Start Bergstation Steffisalp-Express, 2 Std., 350 Hm, mittel), während die Wanderung zum **Körbersee** eine entspanntere Variante darstellt (Start Kalbelesee, 2 Std., 100 Hm, leicht, familientauglich).

Praktische Infos

- **Tourismusinformation Zürs,** Zürs, A-6763 Zürs-Lech, Tel. 05583 2245, www.lechzuers.com/de/die-region/zuers-am-arlberg.
- **Tourismusinformation Lech,** Dorf 2, A-6764 Lech am Arlberg, Tel. 05583 21610, www.lechzuers.com.
- **Tourismusinformation Warth-Schröcken,** Warth am Arlberg 32, A-6767 Warth am Arlberg, Tel. 05583 35150, www.warth-schroecken.at.
- **Gasthof Post**③, Dorf 11, A-6764 Lech am Arlberg, Tel. 05583 22060, www.postlech.com. Edle Unterkunft in einem historischen Walserhaus, mitsamt Wellnessbereich und Pool.
- **Hotel Goldener Berg**③, Oberlech 117, A-6764 Lech am Arlberg, Tel. 05583 22050, www.goldenerberg.at. Geschmackvolles Hotel mit Spa und Hauben-gekröntem Restaurant②-③.
- **S'Achtele**③, Zug 525, A-6764 Lech, Tel. 05583 39370, www.staefeli.at. Hochwertige Vorarlberger Küche zu vergleichsweise fairen Preisen! Im dazugehörigen Hotel② gibt es gemütliche Zimmer.

MEIN TIPP: **Skihütte Schneggarei**③, Tannberg 629, A-6764 Lech am Arlberg, Tel. 05583 39888, www.schneggarei.at. Legendäres Lokal für den gemütlichen Schmaus oder zum entspannten Après-Ski.

Montafon

Das Montafon bezeichnet den **äußersten Süden Vorarlbergs** und beginnt gleich unterhalb von Bludenz. Das 39 km lange Tal reicht von der **Bielerhöhe** an der Tiroler Landesgrenze bis **Lorüns.** Es schließt kleinere Seitentäler mit ein und wird von der **Ill** durchflossen. Im Norden wird das Tal von der **Verwall-Gruppe,** im Süden vom **Rätikon** und der **Silvretta** begrenzt. Kulturell wurde auch diese Region stark durch die **Walser** (→ S. 444) geprägt, aber auch der Einfluss der schon vorher ansässigen **Rätoromanen** ist u.a. in Familien- und Ortsnamen sowie in der Architektur, bei den Trachten etc. noch zu spüren. Große Orte gibt es hier nicht, es überwiegt **bäuerliches Ambiente,** was das Montafon zu einer vergleichsweise ursprünglichen Gegend macht. Einst durch **extreme Armut** gezeichnet – nur der Silber-, Kupfer- und Eisenbergbau war seit dem Mittelalter für einige wenige recht lukrativ –, entwickelten sich dank Wasserkraft und Fremdenverkehr ab Anfang des 20. Jahrhunderts auch lokale Einnahmequellen.

▷ Das Wahrzeichen des Montafon: die drei Türme der Drusenfluh-Gruppe im Rätikon

Heutzutage bildet das Montafon ein **touristisches „Schlaraffenland"** mit schier unbegrenzten Möglichkeiten, egal zu welcher Jahreszeit. Wer im Sommer anreist, kommt auf dem Montafoner **Kulturfestival Resonanzen** (www.montafon.at/montafoner-resonanzen/de) in den Genuss von Jazz, Kammermusik, Volksmusik u.v.m.! Das Montafon verengt sich zwischen St. Gallenkirch und Schruns – die Stelle wird als „Fratte" bezeichnet. Geografisch teilt man das Tal entsprechend in die **Außerfratte** unterhalb der Fratte (also zwischen Lorüns und Schruns) und die **Innerfratte** oberhalb der Fratte (zwischen St. Gallenkirch und Partenen).

Adobe Stock © Uwe

Infos: Tourismus Montafon, Tel. 050 6686, www.montafon.at.

Vandans und Umgebung

Wer das Montafon ab Bludenz erkundet, kommt zunächst nach **Lorüns,** wo man das sog. **Diebsschlößle,** eine mittelalterliche Höhenburg, und die aus massivem Beton errichtete **Aflenzbrücke** in Augenschein nehmen kann. Östlich des Ortes ragt der **Davennakopf** (1708 m) in den Himmel, und vom nahen St. Anton führen hübsche **Wanderungen** z.B. zum etwa 30 m hohen **Wasserfall auf dem Gravesertobel** (Start Ortsmitte St. Anton, 1 Std., 200 Hm, leicht, familientauglich) oder auf das **Maisäß Marentes** (969 m, Start Ortsmitte St. Anton, 3,5 Std., 400 Hm, mittel, familientauglich). **Vandans** ist der erste größere Touristenort, wo auf dem **Golm** (www.golm.at) – man erreicht ihn per Seilbahn über oder direkt ab Latschau – nicht nur fantastische Spaziergänge sowie **Wintersport,** sondern auch für **Familien mit Kindern unzählige Aktivitäten** möglich sind: Es locken die Sommerrodelbahn Alpine Coaster, ein Kletterpark, der Stahlseilschwebeparcours Flying Fox, ein Rutschenpark u.v.m. Großartig ist hier auch für Nichtaktive ein Verweilen am Stausee und für Wanderer bieten sich Touren z.B. ab der Bergstation **Grüneck** (1890 m) entlang des Golmer Seenwegs über das **Golmer Joch** (2124 m, Start Bergstation Golmerbahn Grüneck, 3 Std., 500 Hm, mittel) an bzw. für Klettersteig-Geher über die **Heinrich-Hueter-Hütte** (1766 m) auf die **Zimba** (2643 m, Start Ortsmitte Vandans, 9 Std., 2000 Hm, schwer, nur für Profis machbar, es wird empfohlen, auf der Heinrich-Hueter-Hütte zu übernachten), die auch als „Matterhorn des Montafon" bezeichnet wird. Die Ostseite dieses Gebirgsmassivs wird **Vandanser Steinwand** genannt; hier liegt auch die sagenumwobene **Burgruine Valkastiel.**

Praktische Infos

Informationsbüro Vandans, Dorfstraße 26, A-6773 Vandans, Tel. 05556 72720, www.vandans.at.

Schruns und Umgebung

5 km sind es von Vandans bis Schruns, dem **noblen Hauptort** des touristischen Montafon. Seit Ende des 19. Jahrhunderts hat sich das kleine, **äußerst charmante Schruns** mit seiner reizenden Fußgängerzone zu einem wahren Fremdenverkehrsmagnet gemausert, und das sowohl für Wintersportler als auch Wanderer und Bergfreunde. Es war nicht zuletzt der US-amerikanische Schriftsteller **Ernest Hemingway** (1899–1961), der in den Wintermonaten der Jahre 1924/25 und 1925/26 zum Skifahren anreiste und den Ort in seinen Romanen „Schnee auf dem Kilimandscharo" und „Paris – Ein Fest fürs Leben" über die Grenzen Österreichs hinaus bekannt machte. Ein **Monument mit Hemingway-Büste** aus Bronze erinnert an ihn. Sehenswert sind im Ort außerdem die dem heiligen *Jodok* geweihte **Pfarrkirche** und das **Heimatmuseum,** das über eine interessante Sammlung zu Flora und Fauna sowie traditionelle Artefakte aus dem Montafon verfügt. Über die **Hochjoch-Bahn** hat man Anbindung an das **Wintersportareal am Sennigrat** (2300 m), das sich bis weit nach Süden zieht und unter dem Namen **„Silvretta Montafon"** (www.silvretta-montafon.at) eines der größten Österreichs darstellt. Eines der eindrucksvollsten Bergerlebnisse in Vorarlberg ist sicherlich die **Wanderung** auf das **Kreuzjoch** (2395 m) mit Zwischenstopp auf der **Wormser Hütte** (Start Ortsmitte Schruns, 6,5 Std., 1800 Hm, schwer). Am **Sennigrat** verläuft der Panoramaweg zur **Zamangspitze** (2386 m, Start Bergstation Hochalpila-Bahn, 2 Std., 450 Hm, Anspruch mittel). Wer die Region aus der Vogelperspektive sehen möchte, kann zu einem **Tandem-Paragleitflug** (tandemgliding.at) starten.

Auf der anderen Seite der Ill liegt **Tschagguns,** das mit Schruns eine Einheit bildet. Der Ort ist vor allem für seinen 80.000 m^2 großen **Aktivpark** samt Schwimmbad und reichem Sport-, Spiel- und Freizeitangebot bekannt, aber auch die nahe liegenden Seitentäler wie das **Gauertal** oder das **Gampadelstal** gelten als Attraktion, laden sie doch zu angenehmen Exkursionen ein, z.B. auf dem **Aqua-Wanderweg**, der in 3 Stunden zum Staubecken Latschau führt oder auf einer Wanderung hinauf zur **Lindauer Hütte** (1744 m, Start Ortsmitte Tschagguns, 8 Std., 1100 Hm, schwer, Kondition ist gefragt).

Aktivpark Montafon, Latschaustraße 1, A-6774 Tschagguns, Tel. 05556 21222, www.aktivpark-montafon.at, Sommer- und Winterangebote, Öffnungszeiten und Preise variieren je nach Programm.

Nordöstlich von Schruns, in **Bartholomäberg,** ist ein Besuch der eindrucksvoll gearbeiteten **Bartholomäuskirche** ein Augenschmaus. Weiter nach Osten hin zieht sich auf ca. 25 km das **Silbertal,** einst ein Ort des Bergbaus; ein entsprechendes **Museum** (mit zugehörigem Stollen) erinnert noch an diese Zeiten. Rund um den **Kristberg** (1479 m) befindet sich ein kleines **Skigebiet**, das besonders bei Familien mit Kindern beliebt ist. Über das Silbertal gelangt man in das

Natura-2000-Gebiet Verwall, mit ca. 120 km² Fläche das größte Schutzgebiet Vorarlbergs. Tolle naturbelassene Ziele für Wanderer sind das **Winterjöchle** (1945 m, Start Untere Gaflunaalpe, 6 Std., 1050 Hm, schwer) oder die beliebte **Rundwanderung** von der Neuen Heilbronner Hütte (2296 m) über die Obere Freschalpe (1890 m) zur Unteren Gaflunaalpe (1363 m, Start Zeinisjoch, 7,5 Std., 1050 Hm, schwer, man erreicht das Zeinisjoch per Bus und kann bei Bedarf auf der Neuen Heilbronner Hütte übernachten).

Praktische Infos

- **Tourismusinformation Schruns,** Bahnhofstraße 28, A-6780 Schruns, Tel. 050 6686200, www.montafon.at.
- **Traditionsgasthof Löwen**②, Kreuzgasse 4, A-6774 Tschaggungs, Tel. 05556 72247, www.loewen-tschagguns.at. Historisches Gasthaus mit bodenständiger Küche.

St. Gallenkirch und Umgebung

Hat man die besagte „Fratte“ passiert, erreicht man St. Gallenkirch, das am Fuße der **Gweilspitze** (2187 m) liegt und neben dem **Allwetterbad Aquarena** vor allem für die nahe liegenden **Maisäß-Almen** – so nennt man die Zwischenstation bei der 3-Stufen-Landwirtschaft – von **Garfrescha** und **Montiel** bekannt ist; idyllische Bergerlebnisse sind hier garantiert. Eben diese Garfrescha erreicht man per Seilbahn aus dem nahen **Grandau,** während in St. Gallenkirch auch Bahnen zur Verfügung stehen, die allesamt ebenfalls zum riesigen **Wintersportgebiet Silvretta Montafon** (www.silvretta-montafon.at) gehören. Am Ortseingang von St. Gallenkirch mündet das **Gargellental** ein, das sich zunächst über etwa 8 km bis **Gargellen** zieht. Hier befindet man sich bereits auf über 1400 m Höhe, was eine gewisse Schneesicherheit mit sich bringt, weshalb auch Gargellen ein viel besuchtes **Skigebiet** ist. **Wanderziele** in der Gegend sind u.a. der **Gandasee** (1966 m, Start Schafbergbahn Talstation Gargellen, 3 Std., 700 Hm, mittel, Talfahrt mit der Schafbergbahn nach Gargellen) und der **Riedkopf** (2551 m, Start Schafbergbahn Bergstation/Bergrestaurant Schafberg Hüsli, 4,5 Std., 1600 Hm, schwer). Das Tal endet am **Schlappiner Joch** (2202 m) an der Schweizer Grenze. Früher wurde der Saumpfad aus Gargellen in den Schweizer Kanton Graubünden von Schmugglern genutzt, heute ist ein Teil davon auf dem Schafberg als **Abenteuerpfad „Schmugglerland“** rekonstruiert (Start Schafbergbahn Bergstation/Bergrestaurant Schafberg Hüsli, 4,5 Std., 600 Hm, schwer).

Praktische Infos

- **Tourismusinformation Gargellen,** Haus Valisera 28a, A-6787 Gargellen, Tel. 050 6686310, www.montafon.at.
- **Tourismusinformation St. Gallenkirch,** Montafonerstraße 2, A-6791 St. Gallenkirch, Tel. 050 6686300, www.montafon.at.

MEIN TIPP: **Hotel Madrisa**②-③, Gargellen 39, A-6787 Gargellen, Tel. 05557 6331, www.madrisahotel. com. Wunderbares Hotel in einem imposanten Jugendstil-Bau. Auch essen② kann man hier.

Ein Traum für Motorisierte – die Silvretta-Hochalpenstraße

Als **eine der spektakulärsten Straßen der Welt** verläuft die **mautpflichtige** Silvretta-Hochalpenstraße über eine Distanz von **22,3 km** von der **Mautstelle Partenen** (1051 m) im Vorarlberger Montafon bis zur **Mautstelle Galtür** (1725 m) im Tiroler Paznauntal. Sie verfügt über eine **maximale Steigung von 12%** und zählt 34 Kehren, wobei sie an der höchsten Stelle, der sog. Bielerhöhe, 2037 Höhenmeter überwindet. Dieses echte **Wunderwerk des Straßenbaus** wurde 1954 für den Verkehr freigegeben. **Bis zu 400.000 Fahrzeuge** befahren sie **jährlich,** womit sie durchaus zu einer der Hauptsehenswürdigkeiten Österreichs gerechnet werden kann.

Auf Vorarlberger Seite misst die Hochalpenstraße 15 km und führt nach Partenen zunächst am Vermunt-Stausee vorbei, in dessen Nähe die **Saarbrücker Hütte** und das **Madlenerhaus** für Zwischenstopps in Frage kommen. Doch wirklich fantastisch ist die besagte **Bielerhöhe,** wo sich der **Silvretta-Stausee** befindet, der auf einem ausgebauten Wanderweg in etwa 2 Stunden umrundet oder per Motorboot befahren werden kann. **Wandertouren** (auch Skitourengeher schätzen die Region) in der Umgebung – viele davon sind nur erfahrenen Alpinisten zu empfehlen – führen z.B. zum **Kops-Stausee** (Start Parkplatz Bielerhöhe, 4,5 Std., 450 Hm, mittel) oder zur **Wiesbadener Hütte** (2443 m, Start Mautstelle Partenen, 4,5 Std., 800 Hm, mittel). Die höchste Erhebung in der Umgebung ist der 3312 m hohe **Piz Buin** in der Silvretta-Gruppe unmittelbar an der Schweizer Grenze. Nach der Bielerhöhe befindet man sich bereits in Tirol und die Straße führt straßenbautechnisch etwas unspektakulärer in knapp 7 km bis zur **Mautstation Galtür.**

Beachten sollte man, dass die Silvretta-Hochalpenstraße witterungsbedingt **nur in den Sommer- und Herbstmonaten geöffnet** ist und nicht von Fahrzeugen mit Wohnanhänger befahren werden darf.

■ Mehr **Infos** auf www.silvretta-bielerhoehe.at/de/Silvretta-Hochalpenstrasse.

oes_145 sb

Gaschurn und Umgebung

6 km südlich von St. Gallenkirchen gelangt man nach Gaschurn bzw. in das **Wintersportgebiet um Nova und Valisera,** das als „Skischaukel" ebenfalls an das erwähnte Areal Silvretta Montafon angeschlossen ist. Die Seilbahn fährt hinauf auf 2014 m, eine lohnende **Wanderung** führt auf die **Versettla** (2372 m, Start Versettla-Bahn Bergstation/Nova Stoba, 2 Std., 550 Hm, leicht) oder zu weiteren nahen und ferneren Zielen, darunter auch auf einer Tagestour hinüber nach Tirol. Äußerst beliebt bei Familien mit Kindern ist in Gaschurn in den Sommermonaten der **Freizeitpark Mountain Beach** mit Badesee, Luftmatratzen-Rafting und vielen weiteren Attraktionen.

Freizeitpark Mountain Beach, Dorfstraße 2, A-6793 Gaschurn, Tel. 0664 5193563, www.mountainbeach.at, Mitte Mai bis Aug. tägl. 10–19 Uhr, Eintritt 8,40 €, ermäßigt 4,40 €.

Nordöstlich von Gaschurn erstreckt sich das einsame **Valschavieltal,** das am Talschluss mit der **Mardusa** (1940 m) endet. Nach Süden hin zieht sich ab Gaschurn außerdem das **Garneratal** mit der **Garneraschlucht,** die fantastische Landschaftseindrücke bieten, die man zu Fuß oder per Tandemflug beim Paragleiten (tandemkurt.com) genießt. Das Montafon endet in **Partenen** auf knapp über 1000 m Seehöhe. Ab hier fährt einerseits die **Tafamuntbahn** nach Norden hinauf in das Wandergebiet um die **Versalspitze** (2482 m, Start Bergstation Tafamunt, 4 Std., 950 Hm, schwer), zum anderen kommt man mit der **Vermuntbahn** zur **Bergstation Trominier** (1731 m) südlich des Ortes, von wo man u.a. den **Vermunt-Stausee** erreicht (Start Bergstation Vermuntbahn/Trominier, 5 Std., 400 Hm, mittel) – wer lieber zu Fuß hinauf auf die Bergstation geht, der kann die 4000 (!) Stufen der **Europatreppe** in Angriff nehmen. Die hiesige Region firmiert unter dem Namen **„Silvretta Bielerhöhe".** Ab Partenen führt die mautpflichtige **Silvretta-Hochalpenstraße** (→ Exkurs) hinüber ins Tiroler Paznauntal – ein sensationelles Fahrerlebnis!

Praktische Infos

■ **Tourismusinformation Gaschurn,** Dorfstraße 2, A-6793 Gaschurn, Tel. 050 6686400, www.montafon.at.

■ **Tourismusinformation Partenen,** Silvrettastraße, A-6794 Partenen, Tel. 05556 70183167, www.silvretta-bielerhoehe.at.

■ **Posthotel Rössle②,** Dorfstraße 4, A-6793 Gaschurn, Tel. 05558 83330, www.posthotel-roessle.at. In diesem stilvollen Hotel mit Wellness-Bereich und Restaurant macht der Urlaub Spaß.

MEIN TIPP: **Sennkuchi Garnera,** Alpe Garnera, A-6793 Gaschurn, Tel. 0664 4602344, www.garnera.at. Die perfekte Adresse, wenn es um Sura Käs (→ Exkurs S. 434) geht.

< Schroff und attraktiv zugleich: Das karge Silvretta-Gebirge begeistert durch seine bizarre Schönheit

7

Kärnten

»Hier wird einem das Entschleunigen leicht gemacht! Keine Frage: Wenn es um die Mischung aus traumhaften Badeseen und wildromantisch-kargen Bergregionen geht, mischt Kärnten ganz vorne in Österreich mit. Irgendwie stimmt es schon, dass es im südlichsten Bundesland bereits ein bisschen mediterraner zugeht als anderswo in der Alpenrepublik. Man sollte sich also voll und ganz der atemberaubenden Landschaft und der relaxten Lebensart hingeben, denn dadurch ist es ein Leichtes, ganz automatisch in den Entspannungsmodus umzuschalten.

< Abkühlung vor spektakulärer Bergkulisse? Kärnten macht's möglich

DER ENTSPANNTE SÜDEN

Österreichs südlichstes Bundesland ist mit einer Fläche von 9537 km² und einer Bevölkerung von etwa 569.000 Menschen das fünftgrößte des Landes. Historisch bildete es zusammen mit der Steiermark, Triest und Inneristrien sowie der slowenischen Krain das habsburgische Territorium Innerösterreich. Bis heute sind die kulturellen Verbindungen nach Italien und Slowenien - nicht zuletzt in der Gastronomie - deutlich zu spüren. Kärnten verfügt sogar über eine kleine, aber an Traditionen reiche slowenischsprachige Minderheit.

Kärnten wird geografisch durch seine **Wälder, Äcker, Wiesen und Seen** (1270 an der Zahl!), aber vor allem auch durch **Gebirgszüge** und ihre **Flusstäler** charakterisiert. Als Fluss ist in allererster Linie die **Drau** zu erwähnen, die von Osttirol kommend etwa 204 km auf Kärntner Boden zurücklegt, bis sie bei Lava-

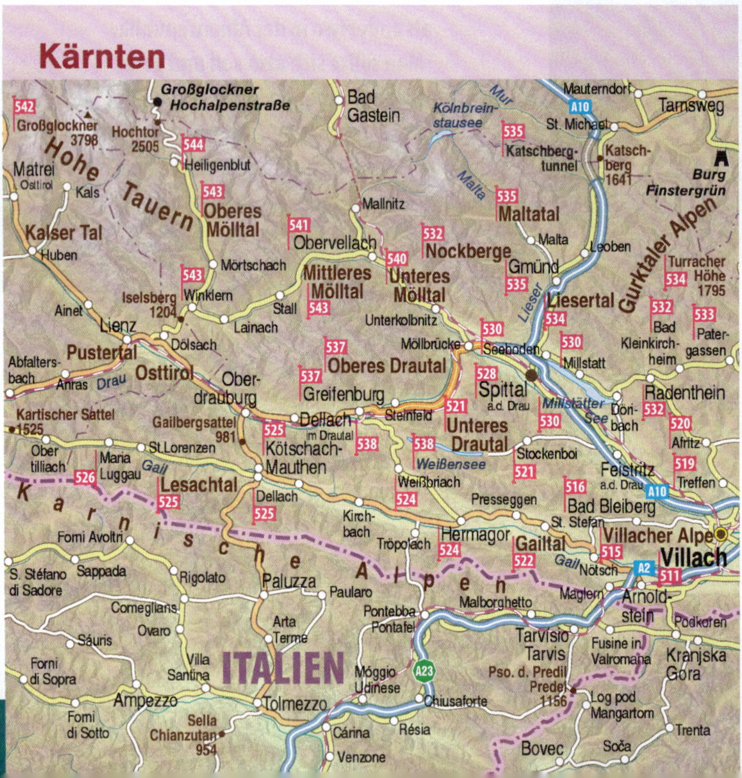

münd nach Slowenien abbiegt. Die **Hauptstadt Klagenfurt** bietet neben architektonischen Highlights ein vielfältiges Angebot an Kultur und Freizeitmöglichkeiten. Der Rest des Bundeslandes wird gewöhnlich in **vier Hauptregionen** unterteilt: Da ist zunächst das sanftmütige **Unterkärnten,** das sich um die Landeshauptstadt und nach Osten hin erstreckt und neben dem äußerst mondänen **Wörthersee** das Rosen-, Jaun- und Lavanttal umfasst. Neben kulinarischen Leckerbissen und Wandermöglichkeiten

oes_170 sb

[>] Neben bezaubernder Natur bietet Kärnten auch hübsche Orte wie Gmünd

in den **Karawanken** lädt hier auch der Klopeiner See ein. Als **Kärnten Mitte** bezeichnet man das **historische Kernland,** also jene Gegend, in der einst schon die slawischen Karantanier und später die Bajuwaren und Franken ihre Machtzentren hatten. Hier sind viele **Zeugnisse vergangener Zeiten** zu finden, sei es in der ehemaligen Hauptstadt St. Veit, seien es die sagenhafte **Burg Hochosterwitz** und die geschichtsträchtigen Kulturlandschaften des Gurk- und Metnitztales. Westlich des Wörthersees erstreckt sich das abwechslungsreiche **Südwestkärnten** mit **Villach,** dem äußerst beliebten **Faaker See** und dem smaragdgrünen Ossiacher See sowie dem urig und weitestgehend naturbelassenen Gailtal. Nördlich davon liegt das wild anmutende **Oberkärnten,** das praktisch den gesamten Nordwesten des Bundeslandes ausmacht. Ob in den **Hohen Tauern** – wo mit dem 3798 m hohen **Großglockner** der höchste Berg Österreichs beheimatet ist – oder in den gerundeten **Nockbergen,** wer sich zu (hoch)alpinen Abenteuern aufmacht, der kommt an Oberkärnten kaum vorbei! Doch die Region weist auch Orte der Erholung für erschöpfte Wanderer oder müde Radler auf, darunter den paradiesischen **Millstätter See** oder den romantischen **Weißensee,** beide unweit von Spittal an der Drau. Mit der **Großglockner-Hochalpenstraße** und der **Nockalmstraße** verfügt Kärnten zudem über zwei der atemberaubendsten Panoramastraßen Österreichs.

- **Infos: Tourismus Kärnten,** www.kaernten.at.

NICHT VERPASSEN!

- **Ein Hauch von Italien:** Klagenfurts mediterran anmutende Innenstadt | 470
- **Österreichs Riviera:** am Wörthersee lässt es sich gepflegt entspannen | 481
- **Markantes Bollwerk:** die Burg Hochosterwitz erinnert an wilde Zeiten | 501
- **Auf den Spuren der Heiligen Hemma:** im stattlichen Dom zu Gurk | 507
- **Ganz weit oben:** der Großglockner, Österreichs höchster Berg | 542

Diese Tipps erkennt man an der gelben Markierung.

oes_171 sb

Klagenfurt

Willkommen in einem **Renaissance-Juwel mit Charme und südländischem Flair!** Das ca. 800 Jahre alte Klagenfurt führt seit 2008 offiziell den Beinamen **„am Wörthersee"**, wenn auch das Zentrum der Stadt knapp 4 km vom Ostufer entfernt liegt und mit dem türkisgrünen See auf dem Wasserweg nur durch den Lendkanal verbunden ist. Dennoch, die **Landeshauptstadt** des Bundeslandes Kärnten wirkt durch die Nähe zum See und ihre durch italienische Baumeister geprägte Baustruktur einfach mediterraner als alle anderen Städte der Republik, somit ist der Namenszusatz durchaus gerechtfertigt. Mit fast **105.000 Einwohnern** und einer Fläche von 120 km² ist Klagenfurt die **sechstgrößte Stadt Österreichs.** Sie liegt im Zentrum des Klagenfurter Beckens und hat ein überaus **gemäßigtes Klima** mit sehr warmen Sommern und einem milden und meist sonnigen Herbst. In der Stadt haben die Kärntner **Landesregierung,** die Bezirkshauptmannschaft Klagenfurt-Land und die Diözese Gurk ihren Sitz. In Sachen **Bildung** ist sie ebenso tonangebend, so befinden sich hier die Alpen-Adria-Universität, die Gustav Mahler Privatuniversität für Musik und mehrere Fakultäten der Fachhochschule Kärnten. Die **historische Altstadt** – das Gebiet innerhalb der „Ringstraße", die allerdings quadratisch verläuft – bietet attraktive Plätze und ein generell charmantes Bauensemble, inklusive eindrucksvoller Palais mit grandios gearbeiteten Innenhöfen, spannende Museen in historischem Dekor und viele weitere beachtliche Gebäude.

Erwähnt seien speziell das **Landhaus** mit dem Wappensaal, das **Landestheater** und der **Dom.** Auch das **kulturelle Angebot** ist groß, sei es in Form vieler Festivals, Konzerte, Theatervorstellungen und weiterer Events oder z.B. im Museum Moderner Kunst. Gepaart mit der Nähe zum Wörthersee – am Ostufer verfügt die Stadt über drei **Strandbäder** – und der **lebendig-entspannten Atmosphäre,** ist das überschaubare Klagenfurt äußerst sehens- und erlebenswert, ob für einen Kurzbesuch oder auch für ein paar Tage.

☒ Kaiserin Maria Theresia wacht über Klagenfurt

Stadtgeschichte

Glaubt man der **Gründungssage** der Stadt, so begann alles mit dem **Lindwurm,** einem grausigen Drachen, der im Sumpf hauste und die hier lebenden Menschen drangsalierte. Letztlich töteten ihn tapfere Männer durch eine List – zum Dank wurde an Ort und Stelle eine Burg angelegt. Tatsächlich war es jedoch der Kärntner **Herzog Hermann** aus dem rheinfränkischen Geschlecht der *Spanheimer,* der an der Kreuzung der Handelsstraßen am **Flüsschen Glan** einen Stützpunkt gründete, der Ende des 12. Jahrhunderts als **„Forum Chlagenvurth"** erstmals Erwähnung fand. Doch der Standort stellte sich als schlechte Wahl heraus, denn der Fluss wurde häufig zum reißenden Strom und die Siedlung überschwemmt. *Hermanns* Sohn **Bernhard** übersiedelte deshalb 1246 an die Stelle, an der heute der Alte Platz

Essen und Trinken in Kärnten

Man tut der Kärntner Küche nichts Böses, wenn man sie als **deftig-bäuerlich** bezeichnet, denn zumindest traditionell war man in der einst unwegsamen Region vor allem auf das angewiesen, was vor Ort wuchs. So fanden sich immer schon Gerichte aus viel Getreide, Milchprodukten und Gemüse, aber auch mit Waldbeeren, Schwammerln (Pilze) etc. Besonders **Sterz** (eine Art dickflüssiger Grieß), **Suppen, Knödel** sowie diverse **Nudeln** und **Schmalzgebackenes** wurden und werden aufgetischt. Heute kommen viele weitere Produkte und Zutaten hinzu, im Zuge der sog. **Kärntner Alpen-Adria-Gastronomie** auch solche aus den angrenzenden Regionen in Italien und Slowenien. Spricht man von lokalen Spezialitäten, fallen den allermeisten Österreichern ganz sicher zuerst die **Kasnudeln** (Abb. unten) ein, also mit Bröseltopfen (Quark), Erdäpfeln (Kartoffeln), brauner Minze und Kerbelkraut gefüllte Teigtaschen, die vor dem Servieren mit Butterschmalz oder zerlassener Butter übergossen werden. Ähnlich bekannt sind die **Schlickkrapfen**, eine Art Ravioli mit diversen Füllungen. In den Bergregionen ist der **Ritschert-Eintopf** aus Bohnen, Rollgerste und Selchfleisch beliebt, und speziell im Gailtal darf man auf keinen Fall die **Kirchtagssuppe** verpassen, die aus verschiedenen Fleischsorten und mit viel Rahm und Kräutern zubereitet wird. Die andere berühmte Suppe des Bundeslandes ist die **Klachlsuppe** aus Schweinshaxe und Wurzelwerk und mit diversen Gewürzen verfeinert. Wenn es um Fisch geht, ist vor allem der Millstätter See mit **Reinanke, Hecht, Waller, Schleie** und dem **„Kärntna Laxn"** – einer ureigenen Seeforelle mit rötlichem Fleisch – unerreicht. Wie eigentlich alle Österreicher lieben auch die Kärntner eine „g'scheite" **Brettljause,** also eine in der Regel auf einem Holzbrett servierte Auswahl an Wurst-, Schinken- und Käse-Aufschnitt, wobei meist auch das **„Verhackerte"** (ein Brotaufstrich aus geräuchertem, klein gehacktem Speck) – von den Kärntner Slowenen „Sasaka" genannt – dazugehört. Unter den **Süßspeisen** muss auf jeden Fall der **Reindling** – auf Slowenisch „Pohača" genannt – erwähnt werden, bei dem es sich um einen Germteigkuchen (Hefe) handelt, der mit Zucker, Rosinen und Zimt gefüllt wird und von der Form her einem Guglhupf ähnelt. Seine Miniaturausgabe – überzogen mit einer dicken Zuckerglasur – nennt sich **Zuckerreinkale.** Viel gegessen werden auch die **Kletzennudeln,** eine süße Variante der Kasnudeln mit Kletzen (getrocknete Birnen), Topfen und süßen Gewürzen gefüllt, und die **Hadntorte** aus Buchweizen, die man mit Preiselbeeren und Schlagobers (Sahne) liebt. Speziell in Villach gibt es die köstlichen **Faschingskrapfen** und im Lavanttal die fantastischen **Apfelknödel mit Mostsoße.** Apropos Most: Dieser ist speziell im Lavanttal begehrt. Unter den Getränken sei ansonsten natürlich **Bier** erwähnt – Hirter, Schleppe und Villacher sind die drei großen Brauereien des Bundeslandes. Auf der Koralpe an der steirischen Landesgrenze und anderswo wächst auch **Wein.** Als hochprozentigen „Absacker" sollte man unbedingt einen **Zirbenschnaps** aus der Nockbergregion probieren.

Adobe Stock © A_Lein

liegt. Bereits sechs Jahre später erhielt der Ort das Stadtrecht. Doch leicht hatte es Klagenfurt auch an der neuen Stelle zunächst nicht: **Brände, Erdbeben, Heuschreckenschwärme** und **Aufstände** suchten die Stadt heim, bis sie 1514 bei einem großen Feuer fast völlig ausbrannte. Da der Habsburger Kaiser *Maximilian I.* (1459–1519) nicht die finanziellen Mittel hatte, um sie, wie es seine Aufgabe gewesen wäre, wiederaufzubauen, schenkte er sie den **Bürgern und Landständen,** also den geistlichen und adeligen Grundherren der Region. Für Klagenfurt war dies eine positive Fügung, denn durch die **dezentrale Verwaltung** konnte sich die Stadt aus eigenen Mitteln befestigen, modernisieren, vergrößern und verschönern – und wurde auch noch **Landeshauptstadt.** In der Folge entstanden die attraktiven **Stadtpalais** von Adel und Klerus, versehen mit arkadengeschmückten Innenhöfen, und man baute den **Lendkanal** als Wasserstraße und Reservoir für Löschwasser im Falle eines neuerlichen Stadtbrandes. Es war vor allem der italienische **Baumeister Domenico dell'Allio** (1515–63), der für die Umgestaltung verantwortlich zeichnete. So legte er den **Neuen Platz** als Mittelpunkt des schachbrettartig gestalteten Zentrums an und ließ um die Stadt einen quadratischen **Steinwall mit Wehrtürmen** errichten. Mit dem Aufkommen der **Reformation** setzte dann eine Blütezeit ein – der Dom z.B. war zunächst eine protestantische Kirche –, doch mit der **Gegenreformation** im 17. Jahrhundert übernahmen katholische Orden das Ruder. 1809/10 besetzten **napoleonische Truppen** die Stadt und zerstörten die mächtigen Befestigungsmauern; nun konnte sich Klagenfurt ausdehnen und wuchs entsprechend. Diese Entwicklung setzte sich in der zweiten Hälfte des 19. Jahrhunderts durch die Anbindung an das **Eisenbahnnetz** fort.

Nach dem Ende des Ersten Weltkriegs wurden die Stadt und weitere Landesteile kurzzeitig von Truppen des neu entstandenen **Königreichs Jugoslawien** besetzt, doch 1920 sprach sich eine überwältigende Mehrheit der Kärntner für den Verbleib bei Österreich aus. Unter den **Nazis** wurde Klagenfurt Hauptstadt des Gaus Kärnten, es fand eine systematische **Verfolgung und Vernichtung der kleinen jüdischen Gemeinde** statt. In den beiden letzten Kriegsjahren 1944/45 wurde die Stadt Opfer von **fast 50 alliierten Luftangriffen.** Gleich nach Kriegsende, noch in der britischen Besatzungszeit, begann der Wiederaufbau. Heute präsentiert sich die südlichste Hauptstadt des Landes als kleine weltoffene und lebenswerte Metropole.

☐ Der Legende nach hat das Wörtherseemanndl die Entstehung des Wörthersees zu verantworten

oes_149 dk

Sehenswertes

Neuer Platz

Der **herrschaftliche Neue Platz** wurde nach dem großen Stadtbrand von 1514 angelegt und stellt bis heute den **Mittelpunkt der Stadt** dar. Auf ihm erinnert das Ende des 16. Jahrhunderts gefertigte **Lindwurm-Monument** an die Gründungslegende der Stadt. Ein weiteres Denkmal auf der Ostseite des Platzes gilt der **Habsburgermonarchin Maria Theresia** (1717–80). Viele historische Ge-

bäude stehen am Platz, darunter das klassizistisch gestaltete **Rathaus** an der Westseite und der **Porcia-Palais** mit seiner Rokokofassade an der südlichen Seite. In nördlicher Richtung verläuft die belebte **Kramergasse** als Verbindung zum Alten Platz, und auch hier sind die Häuser sehenswert, denn viele sind im Jugendstil gehalten. An der Ecke zum Dr.-Arthur-Lemisch-Platz findet sich das **„Wörtherseemanndl"**, eine Art Klagenfurter „Manneken Pis", das zu den meistfotografierten Monument(ch)en der Stadt gehört.

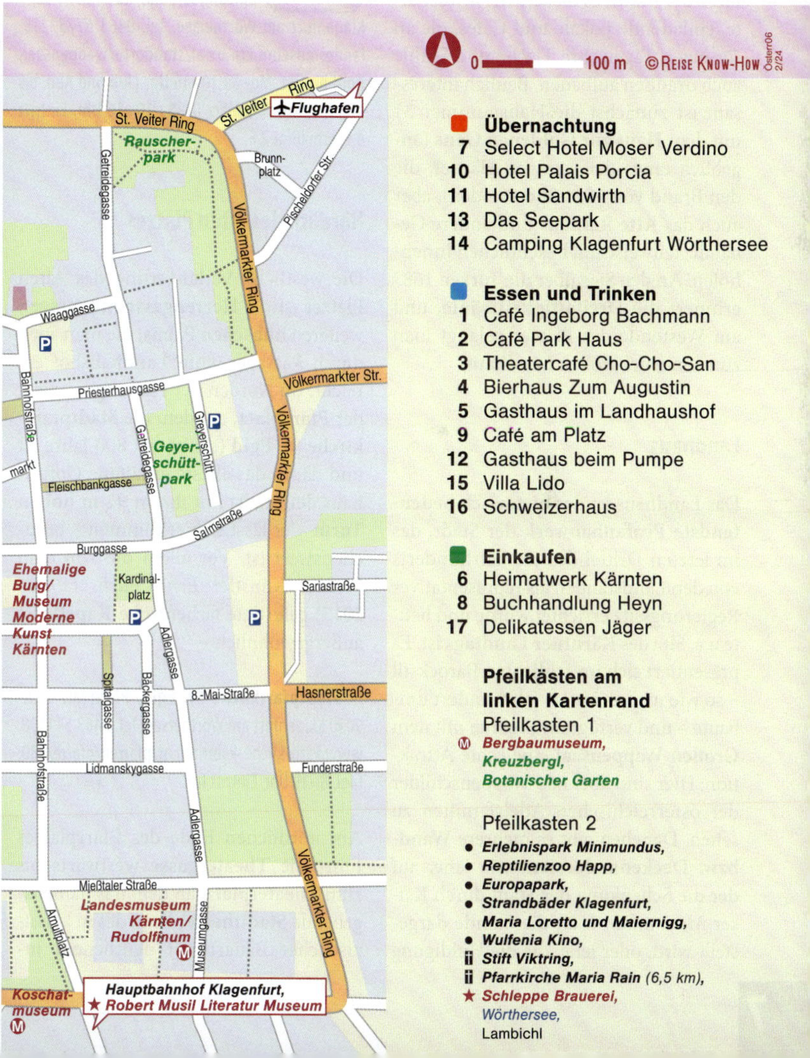

Alter Platz

Etwa dort, wo der lang gezogene Alte Platz liegt, verlief im Mittelalter ein Handelsweg, weshalb **Herzog Bernhard von Spanheim** (1176–1256) hier seine Siedlung gründete. Bis heute ist der verkehrsberuhigte Alte Platz das **lebendige Herz der Stadt;** es locken viele Geschäfte, einladende Lokale und Cafés, die an sonnigen Tagen ihre Tische und Stühle auch draußen aufbauen. Baulich interessant ist zunächst die Hausnummer 31 mit dem **Haus zur Goldenen Gans** (angeblich eines der wenigen Häuser, die den Brand von 1514 überstanden), aber auch das **Alte Rathaus** und andere Gebäude, teilweise mit beachtlichen Innenhöfen. An den Sieg über die Türken 1683 erinnert die **Dreifaltigkeitssäule,** und am Westende des Platzes gelangt man zum eindrucksvollen **Landhaus.**

Landhaus

Das Landhaus ist das **historisch bedeutendste Profanbauwerk** der Stadt, das im letzten Drittel des 16. Jahrhunderts von den Landständen als repräsentativer Regierungssitz errichtet wurde und heute u.a. Sitz des **Kärntner Landtags** ist. Es präsentiert sich im schlichten Barockstil – so wie man es im 18. Jahrhundert umbaute – und verfügt im Inneren mit dem **Großen Wappensaal** eine echte Attraktion: Hier sind über 660 Wappenschilder der österreichischen Adelsfamilien zu sehen. Daneben gibt es mehrere **Wand- bzw. Deckenmalereien,** wie jene, auf der die Schenkung der Stadt durch Kaiser *Maximilian I.* an die Stände dargestellt wird, oder jene, die die Huldigung der Adeligen an Kaiser *Karl V.* zeigt. Im Saal ist auch der **Fürstenstein,** eines der ältesten Rechtsdenkmäler Europas, ausgestellt, beachten sollte man ferner die **Fresken und Kunstwerke** in anderen Sälen des Gebäudes, z.B. im sog. **Plenarsaal** sowie im Koligsaal.

MEIN TIPP: **Landhaus,** Landhaushof 1, A-9020 Klagenfurt am Wörthersee, Tel. 0463 57757215, landesmuseum.ktn.gv.at/standorte/wappensaal, April bis Okt. Mo–Sa 10–16 Uhr (Juli und Aug. bis 17 Uhr), Nov. bis März Di–Sa 10–16 Uhr, Eintritt 4 €, ermäßigt 2 €.

Nördlich des Alten Platzes

Die westliche Verlängerung des Alten Platzes ist die **Herrengasse** mit einigen weiteren **hübschen Palais,** die man auch durch Passagen vom Landhaushof erreicht. Im Norden der Herrengasse liegt der **Pfarrplatz,** auf dem die **Stadtpfarrkirche St. Egid** (sie ist fast 800 Jahre alt und damit das älteste erhaltene Gotteshaus der Stadt) mit ihrem **92 m hohen Turm** – er lässt sich erklimmen – besuchenswert ist. Vor allem die von dem Wiener Künstler *Ernst Fuchs* (1930–2015) gefertigte farbenfrohe **Kapelle** ist außergewöhnlich.

■ **Stadtpfarrkirche St. Egid,** Pfarrplatz 7, A-9020 Klagenfurt am Wörthersee, Tel. 0463 511308, www.kath-kirche-kaernten.at/pfarren/pfarre/C30, tägl. 8–19 Uhr, Eintritt frei.

Am nördlichen Ende des Pfarrplatzes führt die **Theatergasse** westwärts bis zum **Theaterplatz,** an dem das namensgebende **Stadttheater** liegt, das in klassizistischer Bauart mit deutlichem Jugendstil-Einfluss 1910 errichtet wurde. Dahinter liegt der **„Napoleonstadl"** (das ehemalige Requisitendepot), in dem das **Architektur Haus Kärnten** untergebracht ist, und versetzt neben dem Theater steht das **Stadthaus,** das häufig für Veranstaltungen genutzt wird.

■ **Architektur Haus Kärnten,** St. Veiter Ring 10, A-9020 Klagenfurt, Tel. 0664 1237564, architekturkaernten.at, Mo–Fr 10–18 Uhr, Eintritt frei.

Nochmals nördlich und westlich liegen Grünflächen in Form des **Schubert-, Goethe- und Schillerparks,** wobei neben dem Schatten spendenden Baumbestand auch das **Künstlerhaus** einen Zwischenstopp lohnt. Es ist Sitz und Ausstellungsgebäude des Kunstvereins Kärnten. Im Schillerpark befindet sich mit dem **Fluderbrunnen** ein Relikt aus der Stadtgeschichte: Fluder waren kastenartige Bassins mit Treppen, in denen früher die Wäsche geschwemmt wurden.

■ **Künstlerhaus,** Goethepark 1, A-9020 Klagenfurt am Wörthersee, Tel. 0463 55383, www.kunstvereinkaernten.at, Di, Mi und Fr 12–18 Uhr, Do 12–20 Uhr, Sa 9–13 Uhr, Eintritt frei.

Östlich des Neuen Platzes

An der Ostseite des Neuen Platzes verläuft die hübsche **Burggasse,** in der sich ebenfalls ein paar bauliche „Zuckerln" finden, darunter die **ehemalige Burg** (Hausnummer 8) – in der einst die Kärntner Burggrafen tagten – mit dem größten **Innenhof** der Stadt, in dem vor allem im Frühling und Sommer diverse Veranstaltungen stattfinden. Wichtiger noch ist in dem Gebäude das **Museum Moderne Kunst Kärnten,** in dem auf einer Fläche von ca. 1000 m² **Einzel- und Themenausstellungen** moderner und zeitgenössischer Kunst gezeigt werden. Den Schwerpunkt bilden dabei die Sammlungen des Landes Kärnten; sie umfassen Werke von regional und international bedeutenden Künstlern des 20. und 21. Jahrhunderts.

■ **Museum Moderne Kunst Kärnten,** Burggasse 8, A-9021 Klagenfurt am Wörthersee, Tel. 050 53634112, mmkk.ktn.gv.at, Di–So 10–18 Uhr, Do 10–20 Uhr, Eintritt 5 €, ermäßigt 2,50 €.

☑ Die Dreifaltigkeitssäule auf dem Alten Platz erinnert an den Sieg über die Türken 1683

oes_151 sb

Dom

Der Klagenfurter Dom ist die **Domkirche der Diözese Gurk-Klagenfurt** und damit **römisch-katholisch.** Das war nicht immer so. Zunächst ab 1581 als **protestantisches Bethaus** errichtet, wurde die Kirche der „Allerheiligsten Dreifaltigkeit" geweiht – sie war die größte in Österreich gebaute protestantische Kirche überhaupt. Im Zuge der **Gegenreformation** wurde sie 1600 erst geschlossen und dann vier Jahre später den **Jesuiten** übergeben, die sie den Heiligen *Peter* und *Paul* weihten. 1787 wurde die Kirche mit ihrem auffälligen Turm dann zur Kathedrale des Bistums Gurk erhoben. Im Inneren ist besonders die aufwendige **Rokokoverzierung** mitsamt Hochaltar und Kanzel bemerkenswert. An den Dom angeschlossen ist ein **Diözesanmuseum,** in dem Devotionalien und sakrale Kunstgegenstände gezeigt werden.

Mein Tipp: **Klagenfurt-Dom,** Lidmanskygasse 14, A-9020 Klagenfurt am Wörthersee, Tel. 0463 54950, www.kath-kirche-kaernten.at/pfarren/pfarre/C3074/, tägl. 8–19 Uhr, Eintritt frei.

Landesmuseum

Im Südosten des Doms, unmittelbar am **Viktringer Ring** gelegen, befindet sich das **Kärnten Museum**. Untergebracht im klassizistischen **Rudolfinum,** ist es nicht nur das größte Museum der Stadt, sondern ganz Kärntens. Seine Sammlung umfasst **sämtliche Aspekte des Landes,** darunter Botanik, Geologie, Mineralogie und Zoologie auf der naturwissenschaftlichen Seite sowie Archäologie, Geschichte, Kunst und Volkskunde. Angeschlossen sind die **Landesbibliothek,** ein Verlag und der **Botanische Garten** im Kreuzbergl-Areal, wodurch das Museum auch als wissenschaftliche Institution fungiert. Wer auf einer Reise

oes_150 sb

durch das Bundesland nur ein einziges Museum besuchen möchte/kann, sollte sich unbedingt für das Kärnten Museum entscheiden!

MEIN TIPP: **Kärnten Museum,** Museumgasse 2, A-9021 Klagenfurt am Wörthersee, Tel. 0463 240025, landesmuseum.ktn.gv.at/standorte/kaerntenmuseum, Di–So 10–18 Uhr (Do bis 20 Uhr), Eintritt 10 €, ermäßigt 5 €.

Benediktinerplatz und Umgebung

Am westlichen Ende des Neuen Platzes führt die **Wiesbadener Straße** am Landhauspark vorbei auf den **Heiligengeistplatz,** den zentralen Busumsteigeplatz der Innenstadt. Hier steht die **Heiligengeistkirche** mit ihrem Zwiebelturm, die zum Ursulinenkloster aus dem 17. Jahrhundert gehört. Über die **Dr.-Hermann-Gasse** erreicht man südwärts den **Benediktinerplatz,** den zentralen Marktplatz, auf dem jeweils donnerstags und samstags (6–13 Uhr) ein **Bauernmarkt** stattfindet, auf dem Waren aus ganz Kärnten und aus der benachbarten Region Friaul (Italien) und Slowenien angeboten werden. An den anderen Werktagen kann man zumindest die fest installierten Stände in den **Markthallen** besuchen, wo ebenso viel Köstliches feilgeboten wird und wo auch **Imbissstände** untergebracht sind. An das Marktrecht erinnert das **Marktrichterschwert** auf dem Platz, und an der Südostecke sollte man die **Marienkirche** besuchen.

☐ Auch Klagenfurts Entwicklung prägte maßgeblich der Klerus: hier die Stadtpfarrkirche St. Egid

Außerhalb der Innenstadt

Wie erwähnt wird die Innenstadt durch die im Quadrat angelegte **Ringstraße** begrenzt, die noch sehr deutlich den **Verlauf des ehemaligen Befestigungswalls** nachzeichnet. Südlich des Kärnten Museums sind es auf der **Bahnhofstraße** etwa 500 m bis zum Hauptbahnhof. In dieser Gegend gibt es zwei Museen, die vor allem für an der Kultur Kärntens Interessierte spannend sein mögen. Da ist zunächst das **Koschatmuseum** gleich an der Südseite des Viktringer Rings, das sich dem Wirken des Komponisten **Thomas Koschat** (1845–1914) widmet, der das „Kärntner Lied" bekannt machte. Weiter südwärts, bereits gegenüber dem Bahnhof, befindet sich das **Geburtshaus Robert Musils** (1880–1942). Hier beleuchtet ein Museum das Leben und Werk des berühmten Schriftstellers. *Musil* ist bekannt für seine Novellen, Dramen, Essays, Kritiken und die beiden Romane „Die Verwirrungen des Zöglings Törleß" und „Der Mann ohne Eigenschaften". Als Gegner der NS-Ideologie zog er 1938 mit seiner Frau in die Schweiz, wo er letztlich auch starb.

■ **Koschatmuseum,** Viktringer Ring 17, A-9020 Klagenfurt, Tel. 0676 7701941, www.maennerchorkoschatbund.at, Mitte Mai bis Anfang Okt. Di–Do 10–12 Uhr, Eintritt frei (kleine Spende erwünscht).

■ **Robert Musil Literatur Museum,** Bahnhofstraße 50, A-9020 Klagenfurt am Wörthersee, Tel. 0463 501429, www.musilmuseum.at, Mo–Fr 10–17 Uhr, Eintritt 2,50 €, ermäßigt 2 €.

Geht man vom Neuen Platz westwärts über den Villacher Ring, erreicht man den **Lendhafen,** ab dem der **Lendkanal** über eine Länge von etwa 4 km bis zum

Ufer des Wörthersees verläuft. Der Lendhafen ist heute idyllisch und ruhig, im Gegensatz zu früheren Jahrhunderten, als hier über den See transportierte Waren gleich zum Verkauf angeboten wurden. Der Lendkanal ist ein **beliebtes Naherholungsgebiet** für Spaziergänger, Fahrradfahrer und Inline-Skater und kann in den Sommermonaten auf dem **Ausflugsboot „Lendwurm"** befahren werden. Direkt am Kanal, über die besagte Villacher Straße zu betreten, liegt der beliebte **Erlebnispark Minimundus,** in dem etwa 150 Gebäude unseres Planeten im Maßstab 1:25 nachgebaut sind. Gleich daneben, im **Reptilienzoo Happ,** leben ca. 1000 Tiere auf einer Fläche von 4000 m². Westlich davon befindet sich der **Europapark,** ein 22 Hektar großes Erholungsareal mitsamt Kinderspielplätzen, Beach-Volleyball-Platz, Skatepark und vielen anderen Einrichtungen (darunter auch ein Campingplatz). Angeschlossen sind auch die drei viel besuchten Klagenfurter **Strandbäder:** Strandbad Klagenfurt, Strandbad Maria Loretto und bereits am Südufer das Strandbad Maiernigg (Infos unter www.stw.at/privat/baeder/strandbad-klagenfurt/).

Minimundus, Villacher Straße 241, A-9020 Klagenfurt am Wörthersee, Tel. 0463 211940, www.minimundus.at, März, April, Okt., Nov. tägl. 9–18 Uhr, Mai, Juni, Sept. 9–19 Uhr, Juli und Aug. 9–22 Uhr, Eintritt 19,50 €, ermäßigt 9 €.

Reptilienzoo Happ, Villacher Straße 237, A-9020 Klagenfurt am Wörthersee, Tel. 0463 23425, www.reptilienzoo.at, Sommer tägl. 9–18 Uhr, Winter tägl. 9–17 Uhr, Nov. geschlossen, Eintritt 15 €, ermäßigt 8 €.

Europapark, Friedelstrand 1, A-9020 Klagenfurt am Wörthersee, ganzjährig geöffnet, Eintritt frei.

Tage der deutschsprachigen Literatur

Seit 1977 finden alljährlich in Klagenfurt die „Tage der deutschsprachigen Literatur" statt, ein **dreitägiges Literaturfestival,** in dessen Rahmen nicht nur neue literarische Prosawerke inhaltlich und stilistisch bewertet werden, sondern die Autoren sich in einer öffentlichen Lesung der Jury stellen müssen. Der Gewinner bzw. die Gewinnerin erhält den **Ingeborg-Bachmann-Preis,** der als eine der wichtigsten literarischen Auszeichnungen im deutschen Sprachraum gilt. Die parallel stattfindende Veranstaltung **„Translatio"** prämiert außerdem Übersetzer von nicht-deutschsprachigen Werken. Der Ingeborg-Bachmann-Preis ist seit 2006 mit 25.000 € dotiert. Die gebürtige Klagenfurterin *Bachmann* (1926–73) wird für ihre Prosa und Lyrik als eine der bedeutendsten Autorinnen des 20. Jahrhunderts angesehen.

Mehr **Infos** zum Festival unter bachmannpreis.orf.at.

Außenbezirke/Außerhalb der Stadt

Auch außerhalb der Innenstadt gibt es einige Sehenswürdigkeiten. Da ist zunächst im Südwesten der Stadt z.B. das **Stift Viktring** zu nennen, ein ehemaliges Zisterzienserkloster aus dem 12. Jahrhundert, in dem heute ein Realgymnasium untergebracht ist. Besonders hübsch ist der umliegende **Park mit** seinen **Teichen und Wassergräben,** aber auch die **Stiftskirche** ist einen Besuch wert.

■ **Stift Viktring** (BRG Klagenfurt-Viktring), Stift-Viktring-Straße 25, A-9073 Klagenfurt-Viktring, Tel. 0463 281469, www.brg-viktring.at, Besuch auf Anfrage.

Keine 2 km weiter im Süden liegt **Lambichl,** wo sich südlich eine große **Wallfahrtskirche** befindet, von der man großartige Ausblicke in die Gegend genießt. Noch einmal 4,5 km weiter südlich steht mit der barocken **Pfarrkirche Maria Rain** das drittgrößte Gotteshaus Kärntens.

Westlich von Klagenfurt erstreckt sich das **Kreuzbergl,** ein weitläufiges Wald- und Wiesengebiet, das sich für entspannte Spaziergänge und anspruchsvolle **Wanderungen** – eben über die Zillhöhe auf das **Kreuzbergl** (517 m, Start Kreuzberglwiese, 1 Std., 150 Hm, leicht), den ausgiebigen Rundweg über den **Kalvarienberg** (588 m, Start Feuerwehrstation Kalvarienberg, 5,5 Std., 650 Hm, mittel) oder auf den **Falkenberg** (671 m, Start Schleppe Brauerei , 2 Std., 250 Hm, mittel, man erreicht auch das Ostufer des Wörthersees) – anbietet. Hier befinden sich auch ein **Aussichtsturm mit Sternwarte** sowie der **Botanische Garten.** In der Umgebung des Areals liegen einige nette Bauensembles, z.B. nördlich das kleine **Schloss Falkenberg** oder das **Schloss Hallegg** im Nordwesten. Bierliebhaber werden mehr Interesse an einer Führung durch die **Brauerei Schleppe** haben (mit Gaststätte und Shop).

MEIN TIPP: **Schleppe Brauerei,** Schleppe Platz 1, A-9020 Klagenfurt am Wörthersee, Tel. 04242 234946800, www.schleppe.at, Führungen von Anfang Juni bis Mitte Sept. Mo–Fr 10, 13 und 16 Uhr (vorheriger Anruf wird empfohlen), Eintritt (mit Führung) ab 12 €.

Praktische Infos

■ **Klagenfurt Tourismus Information,** Neuer Platz 5, A-9020 Klagenfurt am Wörthersee, Tel. 0463 287463-33, www.visitklagenfurt.at.

An- und Abreise, Parken, ÖPNV

■ Klagenfurt liegt verkehrstechnisch günstig zwischen Graz und Villach und ist sowohl mit der **Bahn** (www.oebb.at) als auch mit dem **eigenen Fahrzeug** leicht zu erreichen. Der **Hauptbahnhof** befindet sich südlich der Innenstadt, in die man mühelos zu Fuß kommt. Angebunden an die Autobahn **A2** von Villach nach Graz ist Klagenfurt ein **Verkehrsknotenpunkt,** zumal von hier auch diverse Bundesstraßen in alle Himmelsrichtungen verlaufen. Auch einen internationalen **Flughafen** (airport-klagenfurt.at) gibt es, der nördlich der Stadt liegt und über die A2 mit ihr verbunden ist.

■ Die Innenstadt von Klagenfurt ist innerhalb der gekennzeichneten **Kurzparkzonen gebührenpflichtig. Parkscheine** erhält man an Automaten oder elektronisch per Handy-App. Außerdem gibt es zahlreiche **Parkhäuser** und am Stadtrand auch günstigere **Park+Ride-Optionen.** Mehr Infos unter www.klagenfurt.at/parken.

■ Die **Innenstadt** ist **überschaubar,** sodass man praktisch alle hier beschriebenen Ziele zu Fuß erreicht. Wer hingegen die äußeren Bezirke besuchen, sich an den Wörthersee oder zum Kreuzbergl begeben möchte, steigt in den **Bus.** Die beiden zentralen Umsteigepunkte, an denen die allermeisten Busse halten, sind der **Heiligengeistplatz** sowie der Platz vor dem **Hauptbahnhof.**

Übernachtung und Camping

MEIN TIPP: **13** **Das Seepark**②-③, Universitätsstraße 104, A-9020 Klagenfurt am Wörthersee, Tel. 0463 2044990, www.dasseepark.at. Zwischen Innenstadt und Seeufer liegt dieses Wohlfühlhotel. Zum Anwesen gehört auch ein komfortables Restaurant② sowie eine angesagte Bar.

10 **Hotel Palais Porcia**②-③, Neuer Platz 13, A-9020 Klagenfurt am Wörthersee, Tel. 0463 511590, www.palais-porcia.at. Historisch eingerichtete Zimmer und Suiten gibt es in diesem Stadtpalais mitten im Zentrum.

11 **Hotel Sandwirth**②, Pernhartgasse 9, A-9020 Klagenfurt am Wörthersee, Tel. 0463 56209, sandwirth.at. Traditionsreiches Stadthotel mit einer großen Auswahl an Zimmern, Suiten und Apartments bei gutem Preis-Leistungs-Verhältnis.

Typisch kärntnerische Leckerbissen

Kärnten verfügt über einige **Genussregionen,** also Landstriche, die sich besonders durch ein bestimmtes Produkt auszeichnen. Dazu gehören u.a. der weit über die Landesgrenzen hinaus bekannte **Lavanttaler Spargel,** die **Jauntaler Salami** und der **Jauntaler Hadn** (Buchweizen), der **Honig** der Carnica-Biene aus dem Rosental und das **Lammfleisch** aus dem Mölltal. Das Gailtal ist für seine **Almkäsesorten** und die **Polenta,** das Lesachtal für sein unfassbar schmackhaftes **Brot** und das Metnitztal für sein **Wildfleisch** populär. **Speck** gibt es in vielen Regionen Kärntens, doch man unterscheidet zwischen Geräuchertem – z.B. aus dem Gailtal – und „Luftgeselchtem", also einfach monatelang an der Luft getrocknetem Speck, wie man ihn speziell im Gurktal findet. Alles klar? Dann sollte dem Kauf eines lukullischen Souvenirs ja nichts mehr im Wege stehen. Eine geeignete Adresse dafür ist in **Klagenfurt** der **Bauernmarkt** auf dem Benediktinerplatz.

MEIN TIPP: **7** **Select Hotel Moser Verdino** ②, Domgasse 2, A-9020 Klagenfurt, Tel. 0463 890200, www.select-hotels.com/select-hotel-moser-verdino-klagenfurt. Zuverlässiges Hotel im Jugendstildekor und das mitten in der Stadt. Toller Stadtblick von der Rooftopbar 19null7.

14 **Camping Klagenfurt Wörthersee,** Metnitzstrand 5, A-9020 Klagenfurt am Wörthersee, Tel. 0463 287810, www.camping-woerthersee.at. Großer Campingplatz gegenüber dem Strandbad mit einer Fläche von 40.000 m^2, 370 Stellplätzen und viel Schatten.

Essen und Trinken

4 **Bierhaus Zum Augustin**①-②, Pfarrhofgasse 2, A-9020 Klagenfurt am Wörthersee, Tel. 0463 513 992, gut-essen-trinken.at/das-augustin. Beliebtes Wirtshaus mit abwechslungsreicher Küche und einem hübschen Gastgarten im Arkadeninnenhof.

MEIN TIPP: **12** **Gasthaus beim Pumpe**①, Lidmanskygasse 2, A-9020 Klagenfurt am Wörthersee, Tel. 0463 57196, www.beim-pumpe.at. Herzhafte österreichische Küche in uriger Umgebung. Besonders das Gulasch ist hier legendär.

5 **Gasthaus im Landhaushof**②, Landhaushof 1, A-9020 Klagenfurt am Wörthersee, Tel. 0463 502363, gut-essen-trinken.at/der-landhaushof. Zentral gelegenes Lokal, das gute kärntnerische Küche in angenehmem Ambiente bietet.

MEIN TIPP: **16** **Schweizerhaus**②-③, Kreuzbergl 11, A-9020 Klagenfurt am Wörthersee, Tel. 0463 56721, www.schweizerhaus.co.at. Gehobene österreichische Küche etwas außerhalb der Stadt, auf dem Kreuzbergl. Die Entfernung bzw. Anfahrt wird auch durch den einzigartigen Fernblick kompensiert.

15 **Villa Lido**②, Friedelstrand 1, A-9020 Klagenfurt am Wörthersee, Tel. 0463 210712, www.villalido.at. Die perfekte Adresse für italienische Küche und einen Sundowner am Ufer des Wörthersees – innen und außen schön.

Cafés

MEIN TIPP: **1 Café Ingeborg Bachmann,** Sterneckstraße 3, A-9020 Klagenfurt am Wörthersee, Tel. 0463 501070. Traditionsreiches Literatencafé mit dem wohl besten Kaffee der Stadt.

2 Café Park Haus, St. Veiter Ring 10, A-9020 Klagenfurt am Wörthersee, Tel. 0660 5259725, www.park-haus.at. Eine große Auswahl an Kuchenspezialitäten und Snacks gibt es in diesem Café im Goethe-Park.

9 Café am Platz, Neuer Platz 9, A-9020 Klagenfurt, Tel. 0676 3330222, www.cafeamplatz.com. Beliebter Treffpunkt für Alt und Jung. Guter Kaffee und auch diverse Snacks bekommt man hier.

3 Theatercafé Cho-Cho-San, Theatergasse 9, A-9020 Klagenfurt am Wörthersee, Tel. 0463 513748. Das Künstlercafé der Stadt, in dem regelmäßig Veranstaltungen stattfinden.

Einkaufen

8 Buchhandlung Heyn, Kramergasse 2–4, A-9020 Klagenfurt am Wörthersee, Tel. 0463 54249, www.heyn.at. Gut sortierte Buchhandlung, in der häufig Lesungen stattfinden.

17 Delikatessen Jäger, Radetzkystraße 38–40, A-9020 Klagenfurt am Wörthersee, Tel. 0463 57354, www.delijaeger.com. Kulinarische Spezialitäten aus ganz Kärnten.

6 Heimatwerk Kärnten, Dr.-Arthur-Lemisch-Platz 2, A-9020 Klagenfurt am Wörthersee, Tel. 0463 5557521, www.heimatwerk-kaernten.at. Ob edle Trachten, Kunsthandwerk oder originell kärntnerische Souvenirs – das Heimatwerk hat es.

Kunst und Kultur

■ **Stadttheater Klagenfurt,** Theaterplatz 4, A-9020 Klagenfurt am Wörthersee, Tel. 0463 55266, www.stadttheater-klagenfurt.at. Im Programm sind klassische und zeitgenössische Stücke.

■ **Wulfenia Kino,** Luegerstraße 5, A-9020 Klagenfurt am Wörthersee, Tel. 0463 22288, www.wulfeniakino.at. Wohldurchdachte Auswahl an Arthouse-Filmen.

Veranstaltungen

■ **Alpen-Adria Hafenfest,** hafenfest.ip-media.tv. Anfang Mai spielen hier Volksmusik- und Schlagerstars und es gibt eine große Gastronomiemeile – alles bei freiem Eintritt.

☐ Denkmal zu Ehren des Stadtgründers Bernhard von Spanheim

oes_153 dk

- **Wörthersee Classics,** woertherseeclassics.com. Werke der Komponisten Berg, Brahms, Mahler, Webern und Wolf stehen bei diesem Klassikfestival Mitte Juni auf dem Programm.
- **Theatersommer Klagenfurt,** www.theatersommerklagenfurt.at. Alljährlich zwischen Ende Juni und Ende Juli werden im Stadthaus vorrangig Boulevardstücke aufgeführt.
- **Starnacht,** www.starnacht.tv/startnacht-am-woerthersee/. Mitte Juli stattfindendes Open-Air-Pop- und Schlagerfestival am Ufer des Wörthersees.
- **Marienschiffsprozession,** am 15. August wird eine Marienstatue in einer nächtlichen Prozession per Schiff um den Wörthersee geführt.
- **Christkindlmarkt,** in vielen Orten Österreichs finden im Advent Christkindlmärkte (Weihnachtsmärkte) statt, doch der vor dem Klagenfurter Rathaus am Neuen Markt ist sicher einer der besinnlichsten.

Unterkärnten

Die Region Unterkärnten besteht zunächst aus den Bezirken **Klagenfurt-Land** und **Völkermarkt,** umfasst also das Gebiet um die Landeshauptstadt mitsamt dem **Wörthersee.** Hinzu kommen das als **Rosental (Rož)** bekannte untere Drautal und das **Jauntal (Podjuna),** das sich bis zur slowenischen Grenze ostwärts zieht, ferner die südlich dieser Täler liegenden **Karawanken.** Außerdem dazu gehört das östliche Grenzland zur Steiermark (Bezirk **Wolfsberg**), das auch aus den parallel verlaufenden Bergregionen der **Koralpe** und der **Saualpe** sowie dem dazwischen liegenden **Lavanttal** besteht.

Die allermeisten Besucher beschränken sich in Unterkärnten auf den türkisgrün schimmernden Wörthersee mit seinen **mondänen Badeorten,** oder sie fahren an den kleinen **Klopeiner See,** der nicht zuletzt wegen seiner warmen Temperaturen außergewöhnlich ist. Das Rosental und das Jauntal werden von vielen **Kärntner Slowenen** bewohnt; hier ist es spannend, mehr über deren Kultur in den zahlreichen zweisprachigen Ortschaften zu erfahren. **Viele historische Zeugnisse** in dieser Gegend – das Schloss Rosegg, das ehemalige Augustiner-Chorherren-Stift in Eberndorf oder das Benediktinerstift St. Paul – beweisen, dass es sich seit Jahrhunderten um eine **wichtige Kulturlandschaft** handelt, in der die Einflüsse verschiedener Völker zur Geltung kamen – und auch heute tut sich hier und im angrenzenden Lavanttal kulturell viel. Für **Bergbegeisterte** ist Unterkärnten eine wunderbare Destination, denn sowohl die Karawanken an der slowenischen Grenze als auch die Koralpe als Mittelgebirgszug, der Kärnten von der Steiermark trennt, sowie die parallel dazu verlaufende Saualpe bieten **Wanderungen und Wintersport vom Feinsten.** Outdoor-Aktivitäten sind hier in Hülle und Fülle möglich, zählen doch so großartige Orte wie die atemberaubende **Tscheppaschlucht** oder die magischen **Tropfsteinhöhlen** von Obir oder Griffen zum Besten, was Österreich zu bieten hat. **Fahrradfahrer** sind in den Talregionen sehr gut aufgehoben, während speziell die Karawanken unter **Mountainbikern** beliebt sind.

Wer kein eigenes Fahrzeug hat, erreicht die hier beschriebenen Orte im Rosental und im Jauntal aus Klagenfurt relativ problemlos mit **öffentlichen Verkehrsmitteln.** Wer hingegen in die einsameren Bergregionen vordringen oder das Lavanttal bereisen will, ist auf die eigenen zwei oder vier Räder angewiesen.

■ **Infos:** www.kaernten.at (Stichwort Reiseziele/Wörthersee – Rosental, Klopeiner See – Südkärnten – Lavanttal)

Wörthersee und Umgebung

Kärnten ist für seine Seen bekannt und der Wörthersee ist der **bekannteste und meistbesuchte** unter ihnen. Völlig zu Recht, denn sein **türkisgrünes Wasser** und die zahlreichen, teilweise **mondänen Orte** mit ihren Villen und Strandbädern verleihen ihm eine besondere Ausstrahlung. Das Bild einer **„österreichischen Riviera"** halten nicht zuletzt Filme und TV-Serien am Leben. Mit einer Fläche von **19,39 km²** und einer maximalen Tiefe von 85 m ist der Wörthersee der **größte See Kärntens** und dank seiner privilegierten klimatischen Lage mit bis zu 25°C auch **einer der wärmsten Alpenseen** überhaupt. Er liegt in einer Senke in der Hügellandschaft des **Klagenfurter Beckens** und zieht sich auf einer Länge von 16,5 km von der Landeshauptstadt im Osten bis nach Velden im Westen. Zum **Nordufer** verlaufen parallel die Autobahn A2, die Bundesstraße B83 und die Bahnlinie Klagenfurt – Villach. Zu den bekanntesten Orten am Wörthersee zählen neben **Klagenfurt** und **Velden** speziell **Pörtschach** und **Maria Wörth.** Wer im See schwimmen möchte, muss sich in eines der **Strandbäder** begeben, denn freies Baden ist (fast) nicht möglich. Gäste lokaler **Hotels und Pensionen** haben in den aller-

☐ Wer braucht da noch das Meer? Wasserspaß ist in Kärnten garantiert, aber es kann auch voll werden

oes_154 sb

meisten Fällen Zugang zum See, wobei dies häufig nur ein kleiner Abschnitt sein kann, von dem ein Holzsteg ins Nass ragt. Wer den See vom Wasser aus erleben will – und damit einen einzigartigen Blick auf die vorgelagerten Halbinseln bzw. Landzungen hat –, der sollte sich zu einer **Seekreuzfahrt** aufmachen (www.woertherseeschifffahrt.at); Anlegestellen gibt es in praktisch jedem Ort, ebenso Bootsverleihe und Segelschulen.

■ **Infos: Wörthersee Tourismus,** Tel. 04274 38288, www.woerthersee.com.

Südliches Flair: Sämtliche Orte am Wörthersee – im Bild Velden – wirken äußerst relaxt

Nordufer

Die Landeshauptstadt **Klagenfurt** ist für viele Seebesucher nicht unbedingt die erste Wahl. Doch die hiesigen **Strandbäder,** darunter zunächst das große am **Metnitzstrand** mit seiner riesigen Liegewiese, den drei langen Badestegen sowie einem breiten Spiel-, Spaß- und Gastronomie-Angebot, sind eine authentisch-einheimische, wenn auch häufig überaus stark frequentierte Option. Das **Strandbad Maria Loretto** (mit dem gleichnamigen Lokal) im Südteil der Bucht ist sehr viel kleiner und beschaulicher; daneben steht das gleichnamige **Lustschloss** aus dem 18. Jahrhundert.

Verlässt man Klagenfurt am Nordufer, kommt man zunächst am hübschen, aber nicht zugänglichen **Schloss Feyenthurn** vorbei, bis man wenige Kilometer später nach **Krumpendorf** gelangt. Der

oes_156 sb

Ort verfügt über herrliche Villen, zwei Schlösser (ebenfalls nur von außen zu bestaunen) und einen Uferpark. Weiter geht es über **Pritschitz** – wo sich zwei Strandbäder befinden, allerdings sehr nahe an der Bahnlinie – ins berühmte **Pörtschach.** Seit dem 19. Jahrhundert ein viel besuchter Ort, lassen die **vielen Villen** darauf schließen, dass es schon seit Langem besser situierte Gäste sind, die hierher kommen. Pörtschach ist landschaftlich einzigartig am See, denn hier bildet eine **Landzunge** im Prinzip **zwei Buchten,** die man fast durchgehend auf einem Seeuferweg erkunden kann. Von der Spitze der Landzunge führt eine Brücke hinüber auf die sog. **Schlangeninsel.** Pörtschach weist ein großes Angebot an **Hotels, Pensionen und Lokalen** auf, die sich teilweise auch beim Jetset höchster Beliebtheit erfreuen. Es gibt ein **Strandbad** (www.promenadenbad-poertschach.at), diverse **Jachthäfen** und **Bootsanlegestellen,** von denen aus auch **Wassersport** möglich ist. Für die ultimativen Panoramafotos kann man sich nordwestlich des Ortes zur **Burgruine Leonstein** aufmachen oder unterhalb der **Hohen Gloriette** den Blick über den See schweifen lassen. Westwärts weiter am Ufer geht es über **Töschling** (auch hier gibt es ein Strandbad) und das **Schau-Kraftwerk Forstsee** (mit nettem Café) ins noble **Velden** (8 km), das den See abschließt (→ „Südufer“).

■ **Schau-Kraftwerk Forstsee,** Saag 15, A-9220 Techelsberg am Wörthersee, Tel. 0463 5258000, www.nekteo.eu/de/energieschauplatz/kaernten/schau-kraftwerk-forstsee, Ende April bis Ende Sept. Di–So (Juli und Aug. auch Mo) 10–18 Uhr, Eintritt frei, Führungen nach Voranmeldung.

Praktische Infos

■ **Tourismusinformation Pörtschach am Wörthersee,** Werzer Promenade 1, A-9210 Pörtschach am Wörthersee, Tel. 04272 2354, www.poertschach.gv.at.

■ **Hotel Schloss Leonstain**③, Leonstainerstraße 1, A-9210 Pörtschach am Wörthersee, Tel. 04272 2816, www.leonstain.at. Dieses Hotelresort in einem 1492 erbauten Schloss bietet Luxus pur und besitzt einen eigenen Seezugang. Die dazugehörige **Bar Leon Beach** ist ein Hotspot des Nachtlebens.

■ **Gasthof Pisl**①-②, Görtschach 5, A-9201 Krumpendorf, Tel. 04229 2794, www.pisl.at. Original Kärntner Hausmannskost in gemütlichem Ambiente.

■ **Restaurant Maria Loretto**②-③, Lorettoweg 54, A-9020 Klagenfurt, Tel. 0463 24465, www.restaurant-maria-loretto.at. Im ehemaligen Stall des Lustschlosses liegt dieses hervorragende Fischrestaurant.

Südufer

Wenn der Wörthersee die „österreichische Riviera“ darstellt, dann ist **Velden** ihr „Monte Carlo“. Mit seinem Casino, den schicken Hotels, dem exklusiven Nightlife und den hochpreisigen Luxusgeschäften ist Velden wahrlich **einer der exquisitesten Nobelorte des Landes.** Bekannt wurde er bereits im 19. Jahrhundert bei Sommerfrischlern der k.u.k. Monarchie, doch es war wohl nicht zuletzt die **TV-Serie „Ein Schloss am Wörthersee“** Anfang der 1990er-Jahre mit *Roy Black* (1943–91) in der Hauptrolle, die den Ort auch über die Grenzen der Alpenrepublik hinaus bekannt machte (das besagte Schloss – ein großes gelbes Gebäude im Stil der Neo-Renaissance – ist ein edles **Hotel** mit Spitzenrestaurant).

oes_155 sb

Das Südufer des Sees ist weniger befahren als der Norden, auch weil hier keine große Bundesstraße verläuft. Zunächst macht ein Abstecher nach **Schiefling** (der Ort verfügt über ein Strandbad am See) Sinn, denn eine Wanderung auf den **Kathreinkogel** (772 m, Start Ortsmitte Schiefling am Wörthersee, 3,5 Std., 250 Hm, mittel) bietet eine nette Alternative zum Badespaß. Wieder zurück am Wasser kommt man nach **Oberdellach,** das vor allem bei Golfspielern (kgcdellach.at) beliebt ist. Von hier ist es nur ein Steinwurf ins malerische **Maria Wörth,** das durch seine Halbinsel – auf der die Pfarrkirche und ihr gegenüber die Rosenkranzkirche thronen – zum meistfotografierten Ort des Wörthersees wurde. Das nahe **Reifnitz** nennt ein hübsches Strandbad sein eigen, das u. a. für SUP beliebt ist (sup.woerthersee.com/strandbad-reifnitz). Im Ort befinden sich ein Schloss und eine Burgruine. Östlich von Reifnitz liegt das kleine **Sekirn,** ab dem man zu einer Wanderung durch das **Hochmoor der Spintikteiche** aufbrechen kann. Bereits an der Stadtgrenze zu Klagenfurt gelegen, zieht das Strandbad in **Maiernigg** auch viele Hauptstädter an. Etwas oberhalb des Orts im Wald liegt das **Komponierhäuschen Gustav Mahlers** (1860–1911), der hier die Sommermonate 1900–07 verbrachte und seine Sinfonien Nr. 5 und Nr. 8 schrieb.

Eine Alternative zum Wörthersee ist der südlich gelegene **Keutschacher See,** der ebenfalls über ein umfassendes Freizeitangebot verfügt. Ausgangspunkt ist das reizende **Keutschach,** das man über die Seestraße ab Maria Wörth erreicht. Aus dem Ort führt eine Straße auf den 851 m hohen **Pyramidenkogel** (www.pyramidenkogel.info), auf dem ein 95 m hoher, **futuristischer Aussichtsturm** (mit integrierter Rutsche) steht; von nirgendwo sonst ist der Blick auf den Wörthersee eindrucksvoller.

Praktische Infos

- **Tourismusinformation Velden,** Villacher Straße 19, A-9220 Velden, Tel. 04274 38288, www.velden.gv.at.
- **Tourismusinformation Maria Wörth,** Seepromenade 5, A-9082 Maria Wörth, Tel. 04273 22400, www.maria-woerth.info.
- **Tourismusinformation Keutschach am See,** Keutschach 1, A-9074 Keutschach am See, Tel. 04273 24500, www.keutschach.gv.at.
- **Falkensteiner Schlosshotel Velden**③, Schlosspark 1, A-9220 Velden am Wörtherse, Tel. 04274 520000, www.falkensteiner.com/schlosshotel-velden. Dieses Hotel mit Blick über den See gehört zu den exklusivsten des Landes, hier bleibt de-

finitiv kein Wunsch unerfüllt. Wellness und Spa sind vom Allerfeinsten. Auch das **Restaurant Schlossstern**③ ist legendär – in dem Gourmettempel werden vor allem Spezialitäten der Alpe-Adria-Küche kreativ zubereitet.

■ **Barry Memle**②, Klagenfurter Straße 26, A-9220 Velden am Wörthersee, Tel. 0664 1442835, www.barry.at. Ebenfalls direkt am See gelegenes Hotel mit Zimmern und Apartments, Wellness- und Spa-Bereich sowie eigenem Strandabschnitt.

■ **Hotel Seehof**②, Kirchenweg 1, A-9082 Maria Wörth, Tel. 04273 2286, www.seehof.cc. Romantisches Hotel in einem Jugendstilgebäude. Privater Strandzugang.

Rosental (Rož)

Südlich von Velden fließt die **Drau** in Richtung Westen und bildet auf etwa 40 km Länge **zwischen Rosegg und der Mündung der Vellach bei Gallizien** das sog. Rosental (auf Slowenisch Rož), eine durch ihre liebliche Landschaft und die vielen Stauseen besuchenswerte Gegend. Südlich des Rosentals liegen die **Karawanken;** ihr Hauptkamm bildet seit 1919/20 die **Grenze zur slowenischen Gorenjska (Oberkrain).** Auch im Rosental leben viele slowenischsprachige Kärntner, entsprechend sind die meisten Orte hier **bilingual,** weshalb in der Folge im Text für alle Ortsnamen in Klammern auch die slowenischen Namen angegeben werden. Das Rosental ist als „Genussregion" ausgezeichnet, denn hier lebt die **Carnica-Biene,** deren **Honig** als typisch kärntnerisch gilt.

■ **Infos: Carnica-Region Rosental,** Tel. 04227 5119, www.carnica-rosental.at.

Feistritz (Bistrica) und Umgebung

Wer das Rosental von Westen her besucht, startet in **Rosegg,** wo das klassizistisch anmutende **Schloss der Adelsfamilie Liechtenstein** mit seinem wundervollen Mobiliar und einem **Irrgarten** im Schlosspark ein Anziehungspunkt ist. Der **Tierpark** des Schlosses (mit Pfauen, Lamas, Hirschen, Steinböcken usw.) ist sicherlich nicht nur für Familien mit Kindern äußerst spannend. Zwar gibt es Gehege, aber viele Tiere bewegen sich frei durch das Anwesen.

MEIN TIPP: **Schloss Rosegg,** Schloss Rosegg 1, A-9232 Rosegg, Tel. 04274 52357, www.rosegg.at, Labyrinth geöffnet Mai bis Sept. Mi–Fr 12–18 Uhr, Sa/So 10–18 Uhr, Eintritt 5 €, ermäßigt 3 €, Tierpark geöffnet April bis Okt. tägl. 9–18 Uhr, Eintritt 12 €, ermäßigt 7 €, Schloss nur nach Voranmeldung zugänglich.

Adobe Stock © Schlegelpictures

☒ Schroff und karg: Die Karawanken prägen den äußersten Süden Kärntens

☒ Bekannt auch aus dem Fernsehen: das edle Schlosshotel Velden

Moja južna Koroška – das slowenischsprachige Südkärnten

Ab dem 6. Jahrhundert siedelten **slawische Völker** in den damals dünn bevölkerten Flusstälern der Ostalpen. Aus diesen Siedlungen entwickelte sich das **Fürstentum Karantanien** mit seinem Zentrum Karnburg am Zollfeld, das in etwa Osttirol, Kärnten, die Steiermark, Teile Niederösterreichs und den Nordosten des heutigen Slowenien ausmachte. Ende des 8. Jahrhunderts fielen **Bajuwaren** und **Franken** ein und drängten die ansässigen Slawen nach Süden. Die germanische Besiedlung des gesamten Gebiets wurde nach dem Sieg *Ottos des Großen* über die Ungarn in der **Schlacht auf dem Lechfeld** im Jahre 955 fortgesetzt. Unter seinem Sohn *Otto II.* wurde Kärnten zum **Herzogtum.** Es folgten die Fürstengeschlechter der **Eppensteiner** und **Spanheimer** sowie für kurze Zeit die der **Přemysliden,** bis diese 1278 in der **Schlacht auf dem Marchfeld** von den **Habsburgern** geschlagen wurden. Schlussendlich wurde Kärnten als Teil von Innerösterreich 1335 habsburgisch. Doch die Region blieb **multiethnisch** geprägt und hatte **zahlreiche Sprachgruppen,** darunter die der Slowenen.

oes_158 dk

Das **Ende der Habsburgermonarchie** nach dem Ersten Weltkrieg führte zum Auseinanderbrechen des Österreichisch-Ungarischen Kaiserreiches auf der einen und zur Gründung des sog. **SHS-Staates** (Königreich der Serben, Kroaten und Slowenen, das spätere Jugoslawien), auf der anderen Seite. Eben dieser SHS-Staat beanspruchte schnell große **Gebiete Unterkärntens,** und bereits im November 1918 besetzten SHS-Truppen das Rosen-, das Gail- und das untere Lavanttal sowie Völkermarkt. Im **Friedensvertrag von Saint-Germain-en-Laye** wurde festgeschrieben, dass in den Regionen, in denen slowenischsprachige Kärntner lebten – damals 70% der Bevölkerung –, eine **Volksabstimmung** stattfinden sollte. Sie wurde am 10. Oktober 1920 zu 59% zu Gunsten eines Verbleibs bei Österreich entschieden.

Auch nach dem Zweiten Weltkrieg stellte **Jugoslawien** Gebietsansprüche an Kärnten. Im Mai 1945 besetzten Truppen *Titos* kurzzeitig Klagenfurt und Teile Südkärntens – in diese Zeit fiel auch das **„Massaker von Bleiburg"** (→ S. 492).

◁ Seit 2011 ist es amtlich: Zweisprachige Orte dürfen dies auch auf Ortsschildern kundtun

Doch schnell kehrte man zu den Grenzlinien aus Vorkriegszeiten zurück, und seit dem **Staatsvertrag** von 1955 stehen den nationalen Volksgruppen diverse **Rechte** inklusive Schulunterricht in ihrer Muttersprache gesetzlich zu.

Bis heute leben in weiten Teilen Südkärntens, aber auch in Mittelkärnten und südlich von Villach sowie im Gailtal **slowenischsprachige Kärntner** (Schätzungen gehen von bis zu 5% der Gesamtbevölkerung aus), die sich in diversen Kulturvereinen treffen und sogar über eine eigene politische Partei – die **Enotna Lista** – verfügen. Über viele Jahrzehnte wurde heftig über das Anbringen von **zweisprachigen Ortstafeln** diskutiert, doch ist dieser Streit spätestens seit 2011 beigelegt. Gemeinden, die über eine nennenswerte slowenischsprachige Bevölkerung verfügen, führen deshalb auch offiziell den slowenischen Ortsnamen.

In diesem Reiseführer werden sämtliche **Ortsnamen** zweisprachiger Gemeinden auf Deutsch und Slowenisch angegeben. Ein guter Einstieg für alle, die sich für slowenische Kultur in **Koroška** (so heißt „Kärnten" auf Slowenisch) interessieren, ist ein Besuch des **Kärnten Museums in Klagenfurt** (→ im Kapitel zur Landeshauptstadt) sowie des **k&k-Centers** in St. Johann im Rosental (Šentjanž v Rožu) – wo wechselnde Ausstellungen und kulturelle Events stattfinden.

■ **k&k,** St. Johann 33, A-9162 St. Johann im Rosental, Tel. 0463 51430013, www.kkcenter.at.

Im nahe gelegenen **Frög** informiert ein **Freilichtmuseum** (keltenwelt.at) über die keltische Besiedlung der Gegend. Direkt mysteriös mutet der kleine Ort **Maria Elend (Podgorje)** an, denn sowohl der Wallfahrtskirche als auch der **Wasserquelle auf dem Kapellenberg** (784 m) werden Wunder nachgesagt – das „Kapellenwasser" fließt aus einer steinernen Christusstatue heraus und soll eine besondere Heilwirkung bei Augenleiden haben. Für **Wanderungen** in der Umgebung sind der **Hahnkogel** (1753 m) und der **Kahlkogel** (1812 m) nicht zuletzt wegen der hier wachsenden **Narzissen** (Blütezeit Mitte/Ende Mai) beliebt (Start Parkplatz Rosenbach bei Schlatten, 5,5 Std., 1200 Hm, mittel). **Feistritz im Rosental (Bistrica v Rožu)** ist mit **2600 Einwohnern** einer der größeren Orte des Tals und auch Industriestandort. Wer sich für die Arbeit des Künstlers **Otto Kraigher-Mlczoch** (1886–1951) – Infos unter www.kraigherhaus.at – oder die **Krampus-Tradition** (in Österreich nennt man den „Knecht Ruprecht" *Krampus;* → Exkurs S. 296) interessiert, der findet dazu Museen im Ort. Der nahe gelegene **Feistritzer Stausee** ist besonders bei Spaziergängern und Fahrradfahrern angesagt, sein **Fischreichtum** lockt aber auch Angler an. Südlich von Feistritz erstreckt sich auf einer Länge von etwa 7 km das **Bärental** mit der **Klagenfurter Hütte** (Start Parkplatz Winkel, 3,5 Std., 500 Hm, mittel). Ab dort ist eine **Wanderung** auf den **Hochstuhl** – mit **2237 m** der höchste Gipfel der Karawanken – möglich (Start Klagenfurter Hütte, 2,5 Std., 550 Hm, schwierig, man überwindet etwa 550 m auf einem Klettersteig, Ausweis nicht vergessen, denn man überquert streckenweise die slowenische Grenze). Einfacher geht es auf den **Matschacher Gupf** (1685 m, Start Parkplatz Stouhütte, 4 Std., 750 Hm, mittel). Östlich von Feistritz zeigt die **Galerie Judith Walker** (www.galerie-walker.at) im **Schloss Ebenau** Kunstwerke zeitgenössischer Kärntner Künstler.

Praktische Infos

- **Informationsbüro Feistritz im Rosental,** Hauptplatz 126, A-9181 Feistritz im Rosental, Tel. 04228 20350, www.feistritz-rosental.gv.at.

Ferlach und Umgebung

Östlich des Feistritzer Stausees ist die Drau zum **Ferlacher Stausee** erneut aufgestaut und auch hier ist der **Fischreichtum** erheblich. Südlich des Stausees befindet sich der **Ferlacher Badesee,** der bestens für eine kurze Abkühlung geeignet ist. Am Nordufer des Stausees steht die markante **Hollenburg,** deren Inneres zwar nicht öffentlich begehbar ist, aber man kann ihren Burghof besuchen und genießt auch großartige Ausblicke hinunter ins Flusstal. In **Ferlach,** dem größten Ort des Rosentals, informiert das **Jagd- und Büchsenmachermuseum** (www.jagdmuseum-ferlach.at) über die Vergangenheit des Ortes als bedeutende Waffenproduktionsstätte. Aufschlussreich ist auch das **Historama** genannte Technikmuseum, zu dem die in den Sommermonaten fahrenden **Nostalgiezüge** (www.nostalgiebahn.at) zwischen Ferlach und Weizelsdorf gehören. Südlich von Ferlach liegt eine spektakuläre Bergregion, in der zunächst die wirklich einzigartige **Tscheppaschlucht** besucht werden sollte. Hier bewegt man sich auf Brücken, Steigen und Leitern (Schwindelfreiheit vorausgesetzt!) in etwa einer Stunde durch die grandiose Landschaft – das Highlight ist die **Teufelsbrücke über den Tschaukofall.**

MEIN TIPP: **Tscheppaschlucht Ferlach,** Unterloibl 65, A-9163 Unterloibl, Tel. 04227 3304, www.tscheppaschlucht-ferlach.at, Mai bis Okt. tägl. 8.30–17 Uhr, Eintritt 9,50 €, ermäßigt 6,50 €.

Die Bundesstraße verläuft weiter südwärts durch das **Loibltal** zum **Loibltunnel,** der die Grenze nach Slowenien markiert. Der früher so wichtige **Loiblpass** ist seit 1963 für Fahrzeuge gesperrt, kann aber erwandert werden (Start unterhalb des Tunnels, 3,5 Std., 300 Hm, mittel, Ausweis mitnehmen). Alternativ kann man das **Bodental** (www.naturerlebnis-bodental.at) besuchen, ein Hochtal, das sich südlich von **Windisch Bleiberg (Slovenj Plajberg)** erstreckt und ebenfalls zu grandiosen (grenzüberschreitenden) **Wanderungen** einlädt. Eines der vielleicht interessantesten Ausstellungshäuser für Kinder in ganz Kärnten befindet sich in **St. Margareten im Rosental** etwa 11 km östlich von Ferlach, nämlich das **Experimentierzentrum EXPI,** in dem physikalischen Phänomenen auf den Grund gegangen werden kann.

EXPI, Gotschuchen 34a, A-9173 St. Margareten im Rosental, Tel. 0660 4430332, www.expi.at, tägl. 13–18 Uhr, Eintritt 12,50 €, ermäßigt 9,50 €.

Südlich des Ortes sind erneut traumhafte **Bergtouren** möglich, z.B. auf den **Großen Plaß** (976 m, Start Parkplatz Wieserbauer in Gotschuchen, 5 Std., 700 Hm, schwer) und alternativ weiter auf den **Matzen** (1627 m, zusätzlich 2 Std., 400 Hm). Südöstlich von St. Margareten liegt der **Freibach-Stausee,** ein beliebter Badesee, und wer der Straße in Richtung Südwesten folgt, kommt nach **Zell-Pfarre (Sele-Cerkev),** einem der idyllischsten Bergdörfer Kärntens. Beliebte **Wanderungen** führen auf das **Ferlacher Horn** (1840 m, Start Franzbauer Zell-Oberwinkel, 4,5 Std., 900 Hm, Anspruch mittel) und den **Freiberg** (1922 m, Start Ortsmitte Zell-Pfarre, 4,5 Std., 950 Hm, schwer). Östlich von diesem erhebt sich der **Hochobir** (2139 m), der höchste Berg in dieser Gegend – Wanderungen sollten ab der **Eisenkappler Hütte** (www.eisenkapplerhuette.at) starten (Start Eisenkappler Hütte, 2,5 Std., 550 Std., mittel). Die östliche Begrenzung des Rosentals ist der kleine Ort **Gallizien** nördlich des Hochobir, der vor allem durch den nahe gelegenen **Wildensteiner Wasserfall** bekannt ist, den man nach einem kurzen Fußmarsch vom Parkplatz erreicht. Gleich in der Nähe befindet sich auch ein sog. **Flying Fox Park** (www.bergerlebnisee.at).

Praktische Infos

- **Informationsbüro Ferlach,** Kirchgasse 5, A-9170 Ferlach, Tel. 04227 2600, www.ferlach.at.

MEIN TIPP: **Camping Rosental Rož,** Gotschuchen 34, A-9173 St. Margareten im Rosental, Tel. 04226 8100, www.camping.rozweb.eu. Ausgesprochener Familiencampingplatz an einem Badesee. 430 Stellplätze und reiches Freizeitangebot.

Jauntal (Podjuna)

Bei Gallizien, wo die **Drau** in nordöstlicher Richtung fließt, mündet die in den Steiner Alpen entspringende **Vellach** in sie. Ab dieser Stelle bis zur slowenischen Grenze nennt man den Drau-Abschnitt Jauntal (auf Slowenisch Podjuna), seltener auch **Jaunfeld.** Neben Drau und Vellach fließt auch die **Gurk** durch das Tal und mündet bei Stein in die Drau. Die meistbesuchten Orte im Jauntal sind der **Klopeiner See** und der **Turnersee** sowie die Städte **Völkermarkt** und **Bleiburg.** Wie auch im Rosental ist ein Teil der Bevölkerung slowenischsprachig. Die Gegend ist für ihr **warmes Klima,** die vielen Sonnentage, die hiesige **Salami** (www.jauntalersalami.at) und den **Jauntaler Hadn** (Buchweizen) bekannt.

Klopeiner See und Umgebung

Der vergleichsweise **kleine See** – er ist 1,8 km lang, 800 m breit und an seiner tiefsten Stelle 48 m tief – ist einer der beliebtesten und sicherlich auch **attraktivsten Badeseen** Kärntens, nicht zuletzt weil er mit Wassertemperaturen von bis zu 29°C zu den **wärmsten Alpenseen** überhaupt zählt. Er verfügt über eine besonders auf Familien mit Kindern abgestimmte touristische **Infrastruktur:** Campingplätze, verschiedenste Hotels und Pensionen mit Badeanlagen, öffentliche Strandbäder u.v.m. Wer nicht ausschließlich zum Schwimmen anreist, kann auf der **Seepromenade** in etwa einer Stunde um den See spazieren oder ab **St. Kanzian,** dem Hauptort, zu unterschiedlichen **Erlebnis- und Fitness-Rundwegen** aufbrechen. Ein gut ausge-

oes_159 dk

bautes **Radwegenetz** ergänzt das Angebot. Den eindrucksvollsten Blick über den See hat man vom Gipfel des 625 m hohen **Georgibergs** südöstlich des Ufers, auf dem auch eine Wallfahrtskirche steht (Start Georgibergstraße in Unterburg, 2,5 Std., 150 Hm, leicht). Unmittelbar westlich des Klopeiner Sees liegt der **Kleinsee,** ein von einem Seerosen- und Schilfgürtel umgebener Natursee, der nur über wenige Stege zugänglich, aber aufgrund seines großen **Fischreichtums** vor allem bei Anglern beliebt ist. Der weiter südlich gelegene **Turnersee** stellt eine weniger frequentierte Alternative zum Klopeiner See dar; er ist noch kleiner, bietet aber ebenfalls Badespaß an mehreren Strandbädern und Campingplätzen. In der Umgebung lohnt sich ein Besuch des wunderbaren **Vogelparks:** Auf gut 20.000 m^2 tummeln sich hier über 300 verschiedene heimische und exotische Vogelarten. Auch einen Streichelzoo und eine Reptilienausstellung gibt es. Weiter südlich lädt das **Sablatnigmoor** (www.sablatnigmoor.at) zu entspannten Rundwanderungen ein, auf denen Ornithologen ebenfalls auf ihre Kosten kommen.

Speziell für Familien mit Kindern eine gute Urlaubsadresse: der entspannende Klopeiner See

MEIN TIPP: **Vogelpark Turnersee,** Vogelparkweg 8, A-9123 St. Primus, Tel. 04239 20577, www.vogelpark.at, Ende April bis Sept. tägl. 9–18 Uhr, Okt. 10–16 Uhr, Eintritt 14 €, ermäßigt 7 €.

Praktische Infos

- **Tourismusinformation Klopeiner See,** Schulstraße 10, A-9122 St. Kanzian am Klopeiner See, Tel. 04239 2222, www.suedkaernten.at/de/region/seen/klopeiner-see/.

MEIN TIPP: **Hotel Klopeinersee②**, Klopein Am See XIII/5, A-9122 St. Kanzian am Klopeiner See, Tel. 04239 2294, www.hotel-klopeinersee.at/de/hotel/strandhotel-klopeinersee. Optimal gelegenes Mittelklassehotel mit großzügigen Zimmern und privatem Strandbereich samt Liegewiese.

- **Camping Nord,** Klopein Am See X/a, A-9122 St. Kanzian am Klopeiner See, Tel. 04239 40055, campingnord.at. Direkt am See: 106 Stellplätze auf 1,6 Hektar mit dem üblichen Komfort.
- **See in Flammen,** Österreichs vielleicht spektakulärstes Seefest mit dem größten Feuerwerk des Landes findet Anfang Juli statt.

Eberndorf (Dobrla vas) und Umgebung

Keine 5 km vom Klopeiner See entfernt liegt **Eberndorf (Dobrla vas),** wo das prächtige ehemalige **Augustiner-Chorherrenstift** unbedingt besucht werden sollte. Seine Anfänge gehen auf die erste Hälfte des 12. Jahrhunderts zurück. 1446–76 wurde das Kloster mit einem Wall versehen und durch einen Graben gesichert; seine heutige Gestalt erhielt es 1751. Aktuell beherbergt es u.a. das Gemeindeamt, doch man kann Teile besichtigen und sollte dabei unbedingt den **eindrucksvollen Innenhof** mit den Arkaden besuchen. Nicht übersehen sollte man außerdem die hiesige **Stiftskirche Maria Himmelfahrt** und die **Ungnadkapelle** mit dem großen Relief.

Die Gegend um Eberndorf war bereits zu keltischen Zeiten besiedelt. Einen Einblick in dieses Erbe bekommt man auf dem 842 m hohen **Hemmaberg** (einer der ältesten Pilgerorte Europas), wo eine uralte Grabstätte freigelegt wurde. Unterhalb des Bergs liegt etwas westlich mit der **Rosaliengrotte** eine Felsnische mitsamt einer Quelle, die wohl schon zu römischen Zeiten für ihre Heilwirkung als Pilgerort bekannt war. Östlich des Hemmabergs, in **Globasnitz (Globasnica),** zeigt das Pilgermuseum (www.museum-globasnitz.at) archäologische Funde aus der Gegend. Ebenso beachtenswert ist im Ort die **Pfarrkirche mit** dem **Christophorus-Fresko** an der Westwand. Wer in luftigere Höhen will, folgt der Landstraße in Richtung Süden; hier bieten sich **Wanderungen** z.B. im **Leppental** oder auf die 1649 m hohe **Topitza** an (Start Alpengasthof Riepl-Tschemer, 4 Std., 600 Hm, mittel).

Praktische Infos

- **Info-Büro Eberndorf,** Kirchplatz 1, A-9141 Eberndorf, Tel. 04236 2242, www.eberndorf.at.
- **Buschenschenke Kordesch①**, Hof 4, A-9141 Eberndorf, Tel. 0664 1787636, www.buschenschenke-kordesch.at. Einfaches, nur zwischen April und Sept. geöffnetes Lokal mit großem Garten und einem Bauernladen.
- **Südkärntner Sommerspiele,** www.sommerspiele-eberndorf.at. Auf einer Freilichtbühne im Stift werden in den Sommermonaten Juli und August Komödien und Kabarett aufgeführt.

Bad Eisenkappel (Železna Kapla) und Umgebung

Etwa 14 km südlich von Eberndorf kommt man in die **Marktgemeinde Eisenkappel-Vellach (Železna Kapla-Bela).** Ihr Hauptort, das sympathische **Bad Eisenkappel (Železna Kapla),** war bis in die erste Hälfte des 18. Jh. ein Zentrum des **Eisen- und Salzhandels** und wurde nach dem Ersten Weltkrieg kurzzeitig von jugoslawischen Truppen besetzt. Im Ort sind vor allem die **gotische Pfarr-**

kirche und die Dorfmitte einen Besuch wert. Das **Peršman Museum** (www.persman.at) erinnert an elf Zivilisten, die von Angehörigen des lokalen SS-Polizeiregiments erschossen wurden, weil sie Partisanen Unterschlupf gewährten.

Die meisten Besucher kommen nach Bad Eisenkappel, um an einer geführten Tour durch die **Obir-Tropfsteinhöhle** – eine der schönsten des Landes – teilzunehmen. Man begeht die erst 1870 entdeckte Höhle auf einer Länge von 800 m und sieht dabei surreal geformte Stalagmiten und Stalaktiten, die durch multimediale Effekte noch intensiver wirken. Die Tour dauert **drei Stunden** und in der Höhle liegt die **Temperatur** ganzjährig bei konstanten 8°C. Auch von dieser Seite her lässt sich die bereits oben bei Ferlach erwähnte **Eisenkappler Hütte** (www.eisenkapplerhuette.at) erreichen, von der man den Hochobir erklimmen kann.

MEIN TIPP: **Obir-Tropfsteinhöhle,** Hauptplatz 7, A-9135 Bad Eisenkappel, Tel. 04238 8239, www.hoehlen.at, Mitte April bis Mitte Oktober, tägl. 9–15 Uhr, Besichtigung nach telefonischer Voranmeldung, Eintritt ab 21 €, ermäßigt 11 €.

Weitere wundervolle Naturgebiete sind die grenznahen Bergregionen wie der **Schaidsattel** und die sich anschließende **Trögerner Klamm** (Start Ortsmitte Ebriach, 4 Std., 350 Hm, leicht) südwestlich von Bad Eisenkappel oder südlich der **Seebergsattel** (1218 m), wo einen kurz vor **Bad Vellach** das riesige **überlebensgroße Felsbildnis** des heiligen Christophorus anblickt, und der aussichtsreiche **Kärntner Storschitz** (1759 m, Start Seebergsattel, 3,5 Std., 500 Hm, mittel). Nordöstlich dieser Region verläuft das stille **Remschenig-Tal** bis St. Margarethen, von wo eine grenzüberschreitende Wanderung auf den **Govca** (1928 m) möglich ist, bei der man auch die **Uschowa-Felsentore** passieren kann (Start Ortsmitte St. Margarethen, 8 Std., 1500 Hm, mittel, Ausweis mitnehmen).

Praktische Infos

- **Tourismusinformation Eisenkappel-Vellach,** Bad Eisenkappel 260, A-9135 Bad Eisenkappel, Tel. 04238 8686, www.bad-eisenkappel.info.
- **Kirchleintragen** (Bad Eisenkappel), Prozession am Abend vor Maria Lichtmess (1. Februar), auf der Kirchen aus Papier und Holz vor allem von Kindern zur Vellach getragen und dem Wasser übergeben werden.

Bleiburg (Pliberk) und Umgebung

Der **4100 Einwohner** zählende ehemalige Bergbauort **Bleiburg (Pliberk)** ist der **östlichste des Jauntals** und liegt nur wenige Kilometer von der slowenischen Grenze entfernt. Schön anzusehen sind der **Hauptplatz** mit seinem netten Bauensemble, die **Pfarrkirche,** das **Renaissance-Schloss** auf einem Hügel über der Stadt – hier vor allem die Kapelle – und die dem aus Wuppertal stammenden Künstler **Werner Berg** (1904–81) gewidmete Galerie (www.wernerberg.museum).

In schlechter Erinnerung bleibt Bleiburg wegen des **Massakers Mitte Mai 1945** – also bereits nach Ende des Zweiten Weltkriegs –, bei dem u.a. Angehörige der kroatischen und slowenischen Heimwehr sowie Mitglieder der faschistischen Ustascha und deutsche Wehrmachtsoldaten von britischen Besatzungssoldaten an **jugoslawische Parti-**

sanen ausgeliefert wurden, die ihre Gefangenen dann zu Tausenden durch Hinrichtungen, auf Todesmärschen u.Ä. töteten. Speziell in **Kroatien** haben die Ereignisse den Stellenwert einer **nationalen Tragödie,** der man am 15. Mai gedenkt – kroatische (und andere) **Rechtsradikale und Faschisten** inszenieren dazu alljährlich in Bleiburg eine Art „Aufmarsch" mit (verbotenen) Insignien, Flaggen, Uniformen etc. (immer wieder wird versucht, das hässliche Treiben zu untersagen). Wer sich für die Geschichte des Ortes insgesamt interessiert, sollte das **Historische Museum** besuchen.

■ **Historisches Museum Bleiburg,** Mießbergstraße 15, A-9150 Bleiburg, Tel. 04235 2052, www.museum-bleiburg.info, Besuch nach Voranmeldung, Eintritt frei (kleine Spende erwünscht).

Auch aktive Gäste kommen in Bleiburg auf ihre Kosten. So gibt es z.B. sog. **Kunstradwege,** die u.a. über die sensationelle, 140 m lange und 45 Tonnen schwere **Hängebrücke St. Lucia** führen. Südwestlich der Stadt liegt das kleine **Feistritz ob Bleiburg (Bistrica pri Pliberku),** ein wichtiger Ort in der Geschichte der slowenischen Autonomiebestrebungen, denn hier fanden seit 1870 die sog. Tabor-Kundgebungen statt. Südlich des Ortes erstreckt sich das **Petzenmassiv** (www.petzen.net), das per Seilbahn zu erreichen ist und sowohl Wanderern als auch Skifahrern einiges bietet. Bewegt man sich von Bleiburg nordwärts, sollte man unbedingt die 430 m lange und 96 m hohe **Jauntalbrücke** bestaunen, die über die Drau führt und ein idealer Platz für **Bungee-Sprünge** (www.bungy.at/de/jauntal) ist. Nach knapp 12 km erreicht man **Neuhaus,** wo das **Museum Liaunig** eine einmalige Kunstsammlung in einem außergewöhnlichen Bau aus Stahl und Beton in herrlicher Lage zeigt.

■ **Museum Liaunig,** Neuhaus 41, A-9155 Neuhaus, Tel. 04356 21115, www.museumliaunig.at, Ende April bis Okt. Mi–So 10–18 Uhr, Eintritt 15 €, ermäßigt 11 €.

Praktische Infos

■ **Informationsbüro Bleiburg,** 10. Oktober Platz 1, A-9150 Bleiburg, Tel. 04235 2110, www.bleiburg.gv.at.

■ **Camping Pirkdorfer See,** Pirkdorf 29, A-9143 Feistritz ob Bleiburg, Tel. 04230 321, www.pirkdorfersee.at. Tolle Lage direkt am großen Pirkdorfer Badesee. 30 parzellierte Stellplätze.

■ **Brauhaus Breznik**①-②, 10. Oktober Pl. 9, A-9150 Bleiburg, Tel. 04235 2026, brauhaus.breznik.at. Gemütliches Wirtshaus mit klassischer Kärntner Küche und herrlichem Bier. Im angeschlossenen Hotel kann man auch übernachten①-②.

Völkermarkt und Umgebung

Die Stadt **Völkermarkt** ist mit ca. **11.000 Einwohnern** die größte im Jauntal. Sie liegt nördlich der Drau auf einer ausgeprägten Schotterterrasse, die nach drei Seiten hin steil abfällt. Es war Ende des 11. Jahrhunderts, als Graf *Engelbert von Spanheim* den **Kaufmann Volko** aus Rheinfranken beauftragte, hier eine Marktsiedlung zu errichten, die dann **Volchimercatus** („Markt des Volko") genannt wurde. Der hübsche, **biedermeierlich wirkende Hauptplatz** mit dem durchfahrbaren Rathaus sowie einer **Kunstgalerie** (www.galerie-magnet.at) mit Werken bekannter Kärntner Künstler stellt die Hauptsehenswürdigkeit dar, doch sollte man auch das **Denkmal** zur Volksabstimmung von 1920 und das nahe gelegene **Bezirksheimatmuseum** in Augenschein nehmen.

Südlich der Stadt liegt der **Völkermarkter Stausee,** mit 21 km Länge das drittgrößte Gewässer Kärntens. Er erfreut sich besonders bei **Ruderern und Anglern** großer Beliebtheit, Baden hingegen ist wegen der niedrigen Wassertemperatur – der See erreicht kaum 18°C – eher unpopulär.

Nordöstlich von Völkermarkt folgt **Haimburg** mit der **Heunburg** in der Umgebung, wo regelmäßig Theaterstücke inszeniert werden (www.heunburg theater.at). In Richtung Norden erreicht man nach etwa 10 km **Diex,** das bereits zur Saualpe gehört und speziell für seine, im Dorfkern gelegene, **imposante Wehrkirche** mit hohen Verteidigungsmauern und Wehrgängen bekannt ist. Aus dem Ort bieten sich zahlreiche wunderbare **Wanderungen** an, z.B. auf den **Zauberkogel** (1213 m, Start Parkplatz Diex, 2,5 Std., 200 Hm, leicht, familienfreundlich) oder auf den **Sapotnigofen** (1414 m, Start Parkplatz Diex, 2 Std., 300 Hm, leicht, familienfreundlich).

oes_160 dk

Einen weiteren Höhepunkt stellt der Ort **Griffen** etwa 5 km östlich von Haimburg dar, über dem eine **Burgruine** pittoresk auf einem Kalksteinfelsen thront. Neben dem einzigartigen Ortsbild ist die hiesige **Tropfsteinhöhle** (nur mit Führung zu besuchen) sehr reizvoll, in der außergewöhnlich **farbenprächtige Gesteinsformationen** zu bewundern sind – sie gilt als die „bunteste Tropfsteinhöhle Österreichs“. Griffen ist auch als Geburtsort des Schriftstellers **Peter Handke** (1942) bekannt – im Stift widmet sich eine Dauerausstellung dem Literaturnobelpreisträger von 2019.

Mein Tipp: **Tropfsteinhöhle Griffen,** Kirchplatz 1, A-9112 Griffen, Tel. 0664 9154890, tropfsteinhoehle.at, Mai bis Sept. tägl. 10–15 Uhr, Okt. Sa/So 10–15 Uhr (Führungen nach Voranmeldung), Eintritt 9,50 €, ermäßigt 5,50 €.

Praktische Infos

- **Informationsbüro Griffen,** Hauptplatz 1, A-9112 Griffen, Tel. 04233 2247, www.griffen.gv.at.
- **Informationsbüro Völkermarkt,** Hauptplatz 1, A-9100 Völkermarkt, Tel. 04232 2571, voelker markt.gv.at.
- **Stauseecamping,** Dullach 8, A-9100 Völkermarkt-Dullach, Tel. 0650 2644996, www.stausee camping.at. Vor allem bei Anglern dank seiner Lage direkt am Stausee beliebter Campingplatz mit 70 Plätzen.

Lavanttal

Der **Osten Kärntens** wird vorrangig durch den **Gebirgszug der Koralpe** – die natürliche Grenze zur Steiermark – und das westlich davon liegende Lavanttal gekennzeichnet. Das Tal ist nach der **Lavant** benannt, einem linksseitigen Nebenfluss der **Drau,** die ihren Ursprung unterhalb des steirischen Zirbitzkogels hat und danach 71 km südwärts bis Lavamünd fließt, wo sie in die Drau mündet. Das Lavanttal begrenzen die **Seetaler Alpen** und im Westen die **Saualpe,** weshalb es fast gänzlich von Erhöhungen eingefasst ist, was wiederum ein sehr eigenes, der Landwirtschaft zuträgliches, **trockenes Klima** fördert. Entsprechend ist die Region in Kärnten für ihr **Obst** (speziell Äpfel für Most- und Schnapsererzeugnisse) und **Gemüse** (vor allem der hiesige **Spargel** ist sagenhaft) bekannt, und auch **Weinreben** gedeihen hier, immerhin gilt die Gegend als das Weinanbaugebiet des Bundeslandes schlechthin. Aufgrund seiner lieblichen und doch eindrucksvollen Landschaft kann man das Lavanttal durchaus als **eines der Wanderparadiese Österreichs** bezeichnen, gerade zu Beginn des Sommers, wenn die Almrauschblüte die Almen mit einem leuchtend roten „Teppich" überzieht!

■ **Infos: Tourismus Information Lavanttal,** Tel. 04352 2878, www.region-lavanttal.at.

☒ Nettes Stadtbild: Einen Spaziergang durch Völkermarkt bereut man sicher nicht

St. Paul und Umgebung

Lavamünd stellt den südlichsten Punkt des Lavanttals dar, hier mündet die Lavant in die Drau. Bestens geeignet ist der Ort für Ausflüge in die **Koralpe** und hinüber in die Steiermark (Soboth liegt gerade einmal 20 km östlich und ist über die herrliche **Panoramastraße B69** erreichbar). Nordwestlich von Lavamünd, in **St. Paul,** hat das berühmte **Benediktinerstift** unbedingt einen Besuch verdient. Ende des 11. Jahrhunderts von Graf *Engelbert von Spanheim* in 400 m Höhe auf einer Felskuppe erbaut und im 17. Jahrhundert größtenteils im barocken Stil umgestaltet, gehört es zu den schönsten Klosteranlagen Kärntens. Höhepunkte sind die **Klosterkirche** mit ihren zwei hohen romanischen Türmen und dem aufwendig im Stil von **Barock und Rokoko** gestalteten Inneren, die Kapellen und der Stiftsgarten. Auch „Kirchenmuffel" finden Beschäftigung, befindet sich im Stift doch eine **außergewöhnliche Kunstsammlung** mit Bildern herausragender Meister wie *Peter Paul Rubens, Anthonis van Dyck, Albrecht Dürer* und *Hans Holbein.* In den Sommermonaten finden im Kloster regelmäßig **Konzerte** (www.kuso-stpaul.com) statt. Einen großartigen Blick auf das Stift hat man vom nahen **Johannesberg.**

■ **Benediktinerstift St. Paul,** Hauptstraße 1, A-9470 St. Paul im Lavanttal, Tel. 04357 201922, stift-stpaul.at, Mai bis Okt. Mi–So 10–17 Uhr, Eintritt 13 €, ermäßigt 6,50 €.

In der Umgebung kann man im **Obstbaumuseum** nördlich von St. Paul oder auf dem **Mostlandwanderweg** der landwirtschaftlichen Bedeutung der Gegend

Das Lavanttal – der „Big Apple" Kärntens

Das Lavanttal ist speziell für den **Anbau von Äpfeln** berühmt, und Herz dieses als „Genussregion" ausgezeichneten Landstrichs ist **St. Paul.** Besonders schön ist die Gegend im **Frühsommer,** wenn mehr als eine **halbe Million Obstbäume blühen** und das ganze Tal in einen einzigen Apfelblütenrausch verwandeln. Vor Ort werden durchaus „exotische" **Sorten** gezüchtet, die so spannende Namen wie „Bohnapfel", „Lavanttaler Banane", „Maschanska" oder „Renetten" tragen. Man genießt die Früchte einfach so, aber sie werden auch zu **Saft, Essig** und natürlich dem überaus beliebten **Most** – er wird hier „Lavanttaler Apfelwein" genannt – oder spritzigem **Apfelfrizzante** (ähnlich dem Cidre) verarbeitet. Man kann diese alkoholischen Getränke in einer der vielen urigen **Buschenschänken** probieren. Wer mehr zum Thema Lavanttaler Äpfel erfahren möchte, sollte auch den **Zogglhof** besuchen, wo man wahrlich alles Wissenswerte über die „Mostbarkeiten" erfährt.

■ **Infos** unter www.region-lavanttal.at/region-mit-genuss/buschenschenken/.
MEIN TIPP: **Zogglhof,** Hundsdorf 2, A-9470 St. Paul im Lavanttal, Tel. 04357 3141, mostbarkeiten.at.

auf den Grund gehen. Um die biblische Paradiesfrucht geht es auf dem „Apfelfest" Ende September in **St. Georgen** östlich von St. Paul. Der Ort bietet sich zudem perfekt für **Ausflüge** an, z. B. auf den 1447 m hohen **Brandl** (per Auto zu erreichen, vom Parkplatz gelangt man in rund 30 Minuten zur Aussichtsplattform). Wer allerdings den höchsten Gipfel der Koralpe, den 2140 m hohen **Großen Speikkogel,** erreichen möchte, der sollte sich nach **St. Ulrich** aufmachen, von wo eine kurvenreiche Straße fast bis zum Gipfel hinaufführt (Start Ortsmitte St. Ulrich, 7 Std. 1400 Hm, mittel, Kondition ist wichtig). Westlich von St. Ulrich liegt mit **St. Andrä** ein früher wichtiger Bischofssitz – bis das Bistum 1859 ins heute slowenische Maribor verlegt wurde –, von dessen Bedeutung noch heute die **Bischofsresidenz** und das **Jesuitenkolleg** Zeugnis ablegen. Die sehenswerteste Kirche im Ort ist die **Wallfahrtskirche Maria Loreto** mit zwei Zwiebeltürmen.

Praktische Infos

■ **Informationsbüro St. Paul,** Platz St. Blasien 1, A-9470 St. Paul im Lavanttal, Tel. 04357 2017, sanktpaul.at.

■ **Chalets Brandlalm**③, Gundisch-Nord 51–55, A-9423 St. Georgen/Gundisch, Tel. 0664 2813027, www.brandlalm.at. Exklusiv ausgestattete Chalets mit Sauna und Tiny Houses mitten in der Koralpe.

■ **Gasthaus Sieber**②, Lamm 51, A-9433 St. Andrä im Lavanttal, Tel. 04358 3150. Kärntner Küche vom Feinsten und das an der beliebten Saualm-Aussichtsstraße.

[>] In der Ortsmitte von St. Paul nicht zu übersehen: die Dom- und Stadtpfarrkirche St. Andrä

oes_161 dk

■ **Gasthof Johannesmesner①**, Johannesberg 2, A-9470 St. Paul im Lavanttal, Tel. 04357 2300, www.johannesmesner.at. Jausen und regionale Gerichte werden hier mitten im Herzen des Lavanttals serviert. Auch Gästezimmer gibt es.
■ **Genussladen,** Schwarzviertler Straße 2, A-9470 St. Paul im Lavanttal, Tel. 04357 28987. Das Einkaufseldorado für Produkte aus dem Lavanttal.

Wolfsberg und Umgebung

Der **nördliche Abschnitt** des Lavanttals ist enger als der südliche Teil. Zentrum dieser Region ist **Wolfsberg,** mit **25.100 Einwohnern** die drittgrößte Stadt Kärntens. Einst ein Bollwerk des Protestantismus, bietet die Stadt einige **historische Überbleibsel** aus ihrer lebendigen Vergangenheit. Zuerst fällt das markante **Schloss** auf dem Hügel im Norden der Stadt auf, ursprünglich eine vom Bistum Bamberg Anfang des 11. Jahrhunderts erbaute Burg und heute nur für Hochzeiten und Events zu mieten; im angeschlossenen **Restaurant** kann man sehr gut speisen. Das Zentrum von Wolfsberg befindet sich am und um den **Hohen Markt,** wo neben der Pestsäule auch das Rathaus steht. Östlich schließt sich der **Getreidemarkt** an, auf dem der **Reckturm** der letzte verbliebene des ehemaligen Stadtwalls ist. Es macht Freude, durch dieses Viertel nach Süden zu spazieren und den Charme der alten Gassen mit ihren Bürgerhäusern auf sich wirken zu lassen. Hält man sich vom Hohen Markt westwärts, überquert man sogleich die Lavant und gelangt in die sog. **Untere Stadt,** wo man die **Sporergasse** und im Süden das **Schloss Bayerhofen** mit seinem Arkadenhof besuchen sollte.

Die Umgebung von Wolfsberg ist für ihren Weinbau bekannt; wer mehr erfahren möchte, wandert den rund 6,5 km langen **Weinlehrpfad** entlang (Start Bahnhof Wolfsberg, 2,5 Std., 200 Hm, leicht). Doch die Stadt ist aufgrund ihrer privilegierten Lage auch für Aktivitäten in den umliegenden Bergen der perfekte Ausgangspunkt. Die beiden für Sommer- und auch für Wintererkundungen beliebten Gebiete östlich der Stadt sind das über Rieding zu erreichende **Ski- und Wandergebiet Koralpe** (www.koralpe-kaernten.at) und die weiter nördlich an der steirischen Grenze gelegene **Weinebene** (www.weinebene.at), die sich auch bei Langläufern großer Beliebtheit erfreut. Eine Alternative für **einfache Wanderungen** in der lieblichen Natur ist die bereits in der Saualpe gelegene Region um St. Margarethen im Lavanttal und Preims.

Praktische Infos

- **Tourismusinformation Wolfsberg,** Minoritenplatz 1, A-9400 Wolfsberg, Tel. 04352 3340, www.tourismus-wolfsberg.at.
- **Schloss Wolfsberg**②-③, Schloss 1, A-9400 Wolfsberg, Tel. 04352 36100, www.schloss-wolfsberg.info. Edles Dekor gepaart mit feinster Gastronomie.

MEIN TIPP: **Haus der Region Wolfsberg,** Getreidemarkt 3, A-9400 Wolfsberg, Tel. 04352 35155, www.hausderregion.at. Typische Produkte aus dem Lavanttal gefällig? Bitte sehr!

Bad St. Leonhard und Umgebung

Im **äußersten Nordosten** Kärntens verengt sich das Tal nochmals – hier sind auch die **Seetaler Alpen** präsent. Folgt man der Bundesstraße aus Wolfsberg nordwärts, erreicht man das kleine **Twimberg,** in dessen Umland das **Schloss Waldenstein** steht, eine wiederum von Bamberger Bischöfen gegründete Burg, die im 15. Jahrhundert zum Schloss im gotischen Stil umgebaut wurde. Von Twimberg geht es ostwärts an die **steirische Grenze,** die man entweder über den **Packsattel** (1169 m) – diesen Abschnitt nennt man gewöhnlich **Packalpe** – oder etwas südlicher über die **Hebalm** (→ S. 575) überquert. Auf dem Kamm der Koralpe verlaufen unterschiedliche **Wanderrouten,** z.B. von der Hebalm zur **See Eben,** einem Torfmoosgebiet (Start Hebalm, 4 Std., 500 Hm, mittel). Folgt man hingegen der B78 von Twimberg nach Norden, erreicht man **Bad St. Leonhard,** einen ehemaligen Bergbauort, über dem sich die bedrohlich wirkende **Burgruine Gomarn** erhebt. Im Ort machen die **Pfarrkirche,** die **Kunigundkirche** und die beiden **Schlösser Lichtengraben** und **Ehrenfels** (beide nur von außen zu besichtigen) Eindruck.

Ab Bad St. Leonhard geht es gen Norden über **Reichenfels** in die Steiermark – bis **Judenburg** sind es 32 km. Westlich zieht sich der Mittelgebirgszug der **Saualpe** in Richtung Süden. Größere Siedlungen gibt es hier nicht, entsprechend verlaufen auch kaum Straßen durch die Gegend. Eine Ausnahme bildet die Landstraße, die von Bad St. Leonhard nach Westen führt. Man überwindet auf ihr das 1644 m hohe **Klippitztörl** (mit Sommerrodelbahn); **Wanderungen** führen z.B. auf die **Forstalpe** (2034 m, Start Klippitztörl, 1,5 Std., 400 Hm, leicht, familientauglich) oder den **Ladingerspitz** (2079 m, Start Klippitztörl, 7 Std., 650 Hm, mittel). Nördlich des Ortes liegt mit dem **Hohenwart** (1818 m) ein kleines, selten volles **Skigebiet** (www.klippitz.at).

Praktische Infos

■ **Informationsbüro Bad St. Leonhard im Lavanttal,** Hauptplatz 46, A-9462 Bad St. Leonhard im Lavanttal, Tel. 04350 2218, bad-st-leonhard-i-lav.at.

Mittelkärnten

Anders als in praktisch allen übrigen Bundesländern Österreichs bildet die Landeshauptstadt Klagenfurt nicht das **historische Kernland des Bundeslandes.** Dieses liegt weiter nördlich und umfasst in etwa die **Bezirke St. Veit und Feldkirchen,** wobei das Herz der Region das **Zollfeld** und die Stadt St. Veit ausmachen. Nördlich davon erstrecken sich das **Görtschitztal,** das **Gurktal** und das **Metnitztal,** die grob zwischen der Saualpe im Osten, den Gurktaler Alpen im Norden und den Ossiacher Tauern im Südwesten verlaufen. Wer diese Region Kärntens besucht, tut es in erster Linie aus Interesse an den **vielen kulturhistorischen Zeitzeugnissen.** Die Anzahl an **Schlössern und Burgen** ist geradezu schwindelerregend, ebenso findet sich eine beachtliche Zahl an **Sakralbauten,** von denen einige zu den ältesten der Ostalpen gehören.

In der **alten Hauptstadt St. Veit** hatten einst die Herzöge des Landes ihre Residenz, die nahe gelegene **Burg Hochosterwitz** präsentiert sich sensationell malerisch. In **Maria Saal am Zollfeld** sollte man der Wehrkirche einen Besuch abstatten, nördlich des Ortes wiederum steht der alte, gemauerte **Herzogstuhl,** wo im Mittelalter die herzöglichen Gerichtstage abgehalten wurden. Im nördlich davon liegenden **Görtschitztal** finden sich Reste der keltisch-römischen Besiedlung und man bekommt interessante Einblicke in den hier einst so lukrativen Bergbau geboten. Das **Gurktal** und das **Metnitztal** bieten Wanderern fantastische **Touren,** stellenweise ist auch Skifahren möglich, doch die Hauptsehenswürdigkeit ist der **Dom in Gurk,** in dessen Krypta sich das Grab der heiligen *Hemma* befindet.

Wer Mittelkärnten nicht mit eigenem Fahrzeug bereist, findet zumindest zwischen Feldkirchen, St. Veit und den meisten Orten des Görtschitztals und des Krappfelds relativ gute Verbindungen mit **Bus und Bahn,** nur in den bergigeren Abschnitten des Gurk- und Metnitztals verkehren die Busse seltener.

■ **Infos: Tourismusinformation Mittelkärnten,** www.mittelkaernten.at.

St. Veit und Umgebung

Kärnten Mitte ist, wie oben erwähnt, die historisch wichtigste Kulturlandschaft des Bundeslandes und **St. Veit** ist ihr Zentrum. Die **12.300 Einwohner** zählende, an der **Glan** gelegene Stadt wurde angeblich im Jahr 901 aus Anlass eines Angriffs der Ungarn gegründet und war in der Folge **Residenz der Kärntner Herzöge,** also de facto Hauptstadt, bis die „hohen Herren" 1518 nach Klagenfurt umzogen. Danach verlor die Stadt zwar an politischer Bedeutung, blieb aber ein **wirtschaftliches Zentrum,** denn der Handel mit Eisenerz blühte

Kärntner Weine – wer hätte das gedacht?

Wenn man über österreichischen Wein spricht, so denken die meisten in der Regel an die edlen Tropfen aus Niederösterreich oder Wien bzw. aus dem Burgenland und der Steiermark. Kärnten kommt da kaum vor. Doch auch im südlichsten Bundesland der Alpenrepublik gedeihen **großartige Trauben,** die zu beachtlichen Weinen gekeltert werden. Dies ist übrigens seit dem 11. Jahrhundert der Fall, der Kärntner Wein galt im Mittelalter als einer der besten des Landes. Doch hohe Steuern und Zölle sowie eine Pilzkrankheit ließen die Weinkultur bis zum 19. Jahrhundert fast gänzlich verschwinden. Erst ab den 1970er-Jahren versuchten es Winzerpioniere erneut; mit einer **Anbaufläche** von insgesamt etwa **130 Hektar** finden sich Weingärten heutzutage in allererster Linie im Lavanttal, aber auch im Raum St. Veit oder an der Stadtgrenze Klagenfurts. Spannend: Der hiesige Weinbau erfolgt geografisch bedingt auf einer Höhe **zwischen 400 und 750 m** und ist damit höher angesiedelt als die meisten anderen österreichischen Weingebiete. Dadurch reifen die Reben später und haben somit einen **sehr ausgewogenen Säuregehalt** und ein ausgesprochen **fruchtig-frisches Aroma.** 80% der Kärntner Gesamtproduktion, sie entspricht mehr als 500.000 Liter pro Jahr, entfallen auf **Weißweine,** vor allem der Sorten Chardonnay, Weißburgunder, Grauburgunder, Sauvignon Blanc und Riesling, während die restlichen 20% **Rotweine** (speziell Zweigelt und Blauer Burgunder/Pinot Noir), aber auch **Schaumweine** in Form von Frizzante sind.

■ Mehr **Infos** unter weinauskaernten.at.

und auch zahlreiche Handwerker und Gewerbetreibende waren hier ansässig. Erst 1829 kam der Niedergang, als bei einem schlimmen **Feuer** große Teile der Stadt zerstört wurden und viele Bewohner in andere Orte übersiedeln mussten. Mit der Anbindung an das neue Schienennetz ab 1866 verbesserte sich die Situation wieder und St. Veit erholte sich rasch durch den aufblühenden **Holzhandel.** Heute präsentiert sich die Stadt als geschichtsträchtige Perle mit einem wunderbaren Bauensemble, das man am besten auf einem Spaziergang erlebt. Der **Hauptplatz** – auch Oberer Platz genannt – bildet das Herzstück des rechteckig angelegten Stadtkerns. Hier stehen das spätgotische **Rathaus** mit der Stuckfassade, dessen Anfänge auf das 15. Jahrhundert zurückgehen, der Schüsselbrunnen und die Pestsäule. Nordöstlich der Verlängerung des Hauptplatzes – hier Unterer Platz genannt – erhebt sich die **Pfarrkirche** und noch ein Stückchen weiter nordöstlich erreicht man über die Burggasse die **Herzogburg,** ein Veranstaltungsort mit Kunstgalerie. Thematisch vielfältig und sehr interessant ist das **Verkehrsmuseum.** Ein außergewöhnliches Gebäude ist das weiter nördlich gelegene **Kunsthotel Fuchspalast,** das von dem Wiener Künstler *Ernst Fuchs* (1930–2015) gestaltet wurde und ein bisschen wie ein Palast der Schlümpfe wirkt. Westlich von St. Veit liegt die Burg Taggenbrunn (taggenbrunn.at) mit einer Mischung aus Ausstellungen und Gastronomie.

[>] Filmkulisse in Hollywood? Nein, es ist die Burg Hochosterwitz

■ **Verkehrsmuseum,** Hauptplatz 29, A-9300 St. Veit an der Glan, Tel. 04212 28995, www.museum-stveit.at, Mai, Juni und Sept. Mo, Do, Fr und Sa/So 10–12 und 14–18 Uhr, Juli und Aug. tägl. 10–18 Uhr, Eintritt 9 €, ermäßigt 4,50 €.

Praktische Infos

■ **Tourismusinformation St. Veit an der Glan,** Unterer Platz 10, A-9300 St. Veit an der Glan, Tel. 04212 45608, www.sv.or.at.

■ **Kunsthotel Fuchspalast**①-②, Prof.-Ernst-Fuchs-Platz 1, A-9300 St. Veit an der Glan, Tel. 04212 46600, www.hotel-fuchspalast.at. Mehr als nur übernachten – das extravaganteste Hotel in St. Veit ist innen wie außen ein Kunstwerk.

■ **Brunnerhof**①, Pirkfeld 1, A-9300 St. Veit an der Glan, Tel. 0664 4300556, brunnerhof.cc. Sehr angenehmer Buschenschank mit einladendem Gastgarten.

MEIN TIPP: **Wirtshaus Gelter**②, Goggerwenig 8, A-9300 St. Veit an der Glan, Tel. 0412 36878, www.wirtshaus-gelter.at. Noch mehr Kärnten als in diesem Wirtshaus geht in kulinarischer Hinsicht kaum! Das Bier kommt seit Ende 2015 aus der hauseigenen Brauerei (es wird eine lehrreiche Führung angeboten). Sympathisch!

■ **Wiesenmarkt,** www.wiesenmarkt.at. Eines der größten Volksfeste Kärntens (im Frühherbst).

Burg Hochosterwitz und Umgebung

Das Umland von St. Veit ist gespickt mit Burgen und Schlössern bzw. deren Ruinen. Zu den beeindruckendsten gehören das märchenhafte **Schloss in Frauenstein** – es entstand Anfang des 16. Jahrhunderts –, das aber leider nicht öffentlich zugänglich ist, und die in der Nähe gelegenen **Schlossruinen in Kraig.** Doch die eindrucksvollste Festung weit und breit, ja vielleicht eine der großartigsten in ganz Österreich, ist die bereits aus dem 9. Jahrhundert stammende und

Adobe Stock © ako-photography

später erweiterte **Burg Hochosterwitz,** die hoch oben auf einem Kalkfelsen thront. Man erreicht sie am besten zu Fuß, durch die 14 Tore oder per Liftbahn. Möglich ist es hier, die **unbeschreibliche Aussicht** zu genießen und die **Hochburg** mit verschiedenen **Kunstausstellungen,** die **Waffenkammer** und die **Burgkirche** zu besuchen, etwas über das mittelalterliche Handwerk zu erfahren oder im **Burgrestaurant** einzukehren.

MEIN TIPP: **Burg Hochosterwitz,** Hochosterwitz 1, A-9314 Launsdorf, Tel. 04213 2010, www.burg-hochosterwitz.com, April und Mai sowie Sept. und Okt. tägl. 10–17 Uhr, Juni bis Aug. tägl. 9–18 Uhr, Eintritt 18 €, ermäßigt 11 €.

Erholung verspricht die Gegend um den **Längsee** (auch Baden ist hier möglich) etwas weiter nördlich, die zu Wanderungen ab **St. Georgen** einlädt, und auch das ehemalige **Stift der Benediktinerinnen** lohnt einen Blick.

Strandbad St. Georgen am Längsee, Längsee Landesstraße 46, A-9313 St. Georgen am Längsee, Tel. 04213 2237, www.st-georgen-laengsee.gv.at, Mitte Mai bis Sept. tägl. 8–19 Uhr, Eintritt 4,80 €, ermäßigt 2,80 €.

Verlässt man St. Veit Richtung Westen entlang der Glan, begegnen einem weitere historische Zeitzeugen, darunter das **Schloss Rosenbichl,** die **Burgruine Liebenfels** bei Pulst (mit zwei massiven Bergfrieden aus dem 13./14. Jahrhundert) und die **Ruine Gradenegg,** die im Unterschied zu den beiden vorgenannten frei zugänglich ist. Speziell für Theateraufführungen, Konzerte und andere Events, aber auch Führungen dient die **Burgruine in Glanegg** (www.burg-gla

Adobe Stock © hofi777

negg.at) als Kulisse – sie ist eine der größten in Kärnten und liegt etwa 9 km von Feldkirchen entfernt.

Praktische Infos

- **Gasthaus Zum Simale**②, Kreuth 12, A-9556 Liebenfels, Tel. 0664 4301060, www.aufderwegscheide.at. Man kocht hier auf 1134 m Höhe nach überlieferten Rezepten altbekannte Klassiker.
- **Liegl am Hiegl**②, St. Peter bei Taggenbrunn 2, A-9313 St. Georgen am Längsee, Tel. 04213 2124, www.lieglamhiegl.at. Verlässlich gutes Gasthaus, unweit des Längsee gelegen.

Zollfeld

Zwischen Klagenfurt und St. Veit erstreckt sich das Zollfeld, eine **fruchtbare Ebene,** die als eine der ältesten Kulturlandschaften Kärntens gilt. Unter den Römern war die Region das **kulturelle und politische Zentrum** der **Provinz Noricum,** die Alpenslawen dominierten von hier aus das **Fürstentum Karantanien,** und im 10. Jahrhundert, als das **Herzogtum Kärnten** nach der Abtrennung von Bayern Eigenständigkeit erlangte, wurde es ebenso von hier aus regiert. Entsprechend finden sich **viele historisch bedeutende Denkmäler** in dieser lieblichen, von der Glan durchflossenen Region. So z.B. in **Karnburg,** wo um 830 eine karolingische Pfalz errichtet wurde und die **Pfalzkirche** noch fast gänzlich in ihrer ursprünglichen Gestalt erhalten ist. Sie gilt damit als älteste Kirche des Bundeslandes, ja wahrscheinlich sogar als das älteste christliche Gotteshaus der Ostalpen.

Nördlich von Karnburg liegt der **Ulrichsberg** (1022 m) der wohl bereits in prähistorischen Zeiten eine **Kultstätte** war (Start Parkplatz Maria Saal in Karnburg, 3 Std., 550 Hm, mittel). Auch stand hier einst eine frühchristliche Kirche, die stetig erweitert wurde, jedoch Ende des 19. Jahrhunderts vollständig abbrannte. Dennoch gilt der Berg mit seiner prächtigen Aussicht als wichtiger **Wallfahrtsort,** zu dem im Zuge des alljährlichen **Vierbergelaufs** (www.vierbergelauf.info) am zweiten Freitag nach Ostern Gläubige in Scharen hinaufpilgern. Fragwürdig sind hingegen die jedes Jahr hier stattfindenden **Gedenkfeiern** für die Gefallenen des Zweiten Weltkriegs, die von der **Ulrichsberggemeinschaft** – einem Verein ehemaliger Wehrmachtsangehöriger – organisiert werden und neben Kameradschaftsbünden auch Angehörige von SS-Verbänden, Neonazis und andere faschistisch Gesinnte anziehen. Östlich des Ulrichsbergs liegt das **Renaissance-Schloss von Tanzenberg** (www.tanzenberg.at) mit einer Klosterkirche und dem bezaubernden Arkadenhof. Seit 1946 beherbergt es ein Gymnasium, das einst *Peter Handke* besuchte.

Praktische Infos

- **Restaurant Leiten**②, Leiten 6, 9063 Klagenfurt am Wörthersee, Tel. 0676 3504220, leiten.eu. Nordwestlich von Karnburg, idyllisch in den Weinbergen gelegenes Lokal. Zum Anwesen gehört auch Weinbau und ein Laden mit lokalen Spezialitäten.

◁ Perfekt für eine Pause am Wasser ist der hübsche Längsee

Maria Saal und Umgebung

Südöstlich von Tanzenberg, in dem historisch ebenfalls wichtigen Maria Saal, ist die **mächtige Kirchenburg** im spätgotischen Stil unbedingt einen Besuch wert. Ursprünglich stand hier wohl bereits im 8. Jahrhundert eine Kirche, die aber im 15. Jahrhundert komplett umgestaltet wurde und sowohl durch ihr **festungsähnliches Äußeres** als auch durch das Kircheninnere mit dem Hochaltar und den **eindrucksvollen Kunstgegenständen** ein sakrales Juwel darstellt. Unweit des Ortes wird im **Kärntner Freilichtmuseum** auf das ländliche Leben in den einzelnen Regionen des Bundeslandes eingegangen.

Kärntner Freilichtmuseum, Museumweg 10, A-9063 Maria Saal, Tel. 04223 2812, landesmuseum.ktn.gv.at/standorte/kfm, Mai bis Okt. Di–So 10–16 Uhr, Eintritt 9 €, ermäßigt 4,50 €.

Nördlich von Maria Saal führt die Landstraße am sog. **Herzogstuhl** vorbei, einem umzäunten steinernen „Thron“, der bei der Inauguration der Herzöge von Kärnten eine wichtige Rolle spielte. Nur wenige Kilometer weiter nördlich liegt mit dem **Amphitheater Virunum** ein namhaftes Zeitzeugnis der römischen Epoche. Historiker gehen davon aus, dass Virunum um 50 n. Chr. die Hauptstadt der Provinz Noricum wurde. Weitere Ausgrabungen aus der römischen und keltischen Epoche finden sich in dem äußerst spannenden **archäologischen Park** auf dem nordöstlich gelegenen **Magdalensberg** (1059 m).

- **Amphitheater Virunum,** Töltschach 1, A-9063 Töltschach, Tel. 0664 6202662, landesmuseum.ktn.gv.at/standorte/virunum, Besuch nur nach vorheriger Terminvereinbarung.

MEIN TIPP: **Archäologischer Park Magdalensberg,** Magdalensberg 15, A-9064 Magdalensberg, Tel. 0664 6202662, landesmuseum.ktn.gv.at/standorte/magdalensberg, Mai bis Okt. Di–So 10–16 Uhr, Eintritt 10 €, ermäßigt 5 €.

Praktische Infos

- **Informationsbüro Maria Saal,** Am Platzl 7, A-9063 Maria Saal, Tel. 04223 2214, www.maria-saal.gv.at.
- **Gasthof Sandwirt**①-②, Hauptplatz 5, A-9063 Maria Saal, Tel. 0676 6630700, www.sandwirt.at. Uriges Lokal mit lauschigem Gastgarten, in dem traditionelle Gerichte mit saisonalen Zutaten zubereitet werden.

Görtschitztal

Nördlich des Zollfelds erstreckt sich das Görtschitztal nach Norden, an der Ostseite von der Saualpe flankiert. Den Namen hat das Tal von der **Görtschitz,** einem linksseitigen Nebenfluss der Gurk, der in der südlichen Steiermark als Waldbach entspringt und unterhalb von **Hüttenberg** durch ein enges Tal fließt, das sich erst bei Mösel aufweitet. Bei **Brückl** mündet die Görtschitz dann in die Gurk. In **Eberstein** sind das sehenswerte **Schloss** und das **Heilige Loch,** eine prähistorische Höhle, vielbesuchte Ziele. Ab Eberstein kann man einen Abstecher in die **Saualpe** machen, wo bei **St. Oswald** gleich mehrere Burgruinen zu sehen sind oder die **Saualm** zu **Bergtouren** (Start Parkplatz Druckerhütte in St. Oswald, 2,5 Std., 700 Hm, mittel) oder zum Rodeln einlädt. In den Orten weiter nördlich von Eberstein gibt es ein paar außergewöhnliche Attraktionen zu entdecken, darunter das **Museum für Quellenkultur** in **Klein St. Paul** (www.qnstort.at/de/qnstort), in dem Kunst und Geschichte aufeinandertreffen. In **Wieting** erinnert einiges an das keltisch-römische Erbe, während das etwas westlich gelegene **Guttaring** durch sein malerisches Ortsbild heraussticht. Weiter östlich, praktisch wieder auf der Saualpe, liegt **Lölling,** wo früher Eisenverhüttungswerke betrieben wurden und heute ein **Heimatmuseum** und ein **Schmiedemuseum** (im Landgasthof Neugebauer) anschaulich über diese Vergangenheit berichten. Nur 6 km nördlich folgt **Hüttenberg** (huettenberg.at/unser-huettenberg/museen-huettenberg), auch ein ehemaliger Bergbauort, in dessen Eisenwerksanlagen ein eindrucksvolles **Freilichtmuseum** untergebracht ist. Auch im nahe gelegenen **Knappenberg** kann man sich über den früheren Eisenerzabbau informieren (es gibt ein **Schaubergwerk** und ein Museum zum Thema). Knappenberg ist übrigens der Geburtsort von **Heinrich Harrer** (1912–2006), dem Bergsteiger und Forschungsreisenden, der durch sein Buch (und die Hollywood-Verfilmung) „Sieben Jahre in Tibet" berühmt wurde. In Hüttenberg gibt es ein Museum zu seinem Leben und einen **tibetischen Pilgerpfad** namens **Lingkor** an der Felswand gegenüber dem Museum (mit Symbolen und Objekten des tibetischen Buddhismus, im Jahr 2002 geweiht vom *Dalai Lama*).

Praktische Infos

- **Informationsbüro Eberstein,** Unterer Platz 1, A-9372 Eberstein, Tel. 04264 8120, www.eberstein.info.
- **Tourismusinformation Hüttenberg,** Reiftanzplatz 18, A-9375 Hüttenberg, Tel. 04263 8108, www.huettenberg.at. Unter dem Stichwort „Museen Hüttenberg" finden sich auf der Homepage Informationen zu allen oben besprochenen Museen.
- **Buschenschenke Irregger**①, Oberwietingberg 8, A-9374 Wieting, Tel. 04264 2969, www.buschenschenke-irregger.at. Das urige Lokal bietet kleine Speisen und eine herrliche Aussicht – nur saisonal geöffnet.
- **Landgasthof Neugebauer**②, Graben 6, A-9335 Lölling, Tel. 04263 407, www.landgasthof-neugebauer.at. Hübscher Gasthof mit regionaler Küche – darunter das sog. Kärntner Sushi – und fünf Fremdenzimmern①.
- **Zum Dorfschmied**②, Marktstraße 16, A-9373 Klein St. Paul, Tel. 04264 2280, www.zumdorfschmied.at. Zwischending aus Wirtshaus und Buschenschank mit einer großen Bandbreite an Gerichten. Auch gemütliche Zimmer①-② stehen zur Verfügung.

Gurktal

Die Region **nördlich von St. Veit und westlich des Görtschitztals** wird in erster Linie vom Flusslauf der gewundenen **Gurk** charakterisiert. Mit einer Länge von 157 km ist sie nach der Drau der **zweitlängste Fluss Kärntens.** Sie entspringt an zwei kleinen Karseen am Lattersteig unterhalb der **Bretthöhe** (2320 m) in den Gurktaler Alpen, fließt dann zunächst in südwestlicher Richtung, bis sie sich bei Patergassen nach Osten wendet und etwa bei Albeck die Region erreicht, die gemeinhin als Gurktal (eigentlich **Mittleres Gurktal**) bezeichnet wird und sich bis Althofen erstreckt. Danach verläuft sie südwärts durch das **Krappfeld,** wo sie die Metnitz und die Görtschitz aufnimmt; dann

Adobe Stock © hofi777

wendet sie sich bei Brückl nach Südwesten, tritt in das **Klagenfurter Becken** ein, wo sie die **Glan** aufliest, und mündet bei **Stein** unmittelbar vor dem Völkermarkter Stausee in die **Drau.** Kulinarisch ist die Region vor allem für ihren luftgeselchten (luftgetrockneten) **Speck** bekannt (www.luftgeselchter.at).

Die Landschaft um Althofen ist ausgesprochen pittoresk

Krappfeld und Umgebung

Die **Talebene** des Krappfelds war schon zu Zeiten der Kelten und Römer relativ dicht besiedelt, denn der hiesige Boden ist äußerst fruchtbar und wird insbesondere für den **Obst- und Getreideanbau** genutzt, weshalb man das Krappfeld häufig als die **„Kornkammer Kärntens“** bezeichnet. Der größte Ort ist Althofen, das zusammen mit Treibach eine Gemeinde bildet. Während **Treibach** von Industrie geprägt wurde und wird, weist das auf einer Anhöhe gelegene **Althofen** noch einen historischen Stadtkern auf. Sehenswürdigkeiten sind die dem heiligen *Thomas von Canterbury* geweihte **Pfarrkirche,** das **Schloss** gegenüber, das **Riederhaus** mit den aufwendigen Sgraffito-Malereien sowie für naturwissenschaftlich interessierte Besucher das **Auer-von-Welsbach-Museum** (www.auer-von-welsbach-museum.at), das sich dem Lebenswerk des bedeutendsten österreichischen Chemikers *Carl Auer von Welsbach* (1858–1929) widmet. Keine 4 km nördlich von Althofen liegt das hübsche **Schloss Pöckstein** mit seinem „Zwiebeldach“ und prächtig gestalteten Prunkräumen, erbaut Ende des 18. Jahrhunderts als erzbischöfliche Residenz und im Rahmen einer Führung zu besichtigen. Im nahen **Hirt** befindet sich mit der Firma **Hirter** eine der ältesten Brauereien des Landes, deren Anfänge auf das Jahr 1270 zurückgehen (Besichtigungstour, „Bierathek"-Shop und Braukeller mit herzhaften Gerichten).

■ **Schloss Pöckstein,** Pöckstein 1, A-9341 Straßburg, Tel. 0664 8464350/-351, www.schloss-poeckstein.at, Führung nach Voranmeldung, Eintritt mit Führung 6 €, ermäßigt 4 €.

■ **Hirter Brauerei,** Hirt 1, A-9322 Micheldorf, Tel. 04268 2050, www.hirterbier.at, Führung nach Voranmeldung, Eintritt mit Führung 11,90 €.

Praktische Infos

■ **Informationsbüro Althofen,** Hauptplatz 8, A-9330 Althofen, Tel. 04262 22880, www.althofen.gv.at.

■ **Prechtlhof**②, Schobitzstraße 1, A-9330 Althofen, Tel. 04262 26140, www.hotelprechtlhof.com. Klassische Spezialitäten der österreichischen Küche in höchster Vollendung. Im zugehörigen Hotel gibt es auch angenehme Zimmer②.

Gurk und Umgebung

Bei **Zwischenwässern** beginnt der landläufig als Gurktal bezeichnete Abschnitt mit dem mittleren Lauf der Gurk. Von Osten kommend erreicht man zunächst **Straßburg,** wo das **Schloss** – die alte Residenz der Bischöfe von Gurk – mächtig über das Tal wacht. Erbaut Ende des 17. Jahrhunderts auf Initiative von Fürstbischof *Johann VIII. Freiherr von Goëss* (1612–96), wurde es 1767 durch ein Erdbeben stark beschädigt und erst in den 1960er-Jahren von Grund auf saniert. Im Schloss kann man heute ein **Volkskundemuseum** besuchen und im **Restaurant** hervorragend essen. Keine 4 km weiter westwärts liegt das geschichtsträchtige **Gurk,** dessen Anfänge auf das 9. Jahrhundert zurückgehen, als sich die gesamte Gegend in salzburgischem Besitz befand. Legendär ist das Lebenswerk der Kärntner Adeligen bzw. Kirchen- und Klostergründerin **Hemma von Gurk** (995–1045), die 1174 seliggesprochen und zu deren Ehren der großartige **Dom zu Gurk** erbaut wurde – das romanische Gotteshaus zählt zu den bedeutendsten Sakralbauwerken in Europa! Zu den Höhepunkten einer Besichtigung (auch 90-minütige Führungen werden angeboten) zählen die **hundertsäulige Krypta** mit dem Grab der heiligen *Hemma*, die **Bischofskapelle** mit Fresken aus dem 13. Jahrhundert, das sagenumwobene **Fastentuch** und die **Schatzkammer** mit ihrer über 300 Artefakte zählenden Sammlung Kärntner Sakralkunst.

MEIN TIPP: **Dom zu Gurk,** Domplatz 11, A-9342 Gurk, Tel. 04266 8236, www.kath-kirche-kaernten.at/dioezese/organisation/C2509/, Dom geöffnet März bis Okt. Di–So 9–17 Uhr, Nov. bis Febr. Di–So 10–16 Uhr, Eintritt mit Führung 11,50 €, ermäßigt 6 €, Schatzkammer geöffnet Mai bis Okt. Di–So 9–17 Uhr, Eintritt 10 €, ermäßigt 5 €.

Westlich von Gurk erstreckt sich das **Obere Gurktal,** eine touristisch kaum erschlossene, spärlich besiedelte Region. Doch es lohnen ein paar Stopps, z.B. in **Weitensfeld** mit der **Magdalenenkirche** (Glasfenster aus dem 12. Jahrhundert), im **Schloss Albeck** (www.schloss-albeck.at), wo Veranstaltungen stattfinden, oder in der für ihre Fresken bekannten **Wehrkirche St. Jakob der Ältere** in **Deutsch Griffen.** Ab **Sirnitz** gelangt man per Sessel- und Skilift auf die **Hochrindl** (www. hochrindl.at), ein von Auswärtigen wenig besuchtes **Wander- bzw. Wintersportgebiet.** Nach Süden hin sind es über die Bundesstraße gerade einmal 15 km bis Feldkirchen.

Praktische Infos

- **Informationsbüro Straßburg,** Hauptplatz 1, A-9341 Straßburg, Tel. 04266 2236, strassburg.at.
- **Informationsbüro Weitensfeld,** Oberer Platz 9, A-9344 Weitensfeld, Tel. 04265 2420, www.weitensfeld.at.
- **Hiasl Zirbenhütte**①, Zirbenweg 10, A-9571 Sirnitz-Hochrindl, Tel. 0664 4032556, www.zirbenhuette.com. Malerisches Almgasthaus auf der Hiasalm – der Ausblick ist fantastisch!
- **Kranzelreiten** (Weitensfeld), Brauchtumsfest an Pfingsten, an dem Reiter auf geschmückten Pferden vom Oberen Marktplatz die Strecke bis zur Steinernen Jungfrau im Galopp reiten.

Metnitztal

Die **Metnitz** ist ein Nebenfluss der Gurk, die auf der Priewaldalm östlich der Flattnitz entspringt und in **West-Ost-Richtung** das nach ihr benannte, relativ schmale Metnitztal durchfließt. Man übertreibt nicht, wenn man diese Region als eines der kulturhistorischen Zentren Kärntens bezeichnet, liegen doch hier Orte, die auf **uralte Siedlungen** zurückzuführen sind. So gilt **Friesach** als älteste Stadt Kärntens, deren erste urkundliche Erwähnung aus dem Jahr 860 stammt, doch siedelten wohl schon **Kelten, Römer** und ab dem 6. Jahrhundert **Slawen** vor Ort. Entsprechend historisch mutet der über dem Tal thronende Ort mit seinen Burgen und Burgruinen an, in dem nicht nur die **Stadtmauer** weitestgehend erhalten ist, sondern auch der wasserführende **Stadtgraben.** Blickfang und Wahrzeichen ist der erhöht liegende Bergfried auf dem sog. **Petersberg.** Aber auch die bereits 927 erbaute **Peterskirche,** die **Burgruine Lavant,** die **Burg Geiersberg** (alle Burgen sind auf einem rund 5 km langen Wanderweg miteinander verbunden) und das Bauensemble um den **Hauptplatz** inklusive Gotteshäuser sind interessant. Jenseits des Stadtgrabens sollte man das **Dominikanerkloster** mit der Klosterkirche und die **Deutschordenskirche** besuchen. Noch nicht genug der Burgen? In Friesach wird seit 2009 eine **„mittelalterliche" Burg** nach den Bauvorgaben und nur mit Hilfe von Materialien und Werkzeugen von anno dazumal gebaut – ein weltweit einmaliges Unterfangen.

Von Friesach geht es etwa 13 km westwärts bis **Grades.** Besuchenswert ist in dem kleinen Ort neben dem erhöht errichteten **Schloss** vor allem die im 15. Jahrhundert erbaute burgähnliche spätgotische **Wolfgangskirche,** eine der interessantesten in ganz Kärnten. Der Hauptort des Tals ist **Metnitz,** wo insbesondere die **Pfarrkirche** bzw. der dahinter gelegene Karner kunsthistorisch bedeutend ist, denn auf ihm sieht man das etwa um das Jahr 1500 entstandene **Freskenband mit dem sog. Totentanz** (www.totentanz.eu) – hier nur als Kopie zu betrachten, das Original wird im Museum daneben aufbewahrt. Bekannt ist der Ort auch für das ebenfalls Totentanz genannte **Volksschauspiel,** das alle acht Jahre (nächster Termin 2026) Anfang August von Laiendarstellern aufgeführt wird. Das Gebiet westlich von Metnitz bietet zahlreiche **Wandermöglichkeiten** in den **Gurktaler Alpen** (gen Norden) bzw. in den **Metnitzer Alpen** (nach Süden). Beliebt sind die wunderschöne Bergregion um **Glödnitz** (www.gloednitz.com/tourismus) und der zur gleichen Gemeinde gehörende **Hirnkopf** (1840 m), den man von Flattnitz aus erreicht (Start Flattnitz Talstation Sessellift, 2,5 Std., 500 Hm, Anspruch mittel).

Praktische Infos

■ **Informationsbüro Friesach,** Fürstenhofplatz 1, A-9360 Friesach, Tel. 04268 2213, friesach.gv.at.

■ **Informationsbüro Metnitz,** Marktplatz 4, A-9363 Metnitz, Tel. 04267 2200, metnitz.gv.at.

■ **Villa Bucher**②, Hauptplatz 11, A-9360 Friesach, Tel. 04268 25100, metnitztalerhof.at. Modernes und stilvolles Hotel in einem Gebäude aus dem 13. Jahrhundert; die Zimmer sind im Landhausstil gestaltet. Auch ein Spa-Bereich findet sich hier.

Schokoladenmanufaktur Craigher, Hauptplatz 3, A-9369 Friesach, Tel. 04268 2295, www.craigher.com. Handgefertigte Schokoladen und „Erlebnismanufaktur" mit einem geschichtlichen und sinnlichen Einblick in die süße Welt der Schokoherstellung.

Feldkirchen und Umgebung

Die **fünftgrößte Stadt** des Bundeslandes ist **Feldkirchen** – sicherheitshalber führt sie den Namenszusatz „in Kärnten" –, die **14.500 Einwohner** zählt. Ihre Anfänge gehen wohl auf das späte 9. Jahrhundert zurück, als das **Bistum Salzburg** an Ort und Stelle eine Siedlung errichtete, von der aus die **„Bekehrung" der Slawen Karantaniens** erfolgen sollte. Erstmals urkundlich erwähnt wurde Feldkirchen um 1065, im Jahr 1176 erhielt es das Marktprivileg zugesprochen; bis in die zweite Hälfte des 18. Jahrhunderts war der Ort im Besitz des **Bistums Bamberg.** Stadt ist die Gemeinde erst seit 1930, bekannt ist sie für ihre **Holz-**

Geschichtsträchtig: In Feldkirchen scheint vielerorts die Zeit stehen geblieben zu sein

oes_162 sb

baufirmen, Zimmereien und Tischlereien. Wer Feldkirchen besucht, sollte zunächst den Marktplatz ansteuern, wo neben der Mariensäule und dem Marktbrunnen vor allem die **Stadtpfarrkirche** ein Foto verdient. An die Zeit der Bamberger Herrschaft erinnert der **Amthof,** in dem sich das **Stadtmuseum** (www.museum-feldkirchen.at) befindet.

In der Umgebung Feldkirchens sollte man in der Region um **Himmelberg** die vielen Quellen des **Tiebelbaches** auf einem Wanderweg erkunden. Die Kraft des Wassers wurde hier traditionell in **Mühlen** „aufgefangen" und für die Eisenverarbeitung genutzt. Dadurch war der Name „Tiebeltal" speziell im 19. Jahrhundert gleichbedeutend mit hochwertigen Sensen und anderen landwirtschaftlichen Gerätschaften. Oberhalb des Ortes liegt das **Schloss Biberstein,** das sich seit dem 17. Jahrhundert im Besitz der Nachkommen des Salzburger Fürsterzbischofs *Paris Graf von Lodron* (1586–1653) befindet. Etwas weiter nordwestlich folgt **Gnesau,** das sich ebenfalls gut dazu eignet, dem Holzgewerbe nachzuspüren, und zwar entweder bei der Befahrung der **Kärntner Holzstraße** oder auf dem 6 km langen **Holzkulturlehrpfad.** Südwestlich von Feldkirchen, etwa auf halber Strecke zum Ossiacher See, liegt **Tiffen,** dessen **Pfarrkirche** aus dem 9. Jahrhundert stammt und als romanische Urpfarre ganz Kärntens gilt.

Praktische Infos

- **Informationsbüro Feldkirchen in Kärnten,** Hauptplatz 5, A-9560 Feldkirchen, Tel. 04276 25110, www.feldkirchen.at.
- **Informationsbüro Gnesau,** Gnesau 77, A-9563 Gnesau, Tel. 04278 2710, gnesau.at.
- **Seebacher②**, Gurk 23, A-9563 Gnesau, Tel. 04278 257, www.seebacher.at. Regionale Spezialitäten (darunter viel Fisch) gibt es in diesem großartigen Landgasthaus bereits mitten in den Nockbergen.

Südwestkärnten

Nach Klagenfurt ist **Villach** die zweitgrößte Stadt des Bundeslandes und wenn es nach den Villachern ginge, wäre sie sogar die Hauptstadt, denn man ist stolz auf die **lebenswerte „Minimetropole".** Als Zentrum Südwestkärntens ist das für sein Kulturleben und seine Faschingstradition bekannte, mediterran wirkende Villach unbedingt sehenswert. Die Region erfreut sich in den warmen Monaten auch besonders durch den **Faaker See** und den **Ossiacher See** größter Beliebtheit bei Einheimischen und Fremden. Die beiden Seen mögen nicht das exaltierte Flair des Wörthersees aufweisen, doch vielleicht macht sie ja genau ihre „einfache Art" inmitten **wunderschöner Landschaften** so empfehlenswert. Während sich der smaragdgrüne Ossiacher See lang gezogen und an seinen Ufern mit bewaldeten Berghängen präsentiert, ist der wesentlich kleinere Faaker See speziell wegen seines türkisblauen Wassers berühmt. Herrliche Ziele jenseits von Urbanität und Wasserspaß sind die **Burg Landskron** und die sich anschließenden **Ossiacher Tauern,** die zu sanften Wanderungen einladen. Höher hinauf kommt man auf der **Gerlitzen,** dem beliebten **Wintersportareal** nördlich des Ossiacher Sees, oder auf dem **Dobratsch** westlich von

Villach, zu dessen Füßen die traumhafte **Villacher Alpenstraße** verläuft. Abseits vom Trubel liegt das rund 85 km lange **Gailtal,** das sich ab Villach parallel zur italienischen Grenze westwärts bis nach Osttirol zieht und **einer der abgelegensten und ursprünglichsten Landstriche Österreichs** ist. Für die Tourismusverbände ist es Teil von Oberkärnten, doch verkehrstechnisch ist es besser mit dem Raum Villach verbunden, weshalb es in diesem Kapitel behandelt wird. Man befährt das Gailtal am besten auf eigene Faust – Pkw oder Motorrad bieten sich wegen der engen, kurvenreichen Straßen eher an als Camper oder Gespanne –, denn **öffentliche Verkehrsmittel** sind hier nur spärlich unterwegs, wenn auch die Bahnlinie Villach – Kötschach – Mauthen sämtliche Orte unten im Tal verbindet. Unproblematisch dagegen ist der **Großraum Villach,** wo neben Bussen auch die Bahn (www.oebb.at) die allermeisten Orte bedient.

■ **Infos: Tourismusinformation Gailtal,** www.kaernten.at (Stichwort Reiseziele/Nassfeld-Pressegger See, Lesachtal, Weissensee), **Tourismusinformation Region Villach,** www.visitvillach.at.

Villach und Umgebung

Kärntens zweitgrößte Stadt – die siebtgrößte Österreichs – ist ohne Zweifel einer der lebenswertesten des Landes. **63.100 Einwohner** freuen sich über die **bezaubernde Lage an der Drau** vor grandioser Bergkulisse und genießen die gewisse mediterrane Leichtigkeit, die einen immer wieder daran erinnert, dass Italien nicht weit ist. Villach stellt einen der **wichtigsten Verkehrsknotenpunkte** des Landes dar, an dem die Autobahnen A2, A10 und A11 sowie diverse Bahnlinien zusammenlaufen. Wie auch an anderen Orten in Südkärnten gab es hier bereits seit der späten Jungsteinzeit Siedlungen. Später gründeten die Römer einen Stützpunkt, den sie **Santicum** tauften. Im 9. Jahrhundert ließ das **Kloster Öttingen** vor Ort einen Königshof errichten und etwas mehr als 100 Jahre später kamen die hiesigen Ländereien an das **Erzbistum Bamberg,** bei dem sie bis ins Jahr 1759 verblieben, als sie von den Habsburgern käuflich erworben wurden. Ihre Lage zwischen den Villacher Alpen und den Ossiacher Tauern brach-

Lei lei! – der Villacher Fasching

Anders als Deutschland und Teile der Schweiz hat Österreich keine sehr ausgeprägte Faschings-, Fastnacht- oder Karnevalskultur – eigentlich … Eine große Ausnahme ist der Villacher Fasching, dessen **Umzug in der Innenstadt** am Faschingssamstag und dessen auch im Fernsehen übertragene **Faschingssitzung** am Faschingsdienstag hier Pflichtprogramm sind. Die meisten Veranstaltungen finden im **Congress Center Villach** statt und natürlich gehören auch die Wahlen zum Prinzen- und Kinderprinzenpaar sowie die Abstimmung über die schönsten Masken und Kostüme dazu. Der andernorts als „Alaaf" oder „Helau" bekannte **Narrenruf** lautet in Villach „Lei Lei".

■ Wer mehr wissen will, sollte sich auf **villacher-fasching.at** informieren.

te der Stadt lange Zeit Einnahmen durch den **Bergbau,** aber nicht selten auch Zerstörungen durch **Erdbeben.** Mit der Anbindung an die sog. **Südbahn** in der zweiten Hälfte des 19. Jahrhunderts wurde die Villacher Region – samt Faaker und Ossiacher See – ein begehrtes Ziel für **Sommerfrischler aus Wien,** entwickelte sich aber auch zu einem wichtigen Industriestandort, weshalb die Stadt 1944/45 häufig **alliierten Bombenangriffen** zum Opfer fiel. Trotzdem haben im historischen Stadtzentrum **zahlreiche Bauwerke** überlebt, die man ausgehend vom verkehrsberuhigten, lang gezogenen **Hauptplatz** erkunden kann. Besonders reizvoll auf dem Platz sind das **Paracelsushaus** – hier verbrachte der große Wissenschaftler, Mediziner und Naturforscher *Theophrastus Bombast von Hohenheim,* genannt *Paracelsus* (1493–1541), seine Jugendjahre –, der nur noch teilweise erhaltene **Hirschegger-Hof,** das **Grottenegghaus** und das **Hotel Post.** Am Südende des Hauptplatzes liegt der **Rathausplatz,** auf dem neben dem Nachkriegsbau, der die Stadtverwaltung und die **Neue Bühne** (neue buehnevillach.at) beherbergt, auch die **Pfarrkirche St. Jakob** mit ihrem 95 m hohen Turm (er kann bestiegen werden) steht, deren Inneres im Barockstil gefertigt wurde. In den umliegenden Gassen der Innenstadt – z.B. in der Wildmanngasse – gibt es einige attraktive **Bürgerhäuser** und spannende Adressen wie das **Stadtmuseum,** das auch mehrere Werke von Künstlern der Villacher Schule – eine Werkstatt für Malerei und Schnitzkunst aus dem 15./16. Jahrhundert – zeigt. Eine Nebenausstellung des Museums in der ehemaligen **Stadtburg** erläutert die archäologisch-baugeschichtliche Entwicklung dieses einstmaligen Sitzes der bischöflichen Administration.

oes_163 sb

■ **Museum der Stadt Villach,** Widmanngasse 38, A-9500 Villach, Tel. 04242 205-3500, villach.at/museum, Mai bis Okt. Di–So 10–16.30 Uhr, Eintritt 5,50 €, ermäßigt 4,50 €.

Um die Burg liegt der **Burgplatz** mit der Markthalle, um den immer mittwochs und samstags ein netter **Wochenmarkt** (7–13 Uhr) stattfindet, auf dem sich auch Händler aus Italien und Slowenien einfinden. Vom Platz erstreckt sich die **Drauländе,** die man in südöstlicher Richtung bis zur **Draubrücke** begehen sollte, um dann den Fluss zu überqueren. Auf der nördlichen Uferseite liegt

[<] Im Zentrum von Villach: der lang gezogene Hauptplatz mit der Dreifaltigkeitssäule

oes_164 sb

die neugotische **Nikolaikirche** und etwas weiter südlich das moderne **Congress-Center,** ein Veranstaltungskomplex, in dem u.a. die jährliche TV-Aufzeichnung des Villacher Faschings (→ Exkurs S. 511) stattfindet. Wer sich für die Topografie Kärntens interessiert, sollte sich das Relief des Bundeslandes im **Schillerpark** anschauen, während es Erholungsbedürftige eher ins Gesundheits- und Thermenresort **Warmbad** (www.warmbad.com) ziehen wird.

Praktische Infos

■ **Tourismusinformation Villach,** Rathausplatz 1, A-9500 Villach, Tel. 04242 205, villach.at.

■ **Elaya Hotel Villach**②, Hauptplatz 26, A-9500 Villach, Tel. 04242 26101, www.elaya-hotels.com/villach/. Gehobenes, charmantes Hotel in einem Gebäude aus dem 16. Jahrhundert, inmitten des Trubels.

■ **Camping Gerli,** Badstraße 23, A-9500 Villach, Tel. 04242 57402, www.campinggerli.at. Am Fuße der Villacher Alpen gelegener Campingplatz mit Freizeitangebot.

MEIN TIPP: **Enotega**②-③, Hausergasse 15, A-9500 Villach, Tel. 04242 28877, www.enotega.at. Das vielleicht außergewöhnlichste Gastroerlebnis der ganzen Region, mit kreativen Kreationen der Alpe-Adria-Gastronomie aus regionalen Zutaten, vorrangig sogar aus eigener Produktion.

■ **Gasthof Gasser**①, Vassacher Straße 63, A-9500 Villach, Tel. 04242 24509, www.gasthaus-gasser.at. Uriger geht's in Villach kaum! Gute Küche und ein wundervoller Gastgarten machen den Gasser zum Publikumsliebling.

MEIN TIPP: **Villacher Brauhof**①, Bahnhofstraße 8, A-9500 Villach, Tel. 04242 24222, www.villacherbrauhof.at. Neben köstlichem Bier aus der Villacher Brauerei gibt es hier verlässliche Hausmannskost, außerdem sitzt man im Biergarten äußerst gemütlich.

■ **Heimatwerk Kärnten,** Postgasse 1, A-9500 Villach, Tel. 04242 24365, www.heimatwerk-kaernten.at. Wer original Kärntner Handwerk oder Trachten sucht, wird hier sicher fündig.

Dolce vita bei Caffè Latte oder Aperol Spritz? In Villach ist Italien nicht mehr weit

- **Carinthischer Sommer,** carinthischersommer.at. Eines der bedeutendsten österreichischen Musikfestivals (Juli/August) mit Schwerpunkt auf Meisterkonzerten, Kammermusik und Orchesterkonzerten in Villach und an anderen Spielstätten, z.B. dem Stift Ossiach.
- **Villacher Kirchtag,** www.villacherkirchtag.at. Kirchtage gibt es fast in jedem Ort Österreichs, doch der Ende Juli, Anfang August stattfindende in Villach mit seinem Trachtenumzug ist einer der größten des Landes.

Außerhalb von Villach

In der näheren Umgebung von Villach befinden sich ein paar interessante Ziele, darunter der „Hausberg" **Oswaldiberg** (963 m) nördlich der Stadt, auf dem eine Filialkirche steht (Start Villach Rathausplatz, 4 Std., 450 Hm, mittel). Zuallererst aber ist die **majestätische Burg(ruine) Landskron** sehenswürdig. Sie liegt nordöstlich der Stadt nur wenige Kilometer vom Westufer des Ossiacher Sees entfernt auf einem Felsenberg. Wahrscheinlich im 11. Jahrhundert erbaut, wurde sie um das Jahr 1600 im Stil der Renaissance zu einem **repräsentativen Schloss der Adelsfamilie Khevenhüller** erweitert. Ein Besuch des beeindruckenden Gebäudekomplexes mit seinem beachtlichen Mauerwerk lohnt sich in erster Linie wegen des **grandiosen Fernblicks,** den man von zahlreichen Punkten aus genießt, auch vom netten Restaurant. Spannend sind außerdem die in den Sommermonaten gezeigten **Greifvogelschauen** (adlerarena.com) und der **Affenberg** nahe der Burg (www.affenberg. com), ein Freigehege, in dem ca. 160 Japanmakaken leben. Wanderer können sich über den **Ossiacher Tauernwanderweg** hinunter nach Ossiach am Seeufer aufmachen; hierbei passiert man den sog. **Jungfernsprung,** einen steilen Felsbruch, von dem man großartige Blicke über den See genießt (Start

Adobe Stock © Rhombur

Burg Landskron, 4 Std., 600 Hm, mittel, teilweise bewegt man sich auf einem Schluchtenweg, der bei Regen und Feuchtigkeit nicht passierbar ist).

MEIN TIPP: **Burg Landskron,** Schlossbergweg 30, A-9523 Landskron, Tel. 04242 41563, www.burg-landskron.at, sehr unterschiedliche Öffnungszeiten für Burg, Burgrestaurant, Bistro und Greifvogelschau (→ auf der Homepage), Preis (Flugschau und Greifvogelschau) 16 €, ermäßigt 8 €.

Keine 3 km von der Villacher Stadtgrenze entfernt liegt das **Klosterschloss Wernberg** (www.klosterwernberg.at), das ebenfalls lange im Besitz der *Khevenhüller* war, 1672 aber an das Stift Ossiach ging. Heute ist es ein ruhiges Refugium unter der Leitung der Missionsschwestern vom **Kostbaren Blut**, samt Klosterladen, eigener Landwirtschaft sowie Bildungshaus, in dem auch **spirituelle Kurse** samt Unterkunft angeboten werden. Auch im nahe gelegenen **Damtschach** befindet sich ein **Schloss** (www.damtschach.at) mit einem hübschen Park – hier finden regelmäßig kulturelle Events statt. Wegen seines von Künstlern der Villacher Schule in prächtigster gotischer Schnitzkunst gefertigten Flügelaltars ist die **Wallfahrtskirche Maria Gail** (www.kath-kirche-kaernten.at/pfarren/pfarre/C3244) kunsthistorisch interessant. Sie liegt östlich von Villach und wurde Anfang des 16. Jahrhundert gebaut.

☒ Ein Gedicht für das Auge: die Burg Landskron und der dahinterliegende Mittagskogel (auf Slowenisch Jepa)

Villacher Alpe

Westlich von Villach erstreckt sich die Villacher Alpe, ein **als Naturschutzgebiet deklariertes Bergmassiv.** Am östlichen Fuße, gleich südlich der Stadt, liegt der frei zugängliche **Maibachl** in **Warmbad-Villach.** Hierbei handelt es sich um einen von Thermalquellen gespeisten Bach, dessen Wasser Heilwirkung haben soll (Benutzung kostenlos, keine Umkleidekabinen). Der knapp 30°C warme Maibachl (er liegt an der sog. Napoleonwiese) gehört zu einer Reihe von **Thermalquellen,** deren Wasser Kalzium, Magnesium und Hydrogencarbonat enthält. Die Quellen wurden wohl schon zu römischen Zeiten zu Kur- und Heilzwecken genutzt. In dieser Tradition heißt die futuristische **Kärnten Therme** ihre Gäste willkommen und bietet neben Wellness- und Erholungsprogrammen auch reichlich Wasserspaß an (Rutschen, „Crazy River“ usw.).

■ **Kärnten Therme,** Kadischenallee 25, A-9504 Warmbad-Villach, Tel. 04242 30012750, www.kaerntentherme.com, Mai bis Sept. tägl. 9–21 Uhr, Okt. bis April 9–22 Uhr, Eintritt ab 23,50 €, ermäßigt 14,80 €.

Gleich unmittelbar an der Autobahnausfahrt Warmbad-Villach thront die pittoreske **Burgruine Federaun** auf einem Felsen. Doch die Hauptattraktion ist das Massiv der **Villacher Alpen** selbst, das man am besten auf einer Fahrt auf der mautpflichtigen **Villacher Alpenstraße** (www.villacher-alpenstrasse.at) erkundet. Die eindrucksvolle Straße verläuft aus dem Südwesten Villachs über eine Distanz von 16,5 km und überwindet in sieben Kehren 1200 Höhenmeter. Sie ist gespickt mit **Panoramaparkplätzen,** von denen man spektakuläre Aussichten genießt und sich teilweise zu einzigartigen Wanderungen – z.B. durch den wundervollen **Alpengarten** (einem 10.000 m² großen Areal, in dem rund 800 alpine Pflanzen wachsen) – aufmachen kann. Die Straße endet in 1732 m Höhe an der **Rosstratte,** von der diverse **Lehrpfade und Rundwanderungen** starten, auch hinauf auf den höchsten Gipfel der Villacher Alpen, den 2166 m hohen **Dobratsch** (www.naturpark-dobratsch.at), auf dem neben einer Sendeanlage gleich zwei Kirchen stehen (Start Parkplatz am Ende der Villacher Alpenstraße, 3 Std., 550 Hm, leicht). Wer sich für den einst in dieser Gegend um den sog. Erzberg betriebenen Bergbau interessiert, findet in **Bad Bleiberg** am Nordrand des Dobratsch die beiden zusammengehörenden informativen **Museen Terra Mystica und Terra Montana** (mit Schaubergwerk und Stollenwanderweg). Im Ort gibt es mehrere Thermenhotels und in der **Traninger Wand** Klettersteige aller Schwierigkeitsgrade. Eine begehrte Wanderung führt von Bad Bleiberg hinauf zum Hachelkreuz und weiter am **Erzberg-Höhenweg** bis zum Schwandnock (1517 m, Start Bad Bleiberg Kurzentrum, 3 Std., 650 Hm, leicht).

■ **Terra Mystica und Terra Montana,** Antoniweg 5, A-9530 Bad Bleiberg, Tel. 04244 2255, www.terra-mystica.at, nur mit Führung Mai, Juni, Sept. und Okt. 11, 13 und 15 Uhr, Juli und Aug. 10–15 Uhr (Führung jeweils zur vollen Stunde), Nov. bis April Sa 14 Uhr, Eintritt 20 €, ermäßigt 10 €.

☐ Um den beliebten Faaker See gibt es ein riesiges Angebot an Unterkünften

Praktische Infos

■ **Tourismusinformation Bad Bleiberg,** Thermenweg 1, A-9530 Bad Bleiberg, Tel. 04244 31306, www.bad-bleiberg.at.

Faaker See und Umgebung

Südöstlich von Villach und südlich der Drau liegt mit einer Fläche von 220 Hektar und einer maximalen Tiefe von 29,5 m der **fünftgrößte See Kärntens:** der Faaker See. Durch seine Nähe zur Stadt, sein **türkisblaues Wasser** und die **wunderschöne Lage** unweit der Karawanken, überragt vom **Mittagskogel** (2145 m), ist er einer der beliebtesten und meistbesuchten Seen des Bundeslandes. Die **Infrastruktur** mit Unterkünften aller denkbaren Kategorien ist **hervorragend,** die **Freizeitaktivitäten** sind **vielfältig.** Baden ist in mehreren **Strandbädern** möglich, und auch Surfer, Segler, Ruderer und speziell Paddler (www.kajak-faak.com) kommen auf ihre Kosten; es werden Elektro- und Tretboote (Motorboote mit Verbrennungsmotoren sind verboten!) vermietet. Dank der **vielen Radwege** ist das Fahrrad am See und in seiner Umgebung das perfekte Fortbewegungsmittel. Die größte Ortschaft am See ist im Nordwesten **Drobollach,** wo etliche Hotels, Pensionen, Restaurants und Lokale auf Gäste eingestellt sind. Der Ort ist auch bekannt für die hier in der ersten Septemberwoche stattfindende **European Bike Week** (www.bikeweek.at), zu der sich Biker von nah und fern einfinden.

oes_165 sb

Weiter östlich liegt das ruhigere **Egg,** wo sich das berühmte und viel fotografierte **„Marterl“,** ein romanischer Bildstock, befindet und von wo man hinauf auf die **Taborhöhe** (724 m) gelangt (Start Neu Egg, 1,5 Std., 200 Hm, leicht, familienfreundlich), die neben dem **Waldseilpark** (www.hochhinauf.at) vor allem für den atemberaubenden Blick auf den See bekannt ist. Im Südwesten befindet sich das kleine **Faak** mit seiner Seeuferstraße; von hier verkehrt auch die Fähre auf die **Faaker See-Insel,** auf der das exklusive Inselhotel steht. Südlich liegt die **Ruine der Burg Finkenstein,** im 12. Jahrhundert von den Bamberger Herrschern erbaut und mit ihrem geschichtsträchtigen Dekor eine der eindrucksvollsten in Kärnten. Die **Burgschenke** lädt zu gastronomischen „Schmankerln“ ein. In den Sommermonaten locken **kulturelle Veranstaltungen** in der Arena (mehr Infos unter burgarena-finkenstein.com). Ab der Burg sind **Wanderungen** möglich, u.a. zum **Kanzaniberg,** dessen Westhang sich bei Kletterern höchster Beliebtheit erfreut (Start Burg Finkenstein, 4 Std., 300 Hm, Anspruch mittel).

Praktische Infos

- **Tourismusinformation Drobollach,** Seeblickstraße 80, A-9580 Villach-Drobollach, Tel. 04254 2185, www.visitvillach.at/de/faaker-see.html.
- **Tourismusinformation Faak am See,** Dietrichsteiner Straße 2, A-9583 Faak am See, Tel. 04254 2110, www.visitvillach.at/de/faaker-see.html.
- **Inselhotel**③, Inselweg, A-9583 Faak am See, Tel. 04254 2145, inselhotel.at. Österreichs einziges Hotel, das auf einer Insel liegt.

MEIN TIPP: **Arneitz Village,** Seeuferlandesstraße 53, A-9583 Faak am See, Tel. 0664 5287565, camping.arneitz.at. Äußerst beliebter Campingplatz am Faaker See mit eigenem Strand, Erlebnisspielplatz und vielfältigem Animationsprogramm.

Adobe Stock © mdworschak

MEIN TIPP: **Der Tschebull②**, Egger Seeuferstraße 26, A-9580 Villach, Tel. 04254 2191. Eines der ältesten noch bestehenden Restaurants Kärntens mit Spezialitäten der Alpen-Adria-Küche.

■ **Finkensteiner Teigwaren,** Warmbaderstraße 34, A-9585 Gödersdorf/Finkenstein am Faaker See, Tel. 04257 2009, www.finkensteiner.at. Hier gibt's Nudeln aus Kärnten. Zum Anwesen gehört auch das nette Markt Café, in dem man gut essen kann.

Ossiacher See und Umgebung

Der lang gezogene Ossiacher See ist der **drittgrößte See Kärntens** und hat eine Länge von etwa 10,2 km, eine Fläche von 10,5 km² und eine Tiefe von maximal 52 m. Er zeigt sich nicht ganz so „karibisch" wie der Faaker oder Wörthersee, seine Umgebung ist vielerorts bewaldet und das **Wasser smaragdgrün,** Flora und Fauna sind außergewöhnlich reichhaltig. Entsprechend eignet sich der See gut zum **Baden und Tauchen.** In der Umgebung bieten sich **großartige Wanderungen** an und auch mit dem **Fahrrad** lassen sich angenehme Touren – allen voran die 28 km lange um den See – unternehmen. Von Vorteil ist, dass am Nordufer die **Bundesstraße B94** und die **Bahnlinie Villach – Feldkirchen** verlaufen, was den See perfekt (öffentlich) erreichbar macht; hinzu kommt die **Schifffahrt** zwischen den einzelnen Orten (ossiachersee-schifffahrt.at). Einen angenehmen Aufenthalt versprechen das umfassende Unterkunftsangebot, zahlreiche Strandbäder und eine **familienfreundliche Infrastruktur.** Der Hauptort am See ist **Ossiach,** wo sich das ehemalige **Stift Ossiach** – das älteste Männerkloster Kärntens – befindet, dessen Stiftskirche einen Besuch verdient. Um das Jahr 1000 gegründet, bestand das Stift bis 1783, wurde dann in verschiedenen Funktionen genutzt und ist seit 1969 einer der Veranstaltungsorte des alljährlich stattfindenden **Musik- und Kulturfestivals „Carinthischer Sommer“** (carinthischersommer. at). Von Ossiach kann man durch eine Schlucht hinauf zum **Tauernteich** (mit großartigem Ausblick auf den See) wandern (Ortsmitte Ossiach, 2,5 Std., 400 Hm, mittel) oder die Lust auf Geschwindigkeit bei einer Fahrt mit der **Sommerrodelbahn** (www.sommerrodelbahn-ossiach.at) stillen. Die weiteren wichtigen Orte sind am Ostufer **Steindorf** – ab hier gelangt man ins **Naturschutzgebiet Bleistätter Moor** –, **Sattendorf** (Wasserfälle in der Nähe) und **Annenheim** mit der Talstation der Bergbahn auf die **Kanzelhöhe** (1489 m), von der man mit einer weiteren Bahn hinauf auf die **Gerlitzen** (1911 m) gelangt. Dieser **südlichste Abschnitt der Gurktaler Alpen** ist ein traumhaftes Areal für ausgedehnte **Wanderungen** und im Winter das lokale **Skigebiet** schlechthin. Das große Alpinhotel Pacheiner (www.pacheiner.at) auf der Anhöhe bietet neben Unterkunftsmöglichkeiten auch eine Sternwarte. Aufgrund ihrer optimalen Thermik ist die Gerlitzen bei **Drachen- und Gleitschirmfliegern** angesagt (auch Tandemflüge werden angeboten). Man erreicht den Berg (www.gerlitzen.com) auch mit dem Auto auf der mautpflichtigen Panoramastraße ab Hundsdorf.

MEIN TIPP: **Kärntner Flugschulen,** St. Andräer Straße 125, A-9520 Treffen am Ossiacher See/Annenheim, Tel. 0676 3400340, www.kaerntner-flugschulen.at.

☐ Natur und Badespaß? Am Ossiacher See lässt sich beides wunderbar verbinden

Praktische Infos

- **Tourismusinformation Ossiacher See,** Ossiach 8, A-9570 Ossiach, Tel. 04243 497, www.visitvillach.at/de/gerlitzen-alpe-ossiacher-see.html.
- **Alpinhotel Pacheiner**③, Pölling 20, A-9521 Treffen, Tel. 04248 2888, www.pacheiner.at. Wellnesshotel direkt auf der Gerlitzen mit Spa und Infinity-Pool. Die Sternwarte (www.pacheiner.at/sternwarte) kann auch von Nicht-Hotelgästen besucht werden.
- **Seehotel Hoffmann**②-③, Bundesstraße Ost 7, A-9552 Steindorf am Ossiachersee, Tel. 04243 8704, www.seehotel-hoffmann.at. Modernes Hotelareal direkt am Ufer mit eigenem Seebad und elegant eingerichteten Zimmern.
- **Seecamping Berghof,** Süduferstraße 241, A-9523 Villach/Landskron, Tel. 04242 41133, www.seecamping-berghof.at. Idyllischer Campingplatz am ruhigen Südufer des Ossiacher Sees. Neben Stellplätzen gibt es auch Mobilheime und Ferienhäuser.

MEIN TIPP: **See-Camping Mentl,** Ossiachersee Süduferstraße 265/267, A-9523 Villach, Tel. 04242 41886, www.camping-mentl.at. Idyllisch liegt dieser Campingplatz umgeben von den Gerlitzen und den Ossiacher Tauern direkt am Ossiacher See. Perfekt für Erholungssüchtige.

- **Huaba Hittn**①-②, Sauerwald 47, A-9543 Sauerwald, Tel. 0664 4405853. Bilderbuchberghütte auf der Nordseite der Gerlitzen. Traditionelle Speisen aus regionalen Zutaten.

Gegendtal und Umgebung

Vom Westufer des Ossiacher Sees erstreckt sich gen Nordwesten **bis nach Radenthein** das Gegendtal, das im Westen vom Mirnock und im Osten vom Wöllaner Nock und der Gerlitzen begrenzt wird. Im südlichen Teil liegt zunächst der Ort **Treffen,** wo es ein Schloss und die **Burgruine Altreffen** zu sehen gibt. Etwas weiter nördlich im Ortsteil **Winklern** ziehen das **Pilz Museum** und die **Elli Riehl Puppenwelt,** eine sensationelle Sammlung von mehr als 700 Stoffpuppen, Besucher an.

■ **Pilz Museum,** Steinhauserweg 1, A-9541 Treffen, Tel. 0650 3800465, www.pilzmuseum.at, Mitte Mai bis Mitte Okt. Fr–Di 10–17 Uhr, Eintritt 9,50 €, ermäßigt 4 €.

■ **Elli Riehl Puppenwelt,** Familie *Berger,* Buchholzer Straße 4, A-9541 Einöde-Treffen, Tel. 04248 2395, www.elli-riehl-puppenwelt.at, Mitte bis Ende Mai 10–12 und 14–17 Uhr, Juni bis Anfang Okt. 9–18 Uhr, Eintritt 7 €, ermäßigt 5 €.

Etwas weiter nordwärts zweigt die Landstraße L46 nach Osten hin ab (Richtung Hundsdorf) – wie erwähnt gelangt man auch von hier auf die Gerlitzen. Auf dem Weg passiert man den Ort **Arriach,** in dem die **größte protestantische Kirche Kärntens** steht; 69% der Bevölkerung sind hier evangelisch. Arriach weist eine Vielzahl an gut erhaltenen Holzhäusern im traditionellen Stil auf. Wenige Kilometer weiter gelangt man nach **Afritz,** wo eine Seilbahn hinauf auf die **Amberger Alm** (1832 m) fährt, Ausgangspunkt für Wanderungen auf den 2110 m hohen **Mirnock** (Start Amberger Alm, 6,5 Std., 1000 Hm, mittel, einfache Tour, die über die Wieserhütte zur Kohlweißhütte führt). Familien mit Kindern mögen einen Besuch des **Kleintierhofs** (mit Streichelzoo) im Ort vorziehen. Für entspannte **Spaziergänge** oder **Radtouren** bieten sich der sagenumwobene **Afritzer See,** der nördlich davon gelegene **Feldsee** (auch Brennsee genannt) und zahlreiche Touren in der **Verditz** an. In **Feld am See** lädt außerdem der viel besuchte, elf Hektar große **Alpen Wildpark** mit vielen Attraktionen und teilweise recht exotischen Tieren (z. B. Hängebauchschweine, Gämsen, Lamas, Mufflons, Rot- und Damhirsche, Schottische Hochlandrinder und Waschbären) ein, denen man überraschend nahekommt.

Adobe Stock © Hanna Gottschalk

Alpen Wildpark, Bernliegerweg 4, A-9544 Feld am See, Tel. 0660 4128202, www.alpen-wildpark.com, Anfang Mai bis Sept. 9–18 Uhr, Okt. 9–17 Uhr, Eintritt 13,50 €, ermäßigt 6 €.

Praktische Infos

■ **Informationsbüro Treffen am Ossiacher See,** Marktplatz 2, A-9521 Treffen, Tel. 04248 28050, www.treffen.at.

■ **Alte Point**②, Am Dorfplatz 4, A-9543 Arriach, Tel. 04247 85235, www.altepoint.at. Bodenständiges Dorfwirtshaus mit regionaler Küche. Auch Gästezimmer①-② sind verfügbar.

■ **Fischerhof Glinzner,** Seestraße 28, A-9542 Afritz am See, Tel. 04247 2133, glinzner.at. Nette Mischung aus Restaurant② und Hotel② direkt am Afritzer See. Auch ein Campingplatz gehört dazu.

Ossiacher Tauern

Die Ossiacher Tauern sind ein **bewaldeter Bergzug** zwischen dem Ossiacher See im Nordwesten – sie beginnen etwa dort, wo die markante Burg Landskron liegt – und dem Wörthersee im Südosten. Höchster Punkt mit 1069 m ist der **Taubenbühel.** Man kann den Bergzug über die **Ossiacher Tauernstraße** – der schönste Abschnitt liegt zwischen Köstenberg und St. Nikolai – befahren oder auf dem bereits erwähnten **Tauernwanderweg** ab der Burg, vorbei am Jungfernsprung, erwandern. Sehenswerte Ziele sind auf der Route auch der idyllische **Tauernteich** und im Weiler **Tauern** oben auf der Anhöhe das **Tauernkirchlein.** Das angesprochene **Köstenberg (Kostanje)** hat für die Kärntner Slowenen eine große kulturhistorische Bedeutung. Aus der Gemeinde kam nämlich der slowenische Volksliterat und -poet **Andrej Schuster** (1768–1825), der meist nur *Drabosnjak* genannt wird. Im Ort gibt es ein **Drabosnjak-Kulturhaus** mit angeschlossenem Museum, das sich der bäuerlichen Alltagsgeschichte der Region widmet

■ **Drabosnjak-Kulturhaus,** Pfarrleitenweg 2, A-9231 Köstenberg, Tel. 0664 2131841, spz.slo.at/de/programm/ausstellungen/museum-fuer-alltagsgeschichte-koestenberg, Juni und Sept. Sa/So 13–17 Uhr, Juli und Aug. Fr–So 13–17 Uhr, Eintritt frei.

◁ Das Ziel ist erreicht: der Gipfel des Mirnock

Unteres Drautal

Das Untere Drautal gehört zum **Bezirk Villach-Land** und damit zumindest verwaltungstechnisch noch zu Südwestkärnten. Es erstreckt sich auf etwa 28 km Länge in nordwestlicher Richtung zwischen Spittal an der Drau und Villach, fast **parallel zum Gegendtal.** Das Tal weist eine relativ **starke Industrialisierung** auf und bietet verhältnismäßig **wenig Spannendes,** stellt aber durch den Verlauf der **Autobahn A10** eine der am meisten befahrenen Gegenden Kärntens dar. Es lohnt sich ein Zwischenstopp in **Feistritz an der Drau,** wo die **Kirche Maria am Bichl** über wahrhaftig großartige Fresken verfügt, deren Urheber wohl Mitglieder der **Villacher Schule** waren, einer Werkstatt für Malerei und Schnitzkunst im 15./16. Jahrhundert. Südlich des Ortes ist eine Waldwanderung bis ins verwunschene **Rubland** möglich (Raststation Feistritz, 5 Std., 450 Hm, mittel). Nördlich von Feistritz liegt **Paternion,** mit **5800 Einwohnern** der größte Ort der Gegend, in dem die **barocke Pfarrkirche** wegen ihrer römischen Symbolik an der südlichen Außenmauer und über dem Südportal interessant ist. In Richtung Westen führt hier eine Landstraße über **Stockenboi** bis ans Ostufer des **Weißensees.** Nordöstlich von Feistritz und bereits auf der gegenüberliegenden Uferseite der Drau liegt der Luftkurort **Fresach,** wo sich auch nach der Gegenreformation der **Protestantismus** – etwa 67% der Bevölkerung sind evangelisch – halten konnte und man hierzu im Evangelischen Diözesanmuseum mehr Informationen bekommt. Durch Fresach fließt der an Flusskrebsen reiche **Weirerbach,** dessen Ufer man auf einem 1,5 km langen Lehrsteig begehen kann. Eine anspruchsvollere **Wanderung** führt zuerst durch den **Mooswald** und dann hinauf auf den bereits erwähnten **Mirnock** (2110 m, Start Gasthaus Klammer im Mooswald, 5,5 Std., 1050 Hm, mittel).

Praktische Infos

- **Informationsbüro Fresach,** Dorfplatz 160, A-9712 Fresach, Tel. 04245 2060, fresach.gv.at.
- **Informationsbüro Paternion,** Hauptstraße 83, A-9711 Paternion, Tel. 04245 28880, paternion.gv.at.

Gailtal (Ziljska dolina)

Den **äußersten Südwesten Kärntens** charakterisiert das Gailtal (auf Slowenisch Ziljska dolina), ein Tal, das in Kartitsch in Osttirol seinen Anfang nimmt und bei Villach endet. Das Gailtal ist nach der hier fließenden **Gail** benannt, die bei der Ortschaft **Maria Gail** in die Drau mündet. Besonders reizvoll ist das Tal durch seine **landschaftlichen Kontraste** zwischen der streckenweise weiten Ebene und den schroffen Gebirgshängen der Lienzer Dolomiten und der Gailtaler Alpen im Norden sowie der Karnischen Alpen und der Karawanken im Süden. Hier verläuft ein Teil der sog. **Periadriatischen Naht,** die die Südalpen von den Zentralalpen trennt. Die Region gehört in Kärnten größtenteils zum **Bezirk Hermagor** und wird flussaufwärts von Ost nach West in die Abschnitte **Unteres Gailtal, Oberes Gailtal** und **Lesachtal** gegliedert. Übermäßig viel besucht ist es hier nie. Die Landesregierung versucht das authentisch-naturbelassene Image der Region aufrechtzuerhalten, indem ganz gezielt Massentourismus vermieden werden soll.

⊡ Ursprünglich und für ihre fantastische Natur bekannt: die Gail und das umliegende Tal

Unteres Gailtal

Verlässt man Villach südwärts, kommt man zunächst nach **Hart (Ločilo),** wo es weiter nach Süden zum **Wurzenpass** (1071 m) geht, bis zur Eröffnung des Karawankentunnels weiter östlich der meistbefahrene **Grenzübergang nach Slowenien** bzw. Jugoslawien. Auf der österreichischen Seite kann man in einer ehemaligen **Bunkeranlage** ein Museum zum Grenzschutz besichtigen.

- **Bunkermuseum,** Wurzenpass, Krainberg 73, A-9587 Riegersdorf, Tel. 0664 2226423, bunkermuseum.at, Mai bis Okt. 10–18 Uhr (Juni und Sept. Mi–So, Juli und Aug. tägl., ansonsten unregelmäßig), Eintritt 8,50 €, ermäßigt 3,50 €.

Hält man sich ab Hart nicht südwärts, sondern nach Westen, erreicht man **Arnoldstein,** einst ein wichtiger Handelsplatz und Standort für die Erzverhüttung. Oberhalb des Ortes steht die **Ruine einer Klosterburg** (www.klosterruine.at), deren Kirche noch einigermaßen erhalten ist; auch eine kleine Ausstellung ist zu besichtigen. Aus dem Ort erreicht man per Seilbahn die **Seltschacher Alm** (1458 m), von der man das **Dreiländereck** (www.3laendereck.at), die Grenze zwischen Österreich, Italien und Slowenien, auf dem **Monte Forno** (1508 m)

Adobe Stock © Hanna Gottschalk

begehen kann (Start Seltschacher Alm, 2,5 Std., 250 Hm, mittel, alternativ kann man auch bereits auf die Seltschacher Alm aufsteigen, 2,5 Std., 800 Hm, mittel). Südwestlich von Arnoldstein lohnen sich Besuche der **Pfarrkirche St. Andreas in Thörl** – mit den spätgotischen Fresken von *Thomas von Villach* (1435–1525) – und der Kirche in **Hohenthurn.** Etwa 5 km weiter liegt **Feistritz an der Gail,** das für sein **Fledermaushaus** (www.arge-naturschutz.at/projekte/fledermaushaus/) und vor allem für das sog. **Kufenstechen** (s.u.) bekannt ist. Im nahen **Nötsch** können das manieristisch gestaltete **Schloss Wasserleonburg** und die dem heiligen *Kanzian* geweihte **Kirche** mit einem außergewöhnlichen Christus-Bild an der Südwand besichtigt werden. Kunstliebhaber werden auch das **Museum des Nötscher Kreises** (noetscherkreis.at) mögen, das sich den Werken einer Handvoll Künstler widmet, die Anfang des 20. Jahrhunderts mit ihrer sehr **individuellen Malerei** die österreichische Kunst entscheidend prägten. Weiter über St. Stefan geht es zum wunderbar erholsamen **Pressegger See,** der trotz seines streckenweise dichten Schilfgürtels ein beliebtes Badegewässer ist. Der halbkreisförmige See hat eine Fläche von 55 Hektar, ist an seiner tiefsten Stelle gerade einmal 13 m tief und verfügt über eine **tadellose Wasserqualität** mit großem **Fischreichtum** – was sich auch gastronomisch auswirkt: In den Gastwirtschaften werden fangfrische Fische zubereitet, hauptsächlich Saibling, Forelle und Äsche. Sowohl **Segler** als auch **Surfer** sind aufgrund der hohen Windwahrscheinlichkeit am Pressegger See gut aufgehoben, seine sanft abfallenden Ufer machen ihn aber auch für **Familien mit Kindern** zu einem bevorzugten Platz. Am Seeufer liegt der **1. Kärntner Erlebnispark,** der reichlich Badespaß und viele mehr oder weniger wilde Attraktionen bietet.

1. Kärntner Erlebnispark, Pressegger See, A-9620 Hermagor, Tel. 04282 3388, erlebnispark.cc, Mitte Mai bis Mitte Sept. 9–18 Uhr, Eintritt 40 €, ermäßigt 30 €.

Praktische Infos

- **Informationsbüro Feistritz an der Gail,** Feistritz an der Gail 100, A-9613 Feistritz an der Gail, Tel. 04256 246428, www.feistritz-gail.gv.at.
- **Camping Max,** Presseggen 5, A-9620 Presseggen, Tel. 04282 2727, www.camping-max.com. Schön gelegener Campingplatz mit etwa 50 Stellplätzen etwa 400 m vom See. Kajaks, SUPs und Surfbretter können gemietet werden.
- **Der Gams,** Hart 4, A-9587 Arnoldstein, Tel. 0676 8355 5797, dergams.at. Liköre, Schnäpse, Edelbrände, Öle u.v.m. aus der Region.
- **Kufenstechen** (Feistritz an der Gail), am sog. Kirchtag am Pfingstmontag reiten junge Männer der lokalen Burschenschaft auf ungesattelten Pferden und schlagen mit einer Eisenkeule auf ein Holzfass ein. Die Mädchen zeigen sich in ihrer farbenprächtigen kostbaren Tracht und werden zum Lindentanz geführt.

Oberes Gailtal

Hermagor ist mit **7000 Einwohnern** der **größte Ort des Gailtals** und gleichzeitig dessen Verwaltungssitz. Benannt wurde es nach dem frühchristlichen Heiligen *Hermagoras,* der der Legende nach der erste Bischof des Patriarchats von Aquileia (im heutigen Friaul) war. In dem beschaulichen Städtchen ist die **Pfarrkirche** mit ihren hübschen Wandmalereien einen Blick wert. Im südlich des Ortes gelegenen **Schloss Möderndorf** ist das aufschlussreiche **Gailtaler Heimatmuseum** untergebracht. Eine abenteuerliche **Wanderung** führt durch die **Garnitzenklamm** (www.garnitzenklamm.at), eine atemberaubende Schlucht, die auf etwa 4 km Länge durch mehrere hoch aufragende Felswände und smaragdgrüne Buchten gezeichnet ist und zahlreiche **tosende Wasserfälle** ihr eigen nennt.

Nordwestlich von Hermagor erstreckt sich das reizende **Gitschtal** – auch hier macht der Bevölkerungsanteil der Protestanten mehr als 60% aus. Das Tal bietet sowohl für Wanderer als auch Wintersportfreunde – speziell das Langlaufen ist populär – viele Möglichkeiten. Ausgangspunkt für Erkundungen sollte der **Luftkurort Weißbriach** sein (weiss briach.at).

Etwa 8 km südwestlich von Hermagor liegt **Tröpolach,** von wo die Bergbahn Millenium-Express in Windeseile hinauf zur **Sonnenalpe** fährt, der Bergstation der **größten Skiregion Kärntens, Nassfeld** (www.nassfeld.at). Mit 40 Lift- und Seilbahnanlagen und über 80 Pisten ist Spaß im Schnee garantiert, doch auch zu wärmeren Zeiten eignet sich der Kammsattel zwischen dem **Roßkofel** (2240 m) und dem **Gartnerkofel** (2195) für ausgedehnte **Wanderungen,** und auch **Mountainbiker** kommen auf ihre Kosten.

Fährt man ab Hermagor durch das allmählich enger werdende Tal nach **Kirchbach,** kann man motorisiert zur **Straniger Alm** (1479 m) gelangen und dann zu Fuß auf den **Hochwipfel** (2195 m) steigen (Start Straniger Alm, 5,5 Std., 700 Hm, mittel, teilweise auf italienischem Staatsgebiet) – der Fernblick über das Gailtal ist kaum irgendwo sonst so spektakulär. Alternativ könnte man auf der Nordseite des Tals ab **Reisach** zum sog. **Reißkofelbad** fahren und von dort auf den **Jaukensattel** (1818 m) wandern (Start Reißkofelbad, 5 Std., 850 Hm, mittel). In **Grafendorf** steht mit der **Pfarr-**

kirche St. Helena die älteste Kirche des Gailtals, nördlich des Ortes wiederum findet sich auf dem **Wieserberg** ein **keltisches Grab,** das etwa 2500 Jahre alt ist. Auch im nahen **Dellach (im Gailtal)** gibt es keltische Gräberfelder und Reste einer römischen Siedlung, die im **Archäologiepark Gurina** (gurina.dellach.at) zusammengefasst sind. Interessant ist außerdem der hier beheimatete **Geopark Karnische Alpen** (www.geopark-karnische-alpen.at), in dem sich die Zollnerseehütte in 1720 m Höhe als Ausgangspunkt empfiehlt. Die westliche Begrenzung des Oberen Gailtals bildet **St. Daniel,** von wo aus die weiter westlich gelegenen Gebiete einst christianisiert wurden. Von der **Burgruine Goldenstein** oberhalb des Dorfes genießt man wundervolle Weitblicke.

Praktische Infos

■ **Informationsbüro Dellach,** Dellach 65, A-9635 Dellach im Gailtal, Tel. 04718 301, gemeinde.dellach.at.

■ **Informationsbüro Hermagor,** Wulfeniaplatz 1, A-9620 Hermagor, Tel. 04282 2333, www.hermagor.at.

MEIN TIPP: **Bärenwirt**②, Hauptstraße 17, A-9620 Hermagor, Tel. 04282 2052, www.baerenwirt-hermagor.at. Im Zentrum von Hermagor liegt dieses Kleinod der lokalen Kochkunst, auch übernachten ①-② kann man hier.

■ **Grünwald**②, St. Daniel 17, A-9635 Dellach im Gailtal, Tel. 04718 677, www.gruenwald.dellach.at. Insbesondere für seine Nudelkreationen ist dieser sog. Einkehrgasthof bekannt.

■ **Zollnerseehütte**①-②, Am Zollner 14, A-9635 Dellach im Gailtal, Tel. 0676 9602209, zollnerseehuette.oeav-obergailtal.at. Herrliche Almhütte mit Jausenkarte – auch Übernachtung möglich.

■ **Konditorei Semmelrock,** Gasserplatz 6, A-9620 Hermagor, Tel. 04282 2243, konditorei-semmelrock.at. Süße Verführungen in Bestform gibt es in dieser wundervollen Konditorei mit angeschlossenem Café.

Lesachtal

Der **westlichste Abschnitt des Gailtals** – zumindest in Kärnten – ist das Lesachtal, das als besonders ursprünglich gilt. Hier ist noch traditionelles **Brauchtum** lebendig, und auch so manche **Handwerkskunst** hat sich erhalten. Das **Lesachtaler Brot** ist in ganz Österreich bekannt, es wird noch wie vor 100 Jahren zubereitet. Das Tal ist nochmals enger und eingekerbter als das Obere Gailtal. Der örtliche Tourismusverband setzt auf **Nachhaltigkeit und Umweltschutz,** weshalb hier große Wintersportgebiete gänzlich fehlen. Das „Tor" in diesen Abschnitt des Gailtals bildet der Ort **Kötschach-Mauthen,** der als Kurort firmiert und neben dem netten **historischen Stadtkern** von Mauthen und der gewaltigen **Pfarrkirche** in Kötschach ein vielfältiges gastronomisches Angebot – darunter eine Kaffeerösterei (ambilini.at) und eine Biermanufaktur (www.loncium.at) – aufweisen kann. Nach Süden verläuft die Bundesstraße zum **Plöckenpass,** der die Grenze nach Italien markiert. Hier gibt es anspruchsvolle **Wandermöglichkeiten,** z.B. zur **Wolayerseehütte** (1960 m, Start Plöckenpass, 5,5 Std., 1150 Hm, schwer) oder über den Gabelekopf (2289 m) zum **Eiskar** (Start Plöckenpass, 3 Std., 1050 Hm, schwer, teilweise durch Drahtseile gesichert, Trittsicherheit unerlässlich, teilweise auf italienischem Territorium), der den einzigen Gletscher der Karnischen Alpen darstellt und sich auf Höhen zwischen

2160 und 2390 m erstreckt. Lohnend ist weiter westlich der Ort **St. Jakob,** wo ebenfalls diverse Touren empfehlenswert sind, darunter die zum sog. **Blumenparadies Mussen** (1771–1821 m) mit seiner reichen Flora (ab dem Gasthof Löwen in St. Jakob kostenpflichtige Auffahrt bis zum Parkplatz, ab dort 1,5 Stunden zu Fuß). In **Podlaning** erhebt sich eine 70 m hohe Straßenbrücke mit der **Megadive** genannten, wahrlich adrenalinfördernden **Riesenschaukel.** Um den Ort herum und westlich bis Birnbaum finden sich **großartige Aussichtspunkte** wie der Weiler **Wodmaier** oder die **Rautalm,** aber auch das **Wolayer Tal** mit dem **Wolayer See,** an dem die oben bereits erwähnte Hütte liegt.

Adobe Stock © René Pi

MEIN TIPP: **Fit & Fun (Megadive),** St. Lorenzen 13, A-9654 St. Lorenzen, Tel. 04716 597, www.fitundfun-outdoor.com. Auch Rafting, Kayaking, Canyoning, Paragleiten u.v.m.

Das nahe **Liesing** ist Basis für Unternehmungen in der **Abenteuerwalderlebniswelt** in der **Millnatzenklamm** (Abenteuerspielplatz, Klettersteig, Schausägewerk, Walderlebnispark). Von dort erreicht man außerdem den **Millnatzensattel** (1947 m) und den **Riebenkofel** (2345 m, Start Parkplatz Millnatzenklamm, 7 Std., 1050 Hm, schwer) für wirklich alpines Feeling.

Abenteuerwalderlebniswelt, Ladstatt o. Nr., A-9653 Ladstatt, Tel. 04716 24212, www.erlebnislesachtal.at, Eintritt frei (Führung im Schausägewerk 5 €, ermäßigt 2 €).

Wer mehr auf Erholung aus ist, sollte sich in **Tuffbad** zur Revitalisierung ins **Almwellness-Resort** aufmachen. Der letzte Ort vor der Grenze nach Osttirol ist **Maria Luggau,** ein bedeutender Wallfahrtsort mit **Wallfahrtskirche** und einem Kloster. Von dort verläuft ein Wanderweg vorbei an mehreren historischen Mühlen, und man gelangt auch auf die 1992 m hohe **Samalm** (Start Ortsmitte Maria Luggau, 5 Std., 800 Hm, mittel)

Ein lohnendes Wanderareal: der Wolayer See in der Nähe von Podlaning mit überragendem Weitblick (Start Gasthof Bäckwirt in Maria Luggau, 1 Std., 100 Hm, leicht, familienfreundlich).

Praktische Infos

- **Tourismusinformation Kötschach-Mauthen,** Kötschach 390, A-9640 Kötschach-Mauthen, Tel. 04715 8516, www.koemau.com.
- **Tourismusinformation Lesachtal,** Liesing 29, A-9653 Liesing, Tel. 04716 24212, www.lesachtal.com.
- **Almwellness-Resort Tuffbad**③, Tuffbad 3, A-9654 St. Lorenzen, Tel. 04716 622, www.almwellness.com. Exklusive Auswahl an Zimmern und Suiten, das Spa-Zentrum können auch Tagesbesucher in Anspruch nehmen (tägl. 9–19 Uhr, Eintritt ab 69 €).

MEIN TIPP: **Alpencamp Kötschach-Mauthen,** Kötschach 284, A-9640 Kötschach-Mauthen, Tel. 04715 429, www.alpencamp.at. Sehr schön in der Nähe des Gail-Flusses gelegener Campingplatz mit viel Schatten – hier wird auf Nachhaltigkeit Wert gelegt.

MEIN TIPP: **Herwig Ertl,** Kötschach 19, A-9640 Kötschach-Mauthen, Tel. 04715 246, www.herwig-ertl.at. Dieser Shop überzeugt mit einer ausgezeichneten Auswahl an Leckerbissen aus der Region.

Oberkärnten

Als Oberkärnten bezeichnet man gemeinhin den gesamten **westlichen Teil des Bundeslandes,** der vor allem den **Bezirk Spittal** beinhaltet, in dem die Hohen Tauern, die Nockberge als Teil der Gurktaler Alpen sowie die Gailtaler Alpen nördlich des Gailtals liegen. Der allergrößte Teil Oberkärntens liegt **über 1000 m** und viele Abschnitte ziehen sich weiter hinauf, **bis in alpine und hochalpine Höhen.** Folgerichtig ist die wesentliche Attraktion natürlich die Berglandschaft mit ihren **vielfältigen Möglichkeiten für sportliche Betätigung:** Wandern und Klettern, Skifahren, Langlaufen und Schneeschuhwandern, Paragleiten etc. Durch das bergige Terrain bewegt man sich in erster Linie in den **Tälern** wie dem Liesertal, dem Maltatal, dem Oberen Drautal und natürlich dem **Mölltal,** das sich ab dem legendären Großglockner gen Südosten erstreckt. Eben dieser **Großglockner** ist nicht nur der höchste Berg Österreichs, sondern seine Umgebung – speziell im Bereich von **Heiligenblut** und der ab hier verlaufenden **Großglockner-Hochalpenstraße** – ist auch eine der meistbesuchten des Landes. Das gesamte Areal gehört zu den **Hohen Tauern,** die größtenteils zum Nationalpark erklärt wurden. Sehenswürdigkeiten gibt es hier reichlich, z.B. in Form des Ankogels nördlich von Mallnitz oder um das Schareck oberhalb des Fragranttals. **Erholungsbedürftige, Badefreunde und Radfahrer** kommen in und an den beiden großen Gewässern Oberkärntens auf ihre Kosten. Da ist zunächst der **Millstätter See** gleich bei Spittal mit seiner gut ausgebauten, aber dennoch nicht auf Massen abzielenden Infrastruktur. Garantiert ganz weit weg vom Trubel ist der weitgehend verkehrsberuhigte **Weißensee,** ein bezauberndes Areal für alle, die auf ausgedehnten Spaziergängen oder Mountainbike-Touren unter sich bleiben wollen. Die **Nockalmstraße** gehört neben der erwähnten Großglockner-Hochalpenstraße zu den schönsten Panoramastraßen, die sich Motorisierte wünschen können. Wer auf **öffentliche Verkehrsmittel** angewiesen ist, sollte wissen, dass Bahnlinien nur zwischen Spittal und Mallnitz sowie im Oberen Drautal existieren. Busverbindungen gibt es zwar, die entscheidenden Strecken werden jedoch nur sporadisch bedient. Nur auf dem Gebiet des Nationalparks Hohe Tauern fahren Wanderbusse, die alle relevanten Ziele verbinden. Fahrradfahrern sei der **Drauradweg** (www.drauradweg.com) empfohlen, der sich quer durch Kärnten zieht.

■ **Infos: Tourismusinformation Oberkärnten,** www.oberkaernten.info.

Spittal an der Drau und Umgebung

Mit **15.300 Einwohnern** ist **Spittal an der Drau** die viertgrößte Stadt Kärntens und als Sitz der Bezirkshauptmannschaft das **Verwaltungszentrum** und auch **wirtschaftliche Herz Oberkärntens.** Die Stadt zwischen dem Lurnfeld und dem Unteren Drautal durchfließt von Nord nach Süd die **Lieser,** die unterhalb des Ortes in die **Drau** mündet. Spittal hat seinen Namen von einem bereits im Mittelalter gegründeten **Hospital für Pilger,** die auf dem Weg an die Adria hier rasteten. Später siedelten sich Händler an und so wurde der Ort zunehmend erweitert und ausgebaut. Im 16. Jahrhundert ließ der Spanier *Gabriel von Salamanca-Ortenburg* (1489–1539) ein Schloss im italienischen Renaissance-Stil errichten; dieses **Schloss Porcia** bildet auch heute noch die wichtigste Sehenswürdigkeit Spittals (gegenüber steht außerdem das imposante Rathaus). Es beherbergt neben dem **Fürstenzimmer** ein interessantes **Museum für Volkskultur.** Im anmutigen Innenhof mit seinen Arkadengängen finden in den Sommermonaten häufig kulturelle Veranstaltungen statt, darunter die beliebten **Komödienspiele** (www.ensemble-porcia.at). Der **Schlosspark** ist natürlich ebenfalls einen Rundgang wert.

[>] Ein Hauch Italien mitten in Kärnten: das Renaissance-Schloss Porcia in Spittal an der Drau

■ **Museum für Volkskultur,** Burgplatz 1, A-9800 Spittal an der Drau, Tel. 04762 2890, www.museum-spittal.com, April bis Okt. tägl. 9–18 Uhr, Nov. bis März Mo–Do 13–16 Uhr, Eintritt 8 €, ermäßigt 4 €.

Nordwestlich von Spittal, bei **Lendorf,** liegt die **Ausgrabungsstätte Teurnia,** einst neben Virunum die größte römische Siedlung der Region und ein Ort, an dem bereits sehr früh der christlichen Lehre gefolgt wurde.

■ **Römermuseum Teurnia,** St. Peter in Holz 1, A-9811 Lendorf, Tel. 04762 33807, landesmuseum.ktn.gv.at/standorte/teurnia, Mai bis Okt. Di–So 10–16 Uhr, Eintritt 7 €, ermäßigt 3,50 €.

In der Nähe des kleinen **Baldramsdorf** mit seiner reizvollen Kirche liegt die **Ruine Ortenburg,** die Sitz der gleichnamigen Adelsfamilie war und seit Ende des 17. Jahrhunderts verfallen ist. Südlich von Spittal, in **Molzbichl,** zeigt das **Museum Carantana** eine überraschend große und interessante Sammlung aus dem Frühmittelalter. Ein angenehmer

Adobe Stock © saccobent

Spaziergang führt ab dem Ort zum **Egelsee,** einem Moorgewässer, das von Schwingrasen umsäumt ist.

MEIN TIPP: **Museum Carantana,** Molzbichl 5, A-9701 Molzbichl, Tel. 04767 666, carantana.at, Mitte Mai bis Mitte Okt. Di–So 10–12 und 13–17 Uhr, Eintritt 3 €, ermäßigt 2 €.

Für Bergfeeling sollte man sich auf das 2142 m hohe **Goldeck** begeben, entweder mit dem Auto über die mautpflichtige **Goldeck-Panoramastraße** oder per Seilbahn. Dieser Hausberg von Spittal wird als **„Sportberg“** (sportberg-goldeck. com) bezeichnet und ist im Winter bestens zum Skifahren geeignet.

Praktische Infos

- **Tourismusinformation Spittal an der Drau,** Burgplatz 1, A-9800 Spittal an der Drau, Tel. 04762 37200, www.millstaettersee.com/de/region-orte/spittal-drau/spittal-drau.html.
- **Schloss Rothenthurn**②-③, Rothenthurn 2, A-9701 Rothenthurn, Tel. 04767 297, www.castello-rothenthurn.at. Edles Schlosshotel südlich von Spittal mit Zimmern und Apartments.
- **Gasthof Lug ins Land**①-②, Oberzmöln 1, A-9701 Rothenthurn, Tel. 04767 8190, www.lugins land.at. Hausmannskost in Bestform! Das Lokal liegt etwas erhöht westlich des Millstätter Sees. Auch ein Bogenparcours wird angeboten.

MEIN TIPP: **Kleinsasserhof**②, Kleinsaß 3, A-9800 Spittal an der Drau, Tel. 04762 2292, www. kleinsasserhof.at. Originell-uriges Lokal mit reichlich Eindrucksvollem für das Auge und die Geschmacksnerven. Auch übernachten② ist möglich.

- **Weißes Rössl**②, Hauptplatz 23, A-9800 Spittal an der Drau, Tel. 04762 36549, roessl-spittal.at. Gemütliches Gasthaus mit bodenständiger Küche.

Millstätter See und Umgebung

Unmittelbar östlich von Spittal an der Drau liegt der nördlichste und **zweitgrößte See Kärntens,** der Millstätter See (11,5 km lang, 1,8 km breit). Das tiefste Gewässer (141 m) des Bundeslandes ist auch das wasserreichste. Während das **Nordufer weitgehend verbaut** ist und über eine glänzende touristische Infrastruktur verfügt, ist das stark bewaldete **Südufer fast gänzlich unberührt** – selbst Straßen gibt es hier nicht, sondern nur ein **Wegenetz** (Via Paradiso genannt), das zu entspannten **Wanderungen und Radtouren** einlädt. Apropos Fahrrad: Um den gesamten See verläuft ein 28 km langer Radweg! Baden ist vor allem in den diversen Seebädern am Nordufer möglich. Wer den See vom Wasser aus erleben möchte, hat auf den **Schifffahrtslinien** (www.millstaetter see-schifffahrt.at) die Möglichkeit, die größten Orte anzusteuern. Etwa 4 km sind es von Spittal bis **Seeboden,** dem größten Ort am See, der wegen seines **Strandbades,** des **Foltermuseums** auf der **Burg Sommeregg** (hier gibt es auch ein Burgrestaurant und im August finden ebenda spektakuläre Ritterspiele statt) und des **Bonsai Museums** mit angeschlossenem **Zen-Garten** viel besucht wird. Sehenswert ist außerdem das **Fischereimuseum,** wo man auch einiges über die Fauna des Sees erfährt.

- **Foltermuseum,** Schloßau 7, A-9871 Seeboden, Tel. 04762 81391, www.sommeregg.at, April Mi–So 11–17 Uhr, Mai und Juni tägl. 10–18 Uhr, Juli und Aug. tägl. 10–20 Uhr, Sept. tägl. 11–17 Uhr, Okt. Mi–So 11–17 Uhr, Eintritt 9,50 €, ermäßigt 4,50 €.
- **Bonsai Museum,** Bonsaiplatz 1, A-9871 Seeboden, Tel. 04762 81947, www.bonsai.at, April und Okt. Di–Fr 10–16 Uhr, Mai bis Sept. Mo–Fr 10–17 Uhr, Sa 10–16 Uhr, Eintritt 9,50 €, ermäßigt 3,50 €.
- **Kärntens 1. Fischereimuseum,** Fischerweg 1, A-9871 Seeboden, Tel. 04762 81669, Mai bis Okt. tägl. 10–18 Uhr, Eintritt 5 €, ermäßigt 2,50 €.

Bergwanderer verschlägt es vor allem auf den 2088 m hohen **Tschiernock,** auf dem sich zahlreiche wundervolle Touren nicht zuletzt dazu anbieten, dem Tohuwabohu am See etwas zu entfliehen (Start Gasthaus Sommeregger, 3 Std., 450 Hm, schwer). Garantiert trubelig wird es dafür in **Millstatt,** dem zweitgrößten Ort am Nordufer, denn hier befindet sich das sagenumwobene **Stift,** dessen Gründung auf das 11. Jahrhundert zurückgeht. Es zählt unbestritten zu **einem der imposantesten in ganz Österreich;** die **Architektur** mit dem arkadengeschmückten Innenhof und der barock gehaltenen Stiftskirche, in der sich das berühmte Weltgerichtsfresko befindet, aber auch die Kunstgegenstände im **Stiftsmuseum** begeistern wahrlich jeden Besucher.

MEIN TIPP: **Stiftsmuseum Millstatt,** Marktplatz 8, A-9872 Millstatt, Tel. 0660 4970030, www.stiftsmuseum.at, Mitte Mai bis Sept. Di–So (Juli und Aug. auch Mo) 10–16 Uhr, Eintritt 5,90 €, ermäßigt 2,90 €.

Auch Millstatt verfügt über ein beliebtes **Strandbad** (mit Sprungturm) – der Ort war ab der zweiten Hälfte des 19. Jahrhunderts besonders bei wohlhabenden Wienern als Sommerfrische begehrt.

Nördlich des Ortes gibt es neben einem einmalig gelegenen **Golfplatz** (golfmillstatt.at) ein ausgeprägtes **Wander-**

wegenetz, z.B. hinauf zum Granattor auf der **Millstätter Alpe** (2060 m, Start Lammersdorfer Hütte, 3,5 Std., 450 Hm, leicht) oder durch die **Schlucht des Riegerbaches** (Start Ortsmitte Millstatt, 3 Std., 350 Hm, mittlerer Anspruch, wildromantisch). Am Ostende des Sees liegt **Döbriach,** das genauso zum Baden – besonders Familien mit Kindern werden sich am Strand wohlfühlen – einlädt, sich aber auch als Ausgangsort für Wanderungen am Südufer eignet. Oberhalb des Ortes liegt das **Sagamundo** genannte „Haus des Erzählens“: Hier erfährt man etwas über 30 Kärntner Sagen sowie regionsbezogene Geschichten, Mythen und Märchen. Den prächtigsten Seeblick genießt man vom nahen **Bergfried** auf 1128 m Höhe.

Sagamundo – Haus des Erzählens, Hauptplatz 8, A-9873 Döbriach, Tel. 04246 76666, www.sagamundo.at, ab Mitte Mai, Juni, Sept. und Okt. Do–Di 9–16 Uhr, Juli und Aug. tägl. 9–16 Uhr, Eintritt 9 €, ermäßigt 6 €.

Praktische Infos

■ **Tourismusinformation Döbriach,** Hauptplatz 8, A-9873 Döbriach, Tel. 04246 78780, www.doebriach.net.

■ **Tourismusinformation Millstatt am See,** Marktplatz 8, A-9872 Millstatt, Tel. 04766 2022, millstatt.at.

■ **Tourismusinformation Seeboden,** Hauptplatz 1, A-9871 Seeboden, Tel. 04762 81210, www.seeboden.at.

■ **Naturhotel Alpenrose**②-③, Obermillstatt 84, A-9872 Millstatt, Tel. 04766 2500, www.naturhotel-alpenrose.at. Wer Erholung und Wellness sucht, ist in diesem explizit als „Naturhotel“ ausgezeichneten Haus richtig. Die Lage ist eine Schau, der Ausblick von Terrasse und Außenpool herrlich.

MEIN TIPP: **Seecamping Mössler,** Seefeldstraße 1, A-9873 Döbriach, Tel. 04246 7310, www.moessler.at. Etwa 500 m vom Millstätter See entfernter Campingplatz (70 Plätze) mit zahlreichen Wanderrouten in unmittelbarer Nähe und einem Außenpool.

■ **Alexanderalm**①, Schwaigerschaft 14 (die Hütte ist nur zu Fuß erreichbar – ca. 30 Minuten!), A-9872 Millstatt am See, Tel. 0664 6454920, www.alexanderalm.at. Hoch über dem Millstätter

oes_166 sb

> Am idyllischen Millstätter See stellt sich sofort Urlaubsstimmung ein

See gelegene Hütte mit hausgemachtem Käse und Fleischwaren. Auch Zimmer werden geboten②.

■ **Café-Bistro KAP 4613**①-②, Kaiser-Franz-Josef-Straße 330, A-9872 Millstatt, Tel. 0664 3888 318, www.kap4613.at. Hippes Seecafé in Pyramidenform mit Cocktails, Snacks und Brunch.

Nockberge

Nordwestlich des Millstätter Sees liegen die Nockberge, die westlichste und höchste Gebirgsgruppe der **Gurktaler Alpen.** Sie erstrecken sich nicht nur über Teile Kärntens, sondern auch hinüber in den Salzburger Lungau und in die Steiermark. Die Nockberge werden durch zahlreiche grasbewachsene **„Nocken"** – so nennt man im örtlichen Dialekt die abgeflachten oder gerundeten Kuppen bzw. Berggipfel – geprägt. Die höchsten Erhebungen sind der 2441 m hohe **Eisenhut** in der Steiermark, der 2440 m hohe **Rosennock** (in Kärnten) und der **Große Königstuhl** (2336 m), der das Dreiländereck der Bundesländer markiert. Im Westen begrenzt das Liesertal die Nockberge. Der zentrale Bereich der Berge mit einer Fläche von 184 km² ist seit 1987 als **Nationalpark** bzw. seit 2012 von der **UNESCO** als **Biosphärenpark** geschützt. Wer die Nockbergregion besucht, wird von der **sanften Landschaft** und der von ihr ausgestrahlten **Stille** begeistert sein, denn obwohl man sich hier in alpine Höhen begibt, ist die Atmosphäre durch die grün bewachsenen Kuppen und die starke Bewaldung – es gedeihen speziell **Lärchen** und die für die Region so typische **Zirbe** – viel besinnlicher als in den schrofferen Bergmassiven weiter westlich. Höhepunkte eines Besuchs sind u.a. die Befahrung der fantastischen **Nockalmstraße** (www.nockalmstrasse.at), eine der schönsten Panoramastraßen des Landes, und natürlich diverse **Wanderungen.**

■ **Infos: Tourismusinformation Nockberge,** www.nockberge.at.

Bad Kleinkirchheim und Umgebung

Zwischen dem Millstätter See und den Nockbergen liegt zunächst **Radenthein,** ein ehemaliger Bergbauort, dessen Vergangenheit man im Museum **Granatium** – benannt nach dem hier früher abgebauten rubinroten **Edelstein Granat** – nachgehen kann (mit eigenem Schürfgelände).

■ **Granatium,** Klammweg 10, A-9545 Radenthein, Tel. 04246 29135, www.granatium.at, Mai und Juni Mi–Mo 10–18 Uhr, Juli und Aug. tägl. 10–19 Uhr, Sept. und Okt. Mi–Mo 10–17 Uhr, Eintritt 9 €, ermäßigt 6 €.

8 km weiter östlich gelangt man in das auf 1000 Höhenmetern gelegene **Bad Kleinkirchheim.** Es ist **einer der ältesten Kurorte Österreichs** und man hat die Qual der Wahl, entweder eine der Thermen aufzusuchen oder sich zu einer **Bergwanderung** oder **Mountainbike-Tour** aufzumachen.

MEIN TIPP: **Thermal Römerbad,** Dorfstraße 74, A-9546 Bad Kleinkirchheim, Tel. 04240 8282 201, www.badkleinkirchheim.com/thermal-roemerbad/therme/, tägl. 10–21 Uhr, Eintritt ab 26,50 €, ermäßigt ab 17,20 €. Auf einer Fläche von 12.000 m² und über drei Ebenen finden sich hier 13 Saunen und reichlich Wellness und Erholung, teilweise in römischem Dekor.

Therme St. Kathrein, Dorfstraße 47, A-9546 Bad Kleinkirchheim, Tel. 04240 81100, www.therme-kathrein.at, tägl. 9–21 Uhr, Eintritt ab 22 €, ermäßigt ab 10 €. Diese Familien- und Gesundheitstherme bezeichnet sich explizit als kinderfreundlich und somit fehlen auch eine Rutsche und weiterer Badespaß nicht.

Südlich von Bad Kleinkirchheim fährt die Kaiserburg-Kabinenbahn hinauf auf die 2055 m hohe **Kaiserburg** – ab hier gelangt man zu Fuß in etwa 45 Minuten zur **Wöllaner Nock** (2145 m) –, während der Maibrunn-Sessellift auf die Bergstation (1769 m) unterhalb des 1908 m hohen **Strohsacks** „klettert". Vom reizenden **St. Oswald** nördlich von Bad Kleinkirchheim geht es mit der Biosphärenkabinenbahn auf die **Brunnachalm** (1908 m), wo etliche **Wanderungen** möglich sind. Im Winter ist das gesamte Areal als explizit **familienfreundliches Skigebiet Bad Kleinkirchheim** ausgewiesen (über 100 Pistenkilometer). Das besagte St. Oswald ist übrigens auch für sein sommerliches **Volksmusikfestival „Wenn die Musi spielt"** (musi-openair.at) weithin bekannt.

Praktische Infos

■ **Tourismusinformation Bad Kleinkirchheim,** Dorfstraße 30, A-9546 Bad Kleinkirchheim, Tel. 04240 8212, www.badkleinkirchheim.at.

■ **Metzgerwirt Radenthein**②, Hauptstraße 22, A-9545 Radenthein, Tel. 04246 2052, www.metzgerwirt.co.at. Gemütliches Gasthaus mit bodenständiger lokaler Küche und Fremdenzimmern ①-②.

■ **Kaslab'n,** Mirnockstraße 19, A-9545 Radenthein, Tel. 04246 37500, www.kaslabn.at. In dieser Schaukäserei kann man die köstlichen Käsesorten der Gegend auch gleich probieren und käuflich erwerben.

Ebene Reichenau und Umgebung

Die zweite touristisch erschlossene Region in den Nockbergen liegt in der Gemeinde Reichenau am Ostrand des Biosphärenparks – hier entspringt auch die Gurk. **Größere Ortschaften fehlen** komplett, doch bildet das kleine Ebene Reichenau zumindest verkehrstechnisch das hiesige Zentrum. Man erreicht es von Bad Kleinkirchheim kommend über **Patergassen,** wo es einen spannenden **Reptilienzoo** gibt.

Reptilienzoo Nockalm, Vorwald 83, A-9564 Patergassen, Tel. 0676 3747807, www.reptilienzoonockalm.at, Jan. bis März tägl. 10–16.30 Uhr, April bis Juni, Sept. und Okt. tägl. 10–17 Uhr, Juli und Aug. tägl. 9.30–17.30 Uhr (März bis Mai nur Di–Do und Sa/So), Eintritt 9 €, ermäßigt 5 €.

Noch vor Ebene Reichenau führt eine Straße hinauf ins sog. **Falkertgebiet** mit dem **Ski- und Wanderareal Heidialm** (www.heidialm.at), in dem der **Falkertsee** liegt und der 2308 m hohe **Falkert** erklommen werden kann (Start Falkertsee, 3 Std., 450 Hm, Anspruch mittel, auch ein Klettersteig befindet sich hier). Ab Ebene Reichenau führt dann eine Straße ostwärts über den **Hochrindl-Pass** ins gleichnamige **Wander- und Wintersportgebiet** sowie nach **Sirnitz.** Nach Westen hingegen verläuft die 34 km lange (mautpflichtige) **Nockalmstraße,** deren Befahrung eine der großen Attraktionen der Nockberge darstellt; sie endet nach 52 Kehren in Innerkrems unweit des Liesertals. Von den Parkplätzen und Biker's Points entlang der Straße gibt es oft Gelegenheiten für traumhafte Wanderungen, aber auch weitere Highlights. Da sind z. B. das **Karlbad** aus dem

19. Jahrhundert, in dem sog. Bauernbadkuren (in Lärchenholztrögen) angeboten werden, oder die **Zechner Alm,** in der ein **Museum** zum Leben der Almbauern untergebracht ist. **Innerkrems** wiederum kann mit einem kleinen **Wintersportgebiet** (innerkrems.at) aufwarten.

- **Karlbad,** Winkl 50, A-9862 Winkl, Tel. 0664 9683926, Zugang und Anwendungen nur nach telefonischer Voranmeldung.
- **Zechner Alm,** Nockalmstraße, A-9862 Kremsbrücke, Tel. 04736 304, www.zechneralm.at, geöffnet je nach Wetterlage 9–18 Uhr (telefonische Nachfrage wird empfohlen).

Folgt man ab Ebene Reichenau der Bundesstraße weiter gen Norden, gelangt man nach 9 km auf die **Turracher Höhe** (1795 m) – über den Pass geht es hinüber in die Steiermark. Von hier kommt man mit der Kornockbahn in ein **Skigebiet** (www.turracherhoehe.at), das beide Bundesländer umspannt. In den schneefreien Monaten ist es ein grandioses Wanderparadies mit zahlreichen Wegen, die u.a. zu den drei idyllischen Bergseen **Grünsee, Schwarzsee** und **Turracher See** (Start Turracher Höhe, 2 Std., 150 Hm, leicht, familienfreundlich) und auf den **Rinsennock** (2334 m, Start Turracher Höhe, 4 Std., 700 Hm, Anspruch mittel) führen. Großer Beliebtheit erfreut sich die **Alpen-Achterbahn Nocky Flitzer,** (www.turracherhoehe.at/de/sommer/nockyflitzer), eine Rodelbahn, mit der man im Winter wie im Sommer spektakulär ins Tal flitzt.

oes_167 sb

Praktische Infos

- **Tourismusinformation Nockberge,** Reichenau 80, A-9565 Ebene Reichenau, Tel. 04275 8392, www.nockberge.at.
- **Hotel Hochschober**②-③, Turracher Höhe 5, A-9565 Turracher Höhe, Tel. 04275 8213, www.hochschober.com. Luxushotel auf der hohen Turracher Höhe mit Blick auf den Turracher See, samt großen Zimmern und Suiten, beheiztem Seebad, Saunen, Hamam, Bibliothek und sogar einem Chinaturm.

Liesertal und Umgebung

Von Spittal in nördlicher Richtung verläuft das **S-förmige Liesertal,** das nach der unterhalb des Katschbergs entspringenden **Lieser** benannt ist. Durch das Tal verläuft die **Tauernautobahn A10,** die Salzburg und Villach verbindet und dazu führt, dass die meisten Kärnten-Besucher hier nur durchrauschen. Ein Fehler, denn das zwischen Hafner- und

Reißeck-Gruppe im Westen und Nockbergen im Osten eingekerbte Liesertal ist dank des Wechselspiels aus alpiner Schroffheit und lieblichem Flusslauf eine **landschaftliche Augenweide.** Wer es nicht eilig hat, sollte statt der Autobahn die parallel verlaufende **Bundesstraße B99** nehmen.

Die Region stand über Jahrhunderte unter der Herrschaft und dem kulturellen Einfluss der **Salzburger Erzbischöfe.** Der sehenswerteste Ort ist das reizende, etwa 15 km nördlich von Spittal liegende **Gmünd,** das eine weitgehend intakte **historische Altstadt** innerhalb der erhalten gebliebenen **Stadtmauern** aufweist. Vom Hauptplatz mit seinen Bürgerhäusern aus dem 16. bis 18. Jahrhundert sollte man die **mittelalterlichen Stadttore** in Augenschein nehmen, ebenso die **Pfarrkirche,** in welcher der mit Wandmalereien verzierte Karner Eindruck macht. Über dem Ort thront die **Ruine der Alten Burg,** während südlich des Hauptplatzes das **Neue Schloss** die Blicke auf sich zieht. Gmünd ist außerdem für seine **Kunstinstallationen** im öffentlichen Raum bekannt und dafür, dass hier zwischen 1944 und 1950 Porsche einen Standort hatte, dem man im **Porsche Automuseum** nachspüren kann.

■ **Porsche Automuseum,** Riesertratte 4a, A-9853 Gmünd, Tel. 04732 2471, www.auto-museum.at, April bis Mitte Mai tägl. 10–16 Uhr, Mitte Mai bis Mitte Okt. tägl. 9–18 Uhr, Eintritt 11 €, erm. 5 €.

Außergewöhnlich ist auch das **Pankratium** (www.pankratium.at) genannte Haus des Staunens, wo man sich auf eine Reise durch eine **visuell-akustische Wunderwelt** begibt. Für herrliche Fernblicke und kulinarische Genüsse fährt man motorisiert auf die **Sonnalm** (www.sonnalm-gmuend.at) und weiter auf die **Frido-Kordon-Hütte** (1649 m), von der das **Stubeck** (2370 m) erreicht werden kann (Start Frido-Kordon-Hütte, 4 Std., 700 Hm, mittel). Nördlich von Gmünd wurden über Jahrhunderte diverse Metalle abgebaut – in **Eisentratten** erinnert noch ein Hochofen an diese Epoche. Von **Kremsbrücke** gelangt man auf die Nockalmstraße, und auf dem Weg nach **Rauchenkatsch** kommt man an zwei Burgruinen vorbei. Das Liesertal endet in **Rennweg,** wo seit 1974 der knapp 6 km lange **Katschbergtunnel** hinüber in den Salzburger Lungau führt. Alternativ kann man auch über den 1641 m hohen **Katschbergpass** St. Michael im Lungau erreichen.

Praktische Infos

■ **Informationsbüro Gmünd in Kärnten,** Hauptplatz 20, A-9853 Gmünd in Kärnten, Tel. 04732 2215, stadtgmuend.at.

■ **Restaurant Alte Burg**②, Burgwiese 1, A-9853 Gmünd in Kärnten, Tel. 04732 3639, alteburg.at. Saisonal abwechselnde Speisen in hochmittelalterlichem Ambiente.

Maltatal

Ab Gmünd hat man die Möglichkeit, das für seine **eindrucksvollen Wasserfälle** bekannte Maltatal zu befahren – die Tourismusverbände bewerben es als „Tal der stürzenden Wasser“. Durch das etwa

☐ Blick von der Ruine der Alten Burg auf Gmünd

Adobe Stock © schulzfoto

30 km lange Tal – die namensgebende **Malta** mündet bei Gmünd in die Lieser – verläuft die **Landstraße L12** in nordwestlicher Richtung, überwindet dabei 1250 Höhenmeter und ist nur auf der ersten Hälfte mautfrei. Sehenswert sind zunächst die Orte **Dornbach** mit seinem **Wasserschloss** und **Malta** mit seiner Pfarrkirche. Ein Abstecher für schöne Fernblicke führt nach **Maltaberg** und weiter bergauf (östlich der L12). 5 km nördlich von Malta liegt der 200 m hohe **Fallbach-Wasserfall,** um den ein **familienfreundlicher Erlebnispark** samt Klettergarten angelegt wurde. Etwa dort zweigt auch eine Straße in westlicher Richtung ab, entlang derer man zu den **Gößfällen** und den **Zwillingsfällen** gelangt.

Wassererlebnis Maltatal, Brandstatt 11, A-9854 Malta in Kärnten, Tel. 04733 20073, www.erlebnispark-fallbach.at, Mai bis Mitte Sept. tägl. 9–18 Uhr, Mitte Sept. bis Anfang Okt. tägl. 10–17 Uhr, Eintritt 7 €, ermäßigt 6 €.

Nach dem Erlebnispark kommt man an den **Schleierfall.** Danach beginnt der durch zahlreiche Tunnel führende mautpflichtige Teil der L12 (ab hier **Maltatal-Hochstraße** genannt), der sensationelle Abschnitte und wunderbare Panoramablicke bietet; großartig ist auch der hier angesiedelte **Melnik-Wasserfall.** Auf 1704 m Höhe ist dann der **Vorspeicher Galgenbichl** erreicht. 200 m weiter oben liegt der überwältigende **Kölnbreinstausee** (1902 m), die Hauptsehenswürdigkeit des Maltatals. Das turbinenbetriebene Pumpspeicherkraftwerk am See dient zur Stromerzeugung; rund 588,3 GWh stellt ein voller Speicher bereit. Man kann die 200 m hohe Staumauer begehen; von dem baulichen Meisterwerk zweigt der **Airwalk** ab, oberhalb der

Immer unter Strom:
das Pumpspeicherkraftwerk am Kölnbreinstausee mit seiner gigantischen Staumauer

Mauer befindet sich ein **Ausstellungszentrum** (Infos auf www.verbund.com/de-at/ueber-verbund/besucherzentren/malta).

Praktische Infos

■ **Tourismusinformation Maltatal,** Malta 13, A-9854 Malta, Tel. 04733 22015, www.maltatal.com, www.katschberg.at/de/malta.html.

■ **Terrassencamping Malta,** Malta 6, A-9854 Malta, Tel. 04733 2340, www.camping-maltatal.at. Gut ausgestatteter Campingplatz mit Hotel② und Mobile Homes am Ortsrand von Malta.

Oberes Drautal und Umgebung

Das Obere Drautal bezeichnet den etwa **40 km langen Flusslauf der Drau** zwischen der Osttiroler Grenze und Lurnfeld nordwestlich von Spittal. Es handelt sich um eine auffallend **naturbelassene Region,** die im Norden von der Schober- und der Kreuzeck-Gruppe und im Süden von den Lienzer Dolomiten und den Gailtaler Alpen flankiert wird. Zwar verfügt das Obere Drautal nur über wenige überragende Attraktionen im klassischen Sinn, dafür bietet es sich für zahlreiche **actionlastige Unternehmungen** zu Wasser, an Land und in der Luft an und zwar unter dem Dach des **Outdoorpark Oberdrautal** genannten Verbundes der hiesigen Gemeinden.

Greifenburg und Umgebung

Verlässt man Spittal nach Westen drauaufwärts, gelangt man nach **Lurnfeld** und dann nach **Sachsenburg,** das pittoresk an einer Schleife des Flusses liegt und eine teilweise erhaltene Wehrmauer und ein nettes Bauensemble aus der ersten Hälfte des 19. Jahrhunderts aufweist. Interessante **Kirchen** finden sich, wenn man weiter dem Fluss folgt, so in Obergottesfeld, Gajach, Steinfeld und Gerlamoos. **Greifenburg** punktet mit einem hübschen Schloss und einem beliebten Badesee. Ab dem Ort kann man über die kurvenreiche Straße nach Norden bis **Gnoppitz** fahren, wo ein spannendes **Bergbauernmuseum** existiert. Oberhalb des Ortes liegt die **Emberger Alm** (www.embergeralm.info), ein liebliches **Wandergebiet,** das auch bei **Paragleitern und Drachenfliegern** populär ist und im Winter zum **Skifahren** einlädt. Etwa 3 km westlich von Greifenburg, in **Berg,** können im Informationsbüro des oben erwähnten **Outdoorparks Oberdrautal** diverse Aktivitäten (wie Trailrunning, Trekking, Kanuwandern, Klettern oder Mountainbiken) organisiert und gebucht werden. Sehenswert im Ort ist die Pfarrkirche. Am Ufer gegenüber liegt Feistritz und weiter westlich verläuft die rund 1,5 km lange **Gaislochklamm,** eine spektakuläre Schlucht, die auch für Familien einfach zu begehen ist. Gleiches gilt für die weniger bekannte **Ochsenschluchtklamm,** die sich über etwa 1 km den Feistritzbach entlang zieht. Für eine anspruchsvolle **Bergwanderung** bietet sich der **Reißkofel** (2371 m) südlich von Berg an (Start Bahnhof Berg im Drautal, 10 Std., 1900 Hm, schwer, nur für Profis machbar).

Praktische Infos

■ **Informationsbüro Outdoorpark Oberdrautal,** Berg im Drautal 121, A-9771 Berg im Drautal, Tel. 04714 23418, oberdrautal.wordpress.com.

■ **Informationsbüro Greifenburg,** Hauptstraße 240, A-9761 Greifenburg, Tel. 04712 2160, greifenburg.gv.at.

Dellach und Umgebung

Dellach im Drautal ist für seine **Barockkirche** bekannt, und in der Umgebung stellt der **Weittalfall** (kurzer Fußweg ab der Unterdraßnitzer Alm), ein wilder Wasserfall unterhalb der **Weittalalm,** ein beliebtes Ziel dar. Wer sich für Kräuter interessiert, der sollte in **Irschen** halten, denn in dem ausgezeichneten **Kräuterdorf** dreht sich alles um das Thema.

■ **Kräuterdorf,** Irschen 19a, A-9773 Irschen im Drautal, Tel. 04710 2377-2, www.kraeuterdorf-irschen.com.

Südlich von Irschen, auf der gegenüberliegenden Drauseite, thront das **Schloss Stein,** eine im Mittelalter erbaute Felsenburg, die nicht besichtigt, sondern nur von außen fotografiert werden kann. Nun sind es nur noch wenige Kilometer bis **Oberdrauburg,** dem letzten Ort in Kärnten (mit einem reizenden Hauptplatz), in dessen Umgebung **zwei Burgruinen** zu sehen sind. Wer die Drau gemächlich erleben möchte, kann dies auf einem **„Plätte“** genannten floßähnlichen Kahn tun.

MEIN TIPP: **Flößergruppe Oberdrauburg,** Im Hoffeld 1, A-9781 Oberdrauburg, Tel. 04710 2795, www.drauplaette.at.

Nördlich von Oberdrauberg wurde bis 1920 **Gold** abgebaut; im kleinen **Zwickenberg** zeugt die Dorfkirche noch von diesen wohlhabenden Zeiten. Südwärts führt die Bundesstraße B110 nach **Kötschach-Mauthen** im Lesachtal. Auf dem Weg überquert man den **Gailbergsattel** (982 m) und kann in **Laas** die **Burgruine Pittersberg** besichtigen.

Praktische Infos

■ **Tourismusinformation Dellach,** Dellach 18, A-9772 Dellach im Drautal, Tel. 04714 23418, www.urlaub-dellach-drau.at.

■ **Hotel Landhof Irschen**②-③, Stresweg 8, A-9773 Irschen, Tel. 04710 200480, www.landhof-irschen.at. Kleines Wohlfühlhotel, nur 16 Zimmer, am Rande des Kräuterdorfs Irschen. Mitten in der Natur auf einem 15.000m² großen Grundstück gelegen, hat man hier Wellness- und Wanderfreuden zuhauf.

Weißensee und Umgebung

Der türkisblaue Weißensee ist **Kärntens viertgrößter und höchstgelegener Badesee** und dabei auch einer der schönsten – und er ist wegen seiner relativen Abgelegenheit bei Nicht-Einheimischen weitgehend unbekannt. Der 6,5 km² große, maximal 100 m tiefe See liegt auf 930 Höhenmetern südlich des Oberen Drautals und ist ab **Greifenburg** erreichbar. Sein 23 km langes **Ufer** ist nur zu einem Drittel bebaut, der Rest steht unter **Natur- und Landschaftsschutz.** Die **Landstraße** verläuft über Oberdorf nach Techendorf und danach über eine schmale Stichstraße bis Neusach. Ansonsten führen einzig und allein **Pfade** für Wanderer, Mountain- und E-Biker hinüber nach **Mösel** am Ostufer, wo eine Straßenanbindung ins Untere Drautal besteht. Das **Südufer** erreicht man von **Techendorf** – hier befindet sich die schmalste Seestelle – über eine Brücke

oes_168 sb

und kann dann weiter ostwärts am Ufer entlang bis **Naggl** fahren. Alternativ bestehen in den warmen Monaten **Schiffsverbindungen** (www.weissensee-schifffahrt.at) zwischen allen Orten am See. Wer den Weißensee besucht, tut dies vor allem wegen der Ruhe und **wunderbaren Landschaft** – die mit Fichten dicht bewaldete alpine Umgebung erinnert ein bisschen an Skandinavien. Was fehlt, sind modern ausgestattete Strandbäder, motorisierter Wassersport, schicke Partymeilen u.Ä., dafür hat das Seewasser Trinkqualität und es gibt einen sensationellen **Fischreichtum** (inklusive Seeforelle, Flussbarsch, Karpfen und Hecht). Ansonsten kommt man eben zur Erkundung der Umgebung – der Weißensee ist als **Naturpark** ausgewiesen – und zum **Baden** an den Stegen mit ihren nostalgisch wirkenden Badehäusern oder im Winter speziell zum **Eislaufen,** denn der See ist für seine dicke Eisdecke bekannt, und das nicht erst, seit 1987 *James Bond* in seinem Aston Martin in dem Film „Im Angesicht des Todes" hier vor tschechoslowakischen Grenzsoldaten flüchtete. Vom Südufer führt ein Sessellift hinauf in ein kleines **Wintersportgebiet,** das Skifahrer und Langläufer gleichermaßen anspricht. Im Sommer kann man von der Bergstation **Naggler Alm** zum **Golz** (2004 m) wandern (Start Naggler Alm, 5 Std., 700 Hm, schwer).

Praktische Infos

- **Tourismusinformation Weißensee,** Techendorf 78, A-9762 Weißensee, Tel. 04713 2220, www.weissensee.com.

Der unbekannteste unter den großen Kärntner Seen ist der Weißensee

■ **Strandhotel am Weißensee**②-③, Neusach 18, A-9762 Weißensee, Tel. 04713 2219, www.strandhotel-weissensee.at. „Aktiv-Vitalhotel" mitten am See, zu dem auch ein viel gelobtes vegetarisch-veganes Restaurant② gehört.

■ **Hermagorer Bodenalm**①, Naggl 1704/1, A-9762 Naggl, Tel. 0650 4002488, www.hermagorer-bodenalm.at. Urlaub auf dem Bauernhof bzw. auf einer von Bergen umgebenen Alm. In diesem Landgasthof mit angeschlossener Sennerei kann man auch gut essen.

MEIN TIPP: **Seecamping Müller,** Oberdorf 5, A-9762 Weissensee, Tel. 0664 4313078, seecamping-weissensee.at. Direkt am Seeufer liegender Campingplatz, in dem man garantiert Entspannung in der Natur findet.

Hohe Tauern

Den **äußersten Norden und Nordwesten Oberkärntens** charakterisiert die **Hochgebirgsregion** der Hohen Tauern. Diese rund 120 km lange Bergkette erstreckt sich auf die Bundesländer Salzburg, Tirol und Kärnten, wobei in Letzterem speziell die Ankogel-Gruppe im Norden und im Nordwesten die Glockner-, Goldberg-, Schober- und Kreuzeck-Gruppen liegen, zu denen **viele der höchsten Berge Österreichs** zählen. Entsprechend finden sich hier **großartige Hochgebirgslandschaften** inklusive schroffer Bergspitzen, steil abfallender Felswände, unwegsamer Karstregionen und tief eingeschnittener Gletscher, aber auch grasbewachsene Almkuppen, üppige Moorlandschaften und sanfte Täler. In erster Linie steht somit das **Bergwandern** im Vordergrund (878 km Wanderwege gibt es und auch von Rangern geleitete Exkursionen und Wildtierbeobachtungen kann man buchen), daneben die Befahrung **sensationeller Panoramastrecken,** aber natürlich ist auch **Wintersport** in einigen Gebieten möglich. Außergewöhnlich ist das sog. **Pferdetrekking,** ein- oder mehrtägige Reittouren auf Haflingern. Etwa 420 km² der Fläche sind Teil des **Nationalparks Hohe Tauern** (→ Exkurs S. 312), der es sich zur Aufgabe macht, die hiesigen Biotope samt ihrer artenreichen Flora und Fauna zu schützen und zu erhalten. Durch die Kärntner Hohen Tauern fließt die **Möll,** die am Fuße des Großglockners entspringt und dann zwei entgegengesetzte Bögen einschlägt, bis sie nach 80 km Länge und rund 2000 m Höhenunterschied bei **Möllbrücke** in die Drau mündet.

■ **Infos: Tourismusinformation Nationalpark Hohe Tauern,** nationalpark-hohetauern.at.

Unteres Mölltal und Umgebung

Nördlich von Spittal bildet **Lurnfeld** – gemeint ist der Ort und nicht die Landschaft, in der **Möll** und **Drau** zusammenfließen – das „Tor" in die Bergwelt der Kärntner Hohen Tauern. Zwar präsentiert sich die Region anfangs noch nicht so alpin wie im mittleren und nördlichen Teil, dafür sind hier einige historische Bauten sehenswert. Dazu gehören das **Schloss Drauhofen** in **Pusarnitz** noch südlich von Lurnfeld sowie die **Ruinen Feldsberg** und **Hohenburg.** In **Mühldorf** kann man die etwa 4 km lange **Barbarossaschlucht** (auch Klinzer Schlucht genannt) begehen, eine eindrucksvolle Landschaft, die wenig besucht wird (Start Parkplatz Barbarossaschlucht, 1,5 Std., 200 Hm, leicht). Etwas nördlich liegt in Kolbitz mit dem Stausee samt Umspannwerk die **Hauptstufe des Maltakraftwerks,** während man auf der gegenüberliegenden Seite des Tals mit der Kreuzeckbahn hinauf zum **Speicher Rosswiese** auf 1211 m fahren kann, wo gleich mehrere beschauliche **Wanderungen** starten. Wichtige Sakralgebäude der Gegend sind die **Georgskirche** auf dem **Danielsberg** am Ostufer der Möll gegenüber von Nappach und die **Wallfahrtskirche Maria Tax** in **Stallhofen.** Hübsch anzusehen sind auch die **Burg Falkenstein** und die weiter oben gelegene **Burgruine Oberfalkenstein,** zwischen denen eine baulich imposante Bahnbrücke liegt. Westlich von Nappach ist das abgelegene **Teuchl** ein guter Startpunkt für Wanderungen in der Bergregion der **Kreuzeck-Gruppe.** Man gelangt ab hier z.B. auf den **Polinik** (2784 m, Start Alpenheim Teuchl, 7 Std., 1600 Hm, schwer).

Obervellach und Umgebung

Nur 2 km weiter erreicht man **Obervellach,** den **größten Ort des Mölltals,** wobei „groß" bei **2200 Einwohnern** relativ ist. Einst als **Silberbergbauzentrum** zu Reichtum gekommen (der Hauptplatz strahlt noch etwas von dieser Zeit aus), lebt man heute vorrangig vom Tourismus. Ab Obervellach sollte man unbedingt einen Abstecher weiter nach **Mallnitz** etwa 8 km nördlich des Ortes machen. Der **Luftkurort** liegt an der – hier untertunnelten – Tauernbahnlinie, auf der auch der Autozug „Tauernschleuse" verkehrt, und ist das ideale „Sprungbrett" für Unternehmungen in der **Ankogel-Gruppe** des Nationalparks Hohe Tauern. Im Ort gibt es ein sehr empfehlenswertes **Besucherzentrum** mit teilweise interaktiv aufbereiteten Ausstellungen zum Leben in den Hohen Tauern und zu allen möglichen Aktivitäten. Unter diesen ist natürlich die Besteigung des **Ankogels** (3252 m) – inklusive der Fahrt mit der Ankogelbahn – zu erwähnen (Start Bergstation Ankogelbahn, 5 Std., 700 Hm, schwer), beliebt sind auch **Wanderungen** auf das **Säuleck** (3086 m, Start Nationalpark-Parkplatz Dösental, 8 Std., 1550 Hm, schwer), am besten in Verbindung mit einer Übernachtung im idyllisch am **Dösener See** gelegenen Arthur von Schmid-Schutzhaus. Entspannter ist die Begehung des 9 km langen Naturlehrwegs durch das **Seebachtal,** einem der schönsten Hochgebirgstäler der Hohen Tauern, der auch am Stappitzer See vorbeiführt. Im Winter ist der Ankogel ein kleines, aber feines **Skigebiet** (www.moelltaler-gletscher.at/ankogel).

■ **Nationalpark Hohe Tauern Besucherzentrum Mallnitz,** Mallnitz 36, A-9822 Mallnitz, Tel. 04825 6161, bios-mallnitz.at.

Praktische Infos

■ **Tourismusinformation Obervellach-Reißeck,** Obervellach 58, A-9821 Obervellach, Tel. 04824 270030, www.obervellach-reisseck.at.

■ **Tourismusinformation Mallnitz,** Mallnitz 11, A-9822 Mallnitz, Tel. 04824 270040, www.mallnitz.at.

■ **Gasthof Alpenrose**②, Stappitz 12, A-9822 Mallnitz, Tel. 04784 389, www.alpenrose-mallnitz.at. Auch als Seehäusl ist dieser Gasthof mit einfachen Zimmern und Restaurantbetrieb①-② bekannt.

Hoch hinaus! – der Großglockner

Der Großglockner ist mit **3798 m** der **höchste Berg Österreichs,** allerdings erst seit 1919, als Südtirol im Vertrag von Saint-Germain-en-Laye Italien zugesprochen wurde – vorher war es der **Ortler** mit 3905 m. Der oft nur „Glockner" genannte Riese gehört zum **Tauernfenster,** besteht aus Gesteinen der Grünschieferfazies und weist neben der Hauptspitze mit dem **Kleinglockner** (3770 m) einen zweiten Gipfel auf, zwischen denen die sog. **Glocknerscharte** verläuft. Ende des 18. Jahrhunderts begann man mit Erkundungstouren und im Jahr **1800** fand die – zumindest offizielle – **Erstbesteigung** durch vier Teilnehmer einer Großexpedition unter der Leitung von Fürstbischof *Salm-Reifferscheidt-Krautheim* statt. Heute zählt der Großglockner jährlich gut 5000 Gipfelbesteigungen. Doch wer hinauf möchte und von einem Foto vor dem massiven, 300 kg schweren Gipfelkreuz träumt, der sollte sich im Vorfeld gut informieren, denn es gibt **mehr als 30 Routen verschiedener Schwierigkeitsgrade.** Von der Kärntner Seite verläuft der sog. **Normalweg** (der leichteste Anstieg), auf dem vor allem die **Erzherzog-Johann-Hütte** auf der **Adlersruhe** (3454 m) von Bedeutung ist – sie ist die höchstgelegene Schutzhütte Österreichs. Weitere Stützpunkte sind die **Salmhütte** (2638 m) und das **Glocknerhaus** (2132 m) sowie das auch mit dem eigenen Fahrzeug über die Großglockner-Hochalpenstraße zu erreichende **Franz-Josefs-Haus** (2363 m) auf der **Kaiser-Franz-Josefs-Höhe.** Ein Besuch des Franz-Josefs-Hauses ist ein Highlight im wahrsten Sinne des Wortes, aber natürlich auch eine massentouristische Veranstaltung, denn fast **eine Million Besucher** kommen jedes Jahr hierher. Damit gilt der Ort für das obligate Erinnerungsfoto des Großglockners nach Schloss Schönbrunn als **zweitbeliebteste Sehenswürdigkeit Österreichs.** Ab der Kaiser-Franz-Josephs-Höhe (hier befinden sich ein Parkhaus und ein Besucherzentrum mit Ausstellung) kann man wahlweise bis zur nahen **Wilhelm-Swarovski-Beobachtungswarte** wandern oder mit der Standseilbahn hinunter in das **Gletscherfeld der Pasterze** fahren. Dieses sagenhafte, ca. 9 km lange Tal (mit etwas Glück sieht man hier Murmeltiere) kann auch vom oben erwähnten Glocknerhaus erreicht und auf dem grandiosen und weitestgehend unkomplizierten Gletscherweg erkundet werden. Ohne Zweifel eines der eindrucksvollsten Bergerlebnisse in Österreich!

- Mehr **Infos** unter www.grossglockner.at.

Die Königsklasse für Alpinisten: die Besteigung des Großglockners

Mittleres Mölltal und Umgebung

Das Mittlere Mölltal verläuft ab Obervellach westwärts bis Winklern unmittelbar an der Osttiroler Landesgrenze. Gleich nordwestlich des Ortes zieht sich die etwa 2,5 km lange **Groppensteinschlucht** (www.groppensteinschlucht.at) hin, die man recht beeindruckend auf Holzstegen durchquert. Oberhalb von ihr thront die **Burg Groppenstein** aus dem 15. Jahrhundert, die jedoch nicht öffentlich zugänglich ist. Nur wenige Kilometer weiter geht es ab **Flattach** südwärts in die **Raggaschlucht** (www.flattach.at/raggaschlucht/), eine der vielleicht überwältigendsten in ganz Österreich, die auf einem 800 m langen **Lehrpfad** – ebenfalls auf Holzstegen – besucht werden kann. Gleich westlich von Flattach führt die Landstraße nach Norden durch das kleine **Fraganttal** bis **Innerfragant,** wo die Mölltaler Gletscherbahnen über mehrere Stationen hinauf zum 3123 m hohen **Schareck** fahren, um den der **Mölltaler Gletscher** (www.moelltaler-gletscher.at) liegt. Ein Besuch dieser hochalpinen Landschaft – hier befindet sich auch ein (zumindest theoretisch) ganzjähriges **Wintersportgebiet** – gehört zum imponierendsten, was Kärnten in Sachen Bergfeeling zu bieten hat! Folgt man der Bundesstraße weiter westwärts, gelangt man nach **Stall** – hier sind **Wanderungen** inmitten der Kreuzeck-Gruppe möglich. Relativ anspruchsvolle Touren führen auf die weltfernen Gipfel von **Sadnig** (2745 m, Start Parkplatz Stieflberger Hütten, 8 Std., 1050 Hm, mittel) und **Törlkopf** (2440 m, Start Parkplatz Speicher Wölla, 6,5 Std., 1000 Hm, mittel). In **Rangersdorf** steht eine Kirche mit einem Altar aus dem 15. Jahrhundert, und in **Lainach,** einem alten Kurort, sollte man die traumhaft gelegene Wallfahrtskirche besuchen. Angenehme Wanderungen führen ab der **Lainacher Kuhalm** (lainacherkuhalm.at) ins Umland, wie z. B. in rund 10 km auf fast 2000 Höhenmeter zum **Anna-Schutzhaus.** Das Mittlere Mölltal endet in **Winklern,** wo man die Wahl hat, gen Norden ins Obere Mölltal oder nach Westen über den Iselberg nach Osttirol weiterzufahren. Im Ort erhebt sich der **mittelalterliche Mautturm,** in dem wechselnde Ausstellungen gezeigt werden (auch ein Nationalpark-Besucherzentrum befindet sich hier), und die umliegende Gegend lässt sich gut auf dem 4,5 km langen **Kulturlandschaftsweg** erkunden.

Praktische Infos

- **Tourismusinformation Flattnitz,** Flattach 99, A-9831 Flattach, Tel. 04785 615, www.flattach.at.
- **Informationsbüro Winklern,** Winklern 9, A-9841 Winklern, Tel. 04822 227, winklern.gv. at.
- **Hotel Margarethenbad**①-②, Lainach 26, A-9833 Rangersdorf, Tel. 04822 380, www.erholung.at. Angenehmes Wellnesshotel mit überdachtem Freibad im Kurort Lainach.
- **Hotel Tauernstern**②, Winklern 24, A-9841 Winklern, Tel. 04822 248, www.tauernstern.at. Vor malerischer Bergkulisse liegt dieses sog. Natur-Aktiv-Hotel, ein idealer Standort für Outdoor-Unternehmungen.

Oberes Mölltal und Umgebung

Das Obere Mölltal liegt im wahrsten Sinne **im Schatten des Großglockners** (→ Exkurs). **Österreichs höchster Berg** ist definitiv aus jeder Perspektive ein spektakulärer Anblick; wer sich ihm von Süden auf der Bundesstraße B107 nähert, wird pausenlos mit einem atemberaubenden Panorama beglückt. Aus Winklern erreicht man nach nicht einmal 7 km **Mörtschach,** von wo man nach Osten ins **Astental** aufbrechen kann, das zunächst ins **Astner Moor** führt, aus dem **Wanderrouten** auf den **Mohar** (1605 m) führen – der Fernblick auf die umliegenden Berggipfel ist unbezahlbar (Start Sadnighaus im Astental, 4,5 Std., 750 Hm, mittel). Auch weiter nördlich sind die Wanderoptionen schier unendlich. Das Gebiet um **Großkirchheim** war einst das Zentrum des **Goldbergbaus;** im Ort beherbergt der **Putzenhof** (www.putzenhof.at) eine Ausstellung zum Thema. Wer dorthin aufbrechen möchte, wo seinerzeit die Knappen – so nennt man in Österreich die bundesdeutschen „Kumpel" – nach den begehrten Nuggets schürften, der sollte sich ins **Zirknitztal** aufmachen und dem **Tauerngoldweg** folgen (Start Nationalpark-Parkplatz Großes Zirknitztal, 4,5 Std., 550 Hm, mittel). Westlich der Möll liegt **Ranach,** von wo man die Schober-Gruppe begehen kann – das **Wetterkreuz** (2120 m) erfreut sich größter Beliebtheit (Start Ortsmitte Ranach, 4,5 Std., 750 Hm, mittel) – oder das wilde **Gradental,** das man etwas weiter nördlich bei **Putschall** erreicht (Start Gradenwirt Putschall, 8,5 Std., 1450 Hm, mittel, Ziel ist die Adolf-Noßberger-Hütte). 3 km weiter rauscht etwas abseits der Straße der **Jungfernsprung,** ein 130 m hoher Wasserfall.

[>] Das „ewige" Eis: Blick auf die Pasterze, Österreichs längstes Gletscherfeld

Praktische Infos

- **Nationalparkgemeinde Mörtschach,** Mörtschach 42, A-9842 Mörtschach, Tel. 04826 701, www.moertschach.gv.at.
- **Tourismusinformation Großkirchheim,** Döllach 47, A-9843 Großkirchheim, Tel. 04825 52121, grosskirchheim.gv.at.
- **Döllacher Dorfwirt**②, Döllach 79, A-9843 Großkirchheim, Tel. 04825 210, www.doellach.at. Ein uraltes, wundervolles Anwesen mit Gästezimmern und kreativen Kärntner Spezialitäten im dazugehörigen Restaurant.

Heiligenblut und Umgebung

Im Norden des Oberen Mölltals erreicht man den **viel frequentieren Ort** Heiligenblut am Ende der B107. In 1310 m Höhe gelegen, stellt das gerade einmal 1000 Einwohner zählende Alpendorf das Zentrum für Aktivitäten im äußersten Nordwesten Oberkärntens dar und verfügt entsprechend über eine **hervorragende Infrastruktur.** Zu den Aktivitäten gehören in erster Linie hochalpine Wanderungen im Bereich des Großglockners und die Fahrt über die 48 km lange, mautpflichtige **Großglockner-Hochalpenstraße** (→ S. 311) hinüber nach Zell am See in Salzburg. Dieses Fahrerlebnis ist sicherlich eines der beeindruckendsten im gesamten Alpenraum und sollte keinesfalls versäumt werden.

Der Legende nach kommt der Name „Heiligenblut" von einem **Fläschchen mit dem Blut Christi,** das *Briccius,* ein dänischer Prinz, der hier um 914 auf dem Rückweg von Konstantinopel von einer Lawine verschüttet wurde, in die Wade eingenäht hatte, um es vor Räubern zu schützen. Die örtliche **Wallfahrtskirche** erinnert an die Geschichte

– angeblich soll dort sogar das besagte Fläschchen aufbewahrt und *Briccius* begraben sein. Im Umland sind mehrere, auch familienfreundliche **Wanderungen** machbar, darunter zur sog. **Briccius-Kapelle** (Ortszentrum Heiligenblut, 3,5 Std., 350 Hm, mittel), ins großartige **Gößnitztal** (Start Nationalpark-Parkplatz Retschitzbrücke, 3 Std. 450 Hm, mittel) oder auf dem 3,5 km langen **Lehrpfad Natura Mystica.** Östlich von Heiligenblut erstrecken sich das **Große Fleißtal** und das **Kleine Fleißtal,** an deren Berghängen – speziell dem **Schareck** (2604 m), dem **Hochfleiss** (2902 m) und dem **Viehbühel** (2420 m) – ein durch Gondelbahnen und Sessellifte erschlossenes **Wintersportgebiet** liegt, das in der schneefreien Jahreszeit auch zu allerlei Bergbegehungen einlädt. Am Ende des Kleinen Fleißtals werden vor allem junge Besucher das **Goldgräberdorf** lieben, in dem man eigenhändig (meist erfolgreich) nach Gold(flittern) schürfen kann. Etwas südlich, in **Apriach,** befindet sich das aufschlussreiche **Freilichtmuseum Apriacher Stockmühlen** – eine Stockmühle ist eine Wassermühle, bei der das Wasserrad horizontal liegt.

Goldgräberdorf Heiligenblut, Fleiß 10, A-9844 Heiligenblut, Tel. 04824 24655, www.goldgraeberdorf-heiligenblut.at, Juni 11–16 Uhr, Juli und Aug. 10–17 Uhr, Sept. 11–16 Uhr, Eintritt (Goldwaschen) 9 €.

Praktische Infos

- **Tourismusinformation Heiligenblut am Großglockner,** Hof 38, A-9844 Heiligenblut am Großglockner, Tel. 04824 270020, heiligenblut.at.
- **Chalet Hotel Senger**②, Hof 23, A-9844 Hof, Tel. 04824 2215. Alpines Flair inmitten der wilden Bergwelt.

Mein Tipp: **Nationalpark-Camping Großglockner,** Hadergasse 11, A-9844 Heiligenblut, Tel. 04824 2048, www.nationalpark-camping.at. Direkt am Fuße des Großglockners kann dieser Campingplatz mit seinem eindrucksvollen Bergpanorama punkten.

- **Heiligenbluter Sternsingen,** an Heiligabend suchen die sog. Sternsinger alle Häuser der Gemeinde auf und tragen jeweils das „Sternlied“ vor.

Adobe Stock © Pawel

oes_206 dk

8

Steiermark

»Willkommen im grünen Herzen der Abwechslung und Kontraste! Ob alpines Bergfeeling, Wellness und Erholung der Spitzenklasse, ob historisches Flair oder feine Küche aus ökologischem Anbau – die üppige Steiermark vereinigt wahrlich viel vom Besten, das Österreich zu bieten hat. Von den wildromantischen Gipfeln hinunter zu den sanften Almen, über die urwüchsigen Wälder bis zu den lieblichen Kulturlandschaften, wo Wein, Äpfel und Kürbisse wachsen – selbst im europäischen Vergleich hat kaum eine Region ein derartig vielfältiges Freizeitangebot zu bieten.

Der Flöte spielende Faun in der Innenstadt von Leoben – fabelhaft schön ist auch die Landschaft der Steiermark

DAS GRÜNE HERZ ÖSTERREICHS

Die Farbe Grün ist im zweitgrößten Bundesland der rot-weiß-roten Republik praktisch allgegenwärtig. Die lokale Tourismusindustrie hat sie als symbolisch ausgewählt, und tatsächlich: Die Steiermark ist das Land der saftigen Wiesen, üppigen Weiden, reichhaltigen Obst- und Weingärten sowie der tiefen Wälder – rund 61% der 16.400 km² großen Landesfläche sind bewaldet. Mit 1.265.000 Einwohnern ist es das viertbevölkerungsreichste Bundesland Österreichs. Historisch – speziell zwischen dem 14. und Anfang des 17. Jahrhunderts – gehörte es zu dem als Innerösterreich bekannten Landesteil südlich des Semmering.

NICHT VERPASSEN!

- **Ob Altstadt oder Schloßberg:** Österreichs zweitgrößte Stadt Graz ist top! | 555, 560
- **Schilcher meets Kürbiskernöl:** unterwegs im „Genussland" Schilcherland | 573
- **Erholung im Kunstwerk:** die Therme Rogner Bad Blumau ist eine Augenweide | 589
- **Alpine Action:** in den Schladminger Tauern baut man definitiv Kalorien ab | 622
- **Zeig mir das Universum:** im Planetarium in Judenburg gar kein Problem | 633

Diese Tipps erkennt man an der gelben Markierung.

Durch die recht **unregelmäßige Form** der Steiermark gibt es ab und zu Verwirrungen bei der Bezeichnung der einzelnen Regionen, doch der hier verlaufende **Hauptfluss** bietet einen Anhaltspunkt: die **Mur,** die im Salzburger Lungau entspringt, bei Predlitz die Landesgrenze passiert und Z-förmig das Bundesland durchfließt, bis sie bei Bad Radkersburg die Grenze zu Slowenien bildet. **Landeshauptstadt** ist das reizende **Graz,** Österreichs zweitgrößte Stadt, ein Kleinod der Renaissance und des Barock. Das Angebot an guter Küche ist riesig, das Kulturleben pulsiert. Der südliche Landesteil ab etwa der Linie Voitsberg – Leibnitz – Spielfeld wird im Folgenden **Süd(west)-steiermark** genannt. Ein Besuch hier, ohne in den Genuss eines Glases **Schilcher** (→ Exkurs S. 570) gekommen zu sein, wäre definitiv eine „Schande". Die **Oststeiermark** liegt östlich der Mur und südlich des Wechsels und der Fischbacher Alpen, wobei der südliche Teil aufgrund seiner vielen Kurbäder mit heißen Quellen meist als **„Thermen- und Vulkanland"** bezeichnet wird. Die Süd- und die Oststeiermark sind weitgehend hügelig und werden gerne als **„Obstgarten**

▷ Ein Gläschen vor herrlicher Kulisse: in Graz ist das nächste Lokal nie weit

Österreichs" apostrophiert, denn diese Regionen machen das Bundesland zum fruchtbarsten der Republik. Viel von dem, was man andernorts als „typisch steirisch" bezeichnet, wie die schmackhaften Kürbisse, gedeiht hier.

Der Nordteil – nördlich der Mur – heißt **Obersteiermark** und reicht von den nördlichen Landesgrenzen bis zum Steirischen Randgebirge südlich der Mur-Mürz-Furche. Hier ist es **alpin** und Bergmassive wie der **Dachstein,** das **Gesäuse** und der **Hochschwab** prägen neben den Flussauen und Klammen die Landschaft. Wanderungen, Fahrradtouren und Kletterausflüge, aber auch der Wintersport stehen ganz oben auf der To-Do-Liste.

Die **Weststeiermark** ist zwar nicht der äußerste Westen des Bundeslandes, sie umfasst die **Regionen Murau und Murtal.** In der Gegend geht es ebenfalls bergig zu (Seetaler und Seckauer Alpen, Stubalpe). Doch auch das idyllische **Tal der Mur** zwischen den Städten Murau, Judenburg und Knittelfeld lädt zu unterschiedlichsten Aktivitäten ein.

■ **Infos: Tourismus Steiermark,** www.steiermark.com.

Graz

Die **Landeshauptstadt des Bundeslandes Steiermark** ist mit etwa **298.500 Einwohnern** die **zweitgrößte Stadt Österreichs.** Im Großraum Graz leben gut 645.000 Menschen, was ihn nach Wien und Linz zur drittgrößten Metropolregion des Landes macht und sogar zu dem am schnellsten wachsenden Ballungsraum Österreichs. Zwar ist Graz urban, doch Verkehrslärm und Asphaltsünden

oes_178 dk

halten sich in Grenzen; die **Umgebung** der Stadt ist **bezaubernd** und es gibt schier unendlich viele Möglichkeiten, die Natur zu genießen. Auch Graz selbst ist **äußerst grün,** denn nur ein relativ kleiner Teil der knapp 128 km² großen Fläche des Stadtgebiets ist verbaut. So machen **Parks, Gärten und Gartenan-**

lagen stolze 70% der Gesamtfläche aus und der **schützende Grüngürtel** – zu dem das Gebiet um den Plabutsch und die Platte sowie der Leechwald gehören – nimmt den kompletten westlichen, nördlichen und östlichen Stadtrand ein. Graz liegt zu beiden Seiten der **Mur.** Wer die Stadt besucht, sollte dies vor allem

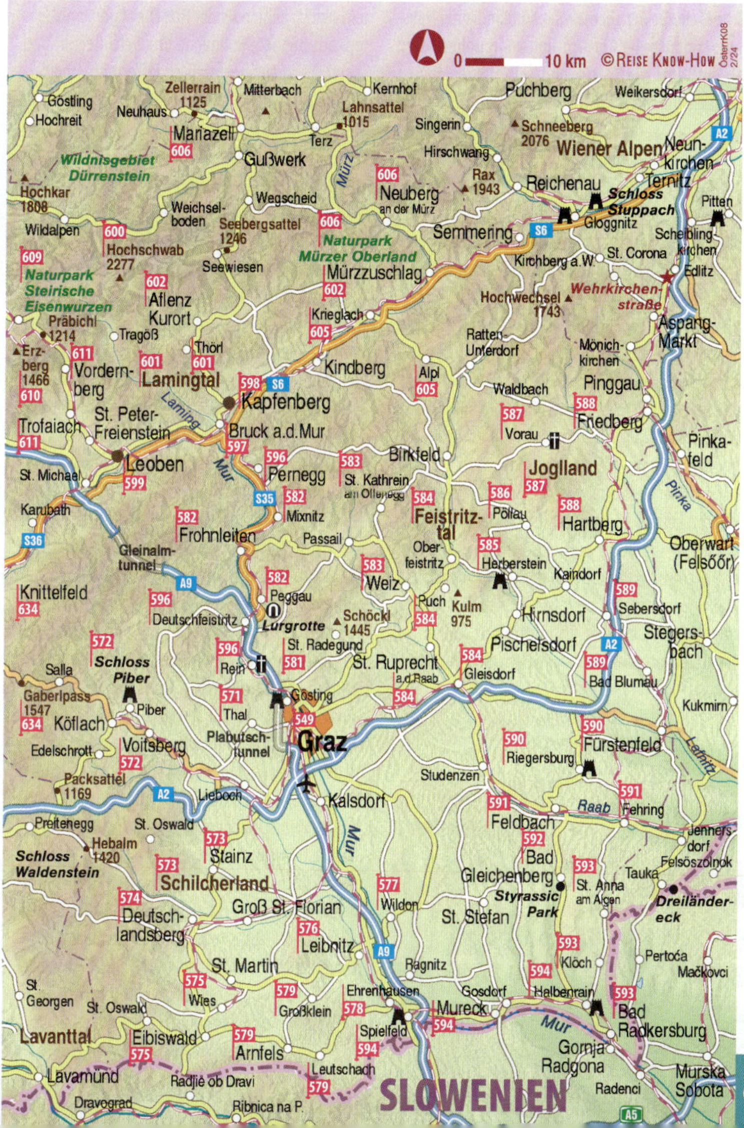

Essen und Trinken in der Steiermark

Die Küche des Bundeslandes hat **bäuerliche Wurzeln,** doch wurde sie auch durch diverse kulinarische Einflüsse der ehemaligen Kronländer der Habsburgermonarchie geprägt und kann unbestritten als **äußerst vielfältig** und seit einigen Jahren auch als durchaus kreativ, ja geradezu **innovativ** bezeichnet werden. Eine der unverkennbaren Spezialitäten ist fraglos das **Backhendl,** also in Paniermehl gewälzte und dann gebratene Hühnerteile, die mit diversen **Salaten** wie Erdäpfelsalat (Kartoffelsalat), Vogerlsalat (Feldsalat), Krautsalat (aus Weißkraut) oder dem exquisiten Salat aus Käferbohnen (rötliche Feuerbohnen) gegessen werden. Allen Salaten gemeinsam ist, dass sie meistens mit nussigem **Kürbiskernöl** angemacht werden, das in der Steiermark eine zentrale Rolle spielt. Kein Wunder also, dass man in anderen Regionen des Landes die steirische Küche automatisch mit Kürbis in Verbindung bringt – der auch als gekochtes Gemüse, Suppe oder in Form von Kernen auf den Tisch kommt. Letztere finden sich z.B. in der Panade des aus Kalbfleisch (oder auch aus Schwein, Pute oder Hühnerfleisch) bestehenden **Steirerschnitzels.** Wer es herzhaft mag, dem sei ein **Girardi-Rostbraten** oder das klassische **Wurzelfleisch** empfohlen, ein aus gekochtem Schweinefleisch, Sellerie, Karotten und Salzkartoffeln zubereitetes Gericht, das man mit Apfelkren (geriebener Meerrettich mit Apfel versüßt) liebt, oder der **Ritschert** genannte Eintopf aus Bohnen, Rollgerste und Selchfleisch. Und sonst? Die unangefochtene südösterreichische Beilage für zahlreiche Gerichte ist **Sterz,** eine Art dickflüssiger Grieß, der aus Buchweizenmehl (Heidensterz), Roggenmehl (Brennsterz), Weizengrieß (Griessterz), Kartoffeln (Erdäpfelsterz), Kukuruz/Mais (Türkensterz) oder Bohnen (Bohnensterz) bestehen kann. Besonders häufig in den lokalen **Buschenschänken** (auch **Heurigenlokale** genannt) findet sich auch hier die **Brettljause,** also eine in der Regel auf einem Holzbrett servierte Auswahl an Wurst-, Schinken- und Käse-Aufschnitt, wobei speziell das Verhackerte (ein Brotaufstrich aus geräuchertem, klein gehacktem Speck) der Hit ist. Fleischesser werden den köstlichen **Speck des Turopoljeschweins** oder den herzhaften **Vulkanland-Schinken** lieben, zu dem perfekt etwas geriebener steirischer Kren (Meerrettich) passt. Nicht nur Mäuse schwören seit jeher auf den **Murtaler Steirerkäse** (ein würziger fester Kochkäse mit Kümmel) und den aus Sauermilch gemachten, äußerst mageren **„Steirerkas"** aus dem Ennstal, der in seiner bröseligen Variante über Käsenockerl (ähnlich den schwäbischen Spätzle) gestreut wird. Charakteristisch für die gesamtösterreichische Küche sind die diversen **Suppenvariationen,** wobei in der Steiermark genau wie im angrenzenden Kärnten vor allem die **Klachlsuppe,** eine Einbrennsuppe (Mehlschwitzsuppe) mit Schweinshaxe typisch ist. Wirklich weltberühmt ist die österreichische Küche bekanntlich für ihre herrlichen **Mehlspeisen.** Neben den überall gängigen sollte man hier die **Strauben** (ein deftiges Schmalzgebäck, das mit Zucker bestreut serviert wird) und selbstverständlich die beliebten **Strudelvariationen** wie Milchrahm- oder Apfelstrudel probieren.

oes_207 dk

wegen der **grandiosen Architektur** tun: Die Stilepochen von Gotik, Renaissance, Barock und Rokoko sowie des Klassizismus und der Moderne haben beachtliche Spuren in der Stadt hinterlassen, und es ist eine wahre Wonne, sich bei einem Spaziergang auf eine bauliche Zeitreise zu begeben. Ausschlaggebend für die Entwicklung der Stadt waren ursprünglich die **Kirche** und der **Adel** – darunter ganz besonders das Geschlecht der *Eggenberger* –, die aufwendige **Kunstsammlungen** anlegten und selbst in den für die Bevölkerung miserabelsten Zeiten nicht darauf verzichteten, in **Prunk und Pracht** ihren Reichtum zur Schau zu stellen. Die Kunstwerke aus vergangenen Epochen können nach wie vor in etlichen **Museen** besichtigt werden. Doch man blickt nicht nur zurück, denn seit Graz **2003 Europäische Kulturhauptstadt** war, sind auch die Anforderungen an gegenwärtige Kunst und Kultur hoch! So präsentiert man an diversen Locations zeitgenössisches Ausstellungsdesign und oftmals bahnbrechende moderne Kunst. Bemerkenswert ist zudem die Grazer **Musik- und Bühnenlandschaft,** in Sachen Jazz ist die Stadt sogar im europäischen Vergleich weit vorn zu finden! Man sollte also ruhig zwei bis drei Tage „im Gepäck" haben, um Graz die Möglichkeit zu geben, sich zu entfalten. Es lohnt sich!

⊠ Summer in the City:
Entspannen und Genießen im Beach-Club am Murufer

⊠ Sakrale Orte gibt es in Graz im Überfluss, sogar einen Kalvarienberg

Stadtgeschichte

Graz blickt auf stattliche **5000 Jahre Siedlungsgeschichte** zurück. Dies dürfte insbesondere an seiner **geschützten Lage** entlang der Mur und am Ostrand der Alpen im Grazer Becken liegen. Nach Süden hin offen, ist dieser Talkessel **klimatisch begünstigt.** In Verbindung mit äußerst **nährreichen Böden** ist damit das gesamte Gebiet für eine landwirtschaftliche Nutzung geradezu ideal geeignet. Entsprechend war die hiesige Gegend bereits in der **römischen Kaiserzeit** eine dicht besiedelte Agrarlandschaft, in der sich verschiedene Handelswege kreuzten. Im Jahr 426 vertrieben **Markomannen** und **Westgoten** die Römer, und während der Wirren der Völkerwanderung gründeten **Slawen** und **Awaren** das **Fürstentum Karantanien,**

oes_177 dk

oes_176 dk

das die Steiermark, Kärnten, Teile Osttirols und die Krain (das heutige Zentralslowenien) umfasste. Damals entstand auch die erste **Burg** (namens Gradec) auf dem Grazer Schloßberg. Ab dem 8. Jahrhundert christianisierte der Bayernherzog **Tassilo III.** das Gebiet um Graz, und nachdem 955 **Otto I.,** der spätere Kaiser des Heiligen Römischen Reiches Deutscher Nation, in der **Schlacht auf dem Lechfeld** die Ungarn besiegte, besiedelten **Franken** und **Bajuwaren** die südliche Steiermark entlang der Mur. Es folgten die Herrschaft der Markgrafengeschlechter der *Eppensteiner* und später der *Lambacher,* im 12. Jahrhundert dann die der **Traungauer,** unter deren Regentschaft Graz 1128 erstmals urkundlich erwähnt wurde. Unter Kaiser **Friedrich Barbarossa** wurde die Steiermark dann zum Herzogtum, kurz darauf übernahmen die **Babenberger** durch einen Erbvertrag die Macht. Als 1278 in der Schlacht auf dem Marchfeld der Babenbergerkönig *Ottokar II. von Böhmen* von **Rudolf I. von Habsburg** geschlagen wurde, begann auch in der Steiermark die Herrschaft der Habsburger, die Graz 1379 zur **Residenzstadt** machten und von hier aus Innerösterreich regierten.

In der zweiten Hälfte des 15. Jahrhunderts erlebte die Stadt unter **Friedrich III.** ihre **erste Blüte** und war de facto Regierungssitz des Heiligen Römischen Reiches. In dieser Zeit fand auch ein verstärkter Zuzug von italienischen Baumeistern, Bildhauern, Malern und anderen Kunstschaffenden statt, durch den der **mediterran geprägte Stil** der Stadt entstand. 1618–48 erschütterte der **Dreißigjährige Krieg,** ausgelöst durch den Aufstand der Böhmen gegen den in Graz geborenen Kaiser des Heiligen Römischen Reiches, *Ferdinand II.,* auch die

⌃ Zu jeder Tages- und Nachtzeit ein Erlebnis: der Grazer Hauptplatz

Steiermark; in der Folge zog der Hofstaat 1619 nach Wien um. 1625 wurde **Hans Ulrich von Eggenberg** „Gubernator" (eine Art Statthalter) von Innerösterreich und ließ das **Schloss Eggenberg** erbauen. Das ausgehende 17. Jahrhundert war zuerst von der **Pestepidemie** – mit ca. 3500 Toten in der Stadt – gekennzeichnet und dann von den militärischen Erfolgen der Habsburger unter **Prinz Eugen von Savoyen** im Zweiten Türkenkrieg. Das **Barockzeitalter** stand im Zeichen **Maria Theresias** (1717–80) und ihres Sohnes **Joseph II.** (1741–90), die einem **„aufgeklärten Absolutismus"** anhingen. In den Jahren 1797–1809 besetzten die Truppen *Napoleons* dreimal die Stadt, doch erst nach den Friedensverhandlungen schliffen die **Franzosen** die Festung auf dem Schloßberg. Ab 1807 prägte **Erzherzog Johann** durch seine **Reformpolitik** die Entwicklung der Steiermark. Graz hatte damals etwa 50.000 Einwohner. Ab 1870 wurden die **Industrialisierung** und der Ausbau der **Eisenbahn** vorangetrieben, außerdem wurden viele **Grünanlagen** geschaffen. Ende des 19. Jahrhunderts erhielt Graz ein neues Rathaus (1887), die **Technische Universität** (1888), die Oper (1899) und etwas später das Landeskrankenhaus (1912).

Bei Ausbruch des Ersten Weltkriegs zählte die Stadt etwa 170.000 Einwohner. Ab 1920 durchlitt Graz eine **schwere Wirtschaftskrise** verbunden mit einer **Radikalisierung** der paramilitärischen Gruppen der deutschnationalen Heimwehr und des sozialdemokratischen Schutzbundes, die letztendlich 1934 im Bürgerkrieg kulminierte. Im **Zweiten Weltkrieg** verlor die Stadt durch die verbrecherische Politik der Nazis einen Großteil ihrer jüdischen Bevölkerung und zwischen 1943 und 1945 infolge heftiger **Bombardements** der Alliierten viel von ihrer Bausubstanz. Am 8. Mai 1945 marschierten sowjetische Truppen ein. Ab den 1960er-Jahren entwickelte sich Graz langsam zur **Kunstmetropole:** 1968 wurde der Steirische Herbst ins Leben gerufen, 1985 die styriarte und **2003** war Graz sogar **Europäische Kulturhauptstadt.** Bereits 1999 wurde die Altstadt zum **UNESCO-Weltkulturerbe** ernannt.

Sehenswertes

Hauptplatz (Altstadt)

Wie kaum ein anderer Ort in Graz spiegelt der Hauptplatz mit seinen **herrschaftlichen Gebäuden** die Eleganz vergangener Epochen wider. Hier ist von frühmorgens bis spätabends **geschäftiges Treiben** zu beobachten. Am Nordende des Platzes steht die zum Juwelier Weikhard gehörende **Standuhr,** der klassische Treffpunkt aller Einheimischen. Hungrige Mägen werden bis weit in die Nacht hinein an den **Imbissständen** mit Kaltem und Warmem versorgt. Imposant ist das **Rathaus** mit seinem klassizistischen Fassadenschmuck, das in seiner aktuellen Form 1893 vollendet wurde. Auch die **Bürgerhäuser und Stadtpalais** auf dem Platz sind einen Blick wert. Bei einer Ruhepause am **Erzherzog-Johann-Brunnen** kann man die zauberhaften Darstellungen der vier wichtigsten „steirischen" Flüsse Drau, Enns, Mur und Sann (die heutige Savinja, die in Slowenien, der ehemaligen „Untersteiermark", fließt) betrachten.

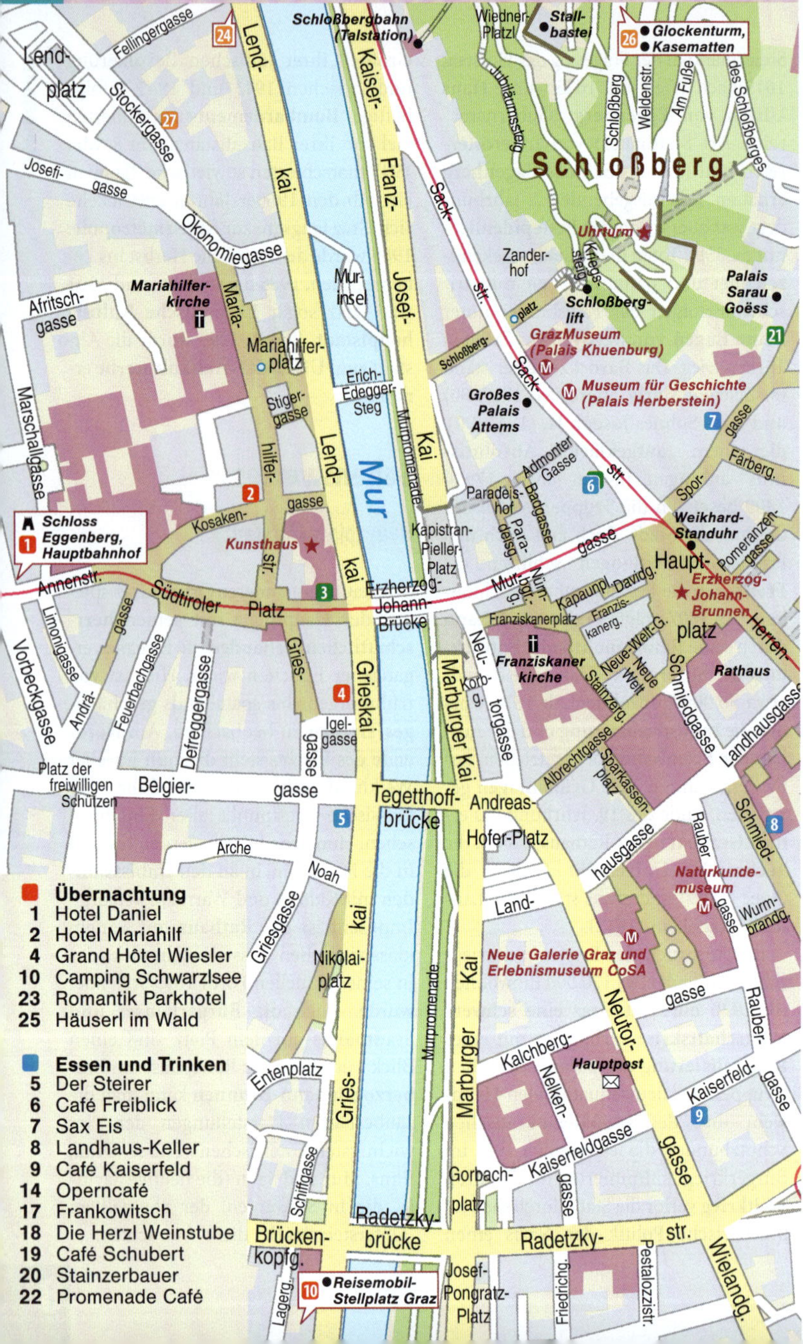

Übernachtung
1 Hotel Daniel
2 Hotel Mariahilf
4 Grand Hôtel Wiesler
10 Camping Schwarzlsee
23 Romantik Parkhotel
25 Häuserl im Wald

Essen und Trinken
5 Der Steirer
6 Café Freiblick
7 Sax Eis
8 Landhaus-Keller
9 Café Kaiserfeld
14 Operncafé
17 Frankowitsch
18 Die Herzl Weinstube
19 Café Schubert
20 Stainzerbauer
22 Promenade Café

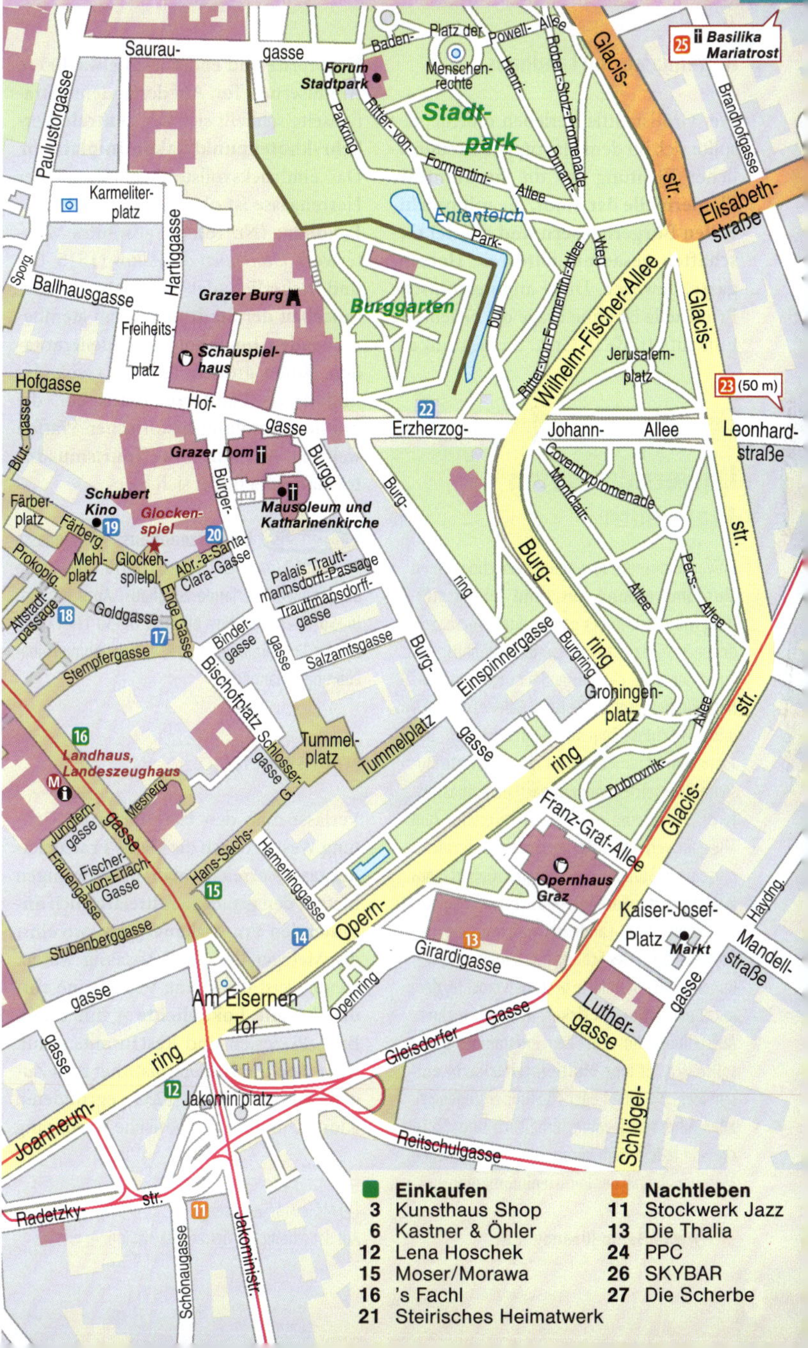

Einkaufen
3 Kunsthaus Shop
6 Kastner & Öhler
12 Lena Hoschek
15 Moser/Morawa
16 's Fachl
21 Steirisches Heimatwerk

Nachtleben
11 Stockwerk Jazz
13 Die Thalia
24 PPC
26 SKYBAR
27 Die Scherbe

Herrengasse und Landhaus

Wer Großstadtflair erleben möchte, der sollte sich ab dem Hauptplatz in südöstlicher Richtung auf die **berühmteste Flaniermeile der Stadt,** die **mit prachtvollen Bürgerhäusern und allerlei Geschäften gesäumte autofreie Herrengasse,** bewegen. Diese architektonische Prunkzeile ist ohne Frage die beliebteste Einkaufsstraße in Graz. Sie beginnt am Hauptplatz und endet nach etwa 400 m Am Eisernen Tor. Auf der anderen Straßenseite schließt sich der **zentrale Verkehrsknotenpunkt Jakominiplatz** an. Das eindrucksvollste Gebäude an der Herrengasse ist ohne jeden Zweifel das **Landhaus** (Nr. 16), ein absolutes Meisterwerk *Domenico dell'Allios* (1515–63) und sicherlich der **schönste Renaissancebau der Stadt** mit einem atemberaubenden Innenhof samt Pfeilerarkaden. Einen großen Teil des Gebäudes nimmt das **Landeszeughaus** ein, die größte Sammlung historischer Waffen weltweit. Auch die **Graz Tourismus Information** befindet sich hier.

Universalmuseum Joanneum

Universalmuseum Joanneum bezeichnet einen **Museumsverbund aus rund 20 Ausstellungshäusern** in der ganzen Steiermark, von denen in Graz u.a. das Landeszeughaus, das Kunsthaus Graz, das Museum für Geschichte, das Naturkundemuseum, die Neue Galerie, das CoSA und das Schloss Eggenberg dazugehören. Das Joanneum ist übrigens nicht nur das älteste Museum Österreichs, sondern nach dem Kunsthistorischen Museum in Wien auch das größte. Zum Museumsverbund gehören zudem das Freilichtmuseum in Stübing, das Rosegger-Geburtshaus in Alpl und das Rosegger-Museum in Krieglach, das Jagd- und Landwirtschaftsmuseum im Schloss Stainz, das Schloss Trautenfels usw. Wer nur einen der Standorte besuchen möchte, dem reicht ein **einfaches Ticket,** doch wer mehrere Ausstellungshäuser auf dem Programm hat, der sollte sich für eine **Multieintrittskarte** entscheiden, die für 24 oder 48 Stunden Zugang zu allen Adressen gewährt. Erhältlich sind die Tickets in jedem dem Verbund angeschlossenen Museum und bei der Touristeninformation.

■ **www.museum-joanneum.at**

MEIN TIPP: **Landeszeughaus,** Herrengasse 16, A-8010 Graz, Tel. 0316 80179810, www.museum-joanneum.at/landeszeughaus, April bis Okt. Di–So 10–18 Uhr, Nov. bis März Di–So 11–17 Uhr, Eintritt 11 €, ermäßigt 4,50 €, nur im Rahmen einer Führung zugänglich.

Franziskanerplatz

Verlässt man den Hauptplatz in Richtung Westen durch die kleine **Franziskanergasse,** erreicht man nach wenigen Metern den geradezu **mittelalterlich anmutenden Franziskanerplatz,** wo einst die Metzger der Stadt ansässig waren. Heute weist das kleine Viertel eine **eindrucksvolle Lokaldichte** – mit Cafés, Bars, Pizzerien und Restaurants – auf. Über den Franziskanerplatz hat man Zugang zu dem bereits 1239 gegründeten Kloster, in dem der gotische Kreuzgang

[>] Mitten im Gewusel:
Auf der schmucken Herrengasse ist immer was los

vorbei an einem begrünten Innenhof mit Kruzifix zur Jakobikapelle führt. Folgt man dem Kreuzgang weiter, kommt man ins linke Seitenschiff der 1525 errichteten **Franziskanerkirche,** deren vergleichsweise schlichtes Innere mit seinem Kreuzrippengewölbe so gar nicht zum eindrucksvollen Turm passt.

Sackstraße und Schloßbergplatz

Die **Sackstraße** mit ihren **Galerien, Schmuck- und Antiquitätengeschäften, Werkstätten und Ateliers** wird zur linken Seite von der Mur und zur rechten vom steilen Schloßberg flankiert; sie führt vom Hauptplatz in Richtung Norden bis zur Keplerbrücke. Hier liegen stattliche Stadtpaläste wie das von den Fürsten *von Eggenberg* 1630 erbaute **Palais Herberstein** (Nr. 16), in dem sich das **Museum für Geschichte** befindet, oder das **Palais Khuenburg** (Nr. 18) mit seinem balkonbekrönten Säulenportal, das das **Graz Museum** beherbergt. Gegenüber steht das **Große Palais Attems** (Nr. 17), in dem die Betreiber der Kulturfestivals Steirischer Herbst und styriarte ihren Sitz haben.

- **Museum für Geschichte,** Sackstraße 16, A-8010 Graz, Tel. 0316 8017-9800, www.museum-joanneum.at/museum-fuer-geschichte, Di–So 10–18 Uhr, Eintritt 11 €, ermäßigt 4,50 €.
- **Graz Museum,** Sackstraße 18, A-8010 Graz, Tel. 0316 872-7600, www.grazmuseum.at, tägl. 10–18 Uhr, Eintritt 7 €, ermäßigt 5 €.

Überquert man die Sackstraße, erreicht man den schmalen **Schloßbergplatz,** von dem ein 260 Stufen zählender Zickzackpfad – der sog. **Kriegssteig** – hinauf zum Uhrturm führt (kostenlos). „Gehfaule" können in 30 Sekunden per **Glaslift** (gegen Gebühr) im Berginneren

oes_174 dk

oes_172 dk

nach oben gelangen. Als Alternative bietet sich außerdem die **Schloßbergbahn** an, eine Standseilbahn, die bis zu 60% Steigung überwindet und dort abfährt, wo die Sackstraße auf den Kaiser-Franz-Josef-Kai stößt (gegen Gebühr). Shopping-Gelüste kann man auf den sechs Stockwerken (insgesamt 20.000 m² Verkaufsfläche) des in Glas und Stahl gefassten **Kaufhauses** 6 **Kastner & Öhler** befriedigen. Vom 6 **Café Freiblick** mit Terrasse im obersten Stockwerk hat man zudem einen überragenden Blick über die Altstadt und auf den Schloßberg.

Schloßberg

Weg vom Trubel im Stadtzentrum kann man sich auf den **123 m hohen Schloßberg** begeben und den **Blick über Graz** genießen und vielleicht sogar inmitten des **begrünten Areals** (mit Lokalen und einem Biergarten) ein bisschen Ruhe finden. Das **massive Dolomitgestein** schließt sich unmittelbar an das Stadtzentrum an und ist einer der Höhepunkte von Graz ganz im Sinne des Wortes. Hinauf geht es entweder wie beschrieben vom Schloßbergplatz oder von der südöstlichen Seite über die **Schloßbergstiege,** die ab dem Karmeliterplatz in Serpentinen nach oben führt. Stadtgeschichtlich ist der Schloßberg interessant, weil hier die **„Kleine Burg"** – auf Altslawisch und Slowenisch **Gradec** – stand, die der Stadt ihren Namen bescherte. Ab 1544 wurde sie nach den Plänen von *Domenico dell'Allio* (1515–63) zu einer imposanten **Festung** erweitert, an der sich nicht nur die Türken, sondern sogar noch *Napoleon* die Zähne ausbissen, bis sie letztendlich 1809 geschleift wurde. Lediglich der 28 m hohe **Uhrturm** und der markante **Glockenturm** (auf dem Gipfelplateau) wurden von den Grazern freigekauft. Neben dem Glockenturm erinnern die **Kasematten** (alte Vorratskammern und Schlafsäle für Gefangene, die in riesigen Kellergewölben untergebracht waren) und die mit Efeu überzogene **Stallbastei** an die bewegten Zeiten der Festung.

⌃ Fast von überall zu sehen: der stattliche Uhrturm auf dem Schloßberg

Sporgasse, Karmeliterplatz und Freiheitsplatz

Die **verkehrsberuhigte Sporgasse** schließt sich im Norden direkt an den Hauptplatz an und verläuft leicht bergauf in nordöstlicher Richtung. Die Grazer lieben sie wegen ihrer vielen **Cafés und Eissalons** und der Vielfalt an **Bou-**

tiquen. Doch auch Architekturenthusiasten „pilgern" in die Sporgasse, finden sich hier doch einige der namhaftesten Bauwerke der Stadt. So z.B. das prächtige **Palais Sarau Goëss,** das zwischen 1564 und 1566 erbaut wurde und für sein eindrucksvolles Portal, den Arkadenhof und vor allem wegen der Figur des säbelschwingenden Türken unter dem Dachvorsprung bekannt ist. Direkt oberhalb der Sporgasse schließt sich der **beschauliche Karmeliterplatz** mit seinen viel frequentierten Lokalen an, der besonders an sonnigen Tagen zum **Relaxen und Sonnenbaden** auf den Holzliegen rund um den modernen rechteckigen Brunnen einlädt. Südlich davon liegt der zugleich Ruhe und Eleganz ausstrahlende, **bekieste Freiheitsplatz,** in dessen Mitte das Denkmal für Kaiser *Franz I.* (1769–1835) steht. Gleich hier befindet sich auch das **Schauspielhaus,** eines der wichtigsten Sprechtheater des gesamten deutschen Sprachraums.

Burg, Mausoleum und Dom

Der leicht erhöht gelegene Freiheitsplatz bildet auch den Vorplatz der sog. **Grazer Stadtkrone,** also jenes **eindrucksvollen Monumentalensembles,** das u.a. aus der Hofburg, dem Dom und dem Mausoleum von Kaiser *Ferdinand II.* mit der angeschlossenen Katharinenkirche besteht. Die **Burg** (Hofgasse 15) ist keine Festung mit Zinnen und Schießscharten, sondern ein **spektakulärer gotischer Bau,** von dem Teile bereits aus dem 15. Jahrhundert stammen; bis 1619 war sie die **Residenz der Habsburger,** bis diese nach Wien umzogen. Heute ist die Hofburg u.a. **Amtssitz des steirischen Landeshauptmanns** und beherbergt einige Abteilungen der Landesregierung. Nur die Burghöfe und die mächtige Doppelwendeltreppe sind ohne Sondergenehmigung zu besuchen. Gegenüber (Burggasse 3) steht das mit türkisfarbenen Dachkuppeln gedeckte **Mausoleum Kaiser Ferdinand II.,** das im Stil des Manierismus errichtet wurde. Man betritt es über die beeindruckende **Katharinenkirche,** doch begraben ist der Kaiser einen Stock tiefer im **Gruftraum,** wobei nur eine Inschrift an der Wand deutlich macht, wo sich sein Grab, das seiner ersten Gemahlin *Anna von Bayern* und das seines Sohnes *Johann Karl* befinden. In

oes_173 dk

▷ Die Innengestaltung der Katharinenkirche geht großteils auf das 17. Jahrhundert zurück

„Der steirische Prinz“

Praktisch überall in der Steiermark trifft man immer wieder auf seinen Namen, denn **Erzherzog Johann** wird noch heute in fast demütiger Dankbarkeit für seine Modernisierungen und Reformen gedacht. Als *Johann Baptist Josef Fabian Sebastian von Österreich* wurde er am 20. Januar **1782** in Florenz als 13. Kind von Großherzog *Leopold von Toskana,* dem späteren Kaiser *Leopold II.,* und dessen Gattin *Maria Ludovica von Spanien* geboren. Als **Mitglied des Hauses Habsburg** – Kaiserin *Maria Theresia* war seine Großmutter – genoss er die **bestmögliche Ausbildung,** u.a. durch seinen Privatlehrer, den Geschichtsschreiber und Publizisten *Johannes von Müller,* der das Interesse des Erzherzogs an der Alpenregion weckte. Als Dreizehnjähriger kam *Johann* an die **Militärakademie** nach Wien und schlug die Offizierslaufbahn bis zum **Feldmarschall** ein, kämpfte gegen *Napoleon* und wurde zum **Sympathisanten des Volksaufstands in Tirol** im Jahre 1809 gegen die Bayern. Kaiser *Franz I.* war wenig begeistert von den Tiroler Eskapaden seines Bruders und versetzte ihn in die Steiermark, wo er in der Folge über etwa ein halbes Jahrhundert als **Förderer und Modernisierer von Industrie und Landwirtschaft** sowie im **Kultur- und Bildungsbereich** aktiv war. Er legte dabei einen enormen Weitblick an den Tag, seine Ideen waren für die damalige Zeit äußerst fortschrittlich, ja geradezu revolutionär. So ließ er u.a. Hochschulen, eine Agrarakademie für die Bauern, Lesevereine – die auch für das einfache Volk zugänglich waren – und eine Art Handelskammer für Gewerbe und Industrie installieren; zudem sorgte er für eine enorme Verbesserung des öffentlichen Verkehrs, inklusive Bau der Eisenbahn. Viele dieser **Errungenschaften** wurden ausgeweitet und **bestehen bis heute,** z.B. in Form des Steiermärkischen Landesarchivs, der Landesbibliothek oder der Grazer Wechselseitigen Versicherung. Beliebt bei der Bevölkerung für seine Offenheit und sein Interesse an deren Belangen, war der Erzherzog bereits zu Lebzeiten eine Legende als **Sozialreformer und Visionär.** Doch Johann blieb sein Leben lang ein **Traditionalist,** der zwar befand, der Wiener Hof kümmere sich zu wenig um die Anliegen und Probleme der einfachen Menschen, der aber auch loyal zu seiner Abstammung stand – was ihn nicht daran hinderte, die bürgerliche Postmeisterstochter *Anna Plochl* zu ehelichen, wodurch er **von der Thronfolge ausgeschlossen** wurde. In Graz residierte die Familie ab 1843 – *Anna* und *Johann* hatten nur einen gemeinsamen Sohn namens *Franz* – im **Palais Meran** in der Leonhardstraße (das heute die Universität für Musik und darstellende Kunst beherbergt). Höhepunkt seiner politischen Laufbahn – nicht zuletzt dank des Erfolgs bei der Modernisierung von Verwaltung, Wirtschaft und Infrastruktur in der Steiermark – war die Ernennung zum **deutschen Reichsverweser** nach den Revolutionswirren von 1848/ 49, was ihn zu einer Art Übergangs-Ersatzmonarch der ersten gesamtdeutschen Regierung machte. *Johann* starb am 10. Mai **1859** in Graz an einer **Lungenentzündung.** Sein Leichnam wurde 1869 in das von ihm selbst für sich und seine Frau in Auftrag gegebene Mausoleum in Schenna bei Meran (Südtirol) überführt.

dem auffallenden **Doppelsarkophag aus Rotmarmor,** den die vollplastischen Liegefiguren von Erzherzog *Karl II.* (1540–90) und *Maria von Bayern* (1551–1608) – den Eltern des Kaisers – schmücken, ruhen die sterblichen Überreste von *Ferdinands* Mutter.

■ **Mausoleum,** Burggasse 3, A-8010 Graz, April-Dezember geöffnet Di–So 9–17 Uhr, Eintritt frei.

Der Nabel von Graz – zumindest in spirituell-religiösem Sinne – ist der **gewaltige Dom** (Burggasse 3), eines der attraktivsten Bauwerke der österreichischen Kirchenarchitektur. Dabei steht das relativ **schlichte Äußere** des Gebäudes in krassem Gegensatz zu seinem **überladenen Inneren.** Gebaut wurde der Dom 1438, als Graz Kaiserstadt war, auf Befehl Kaiser *Friedrich III.* nach Plänen von *Hans Niesenberger* im spätgotischen Stil.

Glockenspielplatz, Mehlplatz und Färberplatz

Die über die Bürgergasse und die Abraham-a-Santa-Clara-Gasse zu erreichenden, **wie an einer Kette aufgefädelten Plätze** Glockenspielplatz, Mehlplatz und Färberplatz sind von einer **Vielzahl an interessanten historischen Bauten** mit sehenswerten Fassaden und Innenhöfen umgeben. Die **vielen Lokale** – darunter am Mehlplatz das strategisch perfekt gelegene 19 **Café Schubert** – laden zu einer Stärkung plus Sonnenbad ein, abends locken **Bars und Pubs.** Der Name Glockenspielplatz kommt übrigens von dem **Glockenspiel** im Turm des 1806 erbauten Bürgerhauses, auf dessen Fassade noch der Name des Spirituosenfabrikanten *Gottfried Maurer* steht. Jeweils um 11, 15 und 18 Uhr öffnen sich zwei Fensterflügel und ein **hölzernes Trachtenpärchen** fängt an, sich zum Klang der 24 Glocken zu drehen.

Joanneumsviertel

Das Joanneum – vormals Lesliehof genannt – wurde 1665–74 als **Stiftshof des Klosters St. Lamprecht** von *Domenico Sciassia* (1599–1679) erbaut und ist **seit 1811 Stammhaus des Landesmuseums Joanneum,** das mittlerweile unter dem Namen **Universalmuseum Joanneum** firmiert. Seit dem Umbau in den Jahren 2010/11 ist das Anwesen ein **multifunktionales Kulturzentrum.** Dazu gehören die Steiermärkische Landesbibliothek samt ihrer multimedialen Sammlungen und – für stadtfremde Besucherinnen und Besucher definitiv interessanter – die **Neue Galerie,** die sich der Kunst vom Biedermeier bis zur Gegenwart widmet, das **Naturkundemuseum,** das sich mit der Geschichte der Erde beschäftigt, und das **Erlebnismuseum CoSA,** das sich vornehmlich an Kinder und Jugendliche richtet.

■ **Neue Galerie Graz,** Zugang Kalchberggasse, A-8010 Graz, Tel. 0316 80179100, www.museum-joanneum.at/neue-galerie-graz, Di–So 10–18 Uhr, Eintritt 11 €, ermäßigt 4,50 €.

■ **Naturkundemuseum,** Zugang Kalchberggasse, A-8010 Graz, Tel. 0316 80179100, www.museum-joanneum.at/naturkundemuseum, Di–So 10–18 Uhr, Eintritt 11 €, ermäßigt 4,50 €.

CoSA, Zugang Kalchberggasse, A-8010 Graz, Tel. 0316 80179100, www.museum-joanneum.at/cosa-graz, Di–So 10–18 Uhr, Eintritt 17 €, erm. 7 €.

oes_175 dk

Kunsthaus und Umgebung

Das wegen seiner **bauchigen, mit Noppen versehenen Gestalt** im Volksmund „Friendly Alien" oder „Blasen" genannte Kunsthaus kann getrost als eine der großen Attraktionen unter den Grazer Ausstellungshäusern bezeichnet werden. Dies gilt gleichermaßen wegen der hier gezeigten spannenden Wechselausstellungen als auch wegen der wirklich **außergewöhnlichen Architektur.** Als Graz für das Kulturhauptstadtjahr 2003 ein repräsentatives neues Wahrzeichen benötigte, beauftragte man die britischen **Architekten Peter Cook und Colin Fournier** mit der Planung und Ausführung dieses **Museums für zeitgenössische Kunst.** Die aufwendige Stahlkonstruktion, über der blaues Acrylglas angebracht ist und die sich wie selbstverständlich an den eisernen, 1847 erbauten und denkmalgeschützten Vorgänger des Gebäudes anschmiegt, ist ein Hingucker der ganz besonderen Art.

■ **Kunsthaus,** Lendkai 1, A-8020 Graz, Tel. 0316 8017-9200, www.museum-joanneum.at/kunsthaus-graz, Di–So 10–18 Uhr, Eintritt 11 €, ermäßigt 4,50 €.

Nördlich des Kunsthauses liegt der großzügig angelegte, zur Mur hin offene **Mariahilferplatz.** Von hier hat man einen schönen Blick auf das gegenüberliegende Ufer und den darüber thronenden Schloßberg. Wer möchte, kann der zweitürmigen **Mariahilferkirche** einen Besuch abstatten. Auch die an eine überdimensionale Muschel erinnernde **Murinsel** entstand im Jahr 2003, als Graz europäische Kulturhauptstadt war. Sie ist von beiden Murufern aus über Stege kostenlos zu erreichen.

Nordöstlich der Innenstadt

Nordöstlich der Innenstadt liegt zunächst das **Universitätsviertel** – die Karl-Franzens-Universität wurde 1585 gegründet –, wo speziell rund um die **Elisabethstraße** und die **Zinzendorfgasse** das **U30-Nightlife-Angebot** nicht zu verachten ist. Weiter nördlich folgen die **Stadtviertel Kroisdorf** und schließlich **Mariatrost.** Eben hier, auf dem 469 m hohen **Purberg,** erhebt sich die meist ebenfalls nur Mariatrost genannte **Basilika, einer der bedeutendsten Wallfahrtsorte der Steiermark** und eine der eindrucksvollsten Sakralbauten der Stadt. Erbaut zu Ehren der heiligen Jungfrau Maria, werden der in der Kirche aufbewahrten **Marienstatue** zahlreiche Wunder nachgesagt. Die 61 m hohe doppeltürmige Basilika in der Hochform des **Kaiserbarock** wurde im Rohbau 1724 vollendet, doch es sollte noch 55 weitere Jahre bis zur vollständigen Fertigstellung dauern.

■ **Basilika Mariatrost,** Kirchplatz 8, A-8044 Graz.

Westlich der Innenstadt

An der westlichen Stadtgrenze befindet sich mit dem **Schloss Eggenberg** ein absolut sehenswertes **architektonisches Meisterwerk!** Während die einflussreiche Familie *Eggenberg* den Großteil des Jahres über im Palais Herberstein in der Sackstraße lebte, wurde ihr Stammsitz im 17. Jahrhundert zu einer **pompösen Sommerresidenz** mitsamt wunderschönem, weitläufigem **Park** ausgebaut. Die **Prunksäle** zeigen prachtvolle Malereien und gehören zu den beeindruckendsten innenarchitektonischen Leistungen Mitteleuropas. Herausragend ist die **„Beletage"** mit dem bizarr üppigen **Planetensaal,** in dem Gemälde von Gestirnen und Tierkreiszeichen zu sehen sind, auf denen Mitglieder der Familie *Eggenberg* als Götter eines Universums ganz eigener Art dargestellt sind. Auch in den anschließenden Räumen setzt sich der **Luxus** fort – u.a. mit Öfen und Mobiliar aus der Zeit des Rokoko.

MEIN TIPP: **Schloss Eggenberg,** Eggenberger Allee 90, A-8020 Graz, Tel. 0316 80179560, www.museum-joanneum.at/schloss-eggenberg-prunkraeume-und-gaerten, Beletage nur im Rahmen einer Führung von April bis Okt. zugänglich, Di–So 10, 11, 12, 14, 15 und 16 Uhr, Mai bis Sept. auch um 17 Uhr, Eintritt (mit Führung) 17 €, ermäßigt 7 €.

Praktische Infos

■ **Graz Tourismus Information,** Herrengasse 16, A-8010 Graz, Tel. 0316 80750, www.graztourismus.at.

An- und Abreise

Der **Hauptbahnhof Graz** befindet sich im Westen der Stadt. Ab hier gelangt man mit den **Straßenbahnen** der Linien 1, 3, 6 und 7 zum Hauptplatz und zum Verkehrsknotenpunkt am Jakominiplatz. Vom Hauptbahnhof bestehen direkte Zugverbindungen in viele Städte Deutschlands, Österreichs und der Schweiz. Auch **Fernbusse** fahren Graz selbstverständlich an. Diese halten je nach Anbieter und Route entweder ebenfalls am Hauptbahnhof oder in der Innenstadt an der Haltestelle Graz, Girardigasse (keine 200 m vom Jakominiplatz ent-

◁ Als ob ein UFO in Graz gelandet wäre: Das Kunsthaus bewegt noch immer die Gemüter

fernt). Der internationale **Flughafen Graz-Thalerhof** liegt südlich der Stadt etwa 9 km vom Zentrum entfernt und ist über die Autobahnen A2 und A9 sowie über die Schnellstraße B67 mit der Stadt verbunden. Man gelangt entweder mit der S-Bahn der Linie S5 zum Hauptbahnhof oder mit den Buslinien 630 und 631 zum Griesplatz, Jakominiplatz oder ebenfalls zum Hauptbahnhof. Die Stadt an der Mur ist auch eine wichtige österreichische und **gesamteuropäische Verkehrsdrehscheibe,** wo sich die Südautobahn A2 von Ost nach West und die Pyhrn-Autobahn A9 – die Graz westlich im Plabutschtunnel umfährt – von Nord nach Süd treffen.

Parken

Wer mit dem Auto anreist, der sollte wissen, dass sich das Parken in der Innenstadt schwierig gestaltet: Es gibt keine gebührenfreien Zonen, sondern **Blaue Kurzparkzonen** (max. Parkdauer 3 Stunden) und **Grüne Parkzonen** (ohne zeitliche Beschränkung). Man kauft **Parktickets** an Parkscheinautomaten, Parkhäuser kosten unwesentlich weniger. Die beste und günstigste Lösung für das längerfristige Abstellen des eigenen Fahrzeugs sind die beiden **Park+Ride-Parkhäuser** Park+Ride Fölling (Mariatrosterstraße 381, A-8044 Graz, www.gps.graz.at) und Park+Ride Murpark (Ostbahnstraße 3, A-8041 Graz, www.gps.graz.at) außerhalb der Innenstadt.

ÖPNV

Graz verfügt über ein hervorragend organisiertes Nahverkehrsnetz mit **sieben Straßenbahn-, knapp 50 Bus- und acht Nachtbuslinien.** Das gesamte ÖPNV-Netz ist in **Tarifzonen** unterteilt, wobei das Stadtgebiet als Zone 101 gilt. Für Besucher interessant ist die Graz Card, die neben freier Fahrt auch kostenlosen Eintritt in die meisten Museen sowie viele weitere Preisnachlässe gewährt.

Übernachtung und Camping

4 **Grand Hôtel Wiesler**②, Grieskai 4–8, A-8010 Graz, Tel. 0316 70660, grandhotelwiesler.com. Hippes Hotel in Citynähe mit Wohlfühlbereich (samt Sauna und Gym).

25 **Häuserl im Wald**②, Roseggerweg 105, A-8044 Graz, Tel. 0316 391165, www.legensteinhiw.at. Dieser Landgasthof liegt mitten im Leechwald, also weit ab vom Trubel.

1 **Hotel Daniel**①-②, Europaplatz 1, Tel. 0316 711080, hoteldaniel.com/de/graz/. Stylisches Hotel direkt beim Hauptbahnhof mit gutem Frühstück und „E-Bikeboards“ (Dreiräder mit Elektromotor) und Vespas zur Miete.

MEIN TIPP: **2** **Hotel Mariahilf**①-②, Mariahilfer Straße 9, A-8020 Graz, Tel. 0316 7131630, hotelmariahilf.at. Traditionsreiches Stadthotel mit gutem Preis-Leistungs-Verhältnis.

23 **Romantik Parkhotel**③, Leonhardstraße 8, Tel. 0316 3630, A-8010 Graz, www.parkhotel-graz.at. Luxuriöses Hotel in der Altstadt. Kostspielig, aber mit persönlicher Note.

10 **Camping Schwarzlsee,** Thalerhofstraße 85, A-8141 Premstätten, Tel. 03135 535770, www.schwarzlsee.at. Umfassend ausgestatteter Campingplatz am Freizeitpark Schwarzlsee rund 15 km südlich von Graz.

Reisemobil-Stellplatz Graz①, Martinhofstraße 3, A-8054 Graz, Tel. 0676 3785102, www.reisemobilstellplatz-graz.at. Auf einer Fläche von vier Hektar stehen hier 70 großzügige Stellplätze zur Verfügung. Etwa 7 km vom Zentrum entfernt, jedoch per Bus leicht erreichbar.

Essen und Trinken

MEIN TIPP: **5** **Der Steirer**②-③, Belgiergasse 1, A-8020 Graz, Tel. 0316 703654, www.der-steirer.at. Klassische österreichische Küche wie Tafelspitz, Rindsgulasch, Rostbraten usw. wird hier kreativ zubereitet. Große Weinauswahl.

18 Die Herzl Weinstube①-②, Prokopigasse 12/ Mehlplatz, A-8010 Graz, Tel. 0316 824300, dieherzl.at. Mitten im Herzen der Stadt bietet man hier reichlich Schmankerl an (u.a. ein gutes Backhendl), darunter auch durchaus ausgefallene Köstlichkeiten der lokalen Küche.

17 Frankowitsch①-②, Stempfergasse 2, A-8010 Graz, Tel. 0316 822212, www.frankowitsch.at. In der namhaftesten Feinkosthandlung der Stadt bekommt man sagenhafte Brötchen mit verschiedenen Pasteten und Aufstrichen, Sandwiches (v.a. die mit Schinken sind ein Genuss!), aber auch täglich wechselnde kleine Gerichte.

8 Landhaus-Keller②-③, Schmiedgasse 9, A-8010 Graz, Tel. 0316 830276, landhaus-keller.at. Eines der traditionsreichsten Grazer Lokale mit einer umfassenden Auswahl an bekannten und weniger bekannten Spezialitäten der Steiermark.

20 Stainzerbauer②-③, Bürgergasse 4, A-8010 Graz, Tel. 0316 821106, www.stainzerbauer.at. Gehobene österreichische Küche – im Sommer sitzt man schön im idyllischen Innenhof.

Cafés und Eiscafés

19 Café Schubert, Mehlplatz 2, Tel. 0316 829081, schubertkino.com. Beliebtes Café mit Außenbereich, sozusagen in „Pole Position" auf dem belebten Mehlplatz.

9 Café Kaiserfeld, Kaiserfeldgasse 19–21, A-8010 Graz, Tel. 0664 5951004, www.cafe-kaiserfeld.at. Klassisches Café, in dem es auch Speisen (inklusive Mittagsmenüs) gibt. Hervorzuheben ist der „Governor's Room", ein Zimmer mit Arnold-Schwarzenegger-Erinnerungsstücken.

14 Operncafé, Opernring 22, A-8010 Graz, Tel. 0316 830436, www.operncafe.at. Große Auswahl an österreichischen Spezialitäten, und zwar süß und salzig.

MEIN TIPP: **22 Promenade Café,** Erzherzog-Johann-Allee 1, A-8010 Graz, Tel. 0316 813840, promenade.aiola.at. Traditionsreiches Café mit vortrefflichen Mehlspeisen – auch auf der hübschen Terrasse zu genießen. Abends avanciert das Lokal zu einer Bar mit Musik vom DJ und großer Cocktail-Auswahl.

7 Sax Eis, Sporgasse 13, A-8010 Graz, www.saxeis.at. Über 60 Eissorten, außerdem Smoothies, Frozen Joghurt und Eisshakes.

Nachtleben

27 Die Scherbe, Stockergasse 2, A-8010 Graz, Tel. 0316 760654, www.scherbe.com. Mitten im hippen Lendviertel befindet sich diese cool-trendige Gastro-Bar.

13 Die Thalia, Opernring 5a, Tel. 0660 7522450, www.facebook.com/DieThalia/. Seit vielen Jahren ein echter Szenetreff für Musik zum Tanzen – relativ exklusiv.

24 PPC, Neubaugasse 6, Tel. 0316 81414133, popculture.at. Ein bewährter Oldtimer der Grazer Nachtszene mit Livekonzerten und anderen Club-Events.

26 SKYBAR, Am Schloßberg 7, A-8010 Graz, Tel. 0316 840000, www.schlossberggraz.at. Extravagante Bar oben auf dem Schloßberg. Zum Sonnenuntergang besonders romantisch!

11 Stockwerk Jazz, Jakominiplatz 18, A-8010 Graz, Tel. 0316 821433, 0676 3159551, www.stockwerkjazz.mur.at. Wenn es in Graz um Live-Jazz geht, dann ist das Stockwerk die Topadresse.

Einkaufen

■ **Markt am Kaiser-Josef-Platz,** Kaiser-Josef-Platz, A-8010 Graz. Immer Mo bis Sa 6–13 Uhr findet der schönste und traditionsreichste Bauernmarkt (vorrangig mit lokalen Produkten) der Stadt statt. An allerlei Ständen kann man sich mit frischem Obst und Gemüse, mit Fleisch, Säften und natürlich Kernöl eindecken.

3 **Kunsthaus Shop,** Mariahilferstraße 2–4, A-8010 Graz, Tel. 0316 80179208. Nicht unbedingt edle, dafür fantastisch witzige Geschenkideen werden im Shop des Kunsthauses angeboten.

12 **Lena Hoschek,** Joanneumring 3, A-8010 Graz, Tel. 050 309300, www.lenahoschek.com. Hier gibt es hinreißend ausgefallene, aber durchaus tragbare Kollektionen, viele mit einem „Hauch Dirndl".

15 **Moser/Morawa,** Am Eisernen Tor 1, A-8010 Graz, Tel. 0316 830110, www.morawa.at. Die wohl beste Buchhandlung der Stadt hat auch eine reiche Regionalia-Abteilung mit denkbar viel Lese- und Bildstoff zu Graz und Umgebung.

MEIN TIPP: 16 **'s Fachl,** Herrengasse 13 (im Innenhof), A-8010 Graz, Tel. 0664 2185163, www.fachl.at. Steirischer Whisky, Kernöllikör oder Schilchermarmelade gefällig? Hier gibt es garantiert originelle Geschenkideen für den Haushalt daheim.

21 **Steirisches Heimatwerk,** Sporgasse 23, A-8010 Graz, Tel. 0316 827106, www.heimatwerk.steiermark.at. Typisch steirische Volkskultur in Form von – nach Regionen sortierten – Trachtendesigns, aber auch Kunsthandwerkliches.

6 **Kastner & Öhler,** Sackstraße 7–13, A-8010 Graz, Tel. 0316 8700, www.kastner-oehler.at. Das alteingesessene Kaufhaus bietet in erster Linie exklusive Marken und im obersten Stock ein Café mit Fernblick.

Kunst und Kultur

- **Forum Stadtpark,** Stadtpark 1, A-8010 Graz, Tel. 0316 827734, forumstadtpark.at. Das Forum ist ein Produktions- und Präsentationsort für zeitgenössische Kunst aller Sparten.
- **Opernhaus Graz,** Kaiser-Josef-Platz 10, A-8010 Graz, Tel. 0316 8000, oper-graz.buehnen-graz.com. Das Grazer Opernhaus bietet klassische Interpretationen berühmter Opern und das bei durchweg brillanter Besetzung.
- **Schauspielhaus,** Hofgasse 11, A-8010 Graz, Tel. 0316 8000, schauspielhaus-graz.buehnen-graz.com. Das Traditionshaus der Stadt hat vor allem klassische und zeitgenössische Stücke im Programm, meist in Form moderner, durchaus unkonventioneller Inszenierungen.
- **Schubert Kino,** Mehlplatz 2, A-8010 Graz, Tel. 0316 829081, schubertkino.com. Ausgewogene Auswahl an anspruchsvollen Arthouse-Filmen und Blockbustern.

Veranstaltungen

- **Diagonale,** www.diagonale.at. Ende März/Anfang April werden auf diesem Filmfestival v.a. österreichische Produktionen präsentiert.
- **styriarte,** styriarte.com. Vierwöchige Festspiele der klassischen und alten Musik jedes Jahr ab Mitte/Ende Juni.
- **La Strada,** www.lastrada.at. Ende Juli bevölkern Straßenkünstler für eine Woche die Stadt.
- **Jazz-Sommer-Festival,** im Juli und August gibt es auf der Kasematten-Bühne Konzerte internationaler Jazz-Größen.
- **Lange Tafel,** im August finden zahlreiche gastronomische Events und Happenings statt. Höhepunkt ist die sog. **Lange Tafel,** an der etwa 700 Menschen in festlicher Atmosphäre auf dem Hauptplatz speisen.
- **Aufsteirern,** aufsteirern.at. Mitte September steht die Stadt zwei Tage lang im Zeichen der steirischen Volkskultur mit reichlich Trachten und Volksmusik.
- **Steirischer Herbst,** www.steirischerherbst.at. In den letzten drei Septemberwochen findet dieses umfassende Avantgarde-Kunstfestival statt. Geboten werden zahlreiche Lesungen, Performances und auch sonst ein reiches Kunstprogramm.

Liebliche Gegenden und reichlich Wein: im Südwesten der Steiermark die Regel

□ Übersichtskarte S. 550

Süd(west)-steiermark

Die von den Tourismusämtern gewählte Bezeichnung „Südsteiermark" ist streng genommen nicht ganz korrekt, denn eigentlich müsste es Südweststeiermark heißen, umfasst diese Region doch zunächst das **westliche Umland von Graz** mit den „Hausbergen" Plabutsch und Buchkogel und weiter westlich das **Gebiet um Voitsberg,** wo speziell das Lipizzaner-Gestüt in Piber einzigartig ist. Südlich davon erstreckt sich das **Schilcherland,** d.h. die von Weinbergen und Kürbisplantagen geprägten Landschaften westlich der Mur. **Wein und Kernöl** heißen hier die allgegenwärtigen Gaumenfreuden. Das gesamte Gebiet erschließen **zahlreiche Themenstraßen,** weshalb ein eigenes (motorisiertes) Fahrzeug mit Abstand das praktischste Fortbewegungsmittel darstellt. Eine dieser lehrreichen Straßen ist die **„Steirische Ölspur"** entlang von Kürbiskernölmanufakturen, während die **Schilcherweinstraße** in zahlreichen Orten dem heimischen Rosé nachspürt – an Buschenschänken fehlt es natürlich nirgendwo!

Weiter im Süden, in der Gegend um Leibnitz und Leutschach, erstreckt sich das **südsteirische Weinland,** eine weitgehend hügelige Region, in der zahlreiche **Weißweine,** aber auch viele **Obstsorten** und selbst **Hopfen** gedeihen. Nirgends in der Steiermark ist die **landschaftliche Idylle** ausgeprägter – mancher Besucher fühlt sich an die Toskana erinnert. Typisch sind neben den vielen Weinreben die **Klapotetze.** Darunter versteht man **Windräder** mit Welle und Schlägeln, die Geklapper auslösen und, ähnlich wie eine Vogelscheuche, Vögel von den Weingärten fernhalten sollen. Es ist eine echte Wohltat, in aller Ruhe durch diese sonnenverwöhnte Gegend zu fahren. Mit dem Fahrrad hat man z.B. die Wahl zwischen Teilabschnitten der **Weinland Steiermark Radtour** oder dem **Murradweg**, speziell für Auto- und Motorradfahrer sind die **Südsteirische Weinstraße** (www.steiermark.com/de, Suchbegriff ist der jeweilige Name der Tour) von Straß über Ehrenhausen nach Arnfels oder die originelle, von Juli bis November zu befahrende **Klapotetz Weinstraße** ein Hochgenuss.

oes_179 mw

Stir it up Styria! – Bier, Wein & Co. in der Steiermark

Bierliebhaber haben in den meisten Lokalen in der Steiermark die Qual der Wahl zwischen einem **Seiterl** (0,3 Liter) oder einem **Krügerl** (0,5 Liter) der steirischen Sorten Gösser, Puntigamer, Murauer oder seltener Reininghaus und Schladminger. Unter den Hochprozentigen ist besonders der **Zirbenschnaps** zu erwähnen, der aus den Zapfen der Zirbelkiefer gewonnen wird. Doch die meisten Steirerinnen und Steirer lieben ganz besonders ihre heimischen **Weine** – mit einer Rebfläche von knapp 4240 Hektar und über 300 „Weinhauern" (so nennt man hier die Winzer) stellt die Steiermark den drittgrößten Weinproduzenten des Landes dar. Man unterscheidet drei Weingebiete im Rahmen der **Herkunftsbezeichnung DAC** *(Districtus Austriae Controllatus),* nämlich das sog. **Vulkanland** zwischen Hartberg, Fürstenfeld, Bad Radkersburg und Klöch im Südosten des Bundeslandes, die **Südsteiermark** zwischen Sausal und Leibnitz unweit der slowenischen Grenze sowie das **(süd)weststeirische Hügelland** zwischen Deutschlandsberg und Ligist.

Die **wichtigsten Rebsorten** sind bei den fast ausschließlich trockenen **Weißweinen** der süffige Welschriesling und der charaktervolle Weißburgunder, aber auch der würzige Sauvignon Blanc, der aromatische Gelbe Muskateller oder der Bouquet-reiche Morillon (anderswo Chardonnay genannt). Bei den **roten Trauben** dominieren der Blaue Wildbacher (weststeirische Schilchertraube), der Zweigelt und der wirklich authentisch steirische Laska, ein fruchtiger Tischwein mit hellrubinroter Farbe. Autochthon ist auch der **Schilcher** genannte **Rosé,** der ebenso aus der Blauen-Wildbacher-Rebe gewonnen und im Frühstadium seiner Gärung bereits als **Sturm (Federweißer)** angeboten wird.

Apropos Gärung: Bei der jährlichen **Weintaufe** rund um den Martinitag am 11. November bekommt der Jungwein den Segen und meist auch einen klingenden Namen. Bis zu diesem Datum heißt der ungefilterte Wein **Staubiger,** der ausschließlich mit „Mahlzeit!" und nicht mit „Prost!" getrunken und zu dem nicht angestoßen werden darf. Erst nach der Taufe wird der Staubige zum **Heurigen** (d.h. diesjähriger Wein) bzw. im konkreten Fall der Steiermark – ähnlich dem Beaujolais Nouveau – zum **Junker,** einem zumeist aus fünf Weißweinsorten gekelterten Cuvée.

Auch zwischen Predlitz und Fürstenfeld ist die stilvollste Art und Weise, in den Genuss der regionalen Tropfen, inklusive der Jungweine, zu kommen, der Besuch eines sog. **Buschenschanks,** also eines meist einfachen Lokals, in dem neben Weinen auch Snacks in Form von Speck, Schinken, Käse und eingelegtem Gemüse angeboten werden. Da sich diese auch **Heurigenlokale** genannten Schenken außerhalb der Stadt befinden und meist **nur saisonal geöffnet** haben, sollte man sich im Vorfeld über www.buschenschank.at erkundigen. Mehr zum steirischen Wein auf steiermark.wine.

oes_180 mw

■ **Infos: Tourismusinformation Südweststeiermark,** Tel. 05 7730, www.steiermark.com/de/Suedsteiermark.

Westlich von Graz

Praktisch unmittelbar im Westen von Graz liegt die **Burgruine Gösting** auf 567 m Höhe mit einem garantierten 360-Grad-Rundblick. Im 11. Jahrhundert errichtet, fiel sie 1723 einem **Großbrand** zum Opfer – ein Blitz schlug just in den Teil der Burg ein, wo sich das Pulverlager der Stadt befand.

■ **Burgruine Gösting,** Ruinenweg 50, A-8051 Graz, Tel. 0316 684550, www.bvg-graz.at. Besichtigung nach Voranmeldung.

Verschiedene **beschilderte Wanderwege** führen auf den 754 m hohen **Plabutsch,** auf dessen Gipfel die imposante **Fürstenstand-Warte** steht, errichtet nach dem Besuch Kaiser *Franz I.* 1830 (z.B. ab Pfarramt St. Anna / Göstinger Straße 189, 2,5 Std., 400 m, Anspruch mittel). Der Blick über Graz ist wirklich überwältigend, zudem gibt es ein nettes Einkehrlokal bzw. **Bergheurigen**. Wer noch nicht genug gewandert ist, kann entlang dem **Plabutschkamm** in Richtung Süden über **Gaisbergsattel** und **Ölberg** bis zur zweiten größeren Erhebung rund um Graz, den 659 m hohen **Buchkogel** mit der **Rudolfswarte,** gehen (Start Fürstenstand-Warte, 2,5 Std., 150 Hm, mittel).

Die knapp 2500 Einwohner zählende Gemeinde **Thal** liegt gerade mal 4 km westlich der Landeshauptstadt, idyllisch eingebettet zwischen Frauenkogel und Generalkogel im Norden und Nordwesten und dem Plabutsch im Osten. Kaum jemand wäre wohl auf das Örtchen aufmerksam geworden, wäre hier nicht 1947 **Arnold Schwarzenegger** zur Welt gekommen. In seinem ehemaligen Elternhaus befindet sich das nach ihm benannte **Museum** – am unterhalb gelegenen netten **Thalersee** hat er bei einer Bootsfahrt um die Hand von *Maria Shriver* angehalten (das entsprechende Boot erinnert noch daran). Sehnt man sich weniger nach Muskeln und Glamour, sondern nach Geistigem, sollte man der von *Ernst Fuchs* (1930–2015) durchaus unkonventionell gestalteten **Pfarrkirche St. Jakob** einen Besuch abstatten.

☑ Do you want to marry me? Schwarzeneggers Ehe hielt bis 2011

oes_181 dk

■ **Arnold Schwarzenegger Museum,** Linakstraße 9, A-8051 Thal, Tel. 0316 571947, arnieslife.com, Feb. bis Okt. Mo–Fr 10–14 Uhr und 14.30–18 Uhr, Sa–So 10–18 Uhr, Nov. bis Jan. Fr–So 10–14 und 14.30–17 Uhr, Eintritt 12,90 €, ermäßigt 6,90/ 9,90 €.

■ **Pfarrkirche St. Jakob,** Kirchberg 1, A-8051 Thal, Tel. 0316 572226, goesting.graz-seckau.at, tägl. 8–18 Uhr, Eintritt frei.

Voitsberg und Umgebung

Gerade einmal 25 km westlich von Graz liegt Voitsberg, das besonders durch seine **Braunkohlevorkommen** bekannt ist und sich entsprechend als **Industriestandort** mit knapp **9600 Einwohnern** präsentiert. Im Ort gibt es viele Schornsteine und Werksgelände, aber wenig Sehenswertes, sieht man vom **Rathaus** ab, dessen Fassade vom fantastischen Wiener Realisten **Arik Brauer** (1929–2021) gestaltet wurde. Oberhalb der Stadt, in 481 m Höhe, befindet sich die verfallene **Burg Obervoitsberg,** die man auf einem romantischen Wanderweg (40 Min., knapp 100 Hm, leicht) entlang des Ostflügels der ehemaligen Stadtbefestigung begehen kann. Nördlich von Voitsberg, in dem kleinen Ort **Bärnbach,** hat der ebenfalls aus Wien stammende Aktionskünstler und Umweltaktivist **Friedensreich Hundertwasser** (1928–2000) die **Dorfkirche** in dem für ihn so typischen Stil überarbeitet, d.h. gerade Linien wurden vermieden und eckige Winkel abgerundet. Außerdem leuchtet das Gebäude dank diverser **Keramikmosaike** in grellen Farben.

Staunen garantiert: die Hundertwasser-Kirche in Bärnbach

oes_182 dk

■ **Dorfkirche Bärnbach,** Piberstraße 15, A-8572 Bärnbach, Tel. 03142 62581, www.katholische-kirche-steiermark.at, tägl. 8–18 Uhr, Eintritt frei, Führungen nach Voranmeldung (Spende erwünscht).

Unmittelbar westlich von Bärnbach steht das zwischen 1696 und 1728 erbaute, von *Domenico Sciassia* (1599–1679) entworfene **Schloss Piber,** in dem sich das gleichnamige **Lipizzanergestüt** befindet. Hier wird die **älteste Kulturpferderasse Europas,** die strahlend weißen Lipizzaner, gezüchtet, immer noch ganz im Einklang mit der ursprünglich habsburgischen Tradition der klassischen Reitkunst. Heutzutage gehört das Gestüt dem österreichischen Staat, der auch die Spanische Hofreitschule in Wien verwaltet. Wer das Gestüt besucht, kann sich bei einem etwa einstündigen **geführten Rundgang** über Zucht und Haltung der Pferde, die man natürlich auch aus nächster Nähe erlebt, informieren. Im südlich gelegenen **Köflach** verspricht die **Therme Nova** Ruhe und Erholung, in **Maria Lankowitz** steht eine Wallfahrtskirche aus dem 17. Jahrhundert.

MEIN TIPP: **Schloss Piber,** Piber 1, A-8580 Köflach, Tel. 03144 3323, www.srs.at, Nov. und Dez. Sa/So 10.30–14.30 Uhr (Führungen 11 und 13 Uhr), April bis Okt. tägl. 9.30–17 Uhr (Führungen 9.45, 11, 13, 14.15 und 15.30 Uhr), Eintritt 21 €, ermäßigt ab 9 €.

■ **Therme Nova,** An der Quelle 1, A-8580 Köflach, Tel. 03144 70100, www.novakoeflach.at, Mo–Sa 9–21 Uhr, So 9–20 Uhr, Eintritt ab 15,90 €, ermäßigt ab 10,40 €. Modern gestaltete Therme mit mehr als 1000 m² Wasserfläche, Saunalandschaft, Tropenwald usw. Auch ein **Hotel**② gehört dazu.

Praktische Infos

■ **Informationsbüro Voitsberg,** Hauptplatz 1, A-8570 Voitsberg, Tel. 03142 22170, www.voitsberg.at.

Schilcherland

Die **zentrale Region der Südweststeiermark** ist als „Schilcherland" bekannt. Der Schilcher ist der **aus der Blauen-Wildbacher-Traube gewonnene Rosé,** der nur unter den hiesigen klimatischen Bedingungen wächst und sein außergewöhnliches Bouquet entwickelt. Man kann das Schilcherland auf der 40 km langen **Schilcherweinstraße** von Ligist nach Eibiswald erkunden (→ Tourismusverband Schilcherland). Ganz besonders trinkfreudig geht es hier im Herbst zu, wenn die „Sturm auf den Schilcher" genannte **Sturm-Saison** (→ Exkurs S. 570) in vollem Gange ist.

■ **Infos: Tourismusverband Schilcherland,** Hauptplatz 40, A-8530 Deutschlandsberg, Tel. 05 7730, www.steiermark.com/de, Suchbegriff: Schilcherweinstraße.

Stainz und Umgebung

Südöstlich von Voitsberg, mitten in den Weinbergen, liegt **Ligist,** das mit seiner den Ort überragenden Burgruine ein beliebtes Fotomotiv darstellt. In **Hochgrail** sollte man an der längsten Winzerzeile der Steiermark halten und den wunderbaren Blick in die Umgebung genießen. Südlich davon kommt man in das **malerische Stainz,** das eng mit dem Werdegang des Förderers und Modernisierers der Steiermark, **Erzherzog Johann** (1782–1859), verbunden ist (→ Exkurs S. 562). Denn es war hier, wo er 1850–58 als **Bürgermeister** agierte. Erst- und einmalig in Österreich wurde damals ein Mitglied des Kaiserhauses zum simplen Bürgermeister einer kleinen Marktgemeinde gewählt. Stainz ist mit seinen entzückenden Bürgerhäusern definitiv einen Zwischenstopp wert, wenn auch die Hauptsehenswürdigkeit oberhalb der Stadt liegt, das ursprünglich als Stift angelegte **Schloss,** das der Erzherzog 1840 erwarb und in dem sich heute ein zum Grazer Joanneum (→ S. 558) gehörendes **Jagd- und Landwirtschaftsmuseum** befindet. Von April bis Oktober verkehrt eine bunte **Schmalspurbahn mit Dampflok** zwischen Stainz und Preding (www.flascherlzug.at).

■ **Schloss Stainz,** Jagd- und Landwirtschaftsmuseum, Schlossplatz 1, A-8510 Stainz, Tel. 03463 277 216, www.museum-joanneum.at/jagdmuseum-landwirtschaftsmuseum, April bis Nov. Di–So 10–17 Uhr, Eintritt 11 €, ermäßigt 4,50 €.

Südwestlich liegt **Bad Gams,** das für sein Kunsthandwerk und die **Gudrunquelle** bekannt ist (kieselsäurehaltiges Wasser).

Praktische Infos

■ **Informationsbüro Ligist,** Ligist 22, A-8563 Ligist, Tel. 03143 22290, www.ligist.gv.at.

■ **Drei Quellen Hotel Kipper**②, Kurallee 85, A-8524 Bad Gams, Tel. 03463 2266, www.gesundheitshotel-kipper.at. Kurhotel mit Kneippkur, Heilwasserversand, „Energieweg" u.v.m.

MEIN TIPP: **Jagawirt**②, Sommereben 2, A-8511 St. Stefan ob Stainz, Tel. 03143 8105, www.jagawirt.at. Bilderbuch-Wirtshaus mit hübschem Gastgarten und regionalen Spezialitäten. Gästezimmer stehen ebenfalls zur Verfügung.

■ **Rauch-Hof**②, Wald-Süd 21, A-8510 Marhof bei Stainz, Tel. 03463 2882, www.rauch-hof.at. Steirische Küche mit einem Hauch Extravaganz gibt es in diesem heimelig-romantischen Gasthof. Auch hier kann man übernachten①-②.

Deutschlandsberg und Umgebung

Als **zentraler Ort der Südweststeiermark** ist das 1153 erstmals urkundlich erwähnte, vom Erzbistum Salzburg gegründete Deutschlandsberg (gesprochen Deutsch-Landsberg) auch das **Zentrum des Schilcherlandes.** Deutschlandsberg ist dadurch in erster Linie dem **Rosé** verpflichtet, wovon die örtlichen Vinotheken und Buschenschänken Zeugnis ab-

oes_183 dk

Voll in der Natur: In der Umgebung von Deutschlandsberg überraschen Flora und Fauna

legen. Äußerst hübsch ist auch hier die oberhalb der Stadt liegende **Burg**, die neben Restaurant und Hotel auch ein **archäologisches Museum** beherbergt. Von der Burg führen Wanderwege hinab ins **Laßnitztal.**

■ **Burgmuseum Archeo Norico,** Burgplatz 2, A-8530 Deutschlandsberg, Tel. 03462 5602, www.archeonorico.at, April bis Okt. Di–So 10–18 Uhr, Eintritt 11,50 €, ermäßigt 6 €.

Westlich von Deutschlandsberg erstreckt sich das aus kristallinem Gestein bestehende **Koralpe-Massiv,** die natürliche Grenze zu Kärnten. Der Koralpenzug erreicht knapp 2000 Höhenmeter und bildet eine schützende Felswand für die östlich davon liegenden Orte. Ab Deutschlandsberg führt die **Panoramastraße L606** in Richtung Nordwesten auf die **Hebalm,** wo im Winter **Langlaufloipen** (sport.erlebnis-hebalm.at) und **Skipisten** samt Liften (www.kluglifte.at) zur Betätigung einladen. Zwar ist das Wintersportgebiet klein, dafür aber auch selten voll. Auch das bereits hauptsächlich in Kärnten, etwa 24 km westlich von Deutschlandsberg liegende **Ski- und Langlaufgebiet Weinebene** (www.weinebene.at) ist empfehlenswert. Gerade einmal 5 km südlich der „Schilcherhauptstadt" sollte man keinesfalls das **Schloss Hollenegg** (www.schlosshollenegg.at) verpassen; ursprünglich im 14. Jahrhundert als Burg erbaut, wurde es im 16. Jahrhundert zu einem reizenden Schloss mit wunderbarer Parkanlage umgebaut. Etwas weiter südlich liegt **Schwanberg,** wo das absolut entzückende **Greißlermuseum** – als Greißler bezeichnet man in Österreich eine „Gemischtwarenhandlung" bzw. einen „Tante-Emma-Laden" – zeigt, wie man vor 100 Jahren eingekauft hat. Im Ort gibt es auch ein **Heilmoorbad** und in den Sommermonaten werden auf dem Hauptplatz wöchentliche **Dämmerschoppen** abgehalten.

■ **Greißlermuseum,** Mainsdorferstraße 1, A-8541 Schwanberg, Tel. 03467 7018, www.antikbrunner.at, Do/Fr 15–18 Uhr, Sa 9–12 Uhr, Eintritt frei.

Praktische Infos

■ **Informationsbüro Deutschlandsberg,** Hauptplatz 35, A-8530 Deutschlandsberg, Tel. 03462 20110, www.deutschlandsberg.at.

MEIN TIPP: **Burg Deutschlandsberg**②, Burgplatz 1, A-8530 Deutschlandsberg, Tel. 03462 56560, www.burg-deutschlandsberg.at. Regionale Küche in edlem Ambiente und auf der schönen Terrasse. Auch ein Hotel②-③ mit diversen Zimmerkategorien und Suiten ist vorhanden.

■ **Gasthaus Pauritsch**②, Garanas 10, A-8541 Schwanberg, Tel. 03467 8407, www.gasthaus-pauritsch.at. Mit wundervollen Fernblicken speist man hier vorzüglich.

■ **Gasthof Kollar-Göbl**②, Hauptplatz 10, A-8530 Deutschlandsberg, Tel. 03462 2642, www.kollar-goebl.at. Alteingesessener Gasthof mit regionalen Spezialitäten. Auch Zimmer gibt es hier.

MEIN TIPP: **Schilcherberg in Flammen,** jeweils am letzten Juliwochenende findet dieses aufwendige Feuerwerk am Hauptplatz in Deutschlandsberg statt.

Eibiswald und Umgebung

Südlich von Schwanberg gelangt man nach **Wies,** wo das **Theater im Kürbis** (www.kuerbis.at) mit aufsehenerregenden Produktionen beeindruckt. In **Wernersdorf** gibt es ein informatives

Schnapsbrennmuseum (www.brennerei-joebstl.at), wo man die entsprechenden Destillate auch gleich verkosten und erwerben kann. **Eibiswald** (früher ein wichtiger Standort der Stahlindustrie) ist Anfang und Ende der oben erwähnten **Schilcherweinstraße;** im Ort gibt es natürlich auch genügend Einkehrmöglichkeiten, um den letzten oder eben ersten Schilcher direkt bei einem Produzenten zu genießen. Etwa 20 km zieht sich die Bundesstraße westwärts von Eibiswald nach **Soboth,** das äußerst pittoresk über dem **Feistritztal** thront. Hier auf über 1000 m Höhe liegt ein **Stausee,** von dem man zahlreiche **Wanderungen** in die Umgebung starten kann, z.B. ins malerische **St. Vizenz** (Start Sobother Stausee, 1 Std., keine Steigung, einfach, für Kinder geeignet, Weg über asphaltierte Straße) oder südwärts zum 1522 m hohen, bereits in Kärnten liegenden **Hühnerkogel** (Start Parkplatz nach der Abzweigung von der B69 Richtung Ettendorf, 2 Std., 150 Hm, mittel). Dies ist auch ein Teilabschnitt des 123 km langen **Südalpenwegs 03** – auch **„Grenzpanoramaweg"** genannt – entlang der slowenischen Grenze bis Bad Radkersburg. Folgt man der Bundesstraße weiter westwärts, erreicht man das **Koglereck** (1347 m), die Passhöhe über die Koralpe und Landesgrenze nach Kärnten.

Praktische Infos

■ **Informationsbüro Eibiswald,** Eibiswald 17, A-8552 Eibiswald, Tel. 03466 45400, www.eibiswald.gv.at.

[>] Bloß kein Stress: In der romantischen Südweststeiermark fällt es leicht, ein paar Gänge runterzuschalten

■ **Wanderdorf Soboth,** Soboth 100, A-8554 Eibiswald, Tel. 03466 45400207, www.eibiswald.gv.at/tourismusfreizeit/wanderdorf-soboth.

■ **Gasthaus Lindner**②, Soboth 23, A-8554 Soboth, Tel. 03460 205. Klassiker der weststeirischen Küche und angenehme Gästezimmer.

■ **Ölspur Camping,** Eibiswald 127, A-8552 Eibiswald, Tel. 0660 3490810, www.oelspur-camping.at. 50 Stellplätze gibt es auf diesem 10.000 m² großen Campingplatz, neben dem ein Freibad liegt.

Leibnitz und Umgebung

Der **äußerste Südosten der Südweststeiermark** verläuft vom Westufer der Mur bis etwa nach Gleinstätten im Westen und bis zur slowenischen Grenze im Süden. Der Hauptort hier ist das **13.000 Einwohner** zählende **Leibnitz.** Der Hauptplatz mit seinem Rathaus ist recht nett, doch sonst gibt es wenig zu sehen, nicht zuletzt weil die Stadt im Jahre 1829 einem **Großbrand** zum Opfer fiel und damals das gesamte historische Zentrum zerstört wurde. In der Nähe von Leibnitz befindet sich das reizende **Schloss Seggau,** ein im 12. Jahrhundert erbautes, ursprünglich aus drei Einzelburgen bestehendes Anwesen, das bis 1786 Repräsentationssitz der **steirischen Bischöfe** und bis ins 20. Jahrhundert ihre Sommerresidenz war. Danach wurden mit viel Feingefühl ein **Hotel** mit Taverne und ein modernes **Kongress- und Seminarzentrum** geschaffen. Im Rahmen einer Führung kann man die **Fürstenzimmer** im zweiten Obergeschoss mit ihrer geschlossen erhaltenen barocken Inneneinrichtung besichtigen. In dem über 300 Jahre alten **Bischöflichen Weinkeller** werden regelmäßig Weinverkostungen angeboten.

Im Raum Leibnitz finden sich einige interessante **Ausgrabungsstätten.** Dazu gehört zunächst der **keltische Isis-Noreia-Tempel** (wohl aus dem 1. Jahrhundert n. Chr.), der als **Tempelmuseum Frauenberg** auf der Kuppe des Frauenberges etwa 2 km westlich von Leibnitz liegt. Überreste der **Römerstadt Flavia Solva** im nahe gelegenen **Wagna** können als Außenstelle und Teil des Grazer Joanneums besichtigt werden.

■ **Tempelmuseum Frauenberg,** Am Frauenberg 9, A-8430 Leibnitz, Tel. 0664 73900909, www.tempelmuseum-frauenberg.at, April bis Okt., Mo–Fr 10–16, Sa/So 10–17 Uhr, Eintritt 4,50 €, ermäßigt 3,50 €.

■ **Flavia Solva,** Marburgerstraße 111, A-8435 Wagna, Tel. 0316 80179560, www.museum-joanneum.at/flavia-solva, frei zugänglich.

Westlich von Leibnitz erstreckt sich das **Sausal-Gebirge,** in das man ab Kitzeck zu **Wanderungen** aufbrechen kann, z.B. auf den 670 m hohen **Demmerkogel** (Start Weinmuseum Kitzeck, 4,5 Std., 600 Hm, leicht, familientauglich). Auf diesem steht mit 17 m Höhe der wohl höchste Klapotetz (Windrad → S. 569) der Welt. Auch in diesem Minigebirge wächst Wein, über dessen Anbau man sich im **Weinmuseum in Kitzeck** (der Ort gilt mit 564 m Höhe als höchstgelegenes Weindorf Europas) informieren kann. Aus dem Ort verläuft die **Sausaler Weinstraße,** eine hübsche Panoramaroute entlang der Weinorte. Nördlich des Gebirges, etwa 10 km von Leibnitz, liegt direkt an der Mur und dem **Murradweg** (www.steiermark.com/de, Suchbegriff: Murradweg) **Wildon** mit seinem

oes_184 dk

Schlossberg, eine der ältesten Siedlungen der Steiermark. Einen Zwischenstopp lohnen auch das **Schloss Murstätten in Lebring** und eine Wanderung auf den 550 m hohen **Buchkogel** ab **St. Margarethen** (Start Gasthaus Gollner/Ortskern St. Margarethen, 2,5 Std., 300 Hm, leicht, gut begehbare Wege).

Praktische Infos

■ **Informationsbüro Leibnitz,** Sparkassenplatz 4a, A-8430 Leibnitz, Tel. 05 7730430, www.leibnitz.at.

■ **Tourismusinformation Sulmtal Sausal (Weinland Südsteiermark),** Steinriegel 15, A-8442 Kitzeck im Sausal, Tel. 03456 3500.

MEIN TIPP: **Das Kappel**②, Steinriegel 25, A-8442 Kitzeck im Sausal, Tel. 03456 2347, www.daskappel.at. Inmitten der Weinberge wohnt man in diesem hervorragend ausgestatteten Weinhotel.

■ **Hotel Schloss Seggau**①-②, Seggauberg 1, A-8430 Leibnitz, Tel. 03452 824350, www.seggau.com. Komfortable Zimmer in verschiedenen Preislagen, außerdem ein großer Außenpool, eine Taverne② u.v.m.

MEIN TIPP: **Weingut Schauer,** Greith 21, A-8442 Kitzeck im Sausal, Tel. 03456 3521, www.weingut-schauer.at. Dieses wunderschön gelegene Weingut betreibt auch einen Buschenschank.

■ **Naturpark-Camping Sausalerland,** Höch 93, A-8444 Höch, Österreich, Tel. 0664 4457184, naturpark-weinbergcamping-sausalerland.business.site. Kleiner Campingplatz mit terrassierten Stellplätzen mitten in der Weinbauregion.

Ehrenhausen und Umgebung

Verlässt man Leibnitz in südlicher Richtung, erreicht man nach 8 km **Ehrenhausen.** Das **entzückende Städtchen** mag zwar klein sein, doch historisch ist es nicht unbedeutend, befinden sich hier doch gleich mehrere **Zeitzeugnisse der Eggenberger,** also jener Familie bürgerlicher Herkunft, die im 16. Jahrhundert in den Adelsstand erhoben wurde und bis 1717 maßgeblich die Entwicklung der Steiermark beeinflusste. In Ehrenhausen liegen das 1545 erbaute **Renaissance-Schloss** der Familie, die **Kirche zur Schmerzlichen Mutter Maria** (18. Jahrhundert), in der einige *Eggenberger* begraben liegen, und das gewaltig wirkende **Mausoleum,** in dem der Feldherr *Ruprecht von Eggenberg* (1564–1611) und sein Neffe ihre letzte Ruhe gefunden haben. In Ehrenhausen informiert außerdem ein **Museum zur Geschichte der Untersteiermark** (also jenes Gebiets, das 1919 an das Königreich Jugoslawien abgetreten werden musste), ferner beginnt hier die bezaubernde **Südsteirische Weinstraße.** Auf ihr sollte man neben Buschenschänken und Vinotheken auch dem **Schloss Gamlitz** einen Besuch abstatten, im dem sich ein Hotel und eine Restaurant-Taverne befinden.

Praktische Infos

■ **Informationsbüro Ehrenhausen an der Weinstraße,** Marktplatz 2, A-8461 Ehrenhausen an der Weinstraße, Tel. 03453 2507, www.ehrenhausen-gv.at.

■ **Loisium Wine & Spa Hotel**②, Am Schlossberg 1a, A-8461 Ehrenhausen, Tel. 03453 28800, www.loisium.com. Entschleunigen geht in diesem erstklassigen Hotel mit Spa-Bereich wunderbar – und die Auswahl an südsteirischen Weinen ist dabei auch eine gute Hilfe.

MEIN TIPP: **Schloss Gamlitz,** Eckberger Weinstraße 32, A-8462 Gamlitz, Tel. 03453 2363, www.melcher.at. Wunderschönes Ensemble aus edlem Hotel② und Restaurant①-② mit guter regionaler Küche.

■ **Die Weinbank**②, Hauptstraße 44, A-8461 Ehrenhausen, Tel. 03453 22291, dieweinbank.at. Entspanntes Wirtshaus mit angeschlossener Vinothek.

MEIN TIPP: **Vinofaktur Genussregal,** An der Mur 13, A-8472 Vogau, Tel. 03453 406770, www.vinofaktur.at. Weine aus der Südsteiermark gefällig? Bitte sehr, hier ist das Paradies ...

Leutschach und Umgebung

Das südsteirische Weinland ist eine **entzückend liebliche Hügellandschaft,** die speziell zwischen Gamlitz und Leutschach ihre landschaftlichen Höhepunkte entfaltet. **Buschenschänken** finden sich hier gefühlt an jeder Ecke, denn der lokale Wein ist das explizite Aushängeschild. Dabei wird oft vergessen, dass in diesem Teil der Steiermark auch der **Hopfenanbau** ein wichtiger Erwerbszweig ist. In Leutschach gibt es seit einigen Jahren eine kleine **Brauerei** (www.diebrauerei.com) mit **Hopfenanbaumuseum.** In Ortsnähe gibt es verschiedene grandiose **Wanderrouten,** z.B. durch die **Altenbachklamm** (Start Buschenschank Stelzl in Oberhaag, 2,5 Std., 300 Hm, mittel, teilweise über Brücken, Stege und Leitern) oder durch die **Heiligengeistklamm** bis ins slowenische **Sveti Duh,** wo eine Wallfahrtskirche in 900 m Höhe majestätisch über dem Dorf thront (Start Spitzmühle in Schloßberg, 2,5 Std., 500 Hm, mittel, Trittsicherheit unbedingt notwendig). 8 km westlich steht in **Arnfels** ein etwas ramponiertes **Schloss,** dessen Anfänge auf eine Wehrburg aus dem 12. Jahrhundert zurückgehen. Nördlich davon, in **Großklein,** wurden Reste eines **Gräberfelds aus der Hallstattzeit** gefunden, über das man etwas im dazugehörigen **Museum** erfahren kann (Infos: www.archaeo-grossklein.com). Folgt man der Bundesstraße weitere 13 km nach Westen, erreicht man **Eibiswald** und damit das Ende der Weinstraße.

Praktische Infos

■ **Informationsbüro Leutschach an der Weinstraße,** Arnfelser Straße 1, A-8463 Leutschach an der Weinstraße, Tel. 03454 70600, www.leutschach-weinstrasse.at.

MEIN TIPP: **Gut Pößnitzberg**②, Pößnitz 168, A-8463 Leutschach, Tel. 03454 205, www.poessnitzberg.at. Mitten in den südsteirischen Weinbergen liegt dieses wunderbare Anwesen mit Wellnessbereich und Pool, in dem man nicht nur übernachten, sondern auch die Tropfen aus der Umgebung probieren und exzellent speisen kann.

Oststeiermark

Als Oststeiermark werden hier streng genommen **zwei Teilregionen** zusammengefasst, die östlich der mittleren Mur unweit der burgenländischen Grenze liegen. Dies sind zunächst die beiden **Bezirke Weiz und Hartberg,** also der **Nordostteil des Oststeirischen Hügellands (Riedelland),** das durch die Flussgebiete Raab mit Pinka, Feistritz und Lafnitz charakterisiert wird. Diese Region zeichnet sich durch ein ausgesprochen **reiches Angebot an Attraktionen und Freizeitmöglichkeiten** aus. Wanderer auf der Suche nach dem ultimativen Panoramablick kommen z.B. auf dem **Schöckl** in der Nähe von Graz, im **Naturpark Almenland** oder in der waldreichen Gegend **Joglland-Waldheimat** voll auf ihre Kosten. Die Adrenalinaus-

oes_185 dk

schüttung fördern Touren in der fantastischen **Bärenschützklamm** und in der 17 km langen **Raabklamm** bzw. zu den vielen **Höhlen** wie Lurgrotte oder Katerloch. Etwas weniger Kalorien verbrennt man in so idyllischen Gegenden wie dem **„ApfelLand"** oder im **Pöllauer Tal,** dafür kann man sich dort voll und ganz dem **Obstanbau** bzw. seinen Derivaten widmen. Doch die Region hat nicht nur landschaftlich unglaublich viel zu bieten, auch historische Bauten gibt es hier zuhauf, wobei insbesondere das imposante **Schloss Herberstein** und das einmalige **Stift Vorau** zu den eindrucksvollsten ihrer Art in ganz Österreich gehören.

Der **südliche Teil des Oststeirischen Hügellands** ab Hartberg bis zur slowenischen Grenze wird von den Tourismusverbänden als **„Thermen- und Vulkanland"** beworben. Tatsächlich hat man es mit der ältesten und bekanntesten Thermenregion Österreichs zu tun, und so ziehen die hier angesiedelten Bäder viele Besucher an. Das Vulkanland bezieht seinen Namen von den einst aktiven Vulkanen, von denen noch einige als Erhebungen sichtbar sind. Die Ausbrüche haben im Laufe der Jahrtausende für **ertragreiche Böden** gesorgt, die **erstklassige Weine** hervorbringen. Mehr dazu erfährt man in so reizenden Örtchen wie **St. Anna am Aigen** oder **Klöch,** die natürlich auch über eine reiche Buschenschänken-Kultur verfügen. Das Vulkanland war über Jahrhunderte Grenzregion und musste sich gegen Angriffe aus dem Süden und Osten verteidigen. In Städten wie **Fürstenfeld, Feldbach** und **Bad Radkersburg** erinnern noch architektonische Zeugen an diese aufgeregten Zeiten. Wirklich typisch für die gesamte

Wandern mit Rundblick über Graz und weite Teile der Steiermark? Auf dem Schöckl ganz einfach!

Oststeiermark sind die vielen **Weinstraßen,** die man motorisiert oder mit dem Fahrrad erkunden kann. Das Thermenland wird im Übrigen auch für seine vielen **Golfplätze** geschätzt.

■ **Infos: Tourismusinformation Oststeiermark,** Tel. 03335 47147, www.steiermark.com/de/Oststeiermark; **Tourismusinformation Thermen- und Vulkanland,** Tel. 03382 55100, www.steiermark.com/de/Thermen-Vulkanland.

Nordöstlich von Graz

Kurz hinter Mariatrost beginnt das hügelige Umland von Graz, das wenige Kilometer weiter nordöstlich zur **grandios pittoresken Bergwelt** heranwächst. Der eindrucksvollste Gipfel in unmittelbarer Nähe der steirischen Landeshauptstadt ist der 1445 m hohe **Schöckl.** Ausgangspunkt für seine „Erstürmung" ist das nicht einmal 20 km von der Grazer Stadtgrenze entfernte **St. Radegund,** einst ein ehrwürdiger Kurort am Fuße des Berges, ab dem mehrere **ausgeschilderte Wanderwege** auf das hoch gelegene Plateau führen (z. B. Weg Nr. 22, Start Parkplatz Schöckl-Seilbahn, 2 Std., 700 Hm, Anspruch mittel, teilweise steinige Wege und Steige, Trittsicherheit notwendig). Alternativ gelangt man ab der Talstation mit der **Seilbahn** hinauf, wo ein Gipfelkreuz und eine riesige Sendeantenne stehen und auch immer wieder Kühe weiden. Der Schöckl ist als lokaler Hausberg nicht nur bei Grazerinnen und Grazern ein **beliebtes Ausflugsziel,** son-

Bis weit in die steirische Bergwelt: Die Aussicht vom Schöckl ist unbezahlbar

oes_186 rk

dern auch von nah und fern kommen Besucher zwischen Frühling und Herbst hier herauf, um sich **sportlich** zu **betätigen** – Wandern, Paragleiten und Mountainbiking gehören zu den beliebtesten Disziplinen – oder um in den Lokalen zu rasten und den **atemberaubenden Ausblick** zu genießen. Es gibt zudem einen barrierefreien **Rundwanderweg** (Start beim Schöcklkreuz/Schöcklstraße, 2,5 Std., 400 Hm, leicht, familientauglich) und auch **Kinder** werden den Schöckl lieben, befinden sich doch Spielplätze, ein Disc-Golf-Parcours und sogar eine Sommerrodelbahn oben auf dem Gipfel.

Praktische Infos

■ **Talstation St. Radegund,** Schöcklstraße 23, A-8061 St. Radegund bei Graz, Tel. 03132 2332, www.holding-graz.at/de/freizeit/schoeckl/.

Adobe Stock © Michaela Begsteiger

■ **Das Leaf**②, Willersdorferstraße 7, A-8061 St. Radegund, Tel. 0664 88869908, www.dasleaf.at. Eindrucksvolle Gourmetkreationen teilweise altbekannter Klassiker.

Peggau und Umgebung

Nördlich von Graz, unmittelbar an der Mur gelegen, befindet sich **Peggau mit seiner Burgruine.** Besonders berühmt sind die Höhlen im Umland des Ortes, wobei die **Lurgrotte** als eine der beeindruckendsten Tropfsteinhöhlen des Landes gilt, in der der 40 m hohe „Dom" das absolute Highlight darstellt. Ein Besuch der Lurgrotte ist ab **Semriach** oder eben ab Peggau möglich.

Mein Tipp: **Lurgrotte,** Lurgrottenstraße 1, A-8102 Semriach, Tel. 0664 3497219, lurgrotte.at, Mitte April bis Okt. Führungen tägl. 11, 14 und 15.30 (Juli und Aug. auch 9.40 und 12.40 Uhr), Nov. bis Mitte April Sa 14 und So 11 Uhr, Eintritt mit Führung 10 €, ermäßigt 7 €.

Etwa 7 km nördlich von Peggau liegt die **Burgruine Pfannberg** mitten im Wald. Von ihr genießt man einen grandiosen Blick auf das **Tal der Mur** und das nahe **Frohnleiten.** Ein Spaziergang durch diesen Ort mutet wie eine **architektonische Zeitreise** an, stehen hier doch zahlreiche Gebäude aus **unterschiedlichen Epochen:** die Pfarrkirche, das Schloss Neupfannberg, die Burg Rabenstein und die schon erwähnte Burgruine Pfannberg.

Folgt man der Schnellstraße S35 parallel zur Mur weiter nordwärts, erreicht man **Mixnitz,** ein weiteres Eldorado für Abenteuer in der unmittelbaren Umgebung. Zuerst einmal ist die **Drachenhöhle** zu nennen, die zwar bei Weitem nicht so lang und verschachtelt ist wie die Lurgrotte, dafür **archäologisch interessant,** denn in ihr wurden Funde aus der Altsteinzeit gemacht und Knochen von Höhlenbären entdeckt (pernegg.at/sport-freizeit/drachenhoehle/). Ebenfalls an diese behaarten Genossen erinnert die wirklich sensationelle **Bärenschützklamm** östlich von Mixnitz. Auf hölzernen **Stegen, Brücken und Leitern** wandert man durch die eindrucksvolle Felsenlandschaft den **Mixnitzbach** entlang (4 Std., mittel, Schwindelfreiheit und Trittsicherheit unbedingt erforderlich). Es handelt sich um eine der atemberaubendsten Schluchtenlandschaften Österreichs! Wer danach noch Energie hat, kann zahlreichen Wanderwegen folgen, z.B. zur Teichalm (Start Eingang Bärenschützalm, 8,5 Std., 1400 Hm, mittel, gute Kondition erforderlich) oder ins Tal der Mur.

MEIN TIPP: **Bärenschützklamm,** Bärenschütz 40, A-8131 Mixnitz, Tel. 03867 20097, Mai bis Okt. tägl. 7.30–16 Uhr, Eintritt 5 €, ermäßigt 3,50 €. Wiedereröffnung voraussichtlich Juni 2024.

Praktische Infos

- **Tourismusinformation Frohnleiten,** Hauptplatz 2, A-8130 Frohnleiten, Tel. 03126 2374, www.frohnleiten.com.
- **Semriacher Hof**②, Am Wiesengrund 1, A-8102 Semriach, Tel. 03127 8341, www.semriacherhof.at. Saisonale Spezialitäten und nette Gästezimmer.

Weiz und Umgebung

Östlich des Schöckls liegt in 500 m Höhe die **größte Stadt der Oststeiermark,** das fast **12.000 Einwohner** zählende **Weiz.** Bemerkenswert sind hier speziell die im 12. Jahrhundert erstmals erwähnte und dem heiligen *Thomas von Canterbury* geweihte **Taborkirche** und die **Wallfahrtskirche zur Schmerzhaften Mutter Gottes** auf einem Hügel über der Stadt. Weiz dient meist als Ausgangspunkt für Erkundungen der näheren Umgebung. Westlich der Stadt liegt die wirklich imposante **Raabklamm** (die längste Österreichs!) – ihre schroffen Schluchten entlang dem Raabtal können auf Holzstegen durchwandert werden (Start Ortszentrum Arzberg, 4,5 Std., 450 Hm, mittel, Trittsicherheit notwendig). Großartig sind außerdem die **Katerloch** (www.katerloch.at) genannte **Tropfsteinhöhle** nordwestlich der Stadt und die nahe gelegene **Grasslhöhle** (www.grasslhoehle.at). Nördlich der Höhlen beginnt bereits das **Alpenvorland,** in dem der **Naturpark Almenland** besonders schön ist. Im Sommer kommt man zum **Wandern,** in der kalten Jahreszeit lockt das beliebte **Wintersportgebiet.** Der Name bezieht sich auf die **Sommeralm** und die **Teichalm,** die nördlich des Passailer Beckens – mit den Orten **Passail** und **Fladnitz** – liegen und nicht zuletzt zum **Paragleiten** (www.flugschule-steiermark.at) geschätzt werden. Die höchste Erhebung im Almenland ist der **Hochlantsch** (1720 m), den man am besten ab dem **Teichalmsee** erreicht (Start Holzochse Teichalmsee, 4,5 Std., 600 Hm, schwer). Sehenswert und botanisch interessant sind die **Hängenden Gärten der Sulamith** (mit Ferienhaus und Kräuterladen) in **St. Kathrein am Offenegg.**

☒ Fester Schritt und Schwindelfreiheit sind Voraussetzung: Die Bärenschützklamm ist abenteuerlich

■ **Die Hängenden Gärten der Sulamith,** Sulamith Weg 1, A-8171 St. Kathrein am Offenegg, Tel. 03179 3232, www.sulamith.at, Mai und Mitte Sept. bis Okt. Sa 13–17 Uhr, Juni bis Mitte Sept. Mi–Sa 13–17 Uhr, Eintritt 10 €.

Wer sich in niedrigeren Gefilden wohler fühlt, fährt von Weiz ins 13 km südlich gelegene **Gleisdorf** (es gilt als „Solarhauptstadt" Europas). Ab hier verläuft die 75 km lange **Themenroute Oststeirische Römerweinstraße;** über Hartberg bis nach Bad Waltersdorf folgt man den Spuren des bereits in keltischer und römischer Zeit existierenden Weinbaus.

Praktische Infos

■ **Infozentrum Raabklamm,** Kleinsemmering 132, A-8160 Weiz, Tel. 0664 73957280, raabklamm.at.

■ **Informationsbüro Weiz,** Hauptplatz 7, A-8160 Weiz, Tel. 03172 23190, www.weiz.at.

■ **Tourismusverband Naturpark Almenland,** Fladnitz 100, A-8163 Fladnitz/Teichalm, Tel. 03179 230000, www.almenland.at.

■ **Der wilde Eder**②, Dorf 3, A-8171 St. Kathrein am Offenegg, Tel. 03179 82350, www.der-wilde-eder.at. Ein niveauvolles Ambiente und hervorragende Gerichte machen den wilden Eder zu einer beliebten Adresse.

Puch und Umgebung

Östlich von Weiz erstreckt sich die **als „ApfelLand" bekannte Obstbauregion,** in der Äpfel, Birnen, Kirschen, Pfirsiche u.v.m. wachsen. Das **„Apfeldorf" Puch** ist das Herz dieses größten Obstbaugebiets Österreichs – Produktion und Vermarktung des Apfels haben hier seit vielen Generationen Tradition. Besonders schön ist das Umland natürlich im **April,** wenn die **Bäume blühen,** aber auch zur Ernte im September und Oktober. Ultimatives Apfel-Feeling stellt sich bei einer Befahrung der **Steirischen Apfelstraße** (www.apfelstrasse.at) ab Puch ein. In den Gemeinden **Floing, Anger, Sankt Ruprecht an der Raab** und **Albersdorf Prebuch** kommt man in den Genuss von Äpfeln und den aus ihnen gewonnenen Produkten wie Essig, Most, Schnaps, Wein etc. Im Frühjahr werden diverse Events im Rahmen des **Apfelblütenfests** organisiert. Aufschlussreich ist auch das **Obstbaumuseum „Haus des Apfels"** (mostschank-kelz.at) im nahe gelegenen **Harl.** Südöstlich von Puch kann man den 975 m hohen **Kulm** besteigen, der neben einem traumhaften Panoramablick mit dem **Keltendorf** auch ein spannendes Freilichtmuseum zur Urgeschichte aufweist (Start Pfarrkirche Pischelsdorf, 3,5 Std., 600 Hm, mittel, familienfreundlich).

■ **Keltendorf,** Kulming 50, A-8212 Pischelsdorf am Kulm, Tel. 0699 11999052, www.kulm-keltendorf.at, Mai bis Okt. Di–Sa 10–16.30 Uhr, So 10–17.30 Uhr, Eintritt 5 €, ermäßigt 2,50 €.

Nördlich und östlich des Kulm-Bergs erstreckt sich das **Feistritztal,** das man z.B. auf einer Fahrt mit der von einer Dampflok gezogenen **Feistritztalbahn** (www.feistritztalbahn.at) zwischen Weiz und Birkfeld erleben kann. Ein hübsches Dorf, in dem noch traditionelles Handwerk ausgeübt wird, ist das oben angesprochene **Anger** etwa 9 km nördlich von Puch. In dem weitere 3 km nordwestlich gelegenen **Edelschachen** befindet sich ein **Heimatmuseum** in einem original erhaltenen **Rauchstubenhaus** (www.rauchstubenhaus.at).

Praktische Infos

■ **Tourismusbüro Apfeldorf Puch,** Puch 100, A-8182 Puch bei Weiz, Tel. 03177 222217, www.puch-weiz.gv.at.

■ **Tourismusbüro ApfelLand,** A-8223 Stubenberg am See, Tel. 03176 8882, www.apfelland.info.

MEIN TIPP: **Wirtshaus Meißl**②, Puch 21, A-8182 Puch bei Weiz, Tel. 03177 2205, www.wirtmeissl.com. Beste Zutaten und exquisite Kochkunst machen einen Besuch in diesem Wirtshaus zum Gastroerlebnis. Auch Zimmer im „Apfeldesign" und ein kleiner Pool stehen zur Verfügung.

■ **Felber Schokoladen,** Gasener Straße 4, A-8190 Birkfeld, Tel. 03174 4546, www.felber-schokoladen.at. Süße Sünden gibt's in dieser Schokofabrik und Backstube. Die ursprüngliche Bäckerei im Herzen von Birkfeld wurde schon 1770 gegründet.

Herberstein und Umgebung

Höhepunkt eines jeden Erlebnisprogrammes in der Gegend ist Herberstein, das zu den **meistbesuchten Orten der Steiermark** gehört. Besonders bekannt ist der **Tierpark,** in dem 85 Tierarten aus allen Kontinenten leben, darunter manche in einem **Streichelzoo.** Neben dem normalen Betrieb werden häufig teilweise sehr **interessante Veranstaltungen** abgehalten, weshalb ein Besuch auch Jugendlichen und Erwachsenen Spaß machen dürfte.

Tierwelt Herberstein, Buchberg 50, A-8223 Stubenberg am See, Tel. 03176 80777, www.tierwelt-herberstein.at, Mitte März bis April tägl. 10–16 Uhr, Mai bis September tägl. 9–18.30 Uhr, Oktober tägl. 10–16 Uhr, November bis Mitte März Do–So 10–15.30 Uhr (in den Weihnachtsferien auch Mo–Mi), Eintritt ab 19,50 €, ermäßigt ab 9,50 €.

Unterhalb des Tierparks liegt malerisch auf einem Felssporn das imposante **Schloss Herberstein,** eine grandiose Anlage, die – ursprünglich im 13. Jh. errichtet – im Laufe der Geschichte oft umgebaut wurde und sich heute in einem **Stilmix aus Gotik, Renaissance und Barock** präsentiert. Im 17./18. Jh. gehörte rund ein Fünftel der Steiermark zur Grundherrschaft der **Grafen Herberstein** – die Familie bewohnt immer noch einen Teil des Schlosses, zu dem auch ein Schlosscafé, die prachtvollen historischen Gärten und auch das **Museum** gehören, in dem monumentale Skulpturen des Bildhauers *Bruno Gironcoli* (1936–2010) ausgestellt werden.

MEIN TIPP: **Gartenschloss Herberstein,** Buchberg 1, A-8222 St. Johann bei Herberstein, Tel. 03176 88250, herberstein.co.at, Mitte Febr. bis Mitte März Do–So 10–15.30 Uhr, Mitte März bis Sept. tägl. 10–17 Uhr, Okt. bis Anfang Nov. tägl. 10–16 Uhr, Anfang Nov. bis Mitte März Do–So 10–15.30 Uhr (in den Weihnachtsferien auch Mo–Mi), Eintritt 19,50 €, ermäßigt 9,50 €.

Genug der Kultur? An warmen Tagen ist der **riesige Badesee in Stubenberg** das beliebteste Ziel für Groß und Klein von weit und breit. Ansonsten mag auch der 1 km lange **Schnapslehrpfad** durch die hiesigen Obstgärten erfrischend und erheiternd wirken.

Stubenbergsee, A-8223 Stubenberg am See, Tel. 03176 8884, www.stubenbergsee.at, ganzjährig geöffnet, Eintritt im Sommer 6,50 €, ermäßigt 3,50 €.

In der Umgebung gibt es weitere herausragende Bauten wie die **Burg Neuhaus** (www.burg-neuhaus.com), die man ab dem See auf einer zweistündigen Rundtour erreicht (Start Ortszentrum Stubenberg am See, 300 Hm, leicht, für Kinder geeignet). Südöstlich von Herberstein liegt das dem Sport „geweihte" **Barockschloss Schielleiten** (schielleiten.bsfz.at), von dem **Heißluftballonfahrten** (www.apfelwirt.at) starten – eine sehr außergewöhnliche Art und Weise, um das Feistritztal kennenzulernen.

Praktische Infos

MEIN TIPP: **Hotel Buchberg38**②, Buchberg 38, A-8223 Buchberg bei Herberstein, Tel. 0676 6825038, www.facebook.com/buchberg38. Außergewöhnliches Hotel mit einzigartiger Atmosphäre.

MEIN TIPP: **Landgasthof Riegerbauer**②, Hoferbergweg 12, A-8222 St. Johann bei Herberstein, Tel. 03113 2301, www.riegerbauer.at. Altehrwürdiger Landgasthof mit tadelloser oststeirischer Küche.

■ **Töchterlehof,** Oberfeistritz 190, A-8184 Anger, Tel. 03175 30007, www.toechterlehof.at. Im Hofladen dieses Pferdegestüts gibt es ausgefallene Produkte aus der Region, darunter auch Stutenmilch.

Pöllau und Umgebung

Nordöstlich von Stubenberg liegt das **liebliche Pöllauer Tal,** das etwa 13 km lang ist, im Westen durch den Rabenwaldkogel, im Norden durch das Birkfelder Gschaid und das **Zeiseleck** (1078 m) sowie im Osten durch den **Masenberg** (1261 m) begrenzt wird. Es ist **weitgehend hügelig** und wird durch **landwirtschaftliche Nutzflächen** wie Streuobstwiesen, Obstbaumfelder und Äcker gekennzeichnet. In ganz Österreich bekannt ist die Gegend wegen der hier wachsenden **Hirschbirnen,** die früher meist zu **Dörrbirnen** (sog. Kletzen) verarbeitet wurden, heute aber auch in Form von Saft, Essig, Gelee, Marmelade und Edelbrand zu bekommen sind. Das Tal ist seit 1983 ein **Naturpark** mitsamt mehreren **Themengärten,** einem Netz von **Wanderwegen** und den an zahlreichen Orten zu findenden typischen „Hirschbirnbaumalleen". Sehr gut eignet sich die Gegend übrigens für **Reittouren,** z.B. ab **Schönegg** (Infos auf www.pferdehof-poelzler.at). Der Ausgangsort für Unternehmungen sollte das **reizende Pöllau** sein, dessen Pfarrkirche als **größte Barockkirche der Steiermark** gilt. Ebenso eindrucksvoll ist die Wallfahrtskirche im nahe gelegenen **Pöllauberg,** die in 757 m Höhe majestätisch über der Landschaft thront. Ab Pöllauberg kann man den bereits oben erwähnten **Masenberg** erwandern und von dort den herrlichen Ausblick in weite Teile der Oststeiermark und des Mittelburgenlands genießen (Start Pfarrkirche Pöllauberg, 4 Std., 550 Hm, leicht, familienfreundlich).

Naturpark Pöllauer Tal, Schloss 1, A-8225 Pöllau, Tel. 03335 4210, www.naturpark-poellauertal.at.

Praktische Infos

■ **Informationsbüro Pöllau,** Hauptplatz 3, A-8225 Pöllau, Tel. 03335 2038, www.marktgemeinde-poellau.at.

■ **Hotel-Restaurant Retter**②, Pöllauberg 88, A-8225 Pöllauberg, Tel. 03335 2690, www.retter.at. Hier kocht man nach den Prinzipien des Slow Food ausschließlich mit regionalen Zutaten. Auch sehr schöne Zimmer③ und Wellness-Angebot.

MEIN TIPP: **Konditorei Ebner,** Lamberggasse 31, A-8225 Pöllau, Tel. 03335 2350, www.konditorei-ebner.at. Pralinen, Torten, Lebkuchen und eine große Frühstücksauswahl gibt es hier.

■ **Ölmühle Fandler,** Prätis 1, A-8225 Pöllau, Tel. 03335 2263, www.fandler.at. Große Auswahl an Bio-Naturölen und weiteren lokalen Produkten.

Joglland

Nordöstlich des Pöllauer Tals liegt das Joglland, eine äußerst **waldreiche Mittelgebirgsgegend,** die ihren Namen angeblich von *Jakob* bzw. *St. Jakob* hat, der in dieser Gegend gerne zu „Jogl" wird. Das Joglland befindet sich südlich der Semmering-Region bzw. des Wechselmassivs. Nordwestlich erheben sich die Fischbacher Alpen, gegen Westen und Südwesten hin erstreckt sich das Grazer Bergland. Die **Tourismusregion Joglland-Waldheimat** lädt je nach Saison bzw. Jahreszeit zum **Wandern, Radfahren, Langlaufen und Skifahren** ein, doch verzeichnet die Gegend verhältnismäßig wenig Besucher, auch wenn sie sich gerne recht außergewöhnlich als „Kräftereich" (www. kraeftereich.at) vermarktet.

Region Joglland-Waldheimat, Kirchenviertel 24, A-8255 St. Jakob im Walde, Tel. 03336 20255, www.joglland-waldheimat.at.

Gut besucht wird das wirklich einmalige **Augustiner-Chorherrenstift Vorau,** ein barockes Meisterwerk, das seine Anfänge bereits im 12. Jahrhundert hatte, als der Traungauer Markgraf *Ottokar III.* es als Bollwerk gegen „heidnische" Völker gründete. Im Stift sollte man keineswegs die **Klosterkirche St. Thomas** und die beeindruckende **Bibliothek** verpassen, in deren Lesesaal 17.500 Bände – bestehend aus Büchern, Handschriften und Inkunabeln – zu sehen sind. Unweit des Stifts befindet sich ein **Freilichtmuseum** (www.freilichtmuseum.vorau.at), das einen Einblick in das bäuerliche Leben dieser Region vermittelt.

■ **Stift Vorau,** Vorau 1, A-8250 Vorau, Tel. 03337 2351, www.stift-vorau.at, variierende Öffnungszeiten, Führungen April bis Okt. Mo–Fr 10, 14 und 16 Uhr, Sa 10 Uhr, So 11, 14 und 16 Uhr, Eintritt mit Führung 11 €, ermäßigt 6 €.

Nördlich von Vorau erstreckt sich ein ausgedehntes **Wanderrefugium,** dessen höchste Erhebung der 1743 m messende

Schon mal an eine seelische Einkehr gedacht? Vielleicht lohnt sich ja im Stift Vorau die Sinnsuche

Hochwechsel (am besten ab Mönichwald zu erreichen) direkt an der niederösterreichischen Grenze darstellt (Start Pfarrkirche Mönichwald, 9 Std., 1300 Hm, mittel, gute Kondition unerlässlich). Zahlreiche Wanderungen verschiedenster Schwierigkeitsstufen sind in der Region möglich. Noch ein bisschen etwas von einem „Geheimtipp" hat die dramatisch auf einem Felssporn liegende **Festenburg in Bruck an der Lafnitz,** wo man neben regelmäßig wechselnden Sonderausstellungen auch die Kirche, die Kapellen, das sog. **Kernstockmuseum** und die Rüstkammer besichtigen kann. Geschichtsträchtig ist außerdem ein Besuch in **Friedberg,** das Ende des 12. Jahrhunderts als planmäßige Wehrsiedlung errichtet wurde und über einen hübschen **historischen Stadtkern** samt sehenswerter Pfarrkirche verfügt.

■ **Festenburg,** Festenburg 1, A-8251 Bruck an der Lafnitz, www.festenburg.at, Führungen Mitte Juni bis Sept. Mi und Do 10 sowie So 14 Uhr, Eintritt (mit Führung) nach Vereinbarung.

Praktische Infos

MEIN TIPP: **Gasthof Lang zur Festenburg②,** Karnerviertel 75, A-8251 Mönichwald, Tel. 03331 25550, www.hausfestenburg.at. Viele saisonale Klassiker gibt es in diesem Gasthof, in dem man auch gut übernachten kann.

Hartberg und Umgebung

Der **südöstliche Teil der Region Oststeiermark** ist als **„Thermen- und Vulkanland"** bekannt. Landschaftlich präsentiert sich das Gebiet mit **sanften Hügeln** und einigen markanten, durch **jungtertiäre Vulkantätigkeit** geschaffene Erhebungen. Geologisch gehört das Thermen- und Vulkanland bereits zum **Pannonischen Becken,** das sich vor etwa 25 Millionen Jahren bildete, wobei das hiesige Landschaftsbild erst vor rund einer Million Jahre seine Formen annahm. Etwa aus jener Zeit stammen die **Thermal- und Mineralwässer** sowie die **fruchtbaren Böden,** während es aktive Vulkane seit gut zwei Millionen Jahren nicht mehr gibt. Das nördliche „Tor" in diese beschauliche Gegend ist das etwa **6800 Einwohner** zählende **Hartberg,** das in der ersten Hälfte des 12. Jahrhunderts von *Leopold I. von Trungau* gegründet wurde. Das Städtchen hat einen bemerkenswerten **Hauptplatz** mit einem hübschen Rathaus, gut erhaltenen Bürgerhäusern – im **Steinpeißhaus** befindet sich das **Stadtmuseum** – und der dem heiligen *Martin* geweihten Pfarrkirche samt prunkvollem Karner dahinter. Von der **Stadtbefestigung** – Hartberg liegt unmittelbar an der burgenländischen Landesgrenze und war damit bis 1921 Grenzstadt nach Ungarn – sind noch der **Reckturm** und der **Schölbingerturm** erhalten. Eine hübsche **Wanderung** führt hinauf auf den **Ringkogel** (789 m), den Hausberg der Stadt, auf dem die 1906 gebaute **Ringwarte** (ein gemauerter Aussichtsturm) steht (Start Hauptplatz Hartberg, 3 Std., 400 Hm, leicht, für Kinder geeignet, der schönste Teil führt über die Brühl, ein Schluchtwald mit vielen Brücken und Stegen).

Praktische Infos

■ **Informationsbüro Hartberg,** Hauptplatz 10, A-8230 Hartberg, Tel. 03332 6030, www.hartberg.at oder www.steiermark.com/de/Oststeiermark/Region/Hartbergerland.

■ **Quartier,** Hauptplatz 2, A-8230 Hartberg, Tel. 0664 9144709, www.quartier-hartberg.at. Hippe Weinbar, in der es auch kleine Speisen gibt.

Nördliches Thermenland

Ab Hartberg erstreckt sich der nördliche Teil des Herzstücks dieses Thermenlandes, also jener Gegend, deren **Heilwässer** schon den Römern bekannt waren und wo das Motto **„Mein Körper in Balance"** zur touristischen Leitlinie geworden ist. Bei **über zwei Millionen Übernachtungen** und knapp 1,5 Millionen Thermentagesgästen pro Jahr geht das Konzept offensichtlich auf! Erstbesucher sollten sich im Vorfeld auf den Internetseiten der Thermen einlesen und entscheiden, welche am ehesten ihre **individuellen Bedürfnisse** erfüllt. Die 2015 komplett neu gestaltete **Heiltherme in Bad Waltersdorf** keine 15 km südlich von Hartberg ist mit 14 Hektar Ausdehnung, charmanten Ruheoasen, innovativen Behandlungen und 14 Themenbecken mit Thermalwasser, das aus 1000 m Tiefe heraufsprudelt, definitiv eine der beliebtesten der Steiermark. Von *Friedensreich Hundertwasser* (1928–2000) wurde die **Therme Rogner in Bad Blumau** etwa 8 km südlich von Bad Waltersdorf gestaltet. Auch hier ist Wellness & Beauty dank Saunalandschaft, Salzgrotte, Dampfbad, Massagen und vielem mehr garantiert. In **Sebersdorf** ein wenig nördlich von Bad Waltersdorf befindet sich die **H2O-Erlebnis-Therme,** in der sich vor allem Familien mit Kindern wohlfühlen dürften. Neben einer Saunalandschaft steht hier das Thema „Fun im feuchten Nass" mit Rutschen, Wellenbecken, Spielplatz usw. im Vordergrund. Wer nicht in einem den Thermen angeschlossenen Hotel übernachten möchte, findet in der Umgebung viele meist günstigere Unterkünfte.

■ **Heiltherme Bad Waltersdorf,** Thermenstraße 111, A-8271 Bad Waltersdorf, Tel. 03333 5000, www.heiltherme.at, Mo–Do und Sa 8.30–22 Uhr, Fr 8.30–23 Uhr, So 8.30–21 Uhr, Eintritt ab 35,50 €, ermäßigt ab 30,50 €. Riesige Anlage mit einem modern ausgestatteten Hotel②-③.

■ **Therme Rogner Bad Blumau,** Bad Blumau 100, A-8283 Bad Blumau, Tel. 03383 5100, www.blumau.com, tägl 9–23 Uhr, Eintritt ab 54 €, ermäßigt ab 35 €. Dieser schon ästhetisch außergewöhnlichen Therme ist ein Hotel②-③ mit diversen Zimmerkategorien angeschlossen.

H2O-Erlebnis-Therme, Sebersdorf 300, A-8271 Bad Waltersdorf, Tel. 03333 22144, www.hoteltherme.at, So–Do 10.30–21.30 Uhr, Fr/Sa 10.30–22 Uhr, Eintritt ab 20,90 €, ermäßigt 18,60 €. Das Hotel② dieser Therme ist speziell auf Familienanforderungen zugeschnitten.

Praktische Infos

■ **Tourismusinformation Bad Waltersdorf,** Hauptplatz 90, A-8271 Bad Waltersdorf, Tel. 03382 5510071, www.steiermark.com/de, Suchbegriff: Bad Waltersdorf.

■ **Hotel Schloss Obermayerhofen**③, Neustift 1, A-8272 Sebersdorf, Tel. 03333 2503, www.obermayerhofen.at. Der Aufenthalt in diesem Schloss(hotel) ist ein Fest für alle Sinne. Im 120.000 m² großen Schlossgarten mit Teich kann man sich fröhlich dem Nichtstun hingeben.

MEIN TIPP: **Thermenland Camping,** Campingweg 316, A-8271 Bad Waltersdorf, Tel. 03333 41424, www.camping-bad-waltersdorf.at. In der Nähe von gleich vier Thermalbädern liegt dieser erstklassig ausgestattete Campingplatz mit 100 Einheiten.

Fürstenfeld und Umgebung

Fürstenfeld, die **Hauptstadt des Thermenlandes,** hat etwa **8900 Einwohner.** Wie Hartberg war es Grenzstadt und wurde daher im 16. Jahrhundert unter der Leitung von *Domenico dell'Allio* (1515–63) **befestigt.** Aus dieser Zeit stammen noch die **Schlossbastei** und die **Ungarbastei** und auch das **Grazer Tor,** das heute Teil des Rathauses ist (vor dessen Eingang der „B'soffene Türk" steht). Auch die **Pfeilburg** – die einst die **erste Tabakfabrik Österreichs** beherbergte – war Teil der Stadtbefestigung; in ihr ist mittlerweile ein **Museum** für Ur-, Früh- und Zeitgeschichte sowie zur Entwicklung der Stadt und der Tabakproduktion untergebracht. Die beiden sehenswertesten Gotteshäuser der Stadt sind die **Stadtpfarrkirche St. Johannes der Täufer** und die **Augustiner-Eremiten-Kirche** aus dem 14. Jahrhundert. Auch in der ehemaligen Burg wurden von 1776 bis 2005 Tabakerzeugnisse – vor allem die Zigarrensorten „Amadeus" und „Virginia" – produziert. Fürstenfeld selbst hat zwar keine Therme, dafür ist das hiesige **Freibad** (www.dasfreibad.at) das größte Beckenbad in Österreich.

Zu den Hauptattraktionen in der Umgebung gehört die **Therme Loipersdorf,** mit einer Gesamtfläche von 36.000 m² eines der größten Thermalensembles in Europa. Geboten wird viel: im „Erlebnisbad" Multimediarutsche und Wellenbad, im „Schaffelbad" Römerbecken, Felsenbad und Atriumbecken, im „Thermenbad" Saunadorf, Warm- und Kaltwasserbecken, Felsenduschen und römisches Dampfbad. Der zweite Besuchermagnet der Gegend ist die imposant auf einem Berg thronende **Riegersburg.** Man erreicht sie wahlweise über einen Klettersteig, per Panoramalift oder auf dem steilen Pfad (15–20 Minuten), der durch mehrere Tore führt und über die Burgbrücke in den Burghof. Von zahlreichen Punkten genießt man **unvergessliche Fernblicke,** doch auch das **Hochschloss** der Burganlage im Baustil von Spätbarock und Spätrenaissance bleibt in Erinnerung.

Mein Tipp: **Therme Loipersdorf,** Thermenstraße 152, A-8282 Bad Loipersdorf, Tel. 03382

Steirischer Erfindungssinn – Gsellmanns Weltmaschine

Die vielleicht kurioseste Sehenswürdigkeit der Steiermark ist die in den Jahren 1958–81 von **Franz Gsellmann** erbaute sog. Weltmaschine, die aus **25 Elektromotoren, 64 Vogelpfeifen, 200 Glühbirnen, 14 Glocken und weiteren Tausenden Teilen** besteht und in aufwendigster Art und Weise **Geräusch- und Lichteffekte** produziert. Der einfache Landwirt *Gsellmann* machte in seinem Leben nur eine einzige Reise, und zwar nach Brüssel, wo ihn das **Atomium** so sehr beeindruckte, dass er beschloss eine Maschine zu bauen, in der das Atomium im Zentrum steht. Es verdient wirklich Respekt, mit wie viel Hingabe und Kreativität *Gsellmann* seine Zeit diesem „Ding" widmete, das **keinen offensichtlichen Zweck** erfüllt.

■ **Gsellmanns Weltmaschine,** Kaag 12, A-8332 Edelsbach bei Feldbach, Tel. 03115 2983, weltmaschine.at, April bis Okt. Mi–So 10–17 Uhr, Eintritt 5 €, ermäßigt 3 €.

82040, www.therme.at, täglich 8.30–21 Uhr, Eintritt ab 42,50 €, ermäßigt ab 29,50 €.

MEIN TIPP: **Riegersburg,** Riegersburg 1, A-8333 Riegersburg, Tel. 03153 82133, www.dieriegersburg.at, April 10–17 Uhr, Mai bis Sept. 9–18 Uhr, Okt. 10–17 Uhr, Eintritt ab 21 €, ermäßigt ab 12,40 €.

Riegersburg ist auch für die vor Ort ansässige **Schokoladenmanufaktur Zotter** (www.zotter.at) bekannt (Werksbesichtigung möglich). Wer danach noch Muße hat, sollte im nahen **Auersbach** der **Vulcano-Schinkenmanufaktur** (www.vulcano.at) etwas Zeit schenken bzw. für Edelbrände und Essigspezialitäten die **Firma Gölles** (www.goelles.at) in **Stang** aufsuchen.

Praktische Infos

- **Tourismusinformation Fürstenfeld,** Hauptstraße 2a, A-8280 Fürstenfeld, Tel. 03382 5510081, www.fuerstenfeld.gv.at.

MEIN TIPP: **Seehaus**②, Riegersburg 205, A-8333 Riegersburg, Tel. 03153 72106, seehaus-riegersburg.at. Café, Restaurant und Pizzeria direkt am See – entspanntes Entschleunigen garantiert.

Thermencamping Fürstenfeld, Badstraße 3, A-8280 Fürstenfeld, Tel. 0664 1799393, www.camping-fuerstenfeld.at. Hübscher Campingplatz mitten im Grünen. Durch die Nähe zum Freibad Fürstenfeld (direkter Zugang) gerade auch für Familien mit Kindern sehr empfehlenswert.

Feldbach und Umgebung

Mit etwa **13.400 Einwohnern** ist das im **Raabtal** eingebettete **Feldbach** die fünftgrößte Stadt der Steiermark. Durch ihre strategisch günstige Lage war sie schon immer ein **bedeutender Handelsplatz** auf dieser wichtigen Verkehrsroute. Das machte sie allerdings auch verwundbar, weshalb sie speziell ab der zweiten Hälfte des 15. Jahrhunderts wiederholt durch **Angriffe** von Ungarn, Türken und auch steirischen Truppen – wie der des Heerführers *Andreas Baumkircher* (1420–71) – in Mitleidenschaft gezogen wurde. Entsprechend erfolgte die Befestigung der Stadt durch eine **Wehranlage,** von der heute noch ein Teil auf dem Marktplatz erhalten ist (mit **Heimatmuseum;** auch Informationen zu den **Feldbacher Hexenprozessen 1673–75** finden sich hier, bei denen z.B. die „Blumenhexe" *Katharina Paldauf* gefoltert und ermordet wurde, hatte sie doch angeblich Blumen im Winter zum Blühen gebracht).

In der **Umgebung** stehen zwei hübsche Bauten: erstens nördlich von Feldbach das **Schloss Kornberg,** in dem wechselnde Ausstellungen stattfinden, zweitens südlich von Feldbach das majestätisch aus einem Weingut ragende **Schloss Kapfenstein** (mit Restaurant und Hotel, s.u.).

- **Schloss Kornberg,** Dörfl 2, A-8330 Kornberg bei Riegersburg, Tel. 0664 5124224, schlosskornberg.at, Mi–So 10–17 Uhr (Führungen Mi–So 11 und 14 Uhr), Eintritt (mit Führung) ab 12 €, ermäßigt ab 5 €.

In **Fehring** direkt an der Raab ist die historische **Berghofer-Mühle** (berghofermuehle.at) einen Blick wert. Lust auf „Traubensaft"? Durch sanfte Hügel und Kürbisfelder verläuft ab Fehring die **Thermenland Weinstraße** über Unterlamm (hier befindet sich eine Nachbildung der Lourdes-Grotte), Stein, Loipersdorf, Übersbach, Stadtbergen, Maierhofberg und Großwilfersdorf bis nach Herrnberg.

Zdravo Štajerska! – die slowenischsprachigen Steirer

Etwa **seit dem 6. Jahrhundert** siedelten auf dem Territorium der Steiermark slawische Völker. Mit dem Ende der Habsburgermonarchie nach dem Ersten Weltkrieg bestimmte der **Staatsvertrag von Saint-Germain-en-Laye,** dass die Untersteiermark (also das Gebiet zwischen der unteren Mur und der oberen Save) dem neu geschaffenen jugoslawischen Staat zugesprochen wurde. Die von **Jugoslawien** ebenfalls beanspruchten Gebiete um Bad Radkersburg, Leutschach und Soboth verblieben hingegen bei Österreich. Bis heute leben dort und anderswo in der Steiermark – inklusive Graz – kleine **slowenischsprachige Minderheiten,** die im Unterschied zum benachbarten Bundesland Kärnten (wo der Streit über zweisprachige Ortsschilder bis auf Bundesebene ausgetragen wurde) zurückhaltender mit ihrer Identität umgehen. Dies hat verschiedene Gründe, darunter den, dass sich das **südsteirische Grenzgebiet** über Jahrzehnte **als „deutschsprachiges Bollwerk"** gegen die Slawen, die Partisanen *Titos* und den Kommunismus sah und Slowenen aus Vorsicht die eigene Sprache nur im privaten Umfeld benutzten. Mit der **Unabhängigkeit Sloweniens 1991** stieg auch das Selbstbewusstsein. Slowenischsprachige Steirer treffen sich in Kulturvereinen, und ihre Muttersprache wird als Wahlfach an Schulen angeboten – so wie es den nationalen Volksgruppen laut österreichischem Staatsvertrag seit 1955 zusteht.

Wer sich für slowenische Kultur in der Steiermark interessiert, dem mag der **Artikel-VII-Kulturverein für die Steiermark – das Pavelhaus** (www.pavelhaus.at) in Bad Radkersburg als erste Anlaufstelle dienen.

Praktische Infos

- **Informationsbüro Feldbach,** Hauptplatz 13, A-8330 Feldbach, Tel. 03152 30790, www.feldbach.gv.at.

MEIN TIPP: **Schloss Kapfenstein**②, Kapfenstein 1, A-8353 Kapfenstein, Tel. 03157 300300, winkler-hermaden.at. Als gesunde und ehrliche „Schlossküche" bezeichnet, gibt es hier regionale Spezialitäten in herrlicher Umgebung. Die Hotelzimmer②-③ sind allesamt individuell und ansprechend eingerichtet.

Bad Gleichenberg und Umgebung

Südlich von Feldbach liegt eine **viel frequentierte Tourismusregion** mit dem mondänen **Kurort** Bad Gleichenberg als Mittelpunkt. Aufgrund der hiesigen Thermalquellen und ihrer wohltuenden Wirkung wurde bereits in der ersten Hälfte des 19. Jh. ein Heilbad betrieben. Bis heute steht die Behandlung von **Erkrankungen der Luft- und Atemwege** sowie der **Haut** im Mittelpunkt, egal ob im Rahmen einer längeren Kur oder als Tagesgast. Zwar ist die Bad Gleichenberger Therme **kleiner und unspektakulärer** als die in Bad Waltersdorf, Bad Blumau oder Loipersdorf, dafür ist es hier auch deutlich exklusiver und **beschaulicher** – kein Wunder also, dass sie den Namen „Therme der Ruhe" trägt. Im Ort gibt es ein großes Angebot an Übernachtungsmöglichkeiten und in der Umgebung schöne **Wanderungen,** die man mit dem „Bad Gleichenberger Wander(s)pass" genannten Wegenetz erkunden kann, z.B. zu den beiden sich gegenüberliegenden Ruinen der Burgen Alt- und Neu-Gleichenberg, die man als Rundtour ab der Ortsmitte erreicht (2,5 Std., 350 Hm, einfach).

■ **Therme der Ruhe,** Untere Brunnenstraße 33, A-8344 Bad Gleichenberg, Tel. 03159 22944050, diethermederruhe.at, tägl. 9–21 Uhr, Eintritt ab 26 €, ermäßigt ab 13 €.

Der zweite Höhepunkt der Region ist der **Styrassic-Saurierpark,** in dem sich mehr als 85 lebensgroße Nachbildungen von Dinosauriern finden, aber auch sehr aufwendig gestaltete Multimedia-Inszenierungen dargeboten werden.

Styrassic Park, Dinoplatz 1, A-8344 Bad Gleichenberg, Tel. 03159 28750, styrassicpark.at, April bis Sept. tägl. 9–18 Uhr, Okt. bis Anfang Nov. 9–17 Uhr, Eintritt 22 €, ermäßigt 16 €.

Die gesamte Region ist ein wichtiges **Weinanbaugebiet** (DAC Vulkanland), es dominieren die weißen Sorten Weißburgunder und Welschriesling, wenn auch mittlerweile fast 20% der Produktion der rote Zweigelt ausmacht. Weinliebhaber bekommen in der **Vinothek in St. Anna am Aigen** (www.vinothek-steiermark.net) einen guten Überblick über die besten Tropfen der Steiermark.

Praktische Infos

■ **Tourismusinformation Bad Gleichenberg,** Kaiser-Franz-Josef-Str. 1/4, A-8344 Bad Gleichenberg, Tel. 03382 5510044.

MEIN TIPP: **Geschwister Rauch**③, Trautmannsdorf 6, A-8343 Trautmannsdorf, Tel. 03159 4106, www.geschwister-rauch.at. Unweit von Bad Gleichenberg liegt dieses Wirtshaus, das Tradition und Moderne vereint. Auch übernachten②-③ kann man hier.

Bad Radkersburg und Umgebung

Den **äußersten Süden des Thermen- und Vulkanlandes** machen das Tal der Mur **an der slowenischen Grenze** und das angrenzende Hügelland aus. Das **Klima** ist hier **äußerst mild,** es gibt so viele Sonnenstunden wie in sonst keiner Region des Bundeslandes. Interessant ist zunächst der Ort **Klöch,** dessen vulkanische Basaltböden ein bedeutendes Anbaugebiet für den **Traminer** sind. Nur hier findet man in Österreich diesen nach Rosen duftenden Wein, der eigent-

oes_187 dk

☒ Bad Radkersburg ist ein architektonisches Kleinod (im Hintergrund die Frauenkirche Mariahilf)

lich typisch für das Elsass, Südtirol und die Pfalz ist. Auf dem **Traminer-Themenweg,** entlang der **Klöcher Weinstraße** oder im **Weinmuseum** des Ortes erfährt man bei Bedarf mehr über ihn. Durch die Weinberge gelangt man zu Fuß zu hübschen Aussichtspunkten, z.B. zur Ruine der **Burg Klöch** (Start Gemeindeamt Klöch, 1 Std., 100 Hm, leicht) oder auf den 475 m hohen **Königsberg** (Start Siedlung Königsberg, 1 Std., leicht).

Die größte Stadt hier ganz im Südosten ist das **3200 Einwohner** zählende **Bad Radkersburg** direkt an der Mur und somit der **slowenischen Grenze.** Die Innenstadt ist ein Juwel des Denkmalschutzes; man sollte den hübschen Gebäuden auf und um den Hauptplatz – wie dem **Rathaus** mit seinem Turm und dem **Palais Herberstorff** mit dem Arkadenhof – etwas Aufmerksamkeit schenken. Auch die von *Domenico dell'Allio* (1515–63) gebaute **Befestigungsanlage** mit ihren massiven Wällen und Basteien ist größtenteils erhalten geblieben. Beliebt ist im Ort vor allem die an der Mur gelegene, modern gestaltete **Therme,** die aufgrund ihres großen Außenpoolbereichs nicht nur Wellness (samt Sauna und Thermalbecken), sondern auch viel Spaß für Familien verspricht.

■ **Parktherme Bad Radkersburg,** Alfred-Merlini-Allee 7, A-8490 Bad Radkersburg, Tel. 03476 26770, www.parktherme.at, Mo–Do 9–21.30 Uhr, Fr und Sa 9–23 Uhr, So 9–20 Uhr, Eintritt ab 34 €, ermäßigt ab 14,10 €. Zum großzügig angelegten Areal gehören auch ein Vitalhotel②-③ und ein Campingplatz.

Outdoor-Fans sei gesagt, dass die einzigartigen **Murauen** nordwestlich von Bad Radkersburg zu wundervollen – und bei Bedarf auch grenzüberschreitenden – **Wanderungen und Radtouren** einladen. Gleiches gilt auch für das nur 6 km von der Stadt entfernte **Halbenrain,** Österreichs größte Käferbohnenanbau-Gemeinde. Im **Schloss Halbenrain** – mit hübschem Schlosspark – hat heute die Fachschule für Land- und Ernährungswirtschaft ihren Sitz. Etwa 16 km weiter westlich liegt **Mureck,** wo man eine restaurierte alte **Schiffsmühle** (www.schiffsmuehle.at), die wie ein Hausboot auf der Mur treibt, besichtigen und zu weiteren herrlichen **Themenwegen** entlang der Auenlandschaft aufbrechen kann. Ab Mureck ist es nur noch ein „Katzensprung" nach **Spielfeld,** dem großen **Grenzübergang** der Pyhrn-Autobahn A9 **nach Slowenien.** Im Ort selbst ist das viergeschossige **Schloss** (www.schloss-spielfeld.at) mit dem wunderbaren Arkadenhof sehenswert, das allerdings nur als Hochzeits- und Eventlocation der Öffentlichkeit zugänglich gemacht wird.

Praktische Infos

■ **Tourismusinformation Bad Radkersburg,** Hauptplatz 14, A-8490 Bad Radkersburg, Tel. 03382 5510090, www.steiermark.com/de, Suchbegriff: Bad Radkersburg.

MEIN TIPP: **Camping Klöch,** Klöch 16, A-8493 Klöch, Tel. 0664 1812337, www.camping-in-kloech.at. Besonders idyllischer Campingplatz im Weinbaugebiet, aber dennoch nicht weit von der Ortsmitte entfernt.

MEIN TIPP: **Camping Alt-Weindörfl,** Markowitschweg 4, A-8490 Bad Radkersburg, Tel. 0664 5226419, markowitsch.jimdo.com. Dieser Campingplatz gehört zu einem Buschenschank und liegt am Drauchenbach inmitten von Weinreben.

■ **Oliver Kocht②**, Murfelder Straße 42, A-8472 Straß in der Steiermark, Tel. 03453 21001, www.oliver-kocht.at. Modern gestaltete Gaststätte mit lokalen Spezialitäten in Bestform. Auch ein Campingplatz gehört zum Anwesen.

Obersteiermark

Als Obersteiermark bezeichnet man den **nördlichen Teil der Steiermark,** den vor allem **gebirgiges und waldreiches Terrain** kennzeichnen. Dazu gehören neben der Region nördlich von Graz zunächst die sog. **Hochsteiermark** samt Flusstäler der **Mur** mit den Städten Bruck, Kapfenberg und Leoben plus die **Mürz** mit Mürzzuschlag und Krieglach. Weiter westlich dann der Bezirk Liezen, zu dem auch die für die Tourismusverbände eigenständigen **Regionen Ausseerland und steirisches Salzkammergut** sowie **Schladming-Dachstein** zählen. Natürlich gibt es auch in der Obersteiermark **hübsche Orte** wie das malerische Thörl, den Wallfahrtsort Mariazell, das historische Rottenmann oder das reizende Bad Aussee. Und auch wichtige **kulturgeschichtliche Sehenswürdigkeiten** wie das Stift Rein, das Stift Admont, die Burg Strechau und das Schloss Trautenfels fehlen nicht. Die **Bergpanoramen** überbieten sich gegenseitig, das Angebot an Wanderrouten, Themenwegen, Wintersport, Klettersteigen, Rafting usw. ist unermesslich. Für seine **Fauna und Flora** bekannt sind der **Hochschwab** und seine Umgebung, der **Naturpark Mürzer Oberland** und die grandiose **Tauplitzalm.** Viel erleben kann man im **Naturpark Steirische Eisenwurzen** und im **Nationalpark Gesäuse,** in denen das Angebot an umfassenden Freizeitmöglichkeiten ganzjährig und für beinahe alle Altersstufen gegeben ist.

Großartige Gewässer sind z.B. der Grüne See im Lamingtal, der Erlaufsee, der Grundlsee und der Altaussee im Altausseer Land oder auch der Spiegelsee, der seinen Namen der Tatsache verdankt, dass sich in ihm der gegenüberliegende Dachstein spiegelt. Apropos **Dachstein:** Für das perfekte alpine Feeling kann es kein Gipfel der Region mit ihm aufnehmen! **Radfahrer** freuen sich in der Obersteiermark über zahlreiche markierte Strecken, **Mountainbiker** wissen es zu schätzen, dass man den eigenen Drahtesel vielerorts kostenlos per Gondel auf die Berge mitnehmen kann.

Wer in der Obersteiermark mehrere Orte besuchen möchte, tut gut daran, ein **eigenes Fahrzeug** mitzubringen, da die Transportverbindungen abseits der Bahnlinien spärlich sind, sieht man von Shuttle-Bussen in den Wintersportregionen ab. Eine nette Abwechslung zu herkömmlichen Fortbewegungsmitteln ist die **Erzbergbahn** (www.erzbergbahn.at) zwischen Hieflau und Leoben.

■ **Infos: Tourismusinformation Hochsteiermark,** Tel. 03862 55020, www.steiermark.com/de/Hochsteiermark; **Tourismusinformation Ausseerland-Salzkammergut,** Tel. 03622 54040, ausseerland.salzkammergut.at; **Tourismusinformation Schladming-Dachstein,** Tel. 03687 23310, www.schladming-dachstein.at.

Deutschfeistritz und Umgebung

15 km nördlich von Graz liegt **im mittleren Tal der Mur Deutschfeistritz** und gilt damit noch als Teil der Umgebung der Landeshauptstadt. Der Ort hat als Wahrzeichen die **gotische Pfarrkirche St. Martin,** die auf dem 100 m hohen Kirchberg über den Häusern thront. Der **Kirchberg** ist nicht nur wegen seiner Aussicht beliebt, sondern hier wird auch spaziergegangen, gewalkt und im Winter Schlitten gefahren. Südlich der Stadt liegt das äußerst gut gelungene **Freilichtmuseum Stübing,** wo man auf 65 Hektar – der geografischen Lage Österreichs entsprechend von Ost nach West – eine **bäuerliche Welt** durchstreift: verschiedene Bauernhöfe, Schmieden, Waldarbeiterhütten, Mühlen, ein Sägewerk, eine Rauchstube, eine Schule u.v.m. Man erfährt, wie sich Landwirtschaft, Bauen und Wohnen in den Regionen seit über 500 Jahren entwickelt haben.

Freilichtmuseum Stübing, Enzenbach 32, A-8114 Stübing, Tel. 03124 53700, www.museum-joanneum.at/freilichtmuseum, April bis Okt. tägl. 9–18 Uhr, Eintritt 14 €, ermäßigt 6 €.

Südlich von Stübing, in **Rein,** liegt das **älteste Zisterzienserstift der Welt.** Bei einer Führung (ca. zwei Stunden) erfährt man allerlei über das Leben der Mönche und ihren Alltag, aber auch auf die Geschichte der Steiermark und Österreichs wird eingegangen. Besonderheiten sind u.a. das **Cellarium,** in dem die Brüder einst ihren Wein lagerten, die umfangreiche **Bibliothek** und die **barocke Kirche** mit ihren überbordenden Deckenfresken, die 1979 von Papst *Johannes Paul II.* in den Rang einer Basilika erhoben wurde.

■ **Stift Rein,** Rein 1, A-8103 Gratwein-Straßengel, Tel. 03124 51621, www.stift-rein.at, nur im Rahmen einer Führung (tägl. 10.30 und 13.30 Uhr, tel. Anmeldung empfohlen), Eintritt 11,50 €, ermäßigt 3 €.

Nördlich von Deutschfeistritz, auf halbem Weg nach Bruck an der Mur, kann man in **Pernegg** das **Turbinenmuseum des Murkraftwerks** mit einer aus den 1920er-Jahren stammenden Schauturbine besichtigen.

< Barock in seiner Bestform: die Basilika des Stifts Rein erscheint fast kitschig-überladen

■ **Turbinenmuseum-Schauturbine Pernegg,** E-Werkstraße 12, A-8132 Kirchdorf, Tel. 050313 37011, www.verbund.com/de-at/ueber-verbund/besucherzentren/pernegg, Führungen nach Vereinbarung.

Praktische Infos

■ **Informationsbüro Deutschfeistritz,** Grazerstraße 1, A-8121 Deutschfeistritz, Tel. 03127 41355, www.deutschfeistritz.gv.at.

Bruck an der Mur und Umgebung

Das knapp **16.000 Einwohner** zählende **Bruck an der Mur** – meist nur Bruck genannt – ist das „Tor" in die Obersteiermark. Die viertgrößte Stadt des Bundeslandes liegt an der **Mündung der Mürz in die Mur,** eine strategisch hervorragende Lage, die die Stadt bereits im Mittelalter zu einem bedeutenden Handelszentrum werden ließ. Noch heute ist Bruck ein wichtiger **Verkehrsknotenpunkt** für das Straßen- und Bahnnetz. Im 13. Jahrhundert restrukturierte **Ottokar II. Přemysl** (1232–78) als Herzog der Steiermark die Stadt – manch rechtwinkliger Straßenverlauf erinnert noch an diesen Umbau. Das Zentrum bildet der nach dem 1934 gehängten Arbeiterführer benannte, großzügig angelegte **Koloman-Wallisch-Platz,** auf dem das Rathaus, der Eiserne Brunnen und eindrucksvolle Patrizier- und Bürgerhäuser – das spätgotische Kornmesserhaus ist wohl das Sehenswerteste – einen Blick verdienen. Hinter dem Rathaus steht die 1272 gegründete **Pfarrkirche Maria Geburt** und im Osten des Hauptplatzes führt die verkehrsberuhigte Mittergasse bis zur **Minoritenkirche.** Ähnlich wie Graz verfügt auch Bruck über einen **Schloßberg,** auf dem die **Ruine Landskron** mit dem Uhrturm (das ehemalige Stadttor) thront – ein halbstündiger Spaziergang hinauf lohnt sich. Ab Bruck führen kurze oder ausgedehnte **Wanderungen** in die Umgebung. Zu den Hausbergen zählt neben dem **Rennfeld** (1629 m, Start Hauptplatz Bruck, 3,5 Std., 1100 Hm, mittel, wunderschöne Landschaftserlebnisse) und dem **Madereck** (1050 m, Start Hauptplatz Bruck, 2,5 Std., 600 Hm, leicht, familientauglich) speziell der auch bei Mountainbikern sehr beliebte **Brucker Hochanger** mit einer Höhe von 1308 m (Start Jugend- und Familiengästedorf Weitental, südlich von Bruck, 5 Std., 800 Hm, Anspruch mittel).

oes_189 dk

☒ Nicht verpassen: das 1499–1505 erbaute Kornmesserhaus in Bruck an der Mur mit seiner reich verzierten Arkadenfassade

Praktische Infos

■ **Tourismusinformation Bruck an der Mur,** Herzog-Ernst-Gasse 2, A-8600 Bruck an der Mur, Tel. 03862 55020, www.tourismus-bruckmur.at.

■ **Baderhaus**①-②, Ringelschmiedgasse 7, A-8600 Bruck an der Mur, Tel. 0664 4218104, www.baderhaus.at. Charmante Frühstückspension auf dem Gelände eines ehemaligen Badehauses aus dem 17. Jahrhundert. In der dazugehörigen **Weinerei** (www.weinerei.st) kann man auch bestens speisen②.

Kapfenberg und Umgebung

Unmittelbar nordöstlich von Bruck liegt **Kapfenberg, mit 22.200 Einwohnern drittgrößte Stadt der Steiermark.** Doch anders als ihre durch Handel reich gewordene repräsentative Schwester ist Kapfenberg vor allem ein **Industrieort** – der Schwerpunkt liegt auf der Erzeugung von **Edelstahl** bzw. dessen Legierungen für Werkzeuge, Medizintechnik, Luftfahrt usw. Bereits im 15. Jahrhundert entstanden hier aufgrund der Nähe zum Erzberg und der Mur als Wasserkraftquelle **Hammerwerke.** Ähnlich wie Knittelfeld und Wiener Neustadt wurde auch Kapfenberg 1945 durch **alliierte Bombardements** weitestgehend zerstört. Die Folge: Historische Gebäude finden sich nur noch vereinzelt, z.B. in Form des Alten Rathauses auf dem Hauptplatz oder der Pfarrkirche St. Oswald. Die Hauptattraktion des Ortes ist die **Burg Oberkapfenberg** oberhalb der Stadt, in der sich neben einem Restaurant ein **Museum** befindet, in dem historische Waffen und in einer Sondersektion diverse **Foltermethoden und -instrumente** vorgestellt werden. Auch Greifvogelshows finden hier statt.

oes_190 dk

■ **Burg Oberkapfenberg,** Schlossberg 1, A-8605 Kapfenberg, Tel. 03862 27309, www.burg-oberkapfenberg.at, tägl. 10–17 Uhr, Eintritt 8 €, ermäßigt 5 €.

Viele Österreicherinnen und Österreicher kennen Kapfenberg als Hotspot von **Sportevents,** denn vor Ort gibt es ein breites Angebot an **Sportstätten,** wobei neben dem Fußball speziell die lokalen Basketball- und Eishockey-Teams regelmäßig nationale Erfolge erzielen. Ein beliebtes Ausflugsziel nördlich der Stadt ist die **Rettenwandhöhle** (www.rettenwandhoehle.at), eine prächtige Tropfsteinhöhle. Südlich von Kapfenberg kann man die **Pfarre Frauenberg Ma-**

[<] Spannender Rückblick in die Zeit des Mittelalters: die Burg Oberkapfenberg

oes_191 dk

ria-Rehkogel, eine reich ausgestattete Wallfahrtskirche, zu Fuß erreichen (Start Bahnhof Kapfenberg, 4,5 Std., 500 Hm, mittel).

Praktische Infos

- **Tourismusinformation Kapfenberg,** Koloman-Wallisch-Platz 1, A-8605 Kapfenberg, Tel. 03862 225010, www.kapfenberg-tourismus.at.
- **Ritterfest,** ritterfest.at. Alljährlich im Juni findet auf der Burg Oberkapfenberg eines der größten Mittelalterfeste Österreichs statt.

Leoben und Umgebung

Etwa 12 km südwestlich von Bruck, in einer Murschleife, liegt **Leoben, mit 25.100 Einwohnern die zweitgrößte Stadt der Steiermark.** Leoben weist eine lange Tradition im **Bergbau und Hüttenwesen** auf – im Stadtteil Donawitz befindet sich mit dem voestalpine-Werk einer der bedeutendsten Standorte der österreichischen Eisen- und Stahlindustrie. Außerdem ist die Stadt Sitz der **Montanuniversität,** eine der renommiertesten Bergbauhochschulen weltweit. Leoben ist ein lebendiges und durch die vielen in- und ausländischen Studenten auffallend **international und jung** anmutendes Städtchen. Auch hier sollte man zunächst auf den **Hauptplatz** schlendern, auf dem **Prachtbauten** wie das Alte Rathaus und das stuckverzierte Hacklhaus, aber auch der Bergmannsbrunnen und der Engelsbrunnen stehen. Mit der **Pfarrkirche St. Xaver** hat Leoben eines der eindrucksvollsten Barockkunstwerke des Bundeslandes vorzuweisen. Gleich dahinter, direkt an der Mur, liegt das modern gestaltete **Neue Rathaus,** an das sich das KulturQuartier anschließt, ein Ausstellungskomplex, der das **MuseumsCenter** – zur Geschichte der Stadt – und die **Kunsthalle** mit wechselnden Ausstellungen umfasst.

Das Hacklhaus am Hauptplatz präsentiert sich mit aufwendiger Stuckfassade

■ **KulturQuartier (MuseumsCenter und Kunsthalle),** Leopoldine-Pohl-Platz 1 A-8700 Leoben, Tel. 03842 4062408, Di–Fr 9–17 Uhr, Sa 10–17 Uhr, Eintritt 5 €, ermäßigt 3,50 € (der Eintritt in die Kunsthalle ist frei).

Leoben wurde wohl bereits im 8. Jahrhundert zu einer Siedlung ausgebaut, doch war es – genau wie in Bruck an der Mur – **Ottokar II. Přemysl** (1232–78), der die Stadt planmäßig anlegen ließ. Von der historischen Stadtbefestigung, wie sie im 16. Jahrhundert konzipiert wurde, sind noch der **Schwammerlturm** (als Stadttor) und der **Freimannsturm** erhalten. Im Süden der Stadt, in **Göss,** ist mit dem **ehemaligen Benediktinerinnen-Stift** das älteste Kloster der Steiermark beheimatet. Doch Göss ist auch für seine Brautradition bekannt, immerhin ist das **Gösser Bier** eine der erfolgreichsten und meistgetrunkenen Marken des Landes. Wer mehr dazu erfahren möchte, sollte das **Braumuseum Gösseum** besuchen. Eine beliebte Wanderung ab Göss führt auf die **Pampichlerwarte** (Start Ortsmitte Göss, 4 Std, 650 Hm, mittel).

■ **Braumuseum Gösseum,** Brauhausgasse 1, A-8700 Leoben/Göss, Tel. 03842 20905802, www.goesser.at/goesseum, Führungen Do 17.30 Uhr, Sa/So 11 und 14 Uhr, Eintritt mit Führung ab 9,50 €.

☒ Rauf in die Berge:
Der Hochschwab ist ein ideales Wandergebiet

Praktische Infos

■ **Tourismusinformation Leoben,** Hauptplatz 3, A-8700 Leoben, Tel. 03842 48148, www.steiermark.com/de, Suchbegriff: Leoben.

■ **Stadt Meierei②,** Homanngasse 1, A-8700 Leoben, Tel. 03842 44603, www.stadt-meierei.at. Stilvolles Restaurant mit gehobener Küche, darunter viele klassische Spezialitäten.

■ **Stadttheater Leoben,** Homanngasse 5, A-8700 Leoben, Tel. 03842 4062415, www.leoben.at/blog/service/stadttheater-leoben. Die älteste durchgehend bespielte Bühne Österreichs ist für ihre Produktionen im gesamten deutschsprachigen Raum bekannt.

Hochschwab und Umgebung

Nördlich der Mur, oberhalb der großen Siedlungsgebiete wie Leoben, Bruck oder Kapfenberg, erstreckt sich das als **Hochschwab-Gruppe** bekannte **Gebirgsmassiv,** dessen höchster Gipfel der namensgebende Hochschwab (2277 m) darstellt. Das **ausgedehnte Kalksteinplateau** (es gehört zu den Kalkhochalpen) umfasst eine Fläche von 400 km² und wird im Osten durch den Seebergsattel und im Westen durch den Präbichl begrenzt. Es ist ein optimaler Zufluchtsort für **Wanderer,** die sich an der **einzigartigen Flora** (Aurikel, Edelweiß, Enzian, Frauenschuh etc.) **und Fauna** (u.a. Murmeltiere, Steinböcke, Auerhähne, Gämsen, Kreuzottern und Salamander) erfreuen. Neben dem Hochschwab sind der **Ringkamp** (2153 m) und der **Ebenstein** (2123 m) die höchsten Berge. Mehrere Orte gelten als Basis für Wanderungen auf der Hochschwab-Gruppe, darunter auch zum **Gebirgspass Präbichl.**

oes_192 mw

■ **Infos: Tourismusinformation Hochschwab,** www.regionhochschwab.at.

Lamingtal

Das Lamingtal zieht sich ab Bruck in nordwestlicher Richtung, zuerst ins 10 km entfernte **St. Kathrein** und dann weitere 13 km über **Pichl-Großdorf** bis zum karibisch anmutenden, smaragdfarbenen **Grünen See** vor malerischer Bergkulisse in **Tragöß.** Oft als der schönste See der Steiermark bezeichnet, ist er ein perfekter Ausgangspunkt für **Wanderungen** bis zur **Sonnschienalm** auf 1537 m Höhe (Start Parkplatz Grüner See in Tragöß-Oberort, 6 Std., 900 Hm, mittel, streckenweise recht steil). Das Lamingtal ist auch unter Fahrradfahrern äußerst beliebt und lässt sich auf dem **Radweg R41** ausgezeichnet erkunden.

Praktische Infos

■ **Tourismusinformation Tragöß,** Oberort 45, A-8612 Tragöß, Tel. 03868 8330, tragoess-gruenersee.at.

■ **Campingplatz Pichl-Großdorf,** Pichl-Großdorf 27, A-8612 Tragöß, Tel. 03868 8410, www.zenzsee.at. Dieser Campingplatz besticht durch seine schöne Lage am fünf Hektar großen Freizeitsee.

Thörl und Umgebung

Begibt man sich ab Kapfenberg nordwärts in Richtung Hochschwab, erreicht man nach etwa 12 km das reizende Örtchen **Thörl,** über dem geradezu beängstigend die **Burgruine Schachenstein** prangt. Thörl war für seine **Eisenverhüttung** bekannt, schon im Mittelalter wurden hier Waffen geschmiedet. Am Ortseingang befindet sich ein **Schloss,** das früher als „Tor" in den Ort diente. Wenige Kilometer nordwestlich liegt **St. Il-**

gen, das als Ausgangsort für Wanderungen auf den Gipfel des Hochschwab gilt. Die klassische Strecke führt dabei über das sog. **G'hackte** und erfordert gute Kondition und Schwindelfreiheit (Start Parkplatz Gasthof Bodenbauer, 8 Std., 1.350 Hm, schwer).

Praktische Infos

- **Informationsbüro Thörl,** Palbersdorf 73, A-8621 Thörl, Tel. 03861 2307, www.thoerl.gv.at.

Aflenz und Umgebung

Der bei Weitem bekannteste Ort im Umkreis der Hochschwab-Gruppe ist der Luftkurort Aflenz (meist **Aflenz Kurort** genannt), der in 763 m Höhe an der Südflanke des Gebirgsmassivs in geschützter Lage seine Besucher empfängt. Im Ort sind speziell die dem heiligen *Petrus* geweihte **Pfarrkirche** und die sog. **Propstei,** in der sich ein **Heimatmuseum** befindet, beachtenswert. Ab Aflenz führt eine Seilbahn auf die 1580 m hohe **Bürgeralm** (www.aflenzer-buergeralm.at), die im Winter auch **Skifahrer** begeistert und von der mehrere viel frequentierte **Wanderungen** im Südteil des Hochschwab-Massivs möglich sind. Östlich von Aflenz liegt **Graßnitz,** wo die Telekom Austria eine riesige Erdfunkstelle – die einzige ihrer Art in Österreich – betreibt. Von Graßnitz sind es nur wenige Kilometer bis **Turnau,** dem klassischen Ausgangsort für **Wanderungen** auf die **Hohe Veitsch** (1981 m) im Ostteil der Hochschwab-Gruppe (Start Parkplatz Brunnalm, 3,5 Std., 800 Hm, mittel, auch Ski- oder Schneeschuhtouren sind hier beliebt). In Turnau gibt es ein kleines und angenehmes **Wintersportgebiet,** die **Schwabenbergarena** (www.schwabenbergarena.at). Vom Ort führt die Bundesstraße B20 nordwärts nach Mariazell und überquert dabei die **Seebergpasshöhe** in 1246 m Höhe. Auch auf dem hier abzweigenden **Seebergsattel** sind **Bergwanderungen** möglich, die im Übrigen weit weniger frequentiert sind als die vorgenannten.

Praktische Infos

- **Informationsbüro Aflenz Kurort,** Aflenz Kurort 9, A-8623 Aflenz, Tel. 03861 22060, www.aflenz.gv.at.
- **Tourismusinformation Hochschwab,** Aflenz Kurort 15, A-8623 Aflenz, Tel. 03861 3700, www.regionhochschwab.at.
- **Camping Rosskogler,** Seebach 62, A-8624 Aflenz Land, Tel. 0676 7576131, rosskogler.wixsite.com/camping. Naturbelassener kleiner Campingplatz an einem wenig frequentierten Badeteich. Essen und Trinken im „Campingstüberl".

Mürzzuschlag und Umgebung

Den **Osten der Steiermark** prägt die ca. 98 km lange **Mürz,** deren beiden Quellflüsse nördlich der Schneealpe an der steirisch-niederösterreichischen Landesgrenze entspringen. Der **Oberlauf der Mürz** „schneidet" sich S-förmig durch die hiesigen **Kalkalpen,** bildet nach der Ortschaft Frein die spektakuläre **Klamm „Totes Weib"** mit dem gleichnamigen **Wasserfall** und fließt dann in südöstlicher Richtung bis Mürzzuschlag, wo der Fröschnitzbach einmündet. **Mürzzuschlag** verdankt seine Rolle als **administratives und kulturelles Zentrum** der östlichen Obersteiermark vor allem seiner verkehrsgünstigen Lage auf der Strecke von Wien an die Adria. Die auf niederösterreichischer Seite von Gloggnitz kommende und über den Semmering führende Trasse der **Südbahn,** die Mitte des 19. Jahrhunderts gebaut wurde, ist ein technisches Meisterwerk – ihrer Entstehung und Bedeutung lässt sich im **Südbahn-Museum** nachspüren.

MEIN TIPP: **Südbahn-Museum,** Heizhausgasse 2, A-8680 Mürzzuschlag, Tel. 03852 2556641, www.suedbahnmuseum.at, Mai bis Okt. Do–So 10–13 und 14–17 Uhr, Eintritt 7,50 €, ermäßigt 4 €.

Mürzzuschlag weist noch weitere Ausstellungshäuser auf. Im **Wintersportmuseum** werden die beiden Pioniere des Skifahrens in Mitteleuropa – *Max Kleinoschegg* und *Toni Schruf* – gewürdigt, die an den Hängen der umliegenden Berge 1893 den „neuen" Sport aus Skandinavien einführten. Das **Kunsthaus Mürz** (www.kunsthausmuerz.at) zeigt **zeitgenössische Kunst,** während das überaus informative **Brahms-Museum** an den Aufenthalt des Musikers während seiner Sommerfrische in den Jahren 1884 und 1885 erinnert. Der aus Norddeutschland stammende **Johannes Brahms** (1833–97) schuf damals – angeblich beeinflusst bzw. inspiriert durch die „schwermütige" Gegend – u.a. seine Sinfonie Nr. 4 in E-Moll Op. 98 sowie über 30 Lieder und Chöre. Auch der 5 km lange **Brahms-Weg** mit 21 Stationen widmet sich dem berühmten Komponisten. Ansonsten bietet die Geburtsstadt der österreichischen Literaturnobelpreisträgerin **Elfriede Jelinek** (geb. 1946) wenige „Schmankerl"; zumindest das Zentrum um die Wiener Straße wirkt einladend.

■ **Wintersportmuseum Mürzzuschlag,** Wiener Straße 13, A-8680 Mürzzuschlag, Tel. 03852 2556, wintersportmuseum.com, Dez. bis Okt. Mo–Mi 9–13 Uhr, Do–Sa 9–13 und 14–17 Uhr, Eintritt 7,50 €, ermäßigt 4 €.

MEIN TIPP: **Brahms-Museum,** Wiener Straße 4, A-8680 Mürzzuschlag, Tel. 03852 3434, www.brahmsmuseum.at, Fr–So 10–12 und 14–17 Uhr, Eintritt 7 €, ermäßigt 4,50 €.

Die Gegend inspirierte seine Musik: In Mürzzuschlag erinnert viel an Johannes Brahms

oes_193 dk

Peter Rosegger (1843–1918)

Immer wieder begegnet man in der Steiermark seinem Namen: Peter Rosegger. **Aufgewachsen in einfachsten bäuerlichen Verhältnissen,** in denen kaum jemand lesen und schreiben konnte, machte der kleine *Peter* nach spärlicher Schulbildung zunächst eine **Schneiderlehre.** Als Lehrling zog er von Hof zu Hof und begann – ermutigt durch *Jakob Eduard Schmölzer,* Komponist und Sammler steirischer Volkslieder – **Volkskultur** in Form von Liedern, Geschichten, Gedichten u.a. aufzuschreiben. Später begann er **eigene Texte** zu verfassen, auf die bald ein Redakteur der „Grazer Tagespost", *Adalbert Svoboda,* aufmerksam wurde; er erkannte *Roseggers* schriftstellerisches Talent. 1865 zog *Rosegger* – als 22-Jähriger – nach Graz und besuchte als Gasthörer erneut die Schule, später Vorlesungen in Philosophie und Germanistik an der Grazer Karl-Franzens-Universität. Ein **Stipendium** gab ihm die Möglichkeit, über drei Jahre lang seinen Horizont auf **Bildungsreisen** nach Deutschland, in die Niederlande, die Schweiz und nach Italien zu erweitern. Ab 1869 veröffentlichte *Rosegger* erstmalig seine Werke, die vorrangig aus **Gedichten und Erzählungen** bestehen, die **im bäuerlichen Umfeld** angesiedelt sind und geprägt werden von den Bräuchen und Sitten sowie dem Aberglauben seiner steirischen Heimat. Von 1876 an wurden seine Schriften von dem bekannten Verleger *Gustav Heckenast* aus Pest herausgegeben – *Rosegger* wurde zunehmend bekannter und **finanziell unabhängig.** Doch obwohl die Kritiker in höchsten Tönen von ihm sprachen, tat er sich zu Lebzeiten schwer damit, das Image des bloßen „Heimatdichters" loszuwerden. Ebenfalls 1876 gründete er in Graz die **volkstümliche Monatsschrift „Roseggers Heimgarten – Zeitschrift für das deutsche Haus".** Ein Jahr später erfüllte er sich seinen Traum und ließ sich ein **Haus in Krieglach** bauen. Ebenfalls 1877 erschien sein erfolgreiches Buch **„Waldheimat. Erinnerungen aus der Jugendzeit"** – der Name im Titel wurde für die Region um Krieglach und seinen Geburtsort Alpl übernommen, ab 1907 sogar offiziell auf Kartenmaterial. Aber noch wichtiger: Dem Werk verdankt die bis dahin „vergessene" Gegend ihre Bekanntheit und brachte sie einem breiten, vorwiegend **städtischen Publikum** näher. 1883 erschien der religionskritische Roman „Der Gottsucher", fünf Jahre später löste „Jakob der Letzte" öffentliche Diskussionen über die Lage der Bauern in der k.u.k. Monarchie aus. Zwar war Rosegger vor allem als Literat bekannt, doch war er eben auch ein **kritischer Denker,** der sich durchaus auch philosophischen, politischen und kulturellen Themen widmete. Er war ein **gläubiger Katholik** und – dem Zeitgeist entsprechend – **patriotischer Monarchist,** der während des Ersten Weltkriegs **kriegsfreundliche und nationalistische Gedichte und Prosa** verfasste. 1913 wurde er als Favorit für den Literaturnobelpreis gehandelt, doch vor dem Hintergrund seiner nationalpatriotischen Einstellung wurde dies wohl durch intellektuelle Kreise aus Böhmen vereitelt. 1917 erhielt *Rosegger* das **Ehrendoktorat** der Rechts- und Staatswissenschaftlichen Fakultät der Grazer Universität. Nur ein Jahr später starb er am 26. Juni im Alter von 74 Jahren in seinem Krieglacher Landhaus.

☒ Peter Roseggers Sommerhaus beherbergt heute ein Museum zu seinem Leben

Das Umland wird von den Ausläufern des Semmerings bzw. den **Fischbacher Alpen** gekennzeichnet – wer die fantastischen Ausblicke von dort oben genießen möchte, hat die Qual der Wahl zwischen der **Großen Scheibe** (1473 m) nordöstlich der Stadt (Start Bahnhof Mürzzuschlag, 4,5 Std., 800 Hm, mittel) und dem **Kreuzschober** (1410 m) im Nordwesten (Start Parkplatz P7 Mürzzuschlag, 4 Std., 700 Hm, Anspruch mittel). Östlich von Mürzzuschlag liegt **Spital,** von wo man auf das 1782 m hoch gelegene **Stuhleck** (www.stuhleck.at) gelangt (Start Bahnhof Spital, 2,5 Std., 900 Hm, mittel, streckenweise über schattige Waldwege). Von dem **beliebten Wintersportgebiet** bietet sich eine der schönsten Aussichten am Ostrand der Alpen.

Praktische Infos

Informationsbüro Mürzzuschlag, Wiener Straße 9, A-8680 Mürzzuschlag, Tel. 03852 25550, www.muerzzuschlag.at.

Krieglach und Umgebung

Ab Mürzzuschlag erstreckt sich der **Unterlauf der Mürz** in südwestlicher Richtung bis zur Mündung in die Mur bei Bruck. Folgt man dem Flusstal, gelangt man in das als **Waldheimat** bekannte sanft-hügelige Gebiet, an das südlich der wald- und almenreiche Gebirgszug der **Fischbacher Alpen** anschließt. „Waldheimat" ist der Titel eines autobiografischen Werks des Schriftstellers und Dichters **Peter Rosegger** (→ Exkurs), der aus der Gegend stammte. In der Tat dreht sich hier so ziemlich alles um *Rosegger,* doch auch wer nicht mit seinen Werken vertraut ist, macht mit einem Besuch dieser abgeschiedenen Region keinen Fehler. Ausgangsort ist zunächst **Krieglach,** wo das ehemalige Sommerhaus des Schriftstellers zu einem **Museum** über sein Leben und Schaffen umgebaut wurde. Am 26. Juni 1918 verstarb er hier – sein Sterbebett ist noch original erhalten. Auf dem Ortsfriedhof befindet sich sein einfaches **Grab.**

Mein Tipp: **Peter Rosegger Museum,** Roseggerstraße 44, A-8670 Krieglach, Tel. 03855 2375, www.museum-joanneum.at/peter-rosegger, April bis Okt. Di–So 10–17 Uhr, Eintritt 5,50 €, ermäßigt 2 € (Sammelticket für Museum, Geburtshaus, Waldschule in Alpl und die Rosegger-Ausstellung in St. Kathrein/Hauenstein 10 €).

Wer noch mehr über *Rosegger* erfahren möchte, begibt sich auf der Bundesstraße B72 in südlicher Richtung ins knapp 10 km entfernte, in den Fischbacher Alpen gelegene **Alpl.** Aus dem Ort führt ein Pfad hinauf zu **Roseggers Geburtshaus;** in dem simplen Bauernholzhaus sind noch Originalmobiliar und sonstige Gegenstände zu sehen.

oes_194 dk

■ **Peter Rosegger Geburtshaus,** Alpl 42, A-8671 Alpl, April bis Okt. Di–So 10–17 Uhr, Eintritt 5,50 €, ermäßigt 2 € (Museum, Geburtshaus, Waldschule in Alpl und die Rosegger-Ausstellung in St. Kathrein/Hauenstein 10 €).

Ein Erlebnis in der Umgebung ist die **Veitschalpe,** bei der die **Hohe Veitsch** (1981 m) von Süden her – ab Niederalpl – erklommen werden kann (Start Parkplatz Niederalpl, 6,5 Std., 1100 Hm, mittel, steiler Aufstieg). Die dazugehörige **Brunnalm** (www.brunnalm-hohe veitsch.at) ist für **Wanderungen** und als **Wintersportgebiet** höchst beliebt.

Praktische Infos

■ **Informationsbüro Krieglach,** Waldheimatstraße 1, A-8670 Krieglach, Tel. 03855 23550, www.krieglach.at.

■ **Gasthof Rothwangl-Zur Waldheimat**①-②, Hauptplatz 3, A-8670 Krieglach, Tel. 03855 2227, www.gasthof-rothwangl.at. Im Zentrum von Krieglach liegt dieses hübsche historische Gebäude mit Wirtshaus, Biergarten und 19 einfachen Gästezimmern (teils mit Balkon).

Naturpark Mürzer Oberland

Die Gegend **nordwestlich von Mürzzuschlag** wird als Mürzer Oberland bezeichnet. Hier liegt der von **tiefen Wäldern, sanften Almen** und wildromantischen Flusstälern geprägte gleichnamige Naturpark. 22.600 Hektar groß, ist er ein **einladendes Wandergebiet,** das Höhenlagen von etwa 700 bis 2007 m (auf der Heukuppe der Rax) erreicht. Auf diversen **Themenrouten** wie dem 2 km langen **Erlebnisweg Roßlochklamm** erfährt man viel über die lokale **Flora und Fauna:** In den Teichen und Tümpeln ist der Bergmolch heimisch, Steinböcke und sogar Wölfe leben hier und auf den Kalkmagerrasen im Gebirge gedeiht das nach Vanille duftende Österreichische Kohlröschen. Viel besucht werden der bereits erwähnte **Wasserfall zum „Toten Weib"** südlich von Frein und die außergewöhnliche **Höhle Bleiweißgrube** bei Kapellen. Der Ausgangsort für Aktivitäten ist **Neuberg an der Mürz,** auch bekannt für seine sommerlichen **Kulturtage** (www.neuberger-kulturtage.org). Aus dem nordöstlich davon gelegenen **Lechen** kann man auf die **Schneealpe** wandern, deren höchste Erhebung der 1903 m hohe **Windberg** ist (Start Parkplatz Kohlebnerstand, 4,5 Std., 500 Hm, leicht).

Praktische Infos

■ **Tourismusinformation Naturpark Mürzer Oberland,** Hauptplatz 9, A-8692 Neuberg an der Mürz, Tel. 03857 8321, www.muerzeroberland.at.

MEIN TIPP: **Gasthof Schäffer**②, Hauptstraße 9, A-8692 Neuberg an der Mürz, Tel. 03857 8332, www.gasthofschäffer.at. Ideal für regional-saisonale Spezialitäten. Gemütliche und preiswerte Zimmer①.

Mariazell und Umgebung

Mariazell ist mit Abstand der **wichtigste Wallfahrtsort ganz Österreichs.** Rund eine Million (katholische) Pilger besuchen jährlich den gerade einmal 3700 Einwohner zählenden Ort **am Hang der Bürgeralpe,** wobei das Ziel der Gläubigen die **Gnadenstatue Magna Mater Austriae in der Basilika Mariä Geburt** darstellt. Bei diesem Gnadenstandbild handelt es sich um eine kleine hölzerne Marienstatue, die ein Prachtgewand kleidet. Die **Gründungslegende** besagt, dass 1157 der **Mönch Magnus** vom Kloster in St. Lambrecht zur Seelsorge in das Gebiet des heutigen Mariazell entsandt wurde. Als ihm ein Fels den Weg versperrte, betete er zur mitgebrachten Marienfigur, wodurch sich der Fels spaltete und den Weg freigab. In der Folge wurde eine **Kapelle** erbaut, die man im Laufe der Jahrhunderte zu einer **Kirche** erweiterte und die letztlich zu der **gotischen Basilika** aus dem 14. Jahrhundert wurde, die sie auch geblieben ist (im 17. Jahrhundert nochmals von *Domenico Sciassia* erweitert). Die **Innenausstattung** erstrahlt **in prächtigem Barock,** die Westfront kennzeichnen drei Türme. Die angesprochene Marienstatute findet sich in der sog. **Gnadenkapelle.** In Mariazell enden **mehr als zehn Pilgerwege** und in der Umgebung gibt es weitere Kreuzwege, Kapellen und natürlich überall unzählige Shops mit Devotionalien. Doch auch wer nicht aus Glaubensgründen kommt, sollte Mariazell etwas Zeit schenken, denn die **malerische Stadt** fügt sich wunderbar ein in die reizvolle Landschaft mit ihren Almen. **Hübsche Gastgärten** rund um den Hauptplatz laden zu Kaffee und ausgezeichneten Mehlspeisen mit Blick auf die Kirche und das wuselige Treiben ein. Neben einem etwa 3,5 stündigen **Rundwanderweg,** auf dem man zahlreiche Sehenswürdigkeiten der Gegend „abklappert“, lohnt vor allem ein Besuch der 1267 m hohen **Bürgeralpe** (www.buergeralpe.at), die ein tolles Refugium für **Wanderungen** oder zum **Skifahren** darstellt. Man erreicht sie zu Fuß (Start

☐ Nicht nur für Sündige die Anreise wert: die Basilika Mariä Geburt in Mariazell

oes_195 mw

oes_196 mw

Hauptplatz Mariazell, 2 Std., 400 Hm, mittel, familienfreundlich) oder per Gondelbahn. Auf dem Berg vermittelt die zwei Hektar große **Erlebniswelt Holzknechtland** vor allem Kindern einen Einblick in die Forstwirtschaft. Badefreuden bietet der nahe, traumhafte **Erlaufsee** (www.erlaufsee.eu), der zur Hälfte zu Niederösterreich gehört und sich auch bei **Tauchern** großer Beliebtheit erfreut, während der **Hubertussee** nordöstlich der Stadt ein ruhiges Naherholungsgebiet ist.

■ **Neptun Dive Center,** Seestraße (Alpenbad), A-3224 Mitterbach, Tel. 0664 5603785, www.neptun-erlaufsee.com.

Andachtsbilder, Heiligenfiguren, Kerzen, Kruzifixe, Rosenkränze: Das Geschäft mit Devotionalien und Souvenirs läuft gut

Praktische Infos

■ **Tourismusinformation Mariazeller Land,** Hauptplatz 13, A-8630 Mariazell, Tel. 03862 5502020, www.mariazell-info.at.

■ **Hotel Drei Hasen**②, Wiener Straße 11, A-8630 Mariazell, Tel. 03882 2410, www.dreihasen.at. Verlässliches Refugium mitten in Mariazell mit netten Zimmern und einem Wellness-Bereich samt Sauna und Sonnendach.

■ **Camping am Erlaufsee,** Erlaufseestraße 69, A-8630 Mariazell, Tel. 0664 60644400, www.camping-erlaufsee.at. Nur 100 m vom Ufer des Erlaufsees entfernt liegt dieser einfache Campingplatz mit 60 Stellplätzen.

MEIN TIPP: **Brauhaus Mariazell**②, Wiener Straße 5, A-8630 Mariazell, Tel. 03882 25230, www.bierundbett.at. Rustikales Brauhaus mit „g'schmackigem" Bier und ordentlicher Hausmannskost. Auch ein paar Gästezimmer①-② stehen bereit.

■ **Lurgbauer**②, Lurg 1, A-8630 St. Sebastian, Tel. 03882 3718, www.lurgbauer.at. Noch mehr Natur geht kaum! In diesem Landhof kann man superb speisen und Gästezimmer①-② gibt es auch.

■ **Pirker Lebkuchen,** Hauptplatz 1, A-8630 Mariazell, Tel. 03882 21790, www.lebkuchen-pirker.at. Lebkuchen und vieles, vieles mehr!

Naturpark Steirische Eisenwurzen und Umgebung

Die Steiermark, Niederösterreich und Oberösterreich haben teil an der Eisenwurzen genannten Region. Sie verdankt ihren Namen der speziell im 15./16. Jahrhundert hier bedeutsamen **Verarbeitung des** aus dem Erzberg gewonnenen **Erzes zu Eisen.** Die Steirische Eisenwurzen ist ein **Naturpark** mit einer Gesamtfläche von 586 km² in Höhenlagen von 406 bis 2144 m. Im Süden durch das Gesäuse und den Hochschwab begrenzt, dehnt sich das Gebiet im Osten fast bis nach Mariazell aus. Das von der **UNESCO** zum **„Global Geopark"** erklärte Areal ist stark bewaldet und verfügt über **unberührte Naturlandschaften und außergewöhnliche Flusstäler.** Natürlich sollten hier vorwiegend Wanderungen auf dem Programm stehen, z.B. zur **Kraushöhle** in Gams bei Hieflau und dabei durch die **Nothklamm** als Teil eines geologischen Lehrpfades (Start Parkplatz GeoWerkstatt Gams, 2,5 Std., 200 Hm, leicht). Ab **Palfau** sollte man unbedingt die wildromantische **Wasserlochklamm** (wasserlochklamm.at) und die **Konglomeratschlucht** erlebt haben, aber auch die **Spitzenbachklamm** – auch als „Tal der Schmetterlinge" bekannt – bei St. Gallen oder die **Kläfferquelle** (www.wien.gv.at/wienwasser/ver

☐ Wo noch heute gefördert wird: Die Region hat ihren Namen vom gigantischen Erzberg

Adobe Stock © A. Karnholz

sorgung/klaefferquelle/) westlich von Wildalpen (sie ist die wichtigste Trinkwasserquelle der Stadt Wien) sind sehenswert. Kinder werden im **Wasserspielpark Eisenwurzen** (www.wasser spielpark.at) ihren Spaß haben.

Im Naturpark gibt es ein **ausgezeichnetes Wegenetz für Radfahrer und Mountainbiker,** man kann reiten, sich durch einen **Hochseilgarten** hangeln, mit Pfeil und Bogen schießen, und die wilde **Salza** bietet **hervorragende Rafting-Bedingungen.** Der hübscheste Ort in der Gegend ist fraglos **St. Gallen** mit der malerischen **Burg Gallenstein.** Wer sich vor allem theoretisch über den Naturpark informieren möchte, sollte das **Forstmuseum Silvanum** (forstmuseum.at) in **Großreifling** und das **GeoDorf** (geodorf.com) in **Gams** aufsuchen.

Praktische Infos

- **Tourismusinformation Steirische Eisenwurzen,** Markt 35, A-8933 St. Gallen, Tel. 03632 7714, www.eisenwurzen.com.
- **Camping Wildalpen,** Talweg, A-8924 Wildalpen, Tel. 03636 342, www.camping-wildalpen.at. Naturbelassener Campingplatz am Ufer der Salza keine 500 m von der Ortsmitte entfernt.
- **Gasthaus zum Krug**②, Hinterwildalpen 49, A-8924 Wildalpen, Tel. 03636 210, www.gasthaus-krug.at. Nettes Ambiente und regional inspirierte Küche.

Erzberg und Umgebung

Namensgebend für die Eisenwurzen ist in erster Linie der **1466 m hohe Erzberg,** an dem seit dem 11. Jahrhundert **Eisenerz** – vor allem in Form von Siderit ($FeCO_3$) mit einem durchschnittlichen Eisengehalt von 33,5% – abgebaut wird. Es handelt sich um den größten Eisenerztagebau Mitteleuropas und das **größte Sideritvorkommen weltweit,** weshalb sich die gesamte Region ab dem 16. Jahrhundert wirtschaftlich stark entwickelte. Dem Erzberg verdanken zahlreiche **österreichische Unternehmen** wie die voestalpine mit ihren **Stahlwerken** in Linz und Leoben-Donawitz, aber auch die **Montanuniversität in Leoben** ihre Existenz. Der Berg hat insgesamt 24 terrassenartige Etagen, auf denen im Tagebau gefördert wird. Besucher können an einer äußerst eindrucksvollen **Besichtigungsrundfahrt** – per 860 PS starkem Hauly-Truck – teilnehmen, bei der man u.a. auch die **Stollen** des Bergwerks besucht, in denen früher hart geschuftet wurde.

Abenteuer Erzberg, Vordernberger Straße 55, A-8790 Eisenerz, Tel. 03848 3200, www.abenteuer-erzberg.at, Besuch nur nach Voranmeldung, Mai bis Okt. tägl. 8.30–16.30 Uhr, Eintritt (mit Hauly-Tour) ab 22 €, ermäßigt ab 11 €.

Gleich nördlich des auch „Steirischer Brotlaib“ genannten Erzbergs liegt **Eisenerz** in einem von Wald umsäumten Tal. Der durchaus einnehmende Ort wirkt wider Erwarten nicht industriell, sondern einigermaßen **historisch gewachsen** und bietet verwinkelte Gassen mit hübschen Bürgerhäusern und dem sog. **Schichtturm,** dessen Glocke einst den Knappen (Kumpels) die Schichtzeiten schlug. Ab dem nahen **Leopoldsteiner See** sind diverse **Aktivitäten** möglich: Hier befinden sich der **Franz-Joseph-Klettersteig** an der **Seemauerwand** (950 m) und das anmutige **Schloss Leopoldstein,** in dem heute ein Internat untergebracht ist.

Praktische Infos

■ **Tourismusinformation Eisenerz,** Bergmannsplatz 1, A-8790 Eisenerz, Tel. 03848 3700, www.eisenerz.at.

Vordernberg und Umgebung

Folgt man ab Eisenerz der B115 südwärts in Richtung Leoben, kommt man zunächst zum **Präbichl,** einem **Gebirgspass,** der die **Eisenerzer Alpen** vom Hochschwab (mit dem 1910 m hohen **Polster**) trennt. Hier empfiehlt sich eine **Wanderung** auf den 2165 m hohen **Eisenerzer Reichenstein,** der sensationelle Fernblicke weit in die Alpen hinein eröffnet (Start Präbichlerhof auf dem Präbichl, 4,5 Std., 900 Hm, mittel, ultimatives Bergfeeling). Der Präbichl mit dem Polster ist auch ein **beliebtes Wintersportgebiet** (www.praebichl.at). Für Höhlenliebhaber ist ein Besuch der **Frauenmauerhöhle** (nur mit fachkundiger Führung zu empfehlen, Infos auf www.eisenerz.at) ganz sicher ein Highlight der besonderen Art. Südlich des Passes liegt das reizende **Vordernberg,** das mit dem **Hochofenmuseum Radwerk IV** und der dazugehörigen **Schauschmiede Lehrfrischhütte** zwei aufschlussreiche Ausstellungshäuser zum Thema Eisengewinnung und -produktion bietet.

■ **Hochofenmuseum Radwerk IV,** Peter-Tunner-Straße 2, A-8794 Vordernberg, Tel. 0650 3372 097, www.radwerk-vordernberg.at, Besuch nur nach Voranmeldung, Mo–Fr 9–14 Uhr, Eintritt mit Führung ab 10 €, ermäßigt ab 6 €.

Südlich von Vordernberg lohnt ein Zwischenstopp in **Trofaiach,** das mit einer Vielzahl an kleineren Schlössern aufwartet, darunter das **Schloss Mell,** das **Stockschloss** (auch Schloss Oberdorf genannt) und das **Schloss Stibichhofen,** in dem das Stadtmuseum untergebracht ist.

Praktische Infos

■ **Informationsbüro Vordernberg,** Hauptplatz 2, A-8794 Vordernberg, Tel. 03849 206, www.vordernberg.steiermark.at.

■ **Informationsbüro Trofaiach,** Luchinettigasse 9, A-8793 Trofaiach, Tel. 03847 22550, www.trofaiach.gv.at.

Nationalpark Gesäuse und Umgebung

Wer auf der Suche nach **einsamer, urwüchsiger Berglandschaft** ist, muss in der Steiermark in den Nationalpark Gesäuse kommen. Die atemberaubend schöne, unnahbare Landschaft mit ihren **schroffen Kalkgipfeln,** ihren traumhaften Panoramen und dem dahinbrausenden Wildwasser der Enns ist ein **Paradies für Alpinisten.** Die aus den Radstädter Tauern im Bundesland Salzburg kommende **Enns** tritt ab dem Mandlingpass auf steirisches Gebiet, fließt durch Schladming, Liezen und Admont, bevor sie wenige Kilometer danach bei **Weng** mit dem **Gesäuse-Eingang** einen ihrer letzten unregulierten Abschnitte aufweist und zum Wildwasser wird. Sie überwindet im 16 km langen **Durchbruchstal bis Hieflau** als **heftig schäumendes Gewässer** ein Gefälle von über 150 m. Das Flussbett und seine Wassermassen haben sich seit Jahrmillionen **wie ein Canyon** tief in das Gebirge eingegraben und schufen so ein Gelände mit bis zu 1800 m hoch aufragenden Steilwänden und markanten Felsen.

Das Gesäuse ist Teil der **Ennstaler Alpen,** wobei man die Nordseite der Buchstein-Gruppe (mit dem 2224 m hohen **Großen Buchstein**) und die Südseite der Hochtor- (mit dem **Hochtor,** 2369 m) und Reichenstein-Gruppe (mit dem 2251 m hohen **Reichenstein**) zuordnet. Seit 2002 größtenteils zum Nationalpark erklärt, erfreut die Landschaft Wanderer, Kletterer, Wildwassersportler und Skibergsteiger gleichermaßen. Als Ausgangsorte bewährt haben sich **Johnsbach** – mit seinem berühmten Bergsteigerfriedhof und dem Weidendom – für Wanderungen südlich der Enns und **Gstatterboden** für die Besteigung des Buchsteins (Start Parkplatz Gstatterboden, 8 Std., 1600 Hm, schwer, Kondition und Trittsicherheit unbedingt notwendig, teilweise bewegt man sich auf lockerem Geröll). Auch **Hieflau** als östliches „Tor" ins Gesäuse ist optimal geeignet, zumal man hier auch in den Naturpark Steirische Eisenwurzen gelangt. Aktivitäten sind u.a. **Rafting und Canyoning** (beide buchbar über www.rafting.at) sowie **Skitouren und Tourengehen** (organisiert über koelblwirt.at). Die Hauptinformationsstelle für alle anderen Belange befindet sich in **Admont.**

[>] Nichts zu lesen dabei? In der Bibliothek des Stifts Admont sollte man fündig werden

Praktische Infos

MEIN TIPP: **Nationalpark Gesäuse,** Weng 2, A-8913 Admont, Tel. 03613 2116020, www.nationalpark.co.at.

■ **Tourismusinformation Gesäuse,** Hauptstraße 35, A-8911 Admont, Tel. 03613 2116010, gesaeuse.at.

■ **Kölblwirt**①-②, Johnsbach 65, A-8912 Johnsbach, Tel. 03611 216, koelblwirt.at. Im Grünen gelegene familiengeführte Pension, in der man auch ausgezeichnet essen① kann.

■ **Campingplatz Forstgarten,** Gstatterboden 105, A-8913 Admont, Tel. 0664 8252323, www.landesforste.at. Idyllischer Campingplatz am Ennsufer im Herzen des Nationalparks Gesäuse mit Platz für rund 100 Wohnmobile.

■ **Camping Mooswirt,** Mooslandl 41, A- 8931 Landl, Tel. 0664 1345201, mooswirt.at. Zum gleichnamigen Hotel-Restaurant gehörender Campingplatz mit nahem Badesee und Sauna, etwa 6 km nördlich von Hieflau.

Admont und Umgebung

Mit etwa **5000 Einwohnern** ist Admont der **größte Ort in der Umgebung des Gesäuses** und liegt westlich von diesem. Als **eine der ältesten Siedlungen der Steiermark** wird es im Talbecken an der mittleren Enns von den Haller Mauern und dem Admonter Reichenstein eingerahmt. Ein Besuch lohnt sich allein schon wegen des hier befindlichen **Benediktinerstifts,** das bereits 1074 von Erzbischof *Gebhard von Salzburg* gegründet und im 17. Jahrhundert im Barockstil umgebaut wurde. Das Stift besitzt die **größte Klosterbibliothek der Welt** mit ca. 70.000 Bänden (der gesamte Bestand umfasst an die 200.000 Bücher), mittelalterlichen Handschriften sowie handgedruckten Inkunabeln und Früh-

Adobe Stock © Patrick Neves

drucken. Hier lagert auch das **älteste bekannte Tortenrezept der Welt,** nämlich das einer **Linzer Torte.** Außerdem gibt es im Stift **Museen,** darunter zu Kunstwerken von der Romanik bis zum Rokoko, zu zeitgenössischer Kunst und zur Naturhistorie, sowie ein **multimediales Zentrum,** das sich der Geschichte des Benediktinerordens und des Klosters widmet.

MEIN TIPP: **Stift Admont,** Kirchplatz 1, A-8911 Admont, Tel. 03613 23120, stiftadmont.at, Mitte März bis Mai und Okt. bis 3. Dezemberwoche Mi–So 10.30–15.30 Uhr, Juni bis Sept. tägl. 10–17 Uhr, Eintritt 16,50 €, ermäßigt 10,50 €.

Fährt man von Admont westwärts, erreicht man nach etwa 6 km in **Frauenberg an der Enns** die dortige, äußerst fotogene **Wallfahrtskirche,** die malerisch über dem Flusstal liegt. Weitere 4 km sind es nach **Ardning,** wo auf einem 4,5 km langen **Erlebnisweg** durch das 62 Hektar große **Pürgschachen-Moor** in den Ennsauen klar wird, wie viele Informationen über das Klima und die Erdgeschichte in den Torfschichten „gespeichert" sind. Im Süden von Admont liegt das **Hochtal der Kaiserau** (stiftadmont.at/familienparadies-kaiserau/), das mit seinen Skiliften und Pisten speziell zum Schneespaß für Familien einlädt.

Praktische Infos

- **Informationsbüro Ardning,** Oberdorf 250, A-8904 Ardning, Tel. 03612 7555, www.ardning.at.
- **Hotel die Traube**②, Hauptstraße 3, A-8911 Admont, Tel. 0664 1281431, www.hotel-die-traube. at. Kleines, gemütliches Hotel mitten auf dem Marktplatz.
- **Der Kamper**①-②, Hauptstraße 19, A-8911 Admont, Tel. 03613 3688, www.gh-kamper.at. Uriges Wirtshaus mit steirischer Hausmannskost und nettem Gastgarten.

Liezen und Umgebung

Am Nordrand des Ennstals, etwa 20 km westlich von Admont, liegt die **Industrie-, Einkaufs- und Verwaltungsstadt** Liezen. Als Knotenpunkt für den Straßenverkehr ist die **8300 Einwohner zählende Bezirkshauptstadt** zwar wichtig (nördlich der Stadt liegt der 954 m hohe Pyhrnpass nach Oberösterreich), aber Besucher entdecken hier nur wenig Bemerkenswertes. Ganz anders im nahen **Rottenmann,** dem Hauptort des nach Südosten abzweigenden Paltentals. Als **einer der ältesten Orte Österreichs** verfügt Rottenmann über einen **tadellos erhaltenen historischen Altstadtkern,** in dem die Stadtpfarrkirche zum heiligen Nikolaus mit ihrem hohen Kirchturm und die Kirche von St. Georgen mit dem spätgotischen Hochaltar einen Blick lohnen. Westlich des Städtchens liegt die monumental auf einem Felsen thronende **Burg Strechau,** erbaut im 11. Jahrhundert und um 1530 in ein **Renaissance-Schloss** umgestaltet. Man kann die Burg im Zuge einer Führung (eine Stunde) besuchen und sollte besonders den **Prunkräumen** wie dem Kaiserzimmer, dem protestantischen Betraum und dem Festsaal Aufmerksamkeit schenken und bei Interesse auch dem **Museum mit Oldtimern** der österreichischen Automarke Steyr, das sich auf dem Gelände befindet und Pkws aus den Jahren 1920–41 präsentiert.

■ **Burg Strechau,** Burgfried 14, A-8903 Lassing, Tel. 0650 2348461, www.burg-strechau.at, Mai bis Okt. Di–So 10–16 Uhr (Führungen jede volle Stunde), Eintritt (mit Führung) 12 €, ermäßigt 5,50 €.

Etwa 10 km weiter östlich liegt **Trieben,** das sich als Ausgangsort für **Wanderungen** oder zum **Skifahren in den Hohen Tauern** anbietet. Die Bundesstraße verläuft von hier nach Süden über den **Gebirgspass Triebener Tauern** am 1810 m hohen **Triebenstein** vorbei bis nach Judenburg. Wenige Kilometer südwestlich von Trieben liegt der 849 m hohe **Schoberpass** – nach dem Brennerpass der wichtigste Alpenpass für den Güterverkehr –, über den die Pyhrn-Autobahn A9 verläuft. Von hier ist es nicht mehr weit in den absolut sehenswerten **Erlebnispark „Der Wilde Berg“,** wo man auf 1100 m Höhe etwa 300 Alpentiere – darunter Wölfe, Bären, Eulen, Esel und Steinböcke – zu Gesicht bekommt.

Der Wilde Berg, Alpsteig 1, A-8774 Mautern, Tel. 03845 2268, www.derwildeberg.at, Ende April bis Mitte Sept. tägl. 9–18 Uhr und Mitte Sept. bis Okt. tägl. 9–17 Uhr, Eintritt 19 €, ermäßigt 11 €.

Praktische Infos

■ **Informationsbüro Rottenmann,** Hauptstraße 56, A-8786 Rottenmann, Tel. 03614 24110, rottenmann.at.

■ **Informationsbüro Trieben,** Triebener Bundesstraße 10, A-8784 Trieben, Tel. 03615 2322, www.trieben.net.

■ **Tourismusinformation Hohentauern,** Tauernstraße 15, A-8785 Hohentauern, Tel. 03577 26600, hohentauern.at.

[>] Woher kommt sein Name?
Vor allem in höheren Lagen ist das Tote Gebirge äußerst karg und unbewachsen

■ **Hotel Gasthof Kofler**①-②, Hauptstraße 4, A-8786 Rottenmann, Tel. 03614 2225, www.hotelkofler.at. Schmankerl aus Großmutters Kochbuch, gutes „Naturbier" aus der eigenen Brauerei (seit 2012) und hübsche Gästezimmer① machen einen Aufenthalt angenehm.

Ausseerland und steirisches Salzkammergut

Der **äußerste Nordwesten der Obersteiermark** firmiert bei den Tourismusverbänden unter dem Namen **„Ausseerland-Salzkammergut"** und gehört zusammen mit den entsprechenden Gebieten in Oberösterreich und Salzburg – zumindest touristisch – zu eben diesem Salzkammergut, das seinen Namen von dem seit Jahrtausenden hier betriebenen **Salzabbau** hat. In vielerlei Hinsicht **unterscheidet sich** die Region, gerade was Bräuche, Traditionen, Küche, Mundart, Trachten etc. angeht, sehr vom Rest der Steiermark. Hauptort ist **Bad Aussee,** das wider Erwarten nicht an einem See, sondern am Zusammenfluss der Quellflüsse der Traun etwa 45 km westlich von Liezen liegt und über zwei Pässe mit Oberösterreich verbunden ist: Der **Pötschenpass** (993 m) führt nach Bad Goisern, der **Koppenpass** (690 m) nach Hallstatt. Die meisten Besucher in dieser Region zieht die einzigartige Berglandschaft des **Naturschutzgebietes Totes Gebirge** an: Das Karstgebiet erstreckt sich über 155 km an der steirisch-oberösterreichischen Grenze fast bis zum Pyhrnpass und wird wegen seiner weitgehenden **Pflanzenarmut** als „tot" bezeichnet.

■ **Infos: Tourismusinformation Ausseerland-Salzkammergut,** Tel. 03622 54040, ausseerland.salzkammergut.at; **Tourismusinformation Salzkammergut,** www.salzkammergut.at.

Bad Aussee und Umgebung

Der **5000 Einwohner zählende Kurort Bad Aussee** ist nicht nur das **Zentrum des steirischen Salzkammerguts,** sondern er stellt auch den **geografischen Mittelpunkt Österreichs** dar. Ab der zweiten Hälfte des 19. Jahrhunderts tra-

oes_197 lm

fen sich hier Mitglieder der feinen Gesellschaft und des Bürgertums aus Wien und vielen Landesteilen der k.u.k. Monarchie zur **Sommerfrische** – ähnlich wie im oberösterreichischen Bad Ischl, wenn auch nicht ganz so exklusiv. Vieles erinnert noch an jene Zeit und man kann dem Ort ein gewisses **Flair** nicht absprechen. Es ist eine wahre Freude, durch die schöne Innenstadt zu wandeln und die **herrschaftlichen Bürgerhäuser** zu bewundern, um dann im **Kurpark** eine Verschnaufpause einzulegen. Im Park befindet sich auch der angesprochene Zusammenfluss von Altausseer und Grundlseer Traun mit der runden Fußgängerbrücke in Form eines Mercedes-Sterns. Im **Kammerhof** aus dem 14. Jahrhundert ist ein **interessantes Heimatmuseum** (www.kammerhofmuseum.at) untergebracht, in dem man viel über den Salzabbau erfährt. Ein wundervoller Wanderweg führt ab Bad Aussee nach Westen entlang dem **Koppentrauntal** bis Obertraun in Oberösterreich (Start Bahnhof Bad Aussee, 2,5 Std., 250 Hm, leicht, familienfreundlich).

Praktische Infos

- **Tourismusinformation Bad Aussee,** Pratergasse 388, A-8990 Bad Aussee, Tel. 03622 54040, ausseerland.salzkammergut.at.
- **Spa Hotel Restaurant Erzherzog Johann**③, Kurhausplatz 62, A-8990 Bad Aussee, Tel. 03622 525070, www.erzherzogjohann.at. Klassisch-mondänes Wohlfühlhotel im Zentrum, in dem man auch vorzüglich speisen kann.
- **Ausseer Stube**②**,** Hauptstr. 151, A-8990 Bad Aussee, Tel. 0664 9953372. Die erste Adresse in Bad Aussee für lokale Schmankerln.
- **Kurcafé-Konditorei Lewandofsky-Temmel,** Kurhausplatz 144, A-8990 Bad Aussee, Tel. 03622 53013, www.temmel.com. Traditionelles Kaffeehaus mit zahlreichen Mehlspeisen, Torten, Eis und kleinen Gerichten.
- **Rastl Gwand,** Meranplatz 39, A-8990 Bad Aussee, Tel. 03622 53278, www.rastl.info. Hochwertige, maßgefertigte Trachten im typischen Stil des Altausseerlandes.
- **Fasching,** Bad Aussee gilt als österreichische Faschingshochburg, von Gründonnerstag bis Faschingsdienstag sieht man „Trommelweiber", „Flinserln" und „Maschkera", die örtlichen Boten der lustigen Zeit.
- **Narzissenfest,** www.narzissenfest.at. Ende Mai, Anfang Juni blühen die ortstypischen Narzissen, auch auf geschmückten Booten.

Grundlsee und Umgebung

Östlich von Bad Aussee liegt inmitten von dicht bewaldeten Berghängen der Grundlsee, mit 5,7 km Länge, 900 m Breite und einer maximalen Tiefe von 64 m der **größte See der Steiermark** und einer der idyllischsten des ganzen Landes zugleich. Die beiden reizenden Hauptorte sind der ebenfalls **Grundlsee** genannte am Westufer und **Gößl** am Ostufer. Von Ende April bis Ende Oktober verkehren **Linien- und Ausflugsschiffe,** es gibt Verleihstationen für Elektroboote, jeweils einen Ruder-, Surf- und Jachtclub, zwei Naturfreibäder und auch **Taucher** fühlen sich hier wohl. Gößl ist Ausgangsort für **Wanderungen** in der Priel-Gruppe (z. B. zu den **Lahngangseen** und auf die **Pühringer Hütte,** Start Gasthaus Rostiger Anker Gößl, 7 Std., 1000 Hm, mittel, körperlich anspruchsvoll, landschaftlich vielfältig), einem Abschnitt des Naturschutzgebiets Totes Gebirge. Weit weniger anstrengend ist ein Spaziergang zum östlich des Grundlsees

oes_198 lm

gelegenen, geheimnisumwobenen **Toplitzsee** (Start Gasthaus Rostiger Anker Gößl, 30 Min., leicht), von dem man mit einer Plätte (ähnlich einer Gondel) zum dahintergelegenen **Kammersee** mit dem Ursprung der Traun fahren kann. Im 103 m tiefen Toplitzsee (www.toplitzsee.at) sollen in der **Endphase des „Dritten Reiches"** Goldreserven der Nationalsozialisten, Hinweise zu Nummernkonten, gefälschte britische Banknoten und Kunstgegenstände versenkt worden sein. „Schatzsucher" seien gewarnt: Auf ihren Expeditionen nach unten sind schon mehrere Taucher in den heimtückischen Tiefen des Sees umgekommen.

Praktische Infos

- **Tourismusinformation Grundlsee,** Mosern 25, A-8993 Grundlsee, Tel. 03622 8666, www.grundlsee.at.
- **Campingplatz Gößl,** Gößl 17, A-8993 Grundlsee, Tel. 03622 20155, www.campinggoessl.com. Naturbelassener, ruhiger Campingplatz am Ufer des Grundlsees.

MEIN TIPP: **Fischerhütte am Toplitzsee②,** Gößl 172, A-8993 Grundlsee, Tel. 03622 8296. Uriges Restaurant direkt am See – Spezialität ist der gebratene Saibling.

- **Gasthaus Rostiger Anker②,** Gößl 206, A-8993 Grundlsee, Tel. 03622 8268, www.rostiga-anker.at. Gemütliches Gasthaus am Seeufer mit großer Terrasse.

Egal zu welcher Jahreszeit, der Grundlsee ist immer eine Augenweide

Altaussee und Umgebung

Nicht einmal 5 km nördlich von Bad Aussee, in etwa 700 m Höhe, liegt der altehrwürdige Kurort **Altaussee am Ufer des gleichnamigen Sees** vor der fantastischen Bergkulisse des 1837 m hohen Losers. Künstler aller Sparten hat der Ort inspiriert, woran der **Wanderweg Via Artis** erinnert, der reizvoll auf knapp 4,5 km (2 Std., 100 Hm, leicht) den Ortsteil Fischerndorf umrundet. Es gibt ein **Literaturmuseum** (www.literaturmuseum.at) im Ort und wer sich für die Geschichte des Salzabbaus interessiert, der sollte dem **Rundwanderweg Via Salis** folgen (Start Kur- und Amtshaus Altaussee, 3,5 Std., 350 Hm, mittel, entlang 21 Informationstafeln) und dem **Schaubergwerk Salzwelten** (www.salzwelten.at) einen Besuch abstatten. Den **Altausseer See** kann man zu Fuß umrunden oder auf einem Solarschiff vom Wasser aus erleben. Der kahle **Loser** ist Teil der im westlichsten Abschnitt des Toten Gebirges gelegenen Schönberg-Gruppe. Auf einer **mautpflichtigen Panoramastraße** erreicht man den Parkplatz des **Restaurants Loser-Alm** etwa 230 m unterhalb des Gipfels. Verschiedene **Wanderungen** sind von dort aus möglich, auch Kletterer, Paragleiter, Drachenflieger usw. kommen auf ihre Kosten. Auf dem Berg erstreckt sich zudem eines der wichtigsten **Wintersportgebiete** (www.loser.at) der Region.

Praktische Infos

■ **Tourismusinformation Altaussee,** Fischerndorf 61, A-8992 Altaussee, Tel. 03622 71643, www.ausseerland.at.

■ **Bauernhofcamping Temel,** Puchen 137, A-8992 Altaussee, Tel. 03622 71968, www.camping-altaussee.com. Entspannter Campingplatz mit Blick auf das Tote Gebirge.

■ **Loser-Alm Bergrestaurant**①-②, Fischerndorf 181, A-8992 Altaussee, Tel. 0676 878132-60 oder -61, www.loseralm.at. Besonders wegen der großen Sonnenterrasse mit herrlichem Panoramablick zu empfehlen.

■ **Seewiese**②, Fischerndorf 77, A-8992 Altausee, Tel. 03622 71205, www.seewiesealtaussee.at. Herausragende Jausenstation mit lokalen Schmankerln – nur zu Fuß oder mit dem Rad erreichbar.

■ **Glöckötåg (Glöcklertag),** am 5. Januar zum frühen Abend hin findet ein symbolischer Kampf zwischen laut läutenden „Glöcklern" und „Bärigln" (sog. Pelzpercht, → Exkurs S. 296) statt.

☐ Der Altausseer See ist gleichermaßen zum Baden und zum Eislaufen beliebt

oes_199 lm

Bad Mitterndorf und Umgebung

Von Bad Aussee sind es knapp 15 km bis in den **Kurort** Bad Mitterndorf, dessen Thermalquelle bereits zu römischen Zeiten bekannt gewesen sein soll. In der **Grimmingtherme** (www.grimmingtherme.com) mit drei Indoor- und vier Outdoor-Becken, Saunadorf u.v.m. kann man Erholung und Entspannung „tanken". Aufschlussreich ist das **Heimatmuseum Strick** – in dem auch über das Nikolospiel (→ S. 621) informiert wird –, und wer „outdoor" baden möchte, der sollte sich an den entspannten **Ödensee** westlich des Ortes begeben, in dessen Hochmoor auch Spaziergänge möglich sind. Das Ufer des lang gezogenen **Salzastausees** südlich von Bad Mitterndorf eignet sich besonders gut für Ausflüge mit dem Fahrrad.

Doch die meisten Urlauber kommen in die Gegend, um die **Tauplitzalm** (www.dietauplitz.com) zu besuchen, das am höchsten (1650 bis 2000 m) gelegene **Seenhochplateau** – mit insgesamt sechs Gewässern – Mitteleuropas. Man erreicht sie entweder auf der **mautpflichtigen Straße** östlich von Bad Mitterndorf oder ab dem Ort Tauplitz per **Sessellift.** In der warmen Jahreszeit kommt man zum **Wandern,** Spazierengehen, **Radeln,** Biken oder Klettern, im Winter

oes_200 lm

ist die Alm ein attraktives Ziel für Winterwanderungen, zum **Rodeln oder Langlaufen,** aber auch eine natürliche Skiflugschanze – die **Kulmschanze,** auf der alle zwei Jahre das Kulmspringen (Skiflug-Weltcup) stattfindet – lockt das Publikum an. Wirklich einmalig hier oben sind **Frühjahr und Sommer,** wenn zeitversetzt Nieswurz, Enzian, Kugelblumen und Steinnelken blühen. Bergerlebnisse der Superlative sind die normale Wanderung (Start Parkplatz Tauplitzalm, 3,5 Std., 550 Hm, mittel) oder etwas anspruchsvoller über den Klettersteig „Gamsblick" auf den **Traweng** (1981 m). Nur geübten Alpinisten ist der Aufstieg auf den 2351 m hohen **Grimming** (Start Ortsmitte Kulm, 5 Std., 1350 Hm, schwer), einem isolierten Gebirgsstock zwischen Ennstal und **Hinterberger Tal,** der von Tauplitz aus (Ortsteil Klachau) bestiegen werden kann, zu empfehlen.

Praktische Infos

- **Tourismusinformation Bad Mitterndorf,** Bad Mitterndorf 58, A-8983 Bad Mitterndorf, Tel. 03623 2444, gemeinde.bad-mitterndorf.at.
- **Tourismusinformation Tauplitz,** Tauplitz 70, A-8982 Bad Mitterndorf, Tel. 03688 2446.
- **Kur-Camping Grimmingsicht,** Bad Mitterndorf 338, A-8983 Bad Mitterndorf, Tel. 03623 2985, www.grimmingsicht.at. Hübscher kleiner Campingplatz etwa 500 m vom Ortskern.
- **Goaß-Hitt'n**①-②, Neuhofen 19/1, A-8983 Bad Mitterndorf, Tel. 0664 5058220, goasshittn.at. Most- und Jausenstation am Ende des sog. Barfußwegs.
- **Kohlröserlhütte (Genuss am See)**②-③, Ödensee 144, A-8990 Bad Aussee, Tel. 03624 213,

Nichts für Anfänger:
Der Grimming ist ein Berg für anspruchsvolle Touren

www.genussamsee.com. Direkt am Ödensee gelegene Gaststätte, in dem u.a. die lokale Prominenz einkehrt. Nur beste regionale Zutaten werden in diesem Seehaus zu hervorragenden Leckerbissen verarbeitet.

MEIN TIPP: **Knödl-Alm**①-②, Knoppen 3, A-8984 Bad Mitterndorf, Tel. 03624 21132, www.urig.at. Traditionsgasthaus mit lokalen Spezialitäten.

■ **Nikolospiel Bad Mitterndorf,** traditionell-bäuerliches Jedermannspiel am 5. Dezember, dargeboten mit aufwendigen Kostümen und Masken.

Ennstal und Umgebung

Nur 6 km sind es von Tauplitz bis zur Gemeinde **Stainach-Pürgg,** deren Ortsteil Pürgg pittoresk auf einer Anhöhe über der Enns liegt und sich in die eindrucksvolle Berglandschaft schmiegt. In Pürgg ist vor allem die **Johanneskapelle** wegen ihrer gut erhaltenen und etwas **mysteriösen Fresken** – sie zeigen u.a. den „Krieg zwischen Katzen und Mäusen" – aus dem 12. Jahrhundert berühmt. Südlich von Stainach-Pürgg erhebt sich das imposante **Schloss Trautenfels.** Ursprünglich als mächtige Burg im 13. Jahrhundert erbaut – die Basteien zeugen noch heute davon –, wurde es im 17. Jahrhundert barockisiert und bietet großartige **Prunkräume** (u.a. den Marmorsaal), in denen sich neben Exponaten und Informationen zur Schlossgeschichte auch **wechselnde Ausstellungen** zu unterschiedlichen Themen finden.

MEIN TIPP: **Schloss Trautenfels,** Trautenfels 1, A-8951 Pürgg-Trautenfels, Tel. 03682 22233, www.museum-joanneum.at/schloss-trautenfels, April bis Okt. tägl. 10–17 Uhr, Eintritt 11 €, ermäßigt 4,50 €.

In **Trautenfels** ist man im **Ennstal** angekommen: Flussabwärts liegt auf halbem Weg nach Liezen **Wörschach,** das für die **Ruine Wolkenstein** und die wildromantische **Wörschachklamm** bekannt ist. Über etwa 2 Stunden geht man auf Stegen vorbei an bizarren Felsformationen und prächtigen Wasserfällen durch dieses außerordentliche „Naturdenkmal". Für ein Bad bietet sich der nahe **Puttérersee** (www.putterersee.at) mit seinem Strandbad an. Ab Trautenfels geht es nach Westen etwa 35 km bis Schladming.

■ **Klammweg,** A-8942 Wörschach, Tel. 0676 87837334, www.woerschach.at, Mai bis Okt. tägl. 8–18 Uhr, Eintritt 6 €, erm. 3,50 €.

Praktische Infos

■ **Informationsbüro Stainach-Pürgg,** Hauptplatz 27, A-8950 Stainach-Pürgg, Tel. 03682 24800, www.stainach-puergg.gv.at.

■ **Camping am Putterersee,** Hohenberg 2a, A-8943 Aigen, Tel. 0664 4840061, www.camping-putterersee.at. Gepflegter Platz mit Seezugang.

MEIN TIPP: **Gasthaus Krenn**②-③, Pürgg 11, A-8951 Pürgg-Trautenfels, Tel. 03682 22274, www.gasthauskrenn-puergg.at. Bodenständiges, charmantes Gasthaus mit regional inspirierter Küche.

Schladming-Dachstein

Ganz im Nordwesten der Steiermark dominiert das Dachsteinmassiv an der Grenze zu Oberösterreich und Salzburg, wobei die höchste Erhebung – der **Hohe Dachstein** mit 2995 m Höhe – direkt an der steirisch-oberösterreichischen Landesgrenze liegt. Wir gehen hier nur auf den **südlichen Zugang ab Ramsau** ein, da die nördliche Region mit dem Hochplateau bereits im Kapitel zu Oberösterreich behandelt wurde (→ S. 216). Die steirischen Tourismusverbände vermarkten diese äußerst beliebte und **viel besuchte Urlaubsregion** unter dem Namen „Schladming-Dachstein". Egal ob Frühling, Sommer, Herbst oder Winter, hier wird Natur- und Sportbegeisterten, Erwachsenen und Kindern viel geboten!

■ **Infos: Tourismusinformation Schladming-Dachstein,** www.schladming-dachstein.at.

Schladming und Umgebung

Schladming, der **Hauptort der Region,** wurde im 12. Jahrhundert erstmals urkundlich erwähnt und durch **Rohstoffe** – speziell Blei, Cobalt, Kupfer, Nickel und Silber – reich, lange bevor der Tourismus sich zur wichtigsten Einnahmequelle entwickelte. Als sich 1524–26 im Zuge der **Reformation** die Bergleute an den **Bauernaufständen** gegen die Salzburger Obrigkeit beteiligten, ließ Erzherzog *Ferdinand I.* (1503–64) die Stadt fast völlig zerstören, sodass **Überbleibsel der historischen Altstadt** wie das Salzburger Tor an der Pfarrkirche oder Reste der Stadtbefestigung aus späteren Zeiten, meist aus dem 17. Jahrhundert, stammen. Interessant ist, dass in Schladming, genau wie in der ganzen Region, der **Protestantismus** relativ stark geblieben ist und etwa 34% der **6600 Einwohner** sich zu ihm bekennen. Heute stellt Schladming einen **viel frequentierten Urlaubsort** dar, der sowohl im Sommer – für Wanderungen, zum Klettern etc. – als auch im Winter zum Skifahren und Langlaufen immer etwas zu bieten hat. Das Zentrum am lang gezogenen, verkehrsberuhigten Hauptplatz mit seinen einladenden Lokalen und Geschäften macht einen adretten Eindruck. In Sachen Bekleidung ist der Ort übrigens für seine **hochwertigen Textilien aus Loden** – durch Walken bearbeitete Schafwolle – bekannt.

Praktische Infos

■ **Tourismusinformation Schladming,** Rohrmoosstraße 234, A-8970 Schladming, Tel. 03687 23310, www.schladming.com.

■ **Stadthotel Brunner**②, Hauptplatz 14, A-8970 Schladming, Tel. 03687 22513, www.stadthotel-brunner.at. Zentral gelegenes, modern gestaltetes Boutique-Hotel mit Spa-Bereich und Yoga-Kursen.

MEIN TIPP: **Stadtbräu**①, Siedergasse 89, A-8970 Schladming, Tel. 0664 5179620, www.stadtbraeu-schladming.at. Braugasthof und Wirtshaus zugleich mit angenehmer Terrasse.

Heimatgold, Coburgstraße 49, A-8970 Schladming, Tel. 03687 22505350, www.heimatgold.at. Feinste veredelte Köstlichkeiten aus der Region, und das nur aus bester Qualität.

MEIN TIPP: **Steiner 1888,** Hauptplatz 16, A-8970 Schladming, Tel. 03687 23255, steiner1888.com. Die perfekte Adresse für Schladminger Loden!

■ **Mid Europe,** www.mideurope.at. Im Juli findet dieses Blasmusikfestival in Schladming statt.

Schladminger Tauern und Umgebung

Südöstlich von Schladming erstrecken sich die Schladminger Tauern, von denen der **Planai** (1906 m) die bequemste Option ist, um in den Genuss von Panoramablicken auf den Dachstein, von **Wandertouren, Bike-Routen und Wintersport** (www.planai.at) zu kommen. Man erreicht den Gipfel über die Mautstraße oder per Seilbahn, wobei das Areal zusammen mit der **Hochwurzen** das Zentrum der **„Schladminger 4-Berge-Skischaukel“** darstellt. An die beiden Skiberge angeschlossen sind auch der **Hauser Kaibling** (www.hauser-kaibling.at) und die **Reiteralm** (www.reiteralm.at) sowie das bereits in Salzburg gelegene **Forstau** (www.forstau.at), sodass diese Region das größte Skigebiet der Steiermark darstellt. Wanderliebhabern seien speziell der **Krähbergzinken** (2134 m, Start Bergstation Planai, 2,5 Std., 400 m, mittel, familienfreundlich, Trittsicherheit erforderlich) und der **Höchstein** (2543 m, Start Krummholzhütte/Hauser Kaibling, 6 Std., 800 Hm, schwer) empfohlen.

Um die Hochwurzen erstrecken sich drei parallel verlaufende **Täler nach Süden,** die von Ost nach West Untertal, Obertal und Preuneggtal heißen. Hier finden sich ein paar der unglaublichsten Naturdenkmäler der Region, die unter dem Namen „Wilde Wasser“ firmieren (www.wildewasser.at). Im **Untertal** – Zugang ab **Rohrmoos** – befindet sich das **Naturschutzgebiet Toteisboden** (ein Steilhangmoor), von dem man zum **Riesachsee** aufsteigen kann (Start Seeleiten-Parkplatz Untertal, 2 Std., 300 Hm, mittel, teilweise sehr steil). Dort oben liegt die legendäre **Hängebrücke über den Riesachwasserfall,** auf zwei Stufen insgesamt 140 m hoch und damit der höchste Wasserfall der Steiermark, und ebenda verläuft der **Klafferkesselrundweg** über das bekannte Hochplateau mit seinen mehr als 30 Seen (Start Kleiner Riesachfall, 10 Std., 1500 Hm, schwer, Übernachtung auf der Gollinghütte

☐ Wer beobachtet wohl wen?
Treffen zwischen Mensch und Tier am Spiegelsee

oes_201 lm

möglich). Im **Obertal** wurde Bergbau betrieben; auf dem Wanderweg zum idyllischen **Duisitzkarsee** erinnern mehrere Stationen an das Erbe dieser Gegend (Start Eschachalm, 2,5 Std., 500 Hm, leicht, familientauglich). Ganz im Westen, unmittelbar an der Grenze zu Salzburg, kann man im **Preuneggtal** von der **Ursprungalm** (www.ursprungalm.at) auf 1604 m bis zu den Giglachseen wandern (Start Ursprungalm, 2,5 Std., 350 Hm, mittlerer Anspruch). Viel besucht wird auch der **Spiegelsee,** erreichbar ab **Pichl** per Gondel auf die **Reiteralm,** dann sind es noch ca. 45 Minuten zu Fuß. Wer in den ultimativen Genuss der Schladminger Tauern kommen möchte, kann dies auf dem **Schladminger Tauern Höhenweg** (fünf bis sieben Tage) tun.

Ramsau am Dachstein und Umgebung

Nordwestlich von Schladming – über eine serpentinenreiche 15 km lange Straße erreichbar – liegt in 1135 m Höhe die **2900 Einwohner** zählende Gemeinde **Ramsau am Dachstein,** die meist nur „die Ramsau" genannt wird. Sie gilt als die **größte Tourismusgemeinde der Steiermark** – und ist eine der wenigen mehrheitlich protestantischen in Österreich (70% der Bevölkerung). Als eine Art Streusiedlung liegt sie am Rande des Hochplateaus, das sich bis auf 1700 m zieht und unmittelbar an die **Südwände des Dachstein-Massivs** grenzt. Von der Ramsau sieht man das prächtige **Panorama dieses Massivs,** bestehend **von Westen nach Osten** aus dem Torstein, dem Mitterspitz, dem Hohen Dachstein, den Dirndln, dem Hunerkogel (auf dem die Bergstation der **Dachstein Gletscherbahn** liegt), dem Koppenkarstein, der Scheichenspitze, dem Sinabell, der Luserwand, dem Kufstein und der Stoderzinken. Die Ramsau ist ein sehr **gefragtes Wintersportareal** (www.rittisberg.at, gehört zur Ski Amadé Region), neben dem Skifahren ist auch das Langlaufen äußerst populär. Ab hier erreicht man den **Dachstein** mit der Seil-/Gletscherbahn von der **Türlwandhütte** auf den besagten **Hunerkogel,** auf dem **sensationelle Attraktionen** liegen (der Skywalk, die 100 m lange Hängebrücke mitsamt der „Treppe ins Nichts" und der „Eispalast" mit seinen mystischen Skulpturen aus Eis und Schnee). Auch Wanderungen am Rande des Gletschers sind möglich. Für die Attraktionen nördlich eben dieses Gletschers konsultiere man das Kapitel zu Oberösterreich (→ S. 216). Weitere beliebte Ziele **auf der steirischen Südflanke** sind z. B. die **Brandalm** (www.brandhof.com) und die **Austria-Hütte** (www.austriahuette.at) mitsamt **Dachstein Museum.** Optimal als Startpunkt für Touren hinüber nach Salzburg ist die **Glösalm** auf 1571 m. Wer es noch hochalpiner mag, der kann bis zur **Dachstein-Südwand-Hütte** (1871 m) aufsteigen (Start Dachstein Türlwandhütte, 1,5 Std., 250 Hm, mittel, Trittsicherheit empfohlen). Sehr beliebt ist das gesamte Gebiet auch wegen seiner Klettersteige – ein wenig begangener Weg führt in 35 Minuten durch die **Silberkarklamm** zur Silberkarhütte.

Praktische Infos

- **Tourismusinformation Ramsau am Dachstein,** Ramsau 372, A-8972 Ramsau am Dachstein, Tel. 03687 23310, gemeinde.ramsau.at.

oes_311 dk

■ **Dachstein Gletscherbahn Ramsau,** Schildlehen 79, A-8972 Ramsau am Dachstein, Tel. 03687 22042810, www.derdachstein.at.

■ **Alpincenter Dachstein,** Schildlehen 83, A-8972 Ramsau am Dachstein, Tel. 03687 81430, www.alpincenter-dachstein.at.

Gröbming und Umgebung

Fährt man von Schladming ostwärts, kommt man nach etwa 14 km nach **Gössenberg,** von wo eine Stichstraße entlang dem **Seewigtal** bis an den kleinen, aber urigen **Steirischen Bodensee** führt, an dem der Forellenhof einen Besuch lohnt. Wanderfreunde können sich danach entscheiden, weiter auf den Tauernkamm zu steigen. Ein mögliches Ziel hier ist die **Hochwildstelle** (2747 m, Start Parkplatz Steirischer Bodensee, 8 Std., 1650 Hm, schwer, beste Kondition vorausgesetzt). Bei Weitem nicht so viel besucht wie Schladming und das Dachsteinplateau, aber dennoch sensationell eindrucksvoll ist die **Region um das Ennstal bei Gröbming.** Der Ort ist für seinen **Abenteuerpark** (angeblich Österreichs größter!) bekannt und gilt als Nullpunkt für Ausflüge auf den **Stoderzinken** (2048 m, Start Parkplatz Abenteuerpark Gröbming, 4 Std., 1100 Hm, schwer) – zu Fuß ab dem Steinerhaus über das Friedenskircherl. Nicht-Wanderer können per eindrucksvoller **Zipline** (www.zipline.at) durch die Bergwelt „fliegen". Alternativ bietet sich die Wanderung auf die weiter nördlich liegende **Viehbergalm** in 1445 m an, von der man zum **Miesbodensee,** einem fast kreisrunden Moorsee, gehen kann (Start Gröbminger Kneippanlage, 4 Std., 800 Hm, mittel, Kondition wichtig).

⌃ Ideal als Basis für Touren auf den Dachstein: die verträumte Ramsau

Abenteuerpark Gröbming, Stoderstraße 114, A-8962 Gröbming, Tel. 03685 22245, www.abenteuerpark.at, Mai bis Mitte Sept. tägl. 10–18 Uhr, Mitte Sept. bis Okt. tägl. 11–17 Uhr, Eintritt 25 €, ermäßigt 19 €.

Im südöstlich liegenden **Pruggern** lockt ein kleines, vor allem bei Familien mit Kindern beliebtes **Skigebiet auf dem Galsterberg** (1984 m, www.schladming-dachstein.at/de/Winter/Skiberge/Bergbahn-Galsterberg). Südwestlich von Gröbming liegt **Stein an der Enns,** das „Tor" in das liebreizende **Kleinsölktal,** das südwärts über den **Schwarzensee** (1170 m) bis zur **Putzentalalm** auf 1354 m führt. Etwas weiter westlich, in **Großsölk,** findet sich ein **Schloss** aus dem 14. Jahrhundert, in dem heute ein **naturwissenschaftliches Museum** untergebracht ist. Auch das **Großsölktal** ist noch ein bisschen ein „Geheimtipp" – wer bis **St. Nikolai** fährt, fühlt sich definitiv in der Zeit zurückversetzt. Unterhalb des Dörfchens liegt der 1790 m hohe **Sölkpass,** über den man ins Murtal nach Schöder gelangt. Das Klein- und das Großsölktal werden als **Naturpark Sölktäler** zusammengefasst.

Praktische Infos

■ **Informationsbüro Gröbming,** Hauptstraße 200, A-8962 Gröbming, Tel. 03685 22150, www.groebming.at.

■ **Tourismusinformation Naturpark Sölktäler,** Stein an der Enns 107, A-8961 Sölk, Tel. 0677 64412492, www.soelktaeler.at.

MEIN TIPP: **Gasthof Forellenhof②**, Seewigtal 41, A-8966 Aich, Tel. 03686 4697, www.forellenhof-bodensee.at. Sehr idyllisch am Steirischen Bodensee gelegenes Lokal mit überdachter Terrasse. Fangfrische Forellen aus eigener Zucht.

■ **Gasthof Sölkstub'n②**, Mössna 194, A-8961 Sölk, Tel. 03689 281, www.soelkstubn.at. Familiengeführte Pension, die auch Appartments vermietet. Übernachtungsgäste kommen auch in den Genuss der hiesigen Küche.

Gröbming ist ein entspannter Kurort vor großartiger Bergkulisse

oes_312 dk

Donnersbach und Umgebung

Von Stein an der Enns sind es nur wenige Kilometer bis **Öblarn,** das für seine Festspiele bekannt ist. Weitere 10 km ostwärts folgt man der B75 nach Süden über **Irdning** in das anmutige **Donnersbachtal.** Das hier liegende **Donnersbach** kann getrost als „Bilderbuchdorf" bezeichnet werden und viele Besucher kommen auch wegen der **Donnersbachklamm** (Start Gasthof Leitner, 2 Std., 200 Hm, leicht) in die Gegend. Südöstlich des Ortes liegt die **Planneralm** (www.planneralm. at) auf 2200 m Höhe, die als „Höchstgelegenes Skidorf der Steiermark" beworben wird. Die Bundesstraße folgt auf ihrem Weg nach Süden einer historischen Salzstraße. Man sollte – für **Wanderungen und Wintersport** – bis zur **Riesneralm** (www.riesneralm.at) fahren oder – für alpines Hochgefühl – weiter bis zum Ende der Straße, wo man auf das 1988 m hohe **Glattjoch** aufbrechen kann (Start Parkplatz Hinterwald, 6,5 Std., 950 Hm, mittel, teilweise schmale Steige bergauf). Die Tourismusverbände fassen das Donnersbachtal häufig mit dem bereits erwähnten Grimming zusammen.

Praktische Infos

■ **Tourismusinformation Grimming-Donnersbachtal,** Trautenfelserstraße 220, A-8952 Irdning-Donnersbachtal, Tel. 03687 23310, www.schladming-dachstein.at/de/Region-Schladming-Dachstein/Grimming-Donnersbachtal.

■ **Öblarner Festspiele,** www.festspiel.at. Alle fünf Jahre führen 300 Laiendarsteller „Die Hochzeit" auf, ein Spiel um Erzherzog *Johann,* geschrieben von *Paula Grogger* (1892–1984).

Murtal

Als Murtal bezeichnet man den **westlichen Abschnitt der Steiermark ab Predlitz,** wo die Mur aus dem Salzburger Lungau auf steirisches Gebiet tritt und dann durch die **Bezirke Murau und Murtal** fließt. Auch die steirischen Tourismusverbände bedienen sich dieser Bezeichnungen für die Unterregionen, doch meint man damit eben nicht nur das Murbecken samt der Städte **Murau, Judenburg** und **Knittelfeld,** sondern auch die **angrenzenden Bergregionen.** Der westliche Teilraum liegt zur Gänze innerhalb der **Zentralalpen,** mit den Schladminger Tauern respektive Murbergen nördlich und den Gurktaler Alpen südlich. Erst flussabwärts von Knittelfeld – im Raum der **Gleinalpe** – liegt die Grenze zu den Nordalpen und Mürztaler Alpen. Das bedeutet, dass auch die Region Murtal über **Wander- und Skigebiete** zuhauf verfügt, z.B. eben in den Gurktaler oder Seetaler Alpen bzw. in der Stubalpe südlich des Flusses, aber auch in den Wölzer Tauern und den Seckauer Alpen nördlich davon.

Viel lässt sich hier über das **traditionelle Leben** der Menschen und ihre Arbeit erfahren. In der Region um Murau kann man z.B. der wichtigen **Holzproduktion** (www.holzweltmurau.at) nachspüren und auch der **Bergbau** war wohl schon zu keltischen Zeiten ein wichtiger Wirtschaftsfaktor (Informationen dazu in St. Georgen oder Oberzeiring). Kulturgeschichtlich bedeutsam sind das großartige **Benediktinerstift St. Lambrecht** und die **Benediktinerabtei Seckau** – einst einer der wichtigsten Wall-

oes_202 mw

fahrtsorte der Alpen –, die zu den schönsten Österreichs gehören. Wer gerne selbst am Steuer sitzt, findet neben den zahlreichen Routen durch die hiesige Bergwelt speziell auf dem **Red Bull Ring in Spielberg** seine Erfüllung. In diesem Zusammenhang sei gesagt, dass ein **eigenes Fahrzeug** vor allem dann unerlässlich ist, wenn man das Tal verlässt. Zwar sind entlang der Mur alle Orte auch gut öffentlich mit **Bus und Bahn** angebunden, doch in kleinere Bergorte gelangt man nur sporadisch. Im Sommer mag die **Murtalbahn** (www.steiermarkbahn.at/reisen-freizeit/murtalbahn-dampfzug) eine nette Abwechslung sein – die von einer Dampflok gezogene Schmalspurbahn fährt von Murau nach Tamsweg (in Salzburg).

■ **Infos: Tourismusinformation Murau,** Tel. 03532 2720, www.steiermark.com/de/Murau, **Tourismusinformation Murtal,** Tel. 03577 26600, www.steiermark.com/de/Murtal.

Murau und Umgebung

Das **Zentrum des westlichen Murtals** ist das **3500 Einwohner** zählende, äußerst **pittoreske Städtchen Murau,** das – wie sollte es anders sein? – **am Ufer der Mur** liegt, von deren Promenaden man reizende Ausblicke genießt. Gegründet im 13. Jahrhundert von dem Minnesänger *Ulrich von Liechtenstein,* bietet der Ort gleich mehrere Attraktionen. Zunächst ist da nördlich des Flusses das **barocke Schloss Murau,** das sich im Besitz des Hauses *Schwarzenberg* befindet; bei einer Besichtigung sollte man unbedingt den Rittersaal und den früheren Kerker in Augenschein nehmen. Die **frühgotische Stadtpfarrkirche** mit ihrem seltenen Vierungsturm, in dem sechs Glocken hängen, ist dem heiligen *Matthäus* geweiht. Von der alten Stadtbefestigung sind noch Teile der **Stadtmauer** und z.B. das **Gießhübltor** westlich des Zentrums erhalten. Südlich der

Mur liegt die nicht zugängliche **Burganlage Grünfels,** deren angeschlossene **Leonhardikirche** man allerdings besuchen kann – dazu gehört ein kunstvoller **Kalvarienberg** mit Kreuzwegstationen. Unter den Ausstellungshäusern seien das **Museum der Brauerei Murau** und das **Handwerksmuseum** im ehemaligen Kapuzinerkloster empfohlen. Berühmt ist Murau auch als Ort des **Samson-Umzugs** (→ Exkurs S. 302), der jedes Jahr am 15. August stattfindet.

■ **Museum der Brauerei Murau,** Raffaltplatz 19–23, A-8850 Murau, Tel. 03532 3266500, www.murauerbier.at, Di–Sa 14–18 Uhr, Eintritt (mit Führung, Führungen Jan. bis Okt. Di–Sa 14 und 16 Uhr) 16,50 €, ermäßigt 9 €.

■ **Handwerksmuseum,** Grazerstraße 19, A-8850 Murnau, Tel. 0664 1111493, www.murauer-handwerksmuseum.at, Mitte Mai bis Mitte Okt. nur im Rahmen einer Führung, Mo und Fr 14 und 16 Uhr, Eintritt 8 €, ermäßigt 4 €.

Südlich der Stadt liegen die **Metnitzer Berge,** die sich bis Kärnten ziehen und Teil der Gurktaler Alpen sind. Eine beliebte **Wanderung** führt von der **Murauer Hütte** hinauf zur **Frauenalpe** (1997 m, Start Murauer Hütte, 3 Std., 600 Hm, leicht, familienfreundlich). Im Zuge der anspruchsvollen **8-Gipfel Wanderung** (Start Frauenalpe, 8,5 Std., 1300 Hm, schwer) sind der nahe gelegene, 1981 m hohe **Kreischberg** (www.kreischberg.at, per Seilbahn erreichbar) und die 2118 m hohe **Rosenkranzhöhe** zu erkunden. Auch der Wintersport ist hier oben angesagt.

☐ Mal was anderes: Wandern mit Alpakas

Praktische Infos

■ **Tourismusinformation Murau,** Liechtensteinstraße 3–5, A-8850 Murau, Tel. 03532 2720, www.murau.gv.at.

■ **Hotel Lercher**②, Schwarzenbergstraße 10, A-8850 Murau, Tel. 03532 2431, www.hotel-restaurant-lercher.at. Traditionelles Hotel direkt in der malerischen Altstadt, in dem man auch ausgesprochen gut essen①-② kann.

St. Georgen und Umgebung

Man erreicht den Gipfel des Kreischbergs per Seilbahn ab **St. Lorenzen.** Wer möchte, kann ab dem Ortskern auch auf die 2166 m hohe **Prankerhöhe** (Start St. Lorenzen am Kreischberg, 5,5 Std., 900 Hm, mittel) direkt an der Landesgrenze zu Kärnten aufsteigen. Der Ort ist über die größte für Autos befahrbare **Holzbrücke** Europas mit **St. Georgen** verbunden, von wo es noch knapp 6 km nach Westen bis **St. Ruprecht** sind. Hier lohnt ein Besuch des überaus aufschlussreichen **Holzmuseums** mit seiner „Holz-Erlebniswelt" auf 10.000 m² Gesamtfläche im Innen- und Außenbereich.

Mein Tipp: **Holzmuseum,** Hans Edler Platz 1, A-8862 St. Ruprecht ob Murau, Tel. 03534 2202, www.holzmuseum.at, Mai und Okt. 10–16 Uhr, Juli und August 10–17 Uhr, Eintritt 11 €, ermäßigt 7 €.

Ab dem nahe gelegenen **Stadl** gelangt man entlang dem **Paalbachtal** bis ins kärntnerische Flattnitz. Weiter westlich liegt die 1795 m hohe **Turracher Höhe** (www.turracherhoehe.at) mit dem gleichnamigen See, die als Pass die Landesgrenze markiert – auf Kärntner Seite liegt der Biosphärenpark Nockberge – und ein beliebtes **Wander- und Wintersportgebiet** ist. Von steirischer Seite aus sind **Predlitz** oder **Turrach** die Ausgangsorte für Unternehmungen hier oben.

Praktische Infos

■ **Gasthaus Winter**①-②, Bodendorf 5, A-8861 St. Georgen am Kreischberg, Tel. 03537 230, www.gh-winter-bodendorf.at. Im ältesten noch bestehenden Gasthof der Steiermark kommt rustikale Hausmannskost auf die Tische.

Krakautal und Umgebung

Nördlich von Murau erstreckt sich in ost-westlicher Richtung das Krakautal, ein **Hochplateau** in etwa 1200 m Höhe, das einen Teil der Schladminger Tauern ausmacht. Hauptort der Region ist das für sein Brauchtum berühmte **Krakaudorf** – hier sind noch einige **Traditionen** lebendig, die es andernorts in dieser Form nicht mehr gibt. Dazu gehört z.B. das **Faschingsrennen** am Rosenmontag („damischer Mountog"), ein lauter Umzug von etwa 50 Personen mit Spitzhüten, denen eine Handelsmeute folgt. Zu Ostern brennen an vielen Stellen im Tal bis zu zwölf Meter hohe **Osterfeuer.** Am ersten Sonntag im August wird das **Kirchweihfest** zu Ehren des heiligen *Oswald* gefeiert. Dann gibt es mehrere **Prozessionen,** wobei das Tragen der gut acht Meter großen Statue des *Samson* den Höhepunkt darstellt. Über die örtlichen Traditionen klärt das kleine **Dorfmuseum** auf. Eine weitere Besonderheit ist das **Wasserscheibenschießen** (→ Exkurs S. 296) am nahen **Schattensee.** Der Großteil der hiesigen Region ist Naturschutzgebiet, was sie für **Wanderungen** geradezu prädestiniert. Beliebte Ziele sind der **Etrachsee** auf 1374 m, von dem aus man die **Rudolf-Schober-Hütte** (1667 m) erreicht und man weiter zum **Unteren Wildenkarsee** (1891 m) und zum **Oberen Wildenkarsee** (2053 m, Start Parkplatz Etrachsee, 5 Std., 700 Hm, schwer) wandern kann.

Östlich von Krakaudorf, auf halbem Wege nach Schöder, liegt der **Günster Wasserfall,** mit 65 m der höchste der Steiermark und schön entlang eines Holzpfads zu begehen. Ab **Schöder** verläuft die **Erzherzog-Johann-Straße** nordwärts bis Stein an der Enns und überquert dabei den 1790 m hohen **Sölkpass.** Heutzutage „verirren" sich nur wenige Fahrzeuge hierher, weshalb das Gebiet als eines der einsamsten der Steiermark gilt und oft mit den schottischen Highlands verglichen wird.

Praktische Infos

■ **Informationsbüro Krakau,** Krakaudorf 120, A-8854 Krakau, Tel. 03535 8202, www.krakau.gv.at.

■ **Hotel Stigenwirth**②, Krakauebene 33, A-8854 Krakau, Tel. 03535 8270, www.stigenwirth.at. Klassiker der Region aus bester lokaler Produktion. Auch einfache Gästezimmer stehen zur Verfügung.

MEIN TIPP: **Schallerwirt**②, Kraukauhintermühlen 55, A-8854 Krakau, Tel. 03535 8334, www.schallerwirt.at. Typische Spezialitäten des Murtals bestens zubereitet.

■ **Faschingsrennen,** am Rosenmontag vertreiben junge Männer laut lärmend den Winter.

Östlich von Murau

Folgt man ab Schöder der Landstraße nach Osten, erreicht man nach ca. 17 km **Oberwölz;** die äußerst überschaubare

„Stadt" ist die kleinste des Bundeslandes. Das sie **einst ein wichtiges Handelszentrum** war und damit wohlhabend wurde, erkennt man an den **Bürgerhäusern** im weitgehend erhaltenen Stadtkern. Auch die **Befestigungsanlage** mit ihren drei Stadttoren steht noch und die über dem Ort liegende **Burg Rothenfels** kann sogar gemietet werden! Originell ist im Ort das **Blasmusikmuseum**. Im nahe gelegenen **Lachtal** sind verschiedene **Wanderungen** – z.B. auf den **Hohen Zinken** (2275 m, Start Parklatz Sesselbahn Lachtal, 5 Std., 650 Hm, leicht) – möglich, im Winter ist das beliebte **Skigebiet** (www.lachtal. at) der große Anziehungspunkt. Geübte **Alpinisten** können auch zu einer Gipfeltour in die **Wölzer Tauern** aufbrechen und haben die Wahl zwischen dem zumutbaren **Greim** (2474 m, Start Greimparkplatz, 3 Std., 750 Hm, mittel) und der schwierigen **Rettelkirchspitze** (2475 m, Start Funklhütte, 4 Std., 900 Hm, schwer), von der man über einen Kamm nach weiteren 1,6 km den **Hochstubofen** (2385 m) erreicht.

Praktische Infos

■ **Tourismusinformation Oberwölz-Lachtal,** Stadt 15, A-8832 Oberwölz, Tel. 3532 272050, www. oberwoelz-lachtal.at.

■ **Burg Rothenfels**②, Bromach 1, A-8832 Oberwölz, Tel. 0676 5552003, rothenfels.at. Ein exklusives Appartment mitsamt zwei Doppelzimmern steht hier zur Verfügung, allerdings wird die Burg nur individuell an Familien oder Gruppen vermietet, sprich: Man hat sie für sich allein.

■ **Camping Rothenfels,** Bromach 1, A-8832 Oberwölz, Tel. 0664 1412514, camping-rothenfels. at. Unterhalb der Burg liegt dieser schöne naturbelassene Campingplatz.

St. Lambrecht und Umgebung

Auch südlich der Mur finden sich in der Umgebung von Murau einige Sehenswürdigkeiten, wobei das **Benediktinerstift St. Lambrecht** sicherlich eine der größten darstellt. Seit über 900 Jahren prägt das Stift das kulturelle und spirituelle Leben des gleichnamigen Ortes und der ganzen Umgebung – selbst der große Wallfahrtsort Mariazell wurde wohl von Mönchen aus St. Lambrecht gegründet. Ein Besuch (im Rahmen einer Führung) führt in die teilweise von *Domenico Sciassia* (1599–1679) konzipierte **Klosterkirche,** die größte Hallenkirche der Steiermark, in den **Prälatensaal,** die **Volkskundliche Sammlung** und das **Vogelmuseum.** Unbedingt sollte man auch den **Klostergarten** aufsuchen, und wer danach noch Energie hat, der kann ins **Lambrechter Schloss** westlich des Stifts fahren.

MEIN TIPP: **Benediktinerstift St. Lambrecht,** Hauptstraße 1, A-8813 St. Lambrecht, Tel. 03585 23050, www.stift-stlambrecht.at, Führungen Mitte Mai bis Mitte Okt. Mo–Sa 10 und 14.30 Uhr, Mitte Okt. bis Mitte Mai auf Anfrage, Eintritt (mit Führung) ab 9 €, ermäßigt ab 6 €.

Wem mehr nach Bewegung ist, bricht auf einem 12,7 km langen Rundweg durch die **Lambrechter Klamm** (Start Benediktinerstift St. Lambrecht, 3,5 Std., 400 Hm, leicht) oder auf die 1870 m hohe **Grebenzen** auf, die zum **Naturpark Zirbitzkogel-Grebenzen** gehört (Start Benediktinerstift St. Lambrecht, 4,5 Std., 800 Hm, schwer). Sehenswerte historische Bauwerke in der näheren Umgebung sind die unübersehbare, auf 1209 m Höhe liegende **Ruine der Burg Stein-**

oes_203 mw

schloss in Teufenbach und etwas südlich, in **Neumarkt,** das **Schloss Forchtenstein,** in dem eine internationale Begegnungsstätte beheimatet ist. Südlich von Neumarkt liegt **Mühlen,** der optimale Ausgangsort für **Wanderungen** in die östlich emporragenden **Seetaler Alpen,** in denen speziell die Tour von der **Tonnerhütte** auf 1594 m hinauf zum **Zirbitzkogel** (2396 m) den Höhepunkt darstellt (Start Tonnerhütte, 3,5 Std., 800 Hm, mittel). Touristisch wird die Region als **„Zirbenland"** vermarktet – ein Gläschen **Zirbenschnaps** (→ Exkurs S. 570) sollte zu einem Besuch dazugehören! Folgt man der B317 von Neumarkt nach Süden, erreicht man bald die **Landesgrenze nach Kärnten,** Friesach ist rund 14 km entfernt.

Praktische Infos

- **Tourismusinformation Mühlen,** Mühlen 5, A-8822 Mühlen, Tel. 03586 2208, www.muehlen.at.
- **Naturpark Zirbitzkogel-Grebenzen,** Hauptplatz 1, A-8820 Neumarkt, Tel. 03584 2005, www.natura.at.
- **Camping Zirbitzkogel,** Hitzmannsdorf 2, A-8822 Mühlen, Tel. 03586 2418, www.camping-am-badesee.at. Hübscher Campingplatz am Mühlner Badesee.

Judenburg und Umgebung

Judenburg, mit knapp **9600 Einwohnern** die **zweitgrößte Stadt der Region,** wurde Ende des 11. Jahrhunderts erstmals urkundlich erwähnt. Der Name kommt wahrscheinlich daher, dass seinerzeit **jüdische Händler** eine wichtige Rolle im transalpinen Warenaustausch spielten und eben hier einen Handelsposten gründeten. Zwar gehört der **an der Mur** gelegene Ort nicht gerade zu den großen Attraktionen in der Region, doch mit seinem 75 m hohen freistehenden **Turm** – in dem sich ein großartiges **Planetarium** befindet – und einigen hübschen **Bürgerhäusern** speziell um Haupt- und Martiniplatz ist er durchaus einen Zwischenstopp wert. Von Interesse ist auch das **Stadtmuseum** gegenüber dem ehemaligen Augustinerkloster, in ganz Österreichweit bekannt ist das **Museum des Fahrzeugherstellers Puch.**

■ **Judenburger Stadtturm (Planetarium),** Kirchplatz 1, A-8750 Judenburg, Tel. 03572 44088, sternenturm.at, zum Programm → Homepage, Eintritt 12 €, ermäßigt 9,50 €.

■ **Puch Museum,** Murtaler Platz 1, A-8750 Judenburg, Tel. 03572 47127, puchmuseum.at, April bis Okt. Mi–So 13–17 Uhr (Juli und Aug. tägl. 13–17 Uhr), Eintritt 5,50 €, ermäßigt 4,50 €.

Fotogen ist die **Burgruine Liechtenstein** südöstlich des Zentrums – nicht zu verwechseln mit dem **Schloss Liechtenstein** (schloss-liechtenstein.at), das heute ein Veranstaltungsort ist. Nördlich von Judenburg liegt mit **Fohnsdorf** ein von der Braunkohle geprägter Industriestandort, in dessen **Bergbaumuseum** man viel Spannendes über diesen Wirtschaftszweig und seine Geschichte erfährt.

■ **Bergbaumuseum Fohnsdorf,** Schacht 10, A-8753 Fohnsdorf, Tel. 0357 34647, www.bergbaumuseum-fohnsdorf.at, Mai bis Okt. tägl. 9–17 Uhr, Eintritt 10 €, ermäßigt 5 €.

Wer sich nach Entspannung sehnt, kann sich in die **Therme Fohnsdorf** (www.therme-aqualux.at) begeben. Familien mit Kindern werden im **Märchenwald** (www.maerchenwald.at) **in St. Georgen** etwa 13 km westlich von Judenburg ihren Spaß haben. Im nördlich gelegenen **Oberzeiring** gibt es mit dem **Schaubergwerk** ein weiteres Museum (www.silbergruben.at) zum Thema Bergbau; ein ehemaliger Bergstollen wurde zum **Heilzentrum** (www.optimamed-oberzeiring.at) umfunktioniert.

☒ Klein, aber oho: Der Hauptplatz in Judenburg ist dank seines Bauensembles hübsch anzusehen

Praktische Infos

■ **Tourismusinformation Judenburg,** Hauptplatz 6, A-8750 Judenburg, Tel. 03572 85000, www.judenburg.com.

■ **Hotel Schloss Gabelhofen**②-③, Schloßgasse 54, A-8753 Fohnsdorf, Tel. 03573 55550, www.gabelhofen.at. Ein großartiges Ambiente und einwandfreie Zimmer bietet dieses vollständig renovierte Schlosshotel.

Stubalpe und Umgebung

Von Judenburg bis Knittelfeld erstreckt sich im Murtal auf etwa 22 km Länge und 5 km Breite das sog. **Aichfeld,** ein ausgedehntes Sedimentbecken. Südlich davon liegen die bereits angesprochenen **Seetaler Alpen** mit dem 2396 m hohen **Zirbitzkogel** und östlich davon die **Stubalpe,** deren höchste Erhebung der **Ameringkogel** (2187 m) bildet. Diese Gegend ist relativ unbekannt und stellt im Frühling und Sommer ein wahres **Wanderparadies** dar, während im Winter das nahe gelegene Gebiet des **Salzstiegls** (www.salzstiegl.at) beste Voraussetzungen für Ski- und Rodelspaß bietet. Ein Ausgangsort für die Stubalpe ist **Obdach** – von wo man auch den Zirbitzkogel erreicht (Start Parkplatz Winterleitenhütte, 4,5 Std., 800 Hm, schwer) –

bzw. **Hirschegg** für den Salzstiegl, über das Alte Almhaus (Start Hirschegg Salzstieglhaus, 4,5 Std., 200 Hm, leicht, familienfreundlich). Nördlich der Stubalpe führt der **Höhenpass Gaberl** (1551 m, gaberl.at) hinüber in die Gleinalpe – als **Wander- und Wintersportgebiet** ebenfalls blendend geeignet und noch dazu relativ wenig frequentiert. Man erreicht es aus **Kleinfeistritz** kommend oder über das bereits in der Nähe von Köflach gelegene Bergdorf **Salla.**

Praktische Infos

- **Informationsbüro Hirschegg-Pack,** Hirschegg 24, A-8584 Hirschegg-Pack, Tel. 03141 2207, www.hirschegg-pack.gv.at.
- **Informationsbüro Obdach,** Hauptstraße 31, A-8742 Obdach, Tel. 03578 4030, www.obdach.gv.at.
- **Alpengasthof Sabathy**①-②, Granitzen 32, A-8742 Obdach, Tel. 03578 8230, www.alpengasthof-sabathy.at. Gasthof mit Hausmannskost, Zirbenshop und Zimmern auf 1620 m Höhe am Fuße des Zirbitzkogels.

Knittelfeld und Umgebung

Östlich des Aichfeldes verengt sich das Murtal wieder, wenn auch nicht mehr so stark wie westlich davon. **Knittelfeld** ist mit **12.800 Einwohnern** die **größte Stadt der Region,** bietet aber für Besucher **kaum Interessantes.** Als wichtiger Industriestandort und Eisenbahnerstadt wurde es im Zweiten Weltkrieg **häufig Ziel von Luftangriffen** und verlor dabei praktisch fast sein gesamtes historisches Bauensemble. In der Umgebung sei als erstes der **Red Bull Ring in Spielberg** erwähnt, eine Motorsport-Rennstrecke, auf der regelmäßig **Formel-1-Rennen** und andere Großveranstaltungen stattfinden, doch auch „Laien“ können hier Gas geben, sowohl auf der Rennstrecke als auch offroad.

Das Post- und Telegraphenamt in Knittelfeld überstand die alliierten Bombenangriffe

oes_204 mw

☐ Übersichtskarte S. 550

■ **Red Bull Ring/Projekt Spielberg,** Red Bull Ring Straße 1, A-8724 Spielberg, Tel. 03577 202, www.redbullring.com.

Die Gegend zwischen Knittelfeld und **Zeltdorf** vermarktet sich als **Paradies für Wander-, Schneeschuh- und Berg-Action,** z.B. bei einer Fahrt mit einem Schneemobil oder -buggy. Äußerst alpin geht es speziell auf der **Gleinalpe** zu, wo der 1988 m hohe **Speikkogel** und sein Umland das optimale Ziel für Bergfreunde darstellen – Basis ist **St. Lorenzen ob der Mur** nordöstlich von Knittelfeld.

Unter den geschichtsträchtigen Gebäuden seien zunächst die **gotische Kirche in St. Marein** und das toskanisch anmutende **Schloss Farrach** genannt, in dem ein edles **Restaurant** Feinschmecker anzieht. Ein Meisterwerk ist die **Benediktinerabtei Seckau,** deren Entstehung auf das 12. Jahrhundert zurückgeht, während ihr heutiges Aussehen aus dem Jahr 1625 stammt. Einzigartig ist die Architektur des mächtigen Gebäudes einschließlich zahlreicher **Prunkräume** – wie dem Huldigungssaal – und dem inneren und äußeren Innenhof. Über Letzteren gelangt man in die **Klosterkirche,** deren zwei massive Türme nicht zu übersehen sind. In der Kirche finden sich eine romanische Kreuzigungsgruppe, mehrere Kapellen und ein **Habsburger-Mausoleum.**

■ **Benediktinerabtei Seckau,** Seckau 1, A-8732 Seckau, Tel. 03514 52340, www.abtei-seckau.at, variierende Öffnungszeiten, Eintritt frei.

Lohnende Aussichtspunkte in der Umgebung sind die **Hochalm** (1983 m) nördlich der Abtei (Parkplatz Kumpitzgraben, 4 Std., 850 Hm, mittel, besonders bei Pilgern beliebt, die auf der Hochalm die Wallfahrtskirche Maria Schnee besuchen) und der **Tremmelberg** (1194 m) südwestlich davon (Start Seckau Jausenstation Willhuber, 4 Std., 350 Hm, leicht). Westlich von Seckau liegt **Gaal,** wo sich ein Museum dem **VW-Käfer** (www.kaefermuseum.at) widmet.

oes_205 dk

☐ Schlicht und doch beeindruckend: die Klosterkirche der Abtei Seckau

Praktische Infos

■ **Schloß Farrach**②-③, Schlossweg 13, A-8740 Zeltweg West, Tel. 03577 25257, www.schlossfarrach.at. Regional inspirierte Haubenküche.

MEIN TIPP: **Camping Murinsel,** Teichweg 1, A-8734 Großlobming, Tel. 0664 3045045, www.camping-murinsel.at. Familienfreundlicher Campingplatz an einem ca. 1,5 Hektar großen Teich mit Trinkwasserqualität.

oes_230 dk

9 Burgenland

»Als das südöstlichste und jüngste Bundesland Österreichs zeichnet sich das Burgenland seit jeher durch seine liebenswerte Andersartigkeit aus. Hier herrscht das wärmste Klima des Landes und es gibt die meisten Sonnentage – dadurch wirkt vieles leichtlebiger und entspannter als im Rest der Republik. Mit ihrer landschaftlichen Schönheit begeistert die Region ihre Besucher, ob im flachen Norden mit dem beeindruckenden Neusiedler See oder im hügeligen Mittel- und Südburgenland, wo sich Weinbau, historische Zeitzeugen und Waldgebiete abwechseln.

[<] Maurisch-byzantinisches Landschloss in Rotenturm: Die burgenländische Geschichte unterscheidet sich in vielerlei Hinsicht von der in anderen Regionen Österreichs

Burgenland
0 10 km ©Reise Know-How
ÖsterrK09 2/24
WIEN
BRATIS-LAVA
Pressbaum
Neu-leng-bach
Wienerwald
Perchtolds-dorf
Hocheck 1037
Hinterbrühl
Mödling
Maria Lanzendorf
Schwechat
Nationalpark Donauauen
Orth
Donau
Hainburg an der Donau
Römerstadt Carnuntum
Regelsbrunn
Rohrau
Kittsee
Himberg
Laxenburg
Schwadorf
Mayerling
Gumpolds-kirchen
Gramatneusiedl
Bruck a.d.Leitha
Galtendorf
Rusovce
Altenmarkt
Baden bei Wien
Ober-waltersdorf
Götzendorf
Leitha
Parndorf (Pandrof)
Rajka
Bad Vöslau
Trais-kirchen
Ebreichs-dorf
Mannersdorf
Nickelsdorf
Pottenstein
NP Neusiedler See-Leithagebirge
Neusiedl am See
Industrie-viertel
Berndorf
Sollenau
Leithagebirge
Purbach
Hegyes-halom
Markt Piesting
Pottendorf
Donnerskirchen
Gols
Mönchhof
Pernitz
Ebenfurth
Eisenstadt
Podersdorf
Frauenkirchen
Hohe Wand
Weikersdorf
Leitha
St. Margarethen
Rust
Neusiedler See
Seewinkel
Wiener Neustadt
Puchberg
Mörbisch am See
Andau
Wiener Alpen
Neun-kirchen
Draßburg
Illmitz
Mattersburg
Nationalpark Neusiedler See-Seewinkel
Rosalien-gebirge
Ternitz
Fertörákos
Pamhagen
Schloss Stuppach
Pitten
Naturpark Seebenstein-Türkensturz
Sopron
Gloggnitz
Scheibling-kirchen
Balf
UNGARN
St. Corona
Blaufränkischland
Nagycenk
Kapuvár
Kirchberg a.W.
Edlitz
Kobersdorf
Necken-markt
Deutschkreutz
Wehrkirchen-straße
Markt St. Martin
Lichtenegg
Raiding
Fertös-zentmiklós
Hoch-wechsel 1743
Aspang-Markt
Bucklige Welt
Oberpullendorf (Felsöpulya)
Lövö
Cirák
Beled
Mönich-kirchen
Kirchschlag
Lutzmanns-burg
Répcelak
Pinggau
Mannersdorf
Friedberg
Bernstein
Vorau
Pinkafeld
Lockenhaus
Köszeg
Bük
Uraiujfalu
Joglland
Pinka
Stadtschlaining
Rechnitz
Zsédeny
Ostffyasszonyfa
Hart-berg
Oberwart (Felsöör)
Vát
Schachen-dorf
Buscu
Sárvár
Celldömölk
Kaindorf
Großpeters-dorf
Szombathely
Sótony
Sebersdorf
Eisenberg
Kohfidisch
Stegersbach
Kisunyom
Jánosháza
Rum
Kám
Bad Blumau
Kukmirn
Güssing
Moschen-dorf
Nova
Alsóújlak
Hosszúpereszteg
Fürstenfeld
Vasvár
Lafnitz
Heiligenbrunn
Raba
Riegersburg
Körmend
Györvár
Heiligenkreuz
Rábafüzes
Zalaszentgrot
Feld-bach
Raab
Fehring
Gasztony
Szentgotthárd
Pokaszepetk
Zala-koppány
Jennersdorf
Bad Gleichenberg
Tauka
Felsöszolnok
UNGARN
Bagod
Zalaszentlászló
Styrassic Park
Dreiländer-eck
Hodoš
Zalalövö
Zalaegerszeg
Zalacsány
St. Anna am Aigen
Nagykapornak
Bajánsenye
Klöch
Pertoča
Mačkovci
A1
A2
A21
A3
A4
A6
D2
S4
S6
S31
M85
M86
641
653
654
654/662
655
657
658
659
660
662
663
664
665
666
669
673
674
675
677
678
679
681
683
684
685
687
688
689
690
691
692

SONNENREGION IM SÜDOSTEN

Nach Wien und Vorarlberg ist das Burgenland mit einer Fläche von 3965 km² das drittkleinste Bundesland Österreichs. Hier leben etwa 301.000 Menschen, vorrangig in Gemeinden mit einer Bevölkerung von unter 8000 Einwohnern. Die größte Stadt ist mit knapp 16.000 Bewohnern die Hauptstadt Eisenstadt. Geschichtlich spielt das Burgenland eine Sonderrolle in Österreich, stand es doch von 1648 bis 1921 unter ungarischer Verwaltung. Erst in dem nach dem Ersten Weltkrieg abgeschlossenen Vertrag von St. Germain-en-Laye wurde das Gebiet 1919 Österreich zugesprochen und letztendlich am 5. Dezember 1921 von Ungarn offiziell übergeben. Bis heute leben vor Ort auch nicht-deutschsprachige Minderheiten, darunter immer noch viele Ungarn, aber auch die sog. Burgenlandkroaten und Burgenlandroma.

Das Burgenland liegt im **äußersten Südosten der Republik.** Man unterteilt es in drei Regionen: das flache **Nordburgenland,** das sanft-wellige **Mittelburgenland** und das hügelige **Südburgenland,** das sich unterhalb des 884 m hohen Geschriebensteins erstreckt. Die **Hauptstadt Eisenstadt** bietet mit dem **Schloss Esterházy** ein architektonisches Glanzstück, in dem einst der Komponist *Joseph Haydn* (1732–1809) als Hofkapellmeister wirkte. Doch die bei Weitem meistbesuchte Attraktion des Bundeslandes ist der **Neusiedler See,** ein von einem breiten Schilfgürtel umgebener, äußerst flacher Steppensee, der – immerhin 320 km² groß – häufig als das „Meer der Wiener" bezeichnet wird und an dessen Ufern sich mehrere **reizende Städtchen** finden. Das Mittel- und das Südburgenland mögen zwar unbekannter als der Norden sein, doch auch hier gibt es viel zu sehen, z.B. **pittoreske Burgen,** die dem Bundesland allerdings nicht seinen Namen gegeben haben (→ S. 643). Weinliebhaber zieht es vor allem ins **„Blaufränkischland",** wo die örtlichen Tropfen in unzähligen Buschenschänken verkostet werden können.

NICHT VERPASSEN!

- **Adel verpflichtet:** das Schloss Esterházy ist das Wahrzeichen Eisenstadts | 644
- **Oper im Steinbruch:** bei den Festspielen in St. Margarethen | 655, 656
- **Auf der Spur der Blutgräfin:** zu Besuch in der Burg Lockenhaus | 675
- **Urlaub am Weinberg:** übernachten in einem Kellerstöckl auf dem Eisenberg | 684
- **Südburgenländische Tropfen:** im Uhudlerdorf Heiligenbrunn 100% sicher! | 687

Diese Tipps erkennt man an der gelben Markierung.

Essen und Trinken im Burgenland

Die burgenländische Küche ist in erster Linie **ländlich-bäuerlich** und zeichnet sich durch ihre Einfachheit aus, weshalb viele typische Speisen eher zu Hause gekocht als im Restaurant serviert werden. Hier sind Gerichte wie der **Sterz** beliebt, zusammengesetzt aus Weizenmehl, flüssigem Schweineschmalz und gerösteten Kartoffeln (Bettlersterz) oder gekochten Bohnen (Bohnensterz, auch „Paundlsteaz" genannt), ferner **Eintöpfe** wie der **Grenadiermarsch,** bei dem Kartoffeln, Fleckerln (quadratische Eierteigwaren), Zwiebeln, Paprikapulver und Wurststückchen vermischt werden. Natürlich ist die Nähe zu Ungarn nicht zu leugnen, daher finden sich **Gulaschvariationen** mit viel Zwiebel, Knoblauch und Paprika wie Rinds- oder Krumpangulasch (Kartoffelgulasch) – meist mit Eiergerstl (Eiergraupen) gegessen –, aber auch **Paprikahuhn, Gänse- oder Hühnerleber, gefüllte Paprika** (meist mit Reis und Faschiertem = Hackfleisch) oder diverse **Strudelvariationen** wie Bohnen- und Krautstrudel bzw. der beliebte Krumpanstrudel (Kartoffelstrudel). Besonders zum Wein in einem Buschenschank liebt man die sog. **Grammelpogatscherln,** kleine Germteigteilchen (Hefeteig), die mit Grammeln (Grieben) gefüllt sind. Da der heilige *Martin* Landespatron des Burgenlandes ist, hat das **Martinigansl** (gebratene Martinsgans) – vor allem zu Martini am 11. November gegessen – eine ganz besondere Tradition. Speziell um den Neusiedler See liebt man **Suppen:** Knoblauchsuppe, Umurkensuppe (Gurkensuppe), Bohnencremesuppe, Krautsuppe oder die „Mülifoafal" oder Farferlsuppe genannte Suppe auf Milchbasis mit Mehlnockerln (ähnlich wie Spätzle). Möglicherweise stammt die Vorliebe für diese von den sog. **Hianzen,** Bauern, die im 11. Jahrhundert aus bairischen und alemannischen Landen kamen und den Burgenländern insgesamt den Spitznamen **„Suppenschwaben"** einbrachten. Fischliebhaber sollten einen in Butterschmalz gebratenen und gewürzten **Fogosch** (= Zander) probieren oder die auf Zwiebel- und Paprikabasis zubereitete **Fischsuppe** (die man in Ungarn Halászlé nennt) verkosten. Doch keine Sorge, auch **süße Naschkatzen** kommen zwischen Kittsee und Neuhaus auf ihre Kosten. Zu den typischsten Verführungen zählen die „Lekwartascherln" (mit Powidl = Pflaumenmus gefüllte Teigtaschen), diverse Kipferl (längliche, gebogene Backwaren), die „Hollerschoiberl" (gebackene Holunderblüten, mit Zucker und Zimt bestreut), aber auch **Strudel** wie Kirsch- oder Nussstrudel sowie die unwiderstehlichen **Somlauer Nockerl** (zweierlei Biskuit mit Vanillepudding, Rum-Rosinen und Schokoladensoße)! Und was trinkt man zu alledem? Im Burgenland kann es darauf nur eine Antwort geben: **Wein** (→ Exkurs S. 668).

oes_229 rk

Aber auch andere Orte, die viel über die Vergangenheit der Region verraten – wie die **Freilichtmuseen** in Bad Tatzmannsdorf und Gerersdorf oder das **Künstlerdorf in Neumarkt an der Raab** –, sind sehenswert. Bei durchschnittlich **300 Sonnentagen im Jahr** und vor dem Hintergrund, dass das Burgenland kaum übermäßig steile Anstiege verzeichnet, erstaunt es nicht weiter, dass sich hier sowohl **Wanderer** als auch **Radfahrer** wohlfühlen. Auf dem **Weitwanderweg „Bernstein-Trail"** (www.burgenland.info/erleben/sportlich-aktiv/zu-fuss/wandern/bernstein-trail) kann man auf rund 370 km das Bundesland durchqueren. Auch die vielen **Naturparks** und der **Nationalpark Neusiedler See-Seewinkel** erfreuen Wanderlustige mit spannenden **Themenwegen.** Das **Fahrradwegenetz** ist ebenfalls hervorragend ausgebaut: Über 2500 km Routen führen durch das Land und bieten zugleich für Familien konzipierte Strecken und solche für Rennräder oder Mountainbikes. Genug der Bewegung? Kein Problem, denn relaxen kann man im Burgenland natürlich auch, und zwar am besten in einer der **Wellness-Thermen.** Wer mit öffentlichen Verkehrsmitteln reist, sollte Zeit haben, denn **Bahn- und Busverbindungen** sind im österreichischen Vergleich recht spärlich; Ausnahmen sind die Landeshauptstadt Eisenstadt und der Neusiedler See.

Infos: Tourismus Burgenland, www.burgenland.info.

◁ Stärkung beim Heurigen

Eisenstadt

Die **Landeshauptstadt des Burgenlandes** bezeichnet sich selbst als „kleinste Großstadt" der Welt – bei nicht einmal **16.000 Einwohnern** darf man tatsächlich kein zweites New York erwarten. Die Stadt liegt **am südlichen Fuße des Leithagebirges** auf einer terrassenähnlichen Ebene, die gen Süden allmählich zur sog. **Wulkaebene** abfällt. Somit wird Eisenstadt im Norden geschützt durch den bis über 400 m emporragenden **Leithakamm,** auf dem sich Weinreben und Laubwälder abwechseln, und nach Westen hin ist es nicht weit an den Neusiedler See. Urkundlich das erste Mal im 12. Jahrhundert erwähnt, war die Stadt hauptsächlich unter ihrem ungarischen Namen **Kismarton** bekannt und **Teil des Königreichs Ungarn.** Ihre Entwicklung geht stark auf die rege Bautätigkeit der **Adelsfamilie Esterházy** zurück, die sie als ihre Residenzstadt nicht nur mit dem stattlichen Schloss, sondern auch mit vielen weiteren Gebäuden in diversen Architekturstilen des 18./19. Jahrhunderts bereicherten. 1761 wurde **Joseph Haydn** (1732–1809) am Hofe der *Esterházy* Hofkapellmeister – die Stadt versteht es bis heute gut, sich mit seinem Namen zu vermarkten und als lebendiges Kulturzentrum zu präsentieren.

Stadtgeschichte

Archäologische Funde belegen, dass der Raum Eisenstadt schon in der **Hallstatt-Periode** besiedelt war, danach folgten **Kelten** und dann **Römer.** Während der

Völkerwanderung kamen **germanische Stämme sowie Hunnen** und ab 800, zur Zeit *Karls des Großen,* begann die Besiedlung durch die **Bajuwaren.** Etwa 200 Jahre später wurde das Gebiet der westliche Zipfel des Reiches der **Ungarn,** jedoch stets mit einer starken deutschsprachigen Bevölkerung. Eisenstadt und seine Burg wurden urkundlich das erste Mal 1118 in der Chronik des *Otto von Freising* als **„castrum ferrum"** erwähnt, eine weitere schriftliche Beurkundung erfolgte 1264 als **„minor Mortin"** (Kleinmartinsdorf, auf Ungarisch Kismarton), was Bezug nimmt auf die **Martinskapelle** vor Ort. 1373 kam die Stadt in den Besitz der ungarischen **Adelsfamilie Kanizsai,** die sie ausbauen und befestigen ließ – der deutsche Name Eisenstadt bezog sich wohl auf die „stark wie Eisen" gefertigten Mauern um die Wasserburg. Nachdem die Stadt 1388 das **Marktrecht** erhielt, fiel sie zuerst als Pfand an die **Habsburger** und blieb dann bis Ende des 17. Jahrhunderts unter österreichischer Verwaltung, während ein Großteil Ungarns von den Türken besetzt war. 1648 wurde Eisenstadt vom Kaiser auf ausdrücklichen Wunsch der Bürgerschaft zur **königlichen Freistadt** erhoben, die außer dem König niemandem untertan war; das kostete die

Bürger der Stadt 16.000 Gulden und 3000 Eimer Wein. Nach 145 Jahren türkischer Besetzung „befreiten" die Habsburger im Jahr 1686 ganz Ungarn und übernahmen die Königskrone. Der **ungarische Adel** verlangte im Gegenzug Westungarn wieder voll in ihr Reich zu integrieren, und in diesem Geiste belehnte Kaiser **Ferdinand III.** die ungarische **Adelsfamilie Esterházy** u.a. mit der Region Eisenstadt. Als eine der reichsten Familien Mitteleuropas besaßen die *Esterházy* riesige Ländereien und zahlreiche Schlösser, doch sie entschlossen sich für Eisenstadt als **fürstlichen Hauptsitz.** Die ehemalige Burg wurde zum repräsentativen Schloss umgebaut, und mit der Anstellung von **Joseph Haydn** als Hofkapellmeister ab 1761 begann eine 30 Jahre währende Glanzzeit im Kunstleben und -schaffen.

Während der Koalitionskriege wurde Eisenstadt 1809 von französischen Truppen besetzt. Mit Ausrufung der **Doppelmonarchie** im Jahr 1867 besann sich die **deutschsprachige Mehrheit** mehr und mehr ihrer Identität – entgegen der aufgezwungenen Magyarisierung („Ungarisierung") – und richtete sich kulturell stärker auf Wien als auf Budapest aus. Dies hing auch damit zusammen, dass in der zweiten Hälfte des 19. Jahrhunderts das Haus *Esterházy* in finanzielle Nöte geriet und dem Bankrott nur mit kaiserlicher Hilfe entkommen konnte.

oes_208 dk

Nach dem Ersten Weltkrieg und der Auflösung Österreich-Ungarns fand ein dreijähriges Ringen um die künftige Staatszugehörigkeit **„Deutsch-Westungarns"** und damit auch von Eisenstadt statt. Durch den **Friedensvertrag von St. Germain-en-Laye** 1919 mit Österreich und den von Trianon 1920 mit Ungarn kam das Gebiet **1921** als **Burgenland** – benannt nach den altungarischen Komitaten Eisenburg, Ödenburg und Wieselburg – zu Österreich. Zunächst sollte Ödenburg (auf Ungarisch Sopron) Landeshauptstadt werden, doch blieb die Stadt letztendlich nach einer Volksabstimmung bei Ungarn und man bestimmte 1925 Eisenstadt zum Sitz der

☐ Interessanter Mix verschiedener Baustile: das Schloss der Adelsfamilie Esterházy

burgenländischen Landesregierung. In der **NS-Zeit** wurde das Burgenland dann gleich wieder aufgelöst; der Nordteil samt Eisenstadt gehörte bis 1945 zum Gau Niederdonau. In diese Zeit fielen auch die **Vertreibung und Ermordung der jüdischen Bevölkerung,** die hier schon seit dem 13. Jahrhundert ansässig war. Gegen Ende des Krieges wurde die Stadt durch die **Rote Armee** eingenommen und blieb bis 1955 Teil der sowjetischen Besatzungszone. Erst seit 1965 ist der Status als **Landeshauptstadt** offiziell in der Stadtverfassung verankert und sogar erst 1981 in der burgenländischen Landesverfassung.

Sehenswertes

Schloss Esterházy

Die **einstige Fürstenresidenz der Adelsfamilie Esterházy** ist unbestritten das Wahrzeichen von Eisenstadt und sollte bei einem Besuch der Stadt unbedingt an erster Stelle stehen. **Ursprünglich** stand hier eine **vierflügelige gotische Burg,** erbaut im 13. Jahrhundert und zuerst im Besitz der Familie *Gutkeled* und dann der Familie *Kanizsai,* die auch die Stadtmauer anlegen ließ. Zwischen 1445 und 1464 kam die Burg mit der ganzen Stadt in den Besitz der **Habsburger,** ging dann aber wieder an das **Königreich Ungarn** unter König *Mathias Corvinus* zurück. 1622 kam die Festung als Pfandleihe in die Verwaltung der Familie *Esterházy,* 1649 wurde sie *Ferdinand III.* endgültig abgekauft; seitdem ist sie ohne Unterbrechung Eigentum der *Esterházy.* In den 1650ern wurde die Burg zu einem **Barockschloss** umgebaut, das fortan die **Hauptresidenz** der in den Fürstenstand erhobenen Familie blieb. Verantwortlich für die Planung zeichnete der aus der Lombardei stammende **Baumeister** *Carlo Martino Carlone* (1616–67), die Steinmetzarbeiten wurden von Meistern aus Italien und dem Tessin gefertigt. Anfang des 19. Jahrhunderts begann *Karl Ehmann* (1777–1828) damit, das Anwesen in ein klassizistisches Schloss nach Plänen des Architekten *Charles de Moreau* (1758–1840) umzubauen, doch wurde dies aufgrund finanzieller Belastungen der *Esterházy* durch den Krieg gegen *Napoleon* nie abgeschlossen.

Wer das Schloss besucht, dem fällt vielleicht auf, dass es etwas unharmonisch wirkt, wie eine **unausgewogene Mischung verschiedener Bauarten.** So

thront auf der stattlichen Front in Schönbrunner Gelb ein orientalisch anmutender Zwiebelhut, ergänzt durch Aussichtswarten und Türme in verschiedenen Stilen. Auf der Fassade grüßen Steinbüsten ungarischer Heerführer den Besucher. Innen sind vor allem der **Haydn-Saal** – ein Festsaal, in dem nach wie vor Konzerte stattfinden – und die **Prunkräume** (Speise- und Spiegelsaal, Chinesischer Salon) hervorzuheben. Im Westtrakt befindet sich die **Schlosskirche** mit den Reliquien des heiligen *Konstantin,* während man im Keller des Anwesens das **Burgenländische Weinmuseum** erkunden kann. Südlich des Schlosses stehen noch die ehemaligen **Stallungen.** Im Norden erstreckt sich der fast 5 km² große **Schlosspark,** in dem die **zweitgrößte Orangerie Österreichs** – nach der im Schloss Schönbrunn in Wien – und der **Leopoldinentempel** einen Besuch wert sind.

MEIN TIPP: **Schloss Esterházy,** Esterházyplatz 1, A-7000 Eisenstadt, Tel. 02682 630047600, esterhazy.at/schloss-esterhazy, Mai bis Okt. Di–So 10–17 Uhr, Nov. bis März Di–So 10–17 Uhr (Di bis Fr nur mit Führung), Eintritt 19 €, ermäßigt 15 € (mit Führung zusätzlich 3 €).

Hauptstraße

Östlich des Schlosses verläuft die etwa **500 m lange verkehrsberuhigte Hauptstraße,** in deren Mitte die **Pestsäule** aus der ersten Hälfte des 18. Jahrhunderts

Musikrevolution made in Eisenstadt – Joseph Haydn (1732–1809)

Franz Joseph Haydn wurde 1732 als zweites von zwölf Kindern **in Rohrau** im heutigen Niederösterreich **geboren.** Seine Familie war nicht sonderlich musikalisch, doch die Begabung des jungen *Joseph* erkannte man schon früh. Als er gerade einmal acht Jahre alt war, wurde der musikalische Direktor des Stephansdoms in Wien auf ihn aufmerksam und nahm ihn mit in die Hauptstadt, wo er neun Jahre als **Chorsänger** tätig war und **Gesangs-, Klavier- und Violinunterricht** erhielt und bereits erste Kompositionen schrieb. Mit Abschluss seines Stimmbruchs 1749 schied er aus dem Chor aus und begann eine Karriere als **freier Musiker.** Etwa zehn Jahre dauerte diese nicht immer einfache Phase, in der er auch gezwungen war, sich mit nicht-musischen Tätigkeiten über Wasser zu halten. Er schrieb damals seine **ersten Streichquartette** und seine **erste Oper,** wodurch die Öffentlichkeit allmählich auf ihn aufmerksam wurde. 1757 erhielt er eine Stelle als **Musikdirektor** des Grafen *Karl von Morzin* auf Schloss Dolní Lukavice bei Pilsen. Drei Jahre später heiratete er im Wiener Stephansdom die zwei Jahre ältere *Maria Anna Theresia Keller,* Tochter eines aus Hamburg stammenden Perückenmachers. Doch die **Ehe** verlief wenig harmonisch, da *Maria Anna* kaum Verständnis für die Musik ihres Gatten zeigte, äußerst bigott und zänkisch war und die Ehe kinderlos blieb.

1761 heuerte *Haydn* bei der ungarischen Magnatenfamilie **Esterházy** an, zunächst als Vizekapellmeister und ab 1766 als Erster Kapellmeister. Zu jener Zeit folgte *Haydn* den *Esterházys* in ihre drei Hauptresidenzen: den Familiensitz in Eisenstadt, den Winterpalast in Wien und nach Eszterháza, einem großen Schloss im ungarischen Fertőd einige Kilometer südöstlich des Neusiedler Sees. Etwa 30 Jahre lang brachte *Haydn* im Hause *Esterházy* eine **Unmenge an Kompositionen** zu Papier, wobei sich sein musikalischer Stil ständig weiterentwickelte. 1790 starb Fürst *Nikolaus I.* und *Haydn* wurde von dessen unmusikalischen Nachfolger in Pension geschickt. Es folgten sehr erfolgreiche **Konzertreisen** nach England, bei denen das Publikum ihm förmlich zu Füßen lag. Ab 1793 lebte er westlich von Wien und schuf bis zu seinem Tod 1809 viele seiner bis heute weithin bekannten Werke, darunter die zwei Oratorien „Die Schöpfung" und „Die Jahreszeiten", mehrere Messen und neun Streichquartette, u.a. das „Quintenquartett", das „Sonnenaufgangsquartett" und das **„Kaiserquartett"** zu dem Gedicht „Gott! erhalte Franz, den Kaiser, Unsern guten Kaiser Franz!" von *Lorenz Leopold Haschka,* auf das *August Heinrich Hoffmann von Fallersleben* 1841 das **„Lied der Deutschen"** dichtete, das mit wechselnder Strophenbenutzung bis heute die **Nationalhymne Deutschlands** darstellt.

Joseph Haydn ist in einem **Mausoleum** bestattet, das *Paul Esterházy* 1932 im linken Seitentrakt der **Bergkirche** (auch Haydnkirche genannt) unter dem Nordturm errichten ließ. Wer mehr über das Leben des Komponisten in Eisenstadt erfahren möchte, der sollte dem **Haydn-Pfad** folgen – er beginnt an der besagten Berg- bzw. Haydnkirche.

steht. Man sollte außerdem auf die hübschen **Bürgerhäuser** – auch diese meist aus dem 18. Jahrhundert – achten, z.B. das **Jobhaus** mit der Hausnummer 19 oder das barocke **Orgelbauerhaus** (Nr. 22). Das **Rathaus** (Nr. 35) entstand im Stil der Renaissance etwa 1650, wurde aber um ca. 1760 umgebaut. Besonders die Fassade mit den drei Erkern und dem großen Eingangsportal macht Eindruck. An der Ostseite der Hauptstraße liegt der **Franz-Schubert-Platz,** wo die **Landesgalerie Burgenland** wechselnde Ausstellungen zu zeitgenössischer und moderner Kunst bietet.

■ **Landesgalerie Burgenland,** Franz-Schubert-Platz 6, A-7000 Eisenstadt, Tel. 02682 7195000, landesgalerie-burgenland.at, Di–Fr 9–17 Uhr, Sa/So 10–17 Uhr, Eintritt 5 €, ermäßigt 4 €.

Domplatz und Dom

Verlässt man die Hauptstraße bei der Pestsäule über die **Matthias-Marckhl-Gasse** nach Süden, erreicht man den Domplatz. Hier erhebt sich der dem heiligen *Martin* geweihte Dom, der die **Kathedrale der Diözese Eisenstadt** darstellt. Die erste urkundliche Erwähnung einer dem heiligen *Martin* geweihten Kapelle namens „minor Mortin" stammt aus dem Jahr 1264. Im 13. Jahrhundert wurde sie um einen Chor im frühgotischen Stil erweitert und 1460 dann unter Stadthauptmann *Johann Siebenhirter* zu einer **Wehrkirche** ausgebaut, da man den Einfall der Türken erwartete. Der **gotische Bau** samt Nordturm wurde 1522 fertiggestellt und nach einem verheerenden Brand erst im 17. Jahrhundert wieder restauriert. Heute präsentiert sich der Dom zumindest **innen relativ modern,** wurde er doch 1960 neu gestaltet, wovon speziell die Glasfenster zeugen. Nicht übersehen sollte man das große **Altarbild** „Die Verklärung des Hl. Martin" (1777) von *Stephan Dorfmeister* im nördlichen Seitenschiff und die 1778 wohl auf Anweisung von *Joseph Haydn* angefertigte **Kirchenorgel.**

Joseph-Haydn-Gasse

Nördlich der Hauptstraße verläuft parallel zu ihr die hübsche Joseph-Haydn-Gasse mit einer **Vielzahl eleganter Bürgerhäuser,** teilweise mit Rokoko- und Barock-Fassaden. Das Namhafteste hier ist das Haus mit der Nummer 21, in dem **Joseph Haydn** zwischen 1766 und 1778 lebte und in dem heute ein **Museum** über den Komponisten in den weitgehend **original erhaltenen Wohnräumen** untergebracht ist. Doch auch sonst ist es eine Wohltat, durch die Gasse zu schlendern, an deren Ostseite sich das **Franziskanerkloster** befindet, in dem die **Klosterkirche** und das dazugehörige **Diözesanmuseum** besichtigt werden können. Nicht zugänglich ist die **Gruft der Familie Esterházy,** in der fast sämtliche Fürsten des Adelsgeschlechts ihre letzte Ruhe fanden.

■ **Haydn-Haus,** Joseph-Haydn-Gasse 19–21, A-7000 Eisenstadt, Tel. 02682 7196000, haydnhaus.at, Mitte März bis Mitte Nov. Di–Fr 9–17 Uhr, Sa/So 10–17 Uhr, Eintritt 6 €, ermäßigt 5 €.

■ **Diözesanmuseum,** Joseph-Haydn-Gasse 31, 2. Stock, A-7000 Eisenstadt, Tel. 0676 880701017, www.martinus.at/dioezesanmuseum, Ende April bis Anfang Nov. Mi–Fr 10–13 und 14–17 Uhr, Eintritt 4 €, ermäßigt 1,50 €.

Österreichisches Jüdisches Museum und jüdische Friedhöfe

Westlich des Schlossbergs liegt das **Stadtviertel Unterberg,** in dem *Paul I. Esterházy* ab 1670 - damals außerhalb der Stadtmauern - im Bereich der Museumsgasse und Unterbergstraße etwa **3000 Juden** ansiedeln ließ, die zuvor aus Wien vertrieben worden waren. Vor Ort war über viele Jahre der aus Worms stammende **Rabbiner Samson Wertheimer** (1658–1742) tätig, in dessen Wohnhaus sich heute das **Österreichische Jüdische Museum** befindet - bereits 1972 eröffnet, war es das erste seiner Art im Land. Interessierte können nach Voranmeldung auch die beiden **jüdischen Friedhöfe in der Wertheimergasse und in der Carl Moreau-Straße** besuchen. Am Eingang zur Unterbergstraße sollte man die gut erhaltene **Kette** aus dem Jahr 1875 in Augenschein nehmen, die benötigt wurde, um am geheiligten Schabbat die Gasse abzuschließen.

■ **Österreichisches Jüdisches Museum,** Unterbergstraße 6, A-7000 Eisenstadt, Tel. 02682 65145, www.ojm.at, Mai bis Ende Okt. Di–Fr und So 10–17 Uhr (Ende Okt. bis April nur für Gruppen mit Voranmeldung), Eintritt 5 €, ermäßigt 3 €.

Landesmuseum Burgenland

Unmittelbar neben dem Österreichischen Jüdischen Museum befindet sich das Burgenländische Landesmuseum, das sich mit **Entstehung und Entwicklung des Burgenlandes** beschäftigt. Dabei geht es um Naturkundliches wie Geologie und Biologie, aber auch um das Wirken des Menschen (Archäologie, Kultur, Kunst, Volkskunde, Wirtschafts- und Zeitgeschichte). Interessant ist, dass die Grundidee zu diesem Ausstellungshaus geboren wurde, nachdem 1921 das Burgenland als neuntes Bundesland zu Österreich gekommen war und man seine **Identität** definieren wollte. Die Anfänge des Hauses gehen auf den **jüdischen Kunst- und Weinhändler Sándor Wolf** (1871–1946) zurück, dessen Familie seit Generationen in Eisenstadt ansässig war und der mit seiner **eigenen Sammlung** den Grundstein für das Museum legte. *Wolf* wurde zum Gründungsdirektor, musste Österreich aber 1938 nach dem „Anschluss" an Nazi-Deutschland verlassen. Seine Sammlung wurde „arisiert", nach dem Krieg aber restituiert und ist bis heute Teil der Ausstellung.

■ **Landesmuseum Burgenland,** Museumgasse 1–5, A-7000 Eisenstadt, Tel. 02682 7194000, landesmuseum-burgenland.at, Di–Fr 9–17 Uhr, Sa/So 10–17 Uhr, Eintritt 8 €, ermäßigt 6,50 €.

Oberberg

Westlich von Unterberg erstreckt sich das Oberberg genannte **Stadtviertel,** das sich durch seine Sakralbauten auszeichnet. Da ist zunächst die **Kirche des heiligen Antonius** mit dem angeschlossenen Spital der Barmherzigen Brüder an der Ecke Esterházystraße und Wertheimergasse. Etwa 200 m weiter westlich liegt der Kalvarienbergplatz mit der **Mariensäule** und der **Bergkirche (Haydnkirche),** in der sich das Mausoleum *Joseph Haydns* befindet. Die Kirche - in der das Kuppelfresko und das Altarbild beeindrucken - ist westseitig an den sog.

Kalvarienberg angebaut. Hierbei handelt es sich um einen aus Quadersteinen künstlich errichteten, überbauten Hügel, in dem Treppengänge an Nischen, Grotten und Kapellen vorbeiführen, in denen **über 300 Holz- und Steinfiguren** in 24 Stationen die Leidensgeschichte Christi erzählen.

■ **Bergkirche (Haydnkirche),** Joseph Haydn-Platz 1, A-7000 Eisenstadt, Tel. 0676 880708098, www.martinus.at/haydnkirche, April und Okt. Mo–Sa 9–17 Uhr, So 13–17 Uhr, Mai bis Sept. Mo–Sa 10–18 Uhr, So 14–18 Uhr, Nov. und Dez. Sa 10–16 Uhr, So 13–16 Uhr, Eintritt 7 €, ermäßigt 3 €.

☑ Wo der Meister seine letzte Ruhe gefunden hat: die Berg- bzw. Haydnkirche mit dem Kalvarienberg

Nördlich der Stadt

Für eine Wanderung in Stadtnähe bietet sich die 1806 errichtete **Gloriette** an, die an der Westseite des Schlossparks über die Glorietteallee zu erreichen ist (knapp 1,5 km). Von dort kann man zur 351 m hohen **Gloriettenwarte** (auch Jubiläumswarte genannt) weiterlaufen, von dessen Aussichtsturm ein Rundblick möglich ist. Nördlich der Stadt erstreckt sich das stark bewaldete **Leithagebirge** als natürliche Grenze zu Niederösterreich. Auf burgenländischer Seite sind die höchsten Erhebungen der 484 m hohe **Sonnenberg** (2 Std., 200 Hm, leicht) und der **Buchkogel** (443 m, 2 Std., 250 Hm, leicht). Beide lassen sich ab der Gloriettenwarte oder, im Falle des Sonnenbergs, auch ab **Hornstein (Vorištan)** – hier liegt auch eine **Burgruine** – und im Falle des Buchkogels ab **Stotzing** be-

Adobe Stock © Zechal

gehen. Genauso reizvoll ist eine **Wanderung ab Wimpassing** direkt an der niederösterreichischen Grenze bis nach **Leithaprodersdorf** (1,5 Std., 50 Hm, leicht), wo mit dem „Gschlössl" Überreste einer ehemaligen Wehranlage zu sehen sind. Südlich des Ortes, in **Loretto,** steht die gleichnamige **Wallfahrtskirche,** ein Kunstwerk der Renaissance, die als Kopie der Basilika vom Heiligen Haus in Loreto in den italienischen Marken bei Ancona errichtet wurde. Wer die hier beschriebenen Orte (und einige mehr) lieber per Fahrrad erkunden will, der folgt dem 66 km langen **Leitharadweg B11** (www.eisenstadt-leithaland.at/sport-natur/radfahren/leitharadweg-b1 1).

Nordöstlich von Eisenstadt liegt der **Vorort St. Georgen,** wo neben der spätgotischen **Pfarrkirche St. Georgen** – ihre Ursprünge gehen auf das Jahr 1437 zurück – besonders der **Attila-Stein,** eine sagenumwobene römische Grabstelle in der Brunnengasse, sehenswert ist. Der Stein stellt die Brustbilder eines Mannes und einer Frau dar; zu erkennen sind die eingemeißelten Inschriften „Atili" und „Atiliae", die darauf hindeuten, dass er möglicherweise anlässlich der Hochzeit des Hunnenkönigs *Attila* mit *Ildiko* 453 n. Chr. aufgestellt wurde. Ab St. Georgen verläuft ein beschaulicher **Wanderweg nach Donnerskirchen** (Start ab Pfarrkirche St. Georgen, 3 Std., 200 Hm, leicht).

▷ Die flache Pannonische Tiefebene ist für ihre Windparks bekannt

Praktische Infos

■ **Tourismusverband Eisenstadt Leithaland,** Hauptstraße 21, A-7000 Eisenstadt, Tel. 02682 67390, www.eisenstadt-leithaland.at.

An- und Abreise, Parken

■ Eisenstadt kann problemlos sowohl mit der **Bahn** (www.oebb.at) als auch per **Bus** (www.vor.at) ab Wien und Wiener Neustadt erreicht werden. Natürlich ist auch die Anreise mit eigenem Fahrzeug sinnvoll, vor allem bei Erkundungen des Umlandes. Der **Bahnhof** liegt am südlichen Rand der Innenstadt etwa 1 km vom Schloss entfernt.

■ Die Innenstadt von Eisenstadt ist innerhalb der gekennzeichneten **Kurzparkzonen gebührenpflichtig;** man erhält die **Parkscheine** an Parkscheinautomaten. Außerdem gibt es zahlreiche **Parkhäuser** und auch günstigere Tagesparkplätze. Mehr Infos auf www.eisenstadt-leithaland.at/hotels-reiseinfos/parken-in-eisenstadt.

Übernachtung

8 **Hotel Galántha**②, Esterhazyplatz 3, A-7000 Eisenstadt, Tel. 02682 23333, hotelgalantha.at. Zentral gelegenes Boutiquehotel mit angesagter Rooftop-Bar.

9 **Parkhotel Eisenstadt**①, Joseph Haydn-Gasse 38, A-7000 Eisenstadt, Tel. 02682 24 810, www.parkhotel-eisenstadt.com. Ruhiges Hotel unweit vom Haydn-Haus mit Café und Restaurant.

Essen und Trinken

1 **Die Alm**②, Gloriettealle 51, A-7000 Eisenstadt, Tel. 02682 24090, www.diealm.at. Direkt bei der Gloriette liegt dieses modern gestaltete Lokal mit kreativer Küche.

7 **Haydnbräu①-②**, Pfarrgasse 22, A-7000 Eisenstadt, Tel. 02682 63945, www.haydnbraeu.at. Bodenständiges Gasthaus direkt an der Stadtmauer mit eigenem Bier und regionaler Küche.

MEIN TIPP: **3** **Henrici②**, Esterházyplatz 5, A-7000 Eisenstadt, Tel. 02682 62819, henrici.at. Schöner als hier sitzt man wohl nirgends in der kleinen Stadt. Die Küche mischt Einheimisches mit Mediterranem.

MEIN TIPP: **6** **Weinschwein①**, Hauptstraße 30, A-7000 Eisenstadt, Tel. 0677 62768043, www.hofpassage.at. In der Hofpassage liegt diese Mischung aus Bar, Café und Buschenschank mit südländisch inspirierter einheimischer Küche und guter Weinauswahl.

5 **Chic Antique①**, Hauptstraße 26, A-7000 Eisenstadt, Tel. 0664 9477607, www.chic-antique.at. Nettes Café mit guter Kaffeeauswahl direkt an der Hauptstraße.

4 **Gelateria Ella Italia①**, Hauptstraße 25, A-7000 Eisenstadt, Tel. 0664 1621164. Gutes Eiscafé mitten im Zentrum, und zwar in einem Gebäude aus dem 16. Jahrhundert. Auch ein italienisches Restaurant gehört dazu.

Einkaufen

MEIN TIPP: **2** **Selektion Vinothek Burgenland,** Esterházyplatz 4, A-7000 Eisenstadt, Tel. 02682 63345, www.selektion-burgenland.at. In den ehemaligen Stallungen des Schlosses ist diese Vinothek mit 800 verschiedenen Weinen aus der Region untergebracht. Auch eine Weinbar ist angeschlossen.

Kunst und Kultur, Veranstaltungen

- **Kultur Kongress Zentrum Eisenstadt,** Franz Schubert-Platz 6, A-7000 Eisenstadt, Tel. 02682 7191000, kulturbetriebe.at. Modern gestaltetes Kulturzentrum, das sich speziell der Pflege des Haydn-Erbes widmet und ein breites Angebot an Aufführungen und Konzerten hat.
- **Herbstgold Festival,** www.herbstgold.at. Musikfestival im Schloss Esterházy, das jeden Spätsommer mit viel *Haydn,* aber auch anderen Klängen lockt.

Nordburgenland

Die Region Nordburgenland umfasst neben dem Großraum Eisenstadt in erster Linie die zur **Pannonischen Tiefebene** gehörende Fläche **um den Neusiedler See,** aber auch den **Bezirk Mattersburg** südlich der Landeshauptstadt. Die Seeregion präsentiert sich ziemlich flach. Wer im Sommer zum **Baden** oder Wassersport bzw. im Winter zum **Eislaufen** anreist, der hat die Qual der Wahl: Illustre **Seeorte** sind z.B. Mörbisch, Breiten-

oes_209 dk

brunn, Neusiedl, Podersdorf und Illmitz, aber unbedingt auch das reizende Rust. Andernorts wird der Zugang zum Wasser in den allermeisten Fällen durch den **breiten Schilfgürtel** erschwert, doch gerade dieser bietet ein wunderbares Refugium für unzählige Tierarten, weshalb hier der **Nationalpark Neusiedler See-Seewinkel** und das **Naturschutzgebiet Lange Lacke** mit ihren seltenen Vogelarten gegründet wurden. Besonders dieser östlich des Sees liegende, allzu ebene Seewinkel ist für seinen **Weinbau** berühmt und erinnert ein wenig an die ungarische Puszta-Steppe. Nördlich des Neusiedler Sees, im **Dreiländereck** von Österreich, Ungarn und der Slowakei, kreuzen die **Leitha** und parallel zu ihr der **Leithakanal** das durch Windparks geprägte Flachland. Überraschend vielfältig ist in diesem Teil des Bundeslandes das Angebot an kulturellen **Sommerfestivals,** z.B. in Parndorf (Pandrof), Kittsee oder Nickelsdorf.

Mit seiner Hügellandschaft ganz anders als die Seeregion präsentiert sich der Abschnitt **südlich von Eisenstadt.** Dieser besteht zunächst aus dem Gebiet um **St. Margarethen** mit seinem Steinbruch, in dem u.a. Opern und Konzerte stattfinden, und dann aus der Region um das Grenzstädtchen **Klingenbach (Klimpuh),** wo zahlreiche **Burgenlandkroaten** beheimatet sind. Der **Bezirk Mattersburg** wird im Süden vom Ödenburger Gebirge und im Westen durch das Rosaliengebirge eingefasst und bietet neben dem **Naturpark Rosalia-Kogel-**

oes_214 dk

berg mit der **Burg Forchtenstein** eine der beeindruckendsten Wehranlagen in Österreich. Während der hügelige Südteil der Region nur recht mühsam per Fahrrad erkundet werden kann, fällt das im flachen Nordosten viel leichter. Über 40 **Radwege** mit insgesamt fast 1000 km Länge garantieren allein in der Region Neusiedler See Fahrspaß für Groß und Klein. Dabei sei auch auf die **Radfähren** über den See hingewiesen, die es ermöglichen, einige Strecken abzukürzen.

Rund um den Neusiedler See

Willkommen in einem der vielleicht außergewöhnlichsten Naturräume Zentraleuropas! Beim Neusiedler See handelt es sich um **einen der wenigen Steppenseen Europas** und um den westlichsten einer Serie, die sich über ganz Eurasien bis China zieht. Seine Oberfläche von 320 km^2 verteilt sich auf österreichisches (230 km^2) und ungarisches (90 km^2) Staatsgebiet, womit er den **größten See Österreichs** darstellt. Er zeichnet sich durch mehrere Faktoren aus: seinen **breiten Schilfgürtel,** seine geringe Tiefe von maximal zwei Metern, seinen **lehmigen Boden,** der den See anhaltend eintrübt, und sein **mildes, äußerst windiges Klima.** Von Norden nach Süden beträgt die Länge des an die Form eines Schuhlöffels erinnernden Sees ca. 34 km und in der Breite (von Ost nach West) zwischen 4,5 und 8 km. Ökologisch einzigartig ist er in vielerlei Hinsicht, gerade aber mit Blick auf **Flora und Fauna.** Über 40 Säugetierarten, zahlreiche Kröten- und Froscharten, Ringelnattern und Eidechsen sowie sage und schreibe **340 Vogelarten** – davon 150 Brutvögel – leben bzw. nisten hier. Dies macht 80% aller österreichischen Vogelarten aus, wobei man saisonal am häufigsten Silber- und Graureiher sowie die für die Region so typischen Weißstörche, Rohrdommeln und Großtrappen sieht. **Im Wasser** tummeln sich Aale, Hechte, Welse, Wildkarpfen und die hier Fogosch genannten Zander. All dies führte dazu, dass der Neusiedler See im Jahr 2001 zum **UNESCO-Welterbe** gekürt wurde und in vielen Köpfen das Aushängeschild des Burgenlandes schlechthin ist. Im Sommer allerdings kann es vorkom-

[<] Radeln leicht gemacht: Die flache Landschaft um den Neusiedler See ist geradezu prädestiniert, um mit dem Fahrrad erkundet zu werden

Der Schein trügt!

Mit seinen maximal zwei Metern Tiefe mag der Neusiedler See harmlos wirken, und tatsächlich könnte man bei entsprechender Körpergröße und milden Witterungsverhältnissen theoretisch durch den See „wandern". Doch der Schein trügt! In den Strandbädern werden **ganzjährig Sturmwarnungen** durch gelbe Leuchtsignale angezeigt, denn viele Wassersportler unterschätzen die **Gefahren des seichten Sees.** Dies führt praktisch jedes Jahr zu Todesopfern, denn bei Windstärken ab 8 Beaufort machen die **Wucht der Wellen** und ihre hohe Frequenz ein Überleben im Wasser häufig unmöglich. Daher hat man sich immer an die **Anweisungen der Seenotdienste** zu halten. Beim Kentern eines Bootes sollte man stets in dessen Nähe bleiben, sich daran festhalten und auf Hilfe warten.

men, dass der See unter extremem **Wassermangel** leidet. 2022 sah es so aus, als würde er komplett austrocknen. Dies war schon öfters der Fall – das letzte Mal 1865–71, da führte er nämlich überhaupt kein Wasser.

Um den See liegen zahlreiche **Ortschaften,** jedoch – mit Ausnahme von Podersdorf – nicht direkt am Wasser. Zu den **Bade- und Hafenanlagen** der Orte führen in der Regel Dammstraßen durch den Schilfgürtel; Baden ist ausschließlich in den (meist gebührenpflichtigen) **Strandbädern** möglich, freies Baden ist nicht erlaubt, zumal knapp die Hälfte des Schilfgürtels in der streng geschützten Naturzone des **Nationalparks Neusiedler See-Seewinkel** liegt. Im Winter erfreut sich der See bei **Eisläufern** großer Beliebtheit. Die vielleicht beste Möglichkeit, den See in seiner ganzen Schönheit zu genießen, ist eine Tour auf dem **Neusiedler See Radweg** (B10); auf der 125 km langen Strecke sind keine nennenswerte Steigungen zu meistern.

■ **Infos: Tourismus Neusiedler See,** Tel. 02167 8600, www.neusiedlersee.com.

Das Westufer

Am südlichen Zipfel des Westufers, unmittelbar an der **ungarischen Grenze** – der Übergang nach **Fertőrákos** ist nur für Fußgänger und Fahrradfahrer möglich – liegt **Mörbisch am See.** Als **stark frequentierter Fremdenverkehrsort** hat er sehr viel von seinem ursprünglichen Charme eingebüßt. Interessant sind die **alten „Hofgassen"** mit ihren säulengeschmückten Stiegenaufgängen und den typischen Laubenhäusern. Wirklich berühmt ist Mörbisch als Festspielort,

oes_210 mw

denn auf der Seebühne werden im Rahmen der **Seefestspiele** Operetten und Musicals aufgeführt (www.seefestspiele-moerbisch.at). Wer einer Vorstellung beiwohnen will, sollte sich eine Decke mitnehmen, denn abends kann es am Seeufer selbst im Hochsommer kühl werden! Neben der Seebühne liegt ein **hübsches Strandbad** mitsamt vorgelagerter Insel. In Ortsnähe finden sich kilometerlange, gut ausgebaute **Rad-, Wander- und Nordic-Walking-Wege.** Ab Mörbisch verkehren **Personen- bzw. Fahrradfähren** nach Illmitz und Fertőrákos. Der Ort ist im Übrigen auch Ausgangs- und Zielpunkt des jährlich stattfindenden, 125 km langen **Radmarathons** (www.neusiedlersee-radmara thon.com).

■ **Infos: Tourismusinformation Mörbisch am See,** Hauptstraße 23, A-7072 Mörbisch am See, Tel. 02685 8430, moerbisch.com.

Rust und Umgebung

Etwa 5 km nördlich von Mörbisch liegt **Rust,** das zweifelsfrei als einer der attraktivsten Orte des Burgenlandes bezeichnet werden kann. Die **denkmalgeschützte Altstadt** weist zahlreiche Bürgerhäuser aus dem 16. bis 19. Jahrhundert auf, allesamt mit gepflegten **Barock- oder Renaissancefassaden,** hinter denen sich nicht selten Boutiquen oder Buschenschänken verstecken. Wer sich besonders den edlen Tropfen widmen will, kann ein Seminar der hiesigen **Weinakademie** (www.weinakademie.at) besuchen. Auf den Rauchfängen der Altstadt – ganz besonders auf dem Rathausplatz – ist die **größte Storchenkolonie (Weißstörche) des Landes** anzutreffen (von April bis August). Historisch Interessierte sollten das **Stadtmuseum im Kremayrhaus** und die eindrucksvolle **Fischerkirche** aus dem 13. Jahrhundert besuchen.

Östlich der Stadt liegt die **Ruster Bucht** mit Hotels, Campingplatz, Segelschule, Bootsvermietung und dem besonders für Kinder empfehlenswerten **Seebad,** einem **Erlebnisbad** (plus Hotel) mit Rutsche, Geysiren, Wasserpilz, Wildwasserkanal und Schwalldusche. Ab der Bucht verkehren **Personen- bzw. Fahrradfähren nach Podersdorf.**

Ruster Seebad, Ruster Bucht 2, A-7071 Rust, Tel. 02685 591, www.seebadrust.at, Mai bis Mitte Sept. tägl. 9–19 Uhr, Eintritt 7 €, ermäßigt 3,50 €.

Nördlich von Rust liegt das vor allem bei Rotweinliebhabern bekannte **Oggau,** das mit einem informativen, 2 km langen **Weinlehrpfad** (samt 30 Stationen) und dem nahen **Naturschutzgebiet Goldberg** zu Erkundungen einlädt. Im benachbarten **Oslip (Uzlop)** zeigt das **Kulturzentrum Cselley Mühle** (csello.at) spannend-unkonventionelle Kunstevents.

Westlich von Rust erstrecken sich die **Ruster Berge,** von denen man einen grandiosen Blick auf die Stadt und den See hat. Wenige Kilometer weiter erreicht man **St. Margarethen** mit seinem eindrucksvollen, 150.000 m² großen **Römersteinbruch.** Im mittleren Tertiär vor ca. 16 Millionen Jahren war die hiesige

☒ Die Fähren auf dem Neusiedler See nehmen auch Fahrräder mit

Gegend von einem Ausläufer des Urmeeres Tethys bedeckt, in dem Rotalgen- und Korallenriffe wuchsen, die seit 2000 Jahren als **Kalksandstein** abgebaut und u.a. für Bauten an der Wiener Ringstraße und den Stephansdom benutzt wurden. Heute finden im Steinbruch Kulturveranstaltungen wie die **St. Margarether Passionsspiele** (www.passio.at) und die **Opernfestspiele** (www.operim steinbruch.at) statt. Großer Beliebtheit erfreut sich der wenige hundert Meter weiter gelegene **Family Park,** ein Freizeitpark mit Streichelzoo, Wasserspielplatz, Fahrgeschäften usw.

Family Park, Märchenparkweg 1, A-7062 St. Margarethen im Burgenland, Tel. 02685 60707, www.familypark.at, Ende März bis Mitte Okt. Mi–So 10–17 Uhr (Mai bis Sept. auch Mo und Di, teilweise bis 18 Uhr, Juli und Aug. teilweise bis 19 Uhr), Eintritt ab 29 €, ermäßigt ab 25 €.

Dobar dan naše Gradišće! – die Burgenlandkroaten

Als vielleicht interessanteste autochthone Minderheit Österreichs können die sog. **Burgenlandkroaten (Gradišćanski Hrvati)** gelten, die heute etwa 6% der burgenländischen Gesamtbevölkerung ausmachen. Als es nach der Pest und dem Abzug der türkischen Truppen im 16. Jahrhundert notwendig wurde, die aufgelassenen Dörfer, öden Ländereien und verwüsteten Felder wieder zu bewirtschaften, siedelte man vor allem **Kroaten aus Dalmatien und Slawonien** an. Verantwortlich dafür waren die **Adelsfamilien Erdődy und Batthyány,** die Besitzungen sowohl in Kroatien als auch in Westungarn besaßen. Die Burgenlandkroaten konnten über die Jahrhunderte mehr oder weniger erfolgreich ihr **Sprache und** ihr **Kulturgut erhalten,** wenn auch die aufgezwungene Magyarisierung („Ungarisierung") es ihnen nicht immer leicht machte. Speziell seit dem 19. Jahrhundert bestand wieder ein verstärkter Austausch mit ihrem Ursprungsland, und nicht zuletzt die katholische Kirche bzw. der **Gottesdienst** – die Burgenlandkroaten hatten das Privileg, in ihren Gotteshäusern die kroatische Sprache anstatt der lateinischen benutzen zu dürfen – hielt ihre Identität und Kultur am Leben.

In der Republik Österreich sind die Burgenlandkroaten **seit 1955 als Minderheit anerkannt;** sie haben u.a. das Recht, in Krippen, Kindergärten und Schulen Kroatisch zu unterrichten, es auf Ämtern oder für offizielle Belange zweisprachiger Orte – davon gibt es im Burgenland fast 50 – zu gebrauchen und zweisprachige Ortsschilder anzubringen. Interessant ist in diesem Zusammenhang, dass es zwar eine standardisierte Form des Burgenlandkroatischen (Gradišćansko-hrvatski Jezik) gibt, man jedoch in den einzelnen Gemeinden unterschiedliche **Dialekte** spricht, die immer noch entfernt auf die ursprüngliche Herkunft in Kroatien hinweisen. **Ortschaften mit großem kroatischem Bevölkerungsanteil** sind z.B. Nikitsch (Filež), Großwarasdorf (Veliki Borištof), Schachendorf (Čajta) und Stinatz (Stinjaki). In diesem Buch werden sämtliche Ortsnamen zweisprachiger Gemeinden auch auf Kroatisch angegeben.

Südwestlich liegen der **Grenzort Klingenbach (Klimpuh)** und nördlich davon **Siegendorf (Cindrof),** Zentren der kroatischen Minderheit, in deren Umgebung zahlreiche **Wanderungen,** z.B. entlang der einstigen Siedlerwege (www.siedlerweg-poljanci.at), möglich sind.

Praktische Infos

- **Tourismusinformation Rust,** Conradplatz 1, A-7071 Rust, Tel. 02685 502, www.freistadt-rust.at.
- **Tourismusinformation St. Margarethen im Burgenland,** Hauptstraße 20, A-7062 St. Margarethen im Burgenland, Tel. 02680 2202, www.st-margarethen.at.

MEIN TIPP: **Art Boutiquehotel Bürgerhaus Rust**③, Hauptstraße 1, A-7071 Rust, Tel. 02685 6162, timimoo.at. In diesem Hotel in einem Gebäude aus dem 16. Jahrhundert finden sich entzückend gestylte Zimmer, und auch ein entspannter Garten steht zur Verfügung.

- **Seehotel Rust**②-③, Am Seekanal 2–4, A-7071 Rust, Tel. 02685 3810, seehotelrust.at. Großes Sport- und Wellnesshotel direkt am See.

MEIN TIPP: **Weingut Gabriel**①, Hauptstraße 25, A-7071 Rust, Tel. 02685 236, www.weingut-gabriel.at. Romantisch anmutender Buschenschank im Zentrum von Rust.

MEIN TIPP: **Wirtshaus Rusterhof**②, Rathausplatz 18, A-7071 Rust, Tel. 02685 60793, rusterhof.com. Raffinierte Küche in edlem Dekor.

- **Zum Herztröpferl**②, Triftgasse 1, A-7063 Oggau am Neusiedler See, Tel. 0664 4747080, www.herztroepferl.at. Hübsches Ambiente im Gastraum und klassische Spezialitäten aus der Küche.
- **Gregorits**②, Ödenburger Straße 8, A-7013 Klingenbach, Tel. 02687 48138, www.gasthof-gregorits.at. Traditionell bodenständige Wirtshausküche vom Feinsten.
- **Richard Triebaumer,** Rathausplatz 4, A-7071 Rust, Tel. 02685 20438, www.triebaumerrichard.at. Wein und kulinarische Leckerbissen aus der Region, die sich gut als Mitbringsel eignen.
- **Internationales Gitarrenfestival Rust,** www.guitarfestivalrust.at. Zahlreiche Konzerte mit illustren Künstlern im Spätsommer.

Das Nordufer

Ab Oggau fährt man etwa 12 km bis **Purbach** am westlichen Nordufer des Neusiedler Sees. Zwar verläuft die etwas erhöht liegende Straße parallel zum Ufer, doch liegt zwischen ihr und dem Wasser ein mehrere Kilometer **breiter Schutzstreifen.** Purbach ist besonders für seinen Wein bekannt, ferner finden sich im Ort einige nennenswerte Sehenswürdigkeiten. Dazu gehören die noch vollständig erhaltene **Stadtmauer** mit dem Rus-

☒ Kein Wunder, dass sich auch Störche hier wohlfühlen: das bezaubernde Rust am Westufer

oes_211 rk

ter Tor im Süden, dem Türkentor im Westen und dem Brucker Tor im Osten sowie einige **hübsche Bürgerhäuser.** Wirklich berühmt ist Purbach für seine malerische **Kellergasse,** in der sich **uralte Weinkeller** befinden, in denen Buschenschänken den lokalen Wein kredenzen. Südöstlich des Ortes liegt der **Jachthafen,** der über einen Kanal durch den Schilfgürtel mit dem See verbunden ist; auch **Kanutouren** (seekajak.at/schilftour-in-purbach) sind hier möglich. Das **Solarwarmbad Türkenhain** bietet Badespaß für Groß und Klein. In **Donnerskirchen** kann man im **Esterházyschlösschen** das kostbarste Weinfass der Welt bestaunen. Das nahe gelegene **Breitenbrunn** mit seinem markanten Wehrturm (mit Heimatmuseum) und einer netten Kellergasse ist hauptsächlich durch sein großzügiges und dennoch lauschiges (kostenpflichtiges) **Naturseebad** mit Sand-Kiesstrand ein Begriff; hier kommen dank der exzellenten Infrastruktur auch Surfer, Kiter und Segler auf ihre Kosten. Mit knapp 1000 Liegeplätzen ist Breitenbrunn zudem der **größte europäische Binnen-Jachthafen,** von dem auch **Personen- bzw. Radfähren** nach Podersdorf und Neusiedl am See starten. Wanderer verschlägt es vor allem in das nahe gelegene **Naturschutzgebiet Thenau.** 7 km nördlich des Ortes lässt sich in **Kaisersteinbruch** der **„Blaue Bruch“** besuchen, ein Steinbruch, in dem bereits die Römer den begehrten Leithakalk abbauten und wo Archäologen Fossilien aus der Zeit fanden, als hier das Urmeer Tethys an die Ufer schwappte. Das kleine **Winden am See** wird wenig besucht, stellt aber eines der „Tore“ zum **Naturpark Neusiedler See-Leithagebirge** (www.neusiedlersee-leithagebirge.at) dar, wo ausgiebige **Wanderungen** möglich sind und auch ein Besuch des **Zeiselbergs** mit der 60 m tiefen **Bärenhöhle** – in ihr leben die größten **Fledermäuse** Österreichs – in Frage

⌃ Chilliges Lokal für den Sundowner: die Mole West in Neusiedl am See

kommt, z.B. im Rahmen einer zweistündigen Wanderung ab Winden (Start Gemeindeamt Winden, 120 Hm, mittel, familientauglich). Östlich von Winden liegt **Jois** mit seiner barocken Dorfkirche und einem Hafen für Segelboote.

Praktische Infos

- **Tourismusinformation Breitenbrunn am Neusiedlersee,** Prangerstraße/Ecke Kirchengasse, A-7091 Breitenbrunn am Neusiedler See, Tel. 02683 5562, www.breitenbrunn-neusiedlersee.at.
- **Tourismusinformation Purbach am Neusiedler See,** Am Kellerplatz 1, A-7083 Purbach am Neusiedler See, Tel. 02683 5920, www.purbach.gv.at.

MEIN TIPP: **Gut Purbach**②, Hauptgasse 64, A-7083 Purbach, Tel. 02683 56086, www.gutpurbach.at. Hier kann man in geschichtsträchtigem Ambiente gut übernachten und formidabel traditionell burgenländisch schlemmen.

- **Taubenkobel**③**,** Hauptstraße 27/33, A-7081 Schützen am Gebirge, Tel. 02684 2297, www.taubenkobel.com. Vielfach ausgezeichnetes Gourmetrestaurant, zu dem man von nah und fern anreist. Auch hübsche Zimmer③ werden geboten.
- **Camping Breitenbrunn,** See 47, A-7091 Breitenbrunn am Neusiedler See, Tel. 02683 5252, www.seebad-breitenbrunn.com. Sehr hübscher Campingplatz mit eigenem Seestrandzugang und umfassender Ausstattung.
- **Kirschen Genussquelle,** Prangerstraße 49, A-7091 Breitenbrunn, Tel. 0664 5061459, www.genussquelle.at. Von Marmelade über Frizzante bis zu Likör – hier gibt es alles aus Kirschen.

Neusiedl am See

Den **Hauptort des Nordufers** bildet die Bezirksstadt Neusiedl am See, die als **Zentrum des nördlichen Burgenlandes** bezeichnet werden kann, nicht zuletzt wegen ihrer **perfekten Anbindung an Wien** und den internationalen Flughafen Wien-Schwechat. Neusiedl hat in jeglicher Hinsicht die beste Infrastruktur aller Orte am See, doch besonders charmant ist es leider nicht. Zwar sind die **Stadtpfarrkirche,** die **Tabor-Ruine** – ein Wehrturm, der seit dem Mittelalter besteht – und der **Kalvarienberg** sehenswert, doch die allermeisten Besucher steuern sofort das **Seestrandbad** an. Hier ist das **Freizeitangebot groß:** Baden, Sonnen, Segeln, Surfen, Stand-up-Paddling, Beach-Volleyball, Tennis, Reiten u.v.m. Auch ein **Bootsverleih** befindet sich dort, es können Segeljachten gechartert werden und **Personen- bzw. Fahrradfähren** verkehren nach Breitenbrunn. Für das leibliche Wohl sorgt u.a. das beliebte Chill-Out-Lokal Mole West.

Praktische Infos

- **Tourismusinformation Neusiedl am See,** Untere Hauptstraße 7, A-7100 Neusiedl am See, Tel. 02167 2229, www.neusiedlamsee.at.

MEIN TIPP: **Mole West**②, Seegelände 9, A-7100 Neusiedl am See, Tel. 0664 2086600, molewest.at. Bar und Restaurant mit großzügiger Terrasse direkt am Wasser (→ Abbildung links).

MEIN TIPP: **Vinothek Weinwerk,** Obere Hauptstraße 31, A-7100 Neusiedl am See, Tel. 02167 20705, www.weinwerk-burgenland.at. Über 600 Weine machen das Weinwerk wohl zur bestsortierten Vinothek des Burgenlandes.

- **Segelschule Neusiedl,** Seegelände 13, A-7100 Neusiedl am See, Tel. 0664 88251407, www.segelschule-neusiedl.at.

Das Ostufer

Das Ostufer des Neusiedler Sees wirkt **ruhig und nicht überlaufen,** was auch daran liegt, dass die Bundesstraße 51 fernab versetzt zum See verläuft und so-

oes_212 dk

mit die Natur – auch in Form des breiten Schilfgürtels – präsenter ist. Alle hier gelegenen Orte sind Topspots für **Segler, Kite- und Windsurfer.** Im Norden kommt man zunächst nach **Weiden am See,** das mit seinem **vorgelagerten Seebad** zwar durchaus touristisch ist, sich dabei aber vor allem an Familien und Senioren richtet. Im Ort gibt es nette Buschenschänken und ein breit gefächertes Unterkunftsangebot.

Etwa 9 km südlich folgt **Podersdorf,** der einzige Ort, der **unmittelbar am See** liegt, denn hier fehlt der Schilfgürtel gänzlich. Zwar wird auch Podersdorf viel besucht, dennoch hat man es mit Erfolg geschafft, sich seine **gemütliche Atmosphäre** zu bewahren. Das **großflächige Seestrandbad** (aufgrund des flachen Wassers besonders für Familien mit Kindern empfehlenswert) bietet ein vielseitiges Freizeit- und Sportangebot, es gibt **hochwertige Gastronomie** im Ort und Spaziergänger können die **Windmühle** mit dem Schindeldach am östlichen Stadtrand besuchen. Das obligate Erinnerungsfoto sollte man vor dem **Leuchtturm** auf dem Hauptsteg machen. **Personen- bzw. Fahrradfähren** verkehren nach Breitenbrunn und Rust.

Südlich von Podersdorf liegen der **Obere und Untere Stinkersee** (salzhaltige Lacken), um die herum **Wanderungen** möglich sind (Start Heuriger zur Hölle, 2 Std., leicht, keine Steigung). Als südlichster österreichischer Ort am See folgt nach 10 km das kleine **Illmitz,** das **im Herzen des Nationalparks Neusiedler See-Seewinkel** liegt. Der Ort selbst bietet wenig Überraschendes, sieht man vom **Florianihaus** mit der alten Weinpresse ab, doch wer der Dammstraße in Richtung Westen folgt, erreicht die **Zicklacke,** ab der man zu Streifzügen durch die Ebene und zum **Aussichtsturm**

Beliebt für ein Urlaubsselfie: der Leuchtturm am Hauptsteg in Podersdorf

(Start Tourismusinformation Illmitz, 30 Min., leicht) aufbrechen kann. Etwas weiter dann erreicht man das **Seebad,** das – anders als bei den anderen Orten – keinen Strand hat; hier gelangt man über Leitern ins Wasser. Vor Ort befindet sich ein netter Jachthafen, **Personen- bzw. Fahrradfähren** verbinden den Ort mit Mörbisch.

Praktische Infos

■ **Tourismusinformation Podersdorf am See,** Hauptstraße 4-8, A-7141 Podersdorf am See, Tel. 02177 2227, www.podersdorfamsee.at.

■ **Tourismusinformation Illmitz,** Obere Hauptstraße 2–4, A-7142 Illmitz, Tel. 02175 2383, www.illmitz.co.at.

■ **Tourismusinformation Weiden am See,** Raiffeisenplatz 5, A-7121 Weiden am See, Tel. 02167 7427, www.weidenamneusiedlersee.at.

■ **Hotel Seewirt Karner**②, Strandplatz 1, A-7141 Podersdorf, Tel. 02177 2415, www.seewirtkarner.at. Großes Familienhotel mit hellen, geräumigen Zimmern unmittelbar am See.

■ **Strandcamping Podersdorf am See,** Strandplatz 19, A-7141 Podersdorf am See, Tel. 02177 2279. Sehr großer Campingplatz (300 Stellplätze) direkt am See knapp 500 m vom Ortskern entfernt.

MEIN TIPP: **Das Fritz**②, Seebad 1, A-7121 Weiden am See, Tel. 02167 40222, www.dasfritz.at. Cooler Beach-Club samt Bar, Restaurant, Bühne etc.

■ **Presshaus**②, Apetlonerstraße 13, A-7142 Illmitz, Tel. 02175 2730, www.presshaus.com. Kreative Kochkunst aus regionalen Zutaten.

■ **Johannes Zeche**②, Florianigasse 10, A-7142 Illmitz, Tel. 02175 2335, www.johannes-zeche.at. Uriges Lokal mit typischen pannonischen Spezialitäten. Ein Hotel①-② ist angeschlossen.

Noch ein bisschen „Geheimtipp": Illmitz wird selten voll

oes_213 dk

■ **Zur Blauen Gans**②-③, Seepark Weiden, A-7121 Weiden am See, Tel. 02167 70000, www.zurblauengans.at. Exklusives Feinschmeckerlokal mit spannenden Kreationen und legendärem Martinigansl.

MEIN TIPP: **Zur Dankbarkeit**②, Hauptstraße 39, A-7141 Podersdorf am See, Tel. 02177 2223, dankbarkeit.at. Zu Recht viel gelobtes Gasthaus mit bodenständiger Auswahl lokaler Schmankerln und einladendem Gastgarten.

Seewinkel

Als Seewinkel bezeichnet man landläufig das gesamte Gebiet **östlich des Neusiedler Sees bis zur ungarischen Grenze,** und zwar zwischen Gols im Norden und Pamhagen im Süden. Die Gegend prägen sehr **weitläufige Weinbauflächen** und streckenweise auch **Gemüseanbau.** Bemerkenswert und untypisch für Österreich ist das relativ **milde und niederschlagsarme** (unter 600 mm pro Jahr) **Klima,** dafür ist es oft windig. Nirgends im Land scheint so oft die **Sonne:** Rund 2000 Stunden sind es pro Jahr. In der äußerst flachen Ebene dehnen sich **Sumpfgebiete** und ungefähr 40 sog. **Lacken** aus, also mangels natürlichen Abflusses stark salzhaltige Wassertümpel, die mehrere Kilometer lang sein können, jedoch maximal 50 cm in die Tiefe gehen. Praktisch der gesamte Seewinkel gehört – wie der Neusiedler See – zum **Nationalpark Neusiedler See-Seewinkel,** der wiederum **zusammen mit dem ungarischen Fertő-Hanság Nemzeti Park** die **UNESCO-Welterbe-Kulturlandschaft Neusiedler See** ausmacht. Überall im Seewinkel sieht man **Ziehbrunnen** und die als **Tschardaken** bekannten hölzernen Speicherstadel zum Trocknen und Aufbewahren von Maiskolben.

Der Norden

Wer sich für den hiesigen Wein interessiert, der sollte nach **Gols** kommen. In der größten Weinbaugemeinde Österreichs befindet sich das **Weinkulturhaus** (www.weinkulturhaus.at), in dem über 90 Winzer mit gut 400 Weinen vertreten sind. In **Mönchhof** ist die **Abtei Marienkron** (www.abtei-marienkron.at) mit dazugehörigem **Kurhaus** (www.marienkron.at) einen Besuch wert, ebenso das äußerst originelle **Dorfmuseum.**

■ **Dorfmuseum Mönchhof,** Bahngasse 62, A-7123 Mönchhof, Tel. 02173 80642, www.dorfmuseum.at, Juni bis Aug. tägl. 10–18 Uhr, April bis Mai/Sept. Di–So 10–18 Uhr, Okt. Di–So 10–17 Uhr, Anfang bis Mitte Nov. Sa/So 10–16 Uhr, Eintritt 10 €, ermäßigt 5 €.

Eine der sensationellsten Sehenswürdigkeiten des Burgenlandes ist das ehemalige **Jagdschloss der Grafen von Harrach** – es wird für Ausstellungen und Veranstaltungen genutzt – in **Halbturn** mit seinem großzügig angelegten, für die Öffentlichkeit geöffneten **Schlosspark** (im Sommer Dressurpferdeshows).

MEIN TIPP: **Schloss Halbturn,** Im Schloss, A-7131 Halbturn, Tel. 02172 8594, schlosshalbturn.com, Ende April bis Anfang Nov. Di–So 10–17 Uhr, Eintritt 12 €, ermäßigt 9 €, Schlosspark ganzjährig geöffnet, Eintritt frei.

Zum Schlossareal gehört auch ein weitläufiges Weingut (www.weingut-schlosshalbturn.com) und mindestens genauso eindrucksvoll ist die dominante **Wall-**

fahrtskirche in Frauenkirchen, an deren Südseite ein Kalvarienberg angelegt wurde. Ebenfalls in Frauenkirchen befindet sich die beliebte **St. Martins Therme & Lodge.**

MEIN TIPP: **St. Martins Therme & Lodge,** Im Seewinkel 1, A-7132 Frauenkirchen, Tel. 02172 20500, www.stmartins.at, So–Do 9–21 Uhr, Fr und Sa 9–24 Uhr, Eintritt ab 30 €, ermäßigt ab 20 €. Eine riesige Wohlfühloase mit angeschlossenem Hotel-Resort②-③. Auf einer Gesamtfläche von 23 Hektar werden ein Thermen- und Saunabereich und mehr als 2000 m^2 Wasserfläche inkl. künstlich angelegtem Badeteich geboten.

Praktische Infos

- **Informationsbüro Mönchhof,** Kirchenplatz 11a, A-7123 Mönchhof, Tel. 02173 80210, www.moenchhof.at.
- **Informationsbüro Frauenkirchen,** Amtshausgasse 5, A-7132 Frauenkirchen, Tel. 02172 23000, www.frauenkirchen.at.
- **Altes Brauhaus**②, Kirchenplatz 27, A-7132 Frauenkirchen, Tel. 02172 2217, www.altesbrauhaus.at. Typisch burgenländische Küche in sehr ansprechendem Ambiente.
- **Heimlichwirt**②, Neustiftgasse 3, A-7122 Gols, Tel. 0660 6664260, www.heimlichwirt.com. Kreative Kochkunst begleitet von besten Weinen, und das alles mit vorrangig lokalen Zutaten.
- **Golser Volksfest,** www.golservolksfest.at. Gefeiert wird im August mit Vergnügungspark, Bier- und Weinzelt sowie reichlich Live-Musik.

Der Süden

Andau ist der östlichste Ort des Seewinkels, und es war hier, dass 1956 beim sog. **Ungarnaufstand** etwa 70.000 Menschen über die schmale **Holzbrücke nach Österreich** flohen. Nachdem sie von ungarischen Soldaten noch im selben Jahr gesprengt wurde, baute man sie erst 1996 über dem sog. Einser-Kanal wieder auf. Ein Anlaufpunkt für Pferdeenthusiasten ist der **Reitstall Altmann** im Ort (www.reitclub-andau.at). In **St. Andrä** und **Wallern** lohnt jeweils ein Zwischenstopp, um einige gut erhaltene **schilfgedeckte Bauernhäuser** („Streckhöfe" genannt) in Augenschein zu nehmen. Der nahe gelegene Zicksee führt nur noch selten Wasser. In **Pamhagen** direkt an der ungarischen Grenze sind im **Steppentierpark** auf 13 Hektar ca. 50 Tierarten angesiedelt.

Steppentierpark Pamhagen, Am Tierpark 1, A-7152 Pamhagen, Tel. 02174 2489, www.steppentierpark.at, März und Okt. 10–17 Uhr, April bis Sept. 9–18 Uhr, Eintritt 9,50 €, ermäßigt 6 €.

Keine 3 km östlich von Illmitz liegt das fotogene **Apetlon** unweit der **Langen Lacke,** der größten ihrer Art im Seewinkel, die heute das gleichnamige **Naturschutzgebiet** (einschließlich seltener Vogelarten) umfasst und zu Fuß (ab Apetlon knapp 3 Std., leicht, keine Steigung) oder per Fahrrad umrundet werden kann. Ebenfalls bei Apetlon – südlich des Ortes an der Straße nach Pamhagen – kann man den **tiefsten Punkt Österreichs** (114 m) besuchen, der sogar noch gut einen Meter tiefer als der Spiegel des Neusiedler Sees liegt.

Praktische Infos

- **Tourismusinformation Apetlon,** Kirchengasse 3, A-7143 Apetlon, Tel. 02175 24043, www.apetlon.info.
- **Camping Pusztasee,** Ödenburgerstraße 100, A-7163 Andau, Tel. 02176 230130, www.andau-gemeinde.at/tourismus/campingplatz-andau/. 150 Stellplätze unmittelbar neben dem kleinen Badesee.

■ **Zicksee Camping,** Campingplatz 1, A-7161 St. Andrä am Zicksee, Tel. 02176 2144, www.zicksee-camping.at. Großzügiger Campingplatz mit Seezugang und guter Infrastruktur.

■ **Zum fröhlichen Arbeiter②**, Quergasse 98, A-7143 Apetlon, Tel. 02175 2218, www.froehlicherarbeiter.at. Erstklassiges Essen und eine der Umgebung entsprechend exquisite Weinauswahl.

Parndorf (Pandrof) und Umgebung

Nördlich des Neusiedler Sees liegt die **Parndorfer Platte,** eine etwa 200 km² große Ebene, die im nördlichen Teil von der **Leitha** und dem **Leithakanal** gekreuzt wird. Die allermeisten Durchreisenden nehmen höchstens von den vielen **Windparks** Notiz. Doch die Gegend hat einige Reize zu bieten: Der größte Ort ist mit knapp **5500 Einwohnern Parndorf (Pandrof),** das vor allem für sein **Fashion Outlet** (parndorffashion outlet.com) bekannt ist und in dessen Umgebung schöne Wanderungen möglich sind, z.B. ins niederösterreichische **Rohrau** (Start Parndorf Volksschule, 30–45 Min., einfach, keine wesentlichen Steigungen) oder zu den als **Kuruzzenschanzen** bekannten Befestigungsgräben aus dem 18. Jahrhundert (Start Parndorf Volksschule, 1,5 Std., einfach, familientauglich). Etwa 10 km nordöstlich, in **Potzneusiedl,** steht ein 1796 bis 1808 erbautes Schloss (www.castleofarts.at), in dem ein **Antiquitätenmarkt** mit regelmäßigen Kunstauktionen und Bücherflohmärkten stattfindet. Nördlichster Ort des Burgenlandes – unmittelbar an der **slowakischen Grenze** südwestlich von Bratislava gelegen – ist **Kittsee,** wo das sog. **Neue Schloss** im Stil des Barock eine Sehenswürdigkeit erster Klasse ist (im Sommer mit **Operettenfestival,** www.sommerfestival.at). Im Umland gedeihen auf rund 110 Hektar überwiegend **Marillen (Aprikosen)** – ein Spaziergang z.B. ins nahe **Edelstal,** am besten zur Blütezeit, ist definitiv eine gute Idee.

Praktische Infos

■ **Informationsbüro Parndorf,** Hauptstraße 52a, A-7111 Parndorf, Tel. 02166 2300, www.gemeinde-parndorf.at.

■ **Informationsbüro Kittsee,** Schlosspark 1, A-2421 Kittsee, Tel. 02143 2203, www.kittsee.at.

■ **Theater Sommer Parndorf,** wp.theatersommer.info/start/, Tel. 02166 22772. Beliebtes Theaterfestival mit Aufführungen an verschiedenen Orten in Parndorf (Pandrof).

Nickelsdorf und Umgebung

Nickelsdorf ist mit Abstand der **wichtigste Grenzübergang zwischen Österreich und Ungarn,** denn hier verläuft die Autobahn A4 von Wien nach Budapest. Der Ort selbst bietet wenig Überraschungen, doch finden auch hier erstaunlich viele Kulturveranstaltungen statt, etwa das **Rockmusik-Festival Nova Rock** (www.novarock.at) im Juni oder das **Jazzfestival Konfrontationen** (www.konfrontationen.at) im Juli. Wanderer sollten sich ins nahe gelegene **Zurndorf** aufmachen, denn hier liegt ein **Eichenwald,** der für die Region sehr untypisch ist (Start Bahnhof Nickelsdorf, 1,5 Std., einfach, familientauglich). Im Dreiländereck Österreich-Slowakei-Ungarn unweit des Ortes **Deutsch Jahrndorf** – dem östlichsten des Landes – findet man einen **Skulpturenpark,** der an das Ende des Eisernen Vorhangs erinnert.

Praktische Infos

■ **Informationsbüro Nickelsdorf,** Obere Hauptstraße 3, A-2425 Nickelsdorf, Tel. 02146 2201, www.nickelsdorf.gv.at.

Rosaliengebirge und Umgebung

Das Rosaliengebirge erstreckt sich im Westteil des Burgenlandes **entlang der niederösterreichischen Landesgrenze.** Im österreichischen Vergleich mag der Begriff „Gebirge" übertrieben wirken, erreichen die hiesigen Erhebungen doch kaum mehr als 700 m. Aus geologischer Sicht ist das Rosaliengebirge ein **Teil der Buckligen Welt** (→ S. 115) und besteht größtenteils aus Gneis, Glimmerschiefer und Kalkstein; sein Bergrücken ist stark bewaldet. Es erhebt sich bei **Neudörfl** und erreicht in Gestalt des **Heubergs** (748 m) mit der Rosalienkapelle seine höchste Stelle. **Wanderungen** auf den Heuberg (Start Mehrzweckhalle Wiesen, 3 Std., 650 Hm, mittel), den **Mitterriegel** (506 m, Start Bahnhof Bad Sauerbrunn, 3,5 Std., 300 Hm, Anspruch mittel) oder den bereits in Niederösterreich liegenden **Gespitzten Riegel** (594 m, Start Bahnhof Bad Sauerbrunn, 3 Std., 300 Hm, mittel) sind u.a. ab dem nahe gelegenen **Kurort Bad Sauerbrunn** (das magnesiumhaltige Heilwasser wussten schon die Römer zu schätzen) oder dem etwas südlicher gelegenen Wiesen möglich, allesamt Teil des **Naturparks Rosalia-Kogelberg.** Das erwähnte **Wiesen** ist nicht nur für seine **Erdbeeren,** sondern auch für seine alljährlichen **Musikfestivals** (www.wiesen.at) bekannt. Doch die Hauptattraktion in dieser Region ist natürlich die wirklich herausragende **Burg Forchtenstein.** Ihre Anfänge gehen auf den Beginn des 14. Jahrhunderts zurück, doch war es erst nach 1622, nachdem die Anlage an die Familie *Esterházy* ging, dass Graf *Nikolas* sie zu einer **Festung** ausbauen ließ. In der zweiten Hälfte des 18. Jahrhunderts wurde sie nochmals erweitert und präsentiert sich seitdem als **eine der beeindruckendsten ihrer Art in ganz Österreich.** Neben den gewaltigen Außenbereichen, stattlichen Burghöfen, tiefen Gräben und **prächtigen Innenräumen** (nur mit Führung zu besichtigen) sind es vor allem die **einmaligen Sammlungen** an Waffen, Uhren, Einrichtungsgegenständen, exotischen Tierpräparaten und allerlei prunkvollen Schätzen aus der Esterházy-Privatstiftung, die einen Besuch unvergesslich machen. Übrigens befindet sich die Burg bis heute in Familienbesitz. Wer sich nach Abkühlung sehnt, der findet rund 17 km nördlich von Neudörfl am glasklaren **Neufelder See** sein Glück.

MEIN TIPP: **Burg Forchtenstein,** Melinda-Esterházy-Platz 1, A-7212 Forchtenstein, Tel. 02626 81212, esterhazy.at/burg-forchtenstein, April bis Okt. Mi–Mo 10–17 Uhr, Nov. bis Mitte Dez. nur mit Führung (tägl. Fr–So 10, 12, 14 und 16 Uhr), Eintritt ab 19 €, ermäßigt ab 15 € (mit Führung zusätzlich 3 €). In der Nähe der Burg liegt ein – für Kinder spannender – **Reptilienzoo** (reptilienzooforchtenstein.com).

MEIN TIPP: **Neufelder See,** Eisenstädterstraße 37, A-2491 Neufeld, Tel. 02624 53500, www.neufelder-see.at, Mai bis Sept. tägl. 7.30–20 Uhr, Eintritt 6,50 €, ermäßigt 3,50 €. Mit **Campingplatz.**

Adobe Stock © a_medvedkov

Praktische Infos

■ **Tourismusverband Region Rosalia,** Hauptstraße 31, A-7212 Forchtenstein, Tel. 02626 23200, www.mittelburgenland-rosalia.info.

Mattersburg und Umgebung

Die **Bezirkshauptstadt** Mattersburg hat **7500 Einwohner** und ist attraktiver als so manche andere Stadt ihrer Größe. Im Zentrum finden sich noch auffallend **viele individuelle Geschäfte** und eine **einladende Gastronomieszene.** Sehenswert ist hier die **Martinskirche,** die mit ihren hohen Mauern als Wehrkirche angelegt wurde. Am Stadtrand verläuft das 1845 errichtete, **250 m lange Viadukt** der Eisenbahntrasse Wiener Neustadt – Sopron, ein wahres Meisterwerk der Baukunst. Südlich von Mattersburg liegt **Marz,** von wo man hinauf auf den 388 m hohen **Marzer Kogel** – auch Rohrbacher Kogel genannt und Teil des Naturparks Rosalia-Kogelberg – gelangt (Start Bahnhof Marz-Rohrbach, 2 Std., 150 Hm, einfach, familientauglich). An dessen Südseite befinden sich die **Rohrbacher Teichwiesen** und man kann die Route bis ins malerische **Loipersbach** inmitten eines Kastanienhainwaldes fortsetzen (weitere 2 Std., einfach). Das gesamte Gebiet wird durch den **Flusslauf der Wulka** geprägt, die unterhalb der Burg Forchtenstein entspringt und nach Nordosten – auch durch Mattersburg – fließt, um als praktisch einziger Fluss den Neusiedler See zu speisen. Das **Wulkatal** ist dank seiner fruchtbaren Böden ein hervorragendes Weinbaugebiet; in **Pöttelsdorf** z.B. lässt sich der hier angebaute und häufig ausgezeichnete **Blaufränkische** – lokal auch Bismarck-

⌃ Ein bauliches Meisterwerk:
Die Burg Forchtenstein liegt strategisch günstig

wein genannt – perfekt verkosten. Im nahe gelegenen **Kleinfrauenhaid** steht eine **Wallfahrtskirche,** ebenso in **Baumgarten (Pajngrt)** südlich von Draßburg (Rasporak), die speziell für die Burgenlandkroaten ein Zentrum der Marienverehrung ist.

Praktische Infos

Informationsbüro Mattersburg, Brunnenplatz 4, A-7210 Mattersburg, Tel. 02626 62332, www.mattersburg.gv.at.

Mittelburgenland

Rund 10 km südlich von Mattersburg liegt mit nicht einmal 5 km Breite die **schmalste Stelle des Burgenlands.** Von Osten erstreckt sich das **Ödenburger Gebirge** aus Ungarn kommend und im Westen verläuft die niederösterreichische Grenze. Hier beginnt das Mittelburgenland, das im Prinzip nur den **Bezirk Oberpullendorf** ausmacht. Mit etwa 38.000 Einwohnern und einer Fläche von 701 km² ist der Bezirk überschaubar. Die Landschaft ist **„sanftwellig“ bis gebirgig,** teilweise waldig, aber auch durch **Landwirtschaft** – Sonnenblumen- und Rapsfelder herrschen vor – und **Weinbau** geprägt. Besonders im sog. **Blaufränkischland** gedeihen die

☐ Aushängeschild des Mittelburgenlandes: der köstliche Blaufränkische

oes_215 dk

Vorliebe zum Roten – der burgenländische Wein

Mit fast 14.000 Hektar Weinbaufläche ist das „kleine" Burgenland nach Niederösterreich und noch vor der Steiermark der **zweitgrößte Weinproduzent des Landes.** Eine der besonderen Qualitäten der heimischen Weinwirtschaft ist der **Pioniergeist** der regionalen Winzer, weshalb burgenländische Weine aus internationalen Rebsorten und Cuvées immer wieder höchste Anerkennung genießen. Die Bedingungen für hervorragende Tropfen sind unter dem Einfluss des **kontinental-heißen pannonischen Klimas** äußerst vorteilshaft. Man unterscheidet mittlerweile **fünf DAC-Regionen:** Mittelburgenland DAC, Leithaberg DAC, Eisenberg DAC, Neusiedlersee DAC und Rosalia DAC. Auch wenn das Burgenland insgesamt für seine körperreichen Rotweine bekannt ist, hat doch **jede Region** ihre **Eigenheiten.** Östlich des Neusiedler Sees dominiert z.B. der Blaue Zweigelt mit kraftvollen **Rotweinen,** aber auch Blaufränkisch und Sankt Laurent wachsen hier sehr erfolgreich. Der Seewinkel im südlichen Teil mit seinem speziellen Mikroklima – ausgelöst durch die hohe Luftfeuchtigkeit aufgrund der vielen Lacken, aber auch weil die große Wasseroberfläche des Neusiedler Sees als Wärme- und Feuchtigkeitsregulator wirkt – zählt zu den wenigen **Süßweinhochburgen** der Welt. Entsprechend werden hier **Beeren- und Trockenbeerenauslesen** aus den Trauben Welschriesling, Chardonnay, Scheurebe oder Traminer gewonnen. Nordöstlich des Sees, am Ostabhang des Leithagebirges mit seinen Kalk- und Schieferböden, gedeihen **komplexe Weißweine,** vor allem Weißburgunder und Chardonnay, aber auch Grüner Veltliner. Wirklich nur hier findet sich der legendäre, edelsüße weiße **Ruster Ausbruch,** ein Prädikatswein mit jahrhundertelanger Tradition. Das Mittelburgenland wiederum zeichnet sich durch seine schwereren Lehmböden aus – hier wächst zuallererst der **rote Blaufränkische** mit seiner besonderen Fruchttiefe und Länge. Auch im Süden bietet der Eisenberg mit seinem ganz eigenen Boden und einem Hauch „steirischen Klima" dem Blaufränkisch optimale Bedingungen. Und was ist mit dem **Uhudler?** Nun ja, dieser autochthone burgenländische Wein ist immer noch ein bisschen das Stiefkind der regionalen Weinproduktion – mehr dazu auf S. 656.

Wie auch in Wien, Niederösterreich und der Steiermark bieten sich die **Buschenschänken (Heurigen)** dazu an, die örtlichen Traubenprodukte zu verkosten. Da sie meist **nur saisonal geöffnet** haben, lohnt ein Blick auf die Homepages der einzelnen Gemeinden oder auf www.heurigenkalender.at.

Adobe Stock © Creativemarc

Reben, die den burgenländischen Rotwein so berühmt machen. Hier liegt auch der kleine Ort **Raiding,** in dem der Komponist und Klaviervirtuose **Franz Liszt** (1811–86) das Licht der Welt erblickte. Anziehungspunkte sind die **Ruine Landsee** und der nach ihr benannte **Naturpark Landseer Berge.** Viele der Ortschaften wie Kobersdorf, Lackenbach oder Deutschkreutz waren **einst Zentren jüdischen Lebens,** andere wie Nikitsch (Filež) oder Großwarasdorf (Veliki Borištof) werden u.a. von Burgenlandkroaten bewohnt, während die **Bezirkshauptstadt Oberpullendorf** eine beträchtliche ungarischsprachige Minderheit zählt. In so manchem Dorf wird noch **altes Handwerk** ausgeübt, so das Töpfern in Stoob oder das Korbflechten in Piringsdorf. Im südlichen Teil des Bezirks liegt das **Günser Gebirge,** das den natürlichen Übergang zum Südburgenland markiert. Die meistbesuchte Sehenswürdigkeit ist hier die sagenumwobene **Burg Lockenhaus.** Besonders beliebt ist das Mittelburgenland bei Radfahrern und Mountainbikern, für die spezielle Routen – wie der **Rotweinradweg B40** oder der **Lisztradweg B46** – konzipiert wurden. Ein herausragendes Abenteuer, gerade für Familien, ist die **Draisinentour** (www.draisinentour.at), bei der man auf Schienen einer stillgelegten Bahntrasse zwischen Oberpullendorf und Neckenmarkt-Horitschon „radelt". Kurzum: Das als „Sonnenland" beworbene Mittelburgenland mag zwar eine der wenig besuchten Regionen des Landes darstellen, doch umso authentischer und entspannter geht es zu.

■ **Infos: Tourismus Mittelburgenland,** www.mittelburgenland-rosalia.info.

Nördliches Mittelburgenland

Von Norden kommend bildet **Sieggraben** den ersten Ort im Mittelburgenland; ab hier sind **Wanderungen** durch das bewaldete Gebiet, u.a. auf den 606 m hohen **Brenntenriegel,** möglich (auf ihm thront ein Richt- und Mobilfunksendeturm, Start Pfarrkirche Sieggraben, 1,5 Std., 150 Hm, einfach, familientauglich). Südwestlich erstreckt sich der **Naturpark Landseer Berge,** an dessen Nordspitze das kleine **Kobersdorf** liegt. Es gehörte zu den sog. **Sieben-Gemeinden,** die seit dem 16. Jahrhundert über eine **beachtliche jüdische Gemeinde** verfügten. Neben einer Gedächtnisstätte und dem jüdischen Friedhof (Voranmeldung notwendig) erinnert an diese Zeit noch die **alte Synagoge,** die jedoch nur im Rahmen von Veranstaltungen geöffnet wird. Eine Sehenswürdigkeit im Ort ist auch das **hübsche Schloss,** in dem jeden Sommer Theaterfestivals stattfinden. Etwa 3 km westlich befindet sich im Wald ein kleiner **Badesee.**

■ **Schloss Kobersdorf,** Prof. Martha-Bolldorf-Platz 1, A-7332 Kobersdorf, Tel. 02618 20111, www.schlossspiele.com, außerhalb der Schlossspiele nur sporadisch geöffnet.

Südlich von Kobersdorf liegt die wirklich eindrucksvolle **Ruine Landsee** mit ihren vier Befestigungsringen, die durch tiefe Gräben getrennt sind; hier kommt man in den Genuss **atemberaubender Fernblicke!** Erwähnt wurde die Burg das erste Mal 1158 im Traditionsbuch des Stiftes Göttweig. Im 16. Jahrhundert war sie wohl zu einem **gefürchteten Raub-**

Das jüdische Burgenland

Bereits seit dem 13. Jahrhundert sind die ersten Juden auf burgenländischem Gebiet nachweisbar. Diese kamen zunächst als durch Kaiser *Maximilian I.* **Vertriebene** aus der Steiermark und Kärnten sowie nach der Schlacht von Mohács 1526 aus vielen ungarischen Städten. Auch im zweiten Drittel des 17. Jahrhunderts, nach der Ausweisung der jüdischen Bevölkerung aus Wien, Niederösterreich und Oberösterreich unter Kaiser *Leopold I.*, kam es erneut zu einer jüdischen Zuwanderung. Zu jener Zeit entstanden unter dem Schutz der Familie *Esterházy* die **„Sieben-Gemeinden"** (auf Hebräisch Schewa Kehilloth), in denen sich jüdische Familien ansiedeln durften. Dies waren Deutschkreutz, Eisenstadt, Frauenkirchen, Kittsee, Kobersdorf, Lackenbach und Mattersburg. Auch im Süden des Landes – beschützt durch die Familie *Batthyány* – entstanden drei große jüdische Siedlungen, und zwar in Rechnitz, Stadtschlaining und Güssing. In vielen dieser Orte **blühte das jüdische Leben auf.** Es entstanden **Synagogen und Talmudschulen,** von denen einige – wie die in Deutschkreutz (der hebräische Name des Ortes ist Tzelem) – zu Weltruf gelangten und in deren Tradition noch heute, z.B. in Brooklyn, gelehrt wird. Auch gab es hier **namhafte Rabbiner** wie den aus Worms stammenden **Samson Wertheimer** (1658–1742) oder **Meir ben Isaak** (1670–1744) aus Posen, der aufgrund seiner Verdienste in der Landeshauptstadt später *Meir Eisenstadt* genannt wurde. Mit der **bürgerlichen Revolution Mitte des 19. Jahrhunderts** und der darauffolgenden **Gleichstellung von Juden** als „ebenwertige Bürger" siedelten sich jüdische Familien auch in zahlreichen anderen Gemeinden an bzw. wanderten in die großen wirtschaftlichen Zentren der Monarchie wie Budapest, Wien und Graz ab. Um die Mitte des 19. Jahrhunderts lebten auf dem Gebiet des heutigen Burgenlandes über 8000 Juden, wobei ihr Bevölkerungsanteil in manchen Gemeinden, z.B. in Lackenbach, deutlich über 50% betrug.

Das änderte sich unmittelbar nach dem **„Anschluss" Österreichs an das Deutsche Reich** (März 1938), als sämtliche Juden aus ihren Häusern vertrieben und enteignet wurden. Dieses erbarmungslose Vorgehen ist untrennbar mit dem Namen des Gauleiters *Tobias Portschy* verbunden, der das Burgenland bereits im November 1938 als „judenfrei" erklärte. Hab und Gut der Menschen einschließlich ihrer Häuser gingen in der Folge an NSDAP-Parteiangehörige und Mitläufer oder an opportunistische Nachbarn. Etwa zwei Drittel der burgenländischen Juden gelang die **Emigration** ins Ausland – durch die Weltpresse ging z.B. das **Schicksal jüdischer Familien** aus Kittsee und Pama (Bijelo Selo), die im April 1938 auf einer Sandbank in der Donau, im Niemandsland zur damaligen Tschechoslowakei, ausgesetzt wurden. Durch Vermittlung jüdischer Hilfsorganisationen konnten sie nach fast vier (!) Monaten auf einem Schleppkahn auf der Donau endlich ausreisen. Das restliche Drittel der burgenländischen Juden wurde ab 1939 in die Ghettos und Konzentrationslager im Osten deportiert und dort ermordet.

Wenig erinnert heute an das ehemals lebendige jüdische Leben, sieht man von Gedenktafeln und den Synagogen in Eisenstadt und Kobersdorf ab. Wer sich gründlicher informieren möchte, sollte das **Österreichische Jüdische Museum** in der burgenländischen Landeshauptstadt besuchen (siehe dort).

ritternest geworden, als auf ihr die für ihre Gewalttätigkeit bekannte *Gertrud von Weißpriach* das Sagen hatte und mit dem Räuber *Franz Magusch* vor allem Kaufleute auf deren Reise durchs Burgenland überfiel. 1612 gelangte die Burg in die Hände der Familie *Esterházy,* 100 Jahre später zerstörte sie ein Großbrand. Eine empfehlenswerte, etwa fünfstündige Rundwanderung (500 Hm, mittel) führt ab der Ruine auf den 761 m hohen **Pauliberg,** ein vor etwa zwei Millionen Jahren erloschener Vulkan.

MEIN TIPP: **Ruine Landsee,** Landsee 15, A-7341 Landsee, Tel. 02618 52118.

Etwa 10 km südlich der Ruine erreicht man **Lackenbach,** das ebenfalls **eines der Zentren jüdischen Lebens** im Burgenland zwischen dem ausgehenden 17. Jh. und 1938 war. Entsprechende Zeugnisse fehlen leider im Ort, sieht man vom öffentlich zugänglichen **jüdischen Friedhof** ab. In Lackenbach befand sich ein **Anhaltelager der Nazis,** in dem Roma und Sinti eingepfercht und zur Zwangsarbeit gezwungen wurden, bevor man sie nach Auschwitz-Birkenau deportierte. Keine Befangenheit verursacht das **Schloss Lackenbach,** das über einen wunderschönen Arkadenhof und einen Schlosspark verfügt. Wem nach einer Abkühlung ist, sollte sich an den **Sonnensee** (www.sonnenseelounge.com) in **Ritzing** begeben.

- **Schloss Lackenbach,** Schloss 1, A-7322 Lackenbach, Tel. 02619 20012, esterhazy.at/schloss-lackenbach, April bis Okt. Do–So 10–17 Uhr (Juli und Aug. tägl. 10–17 Uhr), Nov.–März Sa/So 10–15 Uhr, Eintritt 10 €, ermäßigt 8 €.

Praktische Infos

- **Informationsbüro Sieggraben,** Obere Hauptstraße 8, A-7223 Sieggraben, Tel. 02621 2200, www.sieggraben.at.
- **Informationsbüro Kobersdorf,** Hauptstraße 38, A-7332 Kobersdorf, Tel. 02618 8200, www.kobersdorf.at.
- **Naturpark Landseer Berge,** Kirchenplatz 6, A-7341 Markt St. Martin, Tel. 02618 52118, landseer-berge.at.

es_218 dk

[>] Absolut sehenswert ist das Schloss im kleinen Lackenbach

Franz Liszt (1811–86) – der Raidinger Klaviervirtuose

1811 als Kind deutschsprachiger Eltern im damals ungarischen, heute österreichischen Raiding geboren, erhielt *Franz (Ferenc) Liszt* seinen **ersten Musikunterricht vom Vater,** der das Talent seines Sohnes früh erkannte und schon bald **Konzertreisen** organisierte. Es folgten **musikalische Studien in Wien und Paris,** wo sich *Liszt* 1827 nach dem Tod des Vaters niederließ. Hier begegnete er bedeutenden Persönlichkeiten wie *Hector Berlioz* und *Niccolò Paganini,* die sein Werk erheblich prägten und ihn dazu bewogen, seine Technik auf dem **Klavier** weit über das Maß des damals Vorstellbaren hinaus zu perfektionieren. Die 1840er-Jahre wurden zu einem Jahrzehnt **beispielloser Erfolge** für den Künstler, der kreuz und quer durch Europa reiste, um Konzerte zu geben, aber auch Zeit fand, zahlreiche eigene Werke zu verfassen.

oes_219 dk

1847 lernte er die unglücklich verheiratete **Fürstin zu Sayn-Wittgenstein** kennen, die kurzerhand ihren Mann verließ, um mit *Liszt* zusammenzuleben. Gemeinsam gingen sie nach **Weimar,** das dank ihm für ein gutes Jahrzehnt zu einem Brennpunkt der Musikwelt wurde und wo *Liszt* auch in der Rolle des **Dirigenten** zu einem der prägenden Künstler seiner Zeit aufstieg. Die Weimarer Jahre waren wohl die produktivsten in seinem Leben, auch dank der Fürstin, die ihn in jeder Hinsicht unterstützte. So schrieb oder verfeinerte er hier viele seiner bekanntesten Klavierwerke und widmete sich der Orchestermusik. Doch **Intrigen** sorgten dafür, dass er im Dezember 1858 sein Amt als Kapellmeister niederlegte und drei Jahre später nach **Rom** zog, wo er – als gläubiger Katholik – die Weihe als Weltgeistlicher empfing. Dadurch bildeten nun **sakrale Werke** einen neuen Schwerpunkt in seinem Schaffen, und er konzentrierte sich auch auf die Kirchenmusik vergangener Epochen.

Speziell in seiner Heimat **Ungarn** wurde *Liszt* schon zu Lebzeiten **ver- und geehrt;** so berief man ihn 1875 zum Präsidenten der neu errichteten Musikakademie in Budapest, weshalb er fortan zwischen Rom, Weimar und der ungarischen Hauptstadt pendelte, aber auch andernorts unterrichtete, dirigierte und regen Anteil am musikalischen Austausch nahm. **Bis ins hohe Alter** blieb er **aktiv** und entwickelte sein Werk weiter, wobei viele seiner späten Kompositionen dem damaligen „Mainstream" weit vorauseilten. *Franz Liszt* starb am 31. Juli 1886 beim Besuch der Bayreuther Festspiele.

[<] Kleine Heimat eines großen Künstlers: das Geburtshaus von Franz Liszt in Raiding

Blaufränkischland

Ab Ritzing erstreckt sich das sog. Blaufränkischland, das **bedeutendste Anbaugebiet für diese Rotwein-Rebe in ganz Österreich.** Die Weingärten erstrecken sich hier auf einer Fläche von 2300 Hektar von den Südausläufern des Ödenburger Gebirges bis zum Günser Gebirge und umfassen sieben Gemeinden. Ganz klar steht in dieser Gegend die Weinkultur im Vordergrund: So findet sich in beinahe jedem Ort eine **Vinothek,** in der die lokalen Winzer ihre Tropfen präsentieren und verkaufen, die Anzahl an **Buschenschänken** bzw. **Heurigen** (www.heurigenkalender.at) ist beinahe unüberschaubar und speziell zwischen Sommer und Herbst finden **zahlreiche Weinfeste** statt. Ein besonders besuchenswerter Ort ist z.B. **Neckenmarkt,** das mit seinem **„Fahnenschwingen"** eine einzigartige Tradition aufrechterhält, die auf das Jahr 1620 zurückgeht, als mit Dreschflegeln und Sensen bewaffnete Bauern das Heer des Grafen *Nikolaus Esterházy* im Kampf gegen die Türken unterstützten. In **Horitschon** befindet sich die Kopfstation für **Draisinentouren** (www.draisinentour.at; nur an geraden Tagen), ferner gibt es einen **Rotweinlehrpfad** (Start Vinothek Horitschon, 1,5 Std., leicht, keine Steigung). In **Deutschkreutz** an der ungarischen Grenze kann man Reste eines jüdischen Friedhofs und das 1625 erbaute **Schloss** im Stil der Renaissance begutachten. Im Schloss ist eine Dauerausstellung des Künstlers **Anton Lehmden** (1929–2018), Mitbegründer der „Wiener Schule des Phantastischen Realismus", untergebracht.

■ **Schloss Deutschkreutz,** Schlossweg/Zinkendorfer Straße, A-7301 Deutschkreutz, Tel. 0699 11863207, schlossdeutschkreutz.at, nur mit Führung (Voranmeldung unter 02613 20200 erforderlich), Eintritt 12 €, ermäßigt 10 €.

Südlich von Deutschkreutz liegt mit den Gemeinden Nikitsch (Filež), Großwarasdorf (Veliki Borištof) und Kleinwarasdorf (Mali Borištof) ein weiteres Siedungsgebiet der **Burgenlandkroaten,** die hier mehr als 80% der Bevölkerung ausmachen. In **Nebersdorf (Šuševo)** steht ein hübsches spätbarockes **Schloss** (www.schloss-nebersdorf.at), das nur sporadisch zugänglich ist. Im äußersten Süden von Blaufränkischland lockt der Weinbauort **Lutzmannsburg** (www.rotweinerlebnis.at) mit seiner beliebten, speziell auch für Kleinkinder konzipierten **Therme** inklusive Saunalandschaft, Rutschen, Wildbach und Erlebnisbecken. Mit der **Rolling Area** (www.skatingpark.at) befindet sich vor Ort zudem ein abwechslungsreiches Inlineskate-Areal, und auch ein **Hochseilgarten** (www.sonnenlandseilgarten.at) zieht Besucher an.

Sonnentherme Lutzmannsburg-Frankenau, Thermengelände 1, A-7361 Lutzmannsburg, Tel. 02615 87171, www.sonnentherme.at, Mo–Do, So 10–21 Uhr, Fr/Sa 10–22 Uhr, Eintritt ab 26,90 €, ermäßigt 15,50 €.

Liebhaber klassischer Musik sollten unbedingt in **Raiding** einen Stopp einlegen, denn hier wurde der Komponist, Pianist, Dirigent, Theaterleiter, Musiklehrer und Schriftsteller **Franz Liszt** (1811–86) geboren. Er war einer der einflussreichsten Pianisten und mit über 1300 Werken und Bearbeitungen einer der produktivsten Komponisten des 19. Jahrhunderts. In Raiding steht noch sein **schindelgedecktes Geburtshaus** mitsamt **Museum** und einem **Konzerthaus** daneben, in dem regelmäßig Kompositionen des Meisters aufgeführt werden.

- **Liszt-Haus Raiding,** Lisztstraße 46, A-7321 Raiding, Tel. 02619 5104716, liszt-haus.at, Mitte März bis Ende Okt. Di–Fr 9–12.30 und 13–17 Uhr, Sa/So 10–12.30 und 13–17 Uhr, Eintritt 5,50 €, ermäßigt 4,50 €.

Praktische Infos

- **Informationsbüro Neckenmarkt,** Rathausgasse 1, A-7311 Neckenmarkt, Tel. 02610 42263, www.neckenmarkt.net.
- **Verband Blaufränkisch Mittelburgenland,** Hauptstraße 55, A-7301 Deutschkreutz, Tel. 02613 20180, www.blaufraenkischland.at.
- **Zur Traube**②, Herrengasse 42, A-7311 Neckenmarkt, Tel. 02610 42256, www.zurtraube.at. Sinnlich gestaltetes Gasthaus, in dem man nicht nur tadellos speist, sondern auch übernachten①-② kann.
- **Wurstmanufaktur Palatin,** Mittelgasse 9, A-7302 Nikitsch, Tel. 0664 4443404, www.zumpalatin.at. Regionale Wurstwaren vom Feinsten.
- **Liszt Festival Raiding,** lisztfestival.at. Seit 2006 finden im Rahmen dieses Festivals über mehrere Monate hinweg Konzerte mit Musik des berühmten Komponisten statt.
- **Rotweinfestival Deutschkreutz,** rotweinfestival.at. Weinfest im Sommer, auf dem sich zahlreiche Weingüter vorstellen.

oes_216 dk

Oberpullendorf (Felső-pulya) und Umgebung

Die **Bezirkshauptstadt Oberpullendorf (Felsőpulya)** ist mit einem Bevölkerungsanteil von 22% **eines der Zentren der ungarischen Minderheit** im Burgenland. Der Ort verfügt zwar über eine **nette Innenstadt,** doch ist aufgrund der Auslagerung des Einzelhandels in Gewerbegebiete am Stadtrand – samt Bau- und Supermärkten – viel des ursprünglichen Charmes verloren gegangen. Das ehemalige **Stadtschloss** dient heute als Bildungs- und Jugendzentrum für Veranstaltungen; während des **Kulturherbstes „Pullenale"** finden im Ort zahlreiche Events statt. Oberpullendorf ist an ungeraden Tagen die Kopfstation für **Draisinentouren** (www.draisinentour.at). In **Mitterpullendorf** gibt es noch ein paar sog. **Laubenhäuser** zu sehen und nördlich des Ortes kann man in **Stoob** so einiges zum Töpferhandwerk im hiesigen **Töpfermuseum** erfahren. In **Neutal** befindet sich außerdem ein **Museum für Baukultur,** immerhin haben die Burgenländer in ganz Österreich den Ruf, talentierte Maurer zu sein.

■ **Töpfermuseum Stoob,** Hauptstraße 72, A-7344 Stoob, Tel. 02612 42436, toepfermuseum.at, April bis Okt. tägl. 9–17 Uhr, Eintritt 3 €.

■ **Museum für Baukultur,** Hauptstraße 58, A-7343 Neutal, Tel. 05 7083 770, neutal.riskommunal.net/MUBA, April bis Okt. Di, Mi, Do und Sa/So 10–16 Uhr, Eintritt 3,50 €, ermäßigt 1 €.

Südlich der Bezirkshauptstadt, bei **Frankenau-Unterpullendorf (Frakanava-Dolnja Pulja),** liegt der geografische Mittelpunkt des Bundeslandes. Hier und im benachbarten **Großmutschen (Mučindrof)** sind nette **Wanderungen** im sog. **Zerwald** möglich, in dem trichterartige Aushöhlungen unterschiedlichster Größe daran erinnern, dass hier einst Eisenerz abgebaut wurde. Noch weiter südlich, in **Klostermarienberg,** wo das älteste **Kloster** des Burgenlandes liegt, findet alljährlich im Herbst das **Kastanienfest** (www.kastanienfest.at) statt.

Praktische Infos

■ **Informationsbüro Oberpullendorf,** Hauptstraße 9–11, A-7350 Oberpullendorf, Tel. 02612 422070, oberpullendorf.gv.at.

oes_220 dk

Lockenhaus und Umgebung

Der **Süden des Mittelburgenlandes** ist stark bewaldet und es wird zunehmend bergiger. Das **Günser Gebirge** liegt an der Grenze zu Ungarn im Bezirk Oberwart, der bereits zum Südburgenland gezählt wird. Es gehört größtenteils zum **Naturpark Geschriebenstein,** der über mehr als 500 km **markierte Wander- und Radwege** verfügt. Doch das Highlight hier unten im Süden ist definitiv die imposante **Burg Lockenhaus.** Erstmals 1242 erwähnt, präsentiert sie sich bis heute als echte mittelalterliche Ritter-

◁ Ein kulturhistorisches Phänomen sind die Fahnenschwinger in Neckenmarkt

△ Schaurig und spannend zugleich: Um die Burg Lockenhaus ranken sich Legenden

burg im Stil der romanisch-gotischen Bauweise. Viele **Mythen, Legenden und Schauergeschichten** ranken sich um sie, so z.B. in Bezug auf ihre Bedeutung für den Tempelritterorden oder mit Blick auf die **„Blutgräfin" Elisabeth Báthory** (1560–1614), die wegen vielfachen Mordes an Dienerinnen – womöglich badete sie in deren Blut, um ihre eigene Haut jugendlich und attraktiv zu halten – letztendlich hingerichtet wurde. Bei einem Besuch der Burg erfährt man in ansehnlicher Weise viel über all diese Details und es finden häufig **Musikfestivals** statt. Auch der **Ort Lockenhaus** ist einen Stopp wert, denn der hübsche Hauptplatz mit der Pfarrkirche ist im Stil des Barock gehalten.

MEIN TIPP: **Burg Lockenhaus,** Eugen Horvath Platz 1, A-7442 Lockenhaus, Tel. 02616 2394, www.ritterburg.at, April bis Okt. tägl. 9–17 Uhr, Eintritt 10 €, ermäßigt 5 €. Mit Taverne①-② und Hotel②.

Im nahe gelegenen **Piringsdorf** widmet man sich seit vielen Generationen der **Korbflechterei,** entsprechend werden in mehreren Geschäften im Ort regionale Flechtwaren verkauft. In **Unterrabnitz** präsentiert ein gelungenes **Freilichtmuseum** das Leben im Frühmittelalter sehr anschaulich.

Freilichtmuseum Frühmittelalterdorf, Bründellehen 23, A-7371 Unterrabnitz, Tel. 0664 2615778, www.fruehmittelalterdorf.at, variierende Öffnungszeiten (auf Anfrage unter 02616 8877), Eintritt 2 €, ermäßigt 1 €.

Wanderer sollten sich in die Gegend um **Pilgersdorf** begeben, wo man den 781 m hohen **Ochsenriegel** (Start Pfarrkirche Kogl, 1,5 Std., 300 Hm, leicht) oder den **Walperskogel** (607 m, Start Sportplatz Lebenbrunn, 1,5 Std., 250 Hm, leicht) besteigen kann und damit in einem der einsamsten Landstriche des Bundeslandes unterwegs ist.

Praktische Infos

- **Informationsbüro Pilgersdorf,** Kirchschlagerstraße 2, A-7441 Pilgersdorf, Tel. 02616 7702, www.pilgersdorf.at.
- **Kammermusikfest Lockenhaus,** www.kammermusikfest.at. Sommerliches Kammermusikfestival auf der Burg Lockenhaus.
- **ORGELockenhaus,** www.orgelfestival.at. Das ebenfalls auf der Burg und im Sommer stattfindende Orgelfestival ist ein Erlebnis.

Südburgenland

Das Südburgenland besteht von Norden nach Süden aus den **Bezirken Oberwart, Güssing und Jennersdorf** und zeichnet sich durch sein **welliges Hügelland** aus. Der **Geschriebenstein** ist mit 884 m die natürliche Grenze zum Mittelburgenland und der höchste Berg des ganzen Bundeslandes. Südlich davon fällt das Gelände vom **Günser Gebirge** und dem oststeirischen Hügelland in Richtung Südosten ab und die Erhebungen gehen nur noch knapp über 400 m hinaus. Der Süden wird vom **Fluss Raab** und seinen vielen Zu- und Nebenläufen geprägt und erinnert landschaftlich bereits sehr an die „grüne" Steiermark. Die **größten Ortschaften** sind Pinkafeld, Oberwart, Jennersdorf und das pittoreske Güssing, in dessen Umland der legendäre **Uhudler** (→ Exkurs S. 686), eine seltene Weinrebe, wächst. Überhaupt liegen im gesamten Südburgenland **zahlreiche Weinbaubetriebe,** und man hat es nie weit bis zum nächsten Buschenschank oder zur nächsten Vinothek. Ein weiteres Kennzeichen der Region sind die sog. **Kellerstöckl,** also Arbeitshäuschen, die mitten auf dem Weinberg liegen. Viele sind heute als **Apartments** ausgebaut und werden an Touristen vermietet. Genießer von **Hochprozentigem** werden sicher in Kukmirn fündig, aber auch die lokalen **kulinarischen Gaumenfreuden** sind in der ganzen Region ein Gedicht, immerhin verbindet das Südburgenland das Beste aus den Küchen Österreichs, Kroatiens, Sloweniens und Ungarns. Die erholsamen **Thermen in Bad Tatzmannsdorf und Stegersbach** verwöhnen mit Wellness- und Kurgenuss, während Golf-Fans in **Österreichs größtem Golf-Resort „Reiters Golf 72"** ihre Erfüllung finden. Natürlich fehlen auch **kulturelle Sehenswürdigkeiten** nicht, wie z.B. die Burgen in Bernstein, Stadtschlaining und Güssing oder das Schloss Tabor, aber auch das **Freilichtmuseum** in Bad Tatzmannsdorf, das in Gerersdorf oder das Künstlerdorf in Neumarkt an der Raab. Nicht nur für **Fahrradfahrer** eine Spitzenattraktion ist die 260 km lange **Paradiesroute,** und ganz im Süden, im **Naturpark Raab-Őrség-Goričko,** erkundet man die Region am besten auf dem **Dreiländer-Radweg.** Das Südburgenland ist auch gut für **E-Bikes** erschlossen, mit vielen Verleihstationen und ausgeschilderten Mehrtages-Routen (www.ebikesuedburgenland.at).

■ **Infos: Tourismus Südburgenland,** www.suedburgenland.info; **Weinidylle Südburgenland,** www.weinidylle.at.

Bernstein und Umgebung

Wer aus dem Mittelburgenland über Lockenhaus auf der Bundesstraße 50 nach Südosten fährt, kommt unweigerlich nach Bernstein. Der Name des Ortes leitet sich von der historischen **Bernsteinstraße** ab, von der ein Seitenarm als „Via Magna" hier im sog. **Tauchental** vorbeiführte. In unmittelbarer Ortsnähe wurde seit dem 12. Jahrhundert **Bergbau** betrieben. Zuerst wurde nur Eisen gefördert, ab dem 16. Jahrhundert auch Schwefel, Kupfer, Kupfervitriol, Silber und **sogar Gold.** Um 1860 fand man dann den hell- bis dunkelgrünen **Edelserpentin,** der seither im Ort zu Schmuck und anderen Kunstgegenständen verarbeitet wird. In Bernstein liegt die gleichnamige **Burg,** die im 13. Jahrhundert erstmals erwähnt wurde. Nachdem sie über die Jahrhunderte mehreren **ungarischen Adelsfamilien** gehörte, ging sie 1892 an *Eduard von Almásy,* dessen Nachkommen sie immer noch besitzen. Ein bekanntes Mitglied war der Pilot und Wüstenforscher **László Almásy** (1895–1951), dessen Leben als Vorlage für den auch verfilmten Roman „Der englische Patient" diente. Sehenswert sind in der **sagenumwobenen Burg** – angeblich sollen hier die „Weiße Frau von Bernstein" und der „Rote Ritter" spuken – der Rittersaal und der Burghof.

■ **Burg Bernstein,** Schlossweg 1, A-7434 Bernstein, Tel. 03354 6382, www.burgbernstein.at, Mitte Mai bis Sept. Fr–Di 11 Uhr (1 Std. Führung), Eintritt ab 18 €, ermäßigt ab 15 €. Mit Hotel③.

Im Umland von Bernstein sind mehrere **Wanderungen** möglich, z.B. auf den **Kienberg** (Start Hauptplatz Bernstein,

oes_221 dk

2,5 Std., 400 Hm, leicht, familientauglich) oder entlang dem hier gelegenen Abschnitt des **Fernwanderwegs Alpannonia** (www.alpannonia.at). **Aschau** ist ein hübscher, nahe gelegener Ort, an dessen Ortsrand ein imposanter Aussichtsturm auf dem Kreuzberg steht.

Rechnitz und Umgebung

Südlich von Lockenhaus erstreckt sich das **Günser Gebirge** mit dem **Naturpark Geschriebenstein,** in dem die beiden höchsten Erhebungen eben dieser **Geschriebenstein** – mit 884 m höchster Berg des Burgenlandes – und der **Große Hirschenstein** mit 862 m sind. Wandermöglichkeiten gibt es zur Genüge und auch eine Erkundung des Parks mit dem Fahrrad bzw. Mountainbike ist bei entsprechender Kondition empfehlenswert. Die **serpentinenreiche Bundesstraße 56** überwindet die Höhen und verläuft in Richtung Süden nach **Rechnitz.** Der Ort ist historisch belastet, denn hier fand Ende März 1945 ein **Massaker an jüdischen Zwangsarbeitern** statt. Angeblich wurden ca. 180 Juden von Teilnehmern eines Schlossfestes, gefeiert von *Margit von Batthyány,* Tochter *Heinrich Thyssens,* und ihrem Mann *Graf Ivan von Batthyány,* quasi zur „Belustigung“ der Gäste erschossen. Das Massaker ereignete sich nur zehn Tage vor der Befreiung des Ortes durch die **Rote Armee.** Das Schloss wurde danach komplett zerstört, ein **Mahnmal** erinnert an die Opfer der Schandtat. Sehenswert sind die **Pfarrkirche** und **Schautafeln zum ehemaligen jüdischen Leben** im Ort. Im nahe gelegenen **Faludital** befindet sich ein Badestausee, und in **Althodis (Stari Hodas)** kann man den etwa 500 m langen, barrierefreien **Baumwipfelweg** (www.baumwipfelweg-althodis.at) in ca. 20 m Höhe besuchen.

⌃ Angeblich von Geistern heimgesucht: die über 700 Jahre alte Burg Bernstein

Praktische Infos

■ **Informationsbüro Rechnitz,** Hauptplatz 10, A-7471 Rechnitz, Tel. 03363 792020, www.rechnitz.at.

■ **Naturpark Geschriebenstein Info-Center,** A-7471 Rechnitz, Tel. 03363 7920235, www.naturpark-geschriebenstein.at.

■ **Camping Rechnitz,** Badestausee, A-7471 Rechnitz, Tel. 0664 88945128, www.rechnitz.at. Ruhiger Campingplatz am Badestausee von Rechnitz mit Zugang zum Wasser.

Pinkafeld und Umgebung

Der **Nordwesten des Südburgenlandes** wird u.a. durch den **Flusslauf der Pinka** gekennzeichnet. Sie ist ein linksseitiger Nebenfluss der Raab und entspringt am Fuß des Niederwechsels (1480 m) in der Steiermark. Der weitere Flussverlauf geht in südöstlicher Richtung durch das Burgenland und durchquert zunächst **Pinkafeld.** Mit **5900 Einwohnern** ist die bereits im 9. Jahrhundert gegründete Stadt verhältnismäßig groß und verfügt über ein nettes Zentrum, das das 1600 errichtete **Rindsmaullsche Gutshaus** – das heute das **Stadtmuseum** beherbergt – und die leicht erhöht liegende **Pfarrkirche** umfasst. Im ehemaligen **Schloss** der Familie *Batthyány* ist die Landesberufsschule untergebracht. Ab dem nahen **Loipersdorf** kann man zu Fuß das wunderschöne **Lafnitztal** (www.naturerlebnis-lafnitztal.at) mit seinen Auwäldern und Wiesen erkunden, das sich entlang der steirischen Landesgrenze in Richtung Süden zieht. In **Oberschützen** erfährt man im **Haus der Volkskultur** (www.hianzenverein.at) viel Interessantes über die **Hianzen,** Bauern, die im 11. Jahrhundert aus bairischen und alemanischen Landen hierher ausgewandert sind. Nordwestlich des Ortes liegt die **Willersdorfer Schlucht,** ein enges Tal, das sich in nördlicher Richtung bis zum ca. 6 km entfernten Grenzgebiet zwischen Niederösterreich, Steiermark und Burgenland zieht und auf einem **Naturlehrpfad** mit acht Stationen begangen werden kann (Start Feuerwehr Willersdorf, 1 Std., einfach, familientauglich).

Praktische Infos

■ **Informationsbüro Pinkafeld,** Hauptplatz 1, A-7423 Pinkafeld, Tel. 03357 42351, www.pinkafeld.gv.at.

■ **Thermencamp Burgenland,** Am Campingplatz 1, A-7432 Oberschützen, Tel. 0664 1448829, www.thermencamping.at. Großzügig angelegter Campingplatz in der Nähe von Bad Tatzmannsdorf mit 115 Einheiten und Bungalows.

☐ Die Pfarrkirche im Zentrum von Rechnitz ist einen kurzen Stopp wert

oes_222 dk

Bad Tatzmannsdorf und Umgebung

Bad Tatzmannsdorf ist der **wichtigste Kurort des Burgenlandes,** und zwar bereits seit 1620, als die Grafen *Batthyány* hier den Badebetrieb großzügig ausbauten. Grundlage sind die **kohlenstoffdioxidhaltigen Mineralwasserquellen** sowie eine **Thermalquelle,** deren 42° Grad warmes Wasser aus knapp 900 m Tiefe unaufhörlich sprudelt. Ab 1889 wurden zudem die hiesigen Moorvorkommen für **Moorbäder** genutzt, und der Ort erblühte zur mondänen Wohlfühloase der **feinen ungarischen Gesellschaft.** Ganz so nobel geht es mittlerweile nicht mehr zu, aber die Mischung aus kohlensäurehaltigem Heilwasser, Moor und Thermalwasser macht Bad Tatzmannsdorf bis heute zu einem der beliebtesten Zentren in Österreich, wenn es um die Themen **Gesundheit und Wellness auf hohem Niveau** geht. Der äußerst „luftig" bebaute Ort liegt hübsch in einem weitläufigen Tal inmitten tiefer Wälder und wird durch eine auf **Kurgäste** ausgerichtete Infrastruktur geprägt. Hier finden sich unter dem Motto „Slow down and relax" sechs Thermen – allen voran die **AVITA-Resort-Therme** – und ein **reiches Unterkunftsangebot** von der gemütlichen Hotel-Pension bis zum komfortablen Thermenhotel.

Auf den Spuren der burgenländischen Architektur im Freilichtmuseum Bad Tatzmannsdorf

oes_224 dk

■ **AVITA Resort,** Thermenplatz 1, A-7431 Bad Tatzmannsdorf, Tel. 03353 8990, www.avita.at, So–Do 9–22 Uhr, Fr 9–0.30 Uhr, Sa 9–23 Uhr, Eintritt ab 22,50 €, ermäßigt ab 13 €.

Wer nicht zur „Verjüngungskur" anreist, sollte das **Freilichtmuseum** besuchen, in dem **historische südburgenländische Holzhäuser** stehen und viel über das Leben in der Gegend vom ausgehenden 18. bis zum Beginn des 20. Jahrhunderts zu erfahren ist. Spiritualität verströmt die wundervolle **Pfarrkirche Mariä Himmelfahrt in Mariasdorf** etwa 5 km von Bad Tatzmannsdorf entfernt. Im weiteren Umland wurden markierte Spazier-, Wander- und Radwege, Lehrpfade und Öko-Trails für Walking und Nordic Walking etc. unter dem Namen **„Laufarena"** (www.laufarena.at) zusammengefasst.

■ **Freilichtmuseum Bad Tatzmannsdorf,** Josef Hölzel-Allee 1, A-7431 Bad Tatzmannsdorf, Tel. 03353 82007360, www.dazumal-burgenland.at, immer geöffnet, Eintritt 2 € (am Drehkreuz zu bezahlen).

Praktische Infos

■ **Informationsbüro Bad Tatzmannsdorf,** Joseph Haydn-Platz 3, A-7431 Bad Tatzmannsdorf, Tel. 03353 7015, bad.tatzmannsdorf.at.

Übersichtskarte S. 638

Stadtschlaining und Umgebung

Knapp 7 km östlich von Bad Tatzmannsdorf liegt das 1450 gegründete **Stadtschlaining,** das ab Ende des 17. Jahrhunderts bis 1938 fast zur Hälfte von **Juden** bewohnt wurde – auf dem hübschen Hauptplatz ist noch das alte **denkmalgeschützte Wohnhaus des Rabbiners** zu sehen, und in der **ehemaligen Synagoge** ist die Bibliothek des Österreichischen Studienzentrums für Frieden und Konfliktlösung untergebracht. Die Hauptsehenswürdigkeit ist die **Burg** am Stadtrand, erstmals 1271 in einer Urkunde von *Ottokar Přemysl* erwähnt. Im 15. Jahrhundert lebte hier der legendäre Heerführer *Andreas Baumkircher* (1420–71), 1527 ging das stattliche Bauwerk an die Familie *Batthyány.* Man betritt die Burg, **eine der besterhaltenen ihrer Art,** über die **gemauerte Burgbrücke,** die hoch über dem Burggraben zum Hauptportal führt. Nicht verpassen sollte man den großen Burghof, die Burgkapelle, den Rittersaal und die **beiden Türme** – im Eckigen leben geschützte **Fledermäuse,** im Runden genießt man einen **Rundblick vom Feinsten.** Die Anlage umfasst ferner das **Europäische Museum für Frieden** und die volkskundliche Sammlung des Bezirkes Oberwart, die größte im gesamten Burgenland.

- **Friedensburg Schlaining,** Rochusplatz 1, A-7461 Stadtschlaining, Tel. 03355 2306, www.friedensburg.at, Di–So 9–17 Uhr, Eintritt (Burg und ehemalige Synagoge) 15 €, ermäßigt 12 €.

Praktische Infos

- **Informationsbüro Stadtschlaining,** Baumkircher Gasse 1, A-7461 Stadtschlaining, Tel. 03355 2201, www.stadtschlaining.at.

oes_225 dk

Deutsch und Ungarisch: auch Oberwart ist offiziell zweisprachig

MEIN TIPP: **Blues & More Schlaining,** bluesfestival.at. Sommerliches Bluesfestival in der Burgarena – Kulisse, Musik und Stimmung sind immer wieder ein Erlebnis!

- **KLANGfrühling,** www.klangfruehling.at. Abwechslungsreiches Musikfestival mit Kammermusik, Klassik, Jazz usw.

Oberwart (Felsőőr) und Umgebung

Mit **8000 Einwohnern** ist **Oberwart (Felsőőr)** die **größte Stadt des Südburgenlandes** und Verwaltungs- sowie Ausbildungsstandort für die gesamte Region. Zum Shoppen ist es sogar im ganzen Burgenland die Nummer 1, befinden sich hier doch mit dem **eo Einkaufszen-**

trum (www.eo.at) im Westen und dem Gewerbe- und Industriegebiet im Südosten – in Richtung Unterwart – eine **Vielzahl an Geschäften,** Supermärkten, Möbelhäusern, Baumärkten u.v.m. Das **Stadtzentrum** ist relativ unspektakulär, sieht man davon ab, dass es gleich **vier Kirchen** sein Eigen nennt: die katholische Pfarrkirche, die katholische Kirche St. Martin in der Wart, die reformierte Pfarrkirche und die evangelische Pfarrkirche. Dies spiegelt den äußerst **multikulturellen Charakter der Stadt** wider, immerhin beträgt der Anteil der Burgenlandungarn 17,5%, der der Burgenlandkroaten 3,5%, und auch **Burgen-**

Latscho di, Erba! – die Burgenlandroma

Als Burgenlandroma bezeichnet man eine **Untergruppe der Roma,** die ihre eigenen Traditionen und einen eigenen Dialekt des sog. Romanes haben. Sie kamen bereits in der Zeit zwischen 1530 und 1680 in das Gebiet des heutigen Burgenlandes, wurden dabei aber während der gesamten Habsburgerzeit **geächtet, verfolgt und zur Sesshaftigkeit gezwungen.** Die Verwendung ihrer Sprache war unter Strafe verboten, Ehen untereinander ebenso und vielen Familien wurden die Kinder zwangsweise entrissen. Erst nach dem Ersten Weltkrieg und dem Ende der Monarchie verbesserte sich die Situation zumindest dahingehend, dass man sie als **österreichische Roma-Gruppe** klassifizierte und damit – im Gegensatz zu anderen Gruppen – duldete. Doch mit dem „Anschluss" an das Deutsche Reich im Jahr 1938 änderte sich dies schlagartig. Die **Nationalsozialisten** dezimierten sie brutal: Man geht davon aus, dass nur etwa 400 der ursprünglich 7000 Burgenlandroma die Konzentrationslager im Osten überlebten. Im mittelburgenländischen **Lackenbach** entstand ein **Zwischenlager,** von wo man die Menschen vorrangig nach Auschwitz-Birkenau deportierte, um sie dort häufig sofort in die Gaskammern zu schicken. Mit dem **österreichischen Volksgruppengesetz von 1955** wurden die Burgenlandroma – genau wie die Burgenlandkroaten, Kärntner Slowenen u.a. – **als autochthone Minderheit anerkannt,** doch geschah wenig, um ihre erbärmlichen Lebensverhältnisse zu verbessern. Auch ihre Stigmatisierung und Diskriminierung von Seiten der Nicht-Roma blieben noch lange bestehen. Aufsehen erregte **1995** ein **rassistisch motivierter Mordanschlag** auf vier junge Roma in der Nähe von Oberwart. In der Nacht vom 4. auf den 5. Februar hatten sie versucht, eine Plakette mit der Aufschrift „Roma zurück nach Indien" zu entfernen und wurden dabei durch eine Rohrbombe des Attentäters *Franz Fuchs* getötet.

Heute leben schätzungsweise zwischen 2500 und 5000 Burgenlandroma im südöstlichsten Bundesland, wobei die meisten in **Oberwart** (auf Romanes „Erba" genannt) und der Umgebung wohnhaft sind. In den letzten Jahren ist manches besser geworden: So leben die meisten Angehörigen der Minderheit mittlerweile in relativem Wohlstand, und man versucht auch von staatlicher Seite etwas zur Aufrechterhaltung des Erbes beizutragen, z.B. durch Förderung des Schulunterrichts auf Romanes. Das Ergebnis ist eine Integration oder besser **Assimilierung,** die immer mehr Inhalte der ureigenen Kultur der Burgenlandroma verschwinden lässt.

landroma, eine autochthone österreichische Roma-Gruppe mit eigener Sprache, leben hier (→ Exkurs).

Südlich von Oberwart liegt **Rotenturm an der Pinka (Verešvar),** das für sein lachsfarbenes historistisches **Landschloss** (schlossrotenturm.at) im maurisch-byzantinischen Stil bekannt ist. Für die Öffentlichkeit nur zu Veranstaltungen zugänglich, kann man zumindest von außen einen Blick auf das große Anwesen mit dem campanileartigen vierstöckigen Turm und dem Schlosspark erhaschen.

Praktische Infos

■ **Informationsbüro Oberwart,** Hauptplatz 9, A-7400 Oberwart, Tel. 03352 38055, www.oberwart.gv.at.

Großpetersdorf und Umgebung

Großpetersdorf liegt kaum 7 km südöstlich von Oberwart und erstreckt sich **nördlich der Pinka** über die Niederungen und Anhöhen des Zickenbach- und Tauchenbachtales. Als **Industriestandort** ist der Ort nicht unwichtig, touristische Besucher hingegen kommen selten. Speziell für junge Gäste mag die **Westernstadt Lucky Town** interessant sein, wo Cowboyfeeling samt Saloon, Sheriff, Lagerfeuer, Pferdekutschen und Nord- und Südstaatenkompanie garantiert ist.

Lucky Town, Alte Bundesstraße, A-7503 Großpetersdorf, www.lucky-town.at, Juni bis Aug. Mo 17–21 Uhr, ansonsten nach Vereinbarung, Eintritt je nach Programm.

8 km südöstlich gelangt man nach **Kohfidisch** mit seinem **frühbarocken Schloss** (www.imschloss.at) aus dem 16. Jahrhundert. Es befindet sich in Privatbesitz und ist nur sporadisch im Rahmen von Veranstaltungen geöffnet. Östlich des Ortes verlaufen die **Csaterberge,** ein herrliches Areal bestehend aus rauschenden Hochwäldern und Weinbergen, das durch einen Taleinschnitt – ab hier verläuft die Pinka in nordöstlicher Richtung – in den **Klein- und Hochcsater** geteilt ist und besonders gut auf dem **Literaturweg** (www.literaturweg.at) erkundet werden kann. Je nach Route (1,5-3 Std., einfach) erfährt man an über 30 literarischen Stationen einiges zu burgenländischen Autorinnen und Autoren. Auch wer sich für den lokalen **Wein** interessiert, wird nicht enttäuscht, finden sich hier doch mehrere Buschenschänken, zudem sind im **Gasthof zum Weinberg** die Vinothek des Weinbauvereines und ein **Steinmuseum** untergebracht.

Praktische Infos

■ **Informationsbüro Großpetersdorf,** Hauptstraße 36, A-7503 Großpetersdorf, Tel. 03362 2311, www.grosspetersdorf.at.

■ **Tourismusinformation Kohfidisch,** Obere Hauptstraße 4, A-7512 Kohfidisch, Tel. 03366 77203, www.kohfidisch.at.

■ **Gasthof zum Weinberg**①, Kleincsater 10, A-7512 Kohfidisch, Tel. 03366 77245, www.weingasthof.at. Regionale Küche und exzellente Weinauswahl. Auch mehrere Fremdenzimmer stehen zur Verfügung.

MEIN TIPP: **Gasthaus Csencsits**②, Harmisch 13, A-7512 Harmisch, Tel. 03366 77220, csencsits.at. Kreativ und doch bodenständig geht es hier zu, dabei garantiert regional-saisonal und mit einer großen Auswahl bester lokaler Weine.

Eisenberg und Umgebung

Am östlichen Ende der Csaterberge liegt das Dorf Eisenberg, das nach der gleichnamigen, 415 m hohen Erhebung weiter nördlich benannt ist. Man erreicht die höchste Stelle – die als **Eisenberg-Weinberg** bekannt ist – über die Bergstraße und die Obere Kellergasse. Hier hat man einen **wunderbaren Fernblick** bis weit in die Pannonische Tiefebene hinein. Neben der hiesigen **Aussichtsplattform** finden sich zahlreiche **Kellerstöckl in schräger Hanglage,** also kleine Presshäuschen, deren Keller in den Hang hinein gebaut wurden und auf denen man ein einfaches, meist nur einräumiges Stockwerk errichtete, das als Aufenthalts- und Schlafraum für die Arbeiter auf dem Weinberg diente. Viele dieser Kellerstöckl auf dem Eisenberg sowie in der Umgebung können heute für **Kurzaufenthalte** gemietet werden – ein großartiges Erlebnis und zu 100% garantiert Südburgenland!

Wanderungen durch die Weinberge sind in dieser **lieblichen Gegend** unmittelbar an der ungarischen Grenze ein Genuss, wobei auch der Blick auf den Eisenberg, z.B. bei einer Begehung von **Deutsch Schützen** aus, sehr reizvoll ist (Start Informationsbüro Deutsch-Schützen-Eisenberg, 2 Std., kaum Steigung, einfach, familientauglich). Die **Pinka** wechselt hier mehrmals **zwischen österreichischem und ungarischem Staatsgebiet;** zwischen Woppendorf, Burg – nördlich des Eisenbergs – und der Grenze hat sich der Fluss ein tiefes Bett in die hügelige Landschaft gegraben. Diese als Pinkadurchbruch benannte Gegend ist durch ihre landschaftliche Wildnis einmalig im Südburgenland; man kann sie ab dem besagten Burg auf einem **Wanderweg** begehen (Start Feuerwehrwache Burg, 4 Std., 200 Hm, mittel, Ausweis notwendig, da teilweise auf ungarischem Staatsgebiet). Besonders von der österreichischen Seite der Schlucht im **Schandorfer Wald** bietet sich ein traumhafter Blick über den Verlauf des Flusses.

Praktische Infos

- **Informationsbüro Deutsch Schützen-Eisenberg,** Untere Hauptstraße 24, A-7474 Deutsch Schützen, Tel. 03365 2225, eisenberg.at, **Anmietung eines Kellerstöckls** über eisenberg.at/category/unterkunft oder www.weinidylle.at/de/unterkuenfte/kellerstoeckl.
- **Wachter-Wieslers Ratschen**②, Am Ratschen 5, A-7474 Deutsch Schützen, Tel. 0664 4180705, www.ratschen.at. Ob klassische Heurigengerichte oder anspruchsvollere Leckerbissen – hier kommt man definitiv nicht zu kurz. Auch Bungalows② werden vermietet.

Güssing und Umgebung

Keine Frage, die **3600 Einwohner** zählende **Bezirkshauptstadt Güssing** ist die Schönste des Südburgenlandes. Hier liegt die älteste Burg des Bundeslandes (ihre Anfänge gehen auf das Jahr 1157 zurück), und das **umfangreiche Kulturangebot** – Theater-, Musical- und Kabarettaufführungen, aber auch Orchesterkonzerte finden auf der Burg statt – machen Güssing zum unangefochtenen kulturellen Zentrum der Region. Recht idyllisch **im Tal der Strem** gelegen, sollte man zunächst in der Stadt selbst das **Franziskanerkloster** mit der dazugehörigen **Klosterkirche Mariä Heimsuchung** – hier liegt auch die Gruft der Familie *Batthyány* – in Augenschein nehmen. Interessant ist außerdem das **Auswanderermuseum** in der alten Hofmühle am Westrand der Stadt, in dem über die burgenländische Diaspora in den USA (ab Mitte des 19. Jahrhunderts kam es zu einer starken Emigration speziell nach Chicago) berichtet wird. Natürlich ist auch die auf einem steilen Porphyrkegel (= erloschener Vulkan) thronende **Burg** von Interesse (ab 1522 im Besitz der *Batthyánys*); sie umfasst in ihrem Inneren die **Burgkapelle** und ein **Museum.** Unbedingt lohnt auch der Aufstieg auf den **Glockenturm,** von dem man einen herrlichen Panoramablick bis nach Ungarn genießt.

MEIN TIPP: **Burg Güssing,** Batthyány-Straße 10, A-7540 Güssing, Tel. 03322 43400, www.burgguessing.at, Mitte März bis Ende Okt. Di–So 10–17 Uhr, Eintritt 7,50 €, ermäßigt 4 €.

Östlich von Güssing erstreckt sich mit einer Fläche von 7270 Hektar der **Naturpark in der Weinidylle** bis hin zur ungarischen Grenze im Osten, nach Kohfidisch im Norden und entlang dem unteren Stremtal im Süden. Das flachhügelige Gebiet prägen reizvolle **Weinberge** – der **Uhudler** (→ Exkurs S. 686) ist hier der Hit –, was viele **Wanderer** anzieht, die auf Themenwegen wie dem auch für Kinder aufschlussreichen **Clusius-Lehrpfad** um den **Urbersdorfer Stausee** (Start Urbersdorfer Stausee Güssing, 45 Min. entlang von 12 Infostationen zur hiesigen Natur, leicht) oder dem **Grenzerfahrungsweg** in Bildein (Start Dorfplatz Bildein, 1,5 Std., entlang erlebnisorientierter Stationen zur lokalen Geschichte, leicht) ihr Glück finden. Ebenfalls in **Bildein** befindet sich mit dem **Burgenländischen Geschichte(n)haus** (www. geschichtenhaus.at) ein spannendes Museum zur Historie des Bundeslandes. Wer sich für den hiesigen Wein interessiert, kann den Buschenschänken sowie dem **Weinmuseum** (www.weinmuseum.at) in **Moschendorf** einen Besuch abstatten. Das hübscheste Gotteshaus in der Gegend ist die **Wallfahrtskirche Maria Weinberg** unweit von Eberau – 236 m hoch gelegen, bietet sich von ihr aus zudem ein traumhafter Blick nach Ungarn. Das **Schloss** im Angerdorf **Eberau** ist derzeit wegen seiner schlechten Bausubstanz nicht zugänglich, doch im Schlossgarten finden häufig Veranstaltungen statt.

☐ Ein Besuch in Güssing sollte auf keiner Südburgenland-Tour fehlen

oes_226 dk

Der Uhudler

Zugegeben, der Uhudler ist anfangs etwas gewöhnungsbedürftig, schmeckt er doch **beerig-fruchtig,** gleichzeitig aber auch **relativ sauer.** Doch wer erstmal auf den Geschmack gekommen ist, der wird ihn lieben! Interessant ist zunächst seine **außergewöhnliche Entstehungsgeschichte.** Als die **Reblaus** in der zweiten Hälfte des 19. Jahrhunderts in Europa eingeschleppt wurde und praktisch den gesamten Weinbau des Alten Kontinents vernichtete, war man gezwungen reblausresistente Rebsorten aus Amerika zu importieren und mit heimischen Arten zu kreuzen. Dieser sog. **Direktträgerwein** war fortan die Normalität, bis zu Beginn des 20. Jahrhunderts die **Veredelung** eingeführt wurde, bei der man zwar die resistenten Amerikanerrebstöcke als Basis behielt, aber darauf lokale, Früchte tragende Reben aufpfropfte. Der Uhudler ist immer noch ein Direktträgerwein (und zwar der einzige in der EU!), wobei die unveredelten Sorten wie Concord, Elvira, Delaware und Ripatella (als Cuvée hergestellt) schon seit über 100 Jahren in Österreich beheimatet sind.

oes_227 dk

Lange Zeit hielt sich die Legende, dass der Uhudler einen erhöhten Anteil an Methanol und Fuselölen enthalte und deswegen **gesundheitsgefährdend** sei, weshalb er zeitweise sogar nur als „Haustrunk" erlaubt oder gar gänzlich verboten war. Seit dem Erlass des **österreichischen Weingesetzes von 1992** ist er aber wieder zugelassen und gilt explizit nicht als schädlich. Viel besser: Dank der Resistenz gegen die Reblaus und diverse Pilzkrankheiten ist beim Anbau kein chemischer Pflanzenschutz notwendig, ergo ist der Uhudler in den allermeisten Fällen ein **rein biologisches Naturprodukt.** In den Bezirken Güssing und Jennersdorf ist dieser (je nach Ausbauart und Zusammensetzung der Sorten) **helle Rotwein oder Rosé** das Aushängeschild der lokalen Weinproduktion und rund um die Ortschaften Heiligenbrunn (im September findet hier das Uhudler Sturmfest statt), Eltendorf und Moschendorf gibt es vielfältige Möglichkeiten, den Wein zu verkosten. **Auf den Geschmack gekommen?** Dann probieren Sie doch auch mal den weißen Uhudler, den spritzigen Uhudler Frizzante, Uhudler-Likör oder den im Herbst populären Uhudlersturm, der dem Federweißer ähnelt. Und woher kommt der **Name?** Nun, angeblich gleicht der Blick bzw. gleichen die Augenringe nach übermäßigem Konsum dem/denen eines Uhus …

- Mehr **Infos** auf www.uhudlerverein.at.

Praktische Infos

■ **Informationsbüro Eberau,** Marktstraße 27, A-7521 Eberau, Tel. 03323 4003, eberau.riskommunal.net.

■ **Tourismusinformation Güssing,** Hauptplatz 7, A-7540 Güssing, Tel. 03322 42311, www.guessing.co.at.

■ **Burgrestaurant**②, Batthyány-Straße 10, A-7540 Güssing, Tel. 03322 42579, www.burgrestaurantguessing.at. Nouvelle Cuisine aus einheimischen Zutaten im historischen Dekor – inmitten der Burg.

MEIN TIPP: **Burgspiele,** www.burgspiele.eu. Sommertheaterfestspiele in der Burg Güssing. Auf dem Programm stehen meist Klassiker.

■ **Kultursommer Güssing,** www.kultursommer.net. Theateraufführungen in der Burg.

■ **Musical Güssing,** musicalguessing.com. Musicals, Kabarett und Konzerte.

■ **Picture on,** www.pictureon.at. Alljährlich in Bildein stattfindendes Rockmusik-Festival.

Heiligenbrunn und Umgebung

Südlich der Strem liegt die **landschaftlich außergewöhnliche Südostregion des Südburgenlandes.** Hier geht das wellige Hügelland langsam in die Pannonische Tiefebene über und es findet sich ein **großes Feuchtbiotop** mit einer sehr eigenen Flora. Die Region ist mit dem **Uhudler-Dorf Heiligenbrunn** rund 10 km südöstlich von Güssing auch das Zentrum der Uhudler-Kultur. Einzigartig ist im Ort das historische **Kellerviertel** (www.kellerviertel-heiligenbrunn.at) auf dem Zeinerberg und entlang dem rund 2 km langen Kellerviertel-Güterweg, an dem etwa 130 weiß gekalkte, oftmals strohgedeckte **Presshäuser und Weinkeller** stehen, von denen einige noch aus dem 17. Jahrhundert stammen (**geführte Kellerwanderungen** werden von der Gemeinde angeboten). Nirgends feiert man den Uhudler „authentischer" als hier, z.B. auf diversen **Dorffesten** wie dem Uhudlerfrühling, Uhudler-Sommerfest, Uhudler-Sturmfest oder zum Advent, aber natürlich auch sonst in den vielen Buschenschänken. In der Umgebung sehenswert ist das malerische **Hagensdorf** ca. 4 km südöstlich von Heiligenbrunn – um das Dorf herum wächst die unter Naturschutz stehende **Schachblume** (Blütezeit April bis Mai). Ausgezeichnete **Wanderungen und Radtouren** – auch grenzübergreifend – starten in der Ortsmitte. Ein interessantes Ziel ist die **Wallfahrtskirche St. Emmerich** südlich von Inzenhof – am besten ab Güssing zu erreichen –, die bereits auf ungarischem Staatsgebiet (in Felsőrönök) steht, aber zu Zeiten des Kalten Krieges für ungarische Staatsbürger gesperrt war, da sie im schwer militarisierten und verminten Sperrgebiet lag.

Praktische Infos

■ **Informationsbüro Heiligenbrunn,** Heiligenbrunn 33, A-7522 Heiligenbrunn, Tel. 03324 7281, www.heiligenbrunn.at.

■ **Hotel Krutzler**②, Heiligenbrunn 16, A-7522 Heiligenbrunn, Tel. 03324 7240, www.hotel-krutzler.at. Angenehmes Hotel mit Fitnessbereich, Pool und Sauna. Im dazugehörigen Restaurant②-③ wird vorzüglich burgenländisch gekocht.

oes_228 dk

Heiligenkreuz und Umgebung

Der **äußerste Süden des Südburgenlandes** bildet eine spitz auslaufende Landzunge, die zwischen der Steiermark im Westen, Ungarn im Osten und Slowenien im Süden eingekeilt ist. Landschaftlich wird die Gegend sowohl durch **Hügel** als auch durch **ebene Täler der Raab und Lafnitz** gekennzeichnet. Wer aus der Oststeiermark anreist, wird hier viele Parallelen in Kultur und Natur finden. Der erste größere Ort, **Heiligenkreuz,** bietet kaum Nennenswertes, stellt aber einen guten Ausgangspunkt für **Wanderungen** in die Umgebung dar, z.B. ins hübsche **Elterndorf-Zahling,** das vor allem durch sein **Uhudler-Kellerdorf** auf dem 345 m hohen **Hochkogel** bekannt ist (Start Kriegerdenkmal Eltendorf, 3 Std., 150 Hm, einfach). Neben Wandermöglichkeiten in den Weinbergen gibt es hier auch eine **Vinothek** und einen ansprechenden Buschenschank. Bei Hitze verschafft der **Badesee von Königsdorf** garantiert Abkühlung. Südlich von Heiligenkreuz fließt die Lafnitz durch die Region und wiederum südlich liegt **Mogersdorf.** Bekannt vor allem weil hier 1664 das **türkische Heer** unter dem Kommando des Großwesirs *Köprülü Fâzıl Ahmed Pascha* vernichtend von habsburgischen Truppen unter Führung des Grafen *Raimondo Montecuccoli* geschlagen wurde. Dadurch wurde zumindest für etwa 20 Jahre die Bedrohung durch die Osmanen aufgehalten, bis die-

⌃ Im Uhudler-Kellerdorf dreht sich alles um die Reblaus-resistente Traube

se sich 1683 auf den Weg nach Wien machten. Die Schlacht fand auf dem **Schlösslberg** östlich von Mogersdorf statt, wo eine **Gedenkstätte** mit Kapelle und Museum an die Geschehnisse erinnert.

Etwa 6 km westlich liegt **Maria Bild** mit seiner **Wallfahrtskirche** (www.maria-bild.at), in dessen Umgebung verschiedene ausgeschilderte **Themenwege** zu Spaziergängen durch die malerische Landschaft einladen.

Praktische Infos

- **Informationsbüro Eltendorf-Zahling,** Kirchenstraße 2, A-7562 Eltendorf, Tel. 03325 2204, www.eltendorf.at.
- **Informationsbüro Mogersdorf,** Mogersdorf 2, A-8382 Mogersdorf, Tel. 03325 8200, www.mogersdorf.at.
- **Gasthof Gerlinde Gibiser**①, Obere Hauptstraße 10, A-7561 Heiligenkreuz, Tel. 03325 4216, www.g-gibiser.at. Einfacher Gasthof mit Restaurant und Fremdenzimmern.

MEIN TIPP: **Uhudlerei Mirth**①, Kirchenstraße 7, A-7562 Eltendorf, Tel. 03325 2216, www.uhudlerei-mirth.at. Neben dem Dorfbuschenschank gibt es auch einen saisonal geöffneten auf dem Hochkogel.

Jennersdorf und Umgebung

Die etwas mehr als **4100 Einwohner** zählende **Bezirkshauptstadt Jennersdorf** liegt im **Raabtal** und ist der größte Ort am Südzipfel des Burgenlandes. Sehenswert ist vor allem die Ende des 18. Jahrhunderts erbaute **Pfarrkirche**. Westlich der Stadt erstreckt sich der **Naturpark Raab** auf 142 km² Fläche bis in die Region Goričko in Slowenien und in die Region Őrség in Ungarn. Durch den Naturpark ziehen sich verschiedene **Themenwanderwege.** Ab Jennersdorf kann man zu **Kanutouren** auf dem Fluss aufbrechen.

In der Umgebung wurden Überreste aus der Römerzeit gefunden, so z.B. **Hügelgräber in Rax und St. Martin.** Ebendort befindet sich auch ein aufschlussreiches Museum zu den Funden und Ausgrabungen. Im nahe gelegenen **Neumarkt an der Raab** sieht man eine interessante Ansammlung von acht historischen burgenländischen Bauernhäusern. Die Anlage ist als **Künstlerdorf** bekannt, denn die Häuser bzw. Zimmer können gemietet werden; einige bekannte Künstler – allen voran *Peter Handke,* der hier „Die Angst des Torwarts vor dem Elfmeter“ schrieb – hatten wohl eine sehr kreative Phase während ihres Aufenthalts im Dorf.

- **Künstlerdorf,** Hauptstraße 45, A-8380 Neumarkt an der Raab, Tel. 03329 46527, kuenstlerdorf.net.

Zeuge wundersamer Ereignisse wird man in **Eisenberg an der Raab,** wo 1956 eine **Marienerscheinung** und danach weitere **unerklärliche Offenbarungen** stattgefunden haben sollen, inklusive dem mysteriösen Rasenkreuz. Seitdem pilgern viele Menschen hierher (www.eisenberg.org), wenn auch die vor Ort verehrte **Seherin Aloisia Lex** (1907–84) nie von der Kirche anerkannt wurde.

Praktische Infos

- **Tourismusverband Jennersdorf,** Kirchenstraße 4, A-8380 Jennersdorf, Tel. 057 610411, www.jennersdorf.eu.

Adobe Stock © Christian Krammer

■ **Naturpark Raab,** Kirchenstraße 4, A-8380 Jennersdorf, Tel. 0660 1171282, www.naturparkraab.at.

■ **Das Römerstein**②-③, Henndorf-Therme 18, A-8282 Loipersdorf, Tel. 0332 946777, www.roemerstein.at. Als pure „Wohlfühloase" bezeichnet sich dieses Landhaushotel mit Thermenbetrieb, das unweit der steirischen Landesgrenze liegt.

Dreiländereck und Umgebung

Südlich von Eisenberg an der Raab liegt der Ort **Oberdrosen,** von wo ein Weg zu der Stelle ausgewiesen ist, an der **Österreich, Ungarn und Slowenien** zusammentreffen (in einer Höhe von 388 m, mit Monument aus dem Jahr 1919). Im nahe gelegenen **Mühlgraben** erfreuen sich (kleine) Kinder am **Märchenwald** (www.kindermaerchenwald.at), in dem Szenen aus den Grimm'schen Märchen nachgestellt werden. Nicht weit davon befindet sich das 1469 vom steirischen Heerführer *Ulrich Pessnitzer* erbaute **Schloss Tabor** (www.schlosstabor.at), das sich seit 1607 im Besitz der Batthyány-Familie befand, mittlerweile aber dem Land gehört. Hervorzuheben ist der **Arkadenhof,** in dem Kulturevents stattfinden; im Schloss selbst werden Ausstellungen gezeigt. Südlich des Schlosses liegt **Neuhaus am Klausenbach,** ein Ort, der besonders für seine Apfelplantagen bekannt ist. **Wanderwege** führen z.B. zur **Burgruine Neuhaus** – mit garan-

⌃ Weit im Süden: Neumarkt an der Raab bildet ein idyllisches Refugium für Ausflüge in die Umgebung

tiert wunderbarem Ausblick – und eine Wanderung (Start Freiwillige Feuerwehr Kalch, 2 Std., 300 Hm, leicht) führt zu einem **Maria-Theresien-Stein**, der einst die Grenze zwischen Ungarn und Österreich innerhalb des Kaiserreiches markierte und heute die steirische Landesgrenze, aber auch die Bundesgrenze nach Slowenien kennzeichnet. Von Interesse mag auch der **Straußenhof** (www.straussenhof.at) sein, auf dem über 20 dieser Riesenvögel leben.

Praktische Infos

■ **Informationsbüro Neuhaus am Klausenbach,** Hauptstraße 25, A-8385 Neuhaus am Klausenbach, Tel. 03329 2416, www.neuhaus-klausenbach.at.

Der Westen des Burgenlandes wird durch den Lauf der Lafnitz charakterisiert

Stegersbach und Umgebung

Den **Westen des Südburgenlandes** prägt vor allem das **Lafnitztal.** Fahrradfahrer können es auf dem **Lafnitztal-Radweg B75** erleben, der sich sowohl auf der burgenländischen als auch auf der steirischen Seite des Flusses erstreckt. Der am meisten besuchte Ort in dieser Gegend – Anziehungspunkte sind das **Thermalbad** und das angeschlossene **Golfareal „Reiters 72“** (www.reiters-golf.at) – ist das **überschaubare Stegersbach.** Im Ort ist auch das **Kastell** aus dem 17. Jahrhundert reizvoll, in dem ein **Gasthaus** (www.kastellstegersbach.at) beheimatet ist.

■ **Reiters Resort,** Golfstraße 1, A-7551 Stegersbach, Tel. 03326 500, www.reiters-resort.at, Ther-

Adobe Stock © Christian Krammer

malbad tägl. 9–21 Uhr, Eintritt ab 20,50 €, ermäßigt ab 9,50 €. Thermalbad, Spa, Schwimmbad, Golfplatz und Hotel② unter einem Dach.

Nordwestlich der Stadt liegt zunächst **Ollersdorf** mit seiner Marienquelle und einem **Chakrenweg zu sog. Kraftplätzen** (Start Marienkapelle Ollersdorf, 45 Min., entlang von 7 Stationen, einfach) – der Ort bezeichnet sich selbst als „Energiedorf". Kaum 4 km sind es bis **Stinatz (Stinjaki),** eine der lebendigsten und traditionellsten Siedlungen der **Burgenlandkroaten** überhaupt – 54% der Bevölkerung gehören dieser Volksgruppe an. Viele Vereine pflegen das **Brauchtum:** Musik-, Tanz- und Trachtengruppen, aber auch ein **burgenlandkroatisches Heimathaus** (www.verschoenerungsverein-stinatz.at/aufgaben/heimathaus-stinatz.30.htm) gibt es im Ort. Für den perfekten Weitblick über das Lafnitztal sollte man sich auf den **Wörterberg** (395 m) mit seiner Aussichtswarte begeben (Start Parkplatz Kirche Stinatz, 4,5 Std., 250 Hm, mittel) oder etwas südlich davon das Wandergebiet um den **Burgauberg** (350 m) erkunden. Aber auch südöstlich von Stegersbach locken ein paar Highlights: In **Rauchwart** lädt ein schöner **Badesee** zur Erholung ein und etwas weiter in **St. Michael** das **Landtechnik-Museum** (www.landtechnikmuseum.at) zur Information über die regionale Landwirtschaft.

Praktische Infos

- **Informationsbüro Stinatz,** Hauptplatz 1, A-7552 Stinatz, Tel. 03358 2433, www.stinatz.gv.at.
- **Tourismusinformation Golf- & Thermenregion Stegersbach,** Thermenstraße 12, A-7551 Stegersbach, Tel. 03326 52052, www.stegersbach.at.

Kukmirn und Umgebung

Das **reizende Apfeldorf Kukmirn** liegt in einem durch tiefe Täler gekennzeichneten Gebiet etwa 9 km südlich von Stegersbach. Bekannt ist der Ort speziell wegen des Angebots an Hochprozentigem, das die lokalen **Schnapsbrenner** – wie die **Familie Puchas** – hier bereithalten. Auf der **„Schnaps-Genuss-Meile"** von Obsthof zu Obsthof kann man schon mal die Orientierung verlieren …

MEIN TIPP: **Destillerie Puchas,** Genussplatz 3, A-7543 Kukmirn, Tel. 03328 3200311, destillerie-puchas.at. Ideal für den Erwerb von Edelbränden, Likören, Gin, Whisky, Vodka, Rum, Wermut etc. Eine Führung durch die Brennerei (auf Anfrage) ist möglich.

Auch in der Umgebung lässt sich Interessantes erleben, etwa bei **Kanufahrten auf der Lafnitz** ab Rudersdorf oder bei einer **Wanderung** durch das **Auwiesen Zickenbachtal** (erlebnisreich-zickental.at), ein Niedermoor bei Rohr, das speziell für die hier gezüchteten Moorochsen (www.moorochse.at) bekannt ist (Start Gemeindeamt Heugraben, 4 Std., flach, einfach, familientauglich). In **Gerersdorf** östlich von Kukmirn liegt ein informatives **Freilichtmuseum** inkl. historischer strohgedeckter Häuser (Presshaus, Glockenturm, Kellerstöckl etc.), in dem man viel über das bäuerliche Leben in der Region erfährt und auch an verschiedensten Kursen teilnehmen kann.

[>] Sanfte Hügel weit und breit: die landschaftliche Idylle des Südburgenlandes

■ **Freilichtmuseum Ensemble Gerersdorf,** Museumsstraße 20, A-7542 Gerersdorf bei Güssing, Tel. 03328 32255, www.freilichtmuseum-gerersdorf.at. April–Mitte Okt. tägl. 10–18 Uhr (Juli und Aug. bereits ab 9 Uhr), Mitte Okt. bis Mitte Nov. tägl. 10–16 Uhr, Eintritt 6,50 €, ermäßigt 3,50 €.

Praktische Infos

■ **Informationsbüro Kukmirn,** Dorfplatz 2, A-7543 Kukmirn, Tel. 03328 32203, kukmirn.at.

■ **Zum alten Weinstock**②, Hauptstraße 13, A-7571 Rudersdorf, Tel. 03382 71621, www.zumaltenweinstock.at. Kreative Interpretationen alter pannonischer Klassiker. Gästezimmer stehen ebenfalls zur Verfügung.

■ **Hirmann,** Puszta 5, A-7571 Rudersdorf, Tel. 0664 1138966, www.alles-essig.at. Verschiedene Essigsorten, Kürbiskernöl, aber auch Edelbrände und Liköre.

oes_325 rk

oes_248 dk

10 Praktische Reisetipps A–Z

[<] Ein Leben im Dreivierteltakt:
das Johann-Strauss-Denkmal im Wiener Stadtpark

Anreise

→ Autofahren
→ Verkehrsmittel

Österreich liegt südöstlich von Deutschland und östlich der Schweiz. Natürlich gibt es zahlreiche Möglichkeiten hierherzukommen, ist das Land doch verkehrstechnisch perfekt angebunden.

Mit dem Auto

Wer aus dem Süden oder Südwesten Deutschlands anreist, kommt in den allermeisten Fällen über diverse **Autobahnen.** Diese sind von Osten nach Westen die **A3** ab Passau nach Schärding, die **A8** zwischen dem Chiemsee und Salzburg, die **A93** zwischen Rosenheim und Kufstein oder die aus dem Allgäu kommende **A96** bis Bregenz. Zu beachten ist, dass die Autobahnen auf österreichischem Territorium andere Nummern besitzen. Daneben führen zahlreiche **Bundes- und Landesstraßen** über die deutsch-österreichische Grenze, was ebenso für Verbindungen aus der Schweiz gilt, wo die entsprechenden Straßenverbindungen von der **Schweizer A1** bzw. **A13** gen Osten nach Vorarlberg führen. Aus Italien (Südtirol) ist die **Brennerautobahn A22** aus Bolzano (Bozen) die klassische Verbindung nach Innsbruck.

Mit der Bahn

Praktisch alle österreichischen Landeshauptstädte und viele weitere größere und kleinere Orte sind **problemlos** mit der Bahn zu erreichen. Das gilt für Städte wie Wien, Linz, Graz, Salzburg, Innsbruck, Klagenfurt, Bregenz und viele andere sogar für **Direktverbindungen** mit der Deutschen Bahn und den Schweizerischen Bundesbahnen bzw. mit der ebenfalls international verkehrenden **Österreichischen Bundesbahn (ÖBB)** bzw. der privaten **Westbahn** , die vor allem im Westen der Republik unterwegs ist. In vielen Fällen kann man auch per **Nachtreisezug** („Nightjet") anreisen, was sich anbietet, da man meist einen Tag „gewinnt" und nicht zusätzlich für eine Übernachtung bezahlen muss. Wer an eine Kombination aus Bahn und Auto denkt, dem seien die **Autoreisezüge** empfohlen.

- **Schweizerische Bundesbahnen,** www.sbb.ch.
- **Deutsche Bahn,** www.bahn.de.
- **Österreichische Bundesbahn (ÖBB),** www.oebb.at.
- **Westbahn,** westbahn.at.

Mit dem Bus

Von vielen deutschen und Schweizer Städten gibt es direkte Busverbindungen in alle größeren Städte Österreichs, z.B. mit **FlixBus,** die speziell **Nachtfahrten** anbieten. Zwar dauert die Fahrt mit dem

[>] Der Bahnhof in Graz:
Mit der ÖBB erreicht man viele Orte Österreichs

Bus ähnlich lange wie mit dem Zug, doch haben die Busgesellschaften häufig „unschlagbar" günstige Tarife im Angebot.

- **FlixBus,** www.flixbus.at, www.flixbus.de.

Mit dem Flugzeug

Die **internationalen Flughäfen** Österreichs sind **Wien, Graz, Linz, Salzburg, Innsbruck** und **Klagenfurt** (siehe in den Abschnitten zu den Städten). **Austrian Airlines, Lufthansa** und **Swiss** fliegen sie von zahlreichen deutschen und Schweizer Flughäfen aus an. Dazu kommen weitere Fluglinien wie **Easyjet, Eurowings, Ryanair** und **Wizz Air,** die direkte oder indirekte Verbindungen mit diesen Städten haben.

- **Austrian Airlines,** www.austrian.com.
- **Lufthansa,** www.lufthansa.com.
- **Swiss,** www.swiss.com.
- **Easyjet,** www.easyjet.com.
- **Eurowings,** www.eurowings.com.
- **Ryanair,** www.ryanair.com.
- **Wizz Air,** wizzair.com

Mit dem Schiff

Das Binnenland Österreich mit dem Schiff zu erreichen, mag zunächst absurd klingen, doch speziell auf dem **Bodensee** gibt es zahlreiche Verbindungen ab Konstanz, Friedrichshafen, Lindau usw. nach Bregenz. Entsprechende **Reedereien** sind u.a. **BSB** und **Vorarlberg Lines.** Die andere wichtige Wasserstraße nach Österreich ist die **Donau;** mit der weltberühmten **Donauschifffahrtsge-**

oes_245 dk

sellschaft oder mit **Wurm & Noé** gelangt man ab Passau nach Linz und Wien. Weniger befahren, aber ebenso erlebenswert ist der **Inn.**

- **BSB,** www.bsb.de.
- **Vorarlberg Lines,** www.vorarlberg-lines.at.
- **Donauschifffahrtsgesellschaft,** ddsg-blue-danube.at.
- **Wurm & Noé,** www.donauschifffahrt.eu.
- **Innschiff,** www.innschiff.de.

Autofahren

→ Anreise
→ Verkehrsmittel

Der eigene Pkw, Minivan, Camper oder das eigene Motorrad sind in Österreich nach wie vor die beste Option, um sich **unabhängig** fortzubewegen. **Traumstrecken** wie die Großglockner-Hochalpenstraße, die Nockalmstraße und die Silvretta-Hochalpenstraße sind für **Automobilisten und Motorradfahrer** in vielerlei Hinsicht ein echtes Paradies. In größeren Städten hingegen kann das eigene Fahrzeug aufgrund des sehr **begrenzten Parkraums** und der strengen und meist teuren Parkzonenverordnungen oft als Belastung empfunden werden, weshalb es sinnvoll ist, während des Aufenthalts auf **Park+Ride-Parkplätze** am Stadtrand auszuweichen.

Ob mit dem Pkw oder dem Fahrrad, eine Befahrung der Großglockner-Hochalpenstraße ist ein Erlebnis der besonderen Art!

oes_315 aw

Man unterscheidet in Österreich **Autobahnen, Schnellstraßen, Bundes-, Landes-** und **Gemeindestraßen.** Alle Autobahnen und Schnellstraßen sind kostenpflichtig. Man zahlt die Gebühr mit dem Kauf einer **Autobahnvignette** (umgangssprachlich „Autobahnpickerl" genannt), die bei Automobilklubs, an Tankstellen und Postämtern im Grenzbereich sowie online erhältlich ist. Es gibt **Vignetten für einen Tag, zehn Tage, zwei Monate oder ein Jahr Gültigkeit.** Auf manchen Schnell- oder Landstraßen und auf einigen Autobahnen wie der **A9** (Pyhrnautobahn), **A10** (Tauernautobahn), **A11** (Karawankenautobahn) und der Brennerautobahn **A13** gibt es zusätzlich **Sondermautstrecken,** die man vor Ort bar, mit Debit- oder Kreditkarte bezahlt.

- **Maut-Infos und -Preise** auf www.asfinag.at/maut-vignette.

Die **Geschwindigkeitsbeschränkungen** betragen in Österreich innerorts 50 km/h, außerorts 100 km/h und auf Autobahnen 130 km/h (für Pkw mit Anhänger nur 100 km/h). Derzeit besteht keine ganztägige Abblendlichtpflicht, sie kann jedoch jederzeit wieder eingeführt werden; achten Sie bei Grenzübertritt auf die entsprechenden Hinweisschilder.

Zwischen dem 1. November und dem 15. April sind **Winterreifen bzw. Allwetterreifen (M+S)** bei entsprechenden Witterungsverhältnissen Pflicht, streckenweise können Schneeketten erforderlich sein.

Es gilt **Anschnall- und Warnwestenpflicht** (zwei Westen für Fahrer und Beifahrer). Die **Blutalkoholgrenze** liegt bei **0,5‰.** Bei **Pannen** helfen der **ÖAMTC** oder der **ARBÖ** (und die anderen Autofahrer bilden hoffentlich die vorgeschriebene Rettungsgasse). Das **Telefonieren** mit Mobiltelefon ist dem Fahrer nur mit Freisprecheinrichtung erlaubt.

Pannen-Notrufnummern

- **ADAC-Notruf,** Tel. 0049 89222222, www.adac.de.
- **ÖAMTC-Nothilfe,** Tel. 120 (österreichweit, 24 Std.), www.oeamtc.at.
- **Auto-, Motor- und Radfahrerbund Österreichs (ARBÖ),** Tel. 050 123123, Pannendienst (24-Std.-Notruf) Tel. 123, www.arboe.at.

Mietwagen

Niederlassungen aller bekannten Mietwagenunternehmen finden sich in sämtlichen größeren Städten und an den Flughäfen. Für die Anmietung benötigt man einen gültigen **Führerschein** und eine **Kreditkarte** zur Kautionssicherung. Das Mindestalter des Fahrers ist je nach Unternehmen unterschiedlich geregelt und kann **zwischen 18 und 25 Jahren** schwanken. Bei Anmietung eines Fahrzeugs sollte man dieses genau begutachten und besonders auf das Reifenprofil und die Bremsen achten. Ein Vergleichsportal, das die Angebote der diversen Anbieter listet und die unterschiedlichen Leistungen hervorhebt, ist **www.billiger-mietwagen.de.**

Europaschutzbrief

Ist man mit einem **Fahrzeug** unterwegs, ist der Europaschutzbrief eines Automobilclubs eine Überlegung wert, vielleicht gleich mit der Zusatzversicherung für evtl. notwendige Krankenrücktransporte (Helikopter, Flugzeug). Wird man erst in der Notsituation Mitglied, gilt diese Mitgliedschaft nur für dieses Land und ist unverhältnismäßig teuer.

Barrierefreies Reisen

Österreichs Städte werden zunehmend barrierefreier. So sind mittlerweile immer mehr Straßenbahnen **Niederflurbahnen** und auch die Busse sind so konzipiert, dass **Rollstuhlfahrer** problemlos ein- und aussteigen können. Außerdem gibt es praktisch überall öffentliche **Behindertenparkplätze.**

Behindertengerechte Ausstattung bzw. Barrierefreiheit ist in vielen **Restaurants und Hotels,** bei manchen **Sehenswürdigkeiten, öffentlichen Toiletten** sowie in **Theatern und Konzerthäusern** nicht immer realisiert. Dies gilt erst recht auf dem Land, wenn auch gerade in den Bergregionen **Gondeln und Seilbahnen** mehr und mehr auch auf Menschen mit Behinderungen eingerichtet sind.

- **Allgemeine Infos** finden sich auf www.austria.info/de/service-und-fakten/barrierefreies-reisen.
- Für **Unterkünfte, Sehenswürdigkeiten und andere reiserelevante Tipps,** vor allem für **Rollstuhlfahrer,** sollte man www.holidaysonwheels.at konsultieren.
- **Informativ** sind auch die Internetseiten www.behindertenrat.at und ibft.at sowie das **Behindertenberatungszentrum Bizeps** (www.bizeps.or.at), über das sich lokale Listen mit barrierefreien Adressen finden.
- Hilfreich ist der **Blinden- und Sehbehindertenverband Österreich,** die Selbsthilfeorganisation blinder und sehbehinderter Menschen (mehr unter www.blindenverband.at).
- **Gehörlose** finden allerlei Informationen zu diversen Themen auf den Websites www.gehoerlos.at und www.oeglb.at. Eine kostenfreie Notrufnummer für Gehörlose ist 0800 133133.

Camping

Österreich kann durchaus als **Camper-Paradies** bezeichnet werden, findet sich übers Land verteilt doch nicht nur eine riesige Anzahl an Campingplätzen, sondern darunter auch einige, die zu den schönsten Europas gezählt werden. Die Palette reicht von **kleinen, individuellen Plätzen,** die häufig zu Bauernhöfen, Badeseen oder Restaurants und Hotels gehören, bis zu **großen Anlagen,** die neben Stellplätzen auch Chalets, Holzhäuschen, Mobile Homes, Zelte u.v.m. anbieten. Die luxuriöse Variante bezeichnen die Tourismusverbände als **„Glamping“.**

- Eine **Übersicht** und Details zu den Plätzen findet man unter www.austria.info (Suchbegriff „Camping und Glamping“), hilfreich ist auch die Seite www.campingfuehrer.at.

Wildcampen, also das Übernachten mit dem Zelt, Campervan oder Wohnmobil in der freien Natur, und das freie Stehen sind in Österreich klar geregelt, allerdings in den **einzelnen Bundesländern** auch recht **unterschiedlich.** Nur in der Steiermark ist das Wildcampen außerhalb von Ortsgebieten, Waldgebieten und Weiden bzw. Almen grundsätzlich gestattet. In Oberösterreich, Salzburg und Vorarlberg erfolgt die Erlaubnis durch die jeweilige Gemeinde, letztlich entscheidet der Bürgermeister. Informationen erhält man in diesen vier Bundesländern in den zuständigen Tourismusinformationen oder auf den Gemeinden. In allen anderen Bundesländern ist das wilde Campieren bei teilweise hohen Strafen verboten.

■ Eine detaillierte **Übersicht** findet sich unter www.oesterreich.gv.at (Suchbegriff „Campen Aktuelle Informationen").

Einkaufen

→ Essen und Trinken
→ Geld,
→ Öffnungszeiten

Lebensmittel

Einkaufen in Österreich macht Spaß, denn zwischen Bregenz und Wien finden sich viele regionale Leckerbissen, die es in Deutschland oder der Schweiz nicht gibt. Ob **spezielle Käse-, Wurst-, Speck- und Schinkensorten, lokal produzierter Wein, Bier** oder **Hochprozentiges** und vieles mehr, wer nicht zu sehr aufs Gewicht achten muss, der wird in Österreich schnell schwach. Zu den großen **Supermarktketten** gehören neben den altbekannten Discountern – ALDI heißt hier Hofer – vor allem Billa und SPAR, die auch viele Snacks für den **kleinen Hunger,** Fertiggerichte, Salate u.v.m. im Angebot haben. Gegen den Appetit zwischendurch helfen auch diverse Leberkäse- und Wurstsemmeln bzw. Sandwiches, die man sich frisch an den Käse- und Fleischtheken zubereiten lassen kann. **Preislich** liegen Lebensmittel in Österreich übrigens etwas über dem deutschen Niveau, aber immer noch unter dem in der Schweiz.

Erwähnt werden muss natürlich, dass die Alpenrepublik für ihre **unzähligen süßen Verführungen** bekannt ist, die sich prächtig als Geschenk für die Lieben daheim anbieten. Pralinen, Konfekt, Torten, Schokolade und unzählige andere **zuckersüße Mehlspeisen** – alles vom Feinsten, nur Vorsicht vor der Verlockung, die Süßigkeiten schon vor der Rückreise zu verspeisen …! Ob Apfelstrudel, Krapfen, Linzertorte, Mozartkugeln, Salzburger Nockerln oder ein Stück von der Sachertorte, die Diät ist schneller vergessen als einem lieb ist.

oes_231 dk

Kunsthandwerk

08/15-Souvenirs wie Sisi-Schlüsselanhänger, Schneekugeln mit dem Großglockner oder Stephansdom als Füllung, aufziehbare Miniaturfiaker, LED-betriebene winkende Trachtenpärchen oder sonstigen Krimskrams bekommt man in den einschlägigen Souvenirläden in der Nähe sämtlicher Hauptsehenswürdigkeiten zur Genüge. Doch **Edleres** gibt es ebenso! Neben lukullischen Freuden (s.o.) finden sich weitere typische Produkte, die von **traditionellem Kunsthandwerk** wie **Schnitzereien, Keramik** u.Ä. über **Textilien** (Trachten, Loden) bis hin zu **Möbelstücken** und anderen **Gebrauchsgegenständen** reichen. Jedes Bundesland, ja sogar jede Region hat ihre eigenen lokalen Produktionsstätten, die häufig in Einklang mit uraltem Brauchtum und den örtlichen Traditionen ihre Waren herstellen.

Ausgewählte Adressen finden sich in diesem Buch in den Regional- bzw. Ortskapiteln, einen guten Überblick geben auch die **Österreichischen Heimatwerke** (www.heimatwerk.at), die in einigen Landeshauptstädten Shops betreiben.

oes_232 mw

Ein- und Ausreisebestimmungen

→ Autofahren
→ Mit Haustier unterwegs

Deutschland, Österreich und die Schweiz sind Mitglieder des Schengen-Raums, d.h. **Kontrollen des Personenverkehrs** an den gemeinsamen Grenzen sind **nicht vorgesehen** – Ausnahmen wie zu Zeiten der Flüchtlingskrise 2015/16 oder wegen der Corona-Pandemie bestätigen die Regel. Bei der Rückreise aus Österreich in die Schweiz und nach Deutschland sind **Zollkontrollen** weiterhin möglich bzw. üblich.

Deutsche und Schweizer Staatsbürger müssen bei der Einreise nach Österreich einen gültigen **Personalausweis** (Identitätskarte) oder einen **Reisepass** mitführen. Auch **Kinder** müssen über ein eigenes Dokument verfügen. **Bürger aus Nicht-EU-Staaten** müssen ggf. bei der österreichischen Botschaft ein Visum beantragen.

In Österreich haben die innerhalb der EU geltenden **Zollbestimmungen** Gültigkeit (Infos: www.bmf.gv.at/themen/zoll.html). Tabakwaren oder alkoholische Getränke sind nur so weit abgabenfrei, als sie dem Eigenbedarf dienen. Es gibt einen **Richtlinienkatalog,** der z.B. 800 Zigaretten und 20 Liter Wein vor-

◁ Heilige Souvenirs gefällig? In Orten wie Mariazell ist das Angebot überwältigend

sieht. Die Grenzen für **Schweizer** sind strenger (Infos: www.bazg.admin.ch/bazg/de/home.html).

Elektrizität

Auch in Österreich gibt es **230 V-Strom** und die **Steckdosen** sind identisch mit denen in Deutschland und der Schweiz.

Essen und Trinken

→ Kleine Sprachhilfe Österreichisch

■ **Hinweis I:** Die **Regionalkapitel** in diesem Reiseführer beginnen mit einem **Info-Kasten** zu den kulinarischen Spezialitäten der jeweiligen Region – dort ist nachzulesen, was die Küche der einzelnen Bundesländer so einzigartig macht, denn es ist definitiv ein Unterschied, ob man in Dornbirn, Klagenfurt oder St. Pölten auf die lokale Speisekarte schaut und sein Essen auswählt. Mahlzeit!

■ **Hinweis II:** In diesem Reiseführer stehen bei den empfohlenen Restaurants und Gaststätten **Preiskategorien;** sie beziehen sich auf ein **Menü für zwei Personen inkl. Getränk** und sind als Richtwerte zu verstehen:
① bis 60 €
② 60-80 €
③ über 80 €

Mit knurrendem Magen muss nun wirklich niemand durch Österreich reisen, denn die rot-weiß-rote Republik ist seit Langem eine wahre **Gourmetdestination!** Mit **unzähligen Restaurants, Cafés, Gast- und Wirtshäusern, Bars und internationalen Lokalen** ist das Kernland der ehemaligen Donaumonarchie ein Eldorado für hungrige Mägen und durstige Kehlen.

Für seinen Charme und sein Flair berühmt-berüchtigt und damit wirklich spezifisch österreichisch ist das **Kaffeehaus.** Es ist schlichtweg eine Institution (vor allem in Wien), die von vielen Einheimischen zu einer Art Zweitwohnsitz erkoren wird, oder wie der Schriftsteller *Peter Altenberg* (1859–1919) es so treffend beschrieb: „Im Café ist man nicht zu Hause und doch nicht an der frischen Luft.“ Die stilvollsten Kaffeehäuser befinden sich tatsächlich **in der Bundeshauptstadt,** doch auch andernorts gibt es sie, denn praktisch überall in Österreich lieben es die Menschen, die Zeit bei einer Melange oder einem Mokka und ggf. einer köstlichen **Mehlspeise** – so nennt man hier Süßes wie Kuchen, Torten, Strudel oder Hefegebäck – ganz beschaulich verstreichen zu lassen. Und falls es mal länger dauern sollte, so gibt es in den meisten Etablissements auch **warme Küche,** darunter oft Mittagsmenüs, Tagessuppen, fast immer einschlägige Würstel und nicht selten herrlich panierte Schnitzel oder andere Spezialitäten der heimischen Küche.

Wer ansonsten typisch regional essen möchte, der sollte vornehmlich eines der zahlreichen und äußerst populären **Gast- oder Wirtshäuser** – in Ostösterreich auch „Beisl“ genannt – aufsuchen, denn nur hier gibt es die **wirklich authentischen „Schmankerln“.** Darunter ist die Anzahl **vegetarischer** und selbst **veganer Speisen** übrigens auffallend groß. Dies gilt gleichermaßen für alteingesessene **fleischlose Gerichte** als auch für saisonale Spezialitäten. Es ist mittler-

oes_234 rk

weile übrigens eine Art mediterran inspirierter „Gastronomiesport“ geworden, bei etwas Sonnenschein das Lokal auf den Bürgersteig auszudehnen und mit ein paar Tischen und Stühlen einen sog. **Schanigarten** – nach „Schani“ = *Johann,* dem Spitznamen für Kellner – zu errichten.

Aber was wäre schon ein gutes Essen ohne das passende **Getränk** dazu? Österreich hat in zahlreichen Regionen einen ausgeprägten **Weinbau,** außerdem gibt es den als **Most** bezeichneten gegärten Obstwein aus Äpfeln und/oder Birnen, diverse **Schnäpse** und auch das **Bier** – meist als Pfiff (0,1 oder 0,2 Liter) Seiterl (0,3 Liter) oder Krügerl (0,5 Liter) – ist vielerorts mehr als Ehrensache. Insbesondere die heimischen Weine lassen sich nirgends so stilvoll und leutselig verkosten wie in den sog. **Heurigenlokalen** bzw. **Buschenschänken,** die sich vorrangig in Wien, Niederösterreich, dem Burgenland und der Steiermark finden und häufig nur saisonal geöffnet haben. Übrigens heißt die deutsche **Weinschorle** in Österreich „Spritzer“ oder „G'spritzter“ und erfreut sich gerade in der heißen Jahreszeit größter Beliebtheit.

Kurzum: Es macht Spaß, Österreich nach kulinarischen Gesichtspunkten zu bereisen. In diesem Zusammenhang helfen die sog. **Genussregionen,** also eigens ausgewählte Landstriche, die durch etwas ganz Bestimmtes in Form von Essen und/oder Trinken hervorstechen. Mehr Infos unter www.genussregionen.at.

Nicht genug Zeit für langwierige Mahlzeiten? Kein Problem, denn auch **Fastfood** hat natürlich längst Einzug gehalten, sei es in Form der allgegenwärtigen Pizza-, Cup-Noodle- oder Kebap-Imbisse oder – weit österreichischer – in Gestalt der beliebten **Würstelstände,** von denen einige fast schon weltberühmt sind, etwa der für seine Bosna legendäre Balkan Grill in Salzburg.

Besonders auf dem Land und dabei häufig auf Berghütten bekommt man die **Brettljause** (regional auch „Marend“ genannt), eine Auswahl an Käse-, Wurst- und Speckaufschnitt, meist auf einem

Holzbrett angerichtet und mit frischem Bauernbrot serviert. Ein Gedicht!

Essen gehen liegt **preislich** übrigens in etwa im gleichen Rahmen wie in Deutschland. Wirklich günstig ist es in vielen einfachen Lokalen zur Mittagszeit, dann werden oftmals **Mittagsmenüs** zu vernünftigen Fixpreisen angeboten. In allen Lokalen sollte man aber immer ein **Trinkgeld** – je nach Höhe der Rechnung und Servicequalität 5–10% – geben.

Feiertage, Feste und Events

In Österreich unterscheidet man **religiöse und weltliche Feiertage,** wobei sich die religiösen hauptsächlich am katholischen Kalender orientieren. Kurios: Anders als in Deutschland und den meisten Kantonen der Schweiz ist der Karfreitag in Österreich ein Werktag. Die **arbeitsfreien Feiertage** sind:

- **1.1.: Neujahr**
- **6.1.: Heilige Drei Könige**
- **Ostermontag**
- **1.5.: Tag der Arbeit**
- **Christi Himmelfahrt**
- **Pfingstmontag**
- **Fronleichnam**
- **15.8.: Mariä Himmelfahrt**
- **26.10.: Österreichischer Nationalfeiertag**
- **1.11.: Allerheiligen**
- **8.12.: Mariä Empfängnis**
- **25. (Christtag) und 26.12. (Stefanitag): Weihnachten**

Zusätzlich hat jedes Bundesland einen **Landesheiligen,** zu dessen Gedenk- bzw. Namenstag Schulen und manchmal auch Ämter und Behörden geschlossen bleiben.

Festlichkeiten und Veranstaltungen

Für Besucher Österreichs sind sicherlich die vielen Festlichkeiten und Veranstaltungen interessant, die **fester Bestandteil des gesellschaftlichen und kulturellen Lebens** im Lande sind. In den Buchkapiteln zu den einzelnen Orten und Regionen erfolgen entsprechende Hinweise. Einige der bekanntesten **Highlights** im Veranstaltungskalender sind u.a. das Neujahrskonzert der Wiener Philharmoniker am 1. Januar, die Wiener Ballsaison mit dem weltberühmten Opernball am Donnerstag vor Rosenmontag, die diversen Faschings- und Fastnachtsveranstaltungen wie der Villacher Fasching oder das Fisser Blochziehen.

Im **Frühling** sollten unbedingt das Gauderfest in Tirol, das Narzissenfest in Bad Aussee und natürlich die diversen Osterbräuche Aufmerksamkeit verdienen. Meist in den **Mai und Juni** fallen die Wiener Festwochen und zum Sommeranfang strömen die Massen auf das Donauinselfest, ein riesiges, kostenloses Open-Air-Musikfestival.

Die **Sommermonate** stehen im Zeichen der „Großen Kunst"; die wichtigsten Events sind die Salzburger und die

[<] Imbiss auf typisch Österreichisch: beim Würstelstand

Bregenzer Festspiele, aber auch die Steirischen Musikfestspiele Styriarte, der Carinthische Sommer und die für ihre Operetten und Musicals bekannten Seefestspiele in Mörbisch.

Im **September und Oktober** feiert man in den landwirtschaftlichen Regionen Erntedankfeste, z.B. den Weinherbst in Niederösterreich, bzw. Almabtriebe wie in Au, Egg oder Krimml. Andere Höhepunkte im Herbst sind das Jazzfestival in Saalfelden und die Ars Electronica in Linz. Im **November** findet in Wien die Viennale, das wichtigste Filmfestival des Landes, statt. In der **Weihnachtszeit** sind besonders die Christkindlmärkte sehenswert, vor allem die in Innsbruck, Klagenfurt, Wels, Wien und natürlich in Österreichs Weihnachtshauptstadt Steyr.

Geld

→ Notfälle

Auch in Österreich zahlt man mit dem **Euro (€).** Das **Preisniveau** ist vergleichbar mit dem in süddeutschen Städten. Deutlich preiswerter sind speziell Benzin- und Diesel-Kraftstoffe, sofern man nicht an Autobahntankstellen tankt.

Wer mit seiner normalen Bankkarte (statt einer Kreditkarte) im Ausland zahlt, nutzte dafür bisher meist den Maestro- oder VPAY-Standard (zu erkennen am entsprechenden Zeichen auf der Karte). Diese von den Kreditkartenfirmen Mastercard und Visa angebotenen Systeme laufen aus und werden durch die neuen Standards Mastercard debit und Visa debit ersetzt. Bankkunden erfahren das in der Regel dadurch, dass sie eine entsprechende neue Karte ausgestellt bekommen. Ob die neuen Karten dann schon überall funktionieren, lässt sich zurzeit noch nicht sagen. Im Zweifel erkundigen Sie sich vor der Reise bei Ihrer Bank.

Die **Debitkarte** – in Österreich wird sie „Bankomatkarte" genannt – kann mit Geheimnummer gegen Gebühr an jedem **Geldautomaten** zum Abheben von Bargeld eingesetzt werden. Die Gebühren für das Abheben mit Kreditkarte sind meist höher. **Kreditkarten** werden in den allermeisten Restaurants und Geschäften und auch an allen Tankstellen akzeptiert, speziell auf dem Land ist es aber ratsam, immer etwas **Bargeld** mit sich zu führen.

Bonus-, Gäste- und Sparkarten

Viele Regionen Österreichs bieten sog. **Bonus- oder Gästekarten** an, die Besucher in der Regel von Beherbergungsbetrieben **für die Dauer des Aufenthalts kostenlos** bekommen. Je nach Saison gibt es dann **günstigere Angebote oder sogar freien Eintritt** für diverse Attraktionen und in ausgesuchten Betrieben, Shops, Lokalen, häufig auch bei Fahrten mit zahlreichen Bergbahnen und Schifffahrtslinien sowie der Befahrung mautpflichtiger Panoramastrecken. Dabei bestehen **regionale Unterschiede** der Vergünstigungen und Serviceleistungen von Bundesland zu Bundesland, und auch **saisonal** variieren die Konditionen: So gelten in der Wintersaison in ausgesprochenen Skigebieten Vergünstigungen nur selten, dafür hat man dort meist mit dem entsprechenden Skipass zumindest freie Fahrt mit den örtlichen öffentlichen Verkehrsmitteln.

Alternativ gibt es **kostenpflichtige Sparkarten,** die entweder für ganze Bundesländer, bestimmte Regionen und noch öfter für die Landeshauptstädte erhältlich sind und meist Gratis-Eintritte in Sehenswürdigkeiten, kostenfreie Nutzung der öffentlichen Verkehrsmittel und **viele** weitere **Ermäßigungen** bieten. Diese Sparkarten sind vor allem dann sinnvoll, wenn man sich mehrere Tage an einem Ort aufhält und nicht nur eine Sehenswürdigkeit besuchen will.

Dass es bei diesem Überangebot **nicht einfach** ist, aus den verschiedenen Angeboten **das Passende auszuwählen,** ist klar, daher macht es Sinn, sich über die entsprechenden Tourismusinformationen der Regionen bzw. die Tourismusverbände der Bundesländer im Vorfeld zu informieren.

Gesundheit

Gesundheitliche Gefahren, die sich wesentlich von den herkömmlichen in Deutschland oder der Schweiz unterscheiden, gibt es in Österreich nicht. Wer sich viel in der Natur aufhält, sollte sich im Vorfeld eine sog. **Zeckenimpfung** geben lassen, denn die im Land anzutreffenden Zecken übertragen häufig die **Frühsommer-Meningoenzephalitis** (FSME).

Mit der **Europäischen Krankenversicherungskarte (EHIC),** die in der Regel auf die Rückseite der Krankenkassenkar-

oes_247 mw

Das Angebot an Museen und Ausstellungshäusern in Österreich ist äußerst vielfältig – und der Eintritt mit einer Sparkarte oft umsonst oder ermäßigt

te gedruckt ist, können gesetzlich Krankenversicherte europaweit unmittelbar erforderliche medizinische Versorgung in Anspruch nehmen. Die Vorlage der Karte genügt, um bei Unfall oder akuter Erkrankung behandelt zu werden. Gegebenenfalls kann es von Vorteil sein, eine **Auslandskrankenversicherung** abzuschließen, insbesondere hinsichtlich des Rücktransports im Krankheitsfall.

Apotheken sind zahlreich und leicht am roten Logo (es zeigt eine Schlange in A-Form) des Apothekenverbandes zu erkennen. Außerhalb der regulären Öffnungszeiten (Mo–Fr 6–21 und Sa 6–18 Uhr) findet man Nachtapotheken über die Aushänge an den Apotheken oder über www.apothekerkammer.at/apothekensuche. Bei kleineren Verletzungen kann man sich in die Erste-Hilfe-Station eines **Krankenhauses** begeben. Auskunft über nahe Krankenhäuser und Kliniken sowie diensthabende Ärzte erhält man unter der Telefonnummer 141.

Auslandskrankenversicherung

Im Prinzip garantiert die **Europäische Krankenversicherungskarte** der Krankenkasse eines EU-Landes im akuten Krankheitsfall eine ambulante oder stationäre Behandlung bei jedem zugelassenen Arzt und in staatlichen Krankenhäusern in Österreich, wenn die Versorgung nicht bis nach der Rückkehr warten kann. Da jedoch die Leistungen nach den gesetzlichen Vorschriften in Österreich abgerechnet werden, muss man unter Umständen zunächst die Kosten der Behandlung selbst tragen, die wiederum nicht immer komplett erstattet werden. Ein Teil der **finanziellen Belastung** kann beim Patienten bleiben, deshalb wird der Abschluss einer privaten Auslandskrankenversicherung – die es mit bis zu einem Jahr Gültigkeit gibt – dringend empfohlen. Einige Punkte sind dabei zu **berücksichtigen:**

- Vergütung der Arzt-, Zahnarzt- und Krankenhauskosten ohne Summenbeschränkung;
- Deckung bei Krankheit und Unfall;
- Vergütung von Krankentransporten, Rettungskosten und Krankenrücktransport ohne Einschränkungen und nicht nur, wenn es medizinisch notwendig ist oder der Krankenhausaufenthalt länger als 14 Tage dauert (dies wird von den gesetzlichen Krankenkassen nicht übernommen);
- Abdeckung der gesamten Aufenthaltsdauer mit automatischer Verlängerung über die festgelegte Zeit hinaus, wenn die Rückreise nicht möglich ist (durch Krankheit oder Unfall);
- evtl. auch Abdeckung der Reise- und Unterkunftskosten von Familienangehörigen, wenn diese zur Betreuung anreisen.

Bei **Jahresverträgen** sollte man darauf achten, dass der Versicherungsschutz meist für eine bestimmte Anzahl von Tagen pro Reise gilt. Die Versicherung als Familie ist in der Regel günstiger als die als Einzelpersonen, jedoch sollte man die Definition von „Familie" genau prüfen. Zur **Erstattung der Kosten** benötigt man ausführliche Quittungen (mit Datum, Namen, Bericht über Art und Umfang der Behandlung, Kosten der Behandlung und Medikamente).

[>] Ausflüge in die heimische (alpine) Bergwelt sollten immer gut vorbereitet sein

oes_237 sb

Mit Haustier unterwegs

→ Ein-und Ausreisebestimmungen

Wer sein Haustier aus Deutschland oder der Schweiz mit nach Österreich bringt, muss dafür eine **Tollwut-Impfung** in Form des **Heimtierausweises** (man erhält ihn in der Regel über den Tierarzt) nachweisen.

Österreichische Städte und Gemeinden haben **verhältnismäßig viele Regeln** erlassen, an die sich **Hundebesitzer** halten müssen. In öffentlichen Verkehrsmitteln, aber auch auf Straßen und Plätzen sowie in Parks (ausgenommen sind sog. Hundewiesen) herrscht meist strenge **Leinen- und Maulkorbpflicht.** Wer ein Taxi nehmen möchte, sollte es telefonisch bestellen und dabei gleich darauf hinweisen, dass ein Hund mit an „Bord" geht, denn so mancher **Taxifahrer** weigert sich, Vierbeiner zu transportieren. Wie in anderen Ländern sind auch in Österreich Hundebesitzer dazu verpflichtet, die **Hinterlassenschaften** ihrer Tiere zu **entsorgen.** Wer eine **hundefreundliche Unterkunft** sucht, sollte sich auf www.hunde-urlaub.net nach einer passenden Bleibe erkundigen.

Information

Infostellen zu Hause

- **Österreich Werbung Deutschland,** Klosterstraße 64, D-10179 Berlin, Tel. 030 2191480 (Mo–Fr 9–17 Uhr), www.austriatourism.com.
- **Österreich Werbung Schweiz,** Friesenbergstrasse 75, CH-8055 Zürich, Tel. 044 4571047 (Mo–Fr 9–17 Uhr), www.austriatourism.com.

Infostellen in Österreich

Die **zentrale Österreich-Informationsstelle** befindet sich in **Wien:**

- **Austria.info,** Vordere Zollamtsstraße 13, A-1030 Wien, www.austria.info.

Alle **Bundesländer** Österreichs haben jeweils **eigene Tourismusverbände,** die sich über eine Homepage präsentieren und auf Anfrage Prospekte verschicken oder bei der Urlaubsplanung und Unterkunftssuche behilflich sind:

- **Burgenland Tourismus,** Johann-Permayer-Straße 13, A-7000 Eisenstadt, Tel. 02682 63384, www.burgenland.info.
- **Kärnten Tourismusinformationen,** Völkermarkter Ring 21–23, A-9020 Klagenfurt, Tel. 0463 3000, www.kaernten.at.
- **Niederösterreich Tourismusinformation,** Niederösterreich-Ring 2, A-3100 St. Pölten, Tel. 02742 9000-19800, www.niederoesterreich.at.
- **Oberösterreich Tourismus Information,** Freistädter Straße 119, A-4041 Linz, Tel. 0732 221022, www.oberoesterreich.at.
- **Salzburger Land – Tourismusregion,** Wiener Bundesstraße 23, A-5300 Hallwang, Tel. 0662 66880, www.salzburgerland.com.
- **Steiermark Tourismus,** Sankt-Peter-Hauptstraße 243, A-8042 Graz, Tel. 0316 4003, www.steiermark.com.
- **Tirol Information,** Maria-Theresia-Straße 55, A-6020 Innsbruck, Tel. 0512 72720, www.tirol.at.
- **Vorarlberg Tourismusinformation,** Poststraße 111, A-6850 Dornbirn, Tel. 05572 377033-0, www.vorarlberg.travel.
- **Wiener Tourismusverband,** Invalidenstraße 6, A-1020 Wien, Tel. 01 211140, www.wien.info.

Darüber hinaus haben **touristisch erschlossene Gemeinden** in der Regel einen **eigenen Internet-Auftritt** und verfügen über **Tourismusinformationsbüros.** In diesem Buch führen wir diese Büros in den jeweiligen Abschnitten auf und geben für andere Gemeinden häufig auch einfache Info-Büros – meist das **Gemeindebüro** – an.

- Eine **Übersicht** über alle Tourismusverbände in Österreich findet man unter **www.tourismusverbaende.at.**

Mit Kindern unterwegs

→ Hinweise zur Benutzung,

Für aktive Familien gibt es schier **unzählige Möglichkeiten,** eine unterhaltsame Zeit in Österreich zu verbringen. Das Land kann durchaus als kindergerecht, ja geradezu als **Kinderparadies** bezeichnet werden. Ein Urlaub in Österreich macht allen Generationen Spaß und Kindern erst recht – das **Angebot** ist **allumfassend:** Baden in Seen und Schwimmbädern, Bergwandern, Sommerrodeln, Kletter- und Hochseilgärten, spannende Radausflüge, Spaß in Vergnügungs- und Freizeitparks und auf Spielplätzen, die Erkundung von Schlössern und Ritterburgen, Wintersport in allen Varianten, kindergerecht aufbereitete Museen usw. usf. Angenehm ist, dass die **örtliche touristische Infrastruktur** mittlerweile sehr auf Familien mit Kindern fokussiert ist; es finden sich immer mehr entsprechend ausgerichtete Hotelzimmer, Restaurants verfügen über

oes_236 dk

Angebote für die „kleinen Gäste", Kinderstühle sind vorhanden, Radwege für Familien konzipiert, es gibt vielerorts Familienrabatte und auch die Einheimischen sind in den allermeisten Fällen kinderlieb.

■ Eine gute Einführung zu **Aktivitäten für Familien** findet man unter www.austria.info/de/aktivitaeten/familie.

⌃ Österreich ist ein äußerst kinderfreundliches Land – ein Anziehungspunkt in Wien ist der Prater

Klima und Reisezeit

→ Reisegepäck und Ausrüstung
→ Klima (Kapitel „Land und Leute")

Eine Reise nach Österreich lohnt sich das ganze Jahr über – es kommt dabei immer auf die persönlichen Prioritäten an. Natürlich ist der Zeitrahmen für **Wintersport zwischen Dezember und Ende Februar** am engsten, wobei gerade hochalpine Regionen und Gletscher durchaus bis in den Frühling hinein Ski- und Snowboardspaß erlauben. Möchte man zum Spazierengehen, Wandern, Klettern, Fahrradfahren oder zu anderen **Outdoor-Aktivitäten** das Land bereisen, sind die Monate **Mai bis September** perfekt geeignet, da sie weitgehend warm und wetterbeständig sind. Hierbei gilt: Je höher man hinauf möchte, desto mehr sollte das Programm in den **Sommer** verlagert werden. Das ist auch die beste Jahreszeit zum **Schwimmen und Baden** in einem der zahlreichen Seen – auch wenn viele von ihnen speziell in den Monaten Juli und August (sehr) voll werden können. In den Wein- und Landwirtschaftsregionen können auch der **Frühling** zur **Obstblüte** oder der **Spätsommer und Herbst** zur **Ernte** reizvolle Eindrücke vermitteln. Geradezu nebensächlich ist die Jahreszeit im Falle eines **Städtetrips,** bei dem der Besuch von Museen, Konzerten und Kulturevents sowie Gastronomie und/oder Shopping im Mittelpunkt stehen.

Kommunikation unterwegs

Telefonieren

Seit 2017 gibt es in der EU **keine Roaminggebühren** mehr. Damit ist das Telefonieren und Surfen im Internet mit dem Handy im EU-Ausland so günstig (oder teuer) wie zu Hause – es sei denn, man nutzt das Handy im Ausland über einen längeren Zeitraum hinweg, dann können je nach Anbieter Nutzungsobergrenzen gelten.

Österreichs **Städte und Gemeinden** haben jeweils eine **Vorwahl,** Wien z.B. 01, Graz 0316, Linz 0732 oder Salzburg 0662. Innerhalb des Ortsbereichs muss sie von Festnetz zu Festnetz nicht mitgewählt werden, bei Gesprächen vom Handy ins Festnetz allerdings schon.

Die **Ländervorwahl** Österreichs lautet 0043. Die darauffolgende 0 der Ortsnummer entfällt bei Gesprächen aus dem Ausland. Aus Österreich muss 0049 für Deutschland und 0041 für die Schweiz vorgewählt werden.

Internet

Durch den Wegfall der Roaminggebühren innerhalb der EU haben Inhaber deutscher Handyverträge in der Regel auch in Österreich mit dem Smartphone **problemlos Zugang zum Internet.** Inhaber Schweizer Handyverträge sollten sich im Vorfeld erkundigen, welche Kosten ihnen in Österreich entstehen können. Die allermeisten (größeren) Hotels bieten **Gratis-WLAN** – das gilt auch für immer mehr Cafés und andere Lokale, für zahlreiche Geschäfte, Supermärkte, Banken, Shoppingmalls etc., wo man entsprechend auch mit dem Tablet oder Laptop online gehen kann. Des Weiteren bieten viele größere und mittlere Städte über Hotspots **kostenlosen Internetzugang in WiFi-Zonen,** die sich im ganzen städtischen Gebiet – vor allem auf öffentlichen Plätzen und in Parks – finden lassen und stetig erweitert werden.

> Gelebte Toleranz: Besucher am Christopher Street Day (CSD)

LGBT+

Es gibt in Österreich eine **ausgeprägte LGBT+-Szene,** wenn auch nicht so bunt und vielfältig wie in anderen EU-Ländern. Während die Gesetzgebung in der Vergangenheit nicht gerade vorteilhaft für gleichgeschlechtliche Paare war, hat sich dies seit den 2000er-Jahren zum Positiven verändert; heute ist **Homosexualität weitgehend akzeptiert.** Wirkliche Epizentren der Schwulen- und Lesbenszene gibt es allerdings nicht, Lokale und Clubs mit vorrangig homosexuellem Publikum findet man vor allem in **großen Städten** wie Wien, Graz und Linz, wo auch regelmäßig **Pride Parades** stattfinden. Ein weiteres Highlight im LGBT+-Jahreskalender ist das **Pink Lake Festival** im August am Wörthersee. **Auf dem Land** herrschen noch häufig recht konservative Ansichten vor, die von der katholischen Kirche geprägt sind. Doch auch hier stellen Ausgrenzung, Diskriminierung und offene Ablehnung von Homosexuellen die absolute Ausnahme dar. **Vereine und Initiativen der LGBT-Szene** finden sich vorrangig in Wien:

- **Homosexuelle Initiative Wien,** Heumühlgasse 14, A-1040 Wien, Tel. 0660 2166605, www.hosiwien.at.
- **Qwien – Zentrum für schwul/lesbische Kultur und Geschichte,** Große Neugasse 29, A-1040 Wien, Tel. 01 9660110, www.qwien.at.
- **Türkis Rosa Lila Villa,** Linke Wienzeile 102, A-1060 Wien, Tel. 01 5868150, dievilla.at.

oes_238 dk

Maße und Gewichte

Die in Österreich gebräuchlichen Maße und Gewichte unterscheiden sich nicht von denen in Deutschland und der Schweiz. Die einzige Ausnahme stellt die Einheit **Deka** (10 Deka = 100 Gramm) dar. Speziell an der Fleisch-, Wurst- und Käsetheke bestellt man nicht in Gramm, Kilo oder Pfund, sondern in Deka.

Notfälle

→ Geld

Verlust und Diebstahl

Diebstähle und den Verlust von Wertgegenständen, Geld, Kreditkarten und speziell des Ausweises muss man **bei der Polizei melden** und protokollieren lassen. Bei Verlust der Debit-, Kredit- oder SIM-Karte gibt es für **Kartensperrungen** eine **deutsche Zentralnummer** (s.u. – unbedingt vor der Reise klären, ob die eigene Bank bzw. der jeweilige Mobilfunkanbieter diesem Notrufsystem angeschlossen ist). Aber Vorsicht: Mit der telefonischen Sperrung sind die Bezahlkarten zwar für die Bezahlung/ Geldabhebung mit der PIN gesperrt, nicht jedoch für das Lastschriftverfahren mit Unterschrift. Man sollte daher auf jeden Fall den Verlust zusätzlich bei der Polizei zur Anzeige bringen, um gegebenenfalls anfallende Ansprüche zurückweisen zu können. In **Österreich** und der **Schweiz** gibt es **keine zentrale Sperrnummer,** daher sollten sich Besitzer von in diesen Ländern ausgestellten Debit- oder Kreditkarten vor der Abreise bei ihrem Kreditinstitut über den zuständigen Sperrnotruf informieren. Generell sollte man sich immer die wichtigsten Daten wie **Kartennummer und Ausstellungsdatum separat notieren,** da diese eventuell abgefragt werden.

- **Deutscher Sperrnotruf,** Tel. 0049 116116 oder 0049 3040504050.
- **Weitere Infos:** www.kartensicherheit.de, www.sperr-notruf.de.

Im Notfall helfen in Österreich die **Botschaften und Konsulate** deutschen bzw. Schweizer Staatsbürgern:

- **Deutsche Botschaft,** Strohgasse 14 c, A-1030 Wien, Tel. 01 71154123, www.wien.diplo.de, geöffnet Mo und Mi–Fr 9–12 Uhr, Di 13–16 Uhr.
- **Schweizer Botschaft,** Prinz Eugen-Straße 9a, A-1010 Wien, Tel. 01 79505, www.eda.admin.ch/wien, geöffnet Mo–Fr 9–12 Uhr, nachmittags nach Vereinbarung.

Für konsularische Angelegenheiten (Pässe/Personalausweise, Visa usw.) kann man sich auch an die Konsulate/ Honorarkonsulate wenden.

- **Deutsche Honorarkonsulate: Vorarlberg,** Messestraße 11, Gebäude M11, A-6850 Dornbirn, Tel. 05572 207187; **Steiermark, Kärnten,** c/o Andritz AG, Andritzer Reichsstraße 66, A-8045 Graz, Tel. 0316 694970; **Tirol,** Meinhardstraße 11, A-6020 Innsbruck, Tel. 0512 570199; **Oberösterreich,** c/o Oberbank, Untere Donaulände 28, A-4020 Linz, Tel. 0732 797701; **Salzburg,** Dreifaltigkeitsgasse 11, A-5020 Salzburg, Tel. 0662 8802 01121.

- **Schweizerisches Honorarkonsulat Steiermark,** Karmeliterplatz 4, A-8010 Graz, Tel. 050 8060295.
- **Schweizerische Konsulate: Tirol,** Heiliggeiststraße 16 (ATP-Haus), A-6020 Innsbruck, Tel. 0512 53701500; **Kärnten,** St. Veiter Ring 1A/III, A-9020 Klagenfurt, Tel. 0463 5778930; **Oberösterreich,** Eisenhandstraße 15, A-4020 Linz, Tel. 0699 1084 1652; **Salzburg,** Fischerstraße 11, A-5163 Mattsee, Tel. 0699 19044090.

In den Bergregionen

Für Schwierigkeiten und Notfälle in den Bergen ist in allererster Linie die **Österreichische Bergrettung** (bergrettung.at) zuständig. Ihre Einsätze sind jedoch meist nicht durch Versicherungen gedeckt und müssen normalerweise **privat bezahlt** werden. Im Falle aufwendiger Rettungsaktionen durch Bergungsteams oder in Verbindung mit einem Hubschraubereinsatz kann dies sehr schnell ziemlich teuer werden.

Notrufnummern

- **Polizei, Feuerwehr oder Notarzt (Euronotruf): 112**
- **Feuerwehr: 122**
- **Polizei: 133**
- **Rettung/Notarzt: 144**
- **Ärzte-Funkdienst: 141**
- **ÖAMTC-Pannenhilfe: 120**
- **Alpin Notruf/Bergrettung: 140**

Öffnungszeiten

In Österreich sind die meisten **Geschäfte Montag bis Freitag 9–20 Uhr und Samstag 9–18 Uhr** geöffnet, kleinere Läden und solche in der Provinz machen manchmal eine Mittagspause. **Lebensmittelläden** öffnen meist früher und schließen samstags oft schon am frühen Nachmittag. **Sonntags** bleiben alle Geschäfte geschlossen, Ausnahmen bilden Shops in den Hauptbahnhöfen der Landeshauptstädte und auf Flughäfen. **Postämter** sind Montag bis Freitag 8–12 und 14–18 Uhr sowie Samstag 9–12 Uhr geöffnet. **Museen** besucht man am sichersten zwischen 10 und 16 Uhr, wobei viele montags geschlossen haben. **Ämter** sollten zwischen 8 und 12 Uhr aufgesucht werden, **Banken** sind gewöhnlich Montag, Dienstag, Mittwoch und Freitag 8–15 Uhr und Donnerstag bis 17.30 Uhr für Kunden geöffnet.

Post

In Österreich gibt es für Auslandsbriefe die **Versandarten Priority und Economy,** wobei Standardsendungen bis 20 g und Postkarten immer schnell bzw. Priority transportiert werden und das **Porto** innerhalb Europas 1,20 € bzw. weltweit 1,90 € beträgt. Im Inland werden für Standardbriefe und Postkarten 0,81 € fällig. **Briefkästen** sind in Gelb gehalten.

- Mehr **Infos** unter www.post.at.

Rauchen

Nach vielen Jahren des politischen Hin und Her gilt seit November 2019 auch in Österreich: Rauchen ist in allen geschlossenen Räumen, also auch in Restaurants, Bars, Clubs, Discos und allen anderen Lokalen, **verboten.** Und zwar ausnahmslos!

Reisegepäck und Ausrüstung

→ Gesundheit
→ Klima und Reisezeit
→ Sport und Aktivitäten

Eine österreichische Besonderheit – die Trafik

Als Trafik bezeichnet man meist **kleine Geschäfte,** die historisch in erster Linie als **Verkaufsstellen für Tabakwaren** galten, denn der Staat hatte das Monopol auf Zigaretten, Zigarillos und Zigarren und überließ den sog. Trafikanten – häufig Kriegsinvaliden – das Verkaufsrecht. Doch mittlerweile ist die Tabakindustrie weitgehend privatisiert und Trafiken verkaufen neben Tabakwaren und -zubehör auch Zeitungen, Zeitschriften und Illustrierte, manchmal Schreibwaren und Ansichtskarten samt Briefmarken sowie meist Fahrscheine für städtische Verkehrsmittel, Autobahnvignetten und speziell in Wien auch Parkscheine für Kurzparkzonen.

Speziell für den **Outdoor-Aktivurlaub** ist das richtige Reisegepäck und die Ausrüstung sowie die stimmige Kleidung extrem wichtig. Dies gilt noch einmal mehr im Hochgebirge, wo **passendes Equipment** lebensrettend sein kann. Es ist entsprechend wichtig, sich vor der geplanten Tour genau mit dem zu erwartenden Terrain auseinanderzusetzen und auch wechselhafte Witterungsverhältnisse zu berücksichtigen.

Andernorts ist **locker-legere Kleidung** in der Regel die beste Wahl. Wer sein Augenmerk auch auf kulturelle Events, erst recht solche der „Großen Kunst", legt, der sollte unbedingt auch etwas konservativere bzw. **förmliche Kleidung** dabeihaben. Zwar sind die Zeiten vorbei, in denen Krawatte für den Herrn und Abendkleid für die Dame obligatorisch waren, aber Opern-, Klassikkonzert- und Theaterbesuchern wird ein angemessenes, nicht zu sportliches Outfit nach wie vor empfohlen. Speziell in der Wiener Ballsaison sind bei vielen Veranstaltungen Ballkleid für sie und Smoking bzw. Frack für ihn Pflicht.

Sicherheit

→ Notfälle, In den Bergregionen

Kriminalität

Österreich ist ein vergleichsweise **sicheres Land.** Kleinkriminalität in Form von Taschendiebstahl oder Trickbetrügereien kommen nur selten vor, dennoch sind vor allem bei Veranstaltungen, auf Märkten oder in öffentlichen Verkehrsmitteln die **üblichen Vorsichtsmaßnahmen** im Hinblick auf Schmuck, Handtaschen, Geldbeutel, Kameras und andere Wertgegenstände angeraten. Ist man bestohlen worden, muss **bei der Polizei Anzeige** erstattet werden.

Gefahren im Gelände und Naturkatastrophen

Im bergigen Gelände lauern viele Gefahren für Besucher; alljährlich kommen hier zahlreiche Menschen ums Leben, in den allermeisten Fällen wegen **mangelnder Vorsicht, Unkenntnis des Terrains** oder schlichtweg **Leichtsinn.** Wer sich in die Berge begibt – und sei es nur zu „einfachen" Wanderungen –, sollte stets gut vorbereitet, mit der notwendigen Ausrüstung und einer klar definierten Route/Ziel unterwegs sein. Sehr wichtig ist es, sich im Vorfeld **gründlich** zu **informieren** – die örtlichen Tourismusbüros beraten gerne und haben meist das nötige Kartenmaterial vorrätig – und auch die **Witterungsverhältnisse im Auge** zu **behalten.** Gerade im Hochgebirge können aufziehende Gewitter und Nebel lebensgefährlich sein.

Aufgrund seiner Topografie kommt es in Österreich auch recht häufig zu Naturkatastrophen in Form von **Bergstürzen, Felsabgängen, Muren** und in den kalten Monaten speziell zu **Lawinen.** Zur Zeit der Schneeschmelze können außerdem **Überschwemmungen** auftreten, ebenso durch immer häufiger vorkommenden Starkregen, der auch mit Stürmen und Hagel verbunden sein kann. Speziell im Osten und Südosten des Landes, aber auch im Inntal liegen geologisch äußerst aktive Gebiete, weshalb hier in unregelmäßigen Abständen immer wieder leichte **Erdbeben** zu verzeichnen sind.

Sport und Aktivitäten

→ Camping
→ Gesundheit
→ Klima und Reisezeit
→ Reisegepäck und Ausrüstung

Österreich ist wahrlich ein Schlaraffenland für Fans von Outdoor-Aktivitäten. Es gibt kaum eine Sportart an der frischen Luft, die man hier nicht ausüben kann. Die **Freizeit-Infrastruktur** ist fast überall **hervorragend,** und je nach Betätigungsfeld kann man praktisch das ganze Jahr über aktiv sein.

Wandern

An erster Stelle des Outdoor-Spaßes steht ohne Frage das Wandern, das bei den Einheimischen schon fast ein Breitensport ist. Das Land kennt kaum eine Gegend, in der nicht Unmengen an Touren möglich sind. Je nach Terrain sind dabei die **Grenzen zwischen Spaziergang, Wanderung und Bergsteigen fließend.** Zwar werden Strecken aufgrund ihrer Wegbeschaffenheit in **Schwierigkeitsgrade** eingeteilt, doch werden diese je nach **individueller Kondition, Alter und Erfahrung** sicherlich unterschiedlich wahrgenommen. Ob al-

oes_232 lm

so mehrtägige Bergtour mit Hüttenübernachtung oder entspannter Ausflug auf die nahe Aussichtsplattform, man tut gut daran, das Vorhaben zu **planen und** zu **organisieren.** Die besten Adressen dafür sind die Tourismusverbände (online) und – noch besser – die **örtliche Tourismusinformation,** die in den allermeisten Fällen nicht nur auf individuelle Bedürfnisse eingehen kann und Empfehlungen zu Routen gibt, sondern auch über entsprechende Materialien wie Wanderkarten verfügt.

In diesem Reiseführer werden zahlreiche Tipps für Routen und Ziele gegeben, doch handelt es sich dabei nicht um konkrete Wegbeschreibungen, sondern um **Ideen und Vorschläge,** was man in einer bestimmten Gegend unternehmen kann. Die Angaben zu Länge und Schwierigkeit einer Tour sollen dabei eine **erste Orientierung** geben. Die Streckenlängen – in Std. – beziehen sich in der Regel auf eine Rundtour und grundsätzlich gilt für alle im Buch angesprochenen Wanderungen, dass diese ausgeschildert sind. Speziell in höheren Lagen und bei schwierigeren Runden sollte man die örtlichen Infostellen für aktuelle Informationen und Streckendetails kontaktieren.

■ Eine gute Adresse für Infos ist der **Österreichische Alpenverein (ÖAV)** (www.alpenverein.at) und auch über das Portal der **Wanderdörfer** (www.wanderdoerfer.at) erhält man Tipps zu außergewöhnlichen Touren

Keine Lust, alleine zu wandern? Kein Problem, denn vielerorts in Österreich gibt es **organisierte Wanderungen** für alle möglichen Gruppen von Personen (Senioren, Familien mit Kindern usw.). Hinweise geben die Tourismusinformationen und auch www.naturfreunde.at. Das **Wandern mit Alpakas** liegt im Trend und wer die Bewegung mit einem Stimmtraining verbinden möchte, bucht beim **Steirischen Volksliedwerk** (www.steirisches-volksliedwerk.at) eine Kombitour „Jodeln & Wandern". Auch Öster-

⌃ Wanderwege sind gewöhnlich gut ausgeschildert

reichs reizvolle Weinregionen (Wien, Niederösterreich, Burgenland und Steiermark) lassen sich auf Wanderungen erkunden (www.weinbergwandern.at).

Radfahren

Mit vielen tausend Kilometern Streckennetz, gut ausgeschilderten Radwegen, einer hervorragenden begleitenden Infrastruktur in Form von radlerfreundlichen Unterkünften und Ladestationen für E-Bikes sowie unterschiedlichsten Routen für alle Anforderungen kann Österreich als **ideales Reiseziel** für Radler gelten.

- Grundsätzliche **Infos** erhält man unter www.austria.info/de/aktivitaeten/radurlaub-in-oesterreich.

Das Land kreuzen zahlreiche, teilweise auf mehrere Tage angelegte **„Radwanderungen"**, die Kultur und Landschaft gleichermaßen in den Vordergrund stellen. Hierzu gehört der äußerst viel befahrene **Donauradweg**, der über 326 km Länge **von Passau nach Wien** führt (und von dort nach Bratislava ausgedehnt werden kann). Ebenso verläuft ein kleiner Teil des **Bodensee-Radwegs** auf österreichischem Territorium, und ab dem nördlichen Waldviertel führt mit dem **Iron Curtain Trail** ein grenzüberschreitender Fahrradweg auch nach Tschechien und in die Slowakei. Weitere „internationale" Strecken, auf denen man durch die rot-weiß-rote Republik kommt, sind der **Alpe-Adria-Radweg** von Salzburg ins italienische Grado, der **Drauradweg**, der der Drau durch Osttirol, Kärnten und weiter bis an die kroatisch-slowenische Grenze bei Varaždin folgt, und die der römischen **Via Claudia Augusta** nachgezeichnete Route von Süddeutschland über Tirol und Südtirol bis Venedig.

Radfahren in Österreich: landschaftlich immer ein Genuss

oes_239 sb

Ebenso beliebt sind in der Voralpenregion der **Mozart-Radweg** und die sog. **Bajuwaren-Tour,** während der **Salzkammergutradweg** bereits alpine Naturerlebnisse verspricht.

Der **Osten der Republik** hat **gemütliche Strecken** im Angebot, die ohne größere Steigungen auskommen, z.B. entlang der **Flusstäler** der Erlauf oder der Pielach und Traisen in Niederösterreich oder am Inn bzw. im nördlichen Traunviertel in Oberösterreich. Aber auch das **nördliche Weinviertel,** wo nach Weinsorten benannte Routen mit einer Gesamtlänge von rund 760 km konzipiert wurden, stellt eine Option dar. **Mountainbiker** werden speziell das **Waldviertel** lieben, z.B. die **Kamp-Thaya-March Radroute,** und auch im benachbarten **Mühltal** gibt es viel zu „erradeln", entweder die Donau entlang oder auf dem **Mühltalradweg.** Das **Burgenland** verfügt über ein 2500 km langes Wegenetz, davon fast die Hälfte in der flachen Region Neusiedler See. Aber auch südöstlich gibt es spannende Touren wie den **Rotweinradweg** und den **Lisztradweg** im Mittelburgenland oder die **Paradiesroute** und den **Dreiländer-Radweg** im Südburgenland.

In **Westösterreich** geht es naturgemäß **bergiger** zu, weshalb man hier eine gute Kondition und in vielen Fälle ein geländetaugliches Fahrrad oder Mountainbike haben sollte. Ein Highlight bildet der mehrtägige **Tauernradweg** und die Königsdisziplin ist natürlich die Befahrung der **Großglockner-Hochalpenstraße.** Entspannter sind die Strecken im salzburgischen **Flachgau** – z.B. um die hiesigen Seen – oder in **Osttirol** entlang der Drau durchs Pustertal. In **Vorarlberg** sind die Regionen am Rhein und am Ufer des Bodensees wenig schweißtreibende Ziele, und auch im **Bregenzerwald** locken viele angenehme Touren. In **Kärnten** ist man für das sanfte Radeln in den Talregionen – vor allem im **Rosental (Rož)** und im **Jauntal (Podjuna)** – gut aufgehoben, während das Bergmassiv der **Karawanken** Mountainbiker anzieht. Wundervolle Landschaftserlebnisse hat man rund um den **Millstätter See** oder am weitgehend verkehrsberuhigten **Weißensee.** Auch in der **Steiermark** ist das Zweirad ein ideales Fortbewegungsmittel, z.B. auf der **Weinland Steiermark Radtour** oder entlang des **Murradwegs,** der sich auch in Slowenien fortsetzt. Anspruchsvoller geht es in den **Bergregionen** (Dachstein, Gesäuse und Hochschwab) zu.

Ebenfalls in den Bergregionen – z.B. im Pinzgau, um die Zugspitze, in der Tiroler Serfaus-Fiss-Ladis-Region oder in den Nockbergen – stehen adrenalinfördernde **Mountainbike-Trails und Bikeparks** für Downhiller und Freerider zur Verfügung. Aber auch das **E-Bike** wird immer beliebter und Ladestationen sind keine Seltenheit mehr. Speziell auf E-Räder ausgelegte Strecken gibt es u.a. im Tiroler Kaisergebirge und im Südburgenland.

Generell können **Fahrräder in Fern- und Regionalzügen** sowie **S-Bahnen** mitgenommen werden, allerdings bei entsprechendem Aufpreis.

Klettern

Auch Kletterer finden in Österreich geradezu **optimale Bedingungen** vor. Mit Tausenden von Klettersteigen, alpinen Kletter- und Eiskletterrouten, Klettergärten und Boulder-Arealen für Könner und Anfänger ist die Alpenrepublik **weltweit eines der besten Ziele überhaupt.** Zu den beliebtesten Regionen für den Spaß am „nackten Felsen" gehören die Hohe Wand, der Dachstein, mehrere Gegenden im Pongau, Abschnitte im Bregenzerwald, im Brandnertal, Klostertal - z.B. für Eiskletterer die Fallbachwand - und im Montafon, diverse Regionen in Oberkärnten, das Gesäuse und viele andere. Das „Mekka" für Kletterer ist allerdings **Tirol,** wo in der Region um Imst, im Ötztal, in den Kitzbühler Alpen und in vielen weiteren Gegenden geradezu ein Überangebot an Zielen und Infrastruktur zur Verfügung steht.

■ Mehr **Infos** auf www.austria.info/de/aktivitaeten/wandern-und-alpen/klettern-in-oesterreich und im Speziellen auch auf www.tirol.at/reisefuehrer/sport/klettern/kletterregionen.

Rafting, Kayaking, Canyoning

Es ist ein **spritziges Erlebnis,** mit dem Schlauchboot oder Kajak durch rauschende Bergflüsse zu flitzen oder im Neopren-Anzug durch Schluchten und Bäche zu waten und sich dabei abzuseilen oder kühne Sprünge zu wagen. **Immer mehr Anbieter** von organisierten Rafting-, Kayaking- und Canyoning-Touren finden sich im Land. Zu den **beliebtesten Regionen** gehören Abtenau an der Lammer, St. Johann im Pongau an der Salzach, die Kitzlochklamm im Rauristal, Lofer an der Saalach, der Kaiserwinkel, die Gegend um Imst am Inn, die Ötztaler Ache, die Osttiroler Isel ab Lienz, die Bregenzer Ach, St. Lorenzen im Lesachtal, die Salza im Naturpark Steirische Eisenwurzen und Hieflau an der Enns. In allen Fällen ist es ratsam sich frühzeitig mit den Organisatoren in Verbindung zu setzen und Touren mit etwas Vorlauf zu buchen (nicht zuletzt um die wechselhaften Strömungsverhältnisse zu berücksichtigen).

Baden

Österreichs **Seen, Flüsse und Bäche** sind wundervolle Orte zum Baden. Die **Wasserqualität** ist im ganzen Land **vorbildlich**, zahlreiche Gewässer haben sogar Trinkwasserqualität. Zu den berühmtesten Badeseen des Landes - die übrigens oft vor einem atemberaubenden Bergpanorama liegen - gehören die im **Salzkammergut,** also **Mondsee,** Attersee, Traunsee und Hallstätter See in Oberösterreich sowie Wallersee, Fuschlsee und Wolfgangsee im Salzburger Seenland. Ein Genuss sind auch die Seen in **Kärnten: Wörthersee,** Klopeiner See, Faaker und Ossiacher See, Millstätter See und Weißensee (der im Winter als Schlittschuhparadies gilt). Hinzu kommen der in Vorarlberg gelegene **Bodensee** und der **Neusiedler See** im Burgenland. Aber auch nicht ganz so bekannte wie der Lunzer See und die Kampseen in Niederösterreich, der Zeller See in Salzburg, der Plan-, der Schwarz- (bei Kitzbühel) oder der Achensee in Tirol und die in der Steiermark gelegenen wie der Altaussee, der Erlaufsee und der Grundlsee sind unbedingt empfehlenswert. Überall gibt es **eintrittspflichtige Strandbäder,** an einigen Seen - vor allem in Oberösterreich und der Steier-

mark – ist auch „freies“ Baden möglich. Dies gilt übrigens auch fast an allen **Flüssen** des Landes, z.B. an der Donau und ihren Seitenarmen, in die man in Wien, in Klosterneuburg und an unzähligen anderen Stellen hüpfen kann. Aber auch der Kamp, die Thaya, die Ybbs in Niederösterreich, die Große Mühl in Oberösterreich und viele weitere laden zu einer kühlen Erfrischung ein.

Segeln, Surfen, Tauchen usw.

An vielen der genannten **Badeseen** ist **Wassersport** möglich: Wasserskifahren, Wakeboarden, Stand-up-Paddeln, Ausfahrten mit dem Jetski oder entspannter mit Elektro- oder Tretboot. Theoretisch ist fast überall auch Segeln, Windsurfen, Kitesurfen usw. eine Option, doch **ideale Bedingungen** (gute Windverhältnisse!) bieten in erster Linie der Attersee, der Traunsee, der Mondsee, der Zeller See und vielleicht als absolutes Highlight der Neusiedler See. Hier gibt es auch überall **Segel- und Surfschulen** und man kann das entsprechende **Equipment** mieten.

Attersee, Traunsee und Wolfgangsee, Achensee, Fernsteinsee, Erlaufsee und Grundlsee sind bei **Tauchern** beliebt. Als geheimnisvollster See des Landes gilt der **Toplitzsee,** auf dessen Grund Reichtümer und Schätze aus der NS-Zeit liegen sollen – viele haben nach ihnen gesucht, niemand hat etwas gefunden …

Reiten

Speziell das **Alpenvorland** und das **Böhmische Granitmassiv** mit ihren sanften Landschaften bieten sich für Erkundungstouren zu Pferd an. Eine entsprechende **Infrastruktur** mit weitläufigen Reitwegen gibt es u.a. in Ampflwang, in Rainbach und auf der Mühlviertler Alm,

⌃ Wassersport ist in vielen Varianten möglich

in Filzmoos, im Brandnertal sowie um den Neusiedler See (z.B. in Neusiedl am See), aber auch als Pferdetrekking in den Hohen Tauern. Attraktionen für Reiter und Zuschauer gleichermaßen sind die **Spanische Hofreitschule** in Wien mit ihren klassischen Reitshows und das **Lipizzaner-Gestüt** in Piber.

Golf, Tennis, Paragleiten usw.

Zu den schönsten **Golfplätzen** gehören der des Schlosshotels Ernegg im Erlauftal, der Golfclub in Göllersdorf und das Golfresort in Kematen, alle in **Niederösterreich,** sowie in **Oberösterreich** die Plätze in St. Oswald und Feldkirchen. In **Salzburg** sind die Anlagen des Schlosses Fuschl, der Golfclub in St. Michael und jener in Zell am See und in Tirol Igls und natürlich Kitzbühel als wahre Golf-Eldorados bekannt, ferner der Golfpark Mieminger Plateau und der Golfclub Brand. In **Vorarlberg** sollte man sich zum „Einlochen" nach Bludenz begeben, während in **Kärnten** Oberdellach am Wörthersee und Millstatt zu nennen sind. In der **Steiermark** befinden sich die meisten Golfplätze im sog. Thermenland, während im südburgenländischen Stegersbach mit **„Reiters Golf 72"** Österreichs größtes Golf-Resort liegt.

- Mehr **Infos** unter www.golf.at.

Tennisplätze gibt es in so ziemlich jeder Gemeinde, ausgefallenere Sportarten sind nur punktuell zu finden. Dazu gehören **Paragleiten** und **Drachenfliegen,** wofür es besonders in Salzburg, Tirol, Vorarlberg, Kärnten und der Steiermark gute Plätze gibt. Orte, an denen man das Gleiten und Fliegen erlernen oder durch sog. **Tandemflüge** ausprobieren kann, sind Kaprun, Neukirchen, die Region um den Achen- und Walchsee, Schruns-Tschagguns, Gaschurn, das Lesachtal, Fladnitz und andere.

Adrenalin-Kicks der besonderen Art versprechen z.B. ein Flug mit dem **Heißluftballon** – möglich ab Krems, Filzmoos oder dem Barockschloss Schielleiten – oder ein **Bungee-Sprung** von der Europabrücke südlich von Innsbruck, von der Benni-Raich-Hängebrücke im Pitztal, von der Gschwendtobel-Brücke im Bregenzerwald oder von der Jauntalbrücke. **Segelfliegen, Rundflüge mit**

Spaß in luftigen Höhen: Paragleiten ist beliebt

oes_242 sb

Hauptsache, es rieselt der Schnee – Wintersport in Österreich

„Schifoan" trällerte Austro-Popper *Wolfgang Ambros* 1976 und schuf damit eine Hymne für den österreichischen Nationalsport. Zwar kommen die Skier aus Skandinavien, doch die beiden **Wintersport-Pioniere Max Kleinoschegg und Toni Schruf** führten die „neue" Art der Fortbewegung durch den Schnee bereits **1893** an den Hängen um das steirische Mürzzuschlag ein. Kurz darauf folgten **Franz Reisch 1897/98** in Kitzbühel und **Hannes Schneider 1901** in St. Anton, wo dieser die **erste Skischule des Landes** gründete. Dann ging es schnell und der Spaß auf den „Brettln" wurde praktisch überall in den Alpen zum neuen Freizeithit.

oes_241 stb

Heutzutage stellen Ski- und Wintersport mit allen Varianten vom Tourenski- und Monoskifahren über das Snowboarden bis zum Langlaufen einen österreichischen Volkssport dar, vor allem aber auch eine **Haupteinnahmequelle der heimischen Tourismusbranche.** Alljährlich strömen Einheimische wie Fremde in der Wintersaison in die einschlägigen Regionen und bevölkern zu Hunderttausenden die Hänge und Pisten. Längst spricht man von einer **Wintersportindustrie,** denn nicht nur die Betreiber der Seilbahnen und Liftanlagen profitieren, sondern auch Gastronomie, Hotellerie, Skischulen, Transportunternehmen u.v.m. Natürlich sind in erster Linie Salzburg, Tirol und Vorarlberg, regional auch Niederösterreich, Oberösterreich, Kärnten und die Steiermark an diesem „Kuchen" beteiligt, allerdings recht unterschiedlich. Während sich Orte wie Ischgl, Obertauern oder Sölden als **„Halligalli-Partyorte"** vermarkten und über berühmt-berüchtigte **Après-Ski-Meilen** verfügen, ziehen z.B. Kitzbühel, St. Anton oder Lech am Arlberg den **Jetset** an. Die Ramsau und der Böhmerwald wiederum haben sich auf den **nordischen Skisport** (Langlauf) spezialisiert. Daneben gibt es **Skigebiete für Familien,** solche für **Extrem-, Freeride- und Tiefschnee-Fanatiker,** andere für einen eher **„sanften" Wintersport,** dann wieder Areale, die auf **Snowboarder** – inklusive Funparks – und **Skitourengeher** abgestimmt sind.

< Wintersport ist einer der wichtigsten Bereiche der österreichischen Tourismusindustrie

Acht Gletscherskigebiete garantieren auch außerhalb der Wintermonate gute Schneeverhältnisse, im Falle des Hintertuxer Gletschers sogar ganzjährig. Bei **mehr als 400 Skigebieten und ca. 7350 Pistenkilometern** fällt die Entscheidung schwer, wohin es in Österreich gehen soll, und ebenso schwierig ist es, allgemeingültige Empfehlungen für das eine oder andere Gebiet zu geben. Auch hier helfen die **Tourismusverbände** und die in diesem Buch angegebenen **Internetseiten** zu den entsprechenden **Regionen bzw. Wintersportgebieten** weiter. Eines haben alle Gebiete gemeinsam: **Billig sind sie nicht.** Tageskarten für Seilbahnen und Lifte kosten locker 50 € und mehr pro Person, die Übernachtung im Hotel kann in der Saison richtig teuer werden.

Und dann ist da ja auch noch die liebe Natur, die durch Infrastrukturmaßnahmen und künstliche Beschneiungsanlagen (landesweit gibt es etwa 33.000) massiv belastet wird. Infolge des **Klimawandels** fällt in den Bergregionen immer unregelmäßiger genügend Schnee zum Skifahren, weshalb inzwischen fast drei Viertel der Pisten des Landes artifiziell beschneit werden können bzw. müssen. Das allerdings verursacht enorme **Schäden im empfindlichen Ökosystem der Alpen,** weshalb Umweltverbände seit Jahrzehnten für mehr Schutzzonen plädieren. **Umweltschonendere Schneesportarten** sind das Winterwandern inklusive sog. Schneeschuhtouren, das Rodeln sowie auf zugefrorenen Seen Schlittschuhlaufen und Eisstockschießen.

Helikopter oder Flugzeug, Fallschirmsprünge u.Ä. werden in Kaprun angeboten. Auf dem Boden bleibt man dagegen bei einer **Fahrt mit der Draisine** zwischen Ernstbrunn und Asparn im Weinviertel oder im Mittleren Burgenland. Ein interessantes Erlebnis ist eine **Tour auf dem Husky-Hundeschlitten** (ab Bürserberg).

Wellness und Erholung

Die **Heilwasserquellen** der Oststeiermark und des Südburgenlandes sind die ersten Anlaufstellen, wenn es um Wellness und Erholung geht. Die **Thermen** in Bad Waltersdorf, Bad Blumau, Loipersdorf, Bad Gleichenberg, Bad Radkersburg, Bad Tatzmannsdorf und Stegersbach sind landesweit bekannt und erfüllen teilweise auch Kurzwecke. **Wellness-Oasen** bieten auch das niederösterreichische Baden, Bad Vöslau und Laa an der Thaya. Gesundheit und Schönheit einen Dienst erweisen kann man ferner in Geinberg und Bad Schallerbach bzw. in Bad Ischl in Oberösterreich, in Bad Vigaun, Bad Hofgastein bzw. Bad Gastein und Kaprun in Salzburg, im Tiroler Längenfeld oder in Reuthe in Vorarlberg, in der Villacher Alpe und in Bad Kleinkirchheim in Kärnten, aber auch im steirischen Bad Mitterndorf oder im burgenländischen Frauenkirchen im Seewinkel und in Lutzmannsburg.

Sprache

→ Land und Leute, Sprache(n)
→ Kleine Sprachhilfe Österreichisch

Auch in Österreich ist **Deutsch** die Amtssprache, allerdings gilt das sog. **österreichische Standarddeutsch** als offizielle Hochsprache. Eben diese Variante unterscheidet sich in Aussprache und Vokabular sowie zum Teil auch in Grammatik, Rechtschreibung und Idiomatik in **manchen Punkten** doch recht offensichtlich vom bundesdeutschen oder eidgenössischen Duktus. Im Alltag hört man auch noch immer sehr viel **Dialekt,** wobei sich die einzelnen Varianten regional stark unterscheiden. Auf die **allgemeine Sprachsituation** in Österreich – samt der existierenden Minderheitensprachen – wird auf Seite 754 eingegangen und im Anhang findet man eine **kleine Sprachhilfe Österreichisch** mit wichtigen Ausdrücken und Floskeln (→ S. 772).

Buchungsportale

Neben Buchungsportalen für **Hotels** (www.booking.com, www.hrs.de, www.trivago.de) bzw. für **Hostels** (z.B. www.hostelworld.com) gibt es auch Online-Anbieter für **Privatunterkünfte:** Portale wie www.airbnb.de, www.wimdu.de oder www.9flats.com vermitteln Wohnungen, Zimmer oder auch nur einen Schlafplatz auf der Couch. Diese oft recht günstigen Übernachtungsmöglichkeiten sind **nicht unumstritten,** da so „normaler" Wohnraum gewerblich missbraucht werden kann und gerade in Städten „Overtourism" und Wohnungsnot Vorschub geleistet wird. Einige Orte greifen deshalb regulierend ein.

Unterkunft

→ Camping

Hinweis: Da die Preise für Unterkünfte in Österreich saisonal (stark) variieren und sich grundsätzlich rasch ändern können, werden in diesem Reiseführer bei den empfohlenen Hotels, Pensionen usw. **Preiskategorien** verwendet, die als Anhaltspunkt dienen sollen (die Angaben gelten **pro Doppelzimmer und Nacht inkl. Frühstück**).
① unter 120 €
② 120–180 €
③ über 180 €

Als „klassische" touristische Destination verfügt Österreich über **Übernachtungsmöglichkeiten aller Kategorien;** zur Verfügung stehen Hotels, Pensionen, Hostels, (Jugend-)Herbergen, Ferienhäuser, Schlosshotels, Winzerhöfe, Almhütten etc. **Je nach Saison und Region** können die **Preise** sehr unterschiedlich sein. Eine **Vorausbuchung** empfiehlt sich das ganze Jahr über, speziell aber in den Frühlings- und Sommermonaten sowie im Advent, über Silvester, in den Wintersportregionen während den Winterferien und generell an Wochenenden. Der Preis schließt in den meisten Hotels ein **reichhaltiges Frühstück** (meist als Büffet) mit ein, manchmal gibt es auch

oes_314 dk

die Option Halb- oder Vollpension. In den Häusern der gehobenen Kategorie sind Spa-Bereiche samt Sauna, Jacuzzi und manchmal Swimmingpool üblich. Praktisch alle Orte des Landes erheben eine **Ortstaxe** bzw. eine **Nächtigungsabgabe,** die entweder einen festen Betrag ausmacht oder (z.B. in Wien) einen prozentualen Anteil des Beherbergungsentgelts beträgt. In der Regel wird die Gebühr gesondert ausgewiesen und nicht in den Übernachtungsbetrag eingerechnet.

Die **Unterkunftsempfehlungen in diesem Reiseführer** erfolgen nach persönlichem Geschmack des Autors und sind zumeist Adressen, die sich in irgendeiner Form vom „üblichen" Angebot abheben. Im Allgemeinen helfen auch die **örtlichen Tourismusverbände und Informationsbüros** bei der Suche nach einer geeigneten Unterkunft.

Gut gebettet? Das Angebot an Unterkünften verschiedenster Kategorien ist groß

Verhaltenstipps

→ Exkurs „Habe die Ehre", S. 756
→ Essen und Trinken
→ Sicherheit
→ Autofahren

Verkehrsmittel

→ Anreise,
→ Autofahren,
→ Sport und Aktivitäten/Wandern/Radfahren/Reiten

Grundsätzlich ist das öffentliche Verkehrsnetz Österreichs zufriedenstellend.

oes_235 dk

Praktisch in allen Bundesländern gibt es **Zugverbindungen,** entweder von der **Österreichischen Bundesbahn (ÖBB),** der privaten **Westbahn** oder **lokalen Betreibern.**
Speziell in Nieder- und Oberösterreich, in Salzburg, Tirol, Kärnten und der Steiermark verkehren auf einem Großteil der Strecken ab den Landeshauptstädten bzw. ab Wien auch **S-Bahnen. Zugtickets** sind billiger, wenn man sie möglichst früh kauft; im Rahmen der sog. **„Sparschiene"** gibt es Sonderangebote und Vergünstigungen für Familien und Gruppen.

- **Österreichische Bundesbahn (ÖBB),** www.oebb.at.
- **Westbahn,** westbahn.at.

Touristisch interessant sind **nostalgische Schmalspurstrecken,** die oft seit über hundert Jahren in Betrieb sind und ab und zu noch mit **historischen Dampfloks** bedient werden. Hierzu gehören z.B. die Mariazellerbahn, die Waldviertler Schmalspurbahn, die Murtalbahn, die Pinzgauer Schmalspurbahn, die Achenseebahn, die Bregenzerwaldbahn und der Flascherlzug.

Andernorts ist man auf **öffentliche Busse** angewiesen, wobei die ÖBB-Tochter **Postbus** und die private **Dr.-Richard-Gruppe** die zwei großen Anbieter im Land darstellen. Die allermeisten touristisch relevanten Orte werden angefahren, doch unterscheiden sich die Frequenzen von Region zu Region stark. Gegenden wie das Mittlere Burgenland, das nördliche Waldviertel oder abgelegene Bergtäler werden nur sporadisch bedient, andere hingegen, die in der Nähe

⌃ In zahlreichen österreichischen Städten – wie hier in Wien – ist man gut mit der „Bim" (Tram) unterwegs

von Städten liegen, haben häufige und regelmäßige Verbindungen. In Wintersportgebieten verkehren außerdem **Skibusse** und in touristisch erschlossenen Bergregionen auch sog. **Wanderbusse.** Busverbindungen zwischen den Großstädten im Land unterhält auch **FlixBus.**

- **Postbus,** www.postbus.at.
- **Dr. Richard,** richard.at.
- **FlixBus,** www.flixbus.at.

Zeit

Auch in Österreich gilt die **MEZ** (Mitteleuropäische Zeit) mitsamt der **Sommer- und Winterzeit**. Durch die Tatsache, dass das Land innerhalb dieser Zeitzone relativ weit im Osten liegt, unterscheiden sich die Uhrzeiten für **Sonnenauf- und Sonnenuntergang** gerade im Vergleich zu Landesteilen im Westen der Schweiz oder West- und Norddeutschland teilweise erheblich. Umgangssprachlich drückt man die Uhrzeiten mit der **12-Stunden-Zeit** aus. Etwas schwierig zu verstehen sind für so manche Auswärtigen die **Zeitangaben mit Viertel**, denn Dreiviertel sechs heißt Viertel vor sechs (5.45 Uhr bzw. 17.45 Uhr) und Viertel vier (speziell im Osten des Landes genutzt) bedeutet Viertel nach drei (3.15 Uhr bzw. 15.15 Uhr).

Auch der schönste Ausflugstag geht einmal zu Ende!

oes_313 aw

11 Land und Leute

Zeichen der Volksfrömmigkeit: Gedenkkreuze (Marterl) finden sich viele in Österreich

Geografie

Österreich hat eine Gesamtfläche von knapp **84.000 km²** und erstreckt sich in west-östlicher Richtung über maximal 575 km sowie von Nord nach Süd über 294 km. Fast 63% der Staatsfläche nehmen die **Ostalpen** ein, die sich zunächst über Vorarlberg, Tirol, den Großteil Salzburgs und Osttirol ziehen und in weiten Regionen Oberösterreichs, Niederösterreichs, Kärntens und der Steiermark fortsetzen. Das gigantische Bergmassiv wird in die Nördlichen Ostalpen, die Zentralen Ostalpen, die Südlichen Ostalpen und die Westlichen Ostalpen untergliedert. Der **Großglockner** – auf dem Territorium Kärntens und Osttirols gelegen – ist mit 3798 m der höchste Gipfel des Landes; der österreichische Alpenverein listet weitere 694 Dreitausender. Die natürliche Grenze der Alpen nach Nordosten hin bildet die **Donau,** an deren Nordufer in Ober- und Niederösterreich das sog. **Granit- und Gneisplateau** liegt, dessen Ausläufer bis nach Tschechien und Bayern reichen und das etwa 10% des Staatsgebietes ausmacht. Diese auch **Böhmisches Granitmassiv** genannte Gegend stellt den geologisch ältesten Teil des Landes dar.

Am Ostrand des Gebirges liegt das **Alpenvorland,** das sich über die Bundesländer Salzburg (vor allem im nördlichen Flachgau), Oberösterreich (Innviertel) und Niederösterreich (Marchfeld, Tullnerfeld, Wiener Becken u.a.) erstreckt. Hinzu kommt das südöstliche

☒ Berge, Berge, Berge: Die Großglockner-Region in Osttirol ist ein Naturspektakel

oes_250 sb

Alpenvorland in der Süd- und Oststeiermark und im Burgenland, wo es im **Pannonischen Becken** direkt flach wird. Das stellt jedoch eine Ausnahme dar, denn österreichweit entfällt nur etwa ein Viertel der Landesfläche auf **Tief- und Hügelländer** und nur etwa 32% liegen niedriger als 500 m. **Grün** ist es in den allermeisten Gegenden: 43% der Landesfläche sind bewaldet, 38% werden landwirtschaftlich genutzt. Entsprechend liegen die **Kornkammern Österreichs** im Alpenvorland; hier gedeihen auch Obst, Gemüse, Wein, Hopfen u.v.m.

Österreich ist auch ein Land der **Flüsse.** „Lebensader" ist die aus Deutschland kommende **Donau,** die auf österreichischem Territorium 349 km zurücklegt und im Schwarzen Meer mündet. Wichtige **Nebenflüsse** sind Lech, Isar und Inn, die alle in Bayern in die Donau münden, sowie Traun, Enns, Ybbs, Erlauf, Pielach, Traisen, der Wienfluss, die Fischa und die Thaya, die dies in Österreich tun. Weitere große Wasserwege sind u.a. die aus dem Salzburger Lungau kommende, durch die Steiermark fließende **Mur** sowie die durch Osttirol und Kärnten fließende **Drau** und natürlich der **Rhein,** der den größten Teil Vorarlbergs entwässert und danach den Bodensee durchfließt.

Auch **Seen** gibt es in Österreich zur Genüge. Als größter gilt der **Neusiedler See** im Burgenland, der eine Gesamtfläche von 320 km² hat, von denen jedoch etwa 23% in Ungarn liegen. Es folgen der **Attersee** mit 46 km² und der **Traunsee** mit 24 km² im oberösterreichischen Teil

Die Donauauen östlich von Wien werden als „europäischer Urwald" bezeichnet

oes_249 dk

des auch sonst seenreichen Salzkammerguts. Berühmt für seine Seendichte ist speziell auch das Bundesland **Kärnten,** wo mit dem **Wörthersee,** dem Klopeiner See, dem Ossiacher See, dem Faaker See, dem Millstätter See und dem Weißensee viel besuchte Gewässer liegen. Aber auch der **Bodensee** erstreckt sich nicht nur an deutschen und Schweizer Ufern, sondern berührt auch österreichisches Territorium, allerdings macht dieses in Vorarlberg gelegene Gebiet nur einen kleinen Teil der 536 km^2 messenden Seefläche aus. Eindrucksvoll sind außerdem die riesigen **Speicherseen** der Wasserkraftwerke, die sich vor allem in Salzburg, Kärnten und Tirol finden.

Klima

Grundsätzlich herrscht in Österreich **mitteleuropäisches Kontinentalklima,** doch die **Unterschiede zwischen den einzelnen Regionen** und im Speziellen zwischen dem Bergland und den flachen Gegenden sind erwartungsgemäß groß.

oes_251 aw

Der **Westen** und **Norden** Österreichs wird durch ein ozeanisch beeinflusstes, teilweise von feuchten Westwinden geprägtes Klima dominiert, währen im **Osten** ein niederschlagsarmes pannonisch-kontinentales Klima überwiegt. Durch die **alpine Topografie** des Landes ist diese grundlegende Einteilung aber nur teilweise zutreffend; so zählt man die Gebiete in zunehmender Höhe zu den borealen und Tundrenklimazonen, während in den Gipfelbereichen sogar polares Klima anzutreffen ist.

Im Allgemeinen gibt es im ganzen Land **heiße Sommer und kalte Winter mit sehr unterschiedlichen Niederschlagsmengen.** Speziell an den Rändern des Alpenhauptkamms – er fungiert als Klimascheide – ist es äußerst niederschlagsreich, in den inneralpinen Tälern hingegen kann es sehr trocken sein. Es finden sich gleichermaßen **sonnenreiche Föhntäler** und **nebelanfällige Beckenlandschaften,** wobei vor allem an den Südalpen der Einfluss niederschlagsreicher Tiefdruckgebiete aus dem Mittelmeerraum zu spüren ist. Meteorologisch einzigartig ist in diesem Zusammenhang der **„Schnürlregen“**, ein feiner, meist nur in den Sommermonaten vorkommender Regen, der wie in Schnüren gerade vom Himmel fällt und typisch für Salzburg ist. **Schnee** gibt es im Flachland immer seltener und wenn, dann nur in wenigen Fällen dauerhaft. In alpinen und hochalpinen Regionen ist das selbstverständlich anders, wenn auch hier der **Klimawandel** zu spüren ist und so manche Wintersportregion über Schneemangel klagt.

Flora und Fauna

Durch die höchst **unterschiedliche Topografie** und die **diversen Klimazonen** Österreichs präsentiert sich auch die örtliche Flora und Fauna äußerst uneinheitlich.

Pflanzenwelt

Die **Vielfalt** der Pflanzenwelt ist für das verhältnismäßig kleine Land überdimensional groß, denn in Österreich treffen atlantische, baltische, mediterrane und pannonische Einflusszonen aufeinander. Botaniker zählen fast 3200 **Vollstatus-Gefäßpflanzen-Arten,** von denen 40% vom Aussterben bedroht sind. Wer Österreich bereist, kommt je nach Region mit einer bestimmten Vegetation in Berührung. Große Teile des Landes sind bewaldet, wobei in tieferen Lagen meist **Laub- und Mischwälder** – speziell Buchen, Eichen und Fichten – vorkommen; die **Fichte** ist dabei der am häufigsten anzutreffende Nadelbaum. **Eschen, Pappeln, Ulmen und Weiden** finden sich entlang der Flussläufe, so auch in der Donauregion. Im Westteil des Landes sind auch **Kiefern, Lärchen** und in höheren Lagen Zirben sowie in kalkhaltigen Hochplateaus Latschen (auch Latschenkiefer, Bergföhre oder Legföhre genannt) heimisch. Ebenso wachsen hier diverse **Gräser und Büsche,** aber auch viele andere Pflanzen wie **Bärlauch** oder **Schneeglöckchen.**

Außergewöhnlich ist die **Alpenflora,** die man speziell im Sommer im alpinen und hochalpinen Terrain vorfindet und die vor allem durch ihre **prächtige Blumenvielfalt** in Form von **Alpenaurikel, Alpennelke, Arnika, Glocken-Enzian** und natürlich dem weltberühmten seltenen **Edelweiß** auffällt. Ebenfalls in der Bergregion gedeihen der rot leuchtende **Almrausch** und das **Heidekraut.**

Blütenpracht am Wanderweg auf der Turracher Höhe in Kärnten

oes_252 aw

Unter den **Nutzpflanzen** sind zuerst die **Weinreben** zu nennen, die in zahlreichen Gegenden Ostösterreichs allgegenwärtig sind. Auch **Birnen** und **Äpfel** finden sich in vielen Regionen wie dem Mostviertel oder dem oberösterreichischen Naturpark Obst-Hügel-Land, im Kärntner Lavanttal oder im steirischen ApfelLand. Weniger bekannt ist die **Kornelkirsche** (auch Dirndl genannt) aus dem Pielachtal, dafür sind die **Kürbisse** aus dem südsteirischen „Kürbiskernland" umso berühmter, genau wie der magentafarben blühende **Mohn** im Waldviertel. Aber selbst in höheren Lagen – z.B. im Ötztal oder um Landeck, aber auch im Kärntner Krappfeld – findet sich ein Überangebot an Obst und Gemüse.

Direkt exotisch ist der Seewinkel im Burgenland, wo nur besondere Pflanzenarten wie **Salzkresse** oder **Strandaster** überleben. In den Hochmooren – z.B. im Waldviertel, im oberösterreichischen Tanner Moor, im Kärntner Hochmoor der Spintikteiche oder im Ausseerland – gedeihen **Heidekraut, Wollgras** und der fleischfressende **Sonnentau.** Eine andere für Ostösterreich typische Pflanzenart ist der karge **Trockenrasen,** der der pannonischen Vegetation zugerechnet wird.

Tierwelt

Fast **46.000 Tierarten** kommen in Österreich vor, wovon knapp 99% wirbellose Tiere sind. Ungefähr ein Fünftel davon werden als bestandsgefährdet bewertet und etwa 2800 Spezies gelten als vom Aussterben bedroht.

⊻ Speziell in den warmen Monaten keine Seltenheit auf den Almen: Kühe

oes_254 aw

Die am häufigsten anzutreffenden **Säugetiere** in freier Wildbahn sind die im ganzen Land beheimateten **Biber, Füchse, Hasen** und **Rehe,** aber auch **Wildschweine** sieht man gelegentlich. Seltener, dafür aber praktisch typisch für die Alpenregion sind **Gämse, Murmeltiere** und **Steinböcke.** Es gab mehrere Versuche wieder **Braunbären** in den Nationalparks ansässig zu machen, allerdings haben diese bis dato nicht gefruchtet. Nur ab und zu wird an der Grenze zu Italien, Slowenien und der Schweiz von „Bärenbesuch" berichtet. Dafür wurden **Luchse** und **Wölfe** vereinzelt gesichtet, vor allem im Waldviertel.

In der **Vogelwelt** sind der **Steinadler** und der wieder angesiedelte **Bartgeier** in den Alpen die „Könige der Lüfte". In tieferen Lagen ist die Diversität wesentlich größer. **Fasane** gelten neben den sonst üblichen Vögeln als recht verbreitet. Apropos verbreitet: 80% aller österreichischen Vogelarten, also sage und schreibe etwa 340, finden sich am Neusiedler See. Davon sind 150 Arten **Brutvögel,** von denen viele nur saisonal vorkommen. Typisch für die Region sind **Silber- und Graureiher** sowie **Weißstörche, Rohrdommeln, Großtrappen** und vereinzelt **Eisvögel.** Eine Erfolgsstory ist die Wiederansiedelung der **Waldrappen,** die heute in Salzburg und Kärnten anzutreffen sind.

Zu den verbreitetsten **Fischarten** in österreichischen Flüssen und Seen gehören **Aale, Barsche, Forellen, Hechte, Huchen, Karpfen, Reinanken, Saiblinge, Schleien, Welse** und **Zander.** Vielerorts leben **Frösche, Kröten und Molche** sowie speziell in der Donau auch **Sumpfschildkröten.** Unter den Repti-

Vor allem in Nordtirol
werden die robusten Haflinger gezüchtet

oes_253 aw

lien seien speziell die heimischen Schlangenarten **Ringelnatter, Würfelnatter und Kreuzotter** erwähnt. Insekten gibt es en masse, Ausschau halten kann man nach **Alpenböcken, Gottesanbeterinnen** oder **Hirschkäfern.** Unter den **Schmetterlingen** finden sich der seltene Götterbaum-Spinner, das Nachtpfauenauge, der Schwalbenschwanz oder der Totenkopfschwärmer.

Wenig Begeisterung rufen die häufig anzutreffenden **Zecken** hervor. Österreich gehört in Europa zu den am stärksten von der Frühsommer-Meningoenzephalitis (FSME) betroffenen Gebieten, weshalb eine sog. Zeckenimpfung empfohlen wird.

- Mehr **Infos** unter www.zecken-impfung.at.

National- und Naturparks

Im Zeichen des Artenschutzes wurden **sechs Nationalparks** eingerichtet, die rund 3% der Staatsfläche ausmachen:

- **Donauauen (S. 117),** Weinviertel
- **Thayatal (S. 144),** Waldviertel
- **Kalkalpen (S. 220),** Traunviertel
- **Hohe Tauern (S. 312),** Salzburg, Osttirol und Kärnten
- **Gesäuse (S. 611),** Obersteiermark
- **Neusiedler See-Seewinkel (S. 662),** Nordburgenland

Außerdem weist Österreich **48 Naturparks** mit einer Gesamtfläche von rund 600.000 Hektar auf sowie **vier** von der UNESCO ausgezeichnete und entsprechend geschützte **Biosphärenparks.**

Umwelt- und Naturschutz

Umwelt- und Naturschutz sind in Österreich **schon lange keine Fremdwörter mehr,** nicht zuletzt weil man verstanden hat, dass die Erhaltung der heimischen Artenvielfalt nicht nur ökologisch sinnvoll ist, sondern intakte, gesunde Naturverhältnisse auch den Tourismus ankurbeln. In Sachen **Klimaschutz** ist Österreich eines der innovativsten Länder der EU. Fast schon vorbildlich ist die Energieerzeugung, speist sich doch seit Jahrzehnten etwa ein Drittel des Nettostromverbrauchs aus **erneuerbaren Energien,** wobei die Wasserkraft mit über 70% den größten Anteil hat (Speicherkraftwerke finden sich in den Bergregionen vielfach), gefolgt von Wind- und Solarenergie. Atomenergie gibt es im Land überhaupt nicht, nachdem das **Atomkraftwerk Zwentendorf** (→ Exkurs S. 130) nach Protesten in der Bevölkerung nie ans Netz ging. Doch auch in Österreich gibt es noch viel zu tun: Die **Treibhausgasemissionen** und der **Energieverbrauch** sind viel zu hoch, ferner gibt es keine Strategie für einen finalen Kohleausstieg. Der Anteil der Autos an Transport und Verkehr, gerade in Ballungsräumen wie Wien, Linz und Graz, muss reduziert werden, wozu sich Regierung und Bahnbetreiber auf immer kostengünstigere Angebote für Pendler verständigen. Ein großer Minuspunkt ist die **Beeinträchtigung der alpinen Natur** durch den ausgeuferten **Wintertourismus.** Zwar dürfen mittlerweile kaum noch neue Regionen durch Lifte und

Seilbahnen erschlossen werden, aber in den bestehenden Skigebieten steigen die Besucherzahlen kontinuierlich – während der Schnee durch den **Klimawandel** immer weniger und die Beschneiungsanlagen immer mehr werden, was das ökologische Gleichgewicht massiv belastet. Das Thema **Mülltrennung** ist in Österreich grundsätzlich präsenter als in Deutschland, doch auch hier findet sich noch viel zu viel Plastikmüll.

Das Bewusstsein der Österreicherinnen und Österreicher für nachhaltige Landwirtschaft ist vergleichsweise gut ausgebildet. **Bio-Erzeugnisse** gehören in der rot-weiß-roten Republik mittlerweile zur Normalität, Fleisch, Eier, Milch u.a. aus **artgerechter Haltung** sind längst keine Nischenprodukte mehr und das Gros der Einheimischen besinnt sich auch zunehmend darauf, vorrangig regionale Lebensmittel zu kaufen.

Geschichte und Politik

Österreichs Geschichte war von der Frühzeit an ein **Wechselspiel zwischen Mächten und Menschen,** die aus allen Himmelsrichtugen kamen. Es bekämpften sich Germanen und später die Bajuwaren auf der einen mit Slawen, Ungarn und auch Türken auf der anderen Seite. Dazu kamen verschiedene andere Einflüsse, nicht selten durch Verbindungen der Herrscherhäuser z.B. nach Frankreich oder Italien und selbst nach Spanien und in die Niederlande.

Seit frühesten Zeiten wurden Ortschaften an den großen Flüssen errichtet, so auch Steyr

oes_260 dk

Die Anfänge

Archäologischen Funden zufolge wurden diverse Gegenden des heutigen Österreich vermutlich seit der **Jungsteinzeit** und der **Kupferzeit** kontinuierlich besiedelt. Kulturhistorisch ist die **Venus von Willendorf** (→ S. 135) das wohl berühmteste Fundstück des Landes. Auch aus **Bronze- und Eisenzeit** fanden sich Reste wie Urnenfelder oder Fragmente menschlicher Schädel, die zu kultischen Zwecken manipuliert wurden. In diesem Zusammenhang ist die sog. **Hallstattkultur** (→ Exkurs S. 212) zu erwähnen, die auf Salz beruhte. Viele Hinterlassenschaften gibt es zu den **Kelten,** deren Besiedlung der Region etwa **800 v. Chr.** begann und über vier Jahrhunderte dauerte. Entsprechende **Ausgrabungen** finden sich im ganzen Land, u.a. in Schwarzenbach, Sitzendorf, Hallstatt, Mitterkirchen, Hallein, Uttendorf, Frög, Leibnitz und Kulm.

oes_258 dk

Die Römer

Nach den Kelten prägten die Römer große Teile Österreichs. Sie errichteten stattliche **Militärlager (castrum),** um die Provinzen Raetia, Noricum und Pannonia nach Norden hin vor den „Barbaren" zu schützen. **Überreste der römischen Epoche** kann man z.B. in Wien vor dem Michaelertor, in Carnuntum, in Zeiselmauer, in Enns, in Lendorf oder in Wagna in Augenschein nehmen. Die Römer blieben **bis gegen Ende des 4. Jahrhunderts,** als die Markomannen und andere germanische Kriegervölker sie endgültig vertrieben.

Die Völkerwanderung und die Babenberger (395–1237)

Nach den Römern herrschte über 600 Jahre lang das Chaos der Völkerwanderung, als die Region abwechselnd von **Hunnen, Langobarden, Bajuwaren, Slawen, Awaren, Franken** und **Ungarn** umkämpft und teilweise besiedelt wurde. Speziell die Bajuwaren waren für die **Christianisierung** des Alpen- und Donaugebietes verantwortlich. 788 gliederte *Karl der Große* diese Landstriche größtenteils in sein Frankenreich ein. In **Karantanien** (der Name „Kärnten" hat hier seinen Ursprung) im Süden des Landes brachten die Slawen relative Stabilität, doch vielerorts in Ost-, Süd- und Zentralösterreich sorgten Raubzüge un-

[<] Die Doppelwendeltreppe in der Grazer Burg stammt aus dem frühen 16. Jahrhundert

garischer Reiterheere für Zerstörung und Schrecken. Im Jahr **955** besiegte **Otto I.** – der spätere Kaiser des Heiligen Römischen Reiches Deutscher Nation – in der **Schlacht auf dem Lechfeld** bei Augsburg eben diese Ungarn. Unter seinem Nachfolger **Otto II.** wurde 976 zur Konsolidierung der Verhältnisse das **Ostmark** genannte Gebiet den bayerischen **Babenbergern** als **Markgrafschaft Ostarrîchi** (→ Exkurs S. 88) übergeben und 1137 zum Herzogtum erhoben. Die *Babenberger* lenkten in der Folge die Geschicke der Region und vergrößerten ihr Reich durch kluge Verbindungen mit anderen Herrschergeschlechtern und die Gründung von Klöstern. **Markgraf Leopold III.** gilt als derjenige, der den Grundstein für das heutige Österreich legte (was seine Ausdehnung betrifft), denn unter ihm und seinen Nachfolgern kamen Kärnten, die Steiermark und Tirol zum Kernland der Ostmark.

Das Zisterzienserkloster in Lilienfeld, die Burgruine in Mödling, die Burg Starhemberg und auch Teile der Hofburg in Wien sind **repräsentative Zeitzeugen** aus der babenbergischen Epoche. Kunsthistorisch bemerkenswert ist der Kelch *Tassilos* im Stift Kremsmünster.

Die Pest und Türkenbelagerungen (1237–1638)

Die babenbergische Herrschaft dauerte bis 1237, als zunächst König **Ottokar II. von Böhmen** die Macht übernahm, jedoch bereits **1278** in der **Schlacht auf dem Marchfeld** von *Rudolf I. von Habsburg* geschlagen wurde. Die **Habsburger** herrschten danach mehr als 600 Jahre über Österreich und bauten ihr Reich sowohl durch eine geschickte Heiratspolitik als auch durch zahlreiche Feldzüge aus. Zunächst war **Prag** die wichtigste Metropole des Reiches, bis sie 1438 von **Wien** abgelöst und **Albrecht V.** als erster Habsburger zum römisch-deutschen König gewählt wurde. Fortan hatten bis 1806 fast ausschließlich Habsburger die Kaiserwürde des Heiligen Römischen Reiches inne. Der Gegensatz zwischen der in **Armut und Knechtschaft** lebenden einfachen Bevölkerung und dem reichen und allmächtigen Adel und Klerus war kaum in Worte zu fassen.

Im 16. Jahrhundert herrschte **Karl V.** nicht nur über Österreich und seine „Vasallenstaaten", sondern auch über Spanien und dessen Überseebesitzungen. **1529** überrannten die **Türken** das erste Mal den Osten des Reiches und belagerten die Hauptstadt, doch zogen sie überrascht vom heftigen Wintereinbruch unverrichteter Dinge wieder ab.

Bereits Anfang des 17. Jahrhunderts kam es zu Konflikten zwischen protestantischen Landesfürsten und den Bayern, die 1626 im **Oberösterreichischen Bauernkrieg** gipfelten. Der **religiöse Fanatismus** bei Protestanten und Katholiken – denen das Haus Habsburg als Verteidiger galt – führte zum **Dreißigjährigen Krieg (1618–1648),** der große Teile des Landes (und Europas) verwüstet und entvölkert hinterließ. **1679** brach zudem die **Pest** aus und forderte Zigtausende Tote. **1683** folgte dann die zweite Belagerung Wiens durch die **Türken,** die mit einer Plünderung großer Teile Ostösterreichs einherging. Nach dem Sieg über die Osmanen erstarkte das Habsburgerreich erneut.

oes_264 dk

Historische Überbleibsel speziell aus dem Dreißigjährigen Krieg sind u.a. die sog. Schwedenhöhlen in Harmannsdorf-Rückersdorf und die Schwedenschanze im Mühlviertler Hochland. An die Wirren der Türkenkriege erinnert die Rüstkammer im Grazer Landeszeughaus, während das Museum in Peuerbach dem Oberösterreichischen Bauernkrieg auf den Grund geht.

Das Großreich der Habsburger (1683–1814)

Die Türken wurden vor allem von **Prinz Eugen von Savoyen** und seinen Truppen weit auf den Balkan zurückgedrängt; sein Heer eroberte **Ungarn** und **Siebenbürgen** für die Habsburger. In diese Zeit fallen die Ansiedlung der **Burgenlandkroaten** und die Entstehung eines gewaltigen Reiches, das sich immer mehr zum **Vielvölkerstaat** entwickelte. Der **Spanische Erbfolgekrieg 1701–1714** beendete die habsburgische Herrschaft auf dem spanischen Thron, dafür kamen Belgien und Luxemburg sowie Teile Italiens in habsburgischen Besitz. Es folgte das **Barockzeitalter** im Zeichen **Maria Theresias** (1717–1780) und ihres Sohnes **Joseph II.** (1741–1790). Nun begann die **Zeit des „aufgeklärten Absolutismus“:** Leibeigenschaft und Folter wurden abgeschafft, die Macht der katholischen Kirche beschränkt, der Grundstein für das Recht auf Bildung, die Religionsfreiheit u.v.m. gelegt. In diese Zeit fällt auch die Schaffensperiode der großen Komponisten **Joseph Haydn** und **Wolfgang Amadeus Mozart.**

Anfang des 19. Jahrhunderts erfasste der Geist der **Französischen Revolution** auch Österreich und in den **Napoleonischen Kriegen** wurde Wien gleich zweimal von französischen Truppen einge-

1645 durch die Schweden im Zuge des Dreißigjährigen Krieges erobert: die Burg Falkenstein im Weinviertel

nommen. Auch andernorts kam es zu Schlachten gegen die Franzosen und die mit ihnen verbündeten Bayern, zunächst wenig erfolgreich wie die niedergeschlagenen **Aufstände der Tiroler unter Andreas Hofer** (→ Exkurs S. 342). Kaiser **Franz II.** musste unter dem Druck *Napoleons* 1806 die deutsche Kaiserkrone niederlegen und sich ostwärts orientieren und auf das Vielvölkermosaik der **„Donaumonarchie"** konzentrieren.

Wer **diesen Zeiten nachspüren** will, der sollte in Wien die Schlösser Belvedere und Schönbrunn, das Napoleonmuseum in Deutsch-Wagram, das Franzosendenkmal in Unterloiben und das Bergisel-Plateau in Innsbruck besuchen.

Der Zerfall der Donaumonarchie (1814–1918)

Nach dem Sturz *Napoleons* **1814** wurde Europa auf dem **Wiener Kongress** neu „geordnet", die Regierungsgeschäfte des Habsburgerreiches lagen ab sofort in den Händen des Staatskanzlers **Metternich,** der mit eiserner Hand durchgriff und einen **Polizei- und Spitzelstaat** errichtete, um den (alten) herrschenden Klassen wieder zu Geld, Macht und Ansehen zu verhelfen. Im Zuge dieser „Neuordnung" kam auch **Salzburg,** das bis dahin von Erzbischöfen regiert wurde, endgültig zu Österreich. Kulturell war dieses **Zeitalter des Biedermeier** geprägt von der Schaffensperiode *Ludwig van Beethovens* und *Franz Schuberts* in der Musik, aber auch bahnbrechende Entwicklungen in Dichtung, Malerei und Theater sorgten für Aufsehen. Politisch hingegen herrschte eine „Eiszeit", die in die Märzrevolution und dann in den **Wiener Oktoberaufstand 1848** mündete – die Reaktionäre und das Militär behielten die Oberhand.

Unter **Franz Joseph I.** – verheiratet mit *Elisabeth von Bayern (Sisi)* – kam es 1867 zum sog. **Österreichisch-Ungarischen Ausgleich,** mit dem der Kaiser Österreichs gleichzeitig König von Ungarn wurde und dadurch die berühmte **Doppelmonarchie** (oder **k.u.k. Monarchie**) entstand. Die Ungarn bekamen eine eigene Verfassung und weitreichende Autonomierechte innerhalb des Reiches, doch andere Völker – allen voran die Tschechen – rebellierten gegen Wien.

oes_263 dk

▷ Das Parlament in Wien entstand 1874–83 als Prachtbau im griechischen Stil und wird „bewacht" von Pallas Athene, der Göttin der Weisheit

Auch andernorts gab es **Widerstand gegen die Habsburger:** So verloren sie in der Schlacht von Solferino 1859 die Lombardei und **1866** in **Königgrätz** gegen die Preußen (die in der Folge das Deutsche Kaiserreich installieren konnten). 50 Jahre später, nach einer kontinuierlichen Schwächung der Monarchie von außen und innen, kam es 1914 nach der Ermordung des Thronfolgers *Franz Ferdinand* in Sarajevo durch die Kriegserklärung *Franz Josephs I.* an Serbien zum Ausbruch des **Ersten Weltkriegs,** den **Österreich-Ungarn verlor** und der der Herrschaft der Habsburger **1918** ein Ende setzte. Dadurch zerfiel das Großreich in mehrere Einzelstaaten, darunter die **Republik Österreich,** allerdings ohne Südtirol.

Bis heute ist „Habsburg" gerade auch im touristischen Kontext schon fast eine Art Marke, und wer dieser oftmals **verklärt dargestellten Zeit nachspüren** will, der tut gut daran, dem Sisi Museum in der Hofburg in Wien, den Kurbädern in Baden, Bad Vöslau oder Bad Ischl bzw. den Badeorten Seewalchen oder Gmunden einen Besuch abzustatten.

Österreich-Ungarn und seine Nachfolgestaaten

Die Erste Republik, der „Anschluss" an Nazideutschland und der Zweite Weltkrieg (1918–45)

Aus der Konkursmasse der k.u.k. Monarchie entstand 1918 die **Erste Republik,** die mit einer schweren Identitätskrise und in den Folgejahren auch einer bitteren **Wirtschaftskrise** zu kämpfen hatte. So recht konnte das **neue kleine Österreich** – es machte nur 12% der alten Reichsfläche aus – nicht mit dem Verlust seiner Stellung als Weltmacht umgehen. In dieser Sinnfindungsphase **radikalisierten sich die politischen Kräfte** auf allen Seiten des ideologischen Spektrums. Zugleich war die Zeit zwischen 1918 und 1938 kulturell ein **„Goldenes Zeitalter"**, geprägt von Dichtern, Denkern, Literaten, Musikern und Wissenschaftlern – viele von ihnen Juden –, die gerade Wien zu einer modernen, avantgardistischen, spannenden und weltweit beachteten Metropole machten. Doch mit der Ausrufung eines **autoritären austrofaschistischen Ständestaates 1933** durch den Bundeskanzler **Engelbert Dollfuß** wurden das demokratisch gewählte Parlament ausgeschaltet und die Kulturschaffenden mundtot gemacht. Unter **Kurt Schuschnigg** setzte sich diese Politik fort, bis Österreich **1938** mit dem sog. Anschluss **Hitler-Deutschland** einverleibt wurde. Ein Großteil der österreichischen Bevölkerung war begeistert, während zugleich die menschenverachtende **Unterdrückungs- und Verfolgungsmaschinerie der Nazis** einsetzte und im ganzen Land Konzentrationslager und deren Außenstellen aufgebaut wurden. Der aus dem oberösterreichischen Braunau stammende *Adolf Hitler* erklärte Linz zur „Führerstadt". Der **Zweite Weltkrieg** ging einher mit der brutalen Verfolgung und **Vernichtung der Juden.** Heftige **Bombardements der Alliierten** vor allem in den letzten beiden Kriegsjahren 1944/45 legten u.a. St. Pölten, Amstetten, Wiener Neustadt, Linz, Wels und Kapfenberg ganz oder in Teilen in Schutt und Asche. Österreich wurde zwischen März und April 1945 befreit.

Zeitzeugnisse aus der Nazi-Ära sind u.a. das Konzentrationslager Mauthausen mit dem Außenlager in Ebensee und diverse Bauten vor allem in Linz. Wer sich für das reiche jüdische Erbe Österreichs interessiert, sollte die jüdischen Museen in Wien, Hohenems und Eisenstadt besuchen.

Die Zweite Republik (seit 1945)

Nach dem Zweiten Weltkrieg durch die alliierten Besatzungsmächte zunächst **in vier Zonen geteilt,** erhielt Österreich am **15. Mai 1955** mit der Unterzeichnung des **Staatsvertrages** seine **Unabhängigkeit** zurück und musste dafür im vorgeschriebenen Zeichen der **Neutralität** einen politischen Balanceakt am Rande des Eisernen Vorhangs vollziehen. Die **alten Verbindungen** in Länder wie Ungarn, Tschechoslowakei und Polen halfen dem Land dabei, eine wichtige diplomatische **Vermittlerrolle** zwischen den beiden verfeindeten Lagern des Kalten Krieges zu spielen, und auch wirtschaftlich ging es mit dem strategisch günstig

oes_265 dk

gelegenen Land aufwärts. Zerreißproben waren dennoch der Ungarnaufstand 1956 und der Prager Frühling 1968, als Tausende Flüchtlinge nach Österreich strömten. Bereits in den 1950er-Jahren kamen die **Touristen** zurück und das **kulturelle Leben** erstarkte. Mit der eigenen **Nazi-Vergangenheit** setzte sich Österreich erst spät auseinander, fiel es doch leichter, sich als „erstes Opfer" Hitler-Deutschlands zu deklarieren und Verantwortung woanders zu verorten. Es bedurfte der **Waldheim-Affäre** ab 1986, damit sich auch zwischen Wien und Bregenz etwas an der **Aufarbeitung** der dunkelsten Seite des 20. Jahrhunderts änderte. Doch so richtig „erwachte" Österreich erst Anfang der 1990er-Jahre, als man mit der **Öffnung der Grenzen nach Osten** auf einmal mitten im Herzen des sich wandelnden Kontinents lag. Das Land spielte eine entscheidende Rolle auf der Route der **DDR-Bürger,** die hier 1989 die ungarische Grenze ungehindert passieren durften. **1995** trat Österreich der **Europäischen Union** bei und gilt seitdem als eines der dynamischsten und reichsten Länder Zentraleuropas. Doch das neue Jahrtausend brachte auch **innen- und außenpolitische Krisen** mit sich; genannt seien die Regierungsbeteiligung der rechtspopulistischen FPÖ unter *Jörg Haider,* diverse Skandale wie die sog. Ibiza-Affäre oder die gekaufte Berichterstattung unter Kanzler *Kurz* (mit dessen Rücktritt als Folge) sowie die gesellschaftlichen und wirtschaftlichen Folgen der Corona-Pandemie sowie des Ukraine-Konflikts.

⌃ Bis heute kann die Donau als Lebensader des Landes bezeichnet werden – hier in Linz

Aktuelle Politik

Seit dem Ende des Zweiten Weltkriegs prägten die Politik der Republik Österreich maßgeblich **zwei große Parteien:** Die **christlich-konservative Volkspartei ÖVP** und die **Sozialdemokraten der SPÖ** regierten über viele Jahre entweder allein oder trotz ihrer gegensätzlichen Programmatik in einer Großen Koalition, dem sog. **Proporz.** Dieser Umstand ist für viele Österreicherinnen und Österreicher verantwortlich für eine gewisse Stagnation im gesellschaftlichen Fortschritt und die ewigwährende „Freunderlwirtschaft" des Establishments. Traditionell wählten Arbeiter, Angestellte, sozial Schwache und die Stadtbevölkerung überwiegend die SPÖ, während die ÖVP ihre Wählerschaft auf dem Land und im konservativ-katholischen Bürgertum rekrutierte. Doch spätestens seit den 2000er-Jahren ist auch in Österreich die **alteingesessene Politik** schwer ins Wanken geraten und die beiden großen Parteien haben viel Zulauf verloren. Weitere Player kamen hinzu, sodass die politische Landschaft heute ausdifferenzierter ist. Die aus dem deutschnationalen Lager entstandene **Freiheitliche Partei Österreichs (FPÖ),** seit 1983 an vier (wenig erfolgreichen) Regierungen beteiligt, kennzeichnet eine rechtskonservative Rhetorik und eine klare Anti-Einwanderungspolitik. Ihre **populistischen Vorsitzenden** wie *Jörg Haider* (1950–2008), *Heinz-Christian Strache* (geb. 1969) oder *Herbert Kickl* (geb. 1968 sorg(t)en immer wieder für Schlagzeilen. Die österreichischen **Grünen** gingen hervor aus der Kampagne gegen das Atomkraftwerk Zwentendorf (→ Exkurs S. 130) Ende der 1970er-Jahre und waren bis zu ihrer Regierungsbeteiligung 2020 (unter ÖVP-Kanzler *Kurz*) stets in der Opposition. 2016 wurde mit *Alexander Van der Bellen* ein Mitglied der Grünen zum Staatspräsidenten gewählt. Seit 2012 besteht zudem unter dem Namen **NEOS – Das Neue Österreich** eine liberale Partei, die auf Landesebene an Regierungen beteiligt ist. Die **Kommunistische Partei Österreichs (KPÖ)** spielte in den ersten Jahren der Zweiten Republik eine wichtige Rolle, doch heute ist sie fast ausschließlich in Salzburg und der Steiermark von (überschaubarer) Bedeutung – in **Graz** wurde im Herbst 2021 eine kommunistische Bürgermeisterin gewählt, was die konservative Presse zu dem schönen Wortspiel „Leningraz" an- und aufregte.

Zwar mag die Parteienlandschaft Österreichs heute bunter sein als noch in den 1990er-Jahren, doch **Seilschaften, Geklüngel und Vetternwirtschaft** sind immer noch bzw. sogar wieder verstärkt da. Nicht umsonst spricht man von einer sog. **Parteibuchwirtschaft,** d.h. gewisse Posten werden nur an Personen vergeben, die das „richtige" Parteibuch besitzen. Kein Wunder, dass das kleine Österreich im europäischen Vergleich auffallend **viele Skandale** aufweist, bei denen häufig eine geradezu haarsträubende Verflechtung aus Politik, Wirtschaft und öffentlicher Hand ans Tageslicht tritt.

Leider ist die rot-weiß-rote Republik auch für ihre politischen Skandale weltberühmt

oes_261 dk

Staat und Verwaltung

Österreich ist eine **föderale, parlamentarisch-demokratische Republik,** deren Staatsoberhaupt der **Bundespräsident** ist (aktuell *Alexander Van der Bellen,* nächste Wahl 2028), der kaum Kompetenzen hat und ähnlich wie in Deutschland nur eine repräsentative Rolle spielt. Die **Gesetzgebung** wird auf Bundesebene von Nationalrat und Bundesrat gemeinsam ausgeübt. Im **Nationalrat** sitzen 183 vom Volk für fünf Jahre gewählte **Mandatare (Abgeordnete),** die sich je nach Parteizugehörigkeit in Klubs (Fraktionen) organisieren, die jeweils von einem Klubobmann oder einer Klubobfrau (Fraktionsvorsitzende/r) geleitet werden. Jede **Partei** hat ihrerseits einen Parteiobmann oder eine Parteiobfrau (Parteivorsitzende/r), die innerparteilich gewählt werden. Das regierende Parteienbündnis stellt den **Bundeskanzler** (seit Dezember 2021 *Karl Nehammer,* nächste Wahl voraussichtlich Herbst 2024) und die Minister.

Der **Bundesrat** hat 60 Sitze, seine Mitglieder werden von den Landtagen (Parlamenten) der neun Bundesländer abhängig von der jeweiligen Bevölkerungszahl gestellt. Die **Bundesländer** sind Burgenland, Kärnten, Niederösterreich, Oberösterreich, Salzburg, Steiermark, Tirol, Vorarlberg und Wien. Jedes Bundesland hat einen **Landeshauptmann** bzw. eine Landeshauptfrau (Ministerpräsident/in) sowie Landesräte (Minister), die vom **Landtag** (jeweils von den Bewohnern des Bundeslandes gewählt) ernannt werden. Ein Bundesland gliedert sich in Statuarstädte (Stadtgemeinden) und Bezirke, denen ein sog. Bezirkshauptmann vorsteht.

Mit dem **Staatsvertrag von 1955,** der die Grundlage für die Errichtung der souveränen Zweiten Republik schuf, verpflichtete sich Österreich zur **immerwährenden Neutralität,** aber auch dazu,

Österreich – die Bundesländer und ihre Hauptstädte

sich nicht erneut Deutschland anzuschließen und nicht an der Wiederbewaffnung Deutschlands mitzuwirken.

Staatssymbole

Die österreichischen Staatssymbole sind das Bundeswappen mit Bindenschild, die Nationalfarben und die Bundesflagge sowie die Nationalhymne.

Das **Bundeswappen** besteht aus einem **einköpfigen schwarzen Adler,** auf dessen Brust das **rot-weiß-rote Bindenschild** prangt. Der Adler trägt auf seinem Haupt eine goldene Mauerkrone mit drei sichtbaren Zinnen, seine beiden Greiffänge umschließt eine gesprengte Eisenkette als Symbol der Befreiung von der NS-Diktatur. Er hält im rechten Fang eine goldene Sichel mit einwärts gekehrter Schneide und im linken Fang einen goldenen Hammer. Diese beiden Symbole werden häufig als marxistisch-leninistisch – wie einst auf der sowjetischen Flagge – missverstanden, doch stehen sie (politisch vollkommen neutral) für den Bauernstand und die Arbeiterschaft.

Die Farben Rot-Weiß-Rot der **Flagge Österreichs** und des Bindenschildes gehen wohl auf das Geschlecht der Eppensteiner zurück. Seit dem 13. Jahrhundert behauptet außerdem ein **Mythos,** die Farbkombination beziehe sich auf einen blutgetränkten Mantel: Es soll der babenbergische **Kreuzfahrer Leopold V.** (1157–94) gewesen sein, der nach der Belagerung von Akkon (1189–91) mit einem blutroten Waffenrock zurückkam, auf dem nur dort, wo der Schwertgürtel saß, ein weiß verbliebener Streifen zu sehen war.

Die **Bundeshymne** der Republik Österreich setzt sich zusammen aus der wohl von *Johann Baptist Holzer* (1753–1818) geschriebenen Melodie des „Bundesliedes" und dem Gedicht „Land der Berge" von *Paula Preradović* (1887–1951). Kleine Teile der Hymne wurden 2011/12 geändert, um sie gendergerecht zu machen.

Medien

Die österreichische Medienlandschaft ist gewissermaßen **einzigartig in der EU,** denn für seine relativ kleine Bevölkerungsgröße weist das Land nicht nur eine **interessante Vielfalt** auf, sondern auch eine geradezu einmalig **uneinheitliche Verteilung.** Dies wird besonders

oes_262 lm

⊡ In weiten Teilen des Landes ist die „Krone" tatsächlich die meistgelesene Zeitung

bei der Tagespresse deutlich, denn von über 9,1 Millionen Österreicherinnen und Österreichern lesen sage und schreibe durchschnittlich knapp 1,8 Millionen (fast 20%) – im Osten des Landes werden sogar Marktanteile über 30% gezählt – die **„Kronen Zeitung"**, ein Boulevardblatt, das der deutschen Bild-Zeitung ähnelt. Das Verlagshaus Mediaprint und die mit ihm verflochtene NEWS-Gruppe, die neben der „Kronen Zeitung" u.a. die Tageszeitung „Kurier" und die Wochenzeitschriften „profil", „NEWS" und „Trend" herausbringen, gelten als bedeutender, wenn auch umstrittener **Stimmungsmacher** in der nationalen Tagespolitik. Weitere **Tageszeitungen** sind z.B. „Der Standard", „Die Presse", „Salzburger Nachrichten", „Tiroler Tageszeitung", „Vorarlberger Nachrichten", „Kleine Zeitung", „Oberösterreichische Nachrichten", „Österreich" und die Gratiszeitung „Heute" – mehrheitlich vor allem regional von Bedeutung und mit unterschiedlichen, eher kleinen Auflagen.

Die **Fernsehlandschaft** ist hingegen noch relativ überschaubar. Die **öffentlich-rechtliche Fernsehanstalt ORF** hat zwei nationale Hauptsender, die man umgangssprachlich „Einser" und „Zweier" nennt, ferner den Kultursender ORF III sowie einen Sportkanal. Seit Dezember 1995 gibt es in Österreich auch **Privatfernsehen.** Die wichtigsten Sender sind ATV, Puls4 und der zur Red-Bull-Gruppe gehörende Servus TV. Daneben sind in praktisch jedem österreichischen Haushalt zahlreiche bundesdeutsche Kanäle zu empfangen.

Auch im **Radio** gibt der ORF mit überregionalen und lokalen Programmen – speziell Ö1, Ö regional und Ö3 – im wahrsten Sinne den Ton an, doch senden seit 1998 auch viele Privatsender wie z.B. Krone-Hit, Radio Arabella, Life Radio oder Antenne Steiermark.

oes_259 dk

Wer sich (vor allem) außerhalb von Österreich ein Bild von Land und Leuten machen möchte, der findet natürlich (fast) sämtliche Zeitungen und Zeitschriften **online,** ebenso praktisch alle Radiosender und viele andere Angebote.

Wirtschaft

Mit einem **Bruttoinlandsprodukt (BIP) pro Kopf** von knapp **50.000 €** ist Österreich eines der wohlhabendsten Länder der EU. Das BIP insgesamt beträgt etwa 445 Milliarden Euro, wovon Dienstleistungen (hierzu gehört auch der Tourismus) etwa 70%, Bauwesen, Bergbau, Energie- und Wasserversorgung und Sachgüterproduktion 29% sowie Fischerei, Forst- und Landwirtschaft gerade einmal 1% ausmachen. Es sind vor allem **kleine und mittlere Unternehmen,** die an der Wirtschaftsleistung einen Löwenanteil haben, nicht zuletzt weil sie in vielen Bereichen hoch spezialisiert und in ihrem jeweiligen Segment zum Teil Weltmarktführer sind. Die **bedeutendsten Industriezweige** sind Fahrzeug- und chemische Industrie, Elektrotechnik, Elektronik, Stahl- und Maschinenbau, Holz, Papier sowie Nahrungs- und Genussmittel.

Zu den **umsatzstärksten Unternehmen** gehören der Mineralölkonzern OMV, die Porsche Holding, das Bauunternehmen Strabag, der stahlbasierte Technologie- und Industriegüterkonzern voestalpine sowie der Automobilhersteller und -zulieferer Magna Steyr. In der öffentlichen Wahrnehmung und **international weithin bekannt** sind der Energy-Drink-Hersteller Red Bull, die für ihre Kristallprodukte bekannte Firma Swarovski, Atomic für seine Ski-Technologie und der Motorradhersteller KTM. Weitere **berühmte, nicht ganz so umsatzstarke Marken** aus Österreich sind z.B. Almdudler mit seiner Kräuterlimonade, der Napolitanerschnitten-Hersteller Manner, der Fruchtsaftproduzent Rauch, Vöslauer mit seinem Mineralwasser, das Tiroler Nussöl, die Firma Kotányi mit ihren Gewürzen, Zotter-Schokolade, die große Möbelhauskette XXXLutz oder Darbo für Marmeladen und Konfitüren.

Wien ist immer noch der **wichtigste Wirtschaftsstandort,** hier befinden sich die allermeisten innovativen Firmen und Forschungseinrichtungen der diversen Zukunftstechnologien. Aber auch **Graz** als Produktionsstätte mehrerer Kfz-Zulieferer und **Linz** als klassische Basis der Chemie-, Eisen-, Maschinen- und Stahlindustrie spielen eine große Rolle, und natürlich finden sich auch anderswo bedeutende Produktionsorte, sei es im Bereich alteingesessener oder mit Blick auf zukunftsweisende Technologien. Die **strukturschwächste Region** des Landes ist übrigens das **Burgenland,** das enorm von EU-Fördermitteln profitiert.

Volkswirtschaftlich geradezu unbedeutend sind **Land- und Forstwirtschaft,** wobei der Gesamtanteil der biologischen Agrarbetriebe mit knapp 10% der höchste in der EU ist. Fast ein Viertel der landwirtschaftlich genutzten Fläche

◁ Fast überall anzutreffen und dennoch volkswirtschaftlich nur noch nebensächlich: die Landwirtschaft

Austria for everyone – Kurioses zum Austrotourismus

Wer im Sommer z.B. durch Zell am See flaniert, hört erstaunlich viele Touristen arabisch sprechen. Falsche Ausfahrt genommen? – Mitnichten! Gerade bei **Touristen aus den Golfstaaten** hat sich Österreich längst etabliert – viele Hotels und Lokale haben den Trend erkannt und gehen verstärkt auf die orientalische Klientel zu, 100% halal, versteht sich. Im nahen Hinterglemm, nicht einmal 25 km von Zell entfernt, kommen regelmäßig **orthodoxe Juden** aus Wien, aber auch immer mehr aus Israel, Belgien, Frankreich, Großbritannien und den USA zur Sommerfrische, weshalb der Ort manchmal etwas von einem **„galizischen Schtetl"** des ausgehenden 19. Jahrhunderts mitten in den Alpen ausstrahlt. Koschere Produkte, eine Mikwe (rituelles Tauchbad) und eine Synagoge dürfen nicht fehlen, und auch viele Hotels stellen sicher, dass es den Gästen an nichts mangelt, was sie von zu Hause gewöhnt sind.

Auch das kleine Österreich musste und muss sich touristisch öffnen bzw. „globalisieren", was so manche **Kuriositäten** zur Folge hat. Das enorme **Interesse am oberösterreichischen Hallstatt bei asiatischen Touristen** wurde z.B. massiv durch das 2006 ausgestrahlte **koreanische TV-Drama „Spring Waltz"** ausgelöst. In China ist das Interesse so groß, dass man 2011 damit begann, Teile von Hallstatt in der Stadt Huizhou in der Provinz Guangdong im Originalmaßstab nachzubauen. Filmteams aus Bollywood haben über viele Jahre die Schweiz für Dreharbeiten bevorzugt, doch große indische Blockbuster wie „Kuch Tum Kaho Kuch Hum Kahein", „Mast, Ab Ke Baras", „Chal Mere Bhai", „Albela, Kyaa Dil Ne Kahaa", „Tera Jadoo Chal Gayaa" und „Yuvvraaj" wurden auch in Österreich – vornehmlich in Tirol – gedreht, weshalb örtliche Firmen sich darauf spezialisieren, den Filmteams die notwendige Unterstützung zu bieten, inklusive **Catering nach hinduistischen Speisevorschriften.** Apropos Film: Das vielleicht größte Kuriosum bildet der 1965 produzierte **Kassenschlager „Sound of Music"** („Meine Lieder – meine Träume") mit *Julie Andrews* und *Christopher Plummer* in den Hauptrollen, auf dessen Spuren Touristen speziell aus den Vereinigten Staaten, Kanada, Lateinamerika und Japan das Land durchkämmen, vor allem Salzburg – und in Österreich weiß kaum jemand von dem amerikanischen Streifen! Nun gut, dafür wissen viele auf der Welt nichts von Österreich, denn dessen Bewohner werden im englischsprachigen Ausland aufgrund der semantischen Ähnlichkeit von **Austria und Australia** häufig für Australier gehalten, was zu dem geistreichen T-Shirt „No Kangaroos in Austria" geführt haben dürfte. Die Welt wird eben immer kleiner und das merkt man selbst in den entlegensten Alpentälern …

oes_266 mw

wird heute nachhaltig ökologisch bewirtschaftet, knapp 15% der Betriebe gelten bereits als Bio-Höfe.

Im europäischen Durchschnitt war und ist die österreichische **Wachstumsdynamik** gleichbleibend hoch und die **Arbeitslosenquote** über Jahrzehnte mit unter 6% vergleichsweise niedrig. Zwar sind durch die **Corona-Krise** und den Krieg in der Ukraine auch in der rot-weiß-roten Republik die Prognosen und Erwartungen gedämpft – nicht zuletzt durch die steil ansteigenden Lebenshaltungskosten –, doch im Vergleich zu vielen anderen EU-Ländern wird auch für die kommenden Jahre ein **solides Wachstum** vorausgesagt. Dies hat u.a. auch mit den stabilen Einkünften aus dem Tourismus zu tun.

Tourismus

Der Tourismus stellt in Österreich **einen der wichtigsten Wirtschaftszweige** dar. Kein Wunder, ist das Land doch mit einer **vielfältigen und wunderbaren Natur** samt atemberaubender Gebirgslandschaften und lieblicher Flusstäler gesegnet, ergänzt von historisch interessanten Städten, einem **regen Kulturleben** und einer tadellosen Infrastruktur. Hinzu kommt, dass es das ganze Jahr über möglich ist, in Österreich **eine fantastische Zeit** zu **verbringen,** egal ob zum Baden, Wandern, Wintersport, Citytrip, Wellness etc. Es erstaunt daher nicht, dass der Tourismus gut **20 Milliarden Euro pro Jahr** erwirtschaftet, was fast 5% des Bruttoinlandsprodukts entspricht. Mit indirekten Wertschöpfungseffekten sind es sogar 28 Milliarden Euro, also 6,3% des BIP. Jeder fünfte Erwerbstätige im Lande arbeitet entweder direkt im touristischen Sektor oder in einem Bereich, der stark vom Tourismus abhängig ist. Schätzungen gehen von **jährlich über 40 Millionen Touristen** aus, gut 67% davon aus dem Ausland; das bedeutet etwa 140 Millionen Übernachtungen, wovon etwa ein Drittel auf die deutschen Besucherinnen und Besucher entfallen, aber auch Niederländer, Schweizer, Briten, US-Amerikaner, Chinesen, Italiener etc. lieben Österreich als Urlaubsland.

Die **regionale Verteilung** der Touristen ist übrigens sehr uneinheitlich. Während Städte wie Wien, Salzburg und Innsbruck oder auch generell die Bundesländer Kärnten, Salzburg und Tirol übermäßig von den Besucherströmen profitieren, bleibt es in vielen Teilen Ober- und Niederösterreichs, der Steiermark oder des Burgenlandes selbst zur Hauptsaison angenehm ruhig.

Bevölkerung

Gegenwärtig (2023) leben in Österreich etwa **9,1 Millionen Menschen,** ein Drittel davon in den zehn größten Städten des Landes, ein Fünftel alleine in Wien. Etwa 60% der Landesfläche sind unbesiedelt – die **Bevölkerungsdichte** ist erstaunlich **gering,** was mit den weiten und unzugänglichen Bergregionen zu tun hat. Im Vergleich zu anderen mitteleuropäischen Staaten weist Österreich eine relativ **ausgewogene Altersstruktur** auf, wenn auch die Geburtenrate rückläufig ist. Die Einwohnerzahl steigt dennoch an, denn die Einwanderung bzw. der Zuzug haben sich verstärkt. Mittlerweile leben mehr als **zwei Millionen Personen** (22%) **mit Migrationshintergrund** im Land, wobei die Deutschen mit 225.000 Menschen die größte Gruppe bilden, gefolgt von Rumänen (147.000), Serben (124.000) und Türken (120.000). Diese Entwicklung ist keineswegs neu, war Österreich doch schon immer ein **„Melting Pot" aus Ost und West.** Noch heute sind – vor allem in Ostösterreich – die Spuren der Zuwanderer aus anderen Teilen der ehemaligen Donaumonarchie allgegenwärtig, sei es durch slawisch oder ungarisch klingende Nachnamen, die „einheimische" Küche oder in Form unzähliger Entlehnungen aus dem Tschechischen und Jiddischen, aber auch dem Italienischen und Französischen sowie diversen anderen Sprachen in den örtlichen Dialekten.

Dieses Potpourri aus Menschen, Sprachen und sonstigen Einflüssen hatte den **„typischen" Österreicher** bzw. die **„typische" Österreicherin** zur Folge – die es natürlich genauso viel oder wenig wie in jedem anderen Land gibt. Den Einwohnern aller Bundesländer werden gewisse **Charaktereigenschaften** nachgesagt, so seien die Wiener phlegmatisch und charmant, die Tiroler kernig und stolz, die Kärntner lebenslustig und entspannt usw. – am besten macht man sich dazu bei einer Reise durch das Land sein eigenes Bild und vermeidet Klischees und Vorurteile.

⊡ Katholische Prozessionen gibt es in ganz Österreich zu vielerlei Anlässen

Sprache(n)

Laut Artikel 8 der Bundesverfassung ist **Deutsch** die Staatssprache der Republik Österreich – und die Muttersprache von etwa 98% der österreichischen Staatsbürger. Das österreichische Deutsch **unterscheidet sich in Wortschatz und Aussprache,** aber auch durch grammatikalische Besonderheiten vom „deutschen Hochdeutsch". Auf bundesdeutsche Ohren wirkt „Österreichisch" etwas **weicher und melodiöser** und vielleicht etwas antiquierter. Wer sich mit der Sprache und ihren Feinheiten näher beschäftigen möchte, findet im **Anhang** dieses Buches eine **Auswahl teils umgangssprachlicher Ausdrücke.** Detailliert, praxisnah und ohne viel akademischen Ballast informiert außerdem der **Kauderwelsch-Band „Österreichisch"** (erschienen im Reise Know-How Verlag P. Rump, Bielefeld).

Abseits der hochsprachlichen – meist geschriebenen – Standardvarietät gibt es in Österreich **zahlreiche Dialektformen,** wobei diese in einer Art Wechselspiel mit dem österreichischen Hochdeutsch stehen und sich gegenseitig beeinflussen. Insofern ist die **Abgrenzung zwischen Dialekt, Hoch- und Umgangssprache** gerade in Österreich sehr häufig **nicht ganz eindeutig,** nicht zuletzt weil der ureigene österreichische Charakter der Sprache oftmals besser über mundartliche Formen transportiert werden kann.

Man unterteilt Österreich grob in **zwei Dialektgruppen,** die **bairische** und die **alemannische.** Zum Verbreitungsgebiet des „Alemannischen" zählen neben der Deutschschweiz, Schwaben, Teilen Baden-Württembergs, Liechtenstein, dem Elsass und kleinen Teilen Norditaliens das Bundesland Vorarlberg und das Außerfern in Tirol. Die anderen Dialekte werden dem „Bairischen" zugeordnet, wobei es Unterschiede zwischen südbairischen Dialekten (mit ihren typischen Kehlkopflauten, vor allem in Tirol, Kärnten und Teilen Salzburgs und der Steiermark) und mittelbairischen (in allen anderen Teilen der Republik) gibt.

Daneben werden weitere **Sprachen von autochthonen Minderheiten** gesprochen. Hierzu gehören die alteingesessenen burgenlandkroatischen, slowenischen und ungarischen Volksgruppen, außerdem die Romani-Sprecher der Burgenland-Roma, der Sinti und der Lovara sowie tschechisch- und slowakischsprachige Minderheiten. Alle diese Gruppen haben **Anspruch auf muttersprachlichen Schulunterricht und Behördenverkehr** in den jeweiligen Verwaltungs- und Gerichtsbezirken, in denen sich nennenswerte Sprecherzahlen finden. Faktisch trifft dies auf Bezirke im Burgenland, in Kärnten, in Niederösterreich, in der Steiermark sowie in Wien zu, bezieht sich aber in der Realität nur auf die Sprachen Burgenlandkroatisch und Slowenisch.

Religion(en)

In Österreich wurde bei der letzten Registerzählung 2011 die Religionszugehörigkeit nicht mehr erfasst, doch man geht davon aus, dass sich etwa 72% der Bevölkerung zumindest formal zur **römisch-katholischen** und 4% zu einer der **evangelischen Kirchen** bekennen. Doch auch in der Alpenrepublik treten immer mehr Menschen aus den Kirchenverbänden aus: So sind wohl nur

oes_255 dk

Habe die Ehre!

Österreich? Geht es da nicht genauso zu wie in Deutschland oder in der Schweiz? Nun, genau in dieser Fragestellung liegt das große Missverständnis. Nun ist Österreich sicherlich kein exotisches Land jenseits mitteleuropäischer Wertevorstellungen, aber gerade **deutsche Besucher** spüren doch recht häufig, dass man sie nicht eben mit brennender Sympathie, ja geradezu einer gewissen Distanz empfängt. Und diese Tatsache hängt in erster Linie damit zusammen, dass Österreicherinnen und Österreicher sich oft von ihren nordwestlichen Nachbarn im „großen" Deutschland nicht für voll genommen fühlen bzw. sie das Gefühl haben, dass ihre Eigenständigkeit nicht geachtet wird. **Österreich ist nun mal anders,** vieles läuft hier eben gar nicht so wie in Deutschland oder der Schweiz, und darauf ist man auch ein bisserl stolz.

Ein **historischer Blick** auf das Land zeigt schnell, dass Österreich eine Geschichte durchlebt hat, die nur sehr selten mit der deutschen oder eidgenössischen zu vergleichen war. Man orientierte sich nach **Osten und Süden** und vielerorts sind **Mentalität und Kultur** der Menschen wohl mehr durch Tschechen, Slowenen, Italiener oder Ungarn geprägt als durch Deutsche oder Schweizer. Österreich war – und ist es in geringem Maße immer noch – ein **Vielvölkerstaat,** daher sollte man auf keinen Fall erwarten, dass hier alles wie zu Hause ist. Dann müsste man im Übrigen die Reise ja auch gar nicht erst antreten …

Verhaltenstipps für den „richtigen" Umgang mit den Einheimischen zu geben, macht kaum Sinn – grundsätzlich gilt: Mit den allgemeingültigen **„guten Manieren"** kommt man auch in Österreich weit. Doch ein paar Worte seien zumindest zum Thema **„Schmäh"** gesagt. Dieser vor allem den Wienern zugeschriebene, aber in ganz Österreich anzutreffende Sprachhumor, bei dem immer auch ein bisschen **Frechheit und Übermut** mitschwingen, gehört zur alltäglichen Verständigung und hilft ganz häufig das Eis zu brechen. Doch der „Schmäh" muss gekonnt sein, sprich: Man sollte verstehen, dass der Schmäh „rennt", es also recht **lustig und ausgelassen** zugehen muss. Denn der Grat zwischen echtem „Schmähführen" und „Schmähtandeln" (billige Witze machen) ist schmal. **Authentische Kostproben** – ob zum Beispiel vom Skilehrer in Kitzbühel, der Barkeeperin in Pörtschach oder dem Wiener Fiakerfahrer – lassen sicher nicht lange auf sich warten.

Besonders auf dem Land und gerade in den Bergen ist das **Duzen auch zwischen Fremden** recht verbreitet. Statt einem steifen „Guten Tag" ist hier ein **„Servus"** oder „Grüß dich!"/„Grüß euch!" bzw. das dialektale „Griaß di!"/„Griaß eich/enk!" der optimale Türöffner. Nicht nur ältere Personen begrüßen sich außerdem mit **„Habe die Ehre!"** und vollendet österreichisch ist das – freilich nur noch selten zu hörende – **„Küss die Hand!",** das – wenn richtig mit angedeutetem Handkuss zelebriert – auch außerhalb von rot-weiß-roten Gefilden so manches Damenherz höher schlagen lässt.

☒ Ein bisserl Schmäh gehört in Österreich immer dazu, sonst wär's ja fad (langweilig)

noch knapp 60% Mitglied der katholischen Kirche und 3–4% bei der bzw. den evangelischen Kirche(n). Etwa 2,5% der Bevölkerung bezeichnen sich als **orthodoxe Christen.** Die größte nicht-christliche Glaubensgemeinschaft in Österreich ist der **Islam** mit mittlerweile fast 8% Anteil an der Gesamtbevölkerung. Als eine Art Erbe der Donaumonarchie ist in diesem Zusammenhang interessant, dass der Islam bereits seit 1912 eine anerkannte Religionsgemeinschaft darstellt. Die einst so große **jüdische Gemeinschaft** wurde während der Naziherrschaft durch Verfolgung, Ausreisezwang und Vernichtung massiv dezimiert. Mittlerweile leben wieder etwa 15.000 Juden in Österreich, wovon sich die allermeisten in Wien angesiedelt haben. Ebenso vorrangig in Wien leben auch kleine **buddhistische, hinduistische und Sikh-Gemeinschaften.** Man geht außerdem davon aus, dass bis zu 26% der Österreicherinnen und Österreicher keiner der im Land gesetzlich anerkannten Religionsgemeinschaften angehören und sich selbst als **Atheisten,** Agnostiker oder schlicht „ohne Bekenntnis“ bezeichnen.

oes_269 dk

Traditionen und Bräuche

Immer noch sind Bräuche und Brauchtum speziell **im ländlichen Österreich** lebendig. Das kann **von „echter“ Tradition bis zu (touristischer) Folklore** reichen, wobei es sich in den allermeisten Fällen wohl um eine Mischung aus beidem handelt. Ausschlaggebend für die Aufrechterhaltung regionaler Bräuche sind diverse **Vereine,** die sich Musik (darunter das berühmte Jodeln), Tanz, Theater, Dichtung, aber auch Kunsthandwerk wie Schnitzerei und Stickarbeiten widmen. Insbesondere **Trachten** spielen eine große Rolle und es gibt je nach Bundesland und Region oftmals ganz unterschiedliche Designs und Verarbeitungsweisen. Viele lokale Traditionen und Bräuche stehen in **Verbindung mit den Jahreszeiten,** etwa die teilweise recht gruseligen **Krampusumzüge und Perchtenläufe** (→ Exkurs S. 296) in den Bundesländern Kärnten, Salzburg, Steiermark und Tirol oder die im Lungau und Murtal beheimateten **Samson-Umzüge** (→ Exkurs S. 302) und ähnliche Bräuche. Andere wiederum sind **historisch bedingt,** darunter die Tiroler Schützenvereine oder das „Fahnenschwingen“ in Neckenmarkt. Wer in den Genuss traditionell-ländlicher Kultur kommen will, sollte **Dorffeste und kirchliche Prozessionen** besuchen. Für die ultimative Überdosis an **Trachten und Volksmusik** sorgen im Mai das Gauderfest in Zell am Ziller, im Sommer das Lederhosentreffen in Windischgarsten oder im September in Graz das „Aufsteirern" genannte Volksfest.

Kunst und Kultur

In allen Bereichen von Kunst und Kultur war und ist Österreich **reich gesegnet.** Ob Literatur, Malerei, Bildhauerei und selbstverständlich die für das Land so wichtige Musik – Österreich bietet enorm viel. Das Land stellte immer schon einen äußerst fruchtbaren Nährboden für Kreativität dar. Historisch gesehen waren es insbesondere **Kirche und Adel,** die die Kulturschaffenden förderten. Vor allem die **Habsburger** prägten in ihrer über 600 Jahre währenden Herrschaft das Land. Die von ihnen in Auftrag gegebenen Kunstwerke und Bauten sind bis heute im öffentlichen Raum und in Museen zu bestaunen. Erst in der zweiten Hälfte des 19. Jahrhunderts wurde auch das **Bürgertum** aktiv und entwickelte sich zum Fürsprecher von Kunst und Kultur. Dieser Trend setzte sich mit der Ausrufung der Ersten Republik im Jahr 1918 und nach Ende des Zweiten Weltkriegs 1945 fort. Heutzutage verfügt das kleine Österreich über eine fast **unvergleichlich lebendige Kunstszene.**

Ob zum Volksfest oder beim sonntäglichen Gottesdienst: Tracht wird vielerorts noch gerne getragen

oes_319 dk

Architektur und Baukunst

Wer durch Österreich reist, nimmt Kunst zuallererst in Form von **Architektur** wahr. Die ältesten Kulturdenkmäler des Landes sind die ab dem 8. Jahrhundert von **Augustinern, Benediktinern** (v.a. im Westen und Zentrum) und **Zisterziensern** (v.a. im Osten) gegründeten **Klöster,** die oft umgebaut wurden und sich mittlerweile in neueren Stilen präsentieren. Zu den sehenswertesten Klöstern zählen das Stift Melk, das Stift Lilienfeld, das Stift Heiligenkreuz, das Stift Zwettl, das Stift Göttweig, das Stift St. Peter, das ehemalige Stift Mondsee – heute ein Museum –, das Stift Lambach und das großartige Stift Kremsmünster.

Sakrale Baukunst vom Feinsten sind viele **Kirchen,** etwa der romanische Dom in Gurk, gotische Meisterwerke wie der Stephansdom in Wien oder die Pfarrkirche in Kötschach, aber natürlich auch viele andere, die in nachfolgenden

oes_257 dk

Stilen überarbeitet wurden, darunter der Dom zu St. Pölten, der Salzburger Dom oder der Dom zu St. Jakob in Innsbruck.

Profanbauten aus der Zeit der **Spätgotik** sind z.B. die Gozzoburg in Krems und das Kornmesserhaus in Bruck an der Mur, aber selbstverständlich auch das weltberühmte Goldene Dachl in Tirols Landeshauptstadt Innsbruck.

Festungsanlagen und Ritterburgen aus dem Mittelalter finden sich über das ganze Land verstreut, wobei die in Aggstein, die in Haichenbach, die Rosenburg, die Burg Rappottenstein, die Burgruine Landskron und die stolze Burg Lockenhaus herausragen.

Nach dem Mittelalter schwappte die vor allem durch italienische Künstler inspirierte **Renaissance** nach Österreich. Das Grabdenkmal *Maximilians I.* in der Innsbrucker Hofkirche stellt ein wunderbares Beispiel für diese Epoche dar, ansonsten sind insbesondere die **Arbeiten Domenico dell'Allios** sehenswert; dazu gehören zahlreiche Bauten in Klagenfurt, das Landhaus in Graz, die Reste der Befestigungsanlagen von Fürstenfeld und Bad Radkersburg, aber auch die Burg Hochosterwitz, die Riegersburg und der Amalientrakt in der Wiener Hofburg stammen aus jener Zeit. Zum Ende der Renaissance und in der Stilepoche des **Manierismus** entstanden **herrliche (Lust-)Schlösser** wie die niederösterreichische Schallaburg, das Schloss Hellbrunn bei Salzburg, das Schloss Ambras in Innsbruck oder das Schloss Porcia in Spittal an der Drau.

Nachdem die Türkengefahr gebannt war, widmeten sich die Habsburger wieder der Bautätigkeit, und zwar im Zeichen des **Barock.** Baumeister wie *Giovanni Pietro de Pomis, Johann Bernhard Fischer von Erlach, Jakob Prandtauer* und

⌃ Nicht nur bei fotowütigen Touristen beliebt: der großartige Wiener Jugendstil

Lucas von Hildebrandt schufen über das ganze Land verteilt **sensationelle Meisterwerke** wie das Schloss Belvedere oder die Karlskirche in Wien, das Mausoleum Kaiser *Ferdinands II.* in Graz. Zudem gestalteten sie bestehende Gebäude um, darunter das Stift Melk, das Stift Kremsmünster und das Schloss Mirabell in Salzburg.

Anders als der Barock spielte das **Rokoko** nur eine untergeordnete Rolle in Österreich; speziell das Innere des Schlosses Schönbrunn und das Stift Wilhering sind gute Beispiele dafür. Auch der **Klassizismus** kam nur sporadisch zur Geltung und findet sich vor allem in der Bundeshauptstadt, z.B. in Form der Gloriette im Schlosspark Schönbrunn.

Ganz anders die **Biedermeierzeit,** die das Land nachhaltig prägte, gerade Wien, wo Teile der Innenstadt und der Spittelberg namhafte Beispiele sind. Aber auch in Waidhofen an der Ybbs, in der Wachau, in Völkermarkt und an anderen Orten findet sich Baukunst aus der ersten Hälfte des 19. Jahrhunderts. Doch die absolute „Hauptstadt" des Biedermeiers ist Baden bei Wien, dessen Stadtbild massiv von **Josef Kornhäusel,** dem bedeutendsten Architekten seiner Zeit, geprägt wurde. Mindestens genauso typisch – besonders für Wien – war der folgende **Historismus,** also die Epoche, in der man sich zunehmend auf historische Stile zurückbesann. Speziell die **Wiener Ringstraße** mit dem Parlament von *Theophil von Hansen,* dem Rathaus von *Friedrich Schmidt,* der Staatsoper von *Eduard van der Nüll* und *August Siccard von Siccardsburg,* der Universität von *Heinrich von Ferstel* und dem Burgtheater von *Carl von Hasenauer* und *Gottfried Semper* gelten als Meisterwerke ihrer Zeit.

Ende des 19. Jahrhunderts wehte ein Wind des Umbruchs auf allen Gebieten der Kunst und Wissenschaft. In diesem Geiste entstand der **(Wiener) Jugend-**

oes_316 mw

stil, stark beeinflusst von den sog. **Secessionisten** um **Gustav Klimt.** Die Secession am Wiener Naschmarkt ist bis heute das bauliche Symbol dieser Epoche, aber auch die Bauten *Otto Wagners* und von *Adolf Loos* – ebenfalls vorrangig in Wien und in Payerbach – sowie weitere Beispiele wie das Stöhr-Haus in St. Pölten, die Bogenbrücke in Oberndorf, das Lugerhaus in Dornbirn oder mehrere Gebäude in Klagenfurts Innenstadt sind meisterhafte Bauwerke des Jugendstils.

Die Zeit der beiden Weltkriege und auch die 1950er- und 1960er-Jahre waren architektonisch nicht sonderlich ergiebig. Erst die anschließende sog. **Moderne** brachte neuen Schwung, vor allem **Friedensreich Hundertwasser** wurde mit seinen gewollt asymmetrischen Formen und bunten Verzierungen weltberühmt. Zu seinen bekanntesten Werken gehören das KunstHausWien und das Hundertwasserhaus, außerdem seine Brunnen in Zwettl und Zell am See sowie die Kirche in Bärnbach und die Therme Rogner in Bad Blumau.

Ende der 1990er-Jahre und mit Beginn des neuen Jahrtausends entstanden überall in Österreich eindrucksvolle Beispiele **zeitgenössischer Architektur,** vor allem in Gestalt von **Museen.** Dazu gehören z.B. Teile des MuseumsQuartiers in Wien, das Landhausviertel in St. Pölten, das Lentos Kunstmuseum und das Ars Electronica Center in Linz, das Museum der Moderne in Salzburg, die Arbeiten *Zaha Hadids* in Innsbruck, das Kunsthaus und das Landesmuseum in Bregenz und natürlich das futuristische Kunsthaus in Graz.

[<] Bunt und ohne gerade Linien? Das kann nur ein Werk von Friedensreich Hundertwasser sein!

Literatur

Zwar gab es seit dem Mittelalter auch auf österreichischem Territorium Kunst in Wort und Schrift, doch die Hochzeit der heimischen Literatur beginnt im Prinzip im **Klassizismus,** den vor allem der für seine Tragödien bekannte **Franz Grillparzer** repräsentiert, der auch die Brücke zum **Biedermeier** spannte, also die Zeit zwischen dem Wiener Kongress 1815 und der Märzrevolution 1848/49. Weitere namhafte Autoren dieser Zeit waren **Johann Nepomuk Nestroy** und **Ferdinand Raimund,** die teils durch Mundart inspirierte Volkstheaterstücke schrieben. Der Romancier **Adalbert Stifter** (→ Exkurs S. 242) gilt als Vertreter des späten Biedermeiers; seine Werke spielen häufig in seiner Heimat Oberösterreich.

Nach der bürgerlichen Revolution begann der **Realismus** die tragende Kraft der Literatur zu werden. Bekannte Autoren dieser durch soziales Bewusstsein geprägten Zeit waren **Marie von Ebner-Eschenbach** und **Ferdinand von Saar,** aber auch **Ludwig Anzengruber,** dessen Erzählungen vorrangig im dörflichen Umfeld beheimatet sind. Eine Sonderstellung nahm der Steirer **Peter Rosegger** ein, dessen Werke als Wegbereiter für die Heimat- und Mundartdichtung angesehen werden (→ Exkurs S. 604).

Die Jugendstilbewegung war in erster Linie ein kultureller Aufbruch in Architektur und Kunstgewerbe. Andererseits kennzeichnete den **Wiener Jugendstil** die Präsenz von Künstlern aller Genres, also auch von Schriftstellern. **Arthur Schnitzler** – er schrieb Romane, Kurzgeschichten und Theaterstücke – und der große **Stefan Zweig** werden in diesem Zusammenhang oft angeführt. Weitere dieser meist „Kaffeehausliteraten" genannten Autoren der „Wiener Moderne" waren **Felix Salten, Peter Altenberg, Alfred Polgar** und **Ödön von Horváth.** Ein wichtiges Zentrum der österreichischen Literatur vor dem Ersten Weltkrieg war übrigens **Prag,** Heimat vieler deutschsprachiger, meist jüdischer Autoren, die wichtige Impulse für die österreichische und die Weltliteratur insgesamt gaben; ihr Einfluss hielt bis in die 1930er-Jahre an. Zu nennen sind **Max Brod, Franz Kafka, Gustav Meyrink, Robert Musil, Rainer Maria Rilke, Franz Werfel** und **Oskar Wiener.**

Den **Expressionismus** verkörpern insbesondere der Dichter **Georg Trakl** und der aus Salzburg stammende Dramatiker und Erzähler **Hugo von Hofmannsthal.** Die Zeit zwischen den Weltkriegen brachte in Österreich eine sehr reiche Literatur hervor. Auch hier waren *Robert Musil, Stefan Zweig* und *Franz Werfel* tonangebend, aber auch der großartige **Joseph Roth** und der unerbittliche Sprachkritiker und böse Polemiker **Karl Kraus.** Auch der spätere Nobelpreisträger **Elias Canetti** studierte und lebte in Wien, floh aber, wie so viele andere, vor dem „Anschluss" an Nazi-Deutschland.

Die Literatur **nach dem Zweiten Weltkrieg** vereinte sehr unterschiedliche Strömungen. Während viele Autoren auf der Suche nach Neuorientierung waren, etwa **Ilse Aichinger, Ingeborg Bachmann, Heimito von Doderer, Alexander Lernet-Holenia, Gerhard Fritsch** und **Hans Lebert,** arbeiteten andere die – meist eigenen – traumatischen Erfahrungen der NS-Zeit auf. Dazu gehörten **Jean Améry, Rose Ausländer, Paul Celan, Hans Weigel** und **Friedrich Torberg.** Auch bildeten sich Autorengruppen, die politisch höchst aktiv waren, wie 1954 die **„Wiener Gruppe" von H.C. Artmann,** die namhafte Künstler wie *Friedrich Achleitner, Ernst Jandl, Konrad Bayer, Gerhard Rühm, Friederike Mayröcker* und *Oswald Wiener* umfasste. 1973 wurde in Graz der Schriftstellerverband **„Grazer Autorenversammlung"** aus der Taufe gehoben, zu dessen Gründern u.a. *Barbara Frischmuth, Peter Handke, Alfred Kolleritsch* und *Michael Scharang* gehörten – der Verband wurde schließlich mit mehr als 500 Mitgliedern die größte Schriftstellervereinigung Österreichs.

Das Ende der 1960er- und die 1970er-Jahre waren von **experimentellen Theaterstücken** geprägt. Einer der wichtigsten Schriftsteller (nicht nur) dieser Sparte war **Thomas Bernhard,** dessen Werke immer wieder öffentliche Kontroversen auslösten. In den 1980er-Jahren, vor allem nach dem politischen Skandal um den Wehrmachtsoffizier, UNO-Generalsekretär und österreichischen Bundespräsidenten *Kurt Waldheim,* formierte sich eine neue jüdische Literatur, geprägt von **Robert Schindel, Robert Menasse** und **Doron Rabinovici.** Von den zeitgenössischen Autoren seien an dieser Stelle nur **Franzobel, Peter Henisch, Gerhard Roth, Robert Schneider** und natürlich die Sprachkünstlerin und Literaturnobelpreisträgerin **Elfriede Jelinek** erwähnt. Neben Wien haben insbesondere Graz – speziell mit dem Kunstfestival Steirischer Herbst – und Klagenfurt eine

oes_317 mw

lebendige Literaturszene, wobei in der Kärntner Kapitale alljährlich die „Tage der deutschsprachigen Literatur" stattfinden (→ Exkurs S. 476).

Malerei und Bildhauerei

Was die **bildende Kunst** angeht, so gab es in den letzten 1300 Jahren in Österreich **diverse Hochphasen.** In den Kirchen des Mittelalters finden sich wunderbare **Schnitzereien und Malereien,** etwa die Fresken in der Johanneskapelle von Pürgg, in den Stiften Nonnberg oder Lambach, in der Wallfahrtskirche Mariapfarr oder der nahen Kirche in Weißpriach und in der Stadtpfarrkirche in Zell am See. Außergewöhnlich sind die aufwendig **geschnitzten Flügelaltäre** z.B. in Kefermarkt oder in St. Wolfgang, aber auch der Verduner Altar in Klosterneuburg ist ein Meisterwerk der besonderen Art. Die nächste Hochphase der **Malerei** folgte um 1700 mit Künstlern wie **Johann Michael Rottmayr** (Stephansdom, Karlskirche, Melker Stiftskirche, Wallfahrtskirche Maria Lanzendorf), **Daniel Gran** (Schloss Eckartsau, Stift Klosterneuburg), **Paul Troger** (Stift Zwettl, Stift Göttweig) und **Franz Anton Maulbertsch** (Hofburg Innsbruck und Schloss Halbturn), die sich besonders in sakralen Werken – darunter aufwendige Freskenzyklen – verewigten. Aber auch **Bildhauer** wie **Georg Raphael Donner** (Dom zu Gurk), **Balthasar Moll** (Doppelsarkophag für Kaiser *Franz I.* und *Maria Theresia* in Wien) und **Meinrad Guggenbichler** (Stiftskirche Mondsee) schufen großartige Werke kirchlicher Kunst.

Ideal für eine künstlerisch inspirierte Zeitreise: die Albertina in Wien

oes_318 dk

Im **Historismus** waren speziell **Hans Makart** und **Emil Jacob Schindler** von Bedeutung; einen Überblick über die Malerei ihrer Zeit verschafft man sich am besten im Kunsthistorischen Museum und im Belvedere, beide in Wien.

Mit der Wende zum 20. Jahrhundert kam der **Jugendstil** mit Malern wie **Gustav Klimt, Koloman Moser** und **Oskar Kokoschka,** über die man in Wien in der Secession, im Leopold Museum, im Belvedere, in der Kunstsammlung Albertina sowie in Seewalchen, Schörfling und Pöchlarn viel erfährt. Kunsthandwerklich war auch die **Wiener Werkstätte** – durch **Josef Hoffmann** initiiert – wegweisend; über sie weiß das Museum für angewandte Kunst in Wien viel zu berichten. **Egon Schiele** war der wohl bekannteste Vertreter des **Expressionismus** in Österreich – das Wiener Leopold Museum widmet ihm einen Großteil seiner Fläche. Erwähnung verdient auch der Osttiroler **Albin Egger-Lienz,** dessen Werke in vielen Museen des Landes zu finden sind.

Lust auf Unkonventionelles? Im Grazer Kunsthaus ist das kein Problem!

Nach dem Krieg entstand die „Wiener Schule des phantastischen Realismus“ mit **Arik Brauer** und **Ernst Fuchs,** und auch **Friedensreich Hundertwasser** hat seinen festen Platz unter den Malern der Moderne. Ab den 1960er-Jahren machten die „Wiener Aktionisten“ um **Hermann Nitsch** (Nitsch-Museum in Mistelbach) und **Günter Brus** (Bruseum in Graz) Furore. **Gunther Damisch, Herbert Brandl** und **Siegfried Anzinger** – man nennt sie die „Neuen Wilden“ –, aber auch **Peter Weibel, Peter Kubelka, Valie Export, Erwin Wurm** und **Heimo Zobernig** sind bedeutende Akteure in der lebendigen Kunstszene der Jetztzeit. Mit **zeitgenössischer Kunst** bekannt machen das Museum für Moderne Kunst und das Albertina modern in Wien, das Lentos Kunstmuseum in Linz, das Bregenzer Kunsthaus, das Museum Moderne Kunst Kärnten oder das Grazer Kunsthaus.

Musik

Als kleines Land hat Österreich umso größere Komponisten und Musiker hervorgebracht. Einen zaghaften Anfang nahm die weltliche Vokalmusik im Mittelalter mit dem **Minnesang,** einer höfischen Kunst, für die der Tiroler **Oswald von Wolkenstein** ein würdiger Vertreter an mehreren europäischen Höfen war. In der **Barockzeit** kam mit **Heinrich Ignaz Franz Biber** und vor allem der **ersten Wiener Schule** die klassische Musik – „importiert" aus Italien und Frankreich – in Österreich richtig in Schwung. Mit den von **Joseph Haydn** eingeführten **neuen Kompositionsformen** wurde in Wiener Kreisen die „Klassik" begründet. Die Strenge des Barock wich einer **lebendigeren Musik** mit ausgeprägten Melodien, die eher der Unterhaltung diente. **Sinfonien und Kammermusik** (insbesondere für Klavier) erlebten einen Aufschwung. Mehrere der Komponisten, die sich einen Namen machten, waren gar keine Wiener oder „Österreicher", sondern hatten sich nur für kurze Zeit in der Stadt niedergelassen. Bei einigen war „kurz" dann aber doch relativ, so im Falle des Multitalents **Wolfgang Amadeus Mozart** aus Salzburg (→ Exkurs S. 262) und etwas später des in Bonn gebürtigen **Ludwig van Beethoven.**

Bereits in die **Biedermeierzeit** fallen die Werke **Franz Schuberts,** und gleich mehrere Stilrichtungen überspannte **Franz Liszt** mit seinen Kompositionen (→ Exkurs S. 672). Als das Wiener Publikum immer mehr „leichte" Musik wünschte, waren **Joseph Lanner, Johann Strauss Vater und Sohn** und **Hugo Wolf** mit ihren Liedern, Walzern und Operetten zur Stelle. Gerade die **Operette** wurde in der k.u.k. Monarchie immer populärer; ihre bekanntesten Vertreter waren neben den Mitgliedern der Strauss-Familie **Carl Millöcker, Robert Stolz, Franz von Suppè, Franz Lehár** und **Emmerich Kálmán.** Isoliert und außerhalb von Österreich trotz seines reichhaltigen Werkes kaum bekannt, hat **Anton Bruckner** der österreichischen Romantik bedeutende Sinfonien geschenkt – seine klangliche Kühnheit brachte ihn bereits in die Nähe der **Moderne,** der er den Weg ebnete (→ Exkurs S. 228).

Wie schon einmal Ende des 19. Jahrhunderts bahnte sich mit der **Neuen Wiener Schule** eine musikalische Revolution an, die die Epoche der tonalen Musik hinterfragen sollte; **Gustav Mahler** war mit seinen extremen Sinfonien ihr ultimativer Vertreter. Er mischte Folklore hinein, ignorierte Konventionen und übte sich in Gratwanderungen zwischen Formen, Stilen und Instrumentierungen. **Arnold Schönberg,** der sich auf *Mahler* berief, war es, der der alten Musik den „Todesstoß" versetzte, indem er die Musik von ihrem tonalen „Korsett" befreite. Weitere Komponisten dieser sog. **atonalen Musik** waren u.a. **Anton Webern, Alban Berg** und **Ernst Krenek,** die primär in Wien Bahnbrechendes leisteten und nachfolgende Musikergenerationen grundlegend beeinflussten.

Um in den Genuss klassischer Musik im weitesten Sinne zu kommen, sollte man eines der etablierten **Konzerthäuser** besuchen, am besten in Wien (Konzerthaus, Staatsoper, Theater an der Wien, Volksoper, Wiener Musikverein) oder in Salzburg (Mozarteum).

Abseits klassischer Musik gibt es natürlich noch den Bereich der **„U-Musik"** (Pop, Rock, Chanson usw.). In der Nachkriegszeit und bis in die 1970er-Jahre war **Georg Kreisler** mit seinen von schwarzem Humor gekennzeichneten Liedern auch in Österreichs Nachbarländern beliebt, ebenso bis heute das Multitalent **André Heller** mit seinen Chansons. Ein Begriff in der Musikszene ist der **„Austropop"**, der durch **Wolfgang Ambros, Georg Danzer, Rainhard Fendrich, Ludwig Hirsch, Dr. Kurt Ostbahn** und die Bands **Erste Allgemeine Verunsicherung** und **S.T.S.** bekannt wurde. Der vielleicht auch außerhalb des Landes berühmteste Sänger war definitiv **Falco** („Rock me Amadeus"). Seit ein paar Jahren populär sind z.B. **Christina Stürmer, Seiler & Speer** und die Band **Wanda. Udo Jürgens** gilt als Ikone des deutschsprachigen Chansons; er gewann 1966 den Eurovision Song Contest für Österreich, ebenso wie **Conchita Wurst** im Jahr 2014. Auf dem Gebiet des Electric Jazz war und ist **Joe Zawinul** einer der ganz großen Namen. Ansonsten erfreut sich natürlich auch die **Volksmusik** in Österreich in weiten Teilen der Bevölkerung großer Beliebtheit. Ein Interpret, der ihr den Weg in die innovative World-Music-Szene ebnete, ist **Hubert von Goisern.**

oes_268 dk

Live-Musik bieten Konzerte und viele (große) Open-Air-Festivals wie das Wiener Donauinselfest oder das Frequency Festival in St. Pölten. Auch zum Auftakt der Wintersaison z.B. in Obertauern oder Ischgl findet man je nach Musikvorliebe ein reiches Angebot. Im ganzen Land gibt es Gelegenheiten, **Musik in all ihren Facetten** zu erleben. Für eine museale Einführung in das Thema bietet sich das **Haus der Musik in Wien** an.

Theater, Kabarett und Film

Mehr noch als in Deutschland und der Schweiz hat das Theater als Kunstform in Österreich ein enormes Prestige und erhält immer noch eine vernünftige Förderung durch den Staat. **Zahlreiche Bühnen** des Landes gehören zu den besten deutschsprachigen überhaupt, so die Wiener Staatsoper und das Burgtheater. International renommiert sind auch die **Theater- und Opernfestivals,** z.B. die Bregenzer Festspiele und die Salzburger

Festspiele, aber auch die Seefestspiele in Mörbisch. Seit vielen Jahrzehnten haben sich auch die diversen **Landestheater** – z.B. in Graz, Linz und St. Pölten – als anerkannte Zentren der Bühnenkunst etabliert und selbst auf Kleinbühnen und in Kellertheatern werden in der Regel hochwertige Performances geboten. Österreich hat eine eigene **Theaterliteratur** mit Werken von angesehenen Autoren wie *Thomas Bernhard, Peter Handke, Werner Schwab* oder *Elfriede Jellinek*. Eine Legende des Theaters und der vielleicht berühmteste Regisseur – allerdings schon vor dem Zweiten Weltkrieg – war **Max Reinhardt.**

Anders als in Deutschland fehlt in Österreich die Kunstform der Comedy weitgehend, dafür lebt das **historisch gewachsene Kabarett** – das sehr häufig politisch und sozialkritisch ist – weiter. Nach dem Krieg wurden Kabarettisten wie **Karl Farkas** und **Helmut Qualtinger** auch jenseits des „Weißwurstäquators", also nördlich von Österreich und Bayern, bekannt, und seit den 1990er-Jahren sind **Josef Hader, Alfred Dorfer, Roland Düringer, Lukas Resetarits, Michael Niavarani,** aber auch das Duo aus **Dirk Stermann und Christoph Grissemann** berühmt und teilweise berüchtigt für ihre freche „Goschn".

Den österreichischen **Film** gab es bereits vor dem Zweiten Weltkrieg, doch flohen die allermeisten Filmschaffenden – darunter Meisterregisseure wie **Billy Wilder** und **Fritz Lang** – vor den Nazis aus dem Land und die Filmindustrie erholte sich erst spät von diesem Verlust. In den 1950er- und 1960er-Jahren kam es zu einer Flut an **Heimatfilmen,** z.B. mit *Peter Alexander,* ferner wurden **„Historienschinken"** wie „Sisi" mit *Romy Schneider* gedreht – meist deutsch-österreichische Gemeinschaftsproduktionen, die qualitativ nur niedrige Standards erfüllten. Ab den 1970er-Jahren folgten teils recht **skurrile TV-Produktionen** wie „Ein echter Wiener geht nicht unter", „Die Piefke-Saga", „Kaisermühlen Blues", „MA 2412" und natürlich die reichlich abgedrehte Kultserie „Kottan ermittelt". Ab den 1990er-Jahren wurden verstärkt wieder (hochwertige) Spielfilme produziert, die sich vor allem an ein österreichisches Publikum richteten und entsprechend nicht selten in **Mundart** gedreht wurden.

Bedeutende **österreichische Filmschaffende** sind z.B. **Michael Haneke, Franz Novotny, Peter Patzak** und **Reinhard Schwabenitzky.** Zu den bekanntesten **Schauspielerinnen und Schauspielern** des Landes gehören **Hans Moser, Romy Schneider, Oskar Werner, Curd Jürgens, Maria Schell, O.W. Fischer, Paula Wessely, Maximilian Schell, Christiane Hörbiger, Senta Berger, Klaus Maria Brandauer** und natürlich die auch in Hollywood sehr erfolgreichen österreichischen „Exporte" **Arnold Schwarzenegger** und **Christoph Waltz,** der zwei Oscars gewinnen konnte.

◁ „A g'scheite Musi" gehört in Österreich (fast) immer zum geselligen Beisammensein

12 Anhang

oes_270 dk

Wer sich Österreich mit allen Sinnen öffnet, wird Wunderbares erleben

Literaturtipps

Geschichte, Politik und Reportagen

- **Hamann, Brigitte: Elisabeth: Kaiserin wider Willen,** Piper 2012. Die umfassende Biografie zum Leben der Kaiserin von Österreich und der Königin von Ungarn, die für ihre Zeit eine ungemein moderne Frau war und deren persönliche Entwicklung so gar nicht dem süß-verklärten Sisi-Klischee entsprach.
- **James, Louis: So sind sie, die Österreicher: Die Fremdenversteher,** Reise Know-How Verlag 2017. Kurz, aber äußerst unterhaltsam und sympathisch wird hier auf die Eigenarten und Macken der Österreicherinnen und Österreicher eingegangen.
- **Nowak, Hubert: Ein österreichisches Jahrhundert: 1918–2018,** Molden Verlag 2017. Sehr detaillierte und gleichermaßen anschauliche Einführung in die Entstehung der Republik Österreich nach dem Zusammenbruch des Habsburgerreiches und ihre Entwicklung in den nachfolgenden 100 Jahren.
- **Rady, Martyn: Die Habsburger: Aufstieg und Fall einer Weltmacht,** Rowohlt Verlag 2021. Auf 624 Seiten bekommt man hier einen umfassenden Einblick in die Geschichte der Habsburger, die sich aus einer kleinen Grafschaft zu einem Imperium entwickelten, das sich zeitweise über mehrere Kontinente ausdehnte und als Vielvölkerstaat letztlich u.a. auch aufgrund des aufkeimenden Nationalismus zerbrach.
- **Steinfest, Heinrich: Gebrauchsanweisung für Österreich,** Piper 2017. Eine sehr brauchbare Einführung in die österreichische Lebensart und in allerlei Kurioses, das die rot-weiß-rote Republik ausmacht.

Belletristik

- **Beer, Alex: Der dunkle Bote: Ein Fall für August Emmerich,** Limes Verlag 2019. Dieser Krimithriller spielt in Wien kurz nach dem Ersten Weltkrieg und begeistert durch seine atmosphärische Darstellung der elendigen Lebensverhältnisse zu damaliger Zeit.
- **Bernhard, Thomas: Heldenplatz,** Suhrkamp 1995. Ein Drama um den Mathematikprofessor *Josef Schuster.* Auf gekonnt zynische – und für viele Österreicherinnen und Österreicher skandalöse – Weise wird der „Anschluss" des Landes an das Deutsche Reich 1938 beleuchtet.
- **Dutzler, Herbert: Gasperlmaier: Die ersten drei Altaussee-Krimis. Letzter Kirtag – Letzter Gipfel – Letzte Bootsfahrt,** Haymon Verlag 2014. In diesem Sammelband finden sich die ersten drei Teile der überaus beliebten Kult-Krimireihe um den liebenswürdigen Inspektor *Gasperlmaier,* dessen Fälle im idyllischen Ausseerland spielen. Wer der Spannung und der ergreifenden Komik erliegt, findet mit Letzter Saibling (2014), Letzter Applaus (2015), Letzter Fasching (2017), Letzter Stollen (2019), Letzter Jodler (2020) und Letzter Knödel (2021) reichlich Nachschub.
- **Geiger, Arno: Unter der Drachenwand,** dtv Verlagsgesellschaft 2019. Ein eindrucksvoller Antikriegsroman um den Soldaten *Veit Kolbe,* der 1944 seinen Heimaturlaub am Mondsee verbringt. Auf tragische Weise wird hier eine Geschichte über die Toten und die Überlebenden des Zweiten Weltkriegs erzählt.
- **Haas, Wolf: Auferstehung der Toten; Der Knochenmann; Komm süßer Tod; Silentium!** und **Wie die Tiere,** Rowohlt Taschenbuch Verlag 1996, 1997, 1998, 1999 und 2001, außerdem **Das ewige Leben,** Hoffmann und Campe 2003. Die Krimis um den Privatdetektiv *Simon Brenner* spielen je nach Titel in Zell am See, Klöch in der Steiermark, Wien, Salzburg sowie Graz und stellen allesamt sehr gekonnte Milieustudien dar. Mit *Josef Hader* in der Titelrolle zum Teil kongenial verfilmt.

■ **Haderlap, Maja: Engel des Vergessens,** btb Verlag 2013. Ein sinnlicher und gleichzeitig äußerst dramatischer Roman über das Schicksal eines Mädchens, einer Familie und zugleich des Volkes der Slowenen in Kärnten.

■ **Jäger, Gerhard: Der Schnee, das Feuer, die Schuld und der Tod,** Heyne Verlag 2018. Ein sprachgewaltiger Roman, der in einem abgelegenen Tiroler Bergdorf spielt und ein spannendes Sittenbild der 1950er-Jahre in Österreich zeichnet.

■ **Janata, Sebastian: Die Ambassadorin,** Rowohlt Taschenbuch Verlag 2020. Ein humorvoll geschriebener Roman über den Antihelden *Hugo Navratil* und das einfache Leben in der burgenländischen Provinz.

■ **Komarek, Alfred: Zwölf mal Polt** und **Alt aber Polt,** Haymon Verlag 2011 und 2017. Als Einstimmung für einen Besuch des Weinviertels mögen die beiden Kriminalromane um den introvertierten Gendarmen *Simon Polt* äußerst unterhaltsam sein. Hier wird ein geradezu poetisch anmutendes Bild der Region und ihrer Menschen gezeichnet.

■ **Mucha, Martin: Funkenfeuer,** Gmeiner Verlag, 2018. Dieser mit Vorarlberger Lokalkolorit gespickte Kriminalroman – die Dialoge sind teilweise im Dialekt verfasst – gibt einen tiefen und zugleich spannenden Einblick in die Seele des „Ländles".

■ **Preis, Robert: Der Engel von Graz; Die Geister von Graz; Graz im Dunkeln; Grazer Wut; Der Tod tanzt in Graz; Der Fall des Grazer Königs; Der Tod ist ein Spieler aus Graz** und **Grazer Hexenjagd,** Emons Verlag 2014–2023. Wer sich literarisch mit der steirischen Landeshauptstadt beschäftigen möchte, kommt in diesen unterhaltsamen Kriminalromanen um den Ermittler *Armin Trost* auf seine Kosten.

■ **Roth, Joseph: Kapuzinergruft,** dtv Verlagsgesellschaft 2003. Der aus Slowenien stammende *Franz Ferdinand Trotta* erzählt aus seinem Leben, was sich zu einer moralischen Abrechnung mit der Donaumonarchie entwickelt.

■ **Stipsits, Thomas: Kopftuchmafia** und **Uhudler-Verschwörung,** Carl Ueberreuter Verlag 2019 und 2020. Krimis im Burgenland? Mit Inspektor *Sifkovits* ist man dabei. Auf erheiternd leichte Weise erfährt man hier nicht nur viel zum Thema Kriminalistik, sondern auch über die echt pannonische Lebensart.

■ **Torberg, Friedrich: Die Tante Jolesch oder Der Untergang des Abendlandes in Anekdoten,** Anaconda Verlag 2011. Eine Sammlung – angeblich wahrer – Anekdoten aus dem vorwiegend jüdisch-intellektuellen Milieu des Wiens und Prags der Zwischenkriegszeit.

oes_286 dk

> In der Trafik gibt es nicht nur Tabakwaren

Kleine Sprachhilfe Österreichisch

Aussprache

Vokale werden gern länger gesprochen, etwa Arzt (aarzt), Spaß (schpaaß).

Am **Wortanfang** wird **ch** meist wie k gesprochen, z.B. Chemie (kemie), China (kina), Chirurg (kirurg), aber Chile (tschile).

Die **Endung ig** wird häufig ig gesprochen und nicht wie in der bundesdeutschen Varietät als ich, etwa ruhig.

st und **sp** werden gern als ßt oder ßp gesprochen, etwa in Standard (ßtandard) oder spezifisch (ßpezifisch); Ausnahme: speziell (schpeziell) und Kasperl (kaschperl).

Wichtige Floskeln und Redewendungen

Guten Tag.	Grüß Gott! / Griaß di! / Griaß eich! / Küss die Hand! / Habe die Ehre!
Hallo!	Servus! / Servas!
Auf Wiedersehen.	Auf Wiederschauen!
Tschüss.	Servus. / Baba.
Entschuldigung.	Gestatten Sie ...! / Sind S' mir nicht bös'...!
Und, wie geht's?	Und wie haben wir's?
Gesundheit! (Niesen)	Helf dir Gott! / Vergelt's Gott!
Das gefällt mir.	Das taugt mir!
Lasst uns ...!	Gemma ...!
Das sind ja mal Neuigkeiten!	Na da schau her!
Echt?! Wirklich?!	Na geh?!
Das hat jetzt gerade noch gefehlt!	Na Servus!
Du meine Güte!	Bist du narrisch!
Du siehst aber gut aus!	Du schaust aber fesch aus!
Das ist kein Witz!	Das ist kein Schmäh!

Die wichtigsten Zeitangaben

dieses Jahr	heuer
ab und an, stellenweise	hie und da
danach	hintennach
im Voraus	im Vorhinein
morgens	in der Früh
gestern	nacht
tagsüber	untertags
in der Woche	unter der Woche
werktags	wochentags
rechtzeitig	zeitgerecht
in Zukunft	in Hinkunft
alle Jubeljahre	alle heiligen Zeiten
Viertel vor sechs.	Drei Viertel sechs.
Viertel nach drei.	Viertel vier.
Nur keine Eile!	Nur nicht hudeln!

Richtungsangaben (dialektal)

hinüber / herüber	umi / uma
hinauf /herauf	aufi / aufa
hinunter / herunter	obi / oba
von etwas weg	dauni / dauna
zu etwas hin / her	zuwi / zuwa
geradeaus / vorwärts	vieri
zurück / rückwärts	z'ruck

Einkaufen

Tabak- und Zeitschriftenladen	Trafik

Metzger	Fleischhauer
Tante-Emma-Laden	Greißler / Kramer
Konditor	Zuckerbäcker
Wäscherei	Putzerei
Trödler	Tandler
Tüte	Sackerl
Sixpack	Sechsertragerl

Essen

Kneipe	Lokal / Beiz / Beis(e)l
Lieblingsgericht	Leibspeise
regionale Spezialität	Schmankerl
Schweinebraten	Schweinsbraten
Rinderbraten	Rindsbraten
Brathähnchen	Brathendl
Würstchen	Würst(e)l
Hackfleisch	Faschiertes
Frikadelle	Fleischla(i)berl
grüne Bohnen	Fisolen
Kartoffeln	Erdäpfel
neue / junge Kartoffeln	Heurige
Reibekuchen	Erdäpfelpuffer
Kohlrouladen	Krautwickel
Aubergine	Melanzani
Blumenkohl	Karfiol
Tomate	Paradeiser
Pilz	Schwammerl
Edel-/Esskastanie	Maroni
Rotkohl	Rotkraut
Meerrettich	Kren
Aprikose	Marille
Pflaume	Zwetschge
Quark	Topfen
Quarkstrudel	Topfenstrudel
Pfannkuchen	Palatschinken
Pflaumenmus	Powidl
Hefezopf	Briochewecken
kleine Nascherei vor dem Zubettgehen	das Betthupferl
Brötchen	Semme(r)l
Eis am Stiel	Steckerleis
Bonbon	Zuckerl
Espresso	Mokka
Espresso mit Sahnehaube	Einspänner
Großer Milchkaffee	Häferlkaffee
Espresso mit heißer Milch und Milchschaum	Melange
Espresso mit heißem Wasser	Verlängerter
Limonade	Kracherl
Kräuterlimonade	Almdudler
Orangensaft	Cappy
Apfelsaft	OBI
Apfelschorle	OBI gespritzt
großes Bier (0,5 l)	Krüge(r)l
kleines Bier (0,3 l)	Seide(r)l
Weinflasche	Bouteille
0,125 Liter	Achte(r)l
0,25 Liter	Vierte(r)l
Weinschorle	Spritzer / G'spritzte
Obstbrand	Obstler
Guten Appetit!	Mahlzeit!
Prost!	Servus! (ironisch)

Ausführliche Informationen und viele weitere Sprachbeispiele enthalten die Kauderwelsch-Sprachführer **„Österreichisch – das Deutsch des Alpenlandes"** und **„Wienerisch – das andere Deutsch"** aus dem Reise Know-How Verlag.

oes_271 dk

Das ist
noch nicht alles!
Mehr Reise Know-How gibt es hier:
www.reise-know-how.de
Reiseführer | CityTrip | Wohnmobil-Tourguide | Landkarten

Zugspitze, Foto: Aneta Niemitz

Register

Der Autor

Daniel Krasa, 1976 in Wien geboren, verbrachte Teile seiner Kindheit im Weinviertel, lernte in den Kitzbühler Alpen das Skifahren und im Burgenland das Weintrinken, verbrachte viele Sommer am Wörthersee, musste in Steyr zum Militärdienst, lehrt regelmäßig an der Universität Graz und war in seinem Leben viel zu oft beim Heurigen. Doch seine unbändige Lust am Weltreisen führte ihn über viele Jahre weit weg von Schnitzel und Grünem Veltliner, weshalb er seine Heimat heute durchaus mit etwas Abstand betrachten kann. Sein Reiseführer bietet nicht nur Informationen zu allen sehenswerten Orten und Landschaften, sondern nimmt auch Geschichte, Kultur, Traditionen und Gastronomie der rot-weiß-roten Republik unter die Lupe, natürlich immer mit dem nötigen Augenzwinkern und einer gehörigen Portion Wiener Schmäh.

Danksagung

Der Autor bedankt sich für die Unterstützung und Mithilfe bei *Andrea Weigl, Anne Lehrnickel, August Krasa, Claudia Wallner, Edith Flaschberger, Erika Perzi, Isabella Lehner-Oberndorfer, Jürgen Sieberer, Lukas Mayrhofer, Markus Wache, Martina Nitsch, Michael Luck, Monika Simek, Renate* und *Fred Reitmayer, Steffen Brockmann, Sunita Benzing, Valentin Koch, Béla Benkő, Ingeburg Amodé, Martin Fripertinger, Anton Gutscher, Leif Korbel* u.v.a. sowie den Tourismusverbänden der österreichischen Bundesländer. Ganz besonderer Dank gebührt meiner Frau und meiner Tochter – sie gaben mir die Kraft und Inspiration, ohne die dieses Buch nicht entstanden wäre!

いつも変わらぬ愛と支えに感謝し、
この本を愛する妻と娘に捧げます

oes_285 rk

Schreiben Sie uns!

Wir hoffen, dass Ihnen dieser Reiseführer gefällt und er Ihnen ein guter Begleiter auf einer außergewöhnlichen und spannenden Reise ist.

Weil ein Reiseführer von Erfahrungen lebt, sind wir an Ihren Erlebnissen interessiert: Haben Sie in unserem Buch ein Restaurant entdeckt, das es nicht mehr gibt, eine Sehenswürdigkeit, die wir noch nicht aufgeführt haben, oder eine falsche Adresse? Dann schreiben Sie uns! **Wir nehmen jeden Hinweis und jede Kritik ernst und arbeiten kontinuierlich daran, die Bücher aktuell zu halten und immer weiter zu verbessern.** Jede Mail wird gelesen und beantwortet. Auch wenn wir nicht jeden Wunsch erfüllen können, machen wir uns immer Gedanken über Ihre Anmerkungen.

Schreiben Sie uns:
per Mail an info@reise-know-how.de oder an
Reise Know-How Verlag Peter Rump GmbH, Postfach 140666, 33626 Bielefeld

Wenn sich Ihre Infos direkt auf das Buch beziehen, würde uns die Angabe der Seitenzahl und der Auflagenzahl bzw. des Erscheinungsjahres Ihrer Ausgabe die Arbeit sehr erleichtern. Besonders hilfreiche Beiträge und Ergänzungen zu den Büchern belohnen wir mit einem Sprachführer Ihrer Wahl aus der über 240 Bände umfassenden „Kauderwelsch"-Reihe.

Herzlichen Dank und gute Reisen
Ihr Reise Know-How Verlag